भारत में सभी **One Day Exams** के लिए
रीजनिंग की सबसे ज्यादा बिकने वाली पुस्तक

सामान्य बुद्धि एवं तर्कशक्ति परीक्षण

संशोधित संस्करण 2025

VERBAL & NON-VERBAL REASONING

SSC (CGL, CHSL, MTS, CPO, GD), **Railway** (NTPC, Group D, ALP)
CUET, पुलिस भर्ती (Constable, SI) तथा अन्य राज्यस्तरीय भर्ती परीक्षाओं के लिए उपयोगी...

आर.के. झा

सहायकगण
प्रशान्त कुमार, सोविन्द्र कुमार, गौरव गुप्ता

arihant
SUCCESS AND NOTHING LESS

arihant
SUCCESS AND NOTHING LESS

अरिहन्त पब्लिकेशन्स (इण्डिया) लिमिटेड

卐 **रजि. कार्यालय**

'रामछाया' 4577/15, अग्रवाल रोड, दरिया गंज, नई दिल्ली- 110002
फोन: 011-47630600, 43518550

卐 **मुख्य कार्यालय**

कालिन्दी, टी.पी. नगर, मेरठ (यूपी)– 250002
फोन: 0121-7156203, 7156204

卐 **शाखा कार्यालय**

आगरा, अहमदाबाद, बरेली, बेंगलुरु, चेन्नई, दिल्ली, गुवाहाटी, हैदराबाद, जयपुर, झाँसी, कोलकाता, लखनऊ, नागपुर तथा पुणे

卐 **मूल्य** ₹ 225.00

PO No : TXT-XX-XXXXXXX-X-XX

PUBLISHED BY ARIHANT PUBLICATIONS (INDIA) LTD.

'अरिहन्त' की पुस्तकों के बारे में अधिक जानकारी के लिए हमारी वेबसाइट **www.arihantbooks.com** पर लॉग इन करें या **info@arihantbooks.com** पर सम्पर्क करें।

प्रस्तावना

आधुनिक समय में किसी भी प्रतियोगी परीक्षा में तर्कशक्ति परीक्षण (Reasoning Test) विषय का अपना एक महत्त्वपूर्ण स्थान हैं। प्रतियोगी परीक्षाओं में, तर्कशक्ति परीक्षण से सम्बन्धित प्रश्न पूछने का मुख्य कारण अभ्यर्थियों की बौद्धिक क्षमता तथा परिस्थिति के अनुसार निर्णय लेने की क्षमता की जाँच करना होता हैं।

प्रतियोगी परीक्षाओं के पाठ्यक्रम में, तीव्र गति से आ रहे बदलाव को देखते हुए, इस पुस्तक में नवीनतम अध्याय एवं जानकारियों का समावेश किया गया हैं, जो अभ्यर्थियों को किसी भी परीक्षा में निःसन्देह सफल होने के लिए उपयोगी सिद्ध होगी।

इस पुस्तक में अभ्यास के लिए विगत वर्षों में पूछे गए प्रश्नों का भी समावेश किया गया हैं, जिससे अभ्यर्थियों में आत्मविश्वास पैदा किया जा सके।

पुस्तक की मुख्य विशेषताएँ

- भाषिक, अभाषिक एवं विश्लेषणात्मक तर्कशक्ति का सम्पूर्ण कवरेज।
- Theory एवं प्रश्नों का टाइपवाइज विभाजन (Concept Map & Score Booster के साथ)।
- प्रतियोगी परीक्षा में पूछे जाने वाले सभी प्रकार के प्रश्नों का Exam Approach Examples में कवरेज।
- दिए गए उदाहरणों में Trending Concept एवं Helping Tips का संकलन।
- 2024 तक के विगत वर्षों के प्रश्नों का कवरेज।
- नवीनतम 3000+ विगत वर्ष के प्रश्न (टाइपवाइज)।
- प्रश्नावली में, प्रतियोगी परीक्षा में ज्यादा पूछे जाने वाले प्रश्नों पर MRC (Most Repeating Concept) की Marking।
- प्रश्नों के विस्तृत हल, Smart Approach के साथ।

मैं अरिहन्त प्रकाशन के सम्पादक समूह तथा शाहिद सैफी (प्रोजेक्ट हैड) का बहुत बड़ा कृतज्ञ हूँ, जिन्होंने इस पुस्तक को पूरा करने में अपना सहयोग तथा रचनात्मक सुझाव दिए। साथ ही विशेष तौर पर मैं अपने छात्र, रोवित राज का भी आभारी हूँ, जिन्होंने इस पुस्तक को बेहतर बनाने में अपना अमूल्य योगदान दिया। इसके अतिरिक्त मैं राशिद सैफी, सागर शर्मा, निशी एवं रवि मलिक का भी आभारी हूँ, जिन्होंने इस पुस्तक की प्रूफ रीडिंग से सम्बन्धित त्रुटियों को दूर किया हैं।

इस पुस्तक को उच्चकोटि का बनाने में, मेरी पत्नी श्रीमती गायत्री देवी तथा मेरे मित्र सुजीत एवं प्रभात जी का योगदान भी काफी सराहनीय रहा हैं। पुस्तक को और अधिक उपयोगी बनाने के लिए आपके सुझाव सहर्ष आमन्त्रित हैं और आगामी संस्करणों में उन्हें समायोजित भी किया जाएगा।

मुझे आशा ही नहीं, बल्कि पूर्ण विश्वास हैं कि यह पुस्तक आपको नई दिशा प्रदान करने में महत्त्वपूर्ण भूमिका निभाएगी।

---

*यह पुस्तक समर्पित हैं मेरे पूज्य पिता, **प्रो. दिवाकर झा** एवं पूज्यनीय माँ, **श्रीमती जानकी देवी** को जिनसे आज मेरा अस्तित्व हैं और जो न सिर्फ एक आदर्श माता-पिता, बल्कि मेरे मार्गदर्शक भी रहे हैं।*

लेखक

विषय-सूची

भाषिक

विश्लेषणात्मक

अभाषिक

अध्याय

01 सादृश्यता (Analogy)

भाषिक (Verbal)

सादृश्यता

सादृश्यता का अर्थ एकसमान गुणधर्म या समानता से है। किसी तत्व के किसी अन्य तत्व के गुणधर्म, आकार, प्रकार, विशेषता लक्षण इत्यादि में निहित किसी भी प्रकार की समानता को सादृश्यता कहते हैं।

इस अध्याय के अन्तर्गत पूछे जाने वाले प्रश्नों में दिए गए शब्दों/अक्षरों/संख्याओं के युग्मों के बीच एक विशेष (समानता या समरूपता) सम्बन्ध के आधार पर विकल्पों में से उचित शब्दों/अक्षरों/ संख्याओं का चयन करना होता है।

शब्द सादृश्यता

शब्द सादृश्यता में समानता या समरूपता, शब्दों के बीच सम्बन्ध पता करके ज्ञात की जाती है। इसके अन्तर्गत परीक्षा में पूछे जाने वाले प्रश्न मुख्यतः पर्यायवाची शब्द, विपरीतार्थक शब्द, देश और उनकी राजधानियाँ, मुद्राएँ, भाषाएँ, नदियाँ, खेल, राष्ट्रीय प्रतीक आदि, उपकरण एवं माप, उत्पाद एवं कच्ची सामग्री, इकाई एवं मात्रक, वस्तु/जानवर एवं उनके रखने के स्थान, कार्य का सम्बन्ध आदि ऐसे अनेकों सम्बन्धों पर आधारित होते हैं।

जैसे-चीन : युआन : : स्पेन : ?

हल जिस प्रकार युआन, चीन की मुद्रा है उसी प्रकार, यूरो, स्पेन की मुद्रा है।

संख्या सादृश्यता

संख्या सादृश्यता में समानता, संख्या या संख्या-समूह के बीच सम्बन्ध पता करके ज्ञात की जाती है।

इसके अन्तर्गत परीक्षा में पूछे जाने वाले प्रश्न मुख्यतः संख्याओं के क्रम, उनके वर्गों पर, घनों के क्रम पर संख्या एवं संख्या-समूह तथा उन पर गणितीय संक्रियाएँ (जोड़ना, घटाना, गुणा, भाग आदि) अभाज्य संख्याओं के क्रम आदि गणितीय संक्रियाओं पर आधारित होते हैं।

जैसे—4 : 18 : : 7 : ?

हल जिस प्रकार, 4 : 18

$(4)^2 + 2 = 16 + 2 = 18$

उसी प्रकार, 7 : ?

$(7)^2 + 2 = 49 + 2 = 51$

अक्षर सादृश्यता

अक्षर सादृश्यता में समरूपता, अक्षर-समूह के बीच सम्बन्ध पता करके ज्ञात की जाती है। इसके अन्तर्गत परीक्षा में पूछे जाने वाले प्रश्न अक्षरों की संख्या तथा उन पर गणितीय संक्रियाएँ, वर्णमाला के अनुसार अक्षरों का सीधा एवं विपरीत क्रम एवं उन पर गणितीय संक्रियाएँ, विपरीत अक्षर, शब्दों के अर्थ, अक्षरों की वर्णमाला में स्थिति के योग, अक्षरों की संख्या घटाकर एवं बढ़ाकर, अक्षरों के बीच गणितीय संक्रियाओं पर आधारित होते हैं।

जैसे-MOSQ : NQVU : : PRVT : ?

हल जिस प्रकार,

M O S Q
+1↓ +2↓ +3↓ +4↓
N Q V U

उसी प्रकार,

P R V T
+1↓ +2↓ +3↓ +4↓
Q T Y X

अक्षर-संख्या सादृश्यता

अक्षर-संख्या सादृश्यता में समरूपता, अक्षरों तथा संख्याओं के बीच सम्बन्ध पता करके ज्ञात की जाती है। इसके अन्तर्गत पूछे जाने वाले प्रश्न मुख्यतः अक्षर तथा संख्या के मिश्रित सम्बन्धों के गुणों/क्रमों पर आधारित होते हैं।

जैसे-यदि CARD : 31184 ; BEAK : 25111, तब NAMO : ?

हल जिस प्रकार,

C A R D
↓ ↓ ↓ ↓
3 1 18 4 (वर्णमाला क्रमांक)

तथा

B E A K
↓ ↓ ↓ ↓
2 5 1 11 (वर्णमाला क्रमांक)

उसी प्रकार,

N A M O
↓ ↓ ↓ ↓
14 1 13 15 (वर्णमाला क्रमांक)

Score Booster

संख्या सादृश्यता में एक से अधिक उत्तर सम्भव हो सकते हैं। इसलिए विकल्पों को ध्यान में रखते हुए समानता/समरूपता का सम्बन्ध ज्ञात करें।

अक्षर सादृश्यता में जब प्रश्न में दो से अधिक अक्षरों का सम्बन्ध ज्ञात करते हैं तब हम विकल्पों द्वारा किसी एक अक्षर का सम्बन्ध जानकर, उत्तर को ज्ञात कर सकते हैं।

सादृश्यता से सम्बन्धित महत्त्वपूर्ण तथ्य/जानकारी

1. **आधारभूत सम्बन्ध** इस प्रकार के सम्बन्ध में प्रथम युग्म के दोनों तत्वों में जो सम्बन्ध होता है, ठीक वही सम्बन्ध द्वितीय युग्म के दोनों तत्वों में भी होता है।

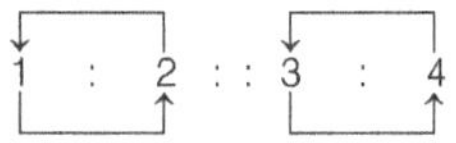

यहाँ, 1 : 2 :: 3 : 4 में, 1 से 2 या 2 से 1 में जिस प्रकार का सम्बन्ध होगा, ठीक उसी प्रकार का सम्बन्ध 3 से 4 या 4 से 3 में होगा।

2. **विकसित सम्बन्ध** इस प्रकार के सम्बन्ध में प्रथम युग्म का पहला तत्व द्वितीय युग्म के पहले तत्व से जिस प्रकार सम्बन्धित होता है, ठीक उसी प्रकार प्रथम युग्म का दूसरा तत्व दूसरे युग्म के दूसरे तत्व से सम्बन्धित होता है।

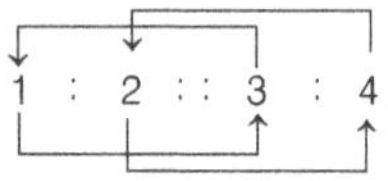

यहाँ, 1 : 2 :: 3 : 4 में, 1 से 3 या 3 से 1 में जिस प्रकार का सम्बन्ध होगा, ठीक उसी प्रकार का सम्बन्ध 2 से 4 या 4 से 2 में होगा।

शब्द सादृश्यता से सम्बन्धित प्रश्नों को हल करने के लिए कुछ महत्त्वपूर्ण सम्बन्धों की जानकारियाँ निम्नलिखित हैं।

स्थिति I – देश : राजधानी

इस सम्बन्ध पर आधारित कुछ महत्त्वपूर्ण उदाहरण निम्नवत् हैं

जापान	: टोक्यो	कीनिया	: नैरोबी
पुर्तगाल	: लिस्बन	फ्रांस	: पेरिस
अर्जेन्टीना	: ब्यूनस आयर्स	ग्रीस	: एथेंस
भारत	: नई दिल्ली	सं.रा. अमेरिका	: वाशिंगटन डीसी

स्थिति II – देश : मुद्रा

इस सम्बन्ध पर आधारित कुछ महत्त्वपूर्ण उदाहरण निम्नवत् हैं

ईरान	: रियाल	सं. रा. अमेरिका	: डॉलर
चिली	: पीसो	भूटान	: न्गुलट्रम
चीन	: युआन	स्पेन	: यूरो

स्थिति III – राज्य : राजधानी

इस सम्बन्ध पर आधारित कुछ महत्त्वपूर्ण उदाहरण निम्नवत् हैं

गुजरात	: गाँधीनगर	ओडिशा	: भुवनेश्वर
सिक्किम	: गंगटोक	उत्तर प्रदेश	: लखनऊ
तमिलनाडु	: चेन्नई	पश्चिम बंगाल	: कोलकाता

स्थिति IV – यन्त्र : मापक

इस सम्बन्ध पर आधारित कुछ महत्त्वपूर्ण उदाहरण निम्नवत् हैं

स्फिग्मोमैनोमीटर	: रक्त दाब	अमीटर	: विद्युत धारा
हाइग्रोमीटर	: आर्द्रता	ओडोमीटर	: वाहन द्वारा चली गई दूरी
थर्मामीटर	: तापमान	सिस्मोग्राफ	: भूकम्प तीव्रता

स्थिति V – इकाई : मात्रक

इस सम्बन्ध पर आधारित कुछ महत्त्वपूर्ण उदाहरण निम्नवत् हैं

विद्युत धारा	: ऐम्पियर	शक्ति	: वॉट
ऊर्जा/कार्य	: जूल	प्रतिरोध	: ओम
ताप	: केल्विन	बल	: न्यूटन
दाब	: पॉस्कल	आयतन	: लीटर

स्थिति VI – शब्द : समानार्थी शब्द

इस सम्बन्ध पर आधारित कुछ महत्त्वपूर्ण उदाहरण निम्नवत् हैं

अनुमान	: कल्पना	अजनबी	: अपरिचित
अमृत	: मधु	ऊहापोह	: असमंजस
अनबन	: खटपट	ईर्ष्या	: द्वेष

स्थिति VII – शब्द : विपरीतार्थक शब्द

इस सम्बन्ध पर आधारित कुछ महत्त्वपूर्ण उदाहरण निम्नवत् हैं

शान्ति	: अशान्ति	हार	: जीत
शोक	: हर्ष	नादान	: समझदार
सार्थक	: निरर्थक	सन्यासी	: गृहस्थ

स्थिति VIII – वस्तु/जानवर : उनके रखने का स्थान

इस सम्बन्ध पर आधारित कुछ महत्त्वपूर्ण उदाहरण निम्नवत् हैं

जानवर	: चिड़ियाघर	मधुमक्खियाँ	: एपियरी
हवाई जहाज	: हैंगर	चिड़ियाँ	: चिड़ियाखाना
मछलियाँ	: एक्वेरियम	कपड़े	: अलमारी

शब्द सादृश्यता से पूछे जाने वाले महत्त्वपूर्ण सम्बन्ध

- देश : महाद्वीप
- देश : संसद
- देश : राष्ट्रीय प्रतीक
- देश : राष्ट्रीय पशु
- देश : राष्ट्रीय पुष्प
- देश : नदी
- देश : जनजाति
- देश : बन्दरगाह
- देश : स्थल
- नगर : उद्योग
- देश : सरकारी दस्तावेज
- देश : राष्ट्रीय स्मारक
- देश : समाचार एजेन्सी
- देश : गुप्तचर संस्था
- देश : समाचार-पत्र
- देश : राष्ट्रीय खेल
- देश : प्राकृतिक स्थल
- राज्य : उच्च न्यायालय
- उत्पाद : कच्चा माल
- उत्पाद : कारीगर
- व्यक्ति : कार्यस्थल
- व्यक्ति : औजार
- औजार : कार्य
- व्यक्ति : निवास
- जन्तु : संघ
- विज्ञान : अध्ययन क्षेत्र
- क्रान्ति : उत्पादन क्षेत्र
- जन्तु : आवाज
- जन्तु : बच्चा
- धर्म : पूजा स्थल
- धर्म : धार्मिक पुस्तकें
- झण्डा : अर्थ
- प्रतीक : अर्थ
- इमारतें : स्थान
- नगर : संस्थापक
- राजवंश : संस्थापक
- व्यक्ति : समाधिस्थल
- खेल : परिसर
- आविष्कार : आविष्कारक
- खेल : पुरस्कार
- व्यक्ति : सम्बन्धित खेल
- केन्द्र शासित प्रदेश : राजधानी

Exam Approach Examples

शब्द सादृश्यता पर आधारित

उदाहरण 1. पर्दे कपड़े से उसी प्रकार सम्बन्धित है जिस प्रकार, ब्लाइण्ड्स सम्बन्धित है *UP Police Constable 2024*

(a) कवर से (b) डोरियों से (c) लिफ्टर्स से (d) स्लैट्स से

हल (d) जिस प्रकार, पर्दें, कपड़े से बने होते हैं। उसी प्रकार, ब्लाइण्ड्स, स्लैट्स से बने होते हैं।

निर्देश (उदाहरण 2-5) *नीचे दिए गए प्रत्येक प्रश्न में उस विकल्प का चयन करें, जो तीसरे शब्द से उसी प्रकार सम्बन्धित है, जिस प्रकार दूसरा शब्द, पहले शब्द से सम्बन्धित है।*

उदाहरण 2. शेर : माँद :: खरगोश : ? *UP Police Constable 2024*

(a) खाई (b) बिल
(c) छिद्र (d) गड्ढा

हल (b) जिस प्रकार, शेर एक माँद में रहता है। उसी प्रकार, खरगोश एक बिल में रहता है।

> **Helping Tips**
> इस प्रकार के प्रश्नों को हल करने के लिए हिन्दी व्याकरण और सामान्य ज्ञान तथा सामान्य विज्ञान की जानकारी होनी चाहिए।

उदाहरण 3. स्कूटर : वाहन :: पेंसिल : ? *SSC (10+2) 2023*

(a) लेखन सामग्री (b) लिखना (c) सीसा (d) कलम

हल (a) जिस प्रकार, स्कूटर एक प्रकार का वाहन है। उसी प्रकार, पेंसिल एक प्रकार की लेखन सामग्री है।

उदाहरण 4. स्टॉप (Stop) : सीज (Cease) :: स्टार्ट (Start) : ? *MHA IB 2023*

(a) कमेंस (b) एण्डेवर (c) सेट अप (d) एण्ड

हल (a) जिस प्रकार, स्टॉप और सीज का समान अर्थ रुकना है। अत: यह दोनों समानार्थी शब्द-युग्म हैं। उसी प्रकार, स्टार्ट और कमेंस (आरम्भ करना) समानार्थी शब्द-युग्म हैं।

उदाहरण 5. Pediatrics : Children : : Neurology : ? *RRB NTPC 2020*

(a) Brain (b) Heart (c) Veins (d) Eyes

हल (a) जिस प्रकार, Pediatrics, Children (बच्चों) से सम्बन्धित विज्ञान है। उसी प्रकार, Neurology, Brain (मस्तिष्क) से सम्बन्धित विज्ञान है।

उदाहरण 6. उस विकल्प को चुनिए, जो पाँचवें शब्द से उसी प्रकार सम्बन्धित है जैसे दूसरा शब्द पहले शब्द से सम्बन्धित है और चौथा शब्द तीसरे शब्द से सम्बन्धित है।

ट्रक : वाहन :: बर्गर : भोजन :: गिलास : ? *NTA CUET (UG) 2023*

(a) क्रॉकरी (b) किराना
(c) इलेक्ट्रॉनिक्स (d) फर्नीचर

हल (a) जिस प्रकार, ट्रक एक प्रकार का वाहन है और बर्गर एक प्रकार का भोजन है। उसी प्रकार, गिलास एक प्रकार का क्रॉकरी है।

उदाहरण 7. उस शब्द युग्म का चयन करें, जिसमें शब्द उसी प्रकार सम्बन्धित है, जैसे निम्नलिखित शब्द-युग्म में सम्बन्धित है।

हाइग्रोमीटर : आर्द्रता *SSC (10+2) 2023*

(a) एनीमोमीटर : धारा (b) स्क्रूगेज : ताप
(c) थर्मामीटर : रक्त चाप (d) अमीटर : विद्युत धारा

हल (d) जिस प्रकार, हाइग्रोमीटर से आर्द्रता मापते हैं। उसी प्रकार, अमीटर से 'विद्युत धारा' मापते हैं।

उदाहरण 8. नीचे तीन शब्द दिए गए हैं, जिनमें कुछ सामान्य विशेषता है। इन शब्दों के नीचे उत्तर विकल्प दिए गए हैं, जिनमें किसी एक में भी वही विशेषता है, सही विकल्प को चुनिए। *UP Police Constable 2018*

साँप, छिपकली, मगरमच्छ

(a) सरीसृप (b) स्तनधारी (c) सर्वाहारी (d) हिरण

हल (a) साँप, छिपकली और मगरमच्छ तीनों सरीसृप वर्ग के अन्तर्गत आते हैं।

उदाहरण 9. उस विकल्प का चयन कीजिए, जिसमें शब्द समान सम्बन्ध साझा नहीं करते हैं। जो दिए गए शब्दों के समूह द्वारा साझा किया गया है।

रोगी : शल्य चिकित्सक : शल्य चिकित्सा *RRB NTPC 2021*

(a) चाक : शिक्षक : विद्यार्थी (b) कपड़ा : दर्जी : सिलाई
(c) सब्जियाँ : बावर्ची : रसोइया (d) मिट्टी : कुम्हार : मिट्टी के बर्तन

हल (a) दिए गए शब्दों में वस्तु या उत्पाद, कार्यकर्ता तथा कार्यस्थल के सम्बन्ध को दर्शाया गया है। विकल्प (a) के अतिरिक्त अन्य सभी समान सम्बन्ध को साझा करते हैं। अत: विकल्प (a) अन्य सभी से भिन्न है।

अक्षर सादृश्यता पर आधारित

निर्देश (उदाहरण 10 और 11) *नीचे दिए गए प्रत्येक प्रश्न में उस विकल्प का चयन करें, जो तीसरे अक्षर-समूह से ठीक उसी प्रकार सम्बन्धित है, जिस प्रकार दूसरा अक्षर-समूह पहले अक्षर-समूह से सम्बन्धित है।*

उदाहरण 10. BPMN : CQNO :: GTPL : ? *UP Police Constable 2024*

(a) EUQM (b) HURN (c) DUQN (d) HUQM

हल (d) जिस प्रकार,

B P M N
↓+1 ↓+1 ↓+1 ↓+1
C Q N O

उसी प्रकार,

G T P L
↓+1 ↓+1 ↓+1 ↓+1
H U Q M

उदाहरण 11. FIND : URMW, BENT : YVMG *RRB ALP (CBT-I) 2024*

(a) FILE : VROV (b) BEAD : YVYW
(c) HERO : SVIL (d) SAID : HZRV

हल (c) जिस प्रकार,

F I N D
↓ ↓ ↓ ↓ (विपरीत अक्षर)
U R M W

तथा

B E N T
↓ ↓ ↓ ↓ (विपरीत अक्षर)
Y V M G

उसी प्रकार,

H E R O
↓ ↓ ↓ ↓ (विपरीत अक्षर)
S V I L

उदाहरण 12. उस विकल्प का चयन कीजिए, जिसका पाँचवें अक्षर-समूह से वही सम्बन्ध है, जो दूसरे अक्षर-समूह का पहले अक्षर-समूह से है और चौथे अक्षर-समूह का तीसरे अक्षर-समूह से है।

MDT : PAW :: RFQ : UCT :: LSK : ? *RRB NTPC (CBT-II) 2022*

(a) ORH (b) HRN (c) JPH (d) OPN

हल (d) जिस प्रकार,

M D T
↓+3 ↓−3 ↓+3
P A W

तथा

R F Q
↓+3 ↓−3 ↓+3
U C T

उसी प्रकार,

L S K
↓+3 ↓−3 ↓+3
O P N

उदाहरण 13. **अंग्रेजी वर्णमाला क्रम के आधार पर HFLI एक निश्चित प्रकार से OMSP से सम्बन्धित है। ठीक उसी प्रकार KIOL, RPVS से सम्बन्धित है। समान तर्क का अनुसरण करते हुए MKQN निम्नलिखित में से किससे सम्बन्धित है?** *SSC MTS 2024*

(a) TRUX (b) RTUX (c) RTXU (d) TRXU

हल (d) जिस प्रकार, H F L I → (+7, +7, +7, +7) → O M S P

और, K I O L → (+7, +7, +7, +7) → R P V S

उसी प्रकार, M K Q N → (+7, +7, +7, +7) → **T R X U**

उदाहरण 14. **अक्षर-समूहों के उस युग्म को चुनिए, जो उसी पैटर्न का अनुसरण करता है, जो नीचे दिए गए अक्षर-समूहों के युग्म के दो समुच्चयों द्वारा किया जाता है। अक्षर-समूहों के दोनों युग्म समान पैटर्न का अनुसरण करते हैं।**

EKM : DIJ ; LPT : KNQ *SSC (10+2) 2023*

(a) PWZ : OUW (b) PJQ : NHO (c) JMR : LOT (d) ABC : XYZ

हल (a) जिस प्रकार, E K M → (−1, −2, −3) → D I J ; तथा L P T → (−1, −2, −3) → K N Q ; उसी प्रकार P W Z → (−1, −2, −3) → **O U W**

संख्या सादृश्यता पर आधारित

उदाहरण 15. **वह विकल्प ज्ञात कीजिए, जो प्रश्नचिह्न के स्थान पर आएगा?** *UP Police Constable 2024*

12 : 26 : : ? : 24

(a) 12 (b) 9 (c) 8 (d) 6

हल (c) जिस प्रकार, 12 : (26) ⇒ 2 × 6 = 12

उसी प्रकार, ? : (24) ⇒ 2 × 4 = **8**

उदाहरण 16. **एक निश्चित तर्क का अनुसरण करते हुए 15, 45 से सम्बन्धित है। उसी तर्क का अनुसरण करते हुए, 25, 125 से सम्बन्धित है। उसी तर्क का उपयोग करते हुए निम्नलिखित में से कौन-सी संख्या 80 से सम्बन्धित है?** *SSC CPO 2024*

(a) 20 (b) 18 (c) 21 (d) 22

हल (a) यहाँ, दूसरी संख्या, पहली संख्या से पूर्णतः विभाजित होती है।
जिस प्रकार, $45 \div 15 = 3$ तथा $125 \div 25 = 5$; उसी प्रकार, $80 \div 20 = 4$
क्योंकि विकल्प में दी गई संख्याओं में केवल '20', 80 को पूर्णतः विभाजित करता है।

उदाहरण 17. **दिए गए सादृश्य में लुप्त संख्या ज्ञात कीजिए।**

25 : 625 : : 35 : ..... *UP Police Constable 2024*

(a) 865 (b) 1225 (c) 825 (d) 1115

हल (b) जिस प्रकार, $25 : 625 \Rightarrow (25) : (25)^2$

उसी प्रकार, $35 : (35)^2 \Rightarrow 35 :$ **1225**

उदाहरण 18. **उस समुच्चय का चयन कीजिए, जिसमें संख्याएँ ठीक उसी प्रकार सम्बन्धित हैं जिस प्रकार दिए गए समुच्चयों की संख्याएँ सम्बन्धित हैं।** *SSC (10+2) 2024*

(4, 8, 32); (7, 14, 56)

(a) (11, 22, 77) (b) (11, 33, 77) (c) (11, 22, 88) (d) (11, 33, 88)

हल (c) जिस प्रकार, $(4, 8, 32) \Rightarrow 4 \times 2 = 8,\ 8 \times 4 = 32$
तथा $(7, 14, 56) \Rightarrow 7 \times 2 = 14,\ 14 \times 4 = 56$
उसी प्रकार, $(11, 22, 88) \Rightarrow 11 \times 2 = 22,\ 22 \times 4 = 88$

उदाहरण 19. **उस विकल्प को चुनिए, जिसमें समुच्चय की संख्याएँ वही सम्बन्ध साझा करती हैं, जो दिए गए समुच्चय में संख्याओं द्वारा साझा किया जाता है।** *SSC (10+2) 2023*

(286, 456, 340); (347, 592, 490)

(a) (324, 419, 210)
(b) (782, 907, 230)
(c) (456, 666, 400)
(d) (198, 279, 162)

हल (d) जिस प्रकार, (286, 456, 340)
$\Rightarrow (456 - 286) \times 2 = 170 \times 2 = 340$
और (347, 592, 490)
$\Rightarrow (592 - 347) \times 2 = 245 \times 2 = 490$
उसी प्रकार, (198, 279, 162)
$\Rightarrow (279 - 198) \times 2 = 81 \times 2 = 162$

Trending Concept
संख्या सादृश्यता पर आधारित प्रश्न वर्तमान में हो रही परीक्षाओं (UP Police Constable, SSC CPO, SSC (10+2), व ALP आदि) में पूछे जा रहे हैं। ये आगामी परीक्षाओं के लिए भी अति महत्त्वपूर्ण हैं।

उदाहरण 20. **निम्नलिखित संख्या-युग्मों में, पहली संख्या पर कुछ गणितीय संक्रियाएँ करके दूसरी संख्या प्राप्त की जाती है। X और Y के स्थान पर कौन-सी संख्याएँ आनी चाहिए ताकि : : के बाईं ओर दो संख्याओं द्वारा जिस पैटर्न का अनुसरण किया जाता है, उसी पैटर्न का अनुसरण : : के दाईं ओर किया जाता हो?**

X : 112 : : 15 : Y *RRB ALP (CBT-I) 2024*

(a) X = 12, Y = 184 (b) X = 14, Y = 166
(c) X = 10, Y = 148 (d) X = 16, Y = 192

हल (a) जिस प्रकार, $12 \times (12 - 3) + 4 = 112$

उसी प्रकार, $15 \times (15 - 3) + 4 = 184 \Rightarrow X = 12$ तथा $Y = 184$

अक्षर-संख्या सादृश्यता पर आधारित

उदाहरण 21. **यदि STAR : 1920118, MARS : 1311819, तब PARK : ?** *RRB Group D 2018*

(a) 1618111 (b) 1611811 (c) 1811611 (d) 1712812

हल (b) जिस प्रकार, S T A R → 19 20 1 18

तथा M A R S → 13 1 18 19

उसी प्रकार, P A R K → **16 1 18 11**

उदाहरण 22. **JM12, EH15 से एक निश्चित प्रकार से सम्बन्धित है। उसी प्रकार, QT34, LO37 से सम्बन्धित है। समान तर्क का अनुसरण करते हुए SV23 निम्नलिखित में से किससे सम्बन्धित है?** *SSC MTS 2024*

(a) NQ26 (b) MP26 (c) NP27 (d) MQ27

हल (a) जिस प्रकार, J M 12 → (−5, −5, +3) → E H 15

और, Q T 34 → (−5, −5, +3) → L O 37

उसी प्रकार, S V 23 → (−5, −5, +3) → **N Q 26**

Chapter Challenge

शब्द सादृश्यता पर आधारित

1. 'गुच्छे' का सम्बन्ध 'अंगूर' से उसी प्रकार है जिस प्रकार 'झुण्ड' का सम्बन्ध ...... से है। *Rajasthan Police Constable 2022*
(a) भीड़ (b) पशु (c) मुर्गी/चूजे (d) मक्खियाँ

2. सादृश्यता पूर्ण कीजिए।
दस्ताने : हाथ : : मौजे : ? *UP Police Constable 2024*
(a) जूता (b) पैर (c) बाँह (d) सिर

3. जिस प्रकार, साबुन का सम्बन्ध साफ-सफाई से है, उसी प्रकार इत्र का सम्बन्ध है *UP Police Constable 2024*
(a) ताजगी से
(b) बुद्धिमान से
(c) गन्ध से
(d) साफ-सुथरा से

> **MRC*****
> *(Most Repeating Concepts)*
> प्र. सं. 1, 2, 3, 4 व 5 (State Police, ALP तथा NTPC आदि) Exam Point of Views से अति महत्त्वपूर्ण हैं। इनसे प्रश्न निरन्तर पूछे जा रहे हैं।

4. 'चर्च' का सम्बन्ध 'ईसाइयों' से है, उसी प्रकार 'स्यानागोगी' का सम्बन्ध ...... से है। *RRB NTPC 2021*
(a) मुस्लिम (b) जैन
(c) पारसी (d) यहूदी

5. 'मणिपुर' का सम्बन्ध 'इम्फाल' से उसी प्रकार है, जिस प्रकार 'नागालैण्ड' का सम्बन्ध '.......' से है। *RRB NTPC 2021*
(a) गंगटोक (b) शिलांग
(c) आइजोल (d) कोहिमा

6. जिस प्रकार 'अधिवक्ता' का सम्बन्ध 'न्याय' से है, उसी प्रकार 'मध्यस्थ' का सम्बन्ध ...... से है। *SSC CGL 2020*
(a) समझौता (b) अन्याय
(c) संचार (d) निर्णय

7. जिस प्रकार, 'क्रिया' का सम्बन्ध 'प्रतिक्रिया' से है। उसी प्रकार, 'उकसाना', ... से सम्बन्धित है। *SSC CGL 2018*
(a) दूरदृष्टि (b) प्रतिपुष्टि
(c) अनुक्रिया (d) स्वागत

8. 'खिलना' (Blossom), मुरझाना' (Wither) से उसी प्रकार सम्बन्धित है, जिस प्रकार 'स्थिर होना' (Stagnate)' ..... से सम्बन्धित है।
(**नोट** शब्दों को सार्थक हिन्दी शब्द माना जाना चाहिए और शब्दों को अक्षरों की संख्या/व्यंजनों/स्वरों की संख्या के आधार पर एक-दूसरे से सम्बन्धित नहीं किया जाना चाहिए?) *SSC CGL (Tier I) 2024*
(a) विराम (b) खड़े रहना
(c) बहना (d) मन्द पड़ना

निर्देश (प्र. सं. 9-35) *नीचे दिए गए प्रत्येक प्रश्न में चिह्न (::) के बाईं ओर दो शब्द दिए गए हैं, जिनमें कोई न कोई सम्बन्ध है, ठीक उसी प्रकार का सम्बन्ध चिह्न (::) के दाईं ओर दिए गए शब्द का तथा उसके नीचे दिए गए विकल्पों में से किसी एक शब्द के बीच में भी है, वही विकल्प पद आपका उत्तर है।*

9. मेंढक : कूद :: साँप : ? *DSSSB Workshop 2024*
(a) तैरना (b) रेंगना
(c) कूदना (d) दौड़ना

10. अयस्क : धातु :: दूध : ? *SSC Constable (GD) 2022*
(a) गाय (b) ग्लास
(c) कपड़ा (d) दही

11. कॉलेज : स्टूडेण्ट :: अस्पताल : ? *Delhi Police MTS 2022*
(a) नर्स (b) डॉक्टर
(c) ट्रीटमेण्ट (d) पेशेण्ट

12. Damage : Repair :: Whisper : ? *UP Police SI 2011*
(a) Hiss (b) Murmur (c) Hint (d) Shout

13. चालक : एल्युमीनियम :: विद्युतरोधी : ? *SSC MTS 2021*
(a) ग्रेफाइट (b) चाँदी
(c) अभ्रक (d) सिलिकॉन

14. चीनी : मीठी : : नींबू : ? *UP Police Constable 2024*
(a) पीला (b) रस
(c) खट्टा (d) फल

15. सूर्य : पृथ्वी :: ? : चन्द्रमा *RRB NTPC 2020*
(a) धूमकेतु (b) पृथ्वी
(c) नक्षत्र (d) उल्कापिण्ड

16. आकर्षण : प्रतिकर्षण :: ऊर्ध्वाधर : ? *SSC JE 2023*
(a) वृत्त (b) विकर्ण
(c) क्षैतिज (d) रेखा

17. थर्मामीटर : तापमान : : ओडोमीटर : ? *UP Police Constable 2024*
(a) दाब (b) गति
(c) वजन (d) दूरी

18. इन्जीनियर : ब्लूप्रिण्ट : : शेफ : ..... *UP Police Constable 2024*
(a) सामग्री (b) रसोई
(c) मेनू (d) रेसिपी

19. अन्तरिक्ष यात्री : अन्तरिक्ष यान : : गोताखोर : ? *UP Police Constable 2024*
(a) साइकिल (b) पनडुब्बी
(c) हवाई जहाज (d) कार

20. संग्रहालय : क्यूरेटर :: जेल : (?) *UPSSSC Forest Guard 2022*
(a) मैनेजर (b) मॉनीटर
(c) वार्डन (d) जेलर

21. मच्छर : मलेरिया :: चूहा : ? *Haryana CET 2022*
(a) रेबीज (b) टाइफाइड
(c) प्लेग (d) डेंगू

22. भीड़ : सघन :: ढलान : ? *SSC CGL (Tier-II) 2023*
(a) समतल (b) तीव्र ढाल
(c) तंग (d) मेंड़

23. माँ : बच्चा : : बादल : ? *SSC CPO 2023*
(a) मौसम (b) बारिश
(c) चमक (d) घोष

24. चूजे : ब्रूड :: मधुमक्खियाँ : ? *Delhi Police Constable 2023*
(a) लीग (b) मॉब
(c) गैंग (d) स्वार्म

25. यहूदी : तौरात :: ईसाई : ? *SSC Constable (GD) 2022*
(a) ओल्ड टेस्टामेण्ट (b) बाइबिल
(c) न्यू टेस्टामेण्ट (d) चर्च

26. ऑर्थोपेडिक : हड्डी :: कॉर्डियोलॉजिस्ट : ? *SSC CGL (Tier-I) 2023*
(a) हृदय (b) मस्तिष्क
(c) वृक्क (d) फेफड़े

27. गन्ना : गुड़ :: नारियल : ? *RRB ALP 2019*
(a) नारियल की जटा (b) समुद्र तट
(c) फल (d) सफेद

28. गुफा : शेर :: जाल : ? *SSC (10+2) 2023*
(a) चूहा (b) एस्किमो
(c) पक्षी (d) मकड़ी

29. अखरोट : शैल : : केला : ? *RRB ALP 2018*
(a) छिलका (b) पका हुआ (c) हरा (d) फल

30. बन्दूक : गोली : : टॉर्च : ? *UP Police Constable 2018*
(a) आग (b) बैटरी
(c) अन्धकार (d) मोमबत्ती

31. बिल : खरगोश :: स्टाई : ? *RPF SI 2018*
(a) मुर्गा (b) सुअर
(c) बकरी (d) भालू

32. पक्षीविज्ञानी : पक्षी : : नृविज्ञानी : ? *UPSSSC PET 2021*
(a) पौधे (b) पशु (c) मानव (d) पर्यावरण

33. साइकिल : पैडल :: कार : ? *SSC GD 2024*
(a) दरवाजा (b) पहिया (c) करछा (d) हथौड़ा

34. बांदीपुर राष्ट्रीय उद्यान : कर्नाटक :: दुधवा राष्ट्रीय उद्यान : ? *RRB NTPC 2021*
(a) राजस्थान (b) मध्य प्रदेश
(c) हिमाचल प्रदेश (d) उत्तर प्रदेश

35. बिहार : पटना :: झारखण्ड : राँची :: राजस्थान : ? *SSC GD 2024*
(a) जोधपुर (b) मणिपुर (c) जयपुर (d) उदयपुर

निर्देश (प्र. सं. 36-45) *उन शब्द-युग्मों का चयन कीजिए, जिनमें दो शब्द आपस में उसी प्रकार सम्बन्धित हैं, जिस प्रकार प्रश्न में दिए गए शब्द-युग्म सम्बन्धित हैं।*

36. मानव : ऑक्सीजन :: ? *Rajasthan Police Constable 2022*
(a) ग्लूकोज : पावर (b) रोगी : दवा
(c) रोग : जन्म (d) बिस्तर : राहत

37. आभामापी : रंग *SSC CGL 2021*
(a) श्यानतामापी : हवा (b) श्वसनमापी : गति
(c) क्षेत्रफलमापी : दबाव (d) कोणमापी : कोण

38. खगोल विद्या : ग्रह *SSC (10+2) 2021*
(a) मुद्राशास्त्र : सिक्के (b) मनोविज्ञान : कोशिकाएँ
(c) भूकम्प-विज्ञान : थिएटर (d) भाषा विज्ञान : संरचना

39. आराम : नींद *RRB NTPC 2021*
(a) मिनट : समय (b) खुशी : भावना
(c) आकाश : रॉकेट (d) रोगमुक्ति : दवा

40. डॉक्टर : अस्पताल *SSC CPO 2018*
(a) राज्यपाल : राष्ट्रपति (b) संग्रहालय : आगंतुक
(c) अध्यापक : विद्यालय (d) पर्यवेक्षक : अधिकारी

41. बाइबिल : कुरान *RRB ALP 2018*
(a) भगवान : मनुष्य (b) पूजा : स्थान
(c) मन्दिर : प्रार्थना (d) सेब : सन्तरा

42. कबूतर : शान्ति *Delhi Police MTS 2018*
(a) ताज : सिर (b) सफेद झण्डा : समर्पण
(c) लॉरेंज : विजय (d) युद्ध : स्वतन्त्रता

43. जिल्द लगाना : किताब *Delhi Police MTS 2018*
(a) अपराधी : गिरोह (b) प्रदर्शन : अजायबघर
(c) कील : हथौड़ा (d) फ्रेम : चित्र

44. ऊष्मा : सूर्य *SSC CGL 2018*
(a) घर : छत (b) विटामिन : फल
(c) वातावरण : आर्द्रता (d) सवारी : कार

45. Fetter : Liberate *UPSSSC 2018*
(a) Shackle : Loose (b) Common : Ghostly
(c) Routine : Novel (d) Secular : Clerical

46. दिए गए विकल्पों में से उन शब्दों को चुनिए, जो दिए गए सादृश्य में प्रश्नवाचक चिह्नों को प्रतिस्थापित कर देंगे, ताकि पहले पद और दूसरे पद के बीच सम्बन्ध वही हो, जो तीसरे पद और चौथे पद के बीच है।
मोची : ? :: ? : सोना *RRB NTPC 2021*
(a) चमड़ा : जौहरी (b) जूता : दुल्हन
(c) सुनार : आभूषण (d) व्यापारी : कण

47. उस विकल्प का चयन करें, जो तीसरे शब्द से उसी प्रकार सम्बन्धित है जैसे दूसरा शब्द पहले शब्द से सम्बन्धित है। (शब्दों को अर्थपूर्ण अंग्रेजी शब्दों के रूप में माना जाना चाहिए और शब्द आपस में अक्षरों की संख्या/व्यंजनों/स्वरों की संख्या के आधार पर एक-दूसरे से सम्बन्धित नहीं होने चाहिए) *SSC CGL (Tier I) 2024 (Shift-I)*
उतावलापन : शर्मिला : : मनमुटाव : ?
(a) अपराध (b) गुस्सा
(c) आनन्द (d) नाराजगी

48. नीचे दिए गए नाम निश्चित तर्क से सम्बन्धित हैं। विकल्पों में से, उस नाम का चयन करें, जिसे नामों के इस समूह का हिस्सा बनाया जा सकता है।
तारापुर, कुण्डनकुलम, कैगा, काकरापार, कलपक्कम, नरोरा *UPSSSC 2018*
(a) कोयना (b) रावतभाटा
(c) उकाई (d) भाखड़ानांगल

49. नीचे दिए गए सम्बन्ध पर विचार कीजिए। *CGPSC 2014*
सड़क : बस : वाहन चालक
अब नीचे दिए गए शब्दों के समूह में से उस शब्द समूह को चुनिए, जो उपरोक्त सम्बन्ध के समान सम्बन्ध दर्शाता है।
(a) जल : जहाज : चालक
(b) आकाश : हवाई जहाज : पायलट
(c) कागज : पत्र : पाठक
(d) पटरी : रेलगाड़ी : यात्री

निर्देश (प्र. सं. 50 और 51) *निम्नलिखित प्रश्नों में तीन-तीन शब्द दिए गए हैं तथा इनके नीचे वैकल्पिक शब्द दिए गए हैं। इन वैकल्पिक शब्दों में से एक शब्द ऊपर दिए गए तीनों शब्दों के वर्ग का द्योतक है। उस एक वैकल्पिक द्योतक शब्द को चुनिए।*

50. डंडा, खम्भा, झण्डा *UPSSSC 2015*
(a) तख्ता (b) शहतीर
(c) धुरा (दण्ड या शाफ्ट) (d) इमारती लकड़ी

51. प्राण-संचरण, जीवन, जीवित *UPSSSC 2015*
(a) नश्वरता/मरणशीलता/घातकता (b) क्रियाशील होना
(c) विद्यमान होना/अस्तित्व रखना (d) जीवनशक्ति

Chapter Challenge सादृश्यता

निर्देश (प्र. सं. 52 और 53) *निम्नलिखित प्रत्येक प्रश्न में समानता का पता लगाइएँ।*

52. हाथी, ऊँट, भैंस, जिराफ **RRB NTPC 2016**
(A) इन सभी के द्वारा उत्पादित दूध लोगों द्वारा सेवन नहीं किया जा सकता
(B) इन सभी के सींग हैं
(C) ये सभी स्तनधारी हैं
(D) इन सभी के बच्चे नहीं होते हैं
(a) C (b) D (c) A (d) B

53. टमाटर, अमरूद, तरबूज, सन्तरा **RRB NTPC 2016**
(A) ये सभी फल हैं
(B) ये सभी लाल रंग के होते हैं
(C) इनके अन्दर बड़े बीज होते हैं
(D) यह भारत में सभी मौसमों में मिलते हैं
(a) D (b) C (c) B (d) A

अक्षर सादृश्यता पर आधारित

निर्देश (प्र. सं. 54-60) *निम्नलिखित प्रश्नों में उस अक्षर/अक्षर-समूह का चयन कीजिए, जो तीसरे अक्षर/अक्षर-समूह से उसी प्रकार सम्बन्धित है, जिस प्रकार दूसरा अक्षर/अक्षर-समूह पहले अक्षर/अक्षर-समूह से सम्बन्धित है।*

54. E : H : : N : ? **UP Police Constable 2024 (Shift-I)**
(a) P
(b) R
(c) O
(d) Q

> *MRC****
> ***(Most Repeating Concepts)***
> प्र. सं. 54, 55, 56, 57, 58, 59 व 60 अक्षर समूह पर आधारित प्रश्न CHSL, CPO तथा Police Exam आदि में लगातार पूछे जा रहे हैं। आगामी परीक्षा की दृष्टि से अति महत्त्वपूर्ण हैं।

55. P : Q : : T : ?
(a) U
(b) T
(c) P
(d) R
UP Police Constable 2024

56. DJ : HT :: HM : ? **CRPF Head Constable 2023**
(a) PY (b) JK (c) LW (d) LP

57. MEK : NVP : : GYT : TBG : : JWH : ?
SSC CGL (Tier I) 2024
(a) PCR (b) QDS
(c) QDT (d) PCS

58. AZW : GFC :: LSM : ? **SSC (10+2) 2021**
(a) RYS (b) RXY
(c) QOS (d) DMT

59. CFZ : HIU :: ? : JLS **SSC CPO 2018**
(a) EIY (b) EHW
(c) FHX (d) EIX

60. GOAT : DQYW : : TRES : ? **SSC (10+2) 2020**
(a) PSBU (b) RSDW
(c) QTCV (d) HUMO

61. ACE, BDF से एक निश्चित प्रकार से सम्बन्धित है। उसी प्रकार, GIK, HJL से सम्बन्धित है। समान तर्क का अनुसरण करते हुए, MOQ निम्नलिखित में से किस विकल्प से सम्बन्धित है?
RRB ALP (CBT-I) 2024
(a) NOP (b) NPS
(c) OPQ (d) NPR

निर्देश (प्र. सं. 62-65) *निम्नलिखित प्रश्नों में उस अक्षर/अक्षर-समूह का चयन कीजिए, जो तीसरे अक्षर/अक्षर-समूह से उसी प्रकार सम्बन्धित है, जिस प्रकार दूसरा अक्षर/अक्षर-समूह पहले अक्षर/अक्षर-समूह से सम्बन्धित है।*

62. CEGI : AGEK :: DFHJ : ? **SSC CGL 2020**
(a) BHFL (b) CGIK
(c) BDJK (d) CHFI

63. SHOW : OWHS :: FOUL : ? **SSC MTS 2019**
(a) UFOL (b) ULFO
(c) ULOF (d) UOFL

64. LATYE : YTLEA :: NETAEO : ? **SSC Steno 2021**
(a) TONEEA (b) TONEAE
(c) TQUNEA (d) TTNUAE

65. NEUTSE : GGPUVW :: ZWURST : ? **SSC Steno 2021**
(a) QXPTWA (b) BTUUWY
(c) QXPXAE (d) BTUVWY

66. दिए गए विकल्पों में से उस त्रय का चयन कीजिए जो उसी पैटर्न का अनुसरण करता है, जिस पैटर्न का अनुसरण नीचे दिए गए दो त्रयों द्वारा किया जाता है। दोनों त्रय समान पैटर्न का अनुसरण करते हैं।
JG-NK-RT, EB-IF-MO **ALP (CBT-I) 2024**
(a) IF-MJ-QR (b) FC-JG-NO
(c) GD-KI-OQ (d) HE-LI-PR

निर्देश (प्र. सं. 67-69) *निम्नलिखित प्रश्नों में उस अक्षर/अक्षर-समूह का चयन कीजिए, जो तीसरे अक्षर/अक्षर-समूह से उसी प्रकार सम्बन्धित है, जिस प्रकार दूसरा अक्षर/अक्षर-समूह पहले अक्षर/अक्षर-समूह से सम्बन्धित है।*

67. TURNIP : QTSQJO :: RADISH : ? **SSC Steno 2020**
(a) CZQGRH (b) DZRITJ (c) CZQITJ (d) BZPHSJ

68. HARMONY : BMLGUDK :: RESOLVE : ? **SSC CGL 2022**
(a) VOEIUVH (b) OVEJUHV
(c) VEOIVHU (d) EVOJHVU

69. Eea : aEE : Ppb : ? **SSC MTS 2019**
(a) ppp (b) BBp (c) bPP (d) EEA

70. उस विकल्प का चयन कीजिए, जो छठे अक्षर/समूह से उसी प्रकार सम्बन्धित है, जिस प्रकार पहला अक्षर/समूह, दूसरे अक्षर/समूह से सम्बन्धित है और तीसरा अक्षर/समूह, चौथे अक्षर/समूह से सम्बन्धित है।
HMD : KOE : : BNQ : EPR : : ? : FLV
SSC CGL (Tier-I) 2023
(a) UJC (b) SJE (c) CJU (d) EJS

निर्देश (प्र. सं. 71-76) *उस विकल्प का चयन कीजिए, जो पाँचवें अक्षर-समूह से उसी प्रकार सम्बन्धित है, जिस प्रकार दूसरा अक्षर-समूह, पहले अक्षर-समूह से और चौथा अक्षर-समूह, तीसरे अक्षर-समूह से सम्बन्धित है।*

71. EXA : HSH : : LWQ : ORX :: KNO : ? **RRC Group-D 2022**
(a) NIV (b) MIW (c) MIV (d) NHW

72. CKO : FNL : : FLP : IOM :: DPQ : ?
RRB NTPC (CBT-II) 2022
(a) GST (b) GSN
(c) HRN (d) HRT

73. NHT : PEX :: KDF : MAJ :: UMR : ?
SSC CGL (Tier-I) 2023
(a) VJW (b) WJV
(c) WPN (d) XIW

74. FAKE : GZLD : : CALL : DZMK : : PICK : ?
RRC Group-D 2022
(a) QHBL (b) QHBJ
(c) QHDL (d) QHDJ

75. HTWCGY : WTHCGY :: ALTMHY : TLAMHY :: LGETDR : ?
RRB NTPC (CBT-II) 2022
(a) EGLRTD (b) EGTLDR
(c) EGLTDR (d) RDTEGL

76. ABUSE : ASUBE :: BEGIN : BIGEN :: OTHER : ?
SSC CPO 2024
(a) OHTER (b) OTHRE
(c) OEHTR (d) ORTHE

77. अंग्रेजी वर्णमाला क्रम के आधार पर IJLO, GHJM से एक निश्चित प्रकार से सम्बन्धित है। उसी प्रकार, HIKN, FGIL से सम्बन्धित है। समान तर्क का अनुसरण करते हुए, EFHK निम्नलिखित में से किससे सम्बन्धित है?
SSC (10+2) 2024
(a) CDFI (b) CEDI
(c) CEFI (d) CDEF

78. अंग्रेजी वर्णानुक्रम के आधार पर UBIP एक निश्चित प्रकार से YFMT से सम्बन्धित है। ठीक उसी प्रकार IPWD, MTAH से सम्बन्धित है। समान तर्क का अनुसरण करते हुए OVCJ निम्नलिखित में से किससे सम्बन्धित है?
SSC MTS 2024
(a) SJZM (b) SZMG
(c) SMGJ (d) SZGN

79. अंग्रेजी वर्णमाला क्रम के आधार पर CYRF, NJCQ से एक निश्चित प्रकार से सम्बन्धित है। उसी प्रकार, GBUM, RMFX से सम्बन्धित है। समान तर्क का अनुसरण करते हुए CZKP निम्नलिखित में से किससे सम्बन्धित है?
SSC (10+2) 2024
(a) NAKV (b) NKVA
(c) NKAV (d) NAVK

80. अंग्रेजी वर्णमाला क्रम के आधार पर LBXF, SYCM से एक निश्चित प्रकार से सम्बन्धित है। उसी प्रकार, TGFY, AGHF से सम्बन्धित है। समान तर्क का अनुसरण करते हुए ZDMK निम्नलिखित में से किससे सम्बन्धित है?
SSC (10+2) 2024
(a) GRNE (b) GREN (c) GNER (d) GNRE

81. निम्नलिखित प्रश्न में, दिए गए विकल्पों में से सम्बन्धित अक्षर-युग्म का चयन कीजिए।
KW : FR :: ?
SSC Constable (GD) 2024
(a) BM : WO (b) OC : CP
(c) AB : BM (d) IU : DP

82. उस युग्म को चुनिए, जो उसी पैटर्न का अनुसरण करता है, जो नीचे दिए गए युग्मों के दो समुच्चय द्वारा किया जाता है। दोनों युग्म समान पैटर्न का अनुसरण करते हैं।
DFG : IKL
MOP : RTU
SSC (10+2) 2024
(a) FHI : EGH (b) TVW : YAB
(c) WYZ : GIJ (d) PST : KHG

संख्या सादृश्यता पर आधारित

निर्देश (प्र. सं. 83-88) *नीचे दिए गए प्रत्येक प्रश्न में चिह्न (::) के बाईं ओर दो संख्याएँ दी गई हैं, जिनमें कोई न कोई सम्बन्ध है, ठीक उसी प्रकार का सम्बन्ध चिह्न (::) के दाईं ओर दी गई संख्या का नीचे दिए गए किसी एक विकल्प के बीच है, उस विकल्प का चयन कीजिए।*

83. 3 : 26 :: ? : 124
UP Police Asst. Operator 2024
(a) 4
(b) 1
(c) 2
(d) 5

> **MRC*****
> *(Most Repeating Concepts)*
> प्र. सं. 84, 92, 101, 120, और 124 Examination Point of Views से अति महत्त्वपूर्ण है। इन Concept पर प्रश्न सभी प्रतियोगी परीक्षाओं में निरन्तर पूछे जा रहे हैं।

84. 27 : 14 : : 66 : ?
(a) 36
(b) 39
(c) 41
(d) 37
UP Police SI 2021

85. 21 : 11 :: 31 : ?
RRB NTPC 2020
(a) 16 (b) 17 (c) 15 (d) 18

86. 23 : 531 :: 27 : ?
SSC CGL 2021
(a) 656 (b) 573 (c) 802 (d) 731

87. 84 : 16 : : 93 : ?
CISF Head Constable (Min) 2023
(a) 49 (b) 36 (c) 25 (d) 64

88. 211 : 633 : : 256 : ?
UP Police Asst. Operator 2024
(a) 423 (b) 329 (c) 768 (d) 358

निर्देश (प्र. सं. 89-92) *उस विकल्प का चयन कीजिए, जो पाँचवीं संख्या से उसी प्रकार सम्बन्धित है, जिस प्रकार दूसरी संख्या पहली संख्या से सम्बन्धित है और चौथी संख्या तीसरी संख्या से सम्बन्धित है।*

89. 13 : 96 :: 18 : 131 :: 14 : ?
RRC Group-D 2022
(a) 104 (b) 100 (c) 102 (d) 103

90. 5 : 45 : : 3 : 3 : : 6 : ?
SSC CGL 2023
(a) 110 (b) 106 (c) 90 (d) 96

91. 12 : 36 :: 18 : 81 :: 56 : ?
SSC (10+2) 2023
(a) 961 (b) 900 (c) 784 (d) 841

92. 625 : 5 :: 2560 : 8 :: 5000 : ?
SSC (10+2) 2023
(a) 15 (b) 12 (c) 9 (d) 10

निर्देश (प्र. सं. 93-96) *उस विकल्प का चयन कीजिए, जो तीसरे पद से उसी प्रकार सम्बन्धित है जिस प्रकार, दूसरा पद, पहले पद से और छठा पद, पाँचवें पद से सम्बन्धित है।*

93. 16 : 106 :: 11 : ? :: 10 : 22
UP Police Constable 2024
(a) 42 (b) 40
(c) 36 (d) 31

94. 16 : 69 :: 24 : ? :: 31 : 144
SSC (10+2) 2022
(a) 105 (b) 109
(c) 121 (d) 116

95. 11 : 133 :: 16 : ? :: 22 : 507
SSC (10+2) 2023
(a) 270 (b) 273
(c) 290 (d) 280

96. 21 : 112 :: 36 : ? :: 51 : 272
SSC (10+2) 2022
(a) 252 (b) 198 (c) 192 (d) 72

Chapter Challenge सादृश्यता

निर्देश (प्र. सं. 97-99) *उस संख्या-युग्म का चयन करें, जिसमें दी गई संख्याओं के बीच वही सम्बन्ध है, जो सम्बन्ध निम्नलिखित प्रश्नों के संख्या-युग्म की संख्याओं के बीच है।*

97. 46 : 61 ***SSC MTS 2021***

(a) 521 : 52 (b) 60 : 28
(c) 27 : 3 (d) 612 : 36

98. 8 : 49 ***SSC (10+2) 2020***

(a) 9 : 87 (b) 15 : 210
(c) 13 : 170 (d) 12 : 121

99. 48 : 60 ***SSC CPO 2020***

(a) 86 : 100 (b) 78 : 94
(c) 98 : 114 (d) 64 : 72

100. एक निश्चित तर्क का अनुसरण करते हुए 78, 30 से सम्बन्धित है। उसी तर्क का अनुसरण करते हुए, 67, 26 से सम्बन्धित है। उसी तर्क का अनुसरण करते हुए, 54 निम्नलिखित में से किससे सम्बन्धित है? ***SSC (10+2) 2024***

(a) 18 (b) 16 (c) 28 (d) 20

101. एक निश्चित तर्क का अनुसरण करते हुए 96, 16 से सम्बन्धित है। उसी तर्क का अनुसरण करते हुए 156, 26 से सम्बन्धित है। उसी तर्क का अनुसरण करते हुए, 228 निम्नलिखित मे से किससे सम्बन्धित है? ***SSC (10+2) 2024***

(a) 34 (b) 42 (c) 38 (d) 36

102. एक निश्चित तर्क का अनुसरण करते हुए 12, 40 से सम्बन्धित है। उसी तर्क का अनुसरण करते हुए, 9, 31 से सम्बन्धित है। उसी तर्क का अनुसरण करते हुए, 16 निम्न में से किससे सम्बन्धित है? ***SSC CPO 2024***

(a) 52 (b) 51 (c) 63 (d) 61

103. किसी निश्चित तर्क के अनुसार 10 का सम्बन्ध 15 से है। उसी तर्क के अनुसार 42 का सम्बन्ध 63 से है। उसी तर्क के अनुसार 22 निम्नलिखित में से किस संख्या से सम्बन्धित है? ***SSC CGL (Tier I) 2024***

(a) 31 (b) 28 (c) 33 (d) 30

104. 31 एक निश्चित तर्क का अनुसरण करते हुए 152 से सम्बन्धित है। इसी तर्क का अनुसरण करते हुए 47, 168 से सम्बन्धित है। समान तर्क का अनुसरण करते हुए, 66 निम्नलिखित में से किससे सम्बन्धित है? ***SSC CGL (Tier I) 2024***

(a) 187 (b) 185
(c) 180 (d) 190

105. एक निश्चित तर्क का अनुसरण करते हुए 19, 209 से सम्बन्धित है। उसी तर्क का अनुसरण करते हुए, 27, 297 से सम्बन्धित है। उसी तर्क का अनुसरण करते हुए, 61 निम्नलिखित में से किससे सम्बन्धित है? ***SSC CGL (Tier I) 2024***

(a) 653 (b) 600
(c) 671 (d) 571

106. उस विकल्प का चयन कीजिए, जिसमें संख्याएँ वही सम्बन्ध साझा करती है, जो संख्याओं के दिए गए युग्म द्वारा साझा किया गया है। ***SSC CGL (Tier I) 2024***

(149, 213)
(168, 232)
(a) (137, 211) (b) (162, 222)
(c) (144, 198) (d) (153, 217)

107. उस समुच्चय का चयन कीजिए, जिसमें संख्याएँ उसी प्रकार सम्बन्धित हैं, जिस प्रकार निम्नलिखित समुच्चयों की संख्याएँ सम्बन्धित हैं। ***SSC CGL (Tier I) 2024 (Shift-I)***

(79, 58, 62), (54, 33, 37)
(a) (66, 45, 49) (b) (59, 33, 43)
(c) (47, 36, 41) (d) (43, 25, 30)

108. उस समुच्चय का चयन कीजिए, जिसमें संख्याएँ उसी प्रकार सम्बन्धित हैं, जिस प्रकार निम्नलिखित समुच्चयों की संख्याएँ सम्बन्धित हैं। ***SSC CGL (Tier I) 2024 (Shift-I)***

(7, 9, 48)
(6, 8, 42)
(a) (8, 10, 47) (b) (10, 12, 54)
(c) (9, 11, 56) (d) (11, 13, 72)

निर्देश (प्र. सं. 109-115) *उस संख्या/समूह का चयन करें, जिसमें दी गई संख्याओं के बीच वही सम्बन्ध है, जो सम्बन्ध निम्नलिखित प्रश्नों के समूह की संख्याओं के बीच है।*

109. (247, 349), (261, 363) ***SSC CPO 2024***

(a) (294, 396) (b) (253, 358)
(c) (282, 382) (d) (265, 369)

110. (9, 36, 12), (12, 48, 16) ***SSC CPO 2024***

(a) (21, 84, 28) (b) (21, 84, 24)
(c) (21, 81, 28) (d) (21, 81, 24)

111. (10, 5, 20)
(14, 7, 28) ***SSC (10+2) Tier I 2024***

(a) (22, 11, 44) (b) (54, 18, 72)
(c) (33, 11, 44) (d) (48, 24, 58)

112. (4, 35, 11), (1, 82, 61) ***SSC MTS 2021***

(a) (21, 310, 23) (b) (8, 33, 15)
(c) (13, 53, 20) (d) (2, 53, 6)

113. (12, 4, 160)
(6, 11, 157) ***SSC MTS 2024***

(a) (14, 7, 245) (b) (21, 4, 168)
(c) (6, 15, 90) (d) (9, 15, 90)

114. (13, 84, 29)
(27, 122, 34) ***RRC Group-D 2022***

(a) (17, 45, 13) (b) (15, 57, 27)
(c) (25, 90, 20) (d) (10, 56, 23)

115. (2, 8, 20) (7, 12, 22) (33, 42, ?) ***SSC Steno 2021***

(a) 36 (b) 52
(c) 60 (d) 56

निर्देश (प्र. सं. 116-121) *उस समुच्चय का चयन कीजिए, जिसमें संख्याएँ आपस में उसी प्रकार सम्बन्धित हैं, जिस प्रकार निम्नलिखित समुच्चयों की संख्याएँ आपस में सम्बन्धित हैं।*

116. (12, 36, 6), (18, 54, 9) ***SSC CPO 2024***

(a) (26, 84, 14) (b) (28, 84, 16)
(c) (28, 86, 14) (d) (28, 84, 14)

117. (17, 51, 153)
(32, 96, 288) ***SSC (10+2) 2023***

(a) (16, 48, 154) (b) (81, 343, 729)
(c) (42, 126, 378) (d) (73, 229, 657)

118. (413, 662, 911)
(387, 636, 885) *SSC (10+2) 2023*
(a) (311, 560, 799) (b) (287, 536, 785)
(c) (403, 652, 907) (d) (521, 770, 1009)

119. (14, 378, 9); (18, 432, 8) *SSC CGL (Tier-I) 2023*
(a) (15, 405, 9) (b) (15, 305, 7)
(c) (5, 125, 8) (d) (11, 265, 8)

120. X : 68.4 : : 22 : Y *RRB ALP (CBT-I) 2024*
(a) X = 20, Y = 74.8 (b) X = 16, Y = 70.4
(c) X = 18, Y = 83.6 (d) X = 14, Y = 68.8

121. X : 679, 864 : Y *RRB ALP (CBT-I) 2024*
(a) X = 812, Y = 756 (b) X = 825, Y = 718
(c) X = 834, Y = 704 (d) X = 898, Y = 649

अक्षर-संख्या सादृश्यता पर आधारित

122. 'TABLE' का '726251522' से और 'FORMS' का सम्बन्ध '21129148' से वही सम्बन्ध है, जो 'CHAIR' का .... से है। *RRB NTPC 2022*
(a) 241926198 (b) 241296189
(c) 214926189 (d) 241926189

123. उस विकल्प का चयन कीजिए, जो तीसरे पद से उसी प्रकार सम्बन्धित है, जिस प्रकार, दूसरी संख्या, पहले पद से सम्बन्धित है।
XVI : 32 :: XXIV : ? *RRB NTPC 2021*
(a) 44 (b) 48 (c) 28 (d) 24

124. उस विकल्प का चयन कीजिए, जो तीसरे अक्षर-समूह से उसी प्रकार सम्बन्धित है, जिस प्रकार दूसरी संख्या, पहले अक्षर-समूह से सम्बन्धित है।
ACE : 1925 :: BDF : ? *RRB NTPC 2021*
(a) 24661 (b) 42536 (c) 41636 (d) 41635

125. उस विकल्प का चयन कीजिए, जो तीसरे पद से उसी प्रकार सम्बन्धित है, जिस प्रकार दूसरी संख्या, पहले पद से सम्बन्धित है।
Chair : 4921019 :: Mobile : ? *RRB NTPC 2021*
(a) 512921513 (b) 1416310136
(c) 491529125 (d) 131529125

126. किसी निश्चित तरीके से GY 16, DV 23 से सम्बन्धित है। उसी प्रकार, OD 11, LA 18 से सम्बन्धित है। उसी तर्क का पालन करते हुए, LW 13 निम्नलिखित में से किससे सम्बन्धित है? *SSC MTS 2024*
(a) HS 20 (b) IT 20
(c) IS 20 (d) HT 19

Right Key

1. (b)	2. (b)	3. (a)	4. (d)	5. (d)	6. (a)	7. (c)	8. (c)	9. (b)	10. (d)
11. (d)	12. (d)	13. (c)	14. (c)	15. (b)	16. (c)	17. (d)	18. (d)	19. (b)	20. (d)
21. (c)	22. (b)	23. (b)	24. (d)	25. (b)	26. (a)	27. (a)	28. (d)	29. (a)	30. (b)
31. (b)	32. (c)	33. (b)	34. (d)	35. (c)	36. (b)	37. (d)	38. (a)	39. (d)	40. (c)
41. (d)	42. (b)	43. (d)	44. (b)	45. (a)	46. (a)	47. (c)	48. (b)	49. (b)	50. (c)
51. (c)	52. (a)	53. (d)	54. (d)	55. (a)	56. (c)	57. (b)	58. (a)	59. (d)	60. (c)
61. (d)	62. (a)	63. (c)	64. (a)	65. (d)	66. (d)	67. (c)	68. (c)	69. (c)	70. (c)
71. (a)	72. (b)	73. (b)	74. (d)	75. (c)	76. (c)	77. (a)	78. (d)	79. (b)	80. (c)
81. (d)	82. (b)	83. (d)	84. (a)	85. (a)	86. (d)	87. (b)	88. (c)	89. (d)	90. (d)
91. (c)	92. (d)	93. (d)	94. (b)	95. (b)	96. (c)	97. (a)	98. (d)	99. (a)	100. (a)
101. (c)	102. (a)	103. (c)	104. (a)	105. (c)	106. (d)	107. (a)	108. (d)	109. (a)	110. (a)
111. (a)	112. (c)	113. (a)	114. (c)	115. (c)	116. (d)	117. (c)	118. (b)	119. (a)	120. (c)
121. (b)	122. (d)	123. (b)	124. (c)	125. (b)	126. (b)				

Solutions

1. (*b*) जिस प्रकार, 'अंगूर', गुच्छे में होते हैं। उसी प्रकार, पशु, 'झुण्ड' में रहते हैं।

2. (*b*) जिस प्रकार, दस्ताने हाथ में पहने जाते हैं। उसी प्रकार, मौजे पैरों में पहने जाते हैं।

3. (*a*) जिस प्रकार, साबुन का प्रयोग साफ-सफाई के लिए किया जाता है। उसी प्रकार, इत्र का प्रयोग ताजगी के लिए किया जाता है।

4. (*d*) जिस प्रकार, चर्च, ईसाइयों का पूजा स्थान है। उसी प्रकार, स्यानागोगी यहूदियों का पूजा स्थान है।

5. (*d*) जिस प्रकार, मणिपुर की राजधानी इम्फाल है। उसी प्रकार, नागालैण्ड की राजधानी कोहिमा है।

TOP TIPS इस प्रकार के प्रश्नों को हल करने के लिए राज्य तथा उनकी राजधानियों का ज्ञान होना अति आवश्यक है।

6. (*a*) जिस प्रकार, अधिवक्ता, न्याय दिलाता है। उसी प्रकार, मध्यस्थ, समझौता करवाता है।

7. (*c*) जिस प्रकार, प्रत्येक 'क्रिया' की एक प्रतिक्रिया होती है। उसी प्रकार, 'उकसाना' (उद्दीपन) की 'अनुक्रिया' (प्रभाव) होता है।

8. (*c*) जिस प्रकार, खिलना का विलोम शब्द मुरझाना होता है। उसी प्रकार, स्थिर होना का विलोम शब्द बहना होता है।

9. (*b*) जिस प्रकार, मेंढक कूद-कूद कर आगे बढ़ता है, उसी प्रकार, साँप रेंगते हुए आगे बढ़ता है।

10. (*d*) जिस प्रकार, अयस्क से धातु प्राप्त होती है। उसी प्रकार, दूध से दही बनता है।

11. (*d*) जिस प्रकार, स्टूडेण्ट कॉलेज में पढ़ते हैं। उसी प्रकार, पेशेण्ट अस्पताल में इलाज कराते हैं।

12. (*d*) जिस प्रकार, Damage (क्षति करना) का विपरीतार्थी Repair (मरम्मत करना) है। उसी प्रकार, Whisper (कानाफूसी) का विपरीतार्थी Shout (चिल्लाना) है।

13. (*c*) जिस प्रकार, एल्युमीनियम, विद्युत का चालक है। उसी प्रकार, अभ्रक, विद्युतरोधी होता है।

14. (*c*) जिस प्रकार, चीनी मीठी होती है। उसी प्रकार, नींबू खट्टा होता है।

15. (*b*) जिस प्रकार, सूर्य के चारों ओर पृथ्वी चक्कर लगाती है। उसी प्रकार, पृथ्वी के चारों ओर चन्द्रमा चक्कर लगाता है।

16. (*c*) जिस प्रकार, आकर्षण का विलोम शब्द प्रतिकर्षण होता है। उसी प्रकार, ऊर्ध्वाधर का विलोम शब्द क्षैतिज होता है।

17. (*d*) जिस प्रकार, थर्मामीटर से तापमान मापा जाता है। उसी प्रकार, ओडोमीटर द्वारा दूरी मापी जाती है।

18. (*d*) जिस प्रकार, इन्जीनियर, ब्लूप्रिण्ट तैयार करता है। उसी प्रकार, शेफ, रेसिपी तैयार करता है।

19. (*b*) जिस प्रकार, अन्तरिक्ष-यात्री, अन्तरिक्ष यान में जाता है। उसी प्रकार, गोताखोर, पनडुब्बी में जाता है।

20. (*d*) जिस प्रकार, संग्रहालय की देख-रेख क्यूरेटर करता है। उसी प्रकार, जेल की देख-रेख जेलर करता है।

21. (*c*) जिस प्रकार, मच्छरों के काटने से मलेरिया रोग फैलता है। उसी प्रकार, चूहों के काटने से प्लेग रोग फैलता है।

22. (*b*) जिस प्रकार, भीड़ का उच्च स्तर सघन है। उसी प्रकार, ढलान का उच्च स्तर तीव्र ढाल है।

23. (*b*) जिस प्रकार, माँ एक बच्चे को जन्म देती है। उसी प्रकार, बादल बनने के फलस्परूप बारिश होती है।

24. (*d*) जिस प्रकार, चूजे के समूह को ब्रूड कहते हैं। उसी प्रकार, मधुमक्खियों के समूह को स्वार्म कहते हैं।

25. (*b*) जिस प्रकार, तौरात यहूदी धर्म की मूल अवधारणाओं की शिक्षा देने वाली धार्मिक ग्रन्थ है। उसी प्रकार, बाइबिल ईसाई धर्म का धार्मिक ग्रन्थ है।

26. (*a*) जिस प्रकार, हड्डी की बीमारी का ईलाज करने वाले डॉक्टर को 'ऑर्थोपेडिक' कहा जाता है। उसी प्रकार, हृदय की बीमारी का ईलाज करने वाले डॉक्टर को 'कॉर्डियोलॉजिस्ट' कहा जाता है।

27. (*a*) जिस प्रकार, गन्ने से गुड़ बनाया जाता है। उसी प्रकार, नारियल से नारियल की जटा तैयार की जाती है।

28. (*d*) जिस प्रकार, शेर गुफा में रहता है। उसी प्रकार, मकड़ी जाल में रहती है।

29. (*a*) जिस प्रकार, अखरोट चारों ओर से शैल से ढका होता है। उसी प्रकार, केला छिलके से ढका रहता है।

30. (*b*) जिस प्रकार, बन्दूक में गोली भरी जाती है। उसी प्रकार, टॉर्च में बैटरी लगाई जाती है।

31. (*b*) जिस प्रकार, बिल में खरगोश रहता है। उसी प्रकार, स्टाई में सुअर रहता है।

32. (*c*) जिस प्रकार, पक्षियों की बाह्य और अन्त:संरचना के अध्ययन करने वाले व्यक्ति को पक्षी विज्ञानी कहते हैं। उसी प्रकार, मानव की उत्पत्ति, विकास आदि का अध्ययन करने वाले व्यक्ति को नृविज्ञानी कहते हैं।

33. (*b*) जिस प्रकार, साइकिल में पैड़ल होते हैं। उसी प्रकार, कार में पहिए होते हैं।

34. (*d*) जिस प्रकार, बांदीपुर राष्ट्रीय उद्यान कर्नाटक में स्थित है। उसी प्रकार, दुधवा राष्ट्रीय उद्यान उत्तर प्रदेश में स्थित है।

35. (*c*) जिस प्रकार, बिहार की राजधानी पटना तथा झारखण्ड की राजधानी राँची है। उसी प्रकार, राजस्थान की राजधानी जयपुर है।

36. (*b*) जिस प्रकार, मानव को जीवित रहने के लिए ऑक्सीजन आवश्यक है। उसी प्रकार, रोगी को ठीक करने के लिए दवा आवश्यक है।

37. (*d*) जिस प्रकार, आभामापी, रंग को मापता है। उसी प्रकार, कोणमापी, कोण को मापता है।

38. (*a*) जिस प्रकार, खगोल विद्या में ग्रहों के बारे में पढ़ाया जाता है, उसी प्रकार, मुद्राशास्त्र में सिक्कों के बारे में पढ़ाया जाता है।

39. (*d*) जिस प्रकार, आराम के लिए नींद आवश्यक है, उसी प्रकार, रोगमुक्ति के लिए दवा आवश्यक है।

40. (*c*) जिस प्रकार, डॉक्टर का कार्यस्थल अस्पताल है। उसी प्रकार, अध्यापक का कार्यस्थल विद्यालय होता है।

41. (*d*) जिस प्रकार, बाइबिल और कुरान दोनों धार्मिक पुस्तकें हैं। उसी प्रकार, सेब और सन्तरा दोनों फल हैं।

42. (*b*) जिस प्रकार, कबूतर, शान्ति का प्रतीक होता है। उसी प्रकार, सफेद झण्डा, समर्पण का प्रतीक होता है।

43. (*d*) जिस प्रकार, किताब में जिल्द लगाई जाती है। उसी प्रकार, चित्र में फ्रेम लगाया जाता है।

44. (*b*) जिस प्रकार, ऊष्मा का स्रोत सूर्य है। उसी प्रकार, विटामिन का स्रोत फल है।

45. (*a*) जिस प्रकार, fetter का तात्पर्य बाँधना व liberate का अर्थ आजाद कर देना होता है। उसी प्रकार, shackle का तात्पर्य बाँधना व loose का अर्थ आजाद करना होता है।

> **TOP TIPS** इस प्रकार के प्रश्नों को हल करने के लिए अंग्रेजी शब्दों के Antonyms का ज्ञान होना अति आवश्यक है।

46. (*a*) जिस प्रकार, मोची का सम्बन्ध चमड़े से है। उसी प्रकार, जौहरी का सम्बन्ध 'सोना' से है।

47. (*c*) जिस प्रकार, उतावलापन का विपरीत शर्मिला है। उसी प्रकार, मनमुटाव का विपरीत आनन्द है।

48. (*b*) तारापुर, कुण्डनकुलम, कैगा, काकरापार कलपक्कम, नरोरा ये सभी परमाणु विद्युत घर हैं और इनके ही समान रावतभाटा भी एक परमाणु विद्युत घर है।

49. (*b*) जिस प्रकार, बस सड़क पर दौड़ती है तथा उसे दौड़ाने के लिए हमें वाहन चालक की आवश्यकता होती है। उसी प्रकार, हवाई जहाज आकाश में उड़ता है तथा उसे उड़ाने के लिए हमें पायलट की आवश्यकता होती है।

50. (*c*) दिए गए तीनों शब्द डंडा, खम्भा तथा झण्डा एक ही प्रकृति के हैं। विकल्प (c) धुरा (दण्ड या शाफ्ट) भी इसी प्रकृति का है।

51. (*c*) प्राण-संचरण, जीवन तथा जीवित के समान शब्द विद्यमान होना तथा अस्तित्व रखना है।

52. (*a*) हाथी, ऊँट, भैंस तथा जिराफ, ये सभी स्तनधारी हैं।

53. (*d*) टमाटर, अमरूद, तरबूज और सन्तरा सभी फल हैं।

54. (*d*) जिस प्रकार, E(5) : H(8) (+3)

उसी प्रकार, N(14) : [Q](17) (+3)

55. (*a*) जिस प्रकार, P —(+1)→ Q

उसी प्रकार, T —(+1)→ [U]

56. (*c*) जिस प्रकार, D (+4) → H, J (+10) → T

उसी प्रकार, H (+4) → L, M (+10) → W ⇒ [L W]

57. (*b*) जिस प्रकार, M E K ↕ N V P (विपरीत)

तथा G Y T ↕ T B G (विपरीत)

उसी प्रकार, J W H ↕ [Q D S] (विपरीत)

58. (*a*) जिस प्रकार, A Z W → G F C (+6, +6, +6)

उसी प्रकार, L S M → [R Y S] (+6, +6, +6)

59. (*d*) जिस प्रकार, H (−5) → C, I (−3) → F, U (+5) → Z

उसी प्रकार, J (−5) → E, L (−3) → I, S (+5) → X ⇒ [E I X]

60. (*c*) जिस प्रकार, G O A T (−3, +2, −2, +3) → D Q Y W

उसी प्रकार, T R E S (−3, +2, −2, +3) → [Q T C V]

61. (*d*) जिस प्रकार, A C E (+1, +1, +1) → B D F

तथा G I K (+1, +1, +1) → H J L

उसी प्रकार, M O Q (+1, +1, +1) → [N P R]

62. (*a*) जिस प्रकार, C E G I (−2, +2, −2, +2) → A G E K

उसी प्रकार, D F H J (−2, +2, −2, +2) → [B H F L]

63. (*c*) जिस प्रकार, S H O W (1 2 3 4) ⟶ O W H S (3 4 2 1)

उसी प्रकार, F O U L (1 2 3 4) ⟶ [U L O F] (3 4 2 1)

64. (*a*) जिस प्रकार,

LATYE —(विपरीत वर्णमाला क्रम)→ YTLEA

उसी प्रकार,

NETAEO —(विपरीत वर्णमाला क्रम)→ [TONEEA]

65. (*d*) जिस प्रकार, N E U T S E (+2, +2, +2, +2, +2, +2) → P G W V U G

अब, वर्णमाला क्रमानुसार व्यवस्थित करने पर,

⇒ GGPUVW

उसी प्रकार, Z W U R S T (+2, +2, +2, +2, +2, +2) → B Y W T U V

अतः वर्णमाला क्रमानुसार व्यवस्थित करने पर,

⇒ [BTUVWY]

66. (*d*) जिस प्रकार,

J —(+4)→ N —(+4)→ R

G —(+4)→ K —(+9)→ T

तथा

E —(+4)→ I —(+4)→ M

B —(+4)→ F —(+9)→ O

उसी प्रकार,

H —(+4)→ L —(+4)→ P

E —(+4)→ I —(+9)→ R

67. (*c*) जिस प्रकार,

T U R (−1, −1, −1) → Q T S; N I P (+1, +1, +1) → Q J O

उसी प्रकार,

R A D (−1, −1, −1) → C Z Q; I S H (+1, +1, +1) → I T J ⇒ [C Z Q I T J]

68. (*c*) जिस प्रकार,

H A R M O N Y
+3 +3 +3 −6 विपरीत विपरीत विपरीत
K D U G L M B
↓ (विपरीत क्रम)
B M L G U D K

उसी प्रकार,

R E S O L V E
+3 +3 +3 −6 विपरीत विपरीत विपरीत
U H V I O E V
↓ (विपरीत क्रम)
V E O I V H U

> **TOP TIPS** इस प्रकार के प्रश्नों को हल करने के लिए अक्षर के विपरीत वर्णक्रम का ज्ञान होना आवश्यक है।

69. (*c*) जिस प्रकार, E e a → a E E (बड़े अक्षर में)

उसी प्रकार, P p b → **b P P** (बड़े अक्षर में)

70. (*c*) जिस प्रकार, H M D —(+3, +2, +1)→ K O E

तथा B N Q —(+3, +2, +1)→ E P R

उसी प्रकार, **C J U** —(+3, +2, +1)→ F L V

71. (*a*) जिस प्रकार, E X A —(+3, −5, +7)→ H S H

तथा L W Q —(+3, −5, +7)→ O R X

उसी प्रकार, K N O —(+3, −5, +7)→ **N I V**

72. (*b*) जिस प्रकार, C K O —(+3, +3, −3)→ F N L

तथा F L P —(+3, +3, −3)→ I O M

उसी प्रकार, D P Q —(+3, +3, −3)→ **G S N**

73. (*b*) जिस प्रकार, N H T —(+2, −3, +4)→ P E X

तथा K D F —(+2, −3, +4)→ M A J

उसी प्रकार, U M R —(+2, −3, +4)→ **W J V**

74. (*d*) जिस प्रकार, F A K E —(+1, −1, +1, −1)→ G Z L D

तथा C A L L —(+1, −1, +1, −1)→ D Z M K

उसी प्रकार, P I C K —(+1, −1, +1, −1)→ **Q H D J**

75. (*c*) जिस प्रकार, H T W C G Y → W T H C G Y

तथा A L T M H Y → T L A M H Y

उसी प्रकार, L G E T D R → **E G L T D R**

76. (*c*) जिस प्रकार, A B U S E → A S U B E

तथा B E G I N → B I G E N

उसी प्रकार, O T H E R → **O E H T R**

77. (*a*) जिस प्रकार, I J L O —(−2, −2, −2, −2)→ G H J M

तथा H I K N —(−2, −2, −2, −2)→ F G I L

उसी प्रकार, E F H K —(−2, −2, −2, −2)→ **C D F I**

78. (*d*) जिस प्रकार, U B I P —(+4, +4, +4, +4)→ Y F M T

तथा I P W D —(+4, +4, +4, +4)→ M T A H

उसी प्रकार, O V C J —(+4, +4, +4, +4)→ **S Z G N**

79. (*b*) जिस प्रकार,

C Y R F —(+11, +11, +11, +11)→ N J C Q

तथा G B U M —(+11, +11, +11, +11)→ R M F X

उसी प्रकार,

C Z K P —(+11, +11, +11, +11)→ **N K V A**

80. (*c*) जिस प्रकार,

L B X F —(+7, +1, +1, +7)→ S Y C M

तथा T G F Y —(+7, +1, +1, +7)→ A G H F

उसी प्रकार,

Z D M K —(+7, +1, +1, +7)→ **G N E R**

81. (*d*) जिस प्रकार, $K \xrightarrow{-5} F$

$W \xrightarrow{-5} R$

उसी प्रकार, $I \xrightarrow{-5} D$

$U \xrightarrow{-5} P$

82. (*b*) जिस प्रकार, $D \xrightarrow{+5} I$

$F \xrightarrow{+5} K$

$G \xrightarrow{+5} L$

तथा $M \xrightarrow{+5} R$

$O \xrightarrow{+5} T$

$P \xrightarrow{+5} U$

उसी प्रकार, $T \xrightarrow{+5} Y$

$V \xrightarrow{+5} A$

$W \xrightarrow{+5} B$

83. (*d*) जिस प्रकार,

$3^3 - 1 = 27 - 1 = 26$

उसी प्रकार, $(?)^3 - 1 = 124$

$\therefore \quad ? = \sqrt[3]{125} = \boxed{5}$

TOP TIPS इस प्रकार के प्रश्नों को हल करने के लिए संख्याओं के वर्गमूल तथा घनमूल सम्बन्धी ज्ञान होना अति आवश्यक है।

84. (*a*) जिस प्रकार, $27 \Rightarrow 2 \times 7 = 14$

उसी प्रकार, $66 \Rightarrow 6 \times 6 = \boxed{36}$

85. (*a*) जिस प्रकार, $\frac{21+1}{2} = \frac{22}{2} = 11$

उसी प्रकार, $\frac{31+1}{2} = \frac{32}{2} = \boxed{16}$

86. (*d*) जिस प्रकार,

$(23:531) \Rightarrow (23)^2 + 2 = 529 + 2 = 531$

उसी प्रकार,

$(27:?) \Rightarrow (27)^2 + 2 = 729 + 2 = \boxed{731}$

$\therefore \quad ? = 731$

87. (*b*) जिस प्रकार,

$84:16 \Rightarrow (8-4)^2 = 4^2 = 16$

उसी प्रकार,

$93:? \Rightarrow (9-3)^2 = 6^2 = \boxed{36}$

88. (*c*) जिस प्रकार, 211 : 633

$\Rightarrow \quad 211 \times 3 = 633$

उसी प्रकार, $256:? \Rightarrow 256 \times 3 = \boxed{768}$

89. (*d*) जिस प्रकार,

$13:96 \Rightarrow 13 \times 7 + 5 = 91 + 5 = 96$

तथा 18 : 131

$\Rightarrow \quad 18 \times 7 + 5 = 126 + 5 = 131$

उसी प्रकार,

$14:? \Rightarrow 14 \times 7 + 5 = 98 + 5 = \boxed{103}$

90. (*d*) जिस प्रकार, $5:45 \Rightarrow 5 \times (5-2)^2 = 45$

तथा $3:3 \Rightarrow 3 \times (3-2)^2 = 3$

उसी प्रकार, $6:? \Rightarrow ? = 6 \times (6-2)^2 = \boxed{96}$

91. (*c*) जिस प्रकार,

$12:36 \Rightarrow (12 \div 2)^2 = 6^2 = 36$

तथा $18:81 \Rightarrow (18 \div 2)^2 = 9^2 = 81$

उसी प्रकार,

$56:? \Rightarrow (56 \div 2)^2 = 28^2 = \boxed{784}$

92. (*d*) जिस प्रकार, 625 : 5

$\Rightarrow \quad \frac{625}{5} = 125$ तथा $\sqrt[3]{125} = 5$

तथा $2560:8 \Rightarrow \frac{2560}{5} = 512$ तथा $\sqrt[3]{512} = 8$

उसी प्रकार, 5000 : ?

$\Rightarrow \quad \frac{5000}{5} = 1000$ तथा $\sqrt[3]{1000} = \boxed{10}$

93. (*d*) जिस प्रकार,

$16:106 \Rightarrow 16 - 7 = 9$

तथा $\quad 9^2 + 9 + 16 = 106$

और $\quad 10:22$

$\Rightarrow \quad 10 - 7 = 3$ तथा $3^2 + 3 + 10 = 22$

उसी प्रकार, 11 : ?

$11 - 7 = 4$ तथा $= 4^2 + 4 + 11 = \boxed{31}$

94. (*b*) जिस प्रकार, $16 \times 5 - 11 = 80 - 11 = 69$

तथा $31 \times 5 - 11 = 155 - 11 = 144$

उसी प्रकार, $24 \times 5 - 11 = 120 - 11 = \boxed{109}$

95. (*b*) जिस प्रकार,

$11:133 \Rightarrow (11)^2 + (11+1) = 121 + 12 = 133$

तथा

$22:507 \Rightarrow (22)^2 + (22+1) = 484 + 23 = 507$

उसी प्रकार,

$16:? \Rightarrow (16)^2 + (16+1) = 256 + 17 = \boxed{273}$

96. (*c*) जिस प्रकार, $21 \times 5 + \frac{21}{3} = 105 + 7 = 112$

तथा $51 \times 5 + \frac{51}{3} = 255 + 17 = 272$

उसी प्रकार, $36 \times 5 + \frac{36}{3} = 180 + 12 = \boxed{192}$

97. (*a*) जिस प्रकार, 46 : 61

46 —(अंकों का स्थान परिवर्तन)→ 64 —(घनमूल)→ 4 —(वर्ग)→ 16 —(अंकों का स्थान परिवर्तन)→ 61

उसी प्रकार, 521 : 52

521 —(अंकों का स्थान परिवर्तन)→ 125 —(घनमूल)→ 5 —(वर्ग)→ 25 —(अंकों का स्थान परिवर्तन)→ 52

98. (*d*) जिस प्रकार, $(8-1)^2 = 7^2 = 49$

उसी प्रकार, $(12-1)^2 = 11^2 = 121$

99. (*a*) जिस प्रकार, $48:60 \Rightarrow$

$48 + (4+8) = 60$

उसी प्रकार, $86:100 \Rightarrow 86 + (8+6) = 100$

100. (*a*) जिस प्रकार,

$(78, 30) \Rightarrow (7+8) \times 2 = 30$

तथा $(67, 26) \Rightarrow (6+7) \times 2 = 26$

उसी प्रकार, $(54, ?) \Rightarrow (5+4) \times 2 = \boxed{18}$

101. (*c*) जिस प्रकार, $96 \xrightarrow{\div 6} 16$

तथा $156 \xrightarrow{\div 6} 26$

उसी प्रकार, $228 \xrightarrow{\div 6} \boxed{38}$

102. (*a*) जिस प्रकार,

$12 \rightarrow 12 \times 3 + 4 = 36 + 4 = 40$

तथा $9 \rightarrow 9 \times 3 + 4 = 27 + 4 = 31$

उसी प्रकार, $16 \rightarrow 16 \times 3 + 4 = 48 + 4 = \boxed{52}$

103. (*c*) जिस प्रकार, 10 —— 15

$10 \downarrow 5 \times 2$, $15 \downarrow 5 \times 3$

तथा 42 —— 63

$42 \downarrow 21 \times 2$, $63 \downarrow 21 \times 3$

उसी प्रकार, 22 —— $\boxed{33}$

$22 \downarrow 11 \times 2$, $33 \downarrow 11 \times 3$

104. (*a*) जिस प्रकार, 31, 152

$\Rightarrow \quad 31 + 121 = 152$

तथा 47, 168

$\Rightarrow \quad 47 + 121 = 168$

उसी प्रकार, 66, ?

$\Rightarrow \quad ? = 66 + 121 = \boxed{187}$

105. (*c*) जिस प्रकार, $19, 209 \Rightarrow \frac{209}{19} = 11$

और $27, 297 \Rightarrow \frac{297}{27} = 11$

उसी प्रकार, $61, ? \Rightarrow \frac{?}{61} = 11$

$? = 11 \times 61 = \boxed{671}$

106. (*d*) जिस प्रकार, (149, 213)

$\Rightarrow \quad 213 - 149 = 64$

और $(168, 232) \Rightarrow 232 - 168 = 64$

उसी प्रकार, विकल्प (d) से

$(153, 217) \Rightarrow 217 - 153 = 64$

107. (*a*) जिस प्रकार, $(79, 58, 62) \Rightarrow 79 - 21 = 58$

$58 + 4 = 62$

तथा $(54, 33, 37) \Rightarrow 54 - 21 = 33$

$33 + 4 = 37$

उसी प्रकार, (66, 45, 49)

$\Rightarrow$ 66 − 21 = 45 = 45 + 4 = 49

108. (*d*) जिस प्रकार, (7, 9, 48)

$= (7 + 9) \times 3 = 16 \times 3 = 48$

तथा $(6, 8, 42) = (6 + 8) \times 3$

$= 14 \times 3 = 42$

उसी प्रकार, विकल्प (d) से

$(11, 13, 72) = (13 + 11) \times 3$

$= 24 \times 3 = 72$

109. (*a*) जिस प्रकार, 349 − 247 = 102

तथा 363 − 261 = 102

उसी प्रकार, विकल्प (a) से,

(294, 396) $\rightarrow$ 396 − 294 = 102

अत: अभीष्ट समुच्चय = (294, 396)

110. (*a*) जिस प्रकार,

$9 \times 4 = 36$ तथा $36 \div 3 = 12$

तथा $12 \times 4 = 48$ तथा $48 \div 3 = 16$

उसी प्रकार,

$21 \times 4 = 84$ तथा $84 \div 3 = 28$

111. (*a*) जिस प्रकार, $5 \times 2 = 10$

$10 \times 2 = 20$

और $7 \times 2 = 14$

$14 \times 2 = 28$

उसी प्रकार, $11 \times 2 = 22$

तथा $22 \times 2 = 44$

112. (*c*) जिस प्रकार,

$(4, 35, 11) \Rightarrow (4 + 11) + 20 = 35$

और $(1, 82, 61) \Rightarrow (1 + 61) + 20 = 82$

उसी प्रकार, (13, 53, 20)

$\Rightarrow (13 + 20) + 20 = 53$

113. (*a*) जिस प्रकार, (12, 4, 160)

$\Rightarrow (12^2 + 4^2) = 144 + 16 = 160$

और (6, 11, 157)

$\Rightarrow (6^2 + 11^2) = 36 + 121 = 157$

उसी प्रकार, (14, 7, 245)

$\Rightarrow (14^2 + 7^2) = 196 + 49 = 245$

114. (*c*) जिस प्रकार,

$(13, 84, 29) \Rightarrow (13 + 29) \times 2$

$= 42 \times 2 = 84$

तथा $(27, 122, 34) \Rightarrow (27 + 34) \times 2$

$= 61 \times 2 = 122$

उसी प्रकार,

$(25, 90, 20) \Rightarrow (25 + 20) \times 2$

$= 45 \times 2 = 90$

115. (*c*) जिस प्रकार,

$(2, 8, 20) \Rightarrow 2 \xrightarrow{+6} 8 \xrightarrow{+6\times2} 20$

तथा $(7, 12, 22) \Rightarrow 7 \xrightarrow{+5} 12 \xrightarrow{+5\times2} 22$

उसी प्रकार,

$(33, 42, ?) \Rightarrow 33 \xrightarrow{+9} 42 \xrightarrow{+9\times2} \boxed{60}$

> **TOP TIPS** इस प्रकार के प्रश्नों को हल करने के लिए संख्याओं में गणितीय संक्रिया का अभ्यास होना अति आवश्यक है।

116. (*d*) जिस प्रकार, $12 \times 3 = 36$ तथा

$36 \div 6 = 6$

और $18 \times 3 = 54$ तथा $54 \div 6 = 9$

उसी प्रकार, विकल्प (d) से,

$28 \times 3 = 84$ तथा $84 \div 6 = 14$

117. (*c*) जिस प्रकार, (17, 51, 153)

$\Rightarrow 17 \xrightarrow{\times 3} 51 \xrightarrow{\times 3} 153$

तथा (32, 96, 288)

$\Rightarrow 32 \xrightarrow{\times 3} 96 \xrightarrow{\times 3} 288$

उसी प्रकार, (42, 126, 378)

$\Rightarrow 42 \xrightarrow{\times 3} 126 \xrightarrow{\times 3} 378$

118. (*b*) जिस प्रकार,

$(413, 662, 911) \Rightarrow \frac{413 + 911}{2} = 662$

और $(387, 636, 885) \Rightarrow \frac{387 + 885}{2} = 636$

उसी प्रकार,

$(287, 536, 785) \Rightarrow \frac{287 + 785}{2} = 536$

119. (*a*) जिस प्रकार, (14, 378, 9)

$\Rightarrow (14 \times 9) \times 3 = 126 \times 3 = 378$

तथा (18, 432, 8)

$\Rightarrow (18 \times 8) \times 3 = 144 \times 3 = 432$

उसी प्रकार, विकल्प (a) से,

$(15, 405, 9) \Rightarrow (15 \times 9) \times 3 = 135 \times 3 = 405$

120. (*c*) विकल्प (c) से,

$\frac{68.4}{18} = 3.8$

तथा $\frac{83.6}{22} = 3.8$

$\therefore$ X = 18 तथा Y = 83.6

121. (*b*) विकल्प (b) से,

जिस प्रकार, 825 − 679 = 146

तथा 864 − 718 = 146

$\therefore$ X = 825 तथा Y = 718

122. (*d*) जिस प्रकार,

T	A	B	L	E	
↓	↓	↓	↓	↓	(विपरीत अक्षर के वर्णमाला में स्थानीय मान)
7	26	25	15	22	

तथा

F	O	R	M	S	
↓	↓	↓	↓	↓	(विपरीत अक्षर के वर्णमाला में स्थानीय मान)
21	12	9	14	8	

उसी प्रकार,

C	H	A	I	R	
↓	↓	↓	↓	↓	(विपरीत अक्षर के वर्णमाला में स्थानीय मान)
24	19	26	18	9	

123. (*b*) जिस प्रकार, XVI : 32 $\Rightarrow$

$XVI \xrightarrow{\text{अंक में मान}} 16 \xrightarrow{\times 2} 32$

उसी प्रकार, XXIV : ? $\Rightarrow$

$XXIV \xrightarrow{\text{अंक में मान}} 24 \xrightarrow{\times 2} \boxed{48}$

124. (*c*) जिस प्रकार,

(1) A	(3) C	(5) E	
↓	↓	↓	(वर्णमाला क्रमांकों का वर्ग)
1	9	25	

उसी प्रकार,

(2) B	(4) D	(6) F	
↓	↓	↓	(वर्णमाला क्रमांकों का वर्ग)
4	16	36	

125. (*b*) जिस प्रकार,

3 C	8 h	1 a	9 i	18 r
↓ +1	↓ +1	↓ +1	↓ +1	↓ +1
4	9	2	10	19

उसी प्रकार,

13 M	15 o	2 b	9 i	12 l	5 e
↓ +1	↓ +1	↓ +1	↓ +1	↓ +1	↓ +1
14	16	3	10	13	6

126. (*b*) जिस प्रकार,

G	Y	16
↓ −3	↓ −3	↓ +7
D	V	23

और

O	D	11
↓ −3	↓ −3	↓ +7
L	A	18

उसी प्रकार,

L	W	13
↓ −3	↓ −3	↓ +7
I	T	20

अध्याय

02 वर्गीकरण (Classification)

वर्गीकरण

वर्गीकरण का शाब्दिक अर्थ है-विजातीय चुनना अर्थात् किसी शब्द/शब्द-समूह/ अक्षर/अक्षर-समूह/संख्या/संख्या-समूह को उनकी प्रकृति, आकार, रंग, रूप, लक्षण एवं अन्य गुणों के आधार पर किसी समूह में वर्गीकृत करने की प्रक्रिया को **वर्गीकरण** कहते हैं। इसके अन्तर्गत परीक्षा में पूछे जाने वाले प्रश्नों में सामान्यतः चार या पाँच शब्द/अक्षर/ संख्या या इनके समूह दिए जाते हैं, जिनमें से एक को छोड़कर शेष सभी किसी सर्वनिष्ठ गुण के आधार पर समान होते हैं। उसी भिन्न अवयव को उत्तर के रूप में चुनना होता है।

शब्द वर्गीकरण

शब्द वर्गीकरण में वर्गीकरण, शब्दों के बीच सम्बन्ध ज्ञात करके किया जाता है। इसके अन्तर्गत परीक्षा में पूछे जाने वाले प्रश्न सामान्यतः देश/राजधानी/मुद्रा, शरीर के अंग तथा उनके अध्ययन, नदियों के उद्‌गम व उनके प्रवाह, फल व सब्जियाँ, नृत्य व वाद्य यन्त्र, कीट व जानवर वर्ग, विज्ञान व उनके अध्ययन के नाम, ऐतिहासिक इमारतें और उनके स्थान, समानार्थक तथा विपरीतार्थक शब्द-युग्म, बीमारियों के नाम तथा उनके होने के कारण आदि सम्बन्धों पर आधारित होते हैं।

जैसे-विषम शब्द का चयन कीजिए।

(a) वेस्टइण्डीज (b) रूस
(c) ऑस्ट्रेलिया (d) चीन

हल *(a)* वेस्टइण्डीज को छोड़कर, अन्य सभी देश हैं।

अक्षर वर्गीकरण

अक्षर वर्गीकरण में वर्गीकरण, अक्षर-समूह के बीच सम्बन्ध ज्ञात करके किया जाता है। इसके अन्तर्गत परीक्षा में पूछे जाने वाले प्रश्न सामान्यतः स्वर-व्यंजन अक्षर, अक्षरों की संख्या, वर्णमाला में अक्षरों की स्थिति, छोटे और बड़े अक्षर, सार्थक और निरर्थक शब्द तथा अक्षरों के बीच गणितीय संक्रियाओं आदि सम्बन्धों पर आधारित होते हैं।

जैसे-दिए गए विकल्पों में से असंगत को चुनिए।

(a) EFG (b) ABC
(c) PQR (d) IJK

हल *(c)* PQR के अतिरिक्त, अन्य सभी में 1 स्वर व दो व्यंजन हैं।

संख्या वर्गीकरण

संख्या वर्गीकरण में वर्गीकरण, संख्या या संख्या-समूह के बीच सम्बन्ध ज्ञात करके किया जाता है। इसके अन्तर्गत परीक्षा में पूछे जाने वाले प्रश्न सामान्यतः परिमेय-अपरिमेय संख्या, भाज्य-अभाज्य संख्या, सम-विषम संख्या, संख्याओं के वर्ग तथा घन, संख्याओं के वर्गमूल तथ घनमूल, संख्याओं के गुणन तथा विभाज्यता, संख्याओं के अंकों का योग, संख्याओं में अंकों के आरोही/अवरोही क्रम व्यवस्थिकरण तथा संख्याओं में गणितीय संक्रियाएँ आदि सम्बन्धों पर आधारित होते हैं।

जैसे-विषम संख्या का चयन कीजिए।

(a) 55 (b) π
(c) 0 (d) 5

हल *(b)* 'π' को छोड़कर, अन्य सभी परिमेय संख्या हैं।

मिश्रित वर्गीकरण

मिश्रित वर्गीकरण में वर्गीकरण शब्द, अक्षर तथा संख्या के मिश्रित सम्बन्धों के गुणों/क्रमों पर आधारित होते हैं।

जैसे-दिए गए विकल्पों में से विषम पद ज्ञात कीजिए।

(a) C-3 (b) E-5
(c) L-12 (d) S-20

हल *(d)* यहाँ S-20 को छोड़कर, अन्य सभी में अक्षर उनके वर्णमाला क्रमांक के साथ दिए गए हैं।

Score Booster

इस अध्याय के प्रश्नों को आसानी से हल करने के लिए सामान्य ज्ञान तथा विज्ञान (देश-विदेश से सम्बन्धित), संख्याओं तथा उनसे सम्बन्धित संक्रियाएँ तथा व्याकरण का बोध होना चाहिए।

Exam Approach Examples

शब्द वर्गीकरण पर आधारित

निर्देश (उदा. सं. 1 और 2) *निम्नलिखित उदाहरणों में विषम शब्द को चुनिए।*

उदाहरण 1. (a) अदरक (b) गाजर (c) आलू (d) टमाटर

HCET 2023

हल (d) अदरक, आलू और गाजर जमीन के अन्दर उगते हैं, परन्तु टमाटर जमीन के ऊपर उगता है।

उदाहरण 2. (a) भरतनाट्यम (b) कुचिपुड़ी (c) लावणी (d) ओडिसी

RRB JE 2019

हल (c) दिए गए विकल्पों में लावणी असंगत है, क्योंकि भरतनाट्यम, कुचिपुड़ी, ओडिसी आदि भारतीय लोकनृत्य के प्रकार हैं, जबकि लावणी संगीत की एक विद्या है, जो प्रमुख रूप से भारतीय राज्य महाराष्ट्र में प्रसिद्ध है।

> **Helping Tips**
> इस प्रकार के प्रश्नों को हल करने के लिए भारतीय राज्य तथा उनके लोक नृत्य एवं संगीत, पर्यायवाची तथा विलोम शब्दों की जानकारी होना आवश्यक है।

निर्देश (उदा. सं. 3 और 4) *निम्नलिखित उदाहरणों में विषम शब्द-युग्म को चुनिए।*

उदाहरण 3 (a) पास : दूर (b) यात्रा करना : सैर करना (c) ढोना : उठाना (d) अवलोकन : देखना

हल (a) विकल्प (a) के शब्द-युग्म को छोड़कर अन्य सभी शब्द-युग्म के दोनों शब्द एक-दूसरे के पर्यायवाची शब्द हैं लेकिन विकल्प (a) के शब्द-युग्म के दोनों शब्द एक-दूसरे के विलोम शब्द हैं।

उदाहरण 4. (a) वृंदावन गार्डन्स-मैसूर (b) ईडन गार्डन्स-कोलकाता (c) हैंगिंग गार्डन्स-मुम्बई (d) लोधी गार्डन्स-दिल्ली

RRB NTPC 2021

हल (b) 'ईडन गार्डन्स-कोलकाता' के अतिरिक्त अन्य सभी पार्क हैं, जबकि ईडन गार्डन्स, कोलकाता में स्थित एक क्रिकेट स्टेडियम है।

उदाहरण 5. शब्दों के चार समूहों में से तीन किसी एक निश्चित प्रकार से एक जैसे हैं। शब्दों के अलग समूह को चुनिए। ***SSC (10+2) 2023***

(a) शल्य चिकित्सक, योद्धा, बावर्ची (b) मजदूर, दर्जी, मूर्तिकार
(c) किसान, राजमिस्त्री, चिकित्सक (d) चाकू, सुई, साहुल सूत्र

हल (d) शब्द-समूह (चाकू, सुई, साहुल सूत्र) के अतिरिक्त अन्य सभी अलग-अलग क्षेत्रों के विशेषज्ञों के समूह हैं।

अक्षर वर्गीकरण पर आधारित

उदाहरण 6. विषम अक्षर समूह को चुनिए। ***SSC CPO 2024***

(a) SPU (b) PMS
(c) URX (d) JGM

हल (a) यहाँ,

P —(−3)→ M —(+6)→ S
U —(−3)→ R —(+6)→ X
J —(−3)→ G —(+6)→ M

परन्तु, S —(−3)→ P —(+5)→ U

अतः SPU अन्य विकल्पों से असंगत/भिन्न है।

> **Helping Tips**
> इस प्रकार के प्रश्न हल करने के लिए अंग्रेजी वर्णमाला के प्रत्येक अक्षर के सीधे क्रम तथा विपरीत क्रम में क्रमांकिक मान की जानकारी होना अति आवश्यक है।

उदाहरण 7. दिए गए विकल्पों में से असंगत को चुनें। ***UP Police Head Operator 2024***

(a) bac (b) aBC
(c) AbC (d) ABc

हल (a) विकल्प (a) को छोड़कर अन्य सभी विकल्पों में केवल एक अक्षर छोटी वर्णमाला से है, लेकिन विकल्प (a) में तीनों अक्षर छोटी वर्णमाला से हैं।

उदाहरण 8. चार अक्षर-समूह दिए गए हैं, जिनमें से तीन किसी प्रकार समान हैं और एक असंगत है। उस असंगत अक्षर-समूह का चयन करें। ***SSC Steno 2021***

(a) BFJNR (b) VZDHL
(c) DHLPT (d) YBFKT

हल (d) यहाँ,

B —(+4)→ F —(+4)→ J —(+4)→ N —(+4)→ R
V —(+4)→ Z —(+4)→ D —(+4)→ H —(+4)→ L
D —(+4)→ H —(+4)→ L —(+4)→ P —(+4)→ T

परन्तु, Y —(+3)→ B —(+4)→ F —(+5)→ K —(+9)→ T

अतः 'YBFKT' अन्य युग्म से भिन्न है।

उदाहरण 9. विषम अक्षर-युग्म को चुनिए। ***DSSSB Workshop 2024***

(a) RY : SZ (b) MP : NO
(c) QW : RV (d) CE : DD

हल (a) यहाँ,

M P : N O (M +1 → N, P −1 → O), Q W : R V (Q +1 → R, W −1 → V)
C E : D D (C +1 → D, E −1 → D)

परन्तु, R Y : S Z (R +1 → S, Y +1 → Z)

अतः 'RY : SZ' अन्य युग्म से भिन्न है।

उदाहरण 10. अंग्रेजी वर्णमाला क्रम के आधार पर, निम्नलिखित चार अक्षर-समूह युग्मों में से तीन एक निश्चित प्रकार से समान हैं और इस प्रकार एक समूह बनाते हैं। कौन-सा युग्म उस समूह से सम्बन्धित नहीं है? (ध्यान दें असंगत अक्षर-समूह, उस अक्षर-समूह में व्यंजनों/स्वरों की संख्या या उनके स्थान पर आधारित नहीं है।) ***RRB ALP (CBT-I) 2024***

(a) VS-PU (b) RO-LQ
(c) TQ-NS (d) YV-SW

हल (d) यहाँ,

V —(−6)→ P ; R —(−6)→ L ; T —(−6)→ N
S —(+2)→ U ; O —(+2)→ Q ; Q —(+2)→ S

परन्तु,
Y —(−6)→ S
V —(+1)→ W

अतः 'YV-SW' अन्य युग्म से भिन्न है।

संख्या वर्गीकरण पर आधारित

उदाहरण 11. विषम संख्या को चुनिए।

(a) 217 (b) 126
(c) 189 (d) 254

हल (*d*) '254' के अतिरिक्त अन्य सभी संख्याओं में पहले दो अंकों से बनी संख्या तीसरे अंक से पूर्णत: विभाज्य है, अर्थात्

$$\frac{21}{7} = 3,\ \frac{12}{6} = 2,\ \frac{18}{9} = 2,$$

लेकिन, $\frac{25}{4} = 6.25$ [पूर्णत: विभाज्य नहीं है]

उदाहरण 12. दिए गए विकल्पों में से विषम संख्या चुनिए। ***DSSSB 2024***

(a) 2321 (b) 825
(c) 1521 (d) 968

हल (*c*) 1521 के अतिरिक्त अन्य सभी संख्याएँ 11 से पूर्णत: विभाजित होती हैं।

उदाहरण 13. दिए गए विकल्पों में से विषम संख्या युग्म चुनिए। ***RRB NTPC (CBT-II) 2022***

(a) 25-42 (b) 17-24
(c) 11-12 (d) 22-34

हल (*a*) यहाँ, 17-24 $\Rightarrow 17 \times 2 - 10 = 34 - 10 = 24$

11-12 $\Rightarrow 11 \times 2 - 10 = 22 - 10 = 12$; 22-34 $\Rightarrow 22 \times 2 - 10 = 44 - 10 = 34$

लेकिन, 25-42 $\Rightarrow 25 \times 2 - 10 = 50 - 10 = 40 \neq 42$

अत: '25-42' अन्य युग्म से भिन्न है।

उदाहरण 14. दिए गए विकल्पों में से विषम संख्या युग्म चुनिए। ***SSC (10+2) 2023***

(a) 13-163 (b) 9-77
(c) 18-320 (d) 24-572

हल (*a*) यहाँ, 9-77 $\Rightarrow 9^2 - 4 = 81 - 4 = 77$

18-320 $\Rightarrow 18^2 - 4 = 324 - 4 = 320$

24-572 $\Rightarrow 24^2 - 4 = 576 - 4 = 572$

परन्तु, 13-163 $\Rightarrow 13^2 - 4 = 169 - 4 = 165 \neq 163$

अत: विकल्प (a) को छोड़कर अन्य सभी समान पैटर्न का अनुसरण करते हैं।

उदाहरण 15. दिए गए विकल्पों में से विषम संख्या युग्म चुनिए। ***SSC CGL (Tier-I) 2023***

(a) 72 : 16 : 8
(b) 36 : 13 : 7
(c) 1 : 3 : 2
(d) 16 : 9 : 5

हल (*a*) यहाँ, (36 : 13 : 7)

$\Rightarrow (13 - 7)^2 = 6^2 = 36$

$(1 : 3 : 2) \Rightarrow (3 - 2)^2 = 1^2 = 1$

$(16 : 9 : 5) \Rightarrow (9 - 5)^2 = 4^2 = 16$

परन्तु, (72 : 16 : 8)

$\Rightarrow (16 - 8)^2 = 8^2 = 64 \neq 72$

Trending Concept

संख्या युग्म पर आधारित प्रश्न वर्तमान में हो रही सभी परीक्षाओं (SSC, Railway) में पूछे जा रहे हैं। आगामी परीक्षाओं के लिए अति महत्त्वपूर्ण हैं।

मिश्रित वर्गीकरण पर आधारित

उदाहरण 16. दिए गए विकल्पों में से विषम पद ज्ञात कीजिए।

(a) P4 (b) S2 (c) O5 (d) I11

हल (*b*) यहाँ, P4 $\rightarrow 16 + 4 = 20$

O5 $\rightarrow 15 + 5 = 20$

I11 $\rightarrow 9 + 11 = 20$

परन्तु, S2 $\rightarrow 19 + 2 = 21 \neq 20$

अत: S2 अन्य सभी से भिन्न है।

उदाहरण 17. निम्नलिखित प्रश्नों में दिए गए विकल्पों में से विषम पद ज्ञात कीजिए। ***RRB NTPC 2021***

(a) 9IH (b) 11KP (c) 13MN (d) 3CX

हल (*a*) विकल्प (a) को छोड़कर अन्य सभी विकल्पों में दी गई संख्या एक अभाज्य संख्या तथा अक्षर एक-दूसरे के विपरीत अक्षर हैं।

उदाहरण 18. प्रश्न में ऐसे शब्द युग्म हैं, जो एक निश्चित तरीके से एक-दूसरे से सम्बन्धित हैं।
निम्नलिखित चार शब्द युग्मों में से तीन शब्द युग्म एकसमान हैं क्योंकि इनमें सम्बन्ध समान हैं और इस प्रकार वे एक समूह बनाते हैं। निम्नलिखित में से कौन-सा शब्द युग्म उस समूह से सम्बन्धित नहीं है? (शब्दों को अर्थपूर्ण अंग्रेजी/हिन्दी शब्द माना जाना चाहिए और शब्दों में अक्षरों/व्यंजनों/स्वरों की संख्या के आधार पर एक-दूसरे से सम्बन्धित नहीं होने चाहिए। ***SSC CGL (Tier I) 2024***

(a) पंचभुज – 5 भुजाएँ (b) त्रिभुज – 3 भुजाएँ
(c) वर्ग – 4 भुजाएँ (d) षट्भुज – 8 भुजाएँ

हल (*d*) 'षट्भुज – 8 भुजाएँ' को छोड़कर अन्य सभी युग्मों में दूसरा शब्द पहले शब्द की भुजाओं की संख्या को दर्शाता है लेकिन षट्भुज में 6 भुजा होती हैं।

उदाहरण 19. निम्नलिखित प्रश्नों में दिए गए विकल्पों में से विषम पद ज्ञात कीजिए। ***RRB NTPC 2022***

(a) LR9 : PU55 (b) DL5 : HP25
(c) HP7 : LT35 (d) PJ3 : TN15

हल (*a*) यहाँ,

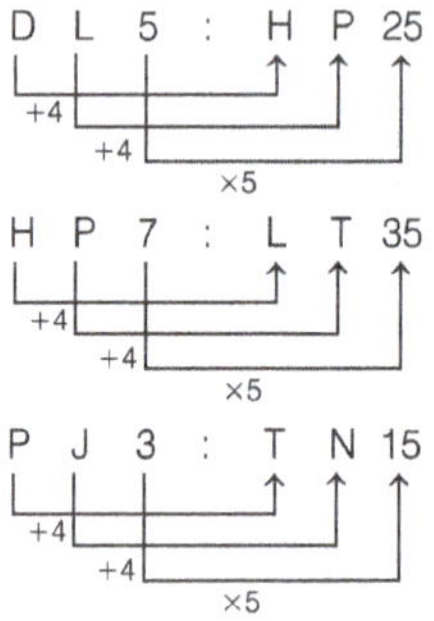

परन्तु,

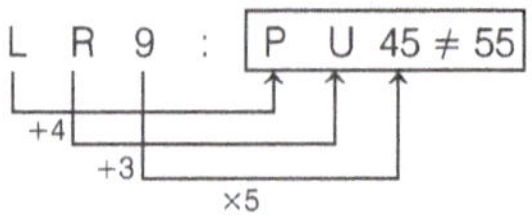

Chapter Challenge

शब्द वर्गीकरण पर आधारित

निर्देश (प्र. सं. 1-34) *निम्नलिखित प्रश्नों में दिए गए विकल्पों में से विषम शब्द/शब्द युग्म को चुनिए।*

1. (a) कुत्ता (b) कबूतर
(c) खरगोश (d) बिल्ली
UP Police Head Operator 2024

2. (a) नाक (b) यकृत
(c) हृदय (d) फेफड़े *SSC (10+2) 2021*

3. (a) भारत (b) चीन
(c) कनाडा (d) जापान
MP Police Constable 2022

4. (a) शब्दकोश (b) ग्रन्थसूची
(c) शब्दावली (d) पर्यायकोश
Rajasthan Police Constable 2022

5. (a) वाराणसी (b) प्रयागराज
(c) कानपुर (d) दिल्ली *CISF ASI 2023*

6. (a) तोड़फोड़ (b) उत्पीड़न
(c) परेशान (d) दु:ख
UP Police Constable 2024

7. (a) गौरेया (b) तोता
(c) कबूतर (d) कीवी
(e) कौआ
Haryana CET 2022

8. (a) बैडमिण्टन (b) टेबल टेनिस
(c) क्रिकेट (d) हॉकी
[CRPF (HC) 2023]

9. (a) नन (धर्मसन्घिनी) (b) शूरवीर
(c) मुनि (d) पादरी
[UPSSSC PET 2021

10. (a) वर्ग (b) वृत्त (c) गोला (d) त्रिकोण
UP Police Constable 2024

11. (a) अम्पायर (b) पिच
(c) बाउंड्री (d) ग्राउंड *[RRB NTPC 2021*

12. (a) उछलना (b) चहचहाना
(c) हिनहिनाना (d) मिमियाना
SSC (10+2) 2020

13. (a) पर्यावरण विज्ञान (b) नेत्र विज्ञान
(c) पेशी विज्ञान (d) त्वचा विज्ञान
SSC CGL 2021

14. (a) लेड (सीसा)
(b) टिन
(c) ताम्र
(d) इस्पात
UP Police Constable 2024

15. (a) माणिक
(b) प्लेटिनम
(c) स्वर्ण
(d) चाँदी

> **MRC*****
> *(Most Repeating Concepts)*
> प्र. सं. 1, 3, 4, 6, 10, 14, 17, 23, 25 तथा 29 सम्बन्धित प्रश्न पुलिस सम्बन्धित परीक्षाओं में निरन्तर पूछे जा रहे हैं। आगामी परीक्षाओं के लिए अति महत्त्वपूर्ण हैं।

16. (a) न्यूनकोण (b) समकोण
(c) अधिककोण (d) समानान्तर

17. (a) दौड़ना (b) सोना (c) जॉगिंग (d) चलना
UP Police Constable 2019

18. (a) जिम कार्बेट (b) रणथम्भौर
(c) बान्धवगढ़ (d) तुंगभद्रा *UPSSSC 2018*

19. (a) विकृति विज्ञान (b) भूविज्ञान
(c) विकिरण विज्ञान (रेडियोलॉजी) (d) हृदय विज्ञान
UP Police (AO) 2024

20. (a) पिरामिड (b) वृत्त (c) घनाभ (d) बेलन
RRB NTPC 2021

21. (a) Edition (b) Index
(c) Foreword (d) Preface
RRB NTPC 2020

22. (a) जन्म : मृत्यु (b) भारी : मोटा
(c) पास : दूर (d) लाभ : हानि
UP (AO) 2024

23. (a) शान्त : शान्ति (b) गहरा : उथला
(c) खोट : दोष (d) ठण्डा : शीतल
Rajasthan Police Constable 2022

24. (a) धन-बटुए (b) चावल-खाना
(c) कपड़े-अलमारियाँ (d) पानी-बोतलें
SSC (10+2) 2024

25. (a) स्वीकार करें : कबूल करें (b) चिकना : खुरदुरा
(c) जटिल : सरल (d) अधिकतम : न्यूनतम
UP Police Head Operator 2024

26. (a) संगीतकार-गाना (b) किसान-हल
(c) श्रमिक-फावड़ा (d) बढ़ाई-आरा
(e) उत्तर नहीं देना चाहते
HCET 2022

27. (a) हिरण : हिरणी (b) बिल्ला : बिल्ली
(c) चूजा : मुर्गी (d) चींटी : रानी
SSC Steno 2019

28. (a) क्रोकरी-कप (b) कीट-तितली
(c) उभयचर-मेंढक (d) कृंतक-छिपकली
CUET (UG) 2023

29. (a) बिल्ली-म्याऊँ (b) गाय-मिमियाना
(c) कुत्ता-भौंकना (d) शेर-गर्जन
UP Police Constable 2024

30. (a) मृदा विज्ञान - मछलियाँ (b) चन्द्रभूगोल - चन्द्रमा
(c) शरीर क्रियाविज्ञान - शरीर (d) कीटविज्ञान - कीट
SSC (10+2) 2023

31. (a) आदमी : कक्षा (b) अँगूर : गुच्छा
(c) मधुमक्खियाँ:झुण्ड (d) फूल : गुलदस्ता
SSC Constable (GD) 2018

32. (a) छेद : ड्रिलर (b) फोटो : फ्रेम
(c) काटना : चाकू (d) पेण्ट : ब्रश
SSC Steno 2019

33. (a) Gift : gift wrap (b) Hand : glove
(c) Head : cap (d) Paper : note

34. (a) Lethargic : Laid back (b) Melancholy : Gloomy
(c) Negligent : Attentive (d) Dynamic : Robust
RRB NTPC 2020

अक्षर वर्गीकरण पर आधारित

निर्देश (प्र. सं. 35-65) *दिए गए विकल्पों में से विषम अक्षर/अक्षर-समूह को ज्ञात कीजिए।*

35. (a) P (b) I (c) B (d) N *SSC Steno 2019*

36. (a) FG (b) AZ (c) QR (d) KL *UP Police Constable 2024*

37. (a) QX (b) WC (c) PW (d) FM *SSC (10+2) 2023*

38. (a) JHG (b) PNM (c) TSO (d) XVU *SSC (10+2) 2023*

39. (a) EKI (b) ZFD (c) NTR (d) RWV *Rajasthan Police Constable 2022*

40. (a) PLH (b) ZVR (c) KGC (d) TPK *CUET (UG) 2023*

41. (a) DIN (b) LQV (c) PTX (d) AFK *SSC CGL (Tier I) 2024*

42. (a) ORT (b) DGH (c) JMN (d) UXY *SSC (10+2) Tier I 2024*

43. (a) ENU (b) MVC (c) AJQ (d) OXC *SSC (10+2) Tier I 2024*

44. (a) RUY (b) JMR (c) EHM (d) KNS *RRB ALP (CBT-I) 2024*

45. (a) OSL (b) HLE (c) FJC (d) SVP *RRB ALP (CBT-I) 2024*

46. (a) SWYX (b) LOQP (c) PTVU (d) RVXW *SSC CPO 2023*

47. (a) TWUV (b) HNLJ (c) MSOQ (d) DGEF *SSC CGL 2018*

48. (a) VERH (b) XCTF (c) ZAVD (d) WDSF *CISF HC Ministerial 2022*

49. (a) VBHN (b) HNTZ (c) IPVA (d) AGMS *SSC (10+2) 2021*

50. (a) HJKP (b) BFJN (c) JNRV (d) DHLP *SSC CGL (Tier-I) 2023*

51. (a) TUGD (b) ADZW (c) EGVT (d) NOML *SSC (10+2) 2020*

52. (a) CXBH (b) KPUZ (c) EVAF (d) TGLQ *CUET (UG) 2022*

53. (a) IKJL (b) MNPO (c) EGFH (d) ACBD *RRB NTPC 2020*

54. (a) TFKG (b) JNCQ (c) RDMI (d) FHWU *SSC CGL 2021*

> **MRC*****
> *(Most Repeating Concepts)*
> प्र. सं. 37, 41, 43, 46, 53, 65, 68 तथा 78 आदि Concept पर आधारित प्रश्न वर्तमान में SSC तथा Railway की परीक्षाओं में निरन्तर रूप से पूछे जा रहे हैं।

55. (a) kpnm (b) cxve (c) gtri (d) dwfv *SSC MTS 2021*

56. (a) XOTP (b) UQYR (c) NJRK (d) GCKD *SSC CPO 2023*

57. (a) PSUX (b) MOQS (c) CFIL (d) GHIJ *SSC CGL 2020*

58. (a) HEBY (b) SPLI (c) WTQN (d) OLIF *SSC CPO 2020*

59. (a) BYAWD (b) KPETG (c) MNIQJ (d) CXOPB *Rajasthan Police Constable 2022*

60. (a) DFJPX (b) HJNTB (c) KMQWF (d) BDHNV *SSC Steno 2021*

61. (a) LNPRT (b) NPRTV (c) HJMOR (d) DFHJL *SSC CPO 2018*

62. (a) HKNQT (b) QTWZC (c) SVYBE (d) CGILO *DSSSB Workshop 2024*

63. (a) AKDGB (b) LTOQM (c) FPILG (d) ISLOJ *UP Police Asst. Operator 2024*

64. (a) u a i e o (b) c g k o s (c) e i m q u (d) h l p t e *UPSSSC 2018*

65. (a) EN-YH (b) TC-NW (c) BK-VE (d) ZI-UD *RRB ALP (CBT-I) 2024*

संख्या वर्गीकरण पर आधारित

निर्देश (प्र. सं. 66-96) *नीचे दिए गए विकल्पों में से विषम संख्या/संख्या-युग्म/संख्या समूह को चुनिए।*

66. (a) 34 (b) 62 (c) 72 (d) 69 *MP Police Constable 2022*

67. (a) 61 (b) 21 (c) 31 (d) 41 *UP Police Head Operator 2024*

68. (a) 49 (b) 24 (c) 15 (d) 80 *RRB JE 2019*

69. (a) 12 (b) 14 (c) 30 (d) 56 *SSC CGL 2018*

70. (a) 52 (b) 130 (c) 60 (d) 78 *SSC CPO 2018*

71. (a) 268 (b) 212 (c) 124 (d) 255 *SSC (10+2) 2020*

72. (a) 1225 (b) 4225 (c) 4125 (d) 3025 *UPSSSC PET 2022*

73. (a) 1 : 2 (b) 4 : 17 (c) 3 : 12 (d) 2 : 5 *UP Police Asst. Oprator 2024*

74. (a) 9, 12 (b) 5, 20 (c) 15, 60 (d) 10, 15 *UP Police Constable 2024*

75. (a) 20 : 11 (b) 6 : 4
(c) 12 : 7 (d) 15 : 8
SSC CGL (Tier-I) 2023

76. (a) 4, 9 (b) 8, 27
(c) 49, 81 (d) 16, 25
UP Police Constable 2024

77. (a) 1-701 (b) 3-102
(c) 9-324 (d) 7-124
MP Police Constable 2022

78. (a) 11 – 143 (b) 7 – 63
(c) 8 – 72 (d) 9 – 99
SSC (10+2) 2023

79. (a) 14 : 94 (b) 12 : 72
(c) 8 : 32 (d) 6 : 18
MP Police Constable 2022

80. (a) 5 : 35 (b) 13 : 195
(c) 19 : 324 (d) 7 : 63 ***SSC (10+2) 2021***

81. (a) 54, 5 (b) 34, 3
(c) 66, 6 (d) 24, 2 ***RRB NTPC 2021***

82. (a) 12 : 39 (b) 15 : 46
(c) 9 : 28 (d) 8 : 25 ***RRB JE 2019***

83. (a) 14, 6 (b) 41, 2
(c) 21, 4 (d) 7, 12 ***SSC CPO 2018***

84. (a) 32 : 19 (b) 21 : 51
(c) 58 : 26 (d) 43 : 95 ***SSC Steno 2019***

85. (a) 13 – 104 (b) 15 – 120
(c) 12 – 96 (d) 16 – 118
RRB NTPC 2020

86. (a) 27 : 82 (b) 22 : 127
(c) 16 : 91 (d) 28 : 163 ***SSC CGL 2021***

87. (a) 358-152 (b) 308-92
(c) 335-119 (d) 317-101
SSC CGL (Tier I) 2024

88. (a) 31-280 (b) 14-126
(c) 25-225 (d) 12-108
SSC (10+2) 2024

89. (a) 144 : 12 (b) 123 : 11
(c) 196 : 14 (d) 225 : 15

90. (a) 64-4032 (b) 52-2704
(c) 42-1764 (d) 38-1444
SSC (10+2) 2023

91. (a) 3797 : 42 (b) 1479 : 83
(c) 2564 : 21 (d) 4632 : 32
SSC Steno 2019

92. (a) 364-182 (b) 986-493
(c) 438-219 (d) 524-260

93. (a) 1024-3072 (b) 336-1008
(c) 1248-3744 (d) 726-2278
SSC (10+2) 2023

94. (a) 20, 16, 18 (b) 18, 14, 16
(c) 16, 12, 14 (d) 14, 11, 13

95. (a) 8, 64, 512 (b) 36, 6, 206
(c) 48, 4, 202 (d) 9, 27, 263

96. (a) 6, 13, 24 (b) 12, 19, 30
(c) 18, 25, 34 (d) 24, 31, 42

मिश्रित वर्गीकरण पर आधारित

निर्देश (प्र. सं. 97-101) *नीचे दिए गए विकल्पों में से विषम अक्षर-संख्या समूह चुनिए।*

97. (a) A12 (b) P16 (c) U21 (d) M13
RRB NTPC 2021

98. (a) BC 6 (b) DE 20 (c) CD 12 (d) EF 35
UP Police ASI 2021

99. (a) # 8 $ (b) # 6 $
(c) # 4 $ (d) # 32
UP Police Constable 2020

100. (a) A # M (b) L # P
(c) U # Y (d) # KJ
UP Police Constable 2020

101. (a) RED7% (b) YELLOW 6&
(c) PINK 4# (d) GREEN 5*
UP Police Constable 2020

Right Key

1. (b)	2. (a)	3. (c)	4. (b)	5. (d)	6. (a)	7. (d)	8. (a)	9. (b)	10. (c)
11. (a)	12. (a)	13. (a)	14. (d)	15. (a)	16. (d)	17. (b)	18. (d)	19. (b)	20. (b)
21. (a)	22. (b)	23. (b)	24. (b)	25. (a)	26. (a)	27. (c)	28. (d)	29. (b)	30. (a)
31. (a)	32. (b)	33. (d)	34. (c)	35. (b)	36. (b)	37. (b)	38. (c)	39. (d)	40. (d)
41. (c)	42. (a)	43. (d)	44. (a)	45. (d)	46. (b)	47. (b)	48. (d)	49. (c)	50. (a)
51. (a)	52. (a)	53. (b)	54. (d)	55. (d)	56. (a)	57. (a)	58. (b)	59. (d)	60. (c)
61. (c)	62. (d)	63. (b)	64. (a)	65. (d)	66. (d)	67. (b)	68. (a)	69. (b)	70. (c)
71. (d)	72. (c)	73. (c)	74. (a)	75. (d)	76. (b)	77. (d)	78. (c)	79. (a)	80. (c)
81. (c)	82. (a)	83. (b)	84. (c)	85. (d)	86. (a)	87. (a)	88. (a)	89. (b)	90. (a)
91. (d)	92. (d)	93. (d)	94. (d)	95. (a)	96. (c)	97. (a)	98. (d)	99. (d)	100. (d)
101. (a)									

Solutions

1. (*b*) 'कबूतर' को छोड़कर अन्य सभी जानवर (पशु) हैं, लेकिन कबूतर एक पक्षी है।

2. (*a*) नाक के अतिरिक्त अन्य सभी शरीर के अन्दरुनी अंग हैं, जबकि नाक शरीर का बाहरी अंग है।

3. (*c*) कनाडा के अतिरिक्त अन्य सभी देश एशिया महाद्वीप के अन्तर्गत आते हैं, जबकि कनाडा उत्तरी-अमेरिका महाद्वीप का देश है।

4. (*b*) ग्रन्थसूची को छोड़कर अन्य सभी में शब्दों की सूची का वर्णन होता है, जबकि ग्रन्थसूची (Bibliography) एक पुस्तकालय या संग्रहालय में उपलब्ध पुस्तकों की सूची होती है।

5. (*d*) 'दिल्ली' को छोड़कर अन्य सभी गंगा नदी के किनारे बसे शहर हैं, जबकि दिल्ली यमुना नदी के किनारे बसा शहर है।

Smart Approach

दिल्ली भारत की राजधानी होने के साथ-साथ केन्द्र शासित प्रदेश भी है, जबकि अन्य सभी भारत के राज्य उत्तर प्रदेश के शहर हैं।

6. (*a*) 'तोड़फोड़' के अतिरिक्त अन्य सभी समानार्थी शब्द हैं, जबकि तोड़फोड़ का अर्थ शरारत या शैतानी है।

7. (*d*) कीवी को छोड़कर अन्य सभी एकसमान पक्षी हैं क्योंकि कीवी एक प्रकार का पक्षी है जो अपने छोटे पंखों के कारण कभी उड़ नहीं सकता और अन्य सभी उड़ सकते हैं।

8. (*a*) 'बैडमिण्टन' को छोड़कर अन्य सभी खेल में एक गेंद का उपयोग होता है, जबकि बैडमिण्टन में चिड़ियाँ (Shuttle) का उपयोग होता है।

9. (*b*) शूरवीर को छोड़कर अन्य सभी धार्मिक व्यक्ति हैं, जबकि शूरवीर एक योद्धा व्यक्ति होता है जो ताकतवर और बलशाली होता है।

10. (*c*) गोले के अतिरिक्त अन्य सभी द्विविमीय आकृति हैं, जबकि गोला एक त्रिविमीय आकृति है।

TOP TIPS इस प्रकार के प्रश्नों को हल करने के लिए द्विविमीय तथा त्रिविमीय आकृतियों की जानकारी होनी चाहिए।

11. (*a*) अम्पायर के अतिरिक्त अन्य सभी खेल के मैदान के विभिन्न भाग हैं। जबकि अम्पायर मैदान के बीच में खड़ा होकर परिणामों की घोषणा करता है।

12. (*a*) उछलना के अतिरिक्त अन्य सभी शब्द विभिन्न पशु/पक्षियों की आवाजें हैं, जबकि उछलना एक क्रियाकलाप है।

13. (*a*) नेत्र विज्ञान में आँखों के बारे में पढ़ा जाता है। पेशी विज्ञान में माँसपेशियों के बारे में पढ़ा जाता है। त्वचा विज्ञान में शरीर की त्वचा के बारे में पढ़ा जाता है। नेत्र (आँख), त्वचा व माँसपेशियाँ, यह सब मानव शरीर के विभिन्न अंग हैं। जबकि पर्यावरण विज्ञान में पर्यावरण के बारे में पढ़ा जाता है, जो इन सबसे भिन्न है।

14. (*d*) विकल्प (d) को छोड़कर, अन्य सभी धातु हैं, लेकिन इस्पात मिश्रधातु है।

अत: 'इस्पात' सेट से सम्बन्धित नहीं है।

15. (*a*) 'माणिक' को छोड़कर अन्य सभी धातुएँ हैं, जबकि माणिक रत्न है।

16. (*d*) समानान्तर को छोड़कर अन्य सभी कोणों के प्रकार हैं। जबकि समानान्तर दो सरल रेखाओं के बीच सम्बन्ध या गुण को व्यक्त करता है।

17. (*b*) सोना को छोड़कर अन्य सभी शारीरिक रूप से सक्रिय क्रियाएँ हैं। जबकि सोना शरीर को आराम देता है।

18. (*d*) तुंगभद्रा अन्य सभी से भिन्न है, क्योंकि तुंगभद्रा एक नदी है और अन्य सभी राष्ट्रीय उद्यान हैं।

19. (*b*) 'भूविज्ञान' को छोड़कर अन्य सभी विषय विज्ञान के अन्तर्गत आते हैं। जबकि 'भूविज्ञान' भूगोल के अन्तर्गत आता है।

20. (*b*) 'वृत्त' के अतिरिक्त अन्य सभी त्रिविमीय आकृतियाँ हैं। जबकि वृत द्विविमीय आकृति है।

21. (*a*) Edition (संस्करण) के अतिरिक्त अन्य सभी Index (सूची), Foreword (भूमिका), Preface (प्रस्तावना) पुस्तक के विषय के बारे में जानकारी को संक्षेप में दर्शाते हैं, जबकि Edition (संस्करण) पुस्तक के अद्भुत संस्करण के बारे में बताता है।

22. (*b*) विकल्प (b) में दिए गए शब्द-युग्म को छोड़कर, अन्य सभी युग्मों में दिए गए दोनों शब्द एक-दूसरे के विलोम शब्द हैं।

23. (*b*) विकल्प (b) में दिए शब्द-युग्म को छोड़कर, अन्य सभी युग्मों में दोनों शब्दों का अर्थ समान है। परन्तु विकल्प (b) में गहरा और उथला अर्थ एक-दूसरे के विपरीत हैं।

24. (*b*) 'चावल-खाना' को छोड़कर, अन्य सभी युग्मों में दूसरा शब्द उस स्थान का प्रतिनिधित्व करते हैं, जहाँ पहला शब्द सुरक्षित रखा जाता है।

25. (*a*) विकल्प (a) में दिए गए शब्द-युग्म को छोड़कर अन्य सभी युग्मों में दिए गए दोनों शब्द एक-दूसरे के विलोम शब्द हैं।

26. (*a*) दिए गए विकल्पों में 'संगीतकार-गाना' के अतिरिक्त अन्य सभी में व्यवसाय और उससे सम्बन्धित वस्तुओं का युग्म दिया गया है।

27. (*c*) चूजा और मुर्गी को छोड़कर अन्य सभी नर व मादा का जोड़ा है, जबकि चूजा मुर्गी के बच्चे को कहते हैं।

28. (*d*) दिए गए विकल्पों में 'कृंतक-छिपकली' विषम शब्द-युग्म है। क्योंकि अन्य सभी में प्रथम शब्द वर्ग समूह है तथा दूसरा शब्द समूह का एक सदस्य है। जबकि छिपकली सरीसृप वर्ग समूह की है।

TOP TIPS ऐसे प्रश्नों को करने के लिए जीव तथा उनसे सम्बन्धित जाति या वर्ग की जानकारी होनी चाहिए। जैसे मानव, स्तनधारी वर्ग के अन्तर्गत शामिल हैं।

29. (*b*) विकल्प (b) को छोड़कर, अन्य सभी में दूसरा शब्द, पहले शब्द की ध्वनि है। अत: विकल्प (b) अन्य सभी से भिन्न है।

30. (*a*) 'मृदा विज्ञान-मछलियाँ' के अतिरिक्त अन्य सभी शब्द युग्म में पहला शब्द दूसरे शब्द के सम्बन्धित विषय विज्ञान को दर्शाता है।

31. (*a*) 'अँगूर' गुच्छे में, 'मधुमक्खियाँ' झुण्ड में, फूल गुलदस्ते में होते हैं, किन्तु 'आदमी' कक्षा में नहीं होता है। अत: विकल्प (a) अन्य तीनों से भिन्न है।

32. (*b*) ड्रिलर से छेद किया जाता है, चाकू से काटा जाता है, ब्रश से पेण्ट किया जाता है, परन्तु फोटो, फ्रेम में लगाई जाती है।

अत: फोटो-फ्रेम के अतिरिक्त अन्य सभी समान हैं।

33. (*d*) Paper : note के अतिरिक्त अन्य सभी युग्मों में दूसरी वस्तु, पहली वस्तु को ढ़कने के लिए उपयोग होती है।

34. (*c*) Negligent : Attentive के अतिरिक्त अन्य सभी युग्मों के दोनों शब्द समानार्थी शब्द हैं।

35. (*b*) 'I' को छोड़कर अन्य सभी अक्षर व्यंजन हैं जबकि I स्वर है।

36. (*b*)

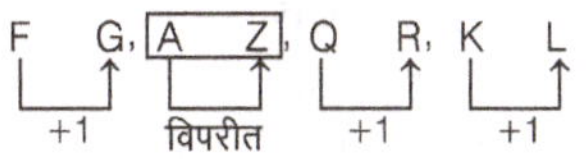

अत: AZ विषम अक्षर-समूह है।

37. (*b*) यहाँ,

$Q \xrightarrow{+7} X$, $P \xrightarrow{+7} W$, $F \xrightarrow{+7} M$

परन्तु, $\boxed{W \xrightarrow{+6} C}$

38. (*c*) यहाँ,

$J \xrightarrow{-2} H \xrightarrow{-1} G$

$P \xrightarrow{-2} N \xrightarrow{-1} M$

$X \xrightarrow{-2} V \xrightarrow{-1} U$

परन्तु, $\boxed{T \xrightarrow{-1} S \xrightarrow{-4} O}$

39. (*d*) यहाँ,

$E \xrightarrow{+6} K \xrightarrow{-2} I$

$Z \xrightarrow{+6} F \xrightarrow{-2} D$

$N \xrightarrow{+6} T \xrightarrow{-2} R$

परन्तु, $\boxed{R \xrightarrow{+5} W \xrightarrow{-1} V}$

40. (*d*) यहाँ,

$P \xrightarrow{-4} L \xrightarrow{-4} H$

$Z \xrightarrow{-4} V \xrightarrow{-4} R$

$K \xrightarrow{-4} G \xrightarrow{-4} C$

परन्तु, $\boxed{T \xrightarrow{-4} P \xrightarrow{-5} K}$

41. (*c*) यहाँ,

$D \xrightarrow{+5} I \xrightarrow{+5} N$

$L \xrightarrow{+5} Q \xrightarrow{+5} V$

$A \xrightarrow{+5} F \xrightarrow{+5} K$

परन्तु, $\boxed{P \xrightarrow{+4} T \xrightarrow{+4} X}$

42. (*a*) यहाँ,

$D \xrightarrow{+3} G \xrightarrow{+1} H$

$J \xrightarrow{+3} M \xrightarrow{+1} N$

$U \xrightarrow{+3} X \xrightarrow{+1} Y$

परन्तु, $\boxed{O \xrightarrow{+3} R \xrightarrow{+2} T}$

43. (*d*) यहाँ,

$E \xrightarrow{+9} N \xrightarrow{+7} U$

$M \xrightarrow{+9} V \xrightarrow{+7} C$

$A \xrightarrow{+9} J \xrightarrow{+7} Q$

परन्तु, $\boxed{O \xrightarrow{+9} X \xrightarrow{+5} C}$

44. (*a*) यहाँ,

$J \xrightarrow{+3} M \xrightarrow{+5} R$

$E \xrightarrow{+3} H \xrightarrow{+5} M$

$K \xrightarrow{+3} N \xrightarrow{+5} S$

परन्तु, $\boxed{R \xrightarrow{+3} U \xrightarrow{+4} Y}$

45. (*d*) यहाँ,

$O \xrightarrow{+4} S \xrightarrow{-7} L$

$H \xrightarrow{+4} L \xrightarrow{-7} E$

$F \xrightarrow{+4} J \xrightarrow{-7} C$

परन्तु, $\boxed{S \xrightarrow{+3} V \xrightarrow{-6} P}$

46. (*b*) यहाँ,

$S \xrightarrow{+4} W \xrightarrow{+2} Y \xrightarrow{-1} X$

$P \xrightarrow{+4} T \xrightarrow{+2} V \xrightarrow{-1} U$

$R \xrightarrow{+4} V \xrightarrow{+2} X \xrightarrow{-1} W$

परन्तु, $\boxed{L \xrightarrow{+3} O \xrightarrow{+2} Q \xrightarrow{-1} P}$

47. (*b*) 'HNLJ' को छोड़कर अन्य अक्षर-समूह में एक अक्षर स्वर है लेकिन HNLJ में सभी अक्षर व्यंजन हैं।

48. (*d*) यहाँ,

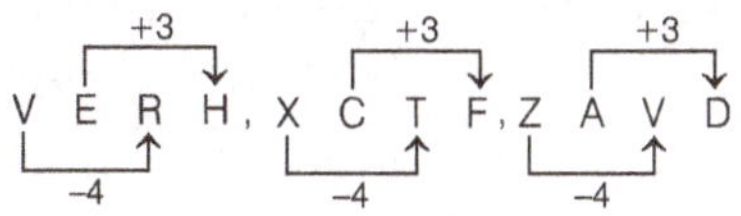

परन्तु,

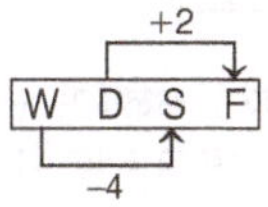

49. (*c*) केवल 'IPVA' में दो स्वर अक्षर 'I' और 'A' हैं। अन्य किसी भी समूह में दो स्वर अक्षर नहीं हैं।

50. (*a*) यहाँ,

$B \xrightarrow{+4} F \xrightarrow{+4} J \xrightarrow{+4} N$

$J \xrightarrow{+4} N \xrightarrow{+4} R \xrightarrow{+4} V$

$D \xrightarrow{+4} H \xrightarrow{+4} L \xrightarrow{+4} P$

परन्तु, $\boxed{H \xrightarrow{+2} J \xrightarrow{+1} K \xrightarrow{+5} P}$

51. (*a*) यहाँ,

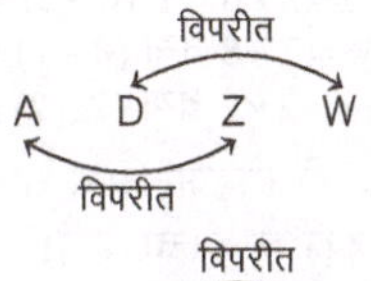

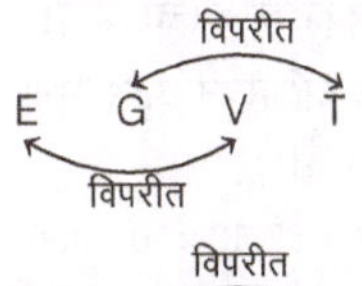

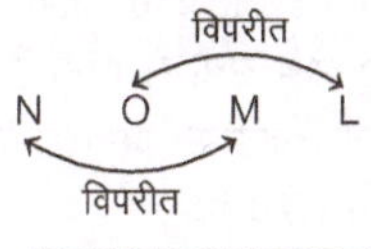

परन्तु,

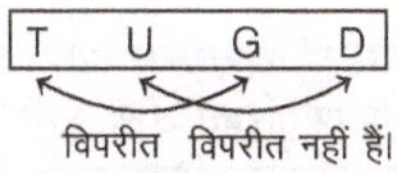

> **TOP TIPS** विपरीत वर्ण ज्ञात करने के लिए क्रमांकिक मान को 27 में से घटा दिया जाता है जैसे-A का विपरीत वर्ण
> = 27 – 1 = 26 = Z

52. (*a*) यहाँ,

$K \xrightarrow{\text{विपरीत}} P \xrightarrow{+5} U \xrightarrow{+5} Z$

$E \xrightarrow{\text{विपरीत}} V \xrightarrow{+5} A \xrightarrow{+5} F$

$T \xrightarrow{\text{विपरीत}} G \xrightarrow{+5} L \xrightarrow{+5} Q$

परन्तु, $\boxed{C \xrightarrow{\text{विपरीत}} X \xrightarrow{+4} B \xrightarrow{+6} H}$

53. (*b*) यहाँ,

$I \xrightarrow{+2} K \xrightarrow{-1} J \xrightarrow{+2} L$

$E \xrightarrow{+2} G \xrightarrow{-1} F \xrightarrow{+2} H$

$A \xrightarrow{+2} C \xrightarrow{-1} B \xrightarrow{+2} D$

परन्तु, $\boxed{M \xrightarrow{+1} N \xrightarrow{+2} P \xrightarrow{-1} O}$

54. (*d*) यहाँ,

T F K G → (20+6+11+7)=44 ; J N C Q → (10+14+3+17)=44

तथा R D M I → (18+4+13+9)=44

परन्तु, $\boxed{F\ H\ W\ U}$ → $(6+8+23+21)=58 \neq 44$

> **TOP TIPS** इस प्रकार के प्रश्नों को सरलतापूर्वक हल करने के लिए अंग्रेजी वर्णमाला के अक्षरों का क्रमांकिक मान का ज्ञान होना अति आवश्यक है।

55. (*d*) यहाँ,

$k \xrightarrow{\text{विपरीत}} p \xrightarrow{-2} n \xrightarrow{\text{विपरीत}} m$

$c \xrightarrow{\text{विपरीत}} x \xrightarrow{-2} v \xrightarrow{\text{विपरीत}} e$

$g \xrightarrow{\text{विपरीत}} t \xrightarrow{-2} r \xrightarrow{\text{विपरीत}} i$

परन्तु, $\boxed{d \xrightarrow{\text{विपरीत}} w \xrightarrow{-17} f \xrightarrow{\text{विपरीत नहीं है}} v}$

56. (*a*) यहाँ,

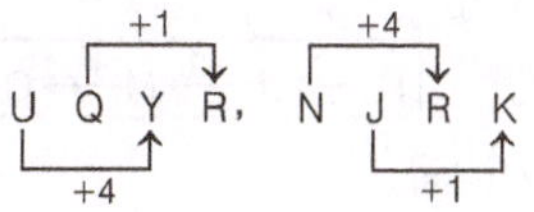

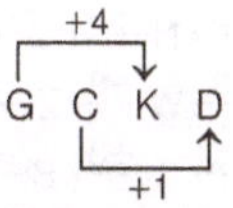

परन्तु,

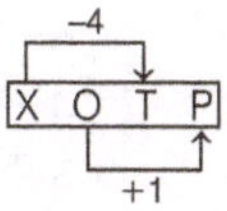

57. (*a*) यहाँ,

M O Q S (+2, +2, +2) , C F I L (+3, +3, +3)

परन्तु,

G H I J (+1, +1, +1) , [P S U X] (+3, +2, +3)

यहाँ 'PSUX' को छोड़कर अन्य सभी में अक्षर एक निश्चित बढ़ते क्रम में हैं लेकिन 'PSUX' में ऐसा नहीं है।

58. (*b*) यहाँ,

$H \xrightarrow{-3} E \xrightarrow{-3} B \xrightarrow{-3} Y$

$W \xrightarrow{-3} T \xrightarrow{-3} Q \xrightarrow{-3} N$

$O \xrightarrow{-3} L \xrightarrow{-3} I \xrightarrow{-3} F$

परन्तु, $\boxed{S \xrightarrow{-3} P \xrightarrow{-4} L \xrightarrow{-3} I}$

59. (*d*) यहाँ,

B —विपरीत→ Y A W —विपरीत→ D

K —विपरीत→ P E T —विपरीत→ G

M —विपरीत→ N I Q —विपरीत→ J

परन्तु, [C —विपरीत→ X O P —+12→ B]

> **TOP TIPS** यदि विकल्पों में दो से अधिक अक्षर दिए गए हों, तब अक्षर-युग्म के प्रत्येक अक्षर के बीच सम्बन्ध ज्ञात न करके प्रत्येक विकल्प में समान स्थान पर स्थित दो अक्षरों के बीच सम्बन्ध ज्ञात करके भी वर्गीकरण कर सकते हैं।

60. (*c*) यहाँ,

$D \xrightarrow{+2} F \xrightarrow{+4} J \xrightarrow{+6} P \xrightarrow{+8} X$

$H \xrightarrow{+2} J \xrightarrow{+4} N \xrightarrow{+6} T \xrightarrow{+8} B$

$B \xrightarrow{+2} D \xrightarrow{+4} H \xrightarrow{+6} N \xrightarrow{+8} V$

परन्तु, $\boxed{K \xrightarrow{+2} M \xrightarrow{+4} Q \xrightarrow{+6} W \xrightarrow{+9} F}$

61. (*c*) यहाँ,

$L \xrightarrow{+2} N \xrightarrow{+2} P \xrightarrow{+2} R \xrightarrow{+2} T$

$N \xrightarrow{+2} P \xrightarrow{+2} R \xrightarrow{+2} T \xrightarrow{+2} V$

$D \xrightarrow{+2} F \xrightarrow{+2} H \xrightarrow{+2} J \xrightarrow{+2} L$

परन्तु,

$\boxed{H \xrightarrow{+2} J \xrightarrow{+3} M \xrightarrow{+2} O \xrightarrow{+3} R}$

62. (*d*) यहाँ,

$H \xrightarrow{+3} K \xrightarrow{+3} N \xrightarrow{+3} Q \xrightarrow{+3} T$

$Q \xrightarrow{+3} T \xrightarrow{+3} W \xrightarrow{+3} Z \xrightarrow{+3} C$

$S \xrightarrow{+3} V \xrightarrow{+3} Y \xrightarrow{+3} B \xrightarrow{+3} E$

परन्तु, $\boxed{C \xrightarrow{+4} G \xrightarrow{+2} I \xrightarrow{+3} L \xrightarrow{+3} O}$

63. (*b*) यहाँ,

A K D G B (A →+3→ D, K →−4→ G, B →−2→ D)

F P I L G (F →+3→ I, P →−4→ L, G →−2→ I)

I S L O J (I →+3→ L, S →−4→ O, J →−2→ L)

परन्तु,

[L T O Q M] (L →+3→ O, T →−3→ Q, M →−2→ O)

64. (*a*) u a i e o यह सभी अक्षर स्वर हैं, जबकि अन्य विकल्पों में सभी अक्षर में स्वर व व्यंजन दोनों हैं।

65. (*d*) यहाँ,

$E \xrightarrow{-6} Y$, $T \xrightarrow{-6} N$

$N \xrightarrow{-6} H$, $C \xrightarrow{-6} W$

$B \xrightarrow{-6} V$ परन्तु, $\boxed{Z \xrightarrow{-5} U}$

$K \xrightarrow{-6} E$ $\boxed{I \xrightarrow{-5} D}$

66. (*d*) दिए गए विकल्पों में '69' के अतिरिक्त अन्य सभी सम संख्याएँ हैं।

67. (*b*) संख्या '21' को छोड़कर अन्य सभी संख्या अभाज्य संख्या हैं।

> **TOP TIPS** इस प्रकार के प्रश्नों को हल करने के लिए भाज्य तथा अभाज्य संख्याओं की जानकारी होना अति आवश्यक हैं।

68. (*a*) 49 के अतिरिक्त, अन्य सभी पूर्ण वर्ग संख्याएँ नहीं हैं, जबकि 49 एक पूर्ण वर्ग संख्या है।

69. (*b*) दी गई संख्याएँ निम्न प्रकार है

$12 = 3 \times 4$ तथा $(4 - 3) = 1$

$30 = 5 \times 6$ तथा $(6 - 5) = 1$

$56 = 7 \times 8$ तथा $(8 - 7) = 1$

परन्तु, $14 = 2 \times 7$ तथा $(7 - 2) = \boxed{5}$

अत: 14 को छोड़कर अन्य सभी के दो सबसे बड़े भाजकों का अन्तर 1 है।

70. (*c*) 60 के अतिरिक्त अन्य सभी संख्याएँ 13 की गुणज हैं।

$13 \times 4 = 52$, $13 \times 10 = 130$, $13 \times 6 = 78$

अत: 60 अन्य सभी से भिन्न है।

71. (*d*) 255 के अतिरिक्त अन्य सभी संख्याएँ 4 से पूर्णत: विभाजित हैं।

> **Smart Approach**
> 255 के अतिरिक्त अन्य सभी सम संख्याएँ हैं, जबकि 255 एक विषम संख्या है।

72. (*c*) 4125 के अतिरिक्त अन्य सभी पूर्ण वर्ग संख्याएँ हैं।

$1225 = (35)^2$

$4225 = (65)^2$

$3025 = (55)^2$

73. (*c*) यहाँ, $1 : 2 \Rightarrow (1)^2 + 1 = 2$

$4 : 17 \Rightarrow (4)^2 + 1 = 17$

$2 : 5 \Rightarrow (2)^2 + 1 = 5$

परन्तु, $3 : 12 \Rightarrow (3)^2 + 1 = 10 \neq 12$

74. (*a*) विकल्प (a) छोड़कर, अन्य सभी विकल्पों में दोनों संख्या 5 से विभाजित हैं।

75. (*d*) यहाँ,

$20 : 11 \Rightarrow 11 \times 2 - 2 = 22 - 2 = 20$

$6 : 4 \Rightarrow 4 \times 2 - 2 = 8 - 2 = 6$

तथा $12 : 7 \Rightarrow 7 \times 2 - 2 = 14 - 2 = 12$

परन्तु, $15 : 8 \Rightarrow 8 \times 2 - 2 = 16 - 2 = 14 \neq 15$

अत: 15 : 8 अन्य सभी से भिन्न है।

76. (*b*) (8, 27) के अतिरिक्त अन्य सभी पूर्ण वर्ग संख्या युग्म हैं, जबकि (8, 27) पूर्ण घन संख्या युग्म हैं।

77. (*d*) यहाँ,

$1 - 701 \Rightarrow \frac{701}{1} = 701$ (पूर्णत: विभाजित)

और $3 - 102 \Rightarrow \frac{102}{3} = 34$ (पूर्णत: विभाजित)

$9 - 324 \Rightarrow \frac{324}{9} = 36$ (पूर्णत: विभाजित)

परन्तु, $7 - 124 \Rightarrow \frac{124}{7} = 17\frac{5}{7}$

(पूर्णत: विभाजित नहीं)

यहाँ, 7 – 124 के अतिरिक्त अन्य सभी में दूसरी संख्या पहली संख्या से पूर्णतया विभाज्य है।

अत: '7 – 124' अन्य से भिन्न है।

78. (*c*) यहाँ,

$11 - 143 \Rightarrow 11 \times (11 + 2) = 11 \times 13 = 143$

$7 - 63 \Rightarrow 7 \times (7 + 2) = 7 \times 9 = 63$

तथा $9 - 99 \Rightarrow 9 \times (9 + 2) = 9 \times 11 = 99$

परन्तु,

$8 - 72 \Rightarrow 8 \times (8 + 2) = 8 \times 10 = 80 \neq 72$

79. (*a*) यहाँ,

$12 : 72 \Rightarrow 12 \times (12 \div 2) = 12 \times 6 = 72$

$8 : 32 \Rightarrow 8 \times (8 \div 2) = 8 \times 4 = 32$

$6 : 18 \Rightarrow 6 \times (6 \div 2) = 6 \times 3 = 18$

परन्तु,

$14 : 94 \Rightarrow 14 \times (14 \div 2) = 14 \times 7 = 98 \neq 94$

80. (*c*) यहाँ,

$5 : 35 \Rightarrow 5^2 + (5 \times 2) = 25 + 10 = 35$

$13 : 195 \Rightarrow (13)^2 + (13 \times 2)$

$= 169 + 26 = 195$

$7:63 \Rightarrow 7^2 + (7 \times 2) = 49 + 14 = 63$

परन्तु, 19:324

$\Rightarrow (19)^2 + (19 \times 2) = 361 + 38$

$= 399 \neq 324$

81. (*c*) यहाँ,

$54,\ 5 \Rightarrow \frac{5 \times 4}{4} = \frac{20}{4} = 5$

$34,\ 3 \Rightarrow \frac{3 \times 4}{4} = \frac{12}{4} = 3$

$24,\ 2 \Rightarrow \frac{2 \times 4}{4} = \frac{8}{4} = 2$

लेकिन, $66,\ 6 \Rightarrow \frac{6 \times 6}{4} = \frac{36}{4} = 9 \neq 6$

82. (*a*) यहाँ,

$15:46 \Rightarrow 15 \times 3 + 1 = 46$

$9:28 \Rightarrow 9 \times 3 + 1 = 28$

$8:25 \Rightarrow 8 \times 3 + 1 = 25$

परन्तु,

$12:39 \Rightarrow 12 \times 3 + 1 = 37 \neq 39$

83. (*b*) यहाँ,

$14,6 \Rightarrow 14 \times 6 = 84$

$21,4 \Rightarrow 21 \times 4 = 84$

$7,12 \Rightarrow 7 \times 12 = 84$

परन्तु, $41,2 \Rightarrow 41 \times 2 = 82 \neq 84$

84. (*c*) यहाँ, $32:19 \Rightarrow \frac{1+9}{3+2} = \frac{10}{5} = 2$

$21:51 \Rightarrow \frac{5+1}{2+1} = \frac{6}{3} = 2$

$43:95 \Rightarrow \frac{9+5}{4+3} = \frac{14}{7} = 2$

परन्तु, $58:26 \Rightarrow \frac{2+6}{5+8} = \frac{8}{13} \neq 2$

85. (*d*) यहाँ,

$13 - 104 \Rightarrow 13 \times 8 = 104$

$15 - 120 \Rightarrow 15 \times 8 = 120$

$12 - 96 \Rightarrow 12 \times 8 = 96$

परन्तु, $16 - 118 \Rightarrow 16 \times 8 = 128 \neq 118$

86. (*a*) यहाँ,

$(22:127) \Rightarrow (22 \times 6) - 5 = 127$

$(16:91) \Rightarrow (16 \times 6) - 5 = 91$

$(28:163) \Rightarrow (28 \times 6) - 5 = 163$

परन्तु, $(27:82) \Rightarrow (27 \times 6) - 5 = 157 \neq 82$

87. (*a*) यहाँ,

$(308 - 92) \Rightarrow 308 - 92 = 216$

$(335 - 119) \Rightarrow 335 - 119 = 216$

$(317 - 101) \Rightarrow 317 - 101 = 216$

परन्तु, $(358 - 152) \Rightarrow 358 - 152 = 206 \neq 216$

88. (*a*) यहाँ, $14\text{-}126 \Rightarrow 14 \times 9 = 126$

$25\text{-}225 \Rightarrow 25 \times 9 = 225$

$12\text{-}108 \Rightarrow 12 \times 9 = 108$

परन्तु, $31\text{-}280 \Rightarrow 31 \times 9 = 279 \neq 280$

89. (*b*) यहाँ,

$144:12 \Rightarrow 12^2 = 144$

$196:14 \Rightarrow 14^2 = 196$

$225:15 \Rightarrow 15^2 = 225$

परन्तु, $123:11 \Rightarrow 11^2 = 121 \neq 123$

90. (*a*) यहाँ, $52\text{-}2704 \Rightarrow (52)^2 = 2704$

$42\text{-}1764 \Rightarrow (42)^2 = 1764$

$38\text{-}1444 \Rightarrow (38)^2 = 1444$

परन्तु, $64\text{-}4032 \Rightarrow (64)^2 = 4096 \neq 4032$

91. (*d*) यहाँ,

$3797:42 \Rightarrow (7-3)(9-7) \Rightarrow 42$

$1479:83 \Rightarrow (9-1)(7-4) \Rightarrow 83$

$2564:21 \Rightarrow (4-2)(6-5) \Rightarrow 21$

परन्तु, $4632:32 \Rightarrow (4-2)(6-3) \Rightarrow 23 \neq 32$

92. (*d*) यहाँ, $364\text{-}182 \Rightarrow 364 \div 2 = 182$

$438\text{-}219 \Rightarrow 438 \div 2 = 219$

$986\text{-}493 \Rightarrow 986 \div 2 = 493$

परन्तु, $524\text{-}260 \Rightarrow 524 \div 2 = 262 \neq 260$

93. (*d*) यहाँ,

$1024\text{-}3072 \Rightarrow 1024 \times 3 = 3072$

$336\text{-}1008 \Rightarrow 336 \times 3 = 1008$

$1248\text{-}3744 \Rightarrow 1248 \times 3 = 3744$

लेकिन, 726-2278

$\Rightarrow 726 \times 3 = 2178 \neq 2278$

94. (*d*) यहाँ,

$20 \xrightarrow{-4} 16 \xrightarrow{+2} 18$

$18 \xrightarrow{-4} 14 \xrightarrow{+2} 16$

$16 \xrightarrow{-4} 12 \xrightarrow{+2} 14$

परन्तु, $\boxed{14 \xrightarrow{-3} 11 \xrightarrow{+2} 13}$

95. (*a*) 8, 64, 512 को छोड़कर अन्य सभी संख्या समूहों में संख्या, उसका वर्ग तथा उसका घन नहीं दिया गया है।

96. (*c*) यहाँ,

$6 \xrightarrow{+7} 13 \xrightarrow{+11} 24$; $12 \xrightarrow{+7} 19 \xrightarrow{+11} 30$; $24 \xrightarrow{+7} 31 \xrightarrow{+11} 42$;

परन्तु, $\boxed{18 \xrightarrow{+7} 25 \xrightarrow{+9} 34}$

97. (*a*) A12 को छोड़कर अन्य सभी पद में अक्षर उनके स्थानीय मान के साथ लिखे गए हैं।

98. (*d*) यहाँ,

B C ; D E

$\downarrow\ \downarrow$; $\downarrow\ \downarrow$

$2 \times 3 = 6$; $4 \times 5 = 20$

तथा C D परन्तु, $\boxed{\text{E F}}$

$\downarrow\ \downarrow$; $\downarrow\ \downarrow$

$3 \times 4 = 12$; $5 \times 6 = 30 \neq 35$

99. (*d*) विकल्प (d) को छोड़कर, अन्य सभी विकल्पों में दो प्रतीक और एक संख्या है, जबकि विकल्प (d) में एक प्रतीक और दो संख्या हैं।

100. (*d*) विकल्प (d) को छोड़कर, अन्य सभी विकल्पों में प्रतीक '#' मध्य में है।

101. (*a*) विकल्प (a) को छोड़कर, अन्य सभी विकल्पों में, संख्या अंग्रेजी शब्द में अक्षरों की संख्या को इंगित करती है।

अध्याय

03 अंग्रेजी वर्णमाला परीक्षण

(English Alphabet Test)

अंग्रेजी वर्णमाला परीक्षण

अंग्रेजी वर्णमाला परीक्षण एक निश्चित पैटर्न में अंग्रेजी अक्षरों की व्यवस्था पर आधारित होते हैं। इसके अन्तर्गत परीक्षा में पूछे जाने वाले प्रश्नों में वर्णमाला क्रम या विपरीत क्रम या इन दोनों क्रम में कुछ शर्त के अनुसार दिए गए अक्षर के स्थान के दाएँ या बाएँ किसी विशिष्ट स्थान के अक्षर को ज्ञात करना होता है।

वर्णमाला क्रम पर आधारित

इस प्रकार के प्रश्नों में, अंग्रेजी वर्णमाला के किसी अक्षर का क्रम दिया गया होता है और उस अक्षर के दाएँ या बाएँ एक विशिष्ट स्थान के अक्षर को ज्ञात करना होता है। कभी-कभी इस तरह के प्रश्नों में किन्ही दो अक्षरों की स्थिति (दाएँ या बाएँ) के बीच कितने या मध्य में कौन-सा अक्षर है यह ज्ञात करना होता है।

जैसे-अंग्रेजी वर्णमाला में बाएँ ओर से 20वें अक्षर के बाएँ ओर से तीसरा अक्षर है

हल बाएँ से तीसरा

A B C D E F G H I J K L M N O P Q R S T U V W X Y Z

बाएँ से 20वाँ

∴ अभीष्ट अक्षर = Q

विपरीत क्रम पर आधारित

इस प्रकार के प्रश्नों में अंग्रेजी वर्णमाला के सभी/आरम्भ से आधे/अन्त से आधे/कई छोटे-छोटे खण्डों में अक्षरों को विपरीत क्रम में लिखा जाता है और उसके बाद किसी अक्षर के दाएँ या बाएँ एक विशिष्ट स्थान के अक्षर को ज्ञात करना होता है।

जैसे-यदि अंग्रेजी वर्णमाला को विपरीत क्रम में लिखा जाए, तो बाएँ से 7वें अक्षर के दाएँ 8वाँ अक्षर है

हल दाएँ से 8वाँ

Z Y X W V U T S R Q P O N M L K J I H G F E D C B A

बाएँ से 7वाँ

∴ अभीष्ट अक्षर = L

शर्त और अक्षर पर आधारित

इस प्रकार के प्रश्नों में अंग्रेजी वर्णमाला के क्रम में दी गई शर्त के अनुसार कुछ अक्षरों को लुप्त करके नई श्रृंखला में उनकी स्थिति के अनुसार, किसी अक्षर के बाएँ या दाएँ एक विशिष्ट स्थान का अक्षर ज्ञात करना होता है।

जैसे-यदि अंग्रेजी वर्णमाला के बाएँ से प्रत्येक तीसरे अक्षर को हटा दिया जाए, तो नई श्रृंखला में बाएँ से 9वाँ अक्षर है

हल दी गई शर्तानुसार, नई वर्णमाला

A B D E G H J K M N P Q S T V W Y Z

बाएँ से 9वाँ

∴ अभीष्ट अक्षर = M

अक्षर-शब्द पर आधारित

इस प्रकार के प्रश्नों में एक शब्द दिया गया होता है और इस शब्द में दिए गए अक्षरों को वर्णमाला क्रम में या अन्य किसी शर्तों के अनुसार, व्यवस्थित करने पर जो शब्द प्राप्त होते हैं। उस पर आधारित कुछ प्रश्न पूछे जाते हैं।

जैसे-शब्द 'WONDERFUL' के अक्षरों को वर्णमाला क्रम में क्रमबद्ध करने पर कितने अक्षर अपरिवर्तित रहेंगे

हल W O N D E R F U L

↓ ↓ ↓ ↓ ↓ ↓ ↓ ↓ ↓

D E F L N O R U W ← वर्णमाला क्रम

अतः एक अक्षर 'U' अपरिवर्तित रहेगा।

अक्षर-युग्म पर आधारित

इस प्रकार के प्रश्नों में एक शब्द दिया गया होता है तथा उसमें से ऐसे अक्षर-युग्म ज्ञात करने होते हैं जिनके मध्य उतने ही अक्षर विद्यमान हों, जितने कि अंग्रेजी वर्णमाला में उन दोनों के मध्य होते हैं, तो इस प्रकार उन दोनों अक्षरों से बनने वाले जोड़े को एक अक्षर-युग्म कहते हैं।

नोट अक्षर-युग्म सीधे क्रम और विपरीत क्रम दोनों स्थितियों में बन सकते हैं।

जैसे—शब्द 'DECLARING' में अक्षरों के कितने युग्म हैं, जिनमें से प्रत्येक के मध्य उतने ही अक्षर हैं, जितने कि अंग्रेजी वर्णमाला क्रम में उनके मध्य होते हैं (पीछे और आगे दोनों ओर)?

हल

4	5	3	12	1	18	9	14	7
D	E	C	L	A	R	I	N	G

अतः अभीष्ट युग्म पाँच हैं-

DE, AC, IL, GL और GI

Score Booster

- *दाईं ओर से mवें अक्षर के बाएँ nवाँ अक्षर = दाएँ से (m+n)वाँ अक्षर*
- *दाईं ओर से mवें अक्षर के दाएँ nवाँ अक्षर = दाएँ से (m − n)वाँ अक्षर*
- *बाईं ओर से mवें अक्षर के दाएँ nवाँ अक्षर = बाएँ से (m + n)वाँ अक्षर*
- *बाईं ओर से mवें अक्षर के बाएँ nवाँ अक्षर = बाएँ से (m − n)वाँ अक्षर*
- *बाएँ से mवें अक्षर और दाएँ से nवें अक्षर के बीच अक्षरों की कुल संख्या = 26 − (mवें अक्षर की स्थिति + nवें अक्षर की स्थिति)*
- *बाएँ/दाएँ से mवें अक्षर और बाएँ/दाएँ से nवें अक्षर के बीच अक्षरों की कुल संख्या = (m − n) − 1*

Exam Approach Examples

वर्णमाला क्रम पर आधारित

उदाहरण 1. निम्नलिखित में से कौन-सा विकल्प अंग्रेजी वर्णमाला में बाईं ओर से 20 वें अक्षर के दाईं ओर से पाँचवाँ है? *RRB NTPC 2021*

(a) Y (b) E (c) V (d) Z

हल (a) प्रश्नानुसार,

1 2 3 4 5 6 7 8 9 10 11 12 13 14 15 16 17 18 19 20 21 22 23 24 25 26
A B C D E F G H I J K L M N O P Q R S T U V W X [Y] Z

बाएँ से 20 वाँ — दाएँ से 5 वाँ

अत: बाएँ से 20वाँ अक्षर T है तथा T के दाएँ से 5वाँ अक्षर Y है।

Smart Approach

∴ बाईं ओर से 20 वें अक्षर के दाईं ओर से पाँचवाँ अक्षर = बाएँ से (20 + 5) वाँ अक्षर
= बाएँ से 25 वाँ अक्षर = Y

Helping Tips

इस प्रकार के प्रश्नों को हल करने के लिए अंग्रेजी वर्णमाला के अक्षरों का स्थानीय मान याद होना अति आवश्यक है।

उदाहरण 2. सीधे क्रम में वर्णमाला श्रृंखला में बाईं ओर से 18वें अक्षर के बाईं ओर कौन-सा अक्षर 7वाँ है? *UPSSSC 2018*

(a) J (b) G (c) T (d) K

हल (d) प्रश्नानुसार,

1 2 3 4 5 6 7 8 9 10 11 12 13 14 15 16 17 18 19 20 21 22 23 24 25 26
A B C D E F G H I J [K] L M N O P Q R S T U V W X Y Z

बाएँ 7वाँ — बाएँ से 18वाँ

अत: बाएँ से 18वाँ अक्षर R है तथा R के बाएँ 7वाँ अक्षर K है।

Smart Approach

बाएँ से 18वें अक्षर के बाएँ 7वाँ अक्षर = बाएँ से (18 – 7) वाँ अक्षर
= बाएँ से 11वाँ अक्षर = K

उदाहरण 3. निम्नलिखित में से कौन-सा अक्षर अंग्रेजी वर्णमाला श्रृंखला में दाएँ से बारहवें अक्षर के दाएँ से चौथा अक्षर है? *SSC Steno 2022*

(a) P (b) H (c) S (d) K

हल (c) प्रश्नानुसार,

1 2 3 4 5 6 7 8 9 10 11 12 13 14 15 16 17 18 19 20 21 22 23 24 25 26
A B C D E F G H I J K L M N O P Q R [S] T U V W X Y Z

के दाएँ ओर चौथा — दाएँ छोर से 12 वाँ

अत: अभीष्ट अक्षर = S

Smart Approach

अंग्रेजी वर्णमाला में, दाएँ से 12वें अक्षर के दाएँ ओर चौथा अक्षर
= दाएँ से (12-4)वाँ अक्षर = दाएँ से 8वाँ अक्षर
अंग्रेजी वर्णमाला का क्रम बाएँ से दाएँ की ओर होता है।
∴ अक्षर का बाईं ओर स्थान = 27 – अक्षर की दाईं ओर स्थिति = 27 – 8 = 19वाँ
∴ बाईं ओर से 19वाँ अक्षर = S

उदाहरण 4. अंग्रेजी वर्णमाला में बाएँ से 9वें अक्षर तथा दाएँ से 12वें अक्षर के मध्य कितने अक्षर हैं? *RRC Group-D 2022*

(a) 7 (b) 9
(c) 3 (d) 5

हल (d) प्रश्नानुसार,

A B C D E F G H [I] J K L M N [O] P Q R S T U V W X Y Z

बाएँ से 9वाँ — दाएँ से 12 वाँ

∴ अभीष्ट अक्षरों की संख्या = 5

Smart Approach

बाएँ से 9वें तथा दाएँ से 12वें अक्षर के मध्य कुल अक्षर की संख्या
$= 26 - (9 + 12) = 26 - 21 = 5$

उदाहरण 5. अंग्रेजी वर्णमाला में बाएँ से 8वाँ और दाएँ से 9वाँ अक्षर के ठीक बीच में कौन-सा अक्षर होगा? *SSC Constable (GD) 2019*

(a) M (b) L
(c) O (d) R

हल (a) प्रश्नानुसार

A B C D E F G [H] I J K L [M] N O P Q [R] S T U V W X Y Z

बाएँ से 8वाँ — मध्य का अक्षर — दाएँ से 9वाँ

∴ अभीष्ट अक्षर = M

विपरीत क्रम पर आधारित

उदाहरण 6. यदि अंग्रेजी वर्णमाला के अक्षरों को उल्टे क्रम में लिखा जाए, तो 13वें और 25वें अक्षर के बीच में कौन-सा अक्षर आएगा? *RRB NTPC 2022*

(a) H (b) I
(c) G (d) M

हल (a) प्रश्नानुसार,

1 2 3 4 5 6 7 8 9 10 11 12 13 14 15 16 17 18 19 20 21 22 23 24 25 26
Z Y X W V U T S R Q P O N M L K J I (H) G F E D C B A

मध्य

अत: अक्षर 'H', 13वें अक्षर और 25वें अक्षर के मध्य में है।

उदाहरण 7. यदि अंग्रेजी वर्णमाला के पहले भाग को उल्टा कर दिया जाए और दूसरे भाग को भी उल्टा कर दिया जाए, तो बाईं ओर से 12वें अक्षर के दाएँ ओर 7वाँ अक्षर कौन-सा होगा? *CISF Head Constable 2023*

(a) S (b) U
(c) R (d) T

हल (b) प्रश्नानुसार,

13 12 11 10 9 8 7 6 5 4 3 2 1 26 25 24 23 22 21 20 19 18 17 16 15 14
M L K J I H G F E D C B A Z Y X W V [U] T S R Q P O N

बाएँ से 12वाँ — के दाईं ओर 7वाँ

अत: बाईं ओर से 12 वें अक्षर 'B' के दाईं ओर 7वाँ अक्षर 'U' है।

शर्त और अक्षर पर आधारित

उदाहरण 8. **यदि अंग्रेजी वर्णमाला के बाएँ से दाएँ प्रत्येक तीसरे अक्षर को हटा दिया जाए, तो प्राप्त नई शृंखला में दाएँ से 12वाँ अक्षर क्या होगा?**

RRB NTPC 2021

(a) J (b) T (c) K (d) S

हल (a) अंग्रेजी वर्णमाला

A B C D E F G H I J K L M N O P Q R S T U V W X Y Z

प्रश्नानुसार, बाएँ से दाएँ प्रत्येक तीसरे अक्षर को हटाने पर बनी नई वर्णमाला शृंखला

A B D E G H [J] K M N P Q S T V W Y Z

↑ दाएँ से 12वाँ

अत: नई शृंखला में दाएँ से 12वाँ अक्षर = J

अक्षर-शब्द पर आधारित

उदाहरण 9. **यदि शब्द 'VIRTUAL' के प्रत्येक अक्षर को अंग्रेजी वर्णानुक्रम में व्यवस्थित किया जाए, तो कितने अक्षरों का स्थान अपरिवर्तित रहेगा?**

SSC (10+2) Tier I 2024

(a) एक

(b) तीन से अधिक

(c) तीन

(d) एक का भी नहीं

Trending Concept

अक्षर-शब्द पर आधारित प्रश्न वर्तमान में हो रही सभी परीक्षाओं (SSC, Railway, State Police) में पूछे जा रहे हैं। आगामी परीक्षाओं के लिए महत्त्वपूर्ण हैं।

हल (a) दिया गया शब्द ⟶ V [I] R T U A L

परिवर्तन के बाद ⟶ A [I] L R T U V ⟵ अंग्रेजी वर्णमाला क्रम

अत: केवल अक्षर I का स्थान अपरिवर्तित रहेगा।

उदाहरण 10. **यदि शब्द INCOMPREHENSIBILITIES में पहले और दूसरे, तीसरे और चौथे ...... आदि स्थान पर स्थित अक्षरों का स्थान आपस में बदला जाता है, तो बाईं ओर से पन्द्रहवाँ अक्षर क्या होगा?**

RRB Group D 2018

(a) M (b) I (c) R (d) L

हल (d) प्रश्नानुसार,

I N C O M P R E H E N S I B I L I T I E S

N I O C P M E R E H S N B I (L) I T I E I S

बाएँ से 15वाँ

अत: बाएँ से पन्द्रहवाँ अक्षर = L

उदाहरण 11. **यदि शब्द HISTORY के प्रत्येक स्वर को अंग्रेजी वर्णमाला क्रम में उसके पहले वाले अक्षर से बदल दिया जाए और प्रत्येक व्यंजन को अंग्रेजी वर्णमाला क्रम में उसके बाद वाले अक्षर से बदल दिया जाए, तो इस प्रकार बने अक्षर-समूह में कितने स्वर होंगे?** *RRB ALP (CBT-I) 2024*

(a) 3 (b) 0

(c) 2 (d) 1

हल (c) दिए गया शब्द ⟶ H I S T O R Y

↓ ↓ ↓ ↓ ↓ ↓ ↓ ⟵ दी गई शर्तानुसार

I H T U N S Z

अत: नए अक्षर-समूह में दो स्वर (I, U) हैं।

अक्षर-युग्म पर आधारित

उदाहरण 12. **शब्द 'PARTICLE' में (आगे और पीछे दोनों दिशाओं में) ऐसे कितने अक्षर-युग्म मौजूद हैं, जिनके बीच शब्द में उतने ही अक्षर हैं, जितने उनके बीच अंग्रेजी वर्णमाला क्रम में हैं?** *RRC Group D 2022*

(a) तीन (b) शून्य

(c) दो (d) एक

हल (c) दिया गया शब्द,

16 1 18 20 9 3 12 5

P A R T I C L E

अत: अक्षरों के ऐसे दो युग्म PR और CE हैं, जिनके बीच उतने ही अक्षर हैं, जितने अंग्रेजी वर्णमाला में होते हैं।

उदाहरण 13. **यदि शब्द 'SPIRITUAL' में दूसरे और पाँचवें अक्षर का स्थान आपस में बदल दिया जाता है, इसी प्रकार चौथे और छठे अक्षर का स्थान क्रमश: सातवें और नौवें अक्षर से बदल दिया जाता है, तो नए शब्द में अक्षरों की कितनी जोड़ियों के बीच उतने ही अक्षर हैं (या तो आगे या पीछे) जितने कि अंग्रेजी वर्णमाला शृंखला में हैं?**

UP Police Constable 2024

(a) 6 (b) 5

(c) 3 (d) 4

हल (b) दिया गया शब्द, SPIRITUAL

प्रश्नानुसार, स्थिति बदलने पर नया शब्द

19 9 9 21 16 12 18 1 20

S I I U P L R A T

अत: अभीष्ट जोड़ियाँ = 5

Chapter Challenge

वर्णमाला क्रम पर आधारित

1. निम्नलिखित में से कौन-सा अक्षर अंग्रेजी वर्णमाला के बाएँ से 12वें अक्षर के दाएँ से 5वाँ है, जब इसे बाएँ से दाएँ लिखा जाता है? *RRB NTPC 2021*
(a) P (b) Q (c) E (d) H

2. निम्नलिखित शब्दों में से किस शब्द के अक्षर अंग्रेजी वर्णमाला क्रमानुसार हैं? *UP Police Constable 2019*
(a) Shade (b) Heart (c) Billow (d) Charge

3. निम्नलिखित में से किस शब्द के अक्षर अंग्रेजी वर्णमाला क्रम में हैं? *UP Police Constable 2024*
(a) Collops (b) Envelops (c) Bloops (d) Adrops

4. निम्नलिखित में से कौन-सा अक्षर अंग्रेजी वर्णमाला के 12वें अक्षर के दाएँ से 8वाँ है? *RRB NTPC 2021*
(a) D (b) U (c) T (d) S

5. निम्न अनुक्रम में बाएँ से 18वें अक्षर के दाईं ओर छठा अक्षर है
A B C D E F G H I J K L M N O P Q R S T U V W X Y Z
RRB Group D 2018
(a) Z (b) X (c) W (d) Y

6. वर्णमाला के दाएँ छोर से अठारहवें अक्षर के दाएँ से सातवें स्थान पर कौन-सा अक्षर होगा? *RRB NTPC 2021*
(a) P (b) O (c) R (d) K

7. निम्नलिखित में से कौन-सा विकल्प अंग्रेजी वर्णमाला में बाएँ से 15वें अक्षर के दाएँ से आठवाँ है? *RRB NTPC 2021*
(a) O (b) V (c) W (d) U

8. निम्नलिखित में से कौन-सा अक्षर अंग्रेजी वर्णमाला में बाएँ से उन्नीसवें अक्षर के बाएँ छठा अक्षर कौन-सा होगा? *UP Police ASI 2021*
(a) M (b) B
(c) Y (d) N

> **MRC*****
> *(Most Repeating Concepts)*
> वर्णमाला क्रम पर आधारित प्रश्न Railway के सभी Exams तथा State के Exam में ज्यादातर पूछे जा रहे हैं।

9. दी गई वर्णमाला में बाएँ से सातवें अक्षर और दाएँ से दसवें अक्षर के बीच में मध्य अक्षर कौन-सा है? *UPSSSC 2019*
A B C D E F G H I J K L M N O P Q R S T U V W X Y Z
(a) O (b) L (c) M (d) N

विपरीत क्रम पर आधारित

10. यदि अंग्रेजी वर्णमाला के अक्षरों को उल्टे क्रम में लिखा जाए, तो कौन-सा अक्षर बाएँ से नौवें अक्षर के दाएँ से दूसरा है? *RRB NTPC (CBT-II) 2022*
(a) R (b) I (c) K (d) P

11. निम्नलिखित प्रश्न शृंखला पर आधारित है।
A B C D E F G H I J K L M N O P Q R S T U V W X Y Z
यदि दी गई शृंखला के अक्षर आपस में स्थान बदल लेते हैं, जिससे A, Z का स्थान ले लेता है और Z, A का स्थान ले लेता है, आगे भी यही क्रम जारी रहता है। इसी क्रम में दाईं ओर से 13वाँ अक्षर कौन-सा होगा? *Haryana Police Constable 2021*
(a) L (b) O (c) M (d) N

12. यदि अंग्रेजी वर्णमाला विपरीत क्रम में दी गई है, तो O के दाएँ से 12वाँ अक्षर क्या है? *RRB NTPC 2021*
(a) C (b) A (c) B (d) E

13. यदि अंग्रेजी वर्णमाला को वर्णानुक्रम उल्टे क्रम में व्यवस्थित किया गया है, तो आरम्भ और अन्त में आने वाले दो स्वरों की स्थिति का अन्तर क्या होगा? *UP Police ASI 2021*
(a) 6 (b) 12 (c) 16 (d) 20

14. यदि अंग्रेजी वर्णमाला के दूसरे भाग को उल्टे क्रम में लिखा गया हो, तो दाएँ से 15वाँ अक्षर कौन-सा होगा? *DP Constable 2020*
(a) M (b) L (c) K (d) J

15. यदि अंग्रेजी वर्णमाला को उल्टे क्रम में लिखा जाए, तो अक्षर M के बाएँ ओर 5वाँ अक्षर कौन-सा होगा? *UP Police Constable 2020*
(a) G (b) H (c) S (d) R

16. यदि अंग्रेजी वर्णमाला के पहले भाग को उल्टा कर दिया जाए और दूसरे भाग को भी उल्टा कर दिया जाए, तो बाईं ओर से 11वें अक्षर के दाईं ओर 7वाँ अक्षर कौन-सा होगा? *SSC Steno 2020*
(a) S (b) U (c) V (d) T

17. यदि अंग्रेजी वर्णमाला के सभी अक्षर व्युत्क्रम में लिखे जाए, तो दाएँ से 20वें एवं बाएँ से 21वें अक्षर के ठीक मध्य में कौन-सा अक्षर आएगा? *Postal Assistant Exam 2018*
(a) P (b) M (c) N (d) R

शर्त और अक्षर पर आधारित

18. वर्णमाला में कौन-सा अक्षर H से उतना ही दूर है, जितना U, N से दूर है? *RRB NTPC 2021*
(a) O (b) N (c) M (d) P

19. यदि अंग्रेजी वर्णमाला में सम संख्या पर आने वाले सभी अक्षरों को (4 के गुणकों को छोड़कर) हटा दिया जाता है, तो नई वर्णमाला शृंखला में 13वें स्थान पर कौन-सा अक्षर आएगा? *UPSSSC 2018*
(a) O (b) P (c) Q (d) R

अक्षर-शब्द पर आधारित

20. शब्द 'PERSONALITY' में कौन-सा अक्षर, अक्षरों को उलटने पर भी अपनी स्थिति नहीं बदलता है? *UP (AO) 2024*
(a) A (b) N (c) S (d) O

21. यदि शब्द 'PRANKED' के प्रत्येक अक्षर को अंग्रेजी वर्णमाला क्रम में व्यवस्थित किया जाए, तो कितने अक्षरों का स्थान अपरिवर्तित रहेगा? *SSC CGL (Tier I) 2024*
(a) एक (b) कोई नहीं
(c) तीन (d) दो

22. यदि शब्द 'NIGHTMARES' के प्रत्येक अक्षर को अंग्रेजी वर्णमाला के क्रम में बाएँ से दाएँ पुनर्व्यवस्थित किया जाए, तो कितने अक्षरों की स्थिति अपरिवर्तित रहेगी? *SSC CGL (Tier I) 2024*
(a) चार (b) तीन (c) एक (d) दो

23. 'ACCUMUATES' शब्द में, यदि पहले अक्षर को दूसरे से, तीसरे अक्षर को चौथे से, 5वें को छठे से, 7वें को 8वें से और 9वें को 10वें से बदल दिया जाए, तो बाईं ओर से छठा अक्षर कौन-सा होगा? *RRB ALP 2018*
(a) U (b) M (c) A (d) L

24. 'COMPARE' शब्द में प्रत्येक व्यंजन को अंग्रेजी वर्णमाला क्रम में उसके बाद वाले अक्षर से बदल दिया जाता है और प्रत्येक स्वर को अंग्रेजी वर्णमाला क्रम में उसके पहले वाले अक्षर से बदल दिया जाता है, तो इस प्रकार बने अक्षरों के समूह में निम्नलिखित में से कौन-सा/ से अक्षर दो बार आएगा/आएँगे? ***RRB Group D 2018***

(a) केवल Q (b) केवल D (c) D और N (d) केवल N

25. यदि 'BACKING' शब्द के प्रत्येक अक्षर को वर्णमाला क्रम में व्यवस्थित किया जाए, तो कितने अक्षरों की स्थिति अपरिवर्तित रहेगी? ***SSC (10+2) 2023***

(a) दो (b) एक (c) तीन (d) कोई नहीं

26. यदि शब्द REALISM के प्रत्येक स्वर को अंग्रेजी वर्णमाला क्रम में उसके बाद वाले अक्षर से बदल दिया जाए और प्रत्येक व्यंजन को अंग्रेजी वर्णमाला क्रम में उसके बाद वाले अक्षर से बदल दिया जाए और फिर अंग्रेजी वर्णमाला के विपरीत क्रम में व्यवस्थित किया जाए, तो इस प्रकार बने अक्षर-समूह में निम्नलिखित में से कौन-सा अक्षर बाईं ओर से चौथे स्थान पर होगा? ***RRB ALP (CBT-I) 2024***

(a) M (b) N (c) F (d) J

27. शब्द 'DECORATING' में, यदि प्रत्येक स्वर को अंग्रेजी वर्णमाला क्रम के अनुसार उसके ठीक बाद वाले अक्षर से बदल दिया जाता है और प्रत्येक व्यंजन को अंग्रेजी वर्णमाला क्रम के अनुसार उसके ठीक बाद वाले अक्षर से बदल दिया जाता है, तो इस प्रकार बने अक्षर समूह में कितने स्वर होंगे? ***RRC Group D 2022***

(a) दो (b) शून्य (c) तीन (d) एक

> **MRC*****
> *(Most Repeating Concepts)*
> प्र. सं. 27, 28, 29, 30, 31 और 32 Examination Point of Views से अति महत्त्वपूर्ण हैं। इन Concept पर प्रश्न सभी प्रतियोगी परीक्षाओं में निरन्तर पूछे जा रहे हैं।

28. यदि शब्द CONSTRUCTION के प्रत्येक स्वर को अंग्रेजी वर्णमाला क्रम में उसके बाद वाले अक्षर से बदल दिया जाए और प्रत्येक व्यंजन को अंग्रेजी वर्णमाला क्रम में उसके पहले वाले अक्षर से बदल दिया जाए, तो इस प्रकार बने अक्षर-समूह में निम्नलिखित में से कौन-सा अक्षर दाईं ओर से छठे स्थान पर होगा? ***RRB ALP (CBT-I) 2024***

(a) V (b) Q (c) B (d) S

29. 'NERVOUS' शब्द के प्रत्येक अक्षर को वर्णमाला क्रम में व्यवस्थित करने पर बने नए अक्षर-समूह में बाएँ से चौथे अक्षर और दाएँ से दूसरे अक्षर के बीच कितने अक्षर (वर्णमाला क्रमानुसार) हैं? ***SSC (10+2) 2023***

(a) दो (b) छः (c) चार (d) तीन

30. यदि 'MISAPPROPRIATION' शब्द के सभी स्वर हटा दिए जाएँ, फिर शब्द के अक्षरों को वर्णानुक्रम में व्यवस्थित किया जाए, तो दाएँ से चौथे अक्षर के बाएँ ओर से तीसरा अक्षर कौन-सा होगा? ***UP Police ASI 2021***

(a) P (b) M (c) N (d) R

31. यदि शब्द OPTICAL के प्रत्येक स्वर को अंग्रेजी वर्णमाला क्रम में उसके ठीक बाद वाले अक्षर से बदल दिया जाए और प्रत्येक व्यंजन को अंग्रेजी वर्णमाला क्रम में उसके ठीक पहले वाले अक्षर से बदल दिया जाए, तो इस प्रकार बने अक्षरों के नए समूह में निम्नलिखित में से कौन-सा अक्षर दो बार आएगा? ***RRB ALP (CBT-I) 2024***

(a) O (b) P (c) K (d) B

32. यदि 'SEMICIRCLE' शब्द के प्रत्येक स्वर को अगले व्यंजन से बदल दिया जाता है और फिर शब्द के अक्षरों को वर्णमाला क्रम में व्यवस्थित किया जाता है। तब, दाएँ से दूसरे अक्षर के बाएँ ओर छठे स्थान पर कौन-सा अक्षर आएगा? ***UP Police SI 2021***

(a) J (b) M (c) F (d) L

अक्षर-युग्म पर आधारित

33. शब्द DAUGHTER (आगे और पीछे दोनों दिशाओं में) अक्षरों के ऐसे कितने जोड़े हैं, जिनके बीच शब्द में उतने ही अक्षर हैं, जितने कि अंग्रेजी वर्णमाला में हैं? ***RRC Group D 2022***

(a) 4 (b) 2 (c) 3 (d) 5

34. 'PRISTINE' शब्द में अक्षरों के कितने युग्मों का क्रम अंग्रेजी वर्णमाला में उन अक्षरों के क्रम के समान हैं? ***UP Police Head Operator 2024***

(a) 2 (b) 3 (c) 5 (d) 1

35. LOVABLE शब्द में (अग्र और पश्च दोनों दिशाओं में) अक्षरों के ऐसे कितने युग्म हैं, जिनके बीच शब्द में उतने ही अक्षर हैं, जितने उनके बीच अंग्रेजी वर्णमाला क्रम में हैं? ***RRC Group D 2022***

(a) 5 (b) 6 (c) 3 (d) 1

36. शब्द 'ABILITY' में (आगे और पीछे दोनों दिशाओं में) ऐसे कितने अक्षर-युग्म मौजूद हैं, जिनके बीच शब्द में उतने ही अक्षर हैं, जितने उनके बीच अंग्रेजी वर्णमाला क्रम में हैं? ***RRC Group D 2022***

(a) 1 (b) 2 (c) 3 (d) 4

37. DOLPHIN शब्द में अक्षरों के ऐसे कितने जोड़े हैं (आगे और पीछे दोनों दिशाओं में) जिनके बीच उतने ही अक्षर हैं, जितने अंग्रेजी वर्णमाला के क्रम में हैं? ***RRB NTPC (CBT-II) 2022***

(a) कोई नहीं (b) चार (c) दो (d) तीन

38. शब्द HABITS में ऐसे कितने अक्षर-युग्म (आगे और पीछे दोनों दिशाओं में) मौजूद हैं, जिनके बीच शब्द में उतने ही अक्षर हैं, जितने उनके बीच अंग्रेजी वर्णमाला के क्रम में हैं? ***RRB NTPC (CBT-II) 2022***

(a) तीन (b) एक (c) दो (d) चार

39. शब्द UNIVERSAL में अक्षरों के ऐसे कितने जोड़े हैं। (आगे और पीछे दोनों दिशाओं में) जिनमें से प्रत्येक के बीच उतने ही अक्षर हैं, जितने अंग्रेजी वर्णमाला के क्रम में हैं? ***RRB NTPC (CBT-II) 2022***

(a) 2 (b) 1 (c) 3 (d) 4

40. शब्द 'CLUSTERS' (आगे और पीछे दोनों दिशाओं में) में अक्षरों के ऐसे कितने जोड़े हैं, जिनके बीच उतने ही अक्षर हैं, जितने अंग्रेजी वर्णमाला के क्रम में हैं? ***RRB NTPC (CBT-II) 2022***

(a) 1 (b) 2 (c) 0 (d) 3

41. शब्द DANCER (आगे और पीछे दोनों दिशाओं में) में अक्षरों के ऐसे कितने जोड़े हैं, जिनके बीच उतने ही अक्षर हैं, जितने अंग्रेजी वर्णमाला क्रम में है? ***RRC Group D 2022***

(a) कोई भी नहीं (b) तीन (c) एक (d) दो

Right Key

1. (b)	2. (c)	3. (c)	4. (c)	5. (b)	6. (a)	7. (c)	8. (a)	9. (b)	10. (d)
11. (c)	12. (a)	13. (d)	14. (b)	15. (d)	16. (c)	17. (b)	18. (a)	19. (c)	20. (b)
21. (b)	22. (a)	23. (b)	24. (c)	25. (a)	26. (a)	27. (c)	28. (a)	29. (a)	30. (a)
31. (d)	32. (c)	33. (a)	34. (b)	35. (d)	36. (a)	37. (b)	38. (c)	39. (d)	40. (d)
41. (c)									

Solutions

1. (*b*) अंग्रेजी वर्णमाला में बाएँ से 12वें अक्षर के दाएँ से 5वाँ अक्षर

= बाएँ से (12 + 5) वाँ अक्षर = बाएँ से 17 वाँ अक्षर = Q

2. (*c*) शब्द Billow के अक्षर अंग्रेजी वर्णमाला के क्रमानुसार है

2 9 12 12 15 23
B I L L O W

3. (*c*) Bloops शब्द के अक्षर अंग्रेजी वर्णमाला क्रम में है।

4. (*c*) अंग्रेजी वर्णमाला

A B C D E F G H I J K L M N O P Q R S [T] U V W X Y Z

12वाँ अक्षर; दाएँ से 8 वाँ

अत: अभीष्ट अक्षर = T

5. (*b*) प्रश्नानुसार,

1 2 3 4 5 6 7 8 9 10 11 12
A B C D E F G H I J K L

अत: बाएँ से 18वाँ अक्षर R है तथा इसके दाएँ छठा अक्षर X है।

Smart Approach

अभीष्ट अक्षर = बाएँ से (18 + 6) वाँ अक्षर = बाएँ से 24वाँ अक्षर = X

6. (*a*) अंग्रेजी वर्णमाला के दाएँ छोर से 18वाँ अक्षर के दाएँ से सातवें अक्षर

= दाएँ से (18 − 7) वाँ अक्षर = दाएँ से 11वाँ अक्षर

दाएँ से 11वाँ अक्षर = बाएँ से (27 − 11)वाँ अक्षर

= बाएँ से 16वाँ अक्षर = P

अत: दाएँ छोर से 18वाँ अक्षर के दाएँ से सातवें स्थान पर अक्षर P होगा।

7. (*c*) अंग्रेजी वर्णमाला के बाएँ से 15वें अक्षर के दाएँ से आठवाँ अक्षर

= बाएँ से (15 + 8) वाँ अक्षर

= बाएँ से 23वाँ अक्षर = W

TOP TIPS
यदि दोनों अक्षरों की स्थिति असमान दिशा में हो, तब दोनों अक्षरों के क्रमांको को जोड़ देते है और अक्षर का स्थान प्रारम्भिक स्थिति के अनुसार ज्ञात कर लेते है।

8. (*a*) प्रश्नानुसार,

के बाईं ओर से छठा अक्षर

A B C D E F G H I J K L [M] N O P Q R S T U V W X Y Z

बाईं ओर से 19 वाँ अक्षर

अत: अभीष्ट अक्षर = M

9. (*b*) दी गई वर्णमाला में,

A B C D E F [G] H I J K (L) M N O P [Q] R S T U V W X Y Z

बाएँ से सातवाँ; दाएँ से 10वाँ

अत: मध्य का अक्षर = L

10. (*d*) प्रश्नानुसार,

Z Y X W V U T S R Q [P] O N M L K J I H G F E D C B A

बाएँ से 9 वाँ; दाएँ से दूसरा

अत: अभीष्ट अक्षर = P

TOP TIPS
इस तरह के प्रश्न हल करने के लिए विद्यार्थी को अंग्रेजी वर्णमाला के विपरीत क्रम का मान याद होना चाहिए।

11. (*c*) प्रश्नानुसार,

Z Y X W V U T S R Q P O N [M] L K J I H G F E D C B A

दाएँ से 13 वाँ अक्षर

अत: अभीष्ट अक्षर = M

12. (*a*) प्रश्नानुसार, अंग्रेजी वर्णमाला का विपरीत क्रम इस प्रकार है,

Z Y X W V U T S R Q P [O] N M L K J I H G F E D [C] B A

इसके दाएँ से 12 वाँ

अत: अभीष्ट अक्षर = C

13. (*d*) प्रश्नानुसार,

Z Y X W V U T S R Q P O N M L K J I H G F E D C B A

U ↓ 6, O ↓ 12, I ↓ 18, E ↓ 22, A ↓ 26

नई व्यवस्था के आरम्भ में आने वाला स्वर = U

उपरोक्त व्यवस्था में U का स्थान = 6

नई व्यवस्था के अन्त में आने वाला स्वर = A

उपरोक्त व्यवस्था में A का स्थान = 26

अत: अभीष्ट अन्तर = 26 − 6 = 20

14. (*b*) दाएँ छोर से 15वाँ अक्षर पहले भाग में आता है, जो अपरिवर्तित रहता है।

∴ दाएँ से 15वाँ अक्षर = बाएँ से (27 − 15)वाँ अक्षर

= बाएँ छोर से 12वाँ अक्षर

= L

Smart Approach

प्रश्नानुसार,

दाएँ से 15 वाँ

A B ········ K [L] M   Z Y ········ P O N

पहले भाग के 13 अक्षर अपरिवर्तित रहते हैं। दूसरे भाग के 13 अक्षर पलट जाते हैं।

∴ अभीष्ट अक्षर = L

15. (*d*) विपरीत क्रम में M के बाईं ओर 5 वाँ अक्षर

= सीधे क्रम में M के दाईं ओर 5 वाँ अक्षर

= सीधे क्रम में बाईं ओर से $(13 + 5)$ वाँ अक्षर

= सीधे क्रम में बाईं ओर से 18वाँ अक्षर = R

अत: अभीष्ट अक्षर R है।

16. (*c*) प्रश्नानुसार,

13 12 11 10 9 8 7 6 5 4 3 2 1 26 25 24 23 22 21 20 19 18 17 16 15 14
M L K J I H G F E D C B A Z Y X W [V] U T S R Q P O N

बाएँ से 11वाँ अक्षर (C) ; C के दाएँ 7वाँ अक्षर (V)

अत: बाईं ओर से 11 वें अक्षर 'C' के दाईं ओर 7 वाँ अक्षर 'V' है।

17. (*b*) वर्णमाला को विपरीत क्रम में लिखने पर,

बाएँ से 21वाँ अक्षर

Z Y X W V U [T] S R Q P O N [M] L K J I H G [F] E D C B A

दाएँ से 20वाँ अक्षर

अत: अभीष्ट अक्षर = M

18. (*a*) प्रश्नानुसार,

जिस प्रकार, N (14) + 7 = U (21)

उसी प्रकार, H (8) + 7 = O (15)

अत: अक्षर 'O', 'H' से उतना दूर है, जितना U, N से दूर है।

19. (*c*) प्रश्नानुसार अंग्रेजी वर्णमाला में हटाए जाने वाले अक्षर,

1 2 3 4 5 6 7 8 9 10 11 12 13 14 15 16 17 18 19 20 21 22 23 24 25 26
A B C D E F G H I J K L M N O P Q R S T U V W X Y Z

(हटाए जाने वाले अक्षर: B, F, J, N, R, V, Z)

अब नई वर्णमाला श्रृंखला निम्नवत् होगी,

A C D E G H I K L M O P [Q] S T U W X Y

13वाँ अक्षर

अब, नई वर्णमाला श्रृंखला में 13वाँ अक्षर = Q

20. (*b*)

दिया गया शब्द ⟶ P E R S O [N] A L I T Y

शब्द के अक्षर को विपरीत क्रम में व्यवस्थित करने पर ⟶ Y T I L A [N] O S R E P

अत: अक्षर N की स्थिति नहीं बदलती है।

21. (*b*) दिया गया शब्द → P R A N K E D

अंग्रेजी वर्णमाला क्रम → A D E K N P R

अत: अंग्रेजी वर्णमाला क्रम में व्यवस्थित करने पर किसी भी अक्षर का स्थान अपरिवर्तित नहीं रहता है।

22. (*a*) प्रश्नानुसार,

दिया गया शब्द ⟶ N I [G] [H] T [M] A [R] E S

वर्णमाला क्रम ⟶ A E [G] [H] I [M] N [R] S T

∴ अभीष्ट अक्षर = चार (G, H, M, R)

23. (*b*) दिया गया शब्द, ACCUMUATES

प्रश्नानुसार,

शब्द के अक्षरों को व्यवस्थित करने के बाद बना नया शब्द,

C A U C U [M] T A S E

बाएँ से छठा

अत: बाएँ से छठा अक्षर 'M' होगा।

24. (*c*) दिया गया शब्द, COMPARE

प्रश्नानुसार,

C O M P A R E
+1 −1 +1 +1 −1 +1 −1
(D) (N) (N) Q Z S (D)

अत: अक्षर-समूह में दो अक्षर 'D' और 'N' दो बार आएँगे।

25. (*a*)

दिया गया शब्द ⟶ B A [C] K [I] N G

वर्णानुक्रम में व्यवस्थित करने पर ⟶ A B [C] G [I] K N

अत: दो अक्षरों C और I की स्थिति अपरिवर्तित रहेगी।

26. (*a*) दिया गया शब्द → R E A L I S M

दी गई शर्तानुसार → S F B M J T N

T S N [M] J F B

बाएँ से चौथा

∴ अभीष्ट अक्षर = M

27. (*c*) दिया गया शब्द → DECORATING

प्रश्नानुसार, D E C O R A T I N G
+1 +1 +1 +1 +1 +1 +1 +1 +1 +1
(E) F D P S B (U) J (O) H

अत: प्राप्त अक्षर-समूह में तीन स्वर हैं।

28. (*a*) दिया गया शब्द ⟶ C O N S T R U C T I O N

दी गई शर्तानुसार ⟶ B P M R S Q [V] B S J P M

दाएँ से छठा

∴ अभीष्ट अक्षर = V

29. (*a*)

दिया गया शब्द ⟶ N E R V O U S

वर्णानुक्रम में व्यवस्थित करने पर ⟶ E N O [R] S [U] V

बाएँ से चौथा   दाएँ से दूसरा

अत: अंग्रेजी वर्णमाला में अक्षर R और U के बीच 2 अक्षर अर्थात्, S और T हैं।

30. (*a*) दिया गया शब्द = MISAPPROPRIATION

दिए गए शब्द में सभी स्वर को हटाने के बाद,

MSPPRPRTN

अब, अक्षरों को वर्णानुक्रम में व्यवस्थित करने पर,

M N [P] P P R R S T

(के बाईं ओर तीसरा) (दाएँ छोर से चौथा)

अत: अभीष्ट अक्षर = P

31. (*d*) दिया गया शब्द ⟶ O P T I C A L

दी गई शर्तानुसार ⟶ P O S J [B B] K

अत: अक्षर 'B' दो बार आएगा।

32. (*c*) दिया गया शब्द = SEMICIRCLE

स्वर को अगले व्यंजन से बदलने पर,

SFMJCJRCLF

अब, वर्णानुक्रम में व्यवस्थित करने पर,

C C [F] F J J L M R S

(के बाईं ओर छठा) (दाएँ से दूसरा)

अत: अभीष्ट अक्षर = F

33. (*a*) प्रश्नानुसार,

4 1 21 7 8 20 5 18
D A U G H T E R

अत: अभीष्ट जोड़े '4' हैं।

TOP TIPS इस प्रकार के प्रश्नों को हल करने के लिए प्रत्येक अक्षर के ऊपर उनके वर्णमाला क्रमांक लिखने पर युग्म बनाने में सरलता होती है।

34. (*b*) प्रश्नानुसार,

16 18 9 19 20 9 14 5
P R I S T I N E

अत: अभीष्ट अक्षर युग्म की संख्या = 3

35. (*d*) प्रश्नानुसार,

12 15 22 1 2 12 5
L O V A B L E

अत: अक्षरों का केवल एक युग्म (AB) है, जिसके बीच शब्द में उतने ही अक्षर हैं, जितने की अंग्रेजी वर्णमाला क्रम में हैं।

36. (*a*) प्रश्नानुसार,

1 2 9 12 9 20 25
A B I L I T Y

अत: अभीष्ट अक्षर युग्म = 1(AB)

37. (*b*) प्रश्नानुसार,

4 15 12 16 8 9 14
D O L P H I N

अत: अक्षरों के ऐसे चार युग्म DH, HI, DI व IL हैं, जिनके बीच उतने ही अक्षर हैं, जितने अंग्रेजी वर्णमाला में होते हैं।

38. (*c*) प्रश्नानुसार,

8 1 2 9 20 19
H A B I T S

अत: अक्षरों के ऐसे दो युग्म AB व ST हैं, जिनके बीच उतने ही अक्षर हैं, जितने अंग्रेजी वर्णमाला में होते हैं।

39. (*d*) प्रश्नानुसार,

21 14 9 22 5 18 19 1 12
U N I V E R S A L

अत: ऐसे चार युग्म NR, SV, NS और RS हैं, जिनके बीच उतने ही अक्षर हैं, जितने अंग्रेजी वर्णमाला में होते हैं।

40. (*d*) प्रश्नानुसार,

3 12 21 19 20 5 18 19
C L U S T E R S

अत: ऐसे तीन युग्म ST, RT और RS हैं।

41. (*c*) प्रश्नानुसार,

4 1 14 3 5 18
D A N C E R

अत: ऐसा एक युग्म AC है, जिनके बीच उतने ही अक्षर हैं, जितने अंग्रेजी वर्णमाला में होते हैं।

अध्याय

04 शब्द संरचना (Word Formation)

शब्द संरचना

''किसी विशेष नियम/शर्त के अनुसार दिए गए शब्द के अक्षरों की सहायता से एक-या एक से अधिक अर्थपूर्ण शब्दों का निर्माण करना शब्द-संरचना कहलाता है। इस अध्याय से परीक्षा में पूछे जाने वाले प्रश्नों में सामान्यत: एक मूल शब्द या अर्थपूर्ण शब्द के अक्षरों को अव्यवस्थित ढंग से दिया गया होता है और यह पूछा जाता है कि कौन-सा शब्द इन अक्षरों से बनाया जा सकता है या कौन-सा शब्द नहीं बनाया जा सकता है।

शब्द के अक्षरों से विकल्प का शब्द बनना या न बनना

इस प्रकार के प्रश्नों में एक मूल शब्द के साथ विकल्प के रूप में चार अन्य शब्द दिए होते हैं। इन चार शब्दों में से उस शब्द का चयन करना होता है जो मुख्य शब्द के अक्षरों का उपयोग करके बनाया या नहीं बनाया जा सकता है।

जैसे-CHOCOLATE शब्द से नीचे दिए गए विकल्पों में से कौन-सा शब्द बनाया जा सकता है?

(a) TELL (b) LATE
(c) COOLER (d) HEALTH

हल (*b*) दिए गए शब्द के अक्षरों का उपयोग करके शब्द 'LATE' बनाया जा सकता है।

अव्यवस्थित अक्षरों से सार्थक शब्द

इन प्रश्नों में, एक अव्यवस्थित अक्षरों का समूह दिया गया होता है, जिनकों व्यवस्थित करके एक सार्थक शब्द का निर्माण करके उसका क्रम ज्ञात करना होता है।

जैसे—IPELOC का व्यवस्थित क्रम होगा
123456

(a) 1 4 3 5 2 6 (b) 2 5 4 1 6 3
(c) 4 5 1 2 3 6 (d) 4 3 5 2 6 1

हल (*b*) P O L I C E
2 5 4 1 6 3

वर्णमाला या शब्द के चुने हुए अक्षरों से अर्थपूर्ण शब्द

इन प्रश्नों में वर्णमाला या एक शब्द के साथ उसके कुछ चुने हुए या विशेष स्थान पर स्थित अक्षरों की जानकारी दी गई होती है। इन चुने हुए अक्षरों से एक या अधिक अर्थपूर्ण शब्द बनाने होते हैं। कभी-कभी यह भी सम्भव होता है कि इन अक्षरों से कोई भी अर्थपूर्ण शब्द न बनें।

जैसे-'ILLOGICAL' शब्द के दूसरे, चौथे, पाँचवें और आठवें अक्षर से कितने अर्थपूर्ण शब्द बनाना सम्भव है।

(a) एक (b) दो
(c) तीन (d) शून्य

हल (*b*) दिए गए शब्द के दूसरे, चौथे, पाँचवें और आठवें अक्षर L, O, G तथा A हैं।
∴ इन चारों अक्षरों को मिलाकर अर्थपूर्ण
अर्थपूर्ण शब्द = GOAL तथा GAOL
अत: अभीष्ट शब्दों की संख्या = 2

अव्यवस्थित अक्षरों को पुनर्व्यवस्थित कर भिन्न शब्द चुनना

इन प्रश्नों में विकल्प के रूप में अव्यवस्थित अक्षरों के समूह दिए गए होते हैं। इन अव्यवस्थित अक्षरों को पुनर्व्यवस्थित कर अर्थपूर्ण शब्द बनाने होते हैं तथा उनमें से उस शब्द का चयन करना होता है जो अन्य से भिन्न हो।

जैसे—नीचे दिए गए शब्दों को व्यवस्थित करके, विषम शब्द ज्ञात कीजिए।

(a) PLPAE (b) RAGNEO
(c) GAREP (d) ARCORT

हल (*d*) PLPAE ⇒ APPLE
RAGNEO ⇒ ORANGE
GAREP ⇒ GRAPE
ARCORT ⇒ CARROT
अत: 'CARROT' अन्य से भिन्न है क्योंकि यह एक सब्जी (गाजर) है, जबकि अन्य सभी फल हैं।

शब्द समूह के आगे या पीछे अक्षर या अक्षर समूह लगाकर सार्थक शब्द

इन प्रश्नों में अर्थपूर्ण शब्दों का एक अपूर्ण समूह दिया गया होता हैं जिनके आगे या पीछे अक्षर लगाकर एक नए अर्थपूर्ण शब्दों का समूह बनाना होता है।

जैसे—BL , REM, BEH, K, GR को अर्थपूर्ण बनाने के लिए, इनके बाद मे कौन-से अक्षर-समूह जुड़ेंगे?

(a) IND (b) AST (c) OCK (d) UEF

हल (*a*) दिए गए शब्द समूह के प्रत्येक शब्द के पीछे IND लगाने से बने नए शब्द = BLIND, REMIND, BEHIND, KIND, GRIND

अक्षर समूह या शब्द के अक्षरों से स्वतन्त्र रूप से सार्थक शब्द

इन प्रश्नों में अक्षरों का एक समूह या शब्द दिए होते हैं और यह ज्ञात करना होता है कि इन समूह या शब्द के प्रत्येक अक्षर का केवल एक बार उपयोग करने से कितने सार्थक शब्द बनाए जा सकते हैं।

जैसे- URLE से कितने सार्थक शब्द बन सकते हैं?

(a) एक भी नहीं (b) एक
(c) दो (d) तीन

हल (*c*) URLE से बनने वाले सार्थक शब्द = RULE (नियम) तथा LURE (प्रलोभन)
∴ अभीष्ट शब्दों की संख्या = दो

Exam Approach Examples

शब्द के अक्षरों से विकल्प का शब्द बनना या न बनना

उदाहरण 1. **निम्नलिखित प्रश्न में, एक शब्द दिया गया है, उसके बाद चार शब्द दिए गए हैं, जिनमें से दिए गए शब्द के अक्षरों का उपयोग करके एक शब्द बनाया जा सकता है। वह शब्द ज्ञात कीजिए।** *UP Police Constable 2024*

DETERMINATION

(a) TERMINATED
(b) DECLARATION
(c) DEVIATION
(d) NATIONAL

> **Score Booster**
> इस अध्याय के प्रश्नों को हल करने के लिए एक अच्छी शब्दावली का ज्ञान होना आवश्यक है।

हल (a) दिए गए शब्द DETERMINATION के अक्षरों का उपयोग करके शब्द TERMINATED बनाया जा सकता है क्योंकि इसके सभी अक्षर दिए गए शब्द में उपस्थित हैं।

उदाहरण 2. **निम्नलिखित विकल्पों में से वह शब्द चुनिए जो दिए गए शब्दों के अक्षरों का प्रयोग करके नहीं बनाया जा सकता।**

CATASTROPHE *RRB NTPC 2021*

(a) STAR (b) CASTOR
(c) TROPHY (d) TRAP

हल (c) दिए गए शब्द 'CATASTROPHE' के अक्षरों का उपयोग करके शब्द 'TROPHY' नहीं बनाया जा सकता है क्योंकि दिए गए शब्द में अक्षर 'Y' अनुपस्थित है।

अव्यवस्थित अक्षरों से सार्थक शब्द

उदाहरण 3. **नीचे अंग्रेजी अक्षरों के समूह को अव्यवस्थित क्रम में दर्शाया गया है। संख्याओं के उस संयोजन का चयन करें जिसके अनुसार अक्षरों को व्यवस्थित करने पर एक अर्थपूर्ण शब्द बने।** *HCET 2023*

C P K T O E
1 2 3 4 5 6

(a) 1 5 1 4 2 6 (b) 2 1 5 3 6 4
(c) 2 5 1 3 6 4 (d) 4 1 5 2 3 6
(e) उत्तर नहीं देना चाहते।

हल (c) दिए गए अक्षर,

C P K T O E $\xrightarrow{\text{सार्थक शब्द}}$ P O C K E T
1 2 3 4 5 6 — 2 5 1 3 6 4

अतः विकल्प (c) के अनुसार व्यवस्थित करने पर अर्थपूर्ण शब्द बनेगा।

वर्णमाला या शब्द के चुने हुए अक्षरों से अर्थपूर्ण शब्द

उदाहरण 4. **वर्णमाला A B C D E F G H I J K L M N O P Q R S T U V W X Y Z में 20, 1, 7, 5 के स्थान पर जो वर्ण है, उनसे एक सार्थक शब्द बनाया जाता है, उस शब्द का दूसरा वर्ण ज्ञात कीजिए।** *RRB Group D 2018*

(a) F (b) T
(c) A (d) E

हल (c) प्रश्नानुसार, दिए गए वर्णमाला क्रम में, 20वें, पहले, 7वें तथा 5वें स्थान का वर्ण = T, A, G, E
वर्ण T, A, G और E से निर्मित सार्थक शब्द = GATE
अतः सार्थक शब्द का दूसरा वर्ण A है।

उदाहरण 5. **शब्द HOCKEY के दूसरे, चौथे, पाँचवें और छठे (बाएँ से दाएँ गिनने पर) अक्षरों का उपयोग करके कितने अर्थपूर्ण अंग्रेजी शब्द बनाए जा सकते हैं, जिसमें प्रत्येक शब्द में प्रत्येक अक्षर का केवल एक बार उपयोग किया गया हो?** *SSC CGL (Tier II) 2023*

(a) तीन (b) शून्य (c) दो (d) एक

हल (d) दिए शब्द 'HOCKEY' के दूसरे, चौथे, पाँचवें और छठे अक्षर क्रमशः O, K, E और Y हैं।
अक्षर O, K, E और Y से बने सार्थक शब्द = OKEY
अतः केवल एक सार्थक शब्द सम्भव है।

अक्षर समूह या शब्द के अक्षरों से स्वतन्त्र रूप में सार्थक शब्द

उदाहरण 6. **दिए गए अक्षरों से, प्रत्येक शब्द में प्रत्येक अक्षर का केवल एक बार प्रयोग करते हुए अंग्रेजी के कितने अर्थपूर्ण शब्द बनाए जा सकते हैं?**

LESA *RRB ALP 2018*

(a) एक भी नहीं (b) एक (c) दो (d) तीन

हल (c) शब्द LESA से बनने वाले दो सार्थक शब्द SALE, SEAL हैं।

शब्द समूह के आगे या पीछे अक्षर या अक्षर समूह लगाकर सार्थक शब्द

उदाहरण 7. **नए शब्द बनाने के लिए निम्नलिखित शब्दों के पहले कौन-सा एकल अक्षर लगाया जा सकता है?**

EAT, OUR, IS, AS, AT *Delhi Police MTS 2019*

(a) H (b) C (c) B (d) S

हल (a) यदि दिए गए शब्दों समूह के पहले अक्षर 'H' लगा दिया जाए, तो नए अर्थपूर्ण शब्द HEAT, HOUR, HIS, HAS और HAT बन जाएँगे।

अव्यवस्थित अक्षरों को पुनर्व्यवस्थित कर भिन्न शब्द चुनना

उदाहरण 8. **अव्यवस्थित अक्षरों को पुनर्व्यवस्थित कर एक सार्थक शब्द बनाएँ और फिर उनमें से एक, जो अन्य से भिन्न है उसका चयन करें।**

(A) ARC (B) USB
(C) LACES (D) LECCY

(a) A (b) C (c) B (d) D

हल (b) दिए गए अव्यवस्थित शब्दों को व्यवस्थित करने पर,

ARC ⇒ CAR
USB ⇒ BUS
LACES ⇒ SCALE
LECCY ⇒ CYCLE

अतः 'SCALE' अन्य सभी से भिन्न है, क्योंकि अन्य सभी यातायात के साधन हैं।

Chapter Challenge

शब्द के अक्षरों से विकल्प का शब्द बनना या न बनना

निर्देश (प्र. सं. 1-8) *दिए गए प्रत्येक प्रश्न में बड़े अक्षरों में एक शब्द दिया गया है, जिसके पश्चात् चार शब्द विकल्प के रूप में दिए गए हैं। दिए गए अक्षरों का प्रयोग कर केवल एक ही विकल्प ऐसा है, जो दिए गए शब्द से बनाया जा सकता है। उस विकल्प को ज्ञात कीजिए।*

1. MEASUREMENT *UP Police Constable 2024*
(a) MANTLE (b) RETUNES (c) ASSURE (d) SUMMIT

2. INSTRUMENTALIST *UPSSSC 2018*
(a) INSTRUCT (b) TALISMAN
(c) ENTRUST (d) METRE

3. MONUMENT *SSC Steno 2016*
(a) TENENT (b) TENT
(c) MOUNT (d) MOVEMENT

4. REPUTATION
(a) TUTOR (b) PONDER
(c) REQUIRE (d) RETIRE

5. COMPANIONSHIP
(a) OPEN (b) OPIUM
(c) OPINION (d) NATION

6. DEDICATE
(a) DECIDE (b) DEMAND
(c) DERIDE (d) DEDUCE

7. MEASUREMENT
(a) ASSURE (b) MANTLE
(c) MASTER (d) SUMMIT

8. MUSPOPAPOTIH
(a) METAMORPHIC (b) PHILANTHROPIST
(c) HIPPOCAMPUS (d) HIPPOPOTAMUS

निर्देश (प्र.सं. 9-25) *दिए गए प्रत्येक प्रश्न के विकल्पों में से उस शब्द को चुनिए, जो दिए गए शब्द के अक्षरों के प्रयोग द्वारा नहीं बनाया जा सकता है।*

9. ADMINISTRATION *UP Police Constable 2024*
(a) MINISTER (b) RATION
(c) MIND (d) STATION

10. SEPARATE *HCET 2022*
(a) PARADE (b) TREES
(c) TEARS (d) ERASE
(e) उत्तर नहीं देना चाहते

11. LAUGHTER *RRB NTPC 2020*
(a) GATE (b) GRUNT (c) HATE (d) RATE

12. NATIONALISATION *UP (AO) 2024*
(a) SANITATION (b) INSTALLATION
(c) SALINATION (d) NOTATION

13. FRATERNAL *UPSSSC 2018*
(a) NARRATE (b) ERRATA
(c) FATHER (d) RENTAL

14. Russia is my country. *RRB NTPC 2021*
(a) Rain (b) Minor (c) Your (d) Cloud

15. ECCENTRICITY *SSC CGL 2017*
(a) NIECE (b) CREATE
(c) TRINITY (d) RETICENT

16. ADMINISTRATORS *SSC CPO 2016*
(a) STARDOM (b) TRAITOR
(c) DORMANT (d) MINISTER

17. PUNISHMENT *UP Police Constable 2024*
(a) PAIN (b) SENT
(c) PENT (d) PUSH

18. APPLICATION *UP Police Constable 2024*
(a) POLONIA (b) POINT
(c) OPTICAL (d) ANTIC

19. JURISPRUDENCE *SSC Steno 2016*
(a) PREJUDICE (b) PRINCE
(c) PRUNE (d) PRESIDENT

20. DAUGHTER *RRB NTPC 2020*
(a) DATE (b) TOUGH
(c) GET (d) HURT

21. FLAMBOYANT *UP Police Constable 2018*
(a) LAMB (b) BOUT
(c) MOAN (d) BOAT

22. TERRIFY *UPSSSC 2018*
(a) RIFT (b) FERRY
(c) TIER (d) FEET

23. ENVIRONMENT *SSC CGL 2015*
(a) ENTRANCE (b) MOVE
(c) EMINENT (d) ENTER

24. TEMPERAMENT *DSSSB Grade-III 2017*
(a) TEMEPER
(b) TESTER
(c) METER
(d) PARENT

25. MERCHANDISE
(a) MESH
(b) DICE
(c) CHARM
(d) CHANCE

> **MRC*****
> *(Most Repeating Concepts)*
> प्र. सं. 1, 2, 5, 9, 12, 14 और 17 Examination Point of View से अति महत्त्वपूर्ण हैं। इन Concept पर प्रश्न Railway, State Police और State के अन्य सभी प्रतियोगी परीक्षाओं में निरन्तर पूछे जा रहे हैं।

अव्यवस्थित अक्षरों से सार्थक शब्द

निर्देश (प्र.सं. 26-30) *दिए गए प्रश्नों में अक्षरों का एक समूह दिया गया है, जिसे 1, 2, 3, 4, 5, 6, 7 तथा 8 के रूप में संख्यांकित किया गया है। उसके नीचे दी गई संख्याओं का संयोजन करते हुए चार विकल्प दिए गए हैं, जिनमें कोई एक विकल्प दिए गए अक्षरों को अर्थपूर्ण क्रम में व्यवस्थित करने के अनुरूप दिया गया है, उस विकल्प को ज्ञात करें।*

26. D U O P I M
1 2 3 4 5 6 *HCET 2022*
(a) 4, 3, 2, 5, 1, 6 (b) 6, 3, 1, 2, 5, 4
(c) 4, 3, 1, 5, 2, 6 (d) 4, 3, 2, 1, 6, 5
(e) उत्तर नहीं देना चाहते

27. I G S N R A E O
1 2 3 4 5 6 7 8 *Rajasthan Police Constable 2022*
(a) 6, 3, 5, 2, 1, 4, 8, 7 (b) 8, 5, 2, 6, 4, 1, 3, 7
(c) 6, 3, 5, 2, 4, 1, 8, 7 (d) 3, 5, 2, 6, 3, 7, 8, 1

28. I A D O H E N S
1 2 3 4 5 6 7 8 *UPSSSC 2018*
(a) 3, 2, 5, 6, 8, 1, 4, 7 (b) 2, 3, 5, 6, 4, 8, 1, 7
(c) 2, 3, 5, 6, 8, 1, 4, 7 (d) 2, 3, 5, 6, 8, 4, 1, 7

29. G I C O D N
1 2 3 4 5 6
(a) 2, 1, 4, 3, 6, 5 (b) 4, 3, 2, 6, 5, 1
(c) 6, 5, 2, 3, 1, 4 (d) 3, 4, 5, 2, 6, 1

30. L N S A I G
1 2 3 4 5 6 *HCET 2023*
(a) 3, 5, 4, 2, 6, 1 (b) 2, 6, 3, 1, 4, 5
(c) 5, 4, 2, 1, 6, 3 (d) 3, 5, 6, 2, 4, 1
(e) उत्तर नहीं देना चाहते

वर्णमाला या शब्द के चुने हुए अक्षरों से अर्थपूर्ण शब्द

31. वर्णमाला ABCDEFGHIJKLMNOPQRSTUVWXYZ में 15,18,16 एवं 5 स्थान के अक्षर लेकर एक सार्थक शब्द बनाया जाता है। उस सार्थक शब्द का दूसरा अक्षर है *RRB Group D 2018*
(a) R (b) O (c) M (d) P

32. यदि 'SOUVENIR' शब्द के पहले, तीसरे, पाँचवें और आठवें अक्षरों का उपयोग करके एक सार्थक अंग्रेजी शब्द बनाना है (प्रत्येक अक्षर का केवल एक बार उपयोग किया जाना है) तो ऐसे कितने शब्द बनाए जा सकते हैं? *UP Police Constable 2024*
(a) 3 से अधिक (b) 2 (c) 3 (d) 1

33. प्रत्येक शब्द में प्रत्येक अक्षर का केवल एक बार प्रयोग करके 'SAVOUR' शब्द के पहले, चौथे, पाँचवें और छठे अक्षरों (बाईं ओर से दाईं ओर गिनने पर) का प्रयोग करके चार अक्षरों वाले कितने सार्थक अंग्रेजी शब्द बनाए जा सकते हैं? *SSC (10+2) 2024*
(a) एक भी नहीं (b) दो से अधिक
(c) दो (d) एक

34. प्रत्येक शब्द में प्रत्येक अक्षर का केवल एक बार प्रयोग करके 'TOURIST' शब्द के दूसरे, तीसरे, पाँचवें और सातवें अक्षरों (बाईं ओर से दाईं ओर गिनने पर) का प्रयोग करके चार अक्षरों वाले कितने सार्थक अंग्रेजी शब्द बनाए जा सकते हैं? *SSC (10+2) 2024*
(a) एक भी नहीं (b) दो (c) दो से अधिक (d) एक

35. यदि STREAMLINE के दूसरे, पाँचवें, छठे और दसवें अक्षरों को इसी क्रम में मिलाकर कोई सार्थक अंग्रेजी शब्द बनाना सम्भव हो, तो उस शब्द का तीसरा अक्षर क्या होगा?
(a) T (b) E
(c) M (d) A

Trending Concept
इस प्रकार के प्रश्न वर्तमान में SSC (10+2) की परीक्षाओं में पूछे गए हैं। तथा आगामी SSC की अन्य परीक्षाओं के लिए अति महत्वपूर्ण हैं।

36. दिए गए शब्दों में तीसरे और छठे अक्षर तथा चौथे और नौवें अक्षर, साथ ही पाँचवें और दसवें अक्षर को बदलने के बाद, कौन-सी शृंखला इस पुनर्व्यवस्था पश्चात् एक सार्थक शब्द बनाएगी? *UP Police Constable 2024*
I. HRETIAGVSN II. FLNESAGOMI III. EXSONHTIAU
(a) केवल II (b) केवल II और III
(c) सभी I, II, III (d) केवल III

अक्षर समूह या शब्द के अक्षरों से स्वतन्त्र रूप में सार्थक शब्द

37. 'BEHIND' शब्द से ऐसे कितने स्वतन्त्र शब्द बनाए जा सकते हैं, जिनमें अक्षरों के क्रम भी न बदले और प्रत्येक अक्षर का प्रयोग हो? (प्रत्येक अक्षर का प्रयोग केवल एक ही बार किया जाना चाहिए)
(a) एक (b) दो
(c) तीन (d) इनमें से कोई नहीं

38. कितने सार्थक अंग्रेजी शब्द EADF से प्रत्येक अक्षर को एक शब्द में एक बार इस्तेमाल करते हुए बनाए जा सकते हैं?
(a) दो (b) एक
(c) तीन (d) चार से अधिक

शब्द समूह के आगे या पीछे अक्षर या अक्षर समूह लगाकर सार्थक शब्द

39. इस प्रश्न में पहले शब्द को पूर्ण करने के लिए और दूसरे शब्द को शुरू करने के लिए सही अक्षरों का चुनाव करें। अक्षर जो पहले शब्द को पूर्ण और दूसरे शब्द को शुरू करेंगे वह कोष्ठक में जाएँगे। कोष्ठक में दर्शाए गए बिन्दुओं की संख्या अक्षरों की संख्या बताती है।
ST (...) PLE
(a) OPS (b) INK (c) RIP (d) ACK

40. ऐसा एक अक्षर बताइए, जिसे पूरी तरह से नए शब्द बनाने के लिए निम्नलिखित शब्दों के पहले लगाया जा सकता है।
TILL, TABLE, PILE, TAB,
PRING *SSC CGL 2015*
(a) C (b) B (c) S (d) H

41. नए शब्द बनाने के लिए निम्नलिखित शब्दों के बाद में कौन-सा एकल अक्षर लगाया जा सकता है? *SSC CGL 2015*
HAT, BAR, BAT, PIN, BATH
(a) A (b) E (c) B (d) D

अव्यवस्थित अक्षरों को पुनर्व्यवस्थित कर भिन्न शब्द चुनना

निर्देश (प्र. सं. 42 और 43) *निम्नलिखित प्रत्येक प्रश्न में अर्थपूर्ण शब्द बनाने के लिए अव्यवस्थित अक्षरों को पुनर्व्यवस्थित करें और उस एक को चुनें, जो अन्य से अलग हो।* *RRB NTPC 2016*

42. (A) LAFC (B) UKCGIDLN
(C) RILNIGHE (D) BCU
(a) D (b) B (c) C (d) A

43. (A) ANDOMY (B) STEAUDY
(C) DIARFY (D) DHAIOLY
(a) C (b) D (c) B (d) A

Right Key

1. (b)	2. (c)	3. (c)	4. (a)	5. (c)	6. (a)	7. (c)	8. (d)	9. (a)	10. (a)
11. (b)	12. (b)	13. (c)	14. (d)	15. (b)	16. (d)	17. (a)	18. (a)	19. (d)	20. (b)
21. (b)	22. (d)	23. (a)	24. (b)	25. (d)	26. (c)	27. (b)	28. (c)	29. (d)	30. (d)
31. (b)	32. (a)	33. (c)	34. (a)	35. (c)	36. (d)	37. (b)	38. (a)	39. (c)	40. (c)
41. (b)	42. (c)	43. (b)							

Solutions

1. (*b*) शब्द 'RETUNES' दिए गए शब्द से बनाए जा सकते हैं क्योंकि 'RETUNES' के सारे अक्षर दिए गए शब्द 'MEASUREMENT' में उपस्थित हैं।

> **TOP TIPS** इस तरह के प्रश्न को हल करते समय इस बात का ध्यान रखें कि बनने वाले शब्द में अक्षरों का उपयोग अधिकतम उतनी बार किया जाए जितनी बार मुख्य शब्द में आए हों।

2. (*c*) दिए गए शब्द 'INSTRUMENTALIST' के अक्षरों का प्रयोग करके शब्द ENTRUST बनाया जा सकता है। क्योंकि इसके सभी अक्षर मूल शब्द में विद्यमान हैं।

3. (*c*) दिए गए शब्द से MOUNT शब्द बनाया जा सकता है, क्योंकि इस शब्द के सभी अक्षर मूल शब्द MONUMENT में मौजूद हैं।

4. (*a*) दिए गए शब्द REPUTATION के अक्षरों से केवल TUTOR शब्द बनाया जा सकता है, क्योंकि इसके सभी अक्षर मूल शब्द में विद्यमान हैं।

5. (*c*) दिए गए शब्द COMPANIONSHIP के अक्षरों का प्रयोग करके केवल OPINION शब्द बनाया जा सकता है, क्योंकि इसके सभी अक्षर मूल शब्द में विद्यमान हैं।

6. (*a*) दिए गए शब्द DEDICATE के अक्षरों का प्रयोग करके DECIDE शब्द बनाया जा सकता है, क्योंकि इसके सभी अक्षर मूल शब्द में विद्यमान हैं।

7. (*c*) दिए गए शब्द MEASUREMENT के अक्षरों का प्रयोग करके शब्द MASTER बनाया जा सकता है, क्योंकि इसके सभी अक्षर मूल शब्द में विद्यमान हैं।

8. (*d*) दिए गए शब्द MUSPOPAPOTIH के अक्षरों से HIPPOPOTAMUS शब्द बनाया जा सकता है, क्योंकि इसके सभी अक्षर मूल शब्द में विद्यमान हैं।

9. (*a*) दिए गए शब्द ADMINISTRATION से MINISTER शब्द नहीं बनाया जा सकता है, क्योंकि दिए गए शब्द में अक्षर 'E' नहीं है।

10. (*a*) दिए गए शब्द में अक्षर 'D' अनुपस्थित है अतः शब्द PARADE दिए गए शब्द से नहीं बनाया जा सकता है।

11. (*b*) दिए गए शब्द में अक्षर 'N' नहीं है, अतः इस शब्द से शब्द 'GRUNT' नहीं बनाया जा सकता।

12. (*b*) शब्द 'INSTALLATION' दिए गए शब्द के अक्षर का उपयोग करके नहीं बनाया जा सकता है क्योंकि दिए गए शब्द में अक्षर 'L' केवल एक है।

13. (*c*) दिए गए शब्द FRATERNAL के अक्षरों का प्रयोग करके FATHER शब्द नहीं बनाया जा सकता है, क्योंकि दिए गए शब्द में अक्षर H नहीं है।

14. (*d*) दिए वाक्य Russia is my country से शब्द Cloud नहीं बनाया जा सकता है क्योंकि दिए गए वाक्य में अक्षर 'L' और 'D' नहीं है।

15. (*b*) दिए गए शब्द ECCENTRICITY के अक्षरों के प्रयोग से शब्द CREATE नहीं बनाया जा सकता है, क्योंकि दिए गए शब्द के अक्षरों में अक्षर A अनुपस्थित है।

16. (*d*) दिए गए शब्द ADMINISTRATORS के अक्षरों से शब्द MINISTER नहीं बनाया जा सकता है, क्योंकि दिए गए शब्द में अक्षर E उपस्थित नहीं है।

17. (*a*) दिए गए शब्द 'PUNISHMENT' के अक्षरों का उपयोग करके शब्द 'PAIN' नहीं बनाया जा सकता है क्योंकि दिए गए शब्द में अक्षर 'A' उपस्थित नहीं है।

18. (*a*) दिए गए शब्द APPLICATION के अक्षरों का प्रयोग करके शब्द POLONIA नहीं बनाया जा सकता है, क्योंकि दिए गए शब्द में अक्षर O एक बार है।

19. (*d*) दिए गए शब्द JURISPRUDENCE से PRESIDENT शब्द नहीं बनाया जा सकता है, क्योंकि मूल शब्द में अक्षर T नहीं है।

20. (*b*) दिए गए शब्द DAUGHTER में अक्षर 'O' नहीं है, इसलिए इस शब्द से शब्द 'TOUGH' नहीं बनाया जा सकता।

21. (*b*) दिए गए मूल शब्द FLAMBOYANT में अक्षर U नहीं है। अतः दिए गए शब्द के अक्षरों का प्रयोग करके शब्द BOUT नहीं बनाया जा सकता है।

22. (*d*) TERRIFY का प्रयोग करके शब्द FEET को नहीं बनाया जा सकता, क्योंकि शब्द FEET में अक्षर E का दो बार प्रयोग हुआ है जोकि मूल शब्द TERRIFY में नहीं हैं।

23. (*a*) दिए गए शब्द से ENTRANCE शब्द नहीं बनेगा, क्योंकि दिए गए शब्द ENVIRONMENT में अक्षर C नहीं है।

24. (*b*) दिए गए शब्द 'TEMPERAMENT' से शब्द 'TESTER' नहीं बनाया जा सकता क्योंकि दिए गए शब्द में अक्षर 'S' उपस्थित नहीं है।

25. (*d*) दिए गए शब्द 'MERCHANDISE' से शब्द 'CHANCE' नहीं बनाया जा सकता क्योंकि दिए गए शब्द में केवल एक C अक्षर है।

26. (*c*) दिए गए अक्षरों को व्यवस्थित करने पर बना सार्थक शब्द

P O D I U M
↓ ↓ ↓ ↓ ↓ ↓
4 3 1 5 2 6

> **Helping TIPS** इस प्रकार के प्रश्न को हल करने के लिए विद्यार्थी के पास शब्द संग्रह का ज्ञान होना अति आवश्यक है।

27. (*b*) दिए गए अक्षरों से बना सार्थक शब्द

O R G A N I S E
↓ ↓ ↓ ↓ ↓ ↓ ↓ ↓
8 5 2 6 4 1 3 7

28. (*c*) दिए गए अक्षरों से बना सार्थक शब्द

A D H E S I O N
↓ ↓ ↓ ↓ ↓ ↓ ↓ ↓
2 3 5 6 8 1 4 7

29. (*d*) दिए गए अक्षरों से बना सार्थक शब्द

C O D I N G
↓ ↓ ↓ ↓ ↓ ↓
3 4 5 2 6 1

30. (*d*) दिए गए अक्षरों से बना अर्थपूर्ण शब्द

S I G N A L
↓ ↓ ↓ ↓ ↓ ↓
3 5 6 2 4 1

31. (*b*) प्रश्नानुसार,

A B C D (E) F G H I J K L M N (O) (P) Q (R) S T U V W X Y Z

E → 5, O → 15, P → 16, R → 18

∴ E, O, P व R से निर्मित शब्द = PORE व ROPE

अत: अभीष्ट दूसरा अक्षर = O

32. (*a*) दिए गए शब्द SOUVENIR के पहले, तीसरे, पाँचवें और आठवें अक्षर क्रमश: S, U, E, R हैं।

अक्षर S, U, E और R से बने सार्थक शब्द = SURE, RUSE, SUER, USER, RUES, URES

अभीष्ट कुल सार्थक शब्द = 6

अत: 3 से अधिक शब्द बनेंगे।

33. (*c*) दिया गया शब्द, SAVOUR

प्रयोग किए जाने वाले अक्षर : पहला, चौथा, पाँचवाँ, छठा = S, O, U, R

अत: दो सार्थक शब्द (SOUR तथा OURS) बनाए जा सकते हैं।

34. (*a*) दिया गया शब्द : TOURIST

प्रयोग किए गए अक्षर : दूसरा, तीसरा, पाँचवाँ, सातवाँ = O, U, I, T

अत: कोई भी सार्थक शब्द नहीं बनाया जा सकता है।

35. (*c*) दिए गए शब्द STREAMLINE के दूसरे, पाँचवें, छठे तथा दसवें अक्षर क्रमश: T, A, M तथा E हैं।

इन अक्षरों को इसी क्रम में लेकर बनाए जा सकने वाला शब्द TAME है तथा इसका तीसरा अक्षर M है।

36. (*d*) दिए गए शब्द,

I. HRETIAGVSN

II. FLNESAGOMI

III. EXSONHTIAU

प्रश्नानुसार, तीसरे और छठे अक्षर तथा चौथे और नौवें अक्षर, साथ ही पाँचवें और दसवें अक्षर को बदलने के बाद दिए गए शृंखला से बने शब्द,

I. HRASNEGVTI

II. FLAMINGOES

III. EXHAUSTION

अत: केवल शृंखला III में पुनर्व्यवस्था के पश्चात् एक सार्थक शब्द बनेगा।

37. (*b*) प्रश्नानुसार BEHIND शब्द से BE तथा HIND अर्थात् दो स्वतन्त्र शब्द हैं।

38. (*a*) दिए गए शब्द EADF से दो सार्थक शब्द FADE तथा DEAF बनाए जा सकते हैं।

39. (*c*) विकल्प (c) में दिए गए अक्षर RIP प्रश्न में दिए शब्दों को निम्न प्रकार पूर्ण करेंगे ST<u>RIP</u> और <u>RIP</u>PLE।

40. (*c*) दिए गए शब्दों में, यदि पहला अक्षर 'S' लगा दिया जाए, तो पूरी तरह नए अर्थपूर्ण शब्द STILL, STABLE, SPILE, STAB, SPRING बन जाएँगे।

41. (*b*) यदि शब्दों HAT, BAR, BAT, PIN, BATH के बाद अक्षर 'E' लगा दिया जाए, तो पूरी तरह नए अर्थपूर्ण शब्द HATE, BARE, BATE, PINE, BATHE बन जाएँगे।

42. (*c*) दिए गए अव्यवस्थित अक्षरों को व्यवस्थित करने पर,

LAFC = CALF (गाय का बच्चा)

UKCGIDLN = DUCKLING (बत्तख का बच्चा)

RILNIGHE = HIRELING

BCU = CUB (शेर का बच्चा)

अत: HIRELING के अतिरिक्त अन्य सभी, जानवरों के बच्चों के नाम हैं। जबकि HIRELING निश्चित राशि पर रोजगार करने वाला व्यक्ति होता है।

43. (*b*) दिए गए अव्यवस्थित अक्षरों को व्यवस्थित करने पर,

ANDOMY – MONDAY

STEAUDY – TUESDAY

DIARFY – FRIDAY

[DHAIOLY] – HOLIDAY

अत: HOLIDAY अन्य से भिन्न है, क्योंकि अन्य सभी सप्ताह के दिनों के नाम हैं।

अध्याय

05 शब्दों का व्यवस्थिकरण

(Arrangement of Words)

शब्दों का व्यवस्थिकरण

"शब्दों को तार्किक" तथा शब्दकोश के अनुसार, सार्थक क्रम में व्यवस्थित करने की प्रक्रिया को शब्दों का व्यवस्थिकरण कहते हैं।

परीक्षा में पूछे जाने वाले प्रश्नों में सामान्यतः चार, पाँच या छः शब्द दिए गए होते हैं। जिनका क्रम अव्यवस्थित होता है। जिसे अभ्यर्थियों को उनके तार्किक तथा अंग्रेजी शब्दकोश के अनुसार सार्थक क्रम में व्यवस्थित करना होता है।

तार्किक क्रम पर आधारित

इस पर आधारित व्यवस्थित क्रम सर्वमान्य मान्यताओं तथा प्रकृति के नियमों एवं सिद्धान्तों के अनुरूप होता है। व्यवस्थित क्रम में उपस्थित शब्द एक-दूसरे से किसी-न-किसी प्रकार से सम्बन्धित होते हैं या उनमें आपस में कोई तादात्म्य रहता है।

जैसे-दिए गए शब्दों को सार्थक क्रम में व्यवस्थित कीजिए।

1. सिंचाई **2. कृषि भूमि**
3. फसल कटाई **4. बीज**

(a) 2, 4, 1, 3 **(b) 1, 2, 4, 3**
(c) 3, 2, 4, 1 **(d) 4, 2, 3, 1**

हल *(a)* दिए गए शब्दों का सार्थक क्रम निम्न है,

कृषि भूमि (2) → बीज (4) → सिंचाई (1) → फसल कटाई (3)

∴ अभीष्ट क्रम 2, 4, 1, 3 है।

उदाहरण-उस विकल्प का चयन कीजिए, जो निम्न शब्दों के तार्किक एवं अर्थपूर्ण क्रम को दर्शाता है।

1. अस्पताल **2. उपचार**
3. भर्ती करना **4. रोग**
5. रोग-निर्णय

(a) 4, 1, 3, 5, 2 **(b) 4, 1, 3, 2, 5**
(c) 1, 3, 4, 5, 2 **(d) 4, 1, 5, 3, 2**

हल *(a)* दिए गए शब्दों का तार्किक एवं सार्थक क्रम निम्न है,

रोग (4) → अस्पताल (1) → भर्ती करना (3) → रोग-निर्णय (5) → उपचार (2)

∴ अभीष्ट क्रम 4, 1, 3, 5, 2 है।

Score Booster

इस अध्याय के प्रश्नों में शब्दों को सार्थक क्रम में व्यवस्थित करने के लिए अभ्यर्थियों को निम्न सम्बन्धों का ज्ञान होना अति आवश्यक है। जैसे-

(i) किसी भी घटनाओं/वस्तुओं के घटित होने की प्रक्रिया।
(ii) वस्तुओं के आकार के आधार पर घटते या बढ़ते क्रम।
(iii) विभिन्न वस्तुओं या प्राणियों के जीवन की अवस्थाओं (जीवन चक्र) का क्रम।
(iv) मनुष्य के शरीर के अंगों का ऊपर से नीचे या नीचे से ऊपर का क्रम।
(v) सरकारी या निजी संस्थानों में पदों का क्रम।

शब्दकोश पर आधारित

इस पर आधारित प्रश्नों में शब्दों को वर्णमाला या शब्दकोश के अनुसार व्यवस्थित करना होता है।

जैसे-दिए गए शब्दों को अंग्रेजी शब्दकोश के अनुसार व्यवस्थित कीजिए।

1. Pickle **2. Picador**
3. Picnic **4. Pickaxe** **5. Piccolo**

(a) 5, 2, 4, 3, 1 **(b) 2, 5, 4, 1, 3**
(c) 5, 2, 1, 4, 3 **(d) 2, 4, 5, 1, 3**

हल *(b)* दिए गए शब्दों का अंग्रेजी शब्दकोश के अनुसार क्रम निम्न है,

Picador (2) → Piccolo (5) → Pickaxe (4) → Pickle (1) → Picnic (3)

∴ अभीष्ट क्रम 2, 5, 4, 1, 3 है।

उदाहरण-निम्नलिखित शब्दों को वर्णमाला क्रम में व्यवस्थित करें जिस क्रम में वे अंग्रेजी शब्दकोश में मौजूद होते हों।

1. Freeze **2. Freedom**
3. Fryer **4. Frozen**
5. Fraud **6. Fringe**

(a) 5, 6, 2, 1, 4, 3 **(b) 5, 2, 1, 6, 3, 4**
(c) 5, 1, 2, 6, 4, 3 **(d) 5, 2, 1, 6, 4, 3**

हल *(d)* दिए गए शब्दों का अंग्रेजी शब्दकोश के अनुसार क्रम निम्न है,

Fraud (5) → Freedom (2) → Freeze (1) → Fringe (6) → Frozen (4) → Fryer (3)

∴ अभीष्ट क्रम 5, 2, 1, 6, 4, 3 है।

Exam Approach Examples

तार्किक क्रम पर आधारित प्रश्न

उदाहरण 1. नीचे दिए गए प्रश्न में कुछ शब्द दिए गए हैं, जो कि अव्यवस्थित क्रम में हैं। इन शब्दों को व्यवस्थित क्रम में सजाएँ तथा उसके बाद दिए गए चार विकल्पों में से सही विकल्प को चुनें, जो शब्दों का सार्थक क्रम दर्शाता है। *CRPF HC 2023*

1. प्यूपा 2. झिल्ली 3. लार्वा 4. अण्डा

(a) 4, 3, 2, 1 (b) 3, 4, 1, 2
(c) 4, 3, 1, 2 (d) 1, 3, 4, 2

हल (c) दिए गए शब्दों का तार्किक एवं सार्थक क्रम निम्न है,

अण्डा → लार्वा → प्यूपा → झिल्ली
4 3 1 2

अतः अभीष्ट क्रम = 4, 3, 1, 2

Helping Tips
इस प्रकार के प्रश्नों को हल करने के लिए विज्ञान की शब्दावली का ज्ञान होना अति आवश्यक है।

उदाहरण 2. उस विकल्प का चयन कीजिए जो निम्न शब्दों के तार्किक एवं अर्थपूर्ण क्रम को दर्शाता है। *SSC CGL 2022*

(i) अन्तर्भाग (ii) वायुमण्डल (iii) ब्रह्माण्ड
(iv) सतह (v) आकाशगंगा

(a) (i), (iv), (ii), (v), (iii)
(b) (i), (iii), (iv), (v), (ii)
(c) (i), (iv), (ii), (iii), (v)
(d) (iv), (iii), (v), (ii), (i)

हल (a) दिए गए शब्द हमारी पृथ्वी से लेकर ब्रह्माण्ड तक की संरचना से सम्बन्धित है। इनका तार्किक क्रम निम्न है,

अन्तर्भाग → सतह → वायुमण्डल → आकाशगंगा → ब्रह्माण्ड
(i) (iv) (ii) (v) (iii)

अतः अभीष्ट क्रम = (i), (iv), (ii), (v), (iii)

उदाहरण 3. दिए गए शब्दों का सही क्रम क्या होगा?

I. परीक्षा II. साक्षात्कार
III. चयन IV. नियुक्ति
V. विज्ञापन VI. प्रार्थना-पत्र *Bihar STET 2023*

(a) V, VI, III, IV, I, II
(b) V, VI, I, II, III, IV
(c) VI, V, I, II, III, IV
(d) V, VI, II, III, IV, I

हल (b) शब्दों का तार्किक एवं सार्थक क्रम निम्न है,

विज्ञापन → प्रार्थना-पत्र → परीक्षा → साक्षात्कार → चयन → नियुक्ति
V VI I II III IV

अतः अभीष्ट क्रम = V, VI, I, II, III, IV

शब्दकोश पर आधारित प्रश्न

उदाहरण 4. निम्नलिखित शब्दों को वर्णमाला क्रम में व्यवस्थित करें और उस शब्द का चयन करें, जो नई व्यवस्था में दूसरे स्थान पर आता है।

Scissors, Scorpion, Semester, Schedule *UP Police AO 2024*

(a) Scorpion (b) Semester
(c) Schedule (d) Scissors

हल (d) अंग्रेजी शब्दकोश के अनुसार शब्दों को व्यवस्थित करने पर,

Schedule → Scissors → Scorpion → Semester

अतः दूसरे स्थान पर आने वाला शब्द = Scissors

उदाहरण 5. यदि दिए गए शब्दों को अंग्रेजी शब्दकोश के अनुसार क्रम में लगाया जाता है, तो कौन-सा शब्द अन्त में आएगा? *SSC Steno 2020*

(i) Disturb (ii) Distance
(iii) Distilled (iv) Distribution
(v) Distort

(a) Distribution (b) Disturb
(c) Distilled (d) Distort

हल (b) अंग्रेजी शब्दकोश के अनुसार शब्दों को व्यवस्थित करने पर,

Distance → Distilled → Distort → Distribution → Disturb

अतः अन्त में 'Disturb' आएगा।

Trending Concept
अंग्रेजी शब्दकोश पर आधारित प्रश्न वर्तमान में हो रही SSC और State Police की परीक्षाओं में पूछे जा रहे हैं। आगामी परीक्षाओं के लिए की अति महत्त्वपूर्ण हैं।

उदाहरण 6. उस सही विकल्प का चयन कीजिए, जो दिए गए शब्दों के उस सही क्रम में व्यवस्थापन को दर्शाता है, जिस क्रम में वे अंग्रेजी शब्दकोश में मौजूद होते हैं।

1. Frighten 2. Filigree
3. Festive 4. Familiar
5. Filibuster 6. Freight *SSC JE 2023*

(a) 4, 3, 5, 2, 6, 1
(b) 4, 3, 5, 2, 1, 6
(c) 4, 5, 3, 2, 1, 6
(d) 4, 3, 2, 5, 6, 1

हल (a) दिए गए शब्दों का अंग्रेजी शब्दकोश के अनुसार क्रम निम्न है,

Familiar → Festive → Filibuster → Filigree → Freight → Frighten
4 3 5 2 6 1

अतः अभीष्ट क्रम = 4, 3, 5, 2, 6, 1

Chapter Challenge

तार्किक क्रम पर आधारित प्रश्न

निर्देश (प्र. सं. 1-6) *दिए गए चार विकल्पों में से कौन-सा विकल्प नीचे दिए गए चार शब्दों का तार्किक एवं सार्थक क्रम दर्शाता है?*

1. 1. ब्रह्माण्ड 2. पृथ्वी 3. आकाशगंगा 4. मानव ***RRB NTPC 2021***
(a) 1, 2, 3, 4 (b) 1, 3, 4, 2 (c) 1, 3, 2, 4 (d) 1, 2, 4, 3

2. (i) चाबी (ii) दरवाजा (iii) ताला (iv) कक्ष ***UPSSSC 2018***
(a) (iv), (ii), (i), (iii) (b) (i), (ii), (iii), (iv)
(c) (i), (iii), (ii), (iv) (d) (i), (ii), (iv), (iii)

3. (i) प्यूपा (ii) अण्डा (iii) वयस्क (iv) लार्वा ***SSC MTS 2021***
(a) (iv), (ii), (i), (iii) (b) (ii), (i), (iv), (iii)
(c) (ii), (iv), (i), (iii) (d) (iv), (ii), (iii), (i)

4. (i) पौधा (ii) बीज (iii) फल (iv) अंकुरण ***SSC CGL 2018***
(a) (iii), (ii), (iv), (i) (b) (iv), (ii), (iii), (i)
(c) (ii), (iii), (i), (iv) (d) (iv), (i), (iii), (ii)

5. (i) प्रौढ़ता (ii) शैशव (iii) बचपन (iv) किशोरावस्था ***SSC (10+2) 2019***
(a) (i), (iii), (iv), (ii) (b) (ii), (iii), (iv), (i)
(c) (ii), (iv), (iii), (i) (d) (i), (ii), (iii), (iv)

6. (i) महासागर (ii) तालाब (iii) नदी (iv) समुद्र ***SSC Constable (GD) 2022***
(a) (i), (iii), (ii), (iv) (b) (ii), (iii), (iv), (i)
(c) (iii), (ii), (i), (iv) (d) (iv), (i), (iii), (ii)

निर्देश (प्र.सं. 7-16) *दिए गए चार विकल्पों में से कौन-सा विकल्प नीचे दिए गए पाँच शब्दों का तार्किक एवं सार्थक क्रम दर्शाता है?*

7. 1. कुंजी का प्रयोग करें 2. दरवाजा खोलो
3. ताला खोलो 4. कक्ष में प्रवेश करें
5. लाइट चालू करें ***UP Police AO 2024***
(a) 1, 3, 5, 2, 4 (b) 1, 3, 2, 4, 5 (c) 1, 3, 4, 2, 5 (d) 5, 1, 3, 2, 4

8. (i) आभूषण (ii) सोना (iii) सुनार (iv) आभूषण की दुकान (v) दुल्हन ***SSC CPO 2018***
(a) (ii), (iii), (i), (iv), (v) (b) (ii), (v), (iv), (iii), (i)
(c) (iv), (ii), (v), (iii), (i) (d) (ii), (iv), (v), (i), (iii)

9. (i) फ्लैट (ii) गली (iii) कमरा (iv) अपार्टमेण्ट (v) शहर ***SSC (10+2) 2020***
(a) (iii), (i), (iv), (ii), (v) (b) (i), (iii), (iv), (v), (ii)
(c) (ii), (iv), (v), (iii), (i) (d) (ii), (iii), (v), (iv), (i)

10. (i) सफाई (ii) पकाना (iii) खाना (iv) परोसना (v) खरीदना ***SSC Steno 2021***
(a) (v), (i), (ii), (iv), (iii) (b) (iii), (v), (ii), (i), (iv)
(c) (v), (iii), (i), (ii), (iv) (d) (i), (iv), (ii), (iii), (v)

11. 1. जन्म 2. मृत्यु 3. अन्त्येष्टि 4. विवाह 5. शिक्षा ***UP Police Constable 2024***
(a) 4, 5, 3, 1, 2 (b) 1, 5, 4, 2, 3
(c) 2, 3, 4, 5, 1 (d) 1, 3, 4, 5, 2

12. 1. टिड्डा 2. व्हेल 3. भृंग (बीटल) 4. मगरमच्छ 5. मेंढक ***SSC JE 2023***
(a) 2, 3, 5, 4, 1 (b) 3, 5, 4, 2, 1
(c) 3, 1, 5, 4, 2 (d) 4, 2, 5, 1, 3

13. 1. थकान 2. रात 3. दिन 4. नींद 5. काम ***UP Police Constable 2024***
(a) 3, 5, 2, 1, 4 (b) 3, 5, 1, 4, 2
(c) 1, 3, 5, 4, 2 (d) 3, 5, 1, 2, 4

14. 1. शर्ट पीस 2. धागा 3. फैब्रिक 4. शर्ट 5. कपास ***SSC CGL (Tier II) 2023***
(a) 5, 2, 3, 1, 4 (b) 5, 3, 1, 2, 4
(c) 3, 5, 1, 2, 4 (d) 3, 1, 2, 4, 5

15. (i) कहानी (ii) प्रसारण (iii) दर्शक (iv) सुझाव (v) शूटिंग ***SSC Steno 2020***
(a) (i), (v), (ii), (iii), (iv) (b) (ii), (v), (iii), (iv), (i)
(c) (iii), (v), (i), (ii), (iv) (d) (iv), (iii), (ii), (v), (i)

16. (i) मेजर (ii) कप्तान (iii) कर्नल (iv) ब्रिगेडियर (v) लैफ्टिनेन्ट जनरल
(a) (v), (iv), (iii), (i), (ii) (b) (v), (i), (iv), (ii), (iii)
(c) (iv), (v), (i), (iii), (ii) (d) (iii), (iv), (ii), (v), (i)

निर्देश (प्र. सं. 17-20) *कौन-सा विकल्प नीचे दिए गए शब्दों का तार्किक एवं सार्थक क्रम दर्शाता है?*

17. (i) दवा (ii) रोग की पहचान (iii) परामर्श (iv) बीमारी (v) स्वास्थ्य लाभ (vi) डॉक्टर ***SSC CGL 2018***
(a) (iv), (vi), (iii), (ii), (i), (v) (b) (ii), (vi), (iv), (i), (iii), (v)
(c) (iv), (vi), (ii), (iii), (i), (v) (d) (iv), (vi), (i), (iii), (ii), (v)

18. (i) अध्याय (ii) शब्द (iii) अक्षर (iv) वाक्यांश (v) अनुच्छेद (vi) वाक्य ***SSC CPO 2018***
(a) (ii), (iii), (iv), (i), (vi), (v) (b) (iii), (ii), (iv), (vi), (i), (v)
(c) (iii), (ii), (iv), (vi), (v), (i) (d) (iii), (ii), (vi), (iv), (v), (i)

19. (i) दही (ii) दूध (iii) छाछ (iv) गाय (v) घी (vi) मक्खन
(a) (ii), (v), (vi), (iv), (i), (iii) (b) (iv), (vi), (ii), (i), (iii), (v)
(c) (iv), (ii), (i), (iii), (vi), (v) (d) (ii), (vi), (iv), (v), (iii), (i)

20. (i) किलोबाइट (ii) बाइट (iii) मेगाबाइट (iv) टेराबाइट (v) गीगाबाइट (vi) बिट ***UGC NET 2018***
(a) (vi), (ii), (i), (iii), (v), (iv) (b) (vi), (ii), (i), (iv), (iii), (v)
(c) (vi), (ii), (i), (iii), (iv), (v) (d) (vi), (ii), (i), (iv), (v), (iii)

शब्दकोश पर आधारित प्रश्न

21. निम्नलिखित शब्दों को शब्दकोश के क्रम में व्यवस्थित करें।
1. Tune 2. Tone
3. Taste 4. Truth ***CRPF HC 2023***
(a) 3, 2, 1, 4
(b) 3, 2, 4, 1
(c) 3, 1, 4, 2
(d) 1, 2, 3, 4

> **MRC*****
> *(Most Repeating Concept)*
> प्र. सं. 21, 22 और 23 Examination Point of View से अति महत्त्वपूर्ण हैं। इन Concept पर प्रश्न SSC और Railway की परीक्षाओं में पूछे गए हैं।

22. निम्नलिखित शब्दों को शब्दकोश के क्रम में व्यवस्थित करें।
1. Orange 2. Orphan 3. Orbit 4. Orchard *CISF ASI 2023*
(a) 1, 3, 4, 2 (b) 1, 3, 2, 4 (c) 1, 2, 4, 3 (d) 1, 2, 3, 4

23. निम्नलिखित शब्दों में से कौन-सा एक अंग्रेजी शब्दकोश में उनके क्रम के अनुसार व्यवस्थित होने पर दूसरे स्थान पर आएगा?
Exit, Exercise, Excuse, Exempt *RRB NTPC (CBT-I) 2021*
(a) Exit (b) Excuse (c) Exempt (d) Exercise

निर्देश (प्र. सं. 24-28) *निम्नलिखित प्रश्नों में दिए गए शब्दों के विकल्पों में कौन-सा विकल्प अंग्रेजी शब्दकोश के क्रम के अनुसार है?*

24. (i) Adequate (ii) Adoption (iii) Addiction (iv) Abduction (v) Advertisement *SSC (10+2) 2022*
(a) (iv), (iii), (i), (ii), (v) (b) (iv), (ii), (i), (iii), (v)
(c) (iii), (i), (iv), (ii), (v) (d) (iii), (ii), (iv), (i), (v)

25. 1. Dear 2. Dean 3. Deal 4. Dead 5. Death *SSC GD 2024*
(a) 4, 3, 2, 5, 1 (b) 1, 3, 2, 4, 5 (c) 1, 3, 2, 5, 4 (d) 4, 3, 2, 1, 5

26. 1. Literacy 2. Literature 3. Litany 4. Listen 5. Lithograph *SSC CPO 2024*
(a) 4, 1, 3, 5, 2 (b) 3, 4, 1, 2, 5 (c) 4, 3, 1, 2, 5 (d) 1, 4, 3, 2, 5

27. (i) Topology (ii) Topper (iii) Tolerance (iv) Together (v) Tomorrow *SSC CGL 2021*
(a) (iv), (v), (iii), (i), (ii) (b) (iv), (iii), (v), (i), (ii)
(c) (iv), (ii), (i), (v), (iii) (d) (iv), (ii), (iii), (i), (v)

28. (i) Tear (ii) Tease (iii) Taste (iv) Treat (v) Tackle *SSC Steno 2021*
(a) (i), (iii), (v), (iv), (ii) (b) (iii), (v), (ii), (i), (iv)
(c) (v), (iii), (i), (ii), (iv) (d) (i), (iv), (ii), (iii), (v)

29. दिए गए शब्दों को शब्दकोश के क्रमानुसार व्यवस्थित करने पर, कौन-सा शब्द 'चौथे' स्थान पर आएगा? *SSC (10+2) 2023*
1. Morning 2. More 3. Moral 4. Morbid 5. Morale
(a) Morning (b) More (c) Morale (d) Moral

निर्देश (प्र. सं. 30-35) *निम्नलिखित प्रश्नों में उस विकल्प का चयन कीजिए, जो दिए गए शब्दों के उस सही क्रम को दर्शाता है, जिस क्रम में वे अंग्रेजी शब्दकोश में मौजूद होते हैं।*

30. 1. Lollipop 2. Loincloth 3. Longways 4. Logician 5. Lonely *CISF Head Constable 2023*
(a) 3, 2, 1, 5, 4 (b) 4, 2, 1, 5, 3 (c) 4, 3, 1, 5, 2 (d) 3, 4, 1, 5, 2

31. 1. Wrist 2. Wrangle 3. Workable 4.Wrongful 5. Woodland *SSC CPO 2023*
(a) 3, 2, 5, 1, 4 (b) 5, 3, 2, 1, 4 (c) 3, 5, 2, 1, 4 (d) 5, 2, 3, 1, 4

32. 1. Serenity 2. Serpent 3. Serviceable 4. Sericulture 5. Serotonin *CUET UG 2022*
(a) 1, 4, 5, 2, 3 (b) 2, 4, 5, 3, 1 (c) 3, 4, 5, 2, 1 (d) 1, 4, 2, 5, 3

33. 1. Forty 2. Fortify 3. Forum 4. Forte 5. Fortitude *SSC JE 2023*
(a) 3, 5, 4, 2, 1 (b) 4, 5, 2, 3, 1 (c) 4, 2, 5, 1, 3 (d) 3, 4, 5, 2, 1

34. 1. Hooter 2. Hoodlum 3. Hoover 4. Hoodwink 5. Hoop *CISF HC Min. 2022*
(a) 5, 2, 4, 1, 3 (b) 2, 4, 5, 1, 3 (c) 4, 2, 5, 3, 1 (d) 2, 5, 4, 3, 1

35. 1. LOST 2. LIST 3. LIKE 4. LONG 5. LATE *SSC GD 2024*
(a) 5, 2, 1, 4, 3 (b) 5, 1, 2, 3, 4 (c) 5, 4, 1, 2, 3 (d) 5, 3, 2, 4, 1

36. निम्नलिखित शब्दों को अंग्रेजी शब्दकोश के क्रमानुसार रखें और उस शब्द को चुनें, जो सबसे पहले आएगा। *UP Police Constable 2019*
refocus; refinery; reflexes; reflector
(a) refocus (b) refinery (c) reflector (d) reflexes

37. अंग्रेजी शब्दकोश में निम्नलिखित में से कौन-सा शब्द तीसरे स्थान पर आएगा? *UPSSSC 2018*
(a) Notorious (b) Natural (c) National (d) Notional

38. निम्नलिखित शब्दों को अंग्रेजी शब्दकोश के अनुसार व्यवस्थित करने पर कौन-सा शब्द चौथे स्थान पर आएगा? *SSC (10+2) 2018*
(i) Friend (ii) Fringe (iii) Florist (iv) Frighten (v) Future
(a) Friend (b) Fringe (c) Frighten (d) Future

निर्देश (प्र. सं. 39-43) *निम्नलिखित प्रश्नों में से उस विकल्प का चयन कीजिए, जो दिए गए शब्दों के उस सही क्रम को दर्शाता है, जिस क्रम में वे अंग्रेजी शब्दकोश में मौजूद होते हैं।*

39. (i) Tinned (ii) Timber (iii) Tinkle (iv) Thunderstorm (v) Thursday *SSC (10+2) 2018*
(a) (v), (iii), (ii), (i), (iv) (b) (ii), (i), (iii), (iv), (v)
(c) (iv), (v), (ii), (iii), (i) (d) (i), (iii), (iv), (ii), (v)

40. 1. Consistence 2. Conscience 3. Conflagration 4. Consequence 5. Considerable 6. Consignment *SSC CPO 2024*
(a) 4, 3, 2, 5, 6, 1 (b) 3, 4, 2, 5, 6, 1
(c) 4, 2, 3, 5, 1, 6 (d) 3, 2, 4, 5, 6, 1

41. 1. Desire 2. Destination 3. Descend 4. Destructive 5. Desolate 6. Desperate *CISF Head Constable 2023*
(a) 3, 1, 2, 6, 5, 4 (b) 3, 1, 5, 6, 4, 2
(c) 3, 1, 5, 6, 2, 4 (d) 3, 1, 6, 5, 2, 4

42. 1. Warriors 2. Warehouse 3. Warcraft 4. Warranty 5. Wardrobe 6. Wardenship *SSC CGL (Tier I) 2023*
(a) 3, 5, 6, 2, 1, 4 (b) 3, 5, 6, 2, 4, 1
(c) 3, 6, 5, 2, 1, 4 (d) 3, 6, 5, 2, 4, 1

43. 1. Doctor 2. Doctorate 3. Docile 4. Documentary 5. Dock 6. Doctrine *SSC CPO 2023*
(a) 3, 4, 5, 1, 2, 6 (b) 3, 5, 2, 1, 6, 4
(c) 3, 5, 1, 2, 6, 4 (d) 3, 5, 1, 6, 2, 4

Right Key

1. (c)	2. (c)	3. (c)	4. (d)	5. (b)	6. (b)	7. (b)	8. (a)	9. (a)	10. (a)
11. (b)	12. (c)	13. (d)	14. (a)	15. (a)	16. (a)	17. (c)	18. (c)	19. (c)	20. (a)
21. (b)	22. (a)	23. (c)	24. (a)	25. (d)	26. (c)	27. (b)	28. (c)	29. (b)	30. (b)
31. (b)	32. (a)	33. (c)	34. (b)	35. (d)	36. (b)	37. (d)	38. (b)	39. (c)	40. (d)
41. (c)	42. (d)	43. (c)							

Solutions

1. (*c*) दिए गए शब्दों का तार्किक एवं सार्थक क्रम निम्न है,

ब्रह्माण्ड → आकाशगंगा → पृथ्वी → मानव
1 3 2 4

Helping TIPS इस प्रकार के प्रश्नों को हल करने के लिए सामान्य ज्ञान की जानकारी होना अति आवश्यक है।

2. (*c*) दिए गए शब्दों का तार्किक एवं सार्थक क्रम निम्न है,

चाबी → ताला → दरवाजा → कक्ष
(i) (iii) (ii) (iv)

3. (*c*) दिए गए शब्दों का तार्किक एवं सार्थक क्रम निम्न है,

अण्डा → लार्वा → प्यूपा → वयस्क
(ii) (iv) (i) (iii)

4. (*d*) दिए गए शब्दों का तार्किक एवं सार्थक क्रम निम्न है,

अंकुरण → पौधा → फल → बीज
(iv) (i) (iii) (ii)

5. (*b*) दिए गए शब्दों का तार्किक एवं सार्थक क्रम निम्न है,

शैशव → बचपन → किशोरावस्था → प्रौढ़ता
(ii) (iii) (iv) (i)

6. (*b*) दिए गए शब्दों का तार्किक एवं सार्थक क्रम निम्न है,

तालाब → नदी → समुद्र → महासागर
(ii) (iii) (iv) (i)

7. (*b*) दिए गए शब्दों का तार्किक और सार्थक क्रम निम्न है,

कुंजी का प्रयोग करें → ताला खोलें
1 3
→ दरवाजा खोलें → कक्ष में प्रवेश करें
2 4
→ लाइट चालू करें
5

8. (*a*) दिए गए शब्दों का तार्किक एवं सार्थक क्रम निम्न है,

सोना → सुनार → आभूषण
(ii) (iii) (i)
→ आभूषण की दुकान → दुल्हन
(iv) (v)

9. (*a*) दिए गए शब्दों का तार्किक एवं सार्थक क्रम निम्न है,

कमरा → फ्लैट → अपार्टमेण्ट → गली → शहर
(iii) (i) (iv) (ii) (v)

10. (*a*) दिए गए शब्दों का तार्किक एवं सार्थक क्रम निम्न है,

खरीदना → सफाई → पकाना → परोसना
(v) (i) (ii) (iv)
→ खाना
(iii)

11. (*b*) दिए गए शब्दों का तार्किक एवं सार्थक क्रम निम्न है,

जन्म → शिक्षा → विवाह → मृत्यु → अन्त्येष्टि
1 5 4 2 3

12. (*c*) दिए गए शब्दों का तार्किक एवं सार्थक क्रम निम्न है,

भृंग → टिड्डा → मेंढक → मगरमच्छ
3 1 5 4
→ व्हेल
2

13. (*d*) दिए गए शब्दों का तार्किक एवं सार्थक क्रम निम्न है,

दिन → काम → थकान → रात → नींद
3 5 1 2 4

14. (*a*) दिए गए शब्दों का तार्किक एवं सार्थक क्रम निम्न है,

कपास → धागा → फैब्रिक → शर्ट पीस
5 2 3 1
→ शर्ट
4

15. (*a*) दिए गए शब्दों का तार्किक एवं सार्थक क्रम निम्न है,

कहानी → शूटिंग → प्रसारण → दर्शक
(i) (v) (ii) (iii)
→ सुझाव
(iv)

16. (*a*) दिए गए शब्दों का तार्किक एवं सार्थक क्रम निम्न है,

लैफ्टिनेन्ट जनरल → ब्रिगेडियर → कर्नल
(v) (iv) (iii)
→ मेजर → कप्तान (पद के अनुसार घटते क्रम)
(i) (ii)

17. (*c*) दिए गए शब्दों का तार्किक एवं अर्थपूर्ण क्रम निम्न है,

बीमारी → डॉक्टर → रोग की पहचान →
(iv) (vi) (ii)
परामर्श → दवा → स्वास्थ्य लाभ
(iii) (i) (v)

18. (*c*) दिए गए शब्दों का तार्किक एवं सार्थक क्रम निम्न है,

अक्षर → शब्द → वाक्यांश → वाक्य →
(iii) (ii) (iv) (vi)
अनुच्छेद → अध्याय
(v) (i)

19. (*c*) दिए गए शब्दों का तार्किक एवं सार्थक क्रम निम्न है,

गाय → दूध → दही → छाछ
(iv) (ii) (i) (iii)
→ मक्खन → घी
(vi) (v)

20. (*a*) दी गई इकाइयाँ कम्प्यूटर मेमोरी के मापने की हैं, जिनका बढ़ता हुआ क्रम निम्न है,

बिट → बाइट → किलोबाइट → मेगाबाइट
(vi) (ii) (i) (iii)
→ गीगाबाइट → टेराबाइट
(v) (iv)

21. (*b*) दिए गए शब्दों का अंग्रेजी शब्दकोश के अनुसार क्रम निम्न है,

Taste → Tone → Truth → Tune
3 2 4 1

TOP TIPS अंग्रेजी शब्दकोश के अनुसार शब्दों को व्यवस्थित करने के लिए अंग्रेजी वर्णमाला का ज्ञान होना अति आवश्यक है।

22. (*a*) दिए गए शब्दों का अंग्रेजी शब्दकोश के अनुसार क्रम निम्न है,

Orange → Orbit → Orchard → Orphan
1 3 4 2

23. (*c*) दिए गए शब्दों का अंग्रेजी शब्दकोश के अनुसार क्रम निम्न है,

Excuse → Exempt → Exercise → Exit

अत: दूसरे स्थान पर आने वाला शब्द
= Exempt

24. (*a*) दिए गए शब्दों का अंग्रेजी शब्दकोश के अनुसार क्रम निम्न है,

Abduction → Addiction → Adequate
(iv) (iii) (i)
→ Adoption → Advertisement
(ii) (v)

25. (*d*) दिए गए शब्दों का अंग्रेजी शब्दकोश के अनुसार क्रम निम्न है,

Dead → Deal → Dean → Dear → Death
(4) (3) (2) (1) (5)

26. (*c*) अंग्रेजी शब्दकोश के अनुसार शब्दों का क्रम निम्न है,

Listen → Litany → Literacy → Literature → Lithograph
(4) (3) (1) (2) (5)

27. (*b*) दिए गए शब्दों का अंग्रेजी शब्दकोश के अनुसार क्रम निम्न है,

Together → Tolerance → Tomorrow → Topology → Topper
(iv) (iii) (v) (i) (ii)

28. (*c*) दिए गए शब्दों का अंग्रेजी शब्दकोश के अनुसार क्रम निम्न है,

Tackle → Taste → Tear→ Tease → Treat
(v) (iii) (i) (ii) (iv)

29. (*b*) दिए गए शब्दों का अंग्रेजी शब्दकोश के अनुसार क्रम निम्न है,

Moral → Morale → Morbid → More → Morning

अत: चौथा शब्द = More

30. (*b*) दिए गए शब्दों का अंग्रेजी शब्दकोश के अनुसार क्रम निम्न है,

Logician → Loincloth → Lollipop → Lonely → Longways
(4) (2) (1) (5) (3)

31. (*b*) दिए गए शब्दों का अंग्रेजी शब्दकोश के अनुसार क्रम निम्न है,

Woodland → Workable → Wrangle → Wrist → Wrongful
(5) (3) (2) (1) (4)

32. (*a*) दिए गए शब्दों का अंग्रेजी शब्दकोश के अनुसार क्रम निम्न है,

Serenity → Sericulture → Serotonin → Serpent → Serviceable
(1) (4) (5) (2) (3)

33. (*c*) दिए गए शब्दों का अंग्रेजी शब्दकोश के अनुसार क्रम निम्न है,

Forte → Fortify → Fortitude → Forty → Forum
(4) (2) (5) (1) (3)

34. (*b*) दिए गए शब्दों का अंग्रेजी शब्दकोश के अनुसार क्रम निम्न है,

Hoodlum → Hoodwink → Hoop → Hooter → Hoover
(2) (4) (5) (1) (3)

35. (*d*) दिए गए शब्दों का अंग्रेजी शब्दकोश के अनुसार क्रम निम्न है,

LATE → LIKE → LIST → LONG → LOST
(5) (3) (2) (4) (1)

36. (*b*) दिए गए शब्दों का अंग्रेजी शब्दकोश के अनुसार क्रम निम्न है,

refinery → reflector → reflexes → refocus

∴ अभीष्ट शब्द = refinery

37. (*d*) दिए गए शब्दों का अंग्रेजी शब्दकोश के अनुसार क्रम निम्न है,

National → Natural → Notional → Notorious

अत: तीसरे स्थान पर आने वाला शब्द = Notional

38. (*b*) दिए गए शब्दों का अंग्रेजी शब्दकोश के अनुसार क्रम निम्न है,

Florist → Friend → Frighten → Fringe → Future

अत: शब्दकोश के अनुसार चौथे स्थान पर आने वाला शब्द Fringe होगा।

39. (*c*) दिए गए शब्दों का अंग्रेजी शब्दकोश के अनुसार क्रम निम्न है,

Thunderstorm → Thursday → Timber → Tinkle → Tinned
(iv) (v) (ii) (iii) (i)

40. (*d*) अंग्रेजी शब्दकोश के अनुसार शब्दों का क्रम निम्न है

Conflagration → Conscience → Consequence → Considerable → Consignment → Consistence
(3) (2) (4) (5) (6) (1)

41. (*c*) दिए गए शब्दों का अंग्रेजी शब्दकोश के अनुसार क्रम निम्न है,

Descend → Desire → Desolate → Desperate → Destination → Destructive
(3) (1) (5) (6) (2) (4)

42. (*d*) दिए गए शब्दों का अंग्रेजी शब्दकोश के अनुसार क्रम निम्न है,

Warcraft → Wardenship → Wardrobe → Warehouse → Warranty → Warriors
(3) (6) (5) (2) (4) (1)

43. (*c*) दिए गए शब्दों का अंग्रेजी शब्दकोश के अनुसार क्रम निम्न है,

Docile → Dock → Doctor → Doctorate → Doctrine → Documentary
(3) (5) (1) (2) (6) (4)

अध्याय

06 कूटलेखन-कूटवाचन (Coding-Decoding)

कूटलेखन-कूटवाचन

किसी अक्षर/शब्द/वाक्य को किसी सांकेतिक भाषा में लिखने की प्रक्रिया को कूटलेखन या कोडिंग कहते हैं। किसी सांकेतिक भाषा में लिखे अक्षर/शब्द/वाक्य को उसके वास्तविक अर्थ में परिवर्तित करने की प्रक्रिया कूटवाचन या डिकोडिंग होती है।

अक्षर कोडिंग

अक्षर कोडिंग में दिए गए अक्षरों को विभिन्न पैटर्न या नियम के अनुसार अन्य अक्षरों के रूप में कूटबद्ध किया जाता है।

जैसे-यदि एक कूटभाषा में 'GIRL' को IKTN के रूप में कोडित किया जाता है तब उस कूटभाषा में 'KEPT' को लिखा जाएगा

हल जिस प्रकार, G I R L → (+2, +2, +2, +2) → I K T N

उसी प्रकार, K E P T → (+2, +2, +2, +2) → M G R V

संख्या-कोडिंग

संख्या-कोडिंग में अक्षरों को संख्याओं के रूप में कोड किया जाता है। यह संख्याएँ अधिकतर वर्णमाला क्रम से सम्बन्धित होती है।

जैसे-यदि किसी प्रणाली में 'YOUR' को 26-16-22-19 के रूप में कोडित किया जाता है तो 'MANNER का कूट होगा

हल जिस प्रकार, Y(25) O(15) U(21) R(18) → (+1, +1, +1, +1) → 26 16 22 19

उसी प्रकार, M(13) A(1) N(14) N(14) E(5) R(18) → (+1, +1, +1, +1, +1, +1) → 14 2 15 15 6 19

प्रतीक कोडिंग

इस प्रकार के प्रश्नों में अक्षरों को अलग-अलग प्रतीकों के रूप में कोड किया जाता है।

जैसे-यदि एक निश्चित कूटभाषा में 'PRAISE' को '#@$27%' के रूप में लिखा जाता है और 'RESPIRE' को '@%7#2@%' के रूप में लिखा जाता है, तब उसी कूटभाषा में 'REPAIR' को कैसे लिखा जाएगा?

हल जिस प्रकार, P R A I S E → # @ $ 2 7 %

तथा R E S P I R E → @ % 7 # 2 @ %

उसी प्रकार, R E P A I R → @ % # $ 2 @

शब्द समूह कोडिंग

इस प्रकार के प्रश्नों में तीन या चार शब्दों के एक वाक्य को दूसरे वाक्य/शब्द समूह/संख्या समूह से संकेतबद्ध किया जाता है तथा इस प्रकार के तीन या चार वाक्य दिए होते हैं और इन वाक्यों में उभयनिष्ठ शब्द व उभयनिष्ठ संकेत के आधार पर सभी शब्दों का कोड ज्ञात किया जाता है और प्रश्नों के उत्तर उसी आधार पर दिए जाते हैं।

जैसे-किसी निश्चित कूटभाषा में, 'TIME' को '2374' के रूप में कूटबद्ध किया जाता है और 'SHIP' को '1592' के रूप में कूटबद्ध किया जाता है। दी गई उसी कूटभाषा में 'I' के लिए कूट क्या है?

हल प्रश्नानुसार, T [I] M E → [2] 3 7 4

S H [I] P → 1 5 9 [2]

∴ 'I' का कूट = 2

शब्द प्रतिस्थापन कोडिंग

शब्द प्रतिस्थापन कोडिंग में एक शब्द के रूप में दूसरे शब्द तथा दूसरे शब्द के रूप में तीसरे शब्द को कोडित किया जाता है। इसी प्रकार क्रम आगे भी जारी रहता है।

जैसे -यदि कूटभाषा में 'क्रिकेट' को 'तीरंदाजी', 'तीरंदाजी' को 'फुटबॉल' और 'फुटबॉल' को 'वॉलीबाल' कहा जाता है तब बल्ले से कौन-सा खेल खेला जाता है?

हल चूँकि बल्ले से क्रिकेट खेला जाता है और यहाँ क्रिकेट को 'तीरंदाजी' कहा गया है। अतः बल्ले से 'तीरंदाजी' खेला जाता है।

शर्तानुसार कोडिंग

इस प्रकार के प्रश्नों में भिन्न-भिन्न अक्षरों के समूह/अंकों के समूह के नीचे भिन्न-भिन्न अंक/अक्षर/प्रतीक दिए गए होते हैं जिनके नीचे कुछ शर्तें भी दी गई होती हैं जिन्हें दिए गए प्रश्नों में अलग-अलग तरीके से लागू करना होता है और सही उत्तर का चयन करना होता है।

जैसे -निम्नलिखित सारणी में संख्याएँ और उनके वर्ण-कूट दिए गए हैं

संख्या	3	7	2	8	6	5
वर्ण-कूट	K	E	F	Y	P	L

आपको यह ज्ञात करना है, कि संख्या समूह 8637 का सही कूटबद्ध क्या है?

हल प्रश्नानुसार, 8 6 3 7 → Y P K E

Exam Approach Examples

अक्षर कोडिंग पर आधारित

उदाहरण 1. यदि SCHEME को TDIFNF के रूप में कूटित किया जाता है, तो WONDER के लिए क्या कूट है? *UPSSSC PET 2023*

(a) POXEFS (b) XPQFTF
(c) XOOESF (d) XPOEFS

हल (d) जिस प्रकार,

S C H E M E
↓+1 ↓+1 ↓+1 ↓+1 ↓+1 ↓+1
T D I F N F

उसी प्रकार,

W O N D E R
↓+1 ↓+1 ↓+1 ↓+1 ↓+1 ↓+1
X P O E F S

उदाहरण 2. एक कूटभाषा में, 'CAKE' को 'ACIG' के रूप में लिखा जाता है और 'GOLD' को 'EQJF' के रूप में लिखा जाता है। इसी कूटभाषा में 'WIRE' को कैसे लिखा जाएगा? *SSC MTS 2024*

(a) GUKP (b) UKPG (c) GPUK (d) GUPK

हल (b) जिस प्रकार,

C A K E
↓−2 ↓+2 ↓−2 ↓+2
A C I G

और

G O L D
↓−2 ↓+2 ↓−2 ↓+2
E Q J F

उसी प्रकार,

W I R E
↓−2 ↓+2 ↓−2 ↓+2
U K P G

उदाहरण 3. एक निश्चित कूटभाषा में 'CRUDE' को 'DCURE' लिखा जाता है, तो उसी कूटभाषा में 'MOIST' कैसे लिखा जाएगा? *CRPF HC 2023*

(a) TSIOM (b) SMIOT (c) SIOTM (d) TOIMS

हल (b) जिस प्रकार,

C R U D E ⇒ D C U R E
1 2 3 4 5 ⇒ 4 1 3 2 5

उसी प्रकार,

M O I S T ⇒ S M I O T
1 2 3 4 5 ⇒ 4 1 3 2 5

उदाहरण 4. एक निश्चित कोड भाषा में, यदि LIGHT को ORTSG के रूप में कोडित किया गया है, SWITCH को HDRGXS के रूप में कोडित किया गया है, तो WIRE को कैसे कोडित किया जाएगा? *DSSSB Workshop 2024*

(a) DSIV (b) DRIV (c) DRIW (d) DRJV

हल (b) जिस प्रकार,

वर्णमाला में विपरीत वर्ण
L I G H T
↕ ↕ ↕ ↕ ↕
O R T S G

और

वर्णमाला में विपरीत वर्ण
S W I T C H
↕ ↕ ↕ ↕ ↕ ↕
H D R G X S

Helping Tips

इस प्रकार के प्रश्नों को हल करने के लिए वर्णमाला के सभी अक्षरों के विपरीत अक्षर का ज्ञान होना आवश्यक है।

उसी प्रकार,

वर्णमाला में विपरीत वर्ण
W I R E
↕ ↕ ↕ ↕
D R I V

उदाहरण 5. एक निश्चित कूटभाषा में, 'ADVISORY' को 'BFYMRMOU' के रूप में लिखा जाता है और 'CHAMPION' को 'DJDQOGLJ' के रूप में लिखा जाता है। उसी भाषा में 'DESIGNER' को कैसे लिखा जाएगा? *SSC (10+2) 2022*

(a) EGVNFLCN (b) EGUMFMCN
(c) EGVMFLBN (d) EGVNFLBN

हल (c) जिस प्रकार,

A D V I S O R Y
↓+1 ↓+2 ↓+3 ↓+4 ↓−1 ↓−2 ↓−3 ↓−4
B F Y M R M O U

तथा

C H A M P I O N
↓+1 ↓+2 ↓+3 ↓+4 ↓−1 ↓−2 ↓−3 ↓−4
D J D Q O G L J

उसी प्रकार,

D E S I G N E R
↓+1 ↓+2 ↓+3 ↓+4 ↓−1 ↓−2 ↓−3 ↓−4
E G V M F L B N

Score Booster

- शब्द EJOTY और CFILORUX को याद रखकर हम वर्णमाला के सभी अक्षरों का क्रम संख्या ज्ञात कर सकते हैं।

  जैसे— E J O T Y (एक लड़की के नाम जयोति जैसी ध्वनि हैं)
  ↓ ↓ ↓ ↓ ↓
  5 10 15 20 25 (ये 5 के गुणज के रूप में है)

  C F I L O R U X (एक दवाई के नाम सिफिलोरक्स जैसी ध्वनि हैं)
  ↓ ↓ ↓ ↓ ↓ ↓ ↓ ↓
  3 6 9 12 15 18 21 24 (ये 3 के गुणज के रूप में है)

- अंग्रेजी वर्णमाला के कोई भी दो अक्षर, जिनके क्रमांकिक मान का योग 27 हो, तो वे दोनों अक्षर आपस में एक-दूसरे के विपरीत अक्षर होते हैं।

  जैसे- B(2) और Y(25) एक-दूसरे के विपरीत अक्षर है, क्योंकि इनके स्थानीय मान का योग = 2 + 25 = 27 है।

- किसी अक्षर के विपरीत अक्षर का मान = 27 − संगत अक्षर का स्थानीय मान

विपरीत अक्षर याद रखने की ट्रिक

A ↕ Z	B ↕ Y	C ↕ X	D ↕ W	E ↕ V	F ↕ U	G ↕ T
(एटूजैड)	(बॉय)	(कैक्स)	(डयू)	(इवनिंग)	(फ्यू)	(जी.टी. रोड)

H ↕ S	I ↕ R	J ↕ Q	K ↕ P	L ↕ O	M ↕ N
(हनी सिंह)	(इण्डियन रेलवे)	(जयपुर क्वीन)	(कानपुर)	(लव)	(मन)

संख्या कोडिंग पर आधारित

उदाहरण 6. यदि DEEP को 30, SEA को 25 के रूप में कोडित किया जाता है, तो RIVER को किस रूप में कोडित किया जाएगा? ***UP Police Constable 2024***

(a) 15 (b) 72
(c) 20 (d) 56

हल (b) जिस प्रकार, D E E P
4 + 5 + 5 + 16 = 30

तथा S E A
19 + 5 + 1 = 25

उसी प्रकार, R I V E R
18 + 9 + 22 + 5 + 18 = 72

Trending Concept

संख्या-कोडिंग पर आधारित प्रश्न वर्तमान में SSC तथा State Police की परीक्षाओं में frequently पूछे जा रहे हैं। आगामी सभी परीक्षाओं के लिए भी महत्त्वपूर्ण हैं।

उदाहरण 7. किसी एक खास कूटभाषा में, 'INTERNAL' को '91320221813115' लिखा जाता है, 'MOUNTAIN' को '131221132026913' लिखा जाता है। इस कूटभाषा में 'PAYMENTS' को कैसे लिखा जाएगा? ***SSC (10+2) 2023***

(a) 16262514413208 (b) 16272514513280
(c) 16252614513208 (d) 16262514513208

हल (d) जिस प्रकार,

I N T E R N A L
(N, E, N, L — विपरीत)
9 13 20 22 18 13 1 15

और

M O U N T A I N
(O, N, A, N — विपरीत)
13 12 21 13 20 26 9 13

उसी प्रकार,

P A Y M E N T S
(A, M, N, S — विपरीत)
16 26 25 14 5 13 20 8

Helping Tips

इस प्रकार के प्रश्नों को हल करने के लिए वर्णमाला के अक्षरों के स्थानीय मान व विपरीत मान याद होना अति आवश्यक है।

उदाहरण 8. यदि 'BEAR' को '25-22-26-9' के रूप में कोडित किया जाता है, तो 'TIGER' को कैसे कोडित किया जाएगा? ***UP Police Constable 2024***

(a) 7-9-11-4-17 (b) 8-9-12-5-17
(c) 9-10-13-6-17 (d) 7-18-20-22-9

हल (d) जिस प्रकार,

B E A R
25 22 26 9 (विपरीत अक्षरांक)

उसी प्रकार,

T I G E R
7 18 20 22 9 (विपरीत अक्षरांक)

उदाहरण 9. यदि किसी कूटभाषा में CLASS को 81 लिखा जाता है और SECTION को 104 लिखा जाता है, तो उसी भाषा में COLLEGE को कैसे लिखा जाएगा? ***Rajasthan Police Constable 2022***

(a) 130 (b) 123
(c) 143 (d) 134

हल (a) जिस प्रकार, (वर्णमाला में विपरीत क्रम)
C L A S S
24 + 15 + 26 + 8 + 8 = 81

और (वर्णमाला में विपरीत क्रम)
S E C T I O N
8 + 22 + 24 + 7 + 18 + 12 + 13 = 104

उसी प्रकार, (वर्णमाला में विपरीत क्रम)
C O L L E G E
24 + 12 + 15 + 15 + 22 + 20 + 22 = 130

उदाहरण 10. किसी निश्चित कूटभाषा में, 'GANGA' को '21-3-42-21-3' के रूप में कूटबद्ध किया जाता है। और 'KOSHI' को '33-45-57-24-27' के रूप में कूटबद्ध किया जाता है। उसी कूटभाषा में 'GOMTI' को किस रूप में कूटबद्ध किया जाएगा? ***CUET (UG) 2022***

(a) 21-30-39-40-18 (b) 14-45-26-60-27
(c) 21-45-39-60-27 (d) 14-30-39-40-18

हल (c) जिस प्रकार,

G A N G A
7 1 14 7 1
×3 ×3 ×3 ×3 ×3
21 3 42 21 3

तथा

K O S H I
11 15 19 8 9
×3 ×3 ×3 ×3 ×3
33 45 57 24 27

उसी प्रकार,

G O M T I
7 15 13 20 9
×3 ×3 ×3 ×3 ×3
21 45 39 60 27

प्रतीक कोडिंग पर आधारित

उदाहरण 11. एक निश्चित कूटभाषा में, CABLE को 65@7# लिखा जाता है, और PARKLET को 85917#2 लिखा जाता है। उसी कूटभाषा में ELRAP को किस प्रकार लिखा जाएगा? ***RRB NTPC 2022***

(a) 7#958 (b) 9#785
(c) #9587 (d) #7958

हल (d) जिस प्रकार,

C	A	B	L	E
6	5	@	7	#

और

P	A	R	K	L	E	T
8	5	9	1	7	#	2

उसी प्रकार,

E	L	R	A	P
#	7	9	5	8

शब्द प्रतिस्थापन कोडिंग पर आधारित

उदाहरण 12. एक निश्चित कूटभाषा में, यदि 'टेबल' को 'कुर्सी' कहा जाता है, 'कुर्सी' को 'ब्लैकबोर्ड' कहा जाता है। 'ब्लैकबोर्ड' को 'चॉक' कहा जाता है, 'चॉक' को 'डस्टर' कहा जाता है, 'डस्टर' को 'शिक्षक' कहा जाता है, तो शिक्षक कहाँ पर लिखता है?

Rajasthan Police Constable 2022

(a) कुर्सी (b) डस्टर
(c) ब्लैकबोर्ड (d) चॉक

हल (*d*) हम जानते हैं, कि शिक्षक 'ब्लैकबोर्ड' पर लिखता है, और प्रश्न में 'ब्लैकबोर्ड' को 'चॉक' कहा गया है। अत: शिक्षक 'चॉक' पर लिखता है।

उदाहरण 13. यदि किसी कूटभाषा में, 'लाल' को 'हरा' कहा जाता है, 'हरा' को 'गुलाबी' कहा जाता है, 'गुलाबी' को 'भूरा' कहा जाता है और 'भूरा' को 'बैंगनी' कहा जाता है, तो ट्रैफिक सिग्नल पर वाहनों को रोकने के लिए किस रंग के प्रकाश का प्रयोग किया जाता है?

RRB NTPC (CBT-II) 2022

(a) लाल (b) बैंगनी (c) हरा (d) भूरा

हल (*c*) हम जानते हैं कि, ट्रैफिक सिग्नल पर वाहनों को रोकने के लिए लाल रंग के प्रकाश का प्रयोग किया जाता है। प्रश्नानुसार, लाल को हरा कहा जाता है।

अत: वाहनों को रोकने के लिए हरे रंग के प्रकाश का प्रयोग किया जाएगा।

शब्द समूह कोडिंग पर आधारित

उदाहरण 14. किसी निश्चित कूटभाषा में, 'GAME' को '8426' के रूप में कूटबद्ध किया जाता है, और 'MUST' को '7853' के रूप में कूटबद्ध किया जाता है। दी गई उसी कूटभाषा में 'M' के लिए कूट क्या है?

CISF Head Constable 2023

(a) 7 (b) 3
(c) 2 (d) 8

हल (*d*) दी गई कूटभाषा के अनुसार,

GA[M]E = [8]426

और [M]UST = 7[8]53

दोनों शब्दों में अक्षर M समान है और संख्या 8 समान है, तो M को कूटभाषा में 8 लिखा गया है।

Helping Tips

इस प्रकार के प्रश्नों को हल करने के लिए उभयनिष्ठ शब्द व उभयनिष्ठ संकेत के आधार पर सभी शब्दों का कोड ज्ञात करना होता है।

उदाहरण 15. एक निश्चित कूटभाषा में, 'BEAM' को '2349' लिखा जाता है और 'MEAN' को '4327' लिखा जाता है। उस कूटभाषा में, 'N' को कैसे लिखा जाएगा?

SSC (10 + 2) Tier I 2024

(a) 3 (b) 4
(c) 2 (d) 7

हल (*d*) दी गई कूट भाषा के अनुसार,

B E A M ⟶ 2 3 4 9

M E A (N) ⟶ 4 3 2 (7)

अत: उपर्युक्त से स्पष्ट होता है कि N को कूटभाषा में 7 लिखा जाएगा।

उदाहरण 16. एक निश्चित कूटभाषा में, 'climb the mountains' को 'js bg md' लिखा जाता है और 'climb the tree' को 'bg cx js' लिखा जाता है। उस कूटभाषा में 'tree' को कैसे लिखा जाएगा?

RRB ALP (CBT-I) 2024

(a) md (b) cx
(c) js (d) bg

हल (*b*) प्रश्नानुसार,

(climb) (the) mountains ⟶ (js) (bg) md

(climb) (the) [tree] ⟶ (bg) [cx] (js)

∴ 'tree' का कूट 'cx' है।

शर्तानुसार कोडिंग पर आधारित

उदाहरण 17. इस प्रश्न में, संख्याओं/प्रतीकों के एक समूह को नीचे दी गई तालिका और उसके बाद दी गई शर्तों के अनुसार अक्षरों का उपयोग करके कूटबद्ध किया गया है। शर्तों के अनुसार कूटों का सही संयोजन आपका उत्तर होगा।

संख्या / प्रतीक	/	#	9	7	@	%	>	2	!	?	6	4	<	-
कूट	D	F	T	J	N	G	E	X	V	W	K	U	P	Z

शर्तें (i) यदि पहला घटक एक संख्या है, और अंतिम घटक एक प्रतीक है, तो इन दोनों के कूटों को आपस में बदला जाना चाहिए।

(ii) यदि पहला घटक एक विषम संख्या है, और अंतिम घटक एक सम संख्या है, तो पहले और अंतिम घटकों को ϕ के रूप में कूटबद्ध किया जाना चाहिए।

(iii) यदि दूसरे और तीसरे, दोनों घटक पूर्ण वर्ग हैं, तो तीसरे घटक को दूसरे घटक के कूट के रूप में कूटबद्ध किया जाना चाहिए।

'<9 4 # 2' को किस प्रकार कूटबद्ध किया जाएगा? ***RRC Group D 2022***

(a) P T U F X (b) P T P F V
(c) P U U F X (d) P T T F X

हल (*d*) दिया है '<9 4 # 2'

शर्त (iii) के अनुसार, यहाँ दूसरा और तीसरा घटक पूर्ण वर्ग है, इसलिए तीसरे घटक को दूसरे घटक के कूट के रूप में कूटबद्ध किया जाएगा।

अत: <9 4 # 2 को 'P T T F X' के रूप में कूटबद्ध किया जाएगा।

Chapter Challenge

अक्षर कोडिंग पर आधारित

1. यदि 'BEAT' को 'GIDV' के रूप में लिखा जाता है, तो 'SOUP' को किस प्रकार लिखा जाएगा? ***UP AO 2024***

(a) ZSYS (b) XSXR
(c) XSYR (d) YSXR

2. एक निश्चित कूटभाषा में JHMI को LPKM लिखा जाता है। उसी कूटभाषा में YGAN को कैसे लिखा जाएगा?
Rajasthan Police Constable 2022

(a) QDKA (b) PDJC
(c) QDJB (d) PEJB

3. यदि THORN को RNOTH लिखा जाए। NORTH को एक ही कोड में कैसे लिखा जाएगा? ***CISF ASI 2023***

(a) HTRNO
(b) THRNO
(c) HTRON
(d) NOHRT

> ***MRC******
> ***(Most Repeating Concepts)***
> प्र. सं. 3, 9, 14 और 38 Examination Point of View से अति महत्त्वपूर्ण हैं। इन Concept पर प्रश्न सभी प्रतियोगी परीक्षाओं में निरन्तर पूछे जा रहे हैं।

4. एक निश्चित कूटभाषा में 'LOUD' को 'IKRZ' लिखा जाता है। उसी कूटभाषा में 'PALE' को कैसे लिखा जाएगा?
SSC (GD) Constable 2024

(a) MWIA (b) MWJA (c) MVIA (d) MWIB

5. एक निश्चित कूटभाषा में, 'NAME' को 'FNBO' लिखा जाता है और 'NANO' को 'POBO' लिखा जाता है। इसी कूटभाषा में 'NAIL' को किस प्रकार लिखा जाएगा? ***SSC CGL (Tier I) 2024 (Shift-I)***

(a) MJOB (b) MOBJ (c) MOJB (d) MJBO

6. एक निश्चित कूटभाषा में, 'FIND' को 'CLFB' और 'HOW' को 'VME' के रूप में लिखा जाता है। उसी भाषा में, 'WILL' कैसे लिखा जाएगा? ***SSC CPO 2024***

(a) KSFJ (b) SJFK (c) SFJK (d) KJFS

7. एक निश्चित कूटभाषा में, 'ROMAN' को 'IFDAE' के रूप में लिखा जाता है। उसी कूट में 'WATER' को कैसे लिखा जाएगा?
UP Police Constable 2024

(a) AEBEI (b) EIBAE (c) IFAEB (d) EABEI

8. एक निश्चित कूटभाषा में, 'EAGER' को 'CGGTG' के रूप में लिखा जाता है और 'LEARN' को 'GNAPT' के रूप में लिखा जाता है। उसी भाषा में 'HINDI' को किस प्रकार लिखा जाएगा?
SSC MTS 2024

(a) JKNKF (b) KJNKF
(c) KJNFK (d) KJPKF

9. किसी एक खास कूटभाषा में, 'DECENT' को 'VPGEGF' लिखा जाता है। इस कूटभाषा में 'ENERGY' को कैसे लिखा जाएगा?
SSC (10+2) 2023

(a) AITHPG (b) AIIGPG
(c) AITGPG (d) AITGQG

10. एक निश्चित कूटभाषा में, 'MADRAS' को 'OWNHEQ' लिखा जाता है। उसी कूट में 'SUNDAY' को कैसे लिखा जाएगा?
UP Police Constable 2024

(a) UWZYWR (b) WUZWYR
(c) WUZRYX (d) UWZRYW

11. यदि एक निश्चित कूटभाषा में 'MUSSOORIE' को 'OTURQNTHG' लिखा जाता है, तो उसी कूटभाषा में 'DELHI' को क्या लिखा जाएगा? ***HCET 2023***

(a)FCNFK (b) FCNGJ
(c) FDMGK (d) FDNGK
(e) उत्तर नहीं देना चाहते

12. किसी निश्चित कूटभाषा में COMPUTRONE को PMOCTUENOR लिखा जाता है। इसी कूटभाषा में ADVANTAGES को क्या लिखा जाएगा? ***UPSSSC PET 2021***

(a) SEGATNAVAD (b) AVDATNSEGA
(c) AVDATASEGN (d) NAVDASEGAT

13. एक निश्चित कूटभाषा में, 'DICE' को 'EKFI' और 'PLAN' को 'QNDR' के रूप में लिखा जाता है। उसी कूटभाषा में 'LUDO' को कैसे लिखा जाएगा? ***SSC CPO 2024***

(a) NWES (b) MXES (c) NXES (d) MWGS

14. एक निश्चित कूटभाषा में, यदि 'ESTEEM' को 'HVWHHP' के रूप में लिखा जाता है, तो उसी कूटभाषा में 'DOCTOR' को किस रूप में लिखा जाएगा? ***SSC CGL 2022***

(a) GRGVST (b) FQEVQT
(c) GRFWRU (d) HSGXSV

15. एक निश्चित कूटभाषा में 'WHISTLE' को 'VGHRSKD' लिखा जाता है और 'FLUTE' को 'EKTSD' लिखा जाता है। उसी कूटभाषा में 'TRUMPET' को कैसे लिखा जाएगा? ***SSC (GD) Constable 2024***

(a) SQTLODS (b) SQLODTS
(c) SQLTODS (d) SQTLDOS

16. एक निश्चित कूटभाषा में, 'SITE' को 'WMXI' के रूप में लिखा जाता है और 'MAKE' को 'QEOI' के रूप में लिखा जाता है। उसी भाषा में 'TERM' को कैसे लिखा जाएगा? ***DP Constable 2023***

(a) WHVQ (b) WIUO (c) XIVQ (d) XHUP

17. यदि एक निश्चित कूटभाषा में 'COVET' को 'FRYHW' लिखा जाता है, तो उसी भाषा में 'HIDE' को क्या लिखा जाएगा?
HCET 2023

(a) KLEF (b) KLGH (C) KLEI (D) KGEF
(e) उत्तर नहीं देना चाहते

18. एक निश्चित कूटभाषा में, 'ACTOR' को 'ROYCA' के रूप में कूटबद्ध किया जाता है और 'NURSE' को 'ESWUN' के रूप में कूटबद्ध किया जाता है। उसी कूटभाषा में 'JUDGE' को किस प्रकार कूटबद्ध किया जाएगा? ***SSC CPO 2023***

(a) EGUIJ (b) GEIUJ
(c) EGJUI (d) EGIUJ

19. एक निश्चित कूटभाषा में, 'MUSIC' को 'LTTJD' लिखा जाता है और 'CONCEPT' को 'BNMDFQU' लिखा जाता है। उसी कूटभाषा में 'SINGING' को किस प्रकार लिखा जाएगा?
RRB NTPC (CBT-II) 2022

(a) TJOHHOF (b) RHMFHOJ
(c) RHMHJOH (d) RHOHJOF

20. यदि INSECT को JOTFDU, HOUSEFLY को IPVTFGMZ के रूप में कूटबद्ध किया जाता है, तो BUTTERFLY को किस प्रकार कूटबद्ध किया जाएगा? *UP Police Constable 2024*
(a) GMGUUCVF (b) BVUUGMSG
(c) CVUUSGMZF (d) CVUUFSGMZ

21. एक कूटभाषा में यदि CARPENTER को ACEENPRRT लिखा जाता है, तो उसी कूट भाषा में BLACKSMITH को क्या लिखा जाएगा? *SSC CPO 2020*
(a) ALBSKCIMHT (b) CALBIMKSTH
(c) ABCHIKLMST (d) LBCASKIMHT

22. एक निश्चित कूटभाषा में, 'BELL' को 'MKFA' लिखा जाता है और 'BOND' को 'EMPA' लिखा जाता है। इसी कूटभाषा में 'BLEW' को किस प्रकार लिखा जाएगा? *SSC CGL (Tier I) 2024 (Shift-I)*
(a) XMDA (b) XMAD
(c) XDAM (d) XDMA

23. एक निश्चित कूटभाषा में, 'BUTTER' को 'CWWSCO' के रूप में कूटबद्ध किया जाता है और 'THEORY' को 'UJHNPV' के रूप में कूटबद्ध किया जाता है। उस भाषा में 'LATENT' को किस प्रकार कूटबद्ध किया जाएगा? *SSC CGL (Tier-II) 2023*
(a) MCWDLQ (b) MDXCLQ
(c) MEVCKR (d) MCWDMP

24. एक निश्चित कूटभाषा में, 'FLORA' को 'WQOLC' और 'MONEY' को 'PNPYE' के रूप में लिखा जाता है। उसी कूटभाषा में 'GOING' को किस प्रकार लिखा जाएगा? *CISF HC 2023*
(a) RHKSR (b) VBUDP
(c) VNUPW (d) RMWEH

25. एक निश्चित कूटभाषा में, 'BLADE' को 'CKBCF' लिखा जाता है और 'CHALK' को 'DGBKL' लिखा जाता है। उसी कूट भाषा में, 'DIGITAL' को कैसे लिखा जाएगा? *SSC (10+2) 2023*
(a) FHGHVZN (b) FGGHVYN
(c) EGHGWYM (d) EHHHUZM

26. किसी भाषा के एक कोड विशेष में यदि 'MONSOON' को 'PMQQPMO' के रूप में कोडित किया जाता है और 'WINTERS' को 'UPGRPGY' के रूप में कोडित किया जाता है, तो 'SUMMERS' को किस प्रकार से कोडित किया जाएगा? *UPSSSC 2018*
(a) TVNNFST (b) TCQKWOS
(c) QWKOCTS (d) UPGKOSU

27. एक निश्चित कूटभाषा में 'TABLE' को ELEAT के रूप में कूटबद्ध किया गया है और 'SWING' को GNLWS के रूप में कूटबद्ध किया गया है। उसी भाषा में 'FRAME' को किस प्रकार कूटबद्ध किया जाएगा? *SSC CGL (Tier-I) 2023*
(a) EMERF (b) EMDRF
(c) ERMDF (d) MEDFR

28. एक निश्चित कूटभाषा में, 'KITCHEN' को 'LHUBIDO' के रूप में लिखा जाता है और 'HUSBAND' को 'ITTABME' के रूप में लिखा जाता है। उसीभाषा में 'ELEMENT' को कैसे लिखा जाएगा? *SSC (10+2) 2022*
(a) FKFLFMU (b) FKGLFNU
(c) FKFLFNU (d) FJFLGNV

29. एक निश्चित कूटभाषा में, 'RELATIONS' को 'TSRONLIEA' लिखा जाता है और 'NUMBER' को 'URNMEB' लिखा जाता है। उसी कूटभाषा में 'SPECULATION' को किस प्रकार लिखा जाएगा? *RRB NTPC (CBT-II) 2022*
(a) OCAATNLIESP (b) UTSPONLIECA
(c) UOCATNLIESP (d) UTNLIESPOCA

30. किसी निश्चित कूटभाषा में, 'SOBER' को 'THFTY' लिखा जाता है। उसी कूटभाषा में, 'FIRST' को कैसे लिखा जाएगा? *SSC Steno 2020*
(a) VTVNK (b) VVUML (c) VVVOK (d) VVVNL

31. किसी निश्चित कूटभाषा में, यदि 'raghav plays hockey' को 'xfjdni rzzmo ubghzs' लिखा जाता है, तो 'arun works hard' को किस प्रकार लिखा जाएगा? *SSC MTS 2021*
(a) eqxi rjsnx mvqb (b) cszi rjsnx mvwb
(c) eqxi rlqpv mxwa (d) cszi rlqpv mvqb

संख्या कोडिंग पर आधारित

32. एक निश्चित कूटभाषा में 'ASK' को '62' और 'BYE' को '64' के रूप में लिखा जाता है। उसी भाषा में 'CRY' को कैसे लिखा जाएगा? *SSC CGL (Tier-I) 2023*
(a) 92 (b) 72 (c) 68 (d) 86

33. एक निश्चित कूटभाषा में, 'SUGAR' को '81' और 'FILL' को '51' के रूप में कूटबद्ध किया जाता है। उसी कूटभाषा में 'CREAM' को किस प्रकार कूटबद्ध किया जाएगा? *SSC CPO 2023*
(a) 57 (b) 55 (c) 52 (d) 60

34. यदि किसी कूटभाषा में HE को 26 लिखा जाता है और SHE को 64 लिखा जाता है, तो उसी भाषा में THEY को कैसे लिखा जाएगा? *Rajasthan Police Constable 2022*
(a) 163 (b) 116 (c) 113 (d) 136

35. एक निश्चित कूटभाषा में, 'KTG' को '38' लिखा जाता है, और 'MAY' को '39' लिखा जाता है। उसी कूटभाषा में 'DBC' को किस प्रकार लिखा जाएगा? *SSC JE 2023*
(a) 8 (b) 11 (c) 9 (d) 12

36. यदि 'MISTAKE' को 9765412 के रूप में लिखा जाता है और 'NAKED' को 84123 के रूप में लिखा जाता है, तो 'INTIMATE' को किस प्रकार लिखा जाएगा? *RRB JE 2019*
(a) 78698365 (b) 89786145 (c) 78579452 (d) 79438163

37. किसी निश्चित कूटभाषा में, यदि storm = 15, apple = 6 और virtue = 35 है, तो cupboard = ? *SSC MTS 2021*
(a) 31 (b) 37 (c) 23 (d) 45

38. एक कूटभाषा में, 'COLONY' को '48' के रूप में कूटबद्ध किया जाता है और 'INTERCHANGE' को '88' के रूप में कूटबद्ध किया जाता है। उसी भाषा में 'MOUNTAIN' को किस प्रकार कूटबद्ध किया जाएगा? *SSC MTS 2024*
(a) 64 (b) 66 (c) 86 (d) 84

39. एक निश्चित कूटभाषा में, 'FROZEN' को '504' लिखा जाता है और 'TONSILS' को '756' लिखा जाता है। उसी भाषा में, 'MARINE' को क्या लिखा जाएगा? *SSC (10+2) 2021*
(a) 456 (b) 652
(c) 360 (d) 520

40. एक कूटभाषा में 'HELLO' को 42 के रूप में और 'CRISP' को 55 के रूप में कूटबद्ध किया जाता है। उसी भाषा में 'NIGHT' को किस प्रकार कूटबद्ध किया जाएगा? ***CISF HC (Min) 2022***

(a) 49 (b) 50 (c) 48 (d) 43

41. किसी निश्चित कूटभाषा में, 'N' को '30' और 'COT' को '78' लिखा जाता है। उसी भाषा में 'PET' को क्या लिखा जाएगा? ***SSC (10+2) 2020***

(a) 70 (b) 41 (c) 100 (d) 84

42. एक निश्चित कूटभाषा में 'ALIVE' को 64 और 'HALL' को 45 के रूप में कूटबद्ध किया जाता है। उसी कूटभाषा में 'MOVIE' को किस प्रकार कूटबद्ध किया जाएगा? ***SSC CPO 2023***

(a) 71 (b) 79 (c) 58 (d) 80

43. एक निश्चित कूटभाषा में 'VATT' को '65' और 'STOLK' को '79' के रूप में कूटबद्ध किया जाता है। उसी कूटभाषा में 'GENEROUS' को किस प्रकार कूटबद्ध किया जाएगा? ***CISF 2023***

(a) 106 (b) 216 (c) 116 (d) 204

44. किसी निश्चित कूटभाषा में, 'RUBBER' को '102' और 'JELLY' को '76' लिखा जाता है। उसी कूटभाषा में 'LABEL' को किस प्रकार लिखा जाएगा? ***SSC Steno 2021***

(a) 76 (b) 98 (c) 108 (d) 132

45. यदि 95474 को KGFIF लिखा जाता है, तो 82143 को कैसे लिखा जाएगा? ***UP Police Constable 2024 (Shift-I)***

(a) JCDEF (b) JCDFE (c) JDCFE (d) JDCEF

46. एक निश्चित कूटभाषा में, 'WALK' को '77' लिखा जाता है, और 'DRIVE' को '102' लिखा जाता है। उसी भाषा में 'SWIM' को किस प्रकार लिखा जाएगा? ***SSC JE 2023***

(a) 60 (b) 54 (c) 25 (d) 69

47. एक कूटभाषा में, 'DINESH' को 12-27-42-15-57-24 के रूप में कूटबद्ध किया जाता है और 'VIRAT' को 66-27-54-3-60 के रूप में कूटबद्ध किया जाता है। उसी भाषा में, 'GAUTAM' को किस प्रकार कूटबद्ध किया जाएगा? ***SSC CPO 2024***

(a) 24-7-61-34-5-31 (b) 29-9-55-47-8-28
(c) 21-3-63-60-3-39 (d) 26-7-25-67-4-37

48. यदि 'CAPACITY' को '81' के रूप में तथा 'VOLUME' को '91' के रूप में कूटबद्ध किया जाता है, तो 'AMOUNT' को किस रूप में कूटबद्ध किया जाएगा? ***SSC MTS 2021***

(a) 87 (b) 85 (c) 86 (d) 84

49. एक निश्चित कूटभाषा में, 'BED' को '120' लिखा जाता है और 'FAT' को '360' लिखा जाता है। उसी कूटभाषा में 'DBY' को कैसे लिखा जाएगा? ***SSC (GD) Constable 2024***

(a) 450 (b) 600 (c) 400 (d) 500

50. एक निश्चित कूटभाषा में, 'MADRAS' को '112' लिखा जाता है, और 'JAMMU' को '82' लिखा जाता है। उसी भाषा में 'PUNJAB' को किस प्रकार लिखा जाएगा? ***SSC JE 2023***

(a) 112 (b) 115 (c) 109 (d) 104

51. एक निश्चित कूटभाषा में, 'FLOWER' को '85' लिखा जाता है, 'STARS' को '82' लिखा जाता है और 'MOON' को '61' लिखा जाता है। उसी कूट भाषा में, 'PACK' को कैसे लिखा जाएगा? ***SSC (10+2) 2023***

(a) 30 (b) 32 (c) 36 (d) 35

52. एक निश्चित कूटभाषा में, 'BROTHER' को '30-14-17-12-24-27-14' लिखा जाता है, तो उसी कूटभाषा में 'TADPOLE' को कैसे लिखा जाएगा? ***Rajasthan Police Constable 2022***

(a) 12-31-26-16-17-19-27 (b) 12-32-28-16-17-20-27
(c) 12-31-28-16-17-20-27 (d) 12-32-28-16-17-19-27

53. यदि A को 26 के रूप में कोडित किया जाता है, B को 25 के रूप में कोडित किया जाता है, C को 24 के रूप में कोडित किया जाता है ... और Z को 1 के रूप में कोडित किया जाता है, तो MOBILE के लिए कोड खोजें। ***UPSSSC PET 2022***

(a) 152214181252 (b) 122518152214
(c) 181522141225 (d) 141225181522

54. यदि एक कूट पणाली मे 38474 को 47565 लिखा जाता है, तो उसी कूट पणाली मे 28464 को कैसे लिखा जाएगा? ***SSC (10+2) 2022***

(a) 37555 (b) 37337 (c) 37133 (d) 37133

55. किसी कूटभाषा में, FLOWER को 14 तथा DISTASTE को 18 लिखा जाता है, तब BUREAUCRAT को क्या लिखा जाएगा? ***SSC CGL 2019***

(a) 18 (b) 22 (c) 20 (d) 28

56. किसी कूटभाषा में, 'CANDLE' को 'D1OEM2' रूप में लिखा गया है और 'MODERN' को N4E2SO के रूप में लिखा गया है, 'BEWARE' को इसी कूटभाषा में किस प्रकार लिखा जाएगा? ***SSC CPO 2018***

(a) C2X1S2 (b) C2X2S2 (c) CFY2S2 (d) D2OEM2

57. यदि किसी कोड भाषा में, C को 5 और CEAT को 37 लिखा जाता है, तो JAPAN को कैसे लिखा जाएगा? ***UPSSSC 2018***

(a) 56 (b) 47 (c) 52 (d) 42

58. किसी कूटभाषा में, 'STAY' को '19403100' के रूप में लिखा जाता है। उसी कूटभाषा में, 'HOUR' को कैसे लिखा जाएगा? ***SSC MTS 2019***

(a) 8456372 (b) 8456478 (c) 8306072 (d) 8306372

59. किसी कूटभाषा में INFORMATION को TROONNMIIFA लिखा गया है। उसी भाषा में SUBLIMATION को कैसे लिखा जाएगा? ***Rajasthan Police Constable 2022***

(a) UTSONMLIIBA (b) UTSONMLIIAA
(c) UTSONMLIJBA (d) TUSONMLIIBA

60. एक कूटभाषा में 'BLOOD' को C38C के रूप में और 'DEBUT' को S42E के रूप में कूटबद्ध किया जाता है। उसी भाषा में 'GRAIN' को किस प्रकार कूटबद्ध किया जाएगा? ***CISF HC (Min) 2022***

(a) L41F (b) F39L (c) M39H (d) M41H

प्रतीक कोडिंग पर आधारित

61. एक निश्चित कोड भाषा में, 'BLAME' को '4%5@2' और 'MEDIA' को '@2Ω95' लिखा जाता है। उसी भाषा में 'DELTA' कैसे लिखा जाएगा? ***RRC Group D 2022***

(a)Ω2%35 (b) 2Ω%53 (c) 92%35 (d) (d) 92$Ω5

62. किसी कूटभाषा में, HAMMER को '8#66$*' के रूप में कूटबद्ध किया गया है और 'DISTRICT' को '7&51*&21' के रूप में कूटबद्ध किया गया है, तो नीचे दिए गए शब्द के लिए सही कूट कौन-सा है?'MERCI' ***SSC MTS 2019***

(a) 6#*24 (b) 6$*24 (c) 6$*2& (d) 6#*21

Chapter Challenge कूटलेखन-कूटवाचन

63. एक निश्चित कोड भाषा में, 'WORSE' को 'K#2&6' लिखा जाता है और 'STEAK' को '&@689' लिखा जाता है। उसी भाषा में 'THORN' को कैसे लिखा जाएगा? ***RRC Group D 2022***
(a) @5#27 (b) #5@86 (c) @5#86 (d) #5@27

शब्द प्रतिस्थापन कोडिंग पर आधारित

64. यदि 'शरद' को 'सर्दी' कहा जाता है, 'सर्दी' को 'गर्मी' कहा जाता है, 'गर्मी' को 'वर्षा' कहा जाता है, 'वर्षा' को 'मेघाच्छादित' (क्लॉउडी) कहा जाता है, तो हम किस मौसम में निश्चित रूप से ऊनी वस्त्र पहनते हैं? ***RRB NTPC 2022***
(a) मेघाच्छादित (b) वर्षा
(c) गर्मी (d) सर्दी

65. यदि पुस्तक को 'कलम' कहा जाता है, और 'कलम' को 'गेहूँ' कहा जाता है और 'गेहूँ' को 'कुर्सी', और 'कुर्सी' को 'कप' और 'कप' को 'पुस्तक' कहा जाता है, तो निम्न में से कौन खाने योग्य है? ***RRB NTPC 2021***
(a) कलम (b) कुर्सी (c) गेहूँ (d) पुस्तक

66. यदि 'जल' को 'भोजन', 'भोजन' को 'वृक्ष', 'वृक्ष' को 'आकाश', 'आकाश' को 'कुआं' और 'कुआं' को 'तालाब' कहा जाता है, तो निम्नलिखित में से किससे हमें 'फल' मिलेगा? ***RRB JE 2019***
(a) आकाश (b) कुआँ
(c) वृक्ष (d) भोजन

67. यदि 'पुलिस' को 'शिक्षक', 'शिक्षक' को 'राजनीतिज्ञ', 'राजनीतिज्ञ' को 'डॉक्टर', 'डॉक्टर' को 'वकील' तथा 'वकील' को 'सर्जन' कहा जाए, तो अपराधियों को कौन पकड़ेगा? ***SSC (10+2) 2012***
(a) पुलिस (b) वकील (c) शिक्षक (d) डॉक्टर

68. यदि चाँद को समुद्र कहा जाता है, समुद्र को पानी कहा जाता है, पानी को हवा कहा जाता है, हवा को सूरज कहा जाता और सूरज को नदी कहा जाता है, तो हमें प्रकाश और गर्मी कौन देता है? ***MP Police Constable 2022***
(a) समुद्र (b) पानी
(c) सूर्य (d) नदी

69. यदि सफेद को नीला, नीले को लाल, लाल को पीला, पीले को हरा, हरे को काला, काले को बैंगनी और बैंगनी को नारंगी कहा जाता है, तो मानव खून का रंग क्या होगा? ***SSC (10+2) 2017***
(a) लाल (b) हरा
(c) पीला (d) बैंगनी

70. यदि 'राँची' को 'दिल्ली' कहा जाता है, 'दिल्ली' को 'मुम्बई' कहा जाता है, 'मुम्बई' को 'देहरादून' कहा जाता है, 'देहरादून' को 'नागपुर' कहा जाता है एवं 'नागपुर' को मेरठ कहा जाता है तो 'गेटवे ऑफ इण्डिया' कहाँ है? ***FCI Assistant 2015***
(a) मेरठ (b) देहरादून
(c) नागपुर (d) मुम्बई

शब्द समूह कोडिंग पर आधारित

71. एक निश्चित कूटभाषा में 'TAPE' को '4825', 'SHART' को '93814' और 'TUBE' को '4675' के रूप में कूटबद्ध किया जाता है। उसी कूटभाषा में 'E' अक्षर का कूट क्या होगा? ***CUET UG 2023***
(a) 8 (b) 4
(c) 5 (d) 6

72. एक निश्चित कूटभाषा में 'CLIP' को '3749' लिखा जाता है और 'PICK' को '4673' लिखा जाता है। उस कूटभाषा में 'K' को कैसे लिखा जाएगा? ***SSC (10+2) 2023***
(a) 7 (b) 4 (c) 3 (d) 6

73. किसी निश्चित कूटभाषा में, 'WING' को '2618' के रूप में कूटबद्ध किया जाता है और 'NEAT' को '3469' के रूप में कूटबद्ध किया जाता है। उसी भाषा में 'N' के लिए कूट क्या है? ***SSC MTS 2024***
(a) 8 (b) 1 (c) 6 (d) 3

74. किसी निश्चित कूटभाषा में, 'EARS' को '4268' के रूप में कूटबद्ध किया जाता है और 'NICE' को '9723' के रूप में कूटबद्ध किया जाता है। दी गई उस कूटभाषा में 'E' के लिए कूट क्या है? ***SSC CPO 2023***
(a) 9 (b) 4 (c) 2 (d) 3

75. एक निश्चित कूटभाषा में, 'FORCE' को '83052' लिखा जाता है। 'GAMES' को '42761' लिखा जाता है और 'FORUM' को '08957' लिखा जाता है। उसी कूटभाषा में 'C' को कैसे लिखा जाएगा? ***SSC (GD) Constable 2024***
(a) 2 (b) 8 (c) 5 (d) 3

76. एक निश्चित कोड में, 48 का अर्थ 'which school' है और 968 का अर्थ 'college and school' है। स्कूल के लिए कोड क्या है? ***UP Police Constable 2024***
(a) 4 (b) 6 (c) 8 (d) 9

77. एक निश्चित कूटभाषा में , 'FROM' को '4935' लिखा जाता है और 'MORE' को '3154' लिखा जाता है। उस कूटभाषा में 'E' को कैसे लिखा जाएगा? ***RRB ALP (CBT-I) 2024***
(a) 3 (b) 5 (c) 9 (d) 1

78. एक निश्चित कूटभाषा में, 284 का अर्थ 'god is great', 382 का अर्थ 'there is god' और 53 का अर्थ 'look there' है। निम्नलिखित में से किसका अर्थ 'great' है? ***UP Police Head Operator 2024***
(a) 3 (b) 2 (c) 4 (d) 5

79. एक निश्चित कूटभाषा में 'protect your health' को 'Df Bk Tu' लिखा जाता है और 'health is wealth' को 'Po Tu Le' लिखा जाता है। उस कूटभाषा में 'health' को कैसे लिखा जाएगा? ***SSC (10+2) Tier I 2024***
(a) Tu (b) Po
(c) Bk (d) Df

80. एक निश्चित कूटभाषा में, 'are you ready' को '541' लिखा जाता है। 'we are going' को '261' लिखा जाता है और 'she' is ready' को '498' लिखा जाता है। उसी भाषा में 'you' को क्या लिखा जाएगा? ***CUET (UG) 2023***
(a) 6 (b) 1
(c) 4 (d) 5

81. एक निश्चित कूटभाषा में, 'he will go to market' को 'xi ui hi ni ji' लिखा जाता है और 'market is very crowded' को 'wi ni ki di' लिखा जाता है और 'come to crowded market' को 'ui ni fi di' लिखा जाता है। उसी कूटभाषा में, 'come' को कैसे लिखा जाएगा? ***SSC (10+2) 2023***
(a) di (b) ui
(c) ni (d) fi

82. एक निश्चित कूटभाषा में, 'CARD' को '7359' के रूप में कूटबद्ध किया जाता है, 'SERV' को '1256' के रूप में कूटबद्ध किया जाता है और 'PACK' को '8497' के रूप में कूटबद्ध किया जाता है। दी गई कूट भाषा में 'D' के लिए कूट क्या है? ***SSC CGL (Tier II) 2023***

(a) 7 (b) 3 (c) 5 (d) 9

83. एक निश्चित कूट में, 6218 का अर्थ 'Laptop is a computer' है और 8217 का अर्थ 'Computer is a machine' है। 'Machine makes our life easy' के लिए निम्नलिखित में से कौन से कूट का प्रयोग किया जाएगा? ***SSC CGL 2022***

(a) 58795 (b) 75894 (c) 75344 (d) 76834

84. एक निश्चित कूटभाषा में, 'strong and mighty' को 'ui yv tk' लिखा जाता है और 'soft yet strong' को 'hd tk bw' लिखा जाता है। उसी कूटभाषा में, 'strong' को कैसे लिखा जाएगा?

SSC (10+2) Tier I 2024

(a) hd (b) ui (c) tk (d) bw

85. एक निश्चित कूटभाषा में, 'sit on chair' को 'sk mi cn' के रूप में कूटबद्ध किया गया है और 'the chair broke' को 'gm fr mi' के रूप में कूटबद्ध किया गया है। दी गई भाषा में 'chair' को किस प्रकार से कूटबद्ध किया जाएगा? ***SSC CGL (Tier I) 2024 (Shift-I)***

(a) sk (b) cn (c) gm (d) mi

86. एक निश्चित कूटभाषा में 'what where how' को 'aa dd ff' के रूप में लिखा जाता है; 'where there that' को 'dd zz pp' और 'which what here' को 'ff kk ll' लिखा जाता है। उसी भाषा में 'how' कैसे लिखा जाता है? ***SSC CGL (Tier I) 2024 (Shift-I)***

(a) zz (b) ff
(c) aa (d) kk

87. एक निश्चित कूटभाषा में, 'KENT' को '9^*7' और 'BENT' को '*~79' लिखा जाता है। उसी कूटभाषा में 'B' को क्या लिखा जाएगा?

SSC (10+2) 2024

(a) ^ (b) *
(c) ~ (d) 9

शर्तानुसार कोडिंग पर आधारित

88. इस प्रश्न में, अक्षरों के एक समूह को नीचे दी गई तालिका और शर्तों के अनुसार संख्याओं/प्रतीकों का उपयोग करके कुटीकृत किया गया है। शर्तों का पालन करते हुए कोड का सही संयोजन ही आपका उत्तर है।

अक्षर	E	O	L	Y	A	W	N	S
संख्या/प्रतीक	5	%	7	#	1	4	@	$

स्थितियाँ

(i) यदि किसी शब्द के अन्त में स्वर है तो अन्त में उपस्थित स्वर का कूट 6 होगा।

(ii) यदि किसी शब्द में 2 से अधिक स्वर हैं, तो सभी स्वरों को 8 के रूप में कुटीकृत किया जाएगा।

(iii) यदि कोई अक्षर किसी शब्द में ठीक दो बार उपस्थित होता है, तो उसे ऐसे दोनों स्थानों पर 2 के रूप में कुटीकृत किया जाएगा।

YELLOW के लिए सही कूट क्या होगा? ***RRC Group D 2022***

(a) #82284 (b) #577%6
(c) #577%4 (d) #522%4

89. एक पहेली उत्साही एक रहस्यमय बॉक्स को खोलने के लिए एक कोड को याद करने की कोशिश कर रहा है। वह निम्नलिखित विवरण याद करता है। ***UP Police Constable 2024***

1. कोड 3 से शुरू होता है।
2. कोड 729 पर समाप्त होता है।
3. दूसरा अंक, पहले अंक का दोगुना होता है।
4. तीसरा अंक, दूसरे अंक का आधा है।

अब, इन स्थितियों पर विचार करते हुए, उत्साही ने रहस्यमय बॉक्स के लिए चार सम्भावित कोड निष्कर्षित किए हैं। उपयुक्त का पता लगाएँ।

(a) 363729 (b) 324729
(c) 342729 (d) 336729

90. इस प्रश्न में, अक्षरों के एक समूह को नीचे दी गई तालिका और शर्तों के अनुसार प्रतीकों का उपयोग करके कूटबद्ध किया गया है।
शर्तों का पालन करते हुए कूट का सही संयोजन ही आपका उत्तर है।

अक्षर	D	T	V	O	I	A	P	E
कूट	@	>	^	%	=	#	$	+

शर्तें

I. यदि शब्द का पहला और अंतिम दोनों अक्षर स्वर हैं, तो इन दोनों अक्षरों को '&' के रूप में कूटबद्ध किया जाएगा।

II. यदि शब्द के पहले और अंतिम दोनों अक्षर व्यंजन हैं, तो इन दोनों अक्षरों को '*' के रूप में कूटबद्ध किया जाएगा।

शब्द ADOPTIVE के लिए क्या कूट होगा? ***RRC Group D 2022***

(a) & @ % $ > = ^ &
(b) # @ % $ > = ^ +
(c) # @ % $ > = ^ &
(d) & @ % $ > = ^ +

Right Key

1. (b)	2. (c)	3. (b)	4. (a)	5. (d)	6. (d)	7. (d)	8. (b)	9. (c)	10. (d)
11. (d)	12. (b)	13. (d)	14. (c)	15. (a)	16. (c)	17. (b)	18. (d)	19. (c)	20. (d)
21. (c)	22. (d)	23. (a)	24. (c)	25. (d)	26. (d)	27. (b)	28. (a)	29. (b)	30. (d)
31. (d)	32. (a)	33. (b)	34. (b)	35. (c)	36. (c)	37. (b)	38. (a)	39. (c)	40. (c)
41. (d)	42. (b)	43. (a)	44. (c)	45. (c)	46. (a)	47. (c)	48. (a)	49. (b)	50. (d)
51. (d)	52. (c)	53. (d)	54. (a)	55. (b)	56. (a)	57. (c)	58. (d)	59. (a)	60. (c)
61. (a)	62. (c)	63. (a)	64. (c)	65. (b)	66. (a)	67. (c)	68. (d)	69. (c)	70. (b)
71. (c)	72. (d)	73. (c)	74. (c)	75. (d)	76. (c)	77. (d)	78. (c)	79. (a)	80. (d)
81. (d)	82. (b)	83. (c)	84. (c)	85. (d)	86. (c)	87. (c)	88. (d)	89. (a)	90. (a)

Solutions

1. (*b*) जिस प्रकार,

B E A T
+5 +4 +3 +2
G I D V

उसी प्रकार,

S O U P
+5 +4 +3 +2
X S X R

2. (*c*) जिस प्रकार,

J H M I
+3 +3 +3 +3
L P K M

उसी प्रकार,

Y G A N
+3 +3 +3 +3
Q D J B

3. (*b*) जिस प्रकार,

T H O R N
R N O T H

उसी प्रकार,

N O R T H
T H R N O

4. (*a*) जिस प्रकार,

L O U D
−3 −4 −3 −4
I K R Z

उसी प्रकार,

P A L E
−3 −4 −3 −4
M W I A

5. (*d*) जिस प्रकार,

N A M E
+1 +1 +1 +1
F N B O

तथा

N A N O
+1 +1 +1 +1
P O B O

उसी प्रकार,

N A I L
+1 +1 +1 +1
M J B O

6. (*d*) जिस प्रकार,

F I N D
−4 −3 −2 −1
B F L C ⇒ C L F B

तथा

H O W
−3 −2 −1
E M V ⇒ V M E

उसी प्रकार,

W I L L
−4 −3 −2 −1
S F J K ⇒ K J F S

7. (*d*) जिस प्रकार,

18	15	13	1	14
R	O	M	A	N
(1+8)	(1+5)	(1+3)	(1)	(1+4)
9	6	4	1	5
I	F	D	A	E

उसी प्रकार,

23	1	20	5	18
W	A	T	E	R
(2+3)	1	(2+0)	5	(1+8)
5	1	2	5	9
E	A	B	E	I

8. (*b*) जिस प्रकार,

E A G E R
+2 +0 +2
C G G T G

और

L E A R N
+2 +0 +2
G N A P T

उसी प्रकार,

H I N D I
+2 +0 +2
K J N K F

9. (*c*) जिस प्रकार,

D E C E N T
+2 +2 +2 +2 +2 +2
V P G E G F

उसी प्रकार,

E N E R G Y
+2 +2 +2 +2 +2 +2
A I T G P G

10. (*d*) जिस प्रकार,

M A D R A S
−4 −4 −4 +4 +4 +4
O W N H E Q

उसी प्रकार,

S U N D A Y
−4 −4 −4 +4 +4 +4
U W Z R Y W

11. (*d*) जिस प्रकार,

M U S S O O R I E
+2 −1 +2 −1 +2 −1 +2 −1 +2
O T U R Q N T H G

उसी प्रकार,

D E L H I
+2 −1 +2 −1 +2
F D N G K

12. (*b*) जिस प्रकार,

C O M P U T R O N E
P M O C T U E N O R

उसी प्रकार,

A D V A N T A G E S
A V D A T N S E G A

13. (*d*) जिस प्रकार,

D I C E
+1 +2 +3 +4
E K F I

तथा

P L A N
+1 +2 +3 +4
Q N D R

उसी प्रकार,

L U D O
+1 +2 +3 +4
M W G S

14. (*c*) जिस प्रकार,

E S T E E M
+3 +3 +3 +3 +3 +3
H V W H H P

उसी प्रकार,

D O C T O R
+3 +3 +3 +3 +3 +3
G R F W R U

15. (*a*) जिस प्रकार,

W H I S T L E
−1 −1 −1 −1 −1 −1 −1
V G H R S K D

तथा

F L U T E
−1 −1 −1 −1 −1
E K T S D

उसी प्रकार,

T R U M P E T
−1 −1 −1 −1 −1 −1 −1
S Q T L O D S

16. (*c*) जिस प्रकार,

S I T E
+4 +4 +4 +4
W M X I

और

M A K E
+4 +4 +4 +4
Q E O I

उसी प्रकार,

T E R M
+4 +4 +4 +4
X I V Q

17. (*b*) जिस प्रकार,

C O V E T
+3 +3 +3 +3 +3
F R Y H W

उसी प्रकार,

H I D E
+3 +3 +3 +3
K L G H

18. (*d*) जिस प्रकार,

A C T O R
+5
R O Y C A

और

N U R S E
+5
E S W U N

उसी प्रकार,

J U D G E
+5
E G I U J

19. (*c*) जिस प्रकार,

M U S I C
−1 −1 +1 +1 +1
L T T J D

तथा

C O N C E P T
−1 −1 −1 +1 +1 +1 +1
B N M D F Q U

उसी प्रकार,

S I N G I N G
−1 −1 −1 +1 +1 +1 +1
R H M H J O H

20. (*d*) जिस प्रकार,

I N S E C T
+1 +1 +1 +1 +1 +1
J O T F D U

तथा

H O U S E F L Y
+1 +1 +1 +1 +1 +1 +1 +1
I P V T F G M Z

उसी प्रकार,

B U T T E R F L Y
+1 +1 +1 +1 +1 +1 +1 +1 +1
C V U U F S G M Z

21. (*c*) जिस प्रकार,

CARPENTER —वर्णमाला का बढ़ता क्रम→ ACEENPRRT

उसी प्रकार,

BLACKSMITH —वर्णमाला का बढ़ता क्रम→ ABCHIKLMST

22. (*d*) जिस प्रकार,

B E L L
−1 +1 −1 +1
M K F A

तथा

B O N D
−1 +1 −1 +1
E M P A

उसी प्रकार,

B L E W
−1 +1 −1 +1
X D M A

23. (*a*) जिस प्रकार,

B U T T E R
+1 +2 +3 −1 −2 −3
C W W S C O

और

T H E O R Y
+1 +2 +3 −1 −2 −3
U J H N P V

उसी प्रकार,

L A T E N T
+1 +2 +3 −1 −2 −3
M C W D L Q

24. (*c*) जिस प्रकार,

F L O R A
विपरीत
U O L I Z
+2 +2 +3 +3 +3
W Q O L C

और

M O N E Y
विपरीत
N L M V B
+2 +2 +3 +3 +3
P N P Y E

उसी प्रकार,

G O I N G
विपरीत
T L R M T
+2 +2 +3 +3 +3
V N U P W

25. (*d*) जिस प्रकार,

B L A D E
+1 −1 +1 −1 +1
C K B C F

तथा

C H A L K
+1 −1 +1 −1 +1
D G B K L

उसी प्रकार,

D I G I T A L
+1 −1 +1 −1 +1 −1 +1
E H H H U Z M

26. (*d*) जिस प्रकार,

M O N S O O N → P M Q Q P M O
+2 −2 +2 −2 +2 −2 +2

तथा

W I N T E R S → U P G R P G Y
+2 −2 +2 −2 +2 −2 +2

उसी प्रकार,

S U M M E R S → U P G K O S U
+2 −2 +2 −2 +2 −2 +2

27. (*b*) जिस प्रकार,

T A B L E
+3
E L E A T

तथा

S W I N G
+3
G N L W S

उसी प्रकार,

F R A M E
+3
E M D R F

28. (*a*) जिस प्रकार,

K I T C H E N
+1 −1 +1 −1 +1 −1 +1
L H U B I D O

तथा

H U S B A N D
+1 −1 +1 −1 +1 −1 +1
I T T A B M E

उसी प्रकार,

E L E M E N T
+1 −1 +1 −1 +1 −1 +1
F K F L F M U

29. (*b*) जिस प्रकार,

RELATIONS → TSRONLIEA

यहाँ, अक्षरों को वर्णमाला के अनुसार विपरीत क्रम में व्यवस्थित किया गया है।

तथा NUMBER → URNMEB

उसी प्रकार,

SPECULATION → UTSPONLIECA

30. (*d*) जिस प्रकार, S O B E R (+6, +5, +4, +3, +2) → T H F T Y

उसी प्रकार, F I R S T (+6, +5, +4, +3, +2) → V V V N L

31. (*d*) जिस प्रकार,

r a g h a v (+1, −1, +1, −1, +1, −1) → s z h g b u → u b g h z s

p l a y s (−1, +1, −1, +1, −1) → o m z z r → r z z m o

h o c k e y (+1, −1, +1, −1, +1, −1) → i n d j f x → x f j d n i

उसी प्रकार,

a r u n (+1, −1, +1, −1) → b q v m → m v q b

w o r k s (−1, +1, −1, +1, −1) → v p q l r → r l q p v

h a r d (+1, −1, +1, −1) → i z s c → c s z i

m v q b r l q p v c s z i

नोट जिस शब्द में वर्णों की संख्या सम है, उसमें पहले + 1 फिर − 1 से शुरू करेंगे तथा विषम संख्या वाले शब्दों में पहले − 1 फिर + 1 से क्रमिक कोड करेंगे। अन्त में बने शब्द के वर्णों को विकर्णवत् स्थानान्तरित करेंगे।

32. (*a*) जिस प्रकार,

A S K —(वर्णमाला में स्थानीय मान)→ 1+19+11=31 —×2→ 62

तथा

B Y E —(वर्णमाला में स्थानीय मान)→ 2+25+5=32 —×2→ 64

उसी प्रकार,

C R Y —(वर्णमाला में स्थानीय मान)→ 3+18+25=46 —×2→ **92**

33. (*b*) जिस प्रकार, 19 21 7 1 18 (S U G A R)

⇒ (19 + 21 + 7 + 1 + 18) + 5 × 3 (5 = शब्द में अक्षर की संख्या)

= 66 + 15 = 81

और 6 9 12 12 (F I L L)

⇒ (6 + 9 + 12 + 12) + 4 × 3 = 39 + 12 = 51 (4 = शब्द में अक्षर की संख्या)

उसी प्रकार, 3 18 5 1 13 (C R E A M)

⇒ (3 + 18 + 5 + 1 + 13) + 5 × 3 (5 = शब्द में अक्षर की संख्या)

= 40 + 15 = **55**

34. (*b*) जिस प्रकार,

H E ↓ 8+5=13×2=26

और

S H E ↓ 19+8+5=32×2=64

उसी प्रकार, T H E Y ↓ 20+8+5+25=58×2=**116**

35. (*c*) जिस प्रकार,

K T G ↓ 11+20+7=38

और

M A Y ↓ 13+1+25=39

उसी प्रकार, D B C ↓ 4+2+3=**9**

36. (*c*) प्रश्नानुसार,

M I S T A K E → 9 7 6 5 4 1 2

तथा

N A K E D → 8 4 1 2 3

तुलना करने पर,

I N T I M A T E → **7 8 5 7 9 4 5 2**

37. (*b*) जिस प्रकार,

Storm = 15 (स्वर का संख्यात्मक मान);

Apple (स्वर के संख्यात्मक मान का योग)

1 + 5 = 6

और Virtue

9 + 21 + 5 = 35

उसी प्रकार, cupboard

21 + 15 + 1 = **37**

38. (*a*) जिस प्रकार,

COLONY → 6 × 8 = 48 (6 = शब्द में अक्षरों की संख्या)

और INTERCHANGE → 11 × 8 = 88 (11 = शब्द में अक्षरों की संख्या)

उसी प्रकार,

MOUNTAIN → 8 × 8 = **64** (8 = शब्द में अक्षरों की संख्या)

39. (*c*) जिस प्रकार,

F R O Z E N → 6 18 15 26 5 14

6 + 18 + 15 + 26 + 5 + 14 = 84

⇒ 84 × 6 (शब्द में वर्णों की संख्या)

= 504

और T O N S I L S → 20 15 14 19 9 12 19

⇒ 20 + 15 + 14 + 19 + 9 + 12 + 19

= 108

⇒ 108 × 7 (शब्द में वर्णों की संख्या)

= 756

उसी प्रकार,

M A R I N E → 13 1 18 9 14 5

⇒ 13 + 1 + 18 + 9 + 14 + 5 = 60

⇒ 60 × 6 (शब्द में वर्णों की संख्या)

= **360**

40. (*c*) जिस प्रकार,

H E L L O ↓ 8+5+12+12+15=52−(5×2)=52−10=42 (5 = शब्द में अक्षरों की संख्या)

और

C R I S P ↓ 3+18+9+19+16=65−(5×2)=65−10=55 (5 = शब्द में अक्षरों की संख्या)

उसी प्रकार,

N I G H T ↓ 14+9+7+8+20=58 −(5×2) =58−10=**48** (5 = शब्द में अक्षरों की संख्या)

41. (*d*) जिस प्रकार, N (14) ⇒ 14 × 2 + 2 = 30

C O T (3 15 20) ⇒ (3 + 15 + 20) × 2 + 2

= 38 × 2 + 2 = 76 + 2 = 78

उसी प्रकार,

16 5 20
P E T ⇒ $(16+5+20)\times 2+2$

$= 41\times 2+2 = 82+2 = \boxed{84}$

42. (*b*) जिस प्रकार,

1 12 9 22 5
A L I V E

⇒ $(1+12+9+22+5)+(5\times 3)$

↑ शब्दों में अक्षरों की संख्या

$= 49+15 = 64$

और 8 1 12 12
H A L L

⇒ $(8+1+12+12)+(4\times 3)$

↑ शब्दों में अक्षरों की संख्या

$= 33+12 = 45$

उसी प्रकार, 13 15 22 9 5
M O V I E

⇒ $(13+15+22+9+5)+(5\times 3)$

↑ शब्दों में अक्षरों की संख्या

$= 64+15 = \boxed{79}$

43. (*a*) जिस प्रकार,

22 1 20 20
V A T T

⇒ $(22+1+20+20) = 63$ तथा $63+2 = 65$

और 19 20 15 12 11
S T O L K

⇒ $(19+20+15+12+11) = 77$

तथा $77+2 = 79$

उसी प्रकार, 7 5 14 5 18 15 21 19
G E N E R O U S

⇒ $(7+5+14+5+18+15+21+19) = 104$

तथा $104+2 = \boxed{106}$

44. (*c*) जिस प्रकार,

R U B B E R
↓ ↓ ↓ ↓ ↓ ↓ वर्णमाला में विपरीत क्रम
9+6+25+25+22+9=96

⇒ 96 + 6 (शब्द में वर्णों की संख्या)

= 102

और

J E L L Y
↓ ↓ ↓ ↓ ↓ वर्णमाला में विपरीत क्रम
17+22+15+15+2=71

⇒ 71 + 5 (शब्दों में वर्णों की संख्या)

= 76

उसी प्रकार,

L A B E L
↓ ↓ ↓ ↓ ↓ वर्णमाला में विपरीत क्रम
15+26+25+22+15=103

⇒ 103 + 5 (शब्द में वर्णों की संख्या)

$= \boxed{108}$

45. (*c*) जिस प्रकार,

9 5 4 7 4
+2 +2 +2 +2 +2
K G F I F

उसी प्रकार,

8 2 1 4 3
+2 +2 +2 +2 +2
$\boxed{\text{J D C F E}}$

46. (*a*) जिस प्रकार,

W A L K
↕ ↕ ↕ ↕ (विपरीत अक्षर क्रम)
$4+26+15+16=61+(4)^2=61+16=77$
↑ शब्द में अक्षरों की संख्या

और

D R I V E
↕ ↕ ↕ ↕ ↕ (विपरीत अक्षर क्रम)
$23+9+18+5+22=77+(5)^2$
$=77+25=102$
↑ शब्द में अक्षरों की संख्या

उसी प्रकार,

S W I M
↕ ↕ ↕ ↕ (विपरीत अक्षर क्रम)
$8+4+18+14=44+(4)^2=44+16=\boxed{60}$
↑ शब्द में अक्षरों की संख्या

TOP TIPS विपरीत वर्ण ज्ञात करने के लिए क्रमांकिक मान को 27 में से घटा दिया जाता है।

47. (*c*) जिस प्रकार,

4 9 14 5 19 8
D I N E S H
×3 ×3 ×3 ×3 ×3 ×3
12 – 27 – 42 – 15 – 57 – 24

तथा

22 9 18 1 20
V I R A T
×3 ×3 ×3 ×3 ×3
66 – 27 – 54 – 3 – 60

उसी प्रकार,

7 1 21 20 1 13
G A U T A M
×3 ×3 ×3 ×3 ×3 ×3
$\boxed{21 – 3 – 63 – 60 – 3 – 39}$

48. (*a*) जिस प्रकार,

C A P A C I T Y
↓ ↓ ↓ ↓ ↓ ↓ ↓ ↓
3+1+16+1+3+9+20+25=78+3=81

और V O L U M E
↓ ↓ ↓ ↓ ↓ ↓
22+15+12+21+13+5=88+3=91

उसी प्रकार,

A M O U N T
↓ ↓ ↓ ↓ ↓ ↓
$1+13+15+21+14+20=84+3=\boxed{87}$

49. (*b*) जिस प्रकार,

B E D
↓ ↓ ↓
2 × 5 × 4 → 40×3=120

तथा F A T
↓ ↓ ↓
6 × 1 × 20 → 120×3=360

उसी प्रकार,

D B Y
↓ ↓ ↓
$4 \times 2 \times 25 \rightarrow 200\times 3=\boxed{600}$

50. (*d*) जिस प्रकार,

M A D R A S
↓ ↓ ↓ ↓ ↓ ↓ (विपरीत अक्षर क्रम)
14+26+23+9+26+8=106+6= 112
↑ शब्द में अक्षरों की संख्या

और

J A M M U
↓ ↓ ↓ ↓ ↓
17+26+14+14+6=77+5=82
↑ शब्द में अक्षरों की संख्या

उसी प्रकार,

P U N J A B
↓ ↓ ↓ ↓ ↓ ↓
$11+6+13+17+26+25=98+6=\boxed{104}$
↑ शब्द में अक्षरों की संख्या

51. (*d*) जिस प्रकार,

FLOWER —(वर्ण क्रम का योग + अक्षरों की संख्या)→ 6+12+15+23 +5+18+6=85

STARS —(वर्ण क्रम का योग + अक्षरों की संख्या)→ 19+20+1+18 +19+5= 82

और

MOON —(वर्ण क्रम का योग + अक्षरों की संख्या)→ 13+15+15+14+4=61

उसी प्रकार,

PACK —(वर्ण क्रम का योग + अक्षरों की संख्या)→ 16+1+3+11+4=35

52. (c) जिस प्रकार,

(विपरीत वर्णमाला में क्रम)

(25)	(9)	(12)	(7)	(19)	(22)	(9)
B	R	O	T	H	E	R
+5	+5	+5	+5	+5	+5	+5
30	14	17	12	24	27	14

उसी प्रकार,

(विपरीत वर्णमाला में क्रम)

(7)	(26)	(23)	(11)	(12)	(15)	(22)
T	A	D	P	O	L	E
+5	+5	+5	+5	+5	+5	+5
12	31	28	16	17	20	27

53. (d) प्रश्नानुसार,

$A \rightarrow 26, B \rightarrow 25, C \rightarrow 24, \ldots Z \rightarrow 1$

यहाँ, अंग्रेजी वर्णमाला के अक्षरों को उनके विपरीत क्रमांक में कूट किया गया है, तब

M	O	B	I	L	E
14	12	25	18	15	22

54. (a) जिस प्रकार,

3	8	4	7	4
+1	−1	+1	−1	+1
4	7	5	6	5

उसी प्रकार,

2	8	4	6	4
+1	−1	+1	−1	+1
3	7	5	5	5

55. (b) जिस प्रकार, FLOWER में 6 अक्षर हैं।

$\Rightarrow (6 \times 2) + 2 = 14$

तथा DISTASTE में 8 अक्षर हैं।

$\Rightarrow (8 \times 2) + 2 = 18$

उसी प्रकार,

BUREAUCRAT में 10 अक्षर हैं।

$\Rightarrow (10 \times 2) + 2 = 22$

56. (a) जिस प्रकार,

C	A	N	D	L	E
+1		+1	+1	+1	
D	1	O	E	M	2

तथा

M	O	D	E	R	N
+1		+1		+1	+1
N	4	E	2	S	O

यहाँ, स्वर को उनके स्वर क्रम के स्थान से कोड किया जा रहा है।

जैसे $A \rightarrow 1, E \rightarrow 2, I \rightarrow 3, O \rightarrow 4, U \rightarrow 5$

उसी प्रकार,

B	E	W	A	R	E
+1		+1		+1	
C	2	X	1	S	2

57. (c) जिस प्रकार,

$C \rightarrow 5(3+2)$ तथा $C \rightarrow 5(3+2)$

$E \rightarrow 7(5+2)$; $A \rightarrow 3(1+2)$

$T \rightarrow 22(20+2)$

अब योग $= 5 + 7 + 3 + 22 = 37$

उसी प्रकार,

J	A	P	A	N
(10 + 2)	(1 + 2)	(16 + 2)	(1 + 2)	(14 + 2)
12	3	18	3	16

$\Rightarrow$ कुल योग $= 12 + 3 + 18 + 3 + 16 = 52$

58. (d) जिस प्रकार,

S	T	A	Y
19	20	1	25
×1	×2	×3	×4
19	40	3	100

उसी प्रकार,

H	O	U	R
8	15	21	18
×1	×2	×3	×4
8	30	63	72

59. (a) जिस प्रकार,

INFORMATION $\Rightarrow$ TROONNMIIFA

(**नोट** शब्द के अक्षरों को विपरीत वर्णमाला क्रम के अनुसार व्यवस्थित करके कोड किया गया है)

उसी प्रकार,

SUBLIMATION $\Rightarrow$ UTSONMLIIBA

> **TOP TIPS** अंग्रेजी वर्णमाला में स्वरों का बढ़ता क्रम A, E, I, O, U होता है।

60. (c) जिस प्रकार,

BLOOD → (B +1 → C, D −1 → C) → C 38 C

[शब्द के अक्षरों का वर्णमाला में उनके स्थान का योग − (शब्द में अक्षर की संख्या × 2)]

$B + L + O + O + D$

$= [2 + 12 + 15 + 15 + 4 - (5 \times 2)]$

$= 48 - 10 = 38$

$\therefore$ BLOOD $\Rightarrow$ C38C

और

D E B U T $\Rightarrow$ S 42 E (D +1 → E, T −1 → S)

$\Rightarrow D + E + B + U + T$

$= [4 + 5 + 2 + 21 + 20 - (5 \times 2)]$

$= 52 - 10 = 42$

उसी प्रकार,

G R A I N $\Rightarrow$ M 39 H (G +1 → H, N −1 → M)

$(7 + 18 + 1 + 9 + 14) - (5 \times 2)$

$= 49 - 10 = 39$

61. (a) प्रश्नानुसार,

B	L	A	M	E
4	%	5	@	2

तथा

M	E	D	I	A
@	2	Ω	9	5

तुलना करने पर,

D	E	L	T	A
Ω	2	%	3	5

62. (c) प्रश्नानुसार,

H	A	M	M	E	R
8	#	6	6	$	*

और

D	I	S	T	R	I	C	T
7	&	5	1	*	&	2	1

तुलना करने पर,

M	E	R	C	I
6	$	*	2	&

63. (a) प्रश्नानुसार,

W	O	R	S	E
K	#	2	&	6

और

S	T	E	A	K
&	@	6	8	9

तुलना करने पर,

T H O R N
↓ ↓ ↓ ↓ ↓
@ 5 # 2 7

64. (*c*) हम निश्चित रूप से ऊनी वस्त्र सर्दी के मौसम में पहनते हैं लेकिन प्रश्न में सर्दी को गर्मी कहा जाता है, इसलिए हम ऊनी वस्त्र गर्मी के मौसम में पहनते हैं।

65. (*b*) यहाँ, प्रश्न में केवल खाने योग्य गेहूँ है, जिसे प्रश्न में कुर्सी कहा गया है।
अतः खाने योग्य कुर्सी है।

66. (*a*) हमें फल वृक्ष से मिलते हैं लेकिन प्रश्न में वृक्ष को आकाश कहा गया है। इसलिए हमें फल आकाश से मिलेगा।

67. (*c*) अपराधियों को पुलिस पकड़ती है और प्रश्न में पुलिस को शिक्षक कहा गया है। अतः अपराधियों को शिक्षक पकड़ेगा।

68. (*d*) हमें प्रकाश और गर्मी सूरज देता है और प्रश्न में सूरज को नदी कहा गया है। इसलिए हमें प्रकाश और गर्मी नदी देगा।

69. (*c*) मानव खून का रंग लाल होता है और प्रश्न में लाल को पीला कहा गया है। अतः मानव के खून का रंग पीला होगा।

70. (*b*) हम जानते हैं कि 'गेटवे ऑफ इण्डिया' मुम्बई में है, लेकिन प्रश्न में 'मुम्बई' को 'देहरादून' कहा गया है। अतः 'गेटवे ऑफ इण्डिया' 'देहरादून' में है।

71. (*c*) यहाँ, तथा

T A P E → 4 8 2 5
S H A R T → 9 3 8 1 4

तब,

T U B E → 4 6 7 5

अतः अक्षर E का कूट 5 है।

72. (*d*) दी गई कूटभाषा के अनुसार,

C L I P ⟶ 3 7 4 9
P I C K ⟶ 4 6 7 3

अतः K का कूट '6' होगा।

73. (*c*) प्रश्नानुसार,

W I N G ⟶ 2 6 1 8
N E A T ⟶ 3 4 6 9

अतः N के लिए कूट '6' होगा।

74. (*c*) दी गई कूटभाषा के अनुसार,

E A R S = 4 2 6 8
और N I C E = 9 7 2 3

दोनों शब्दों में अक्षर E और संख्या 2 समान है, तो E की कूटभाषा 2 है।

75. (*d*) दी गई कूटभाषा के अनुसार,

F O R C E ⟶ 8 3 0 5 2
G A M E S ⟶ 4 2 7 6 1
F O R U M ⟶ 0 8 9 5 7

अतः उपरोक्त से स्पष्ट है, कि C को 3 लिखा जाएगा।

76. (*c*) प्रश्नानुसार,

4 8 → which school
9 6 8 → college and school

∴ school का कोड ⇒ 8

77. (*d*) प्रश्नानुसार,

F R O M → 4 9 3 5
M O R E → 3 1 5 4

∴ E का कूट = 1

78. (*c*) दी गई कूटभाषा के अनुसार,

2 8 4 ⟶ god is great
3 8 2 ⟶ there is god
5 3 ⟶ look there

अतः great का कूट = 4

79. (*a*) दी गई कूटभाषा के अनुसार,

protect your health ⟶ Df Bk Tu
health is wealth ⟶ Po Tu Le

अतः health → Tu

80. (*d*) दी गई कूटभाषा के अनुसार,

are you ready = 5 4 1
we are going = 2 6 1
she is ready = 4 9 8

अतः you को '5' लिखा जाएगा।

81. (*d*) दी गई कूटभाषा के अनुसार,

he will go to market → xi ui hi ni ji
market is very crowded → wi ni ki di
come to crowded market → ui ni fi di

अतः 'come' का कूट = 'fi'

82. (*b*) दी गई कूटभाषा के अनुसार,

C A R D ⟶ 7 3 5 9
S E R V ⟶ 1 2 5 6
P A C K ⟶ 8 4 9 7

अतः D के लिए कूट '3' होगा।

83. (*c*) दी गई कूटभाषा के अनुसार,

6 2 1 8 → Laptop is a computer ...(i)
8 2 1 7 → Computer is a machine ...(ii)

समी (i) व (ii) से, machine → 7

∴ Machine makes our life easy → 7 5 3 4 4

84. (*c*) दी गई कूटभाषा के अनुसार,

strong and mighty ⟶ ui yv tk
soft yet strong ⟶ hd tk bw

अतः उपर्युक्त से स्पष्ट होता है कि strong को कूटभाषा में tk लिखा जायेगा।

85. (*d*) प्रश्नानुसार,

sit on chair ⟶ sk mi cn
the chair broke ⟶ gm fr mi

अतः chair का कूट = mi

86. (*c*) प्रश्नानुसार,

what where how → aa dd ff
where there that → dd zz pp
which what here → ff kk ll

अतः how ⇒ aa

87. (*c*) दी गई कूटभाषा के अनुसार,

K E N T ⟶ 9 ^ * 7
B E N T ⟶ * ≃ 7 9

अतः B = ~

88. (*d*) प्रश्नानुसार,

शर्त (iii) से,

Y E L L O W
↓ ↓ ↓ ↓ ↓ ↓
5 2 2 % 4

89. (*a*) प्रश्नानुसार,

पहला अंक = 3 (शर्त 1 से)
दूसरा अंक = 3 × 2 = 6 (शर्त 3 से)
तीसरा अंक = $\frac{6}{2} = 3$ (शर्त 4 से)
अन्तिम तीन अंक = 729 (शर्त 2 से)
∴ अभीष्ट अंक = 363729

90. (*a*) प्रश्नानुसार,

शर्त (i) से,

A D O P T I V E
↓ ↓ ↓ ↓ ↓ ↓ ↓ ↓
& @ % $ > = ^ &

अध्याय

07 शृंखला परीक्षण (Series Test)

शृंखला परीक्षण

अक्षरों/संख्याओं के किसी समूह में एक विशेष नियम के अनुसार उनके सुव्यवस्थित क्रम को अक्षर/संख्या शृंखला या श्रेणी कहा जाता है तथा इस प्रकार के परीक्षण को शृंखला परीक्षण कहते हैं।

इस अध्याय से परीक्षा में पूछे जाने वाले प्रश्नों में एक निश्चित नियम/पैटर्न पर अक्षरों/संख्याओं/अक्षर-संख्या की एक शृंखला दी गई होती है जिसमें एक पद लुप्त या गलत होता है।

उस नियम/पैटर्न को ज्ञात करके उसके आधार पर शृंखला का लुप्त या गलत पद ज्ञात करना होता है।

संख्या शृंखला

संख्या शृंखला में पूछे जाने वाले प्रश्नों में संख्याओं की एक शृंखला दी जाती है, जिसमें विभिन्न गणितीय संक्रियाएँ जैसे-जोड़, घटाव, गुणा, भाग, वर्ग, वर्गमूल, घन, घनमूल आदि सम्बन्ध अन्तर्निहित होते हैं तथा कोई एक पद लुप्त होता है जिसे दिए गए विकल्प में से ज्ञात करना होता है।

जैसे-1, 5, 10, 16, 23, 31, ? में अगला पद होगा

(a) 50 (b) 38
(c) 40 (d) 32

हल (*c*) दी गई शृंखला का क्रम निम्न है

1, 5, 10, 16, 23, 31, [40]

+4 +5 +6 +7 +8 +9

अक्षर शृंखला

इस प्रकार के प्रश्नों में अंग्रेजी वर्णमाला के अक्षरों या अक्षरों के समूह की एक शृंखला निश्चित पैटर्न के अनुसार दी गई होती है, जिसमें एक या दो अक्षर या अक्षरों के समूह लुप्त होते हैं। इस पैटर्न को ज्ञात करके उसके आधार पर लुप्त पद विकल्पों में से ज्ञात करना होता है।

जैसे-CD, GH, KL में अगला पद ज्ञात कीजिए।

(a) OP (b) MN
(c) LM (d) PQ

हल (*a*) दी गई शृंखला का क्रम निम्न है

$C \xrightarrow{+4} G \xrightarrow{+4} K \xrightarrow{+4} [O]$

$D \xrightarrow{+4} H \xrightarrow{+4} L \xrightarrow{+4} [P]$

अक्षर-संख्या शृंखला (मिश्रित शृंखला)

इस प्रकार के प्रश्नों में संख्या और अंग्रेजी वर्णमाला के अक्षरों की संयुक्त शृंखला एक निश्चित नियम/पैटर्न के आधार पर दी गई होती है जिसमें एक पद लुप्त होता है। इस नियम/पैटर्न को ज्ञात करके उसके आधार पर लुप्त पद विकल्पों में से ज्ञात करना होता है।

जैसे-4E, 8I, 13N, 19T, ? में लुप्त पद ज्ञात कीजिए।

(a) 26U (b) 26A
(c) 26Z (d) 25Y

हल (*b*) दी गई शृंखला का क्रम निम्न है

$4 \xrightarrow{+4} 8 \xrightarrow{+5} 13 \xrightarrow{+6} 19 \xrightarrow{+7} [26]$

$E \xrightarrow{+4} I \xrightarrow{+5} N \xrightarrow{+6} T \xrightarrow{+7} [A]$

सतत् पैटर्न शृंखला

इस प्रकार के प्रश्नों में अंकों या अक्षरों की एक शृंखला दी गई होती है, जिनमें इनकी पुनरावृत्ति एक निश्चित पैटर्न के अनुसार होती है और भिन्न-भिन्न स्थानों पर कुछ अक्षर/अंक लुप्त होते हैं। इस पुनरावृत्ति पैटर्न को ज्ञात कर इन लुप्त अंक/अक्षर को ज्ञात करना होता है।

जैसे-ab_eea_bc_eaaa_cee में लुप्त पद ज्ञात कीजिए।

(a) aecc (b) ccae
(c) caeb (d) caec

हल (*c*) शृंखला का क्रम निम्न प्रकार है

abcee/aabcee/aaabcee

शृंखला में गलत पद ज्ञात करना

इस प्रकार के प्रश्नों में संख्या/अक्षर/संख्या-अक्षर की शृंखला एक निश्चित पैटर्न/नियम के आधार पर दी गई होती है जिसमें एक पद गलत होता है। इसके पैटर्न/नियम को ज्ञात करके उसके आधार पर अभीष्ट गलत पद ज्ञात करना होता है।

जैसे- 3, 4, 10, 32, 136, 685 में गलत पद है

(a) 136 (b) 10
(c) 32 (d) 4

हल (*c*) दी गई शृंखला का क्रम निम्न है

3, 4, 10, [32] (33), 136, 685

×1+1 ×2+2 ×3+3 ×4+4 ×5+5

अतः गलत संख्या = 32

Exam Approach Examples

संख्या शृंखला पर आधारित

उदाहरण 1. **दी गई शृंखला में प्रश्नचिह्न (?) के स्थान पर क्या आना चाहिए?**

86, 88, 90, 92, 94, ? *SSC (10+2) Tier I 2024*

(a) 98 (b) 96 (c) 99 (d) 97

हल (b) शृंखला का क्रम निम्न प्रकार है,

86 —(+2)→ 88 —(+2)→ 90 —(+2)→ 92 —(+2)→ 94 —(+2)→ **96**

उदाहरण 2. **श्रेणी में अगली संख्या क्या है?**

173, 151, 129, 107, …… *Delhi Police MTS 2019*

(a) 84 (b) 83
(c) 87 (d) 85

हल (d) दी गई शृंखला का क्रम निम्न प्रकार है,

173 —(−22)→ 151 —(−22)→ 129 —(−22)→ 107 —(−22)→ **85**

> **Helping Tips**
> यदि शृंखला के प्रत्येक दो पदों के बीच अन्तर निश्चित तथा न्यूनतम है, तो वहाँ जोड़ या घटा की संक्रियाओं का उपयोग हो सकता है।

उदाहरण 3. **निम्नलिखित में से कौन-सी संख्या दी गई शृंखला में प्रश्नचिह्न (?) का स्थान लेगी?**

1, 3, 10, 41, ?, 1237 *SSC CGL (Tier-I) 2024 Shift-I*

(a) 202 (b) 200 (c) 206 (d) 210

हल (c) दी गई शृंखला का क्रम निम्न प्रकार है

1 —(×2+1)→ 3 —(×3+1)→ 10 —(×4+1)→ 41 —(×5+1)→ **206** —(×6+1)→ 1237

उदाहरण 4. **निम्नलिखित श्रेणी में से अनुपस्थित संख्या को ज्ञात कीजिए।**

16, 22, 34, 58, 106, (...), 394 *UP Police Head Operator 2024*

(a) 288 (b) 202
(c) 178 (d) 175

हल (b) दी गई शृंखला का क्रम निम्न प्रकार है,

16 —(+6)→ 22 —(+12)→ 34 —(+24)→ 58 —(+48)→ 106 —(+96)→ **202** —(+192)→ 394

+6 —(×2)→ +12 —(×2)→ +24 —(×2)→ +48 —(×2)→ +96 —(×2)→ +192

उदाहरण 5. **दिए गए विकल्पों में से उस संख्या का चयन कीजिए, जो निम्न श्रेणी में प्रश्नवाचक चिह्न (?) के स्थान पर आ सकती है।**

1, 1, 2, 2, 6, 10, 42, ?, 1806 *CUET (UG) 2022*

(a) 1203 (b) 1389
(c) 1010 (d) 1302

हल (c) दी गई शृंखला का क्रम निम्न प्रकार है,

1 —($+1^2$)→ 2 —($+2^2$)→ 6 —($+6^2$)→ 42 —($+42^2$)→ 1806

1 —($+1^3$)→ 2 —($+2^3$)→ 10 —($+10^3$)→ **1010**

अक्षर शृंखला पर आधारित

उदाहरण 6. **उस अक्षर का चयन करें, जो दी गई अक्षर श्रेणी में प्रश्नवाचक चिह्न (?) के स्थान पर आएगा।**

a, d, h, n, ? *SSC MTS 2021*

(a) y (b) a (c) u (d) w

हल (d) दी गई शृंखला का क्रम निम्न प्रकार है,

a(1) —(+3)→ d(4) —(+4)→ h(8) —(+6)→ n(14) —(+9)→ **w**(23)

+3 —(+1)→ +4 —(+2)→ +6 —(+3)→ +9

उदाहरण 7. DE, FH, IL, MQ, ?

प्रश्नचिह्न (?) के स्थान पर क्या आएगा? *CISF ASI 2023*

(a) SV (b) RW (c) SW (d) RV

हल (b) दी गई शृंखला का क्रम निम्न प्रकार है,

D —(+2)→ F —(+3)→ I —(+4)→ M —(+5)→ **R**

E —(+3)→ H —(+4)→ L —(+5)→ Q —(+6)→ **W**

उदाहरण 8. **अंग्रेजी वर्णमाला क्रम के आधार पर दी गई शृंखला में '?' के स्थान पर क्या आना चाहिए?**

QRS, MXB, IDK, EJT, ? *SSC (10+2) 2024*

(a) APC (b) CPA
(c) PCA (d) AAC

हल (a) दी गई शृंखला का क्रम निम्न प्रकार है,

Q —(−4)→ M —(−4)→ I —(−4)→ E —(−4)→ **A**

R —(+6)→ X —(+6)→ D —(+6)→ J —(+6)→ **P**

S —(+9)→ B —(+9)→ K —(+9)→ T —(+9)→ **C**

उदाहरण 9. **अंग्रेजी वर्णमाला क्रम के आधार पर, दी गई शृंखला में प्रश्नचिह्न (?) के स्थान पर निम्नलिखित में से कौन-सा विकल्प आना चाहिए?** *RRB ALP (CBT-I) 2024*

BEV, FIR, JMN, NQJ, RUF, ?

(a) STU (b) VYB
(c) TUS (d) YVB

हल (b) दी गई शृंखला का क्रम निम्न है

B —(+4)→ F —(+4)→ J —(+4)→ N —(+4)→ R —(+4)→ **V**

E —(+4)→ I —(+4)→ M —(+4)→ Q —(+4)→ U —(+4)→ **Y**

V —(−4)→ R —(−4)→ N —(−4)→ J —(−4)→ F —(−4)→ **B**

उदाहरण 10. **निम्नलिखित शृंखला में उस अक्षर-समूह का चयन करें, जो प्रश्नचिह्न (?) को प्रतिस्थापित कर सकता है।**

WKUL, SMQN, OOMP, KQIR, ? *MP Police Constable 2022*

(a) GIFT (b) KSIT
(c) GSET (d) GIKT

हल (c) दी गई शृंखला का क्रम निम्न प्रकार है,

W $\xrightarrow{-4}$ S $\xrightarrow{-4}$ O $\xrightarrow{-4}$ K $\xrightarrow{-4}$ G
K $\xrightarrow{+2}$ M $\xrightarrow{+2}$ O $\xrightarrow{+2}$ Q $\xrightarrow{+2}$ S
U $\xrightarrow{-4}$ Q $\xrightarrow{-4}$ M $\xrightarrow{-4}$ I $\xrightarrow{-4}$ E
L $\xrightarrow{+2}$ N $\xrightarrow{+2}$ P $\xrightarrow{+2}$ R $\xrightarrow{+2}$ T

> **Helping Tips**
> इस प्रकार के प्रश्नों को आसानी से हल करने के लिए अंग्रेजी वर्णमाला के वर्णों के सीधे तथा विपरीत क्रम के मान ज्ञात होना आवश्यक है।

अक्षर-संख्या शृंखला (मिश्रित शृंखला) पर आधारित

उदाहरण 11. दी गई शृंखला में प्रश्नचिह्न (?) के स्थान पर क्या आना चाहिए?

B8, H27, N64, T125, ? *RRB NTPC (CBT-I) 2021*

(a) Y215 (b) Z215 (c) Y216 (d) Z216

हल (d) दी गई शृंखला का क्रम निम्न प्रकार है,

B $\xrightarrow{+6}$ H $\xrightarrow{+6}$ N $\xrightarrow{+6}$ T $\xrightarrow{+6}$ Z
8, 27, 64, 125, 216
2^3, 3^3, 4^3, 5^3, 6^3
+1 +1 +1 +1

उदाहरण 12. दिए गए संयोजनों में पैटर्न को देखते हुए, आप प्रश्नचिह्न '?' द्वारा निरूपित संयोजन को कैसे व्यक्त करेंगे?

AZ3B, CY6D, EX9F,? *UP Police Constable 2024*

(a) IV15J (b) GW12H (c) NZ21O (d) KX18L

हल (b) दिए गए संयोजन का क्रम निम्न प्रकार है,

A $\xrightarrow{+2}$ C $\xrightarrow{+2}$ E $\xrightarrow{+2}$ G
Z $\xrightarrow{-1}$ Y $\xrightarrow{-1}$ X $\xrightarrow{-1}$ W
3 $\xrightarrow{+3}$ 6 $\xrightarrow{+3}$ 9 $\xrightarrow{+3}$ 12
B $\xrightarrow{+2}$ D $\xrightarrow{+2}$ F $\xrightarrow{+2}$ H

उदाहरण 13. दी गई शृंखला में प्रश्नचिह्न (?) के स्थान पर क्या आना चाहिए?

HP16, ?, NV64, QY100, TB144 *SSC (10 + 2) 2023*

(a) JS36 (b) JR36 (c) KR49 (d) KS36

हल (d) दी गई शृंखला का क्रम निम्न प्रकार है,

H $\xrightarrow{+3}$ K $\xrightarrow{+3}$ N $\xrightarrow{+3}$ Q $\xrightarrow{+3}$ T
P $\xrightarrow{+3}$ S $\xrightarrow{+3}$ V $\xrightarrow{+3}$ Y $\xrightarrow{+3}$ B
16, 36, 64, 100, 144
4^2, 6^2, 8^2, 10^2, 12^2
+2 +2 +2 +2

सतत् पैटर्न शृंखला पर आधारित

उदाहरण 14. उस विकल्प का चयन करें, जो उन अक्षरों को निरूपित करता है, जिन्हें नीचे दिए गए रिक्त स्थानों में क्रमिक रूप से बाएँ से दाएँ रखे जाने पर दी गई अक्षर शृंखला पूरी हो जाएगी।

F_ _Y_ _KB_OF_BY_ *SSC CPO 2023*

(a) KBOFYKO (b) OFKBOYK
(c) YOKBFOK (d) BYOKFOK

हल (a) अक्षर शृंखला का क्रम निम्न प्रकार है,

FKBYO/FKBYO/FKBYO

⇒ KBOFYKO

उदाहरण 15. अक्षरों का कौन-सा समूह दी गई अक्षर शृंखला में रिक्त स्थानों पर क्रमिक रूप से रखे जाने पर इसे पूरा करेगा?

P_RSQ_RP_QR_QS_PP_RS *UP Police Constable 2024*

(a) QSPSRQ (b) QSSPRQ (c) QSRSPQ (d) QSPQRQ

हल (a) दी गई शृंखला का क्रम निम्न प्रकार है,

PQRS/QSRP/PQRS/QSRP/PQRS

⇒ QSPSRQ

शृंखला में गलत पद ज्ञात करने पर आधारित

निर्देश (उदा. स. 16 और 17) *निम्नलिखित उदाहरणों में एक संख्या शृंखला दी गई है, जिसमें एक संख्या गलत है। गलत संख्या को चुनिए।*

उदाहरण 16. 109, 53, 24, 11, 4 *MP Police Constable 2022*

(a) 4 (b) 24 (c) 11 (d) 109

हल (b) दी गई शृंखला का क्रम निम्न प्रकार है,

109, 53, 24 (25), 11, 4
−3÷2 −3÷2 −3÷2 −3÷2

अत: गलत संख्या = 24

उदाहरण 17. 1, 12, 144, 1782, 20736 *UP Police Constable 2024*

(a) 1782 (b) 20736 (c) 12 (d) 144

हल (a) दी गई शृंखला का क्रम निम्न प्रकार है,

1, 12, 144, 1782 (1728), 20736
×12 ×12 ×12 ×12

अत: शृंखला में संख्या 1782 गलत है।

उदाहरण 18. निम्नलिखित श्रेणी में गलत अक्षर को ज्ञात करें।

M, C, P, F, T, G, Y *RRB JE 2019*

(a) Y (b) C (c) P (d) G

हल (d) दी गई शृंखला का क्रम निम्न प्रकार है,

M $\xrightarrow{+3}$ P $\xrightarrow{+4}$ T $\xrightarrow{+5}$ Y
C $\xrightarrow{+3}$ F $\xrightarrow{+4}$ G (J)

अत: श्रेणी में गलत पद G है उसके स्थान पर J होगा।

उदाहरण 19. निम्न श्रेणी में गलत पद ज्ञात करें।

3X5, 4U3, 2R4, 3O2, 1M3 *UP Police Constable 2024*

(a) 3O2 (b) 2R4 (c) 4U3 (d) 1M3

हल (d) दी गई शृंखला का क्रम निम्न प्रकार है

3 $\xrightarrow{+1}$ 4 $\xrightarrow{-2}$ 2 $\xrightarrow{+1}$ 3 $\xrightarrow{-2}$ 1
X $\xrightarrow{-3}$ U $\xrightarrow{-3}$ R $\xrightarrow{-3}$ O $\xrightarrow{-3}$ M (L)
5 $\xrightarrow{-2}$ 3 $\xrightarrow{+1}$ 4 $\xrightarrow{-2}$ 2 $\xrightarrow{+1}$ 3

अत: 1M3 गलत पद है।

Chapter Challenge

संख्या शृंखला पर आधारित

निर्देश (प्र. सं. 1-44) *दिए गए प्रश्नों की शृंखला में पैटर्न का अध्ययन कर प्रश्नवाचक चिह्न (?) के स्थान पर आने वाली संख्या का चयन करें।*

1. 1, 1, 2, 3, 5, 8, 13, ? ***SSC CPO 2024***
(a) 24 (b) 20 (c) 21 (d) 22

2. 4, 5, 7, 11, ?, 35 ***Rajasthan Police Constable 2022***
(a) 17 (b) 18 (c) 21 (d) 19

3. 9, 13, 21, 33, ?, 69 ***DSSSB Workshop 2024***
(a) 47 (b) 49 (c) 44 (d) 43

4. 7, 16, 41, 94, 249, ? ***CUET (UG) 2022***
(a) 468 (b) 586 (c) 486 (d) 568

5. 5, 9, 18, 34, 59, ? ***CRPF (HC) 2023***
(a) 94 (b) 93 (c) 95 (d) 90

6. 48, 32, 16, ? ***RRB NTPC 2020***
(a) –9 (b) 12 (c) 13 (d) 0

7. $\left[\frac{5}{9}\right], \left[\frac{14}{9}\right], \left[\frac{23}{9}\right], \left[\frac{32}{9}\right], \left[\frac{41}{9}\right]$, ? ***SSC (10+2) Tier I 2024***
(a) $\left[\frac{50}{9}\right]$ (b) $\left[\frac{44}{9}\right]$ (c) $\left[\frac{51}{9}\right]$ (d) $\left[\frac{47}{9}\right]$

8. 1, 1, 9, 27, 25, 125, ?, 343 ***UP Police Constable 2024***
(a) 34 (b) 22 (c) 37 (d) 49

9. 2, 9, 28, 65, 126, ? ***UP Police (AO) 2024***
(a) 223 (b) 137 (c) 217 (d) 199

10. –12, + 24, – 48, + 96, ?, + 384 ***SSC MTS 2024***
(a) –192 (b) –108 (c) 108 (d) 96

11. 129, 128, 124, 115, 99, ? ***SSC (10+2) Tier I 2024***
(a) 71 (b) 74 (c) 72 (d) 73

12. 65, 88, 77, 98, 91, 108, ?, 118, 125 ***SSC Steno 2020***
(a) 107 (b) 104 (c) 95 (d) 99

13. 11, 39, 75, 119, ..?... ***UP Police Constable 2024***
(a) 171 (b) 161 (c) 191 (d) 181

14. 7, 16, 43, 124, 367, ? ***SSC CPO 2024***
(a) 1066 (b) 1096 (c) 1076 (d) 1086

15. 286, 257, 230, 205, ?, 161 ***DP Constable 2023***
(a) 178 (b) 192 (c) 188 (d) 182

16. 25, 40, 70, 115, 175, ? ***SSC CPO 2024***
(a) 225 (b) 250 (c) 200 (d) 275

17. 25, 42, 61, 82, ?, 130 ***SSC Constable (GD) 2022***
(a) 112 (b) 108
(c) 105 (d) 115

18. 23, 27, 43, 79, 143,? ***SSC CGL (Tier-I) 2024***
(a) 240 (b) 243
(c) 200 (d) 250

19. 2, 3, 6, 18, ?, 1944 ***SSC JE 2023***
(a) 118 (b) 126
(c) 108 (d) 112

Trending Concept

संख्या शृंखला पर आधारित प्रश्न अधिकांशतः SSC की विभिन्न परीक्षाओं जैसे- CPO, 10+2, MTS, GD, JE, CGL व Steno में पूछे जा रहे हैं।

20. 5, 19, 49, 101, ? ***CISF HC (Min) 2022***
(a) 184 (b) 176 (c) 181 (d) 183

21. 1000, 759, 618, 545, 514, ? ***UP Police Constable 2024***
(a) 504 (b) 502 (c) 507 (d) 505

22. $\frac{1}{121}, \frac{1}{11}$, 1, ?, 121 ***SSC CPO 2023***
(a) 1 (b) 12 (c) 24 (d) 11

23. 8, 23, 38, 53, 68, ? ***UP Police Constable 2024***
(a) 87 (b) 85 (c) 78 (d) 83

24. 15, 25, 45, 85, 165, ? ***CRPF (HC) 2023***
(a) 315 (b) 325
(c) 363 (d) इनमें से कोई नहीं

25. 39, 42, 48, 57, 69, ?, 102 ***SSC CGL (Tier-I) 2023***
(a) 84 (b) 87 (c) 81 (d) 79

26. 125, 25, 5, ?, $\frac{1}{5}, \frac{1}{25}, \frac{1}{125}$ ***HCET 2023***
(a) 1 (b) –2 (c) 2 (d) –1
(e) इनमें से कोई नहीं

27. 1, 6, 15, 28, ?, ?, 91 ***SSC CPO 2024***
(a) 40, 60 (b) 45, 66 (c) 44, 54 (d) 42, 54

28. 12, 37, 110, 331, 992, ? ***CUET (UG) 2023***
(a) 2947 (b) 2867
(c) 2877 (d) 2977

29. 33, 80, 108, ?, 183, 230, 258 ***SSC CGL (Tier-I) 2023***
(a) 155 (b) 143
(c) 138 (d) 160

30. 549, 525, 477, 405, 309, ? ***RRB ALP (CBT-I) 2024***
(a) 189 (b) 139 (c) 145 (d) 167

31. $\frac{-1}{729}, \frac{-1}{81}, \frac{-1}{9}$, ? ***CISF 2023***
(a) 1 (b) $\frac{-1}{3}$ (c) –1 (d) $\frac{1}{3}$

32. 6, 12, 5, 11, 4, 10, 3, ?, ? ***CISF ASI 2023***
(a) 3, 9 (b) 9, 3 (c) 9, 2 (d) 2, 9

33. 19, 38, 35, ?, 135, 810 ***SSC (10+2) 2022***
(a) 146 (b) 140 (c) 137 (d) 142

34. 58, 67, 83, 108, ? ***SSC CGL 2022***
(a) 178 (b) 144
(c) 139 (d) 157

35. 3, 18, 90, 360, 1080, 2160, ?, 0 ***UP Police Constable 2024 Shift-I***
(a) 1080 (b) 2160
(c) 0 (d) 360

36. 3, 20, 38, 52, 75, 82, 114, ? ***SSC CGL 2021***
(a) 118 (b) 101 (c) 110 (d) 104

37. 990, 962, 934, 906, 878, ? ***SSC Constable (GD) 2024***
(a) 850 (b) 840 (c) 854 (d) 860

38. 146, 90, 56, 34, 22, ? ***SSC MTS 2021***
(a) 12 (b) 14 (c) 16 (d) 10

39. 21, ?, 45, 180, 185 ***SSC Steno 2020***
(a) 41 (b) 42 (c) 33 (d) 63

40. 25, 26, 53, 160, 641, ? ***SSC (10 + 2) 2021***
(a) 3206 (b) 2908
(c) 3202 (d) 3403

41. 53, 52, 39, 38, ?, 24 *SSC MTS 2024*
(a) 25 (b) 26
(c) 28 (d) 23

42. 9, 72, 243, 576, ...?...... *UP Police Constable 2024*
(a) 1125 (b) 998
(c) 1250 (d) 876

43. 142, 150, 123, 187, 62, ? *SSC Constable (GD) 2024*
(a) 285 (b) 281
(c) 300 (d) 278

44. 22, 4, 16, 24, 6, 36, 26, 8, 64, 28, 10, ? *SSC Steno 2019*
(a) 100 (b) 30
(c) 3 (d) 9

45. शृंखला में लुप्त संख्याएँ (A, B) ज्ञात कीजिए और B + A का मान ज्ञात कीजिए।
25, 36, 49, A, 81, B, 121 *UP Police Constable 2024*
(a) 146 (b) 125 (c) 152 (d) 164

अक्षर शृंखला पर आधारित

निर्देश (प्र. सं. 46-86) *निम्नलिखित शृंखला में उस अक्षर/अक्षर-समूह का चयन करें, जो प्रश्नचिह्न (?) को प्रतिस्थापित कर सकता है।*

46. G, J, M, P, ? *SSC Constable (GD) 2024*
(a) S (b) T (c) M (d) R

47. A, B, C, D, ?, F *MP Police Constable 2022*
(a) F (b) E (c) W (d) H

48. A, C, F, H, K, M, ?, ? *UP Police (AO) 2024*
(a) P, S (b) P, R (c) O, P (d) S, Q

49. N, O, Q, T, X, C, ? *CRPF (HC) 2023*
(a) I (b) H (c) J (d) L

50. J, K, M, ?, T, Y *Rajasthan Police Constable 2022*
(a) P (b) O (c) L (d) Q

51. A, D, H, M, S, ? *UP (AO) 2024*
(a) Y (b) U (c) Z (d) V

52. B, D, H, ?, V *DSSSB Workshop 2024*
(a) P (b) M (c) Q (d) N

53. BJ, CL, FO, KS, ? *UP Police Head Operator 2024*
(a) UX (b) EX (c) OT (d) RX

54. UV, OY, IB, EE, ? *SSC CGL (Tier-I) 2023*
(a) BH (b) AH
(c) BI (d) ZK

55. DA, HE, NK, RO, XU,? *UP Police Constable 2024*
(a) BY
(b) AY
(c) CY
(d) XY

56. ZZ, TX, NU, HP, ? *RRB JE 2019*
(a) PR (b) MC
(c) BI (d) AJ

> **MRC*****
> *(Most Repeating Concepts)*
> प्र. सं. 47, 48, 50, 53, 55 और 62 Examination Point of Views से अति महत्त्वपूर्ण हैं। इन Concept पर प्रश्न Police परीक्षाएँ जैसे-MP Police, Rajasthan Police और UP Police में निरन्तर पूछे जा रहे हैं।

57. DW, HS, LO, PK, TG, ? *UPSSSC 2018*
(a) WD (b) YB
(c) VE (d) XC

58. FNV, LUE, ?, XIW, DPF *SSC (10+2) Tier I 2024*
(a) UWZ (b) RBN
(c) GQZ (d) HRY

59. DFH, KMO, RTV, YAC,? *RRB ALP (CBT-I) 2024*
(a) FHJ (b) EGK
(c) FIL (d) EGI

60. BDF, DHL, FLR, ? *CRPF (HC) 2023*
(a) HPX (b) HPY
(c) HOX (d) IQY

61. DMQ, HUZ, LCI, PKR, ? *CUET (UG) 2023*
(a) TMO (b) TSB (c) TSA (d) TRA

62. VRS, TSO, PUK, NVG, ? *Rajasthan Police Constable 2022*
(a) JWC (b) JXC
(c) LWD (d) LXD

63. JMD, OHJ, ?, YXV, DSB *SSC (10+2) Tier I 2024*
(a) AOZ (b) TCP (c) RST (d) VCP

64. AYD, DVF, GRH, ?, MGL *UP Police Head Operator 2024*
(a) JMJ (b) GLJ
(c) HLK (d) FMI

65. OLR, REZ, UXH, XQP, ? *SSC (10+2) 2023*
(a) ALX (b) AJX
(c) AQX (d) BJY

66. CHO, DIP, EJQ, ? *SSC CPO 2024*
(a) FKR (b) HMR (c) EJL (d) DIL

67. KJI, HGF, EDC, BAZ, YXW, ? *CISF ASI 2023*
(a) UTS (b) STU
(c) VUT (d) WUT

68. ABC, EFG, IJK, MNO, QRS, ? *CRPF (HC) 2023*
(a) VWX (b) UVW
(c) STU (d) TUV

69. TKU, UNP, VQK, WTF, ? *SSC MTS 2024*
(a) XXA (b) YXB
(c) WAW (d) XWA

70. HLA, BFU, VZO, PTI, ? *RRB ALP (CBT-I) 2024*
(a) JMC (b) JNB
(c) JMB (d) JNC

71. SQO, LJH, ECA, ? *SSC CPO 2020*
(a) XVT (b) YWV
(c) XUS (d) YWU

72. WVE, UTG, SRI, QPK, ? *SSC (10+2) 2022*
(a) NMO (b) MNO
(c) MON (d) ONM

73. RSX, NQW, JOV, FMU, ? *SSC CGL 2022*
(a) CJS (b) BKT
(c) BLT (d) DKS

74. ACE, FHJ, KMO, PRT, ? *SSC MTS 2024*
(a) GJK (b) BCD
(c) UWY (d) NOP

75. CALI, ZEGO, WIBU, TMWA, ? *CUET (UG) 2022*
(a) QQRG (b) QSPF
(c) QPSF (d) QRQE

76. FDKI, GCMG, ?, IAQC *SSC CPO 2024*
(a) HBNF (b) HBLE
(c) HBPF (d) HBOE

77. JOQW, LQSY, ?, PUWC *SSC (10+2) 2023*
(a) MRTZ (b) KPRX
(c) NSUA (d) AUSN

78. YTUQ, XVRU, ?, VZLC, UBIG *CISF HC (Min) 2022*
(a) WYOY (b) WXPY
(c) WYOX (d) WXOY

79. YZUW, ?, QTQU, MQOT, INMS *SSC CGL (Tier-I) 2024*
(a) UWVS (b) USWV
(c) WUSV (d) UWSV

80. HEWC, KIRI, ?, QQHU, TUCA *SSC CPO 2024*
(a) PRZO (b) NMMO
(c) NBTO (d) JLSO

81. BWUT, ..., ZUSR, EZXW, XSQP *SSC Steno 2021*
(a) CTXV (b) CXVU
(c) CYTW (d) CZAB

82. BOMP, DPOQ, ?, HRSS *SSC JE 2023*
(a) FQQR (b) FQRR
(c) FPQR (d) FQQS

83. ELSV, FJVR, GHYN, ?, IDEF *CISF 2023*
(a) GHFJ (b) HFBJ
(c) HFJB (d) HBJF

84. AEJOT, XBGLQ, UYDIN, ? *RRB NTPC (CBT-II) 2022*
(a) RUBDG
(b) RVAFK
(c) RVBGJ
(d) RVBFJ

Trending Concept
संख्या तथा अक्षर शृंखला पर आधारित प्रश्न वर्तमान में हो रही सभी परीक्षाओं जैसे-Railway Exams में 3 से 4 Questions पूछे जा रहे हैं।

85. ZVRN, VSPM, RPNL, ?, JJJJ *SSC CGL (Tier-I) 2024*
(a) RNLK
(b) RMLN
(c) RNLL
(d) NMLK

86. PJVG, VBZB, BTDW, HLHR, ? *SSC CPO 2023*
(a) NDLM (b) MDLM
(c) NDLN (d) MDLN

अक्षर-संख्या शृंखला पर आधारित

निर्देश (प्र. सं. 87-96) *निम्न श्रेणियों में प्रश्नवाचक चिह्न (?) के स्थान पर क्या आएगा?*

87. C-3, E-5, G-7, I-9, ?, ?
(a) M-18, K-14 (b) K-11, M-13
(c) X-24, M-21 (d) O-15, X-24

88. C, 81, E, 64, ?, 49, I, ?, K *UPPSC 2016*
(a) G, 36 (b) F, 36 (c) G, 32 (d) H,24

89. B9U, E16R, H25O, ? *RRB NTPC 2021*
(a) K36L (b) J34L (c) M38N (d) L36M

90. UE 88, VG 84, WI 80, XK 76, ? *SSC CGL (Tier-I) 2024*
(a) YN73 (b) YM72
(c) ZM72 (d) ZN71

91. EZ 10, ?, ID 36, KF 49, MH 62 *SSC (10+2) 2023*
(a) FC 21 (b) GB 23 (c) HC 21 (d) FB 22

92. 4D3C, 7G6F, 10J9I,? *RRB Group D 2018*
(a) 13K12L (b) I2L13N
(c) I3L12M (d) 13M12L

93. A1Z1, X3C3, E3V4, T9G7, ? *UP Police Constable 2019*
(a) H20R11 (b) I27R11
(c) I27S12 (d) H20S12

94. XD 45, YE 53, ?, AG 58, BH 55 *SSC (10+2) 2023*
(a) ZF 54 (b) ZF 50 (c) ZG 52 (d) AF 51

95. TJM10, ULP12, VNS14, WPV16, XRY18, ? *SSC Constable (GD) 2024*
(a) YSZ20 (b) YTB20
(c) YTB21 (d) YSZ21

96. FM61, EK58, DI55, CG52, ? *SSC CGL (Tier-I) 2024 Shift-I*
(a) BF48 (b) BE49
(c) CE46 (d) CD44

सतत् पैटर्न शृंखला पर आधारित

निर्देश (प्र. सं. 97-113) *अक्षरों का कौन-सा समूह खाली स्थानों में क्रमवार रखने से दी गई शृंखला को पूरा करेगा?*

97. ABC_A_CCAB_C_B_C *SSC CGL (Tier I) 2023*
(a) A B B C C (b) C A B B A
(c) C B C A C (d) A C C B A

98. G_IJG_HIJGGH_IJGGHH_IJ *SSC (10+2) 2023*
(a) HIJG (b) HGHI
(c) JGGJ (d) GHHI

99. A_A_CAB_B_A_ _BCABA_C *SSC (10+2) Tier I 2024*
(a) BBACABB (b) BBACBAB
(c) BABACBA (d) BBABBCB

100. _c_d d _c a _c b d d b _a *SSC MTS 2021*
(a) caddb (b) cdaba (c) abbac (d) abcac

101. g _o _d k _m _f _o _k k _g f o _d _k m *SSC CGL 2022*
(a) f o k g o d f o k (b) f o k d o d m o k
(c) f o k g o d m o m (d) f o k g o d m o k

102. _ BCD _ _ ABC _ _ E _ BC _ _ _ ABC _ DE *RRB NTPC (CBT-II) 2022*
(a) ADEADDEDDD (b) ADDADDEDDE
(c) AADEDDDDED (d) ADEDDADDED

103. LMBA_HOLMBAC_OLM_ACHOL_BACHOL_ *SSC CGL (Tier-I) 2024*
(a) CMHBM (b) CHMBM
(c) CHBMM (d) CHMMB

104. _ml_nl_mlm_l_mlmn_ *SSC CPO 2017*
(a) nnmmll (b) nmlnml
(c) mnlnlm (d) nmnnnl

105. YR_TYRG_YRGR_RG_ *CISF HC (Min) 2022*
(a) GSYQ (b) SYPG
(c) SYTR (d) STRP

106. _J H H _H H _H H J _ *SSC JE 2023*
(a) H J H J (b) H J H H
(c) H J J H (d) H H J J

107. MN_ _SM_PO_ _N_OSM_P_S *SSC CGL (Tier-I) 2023*
(a) PONSMPNO (b) PNOSMPNO
(c) PONMSPNO (d) PONSNOMP

108. nm _ _ mpn _ _ nmpnm _ _ _ pnm _ _ mp *Rajasthan Constable 2022*
(a) mnmmmnmmn (b) mnmpmnmmn
(c) mnpmmpmmn (d) mnmnmnmmn

109. C L _ V E C _ _ W E C L O _ _ C _ O _ E *SSC CGL (Tier-I) 2023*
(a) O L P X E L Y (b) O L O X E L Y
(c) O L O X F M Y (d) O L O Y E L Z

110. _ ba _ _ abac _ _ ba _ aa _ _ ca *Rajasthan Police Constable 2022*
(a) acbaacba (b) abaaacba
(c) acaaacba (d) acabaaac

111. C_EF HNE_ _NEP RN_U WNE_ *SSC (10+2) 2024*
(a) FHOSM (b) CAHKL
(c) PAWER (d) NKMEZ

112. _ V J R W B _ _ R W B V L _ _ B V _ _ W *SSC CGL (Tier-I) 2023*
(a) B V K R W M R (b) A V K R W M R
(c) A W K R X N R (d) B W K R W M R

113. GA_BM_PB SA_B YAB_ _AHB *SSC (10+2) 2024*
(a) CHFJK (b) JAVBE
(c) AWBUY (d) MFGTY

शृंखला में गलत पद ज्ञात करने पर आधारित

निर्देश (प्र.सं. 114-125) *निम्न प्रश्नों में कौन-सा एक अनुक्रम में नहीं आता है अथवा गलत पद?*

114. 1, 3, 12, 60, 340 *UP Police Constable 2024 Shift-I*
(a) 340 (b) 3
(c) 12 (d) 60

115. 2, 6, 18, 54, 161, 486 *RRB NTPC 2021*
(a) 18 (b) 2 (c) 486 (d) 161

116. 4, 7, 13, 21, 34 *UP Police Constable 2024*
(a) 21 (b) 7 (c) 34 (d) 13

117. 324, 109, 36, 12, 4 *RRB NTPC 2021*
(a) 12 (b) 4
(c) 324 (d) 109

118. 4, 11, 6, 12, 10, 15, 16, 20, 22, 27 *MP Police Constable 2022*
(a) 16 (b) 6
(c) 10 (d) 22

119. 9, 15, 24, 34, 51, 69 *RRB JE 2019*
(a) 34 (b) 51 (c) 15 (d) 24

120. 486, 482, 478, 474, 472, 466, 462 *UP Police Constable 2024*
(a) 466 (b) 478
(c) 472 (d) 474

121. 104, 108, 54, 58, 29, 31 *SSC CPO 2022*
(a) 38 (b) 33
(c) 35 (d) 31

122. 33792, 8448, 2148, 528, 132, 33, 8.25 *SSC Steno 2020*
(a) 2148 (b) 528
(c) 8448 (d) 132

123. AZ, EV, IR, NO, QJ *RRB JE 2019*
(a) QJ (b) EV
(c) NO (d) IR

124. AA, BD, CJ, DJ, EM *RRB JE 2019*
(a) AA (b) DJ
(c) CJ (d) BD

125. A1, C9, E25, G49, I89 *UP Police Constable 2024*
(a) C9 (b) E25
(c) I89 (d) G49

Right Key

1. (c)	2. (d)	3. (b)	4. (d)	5. (c)	6. (d)	7. (a)	8. (d)	9. (c)	10. (a)
11. (b)	12. (a)	13. (a)	14. (b)	15. (d)	16. (b)	17. (c)	18. (b)	19. (c)	20. (c)
21. (d)	22. (d)	23. (d)	24. (b)	25. (a)	26. (a)	27. (b)	28. (d)	29. (a)	30. (a)
31. (c)	32. (c)	33. (b)	34. (b)	35. (b)	36. (c)	37. (a)	38. (a)	39. (b)	40. (a)
41. (a)	42. (a)	43. (d)	44. (a)	45. (d)	46. (a)	47. (b)	48. (b)	49. (a)	50. (a)
51. (c)	52. (d)	53. (d)	54. (b)	55. (a)	56. (c)	57. (d)	58. (b)	59. (a)	60. (a)
61. (c)	62. (b)	63. (b)	64. (a)	65. (b)	66. (a)	67. (c)	68. (b)	69. (d)	70. (d)
71. (a)	72. (d)	73. (b)	74. (c)	75. (a)	76. (d)	77. (c)	78. (d)	79. (d)	80. (b)
81. (b)	82. (a)	83. (b)	84. (b)	85. (d)	86. (a)	87. (b)	88. (a)	89. (a)	90. (b)
91. (b)	92. (d)	93. (b)	94. (b)	95. (b)	96. (b)	97. (c)	98. (b)	99. (b)	100. (c)
101. (d)	102. (d)	103. (c)	104. (d)	105. (a)	106. (c)	107. (a)	108. (a)	109. (b)	110. (c)
111. (d)	112. (a)	113. (b)	114. (a)	115. (d)	116. (a)	117. (d)	118. (d)	119. (a)	120. (c)
121. (d)	122. (a)	123. (c)	124. (c)	125. (c)					

Solutions

1. (*c*) दी गई शृंखला का क्रम निम्नवत् है,

$1+1=2,\ 1+2=3,\ 2+3=5,\ 3+5=8,$

$5+8=13,\ 8+13=\boxed{21}$

2. (*d*) शृंखला का क्रम निम्न प्रकार है,

4 5 7 11 [19] 35

+1 +2 +4 +8 +16

×2 ×2 ×2 ×2

3. (*b*) शृंखला का क्रम निम्न प्रकार है,

9 13 21 33 [49] 69

+4 +8 +12 +16 +20

+4 +4 +4 +4

4. (*d*) शृंखला का क्रम निम्न प्रकार है,

×6–1 ×6+3

7 16 41 94 249 [568]

×6–2 ×6+4

5. (*c*) शृंखला का क्रम निम्न प्रकार है,

5 9 18 34 59 [95]

$+2^2$ $+3^2$ $+4^2$ $+5^2$ $+6^2$

6. (*d*) शृंखला का क्रम निम्न प्रकार है,

48 32 16 [0]

–16 –16 –16

7. (*a*) शृंखला का क्रम निम्न प्रकार है,

+9 +9 +9 +9 +9

$\frac{5}{9}$ $\frac{14}{9}$ $\frac{23}{9}$ $\frac{32}{9}$ $\frac{41}{9}$ $\boxed{\frac{50}{9}}$

+0 +0 +0 +0 +0

8. (*d*) दिए गए पैटर्न का क्रम निम्न प्रकार है,

1, 1, 9, 27, 25, 125, [49], 343,

1^2 1^3 3^2 3^3 5^2 5^3 7^2 7^3

9. (*c*) शृंखला का क्रम निम्न प्रकार है,

2 9 28 65 126 [217]

1^3+1 2^3+1 3^3+1 4^3+1 5^3+1 6^3+1

TOP TIPS इस प्रकार के प्रश्नों को हल करने के लिए विद्यार्थी को कम-से-कम 1 से 20 तक की संख्याओं के वर्ग तथा घन याद होना अति आवश्यक है।

10. (*a*) शृंखला का क्रम निम्न प्रकार है,

–12 +24 –48 +96 [–192] +384

+36 –72 +144 –288 +576

×2 ×2 ×2 ×2

11. (*b*) शृंखला का क्रम निम्न प्रकार है,

129, 128, 124, 115, 99, [74]

–1 –4 –9 –16 –25

1^2 2^2 3^2 4^2 5^2

12. (*a*) शृंखला का क्रम निम्न प्रकार है,

+10 +10 +10

65 88 77 98 91 108 [107] 118 125

+12 +14 +16 +18

13. (*a*) दी गई शृंखला का क्रम निम्न प्रकार है,

11, 39, 75, 119, [171]

+28 +36 +44 +52

+8 +8 +8

14. (*b*) शृंखला का क्रम निम्न प्रकार है,

7, 16, 43, 124, 367, [1096]

+9 +27 +81 +243 +729

3^2 3^3 3^4 3^5 3^6

15. (*d*) शृंखला का क्रम निम्न प्रकार है,

286 257 230 205 [182] 161

–29 –27 –25 –23 –21

+2 +2 +2 +2

16. (*b*) शृंखला का क्रम निम्न प्रकार है,

25, 40, 70, 115, 175, [250]

+15 +30 +45 +60 +75

+15 +15 +15 +15

17. (*c*) शृंखला का क्रम निम्न प्रकार है,

25 42 61 82 [105] 130

+17 +19 +21 +23 +25

18. (*b*) शृंखला का क्रम निम्न प्रकार है,

23 27 43 79 143 [243]

+4 +16 +36 +64 +100

$(2)^2$ $(4)^2$ $(6)^2$ $(8)^2$ $(10)^2$

19. (*c*) दी गई शृंखला का क्रम निम्न प्रकार है,

2, 3, 6, 18, ?, 1944

उपरोक्त शृंखला में पहले दो संख्याओं का गुणा करके अगली संख्या बनाई जाती है।

$2\times3=6$

$3\times6=18$

$6\times18=\boxed{108}$

$18\times108=1944$

20. (*c*) शृंखला का क्रम निम्न प्रकार है,

5 19 49 101 [181]

+14 +30 +52 +80

+16 +22 +28

+6 +6

21. (*d*) शृंखला का क्रम निम्न प्रकार है,

1000 759 618 545 514 [505]

–241 –141 –73 –31 –9

+100 +68 +42 +22

–32 –26 –20

+6 +6

22. (*d*) शृंखला का क्रम निम्न प्रकार है,

$\frac{1}{121}$ $\frac{1}{11}$ 1 [11] 121

×11 ×11 ×11 ×11

23. (*d*) शृंखला का क्रम निम्न प्रकार है,

8 23 38 53 68 [83]

+15 +15 +15 +15 +15

24. (*b*) शृंखला का क्रम निम्न प्रकार है,

15 25 45 85 165 [325]

+10 +20 +40 +80 +160

×2 ×2 ×2 ×2

25. (*a*) शृंखला का क्रम निम्न प्रकार है,

39 →(+3) 42 →(+6) 48 →(+9) 57 →(+12) 69 →(+15) [84] →(+18) 102

+3 +3 +3 +3 +3

26. (*a*) शृंखला का क्रम निम्न प्रकार है,

125 25 5 [1] $\frac{1}{5}$ $\frac{1}{25}$ $\frac{1}{125}$

÷5 ÷5 ÷5 ÷5 ÷5 ÷5

27. (*b*) शृंखला का क्रम निम्न प्रकार है,

1, 6, 15, 28, [45], [66], 91

+5 +9 +13 +17 +21 +25

+4 +4 +4 +4 +4

28. (*d*) शृंखला का क्रम निम्न प्रकार है,

12 37 110 331 992 [2977]

×3+1 ×3–1 ×3+1 ×3–1 ×3+1

TOP TIPS शृंखला में संख्या काफी तीव्रता से बढ़ रही है, तो निश्चित रूप से गुणन की संक्रिया प्रभावी है।

29. (*a*) शृंखला का क्रम निम्न प्रकार है,

33 $\xrightarrow{+47}$ 80 $\xrightarrow{+28}$ 108 $\xrightarrow{+47}$ [155] $\xrightarrow{+28}$ 183 $\xrightarrow{+47}$ 230 $\xrightarrow{+28}$ 258

30. (*a*) दी गई शृंखला का क्रम निम्न है

549, 525, 477, 405, 309, [189]

–24 –48 –72 –96 –120

–24 –24 –24 –24

31. (*c*) शृंखला का क्रम निम्न प्रकार है,

$\frac{-1}{729}$ $\frac{-1}{81}$ $\frac{-1}{9}$ [–1]

×9 ×9 ×9

32. (*c*) शृंखला का क्रम निम्न प्रकार है,

6 12 5 11 4 10 3 [9] [2]

+6 –7 +6 –7 +6 –7 +6 –7

33. (*b*) शृंखला का क्रम निम्न प्रकार है,

19 38 35 [140] 135 810

×2 –3 ×4 –5 ×6

34. (*b*) शृंखला का क्रम निम्न प्रकार है,

58 67 83 108 [144]

+9 +16 +25 +36

$3^2 \xrightarrow{+1} 4^2 \xrightarrow{+1} 5^2 \xrightarrow{+1} 6^2$

35. (*b*) दिए गए अनुक्रम का क्रम निम्न प्रकार है,

3 18 90 360 1080 2160 [2160] 0

×6 ×5 ×4 ×3 ×2 ×1 ×0

36. (*c*) शृंखला का क्रम निम्न प्रकार है,

3 20 38 52 75 82 114 [110]

+17 +18 +14 +23 +7 +32 –4

+1 –4 +9 –16 +25 –36

1^2 2^2 3^2 4^2 5^2 6^2

37. (*a*) शृंखला का क्रम निम्न प्रकार है,

990 962 934 906 878 [850]

–28 –28 –28 –28 –28

38. (*a*) शृंखला का क्रम निम्न प्रकार है,

146 – 90 = 56

90 – 56 = 34

56 – 34 = 22

34 – 22 = [12]

39. (*b*) शृंखला का क्रम निम्न प्रकार है,

21 [42] 45 180 185

×2 +3 ×4 +5

40. (*a*) शृंखला का क्रम निम्न प्रकार है,

25 26 53 160 641 [3206]

×1+1 ×2+1 ×3+1 ×4+1 ×5+1

41. (*a*) शृंखला का क्रम निम्न प्रकार है,

53 52 39 38 [25] 24

–1 –13 –1 –13 –1

42. (*a*) दी गई शृंखला का क्रम निम्न प्रकार है,

9 72 243 576 [1125]

9×1^3 9×2^3 9×3^3 9×4^3 9×5^3

43. (*d*) शृंखला का क्रम निम्न प्रकार है,

142 150 123 187 62 [278]

$+2^3$ -3^3 $+4^3$ -5^3 $+6^3$

44. (*a*) शृंखला का क्रम निम्न प्रकार है,

22 4 16 24 6 36 26 8 64 28 10 [100]

+2 +2 +2

4^2 6^2 8^2 10^2

45. (*d*) दी गई शृंखला का क्रम निम्न प्रकार है,

25, 36, 49, A, 81, B, 121

5^2 6^2 7^2 8^2 9^2 10^2 11^2

$A = 8^2 = 64$

$B = 10^2 = 100$

$\therefore$ B + A = 100 + 64 = 164

46. (*a*) शृंखला का क्रम निम्न प्रकार है,

G J M P [S]

+3 +3 +3 +3

47. (*b*) शृंखला का क्रम निम्न प्रकार है,

A B C D [E] F

+1 +1 +1 +1 +1

48. (*b*) शृंखला का क्रम निम्न प्रकार है,

A $\xrightarrow{+2}$ C $\xrightarrow{+3}$ F $\xrightarrow{+2}$ H $\xrightarrow{+3}$ K $\xrightarrow{+2}$ M $\xrightarrow{+3}$ [P] $\xrightarrow{+2}$ [R]

49. (*a*) शृंखला का क्रम निम्न प्रकार है,

N $\xrightarrow{+1}$ O $\xrightarrow{+2}$ Q $\xrightarrow{+3}$ T $\xrightarrow{+4}$ X $\xrightarrow{+5}$ C $\xrightarrow{+6}$ [I]

50. (*a*) शृंखला का क्रम निम्न प्रकार है,

J $\xrightarrow{+1}$ K $\xrightarrow{+2}$ M $\xrightarrow{+3}$ [P] $\xrightarrow{+4}$ T $\xrightarrow{+5}$ Y

51. (*c*) शृंखला का क्रम निम्न प्रकार है,

A $\xrightarrow{+3}$ D $\xrightarrow{+4}$ H $\xrightarrow{+5}$ M $\xrightarrow{+6}$ S $\xrightarrow{+7}$ [Z]

52. (*d*) शृंखला का क्रम निम्न प्रकार है,

B $\xrightarrow{+2}$ D $\xrightarrow{+4}$ H $\xrightarrow{+6}$ [N] $\xrightarrow{+8}$ V

53. (*d*) शृंखला का क्रम निम्न प्रकार है,

B $\xrightarrow{+1}$ C $\xrightarrow{+3}$ F $\xrightarrow{+5}$ K $\xrightarrow{+7}$ [R]

J $\xrightarrow{+2}$ L $\xrightarrow{+3}$ O $\xrightarrow{+4}$ S $\xrightarrow{+5}$ [X]

54. (*b*) दिए गए अक्षर-समूह में शृंखला का सही क्रम निम्न होगा,

UV OY IB EE [AH]

+3 +3 +3 +3

पहले अक्षर के स्थान पर स्वर अक्षरों (A, E, I, O, U) का उल्टा क्रम है।

अतः प्रश्नवाचक चिह्न (?) के स्थान पर 'AH' आएगा।

55. (*a*) दी गई शृंखला का क्रम निम्न प्रकार है,

D $\xrightarrow{+4}$ H $\xrightarrow{+6}$ N $\xrightarrow{+4}$ R $\xrightarrow{+6}$ X $\xrightarrow{+4}$ [B]

A $\xrightarrow{+4}$ E $\xrightarrow{+6}$ K $\xrightarrow{+4}$ O $\xrightarrow{+6}$ U $\xrightarrow{+4}$ [Y]

56. (*c*) शृंखला का क्रम निम्न प्रकार है,

Z $\xrightarrow{-6}$ T $\xrightarrow{-6}$ N $\xrightarrow{-6}$ H $\xrightarrow{-6}$ [B]

Z $\xrightarrow{-2}$ X $\xrightarrow{-3}$ U $\xrightarrow{-5}$ P $\xrightarrow{-7}$ [I]

57. (*d*) शृंखला का क्रम निम्न प्रकार है,

D $\xrightarrow{+4}$ H $\xrightarrow{+4}$ L $\xrightarrow{+4}$ P $\xrightarrow{+4}$ T $\xrightarrow{+4}$ [X]

W $\xrightarrow{-4}$ S $\xrightarrow{-4}$ O $\xrightarrow{-4}$ K $\xrightarrow{-4}$ G $\xrightarrow{-4}$ [C]

58. (*b*) श्रृंखला का क्रम निम्न प्रकार है,

F $\xrightarrow{+6}$ L $\xrightarrow{+6}$ R $\xrightarrow{+6}$ X $\xrightarrow{+6}$ D

N $\xrightarrow{+7}$ U $\xrightarrow{+7}$ B $\xrightarrow{+7}$ I $\xrightarrow{+7}$ P

V $\xrightarrow{+9}$ E $\xrightarrow{+9}$ N $\xrightarrow{+9}$ W $\xrightarrow{+9}$ F

59. (*a*) दी गई श्रृंखला का क्रम निम्न हैं

D $\xrightarrow{+7}$ K $\xrightarrow{+7}$ R $\xrightarrow{+7}$ Y $\xrightarrow{+7}$ F

F $\xrightarrow{+7}$ M $\xrightarrow{+7}$ T $\xrightarrow{+7}$ A $\xrightarrow{+7}$ H

H $\xrightarrow{+7}$ O $\xrightarrow{+7}$ V $\xrightarrow{+7}$ C $\xrightarrow{+7}$ J

60. (*a*) श्रृंखला का क्रम निम्न प्रकार है,

B $\xrightarrow{+2}$ D $\xrightarrow{+2}$ F $\xrightarrow{+2}$ H

D $\xrightarrow{+4}$ H $\xrightarrow{+4}$ L $\xrightarrow{+4}$ P

F $\xrightarrow{+6}$ L $\xrightarrow{+6}$ R $\xrightarrow{+6}$ X

61. (*c*) श्रृंखला का क्रम निम्न प्रकार है,

D $\xrightarrow{+4}$ H $\xrightarrow{+4}$ L $\xrightarrow{+4}$ P $\xrightarrow{+4}$ T

M $\xrightarrow{+8}$ U $\xrightarrow{+8}$ C $\xrightarrow{+8}$ K $\xrightarrow{+8}$ S

Q $\xrightarrow{+9}$ Z $\xrightarrow{+9}$ I $\xrightarrow{+9}$ R $\xrightarrow{+9}$ A

62. (*b*) श्रृंखला का क्रम निम्न प्रकार है,

V $\xrightarrow{-2}$ T $\xrightarrow{-4}$ P $\xrightarrow{-2}$ N $\xrightarrow{-4}$ J

R $\xrightarrow{+1}$ S $\xrightarrow{+2}$ U $\xrightarrow{+1}$ V $\xrightarrow{+2}$ X

S $\xrightarrow{-4}$ O $\xrightarrow{-4}$ K $\xrightarrow{-4}$ G $\xrightarrow{-4}$ C

63. (*b*) श्रृंखला का क्रम निम्न प्रकार है,

J $\xrightarrow{+5}$ O $\xrightarrow{+5}$ T $\xrightarrow{+5}$ Y $\xrightarrow{+5}$ D

M $\xrightarrow{-5}$ H $\xrightarrow{-5}$ C $\xrightarrow{-5}$ X $\xrightarrow{-5}$ S

D $\xrightarrow{+6}$ J $\xrightarrow{+6}$ P $\xrightarrow{+6}$ V $\xrightarrow{+6}$ B

64. (*a*) श्रृंखला का क्रम निम्न प्रकार है,

A $\xrightarrow{+3}$ D $\xrightarrow{+3}$ G $\xrightarrow{+3}$ J $\xrightarrow{+3}$ M

Y $\xrightarrow{-3}$ V $\xrightarrow{-4}$ R $\xrightarrow{-5}$ M $\xrightarrow{-6}$ G

D $\xrightarrow{+2}$ F $\xrightarrow{+2}$ H $\xrightarrow{+2}$ J $\xrightarrow{+2}$ L

65. (*b*) श्रृंखला का क्रम निम्न प्रकार है,

O $\xrightarrow{+3}$ R $\xrightarrow{+3}$ U $\xrightarrow{+3}$ X $\xrightarrow{+3}$ A

L $\xrightarrow{-7}$ E $\xrightarrow{-7}$ X $\xrightarrow{-7}$ Q $\xrightarrow{-7}$ J

R $\xrightarrow{+8}$ Z $\xrightarrow{+8}$ H $\xrightarrow{+8}$ P $\xrightarrow{+8}$ X

66. (*a*) श्रृंखला का क्रम निम्न प्रकार है,

C $\xrightarrow{+1}$ D $\xrightarrow{+1}$ E $\xrightarrow{+1}$ F

H $\xrightarrow{+1}$ I $\xrightarrow{+1}$ J $\xrightarrow{+1}$ K

O $\xrightarrow{+1}$ P $\xrightarrow{+1}$ Q $\xrightarrow{+1}$ R

67. (*c*) दी गई श्रृंखला का क्रम निम्न है,

K $\xrightarrow{-3}$ H $\xrightarrow{-3}$ E $\xrightarrow{-3}$ B $\xrightarrow{-3}$ Y $\xrightarrow{-3}$ V

J $\xrightarrow{-3}$ G $\xrightarrow{-3}$ D $\xrightarrow{-3}$ A $\xrightarrow{-3}$ X $\xrightarrow{-3}$ U

I $\xrightarrow{-3}$ F $\xrightarrow{-3}$ C $\xrightarrow{-3}$ Z $\xrightarrow{-3}$ W $\xrightarrow{-3}$ T

68. (*b*) दी गई श्रृंखला का क्रम निम्न है,

A $\xrightarrow{+4}$ E $\xrightarrow{+4}$ I $\xrightarrow{+4}$ M $\xrightarrow{+4}$ Q $\xrightarrow{+4}$ U

B $\xrightarrow{+4}$ F $\xrightarrow{+4}$ J $\xrightarrow{+4}$ N $\xrightarrow{+4}$ R $\xrightarrow{+4}$ V

C $\xrightarrow{+4}$ G $\xrightarrow{+4}$ K $\xrightarrow{+4}$ O $\xrightarrow{+4}$ S $\xrightarrow{+4}$ W

69. (*d*) श्रृंखला का क्रम निम्न प्रकार है,

T $\xrightarrow{+1}$ U $\xrightarrow{+1}$ V $\xrightarrow{+1}$ W $\xrightarrow{+1}$ X

K $\xrightarrow{+3}$ N $\xrightarrow{+3}$ Q $\xrightarrow{+3}$ T $\xrightarrow{+3}$ W

U $\xrightarrow{-5}$ P $\xrightarrow{-5}$ K $\xrightarrow{-5}$ F $\xrightarrow{-5}$ A

70. (*d*) दी गई श्रृंखला का क्रम निम्न है,

H $\xrightarrow{-6}$ B $\xrightarrow{-6}$ V $\xrightarrow{-6}$ P $\xrightarrow{-6}$ J

L $\xrightarrow{-6}$ F $\xrightarrow{-6}$ Z $\xrightarrow{-6}$ T $\xrightarrow{-6}$ N

A $\xrightarrow{-6}$ U $\xrightarrow{-6}$ O $\xrightarrow{-6}$ I $\xrightarrow{-6}$ C

71. (*a*) श्रृंखला का क्रम निम्न प्रकार है,

S $\xrightarrow{-7}$ L $\xrightarrow{-7}$ E $\xrightarrow{-7}$ X

Q $\xrightarrow{-7}$ J $\xrightarrow{-7}$ C $\xrightarrow{-7}$ V

O $\xrightarrow{-7}$ H $\xrightarrow{-7}$ A $\xrightarrow{-7}$ T

72. (*d*) श्रृंखला का क्रम निम्न प्रकार है,

W $\xrightarrow{-2}$ U $\xrightarrow{-2}$ S $\xrightarrow{-2}$ Q $\xrightarrow{-2}$ O

V $\xrightarrow{-2}$ T $\xrightarrow{-2}$ R $\xrightarrow{-2}$ P $\xrightarrow{-2}$ N

E $\xrightarrow{+2}$ G $\xrightarrow{+2}$ I $\xrightarrow{+2}$ K $\xrightarrow{+2}$ M

73. (*b*) श्रृंखला का क्रम निम्न प्रकार है,

R $\xrightarrow{-4}$ N $\xrightarrow{-4}$ J $\xrightarrow{-4}$ F $\xrightarrow{-4}$ B

S $\xrightarrow{-2}$ Q $\xrightarrow{-2}$ O $\xrightarrow{-2}$ M $\xrightarrow{-2}$ K

X $\xrightarrow{-1}$ W $\xrightarrow{-1}$ V $\xrightarrow{-1}$ U $\xrightarrow{-1}$ T

74. (*c*) श्रृंखला का क्रम निम्न प्रकार है,

A $\xrightarrow{+5}$ F $\xrightarrow{+5}$ K $\xrightarrow{+5}$ P $\xrightarrow{+5}$ U

C $\xrightarrow{+5}$ H $\xrightarrow{+5}$ M $\xrightarrow{+5}$ R $\xrightarrow{+5}$ W

E $\xrightarrow{+5}$ J $\xrightarrow{+5}$ O $\xrightarrow{+5}$ T $\xrightarrow{+5}$ Y

75. (*a*) श्रृंखला का क्रम निम्न प्रकार है,

C $\xrightarrow{-3}$ Z $\xrightarrow{-3}$ W $\xrightarrow{-3}$ T $\xrightarrow{-3}$ Q

A $\xrightarrow{+4}$ E $\xrightarrow{+4}$ I $\xrightarrow{+4}$ M $\xrightarrow{+4}$ Q

L $\xrightarrow{-5}$ G $\xrightarrow{-5}$ B $\xrightarrow{-5}$ W $\xrightarrow{-5}$ R

I $\xrightarrow{+6}$ O $\xrightarrow{+6}$ U $\xrightarrow{+6}$ A $\xrightarrow{+6}$ G

76. (*d*) श्रृंखला का क्रम निम्न प्रकार है,

F $\xrightarrow{+1}$ G $\xrightarrow{+1}$ H $\xrightarrow{+1}$ I

D $\xrightarrow{-1}$ C $\xrightarrow{-1}$ B $\xrightarrow{-1}$ A

K $\xrightarrow{+2}$ M $\xrightarrow{+2}$ O $\xrightarrow{+2}$ Q

I $\xrightarrow{-2}$ G $\xrightarrow{-2}$ E $\xrightarrow{-2}$ C

77. (*c*) श्रृंखला का क्रम निम्न प्रकार है,

J $\xrightarrow{+2}$ L $\xrightarrow{+2}$ N $\xrightarrow{+2}$ P

O $\xrightarrow{+2}$ Q $\xrightarrow{+2}$ S $\xrightarrow{+2}$ U

Q $\xrightarrow{+2}$ S $\xrightarrow{+2}$ U $\xrightarrow{+2}$ W

W $\xrightarrow{+2}$ Y $\xrightarrow{+2}$ A $\xrightarrow{+2}$ C

78. (*d*) श्रृंखला का क्रम निम्न प्रकार है,

Y $\xrightarrow{-1}$ X $\xrightarrow{-1}$ W $\xrightarrow{-1}$ V $\xrightarrow{-1}$ U

T $\xrightarrow{+2}$ V $\xrightarrow{+2}$ X $\xrightarrow{+2}$ Z $\xrightarrow{+2}$ B

U $\xrightarrow{-3}$ R $\xrightarrow{-3}$ O $\xrightarrow{-3}$ L $\xrightarrow{-3}$ I

Q $\xrightarrow{+4}$ U $\xrightarrow{+4}$ Y $\xrightarrow{+4}$ C $\xrightarrow{+4}$ G

> **TOP TIPS** इस प्रकार के सभी प्रश्नों को हल करने के लिए अक्षरों का क्रमांकिक मान याद रखना आवश्यक है।

79. (*d*) दी गई श्रृंखला का क्रम निम्न प्रकार है,

Y $\xrightarrow{-4}$ U $\xrightarrow{-4}$ Q $\xrightarrow{-4}$ M $\xrightarrow{-4}$ I

Z $\xrightarrow{-3}$ W $\xrightarrow{-3}$ T $\xrightarrow{-3}$ Q $\xrightarrow{-3}$ N

U $\xrightarrow{-2}$ S $\xrightarrow{-2}$ Q $\xrightarrow{-2}$ O $\xrightarrow{-2}$ M

W $\xrightarrow{-1}$ V $\xrightarrow{-1}$ U $\xrightarrow{-1}$ T $\xrightarrow{-1}$ S

80. (*b*) श्रृंखला का क्रम निम्न प्रकार है,

H $\xrightarrow{+3}$ K $\xrightarrow{+3}$ N $\xrightarrow{+3}$ Q $\xrightarrow{+3}$ T

E $\xrightarrow{+4}$ I $\xrightarrow{+4}$ M $\xrightarrow{+4}$ Q $\xrightarrow{+4}$ U

W $\xrightarrow{-5}$ R $\xrightarrow{-5}$ M $\xrightarrow{-5}$ H $\xrightarrow{-5}$ C

C $\xrightarrow{+6}$ I $\xrightarrow{+6}$ O $\xrightarrow{+6}$ U $\xrightarrow{+6}$ A

81. (*b*) श्रृंखला का क्रम निम्न प्रकार है,

B $\xrightarrow{+1}$ C $\xrightarrow{-3}$ Z $\xrightarrow{+5}$ E $\xrightarrow{-7}$ X

W $\xrightarrow{+1}$ X $\xrightarrow{-3}$ U $\xrightarrow{+5}$ Z $\xrightarrow{-7}$ S

U $\xrightarrow{+1}$ V $\xrightarrow{-3}$ S $\xrightarrow{+5}$ X $\xrightarrow{-7}$ Q

T $\xrightarrow{+1}$ U $\xrightarrow{-3}$ R $\xrightarrow{+5}$ W $\xrightarrow{-7}$ P

82. (*a*) श्रृंखला का क्रम निम्न प्रकार है,

B $\xrightarrow{+2}$ D $\xrightarrow{+2}$ F $\xrightarrow{+2}$ H

O $\xrightarrow{+1}$ P $\xrightarrow{+1}$ Q $\xrightarrow{+1}$ R

M $\xrightarrow{+2}$ O $\xrightarrow{+2}$ Q $\xrightarrow{+2}$ S

P $\xrightarrow{+1}$ Q $\xrightarrow{+1}$ R $\xrightarrow{+1}$ S

83. (*b*) श्रृंखला का क्रम निम्न प्रकार है,

E	L	S	V
↓+1	↓−2	↓+3	↓−4
F	J	V	R
↓+1	↓−2	↓+3	↓−4
G	H	Y	N
↓+1	↓−2	↓+3	↓−4
H	F	B	J
↓+1	↓−2	↓+3	↓−4
I	D	E	F

84. (*b*) श्रृंखला का क्रम निम्न प्रकार है,

A $\xrightarrow{-3}$ X $\xrightarrow{-3}$ U $\xrightarrow{-3}$ R

E $\xrightarrow{-3}$ B $\xrightarrow{-3}$ Y $\xrightarrow{-3}$ V

J $\xrightarrow{-3}$ G $\xrightarrow{-3}$ D $\xrightarrow{-3}$ A

O $\xrightarrow{-3}$ L $\xrightarrow{-3}$ I $\xrightarrow{-3}$ F

T $\xrightarrow{-3}$ Q $\xrightarrow{-3}$ N $\xrightarrow{-3}$ K

85. (*d*) शृंखला का क्रम निम्न प्रकार है,

Z $\xrightarrow{-4}$ V $\xrightarrow{-4}$ R $\xrightarrow{-4}$ [N] $\xrightarrow{-4}$ J

V $\xrightarrow{-3}$ S $\xrightarrow{-3}$ P $\xrightarrow{-3}$ [M] $\xrightarrow{-3}$ J

R $\xrightarrow{-2}$ P $\xrightarrow{-2}$ N $\xrightarrow{-2}$ [L] $\xrightarrow{-2}$ J

N $\xrightarrow{-1}$ M $\xrightarrow{-1}$ L $\xrightarrow{-1}$ [K] $\xrightarrow{-1}$ J

86. (*a*) शृंखला का क्रम निम्न प्रकार है,

P J V G

↓+6 ↓−8 ↓+4 ↓−5

V B Z B

↓+6 ↓−8 ↓+4 ↓−5

B T D W

↓+6 ↓−8 ↓+4 ↓−5

H L H R

↓+6 ↓−8 ↓+4 ↓−5

[N D L M]

87. (*b*) शृंखला का क्रम निम्न प्रकार है,

C-3 E-5 G-7 I-9 [K-11] [M-13]

(अक्षर: +2, +2, +2, +2, +2; संख्या: +2, +2, +2, +2, +2)

88. (*a*) शृंखला का क्रम निम्न प्रकार है,

C 81 E 64 [G] 49 I [36] K

(अक्षर: +2, +2, +2, +2; संख्या: 9^2, 8^2, 7^2, 6^2)

89. (*a*) शृंखला का क्रम निम्न प्रकार है,

B 9 U E 16 R H 25 O [K 36 L]

(−3, −3, −3; +3, +3, +3; 3^2, 4^2, 5^2, 6^2)

90. (*b*) दी गई शृंखला का क्रम निम्न प्रकार है,

U $\xrightarrow{+1}$ V $\xrightarrow{+1}$ W $\xrightarrow{+1}$ X $\xrightarrow{+1}$ [Y]

E $\xrightarrow{+2}$ G $\xrightarrow{+2}$ I $\xrightarrow{+2}$ K $\xrightarrow{+2}$ [M]

88 $\xrightarrow{-4}$ 84 $\xrightarrow{-4}$ 80 $\xrightarrow{-4}$ 76 $\xrightarrow{-4}$ [72]

91. (*b*) शृंखला का क्रम निम्न प्रकार है,

E $\xrightarrow{+2}$ [G] $\xrightarrow{+2}$ I $\xrightarrow{+2}$ K $\xrightarrow{+2}$ M

Z $\xrightarrow{+2}$ [B] $\xrightarrow{+2}$ D $\xrightarrow{+2}$ F $\xrightarrow{+2}$ H

10 $\xrightarrow{+13}$ [23] $\xrightarrow{+13}$ 36 $\xrightarrow{+13}$ 49 $\xrightarrow{+13}$ 62

92. (*d*) शृंखला का क्रम निम्न प्रकार है,

4 $\xrightarrow{+3}$ 7 $\xrightarrow{+3}$ 10 $\xrightarrow{+3}$ [13]

D $\xrightarrow{+3}$ G $\xrightarrow{+3}$ J $\xrightarrow{+3}$ [M]

3 $\xrightarrow{+3}$ 6 $\xrightarrow{+3}$ 9 $\xrightarrow{+3}$ [12]

C $\xrightarrow{+3}$ F $\xrightarrow{+3}$ I $\xrightarrow{+3}$ [L]

93. (*b*) शृंखला का क्रम निम्न प्रकार है,

A Z X C E V T G [I R]

(+2, +2, +2, +2; −2, −2, −2, −2)

$1 \times 3 = 3, 3 \times 3 = 9, 3 \times 9 = \boxed{27}$

(दूसरे स्थान पर आने वाली संख्या)

$1 + 3 = 4, 3 + 4 = 7, 4 + 7 = \boxed{11}$

(अन्तिम स्थान पर आने वाली संख्या)

∴ ? = I27R11

94. (*b*) शृंखला का क्रम निम्न प्रकार है,

X $\xrightarrow{+1}$ Y $\xrightarrow{+1}$ [Z] $\xrightarrow{+1}$ A $\xrightarrow{+1}$ B

D $\xrightarrow{+1}$ E $\xrightarrow{+1}$ [F] $\xrightarrow{+1}$ G $\xrightarrow{+1}$ H

45 $\xrightarrow{+8}$ 53 $\xrightarrow{-3}$ [50] $\xrightarrow{+8}$ 58 $\xrightarrow{-3}$ 55

95. (*b*) शृंखला का क्रम निम्न प्रकार है,

T $\xrightarrow{+1}$ U $\xrightarrow{+1}$ V $\xrightarrow{+1}$ W $\xrightarrow{+1}$ X $\xrightarrow{+1}$ [Y]

J $\xrightarrow{+2}$ L $\xrightarrow{+2}$ N $\xrightarrow{+2}$ P $\xrightarrow{+2}$ R $\xrightarrow{+2}$ [T]

M $\xrightarrow{+3}$ P $\xrightarrow{+3}$ S $\xrightarrow{+3}$ V $\xrightarrow{+3}$ Y $\xrightarrow{+3}$ [B]

10 $\xrightarrow{+2}$ 12 $\xrightarrow{+2}$ 14 $\xrightarrow{+2}$ 16 $\xrightarrow{+2}$ 18 $\xrightarrow{+2}$ [20]

96. (*b*) शृंखला का क्रम निम्न प्रकार है,

F $\xrightarrow{-1}$ E $\xrightarrow{-1}$ D $\xrightarrow{-1}$ C $\xrightarrow{-1}$ [B]

M $\xrightarrow{-2}$ K $\xrightarrow{-2}$ I $\xrightarrow{-2}$ G $\xrightarrow{-2}$ [E]

61 $\xrightarrow{-3}$ 58 $\xrightarrow{-3}$ 55 $\xrightarrow{-3}$ 52 $\xrightarrow{-3}$ [49]

97. (*c*) शृंखला का क्रम निम्न प्रकार है,

ABCC/ABCC/ABC C/ABCC

⇒ CBCAC

98. (*b*) शृंखला का क्रम निम्न प्रकार है,

GHIJ/GGHIJ/GGHHIJ/GGHH IIJ ⇒ HGHI

99. (*b*) शृंखला का क्रम निम्न प्रकार है,

AB A BC/ ABABC/AB ABC/ABABC

⇒ BBACBAB

100. (*c*) शृंखला का क्रम निम्न प्रकार है,

a c b d / d b c a / a c b d / d b c a ⇒ abbac

101. (*d*) शृंखला का क्रम निम्न प्रकार है,

g f o o d k k m/ g f o o d k k m /g f o o d k k m ⇒ f o k g o d m o k

> **TOP TIPS** ऐसी शृंखला में निश्चित अक्षरों का पुनरावृत्ति पैटर्न विकल्प की सहायता से भी हल किए जा सकते हैं।

102. (*d*) शृंखला का क्रम निम्न प्रकार है,

A B C D D E/A B C D D E/ A B C D D E /A B C D DE

⇒ ADEDDADDED

103. (*c*) शृंखला का क्रम निम्न प्रकार है,

L M B A C H O/L M B A C H O/L M B A C H O/L M B A C H O/L M

⇒ C H B M M

104. (*d*) शृंखला का क्रम निम्न प्रकार है,

n ml m nl / n ml m n l / n ml mn l

⇒ nmnnnl

105. (*a*) शृंखला का क्रम निम्न प्रकार है,

Y R G T/Y R G S/Y R G R/Y R G Q

(−1, −1, −1)

⇒ GSYQ

106. (*c*) शृंखला का क्रम निम्न प्रकार है,

H J H / H J H / H J H / H J H

⇒ HJJH

107. (*a*) शृंखला का क्रम निम्न प्रकार है,

M N P O S / M N P O S / M N P O S / M N P O S

⇒ PONSMPNO

108. (*a*) शृंखला का क्रम निम्न प्रकार है,

nm m n mp/n m m nmp/nm m n m p/nm m n mp

⇒ m n m m m n m m n

109. (*b*) दी गई अक्षर–शृंखला में शब्द CLOVE की पुनरावृत्ति हो रही है तथा शब्द का चौथा अक्षर 1 से बढ़ रहा है।

C L O V E/C L O W E/C L O X E/C L O Y E

(+1, +1, +1)

अत: रिक्त स्थानों के स्थान पर 'OLOXELY' अक्षर आएँगे।

110. (*c*) शृंखला का क्रम निम्न प्रकार है,

a ba c a / abac a / a ba c a / a b a c a

⇒ acaa acba

111. (*d*) शृंखला का क्रम निम्न प्रकार है,

C N E F / H N E K / M N E P / R N E U / W N E Z

(+5, +5, +5, +5; +5, +5, +5, +5)

⇒ NKMEZ

112. (*a*) शृंखला का क्रम निम्न प्रकार है,

BVJRW/BVKRW/BVLRW/BVMRW

(+1, +1, +1)

⇒ BVKRWMR

113. (*b*) श्रृंखला का क्रम निम्न प्रकार है,

+6 +6 +6 +6

G A J B / M A P B / S A V B / Y A B B / E A H B

+6 +6 +6 +6

⇒ JAVBE

114. (*a*) दी गई श्रृंखला का क्रम निम्न प्रकार है,

1 3 12 60 340 (360)

×3 ×4 ×5 ×6

अत: गलत संख्या = 340

115. (*d*) श्रृंखला का क्रम निम्न प्रकार है,

2 6 18 54 161 (162) 486

×3 ×3 ×3 ×3 ×3

अत: गलत संख्या 161 है।

116. (*a*) दी गई श्रृंखला का क्रम निम्न प्रकार है,

4 7 13 21 (22) 34

+3 +6 +9 +12

+3 +3 +3

अत: श्रृंखला में संख्या 21 गलत है।

117. (*d*) श्रृंखला का क्रम निम्न प्रकार है,

324 109 (108) 36 12 4

÷3 ÷3 ÷3 ÷3

अत: गलत संख्या 109 है।

118. (*d*) श्रृंखला का क्रम निम्न प्रकार है,

+1 +3 +5 +7

4 11 6 12 10 15 16 20 22 (24) 27

+2 +4 +6 +8

अत: गलत संख्या 22 है।

119. (*a*) श्रृंखला का क्रम निम्न प्रकार है,

9 15 24 34 (36) 51 69

+6 +9 +12 +15 +18

+3 +3 +3 +3

अत: गलत संख्या 34 है।

120. (*c*) दी गई श्रृंखला का क्रम निम्न प्रकार है,

486 482 478 474 472 (470) 466 462

–4 –4 –4 –4 –4 –4

अत: श्रृंखला में संख्या 472 गलत है।

121. (*d*) श्रृंखला का क्रम निम्न प्रकार है,

104 108 54 58 29 31 (33)

+4 ÷2 +4 ÷2 +4

अत: गलत संख्या 31 है।

122. (*a*) श्रृंखला का क्रम निम्न प्रकार है,

33792 8448 2148 (2112) 528 132 33 8.25

÷4 ÷4 ÷4 ÷4 ÷4 ÷4

अत: गलत संख्या 2148 है।

123. (*c*) श्रृंखला का क्रम निम्न प्रकार है,

A →(+4) E →(+4) I →(+4) N (M) →(+4) Q

Z →(–4) V →(–4) R →(–4) O (N) →(–4) J

अत: गलत अक्षर NO है।

124. (*c*) श्रृंखला का क्रम निम्न प्रकार है,

AA BD CJ (G) DJ EM

+1 +1 +1 +1

+3 +3 +3 +3

अत: गलत अक्षर CJ है।

125. (*c*) श्रृंखला का क्रम निम्न प्रकार है,

$(1)^2$ $(3)^2$ $(5)^2$ $(7)^2$ $(9)^2$

A1 C9 E25 G49 I89 (I81)

+2 +2 +2 +2

अत: 'I89' विषम है।

अध्याय

08 औपबन्धिक संख्या/अक्षर/प्रतीक

(Conditional Number/Letter/Symbol)

औपबन्धिक संख्या/अक्षर/प्रतीक

यदि संख्याओं/अक्षरों/प्रतीकों की किसी शृंखला या समूह में कुछ संख्याएँ/अक्षर/प्रतीक एक निश्चित नियम या शर्त के अनुसार व्यवस्थित होते हैं, उन्हें औपबन्धिक संख्या/अक्षर/प्रतीक कहते हैं। इस अध्याय से परीक्षा में पूछे जाने वाले प्रश्नों में सामान्यत: संख्याओं/अक्षरों/प्रतीकों की एक शृंखला के साथ कुछ शर्त दी गई होती हैं। उस शर्त के आधार पर शृंखला में निश्चित संख्या/अक्षर/प्रतीक ज्ञात करते हुए, उसकी कुल संख्या बतानी होती हैं।

संख्या शृंखला पर आधारित

इस प्रकार के प्रश्नों में एक संख्या शृंखला के साथ कुछ शर्तें दी गई होती हैं। इस शर्त के अनुसार शृंखला में से अभीष्ट संख्या या इसकी कुल संख्या ज्ञात करनी होती हैं।

जैसे-1891358913915791 इसमें 9 का अंक कितनी बार आया है जिसके ठीक बाद 1 तथा पहले 8 हो?

(a) 0 (b) 1

(c) 2 (d) 3

हल (c) प्रश्नानुसार,

1891358913915791

∴ शर्त के अनुसार अभीष्ट 9 की संख्या = 2

अक्षर शृंखला पर आधारित

इस प्रकार के प्रश्नों में अक्षरों की एक शृंखला के साथ कुछ शर्त दी गई होती हैं। इस शर्त के अनुसार शृंखला से अभीष्ट अक्षर या इसकी कुल संख्या ज्ञात करनी होती हैं।

जैसे-BCNKLJOKIUKJLOKJLN इसमें कितने L हैं जिसके ठीक पहले 'J' आता है?

(a) 0 (b) 1

(c) 3 (d) 2

हल (d) प्रश्नानुसार,

BCNKLJOKIUKJLOKJLN

∴ शर्त के अनुसार अभीष्ट L की संख्या = 2

संख्या, अक्षर एवं प्रतीक पर आधारित

इस प्रकार के प्रश्नों में संख्या, अक्षर तथा प्रतीक से मिलकर बनी शृंखला के साथ कुछ शर्त दी गई होती हैं। इस शर्त के आधार पर इस शृंखला से अभीष्ट अक्षर/संख्या तथा प्रतीक या इसकी कुल संख्या ज्ञात करनी होती हैं।

जैसे-K$9#23V1*4@3&A12 इसमें कितनी संख्या है जिसके ठीक पहले तथा बाद में चिह्न है?

(a) 0 (b) 1

(c) 2 (d) 3

हल (d) प्रश्नानुसार,

K$9#23V1*4@3&A12

∴ शर्त के अनुसार अभीष्ट संख्या = 3

शर्तानुसार पुनर्व्यवस्था पर आधारित

इस प्रकार के प्रश्नों में एक संख्या या अक्षर समूह या संख्याओं के समूह के साथ कुछ शर्त दी गई होती हैं। इस शर्त के अनुसार, संख्याओं/अक्षर समूह को पुनर्व्यवस्थित करके पूछे गए प्रश्न का उत्तर ज्ञात करना होता है।

जैसे-संख्या 597841 के अंकों को अवरोही क्रम में व्यवस्थित किया जाए, तो कितने अंकों के स्थान अपरिवर्तित रहेंगे?

(a) एक भी नहीं (b) एक

(c) दो (d) तीन

हल (d) दी गई संख्या → 5 9 7 8 4 1

संख्या के अंकों को अवरोही क्रम में व्यवस्थित करने पर → 9 8 7 5 4 1

अत: केवल तीन अंकों के स्थान अपरिवर्तित रहेंगे।

Score Booster

इस प्रकार के प्रश्नों को हल करते समय अभ्यर्थियों को प्रश्न में दी गई शर्तों को अत्यन्त ध्यानपूर्वक पढ़ना चाहिए और साथ ही शृंखला के किसी पद के पहले तथा बाद या दाएँ तथा बाएँ की दिशा का ज्ञान होना अति आवश्यक है।

Exam Approach Examples

संख्या शृंखला पर आधारित

उदाहरण 1. निम्नलिखित शृंखला में ऐसे कितने 5 हैं, जिनके ठीक पहले 3 है लेकिन ठीक बाद 1 नहीं है? *UP Police Head Operator 2024*

2 6 2 5 3 5 7 3 5 1 3 5 4 3 5 9 1 2 3 5 1 4 6 3 5 1 8 2 3

(a) 2 (b) 1 (c) 3 (d) 6

हल (c) दी गई शृंखला,

2 6 2 5 3 [5] 7 3 5 1 3 [5] 4 3 [5] 9 1 2 3 5 1 4 6 3 5 1 8 2 3

अत: दी गई शर्त के अनुसार,

शृंखला में कुल 5 की संख्या = 3

उदाहरण 2. (बाएँ) 1 4 6 7 4 3 2 5 6 7 3 4 6 5 1 3 4 5 2 4 5 1 5 7 (दाएँ)

यदि उपरोक्त श्रेणी में बाएँ से प्रत्येक दूसरी संख्या को हटा दिया जाए, तो बाएँ से आठवें स्थान पर कौन-सी संख्या होगी? *RRC Group D 2022*

(a) 6 (b) 4 (c) 1 (d) 5

हल (c) दी गई शृंखला,

(बाएँ) 1 4 6 7 4 3 2 5 6 7 3 4 6 5 1 3 4 5 2 4 5 1 5 7 (दाएँ)

प्रश्नानुसार, बाएँ से प्रत्येक दूसरी संख्या को हटाने पर प्राप्त शृंखला

1 6 4 2 6 3 6 [1] 4 2 5 5

बाएँ से आठवीं

अत: अभीष्ट संख्या = 1

Smart Approach

यहाँ, अभ्यर्थियों को संख्याएँ (तत्त्व) हटाने के बाद नई व्यवस्था बनाने की आश्यकता नहीं हैं।

[$2n-1$] (जहाँ n = पूछा गया पद)

$=2\times8-1=16-1=15$वाँ पद = 1 (दी गई शृंखला का)

अक्षर शृंखला पर आधारित

उदाहरण 3. यदि दी गई शृंखला के सभी स्वर हटा दिए जाएँ, तो बाईं ओर से 'Q' का स्थान क्या होगा? *DSSSB Workshop Assistant 2024*

H J L D S R I Q H B E F P L X A Z J K L

(a) 5वाँ (b) 6वाँ (c) 8वाँ (d) 7वाँ

हल (d) दी गई शृंखला के सभी स्वरों को हटाने पर,

H J L D S R (Q) H B F P L X Z J K L

बाएँ से 7 वाँ

अत: बाएँ ओर से Q का स्थान 7 वाँ होगा।

उदाहरण 4. निम्नलिखित अक्षर शृंखला में, JKL कितनी बार इस प्रकार आता है, कि इस क्रम के बाद N आता है?

BCNKLJKLMJKLQJKLMNJKLABJKL JKL

MNJKLSKTKJLLKJNJKLJLTKLT *RRB NTPC (CBT-I) 2021*

(a) 1 (b) 0 (c) 2 (d) 3

हल (b) दी गई शृंखला,

BCNKLJKLMJKLQJKLMNJKLABJKL JKL

MNJKLSKTKJLLKJNJKL JLTKLT

अत: अभीष्ट JKL जिसके बाद N आता हो, कि संख्या 0 है।

Helping Tips

इस प्रकार के प्रश्नों को हल करने के लिए शृंखला का ध्यानपूर्वक अवलोकन करने की आवश्यकता होती है।

संख्या, अक्षर एवं प्रतीक पर आधारित

उदाहरण 5. यदि दी गई शृंखला के पहले अर्द्धभाग को उल्टा लिखा जाए, तो दाएँ से छठे स्थान के बाएँ चौदहवें स्थान पर कौन-सा अक्षर/अंक दिखेगा?

U 3 4 5 T E T C E 4 6 3 D R 4 5 S 3 4 O 3 T

Rajasthan Police Constable 2022

(a) C (b) 4

(c) E (d) 3

हल (c) दी गई शृंखला,

U 3 4 5 T E T C E 4 6 3 D R 4 5 S 3 4 O 3 T

पहला अर्द्धभाग

पहले अर्द्धभाग को उल्टा लिखने पर नई शृंखला

6 4 (E) C T E T 5 4 3 U 3 D R 4 5 (S) 3 4 O 3 7

के बाएँ चौदहवाँ दाएँ से छठा

∴ अभीष्ट अक्षर = E

उदाहरण 6. निम्नलिखित अनुक्रम की बारीकी से जाँच कीजिए और उसके बाद आने वाले प्रश्न का उत्तर दीजिए।

R K 5 9 # B 2 % * E ? A 8 L $ 1 4 S V 7 ! C 6 N @ H 1 3 D C

ऐसे कितने अक्षर हैं, जिनमें से प्रत्येक के ठीक पहले और ठीक बाद में एक चिह्न है? *UP Police Constable 2024*

(a) 1 (b) 0 (c) 3 (d) 2

हल (a) दिया गया अनुक्रम

R K 5 9 # B 2 % * [E] ? A 8 L $ 1 4 S V 7 ! C 6 N @ H 1 3 D C

अत: केवल एक अक्षर है, जिनके ठीक पहले और ठीक बाद में एक चिह्न है।

शर्तानुसार पुनर्व्यवस्था पर आधारित

उदाहरण 7. संख्या 7148356 के प्रत्येक अंक को बाएँ से दाएँ आरोही क्रम में व्यवस्थित किया जाता है, तब मूल संख्या की तुलना में कितने अंकों की स्थिति अपरिवर्तित बनी रहेगी? *SSC CGL (Tier-II) 2023*

(a) तीन (b) एक (c) किसी की भी नहीं (d) दो

हल (b) दी गई संख्या → 7 1 [4] 8 3 5 6

आरोही क्रम में व्यवस्थित करने पर → 1 3 [4] 5 6 7 8

∴ अपरिवर्तित अंकों की संख्या = 1

उदाहरण 8. यदि प्रत्येक संख्या में पहले और तीसरे अंक को परस्पर बदल दिया जाए, तब नई व्यवस्था में कितनी विषम संख्याएँ बनती हैं?

964 348 667 679 678 *DSSSB Workshop Assistant 2024*

(a) 3

(b) 2

(c) 4

(d) 1

Trending Concept

इस प्रकार के प्रश्न हाल ही में DSSSB तथा Railway के Exams में पूछे जा रहे हैं।

हल (b) दी गई संख्याएँ, 964 348 667 679 678

प्रत्येक संख्या के पहले और तीसरे अंकों को परस्पर बदलने पर, प्राप्त संख्याएँ

469 843 766 976 876

अत: केवल 2 विषम संख्याएँ 469 और 843 बनती हैं।

Chapter Challenge

संख्या शृंखला पर आधारित

1. (बाएँ) 2543786794378623489487643728975 32459 (दाएँ)। यदि सभी सम संख्याओं को शृंखला से हटा दिया जाए, तो निम्नलिखित में से कौन-सा बाएँ से छठा होगा?

RRC Group D 2022

(a) 9 (b) 7 (c) 5 (d) 3

2. 56265853502638256937
उक्त संख्या श्रेणी में, ऐसी कितनी विषम संख्याएँ हैं, जिनमें से प्रत्येक के ठीक पहले एक सम संख्या है और ठीक बाद भी एक सम संख्या है?

RRC Group D 2022

(a) 4 (b) 1 (c) 3 (d) 2

3. निम्नलिखित शृंखला में संख्या 4 से ठीक पहले कितनी विषम संख्याएँ हैं?
266345249864 3482 *RRB NTPC 2021*
(a) 1 (b) 2 (c) 3 (d) 4

4. निम्नलिखित शृंखला में, संख्या 0 के ठीक बाद संख्या 2 कितनी बार है?
213250278020345202078 *RRB NTPC 2021*
(a) 6 (b) 5 (c) 4 (d) 3

5. दी गई शृंखला में, कितने 8 ऐसे हैं, जो अपने बाएँ ओर की संख्या से विभाजित नहीं होते हैं, लेकिन दाएँ ओर की संख्या से पूर्णत: विभाजित होते हैं?
563248889266588343 *RRB ALP 2018*
(a) 3 (b) 1 (c) 2 (d) 4

6. सम संख्या के बाद और विषम संख्या से पहले कितने '8' हैं?
184381483287848568784186
(a) 3 (b) 4 (c) 9 (d) 5

7. 729638387732732213399749909
दी गई शृंखला में संख्या 7 की पुनरावृत्ति और संख्या 9 की पुनरावृत्ति का योगफल ज्ञात कीजिए। *RRC Group D 2022*
(a) 5 (b) 14 (c) 11 (d) 7

8. नीचे दी गई श्रेणी में ऐसी कितनी विषम संख्याएँ हैं, जो किसी अन्य विषम संख्या के तत्काल बाद आती हैं?
4681344815784821482481674848125486
(a) 3 (b) 4 (c) 1 (d) 2

9. निम्नलिखित शृंखला में कितनी बार संख्या 8 के बाद संख्या 4 नहीं है, लेकिन इसके पहले संख्या 5 है? *RRB NTPC 2021*
6582358125834356545865 8458
(a) 2 (b) 3 (c) 4 (d) 5

10. नीचे दी गई शृंखला में कितने अंक अपने दाएँ ओर के अंक से पूरी तरह विभाज्य हैं?

RRB ALP 2019

563248889266588 343
(a) 4 (b) 5
(c) 6 (d) 3

> **MRC*****
> *(Most Repeating Concepts)*
> प्र. सं. 1 से 10 Examination Point of Views से अति महत्त्वपूर्ण हैं। इन Concept पर प्रश्न (Railway, NTPC, Group D, ALP, DSSSB) में निरन्तर पूछे जाते हैं।

11. 25698038672522683653
उपरोक्त श्रेणी में ऐसी कितनी संख्याएँ हैं, जिनमें से प्रत्येक के ठीक पहले एक सम संख्या और ठीक बाद एक विषम संख्या है?

RRC Group D 2022

(a) 3 (b) 4 (c) 5 (d) 2

12. अंकों के निम्नलिखित समूह में कितने ऐसे 6 हैं, जिनके पूर्ववर्ती अंक 9 हो और परवर्ती भी 9 हो?
6696999666969669966 99666
(a) 3 (b) 1 (c) 4 (d) 2

13. 3752864137437682658978 61273
उपरोक्त शृंखला में ऐसे कितने विषम अंक हैं, जिनमें से प्रत्येक के ठीक पहले एक पूर्ण वर्ग और ठीक बाद एक विषम अंक हैं?
(नोट : 1 भी पूर्ण वर्ग है) *RRC Group D 2022*
(a) तीन (b) चार (c) दो (d) एक

14. निम्नलिखित अनुक्रम में अंक 4 कितनी बार आता है, जहाँ न तो अंक 6 पहले है और न ही ठीक बाद में अंक 9 है?
94664959478916496 49 *RRB NTPC 2021*
(a) तीन (b) पाँच (c) दो (d) चार

अक्षर शृंखला पर आधारित

15. (बाएँ) G H U B Q R P M E N S T A V L M A (दाएँ)
ऐसे कितने स्वर हैं, जिनके ठीक पहले एक व्यंजन है और ठीक बाद में भी एक व्यंजन है? *RRC Group D 2022*
(a) 4 (b) 6 (c) 3 (d) 1

16. M O V E O I F V A S K C O S D V I N S D I N I S
ऐसे कितने व्यंजन हैं, जिनमें से प्रत्येक के ठीक पहले एक स्वर और ठीक बाद में एक स्वर है? *RRC Group D 2022*
(a) एक (b) तीन (c) दो (d) चार

17. निम्नलिखित शृंखला में ऐसे कितने अक्षर D हैं, जिनके ठीक बाद W है, लेकिन ठीक पहले K नहीं है?
K D C W K D W N K G D W W D H K V D W Z D W

RRB NTPC 2021

(a) 1 (b) 3 (c) 2 (d) 4

18. Y H S D S Y I R A Y E U G I R O A B U B R X M P Q
शृंखला में ऐसे कितने स्वर हैं, जिनमें से प्रत्येक के ठीक पहले एक व्यंजन और ठीक बाद में एक व्यंजन है? *RRC Group D 2022*
(a) 5 (b) 2 (c) 4 (d) 3

19. निम्नलिखित शृंखला में ऐसे कितने 'S' हैं, जो K के ठीक पहले और K के ठीक बाद आते हैं?
S S K S K S R K S P O K S K S K S *UP Police Constable 2024*
(a) 3 (b) 2 (c) 4 (d) 5

20. निम्नलिखित अक्षर शृंखला में कितने M इस प्रकार उपस्थित हैं, जिनके ठीक पहले W है और ठीक बाद में V है?
X U V M R S T M W N V M W O P M W U V M W A C W M V H P N V W M W T U N
(a) 3 (b) 2 (c) 1 (d) 5

21. K I O X J E T R U L E B A C K J M N उपरोक्त शृंखला में ऐसे कितने स्वर हैं, जिनमें से प्रत्येक के तुरन्त बाद कम-से-कम दो व्यंजन एकसाथ दिखाई दे रहें हैं? *RRC Group D 2022*
(a) 2 (b) 3 (c) 4 (d) 1

22. निम्नलिखित अक्षर शृंखला में, ऐसे कितने KGN हैं, जिनके मध्य में अक्षर G है और दोनों ओर आसन्न अक्षर K और N हैं?

AKGLMNDQKGCSNGKTGKGNDZPUXG KE

(a) 3 (b) 5 (c) 1 (d) 2

23. AFRCDSYHNTEDCIDQACVYUINGRFSC WR उपरोक्त अक्षर शृंखला में ऐसे कितने व्यंजन हैं, जिनमें से प्रत्येक के ठीक पहले एक स्वर है और ठीक बाद भी एक स्वर है?

RRC Group D 2022

(a) एक (b) तीन (c) दो (d) शून्य

24. निम्नलिखित अक्षर शृंखला में कितने BCN इस प्रकार उपस्थित हैं, कि अक्षर C मध्य में है तथा अक्षर B और N उसके किसी भी ओर हैं?

BCMXNCXNBXNCBNCBYBCXNBCNAB ONMZCB

(a) 4 (b) 2 (c) 5 (d) 3

25. GYABBRIBRXMRAYEJSFUYHUYHNRPQS DAI उपरोक्त अक्षर शृंखला के बाएँ सिरे से सातवें और बाएँ सिरे से छठे अक्षर के बीच अंग्रेजी वर्णमाला में कितने अक्षर हैं?

RRC Group D 2022

(a) 8 (b) 7 (c) 6 (d) 5

26. नीचे कितने L ऐसे हैं, जिनके ठीक पहले R न आता हो और उनके ठीक आगे T भी न आता हो?

ZQSTLRMNQNRTUVXRLTASLTQRSLT

(a) 2 (b) 1 (c) 3 (d) 5

27. YABUYHIRJSBRXMPQSDIRAYEFG ऐसे कितने व्यंजन हैं, जिनमें से प्रत्येक के ठीक पहले एक स्वर और ठीक बाद में भी एक स्वर है? ***RRC Group D 2022***

(a) 4 (b) 2 (c) 1 (d) 3

संख्या, अक्षर एवं प्रतीक पर आधारित

28. (बाएँ) 52#3%23&8$78#95@6&49$36#75$8% 62&82%38@9 (दाएँ)

यदि उपरोक्त शृंखला से सभी प्रतीकों को हटा दिया जाए, तो निम्नलिखित में से कौन-सी संख्या दाएँ से सातवें स्थान पर होगी?

RRC Group D 2022

(a) 6 (b) 5 (c) 8 (d) 2

29. (बाएँ) KL%Y&4E28*3M&7SW#82H*L (दाएँ)

यदि शृंखला में से सभी संख्याओं को हटा दिया जाता है, तो निम्नलिखित में से कौन-सा दाएँ से आठवाँ होगा? ***RRB NTPC 2022***

(a) M (b) & (c) * (d) E

30. निम्न अनुक्रम में उन अक्षरों की संख्या कितनी है, जिनके ठीक पहले एक प्रतीक है, लेकिन ठीक बाद में संख्या नहीं है?

$M@A#N2B4O&3C5P+D2 ***RRB ALP 2018***

(a) 2 (b) 3 (c) 1 (d) 4

31. दिए गए विकल्पों में से कौन-सा B और X के ठीक बीच में है?

9BQ=5R$J@4*P&9MX#G ***RRB NTPC 2021***

(a) & (b) @ (c) $ (d) *

32. (बाएँ) E#R&H&@J&MN#B&V&&D#P@W%& Q&A%&#E& (दाएँ) यदि उपरोक्त शृंखला में से सभी प्रतीकों को हटा दिया जाए, तो निम्नलिखित में से कौन-सा अक्षर बाएँ से तीसरे स्थान पर होगा? ***RRC Group D 2022***

(a) J (b) M (c) Q (d) H

33. निम्नलिखित व्यवस्थापन का अध्ययन करें और निम्नलिखित प्रश्न का उत्तर दें।

ASAT@#₹PQ124SUT

यदि दिए गए अनुक्रम में से सभी संख्याओं और प्रतीकों को निकाल दिया जाता है, तो सबसे अधिक बार आने वाले स्वर की पहचान कीजिए। ***UPSSSC 2018***

(a) U (b) T (c) S (d) A

34. (बाएँ) A8&$4Y&6#@9UY3%L6&K9&PV4B& %#UY8$# (दाएँ)

निम्नलिखित में से कौन-सा इस व्यवस्था के बाएँ सिरे से छठवें स्थान के दाईं ओर चौथे स्थान पर होगा? ***RRB NTPC 2022***

(a) P (b) 9 (c) # (d) @

35. (बाएँ) B8D56MS8#Z@7K$2CB45NR (दाएँ)

उपरोक्त शृंखला में से ऐसी कितनी संख्याएँ हैं, जिनके ठीक पहले एक अक्षर और ठीक बाद में एक संख्या भी है? ***RRC Group D 2022***

(a) 1 (b) 3 (c) 4 (d) 2

36. (बाएँ) HS%V^ERU:FJ#SAU&G*GH@DC!IN O?S (दाएँ)

इस व्यवस्था में, ऐसे कितने व्यंजन हैं, जिनके ठीक पहले एक स्वर है?

RRB NTPC 2022

(a) 4 (b) 5 (c) 2 (d) 3

37. निम्नलिखित क्रम-स्थापन का अध्ययन कीजिए और प्रश्न का उत्तर दें।

SDBM14863%T@©UK5V1W$Y2BE6#9DH 8G&ZN

दिए गए क्रम-स्थापन में ऐसे कितने प्रतीक हैं, जिनमें से प्रत्येक के तत्काल बाद एक अक्षर होता है, किन्तु उसके तत्काल पहले कोई संख्या नहीं आती है? ***UPSSSC 2018***

(a) चार (b) दो (c) तीन (d) एक

38. निम्नलिखित क्रम में ऐसे कितने अंक हैं, जिनमें से प्रत्येक के ठीक पहले और ठीक बाद में एक अक्षर है?

AB7CD9ZY*P2M©KS3↑5NT ***RRB NTPC 2021***

(a) एक (b) दो (c) चार (d) तीन

39. निम्नलिखित अभिव्यक्ति में उन चिह्नों की संख्या .... है जिनके आगे अक्षर है और पीछे संख्या नहीं है।

A$1%MB#6&NC=3!OD+KP ***RRB ALP 2018***

(a) 2 (b) 1 (c) 4 (d) 3

40. (बाएँ) G6&$4Y89#@WH5%6&K9@R94T&%# UY8$#QY84$ (दाएँ)

निम्नलिखित में से कौन-सा दी गई व्यवस्था में दाएँ सिरे से चौदहवें स्थान के दाएँ ओर नौवें स्थान पर है? ***RRB NTPC 2022***

(a) # (b) T
(c) Y (d) Q

41. निम्नलिखित व्यवस्था में से ऐसे कितने व्यंजन हैं, जिनमें से प्रत्येक के ठीक बाद एक स्वर है, लेकिन ठीक पहले एक संख्या नहीं है?

TRB50%U7C4#KFS2UE*18I3V@9IX@LAB

RRB NTPC 2021

(a) दो (b) तीन से अधिक
(c) तीन (d) एक

शर्तानुसार पुनर्व्यवस्था पर आधारित

42. यदि दी गई संख्याओं के अंकों को संख्या के भीतर घटते क्रम में लिखा जाए, तो कितने अंक अपना स्थान नहीं बदलेंगे?

8 3 2 4 5 7 1 *CRPF HC 2023*

(a) कोई नहीं (b) एक (c) दो (d) तीन

43. संख्या 56137428 में प्रत्येक अंक को बाएँ से दाएँ आरोही क्रम में व्यवस्थित किया गया है। मूल संख्या की तुलना में कितने अंकों की स्थिति अपरिवर्तित रहेगी? *RRC Group D 2022*

(a) एक (b) तीन (c) कोई नहीं (d) दो

44. यदि संख्या 243978615 के सभी अंकों को बाएँ से दाएँ की ओर आरोही क्रम में व्यवस्थित किया जाए, तब मूल संख्या की तुलना में कितने अंकों की स्थिति अपरिवर्तित रहेगी? *RRC Group D 2022*

(a) 4 (b) 2 (c) 3 (d) 1

45. दी गई संख्याओं 452, 243, 361, 579 और 674, में से यदि प्रत्येक संख्या के पहले और दूसरे अंक को परस्पर बदल दिया जाए, तो निम्न में से कौन-सी सबसे बड़ी संख्या होगी?

(उदाहरण 697 में पहला अंक = 6, दूसरा अंक = 9 और तीसरा अंक = 7 है) *RRC Group D 2022*

(a) 361 (b) 579 (c) 452 (d) 674

46. AID, BAD, CAT, DOG, EAT यदि इनमें से प्रत्येक शब्द के प्रत्येक अक्षर को अंग्रेजी वर्णानुक्रम में उसके अगले अक्षर से बदल दिया जाए, तो इस प्रकार बने कितने शब्दों (उनका सार्थक होना अनिवार्य नहीं है) में कोई स्वर नहीं होगा? *RRC Group D 2022*

(a) एक (b) दो (c) तीन (d) कोई नहीं

निर्देश (प्र.सं. 47-49) *नीचे दिए प्रश्न तत्त्वों (अंकों, अक्षरों और संकेतों) की निम्न श्रृंखला पर आधारित हैं*

AB@★$d12fGh9ZuVnMNQO?£&8 *DSSSB Grade-II 2015*

47. नीचे दिए गए चार विकल्पों में से, तीन उपरोक्त श्रृंखला में अपनी स्थिति के आधार पर समान हैं और इस तरह से एक समूह का निर्माण करते हैं, तो अब कौन-सा एक समूह से सम्बन्धित नहीं है?

(a) ★1G (b) d@f (c) 2$B (d) VN?

48. निम्नलिखित श्रृंखला में, प्रश्नचिह्न (?) के स्थान पर क्या होना चाहिए?

ln£ 2NO fOM ? h82

(a) G&Z (b) G£9 (c) 3&Z (d) इनमें से कोई नहीं

49. यदि उपरोक्त श्रृंखला में पहले अर्द्ध भाग को विपरीत क्रम में लिखा जाता है, तो कौन-सा संकेत बाएँ से गिनने पर 21वें तत्त्व के बाएँ ओर से ग्यारहवाँ होगा?

(a) G (b) h (c) ★ (d) @

50. यदि प्रत्येक संख्या में, प्रत्येक सम अंक में एक जोड़ा जाए और प्रत्येक विषम अंक में से दो घटाया जाए, तो दाएँ छोर से दूसरी संख्या के मध्य अंक और बाएँ छोर से दूसरी संख्या के अन्तिम अंक के बीच का अन्तर कितना होगा?

748 623 543 422 298 *DSSSB Workshop Assistant 2024*

(a) 5 (b) 3 (c) 4 (d) 2

51. यदि नीचे दी गई संख्याओं को अवरोही क्रम में व्यवस्थित किया जाए, तो दाएँ ओर से पाँचवीं संख्या और बाएँ ओर से चौथी संख्या के बीच का अन्तर कितना होगा?

(बाएँ) 202, 323, 266, 182, 315, 285, 193, 217, 231, 186 (दाएँ) *RRC Group D 2022*

(a) 27 (b) 49 (c) 37 (d) 29

52. 29, 74, 93, 75, 19, 52, 75, 94, 93, 71 यदि सभी संख्याओं के दहाई और इकाई अंकों की स्थिति को आपस में बदल दिया जाए, तो मूल श्रेणी की कौन-सी संख्याएँ, श्रेणी की क्रमशः सबसे बड़ी और सबसे छोटी संख्याएँ बन जाएँगी? *RRC Group D 2022*

(a) 98 और 94 (b) 29 और 71
(c) 93 और 71 (d) 19 और 29

53. बाएँ से पहले शब्द के दूसरे अक्षर और दाएँ से पहले शब्द के पहले अक्षर के बीच कितने अक्षर हैं?

(बाएँ) CAR HAT FED EYE (दाएँ) *RRC Group D 2022*

(a) 6 (b) 3 (c) 4 (d) 5

54. यदि संख्या 2079816 के अंकों को बाएँ से दाएँ की ओर अवरोही क्रम में व्यवस्थित किया जाए, तो कौन-सा अंक ठीक मध्य में आएगा? *RRC Group D 2022*

(a) 8 (b) 2 (c) 6 (d) 7

55. निम्नलिखित प्रश्न में नीचे दी गई पाँच तीन-अंकीय संख्याओं पर आधारित है (बाएँ) 815 458 512 630 235 (दाएँ) यदि दूसरी सबसे बड़ी संख्या के तीसरे अंक को सबसे छोटी संख्या के दूसरे अंक में जोड़ दिया जाए, तो प्राप्त परिणाम क्या होगा? *RRC Group D 2022*

(a) 5 (b) 6 (c) 3 (d) 2

56. निम्नलिखित प्रश्न दिए गए शब्दों पर आधारित है

PLAN FORE RAMP RANG SAND

यदि प्रत्येक शब्द के चौथे अक्षर को अंग्रेजी वर्णमाला के क्रम में उसके अगले अक्षर से बदल दिया जाए, तो इस प्रकार बनने वाले कितने अक्षर समूहों में दो स्वर होंगे? *RRB NTPC 2022*

(a) दो (b) तीन (c) शून्य (d) एक

57. (बाएँ) NAT PAL COT TAN (दाएँ)

यदि इनमें से प्रत्येक शब्द में, प्रत्येक अक्षर को अंग्रेजी वर्णमाला में उसके बाद आने वाले अक्षर से बदल दिया जाता है, तो इस प्रकार निर्मित कितने शब्दों में कोई स्वर नहीं होगा? *RRC Group D 2022*

(a) एक (b) तीन (c) चार (d) दो

58. (बाएँ) 429 847 922 213 757 (दाएँ)

(उदाहरण के लिए 697 में पहला अंक = 6, दूसरा अंक = 9, तीसरा अंक = 7 है)

नोट सभी संक्रियाएँ बाएँ से दाएँ की जानी हैं।

यदि सभी संख्याओं को अवरोही क्रम में व्यवस्थित किया जाए, तो कितनी संख्याओं की स्थिति अपरिवर्तित रहेगी? *RRC Group D 2022*

(a) 1 (b) 0 (c) 3 (d) 2

59. (बाएँ) 721, 463, 227, 316, 627 (दाएँ)

(उदाहरण के लिए, संख्या 456 में 6 इकाई अंक, 5 = दहाई अंक और 4 = सैकड़े का अंक है)

नोट सभी क्रियाएँ बाएँ से दाएँ की ओर की जाएँगी। यदि प्रत्येक संख्या के इकाई अंक को उसी संख्या के सैकड़े के अंक से बदल दिया जाए, तो कौन-सी मूल संख्या सबसे बड़ी संख्या बन जाएगी? *RRC Group D 2022*

(a) 721 (b) 316 (c) 227 (d) 627

60. 23 35 76 87 45 28 49 98 56 34 37 48 78 75 64 89 73

उपरोक्त श्रेणी में बाएँ सिरे से तीसरे और दाएँ सिरे से पाँचवें स्थान पर आने वाली संख्याओं का गुणनफल क्या होगा? *RRC Group D 2022*

(a) 2880 (b) 4586 (c) 5928 (d) 6525

Right Key

1. (d)	2. (c)	3. (b)	4. (d)	5. (b)	6. (b)	7. (c)	8. (a)	9. (d)	10. (b)
11. (b)	12. (d)	13. (a)	14. (c)	15. (c)	16. (c)	17. (b)	18. (c)	19. (a)	20. (c)
21. (b)	22. (d)	23. (d)	24. (d)	25. (a)	26. (b)	27. (d)	28. (a)	29. (a)	30. (a)
31. (b)	32. (d)	33. (d)	34. (d)	35. (d)	36. (c)	37. (c)	38. (d)	39. (b)	40. (d)
41. (d)	42. (d)	43. (a)	44. (d)	45. (d)	46. (d)	47. (b)	48. (d)	49. (d)	50. (d)
51. (b)	52. (b)	53. (b)	54. (c)	55. (c)	56. (a)	57. (a)	58. (a)	59. (d)	60. (c)

Solutions

1. (*d*) दी गई श्रृंखला,

2543786794378623489487643728975324 59,

प्रश्नानुसार,

सभी सम संख्याओं को श्रृंखला से हटाने पर प्राप्त श्रृंखला

5 3 7 7 9 [3] 7 3 9 7 3 7 9 7 5 3 5 9

बाएँ से छठा

अत: अभीष्ट संख्या = 3

2. (*c*) दी गई श्रृंखला,

562 [658] 53502 [638] [256] 937

प्रश्नानुसार,

शर्त : [सम] [विषम] [सम]

अत: अभीष्ट संख्या = 3

TOP TIPS ऐसे प्रश्नों को हल करने के लिए अभ्यर्थियों को संख्याओं के वर्गीकरण (जैसे-सम, विषम, अभाज्य आदि) की समझ होनी चाहिए।

3. (*b*) दी गई श्रृंखला,

266<u>34</u>524986 4<u>34</u>82

अत: दी गई श्रृंखला में संख्या 4 से ठीक पहले 2 विषम संख्या हैं।

4. (*d*) दी गई श्रृंखला,

21325 [02] 78 [02] 03452 [02] 078

अत: अभीष्ट संख्या 0 के ठीक बाद संख्या 2 तीन बार है।

5. (*b*) दी गई श्रृंखला,

563248889266 5 [8] 8343

अत: श्रृंखला में स्पष्ट रूप से देख सकते हैं, कि केवल एक 8 ऐसा है, जो अपने बाएँ ओर की संख्या से विभाजित नहीं होते हैं।

लेकिन दाईं ओर की संख्या से पूर्णत: विभाजित होते हैं।

6. (*b*) दी गई श्रृंखला,

184381 [483] [287] 8 [485] [687] 84 186

अत: चार ऐसे '8' हैं, जो सम संख्या के बाद और विषम संख्या से पहले हैं।

7. (*c*) दी गई श्रृंखला,

<u>7</u>2<u>9</u>638387<u>7</u>32<u>7</u>3221339<u>9</u><u>7</u>4 <u>9</u><u>9</u>0<u>9</u>

श्रृंखला में 7 की पुनरावृत्ति = 5

श्रृंखला में 9 की पुनरावृत्ति = 6

अत: अभीष्ट योगफल = 5 + 6 = 11

8. (*a*) दी गई श्रृंखला,

468 [13] 448 [1 [5] 7] 8482148248 1674848125486

अत: ऐसी तीन विषम संख्याएँ हैं, जो किसी अन्य विषम संख्या के तत्काल बाद आती हैं।

9. (*d*) दी गई श्रृंखला,

6 [58] 23 [58] 12 [58] 3435654 [58] 6 584 [58]

अत: श्रृंखला में कुल पाँच 8 ऐसे हैं, जिसके ठीक पहले 5 है, लेकिन ठीक बाद 4 नहीं है।

10. (*b*) दी गई श्रृंखला,

5 [6] 324 [8] [8] 8 92 [6] 65 [8] 8343

अत: दी गई श्रृंखला में ऐसे 5 अंक हैं।

11. (*b*) दी गई श्रृंखला,

2569 [803] [867] 2522 [683] [653]

अत: दी गई श्रृंखला में ऐसी 4 संख्या हैं।

12. (*d*) दी गई श्रृंखला,

66 [969] 99666 [969] 669966996 66

अत: स्पष्ट है, कि दो 6 ऐसे अंक हैं, जिनके दोनों ओर अंक 9 हैं।

13. (*a*) दी गई श्रृंखला,

3752864 [1] [3] 74 [3] 7682658978 61273

इसलिए ऐसे तीन अंक हैं, जिनके ठीक पहले एक पूर्ण वर्ग संख्या है और ठीक बाद में एक विषम अंक है।

14. (*c*) दी गई श्रृंखला,

[946] 6495 [947] 891649649

अत: दी गई श्रृंखला में ऐसे दो 4 अंक हैं।

15. (*c*) दी गई श्रृंखला,

G H <u>U</u> B Q R P M <u>E</u> N S T <u>A</u> V L M A

अत: ऐसे 3 स्वर हैं, जिनके ठीक पहले एक व्यंजन है और ठीक बाद में भी एक व्यंजन है।

16. (*c*) दी गई श्रृंखला,

M O <u>V</u> E O I F V A S K C O S D V I N S D I <u>N</u> I S

अत: ऐसे 2 व्यंजन हैं, जिनके ठीक पहले एक स्वर है और ठीक बाद भी एक स्वर है।

17. (*b*) दी गई श्रृंखला,

K D C W K D W N K G <u>D W</u> W D H K V <u>D W</u> Z <u>D W</u>

अत: उपरोक्त श्रृंखला में कुल 3 D हैं, जिनके ठीक बाद W है, लेकिन ठीक पहले K नहीं है।

18. (*c*) दी गई श्रृंखला,

Y H S D S [Y I [R] A Y] E U [G I R] O A [B U B] R X M P Q

अत: कुल जोड़ियों की संख्या = 4

(अर्थात् YIR, RAY, GIR, BUB)

19. (*a*) प्रश्नानुसार,

दी गई श्रृंखला → S S [K S K] S R K S P O [K S [K] S K] S

अत: 3, S ऐसे हैं, जिनके ठीक पहले और ठीक बाद K है।

20. (*c*) दी गई शृंखला,

X U V M R S T M W N V M W O P M W U V M W A C W M V H P N V W M W T U N

अत: शृंखला में केवल एक M ऐसा है, जिसके ठीक पहले W तथा ठीक बाद में V है।

> **TOP TIPS** 'ठीक पहले' तथा 'ठीक बाद' से सम्बन्धित प्रश्नों को हल करते समय शृंखला में पहले और बाद के तत्त्वों पर विशेष ध्यान दें।

21. (*b*) दी गई शृंखला,

K I O X J E T R U L E B A C K J M N

अत: ऐसे 3 स्वर हैं, जिनके ठीक बाद कम-से-कम दो व्यंजन एकसाथ दिखाई देते हैं।

22. (*d*) दी गई शृंखला,

A K G L M N D Q K G C S N G K T G K G N D Z P U X G K E

अत: स्पष्ट है, कि दो G अक्षर ऐसे हैं, जिनके दोनों ओर आसन्न अक्षर K व N हैं।

23. (*d*) दी गई शृंखला,

A F R C D S Y H N T E D C I D Q A C V Y U I N G R F S C W R

अत: दी गई शृंखला में ऐसा कोई व्यंजन नहीं है, जिसके ठीक पहले और ठीक बाद में स्वर हो।

24. (*d*) दी गई शृंखला,

B C M X N C X N B X N C B N C B Y B C X N B C N A B O N M Z C B

शृंखला में तीन BCN इस प्रकार हैं, कि C मध्य में है तथा B और N उसके किसी भी ओर हैं।

25. (*a*) दी गई शृंखला,

बाएँ से छठा ↓

G Y A B B R I B R X M R A Y E J S F U Y H U Y H N R P Q S D A I

↑ बाएँ से सातवाँ

बाएँ से सातवाँ अक्षर = I

बाएँ से छठा अक्षर = R

अत: अंग्रेजी वर्णमाला में I और R के बीच कुल अक्षर = 8

26. (*b*) दी गई शृंखला,

Z Q S T L R M N Q N R T U V X R L T A S L T Q R S L T

अत: एक L ऐसा है, जिनके ठीक पहले न R आता है और न ठीक आगे T आता है।

27. (*d*) दी गई शृंखला,

Y A B U Y H I R J S B R X M P Q S D I R A Y E F G

अत: ऐसे 3 व्यंजन हैं, जिनके ठीक पहले एक स्वर है और ठीक बाद में एक स्वर है।

28. (*a*) प्रश्नानुसार,

सभी प्रतीकों को हटाने के बाद, प्राप्त शृंखला

5 2 3 2 3 8 7 8 9 5 6 4 9 3 6 7 5 8 6 2 8 2 3 8 9

↑ दाएँ से सातवाँ

अत: अभीष्ट संख्या = 6

29. (*a*) प्रश्नानुसार,

शृंखला से सभी संख्याओं को हटाने पर प्राप्त शृंखला,

K L % Y & E * M & S W # H * L

↑ दाएँ से आठवाँ

अत: उपर्युक्त रूप से दाएँ से आठवाँ M होगा।

30. (*a*) दी गई शृंखला,

$ M @ A # N 2 B 4 O & 3 C 5 P + D 2

अत: दी गई शृंखला में ऐसे केवल 2 अक्षर हैं।

31. (*b*) दी गई शृंखला,

9 B Q = 5 R $ J @ 4 * P & 9 M X # G

अत: B और X के ठीक बीच में @ है।

32. (*d*) दी गई शृंखला,

(बाएँ) E # R & H & @ J & M N # B & V & & D # P @ W % & Q & A % & # E & (दाएँ)

प्रश्नानुसार,

शृंखला से सभी प्रतीकों को हटा देने पर,

E R H J M N B V D P W Q A E

↑ बाएँ से तीसरा

अत: बाएँ से तीसरा अक्षर = H

33. (*d*) दी गई शृंखला,

A S A T @ # ₹ P Q 1 2 4 S U T

दिए गए अनुक्रम से संख्याओं तथा प्रतीकों को निकालने पर प्राप्त अनुक्रम,

A S A T P Q S U T

अत: स्पष्ट है कि सबसे अधिक बार (दो बार) स्वर A की आवृत्ति हुई है।

34. (*d*) दी गई शृंखला,

बाएँ से 6वाँ ↓ के दाएँ ओर चौथा ↓

A 8 & $ 4 Y & 6 # @ 9 U Y 3 % L 6 & K 9 & P V 4 B & % # U Y 8 $ #

अत: बाएँ सिरे से छठवें स्थान के दाईं ओर चौथे स्थान पर @ होगा।

35. (*d*) दी गई शृंखला,

(बाएँ) B 8 D 5 6 M S 8 # Z @ 7 K $ 2 C B 4 5 N R (दाएँ)

अत: दो संख्याएँ [(D 5 6), (B 4 5)] जिनके ठीक पहले एक अक्षर है और ठीक बाद में भी एक संख्या है।

36. (*c*) दी गई शृंखला,

(बाएँ) H S % V ^ E R U : F J # S A U & G * G H @ D C ! I N O ? S (दाएँ)

अत: दी गई शृंखला में स्पष्ट रूप से R और N केवल दो व्यंजन हैं, जिनके ठीक पहले एक स्वर है।

37. (*c*) दी गई शृंखला,

S D B M 1 4 8 6 3 % T @ © U K 5 V 1 W $ Y 2 B E 6 # 9 D H 8 G & Z N

उपरोक्त प्रश्न में, @ © U, W $ Y तथा G & Z तीन ही ऐसे संयोजन हैं, जिसमें ऐसे प्रतीक हैं, जिनके तुरन्त बाद अक्षर तो आता है, लेकिन पहले कोई संख्या नहीं आती है।

38. (*d*) दी गई शृंखला,

A B 7 C D 9 Z Y * P 2 M © K S 3 ↑ 5 N T

अत: उपरोक्त क्रम में ऐसी तीन संख्याएँ हैं, जिनके ठीक पहले और ठीक बाद में एक अक्षर है।

39. (*b*) दी गई शृंखला,

A $ 1 % M B # 6 & N C = 3 ! O D + K P

अत: दी गई शृंखला में ऐसा एक चिह्न है।

40. (*d*) दी गई शृंखला,

(बाएँ)

G 6 & $ 4 Y 8 9 # @ W H 5 % 6 & K 9

के दाएँ ओर 9वाँ ↓ (दाएँ)

@ R 9 4 T & % # U Y 8 $ # Q Y 8 4 $

↑ दाएँ से 14वाँ

∴ अभीष्ट पद = Q

41. (*d*) दी गई शृंखला,

T R B 5 0 % U 7 C 4 # K F S 2 U E * 1 8 I 3 V @ 9 I X @ L A B

अत: दी गई शृंखला में ऐसा व्यंजन केवल एक है।

42. (*d*) दी गई संख्या → 8 3 2 4 5 7 1

संख्या के अंकों को घटते क्रम में लिखने पर → 8 7 5 4 3 2 1

अत: तीन अंक के स्थान नहीं बदलेंगे।

43. (*a*) मूल संख्या → 5 6 1 3 7 4 2 8

मूल संख्या के अंकों को आरोही क्रम में लिखने पर → 1 2 3 4 5 6 7 8

अत: केवल एक अंक का स्थान अपरिवर्तित रहेगा।

44. (*d*) मूल संख्या → 2 4 ③ 9 7 8 6 1 5
मूल संख्या के अंकों को आरोही क्रम में लिखने पर → 1 2 ③ 4 5 6 7 8 9
अत: अभीष्ट संख्या = 1

45. (*d*) 452, 243, 361, 579, 674
पहले और दूसरे अंक को आपस में बदलने पर, 542, 423, 631, 759, 764
बड़ी संख्या = 764
अत: 674 वास्तविक संख्या थी।

46. (*d*) AID, BAD, CAT, DOG, EAT
दिए गए निर्देश के अनुसार, अंग्रेजी वर्णमाला क्रम में प्रत्येक अक्षर को अगले अक्षर में बदलने के बाद
BJE, CBE, DBU, EPH, FBU
अत: ऐसा कोई शब्द नहीं है, जिसमें स्वर न हो।

47. (*b*) विकल्प से,

★ $\xrightarrow{+3}$ 1 $\xrightarrow{+3}$ G
2 $\xrightarrow{-3}$ \$ $\xrightarrow{-3}$ B
V $\xrightarrow{+3}$ N $\xrightarrow{+3}$?

परन्तु,

d $\xrightarrow{-3}$ @ $\xrightarrow{+6}$ f

48. (*d*) दी गई श्रृंखला,

1 $\xrightarrow{+1}$ 2 $\xrightarrow{+1}$ f $\xrightarrow{+1}$ G $\xrightarrow{+1}$ h
n $\xrightarrow{+2}$ N $\xrightarrow{+2}$ O $\xrightarrow{+2}$ £ $\xrightarrow{+2}$ 8
£ $\xrightarrow{-2}$ O $\xrightarrow{-3}$ M $\xrightarrow{-4}$ Z $\xrightarrow{-5}$ 2

49. (*d*) प्रश्नानुसार, व्यवस्थित करने पर,

के बाएँ 11वाँ
9 h G f 2 1 d \$ * @ B A Z u V n M N Q O ?
बाएँ से 21वाँ   L & 8

अत: अभीष्ट तत्त्व = @

50. (*d*)

दाएँ छोर से दूसरी संख्या 4 2 2
प्रश्नानुसार अंकों में परिवर्तन +1 +1 +1
करने पर, नई संख्या 5 ③ 3
मध्य अंक

बाएँ छोर से दूसरी संख्या 6 2 3
प्रश्नानुसार अंकों में परिवर्तन +1 +1 −2
करने पर, नई संख्या 7 3 ①
अन्तिम अंक

∴ अभीष्ट अन्तर = 3 − 1 = 2

51. (*b*) दी गई श्रृंखला,
(बाएँ) 202, 323, 266, 182, 315, 285, 193, 217, 231, 186 (दाएँ)
प्रश्नानुसार, संख्याओं को अवरोही क्रम में व्यवस्थित करने पर,
323, 315, 285, 266, 231, 217, 202, 193, 186, 182
वह संख्या जो दाएँ से पाँचवीं है = 217
बाएँ से आने वाली चौथी संख्या = 266
∴ आवश्यक अन्तर = 266 − 217 = 49

52. (*b*) दी गई श्रृंखला,
29, 74, 93, 75, 19, 52, 75, 94, 93, 71
प्रश्नानुसार
संख्याओं के दहाई और इकाई अंकों की स्थिति को आपस में बदलने पर,
92, 47, 39, 57, 91, 25, 57, 49, 39, 17
↑ सबसे बड़ी संख्या   ↑ सबसे छोटी संख्या
अत: 29 और 71 क्रमश: सबसे बड़ी और सबसे छोटी संख्या बन जाएगी।

53. (*b*) दी गई श्रृंखला,
(बाएँ) CAR HAT FED EYE (दाएँ)
बाएँ से पहले शब्द का दूसरा अक्षर = A
दाएँ से पहले शब्द का पहला अक्षर = E
दी गई श्रृंखला में A और E के बीच 3 अक्षर हैं।

54. (*c*) संख्या = 2079816
प्रश्नानुसार, व्यवस्थित करने पर,
प्राप्त संख्या = 9876210
अत: मध्य संख्या = 6

55. (*c*) दी गई श्रृंखला,
(बाएँ) 815, 458, 512, 630, 235 (दाएँ)
दूसरी सबसे बड़ी संख्या = 630
अत: इस संख्या का तीसरा अंक = 0
सबसे छोटी संख्या = 235
इस संख्या का दूसरा अंक = 3
अत: अभीष्ट योग = 3 + 0 = 3

56. (*a*) प्रश्नानुसार, चौथे अक्षर को परिवर्तित करने पर,
PLAN ⇒ PLAO = 2 स्वर
FORE ⇒ FORF = 1 स्वर
RAMP ⇒ RAMQ = 1 स्वर
RANG ⇒ RANH = 1 स्वर
SAND ⇒ SANE = 2 स्वर
अत: 2 अक्षर समूह हैं जिनमें दो स्वर हैं।

57. (*a*) दी गई श्रृंखला,
(बाएँ) NAT PAL COT TAN (दाएँ)
प्रश्नानुसार,
प्रत्येक अक्षर को उनके अगले अक्षर में बदलने पर,
OBU QBM DPU UBO
अत: केवल एक शब्द है, जिसमें कोई स्वर नहीं है।

58. (*a*) दी गई श्रृंखला,
429, 847, 922, 213, 757
प्रश्नानुसार, सभी संख्याओं को अवरोही क्रम में व्यवस्थित करने पर,
922, 847, 757, 429, 213
अत: केवल 847 ही वह संख्या है, जो अपरिवर्तित रहती है।

59. (*d*) दी गई श्रृंखला, 721, 463, 227, 316, 627
प्रश्नानुसार,
इकाई के अंक को सौवें अंक से बदलने पर,
(बाएँ) 127, 364, 722, 613, 726 (दाएँ)
अत: यहाँ, 726 सबसे बड़ी संख्या है और इसकी मूल संख्या = 627 है।

60. (*c*) दी गई श्रृंखला,
23 35 76 87 45 28 49 98 56 34 37 48 78 75 64 89 73
बाएँ छोर से तीसरी संख्या और दाएँ छोर से पाँचवीं संख्या का गुणनफल
$= 76 \times 78 = 5928$

अध्याय

09 दिशा और दूरी (Direction and Distance)

दिशा पर आधारित

इसके अन्तर्गत पूछे जाने वाले प्रश्नों में व्यक्ति किसी निश्चित बिन्दु से भिन्न-भिन्न दिशाओं में अलग-अलग दूरियाँ तय करते हुए किसी अन्तिम स्थान (निश्चित बिन्दु) पर पहुँचता है। तब, व्यक्ति की अन्तिम दिशा, अन्तिम स्थान से प्रारम्भिक दिशा या प्रारम्भिक स्थान से अन्तिम स्थान की दिशा पूछी जाती है।

जैसे-एनी पश्चिम दिशा की ओर चलना शुरू करती है। 2 किमी चलने के बाद वह दाएँ मुड़ती है और 3 किमी चलती है। फिर वह अपने बाएँ मुड़ती है और 4 किमी चलती है। वह किस दिशा में जा रही है?

(a) पश्चिम (b) पूर्व
(c) उत्तर (d) दक्षिण

हल *(a)* प्रश्नानुसार,

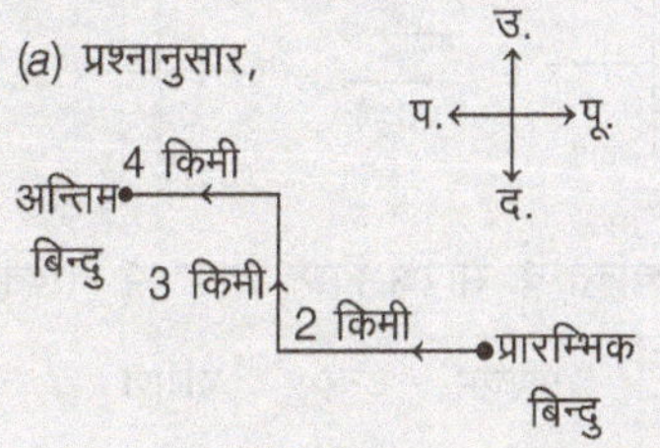

अतः एनी, पश्चिम दिशा में जा रही है।

दूरी पर आधारित

इसमें प्रश्न न्यूनतम दूरी या कुल दूरी पर आधारित होते हैं। इसके अन्तर्गत जब कोई व्यक्ति किसी स्थान से भिन्न-भिन्न दिशाओं में दूरियाँ तय करके एक गन्तव्य स्थान पर पहुँचता है तब व्यक्ति द्वारा चली गई कुल दूरी या न्यूनतम दूरी को ज्ञात करने से सम्बन्धित प्रश्न पूछे जाते हैं।

जैसे-एक व्यक्ति 4 किमी ठीक उत्तर में जाता है, फिर 6 किमी ठीक पूर्व में जाता है और फिर 4 किमी ठीक उत्तर में जाता है।
तय की गई कुल दूरी ज्ञात कीजिए।

(a) 6 किमी (b) 14 किमी
(c) 8 किमी (d) 10 किमी

हल *(b)* प्रश्नानुसार,

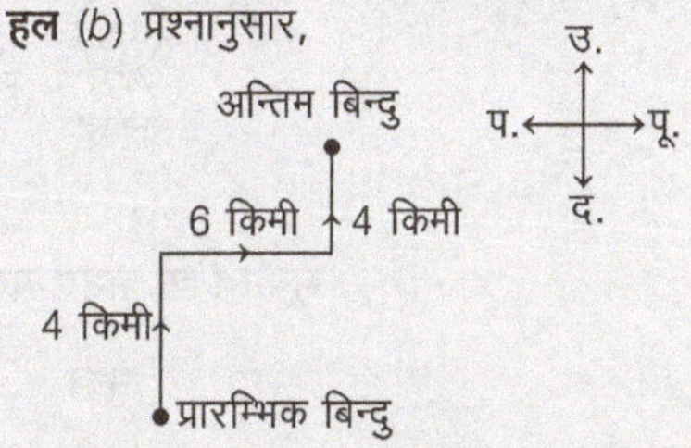

$\therefore$ कुल दूरी $= 4 + 6 + 4$
$= 14$ किमी

दिशा और दूरी पर आधारित

इस प्रकार के अन्तर्गत पूछे जाने वाले प्रश्नों में (किसी वस्तु या व्यक्ति द्वारा) एक निश्चित बिन्दु से यात्रा शुरू की जाती है और विभिन्न दिशाओं में विभिन्न दूरी तय की जाती है। अन्त में इन सभी परिवर्तनों के बाद प्रारम्भिक बिन्दु से अन्तिम बिन्दु की दिशा और दूरी ज्ञात की जाती है।

जैसे-गिल्बर्टो अपने घर से बाहर निकला और 75 मी पूर्व की ओर चला। वह बाएँ मुड़ा और 28 मी चला। वह फिर से बाएँ मुड़ा और इण्टरनेट कैफे तक पहुँचने के लिए 120 मी चला। गिल्बर्टो के घर से इण्टरनेट कैफे कितनी दूरी (सबसे कम दूरी) और किस दिशा में है?

(a) 53 मी, उत्तर-पूर्व
(b) 53, मी उत्तर-पश्चिम
(c) 48 मी, उत्तर-पूर्व
(d) 48, मी उत्तर-पश्चिम

हल *(b)* प्रश्नानुसार,

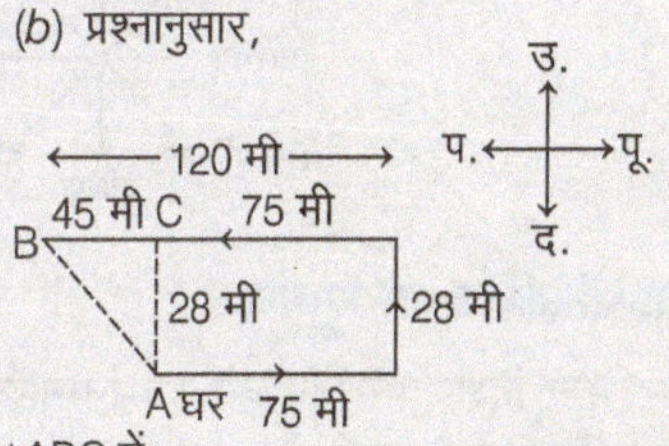

ΔABC में,

$AB = \sqrt{(45)^2 + (28)^2}$

$= \sqrt{2025 + 784} = \sqrt{2809} = 53$ मी

अतः गिल्बर्टो के घर से इण्टरनेट कैफे 53 मी उत्तर-पश्चिम दिशा में है।

दिशा और दूरी

दिशा वह मानव-परिकल्पना है जो किसी सन्दर्भ बिन्दु के आधार पर किसी दूसरे व्यक्ति, वस्तु या स्थान की स्थिति की ओर इंगित करती है और प्रारम्भिक बिन्दु से अन्तिम बिन्दु तक तय किए गए मार्ग की लम्बाई को दूरी कहते हैं।

इस अध्याय के अन्तर्गत प्रश्न दिशा तथा दूरी पर आधारित होते हैं जिसका प्रमुख उद्देश्य अभ्यर्थियों के दिशा तथा दूरी सम्बन्धी ज्ञान की जाँच करना होता है।

पाइथागोरस प्रमेय

किसी समकोण त्रिभुज में लम्ब के वर्ग तथा आधार के वर्ग का योग उसके कर्ण के वर्ग के बराबर होता है।

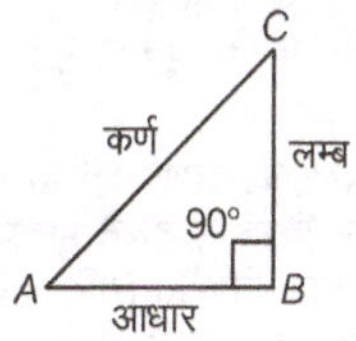

ΔABC में,
$AB =$ आधार, $BC =$ लम्ब
तथा $AC =$ कर्ण
पाइथागोरस प्रमेय से,

$(\text{आधार})^2 + (\text{लम्ब})^2 = (\text{कर्ण})^2$

$AB^2 + BC^2 = AC^2$

न्यूनतम दूरी

यदि हम किसी वस्तु की प्रारम्भिक बिन्दु (स्थिति) से अन्तिम बिन्दु (स्थिति) तक एक सीधी रेखा खींचते हैं, तो इस रेखा की लम्बाई को न्यूनतम दूरी कहते हैं। यह दूरी ज्ञात करने के लिए पाइथागोरस प्रमेय का प्रयोग किया जाता है।

दिशाएँ

यदि हम सूर्योदय के समय सूर्य की ओर मुख करके खड़े हों, तो हमारे सामने की दिशा पूर्व, पीछे की दिशा पश्चिम तथा बाईं ओर उत्तर एवं दाईं ओर दक्षिण दिशा होगी।

दिशाएँ मुख्यत: चार होती हैं। सभी दिशाएँ एक-दूसरे से 90° के कोण पर होती हैं।

(i) पूर्व (East) (ii) पश्चिम (West)
(iii) उत्तर (North) (iv) दक्षिण (South)

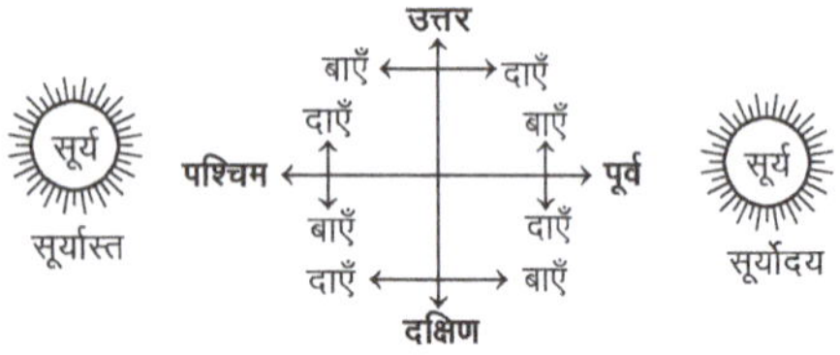

उपदिशाएँ

इन चार दिशाओं के अतिरिक्त दो दिशाओं के बीच में उनके संयुक्त नामों से बनी दिशाएँ, उपदिशाएँ कहलाती हैं तथा ये मुख्य दिशाओं से 45° कोण पर बनी होती हैं। उपदिशाएँ निम्न चार होती हैं

(i) उत्तर-पूर्व (N-E) (ii) उत्तर-पश्चिम (N-W)
(iii) दक्षिण-पूर्व (S-E) (iv) दक्षिण-पश्चिम (S-W)

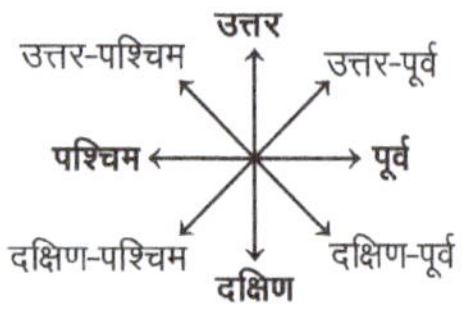

दिशा परिवर्तन या घूर्णन

भिन्न-भिन्न दिशा परिवर्तन को हम निम्नलिखित आरेखों के माध्यम से भली-भाँति समझ सकते हैं

(i) **दक्षिणावर्त परिवर्तन** (Clockwise rotation)
(ii) **वामावर्त परिवर्तन** (Anti-clockwise rotation)

इसके अतिरिक्त दिशा परिवर्तन को निम्न प्रकार से भी समझा जा सकता है

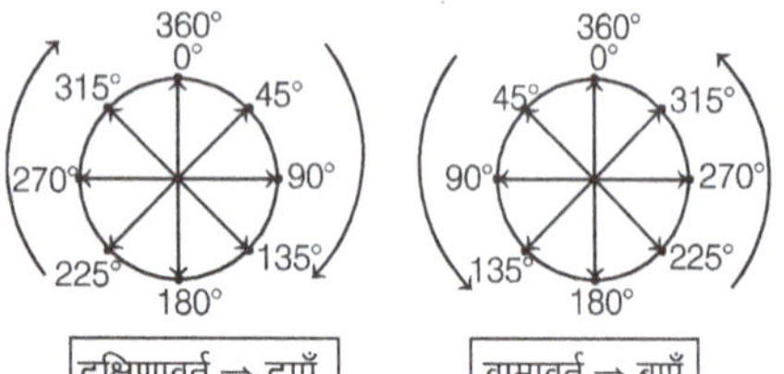

दक्षिणावर्त ⇒ दाएँ वामावर्त ⇒ बाएँ

परछाई/छाया

छाया या परछाई हमेशा प्रकाश की उपस्थिति में प्रकाश के विपरीत दिशा में बनती है।

सूर्योदय के समय परछाई

सूर्योदय के समय परछाई हमेशा पश्चिम दिशा में दिखेगी, परन्तु परछाई की स्थिति व्यक्ति के सापेक्ष बताई जाती है।

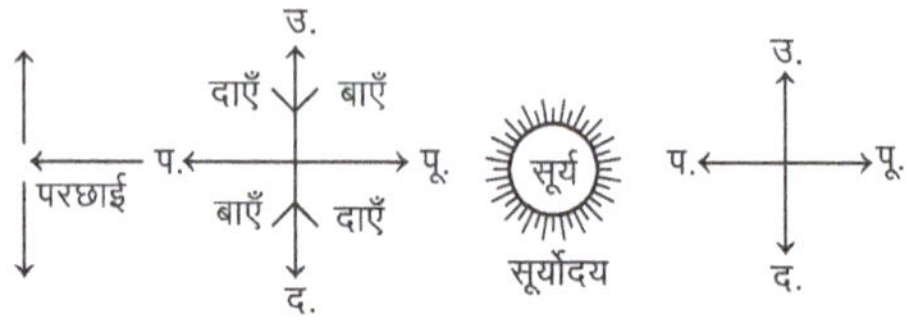

सूर्योदय के समय परछाई व्यक्ति के सापेक्ष निम्न प्रकार से दिखती है।

मुख	पूर्व	पश्चिम	उत्तर	दक्षिण
परछाई	पीछे	सामने	बाएँ	दाएँ

सूर्यास्त के समय परछाई

सूर्यास्त के समय परछाई हमेशा पूर्व में दिखेगी, परन्तु परछाई की स्थिति व्यक्ति के सापेक्ष बताई जाती है।

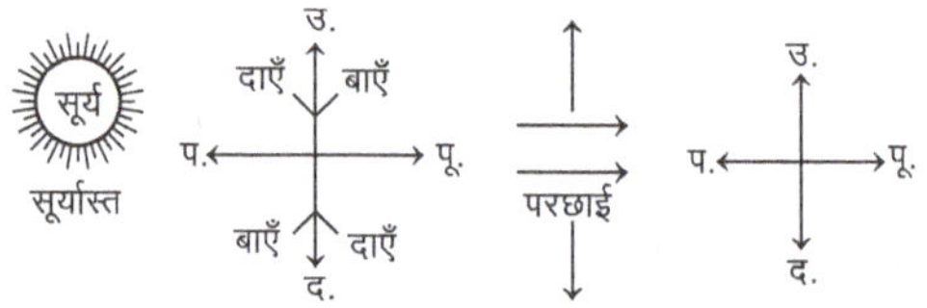

सूर्यास्त के समय परछाई व्यक्ति के सापेक्ष निम्न प्रकार से दिखती है

मुख	पूर्व	पश्चिम	उत्तर	दक्षिण
परछाई	सामने	पीछे	दाएँ	बाएँ

Score Booster

- यदि किसी बिन्दु से दाईं ओर मुड़ना हो, तो हमें अपनी दाईं ओर अर्थात् घड़ी की सुई के चलने की दिशा में या दक्षिणावर्त 90° का कोण बनाते हुए मुड़ना चाहिए, ठीक इसी प्रकार यदि बाईं ओर मुड़ना हो, तो घड़ी की सुई के चलने की विपरीत दिशा में या वामावर्त 90° का कोण बनाते हुए मुड़ना चाहिए।
- यदि प्रश्न में प्रारम्भिक बिन्दु या किसी अन्य बिन्दु से दूरी पूछी जाए, तो पाइथागोरस प्रमेय का प्रयोग करके न्यूनतम दूरी ज्ञात करते हैं।
- यदि प्रश्न में वस्तु या व्यक्ति के प्रारम्भ की दिशा नहीं दी जाती है, तो इस अवस्था में व्यक्ति को अन्तिम दिशा से चलते हुए प्रश्न में जिस तरह के मोड़ दिए गए उसके ठीक विपरीत (यदि दाएँ हो तो बाएँ) मोड़ लेकर प्रारम्भिक दिशा ज्ञात कर सकते हैं।

Exam Approach Examples

दिशा पर आधारित

उदाहरण 1. ऋतिक अपने कार्यालय से सीधे पूर्व की ओर गया और 4 किमी चलने के बाद दाएँ मुड़ा। वहाँ से उसने 3 किमी की दूरी तय की और फिर दाएँ मुड़ गया। वहाँ से उसने 4 किमी की दूरी तय की और अन्त में वह बाएँ मुड़ा और सीधी दिशा में चला। अन्त में ऋतिक किस दिशा में चल रहा था? *SSC CPO 2020*

(a) दक्षिण-पूर्व (b) उत्तर
(c) दक्षिण-पश्चिम (d) दक्षिण

हल (*d*) प्रश्नानुसार, ऋतिक के चलने का क्रम निम्नवत् है,

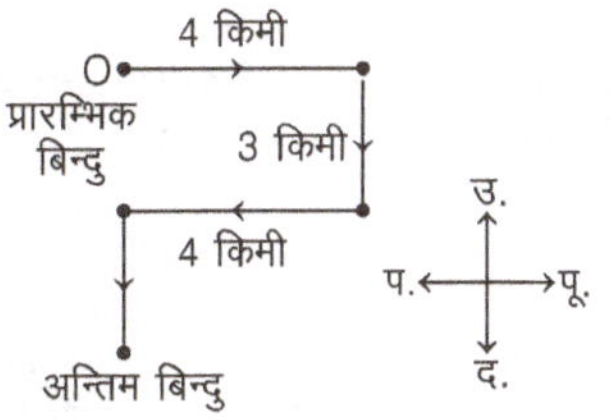

अत: अन्त में ऋतिक दक्षिण दिशा में चल रहा था।

उदाहरण 2. गिरिधर एक मन्दिर में था और उसका मुख पश्चिम की ओर था। वह टोकन लेने के लिए दक्षिणावर्त दिशा में 45° मुड़ता है, फिर दक्षिणावर्त दिशा में और 180° मुड़ता है। फिर वह वामावर्त दिशा में 45° मुड़ता है। अब उसका मुख किस दिशा की ओर है? *RRB NTPC (CBT-II) 2022*

(a) पश्चिम
(b) उत्तर-पश्चिम
(c) दक्षिण-पश्चिम
(d) पूर्व

> **Helping Tips**
> इस प्रकार के प्रश्नों को हल करने के लिए दिशाओं के साथ-साथ दिशाओं के घूर्णन की भी जानकारी अति आवश्यक है।

हल (*d*) प्रश्नानुसार,

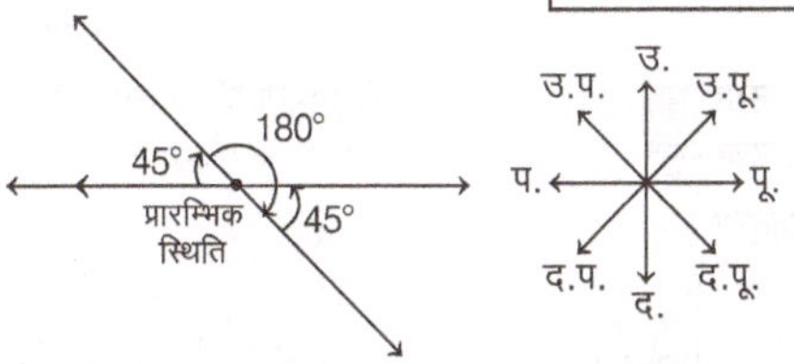

प्रारम्भ में गिरिधर का मुख पश्चिम में था। 45° दक्षिणावर्त मुड़ने पर उसका मुख उत्तर-पश्चिम में हो गया। इसके बाद 180° दक्षिणावर्त मुड़ने पर उसका मुख दक्षिण-पूर्व में हो गया। अन्त में 45° वामावर्त मुड़ने पर उसका मुख पूर्व दिशा में होगा। अत: अब गिरिधर का मुख पूर्व दिशा की ओर है।

उदाहरण 3. उत्तर-पश्चिम दिशा की ओर चलने वाला व्यक्ति अपना बायाँ हाथ किस दिशा में देखता है? *UP Police Constable 2024*

(a) उत्तर-पश्चिम
(b) उत्तर-पूर्व
(c) दक्षिण-पूर्व
(d) दक्षिण-पश्चिम

हल (*d*) प्रश्नानुसार,

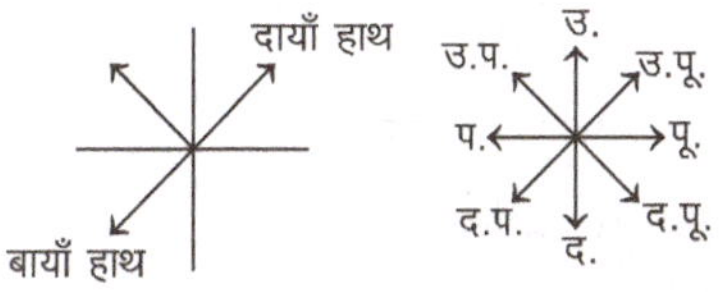

अत: वह अपना बायाँ हाथ दक्षिण-पश्चिम दिशा में देखता है।

उदाहरण 4. शाम के समय, एक व्यक्ति इस तरह खड़ा था कि उसकी छाया उसकी बाईं ओर थी। उसके सामने की ओर कौन-सी दिशा थी? *RRC Group D 2022*

(a) पश्चिम (b) दक्षिण (c) उत्तर (d) पूर्व

हल (*b*) प्रश्नानुसार,

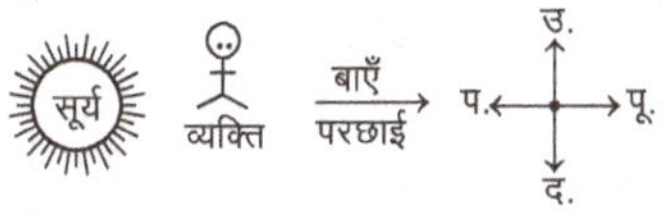

अत: व्यक्ति का मुख दक्षिण दिशा में था।

दूरी पर आधारित

उदाहरण 5. एक व्यक्ति उत्तर दिशा में 9 किमी चलता है, फिर बाईं ओर मुड़ता है और 4 किमी चलता है, फिर से बाईं ओर मुड़ता है और 10 किमी चलता है, फिर से बाईं ओर मुड़ता है और 4 किमी चलता है। व्यक्ति प्रारम्भिक स्थिति से कितनी दूर है? *UP Police Constable 2024*

(a) 14 किमी (b) 9 किमी (c) 1 किमी (d) 4 किमी

हल (*c*) प्रश्नानुसार, व्यक्ति के चलने का क्रम निम्न प्रकार है,

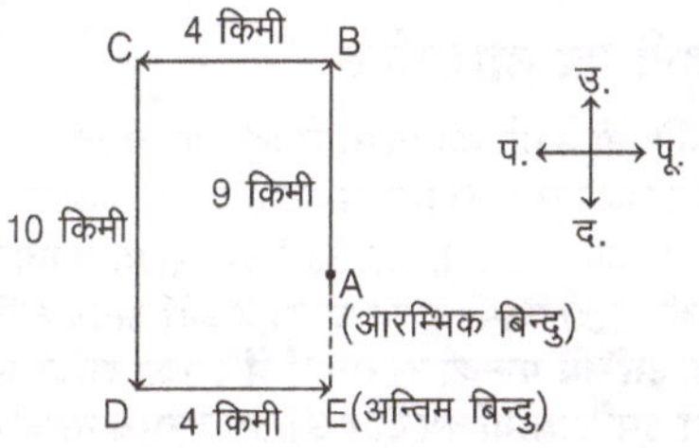

अत: प्रारम्भिक स्थिति से व्यक्ति की दूरी (AE) = DC – AB

= 10 – 9 = 1 किमी

उदाहरण 6. कृपाल अपने घर से गाड़ी चलाना शुरू करता है और दक्षिण दिशा की ओर 37 किमी की दूरी तय करता है। वहाँ से वह बाएँ मुड़ता है और 31 किमी की दूरी तय करता है। फिर, वह दाएँ मुड़ता है और 27 किमी की दूरी तय करता है। उसके बाद, वह बाएँ मुड़ता है और Y किमी की निश्चित दूरी तय करता है। उसके बाद, वह बाएँ मुड़ता है और 57 किमी गाड़ी चलाता है। अब अन्त में, वह बाएँ मुड़ता है और 58 किमी दूर उस बैंक तक पहुँचता है, जो उसके घर से दक्षिण दिशा की ओर ठीक 7 किमी दूर है। Y का मान (किमी में) ज्ञात करें। *SSC Steno 2020*

(a) 55 (b) 36
(c) 27 (d) 22

हल (*c*) प्रश्नानुसार,

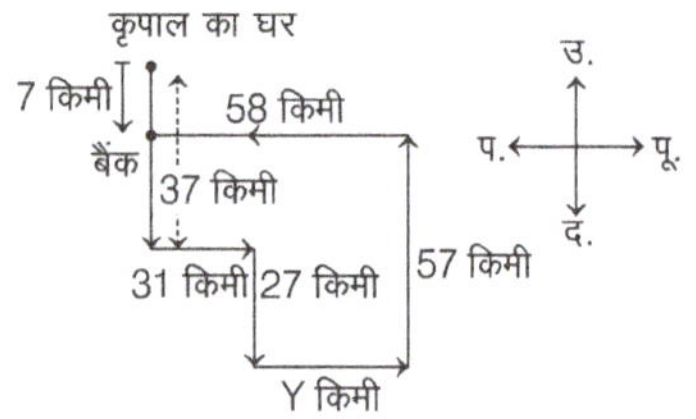

$\therefore$ Y का मान = 58 – 31 = 27 किमी

उदाहरण 7. कृष्णा उत्तर दिशा में 10 मी चला। इसके बाद वह बाएँ मुड़कर 30 मी चला और अन्त में बाएँ मुड़कर 50 मी चला, तो कृष्णा अब प्रारम्भिक स्थान से कितनी दूरी पर है?

(a) 10 मी (b) 20 मी (c) 90 मी (d) 50 मी

हल (*d*) प्रश्नानुसार,

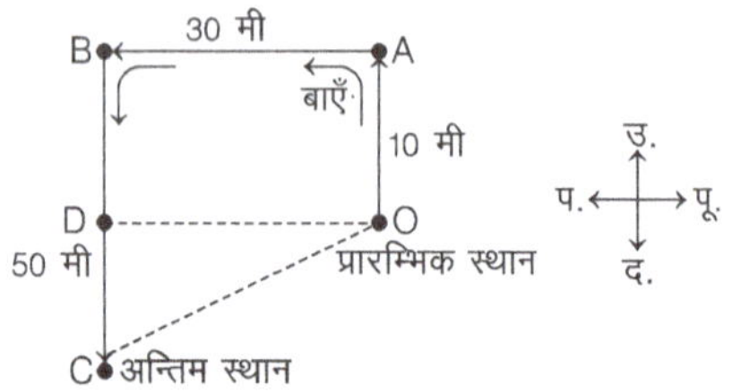

आरेख से, OA = 10 मी, AB = 30 मी, BC = 50 मी

BD = OA = 10 मी, OD = AB = 30 मी

CD = BC – BD = 50 – 10 = 40 मी

$\therefore$ अभीष्ट दूरी $= OC = \sqrt{(CD)^2 + (OD)^2} = \sqrt{(40)^2 + (30)^2}$

$= \sqrt{1600 + 900} = \sqrt{2500} = 50$ मी

दिशा और दूरी पर आधारित

उदाहरण 8. अश्विनी अपने कार्यालय से शुरुआत करता है और पूर्व की ओर 90 किमी ड्राइव करता है। फिर वह दाएँ मुड़ता है और 20 किमी ड्राइव करता है। फिर वह दाएँ मुड़ता है और 30 किमी ड्राइव करता है फिर वह दाएँ मुड़ता है और 100 किमी ड्राइव करता है और अपने अन्तिम गन्तव्य तक पहुँचता है। अन्तिम गन्तव्य के सन्दर्भ में उसका कार्यालय किस दिशा में स्थित है और उसके कार्यालय और अन्तिम गन्तव्य के बीच न्यूनतम दूरी कितनी है?

Rajasthan Police Constable 2022

(a) 100 किमी, दक्षिण-पश्चिम (b) 10 किमी, पश्चिम
(c) 100 किमी, उत्तर-पूर्व (d) 10 किमी, पूर्व

हल (*a*) प्रश्नानुसार,

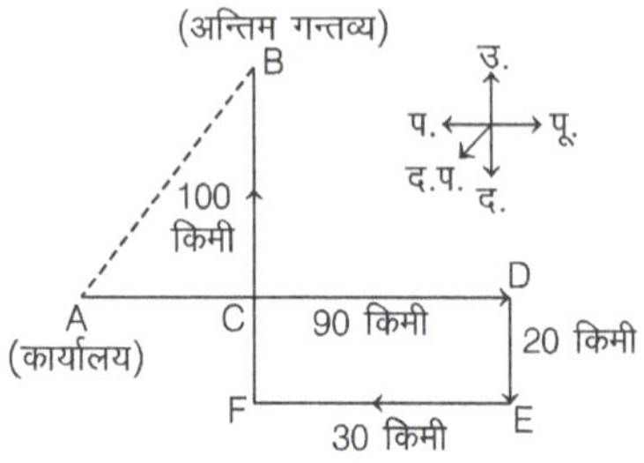

यहाँ, BC = FB – DE = 100 – 20 = 80 किमी

AC = AD – EF = 90 – 30 = 60 किमी

A और B के मध्य न्यूनतम दूरी $= AB = \sqrt{BC^2 + AC^2}$

$= \sqrt{(80)^2 + (60)^2} = \sqrt{6400 + 3600}$

$= \sqrt{10000} = 100$ किमी

अत: अश्विनी का कार्यालय उसके अन्तिम गन्तव्य से दक्षिण-पश्चिम दिशा में 100 किमी दूर है।

उदाहरण 9. रोहित, बिन्दु A से चलना आरम्भ करता है और पूर्व की ओर 25 किमी चलता है। फिर वह दाईं ओर मुड़ता है, 17 किमी चलता है, दाईं ओर मुड़ता है और 14 किमी चलता है। फिर वह दाईं ओर मुड़ता है, और 11 किमी चलता है। अन्तिम बार वह बाईं ओर मुड़ता है, 11 किमी चलता है और बिन्दु P पर रुक जाता है। बिन्दु A पर दोबारा पहुँचने के लिए उसे कितनी दूरी तक (न्यूनतम दूरी) और किस दिशा में गाड़ी चलानी चाहिए? (जब तक निर्दिष्ट न किए जाएँ, सभी मोड़, 90 डिग्री के मोड़ हैं।)

RRB ALP 2024

(a) 8 किमी उत्तर की ओर (b) 6 किमी उत्तर की ओर
(c) 4 किमी उत्तर की ओर (d) 6 किमी दक्षिण की ओर

हल (*b*) प्रश्नानुसार,

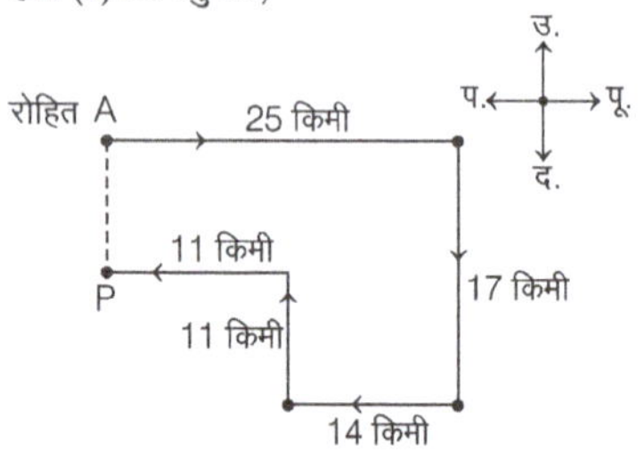

Trending Concept

इस अध्याय के सभी प्रकारों से 1 या 2 Questions सभी एकदिवसीय परीक्षाओं (SSC, Railway, State Police, DSSSB आदि) में पूछे जा रहे हैं। यह अध्याय Examination Point of Views से अति महत्त्वपूर्ण है।

AP = 17 – 11 = 6 किमी

अत: रोहित को बिन्दु A पर दोबारा पहुँचने के लिए 6 किमी उत्तर की ओर चलना पड़ेगा।

उदाहरण 10. महेश 10 किमी उत्तर की ओर जाता है, वहाँ से वह फिर 6 किमी दक्षिण की ओर जाता है, फिर वह 3 किमी पूर्व की ओर जाता है। बताइए कि वह अपने प्रारम्भिक स्थान से किस दिशा में और कितनी दूरी पर है?

UP Investigator 2014

(a) 5 किमी, उत्तर-पूर्व (b) 5 किमी, दक्षिण-पूर्व
(c) 8 किमी, उत्तर-पूर्व (d) 9 किमी, दक्षिण-पूर्व

हल (*a*) प्रश्नानुसार,

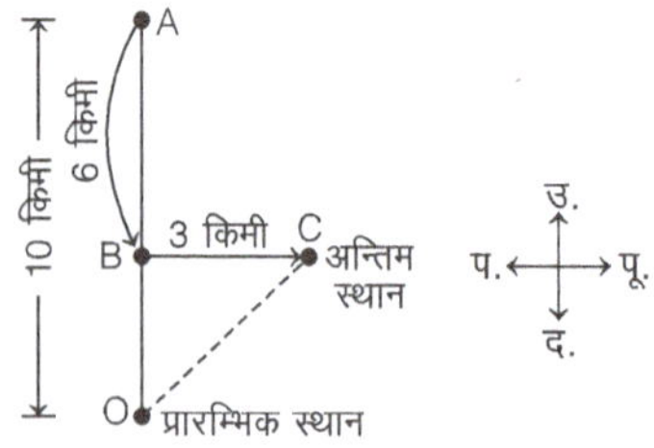

आरेख से, OA = 10 किमी, AB = 6 किमी, BC = 3 किमी

OB = OA – AB = 10 – 6 = 4 किमी

$OC = \sqrt{(OB)^2 + (BC)^2} = \sqrt{(4)^2 + (3)^2} = \sqrt{16 + 9} = \sqrt{25}$

= 5 किमी

O से C की दिशा = उत्तर-पूर्व

अत: महेश अपने प्रारम्भिक स्थान से 5 किमी की दूरी पर उत्तर-पूर्व दिशा में है।

Chapter Challenge

दिशा पर आधारित

1. Y, X के पूर्व में है, जो Z के उत्तर में है। यदि P, Z के दक्षिण में है, तो P, Y के किस दिशा में है? *UP Police Constable 2024*
(a) दक्षिण-पूर्व (b) उत्तर-पश्चिम
(c) दक्षिण-पश्चिम (d) उत्तर-पूर्व

2. A पूर्व की ओर 20 मी जाता है। फिर दाएँ ओर मुड़कर 10 मी और फिर दाएँ ओर मुड़कर 30 मी और दाएँ ओर मुड़कर 30 मी और फिर दाएँ ओर मुड़कर 10 मी जाता है। वह अपने आरम्भिक स्थान से किस दिशा में है? *MP Police Constable 2022*
(a) उत्तर (b) पश्चिम
(c) पूर्व (d) दक्षिण

3. E, S के दक्षिण में है, V, E के पश्चिम में है। Q, V के उत्तर में है। E के सापेक्ष Q की दिशा .... है। *UP Police Head Operator 2024*
(a) उत्तर-पूर्व (b) दक्षिण-पश्चिम
(c) उत्तर-पश्चिम (d) दक्षिण-पूर्व

4. किसी खेल के मैदान में, रमन, शीतल के दक्षिण में खड़ा है। रेशमा, शीतल के पूर्व में खड़ी है। रमन, रेशमा से किस दिशा में खड़ा है? *Rajasthan Police Constable 2022*
(a) उत्तर-पूर्व (b) उत्तर
(c) दक्षिण-पश्चिम (d) दक्षिण

5. एक सुबह, रीती पूर्व की ओर चलती है और अपनी दोस्त सन्जू को किसी दिशा से आते हुए देखती है। वह, सन्जू की परछाई को उसकी दाएँ ओर देखती है। सन्जू किस दिशा से आ रहा है? *SSC Steno 2021*
(a) पूर्व (b) उत्तर (c) दक्षिण (d) पश्चिम

6. एक व्यक्ति उत्तर दिशा में मुँह करके खड़ा है। वह वामावर्त दिशा में 135° मुड़ जाता है, उसके बाद दक्षिणावर्त दिशा में 90° मुड़ जाता है। अब उसका मुँह किस दिशा में है? *HCET 2023*
(a) उत्तर-पूर्व (b) उत्तर
(c) उत्तर-पश्चिम (d) पश्चिम
(e) उत्तर नहीं देना चाहते

7. चार दोस्त एक इलाके में रहते हैं। A का घर B के पश्चिम में है, B का घर C के दक्षिण में और C का घर D के पूर्व में है। D से B का घर किस दिशा में है? *UP Police Constable 2018*
(a) उत्तर-पूर्व (b) दक्षिण-पूर्व
(c) उत्तर-पश्चिम (d) दक्षिण-पश्चिम

8. एक मेज पर एक कार्यशील घड़ी इस प्रकार रखी गई है, कि 9 : 00 p.m. बजे इसकी घण्टे की सुई उत्तर दिशा की ओर इंगित कर रही है। यदि इस घड़ी की स्थिति समान बनी रहती है। तो 2 : 00 a.m. बजे इसकी मिनट की सुई किस दिशा की ओर इंगित करेगी? *RRB NTPC (CBT-II) 2022*
(a) उत्तर (b) पूर्व (c) पश्चिम (d) दक्षिण

9. यदि आप दक्षिण-पूर्व की ओर मुँह करके शुरू करते हैं और 225° वामावर्त घूम जाएँ, तो इस समय आप किस दिशा में मुँह करके खड़े हैं? *UP Police Constable 2024*
(a) दक्षिण-पूर्व (b) उत्तर-पूर्व (c) पूर्व (d) पश्चिम

10. योग करने वाला एक व्यक्ति उत्तर की ओर मुख करके शुरू करता है और फिर 90° वामावर्त और उसके बाद 180° वामावर्त मुड़ता है। अब उस व्यक्ति का मुख किस दिशा की ओर है? *UP Police Constable 2024*
(a) पूर्व (b) उत्तर (c) दक्षिण (d) पश्चिम

11. सूर्योदय के समय विनीता और सुनीता पार्क में एक-दूसरे की ओर अभिमुख होकर खड़ी हैं। यदि विनीता की छाया सुनीता के बाएँ ओर पडती है, तो विनीता किस दिशा की ओर अभिमुख होकर खड़ी है? *SSC Steno 2020*
(a) पश्चिम (b) उत्तर (c) दक्षिण (d) पूर्व

12. यदि पश्चिम को दक्षिण-पश्चिम से बदल दिया जाए, तो उत्तर को किससे बदल दिया जाएगा? *UP Police Constable 2024*
(a) उत्तर-पूर्व (b) उत्तर-पश्चिम
(c) दक्षिण-पश्चिम (d) दक्षिण

13. श्याम उत्तर में 7 किमी चलता है, फिर वह अपनी दाईं ओर मुड़ता है और 3 किमी चलता है। वह फिर से अपनी दाईं ओर मुड़ता है और 7 किमी आगे बढ़ता है। अब वह अपने प्रारम्भिक बिन्दु से किस दिशा में है? *UP Police Constable 2024*
(a) पश्चिम (b) दक्षिण (c) उत्तर (d) पूर्व

14. सुनील बिन्दु R से चलना शुरू करता है। वह पश्चिम की ओर 28 मी चलता है, फिर दाएँ मुड़ता है और 20 मी चलकर बिन्दु M पर पहुँचता है। फिर वह बाएँ मुड़कर 30 मी चलता है, फिर बाएँ मुड़ता है और 28 मी चलकर बिन्दु S पर पहुँचता है। अन्त में वह बाएँ मुड़ता है और 48 मी चलकर बिन्दु Z पर पहुँचता है। बिन्दु R के सापेक्ष बिन्दु Z किस दिशा में है? (सभी मोड़ केवल 90° वाले मोड़ हैं।) *RRB NTPC (CBT-II) 2022*
(a) उत्तर-पश्चिम (b) दक्षिण (c) दक्षिण-पश्चिम (d) उत्तर

15. ग्राम चिमूर, ग्राम रीवा के उत्तर में 20 किमी की दूरी पर है। ग्राम रेहटा, ग्राम रीवा के पूर्व में 18 किमी की दूरी पर है। ग्राम अंगेन, चिमूर के पश्चिम में 12 किमी की दूरी पर है। यदि संजय ग्राम रेहटा से चलना शुरू कर ग्राम अंगेन तक जाता है, तो वह अपने शुरुआती बिन्दु से किस दिशा में है? *RRB JE 2019*
(a) उत्तर (b) दक्षिण
(c) उत्तर-पश्चिम (d) दक्षिण-पूर्व

16. लीला सुबह काम के लिए निकलती है। उसका कार्यालय उसके घर से 2 किमी दूर है, इसलिए वह चलना पसन्द करती है। वह घर से सूर्य की विपरीत दिशा में चलना शुरू करती है, 500 मी चलती है फिर दाएँ मुड़ती है और 200 मी चलती है। तब फिर से वह बाएँ ओर मुड़ती है और अपने कार्यालय की ओर चलती है। उसका कार्यालय उसके घर से किस दिशा में है? *UP Police AO 2024*
(a) उत्तर (b) दक्षिण (c) उत्तर-पश्चिम (d) उत्तर-पूर्व

17. स्कूल जाते समय रोहित अपने घर से 2 किमी सीधे चलता है, फिर बाएँ मुड़कर 4 किमी चलता है। यहाँ से, वह दाएँ मुड़ता है और 2 किमी की दूरी तय करने के बाद, वह फिर दाएँ मुड़ता है और अन्तत: 2 किमी की और दूरी तय करने के बाद स्कूल पहुँचता है। यदि अन्त में वह पश्चिम की ओर चल रहा था, तो उसके स्कूल से उसका घर किस दिशा में है? *SSC CPO 2020*
(a) पश्चिम (b) दक्षिण-पश्चिम
(c) उत्तर-पश्चिम (d) उत्तर

> **MRC*****
> *(Most Repeating Concepts)*
> प्र. सं. 1, 7, 11, 13, 14, 18 और 20 Examination Point of Views से अति महत्त्वपूर्ण हैं। इन Concept पर प्रश्न UP State के अधिकतर प्रतियोगी परीक्षाओं में निरन्तर पूछे जा रहे हैं।

18. एक दिशा खम्भा एक चौराहे पर स्थित था। एक दुर्घटना के कारण खम्भा इस प्रकार मुड़ गया कि पश्चिम लिखा हुआ सूचक उत्तर दिशा दिखाने लगा। बाद में एक यात्री पूर्व दिशा समझकर गलत दिशा में चला गया। वह वास्तव में किस दिशा में यात्रा कर रहा था? *UP Police Head Operator 2024*

(a) दक्षिण (b) उत्तर (c) पश्चिम (d) पूर्व

19. रेशमा दक्षिण की ओर जाती है। 500 मी के बाद, वह अपनी दोस्त रेहाना के घर पहुँचती है। अपनी दोस्त से मिलने के बाद, रेशमा पूर्व की ओर 500 मी चलती है और फिर दाएँ ओर मुड़कर और 500 मी चलती है। यहाँ से, वह दाएँ ओर मुड़ती है और 1 किमी चलती है। अन्त में, वह अपने दाएँ ओर मुड़ती है और अपने कॉलेज पहुँचने के लिए 1 किमी चलती है। रेहाना के घर से उसका कॉलेज किस दिशा में है? *SSC Steno 2021*

(a) दक्षिण-पूर्व (b) उत्तर (c) उत्तर-पश्चिम (d) दक्षिण

20. मंजुला अपनी सहेली सुषमा से मिलने के लिए घर से निकलती है। वह अपने घर से उत्तर दिशा में 50 मी पैदल चली। फिर वह अपने बाएँ ओर मुड़कर 60 मी पैदल चली। फिर वह दक्षिण दिशा में मुड़कर 20 मी पैदल चली और वहाँ से बाएँ मुड़ते हुए चौराहे पर पहुँचने के लिए 45 मी पैदल चली। चौराहे से वह अपने दाएँ मुड़कर 20 मी तक पैदल चली। अन्त में वह अपने बाएँ ओर मुड़ी और सुषमा के घर पहुँचने के लिए 40 मी पैदल चली। उसका घर सुषमा के घर से किस दिशा में है? *Rajasthan Police Constable 2022*

(a) उत्तर-पूर्व (b) उत्तर-पश्चिम
(c) दक्षिण-पूर्व (d) दक्षिण-पश्चिम

दूरी पर आधारित

21. एक व्यक्ति अपने घर से पश्चिम की ओर 6 किमी चलता है, फिर दाएँ मुड़ता है और 11 किमी चलता है, फिर दाएँ मुड़ता है और 12 किमी चलता है, फिर दाएँ मुड़ता है और 12 किमी चलता है, फिर दाएँ मुड़ता है और 6 किमी चलता है। वह व्यक्ति अपने घर से कितनी दूरी पर है? *UP Police Constable 2024*

(a) 1 किमी (b) 23 किमी (c) 12 किमी (d) 17 किमी

22. गणेश एक निश्चित बिन्दु पर खड़ा है। वह पूर्व में 20 मी, फिर दक्षिण में 10 मी, फिर पश्चिम में 35 मी और अन्त में 5 मी पूर्व की ओर यात्रा करता है। उसके प्रारम्भिक और अन्तिम बिन्दु के बीच दूरी (मीटर में) क्या है? *MP Police Constable 2022*

(a) 20 मी (b) $10\sqrt{2}$ मी (c) 35 मी (d) 5 मी

23. यदि आप 10 किमी दक्षिण की ओर चले हैं, फिर 90° बाईं ओर मुड़े हैं और 6 किमी और चले हैं, तो अपने प्रारम्भिक बिन्दु के सम्बन्ध में आपकी अन्तिम स्थिति क्या है? *UP Police Constable 2024*

(a) 11.6 किमी प्रारम्भिक बिन्दु से
(b) 9.6 किमी प्रारम्भिक बिन्दु से
(c) 10 किमी प्रारम्भिक बिन्दु से
(d) 6 किमी प्रारम्भिक बिन्दु से

24. मनोहर पश्चिम की ओर X किमी साइकिल चलाता है और फिर दाएँ मुड़ता है और अपने कार्यालय पहुँचने के लिए Y किमी साइकिल चलाता है। अब प्रारम्भिक बिन्दु और उसके कार्यालय के बीच की न्यूनतम दूरी 13 किमी है। X और Y का मान क्रमश: (किमी में) कितना हो सकता है? *SSC CPO 2023*

(a) 8 और 5 (b) 12 और 5
(c) 6 और 7 (d) 11 और 6

25. एक व्यक्ति घर से पूर्व की ओर 10 किमी चलता है, फिर दाएँ मुड़ता है और 5 किमी चलता है, फिर से दाएँ मुड़ता है और 11 किमी चलता है, फिर से दाएँ मुड़ता है और 5 किमी चलता है, फिर से बाएँ मुड़ता है और 1 किमी चलता है। वह व्यक्ति अपने घर से कितनी दूरी पर है? *UP Police Constable 2024*

> **MRC*****
> ***(Most Repeating Concepts)***
> प्र. सं. 21, 24, 25, और 36 Examination Point of Views से अति महत्त्वपूर्ण है। इन Concept पर प्रश्न SSC के सभी प्रतियोगी परीक्षाओं में निरन्तर पूछे जा रहे हैं।

(a) 6 किमी (b) 16 किमी
(c) 2 किमी (d) 15 किमी

26. रहमान अपने कार्यालय से जिला मुख्यालय गया। उसने पश्चिम की ओर अपनी यात्रा शुरू की। सबसे पहले, वह सीधे 20 किमी गया, फिर वह अपनी बाईं ओर मुड़ गया और 9 किमी चला, अन्त में वह दाएँ मुड़ा और जिला मुख्यालय तक पहुँचने के लिए 20 किमी चला। रहमान के कार्यालय और जिला मुख्यालय के बीच सबसे कम दूरी क्या है? *SSC Steno 2019*

(a) 41 किमी (b) 49 किमी
(c) 34.5 किमी (d) 24.5 किमी

27. अमित कार्यालय के लिए घर से निकला। वह 4 किमी पूर्व की ओर चलता है। फिर, वह दक्षिण की ओर मुड़ता है और 2 किमी चलता है, फिर पश्चिम की ओर मुड़ता है और सीधे 7 किमी चलता है। उसके बाद वह 1 किमी उत्तर की ओर चलता है। फिर, वह पूर्व की ओर मुड़ता है और कार्यालय पहुँचने के लिए 3 किमी चलता है। घर और कार्यालय के बीच की दूरी कितनी है? *UP AO 2024*

(a) 4 किमी (b) 1 किमी
(c) 3 किमी (d) 2 किमी

28. राम अपने घर से प्रात: 5:00 बजे प्रस्थान करता है, और उत्तर की ओर दौड़ना आरम्भ करके 50 किमी दौड़ता है, फिर दाएँ मुड़ता है, और पुन: 50 किमी दौड़ता है। वह फिर से दाएँ मुड़ता है, और 30 किमी दौड़ता है। अन्त में, वह दाएँ मुड़ता है, और 50 किमी दौड़ता है। वह अपने घर से कितनी दूर है? *SSC JE 2023*

(a) 40 किमी (b) 20 किमी
(c) 50 किमी (d) 30 किमी

29. एक व्यक्ति 15 मी पूर्व की ओर चलता है, फिर बाएँ मुड़ता है और 10 मी चलता है, फिर दोबारा बाएँ मुड़ता है और 15 मी चलता है। वह शुरुआती बिन्दु से कितना दूर है? *UP Police Constable 2024*

(a) 10 मी (b) 15 मी (c) 18 मी (d) 20 मी

30. सुमन को ड्राइविंग करना पसन्द है। एक दिन, वह अपने घर से जल्दी निकली और 8 किमी पूर्व दिशा की ओर चली गई और फिर 90° घड़ी की सुई के विरुद्ध दिशा में मुड़ गई और एक झील तक पहुँचने के लिए उसने 15 किमी तक गाड़ी चलाई। उसके घर से झील तक की लघुत्तम दूरी कितनी है? *UPSSSC 2018*

(a) 15 किमी (b) 16 किमी (c) 17 किमी (d) 18 किमी

31. थॉमस, अपने भाई को घर पर छोड़ने के बाद चर्च से पुस्तकालय में जाता है। पहले वह पश्चिम की ओर 4 किमी चलता है, फिर बाएँ मुड़ता है और घर पहुँचने के लिए 3 किमी चलता है। वहाँ से, वह दाएँ मुड़ता है और पुस्तकालय तक पहुँचने के लिए 1 किमी चलता है। घर और चर्च के बीच की सबसे कम दूरी क्या है? *UPSSSC 2018*

(a) 5 किमी (b) 4 किमी
(c) 2 किमी (d) 1 किमी

32. पवन स्टेशन गया, जो उसके घर से 12 किमी उत्तर की ओर है। उसकी पत्नी रेणु एक दुकान पर गई जो उनके घर से 5 किमी पश्चिम की ओर है। फिर, वे दोनों एक ही समय और समान गति से एक-दूसरे की ओर चलने लगे। वे अन्तिम बिन्दु से कितनी दूरी पर (किमी में) मिलते हैं? *MP Police Constable 2022*

(a) 10 (b) 7 (c) 6.5 (d) 13

33. सैली एक मिनी स्कूल बस चलाती है। वह स्कूल गेट से शुरू करती है और अपनी पहली सवारी लेने के लिए 7 किमी उत्तर की ओर बस चलाती है। फिर वह दाएँ मुड़ती है और रास्ते में बच्चों को लेने के लिए 10 किमी बस चलाती है। वह दोबारा दाएँ मुड़ती है और 5 किमी बस चलाती है। फिर वह स्कूल लौटने के लिए अन्तिम बार दाएँ मुड़ती है। पुन: स्कूल गेट पर वापस पहुँचने के लिए सैली को कितनी दूर तक बस चलानी पड़ेगी? *SSC CPO 2024*

(a) 12 किमी (b) 22 किमी (c) 10 किमी (d) 17 किमी

34. प्रीति, बिन्दु A से शुरू करती है और 7 किमी दक्षिण की ओर ड्राइव करती है। यहाँ से वह, बाएँ मुड़ती है और 9 किमी ड्राइव करती है, फिर वह अन्तिम बार बाएँ मुड़ती है और बिन्दु B तक पहुँचने के लिए 7 किमी ड्राइव करती है। प्रीति को बिन्दु B से बिन्दु A तक पहुँचने के लिए कितनी दूर ड्राइव करनी चाहिए? *SSC CPO 2016*

(a) 7 किमी (b) 6 किमी (c) 8 किमी (d) 9 किमी

35. दीपक अपने कार्यालय से निकला और पूर्व की ओर 5 किमी चला और फिर बाईं ओर मुड़ गया तथा अपने घर तक पहुँचने के लिए 12 किमी चला। मदन, जोकि उसी कार्यालय में काम करता है, अपने कार्यालय से निकला और पश्चिम की ओर 5 किमी चला और फिर बाईं ओर मुड़ गया तथा अपने घर तक पहुँचने के लिए 12 किमी चला। दीपक और मदन के घर के बीच की लघुत्तम दूरी कितनी है? *UPSSSC 2018*

(a) 17 किमी (b) 24 किमी (c) 26 किमी (d) 34 किमी

36. एक बच्चा अपने पिता की तलाश करने के लिए पश्चिम में 90 फीट गया, फिर वह दाईं ओर मुड़ा और आगे 20 फीट गया। इसके बाद फिर वह दाईं ओर मुड़ा और 30 फीट जाने के बाद वह अपने चाचा के घर पहुँचा। उसके पिता वहाँ नहीं थे। वहाँ से वह दक्षिण में 100 फीट गया और अपने पिता से मिला। शुरुआती बिन्दु से वह अपने पिता से कितनी दूर मिला? *UP Police Constable 2019*

(a) 140 फीट (b) 110 फीट (c) 120 फीट (d) 100 फीट

37. नीरव का घर, आकाश के घर के दक्षिण दिशा में 40 मी दूर है। दक्ष का घर, आकाश के घर के ठीक पूर्व दिशा में X मी की दूरी पर है। प्रकाश का घर, आकाश के घर के ठीक पश्चिम दिशा में Y मी की दूरी पर है। यदि प्रकाश के घर और नीरव के घर के बीच की न्यूनतम दूरी 50 मी है और दक्ष के घर और नीरव के घर के बीच की न्यूनतम दूरी भी 50 मी है, तो प्रकाश के घर और दक्ष के घर के बीच की दूरी कितनी है? *SSC Steno 2020*

(a) 40 मी (b) 30 मी
(c) 60 मी (d) 80 मी

दिशा और दूरी पर आधारित

38. आनन्द अपने घर से चलना शुरू करता है और पूर्व की ओर 15 मी चलता है। वह दाएँ ओर मुड़ता है और 20 मी चलता है। अब वह प्रारम्भिक बिन्दु से कितनी दूर और किस दिशा में है? *UP Police Head Operator 2024*

(a) 35 मी, उत्तर-पश्चिम (b) 25 मी, दक्षिण-पश्चिम
(c) 25 मी, दक्षिण-पूर्व (d) 35 मी, उत्तर-पूर्व

39. सरिता 24 मी पश्चिम की ओर चलने के बाद अपने दाएँ मुड़कर 24 मी चलती है इसके बाद वह अपने बाएँ मुड़ती है और 16 मी चलती है। पुन: वह अपने बाएँ मुड़कर 24 मी चलती है। सरिता अब अपने आरम्भिक बिन्दु से कितनी दूर तथा किस दिशा में है? *HCET 2023*

(a) 40 मी, उत्तर (b) 40 मी, पश्चिम
(c) 32 मी, उत्तर (d) 48 मी, पश्चिम
(e) उत्तर नहीं देना चाहते

40. निवेथा बिन्दु O से उत्तर की ओर 3 किमी चलती है। फिर वह दाएँ ओर मुड़ती है और बिन्दु R तक पहुँचने के लिए 4 किमी चलती है। बिन्दु O से निवेथा कितनी दूर है और O के सम्बन्ध में R की दिशा क्या है? *UP Police Assistant Operator 2024*

(a) 5 किमी, उत्तर-पूर्व (b) 4.5 किमी, उत्तर-पूर्व
(c) 6.2 किमी दक्षिण-पूर्व (d) 4 किमी, दक्षिण-पश्चिम

41. एक व्यक्ति पूर्व की ओर 20 किमी चलता है। वहाँ से वह 12 किमी पश्चिम की ओर चलता है। फिर वह उत्तर की ओर 6 किमी चलता है। वह अपने आरम्भिक बिन्दु के सन्दर्भ में कितनी दूरी पर तथा किस दिशा में है? *MP Police Constable 2022*

(a) 12 किमी, उत्तर-पश्चिम (b) 8 किमी, उत्तर-पूर्व
(c) 16 किमी, दक्षिण-पश्चिम (d) 10 किमी, उत्तर-पूर्व

42. रोहित, बिन्दु A से उत्तर की ओर 3 किमी ड्राइव करता है। वह बाएँ मुड़ता है, और 4 किमी ड्राइव करता है। वह फिर से बाएँ मुड़ता है, और 6 किमी ड्राइव करता है। अन्त में, वह बाएँ मुड़ता है, और बिन्दु B तक पहुँचने के लिए 4 किमी ड्राइव करता है। फिर से बिन्दु A पर पहुँचने के लिए उसे कितनी दूर और किस दिशा में ड्राइव करना चाहिए? *CISF 2023*

(a) 3 किमी उत्तर की ओर (b) 4 किमी दक्षिण की ओर
(c) 3 किमी पूर्व की ओर (d) 2 किमी पश्चिम की ओर

43. एक दिन, सूर्योदय के समय, सुधीर अपनी छाया की दिशा में 6 मी चलता है, फिर अपनी दाईं ओर मुड़ता है और 4 मी चलता है। अन्त में, वह दाईं ओर मुड़ता है और 9 मी चलता है। ज्ञात कीजिए कि वह अपने प्रारम्भिक बिन्दु से कितनी दूर और किस दिशा में है *CRPF HC 2023*

(a) 12 मी, उत्तर-पश्चिम (b) 5 मी, उत्तर-पूर्व
(c) 6 मी, दक्षिण-पश्चिम (d) 15 मी, दक्षिण-पूर्व

44. X, 15 मी दक्षिण में चला, बाएँ मुड़ा और 15 मी चला और बाएँ मुड़ा और आगे 15 मी चला। वह शुरुआती स्थिति से कितनी दूर और किस दिशा में है? *UP Police Constable 2018*

(a) 15 मी, उत्तर (b) 15 मी, पूर्व
(c) 15 मी, दक्षिण (d) 15 मी, पश्चिम

45. एक व्यक्ति बिन्दु Z से चलना शुरू करता है, और दक्षिण की ओर 7 किमी चलता है। वह दाएँ मुड़ता है, और 5 किमी चलता है, दाएँ मुड़ता है और 3 किमी चलता है, फिर दाएँ मुड़ता है, और 1 किमी चलता है। फिर वह बाएँ मुड़ता है, और बिन्दु X पर पहुँचने के लिए 4 किमी चलता है। बिन्दु Z पर पहुँचने के लिए अब उसे कितना और किस दिशा में चलना होगा? *CISF 2023*

(a) 4 किमी, पूर्व (b) 4 किमी, दक्षिण
(c) 4 किमी, पश्चिम (d) 6 किमी, पूर्व

46. मयंक का मकान दक्षिणमुखी है। वह अपने घर के पिछले द्वार से निकलता है और 18 मी पैदल चलता है। उसके बाद वह दाएँ मुड़ता है और 28 मी पैदल चलता है। उसके बाद वह दाएँ मुड़ता है और 35 मी पैदल चलता है। उसके बाद वह बाएँ मुड़ता है और 12 मी पैदल चलता

है। उसके बाद वह बाएँ मुड़ता है और 17 मी पैदल चलता है। वह प्रारम्भिक स्थिति से किस दिशा में है और कितने मीटर दूर है? ***SSC CPO 2018***
(a) 40 मी, पूर्व
(b) 20 मी, उत्तर
(c) 30 मी, पश्चिम
(d) 17 मी, दक्षिण

47. एक लड़की अपने घर से गाड़ी चलाना शुरू करती है, और 10 किमी दक्षिण की ओर जाती है। फिर बाएँ मुड़ती है, और 20 किमी जाती है। फिर वह बाएँ मुड़ती है, और 20 किमी जाती है। फिर से वह अपने बाएँ मुड़कर, 5 किमी जाती है। वह अन्तिम बार बाएँ मुड़ती है, 10 किमी जाती है, और अपने अन्तिम गन्तव्य पर रुक जाती है। अपने घर पहुँचने के लिए उसे कितनी दूर और किस दिशा में गाड़ी चलाना चाहिए? ***SSC JE 2023***
(a) 15 किमी, दक्षिण (b) 15 किमी, उत्तर
(c) 15 किमी, पश्चिम (d) 15 किमी, पूर्व

48. आण्टी ग्लोरिया अपने घर से निकलती है और पूर्व की ओर 65 मी चलती है। वह बाएँ मुड़ती है और 28 मी चलती है। वह फिर से बाएँ मुड़ती है और एक सार्वजनिक पुस्तकालय तक पहुँचने के लिए 110 मी चलती है। आण्टी ग्लोरिया के घर से पुस्तकालय कितनी दूर (न्यूनतम दूरी) और किस दिशा में है? ***SSC CPO 2023***
(a) 53 मी, उत्तर-पश्चिम
(b) 48 मी, उत्तर-पूर्व
(c) 53 मी, उत्तर-पूर्व
(d) 48 मी, उत्तर-पश्चिम

49. बंदा, बिन्दु A से चलना आरम्भ करती है और पश्चिम की ओर 19 किमी चलती है। फिर वह बाईं ओर मुड़ती है, 22 किमी चलती है, बाईं ओर मुड़ती है, 25 किमी चलती है अन्तिम बार वह बाईं और मुड़ती है, 22 किमी चलती है और बिन्दु B पर रुक जाती है। बिन्दु A पर दोबारा पहुँचने के लिए उसे कितनी दूरी तक (न्यूनतम दूरी) और किस दिशा में गाड़ी चलानी चाहिए? (जब तक निर्दिष्ट न किए जाएँ, सभी मोड़ 90 डिग्री के मोड़ हैं।) ***RRB ALP 2024***
(a) 6 किमी पूर्व की ओर (b) 7 किमी दक्षिण की ओर
(c) 7 किमी पश्चिम की ओर (d) 6 किमी पश्चिम की ओर

50. नमित एक बिन्दु Z से शुरुआत करता है और Y पर पहुँचने के लिए पश्चिम की ओर 4 किमी की यात्रा करता है। फिर वह बाएँ मुड़ता है और Y और Z के बीच तय की गई दूरी का 2.5 गुना तय करता है और बिन्दु X पर पहुँचता है। वहाँ से वह बाएँ मुड़ता है और गन्तव्य B तक पहुँचने के लिए 4 किमी की यात्रा करता है। फिर वह बाएँ मुड़ता है और कुछ दूरी तय करता है और बिन्दु A पर पहुँचने के लिए Z से 2 किमी आगे तक जाता है। A और B के बीच न्यूनतम दूरी क्या है और A के सन्दर्भ में B की दिशा क्या है? ***Rajasthan Police Constable 2022***
(a) 12 किमी, उत्तर (b) 12 किमी, दक्षिण
(c) 8 किमी, उत्तर (d) 8 किमी, दक्षिण

> ***MRC******
> ***(Most Repeating Concepts)***
> प्र. सं. 40, 44, 45, 49, और 50 Examination Point of Views से अति महत्त्वपूर्ण हैं। इन Concept पर प्रश्न सभी प्रतियोगी परीक्षाओं में निरन्तर पूछे जा रहे हैं।

Right Key

1. (c)	2. (a)	3. (c)	4. (c)	5. (b)	6. (c)	7. (b)	8. (b)	9. (d)	10. (a)
11. (c)	12. (b)	13. (d)	14. (c)	15. (c)	16. (c)	17. (c)	18. (a)	19. (c)	20. (d)
21. (a)	22. (b)	23. (a)	24. (b)	25. (c)	26. (a)	27. (b)	28. (b)	29. (a)	30. (c)
31. (a)	32. (c)	33. (a)	34. (d)	35. (c)	36. (d)	37. (c)	38. (c)	39. (b)	40. (a)
41. (d)	42. (a)	43. (b)	44. (b)	45. (a)	46. (a)	47. (c)	48. (a)	49. (d)	50. (b)

Solutions

1. *(c)* प्रश्नानुसार,

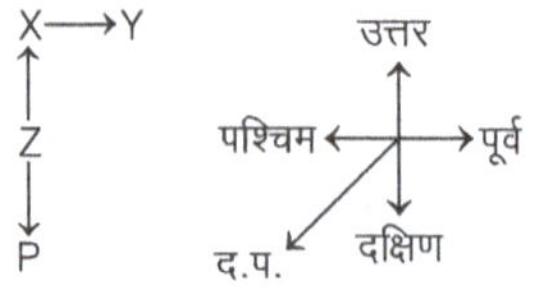

अत: P, Y के दक्षिण-पश्चिम दिशा में है।

2. *(a)* प्रश्नानुसार,

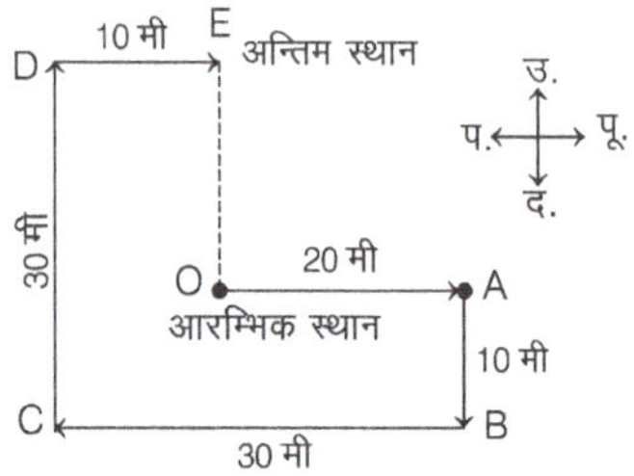

अत: वह अपने आरम्भिक स्थान से अब उत्तर दिशा में है।

3. *(c)* प्रश्नानुसार,

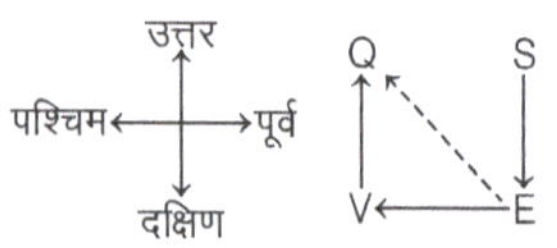

अत: E के सापेक्ष Q की दिशा उत्तर-पश्चिम है।

4. *(c)* प्रश्नानुसार,

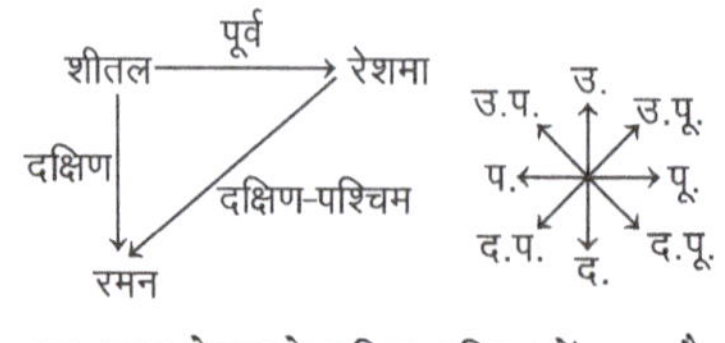

अत: रमन, रेशमा के दक्षिण-पश्चिम में खड़ा है।

5. *(b)* प्रश्नानुसार,
हम जानते हैं कि सूर्य पूर्व दिशा से उगता है।

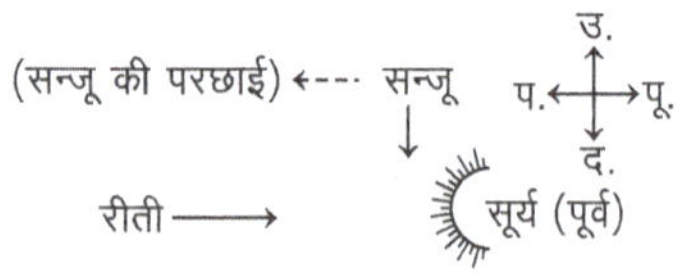

उपरोक्त चित्र से स्पष्ट है कि, सन्जू उत्तर दिशा से आ रहा है।

6. *(c)* प्रश्नानुसार,

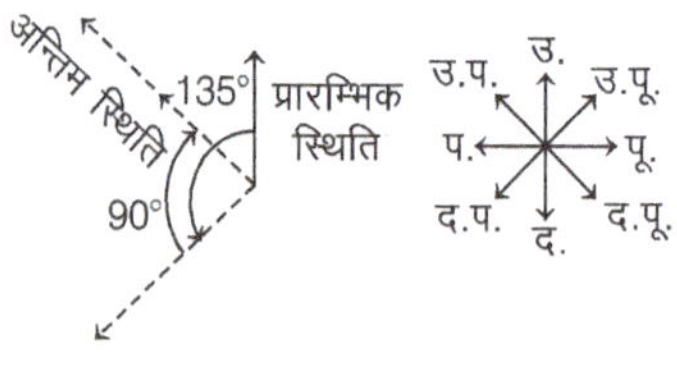

अतः अन्त में व्यक्ति का मुहँ उत्तर-पश्चिम दिशा में है।

> **TOP TIPS** इस प्रकार के प्रश्नों को हल करने के लिए दिशाओं के घूर्णन की जानकारी होना अति आवश्यक है।

7. (*b*) प्रश्नानुसार,

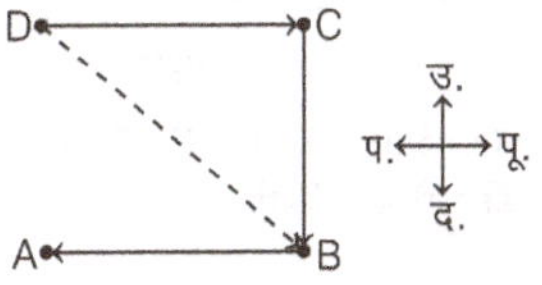

अतः उपरोक्त से स्पष्ट है कि, B का घर D से दक्षिण-पूर्व में है।

8. (*b*) प्रश्नानुसार,

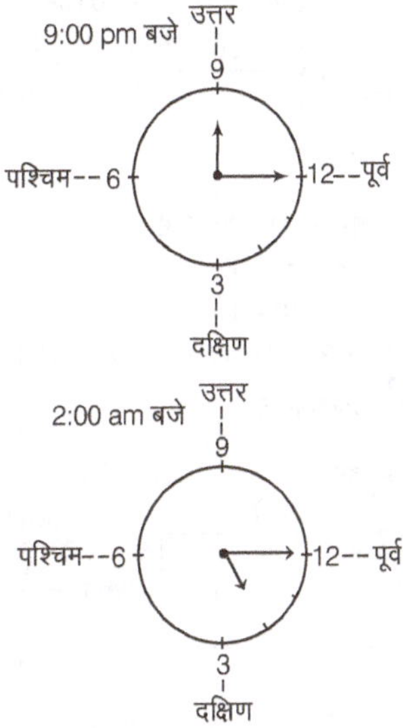

अतः 2 बजे घड़ी की मिनट की सुई पूर्व दिशा में होगी।

9. (*d*) प्रश्नानुसार,

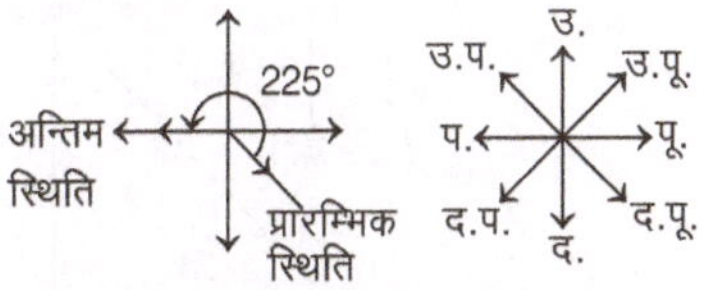

अतः अब आप पश्चिम दिशा की ओर मुँह करके खड़े हैं।

10. (*a*) प्रश्नानुसार,

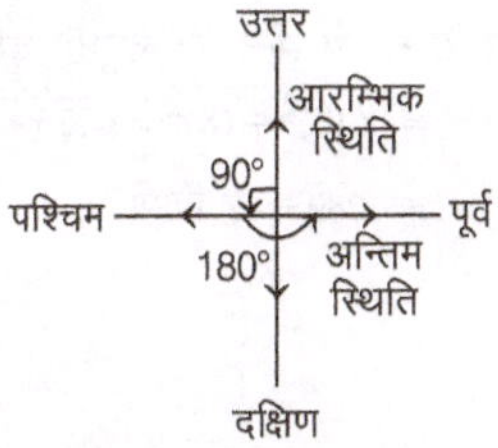

अतः अब उस व्यक्ति का मुख पूर्व दिशा की ओर है।

11. (*c*) प्रश्नानुसार,

हम जानते हैं कि सूर्य पूर्व दिशा से उगता है,

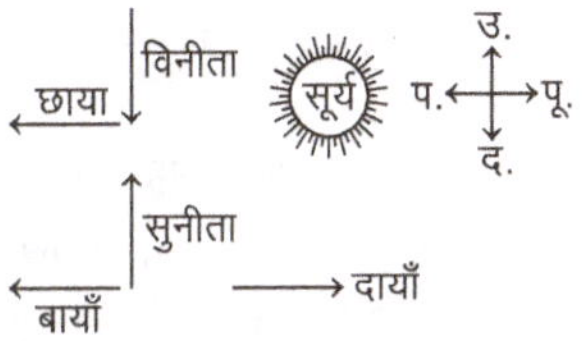

ऊपरी चित्र से, यदि विनीता की छाया सुनीता के बाएँ ओर पड़ती है, तब विनीता दक्षिण की ओर अभिमुख है।

12. (*b*) प्रश्नानुसार,

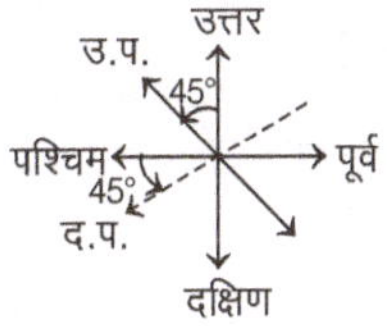

यहाँ पर दिशाएँ अपनी 45° वामावर्त दिशा का स्थान ले रही हैं। अतः उत्तर को 45° वामावर्त दिशा में घुमाकर उत्तर-पश्चिम दिशा में बदला जाएगा।

13. (*d*) प्रश्नानुसार,

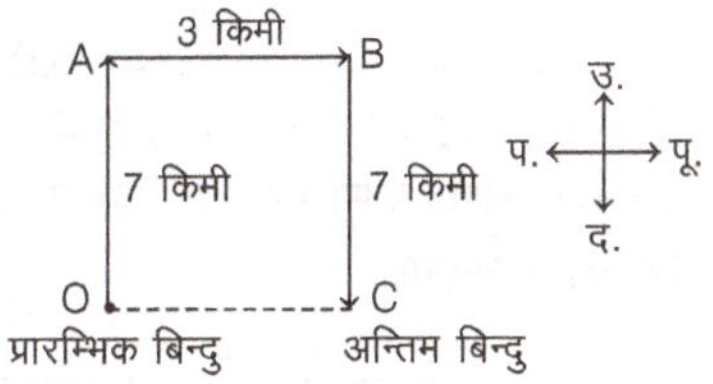

अतः श्याम प्रारम्भिक बिन्दु से पूर्व दिशा में है।

14. (*c*) प्रश्नानुसार,

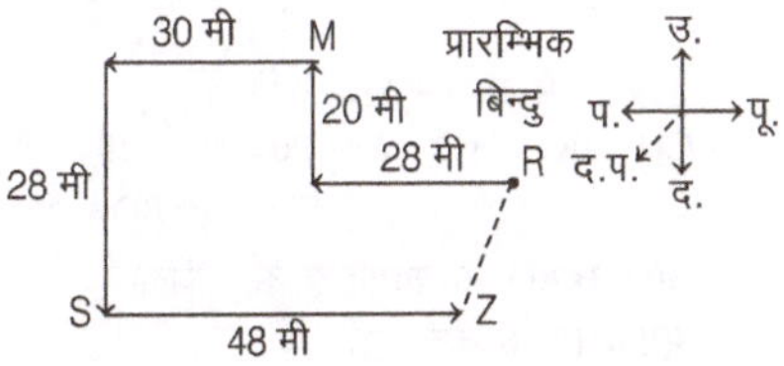

अतः बिन्दु Z, बिन्दु R के दक्षिण-पश्चिम में है।

15. (*c*) प्रश्नानुसार,

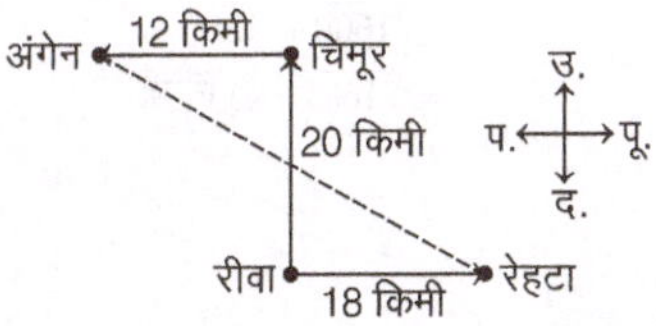

अतः संजय ग्राम रेहटा से ग्राम अंगेन जाता है तो वह अपने प्रारम्भिक बिन्दु से उत्तर-पश्चिम दिशा में होगा।

> **TOP TIPS** इस प्रकार के प्रश्नों को हल करने के लिए दिशाओं के साथ-साथ दाएँ या बाएँ मुड़ने के क्रम की जानकारी होना अति आवश्यक है।

16. (*c*) प्रश्नानुसार,

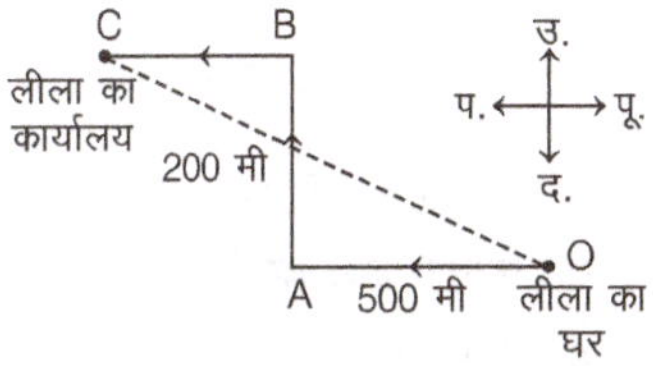

अतः लीला का कार्यालय उसके घर से उत्तर-पश्चिम दिशा में है।

17. (*c*) प्रश्नानुसार,

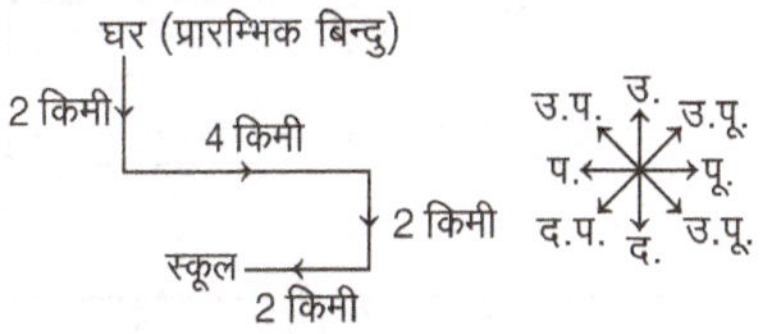

अतः उसके स्कूल से उसका घर उत्तर-पश्चिम दिशा में हैं।

18. (*a*) प्रश्नानुसार,

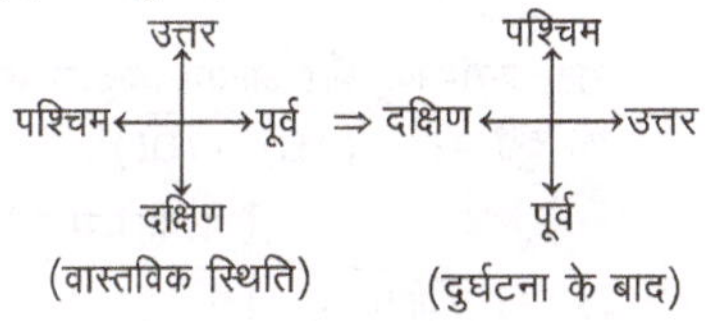

अतः यात्री पूर्व दिशा समझकर, वास्तविक में वह दक्षिण दिशा में यात्रा कर रहा था।

19. (*c*) प्रश्नानुसार,

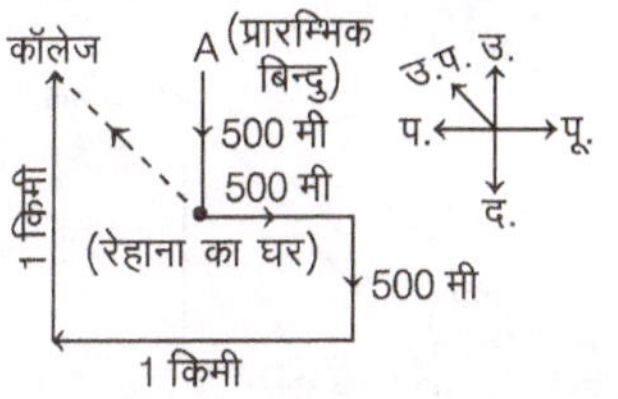

रेहाना के घर से उसका कॉलेज उत्तर-पश्चिम दिशा में है।

20. (*d*) प्रश्नानुसार,

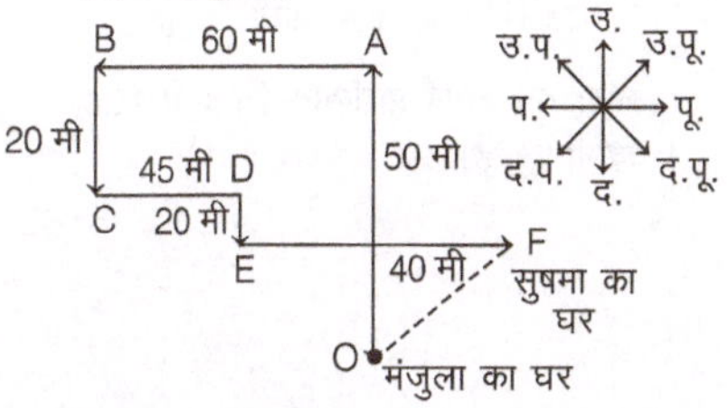

∴ मंजुला का घर, सुषमा के घर से दक्षिण-पश्चिम दिशा में है।

21. (*a*) प्रश्नानुसार,

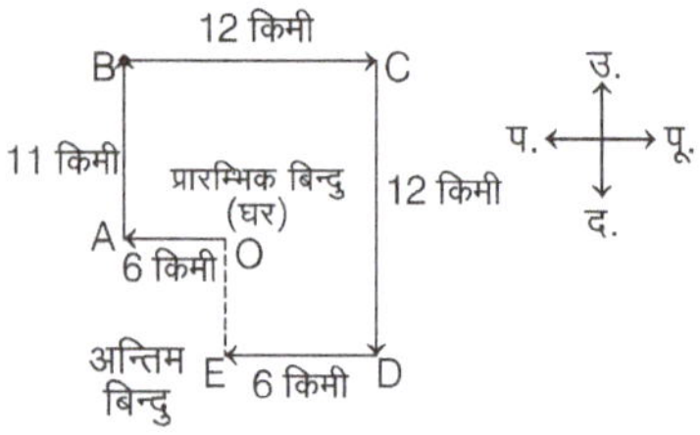

OE = 12 − 11 = 1 किमी

अत: व्यक्ति अपने घर से 1 किमी दूर है।

22. (*b*) प्रश्नानुसार,

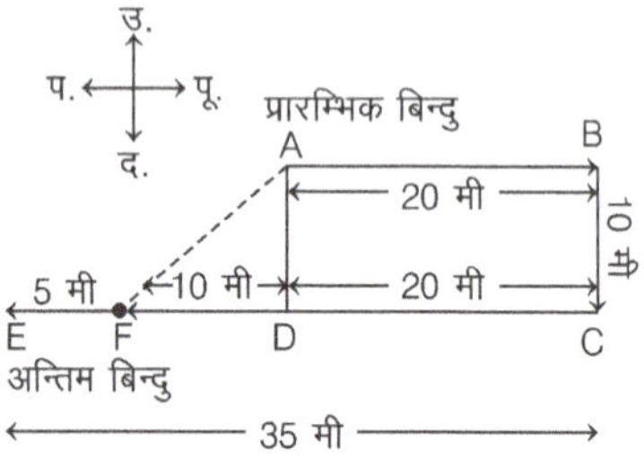

ΔADF में, AD = BC = 10 मी

FD = CE − EF − CD

= 35 − 5 − 20 (∵ CD = AB)

= 10 मी

अत: प्रारम्भिक और अन्तिम बिन्दुओं के बीच की दूरी $AF = \sqrt{(AD)^2 + (DF)^2}$

(पाइथागोरस प्रमेय से)

$\Rightarrow \quad AF = \sqrt{(10)^2 + (10)^2}$

$= \sqrt{100 + 100}$

$\therefore \quad AF = 10\sqrt{2}$ मी

23. (*a*) प्रश्नानुसार,

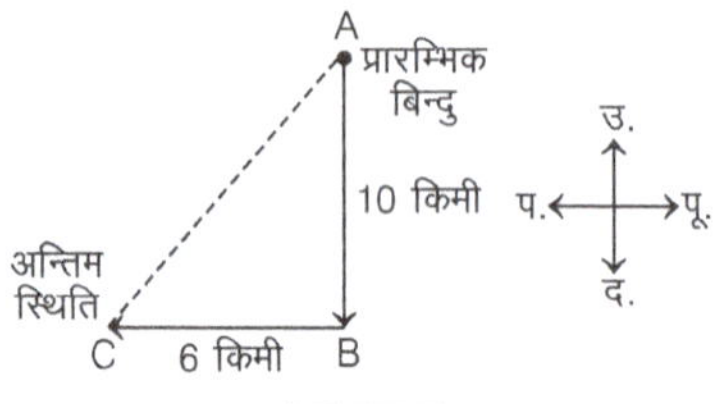

$AC = \sqrt{10^2 + 6^2}$

$= \sqrt{136}$

= 11.6 किमी

अत: वह अपने प्रारम्भिक बिन्दु से 11.6 किमी दूर है।

24. (*b*) प्रश्नानुसार,

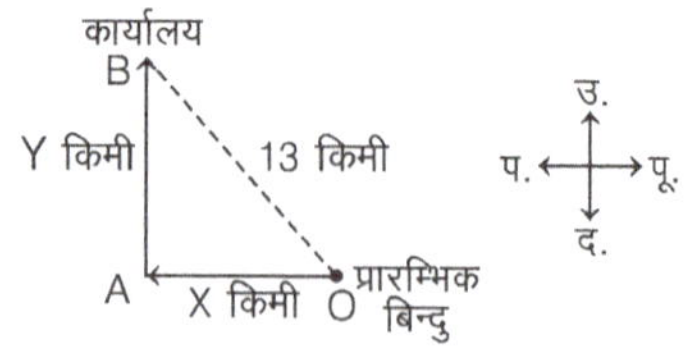

ΔOAB में पाइथागोरस प्रमेय से,

$(X)^2 + (Y)^2 = (13)^2 = 169$

जब X = 12 और Y = 5 [विकल्प (b) से]

$(12)^2 + (5)^2 = 169$

$\Rightarrow \quad 144 + 25 = 169 \Rightarrow 169 = 169$

अत: विकल्प (b) सही उत्तर है।

TOP TIPS: इस प्रकार के प्रश्नों को विकल्पों की सहायता से शीघ्रता से हल किया जा सकता है।

25. (*c*) प्रश्नानुसार,

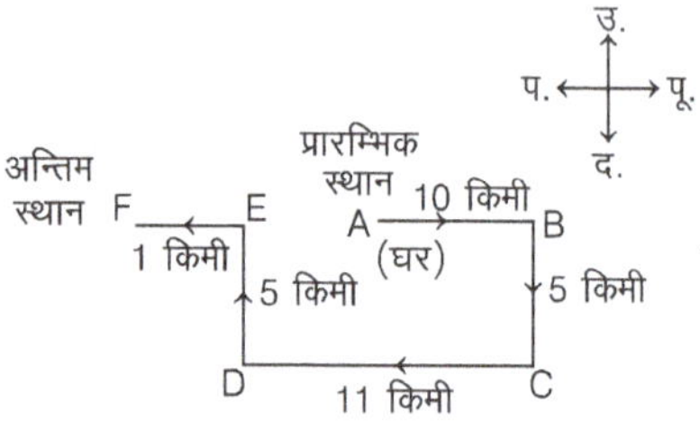

EA = DC − AB = 11 − 10 = 1 किमी

∴ FA = FE + EA = 1 + 1 = 2 किमी

अत: व्यक्ति अपने घर से 2 किमी दूर है।

26. (*a*) प्रश्नानुसार,

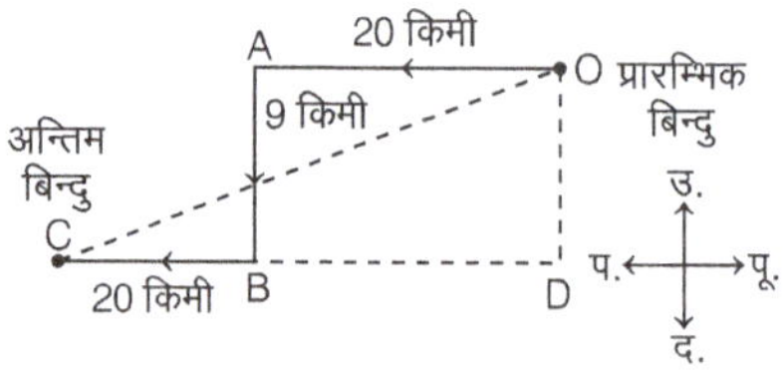

ΔOCD में, OD = AB = 9 किमी

CD = BC + AO = 20 + 20 = 40 किमी

(∵ BD = AO)

अत: रहमान के कार्यालय और जिला मुख्यालय के बीच दूरी,

$CO = \sqrt{(CD)^2 + (OD)^2}$

(पाइथागोरस प्रमेय से)

$\Rightarrow CO = \sqrt{(40)^2 + (9)^2}$

$= \sqrt{1600 + 81}$

$= \sqrt{1681} = 41$ किमी

27. (*b*) प्रश्नानुसार,

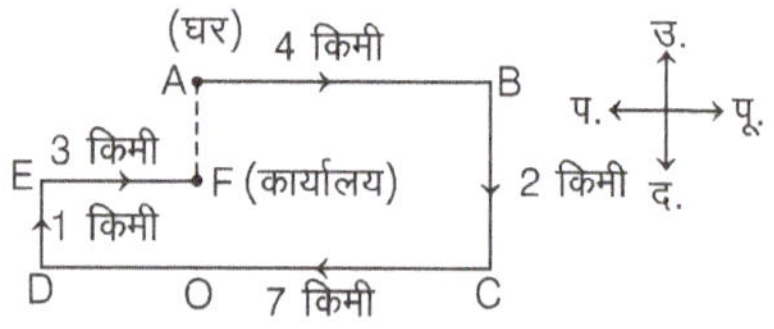

∴ AF = BC − FO (FO = ED)

= 2 − 1 = 1 किमी

अत: अमित के घर और कार्यालय के बीच की दूरी = 1 किमी

28. (*b*) प्रश्नानुसार,

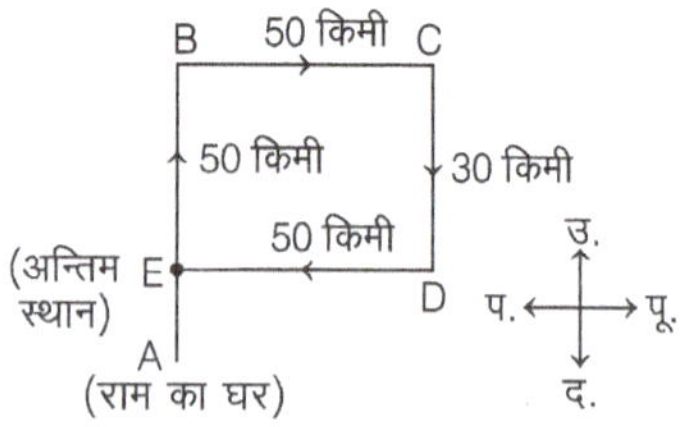

BE = CD = 30 किमी

∴ EA = AB − BE

= 50 − 30 = 20 किमी

अत: राम अपने घर से 20 किमी दूर है।

29. (*a*) प्रश्नानुसार,

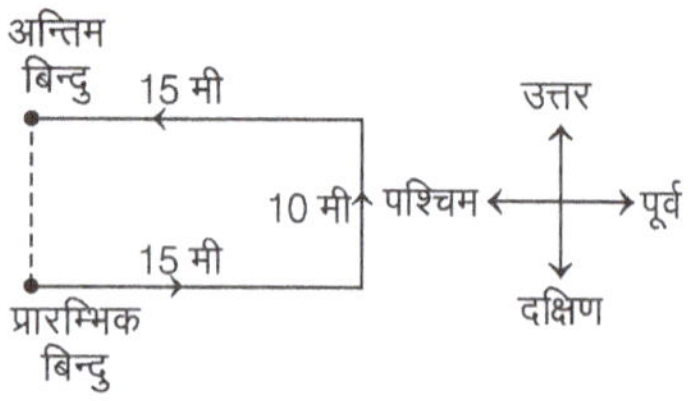

अत: व्यक्ति शुरुआती बिन्दु से 10 मी दूर है।

30. (*c*) प्रश्नानुसार,

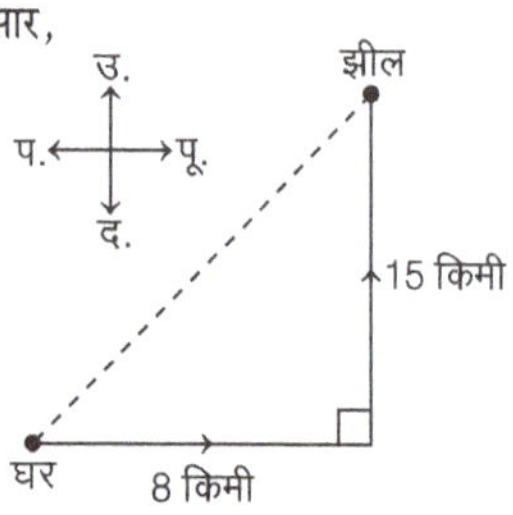

पाइथागोरस प्रमेय से,

सुमन के घर से झील की लघुत्तम दूरी

$= \sqrt{(15)^2 + (8)^2} = \sqrt{225 + 64}$

$= \sqrt{289} = 17$ किमी

31. (*a*) प्रश्नानुसार,

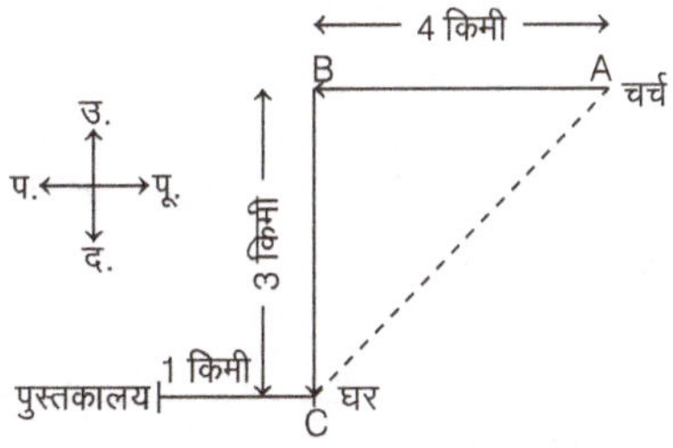

$AC = \sqrt{(3)^2 + (4)^2}$ [पाइथागोरस प्रमेय से]

$AC = \sqrt{9 + 16} = 5$ किमी

अत: चर्च और घर के बीच सबसे कम दूरी, $AC = 5$ किमी

TOP TIPS इस प्रकार के प्रश्नों को सरलतापूर्वक हल करने के लिए पाइथागोरस प्रमेय का ज्ञान होना अति आवश्यक है।

32. (*c*) प्रश्नानुसार,

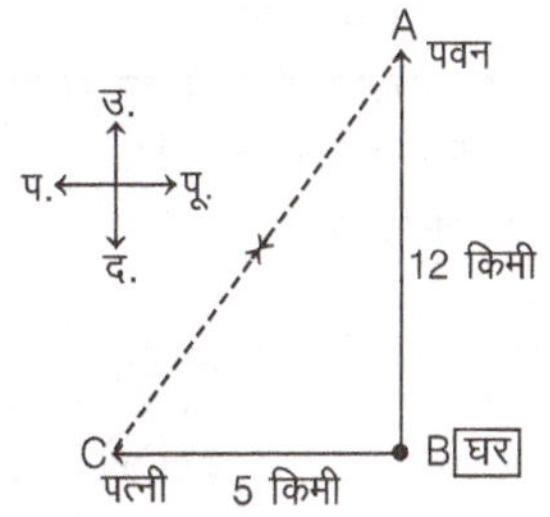

पाइथागोरस प्रमेय से,

ΔABC में,

$AC^2 = AB^2 + BC^2$

$\Rightarrow AC^2 = 12^2 + 5^2 \Rightarrow AC^2 = 144 + 25$

$\Rightarrow AC = \sqrt{169} = 13$ किमी

$\because$ वे दोनों समान चाल से एक-दूसरे की ओर चल रहे हैं, इसलिए अन्तिम बिन्दु से मिलने की दूरी $= \frac{13}{2} = 6.5$ किमी

33. (*a*) प्रश्नानुसार,

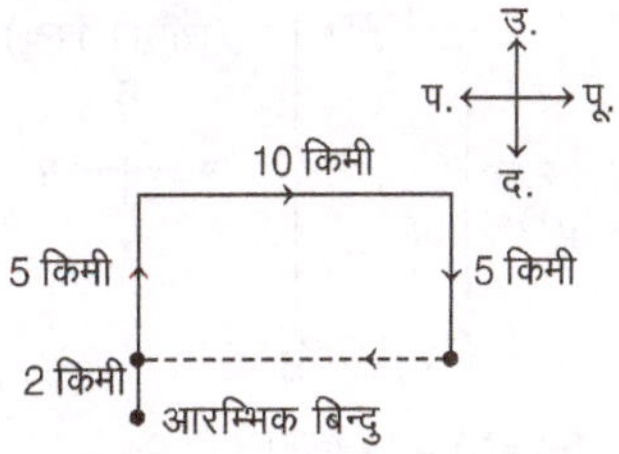

$\therefore$ अभीष्ट दूरी $= 10 + 2 = 12$ किमी

34. (*d*) प्रश्नानुसार,

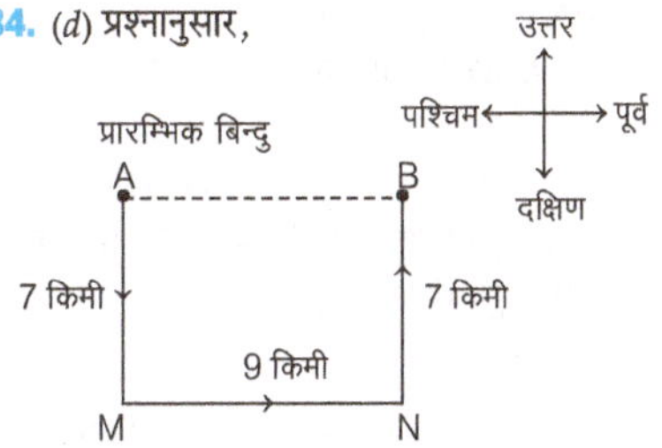

$\therefore AB = 9$ किमी $(AB = MN)$

अत: प्रीति को बिन्दु A से B तक पहुँचने के लिए 9 किमी ड्राइव करना पड़ेगा।

35. (*c*) प्रश्नानुसार,

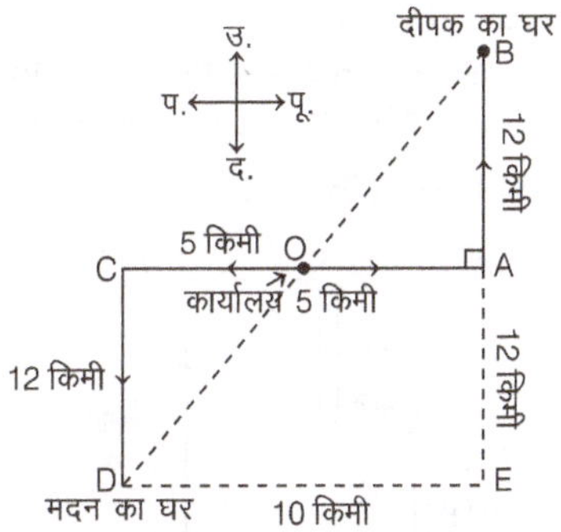

ΔBDE में, $DE = 5 + 5 = 10$ किमी

$BE = 12 + 12 = 24$ किमी

दीपक और मदन के घर के बीच लघुत्तम दूरी

$= \sqrt{(10)^2 + (24)^2}$

$= \sqrt{100 + 576} = \sqrt{676} = 26$ किमी

36. (*d*) प्रश्नानुसार,

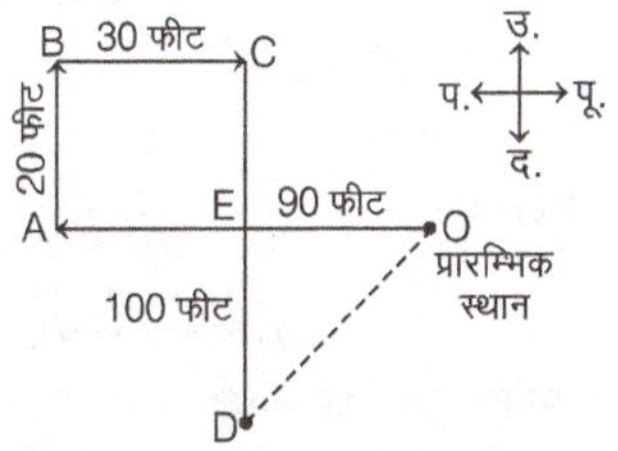

$\because ED = CD - CE = CD - AB$ [$\because CE = AB$]

$= 100 - 20 = 80$ फीट

तथा $OE = OA - AE = OA - BC$ [$\because AE = BC$]

$= 90 - 30 = 60$ फीट

पाइथागोरस प्रमेय से,

अभीष्ट दूरी $(OD) = \sqrt{(ED)^2 + (OE)^2}$

$= \sqrt{(80)^2 + (60)^2}$

$= \sqrt{6400 + 3600} = \sqrt{10000} = 100$ फीट

37. (*c*) प्रश्नानुसार,

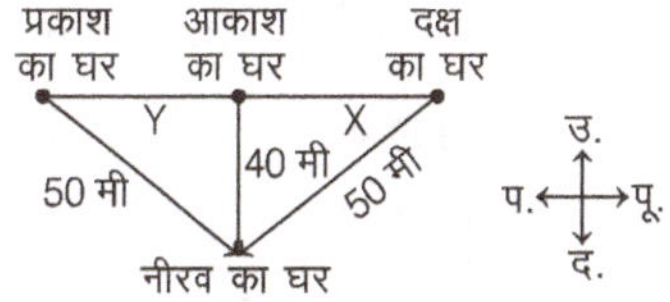

$Y = \sqrt{(50)^2 - (40)^2}$

$= \sqrt{2500 - 1600}$

$= \sqrt{900} = 30$ मी

$X = \sqrt{(50)^2 - (40)^2}$

$= \sqrt{2500 - 1600}$

$= \sqrt{900} = 30$ मी

अत: प्रकाश के घर और दक्ष के घर के मध्य दूरी $= X + Y = 30 + 30 = 60$ मी

38. (*c*) प्रश्नानुसार,

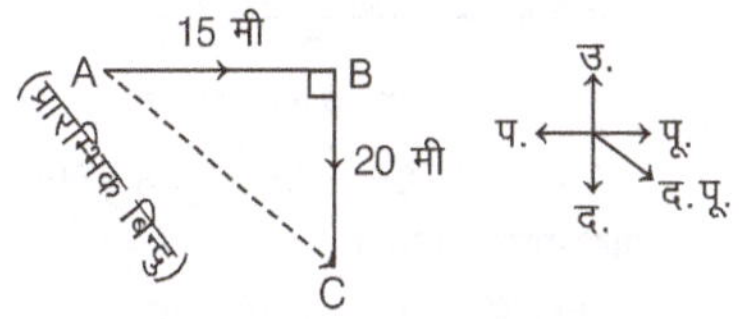

$\therefore$ ΔABC में, [पाइथागोरस प्रमेय से]

$\therefore$ $AC = \sqrt{AB^2 + BC^2}$

$= \sqrt{20^2 + 15^2}$

$= \sqrt{400 + 225} = \sqrt{625}$

$= 25$ मी

अत: आनन्द अपने प्रारम्भिक बिन्दु से 25 मी, दक्षिण-पूर्व दिशा में दूर है।

39. (*b*) प्रश्नानुसार,

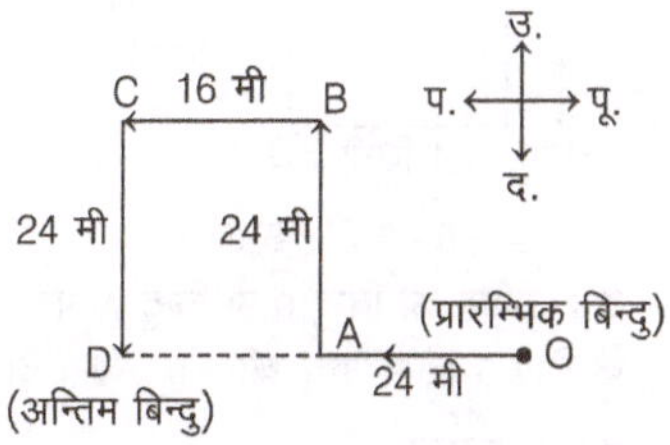

$\because AD = BC = 16$ मी

अत: प्रारम्भिक बिन्दु तथा अन्तिम बिन्दु के बीच की दूरी $= OA + AD$

$= (24 + 16)$

$= 40$ मी

अत: सरिता अपने प्रारम्भिक बिन्दु से 40 मी, पश्चिम दिशा में है।

40. (*a*) प्रश्नानुसार,

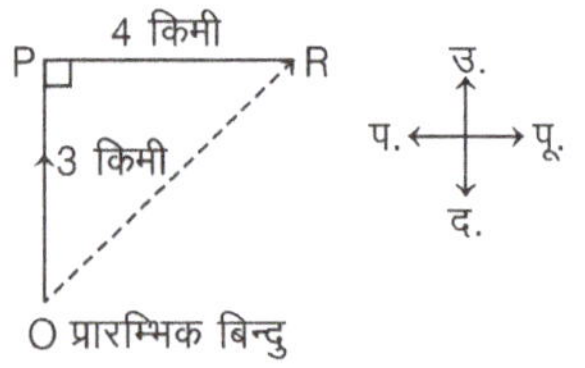

ΔOPR में, पाइथागोरस प्रमेय से

∴ $OR = \sqrt{OP^2 + PR^2} = \sqrt{3^2 + 4^2}$

$= \sqrt{9 + 16} = \sqrt{25} = 5$ किमी

अत: बिन्दु O से निवेथा 5 किमी दूर है और O के सम्बन्ध में R उत्तर-पूर्व दिशा में है।

41. (*d*) प्रश्नानुसार,

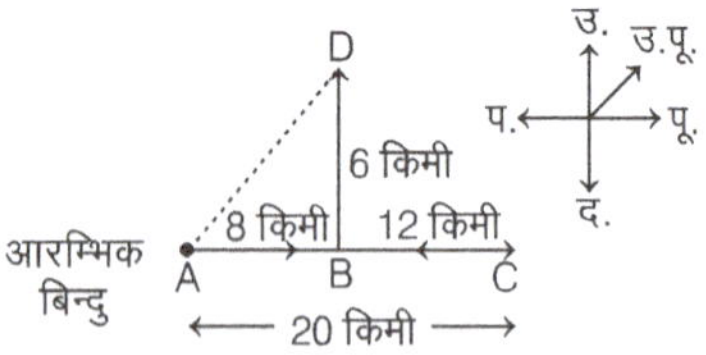

∵ AB = AC − CB = 20 − 12 = 8 किमी

पाइथागोरस प्रमेय से,

ΔABD में, $AD^2 = AB^2 + BD^2$

⇒ $AD^2 = 8^2 + 6^2$ ⇒ $AD^2 = 64 + 36$

⇒ $AD = \sqrt{100} = 10$ किमी

अत: वह व्यक्ति अपने आरम्भिक बिन्दु से 10 किमी उत्तर-पूर्व में है।

42. (*a*) प्रश्नानुसार,

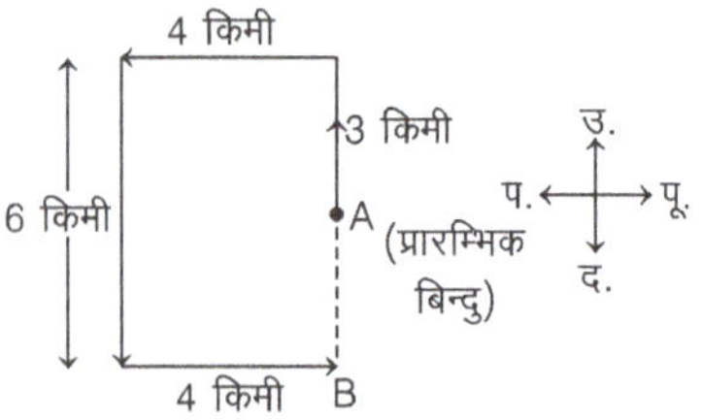

BA = 6 − 3 = 3 किमी

अत: रोहित को बिन्दु B से बिन्दु A पर पहुँचने के लिए 3 किमी उत्तर की ओर जाना है।

43. (*b*) प्रश्नानुसार,

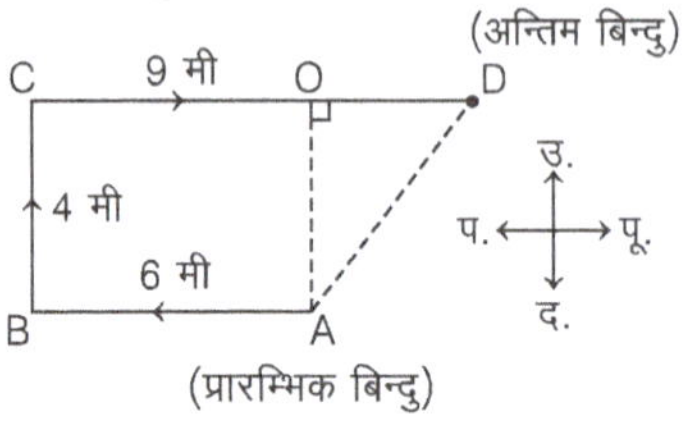

(**नोट** सूर्योदय के समय छाया पश्चिम दिशा में बनती है)

OD = CD − CO = 9 − 6 = 3 मी

तथा CB = OA = 4 मी

∴ΔAOD में, पाइथागोरस प्रमेय से

$AD^2 = 4^2 + 3^2$

∴ $AD = \sqrt{16 + 9} = \sqrt{25} = 5$ मी

अत: सुधीर अपने प्रारम्भिक बिन्दु से 5 मी, उत्तर-पूर्व दिशा में दूर है।

44. (*b*) प्रश्नानुसार,

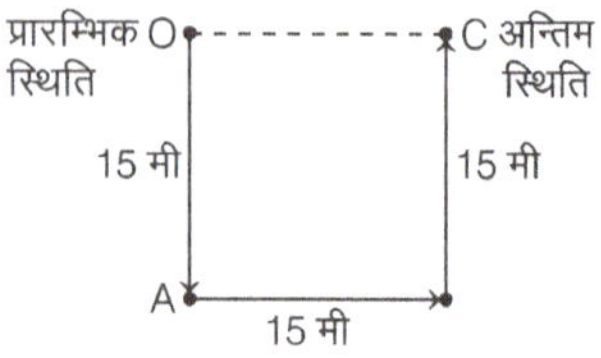

OC = AB = 15 मी

अत: उपरोक्त चित्र से स्पष्ट है कि अब X अपने प्रारम्भिक स्थान से 15 मी पूर्व में है।

45. (*a*) प्रश्नानुसार,

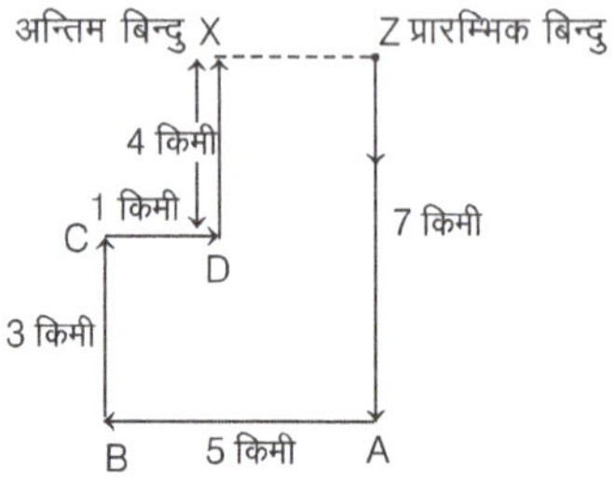

∴ XZ = AB − CD = 5 − 1 = 4

अत: बिन्दु Z तक पहुँचने के लिए व्यक्ति को 4 किमी, पूर्व दिशा की ओर चलना होगा।

46. (*a*) प्रश्नानुसार,

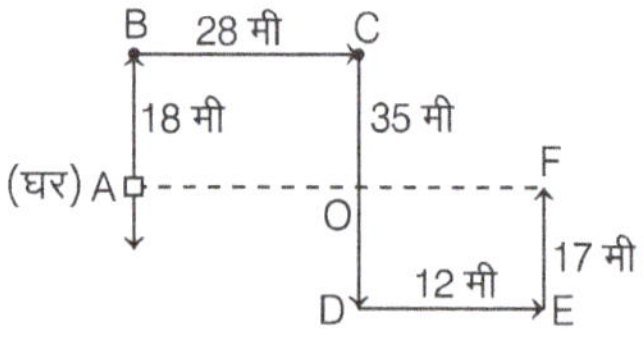

अभीष्ट दूरी, AF = AO + OF = 28 + 12

= 40 मी

अत: मयंक अपनी प्रारम्भिक स्थिति से 40 मी पूर्व की ओर है।

47. (*c*) प्रश्नानुसार,

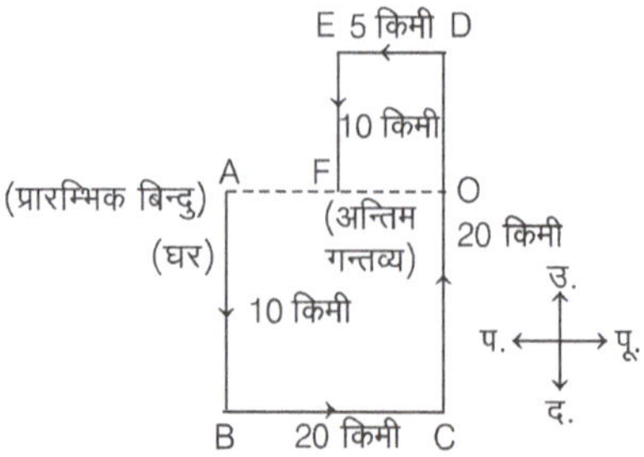

∵ AO = BC = 20 किमी

∴ AF = AO − FO

= 20 − 5 = 15 किमी

अत: लड़की को अपने घर पहुँचने के लिए 15 किमी पश्चिम दिशा में गाड़ी चलाना चाहिए।

48. (*a*) प्रश्नानुसार,

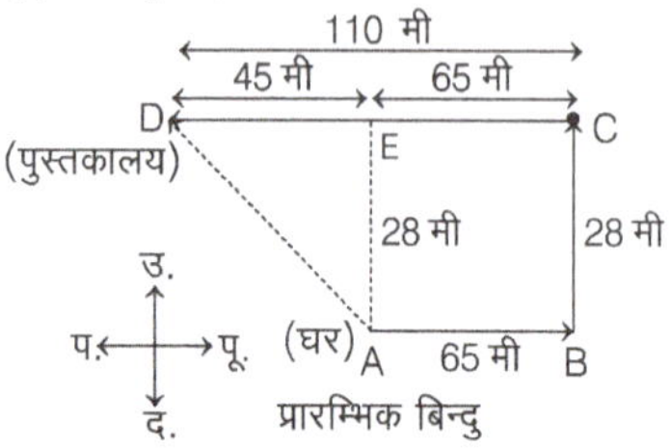

ΔAED में, पाइथागोरस प्रमेय से,

⇒ $(AD)^2 = (28)^2 + (45)^2$

(∵ AE = BC तथा ED = CD − AB)

⇒ $(AD)^2 = 784 + 2025$

⇒ $(AD)^2 = 2809$

⇒ AD = 53 मी

अत: आण्टी ग्लोरिया के घर से पुस्तकालय 53 मी उत्तर-पश्चिम में है।

49. (*d*) प्रश्नानुसार,

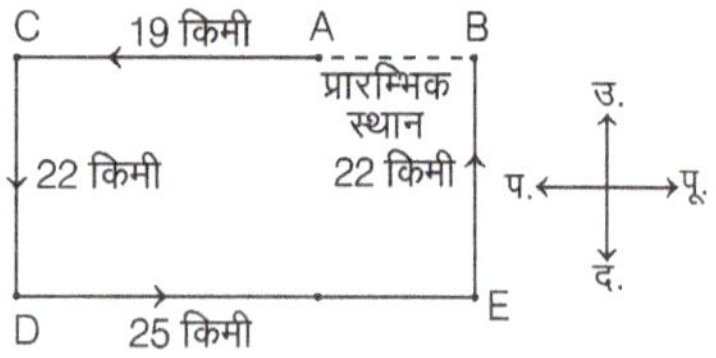

AB = BC − AC = 25 − 19

⇒ AB = 6 किमी

[∵ BC = DE = 25 किमी]

अत: बिन्दु A पर दोबारा पहुँचने के लिए बंदा को पश्चिम की ओर 6 किमी गाड़ी चलानी पड़ेगी।

50. (*b*) प्रश्नानुसार,

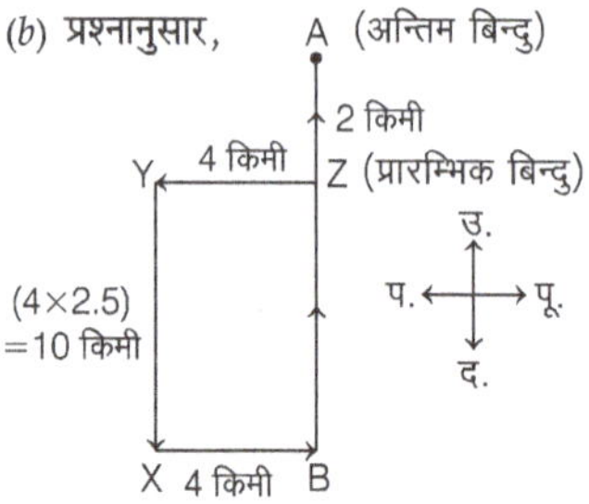

∵ BZ = XY = 10 किमी

A और B के बीच की न्यूनतम दूरी

= BZ + ZA = 10 + 2 = 12 किमी

और A के सन्दर्भ में B, 12 किमी दक्षिण में है।

अध्याय

10 रक्त सम्बन्ध (Blood Relation)

तथ्य पर आधारित

इस प्रकार के प्रश्नों में सामान्यतः एक या एक से अधिक पीढ़ियों के बीच के रिश्तों से सम्बन्धित महत्त्वपूर्ण जानकारियाँ दी गई होती हैं, जो आपस में विभिन्न पीढ़ियों के सम्बन्धों को प्रत्यक्ष या परोक्ष रूप से दर्शाती है। इसी जानकारी के आधार पर पूछे गए किन्हीं दो व्यक्तियों के मध्य सम्बन्ध ज्ञात करना होता है।

जैसे— A, B की बहन है। C, B की माँ है। D, C का पिता है। E, D की माँ है। तो A, D से किस प्रकार सम्बन्धित है?

(a) बेटी
(b) पोती या नातिन
(c) दादी या नानी
(d) दादा या नाना

हल (*b*) प्रश्नानुसार,

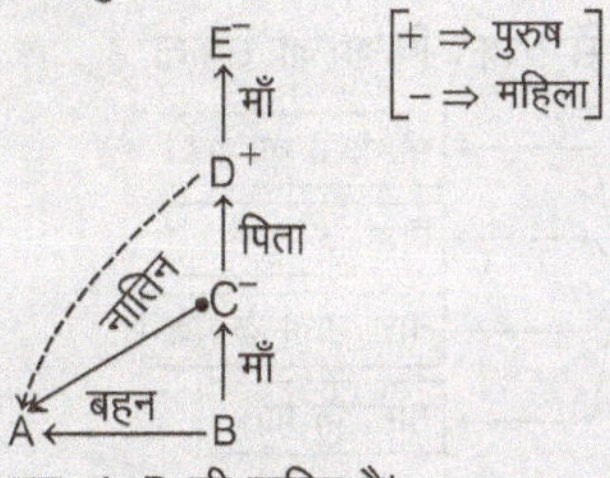

अतः A, D की नातिन है।

तस्वीर या वार्तालाप पर आधारित

इस प्रकार के प्रश्नों में एक व्यक्ति किसी अन्य व्यक्ति या तस्वीर की ओर इशारा करते हुए या दिखाते हुए उस व्यक्ति के सम्बन्ध में घुमा-फिराकर कुछ जानकारियाँ बताता है, जिसके आधार पर पूछे गए व्यक्तियों के मध्य सम्बन्ध ज्ञात करना होता है।

जैसे— एक औरत को इंगित करते हुए एक आदमी कहता है कि वह ''मेरे पिता की सास की इकलौती पुत्री है' औरत का आदमी से सम्बन्ध बताइए।

(a) पुत्री
(b) माता
(c) बहु
(d) सास

हल (*b*) प्रश्नानुसार,

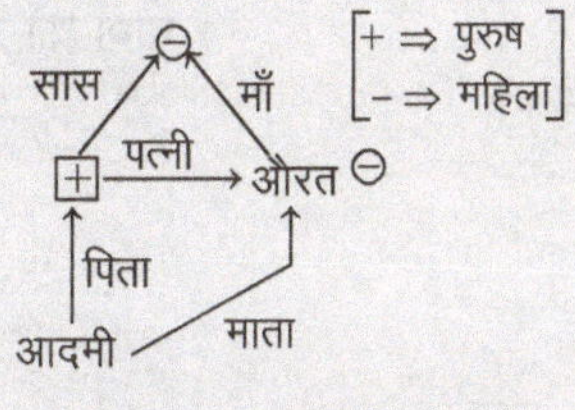

अतः औरत, आदमी की माता है।

कोड तथा गणितीय संकेतों पर आधारित

इस प्रकार के प्रश्नों में दो व्यक्तियों के बीच के सम्बन्धों को अलग-अलग प्रतीकों और गणितीय संकेतों जैसे-@, #, +, –, ×, ÷ आदि के द्वारा दर्शाया गया होता है। इन संकेतों के माध्यम से ज्ञात करना होता है कि ये व्यक्ति एक-दूसरे से किस प्रकार सम्बन्धित हैं।

जैसे— एक निश्चित कूटभाषा में,
'A + B' का अर्थ है, 'A, B की माँ है,
'A – B' का अर्थ है, 'A, B का भाई है।
'A × B' का अर्थ है, 'A, B की पत्नी है, और
'A ÷ B' का अर्थ है, 'A, B का पिता है।
यदि A + B ÷ C × D – E है, तो C का E से क्या सम्बन्ध है?

(a) बहन का पति **(b) भाई की पत्नी**
(c) बहन **(d) माँ**

हल (*b*) प्रश्नानुसार,

सम्बन्ध आरेख बनाने पर,

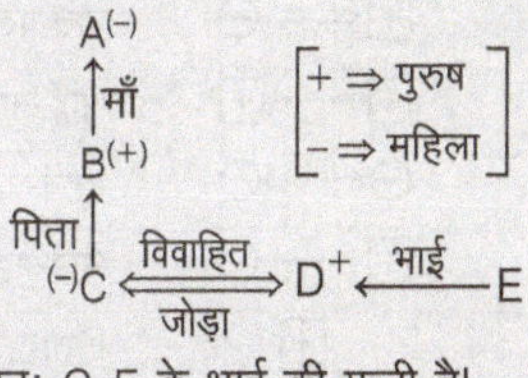

अतः C, E के भाई की पत्नी है।

रक्त सम्बन्ध

''रक्त सम्बन्ध का तात्पर्य ऐसे सम्बन्ध से है, जो दो या दो से अधिक व्यक्तियों के बीच एक ही परिवार में जन्म लेने के कारण स्थापित होते हैं। इसके अतिरिक्त कुछ सम्बन्ध एक परिवार के सदस्य का दूसरे परिवार के सदस्य के साथ विवाह होने के उपरान्त भी बनते हैं।''

इस अध्याय से परीक्षा में पूछे जाने वाले प्रश्नों में दो या दो से अधिक व्यक्तियों के बीच सम्बन्धों के बारे में विभिन्न जानकारी दी गई होती है। इसी जानकारी के आधार पर किन्हीं दो व्यक्ति के मध्य सम्बन्ध ज्ञात करना होता है।

रक्त सम्बन्ध से सम्बन्धित महत्त्वपूर्ण रिश्ते

पीढ़ी	पुरुष	महिला
तीन पीढ़ी ऊपर	परदादा, परनाना, परदादा/परनाना ससुर	परदादी, परनानी, परदादी/परनानी सास
दो पीढ़ी ऊपर	दादा, नाना, दादा/नाना ससुर	दादी, नानी, दादी/नानी सास
एक पीढ़ी ऊपर	पिता, चाचा, फूफा, मौसा, ससुर	माँ, चाची, बुआ, मौसी, सास
स्वयं की पीढ़ी	पति, भाई, चचेरा भाई, ममेरा भाई, मौसेरा भाई, फूफेरा भाई, बहनोई, साला, देवर, जेठ, साली का पति, ननदोई	पत्नी, बहन, चचेरी बहन, ममेरी बहन, मौसेरी बहन, फूफेरी बहन, ननद, सलहज, देवरानी, जेठानी, भाभी, साली
एक पीढ़ी नीचे	पुत्र, भतीजा, भान्जा, दामाद	पुत्री, भतीजी, भान्जी, पुत्रवधू
दो पीढ़ी नीचे	पोता, नाती, पोती या नातिन का पति	पोती, नातिन, पोता या नाती की पत्नी
तीन पीढ़ी नीचे	परपोता, परनाती, परपोती या परनातिन का पति	परपोती, परनातिन, परपोता या परनाती की पत्नी

रक्त सम्बन्ध आरेख को निरूपित करने के लिए महत्त्वपूर्ण संकेत

क्र.सं.	संकेत	अर्थ
1.	⊞	पुरुष
2.	⊖	महिला
3.	⊞ ⟺ ⊖	पति-पत्नी (विवाहित जोड़ा)
4.	⊞ ⟷ ⊞	भाई-भाई
5.	⊖ ⟷ ⊖	बहन-बहन
6.	⊞ ⟷ ⊖	भाई-बहन
7.	⊞ ↑ ⊞	पिता-पुत्र
8.	⊞ ↑ ⊖	पिता-पुत्री
9.	⊖ ↑ ⊞	माता-पुत्र
10.	⊖ ↑ ⊖	माता-पुत्री

सम्बन्धों को व्यक्त करने के लिए महत्त्वपूर्ण जानकारी

- पिता को निम्न प्रकार से व्यक्त किया जा सकता है

पिता →
- माँ के पति
- दादा/दादी के पुत्र
- चाचा/बुआ के भाई
- नाना/नानी के दामाद
- मामा/मौसी के जीजा

- माँ को निम्न प्रकार से व्यक्त किया जा सकता है

माता →
- पिता की पत्नी
- दादा/दादी की बहू
- मामा/मौसी की बहन
- नाना/नानी की पुत्री
- बुआ/चाचा की भाभी
- मामी की ननद

- बुआ को निम्न प्रकार से व्यक्त किया जा सकता है

बुआ →
- पिता/चाचा की बहन
- माँ की ननद
- दादा/दादी की पुत्री
- फूफा की पत्नी

- मामा को निम्न प्रकार से व्यक्त किया जा सकता है

मामा →
- माँ/मौसी के भाई
- पिता के साले
- नाना/नानी के पुत्र
- मामी के पति

- दादा को निम्न प्रकार से व्यक्त किया जा सकता है

दादा →
- पिता/चाचा/बुआ के पिता
- माँ/फूफा के ससुर
- दादी के पति
- नाना/नानी के समधी

- नाना को निम्न प्रकार से व्यक्त किया जा सकता है

नाना →
- माँ/मौसी/मामा के पिता
- पिता/मामी के ससुर
- नानी के पति
- दादा/दादी के समधी

Exam Approach Examples

तथ्य पर आधारित

उदाहरण 1. **W, X का भाई है। V, W का पिता है। X, Z का पति है। Z, A की बहन है। Z का ससुर कौन है?** ***CUET (UG) 2023***

(a) X (b) V

(c) A (d) W

हल (*b*) प्रश्नानुसार सम्बन्ध आरेख बनाने पर,

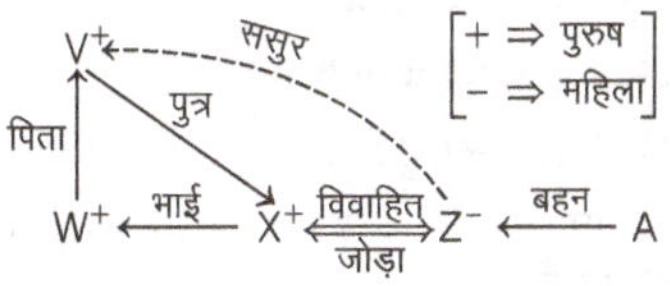

अत: Z का ससुर V है।

उदाहरण 2. **A और B भाई हैं और उनके मामा C और D हैं। E, D की पत्नी और F की भाभी है और F, G की इकलौती बेटी है। G, B की नानी हैं। F का A से क्या सम्बन्ध है?** ***RRB NTPC 2021***

(a) नानी (b) बहन

(c) माँ (d) मौसी

हल (*c*) प्रश्नानुसार सम्बन्ध आरेख बनाने पर,

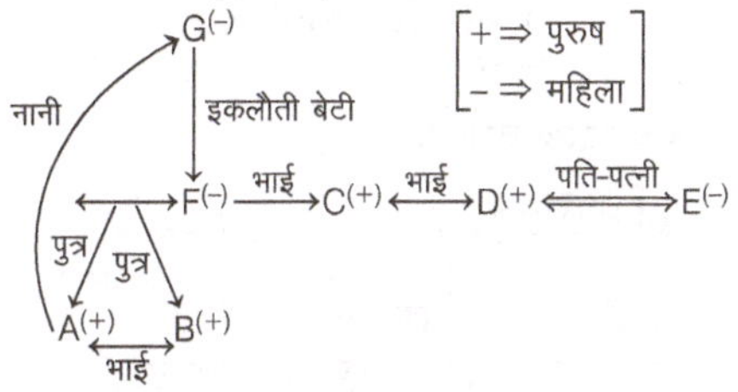

अत: उपरोक्त से स्पष्ट है कि F, A की माँ है।

उदाहरण 3. **B, D की माँ है और C, D का भाई है। H, E की बेटी है, जबकि D, E की पत्नी है। E का C से क्या रिश्ता है?** ***UP Police Constable 2024***

(a) ससुर (b) बहनोई

(c) चाचा (d) भाई

हल (*b*) प्रश्नानुसार सम्बन्ध आरेख बनाने पर,

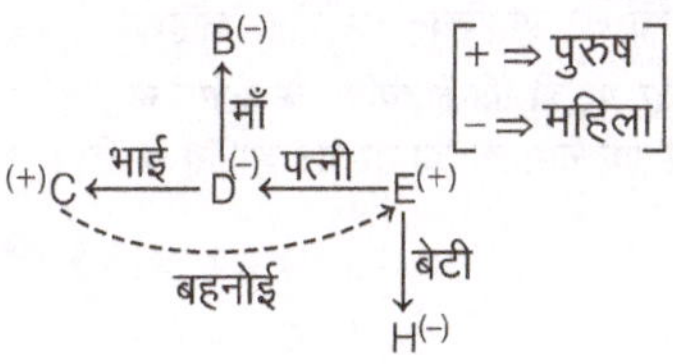

अत: स्पष्ट है कि E, C का बहनोई है।

> **Helping Tips**
> इस प्रकार के प्रश्नों का हल सदैव आरेख के माध्यम से ही करना चाहिए क्योंकि इससे सम्बन्ध की प्रत्येक कड़ी चरणबद्ध तरीके से आपके सामने बिल्कुल स्पष्ट हो जाएगी।

उदाहरण 4. **H, I का भाई है। G, H का भाई है। I, J का बेटा है। J, K की बहन है। J, G से कैसे सम्बन्धित है?** ***SSC (10+2) 2023***

(a) बेटी (b) सास

(c) चाची (d) माँ

हल (*d*) प्रश्नानुसार सम्बन्ध आरेख बनाने पर,

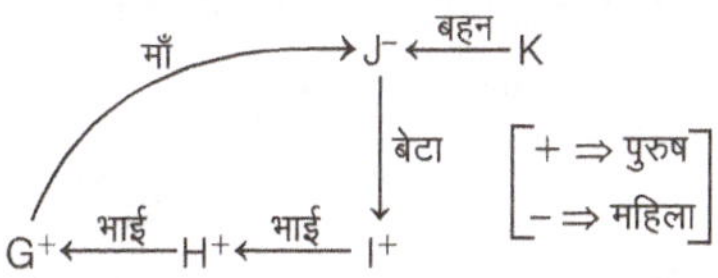

अत: J, G की माँ होगी।

तस्वीर या वार्तालाप पर आधारित

उदाहरण 5. **एक शादी के रिसेप्शन में, एक व्यक्ति ने दूल्हे की ओर इशारा किया और दूल्हे को अपने दादा के पुत्र के पुत्र का भाई बताया। दूल्हा उस आदमी का क्या लगता है?** ***SSC CPO 2024***

(a) पिता (b) चाचा (c) साला/जीजा (d) भाई

हल (*d*) प्रश्नानुसार सम्बन्ध आरेख बनाने पर,

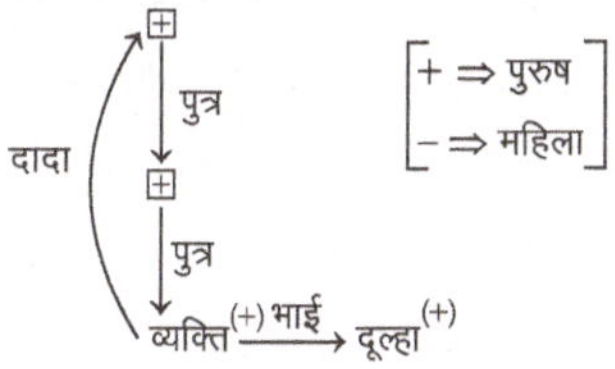

स्पष्टत: दूल्हा, उस आदमी का भाई है।

उदाहरण 6 **एक व्यक्ति की तस्वीर की ओर संकेत करते हुए, नेहा ने कहा, 'उसकी बहन का भाई मेरे ससुर का इकलौता पुत्र है।' उस व्यक्ति का नेहा से क्या सम्बन्ध है?** ***Rajasthan Police Constable 2022***

(a) भाई (b) पिता

(c) दादा (d) पति

हल (*d*) प्रश्नानुसार सम्बन्ध आरेख बनाने पर,

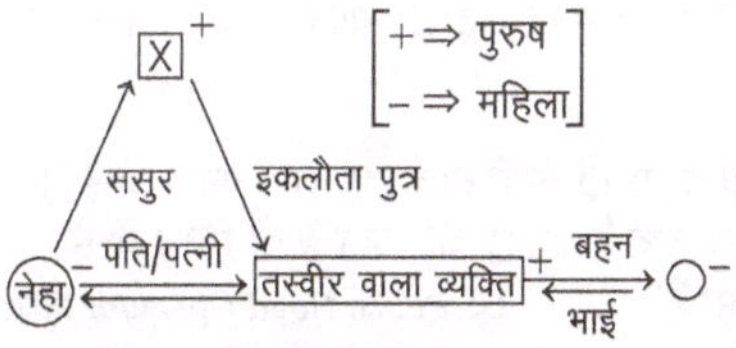

> **Helping Tips**
> इस प्रकार के प्रश्नों के सम्बन्धों को अपने पारिवारिक सम्बन्धों के रूप में व्यक्त करने से प्रश्नों को हल करना सरल हो जाएगा।

उपरोक्त से स्पष्ट है कि, वह व्यक्ति नेहा का पति है।

कोड तथा गणितीय संकेतों पर आधारित

उदाहरण 7. **एक निश्चित कूटभाषा में,**

A # B का अर्थ है A, B की बहन है।

A @ B का अर्थ है A, B का पुत्र है।

A & B का अर्थ है A, B की पत्नी है।।

A% B का अर्थ है A, B का पिता है।

यदि P & Q % L # R & K है, तो Q, R से किस प्रकार सम्बन्धित है? ***SSC CGL (Tier-I) 2024***

(a) माँ (b) पिता (c) बहन (d) पत्नी

हल (*b*) दिया है, $P^- \;\&\; Q^+ \;\%\; L^- \;\#\; R^- \;\&\; K^+$

पत्नी पिता बहन पत्नी

प्रश्नानुसार, सम्बन्ध आरेख बनाने पर

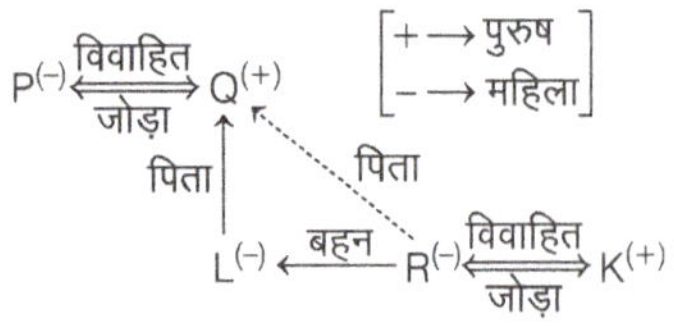

अत: Q, R का पिता है।

उदाहरण 8. **'A + B' का अर्थ है 'A, B का पिता है'।**

'A – B' का अर्थ है कि 'A, B की माता है'।

'A × B' का अर्थ है कि 'A, B का पति है'।

'A ÷ B' का अर्थ है कि 'A, B की बहन है'।

यदि C ÷ M – S – K + T × Q है, तो निम्नलिखित में से कौन-सा कथन सही नहीं है? ***CISF HC Min 2022***

(a) K, Q का ससुर है
(b) S, T का पिता का पिता है
(c) S, C की बहन की पुत्री है
(d) M, K की माता की माता है

हल (*b*) दिया है, $C^- \div M^- - S^- - K^+ + T^+ \times Q^-$

बहन माता माता पिता पति

प्रश्नानुसार सम्बन्ध आरेख बनाने पर,

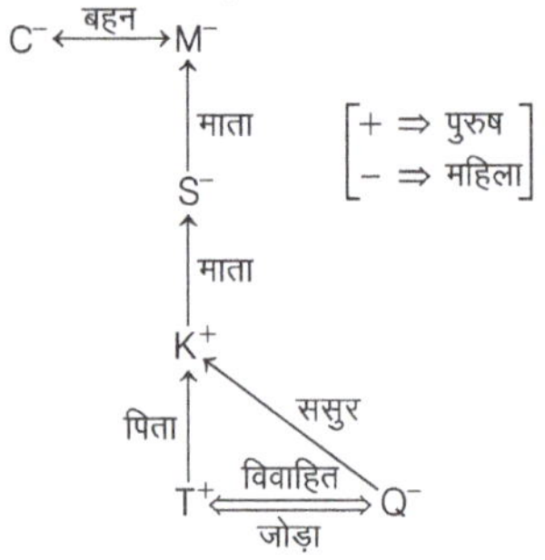

अत: S, T का पिता का पिता है यह कथन गलत है क्योंकि S, T का पिता की माता है।

उदाहरण 9. **'R + Q' का अर्थ है, R, Q के पिता हैं, 'R × Q' का अर्थ है, R, Q का भाई है और 'R – Q' का अर्थ है, R, Q की बहन है तो निम्न में से किसका अर्थ है N, P की बुआ है?** ***UP Police Head Operator 2024***

(a) N – M + P
(b) N – M × P
(c) N × M – P
(d) N × P + M

हल (*a*) विकल्प (a) से, $N^- - M^+ + P$

बहन पिता

प्रश्नानुसार सम्बन्ध आरेख बनाने पर,

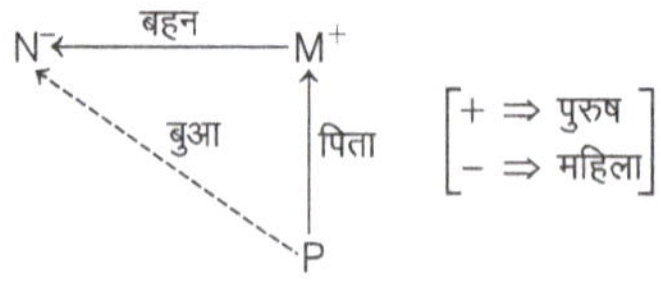

अत: N, P की बुआ है।

उदाहरण 10. **एक निश्चित कूटभाषा में,**

'A + B का अर्थ है' 'A, B के भाई की पत्नी है'।

'A – B का अर्थ है' 'A, B की बहन है'।

'A × B का अर्थ है' 'A, B की पत्नी है'।

'A ÷ B का अर्थ है' 'A, B की पुत्री है'।

उपरोक्त के आधार पर, यदि 'G + K – L ÷ M × Q' है. तो G, Q से किस प्रकार सम्बन्धित है? ***SSC CPO 2024***

(a) बहन
(b) साली
(c) पुत्रवधू
(d) पुत्री

Trending Concept

रक्त सम्बन्ध के तीनों प्रकार के प्रश्न वर्तमान में हो रही परीक्षाओं (SSC, Railway, State Exam) के लिए अति महत्त्वपूर्ण हैं।

हल (*c*) दिया है,

$G^- + K^- - L^- \div M^- \times Q^+$

K के भाई की पत्नी बहन पुत्री पत्नी

प्रश्नानुसार सम्बन्ध आरेख बनाने पर,

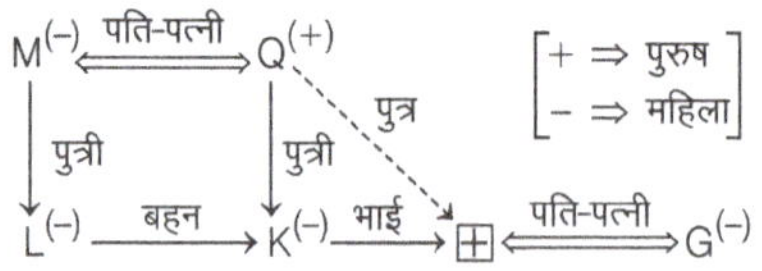

स्पष्टत: चूँकि K का भाई, Q का पुत्र है।

अत: G, Q की पुत्रवधू है।

Top Tips

- सर्वप्रथम, प्रश्न में दी गई जानकारी के अनुसार यह तय करना चाहिए कि किन दो व्यक्तियों के बीच सम्बन्ध ज्ञात करना है।
- प्रश्न में दिए गए मध्यवर्ती सम्बन्धों को सुनिश्चित कर लेना चाहिए।
- प्रश्न में दी गई जानकारी के आधार पर ही किसी व्यक्ति के लिंग का निर्धारण करें न की प्रश्न में दिए गए नाम के आधार पर व्यक्ति के लिंग का अनुमान लगाएँ।

Chapter Challenge

तथ्य पर आधारित

1. A, B का भाई है। C, D का पिता है। E, B की माँ है। A और D भाई हैं। E, C से किस प्रकार सम्बन्धित है? *UP Police Constable 2024*
(a) पत्नी (b) भाभी (c) भतीजी (d) बहन

2. यदि सुमन राजेश की पत्नी के बेटे की पत्नी है, तो सुमन का राजेश से क्या सम्बन्ध है? *SSC (10+2) 2023*
(a) बहू (b) पत्नी (c) बहन (d) भाभी

3. यदि X आमिर की माँ की बहन का पति है, तो X का आमिर से क्या सम्बन्ध है? *RRB Group D 2018*
(a) पिता (b) भाई
(c) चाचा/मामा/मौसा (d) भतीजा/भांजा

4. Y, P की बहन है। K, Y के पिता हैं और T, K की पत्नी है। P, T से किस प्रकार सम्बन्धित है? *UP Police Asst. Operator 2024*
(a) या तो नानाजी या नानीजी (b) या तो बेटा या बेटी
(c) या तो पिता या माता (d) या तो बड़ा भाई या बड़ी बहन

5. अभिषेक के पिता की पत्नी की माँ अभिषेक से किस प्रकार सम्बन्धित है? *CISF ASI 2023*
(a) दादी (b) चाची (c) माँ (d) नानी

6. यदि Q, R के पुत्र के पुत्र का भाई है, तो Q, R से किस प्रकार सम्बन्धित है? *HCET 2023*
(a) पुत्र (b) चाचा/मामा
(c) पौत्र (d) चचेरा भाई/बहन

7. Q, R की माँ है। P, Q का पति है। S, R का भाई है। P का S से क्या सम्बन्ध है? *SSC CGL (Tier-II) 2023*
(a) साला (b) भाई (c) पिता (d) पुत्र

8. L, Q की पत्नी है। P, M की माता है। J, L का पिता है। M, H की बहन है। J, H का पति है। P का L से क्या सम्बन्ध है? *CISF Head Constable 2023*
(a) भाँजा (b) बहनोई (c) नानी (d) मौसी

9. मान लीजिए कि A, B की बेटी है, B, C की बेटी है, C, D का भाई है और D, E की माँ है। यदि E महिला है, तो A, E से कैसे सम्बन्धित है? *UPSSSC 2018*
(a) भतीजा (b) भतीजी (c) भाई (d) बहन

10. C, B की सास है, A, C का बड़ा बेटा और D का पिता है। यदि B, A की पत्नी नहीं है, तो B का D से क्या सम्बन्ध है? *SSC CPO 2020*
(a) माँ (b) बहन (c) मामी (d) चाची

11. K ने L से कहा कि, "तुम मेरे पति के दामाद की बेटी हो।" L, K से किस तरह सम्बन्धित है? *UP Police Constable 2019*
(a) L, K की नातिन है (b) L, K की पुत्री है
(c) L, K का दामाद है (d) L, K का पिता है

12. A और B बहनें हैं। R और S भाई हैं। A की बेटी R की बहन है। B का S से क्या सम्बन्ध है?
(a) माँ (b) दादी (c) बहन (d) आण्टी

13. P, Q की बेटी है। Q, R की माता है। S, R का भाई है। तब S, P से किस प्रकार सम्बन्धित है? *HSSC Police Constable 2021*
(a) दादा/नाना (b) भाई
(c) पिता (d) बेटा/पुत्र

14. K, L की पत्नी है और M, L की बहन है। N, K की बेटी है, जबकि O, M की माँ है। O का K से क्या सम्बन्ध है? *UP Police Constable 2024*
(a) ससुर (b) सास (c) माँ (d) पिता

15. कोमल, दमन की पत्नी है। राधिका, अर्पण की माँ है। सयंतनी, मलय की बेटी है और मलय, कार्तिक का भाई है। सयंतनी की माँ राधिका, दमन की बहू है। कोमल का कार्तिक से क्या सम्बन्ध है? *SSC Steno 2020*
(a) नानी (b) माँ (c) दादी (d) बहन

16. गणेश अपनी माता के भाई के पिता की पोती के साथ टहल रहा था। वह किसके साथ टहल रहा था? *SSC CGL (Tier-I) 2023*
(a) माता (b) पोती/नातिन
(c) पुत्री (d) चचेरी/ममेरी/फूफेरी बहन

17. सुरेश की बहन राम की पत्नी है। राम, रानी का भाई है। राम के पिता मधुर हैं। शीतल, राम की दादी है। रेमा, शीतल की बहू है। रोहित, रानी के भाई का बेटा है। रोहित, सुरेश से किस प्रकार सम्बन्धित है? *UP Police Constable 2024*
(a) भांजा (b) भाई (c) जीजा (d) बेटा

18. यदि 'रवि', 'प्रिया' का भाई है, 'प्रिया', 'सविता' की पुत्री है, और 'वैभव', 'नोनू' के पिता हैं, जो सविता के ससुर का इकलौता पुत्र है। 'रवि', 'वैभव' से किस प्रकार सम्बन्धित है? *Rajasthan Police Constable 2022*
(a) पिता (b) दादा (c) पोता (d) पोती

19. एक परिवार में चार पीढ़ियों से सात सदस्य है। यहाँ केवल दो विवाहित जोड़े हैं। W, Q की माँ है। G, W का पति है। H, W की बहू है। G का केवल एक बेटा है। F, G की पोती है। E, F का भाई है। B, H का नाती है। E अविवाहित है। E, G से किस प्रकार सम्बन्धित है। *UP Police Head Operator 2024*
(a) पोता (b) पिता (c) नाना (d) मामा

20. अपने बच्चों में, गंगा के पसन्दीदा राम और रेखा हैं। रेखा, शरद की माँ है, जिन्हें उनके मामा मिथुन सबसे ज्यादा प्यार करते हैं। परिवार के मुखिया रामलाल हैं, जिनके उत्तराधिकारी उनके बेटे गोपाल और मोहन हैं। गोपाल और गंगा की शादी को 35 साल हो गए हैं और उनके 3 बच्चे हैं। मिथुन और मोहन के बीच क्या रिश्ता है? *UP Police Constable 2024*
(a) भतीजा (b) बेटा (c) भाई (d) अंकल

21. ईना, जतिन की माँ है। प्रताप, बानी का पिता है। सुकृत, गर्व का पुत्र है। सुयोग की इकलौती बहन की शादी गर्व से हुई है। सुयोग, अंशुम का पुत्र है। ईना का पति प्रताप का इकलौता पुत्र है। अंशुम, प्रताप की पत्नी है। बानी, सुकृत की माँ है। प्रताप का जतिन से क्या सम्बन्ध है? *SSC Steno 2021*
(a) नाना (b) दादा (c) चाचा (d) पिता

तस्वीर या वार्तालाप पर आधारित

22. रोहन ने एक लड़की की ओर इशारा करते हुए कहा, "वह मेरे पिता की पत्नी के पुत्र की दो बहनों में से बड़ी है" तब लड़की, रोहन से किस प्रकार सम्बन्धित है? *DP Head Constable 2022*
(a) पिता की बहन (b) दादी/नानी (c) माता (d) बहन

23. एक आदमी ने एक महिला से कहा, "तुम्हारी माँ के पति की बहन मेरी बुआ है।" महिला का पुरुष से क्या सम्बन्ध है? *CRPF (HC) 2023*
(a) बहन (b) माँ
(c) चचेरा (d) या तो (a) या (c)

24. एक चित्र में एक व्यक्ति की ओर इशारा करते हुए राम ने कहा, "वह मेरे दादा का इकलौता पुत्र और मेरी माँ का पति है" वह व्यक्ति राम से किस प्रकार सम्बन्धित है? *MP Police Constable 2022*
(a) चाचा (b) राम के दादा का भाई
(c) भाई (d) पिता

25. एक लड़की का परिचय देते हुए एन्थनी ने कहा " वह मेरी मौसी की माँ की बेटी की बेटी है" लड़की एन्थनी से कैसे सम्बन्धित है?

UP Police Constable Re-Exam 30 Aug 2024

(a) भतीजी (b) भतीजा (c) भाई (d) बहन

26. रीता की ओर इशारा करते हुए निखिल ने कहा, "मैं उनकी माँ के पुत्र का इकलौता पुत्र हूँ।" रीता, निखिल से किस प्रकार सम्बन्धित है?

UPSSSC PET 2021

(a) बुआ (b) भतीजी (c) माँ (d) चचेरी बहन

27. एक लड़की की ओर इशारा करते हुए अंकित ने कहा, "यह लड़की मेरी माँ के पोते की पत्नी है।" अंकित का उस लड़की से क्या सम्बन्ध है?

HCET 2022

(a) पिता (b) चाचा (c) पुत्र (d) ससुर
(e) उत्तर नहीं देना चाहते

28. फाल्गुनी की ओर इशारा करते हुए हार्दिक ने कहा, "इनके इकलौते भाई का पुत्र मेरी पत्नी का भाई है।" फाल्गुनी किस प्रकार हार्दिक से सम्बन्धित है?

UPSSSC PET 2022

(a) ससुर की बहन (b) भतीजी (नीस)
(c) मामी (d) दादी

29. एक व्यक्ति के फोटो की ओर इशारा करते हुए रजनी ने कहा, "वह मेरे पति की पत्नी की बेटी का भाई है।" वह व्यक्ति रजनी से किस प्रकार सम्बन्धित है?

CISF HC (Min) 2022

(a) पिता (b) भाई (c) दादा (d) पुत्र

30. वर्षा ने काजल का परिचय देते हुए कहा, "वह मेरे पति की पत्नी के पुत्र की बहन है।" वर्षा, काजल से कैसे सम्बन्धित है?

DSSSB Workshop 2024

(a) पुत्री (b) बहन (c) माता (d) पुत्र

31. एक लड़की की ओर इशारा करते हुए प्रियंका ने कहा कि वह लड़की मेरे माँ के पति के इकलौते दामाद की बेटी है। प्रियंका उस लड़की से किस प्रकार सम्बन्धित है?

CISF ASI 2023

(a) चाची (b) नानी (c) बेटी (d) माँ

32. एक महिला की ओर इंगित करते हुए एक पुरुष ने कहा, "उसके पिता मेरे पिता के एकमात्र पुत्र हैं।" वह पुरुष उस महिला से कैसे सम्बन्धित है?

UGC NET 2018

(a) महिला का पिता (b) महिला का भाई
(c) महिला का ब्रदर-इन-लॉ (d) महिला का ससुर

33. एक पारिवारिक फोटो को देखते हुए, F ने A की ओर इशारा किया और कहा, "वह मेरी बहन G के पिता D की बहन E के पिता B की पत्नी है।" B, F से किस प्रकार सम्बन्धित है?

SSC Steno 2022

(a) पिता के भाई (b) पुत्र (c) पिता के पिता (d) पिता

34. राहुल ने एक व्यक्ति से कहा, "कल मैंने अपनी दादी की पुत्री के इकलौते भाई को हराया।" राहुल ने किसे हराया?

HSSC Police Constable 2021

(a) पुत्र (b) पिता (c) भाई (d) कजिन

कोड तथा गणितीय संकेतों पर आधारित

35. नीचे दी गई जानकारी को पढ़कर दिए गए प्रश्न का उत्तर दीजिए।
A * B का अर्थ है 'B, A का भाई है।'
A $ B का अर्थ है 'A, B की पत्नी है।'
A # B का अर्थ है 'B, A का पुत्र है।'
यदि 'P $ Q * R # S' है, तो नीचे दिया गया कौन-सा कथन सत्य है?

HCET 2023

(a) R, Q के पिता हैं (b) S, Q का भतीजा है
(c) S, P का पुत्र है (d) R, P के ससुर हैं
(e) उत्तर नहीं देना चाहते

36. एक निश्चित कूटभाषा में,
'A % B' का अर्थ है कि 'A, B का पिता है'।
'A @ B' का अर्थ है कि 'A, B का भाई है'।
'A & B' का अर्थ है कि 'A, B की पुत्री है'।
'A # B' का अर्थ है कि 'A, B की माँ है।
यदि E @ M # N % Q @ R & P है, तो N का P से क्या सम्बन्ध है?

Delhi Police Constable (Driver Male) 2022

(a) दामाद (b) पत्नी (c) पुत्र (d) पति

37. 'I × J' का अर्थ है 'I, J की माँ है'
'I + J' का अर्थ है 'I, J का पति है'
'I ÷ J' का अर्थ है 'I, J की बहन है'
'I – J' का अर्थ है 'I, J का भाई है'
व्यंजक 'Q ÷ X + Y × Z' में, 'Q' का 'Z' से क्या सम्बन्ध है?

SSC Constable (GD) 2024

(a) पत्नी (b) बेटी
(c) पिता की बहन (d) पत्नी की बहन

38. 'A + B' का अर्थ है 'A, B' का भाई है।
'A – B' का अर्थ है 'A, B की पत्नी है।
'A × B' का अर्थ है 'A, B के पिता हैं'।
'A ÷ B' का अर्थ है' A, B की बहन है'।
ऊपर दिए गए गणितीय संकारकों के समान अर्थ का उपयोग करते हुए ज्ञात करें कि 'T × X ÷ Y + Z' में T का Z से क्या सम्बन्ध है?

SSC (10+2) Tier I 2024

(a) पिता (b) ससुर (c) पुत्री (d) भाई

39. 'A @ B' का अर्थ है, A, B का पति है, 'A & B' का अर्थ है, A, B की माता है, 'A # B' का अर्थ है, A, B की पुत्री है।
यदि Z # L @ P & K @ J # X है, तो K का Z से क्या सम्बन्ध है?

SSC CPO 2023

(a) भाई (b) माता (c) भाभी (d) बहन

40. एक निश्चित कूटभाषा में
A % B का अर्थ A, B की माँ है
A # B का अर्थ A, B का भाई है
A @ B का अर्थ A, B की पत्नी है
A & B का अर्थ A, B का पिता है
उपरोक्त के आधार पर, यदि P & Q % R # S @ T है, तो P का T से क्या सम्बन्ध है?

SSC (10+2) Tier I 2024

(a) पत्नी का भाई (b) पत्नी की माँ के पिता
(c) पत्नी की माँ का भाई (d) पत्नी के पिता

41. एक निश्चित कूट में, A + B का अर्थ है कि 'A, B के पिता हैं।' A – B का अर्थ है कि 'A, B की माता है'। A ÷ B का अर्थ है कि 'A, B की पुत्री है'। यदि M ÷ J + O – Q है, तो M, Q से किस प्रकार सम्बन्धित है?

Rajasthan Police Constable 2022

(a) भांजी (b) बहन (c) पुत्री (d) मौसी

42. 'A = B' का अर्थ है कि 'A, B का पिता है'।
'A $ B' का अर्थ है कि 'A, B की बहन है'। 'A * B' का अर्थ है कि 'A, B की माता है'।
'A ? B' का अर्थ है कि 'A, B का पुत्र है'।
यदि M ? C $ J * Z है, तो J का M से क्या सम्बन्ध है?

CISF 2023

(a) मौसी (b) बहन (c) भाई (d) नानी

43. एक निश्चित कूटभाषा में,
'A + B' का अर्थ है, 'A, B का भाई है',
'A – B' का अर्थ है, 'A, B का बेटा है',

Chapter Challenge रक्त सम्बन्ध

'A × B' का अर्थ है, 'A, B की पत्नी है, और
'A ÷ B' का अर्थ है, 'A, B का पिता है।
उपरोक्त के आधार पर, यदि 'P – Q ÷ R × S + T' है, तो Q का S से क्या सम्बन्ध है? *RRB ALP 2024*
(a) पिता (b) पत्नी का भाई
(c) पति का भाई (d) पत्नी के पिता

44. P × Q का अर्थ है, P, Q का पिता है।
P * Q का अर्थ है, P, Q की बहन है।
P + Q का अर्थ है, P, Q का भाई है।
P – Q का अर्थ है, P, Q की माता है।
P ÷ Q का अर्थ है, P, Q का पुत्र है।
P = Q का अर्थ है, P, Q की पुत्री है।
V × W + X * Y = Z दिए गए व्यंजक में V, Z से किस प्रकार सम्बन्धित है? *MP Police Constable 2022*
(a) पत्नी (b) भाई
(c) बहन (d) पति

45. एक निश्चित कूटभाषा में,
I × J का अर्थ है 'I, J' की माँ है'
I + J का अर्थ है I, J का पति है
I ÷ J का अर्थ है I, J की बहन है'
I – J का अर्थ है I, J का भाई है।
'Q ÷ X + Y × Z' व्यंजक में Q, Z से किस प्रकार सम्बन्धित है?
(a) पिता की बहन
(b) साली
(c) बेटा
(d) पत्नी
SSC GD Constable - 2024

> **MRC*****
> *(Most Repeating Concepts)*
> प्र. सं. 1, 5, 7, 8, 10, 16, 21, 22, 31, 35, 38, 42, 43, 50, 52 और 54 Examination Point of View से अति महत्त्वपूर्ण हैं। इन Concept पर प्रश्न SSC (CGL, CPO, 10+2 आदि) Railway की परीक्षाओं में निरन्तर पूछे जा रहे हैं।

46. एक निश्चित कूटभाषा में,
A + B का अर्थ है 'A, B की बहन है'।
A – B का अर्थ है 'A, B की माँ है'।
A × B का अर्थ है 'A, B का पति है'।
और A ÷ B का अर्थ है 'A, B का पिता है'।
उपरोक्त के आधार पर, यदि
'M + U – H ÷ S × N' है, तो S का U से क्या सम्बन्ध है?
SSC (10+2) 2023
(a) पिता का बेटा (b) पत्नी के पिता
(c) बहन का बेटा (d) बेटे का बेटा

47. 'A + B' का अर्थ 'A, B के पिता हैं'।
'A – B' का अर्थ 'A, B की पत्नी है'।
'A * B' का अर्थ है 'A, B का भाई है'।
और 'A ÷ B' का अर्थ है 'A, B की बेटी है'।
यदि S ÷ T * U + Z है, तो निम्नलिखित में से कौन-सा सही है?
UP (AO) 2024
(a) S, Z की बेटी है (b) Z, S की आंटी है
(c) S, Z की माँ है (d) S, Z की कजिन है

48. 'A # B' का अर्थ है कि A, B की बहन है।
'A $ B' का अर्थ है कि A, B का पिता है।
'A @ B' का अर्थ है कि A, B की पत्नी है।
'A % B' का अर्थ है कि A, B का भाई है।
निम्नलिखित में से किस विकल्प का अर्थ है कि J, R का पिता है?
CUET (UG) 2022
(a) J @ C $ K % M # R (b) C @ J $ K % M # R
(c) C @ J % K $ M # R (d) C @ R $ K % M # J

निर्देश (प्र. सं. 49 और 50) *निम्नलिखित जानकारी को पढ़कर नीचे दिए गए प्रश्नों के उत्तर दीजिए।* *Rajasthan Patwari 2016*
P + Q का अर्थ है P, Q का पुत्र है।
P – Q का अर्थ है P, Q की पत्नी है।
P × Q का अर्थ है P, Q का भाई है।
P ÷ Q का अर्थ है P, Q की बहन है।

49. A + B – C का अर्थ हुआ
(a) C, A का पिता है (b) C, A का पुत्र है
(c) C, A का चाचा है (d) C, A का भाई है

50. A × B ÷ C का अर्थ हुआ
(a) A और B आपस में भाई-भाई हैं
(b) A, C का पिता है
(c) B, A की बहन है
(d) A और C आपस में भाई-बहन हैं

51. यदि 'A & B' का अर्थ है कि 'A, B का पिता है' और 'A @ B' का अर्थ है कि 'A, B की बहन है', तो निम्न में से किस व्यंजक का अर्थ है कि 'H, M का पिता है'? *SSC (10 + 2) 2021*
(a) H @ K @ P & M (b) K & H @ P @ M
(c) M & K @ P @ H (d) H & K @ P @ M

52. एक निश्चित कूटभाषा में,
'A + B' का अर्थ है 'A, B की माँ है',
'A – B' का अर्थ है 'A, B का पिता है।'
'A $ B' का अर्थ है 'A, B का पुत्र है'
'A % B' का अर्थ है 'A, B की बहन है'
'A / B' का अर्थ है 'A, B की पत्नी है' और
'A = B' का अर्थ है 'A, B का भाई है'।
निम्नलिखित में से किसका अर्थ है कि A, K की पुत्री है?
SSC CGL (Tier-I) 2024
I. A + K / J – P = D
II. J % P = K + A = D
III. K + A/P – D % J
IV. D + K = A/P – J
(a) IV (b) I (c) III (d) II

53. यदि C % D का अर्थ है, C, D की पत्नी है; C & D का अर्थ है C, D का पिता है; और यदि C $ D का अर्थ है C, D की बेटी है, तो यदि W की केवल एक बेटी है, तो X$Y%W&Z का क्या अर्थ होगा?
RRB ALP 2018
(a) X, Z का पुत्र है (b) Z, X की माँ की बहन है
(c) X, Z की बहन है (d) Z, X की बहन है

54. यदि 'A $ B' का अर्थ है 'A, B का पिता है', 'A # B' का अर्थ है 'A, B की माँ है' 'A × B' का अर्थ है 'A, B की बहन है', तो W # X × Y $ U में W, U से कैसे सम्बन्धित है? *UP Police Constable 2024*
(a) दादी (b) माँ (c) दादा (d) सास

55. एक निश्चित कूटभाषा में,
'P + Q' का अर्थ है कि 'P, Q की पुत्री है।
'P × Q' का अर्थ है कि 'P, Q का पुत्र है।
'P – Q' का अर्थ है कि 'P, Q की पत्नी है।
तब निम्नलिखित व्यंजक 'A + B – C × D' में कौन-सा विकल्प सत्य है?
RRB NTPC 2022
(a) B, D का पुत्र है
(b) A, D के पुत्र की पुत्री है
(c) B, D का पुत्र है
(d) C, D की पत्नी है

Right Key

1. (a)	2. (a)	3. (c)	4. (b)	5. (d)	6. (c)	7. (c)	8. (c)	9. (b)	10. (d)
11. (a)	12. (d)	13. (b)	14. (b)	15. (b)	16. (d)	17. (a)	18. (c)	19. (a)	20. (a)
21. (b)	22. (d)	23. (a)	24. (d)	25. (d)	26. (a)	27. (d)	28. (a)	29. (d)	30. (c)
31. (d)	32. (a)	33. (c)	34. (b)	35. (b)	36. (d)	37. (c)	38. (a)	39. (a)	40. (b)
41. (d)	42. (a)	43. (d)	44. (d)	45. (a)	46. (d)	47. (d)	48. (b)	49. (a)	50. (c)
51. (d)	52. (c)	53. (c)	54. (a)	55. (b)					

Solutions

1. *(a)* प्रश्नानुसार सम्बन्ध आरेख बनाने पर,

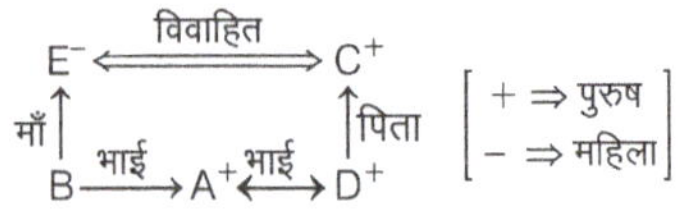

अतः E, C की पत्नी है।

2. *(a)* प्रश्नानुसार सम्बन्ध आरेख बनाने पर,

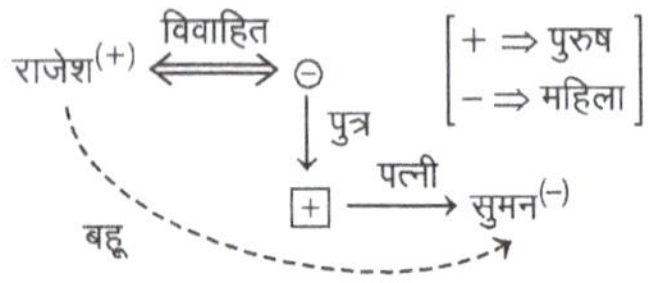

अतः सुमन, राजेश की बहू है।

3. *(c)* प्रश्नानुसार सम्बन्ध आरेख बनाने पर,

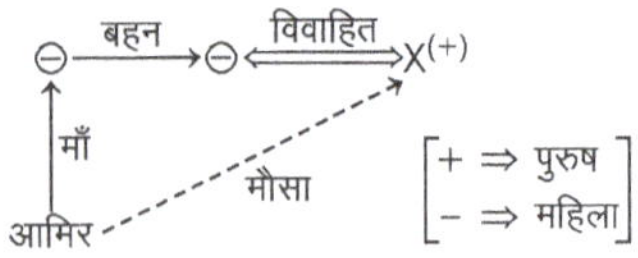

अतः X आमिर का मौसा है।

4. *(b)* प्रश्नानुसार सम्बन्ध आरेख बनाने पर,

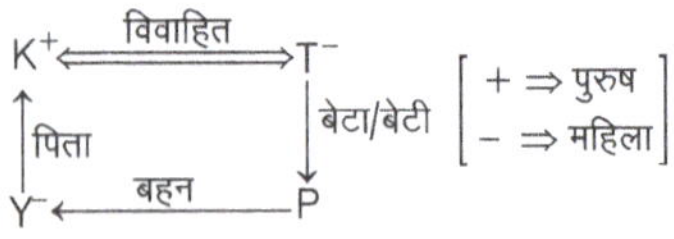

प्रश्न से P का लिंग पता नहीं चल रहा है।

अतः P, T का या तो बेटा या बेटी है।

5. *(d)* प्रश्नानुसार सम्बन्ध आरेख बनाने पर,

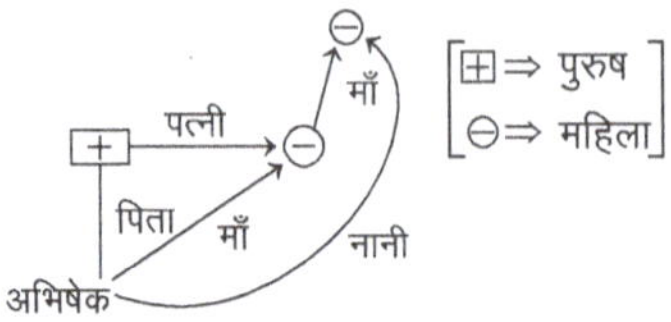

अतः अभिषेक के पिता के पत्नी की माँ अभिषेक की नानी होगी।

TOP TIPS किसी भी व्यक्ति के केवल नाम के आधार पर लिंग (Gender) का निर्धारण न करें।

6. *(c)* प्रश्नानुसार सम्बन्ध आरेख बनाने पर,

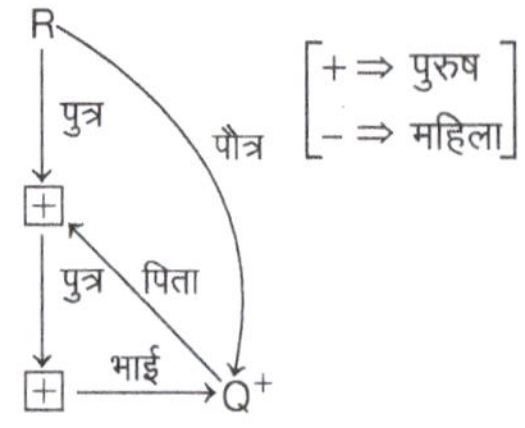

अतः Q, R का पौत्र है।

7. *(c)* प्रश्नानुसार सम्बन्ध आरेख बनाने पर,

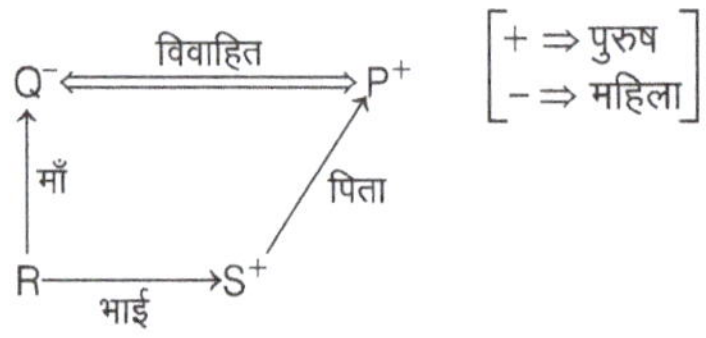

अतः P, S का पिता है।

8. *(c)* प्रश्नानुसार सम्बन्ध आरेख बनाने पर,

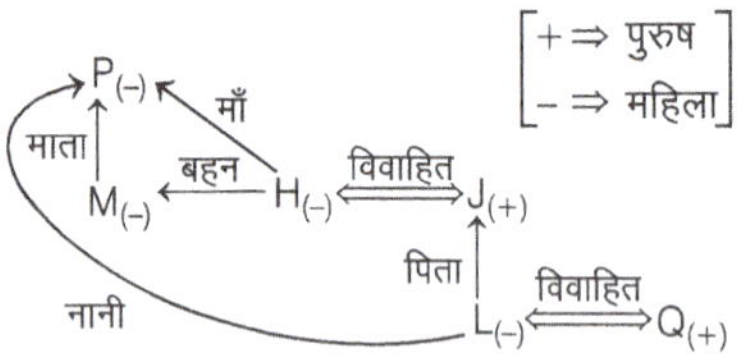

स्पष्ट है, P, L की नानी है।

9. *(b)* प्रश्नानुसार सम्बन्ध आरेख बनाने पर,

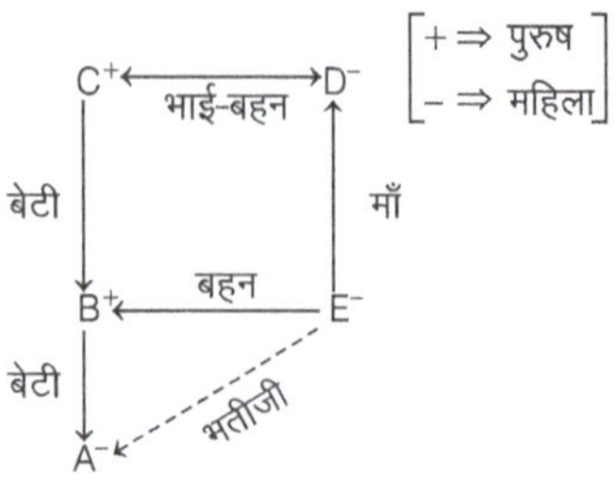

अतः A, E की भतीजी है।

10. *(d)* प्रश्नानुसार सम्बन्ध आरेख बनाने पर,

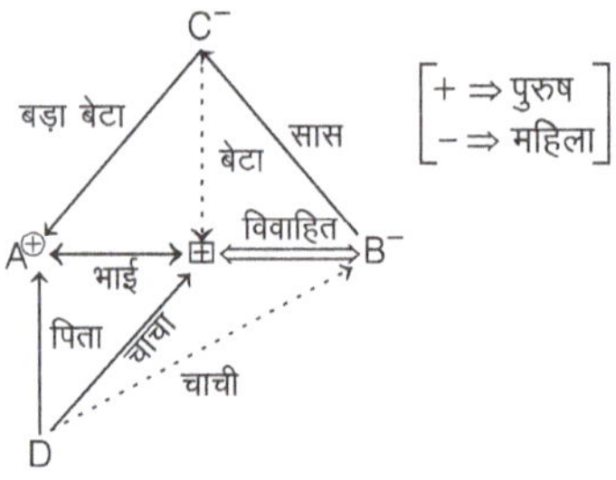

अतः B, D की चाची है।

11. *(a)* प्रश्नानुसार सम्बन्ध आरेख बनाने पर,

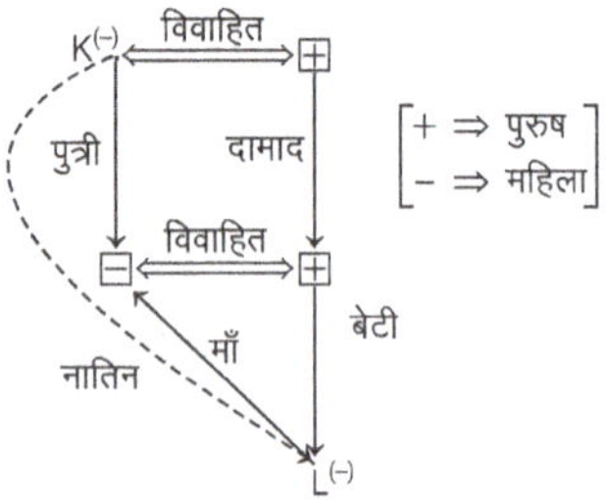

अतः L, K की नातिन है।

12. *(d)* प्रश्नानुसार सम्बन्ध आरेख बनाने पर,

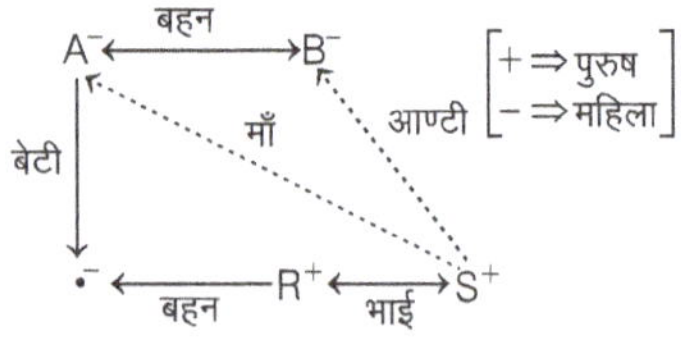

चित्र से स्पष्ट है कि S, A का पुत्र है या A, S की माँ है। अतः B, S की आण्टी होगी।

13. *(b)* प्रश्नानुसार,

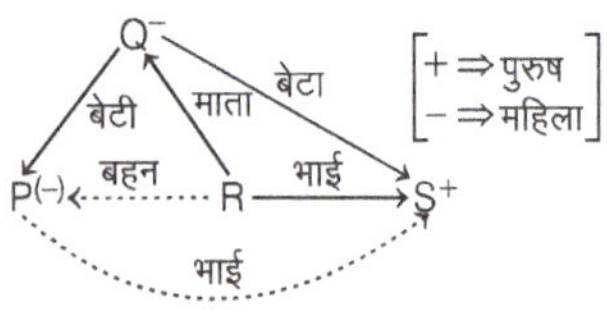

अतः S, P का भाई है।

14. (*b*) प्रश्नानुसार, सम्बन्ध आरेख बनाने पर,

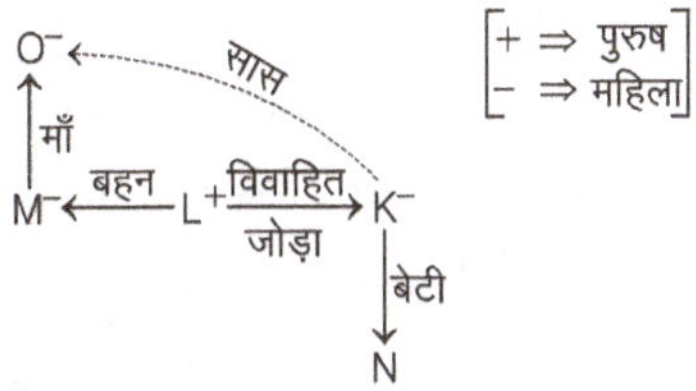

अत: O, K की सास है।

15. (*b*) प्रश्नानुसार, रक्त सम्बन्ध आरेख बनाने पर,

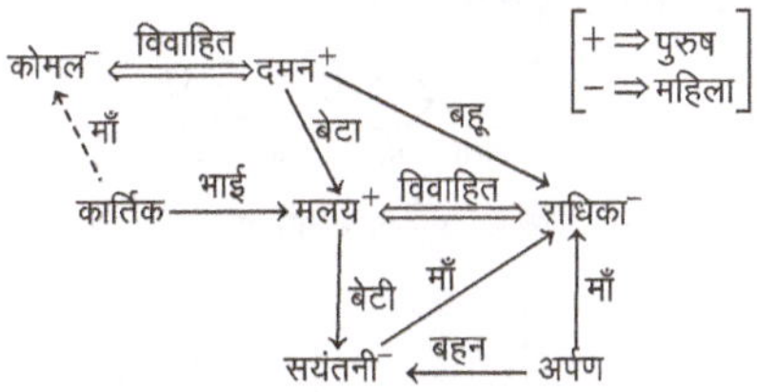

अत: कोमल कार्तिक की माँ है।

16. (*d*) प्रश्नानुसार, सम्बन्ध आरेख बनाने पर,

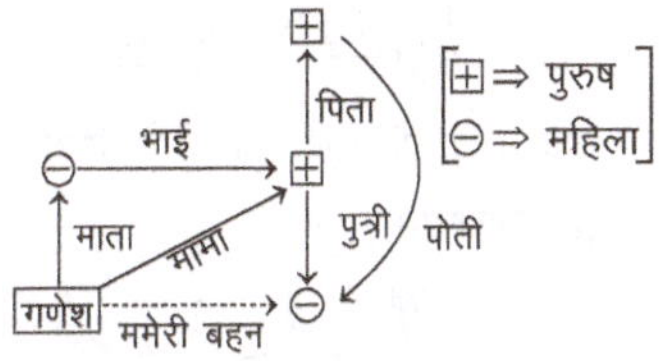

अत: गणेश, 'अपने ममेरी बहन' के साथ टहल रहा था।

17. (*a*) प्रश्नानुसार, सम्बन्ध आरेख बनाने पर,

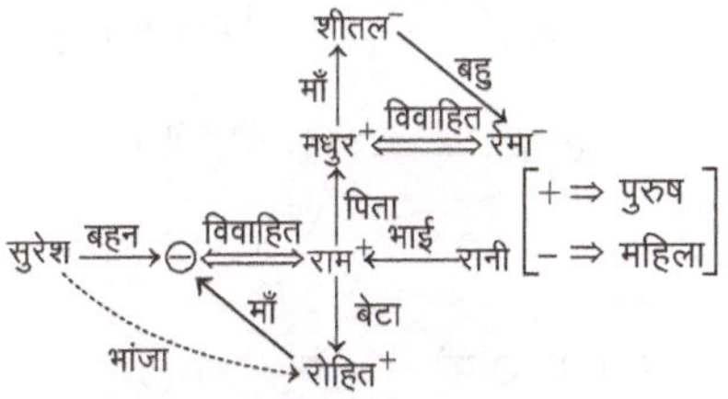

अत: रोहित, सुरेश का भांजा है।

18. (*c*) प्रश्नानुसार, सम्बन्ध आरेख बनाने पर,

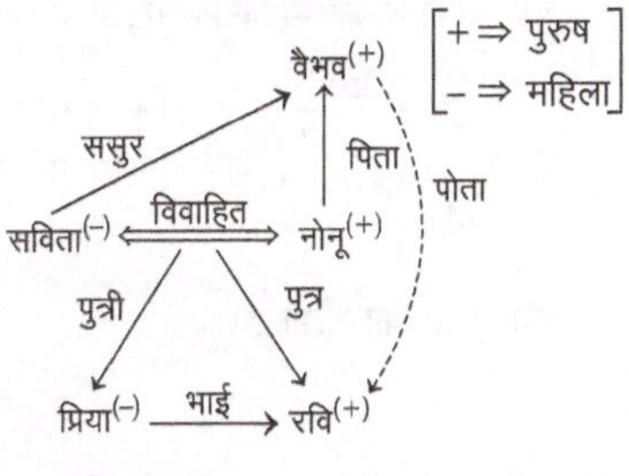

उपरोक्त चित्र से स्पष्ट है कि रवि, वैभव का पोता है।

19. (*a*) प्रश्नानुसार सम्बन्ध आरेख बनाने पर,

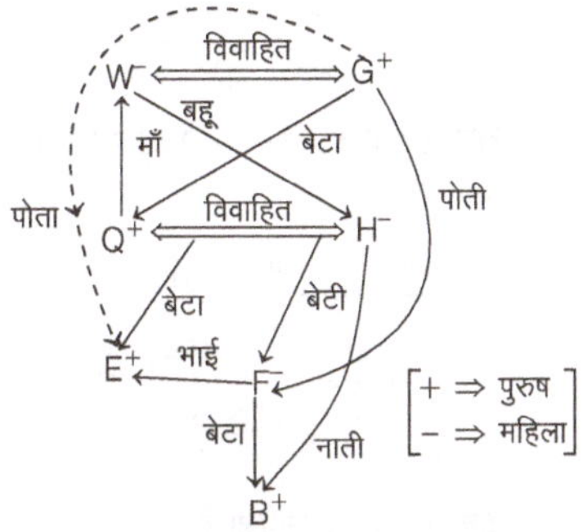

अत: E, G का पोता है।

20. (*a*) प्रश्नानुसार, सम्बन्ध आरेख बनाने पर,

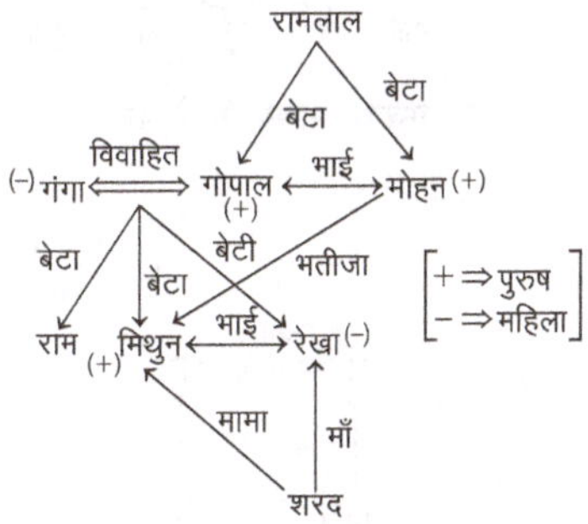

अत: मिथुन, मोहन का भतीजा है।

21. (*b*) प्रश्नानुसार, रक्त सम्बन्ध आरेख बनाने पर,

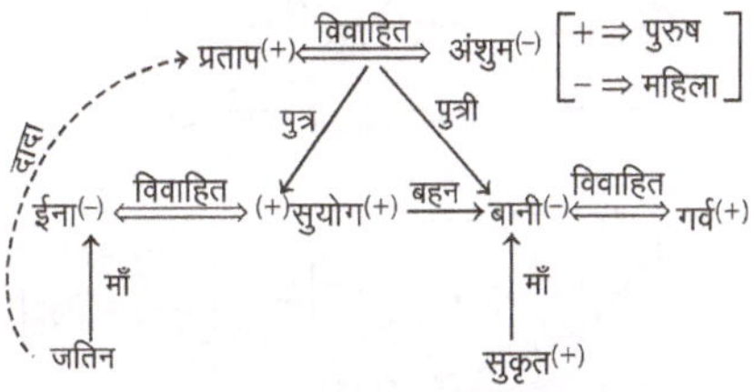

अत: प्रताप, जतिन का दादा है।

22. (*d*) प्रश्नानुसार, सम्बन्ध आरेख बनाने पर,

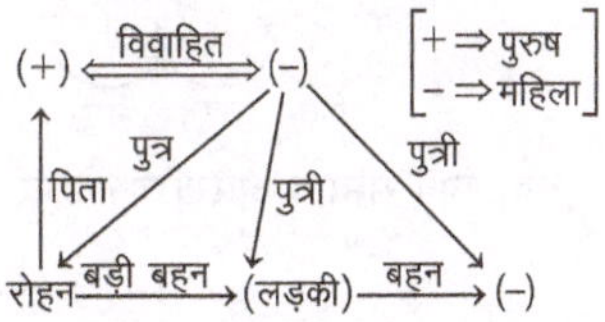

अत: लड़की रोहन की बहन है।

23. (*a*) प्रश्नानुसार सम्बन्ध आरेख बनाने पर,

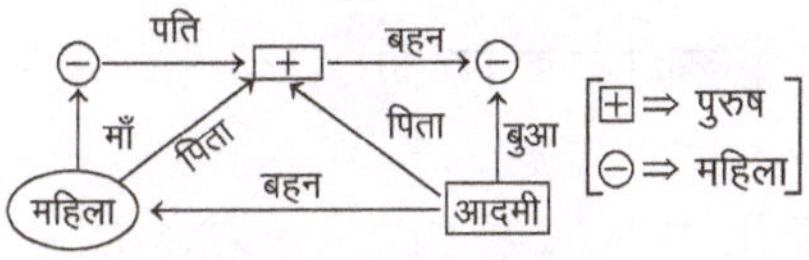

अत: महिला, पुरुष की बहन है।

24. (*d*) प्रश्नानुसार सम्बन्ध आरेख बनाने पर,

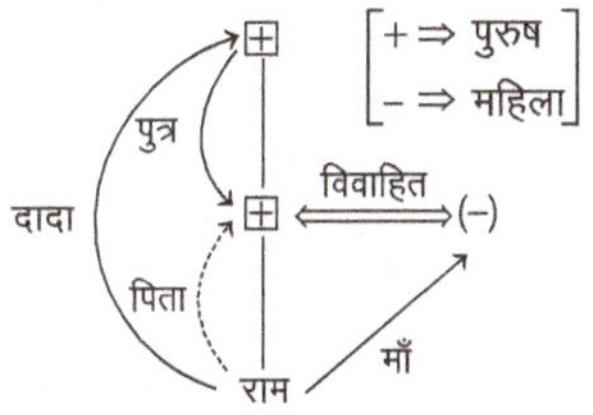

अत: वह व्यक्ति राम का 'पिता' है।

> **TOP TIPS** व्यक्ति का अर्थ पुरुष या स्त्री कोई भी हो सकता है। व्यक्ति का अर्थ केवल पुरुष नहीं होता हैं।

25. (*d*) प्रश्नानुसार, सम्बन्ध आरेख बनाने पर,

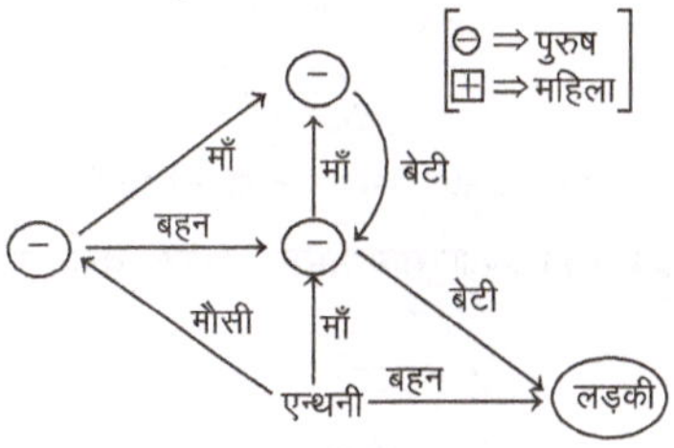

अत: लड़की एन्थनी की बहन है।

26. (*a*) प्रश्नानुसार, सम्बन्ध आरेख बनाने पर,

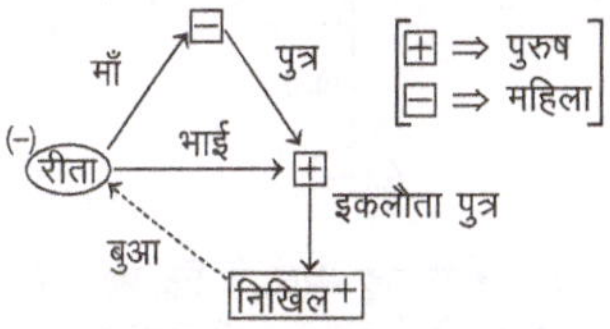

अत: रीता, निखिल की बुआ है।

27. (*d*) प्रश्नानुसार, सम्बन्ध आरेख बनाने पर,

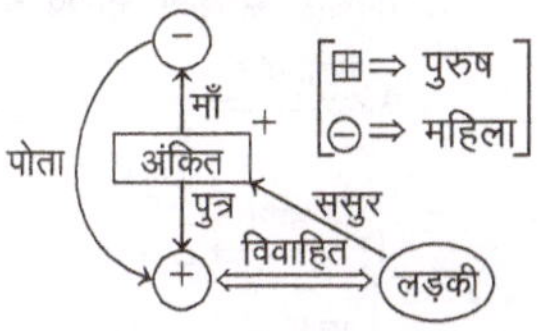

अत: अंकित उस लड़की का ससुर है।

28. (*a*) प्रश्नानुसार, सम्बन्ध आरेख बनाने पर,

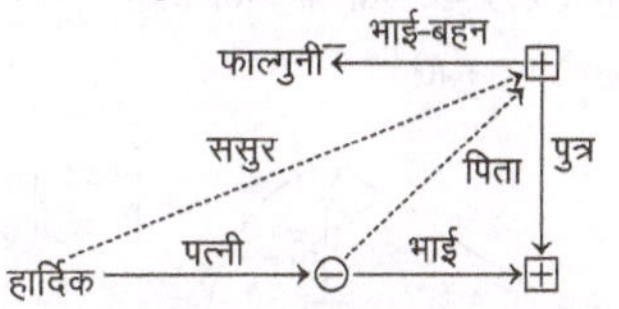

अत: फाल्गुनी, हार्दिक के ससुर की बहन है।

29. (*d*) प्रश्नानुसार, सम्बन्ध आरेख बनाने पर,

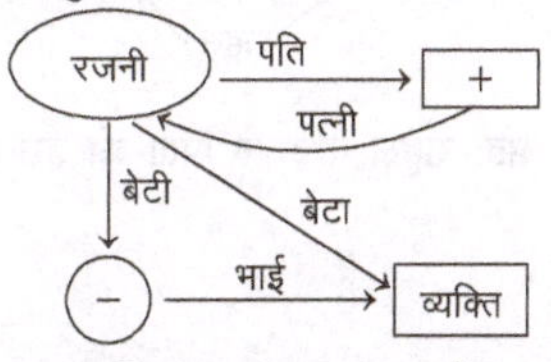

अत: वह व्यक्ति, रजनी का पुत्र (बेटा) है।

30. (*c*) प्रश्नानुसार सम्बन्ध आरेख बनाने पर,

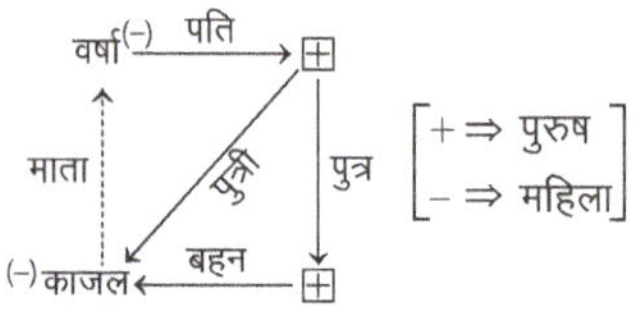

उपरोक्त से स्पष्ट है, कि वर्षा, काजल की माता है।

31. (*d*) प्रश्नानुसार सम्बन्ध आरेख बनाने पर,

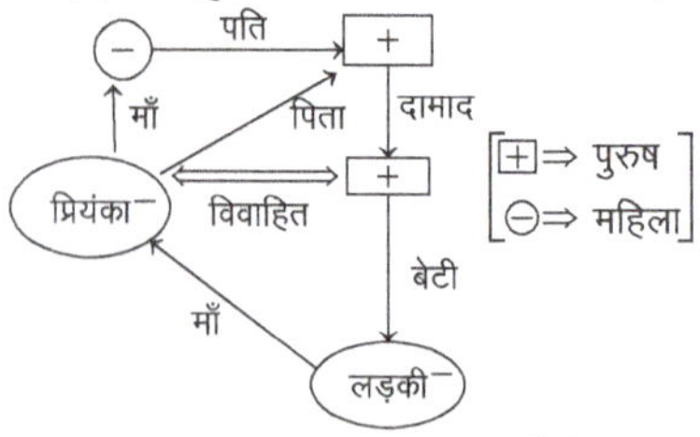

अत: प्रियंका, उस लड़की की माँ है।

32. (*a*) प्रश्नानुसार सम्बन्ध आरेख बनाने पर,

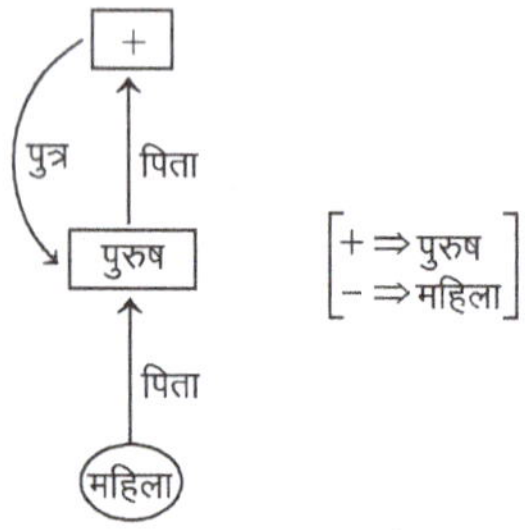

आरेख से यह स्पष्ट है कि प्रश्न में पुरुष व महिला के पिता एक ही व्यक्ति हैं। अत: वह पुरुष महिला का पिता है।

33. (*c*) प्रश्नानुसार, सम्बन्ध आरेख बनाने पर,

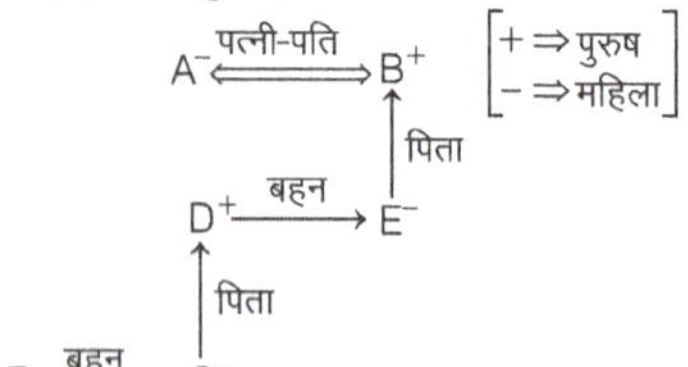

अत: B, F के पिता के पिता हैं।

34. (*b*) प्रश्नानुसार,

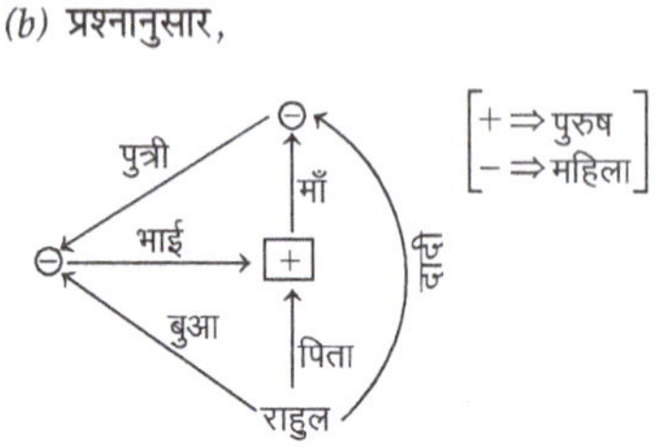

अत: राहुल ने अपने पिता को हराया।

35. (*b*) प्रश्नानुसार,

$P^{-}\ \$\ Q^{+} * R^{+}\ \#\ S^{+}$

पत्नी भाई पुत्र

अब, P $ Q * R # S का रक्त सम्बन्ध आरेख बनाने पर,

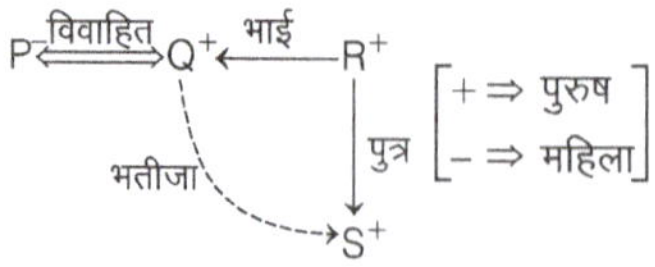

अत: S, Q का भतीजा है।

36. (*d*) प्रश्नानुसार,

$E^{+} @ M^{-} \# N^{+} \% Q^{+} @ R^{-} \& P^{-}$

भाई माँ पिता भाई पुत्री

अब, सम्बन्ध आरेख बनाने पर,

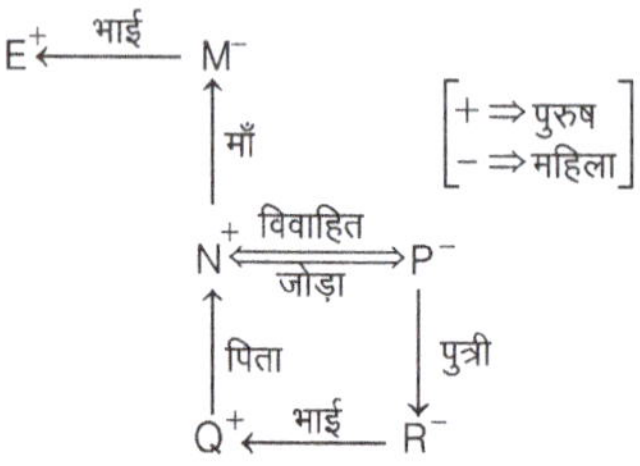

अत: N, P का पति है।

37. (*c*) प्रश्नानुसार,

$Q^{-} \div X^{+} + Y^{-} \times Z$

बहन पति माँ

अब, रक्त सम्बन्ध आरेख बनाने पर,

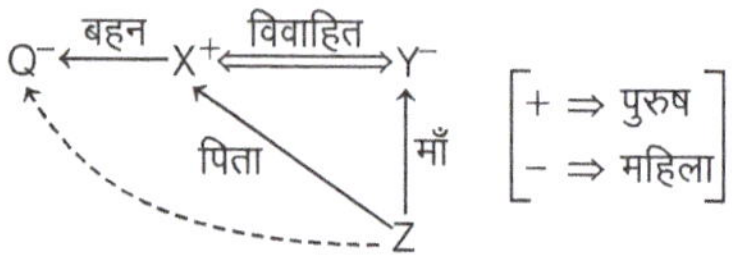

अत: Q, Z के पिता की बहन है।

38. (*a*) प्रश्नानुसार,

$T^{+} \times X^{-} \div Y^{+} + Z$

पिता बहन भाई

अब, रक्त सम्बन्ध आरेख बनाने पर,

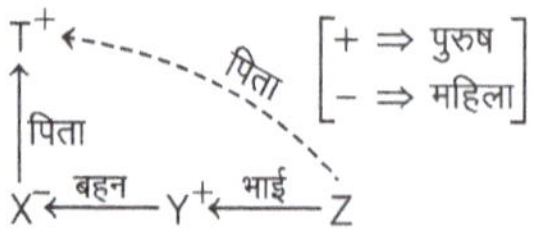

अत: T, Z का पिता है।

39. (*a*) प्रश्नानुसार,

$Z^{-} \# L^{+} @ P^{-} \& K^{+} @ J^{-} \# X$

पुत्री पति माता पति पुत्री

अब, रक्त सम्बन्ध आरेख बनाने पर,

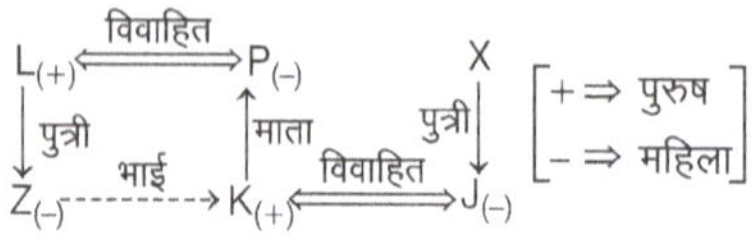

अत: K, Z का भाई है।

40. (*b*) प्रश्नानुसार,

$P^{+} \& Q^{-} \% R^{+} \# S^{-} @ T^{+}$

पिता माँ भाई पत्नी

अब, सम्बन्ध आरेख बनाने पर,

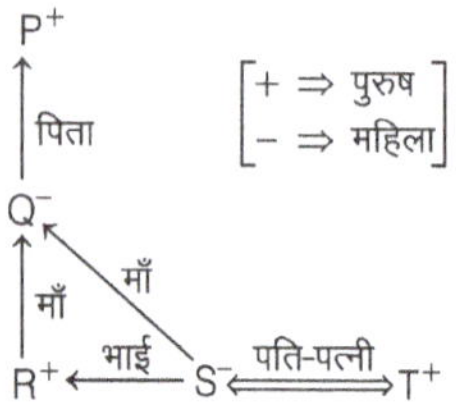

अत: P, T की पत्नी की माँ के पिता है।

41. (*d*) प्रश्नानुसार,

$M^{-} \div J^{+} + O^{-} - Q$

पुत्री पिता माता

अब, सम्बन्ध आरेख बनाने पर,

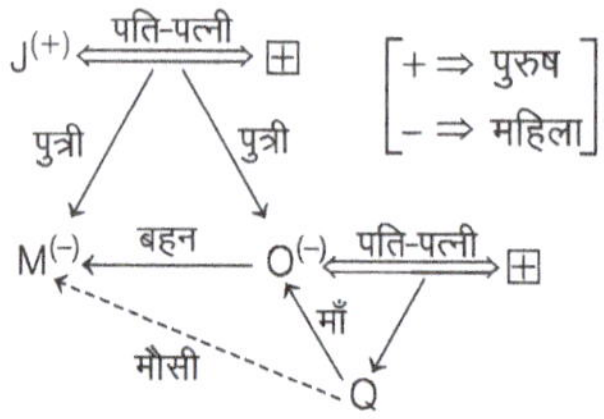

अत: M, Q की मौसी है।

42. (*a*) प्रश्नानुसार,

$M^{+} ?\ C^{-} \$ J^{-} * Z$

पुत्र बहन माता

अब, सम्बन्ध आरेख बनाने पर,

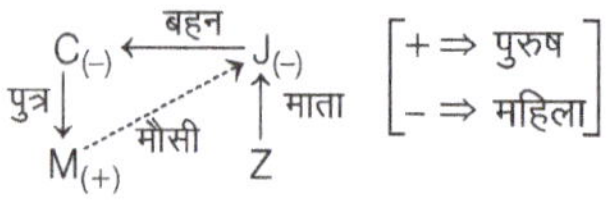

अत: J, M की मौसी है।

43. (*d*) दिया है,

$P^+ - Q^+ \div R^- \times S^+ + T$

बेटा पिता पत्नी भाई

प्रश्नानुसार, रक्त सम्बन्ध आरेख बनाने पर,

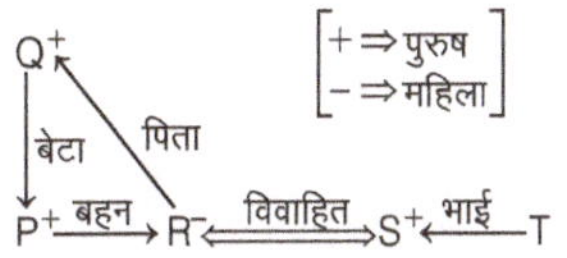

अत: Q, S के पत्नी के पिता हैं।

44. (*d*) प्रश्नानुसार,

$V^+ \times W^+ + X^- * Y^- = Z$

पिता भाई बहन पुत्री

अब, सम्बन्ध आरेख बनाने पर,

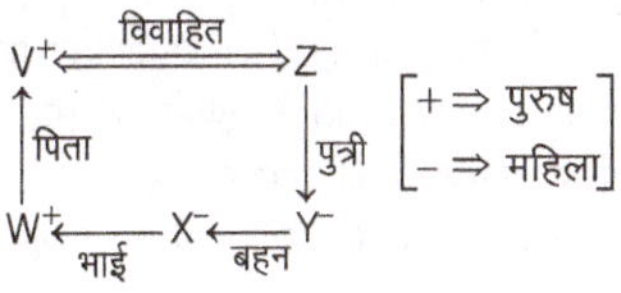

अत: V, Z का पति है।

45. (*a*) प्रश्नानुसार,

$Q^- \div X^+ + Y^- \times Z$

बहन पति माँ

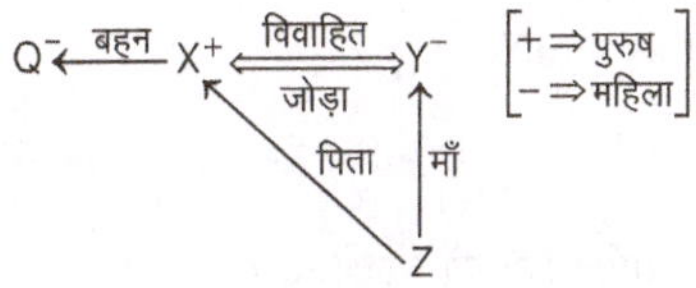

अत: Q, Z के पिता की बहन है।

46. (*d*) प्रश्नानुसार,

$M^- + U^- - H^+ \div S^+ \times N$

बहन माँ पिता पति

अब, सम्बन्ध आरेख बनाने पर,

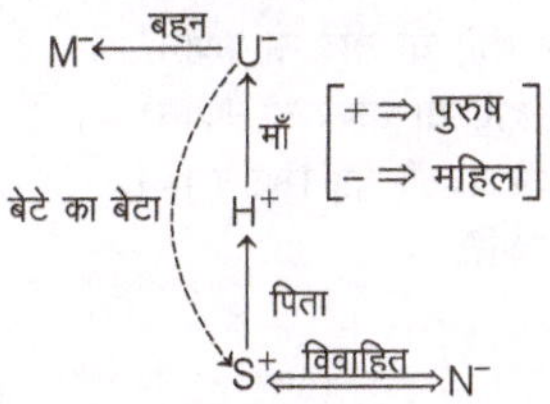

अत: S, U के बेटे का बेटा है।

47. (*d*) प्रश्नानुसार,

$S^- \div T^+ * U^+ + Z$

बेटी भाई पिता

प्रश्नानुसार सम्बन्ध आरेख बनाने पर,

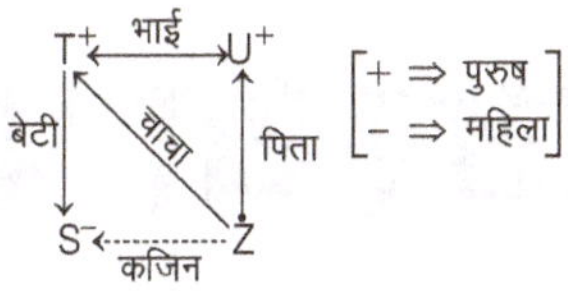

अत: S, Z की कजिन (चचेरी बहन) है।

48. (*b*) विकल्प (b) से,

$C^- @ J^+ \$ K^+ \% M^- \# R$

पत्नी पिता भाई बहन

अब, सम्बन्ध आरेख बनाने पर,

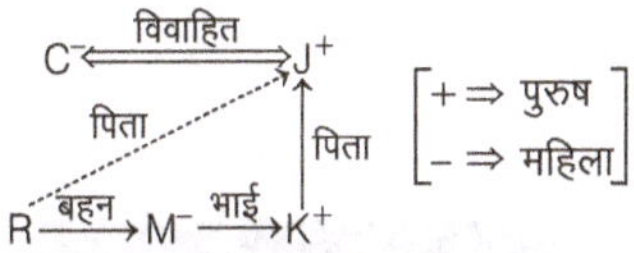

अत: J, R का पिता है।

49. (*a*) प्रश्नानुसार,

$A^+ + B^- - C^+$

पुत्र पत्नी

अब, सम्बन्ध आरेख बनाने पर,

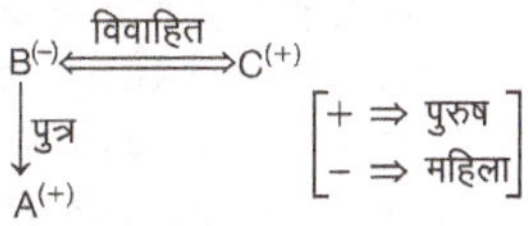

अत: C, A का पिता है।

50. (*c*) प्रश्नानुसार,

$A^+ \times B^- \div C^+$

भाई बहन

अब, सम्बन्ध आरेख बनाने पर,

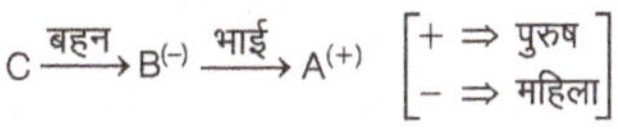

अत: B, A की बहन है।

51. (*d*) विकल्प (d) से,

$H^+ \& K^- @ P^- @ M$

पिता बहन बहन

अब, सम्बन्ध आरेख बनाने पर,

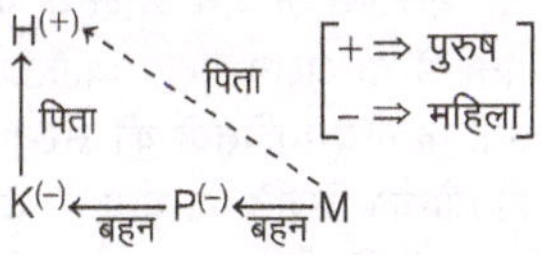

अत: H, M का पिता है।

52. (*c*) विकल्प (c) से,

K + A/P – D % J

रक्त सम्बन्ध आरेख बनाने पर,

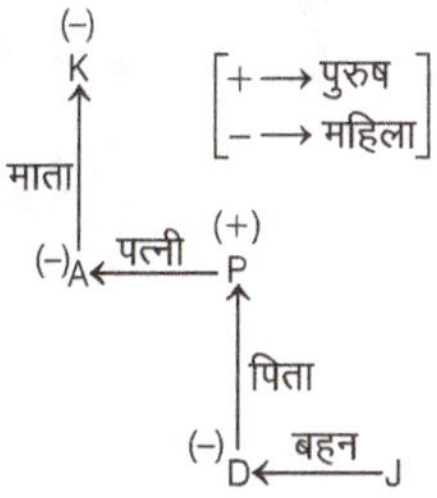

अत: A, K की पुत्री है।

53. (*c*) प्रश्नानुसार,

$X^- \$ Y^- \% W^+ \& Z$

बेटी पत्नी पिता

अब, सम्बन्ध आरेख बनाने पर,

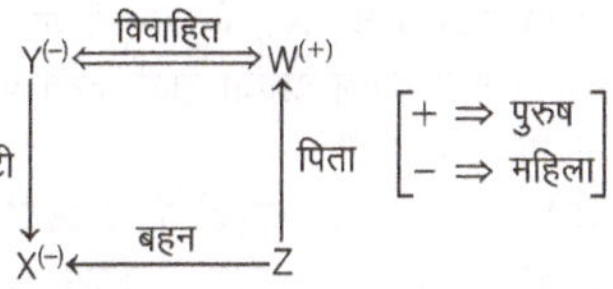

अत: X, Z की बहन है।

54. (*a*) प्रश्नानुसार,

$W^- \# X^- \times Y^+ \$ U$

माँ बहन पिता

सम्बन्ध आरेख बनाने पर,

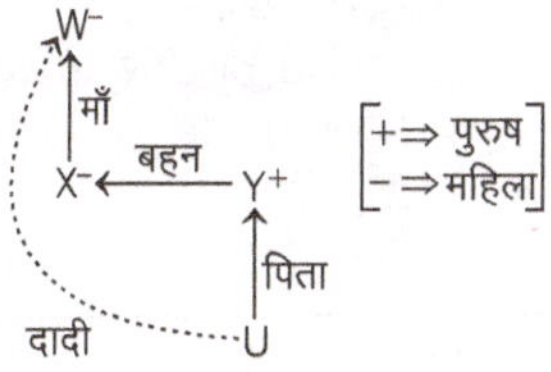

अत: W, U की दादी है।

55. (*b*) प्रश्नानुसार,

$A^- + B^- - C^+ \times D$

पुत्री पत्नी पुत्र

सम्बन्ध आरेख बनाने पर,

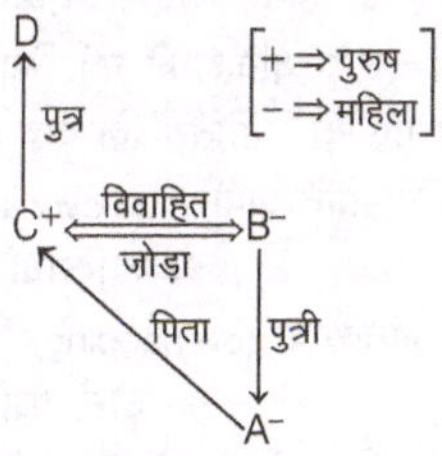

अत: A, D के पुत्र की पुत्री है।

अध्याय

11 क्रम व्यवस्था परीक्षण

(Ranking Arrangement Test)

क्रम व्यवस्था परीक्षण

व्यक्तियों, वस्तुओं या स्थानों के समूह में किसी एक या एक से अधिक व्यक्ति, वस्तु या स्थानों को अन्य व्यक्ति, वस्तु या स्थानों से उनके गुण, आकार, स्थान/स्थिति के आधार पर सापेक्षिक तुलना करते हुए, सार्थक क्रम में व्यवस्थित करने की प्रक्रिया को क्रम व्यवस्थिकरण कहा जाता है। इसके अन्तर्गत वस्तुओं या व्यक्तियों की तुलना पर आधारित तथा किसी पंक्ति में उनके स्थान एवं पंक्ति में व्यक्तियों/वस्तुओं की कुल संख्या पर आधारित प्रश्न पूछे जाते हैं।

स्थान क्रम व्यवस्था

स्थान क्रम व्यवस्था में प्रश्न पंक्तिबद्ध व्यक्तियों या सूचीबद्ध नामों पर आधारित होते हैं। इसके अन्तर्गत परीक्षा में पूछे जाने वाले प्रश्न किसी व्यक्ति या वस्तु का पंक्ति/कक्षा में दाएँ/बाएँ और ऊपर/नीचे से स्थान तथा पंक्ति/कक्षा में वस्तुओं या व्यक्तियों की कुल संख्या ज्ञात करने पर आधारित होते हैं।

जैसे-रोहित का 45 लड़कों में ऊपर से 19वाँ क्रम है तो वह नीचे से किस स्थान पर होगा?

हल प्रश्नानुसार,

रोहित का ऊपर से क्रम = 19

कुल लड़कों की संख्या = 45

रोहित का नीचे से क्रम

= (कुल संख्या + 1) – रोहित का ऊपर से स्थान

= (45 + 1) – 19

= 46 – 19

= 27

तुलना के आधार पर क्रम व्यवस्था

इसके अन्तर्गत परीक्षा में पूछे जाने वाले प्रश्न सामान्यतः दो या दो से अधिक व्यक्तियों या वस्तुओं की विशेषता जैसे-आयु, वजन, गुण, आकार, योग्यता तथा बुद्धिमत्ता के आधार पर तुलना पर आधारित होते हैं। इसके अन्तर्गत वस्तुओं व व्यक्तियों को सार्थक क्रम में व्यवस्थित करके उनकी स्थिति को ज्ञात किया जाता है।

जैसे-चार दोस्त A, B, C और D आपस में कुछ राशि इस तरह बाँटते हैं कि राशि A को B से एक कम, C को D से 5 ज्यादा और D को B से 3 ज्यादा मिलती है। सबसे कम राशि किसको मिलती है?

हल प्रश्नानुसार,

$B > A$ ...(i)

$C > D$ ...(ii)

$D > B$ ...(iii)

समीकरणों को व्यवस्थित करने पर,

$C > D > B > A$

Score Booster

1. पंक्ति में व्यक्तियों की कुल संख्या = (किसी व्यक्ति का बाएँ या ऊपर से स्थान + (उसी व्यक्ति का दाएँ या नीचे से स्थान) – 1
2. किसी व्यक्ति का पंक्ति में बाएँ या ऊपर से स्थान = (पंक्ति में व्यक्तियों की कुल संख्या) – (उसी व्यक्ति का दाएँ या नीचे से स्थान +1
3. किसी व्यक्ति का पंक्ति में दाएँ या नीचे से स्थान = (पंक्ति में व्यक्तियों की कुल संख्या) – (उसी व्यक्ति का बाएँ या ऊपर से स्थान) +1
4. स्थिति की अदला-बदली में,व्यक्तियों की कुल संख्या = [पहले व्यक्ति की प्रारम्भिक स्थिति + दूसरे व्यक्ति की बदली हुई स्थिति] –1
   तथा दूसरे व्यक्ति की नई स्थिति = पहले व्यक्ति की दो स्थितियों में अन्तर + दूसरे व्यक्ति की प्रारम्भिक स्थिति
5. दिए गए दो व्यक्तियों के बीच व्यक्तियों की संख्या ज्ञात करने की स्थिति
   (a) गैर-अतिव्यापी (non-overlapping) स्थिति के लिए, दो व्यक्तियों के बीच व्यक्तियों की संख्या
   = व्यक्तियों की कुल संख्या – दोनों पक्षों से दो अलग-अलग व्यक्तियों की स्थिति का योग
   (b) अतिव्यापी (overlapping) स्थिति के लिए, दो व्यक्तियों के बीच व्यक्तियों की संख्या
   = दोनों पक्षों से दो अलग-अलग व्यक्तियों की स्थिति का योग – व्यक्तियों की कुल संख्या – 2

नोट अतिव्यापी के लिए शर्त है, दोनों छोर से दो व्यक्तियों की स्थिति का योग > व्यक्तियों की कुल संख्या

Exam Approach Examples

स्थान क्रम व्यवस्था पर आधारित

उदाहरण 1. **35 छात्रों में ऊपर से सूरज का 12वाँ स्थान है, तो नीचे से उसका कौन-सा स्थान है?** ***Bihar Police Forest Guard 2019***

(a) 26 (b) 32 (c) 24 (d) 46

हल (*c*) छात्रों की कुल संख्या = 35

ऊपर से सूरज का स्थान = 12 वाँ

∴ नीचे से सूरज का स्थान = (35 − 12) + 1 = 23 + 1 = 24 वाँ

उदाहरण 2. **रोहित की रैंक कक्षा में शीर्ष से 18वीं है। यदि गिनती नीचे से की जाए, तो उसकी रैंक 36 वीं है। कक्षा में कुल कितने विद्यार्थी हैं?** ***SSC CPO 2020***

(a) 53 (b) 54 (c) 52 (d) 55

हल (*a*) प्रश्नानुसार,

रोहित की शीर्ष से रैंक = 18 तथा नीचे से रैंक = 36

∴ कक्षा में कुल विद्यार्थी = रोहित की (शीर्ष से रैंक + नीचे से रैंक) −1

= 18 + 36 − 1 = 53

उदाहरण 3. **एक कक्षा में, प्रत्येक विद्यार्थी ने एक अलग स्थान प्राप्त किया। अमन का स्थान शीर्ष से 11वाँ है और निखिल का स्थान नीचे से 13वाँ है। केवल तीन विद्यार्थियों का स्थान अमन और निखिल के बीच है। यदि विद्यार्थियों की कुल संख्या, एक विषम संख्या है। जो 3 से विभाज्य है, तो कक्षा में कुल कितने विद्यार्थी हैं?** ***RRB NTPC (CBT-II) 2022***

(a) 15 (b) 21 (c) 27 (d) 33

हल (*c*) प्रश्नानुसार, अमन का शीर्ष से स्थान = 11

तथा निखिल का नीचे से स्थान = 13

अमन और निखिल के बीच विद्यार्थियों की संख्या = 3

∴ कक्षा में विद्यार्थियों की सम्भावित संख्या = 11 + 13 + 3 = 27

(जोकि 3 से विभाज्य है।)

उदाहरण 4. **कुछ छात्र एक पंक्ति में बैठे हैं। इस पंक्ति में X का स्थान बाएँ से 17वाँ है जबकि Y का स्थान दाएँ से 14वाँ है। यदि वे दोनों अपने-अपने स्थान को परिवर्तित कर लें, तो X का स्थान बाएँ से 7वाँ हो जाता है। पंक्ति में कुल कितने छात्र हैं?** ***RRB ALP 2018***

(a) 21 (b) 22 (c) 19 (d) 20

हल (*d*) प्रश्नानुसार,

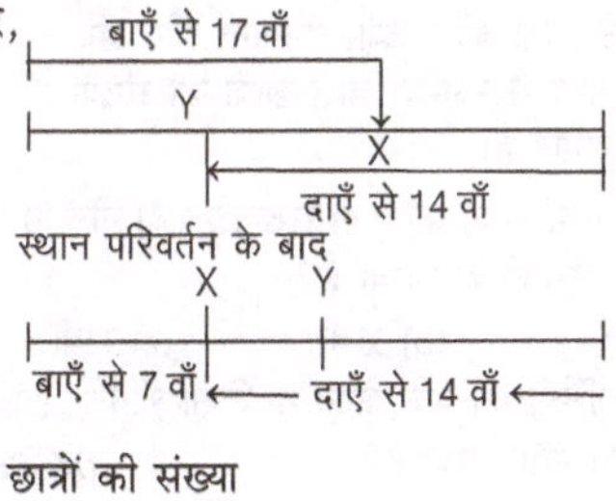

∴ पंक्ति में कुल छात्रों की संख्या

= (Y का दाएँ से स्थान + X का बाएँ से नया स्थान) − 1

= (14 + 7) − 1 = 21 − 1 = 20

उदाहरण 5. **80 विद्यार्थियों की एक पंक्ति में, राम, रोहित के दाएँ से 15वें स्थान पर है, जो दाएँ छोर से 40वें स्थान पर है। बाएँ छोर से राम का स्थान क्या होगा?** ***DSSSB TGT Computer Science 2023***

(a) 54 वाँ (b) 56 वाँ (c) 55 वाँ (d) 57 वाँ

हल (*b*) दाएँ छोर से रोहित का स्थान = 40 वाँ

पंक्ति में विद्यार्थी की कुल संख्या = 80

राम, रोहित के दाएँ 15वें स्थान पर है।

अर्थात् राम का दाएँ छोर से स्थान = (40 − 15) = 25 वें

∴ बाएँ छोर से राम का स्थान = 80 − 25 + 1 = 81 − 25 = 56 वाँ

तुलना के आधार पर क्रम व्यवस्था पर आधारित

उदाहरण 6. **अलग-अलग लम्बाई वाले पाँच बच्चों (K, L, O, M, N) के एक समूह में, K सबसे लम्बा है, जबकि L सबसे छोटा है। O उस समूह का दूसरा सबसे छोटा बच्चा है। M, N से लम्बा है। उनमें से तीसरा सबसे लम्बा बच्चा कौन है?** ***RRB NTPC (CBT-II) 2022***

(a) N (b) O (c) L (d) M

हल (*a*) प्रश्नानुसार, K ⇒ सबसे लम्बा

L ⇒ सबसे छोटा

O ⇒ दूसरा सबसे छोटा

M > N ⇒ K > M > [N] > O > L

अत: तीसरा सबसे लम्बा बच्चा N है।

> **Helping Tips**
> चिह्न '>' का प्रयोग 'से लम्बा' के लिए तथा चिह्न '<' का प्रयोग 'से छोटा' के लिए होता है।

उदाहरण 7. **A, F जोकि तीन व्यक्तियों से छोटा है, से लम्बा है। C, D जोकि सबसे लम्बा है, से छोटा है। B, E से लम्बा है। C न तो F से छोटा है न ही A से लम्बा है। निम्न दिए गए व्यक्तियों में से दूसरा सबसे छोटा व्यक्ति कौन है?** ***SSC MTS 2019***

(a) E (b) B (c) C (d) A

हल (*b*) प्रश्नानुसार, A > F (तीन व्यक्तियों से छोटा)

(सबसे लम्बा) D > C ⇒ B > E, A > C > F

उपरोक्त सभी को मिलाने पर, $\overset{1}{D} > \overset{2}{A} > \overset{3}{C} > \overset{4}{F} > \overset{5}{B} > \overset{6}{E}$

अत: दूसरा सबसे छोटा व्यक्ति B है।

उदाहरण 8. **सात महिलाओं $W_1, W_2, W_3, W_4, W_5, W_6$ और W_7 के भारों की तुलना की गई हैं। W_4 का भार W_7 से अधिक है। W_5 का भार केवल तीन महिलाओं से अधिक हैं और W_2 का भार केवल W_1 और W_3 से कम है। यदि W_7 का भार सबसे कम है, तो W_6 से अधिक भार वाली महिलाओं की न्यूनतम संख्या क्या होगी?** ***CUET (UG) 2023***

(a) 2 (b) 3 (c) 1 (d) 4

हल (*d*) प्रश्नानुसार, $W_4 > W_7$ ⇒ $W_5 >$ तीन महिलाएँ

W_1 और $W_3 > W_2$ ⇒ W_7 − सबसे कम

∴ W_1 और $W_3 > W_2 > W_5 > W_6 > W_4 > W_7$

अत: W_6 से अधिक भार वाली महिलाओं की न्यूनतम संख्या 4 है।

उदाहरण 9. **सपना बड़ी है, रोशनी से परन्तु माया से छोटी है। रोशनी बड़ी है, उजाला से परन्तु रेखा से छोटी है। रेखा, सपना से छोटी है। सबसे छोटी कौन है?** ***BSSC (10+2) 2018***

(a) उजाला (b) रेखा (c) माया (d) रोशनी

हल (*a*) प्रश्नानुसार, माया > सपना > रोशनी ...(i)

सपना > रेखा > रोशनी > उजाला ...(ii)

समी (i) तथा समी (ii) से,

माया > सपना > रेखा > रोशनी > उजाला

अत: सबसे छोटी उजाला है।

> **Helping Tips**
> 'छोटा' और 'बड़ा' शब्द को उम्र के लिए तथा 'लम्बा' और 'नाटा' शब्द को ऊँचाई के लिए प्रयोग किया जाता है।

Chapter Challenge

स्थान क्रम व्यवस्था पर आधारित

1. आलोक एक कक्षा में शीर्ष से 19वें स्थान पर है और नीचे से 38वें स्थान पर है। कक्षा में कितने विद्यार्थी हैं? *RRB NTPC (CBT-II) 2022*

(a) 55 (b) 56
(c) 46 (d) 57

2. 49 छात्रों की एक कक्षा में आलोक से 8 स्थान आगे महेश है। यदि अन्तिम से आलोक का स्थान 18वाँ है, तो शुरू से महेश का स्थान क्या है? *BSSC (10+2) 2018*

(a) 24 (b) 22
(c) 26 (d) 21

3. एक पंक्ति में 39 कलम हैं। लाल कलम बाईं छोर से 9वीं है तथा हरि कलम बाईं छोर से 21वीं है। लाल तथा हरि कलम के मध्य कितनी कलम हैं? *SSC MTS 2018*

(a) 11 (b) 12
(c) 10 (d) 13

4. एक कक्षा में सागर का नीचे से 34वाँ स्थान है तथा ऊपर से 7वाँ स्थान है। कक्षा में कितने विद्यार्थी हैं? *DSSSB Grade IV 2019*

(a) 41 (b) 39
(c) 40 (d) 42

5. कक्षा में आयोजित एक परीक्षा में रमेश का स्थान शीर्ष से 16वाँ और नीचे से 21वाँ है। यदि केवल 21 विद्यार्थी परीक्षा में उत्तीर्ण हुए, तो उसकी कक्षा में कितने विद्यार्थी अनुत्तीर्ण हुए? *RRB NTPC (CBT-II) 2022*

(a) 21 (b) 17 (c) 19 (d) 15

6. लड़कों की एक पंक्ति में, सचिन बाएँ से ग्यारहवें स्थान पर है और राज दाएँ से सातवें स्थान पर है। यदि वे अपने स्थान को अदल-बदल करते हैं, तो सचिन बाईं ओर से सोलहवें स्थान पर हो जाता है। पंक्ति में कितने लड़के हैं? *UPSSSC 2018*

(a) 21 (b) 22
(c) 23 (d) 24

7. 17 विद्यार्थियों की एक कक्षा में, प्रत्येक विद्यार्थी ने अलग-अलग अंक प्राप्त किए। A का स्थान ऊपर से 9वाँ है जबकि B का स्थान नीचे से 11वाँ है। ऊपर से देखे जाने पर, C का स्थान, A से ऊपर है, किन्तु B से नीचे है। ऊपर से C का स्थान कौन-सा है? *RRC Group D 2022*

> **MRC*****
> *(Most Repeating Concepts)*
> प्र. सं. 1, 5, 7, 10 और 18 Examination Point of View से अति महत्त्वपूर्ण हैं। इन Concept पर प्रश्न Railway की परीक्षाओं जैसे NTPC तथा Group D में निरन्तर पूछे जा रहे हैं।

(a) 6वाँ (b) 7वाँ
(c) 8वाँ (d) 9वाँ

8. एक कक्षा में, साम्बू ऊपर से 10वें और नीचे से 36वें स्थान पर है। कक्षा में कितने छात्र हैं? *UP Police Constable 2024*

(a) 47 (b) 45
(c) 44 (d) 43

9. एक कक्षा में सभी 20 विद्यार्थी उत्तर की ओर मुख करके एक सीधी रेखा में खड़े हैं। नेहा दाईं ओर के छोर से 10वें स्थान पर है, जबकि नलिन बाईं ओर के छोर से 12वें स्थान पर है। नेहा और नलिन के बीच कितने विद्यार्थी खड़े हैं? *SSC (10+2) 2024*

(a) तीन (b) एक
(c) दो (d) एक भी नहीं

10. एक पंक्ति में दीप्ति और मोहन का स्थान क्रमशः बाईं ओर से 14वाँ और दाईं ओर से 9वाँ है। यदि वे आपस में अपने स्थान बदल लेते हैं, तो मोहन दाईं ओर से 21वें स्थान पर होगा, अब बाईं ओर से दीप्ति का स्थान और पंक्ति में कुल व्यक्तियों की संख्या ज्ञात कीजिए। *RRB NTPC 2020*

(a) 24, 38 (b) 33, 27
(c) 26, 34 (d) 34, 26

11. एक पंक्ति में 33 व्यक्ति हैं। अनुष्या बाएँ कोने से छठे स्थान पर है और दिविशा दाएँ कोने से आठवें स्थान पर है। श्यामला, अनुष्या और दिविशा के ठीक बीच में है, तो दाएँ कोने से श्यामला की रैंक ज्ञात कीजिए। *UP Police Head Operator 2024*

(a) 22वीं (b) 20वीं
(c) 19वीं (d) 18वीं

12. विद्यार्थियों की एक पंक्ति में, परेश, बाईं ओर से 14वें और दिलीप दाईं ओर से 16वें स्थान पर है। जब परेश और दिलीप अपनी-अपनी जगह एक-दूसरे से बदलते हैं, तो दिलीप, दाईं ओर से 21वें स्थान पर आ जाता है। पंक्ति में विद्यार्थियों की संख्या कितनी है? *SSC Steno 2020*

(a) 33 (b) 36 (c) 34 (d) 35

13. एक पंक्ति में मिहिर बाएँ से 17वें और दाएँ से 19वें स्थान पर है, तो उस पंक्ति में उम्मीदवारों की कुल संख्या कितनी है? *UP Police Constable 2024*

(a) 36 (b) 35 (c) 29 (d) 31

14. किसी कक्षा में दिनेश का रोल नम्बर 10 है, जबकि उमा का रोल नम्बर 16 है। दमयन्ति का रोल नम्बर क्या है?
उपरोक्त प्रश्न का उत्तर देने के नीचे दी गई किस अतिरिक्त जानकारी की आवश्यकता होगी? *UPSSSC 2018*

(a) कक्षा में 20 छात्र हैं
(b) दमयन्ति का रोल नम्बर दिनेश के रोल नम्बर से 6 स्थान आगे है
(c) दमयन्ति का रोल नम्बर उमा के बाद है
(d) दमयन्ति और दिनेश के बीच रोल नम्बर वाले छात्रों की संख्या, दमयन्ति और उमा के बीच रोल नम्बर वाले छात्रों की संख्या के समान है।

15. एक कक्षा में छात्रों की कुल संख्या 25 है। नीचे से, ममता की रैंक 8 है। ऊपर से उसकी रैंक क्या है? *CISF ASI 2023*

(a) 18वीं (b) 35वीं (c) 32वीं (d) 30वीं

16. 28 विद्यार्थियों की एक कक्षा में, दिशा शीर्ष से 23वें स्थान पर है। नीचे से उसका स्थान क्या है? *DSSSB Workshop 2024*

(a) 4वाँ (b) 6वाँ (c) 7वाँ (d) 5वाँ

17. 40 विद्यार्थियों की एक पंक्ति में, श्याम का बाईं ओर से 13वाँ स्थान है तथा नीना का दाईं ओर से 9वाँ स्थान है। श्याम और निखा के बीच में कितने विद्यार्थी हैं, यदि निखा, नीना के बाईं ओर चतुर्थ स्थान पर हैं। *Bihar Police Forest Guard 2020*

(a) 13 (b) 14 (c) 15 (d) 12

18. उत्तर की ओर मुख किए हुए 48 छात्रों की एक पंक्ति में, टीनू बाएँ छोर से 15वें स्थान पर है। यदि दिनेश टीनू के दाएँ से 9वें स्थान पर है, तो पंक्ति के दाएँ छोर से दिनेश का स्थान कौन-सा है? *RRB ALP 2024*

(a) 22वाँ (b) 23वाँ (c) 25वाँ (d) 24वाँ

19. यदि आप एक कतार में एक सिरे से 27वें और दूसरे सिरे से 38वें स्थान पर हैं, तो कतार में कुल कितने व्यक्ति हैं? *SSC (10+2) 2023*

(a) 66 (b) 65 (c) 64 (d) 63

20. लड़कों की एक पंक्ति में अमन ऊपर से 12वें स्थान तथा बमन नीचे से 18वें स्थान पर है। यदि अमन तथा बमन के मध्य में 6 लड़के हैं, तो पंक्ति में अधिकतम कितने लड़के हैं? *SSC CPO 2017*

(a) 34 (b) 36 (c) 35 (d) 37

21. शीर्ष से पवन का स्थान 11वाँ है तथा नीचे से रवि का स्थान 15वाँ हैं, यदि उनके बीच दो छात्र हैं, तो कक्षा में कितने विद्यार्थी हैं? *BSSC (10+2) 2018*

(a) 27 (b) 20
(c) 29 (d) 28

22. X शीर्ष से 7वें स्थान पर है, जबकि Y कक्षा रैंकिंग में नीचे से 16वें स्थान पर है। यदि वे अपनी स्थिति को बदलते हैं, तो X शीर्ष से 21वें स्थान पर आ जाता है। नीचे से Y की स्थिति क्या होगी? *SSC CPO 2020*

(a) 21वाँ (b) 16वाँ
(c) 29वाँ (d) 30वाँ

23. कुछ खिलाड़ी एक पंक्ति में खड़े हैं। वीर आगे से 15वें स्थान पर खड़ा है। साकेत पीछे से 20वें स्थान पर है। आर्यन, वीर के पीछे है तथा उनके बीच दो खिलाड़ी हैं। साकेत, आर्यन के ठीक बाद है। इस पंक्ति में कितने खिलाड़ी हैं? *SSC MTS 2019*

(a) 37 (b) 39
(c) 38 (d) 36

24. 35 बच्चों की एक कक्षा में गोविन्द का ऊपर से छठा स्थान है, कृष्ण गोविन्द से 7 स्थान नीचे है। कृष्ण का नीचे से कौन-सा स्थान है? *Rajasthan Police Constable 2022*

(a) 22 (b) 20
(c) 19 (d) 23

25. बच्चों की एक पंक्ति में, हरि बाएँ से 11वें स्थान पर है और मंजुला दाएँ से 17वें स्थान पर है। यदि वे अपना स्थान बदल लेते हैं, तो हरि बाएँ से 17वें स्थान पर होगा। निम्नलिखित में से दाएँ से मंजुला का नया स्थान कौन-सा होगा? *Haryana Police Constable 2021*

(a) 11वाँ (b) 29वाँ
(c) 23वाँ (d) 19वाँ

तुलना के आधार पर क्रम व्यवस्था पर आधारित

26. एक समूह में पाँच लड़कियाँ हैं, प्रत्येक की लम्बाई अलग-अलग है। H केवल E से छोटी है। F, P के जितनी लम्बी नहीं है। P, G से छोटी है। उनमें से कौन सबसे छोटी है? *RRB NTPC (CBT-II) 2022*

(a) P (b) F
(c) G (d) E

27. सात मित्रों, A, B, C, D, E, F और G में से, A और C से G बड़ा है। C, D से बड़ा है। F केवल एक मित्र से बड़ा है। A तीसरा सबसे बड़ा है। E सबसे छोटा है। G, B से छोटा है। सबसे बड़ा कौन है? *SSC Steno 2020*

(a) C (b) B (c) F (d) G

28. स्मिता, मनीषा से बड़ी है। धान्या, मनीषा से बड़ी है, परन्तु स्मिता से छोटी है। करुण्या, रम्या और मनीषा से छोटी है मनीषा, रम्या से बड़ी है। इन पाँचों में से किसकी आयु सभी के ठीक मध्य में है? *RRB Group D 2018*

(a) रम्या (b) करुण्या
(c) धान्या (d) मनीषा

29. A, B से लम्बा है, परन्तु C जितना लम्बा नहीं है। D, E से लम्बा है, परन्तु B जितना लम्बा नहीं है। E, F से लम्बा है, परन्तु D जितना लम्बा नहीं है। इनमें कौन सबसे अधिक लम्बा है? *UPPSC (RO/ARO) 2018*

(a) B (b) C
(c) D (d) F

30. छह व्यक्ति C, D, E, X, Y और Z प्रत्येक अलग-अलग आयु के हैं। केवल एक व्यक्ति Y से छोटा है। X, E से बड़ा है, किन्तु D से छोटा है। E, Y से बड़ा है। न तो D और न ही C सबसे बड़ा है। कितने व्यक्ति Z से बड़े हैं? *RRB NTPC (CBT-II) 2022*

(a) तीन (b) शून्य
(c) दो (d) तीन से अधिक

31. बेला, शुभम से लम्बा है। उमेश, शुभम से लम्बा है, परन्तु बेला से ठिगना है। सलमान, राहुल और शुभम से ठिगना है। शुभम, राहुल से लम्बा है। समूह में सबसे ठिगना कौन है? *RRB NTPC 2020*

(a) सलमान (b) उमेश
(c) बेला (d) राहुल

32. एक कक्षा में पाँच बच्चे अभिक्षमता परीक्षण में शामिल हुए। परिणाम रिपोर्ट में यह पाया गया कि बालक A को बालक B की तुलना में कम अंक मिले। बालक C को बालक D की तुलना में कम अंक मिले। बालक B को बालक C से कम अंक मिले है और बालक E को बालक A से कम अंक मिले हैं। किस बालक को दूसरे सर्वाधिक अंक मिले हैं? *SSC Steno 2019*

> **Trending Concept**
> इस type के अंकों पर आधारित प्रश्न वर्तमान में SSC Steno में पूछे गए हैं। आगामी SSC की अन्य परीक्षाओं के लिए अति महत्त्वपूर्ण हैं।

(a) B (b) D
(c) C (d) A

33. छह चचेरे भाई, A, B, C, D, E एवं F बाइक चलाकर लद्दाख जा रहे हैं। उनमें से प्रत्येक एक अलग बाइक चला रहा है। E, F से धीमी बाइक चला रहा है। A, C से तेज, किन्तु D से धीमी बाइक चला रहा है। D, B से धीमी, किन्तु F से तेज बाइक चला रहा है। C, F से तेज बाइक चला रहा है। इन छह में से कौन सबसे तेज बाइक चला रहा है। *RRB NTPC 2021*

(a) D (b) B (c) A (d) C

34. राम, श्याम से लम्बा है, लेकिन राजन जितना नहीं। अर्जुन, सोहन से लम्बा और श्याम से छोटा है। सबसे छोटा कौन है? *HP Police Constable 2022*

(a) राजन (b) राम
(c) अर्जुन (d) सोहन

35. पाँच मित्र हैं—S, K, M, A तथा R। S छोटा है K से, परन्तु R से लम्बा है। M सबसे लम्बा है। A थोड़ा छोटा है K से तथा थोड़ा लम्बा है S से। कौन-से व्यक्ति से दो व्यक्ति लम्बे हैं तथा दो व्यक्ति छोटे हैं? *BSSC (10+2) 2020*

(a) A (b) K
(c) R (d) S

36. सात मित्रों M, N, O, P, Q, R और S में, प्रत्येक ने पहली सेमेस्टर परीक्षा में भिन्न-भिन्न अंक प्राप्त किए हैं। केवल दो व्यक्तियों के अंक Q से अधिक है। P के अंक Q से अधिक है, किन्तु O से कम है। M के अंक R से अधिक, किन्तु S से कम है। केवल तीन छात्रों के अंक S से अधिक है। N के अंक सबसे कम है। कितने छात्रों के अंक P और R के अंकों के मध्य है? *SSC JE 2023*

(a) 1 (b) 4 (c) 3 (d) 2

37. पाँच दोस्त कोई परीक्षा देते हैं। पायल को कोमल से अधिक अंक प्राप्त हुए। रीना को पायल से कम अंक प्राप्त हुए। सिमी को तनु से अधिक, लेकिन कोमल से कम अंक प्राप्त हुए। उनमें से किसने सबसे ज्यादा अंक प्राप्त किए? *SSC Steno 2021*

(a) कोमल (b) तनु
(c) रीना (d) पायल

38. रम्या, रानी से उम्र में बड़ी है लेकिन मालती से उम्र में छोटी है। प्रिया, मीना से उम्र में छोटी है लेकिन रम्या से उम्र में बड़ी है। यदि मालती, प्रिया से उम्र में छोटी है, तो उनमें से उम्र में सबसे बड़ी कौन है? *UP Police (AO) 2024*

(a) मीना (b) रम्या
(c) प्रिया (d) मालती

39. पाँच व्यक्ति P, Q, R, S तथा T जो अलग-अलग वजन के हैं, अपने वजन की तुलना कर रहे हैं। R कम-से-कम दो अन्य व्यक्तियों से भारी है तथा S कम-से-कम तीन अन्य व्यक्तियों से हल्का है। R, S तथा T में से कोई भी सबसे भारी या सबसे हल्का नहीं है।
T, R से भारी नहीं है। यदि P, Q से भारी है, तो उनमें से कौन तीसरा सबसे भारी है? *[BSSC (10+2) 2020]*

(a) S (b) R (c) T (d) P

40. I, J, K, L, M, N और O सात दोस्त हैं, जिनकी आयु अलग-अलग है। I, K से बड़ा है, लेकिन J से छोटा है। K, N से बड़ा है, लेकिन I से छोटा है। J, I से बड़ा है, लेकिन 2 व्यक्तियों से छोटा है। L, J से बड़ा है। M सबसे बड़ा नहीं है और O सबसे छोटा है। कितने व्यक्तियों की आयु I और N की आयु के बीच है? *SSC CPO 2022*

(a) 0 (b) 2 (c) 3 (d) 1

41. सात बहनों T, U, V, W, X, Y, Z में, U केवल चार अन्य बहनों से बड़ी है। V, W से बड़ी है। T, Y से बड़ी है। X केवल एक बहन से बड़ी है, वह Z है, जो सभी बहनों से सबसे छोटी है। U, T से बड़ी है। यह देखते हुए कि कोई भी दो बहनों की आयु समान नहीं है, ज्ञात कीजिए कि सबसे बड़ी बहन कौन है? *SSC (10+2) 2023*

(a) W (b) V
(c) U (d) X

42. राम, मोहन और सोहन से लम्बा है, जबकि सोहन, श्याम से लम्बा है। साथ ही मोहन, सोहन से लम्बा है। निम्नलिखित में से कौन सबसे छोटा है? *CRPF (HC) 2023*

(a) श्याम (b) मोहन
(c) राम (d) सोहन

43. छः व्यक्तियों, P, Q, R, S, T और U में से प्रत्येक का भार भिन्न है। Q का भार केवल दो अन्य व्यक्तियों से अधिक है। P का भार U के भार से अधिक है। S का भार Q के भार से अधिक है। R का भार T के भार से कम है। Q का भार T के भार से अधिक है। सभी छः व्यक्तियों में U का भार दूसरा सबसे अधिक है। सभी छः व्यक्तियों में तीसरा सबसे अधिक भार किसका है? *RRC Group D 2022*

(a) R (b) S (c) T (d) P

44. P, Q, R, S, T, U और V एक कक्षा में सात मित्र है। उनकी तुलना उनकी लम्बाई के आधार पर की जाती है। T, S से छोटा है, लेकिन U से लम्बा है। U, P से लम्बा है। R और Q, V से छोटे हैं, लेकिन S से लम्बे हैं। उनकी लम्बाई का निम्नलिखित में से कौन-सा क्रम सम्भव हो सकता है? *RRB NTPC 2021*

(a) V > Q > R > T > S > U > P (b) V > R > Q > S > T > U > P
(c) V > R > Q > U > T > S > P (d) V > Q > R > S > T > P < U

45. S, A से लम्बा है और R, C से लम्बा है, लेकिन V से छोटा है। S, C से छोटा है, तो उनमें से सबसे लम्बा कौन है? *UP Police Constable 2024*

(a) V (b) C (c) R (d) S

46. एक दौड़ में पाँच लड़कियों ने भाग लिया। सोनम ने नेहा से पहले लेकिन पूजा के बाद समाप्त किया। शिवानी ने अन्जू से पहले लेकिन नेहा के बाद समाप्त किया। दौड़ किसने जीती? *CRPF (HC) 2023*

(a) सोनम (b) पूजा (c) नेहा (d) शिवानी

47. पाँच लड़कियों में से वर्षा भारी है, मनीषा से परन्तु रश्मि जितनी भारी नहीं है। ज्योति भारी है, दीक्षा से परन्तु मनीषा से हल्की है। समूह में सबसे भारी कौन है? *DSSSB Grade-IV 2019*

(a) दीक्षा (b) रश्मि
(c) वर्षा (d) ज्योति

48. राधा, सुनीता से छोटी है, लेकिन रीता से बड़ी है। रीता, गीता से बड़ी है। श्याम, रीता से बड़ा है, लेकिन राधा से छोटा है। सबसे छोटा कौन है? *MP Police Constable 2022*

(a) श्याम (b) रीता
(c) राधा (d) गीता

49. आम के पेड़ और नारियल के पेड़ की ऊँचाई एकसमान है। केले का पेड़, ताड़ के पेड़ से छोटा है। अमरूद का पेड़, केले के पेड़ से छोटा है पर आम के पेड़ से ऊँचा है। कौन-सा पेड़ सबसे ऊँचा है? *UPSSSC Junior Asst. 2022*

(a) आम (b) केला
(c) नारियल (d) ताड़

50. पाँच आदमी P, Q, R, S और T अखबार पढ़ रहे हैं। अखबार को पहले पढ़ने वाला इसे T को देता है। अन्त में पढ़ने वाले ने इसे R से लिया था। Q इसे पढ़ने वाला पहला या अन्तिम नहीं है। P और R के बीच दो पढ़ने वाले थे। अखबार पढ़ने वाला तीसरा कौन है? *SSC Constable (GD) 2018*

(a) S (b) Q (c) R (d) P

Right Key

1. (b)	2. (a)	3. (a)	4. (c)	5. (d)	6. (b)	7. (c)	8. (b)	9. (d)	10. (c)
11. (d)	12. (c)	13. (b)	14. (d)	15. (a)	16. (b)	17. (b)	18. (c)	19. (c)	20. (b)
21. (d)	22. (d)	23. (c)	24. (d)	25. (c)	26. (b)	27. (b)	28. (d)	29. (b)	30. (b)
31. (a)	32. (c)	33. (b)	34. (d)	35. (a)	36. (c)	37. (d)	38. (a)	39. (c)	40. (d)
41. (b)	42. (a)	43. (b)	44. (b)	45. (a)	46. (b)	47. (b)	48. (d)	49. (d)	50. (b)

Solutions

1. (b) प्रश्नानुसार,
आलोक का शीर्ष से स्थान = 19 वाँ
तथा नीचे से स्थान = 38 वाँ
∴ कक्षा में विद्यार्थियों की संख्या
= (19 + 38) − 1 = 56

2. (a) कक्षा में छात्रों की कुल संख्या = 49
अन्तिम से आलोक का स्थान = 18वाँ
शुरू से आलोक का स्थान = 49 − 18 + 1
= 32वाँ
∴ शुरू से महेश का स्थान = 32 − 8 = 24वाँ

3. (a) प्रश्नानुसार,

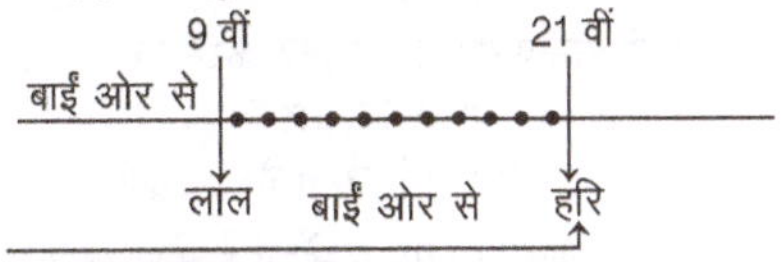

अतः लाल कलम और हरि कलम के मध्य कलमों की संख्या = (21 − 9) − 1 = 11

4. (c) कक्षा में कुल विद्यार्थियों की संख्या
= (34 + 7) − 1 = 41 − 1 = 40

5. (d) प्रश्नानुसार,
रमेश का शीर्ष से स्थान = 16 वाँ
तथा नीचे से स्थान = 21 वाँ
कक्षा में विद्यार्थियों की संख्या
= 16 + 21 − 1 = 36
∴ परीक्षा में उत्तीर्ण विद्यार्थियों की संख्या = 21
∴ परीक्षा में अनुत्तीर्ण विद्यार्थियों की संख्या
= 36 − 21 = 15

6. (b) प्रश्नानुसार,

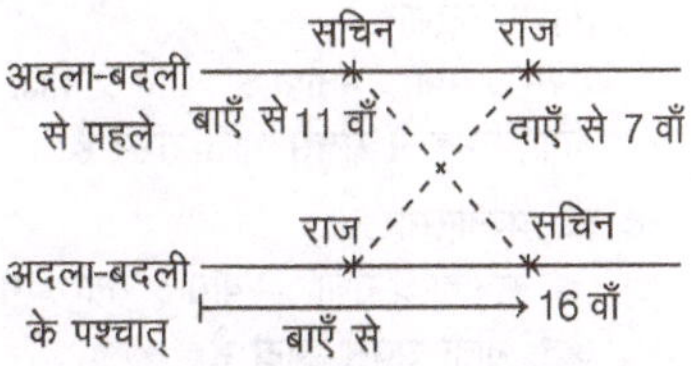

सचिन का नया क्रम बाएँ से 16वाँ है, जोकि राज का पूर्व क्रम था अर्थात् दाएँ से 7वाँ।
अतः पंक्ति में कुल लड़कों की संख्या
= (राज का पूर्व क्रम + सचिन का नया क्रम) −1
= (7 + 16) − 1 = 22

TOP TIPS इस प्रकार के प्रश्नों को हल करते समय स्थान परिवर्तन का ध्यान रखें। अर्थात् व्यक्तियों की नई तथा पहले की स्थितियों का ध्यानपूर्वक अवलोकन करें।

7. (c) प्रश्नानुसार, ऊपर से A का स्थान = 9 वाँ
छात्रों की कुल संख्या = 17
नीचे से B का स्थान = 11वाँ
ऊपर से B का स्थान = 17 − 11 + 1 = 7 वाँ
चूँकि C का स्थान A से ऊपर किन्तु B से नीचे है।
∴ ऊपर से C का स्थान = 8 वाँ

8. (b) कक्षा में छात्रों की कुल संख्या
= 10 + 36 − 1 = 45

9. (d) प्रश्नानुसार,
कक्षा में कुल विद्यार्थी की संख्या = 20

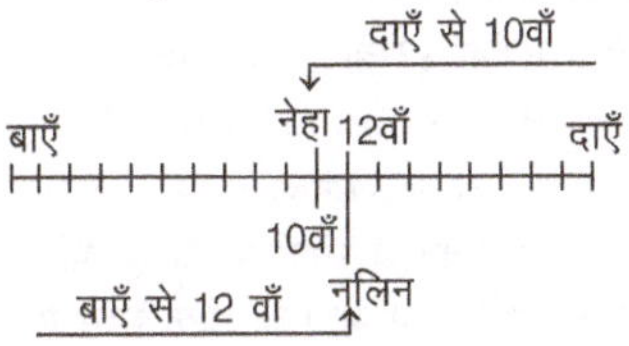

नेहा का बाएँ से स्थान = (20 − 10) + 1
= 11वाँ
अतः नेहा और नलिन के बीच एक भी विद्यार्थी नहीं खड़े है।

10. (c) प्रश्नानुसार,

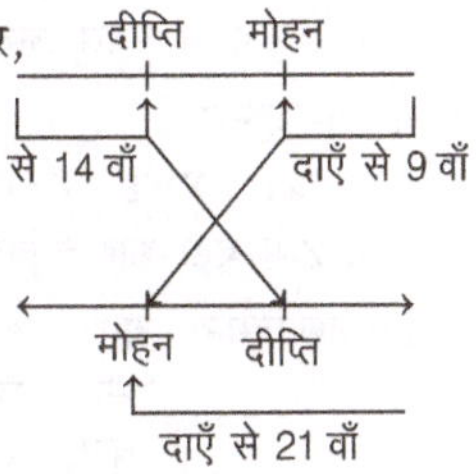

पंक्ति में व्यक्तियों की कुल संख्या
= (21 + 14) − 1 = 34 वाँ
∴ दीप्ति का बाएँ ओर से स्थान
= 14 + (21 − 9) = 14 + 12 = 26 वाँ

11. (d) दिया है,
पंक्ति में कुल व्यक्तियों की संख्या = 33
पंक्ति में बाएँ से अनुष्या का स्थान = 6वाँ
पंक्ति में दाएँ से दिविशा का स्थान = 8वाँ

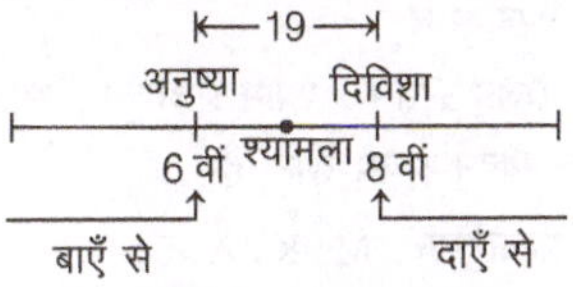

अनुष्या और दिविशा के बीच व्यक्तियों की संख्या
= 33 − (6 + 8) = 19
श्यामला का स्थान (ठीक बीच में)
$= \frac{19+1}{2} = 10$ वाँ
अतः दाएँ से श्यामला का स्थान
= (8 + 10)वाँ = 18वाँ

12. (c) प्रश्नानुसार,

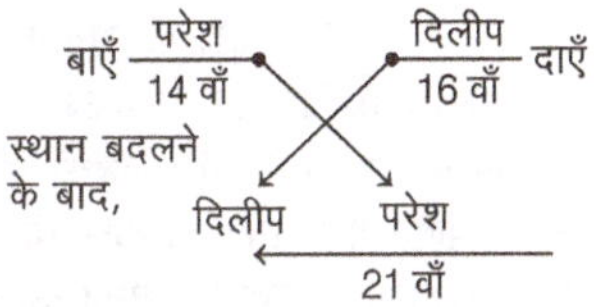

पंक्ति में कुल विद्यार्थियों की संख्या
= 14 + 21 − 1 = 34

13. (b) दिया है, मिहिर का बाएँ से स्थान = 17वाँ
मिहिर का दाएँ से स्थान = 19 वाँ
अतः पंक्ति में उम्मीदवारों की कुल संख्या
= बाएँ से स्थान + दाएँ से स्थान − 1
= 17 + 19 − 1 = 35

14. (d) प्रश्नानुसार,

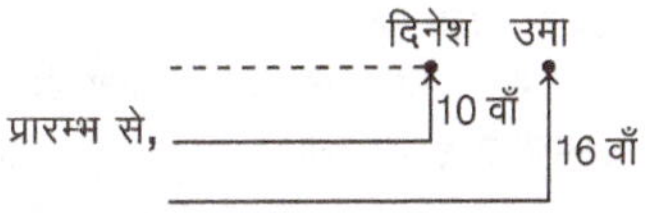

विकल्प (d) से दमयन्ति और दिनेश के बीच छात्रों की संख्या तथा दमयन्ति और उमा के बीच छात्रों की संख्या के समान है। इसका मतलब है दमयन्ति, दिनेश और उमा के ठीक मध्य में बैठी है।
∴ दमयन्ति का रोल नम्बर 13 है।
अतः प्रश्न का उत्तर ज्ञात करने के लिए विकल्प (d) आवश्यक है।

15. (a) कक्षा में छात्रों की कुल संख्या = 25
कक्षा में नीचे से ममता की रैंक = 8
∴ कक्षा में ऊपर से ममता की रैंक
= (25 − 8) + 1 = 17 + 1
= 18 वीं

16. (b) दिशा का कक्षा में नीचे से स्थान
= 28 − (दिशा का शीर्ष से स्थान) + 1 वाँ
= 28 − 23 + 1 = 6 वाँ

17. (b) प्रश्नानुसार,

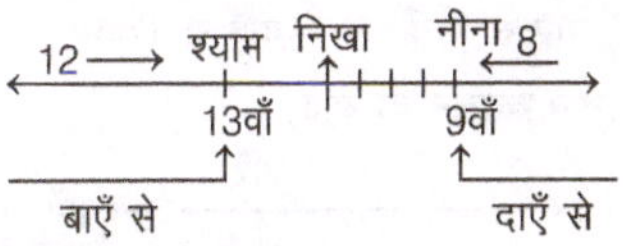

दाईं ओर से निखा का स्थान = 9 + 4 = 13वाँ
श्याम और निखा के बीच विद्यार्थियों की संख्या
= 40 − (13 + 13)
= 40 − 26 = 14

18. (*c*) प्रश्नानुसार,

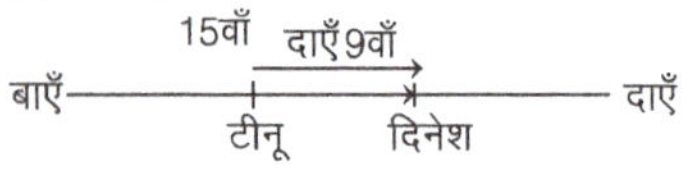

दिनेश का बाएँ से स्थान $= (15 + 9) = 24$

दिनेश का दाएँ से स्थान $= (48 - 24) + 1$

$= 24 + 1 = 25$ वाँ

19. (*c*) कतार में कुल व्यक्तियों की संख्या

$= (27 + 38) - 1 = 65 - 1 = 64$

20. (*b*) अमन तथा बमन के बीच लड़कों की संख्या = पंक्ति में लड़कों की कुल संख्या − (अमन का ऊपर से स्थान + बमन का नीचे से स्थान)

⇒ 6 = पंक्ति में लड़कों की कुल संख्या − (12 + 18)

∴ पंक्ति में लड़कों की कुल संख्या

$= 6 + 30 = 36$

21. (*d*) कक्षा में कुल छात्रों की संख्या

$= 11 + 15 + 2 = 28$

22. (*d*) कक्षा में छात्रों की कुल संख्या

$= 21 + 16 - 1 = 36$

स्थिति बदलने के बाद,

ऊपर से Y का स्थान 7वाँ हो जाता है।

∴ नीचे से Y का स्थान $= 36 + 1 - 7 = 30$ वाँ

23. (*c*) आगे से वीर का स्थान = 15वाँ

आगे से आर्यन का स्थान

$= 15 + 2 + 1 = 18$ वाँ

आगे से साकेत का स्थान $= (18 + 1) = 19$ वाँ

पीछे से साकेत का स्थान = 20वाँ

∴ पंक्ति में कुल खिलाड़ियों की संख्या

$= (20 + 19) - 1 = 38$

24. (*d*) कुल बच्चे = 35

कृष्ण का ऊपर से स्थान $= 6 + 7 = 13$ वाँ

∴ कृष्ण का नीचे से स्थान

= कुल बच्चे − कृष्ण का ऊपर से स्थान + 1

$= 35 - 13 + 1 = 23$ वाँ

> **TOP TIPS**
> ऊपर या नीचे से स्थान ज्ञात करते समय स्थानों की कुल संख्या में से, नीचे या ऊपर के स्थान को घटाते हुए + 1 करते हैं।

25. (*c*) प्रश्नानुसार,

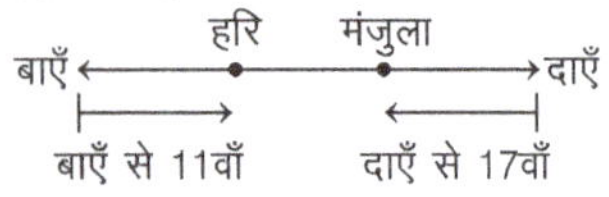

स्थान बदलने के बाद,

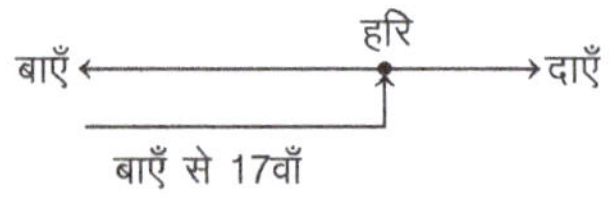

∴ पंक्ति में बच्चों की कुल संख्या

$= (17 + 17) - 1 = 33$

अब, बाएँ से मंजुला का स्थान

= बाएँ से हरि का स्थान

∴ दाएँ से मंजुला का नया स्थान

$= (33 - 11) + 1 = 23$ वाँ

26. (*b*) प्रश्नानुसार, $E > H$

$P > F$

$G > P$

∴ $E > H > G > P > F$

अत: सबसे छोटी F है।

27. (*b*) व्यक्तियों को आयु के अनुसार घटते क्रम में लगाने पर, $B > G > A > C > D > F > E$

अत: B, सबसे बड़ा है।

28. (*d*) प्रश्नानुसार, स्मिता > मनीषा ...(i)

स्मिता > धान्या > मनीषा ...(ii)

रम्या/मनीषा > करुण्या ...(iii)

तथा मनीषा > रम्या ...(iv)

अब सभी (i), (ii), (iii) एवं (iv) से,

स्मिता > धान्या > मनीषा > रम्या > करुण्या

अत: उपरोक्त से स्पष्ट है कि इन पाँचों में से मनीषा की आयु सभी के ठीक मध्य में है।

29. (*b*) प्रश्नानुसार,

A, B, C, D, E और F के लम्बाई का अवरोही क्रम निम्नवत् है

$C > A > B > D > E > F$

अत: C सभी में सबसे लम्बा है।

30. (*b*) प्रश्नानुसार,

$Z > D > X > E > Y > C$

अत: Z से बड़ा कोई व्यक्ति नहीं है।

31. (*a*) प्रश्नानुसार, बेला > शुभम

उमेश > शुभम

बेला > उमेश

शुभम > राहुल > सलमान

अत: बेला > उमेश > शुभम > राहुल > सलमान

अत: समूह में सबसे ठिगना सलमान है।

32. (*c*) बालकों को अंकों के आधार पर व्यवस्थित करने पर, $E < A < B < C < D$

अत: दूसरे सर्वाधिक अंक बालक 'C' को मिले हैं।

33. (*b*) प्रश्नानुसार, $B > D > A > C > F > E$

अत: B सबसे तेज बाइक चला रहा है।

34. (*d*) प्रश्नानुसार,

राजन > राम > श्याम > अर्जुन > सोहन

अत: सोहन सबसे छोटा है।

35. (*a*) प्रश्नानुसार, $M > K > A > S > R$

अत: A दो व्यक्ति से लम्बा और दो व्यक्ति से छोटा है।

36. (*c*) प्रश्नानुसार, $O > \underline{P} > Q > S > M > \underline{R} > N$

अत: 3 छात्रों के अंक P और R के मध्य है।

37. (*d*) प्रश्नानुसार,

पायल > कोमल/रीना > सिमी > तनु

अत: पायल को सबसे ज्यादा अंक प्राप्त हुए हैं।

38. (*a*) प्रश्नानुसार,

मीना > प्रिया > मालती > रम्या > रानी

अत: उम्र में सबसे बड़ी मीना है।

39. (*c*) प्रश्नानुसार, $P > R > T > S > Q$

अत: T तीसरा सबसे भारी है।

40. (*d*) प्रश्नानुसार, $L > M > J > I > K > N > O$

अत: एक व्यक्ति की आयु I और N की आयु के बीच है।

41. (*b*) प्रश्नानुसार,

$> \_ U > \_ > \_ > X > Z$ ...(i)

$V > W$ ...(ii)

$U > T > Y$ ...(iii)

सभी समीकरण को संयुक्त करने पर,

$V > W > U > T > Y > X > Z$

अत: V सबसे बड़ी बहन है।

42. (*a*) प्रश्नानुसार, राम > मोहन > सोहन > श्याम

अत: श्याम सबसे छोटा है।

43. (*b*) प्रश्नानुसार, $P > U > S > Q > T > R$

अत: S तीसरा सबसे भारी व्यक्ति है।

44. (*b*) प्रश्नानुसार, $V > R > Q > S > T > U > P$

या $V > Q > R > S > T > U > P$

अत: विकल्प (b) में, दिया गया क्रम सम्भव है।

45. (*a*) प्रश्नानुसार, $S > A$, $V > R > C$, $C > S$

उपरोक्त तीनों से, $V > R > C > S > A$

अत: सबसे लम्बा V है।

46. (*b*) प्रश्नानुसार,

पूजा > सोनम > नेहा > शिवानी > अन्जू

अत: दौड़ पूजा ने जीती।

47. (*b*) प्रश्नानुसार,

रश्मि > वर्षा > मनीषा > ज्योति > दीक्षा

अत: समूह में सबसे भारी रश्मि है।

48. (*d*) प्रश्नानुसार,

सुनीता > राधा > श्याम > रीता > गीता

अत: गीता सबसे छोटी है।

49. (*d*) प्रश्नानुसार,

पेड़ों का ऊँचाई के अनुसार घटते क्रम

ताड़ > केला > अमरूद > आम = नारियल

अत: ताड़ का पेड़ सबसे ऊँचा है।

50. (*b*) प्रश्नानुसार,

अखबार पढ़ने वालों का क्रम निम्न है

$P \rightarrow T \rightarrow Q \rightarrow R \rightarrow S$

अत: उपरोक्त से स्पष्ट है कि अखबार पढ़ने वाला तीसरा व्यक्ति Q है।

अध्याय

12 बैठक व्यवस्थिकरण

(Seating Arrangement)

बैठक व्यवस्थिकरण

किसी समूह के व्यक्तियों या वस्तुओं को दी गई जानकारी या विभिन्न शर्तों के अनुसार एक सुव्यवस्थित क्रम में व्यवस्थित करने या बैठाने की प्रक्रिया को बैठक व्यवस्थिकरण कहते हैं।

रेखीय क्रम व्यवस्था

इस प्रकार के प्रश्नों में कुछ व्यक्तियों अथवा वस्तुओं को रेखीय क्रम में संयोजित करने के लिए अव्यवस्थित जानकारियाँ/शर्तें दी गई होती हैं।

इन जानकारियों/शर्तों के आधार पर सभी व्यक्तियों अथवा वस्तुओं को एक या दो पंक्ति/रेखा में एक ही दिशा या अलग-अलग दिशाओं में मुख करके व्यवस्थित करना होता है।

I. एक पंक्ति में क्रम व्यवस्था

इसमें चार स्थिति हो सकती हैं।

(i) जब मुख उत्तर दिशा की ओर हो

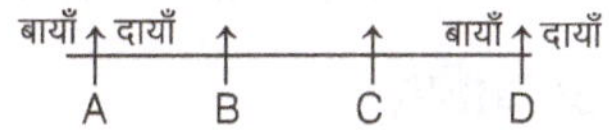

(ii) जब मुख दक्षिण दिशा की ओर हो

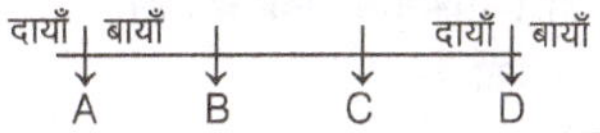

(iii) जब मुख पूर्व दिशा की ओर हो

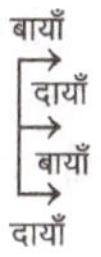

(iv) जब मुख पश्चिम दिशा की ओर हो

II. दो पंक्तियों में क्रम व्यवस्था

इसमें दो स्थिति हो सकती हैं।

(i) जब मुँह विपरीत दिशा में हो

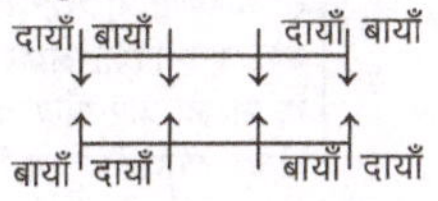

(ii) जब मुँह एक ही दिशा में हो

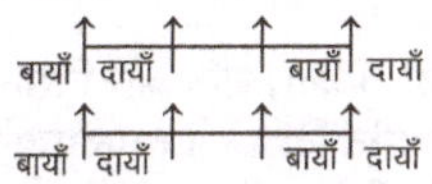

वृत्तीय क्रम व्यवस्था

इस प्रकार के प्रश्नों में व्यक्तियों अथवा वस्तुओं को वृत्तीय क्रम में संयोजित करने के लिए अव्यवस्थित जानकारियाँ/शर्त दी गई होती हैं। इन जानकारियों/शर्तों के आधार पर सभी व्यक्तियों अथवा वस्तुओं को वृत्त के चारों ओर व्यवस्थित करना होता है जिनमें उनका मुँह केन्द्र की ओर या केन्द्र से बाहर की ओर भी हो सकता है या फिर दोनों स्थितियाँ एकसाथ सम्भव हो सकती है।

I. जब व्यक्तियों का मुँह केन्द्र की ओर हो

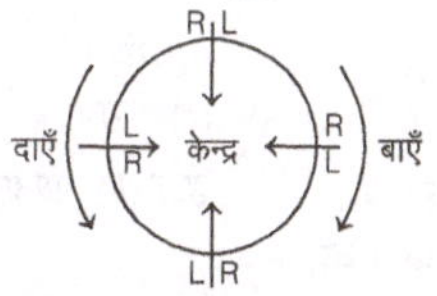

II. जब व्यक्तियों का मुँह केन्द्र से बाहर की ओर हो

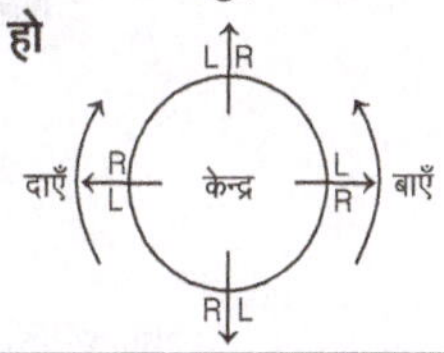

Score Booster

इस अध्याय के प्रश्नों को हल करने के लिए दिशा तथा दायाँ-बायाँ की स्थिति की समझ होना विद्यार्थी के लिए अति आवश्यक है।

वर्गाकार, आयताकार या बहुभुजाकार क्रम व्यवस्था

इस प्रकार के प्रश्नों में व्यक्तियों अथवा वस्तुओं को वर्गाकार, आयताकार और बहुभुजाकार क्रम में संयोजित करने के लिए अव्यवस्थित जानकारियाँ/शर्तें दी गई होती हैं।

इन जानकारियों/ शर्तों के आधार पर सभी व्यक्तियों अथवा वस्तुओं को वर्ग या आयत के शीर्ष या भुजाओं के मध्य या दोनों पर व्यवस्थित करना होता है, जिनमें उनका मुँह केन्द्र की ओर या केन्द्र से बाहर की ओर भी हो सकता है या फिर दोनों स्थितियाँ एकसाथ सम्भव हो सकती है।

वर्गाकार, आयताकार और बहुभुजाकार क्रम व्यवस्था में भी दायाँ अथवा बायाँ वृत्तीय क्रम व्यवस्था की भाँति ही होता है।

टेबल के चारों ओर बैठना या ताश का खेल इसके प्रमुख उदाहरण हैं।

जैसे-

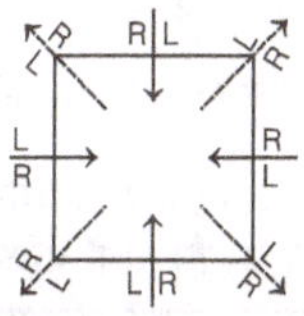

चतुर्भुजाकार व्यवस्था

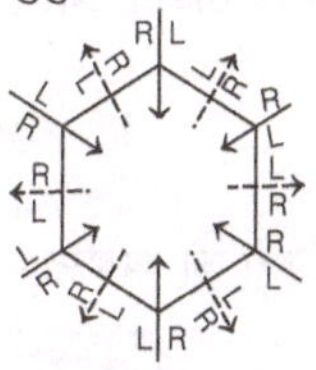

षट्भुजाकार व्यवस्था

नोट वृत्तीय केन्द्र की ओर/विपरीत जो व्यक्तियों/वस्तुओं की स्थिति होती है। वही स्थिति बहुभुजाकार क्रम व्यवस्था में भी होती है।

Exam Approach Examples

रेखीय क्रम व्यवस्था पर आधारित

उदाहरण 1. सात व्यक्ति, A, B, C, D, E, F और G एक सीधी पंक्ति में उत्तर की ओर अभिमुख होकर बैठे हैं। D के बाएँ केवल तीन व्यक्ति बैठे हैं। D और A के बीच केवल दो व्यक्ति बैठे हैं। B, C के दाएँ पाँचवें स्थान पर बैठा है। G, E के ठीक दाएँ, लेकिन A के बाएँ किसी स्थान पर बैठा है, तो पंक्ति के दाएँ सिरे पर कौन बैठा है?

> **Helping Tips**
> इस तरह के प्रश्न हल करते समय विद्यार्थियों को दो बातों का ध्यान रखना चाहिए।
> (i) प्रश्न में दी गई व्यवस्था किस प्रकार है।
> (ii) व्यक्ति/वस्तु के मुँह किस दिशा की ओर हैं।

SSC CGL (Tier I) 2023

(a) E (b) B
(c) G (d) A

हल (*d*) प्रश्नानुसार,

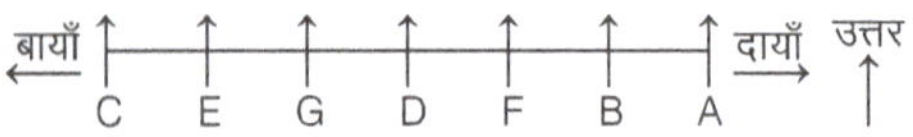

अत: उपरोक्त आरेख से यह स्पष्ट है, कि पंक्ति के दाएँ सिरे पर A बैठा है।

उदाहरण 2. पाँच लड़कियाँ K, L, N, P और V दक्षिण की ओर मुख करके एक पंक्ति में बैठी हैं। (जरूरी नहीं, कि इसी क्रम में हों)। L, P के दाएँ दूसरे स्थान पर बैठी है। V, K के ठीक दाएँ ओर बैठी है। V और N के बीच दो लड़कियाँ बैठी हैं, तब K के दाएँ ओर कितनी लड़कियाँ बैठी हैं?

DSSSB 2024

(a) 3 (b) 2 (c) 1 (d) 4

हल (*c*) प्रश्नानुसार,

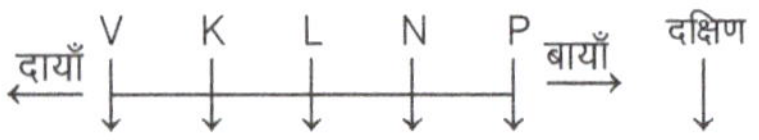

अत: K के दाएँ ओर केवल एक लड़की V बैठी है।

उदाहरण 3. छह घर P, Q, R, S, T और U दो पंक्तियों में स्थित हैं और प्रत्येक पंक्ति में तीन घर हैं। दोनों पंक्तियों में बने घरों के अग्रभाग एक-दूसरे के सम्मुख हैं। P का अग्रभाग, T के सम्मुख है। Q का अग्रभाग, U के सम्मुख नहीं है। S ठीक P और U के बीच में है। कौन-से तीन घर एक ही पंक्ति में हैं? ***SSC Steno 2020***

(a) S, T, U (b) P, S, T
(c) P, Q, R (d) Q, R, T

हल (*d*) प्रश्नानुसार, घरों को व्यवस्थित करने पर,

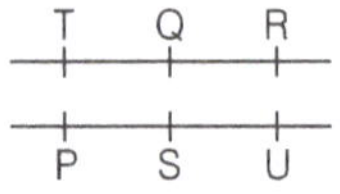

अत: T, Q और R, एक पंक्ति में हैं।

उदाहरण 4. निम्नलिखित जानकारी को ध्यान से पढ़ें और नीचे दिए गए प्रश्न का उत्तर दें।

बारह मित्र दो समानान्तर पंक्तियों में बैठे हैं, जिनमें से प्रत्येक पंक्ति में छह लोग इस प्रकार बैठे कि अगल-बगल बैठे व्यक्तियों के बीच की दूरी समान हो। पंक्ति-1 में, I, J, K, L, M और N बैठे हैं और ये सभी दक्षिण की ओर मुँह किए हुए हैं। पंक्ति-2 में U, V, W, X, Y और Z बैठे हैं और ये सभी उत्तर की ओर मुँह किए हुए हैं। इसलिए दी गई बैठने की व्यवस्था के अनुसार, पहली पंक्ति में बैठा प्रत्येक सदस्य दूसरी पंक्ति के अन्य सदस्य की ओर मुँह किए हुए हैं। U, X के दाएँ ओर तीसरे स्थान पर बैठा है। U और X किसी भी छोर पर नहीं बैठे हैं। M, X की ओर मुँह किए हुए है। N, U की ओर मुँह करके नहीं बैठा है और N किसी भी छोर पर नहीं बैठा है। N, M का निकटतम पड़ोसी नहीं है। V किसी एक छोर पर बैठा है। V और Y के बीच केवल दो व्यक्ति बैठे हैं। Y, N की ओर मुँह करके नहीं बैठा है। K और J के बीच दो व्यक्ति बैठे हैं। K, M का निकटतम पड़ोसी नहीं है। W, N की ओर मुँह करके नहीं बैठा है। I, K का निकटतम पड़ोसी नहीं है। निम्नलिखित में से कौन-सी जोड़ी पंक्ति के छोरों पर बैठी है? ***UP Police Head Operator 2024***

(a) I और K (b) X और Z (c) M और N (d) V और Z

हल (*a*) प्रश्नानुसार,

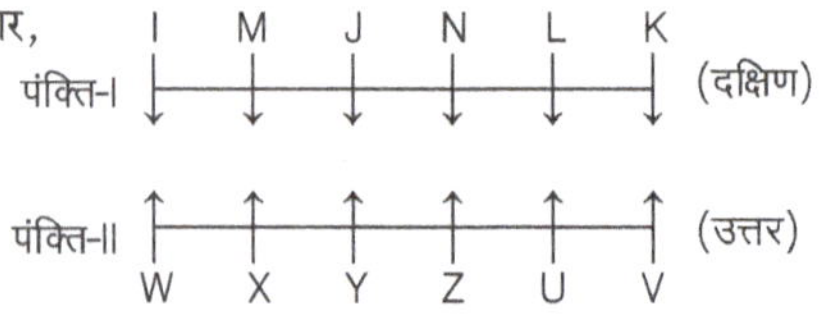

अत: विकल्प के अनुसार, I और K की जोड़ी, पंक्ति के छोरों पर बैठी है।

वृत्तीय क्रम व्यवस्था पर आधारित

उदाहरण 5. छह विद्यार्थी–अमन, बॉबी, चिण्टू, गीता, प्रणय और राम एक गोल मेज के परित: केन्द्र की ओर अभिमुख होकर बैठे हैं।

राम, गीता के दाएँ से दूसरे स्थान पर बैठा है।

गीता और बॉबी का निकटतम पड़ोसी प्रणय है।

अमन, गीता के दाएँ से तीसरे स्थान पर बैठा है।

निम्नलिखित में से कौन राम और बॉबी दोनों का निकटतम पड़ोसी है।

SSC CPO 2024

(a) गीता (b) अमन
(c) प्रणय (d) चिण्टू

हल (*b*) प्रश्नानुसार,

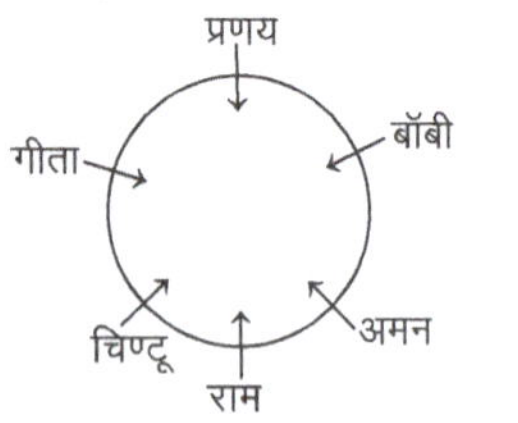

अत: अमन, राम और बॉबी का निकटतम पड़ोसी है।

> **Helping Tips**
> यदि प्रश्न में व्यक्ति/वस्तु की दिशा के बारे में कोई जानकारी नहीं दी गई हो, तो विद्यार्थी सुविधानुसार कोई एक दिशा लेकर उसी के सापेक्ष बाएँ और दाएँ लेकर व्यवस्थीकरण तैयार कर सकते हैं।

उदाहरण 6. छह मित्र डेविड, भानु, मिंटो, क्रिता, जॉन और निसान एक वृत्ताकार मेज के चारों ओर केन्द्र की विपरीत दिशा की तरफ मुख करके बैठे हैं। डेविड और मिंटो क्रमश: भानु के ठीक बाएँ तथा दाएँ बैठे हैं। जॉन, डेविड के ठीक बाएँ नहीं बैठा है। निसान, भानु के दाएँ से तीसरा है, तो भानु के बाएँ से दूसरे स्थान पर कौन बैठा/बैठी है? ***SSC CGL 2022***

(a) जॉन (b) क्रिता (c) निसान (d) मिंटो

हल (*b*) प्रश्नानुसार,

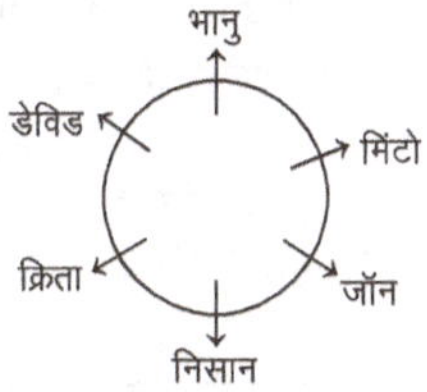

अतः भानु के बाएँ से दूसरे स्थान पर क्रिता बैठी है।

Trending Concept

रेखीय तथा वृत्तीय क्रम पर आधारित प्रश्न वर्तमान में हो रही सभी परीक्षाओं (SSC, Railway तथा State के Exam आदि) में पूछे जा रहे हैं, जो आगामी परीक्षाओं के लिए भी अति महत्त्वपूर्ण हैं।

उदाहरण 7. पाँच व्यक्ति A, B, C, D और E एक वृत्ताकार मेज के परितः बैठे हैं। उनमें से एक का मुख बाहर की ओर (मेज के केन्द्र के विपरीत दिशा में) है और अन्य चार का मुख केन्द्र की ओर है। C का मुख केन्द्र की ओर है और वह D के बाएँ ओर दूसरे स्थान पर बैठा है। B, D के दाएँ ओर दूसरे स्थान पर बैठा है। A, C और D दोनों के बाएँ ओर ठीक बगल में बैठा है। E, B के दाएँ ओर ठीक बगल में बैठा है, तब इनमें से किसका मुख बाहर की ओर है?

RRC Group D 2022

(a) D (b) C
(c) E (d) B

हल (*a*) प्रश्नानुसार,

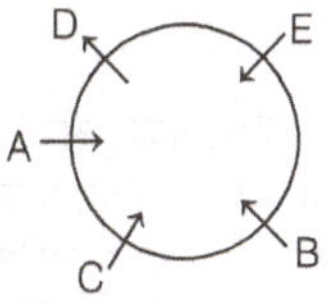

अतः D का मुख बाहर की ओर है।

वर्गाकार, आयताकार या बहुभुजाकार क्रम व्यवस्था पर आधारित

उदाहरण 8. चार सहेलियाँ-हिमानी, शलाका, मिताली और बृंदा, एक वर्गाकार मेज के चारों ओर मेज के केन्द्र की ओर मुख करके बैठी हैं। वे चारों मेज के कोनों पर बैठी हैं। हिमानी, बृंदा के दाएँ ओर ठीक बगल में है। मिताली, शलाका के बाएँ ओर ठीक बगल में है। हिमानी, शलाका के बाएँ ओर दूसरे स्थान पर है। कुछ समय के बाद, हिमानी अपना स्थान छोड़ देती है, और कामिनी उसका स्थान ले लेती है। इसी तरह तारा, बृंदा का स्थान ले लेती है, अब तारा के बाएँ ओर ठीक बगल में कौन बैठी है?

RRC Group D 2022

(a) मिताली (b) शलाका
(c) बृंदा (d) कामिनी

हल (*b*) प्रश्नानुसार,

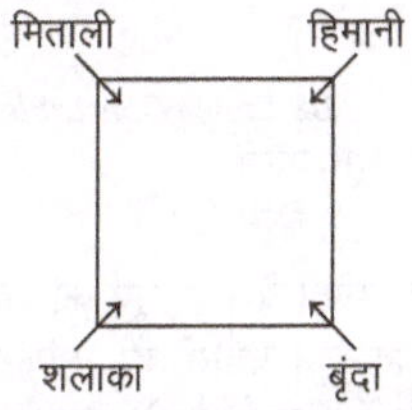

प्रतिस्थापन के बाद,

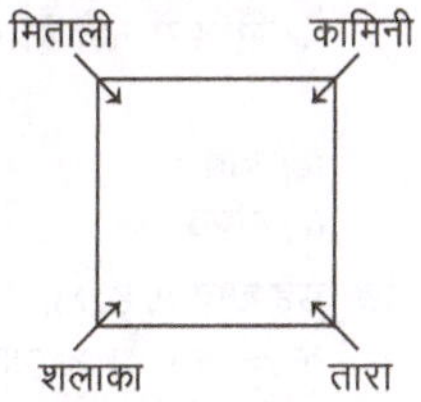

अतः उपरोक्त आरेख से स्पष्ट है, कि अब तारा के बाएँ ओर ठीक बगल में शलाका है।

उदाहरण 9. A, B, C, D, E, F, G और H एक वर्गाकार मेज के चारों ओर मेज के केन्द्र की ओर अभिमुख होकर बैठे हैं। उनमें से कुछ कोनों पर बैठे हैं, जबकि कुछ भुजाओं के ठीक बीच में बैठे हैं। G, F के दाएँ दूसरे स्थान पर बैठा है। B, A के दाएँ दूसरे स्थान पर बैठा है। C, H के दाएँ तीसरे स्थान पर बैठा है। E, F के दाएँ तीसरे स्थान पर बैठा है।
C, A का निकटतम पड़ोसी नहीं है, तो अब B के दाएँ दूसरे स्थान पर कौन बैठा है?

SSC CPO 2022

(a) E (b) C (c) D (d) A

हल (*b*) प्रश्नानुसार,

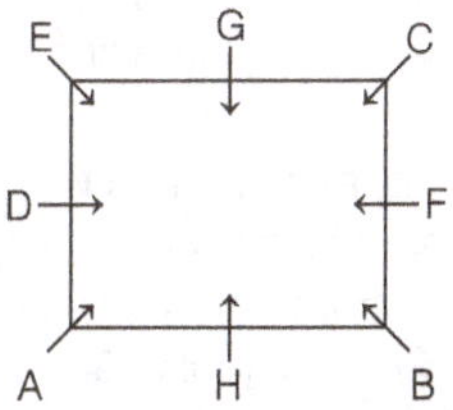

उपरोक्त आरेख से स्पष्ट है, कि C, B के दाएँ दूसरे स्थान पर बैठा है।

उदाहरण 10. पाँच व्यक्ति P, Q, R, S और T एक पंचभुज टेबल के चारों ओर केन्द्र की ओर मुख करके बैठे हैं। T, R के ठीक बाएँ है, जो P के दाएँ से दूसरे स्थान पर है। Q, S के ठीक बाएँ है, जो P के ठीक बाएँ है, तो P के ठीक दाएँ कौन बैठा है?

SSC MTS 2021

(a) Q (b) R (c) S (d) T

हल (*d*) प्रश्नानुसार,

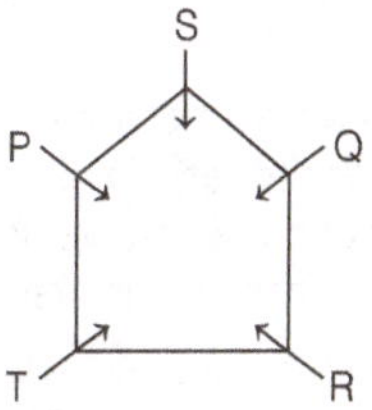

अतः P के ठीक दाएँ 'T' बैठा है।

उदाहरण 11. छह व्यक्ति - शिक्षक, वकील, डॉक्टर, राजनेता, कलाकार और लेखक-एक षट्कोणीय आकार की मेज के चारों ओर इस प्रकार बैठे हैं, कि वकील और लेखक एक-दूसरे के बगल में नहीं बैठे हैं। शिक्षक, डॉक्टर और वकील के बीच बैठा है। राजनेता, डॉक्टर के बगल में बैठा है, वकील और लेखक के बीच में कौन बैठा है?

RRB NTPC 2021

(a) कलाकार (b) लेखक (c) राजनीतिज्ञ (d) शिक्षक

हल (*a*) प्रश्नानुसार,

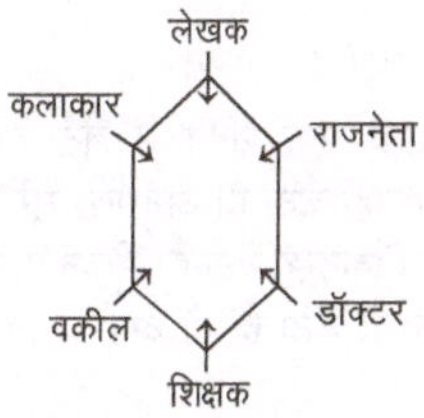

अतः वकील और लेखक के बीच कलाकार बैठा है।

Chapter Challenge

रेखीय क्रम व्यवस्था पर आधारित

1. सात लोग T, U, V, W, X, Y और Z सीधी रेखा में उत्तर की ओर मुख करके बैठे हैं। केवल तीन लोग Z के बाएँ बैठे हैं। Z, Y के बाएँ तीसरे स्थान पर बैठा है। W, V के बाएँ चौथे स्थान पर बैठा है। X, Y का कोई निकटस्थ नहीं है। T, U के दाएँ दूसरे स्थान पर बैठा है, तो अब Z के ठीक दाएँ कौन बैठा है? ***CISF HC (Min) 2022***

(a) V (b) T (c) X (d) W

2. A, B, C, D, E और F छह मित्र एक लम्बी बेंच पर बैठे हैं। जबकि A और B दो अन्तिम छोरों पर बैठे हैं। E और F पंक्ति के मध्य में बैठे हैं। C,A के ठीक बगल में बाईं ओर बैठा है। क्या आप बता सकते हैं कि B के ठीक दाईं ओर कौन बैठा है? ***SSC Constable (GD) 2018***

(a) D (b) C (c) F (d) E

> **MRC*****
> ***(Most Repeating Concepts)***
> प्र. सं. 2, 8, 10, 12, 16 और 21 Police Examination Point of Views से अति महत्त्वपूर्ण हैं। इन Concept पर आधारित प्रश्न SSC Constable, DP Constable व UP Constable में लगातार पूछे जा रहे हैं।

3. किसी पंक्ति में, चार दोस्त उत्तर की ओर अभिमुख होकर बैठे हैं। B, किसी एक छोर पर बैठा है। A, D के दाएँ ओर दूसरे स्थान पर बैठा है। यदि D ठीक B और C के बीच में बैठा है, तो निम्न में से कौन-सा कथन सत्य नहीं है? ***SSC Steno 2021***

(a) A और B एक-दूसरे के बगल में बैठे हैं
(b) B, D के ठीक बाएँ ओर बैठा है
(c) A, किसी एक छोर पर बैठा है
(d) C, D के ठीक दाएँ ओर बैठा है

4. छ: व्यक्ति C, D, E, F, G और H एक सीधी पंक्ति में उत्तर की ओर मुख करके बैठे हैं। केवल तीन व्यक्ति G के दाईं ओर बैठे हैं। केवल दो व्यक्ति G और E के बीच बैठे हैं। C, F के ठीक दाईं ओर और G के ठीक बाईं ओर बैठा है। H, E का निकटतम पड़ोसी नहीं है।
G और E के बीच में कौन-कौन बैठे हैं? ***SSC MTS 2023***

(a) F और C (b) H और E
(c) H और D (d) C और D

5. पाँच बच्चे A, B, C, D तथा E उत्तर की ओर मुँह करके एक पंक्ति में खड़ें हैं, लेकिन आवश्यक नहीं है, कि उसी क्रम में हों। C, E के दाएँ ओर और A के बाएँ ओर है। A और D के बीच में एक बच्चा है। पंक्ति के मध्य में कौन बैठा है? ***HCET 2023***

(a) E (b) C (c) B (d) A
(e) उत्तर नहीं देना चाहते

6. पाँच लड़के एक पंक्ति में बैठे हैं। रवि, सुरेश अथवा अनिल के निकटस्थ नहीं बैठा है। अनुभव, सुरेश के निकटस्थ नहीं बैठा है। रवि, मोहन के निकटस्थ बैठा है। मोहन पंक्ति के मध्य में बैठा है। अनिल दाएँ ओर अन्त में बैठा है, तो अनुभव निम्नलिखित में से किसके निकटस्थ बैठा है? ***HCET 2022***

(a) रवि (b) मोहन
(c) सुरेश (d) अनिल
(e) उत्तर नहीं देना चाहते

7. छह मित्र P, Q, R, S, T और U उत्तर की ओर मुँह करके एक पंक्ति में खड़े हैं, लेकिन आवश्यक नहीं है, कि उसी क्रम में हों। P, T के बाएँ और R के दाएँ है। Q, T के दाएँ लेकिन S के बाएँ है और S, U के बाएँ ओर है, तो Q के पड़ोसी कौन बैठा है? ***HCET 2023***

(a) T और S (b) P और R
(c) T और U (d) P और T
(e) उत्तर नहीं देना चाहते

8. छह व्यक्ति S, T, U, V, W और X एक सीधी पंक्ति में उत्तर की ओर मुख करके बैठे हैं। U के बाएँ ओर केवल दो व्यक्ति बैठे हैं। U और X के बीच केवल दो व्यक्ति बैठे हैं। T, S के ठीक दाएँ बैठा है। W, V के ठीक बाएँ बैठा है। V, X के ठीक बगल में नहीं बैठा है, तो अब पंक्ति के बाएँ सिरे पर कौन बैठा है? ***DP Constable 2023***

(a) S (b) X
(c) W (d) V

9. सात व्यक्ति B, C, D, E, F, G और K एक सीधी पंक्ति में उत्तर की ओर मुख करके बैठे हैं। B के बाईं ओर केवल दो व्यक्ति बैठे हैं। B और K के बीच केवल तीन व्यक्ति बैठे हैं। F, B के दाईं ओर दूसरे स्थान पर बैठा है। F और C के बीच केवल दो व्यक्ति बैठे हैं। G, E के दाईं ओर से किसी स्थान पर लेकिन D के बाईं ओर से किसी स्थान पर बैठा है। G के दाईं ओर कितने व्यक्ति बैठे हैं? ***RRB ALP (CBT-I) 2024***

(a) एक (b) तीन
(c) चार (d) दो

10. 5 व्यक्ति कविता, मनीषा, नजर, ओमी और पार्वती उत्तर की ओर मुख करके एक पंक्ति में बैठे हैं। ओमी, पार्वती के ठीक बाएँ ओर है। पार्वती पंक्ति के बाएँ ओर नहीं है। नजर, मनीषा के दाएँ ओर है। मनीषा, नजर और कविता के बीच में है, तो अब पंक्ति के अन्तिम बाएँ छोर पर कौन बैठी है? ***CISF ASI 2023***

(a) पार्वती (b) नजर
(c) कविता (d) मनीषा

11. सात व्यक्ति A, B, D, E, G, H और K एक सीधी पंक्ति में उत्तर की ओर उन्मुख हैं। E पंक्ति के किसी एक सिरे पर बैठा है। B, E के ठीक बगल में है। A और E के मध्य केवल तीन व्यक्ति बैठे हैं। A, G के दाईं ओर दूसरे स्थान पर बैठा है। H, न तो A और न ही B के ठीक बगल में है। K, D के दाईं ओर दूसरे स्थान पर बैठा है। K के दाईं ओर कितने व्यक्ति बैठे हैं? ***RRC Group-D 2022***

(a) 3 (b) 2
(c) 1 (d) 0

12. एक सम्मेलन में पाँच प्रतिभागी एक पंक्ति में बैठे हैं। एलन, बॉब, क्रिस, डेविड और एडवर्ड। एलन, क्रिस के बगल में नहीं है। बॉब, एलन और डेविड के बीच में बैठा है। एलन एक छोर पर बैठा है। डेविड, एडवर्ड के बगल में नहीं है। बीच में कौन बैठा है? ***UP Police Constable 2024***

(a) बॉब (b) एलन
(c) डेविड (d) क्रिस

13. छह छात्र P, K, M, T, N और G एक सीधी बेंच पर पूर्व की ओर मुख करके बैठे हैं। K और T, G के निकटतम पड़ोसी हैं। P किसी एक अन्तिम छोर पर बैठा है और M के दाएँ चौथा है। M के ठीक बाएँ कौन बैठा है? ***RRB NTPC 2022***

(a) G (b) K
(c) N (d) T

14. A, B, C, D और E नामक पाँच मित्र एक सीधी पंक्ति में उत्तर की ओर उन्मुख होकर बैठे हैं। A पंक्ति के ठीक मध्य स्थान पर नहीं बैठा है। C किसी एक सिरे से दूसरे स्थान पर और दूसरे सिरे से चौथे स्थान पर हैं। B और D पंक्ति के अन्तिम छोर पर बैठे हैं। पंक्ति के ठीक मध्य स्थान पर कौन बैठा है? *RRC Group-D 2022*

(a) D (b) A
(c) E (d) C

15. सात व्यक्ति, A, B, C, D, E, F और G उत्तर की ओर मुख करके एक सीधी पंक्ति में बैठे हैं (उनका इसी क्रम में होना अनिवार्य नहीं है) D के बाएँ ओर केवल एक व्यक्ति बैठा है। A, D के ठीक बगल में बैठा है। F और D के बीच में केवल दो व्यक्ति बैठे हैं। C और G के बीच में केवल तीन व्यक्ति बैठे हैं। B, G के ठीक बगल में नहीं है। E और A के बीच में केवल दो व्यक्ति बैठे हैं, अब पंक्ति के बिल्कुल दाएँ सिरे पर कौन बैठा है? *CISF Head Constable 2023*

(a) A (b) B
(c) C (d) E

16. आठ लड़के $B_1, B_2, B_3, B_4, B_5, B_6, B_7$ और B_8 एक पंक्ति में उत्तर की ओर मुख करके बैठे हैं (परन्तु जरूरी नहीं कि वे इसी क्रम में बैठे हों।) B_6, B_1 के दाईं ओर से पाँचवें स्थान पर बैठा है। B_4, B_5 के दाईं ओर से पाँचवें स्थान पर बैठा है। B_5, B_1 के ठीक दाईं ओर बैठा है। B_8, B_4 के बाईं ओर से तीसरे स्थान पर बैठा है। B_2, B_7 के दाईं ओर से तीसरे स्थान पर बैठा है। B_7, B_1 का निकटतम पड़ोसी है। B_1 के ठीक बाईं ओर कौन बैठा है? *SSC Constable (GD) 2024*

(a) B_7 (b) B_8
(c) B_2 (d) B_6

17. पाँच दोस्त अरुण, बाला, चीनू, दिनेश और इलंगों उत्तर की ओर मुँह करके एक बेंच पर बैठे हैं। अरुण, बाला के बगल में बैठा है। दिनेश, चीनू के बगल में बैठा है। दिनेश, इलंगों के साथ नहीं बैठा है। इलंगो, बेंच के बाएँ सिरे पर बैठा है। चीनू दाएँ से दूसरे स्थान पर बैठा है। अरुण, बाला के दाएँ ओर बैठा है। दिनेश कहाँ बैठा है? *RRB JE 2019*

(a) बाएँ ओर से दूसरे स्थान पर
(b) दाएँ ओर से तीसरे स्थान पर
(c) बाएँ सिरे पर
(d) दाएँ सिरे पर

18. एक पंक्ति में निश्चित संख्या में व्यक्ति उत्तर की ओर अभिमुख होकर बैठे हैं। N, P के बाएँ तीसरे स्थान पर बैठा है। M, N के बाएँ तीसरे स्थान पर बैठा है। O, M के बाएँ तीसरे स्थान पर बैठा है। O और N के बीच में M बैठा है। M और P के बीच में N बैठा है।
यदि पंक्ति में कोई अन्य व्यक्ति नहीं बैठा है, तो बैठे हुए व्यक्तियों की कुल संख्या कितनी है? *SSC CGL (Tier I) 2023*

(a) 10 (b) 9
(c) 8 (d) 11

19. आठ मित्र – A, B, C, D, E, F, G और H, चार-चार व्यक्तियों की दो पंक्तियों में बैठे हैं। दोनों पंक्तियाँ एक-दूसरे के आमने-सामने हैं। A, D के सामने है। E, G के ठीक बाएँ ओर है। H, B के ठीक दाएँ ओर है। C, G के सामने है। F, H के सामने है। B उस व्यक्ति के ठीक दाएँ ओर है, जो G के सामने है। D, F के ठीक बाएँ ओर है, तो कौन-से चार व्यक्ति एक ही पंक्ति में बैठे हैं? *CUET (UG) 2022*

(a) C, D, E, F (b) A, C, F, G
(c) B, C, D, H (d) A, B, C, H

20. आठ व्यक्ति दो समानान्तर पंक्तियों में प्रत्येक में 4 व्यक्ति इस प्रकार बैठे हैं कि आसन्न व्यक्तियों के बीच समान दूरी है। पंक्ति I में L, O, V और E बैठे हैं और इन सभी का मुख दक्षिण दिशा की ओर है। पंक्ति II में-P, I, C और T बैठे हैं और इन सभी का मुख उत्तर दिशा की ओर हैं। C अपनी पंक्ति के अन्तिम बाएँ छोर पर बैठे व्यक्ति के बगल में बैठा है और O के ठीक विपरीत है। V उनकी पंक्ति के अन्तिम बाएँ छोर पर बैठा है और T के ठीक विपरीत है। E, V का निकटतम पड़ोसी है और P के बिल्कुल विपरीत है। उत्तर दिशा की ओर उन्मुख व्यक्तियों की पंक्ति के अन्तिम बाएँ छोर पर कौन बैठा है? *SSC CPO 2022*

(a) P (b) T
(c) I (d) C

21. पाँच लड़के अरुण, सुरेश, विनोद, राम और रवि दक्षिण की ओर मुख करके एक पंक्ति में बैठे हैं। पाँच लड़कियाँ अनु, प्रिया, पारु, मलर और लक्ष्मी, लड़कों के सामने एक पंक्ति में बैठी हैं, प्रत्येक का मुख उनमें से एक की ओर है। जरूरी नहीं, कि ये सभी एक ही क्रम में हों। विनोद का मुख पारु की ओर है। सुरेश और रवि का मुख मलर की ओर नहीं है। अरुण किसी एक छोर पर है। लक्ष्मी, अनु के दाएँ से चौथे स्थान पर है और उसका मुख रवि की ओर है। प्रिया, अनु और पारु के बीच में है, तो अब प्रिया के सम्मुख कौन बैठा है?
UP Police Head Operator 2024

(a) रवि (b) अरुण
(c) सुरेश (d) राम

22. सात पुरस्कार विजेताओं-अर्जुन, बाला, रोहित, दीपन, राजा, शिवा और गुना को एक समारोह में सम्मानित किया जाना है। खिलाड़ियों को मंच पर एक पंक्ति में बैठाया जाएगा। अर्जुन और गुना को हवाई जहाज पकड़ना है और इसलिए उन्हें सबसे दाएँ ओर बैठाना होगा। लाइफटाइम अचीवमेन्ट पुरस्कार प्राप्तकर्ता बाला को केन्द्र में होना चाहिए। रोहित और दीपन कट्टर प्रतिद्वन्द्वी हैं और इसलिए जितना सम्भव हो सके, उन्हें दूर-दूर बैठाया जाना चाहिए। निम्नलिखित में से किसे, निश्चित रूप से किसी भी छोर पर नहीं बैठाया जा सकता है?
UP Police Head Operator 2024

(a) गुना (b) दीपन
(c) रोहित (d) शिवा

वृत्तीय क्रम व्यवस्था पर आधारित

23. छह मित्र एक वृत्ताकार स्थिति में बैठे हुए हैं। वे सभी केन्द्र की ओर मुख करके बैठे हैं। कनक, सोना के दाएँ ओर तीसरे स्थान पर है। कपिल, मणि के ठीक बगल में है। गोल्डी, मणि के दाएँ ओर दूसरे स्थान पर बैठी है। सोना, कपिल और सुरेश के ठीक बगल में है, गोल्डी के दाएँ ओर ठीक बगल में कौन बैठा/बैठी है? *CISF ASI 2023*

(a) कपिल (b) सोना
(c) कनक (d) सुरेश

24. छः विद्यार्थी प्रतीक, समीर, कबीर, जिया, जोसफ, किरण एक वृत्ताकार मेज के परितः केन्द्र की ओर मुख करके बैठे हैं (उनका इसी क्रम में होना अनिवार्य नहीं है।) प्रतीक, समीर और कबीर दोनों के ठीक बगल में है। जिया, समीर के दाएँ ओर दूसरे स्थान पर बैठी है। किरण, कबीर के बाएँ ओर तीसरे स्थान पर बैठी है। जोसेफ, जिया और कबीर दोनों के ठीक बगल में हैं। जिया के ठीक बगल में कौन बैठा/बैठी है?
SSC CPO 2023

(a) कबीर (b) समीर
(c) किरण (d) प्रतीक

25. E, F, G, H, I और J एक वृत्ताकार मेज के चारों ओर केन्द्र की ओर मुख करके बैठे हैं। J, I के ठीक बाईं ओर बैठा है। G, I के दाईं ओर से दूसरे स्थान पर बैठा है। E, G के दाईं ओर से दूसरे स्थान पर बैठा है। H, F के बाईं ओर से दूसरे स्थान पर बैठा है। E के दाईं ओर से तीसरे स्थान पर कौन बैठा है? ***SSC MTS 2023***

(a) F (b) H (c) I (d) J

26. छह मित्र एक वृत्त में केन्द्र की ओर मुँह करके बैठे हैं। एडम, बेट्टी के ठीक बाईं ओर बैठा है। चार्ली, फ्रैंक के ठीक दाईं ओर बैठा है। बेट्टी, एडम और डैन के ठीक बीच में बैठी है। ईव, डैन और फ्रैंक के बीच में बैठी है। फ्रैंक के ठीक बाईं ओर कौन बैठा है? ***UP Police Constable 2024***

(a) बेट्टी (b) ईव (c) एडम (d) चार्ली

27. छह मित्र एक वृत्त में केन्द्र की ओर मुख करके बैठे हैं। D, P और Q के बीच में है। T, M और L के बीच में है। P और M एक-दूसरे के ठीक विपरीत हैं। P, L के ठीक दाएँ ओर है। Q के ठीक सामने कौन बैठा है? ***SSC MTS 2023***

(a) P (b) L (c) D (d) M

28. पाँच व्यक्ति A, B, C, D और E एक वृत्ताकार मेज के चारों ओर केन्द्र की ओर मुख करके बैठे हैं (परन्तु जरूरी नहीं कि वे इसी क्रम में बैठे हों) C और D के बीच केवल एक व्यक्ति बैठा है। (केवल एक ओर से गिनने पर) B, D के बाईं ओर से दूसरे स्थान पर बैठा है। A, B के ठीक दाईं ओर बैठा है। B के ठीक बाईं ओर कौन बैठा है? ***SSC GD Constable 2024***

(a) C (b) D (c) E (d) A

29. छह व्यक्ति एक वृत्ताकार मेज के परित: केन्द्र की ओर मुख करके बैठे हैं। P, Q के बाएँ ओर दूसरे स्थान पर बैठा है। S, Q और U दोनों के ठीक बगल में है। T, R के बाएँ ओर दूसरे स्थान पर बैठा है, तो अब P और U दोनों के ठीक बगल में कौन बैठा/बैठी है? ***SSC CPO 2023***

> **MRC*****
> *(Most Repeating Concepts)*
> प्र. सं. 29, 35, 36, 50, 51 व 52 SSC Examination Point of Views से अति महत्त्वपूर्ण हैं। इन Concept पर आधारित प्रश्न SSC की विभिन्न परीक्षाओं में निरन्तर पूछे जा रहे हैं।

(a) T (b) Q (c) R (d) S

30. C, D, E, F, M और N एक गोल मेज के परित: केन्द्र की ओर मुख करके बैठे हैं। D, M के दाएँ से दूसरे स्थान पर बैठा है। F, N के ठीक बाएँ बैठा है। N, M का निकटतम पड़ोसी नहीं है। C, D का निकटतम पड़ोसी नहीं है। निम्नलिखित में से कौन E का निकटतम पड़ोसी है? ***DP Constable 2023***

(a) F (b) C (c) N (d) D

31. P, Q, R, S, T और U एक वृत्ताकार मेज के चारों ओर केन्द्र की ओर मुख करके बैठे हैं (परन्तु जरूरी नहीं कि वे इसी क्रम में बैठे हों)। P, T के बाएँ से दूसरे स्थान पर है। U और P दोनों का निकटतम पड़ोसी Q है। S और P निकटतम पड़ोसी हैं। निम्नलिखित में से किसके निकटतम पड़ोसी T और U दोनों हैं? ***SSC MTS 2024***

(a) S (b) Q (c) R (d) P

32. पाँच मित्र एलेक्स, बेन, क्रिस, डेविड और एमा एक वृत्ताकार मेज के चारों ओर केन्द्र की ओर मुख करके बैठे हैं। एलेक्स, बेन के ठीक दाईं ओर बैठा है। क्रिस या डेविड के बगल में एलेक्स नहीं बैठा है। डेविड, एमा के ठीक दाईं ओर बैठा है। क्रिस के ठीक दाईं ओर कौन बैठा/बैठी हैं? ***SSC Constable (GD) 2024***

(a) डेविड (b) एलेक्स (c) बेन (d) एमा

33. सात लोग A, B, C, D, E, F और G एक वृत्ताकार मेज के चारों ओर केन्द्र की ओर मुख करके बैठे हैं (परन्तु जरूरी नहीं कि वे इसी क्रम में बैठे हों)। C, E के ठीक दाएँ बैठा है। D, C के बाएँ से तीसरे स्थान पर बैठा है। B और C का निकटतम पड़ोसी A है। F, E का निकटतम पड़ोसी नहीं है।

A के सापेक्ष में G का स्थान क्या है? ***SSC MTS 2024***

(a) ठीक बाएँ ओर (b) दाएँ से दूसरा
(c) बाएँ से दूसरा (d) बाएँ से तीसरा

34. छह मित्र A, B, C, D, E और F एक वृत्त के केन्द्र की ओर मुख करके बैठे हैं। E, D के बाएँ है। C, A और B के बीच है। F, E और A के बीच है। C के दाएँ कौन है? ***UGC NET 2019***

(a) A (b) B
(c) D (d) E

35. (i) K, L, M, N, O, P और Q केन्द्र की ओर मुख करके एक वृत्ताकार मेज के इर्द-गिर्द बैठे हैं।
(ii) L, N और O के बीच में बैठा है।
(iii) K, O के बाएँ से तीसरे स्थान पर बैठा है।
(iv) Q, M जोकि P के एकदम बाएँ बैठा है, के बाएँ से दूसरे स्थान पर बैठा है।

निम्नलिखित युग्मों में से किस युग्म में पहला व्यक्ति दूसरे व्यक्ति के बिल्कुल बाएँ ओर बैठा है? ***SSC MTS 2019***

(a) MK (b) LN
(c) LO (d) QN

36. छ: लड़कियाँ तान्या, पूजा, ऋचा, नेहा, निशा और अर्पिता एक गोलाकार मेज के चारों ओर केन्द्र की ओर मुख करके बैठी है। (परन्तु जरूरी नहीं कि वे इसी क्रम में बैठी हो)। तान्या और पूजा एक-दूसरे के बगल में बैठी है। नेहा और निशा एक-दूसरे के बगल में बैठी हैं। ऋचा और तान्या के बीच केवल दो लड़कियाँ बैठी हैं। पूजा, अर्पिता के ठीक बाईं ओर बैठी है। नेहा, तान्या के बगल में नहीं बैठी है। तान्या के ठीक बाईं ओर कौन बैठा है? ***SSC MTS 2023***

(a) अर्पिता (b) निशा
(c) पूजा (d) ऋचा

37. A, B, E, F, L, M और P एक वृत्ताकार मेज के चारों ओर केन्द्र की ओर मुख करके बैठे हैं। F, E के बाईं ओर से दूसरे स्थान पर बैठा है। A, B के दाईं ओर से तीसरे स्थान पर बैठा है। M, L के बाईं ओर से तीसरे स्थान पर बैठा है। A, M के ठीक दाईं ओर बैठा है। P, M का निकटतम पड़ोसी नहीं है। F के बाईं ओर से दूसरे स्थान पर कौन बैठा है? ***RRB ALP (CBT-I) 2024***

(a) A (b) M
(c) B (d) P

38. S, T, U, V, X, Y और Z एक सामूहिक चर्चा के लिए एक गोल मेज के आस-पास बैठे हैं। Y, Z के दाएँ तीसरे स्थान पर और S और X के बीच बैठा है। Z, U के दाएँ दूसरे स्थान पर बैठा है। V, X के बाएँ तीसरे स्थान पर है। 'S' के दाईं ओर कौन बैठा है? ***DSSSB Foot Constable 2019***

(a) T (b) X
(c) Y (d) V

39. छह मित्र एक वृत्त में बैठे हैं और वृत्त के केन्द्र के सम्मुख हैं। दीना, नंदू और उन्नी के बीच है। एबी, बिया और बेट्टी के बीच है। नन्दू और बिया एक-दूसरे के विपरीत हैं। दीना, बिया के बाएँ दूसरे स्थान पर है। नंदू के दाईं ओर कौन बैठा है? ***UP Police Constable 2024***

(a) एबी (b) दीना
(c) बेट्टी (d) बिया

40. सात लोग A, B, C, D, E, F और G एक वृत्ताकार मेज के चारों ओर केन्द्र की ओर मुख करके बैठे हैं (परन्तु जरूरी नहीं कि वे इसी क्रम में बैठे हों)। G, E के बाएँ से तीसरे स्थान पर बैठा है। A, G के ठीक बाएँ बैठा है। A और B का निकटतम पड़ोसी D है। F, C के ठीक बाएँ बैठा है। F के दाएँ से गिनने पर F और D के बीच में कितने लोग बैठे हैं?

SSC MTS 2024

(a) चार (b) तीन
(c) दो (d) पाँच

41. A, B, C, D, E और F एक वृत्ताकार मेज के चारों ओर केन्द्र की ओर मुख करके बैठे हैं। B, D के दाईं ओर से दूसरे स्थान पर बैठा है। A, E और C का निकटतम पड़ोसी है। E, F के बाईं ओर से दूसरे स्थान पर बैठा है। B के सापेक्ष में D का स्थान क्या है?

RRB ALP (CBT-I) 2024

(a) दाईं ओर से तीसरा (b) बाईं ओर से दूसरा
(c) ठीक दाईं ओर (d) ठीक बाईं ओर

42. छह मेंढक – P, Q, R, S, T और U एक वृत्ताकार तालाब के परित: उसके केन्द्र की ओर मुख करके बैठे थे। T, S के बाएँ ओर दूसरे स्थान पर बैठा था। P, U के दाएँ ओर दूसरे स्थान पर बैठा था। P, Q के दाएँ ओर तीसरे स्थान पर नहीं बैठा था। Q और S के बीच में केवल दो मेंढक बैठे थे। P के दाएँ ओर ठीक बगल में कौन-सा मेंढक बैठा था?

RRC Group D 2022

(a) T (b) U
(c) S (d) R

43. A, B, C, D, E, F और G एक वृत्त में बैठे हैं, इनमें से चार का मुँह केन्द्र से विपरीत दिशा में है। C, D के बाएँ ओर तीसरे स्थान पर है और दोनों का मुँह केन्द्र की ओर है। E न तो D के, न ही C के बगल में बैठा है। जो D व F के ठीक बीचों-बीच बैठा है, उसका मुँह केन्द्र की विपरीत दिशा में है। G, A के दाएँ ओर तीसरे स्थान पर बैठा है और उसका मुँह केन्द्र की ओर है। B की बगल में बैठे एक व्यक्ति का मुँह केन्द्र से विपरीत दिशा में है। यदि सभी व्यक्तियों को A से आरम्भ करके वर्णानुक्रम में घड़ी की दिशा में बैठने के लिए कहा जाए, तो A को छोड़कर कितने व्यक्तियों का स्थान अपरिवर्तित रहेगा?

Rajasthan Police Constable 2022

(a) तीन (b) कोई नहीं
(c) दो (d) चार

44. सात मित्र, P, Q, R, S, T, U और V, एक वृत्ताकार मेज के चारों ओर बैठे हैं। सभी केन्द्र की ओर मुख करके बैठे हैं। Q और S के बीच केवल R बैठा है। P और V के बीच केवल T बैठा है। Q के दाएँ से तीसरे स्थान पर V बैठा है। V, U के बाएँ से तीसरे स्थान पर है। R के ठीक दाएँ कौन बैठा है?

RRC Group D 2022

(a) P (b) T
(c) S (d) V

वर्गाकार, आयताकार या बहुभुजाकार क्रम व्यवस्था पर आधारित

45. आठ व्यक्ति रीना, कविता, रमन, रमेश, रोहित, विकास, मोनिका और प्रिया, एक वर्गाकार मेज के चारों ओर इस प्रकार बैठे हैं कि दो व्यक्ति प्रत्येक भुजाओं पर बैठे हैं। सभी व्यक्ति मेज के केन्द्र की ओर मुख करके बैठे हैं। रीना, रोहित के ठीक दाईं ओर बैठी है और वे दोनों एक ही तरफ बैठे हैं। मोनिका उस व्यक्ति की ओर मुख करके बैठी है, जो कविता के बाईं ओर से दूसरे स्थान पर बैठा/बैठी है। मोनिका, रीना के दाईं ओर से चौथे स्थान पर बैठी है। विकास और उमेश के बीच में दो व्यक्ति बैठे हैं। (जब केवल एक तरफ से गिना जाता है) और उमेश, रोहित के आसन्न बैठा है। मोनिका और रमन के बीच में केवल एक व्यक्ति बैठा है। (जब केवल एक तरफ से गिना जाता है) रमन के बाईं ओर से दूसरे स्थान पर कौन बैठा/बैठी है?

SSC GD Constable 2024

(a) रोहित (b) मोनिका
(c) प्रिया (d) रीना

46. आठ व्यक्ति– P, Q, R, S, T, U, V और W रात्रिभोज के लिए एक वर्गाकार मेज के चारों ओर इस प्रकार बैठे हैं कि 4 व्यक्ति एक-एक कोने पर बैठे हैं और 4 व्यक्ति चार भुजाओं के मध्य स्थानों पर बैठे हैं। उन सभी का मुख वर्ग के केन्द्र की ओर है। S, U के बाएँ ओर ठीक बगल में बैठा है। U, T के बाएँ ओर ठीक बगल में बैठा है। T, किसी एक भुजा के मध्य स्थान पर बैठा है। R, U के दाएँ ओर तीसरे स्थान पर बैठा है। P, V और R दोनों के ठीक बगल में बैठा है। W, T के ठीक बगल में नहीं बैठा है। निम्नलिखित में से कौन किसी एक कोने पर बैठा है?

RRB NTPC (CBT-II) 2022

(a) S (b) R
(c) Q (d) V

47. 8 लड़के G, H, I, J, K, L, M और N एक वर्गाकार मेज के चारों ओर मेज के केन्द्र की ओर मुख करके (आवश्यक नहीं है कि इसी क्रम में हों) बैठे हैं। चार लड़के कोनों पर बैठे हैं और चार लड़के मेज की भुजाओं के मध्य भाग में बैठे हैं। J, G और H के निकटतम स्थान पर है। और वह एक कोने में बैठा है। M, N और K के निकटतम स्थान पर है। L मेज की भुजा के मध्य भाग में बैठा है। G, L के सामने नहीं बैठा है। N, H के दाएँ ओर निकटतम स्थान पर बैठा है। I के सामने तिर्यक रूप से कौन बैठा है?

CUET (UG) 2023

(a) J (b) L
(c) N (d) K

48. आठ मित्र जेक, केन, लिली, देव, मिनी, नैन्सी, ओम और पोली एक वर्गाकार मेज के चारों ओर इस प्रकार बैठे हैं कि उनमें से चार मेज के कोनों पर बैठे हैं और अन्य चार प्रत्येक चार भुजाओं के बीच में बैठे हैं। और सभी केन्द्र की ओर मुख करके बैठे हैं। न तो जेक और न ही ओम, मिनी के निकटतम पड़ोसी हैं। लिली, ओम के बाईं ओर से चौथे स्थान पर बैठी है। नैन्सी किसी भी भुजा के मध्य में नहीं बैठी है। ओम, जेक के दाएँ से दूसरे स्थान पर बैठा है। जेक किसी भी भुजा के मध्य में नहीं बैठा है। मिनी एक भुजा के मध्य में बैठी है, केन और मिनी के बीच केवल एक व्यक्ति बैठा है। पोली, ओम का निकटतम पड़ोसी नहीं है। जेक के दाएँ से चौथे स्थान पर कौन बैठा है?

SSC Steno 2023

(a) लिली (b) नैन्सी
(c) मिनी (d) ओम

49. A, B, C, D, E, F, G और H एक वर्गाकार मेज के चारों ओर केन्द्र की ओर मुख करके बैठे हैं। उनमें से कुछ कोनों पर बैठे हैं, जबकि कुछ भुजाओं के ठीक मध्य पर बैठे हैं। C और D के बीच केवल तीन व्यक्ति बैठे हैं। C और D दोनों मेज की भुजाओं के मध्य पर बैठे हैं। A, D के बाएँ से तीसरे स्थान पर बैठा है। B न तो C और न ही D का निकटतम पड़ोसी है। F, B के दाएँ से तीसरे स्थान पर बैठा है। H के तुरन्त दाएँ E बैठा है। G के दाएँ से तीसरे स्थान पर कौन बैठा है?

DP Constable 2022

(a) D (b) H
(c) B (d) C

50. A, B, C, D, E, F, G और H एक वर्गाकार मेज के चारों ओर केन्द्र की ओर मुख किए हुए नहीं बैठे हैं। उनमें से कुछ कोनों पर बैठे हैं जबकि कुछ भुजाओं के मध्य में बैठे हैं। A, F के ठीक दाएँ और E के ठीक बाएँ बैठा है। C, E के ठीक दाएँ तरफ बैठा है। G, E के दाएँ से दो स्थान पर बैठा है। B, G के ठीक दाएँ बैठा है। H, B के ठीक दाएँ और D के ठीक बाएँ बैठा है। D, F के बाईं ओर बैठा है। A और D के बीच कौन बैठा है? ***SSC Steno 2022***

(a) F (b) G
(c) H (d) E

51. N, O, P, Q, R, S, T और U एक वर्गाकार मेज के चारों ओर केन्द्र की ओर मुख करके बैठे हैं। उनमें से कुछ कोनों पर बैठे हैं जबकि कुछ भुजाओं के ठीक मध्य पर बैठे हैं। N, U के बाईं ओर तीसरे स्थान पर बैठा है, U किसी एक कोने पर बैठा है। O, T के दाएँ से तीसरे स्थान पर बैठा है। T किसी एक कोने पर बैठा है। Q, P और U का निकटतम पड़ोसी है। P, N का पड़ोसी नहीं है, R, T का पड़ोसी नहीं है। P के दाईं ओर से गिनती करने पर P और R के मध्य कितने लोग बैठे हैं? ***SSC MTS 2023***

(a) दो (b) चार (c) एक (d) तीन

52. आठ रिश्तेदार, P, Q, R, S, T, V, W और Y एक वर्गाकार मेज के चारों ओर इस प्रकार बैठे हैं कि उनमें से चार वर्ग के चार कोनों पर बैठे हैं, जबकि चार भुजाओं के मध्य में बैठे हैं। वे सभी वर्ग के केन्द्र की ओर मुख किए हुए हैं। P, V के बाएँ से तीसरे स्थान पर बैठा है। R, V का निकटतम पड़ोसी नहीं है। V और W के बीच केवल एक व्यक्ति बैठा है। S, Q के दाएँ से दूसरे स्थान पर बैठा है। R, P का निकटतम पड़ोसी नहीं है। T, P के बाएँ दूसरे स्थान पर बैठा है। P के दाएँ से चौथे स्थान पर कौन बैठा है? ***SSC CPO 2022***

(a) V (b) T (c) S (d) R

53. प्रशान्त, कमल, ऋषि, सुनीता, तन्वी, विमल, वजीर और योगिता एक वर्गाकार मेज पर इस प्रकार बैठे हैं कि उनमें से चार मेज के चारों कोनों पर बैठे हैं, जबकि अन्य चार मेज़ की चारों भुजाओं के मध्य में बैठे हैं। जो चार व्यक्ति मेज के कोनों पर बैठे हैं वे केन्द्र की ओर मुख करके बैठे हैं, जबकि जो व्यक्ति मेज की भुजाओं के बीच में बैठे हैं वे बाहर की ओर मुख करके बैठे हैं।

प्रशान्त, जो केन्द्र की ओर मुख किए हुए है, विमल के दाएँ से तीसरे स्थान पर बैठा है। तन्वी, जो केन्द्र के सम्मुख है, विमल की निकटतम पड़ोसी नहीं है। विमल और वजीर के बीच केवल एक व्यक्ति बैठा है। सुनीता, कमल के दाएँ से दूसरे स्थान पर बैठी है। कमल केन्द्र की ओर सम्मुख है। ऋषि, प्रशान्त का निकटतम पड़ोसी नहीं है निम्नलिखित में से कौन-सा कथन कमल के सम्बन्ध में सत्य है? ***RRB NTPC 2022***

(a) कमल, योगिता का निकटतम पड़ोसी है
(b) कमल, विमल का निकटतम पड़ोसी है
(c) कमल, तन्वी के निकटतम दाएँ बैठा है
(d) कमल, तन्वी और सुनीता दोनों का निकटतम पड़ोसी है

54. पंचभुज के सभी पाँच कोनों पर, पाँच व्यक्ति राम, रोहन, सुनीता, सीमा और चन्दन एक विशिष्ट क्रम में केन्द्र की ओर मुख करके बैठे हैं। राम, रोहन के निकटतम बाईं ओर है। सुनीता, राम की निकटतम पड़ोसी नहीं है। चन्दन, सुनीता और सीमा दोनों का निकटतम पड़ोसी है। राम के सन्दर्भ में सुनीता की स्थिति क्या होगी? ***RRB NTPC 2022***

(a) सुनीता वामावर्त दिशा में, राम से तीसरे स्थान पर है।
(b) सुनीता दक्षिणावर्त दिशा में, राम से तीसरे स्थान पर है।
(c) सुनीता दक्षिणावर्त दिशा में, राम से दूसरे स्थान पर है।
(d) सुनीता वामावर्त दिशा में, राम से पहले स्थान पर है।

55. मित्रों का एक समूह एक अष्टभुज के कोने पर एक व्यवस्था बनाकर बैठा है। सभी का मुख केन्द्र की ओर है। मेधा, राधा के विकर्णत: विपरीत बैठी है। मेधा, सीमा के बाईं ओर है। रमन, सीमा के बगल में और गोविन्द के विपरीत है। गोविन्द, चन्द्रा के दाईं ओर है, शान्ति, मेधा के दाईं ओर नहीं है, लेकिन शशि के विपरीत है। चन्द्रा के विपरीत कौन है? ***RRB NTPC 2020***

(a) सीमा (b) शान्ति
(c) राधा (d) रमन

Right Key

1. (c)	2. (a)	3. (a)	4. (c)	5. (d)	6. (a)	7. (a)	8. (c)	9. (b)	10. (c)
11. (c)	12. (c)	13. (c)	14. (c)	15. (c)	16. (a)	17. (d)	18. (a)	19. (d)	20. (c)
21. (c)	22. (d)	23. (d)	24. (c)	25. (b)	26. (b)	27. (b)	28. (a)	29. (a)	30. (d)
31. (c)	32. (c)	33. (d)	34. (a)	35. (b)	36. (b)	37. (d)	38. (c)	39. (b)	40. (b)
41. (b)	42. (d)	43. (c)	44. (c)	45. (d)	46. (c)	47. (c)	48. (b)	49. (b)	50. (a)
51. (d)	52. (c)	53. (b)	54. (b)	55. (a)					

Solutions

1. (c) प्रश्नानुसार,

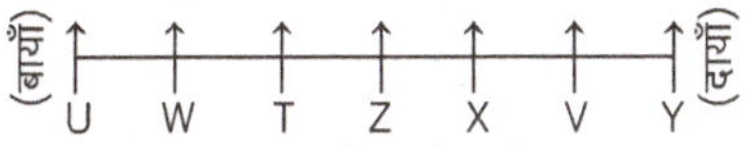

अत: Z के ठीक दाएँ X बैठा है।

2. (a) प्रश्नानुसार,

अत: उपरोक्त से स्पष्ट है कि B के ठीक दाईं ओर 'D' बैठा है।

3. (a) प्रश्नानुसार,

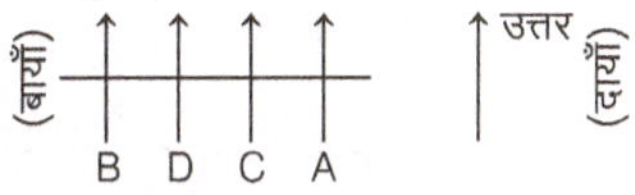

A और B एक-दूसरे के बगल में बैठे हैं। यह कथन असत्य है।

4. (c) प्रश्नानुसार,

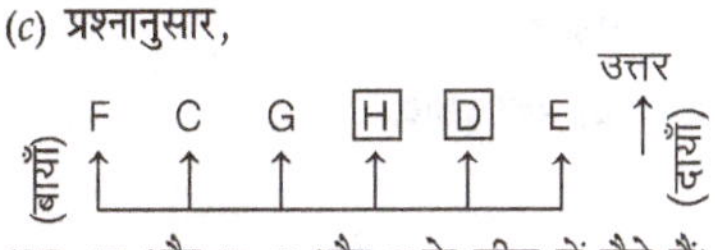

अत: H और D, G और E के बीच में बैठे हैं।

5. (d) प्रश्नानुसार,

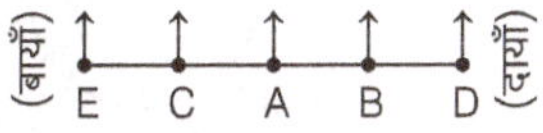

अत: पंक्ति के मध्य में A है।

TOP TIPS सर्वप्रथम निश्चित कथनों को पंक्ति में व्यवस्थित करें तत्पश्चात सम्भावित/अनिश्चित/कम शर्त वाले कथनों को पंक्ति में व्यवस्थित करें।

6. (a) प्रश्नानुसार,

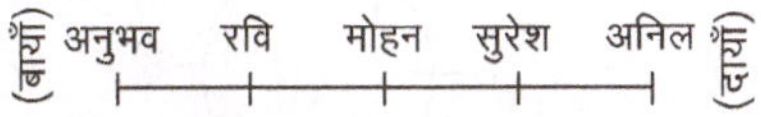

अत: अनुभव, रवि के निकटस्थ बैठा है।

7. (a) प्रश्नानुसार,

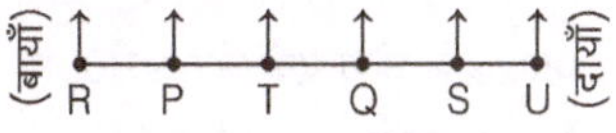

अत: Q के पड़ोसी T और S हैं।

8. (c) प्रश्नानुसार,

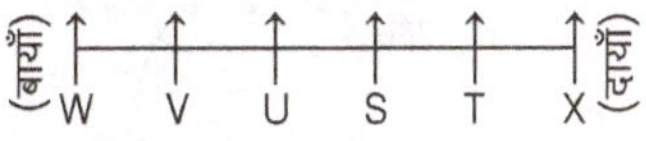

अत: पंक्ति के बाएँ सिरे पर W बैठा है।

9. (b) प्रश्नानुसार,

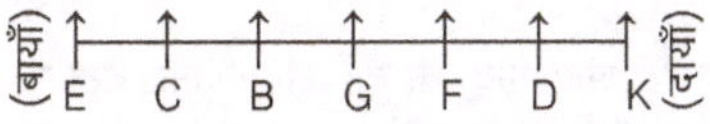

अत: G के दाईं ओर तीन व्यक्ति बैठे हैं।

10. (c) प्रश्नानुसार,

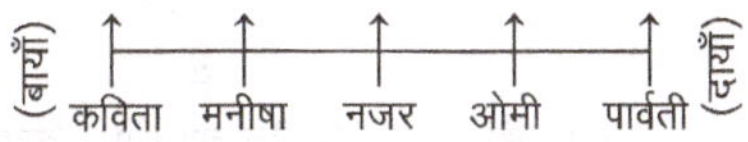

अत: पंक्ति के अन्तिम बाएँ छोर पर कविता बैठी है।

11. (c) प्रश्नानुसार,

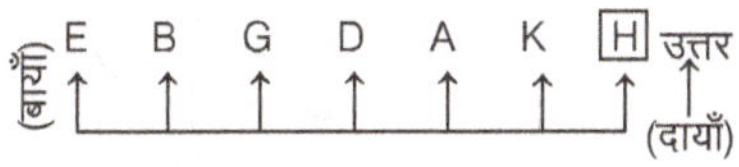

अत: K के दाईं ओर केवल एक व्यक्ति बैठा है।

12. (c) प्रश्नानुसार,

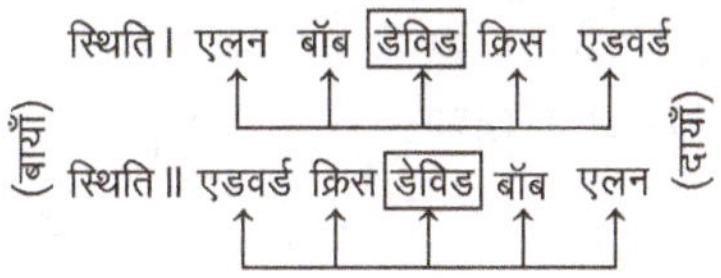

अत: दोनों स्थितियों में डेविड बीच में बैठा है।

13. (c) प्रश्नानुसार,

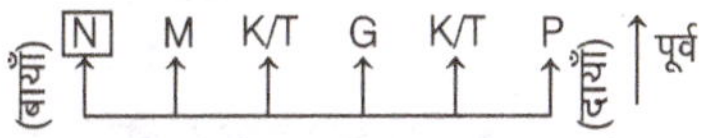

अत: M के ठीक बाएँ N बैठा है।

14. (c) प्रश्नानुसार,

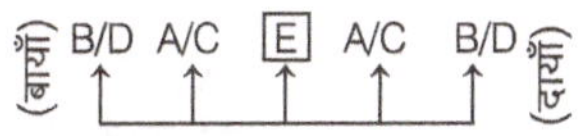

अत: पंक्ति के ठीक मध्य में 'E' बैठा है।

15. (c) प्रश्नानुसार,

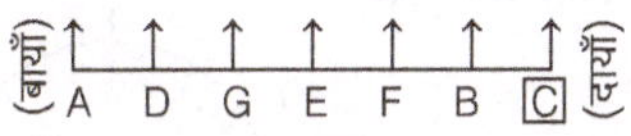

अत: पंक्ति के दाएँ सिरे पर C बैठा है।

16. (a) प्रश्नानुसार,

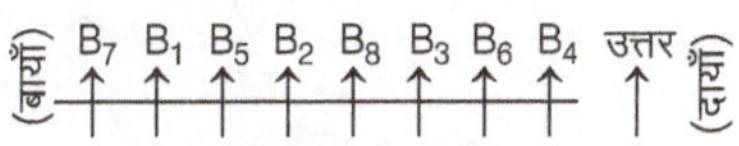

अत: B_1 के ठीक बाईं ओर B_7 बैठा है।

17. (d) दी गई जानकारी के अनुसार, बैठने का क्रम निम्न है

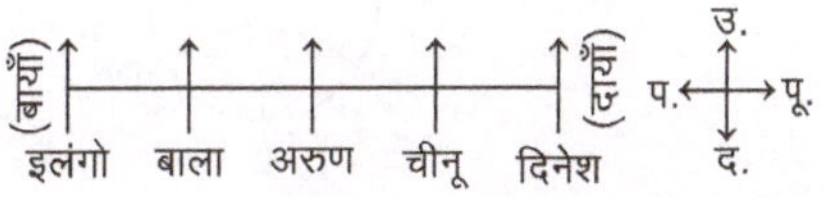

अत: दिनेश दाएँ सिरे पर बैठा है।

18. (a) प्रश्नानुसार,

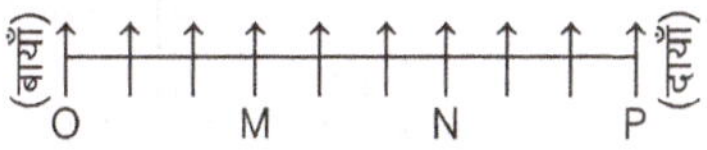

अत: बैठे हुए व्यक्तियों की कुल संख्या = 10

19. (d) प्रश्नानुसार,

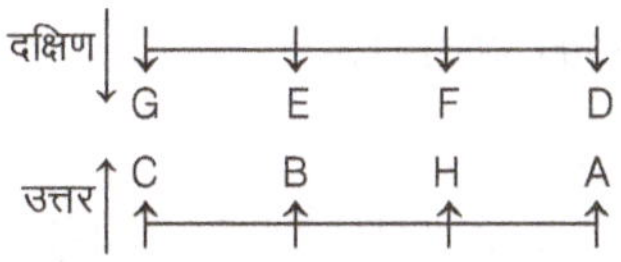

अत: A, B, C, H चारों व्यक्ति एक ही पंक्ति में बैठे हैं।

20. (c) प्रश्नानुसार,

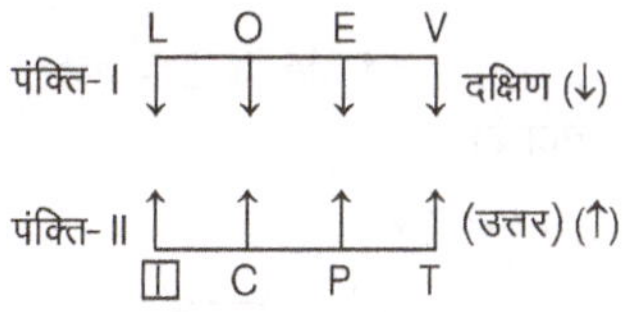

स्पष्टत: I, उत्तर दिशा की ओर उन्मुख व्यक्तियों में अन्तिम बाएँ छोर पर बैठा है।

21. (c) प्रश्नानुसार,

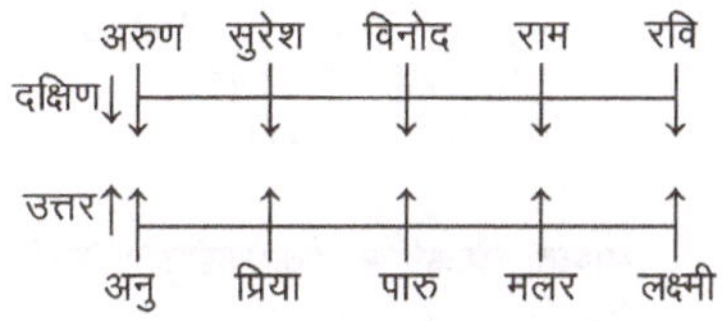

अत: प्रिया के सम्मुख सुरेश बैठा है।

22. (d) प्रश्नानुसार,

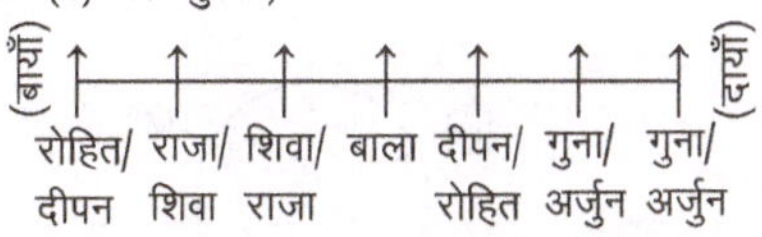

अत: विकल्प के अनुसार, शिवा किसी भी छोर पर नहीं बैठाया जा सकता है।

TOP TIPS इस तरह के प्रश्नों को हल करते समय उस व्यक्ति को सबसे पहले व्यवस्थित करें जिनके बारे में सटीक जानकारी दी गई हो।

23. (d) प्रश्नानुसार,

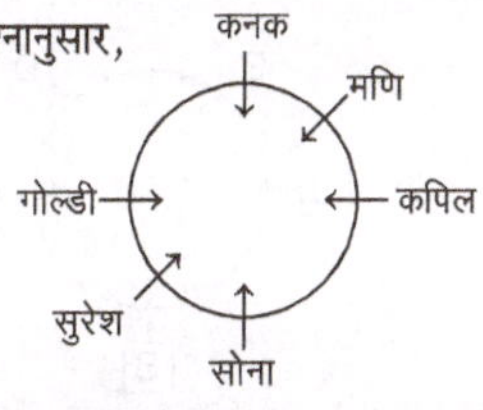

गोल्डी के दाएँ ओर ठीक बगल में सुरेश बैठा है।

24. (*c*) प्रश्नानुसार,

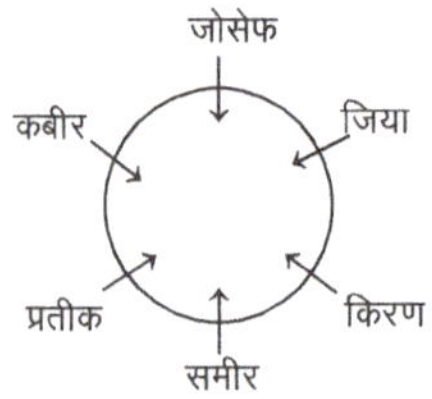

अत: जिया के ठीक बगल में किरण है।

25. (*b*) प्रश्नानुसार,

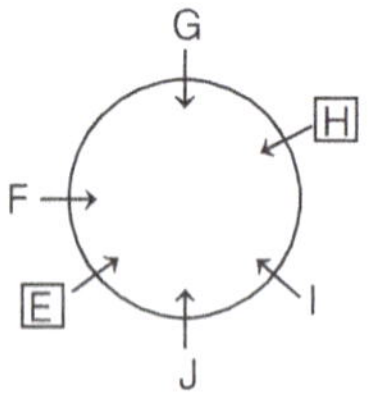

अत: E के दाईं ओर से तीसरे स्थान पर H बैठा है।

26. (*b*) प्रश्नानुसार,

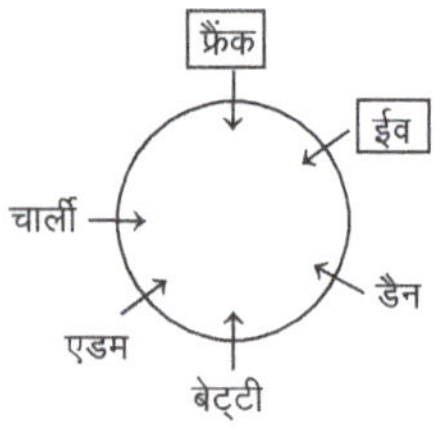

स्पष्टत: 'फ्रैंक' के ठीक बाईं ओर 'ईव' बैठा है।

27. (*b*) प्रश्नानुसार,

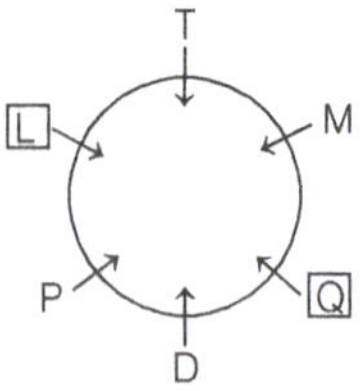

अत: Q के ठीक सामने 'L' बैठा है।

28. (*a*) प्रश्नानुसार,

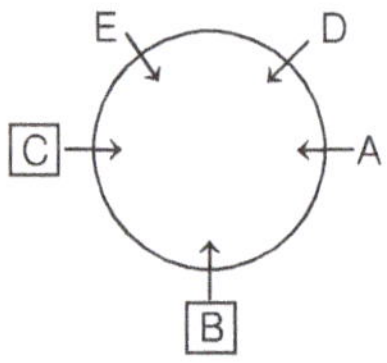

अत: B के ठीक बाईं ओर 'C' बैठा है।

29. (*a*) प्रश्नानुसार,

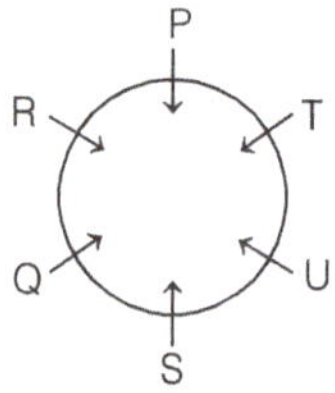

अत: P और U दोनों के ठीक बगल में T बैठा है।

30. (*d*) प्रश्नानुसार,

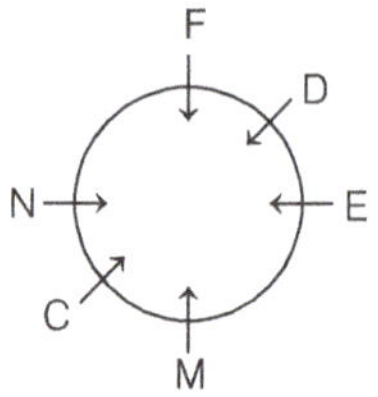

उपरोक्त आरेख से स्पष्ट है, कि M और D, E के निकटतम पड़ोसी हैं, लेकिन विकल्प में केवल D दिया हुआ। अत: E का निकटतम पड़ोसी D है।

31. (*c*) प्रश्नानुसार,

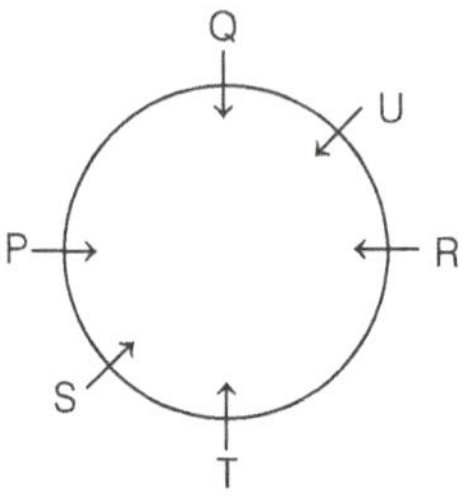

अत: R के निकटतम पड़ोसी T और U दोनों हैं।

32. (*c*) प्रश्नानुसार,

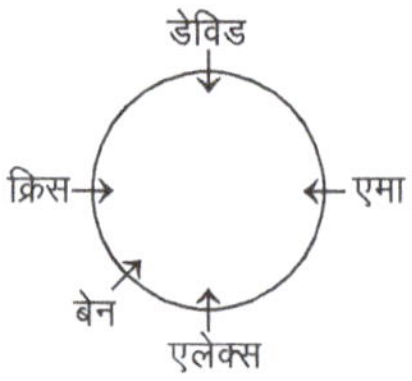

अत: क्रिस के ठीक दाईं ओर बेन बैठा है।

33. (*d*) प्रश्नानुसार,

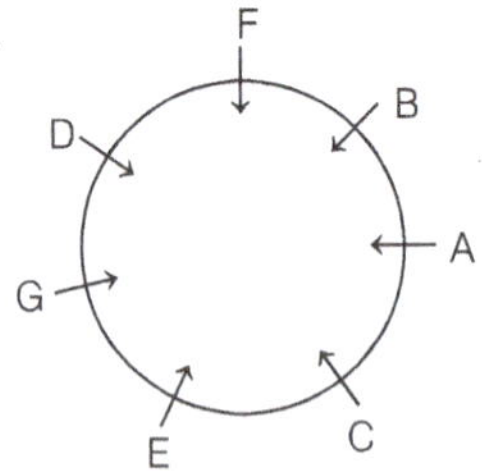

अत: G, A के बाएँ से तीसरे स्थान पर बैठा है।

34. (*a*) प्रश्नानुसार,

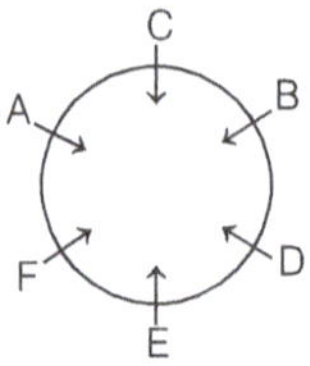

अत: C के ठीक दाएँ A है।

35. (*b*) प्रश्नानुसार,

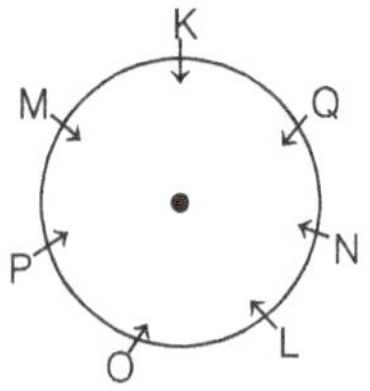

अत: 'LN' युग्म में, L, N के बिल्कुल बाएँ ओर बैठा है।

36. (*b*) प्रश्नानुसार,

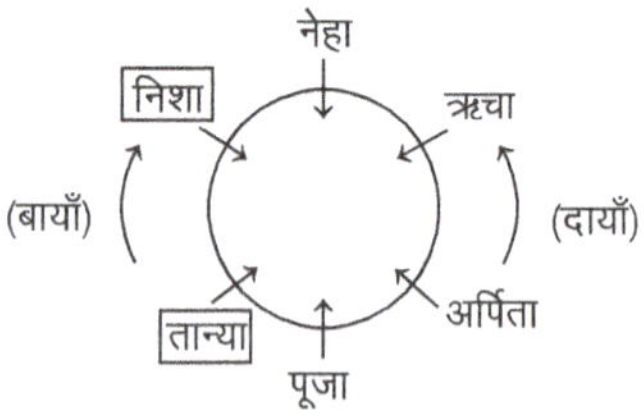

अत: 'तान्या' के ठीक बाईं ओर 'निशा' बैठी है।

37. (*d*) प्रश्नानुसार,

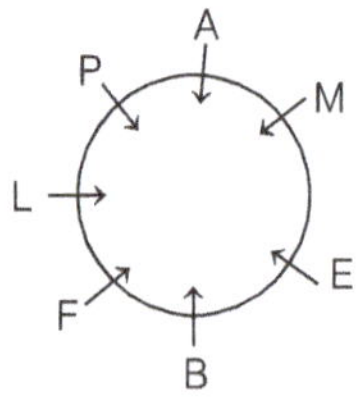

अत: F के बाईं ओर से दूसरे स्थान पर P बैठा है।

38. (*c*) प्रश्नानुसार,

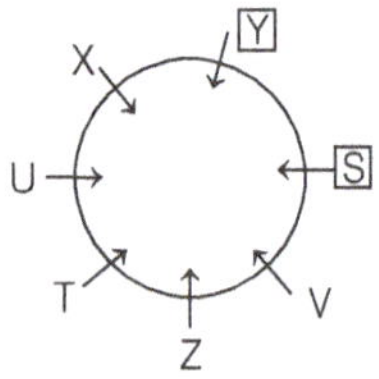

अत: S के ठीक दाईं ओर Y बैठा है।

39. (*b*) प्रश्नानुसार,

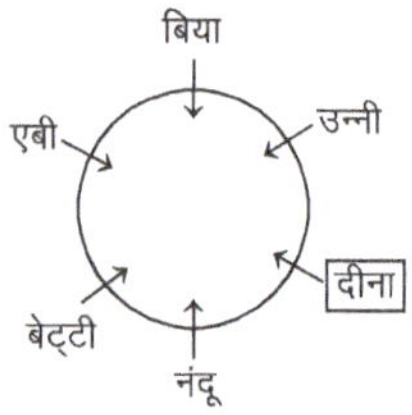

अत: 'नंदू' के दाईं ओर 'दीना' बैठा है।

40. (*b*) प्रश्नानुसार,

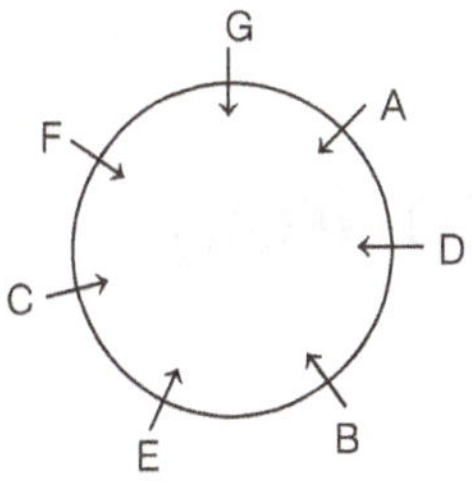

अत: F के दाएँ से गिनने पर F और D के बीच तीन लोग बैठे हैं।

41. (*b*) प्रश्नानुसार,

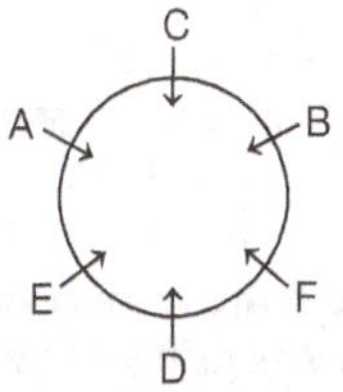

अत: D, B के बाईं ओर से दूसरे स्थान पर है।

42. (*d*) प्रश्नानुसार,

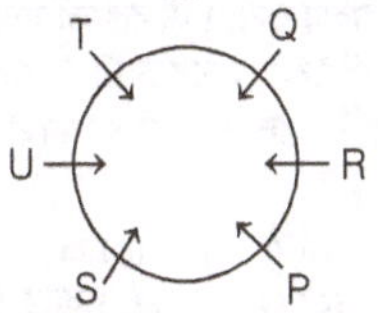

अत: P के दाएँ ओर ठीक बगल में मेंढक R बैठा है।

43. (*c*) प्रश्नानुसार,

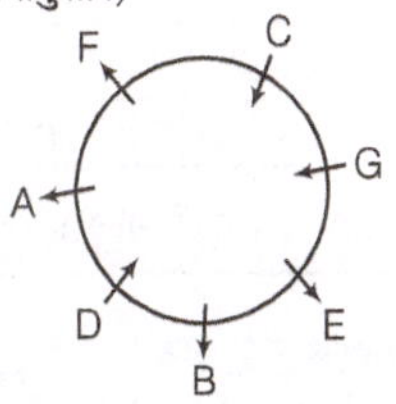

अब A से प्रारम्भ करके तथा वर्णानुक्रम में घड़ी की दिशा में सभी व्यक्तियों के बैठने का क्रम निम्न है

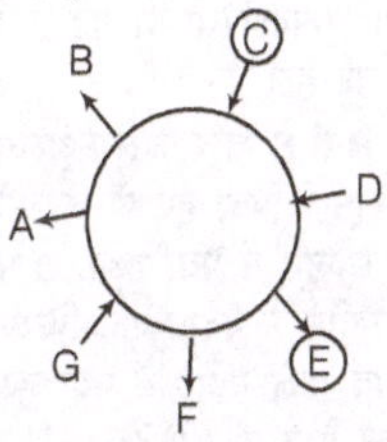

आरेख से स्पष्ट है कि दो व्यक्तियों C तथा E के स्थान अपरिवर्तित रहेंगे।

44. (*c*) प्रश्नानुसार,

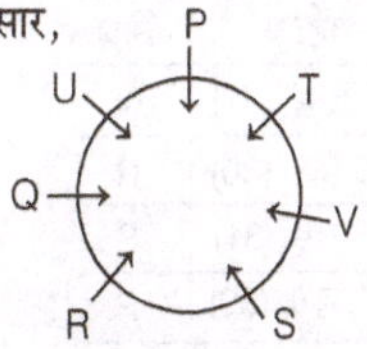

अत: R के ठीक दाएँ S बैठा है।

45. (*d*) प्रश्नानुसार,

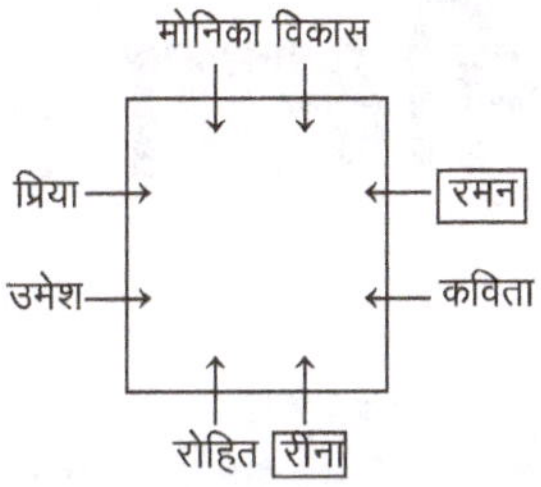

अत: 'रमन' के बाईं ओर दूसरे स्थान पर 'रीना' बैठी है।

46. (*c*) प्रश्नानुसार,

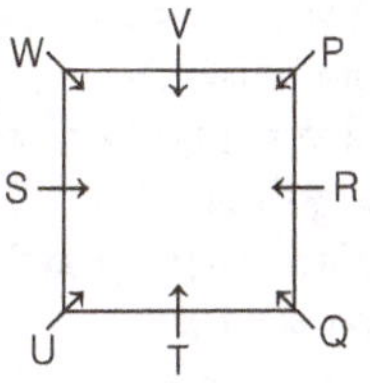

अत: Q, एक कोने पर बैठा है।

47. (*c*) प्रश्नानुसार,

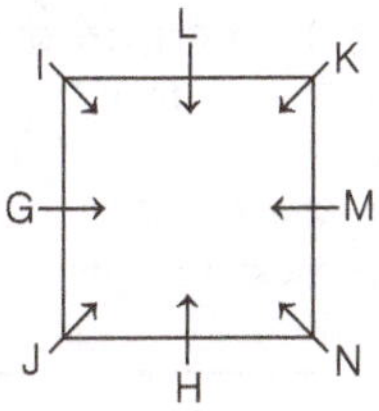

उपरोक्त से स्पष्ट है कि I के सामने तिर्यक N है।

48. (*b*) प्रश्नानुसार,

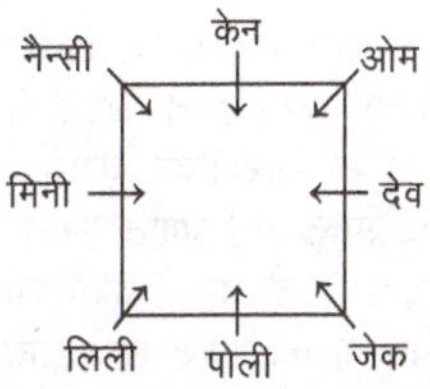

अत: जेक के दाएँ चौथे स्थान पर 'नैन्सी' बैठी है।

49. (*b*) प्रश्नानुसार,

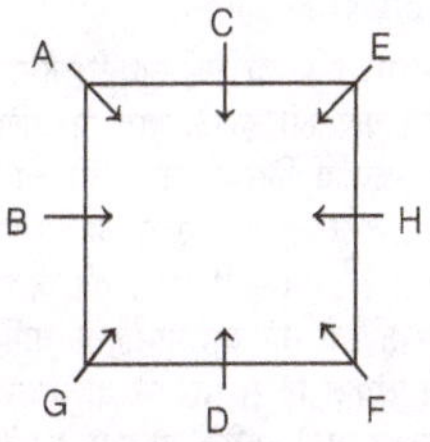

अत: G के दाएँ से तीसरा H है।

50. (*a*) प्रश्नानुसार

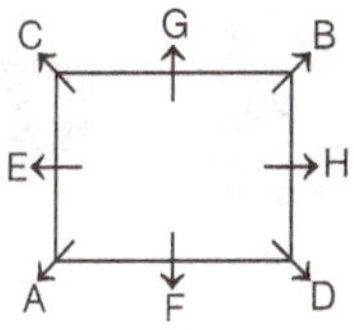

अत: F, A और D के बीच बैठा है।

51. (*d*) प्रश्नानुसार,

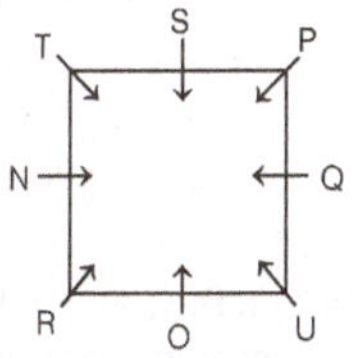

अत: P और R के मध्य तीन व्यक्ति बैठे हैं।

52. (*c*) प्रश्नानुसार,

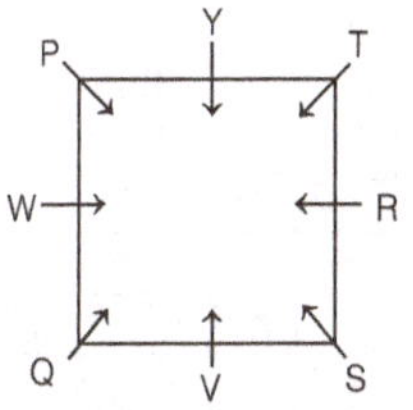

अत: S, P के दाएँ से चौथे स्थान पर बैठा है।

53. (*b*) प्रश्नानुसार,

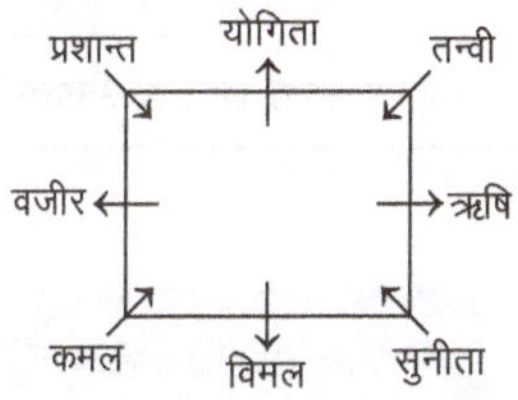

अत: कमल, विमल का निकटतम पड़ोसी है।

54. (*b*) प्रश्नानुसार,

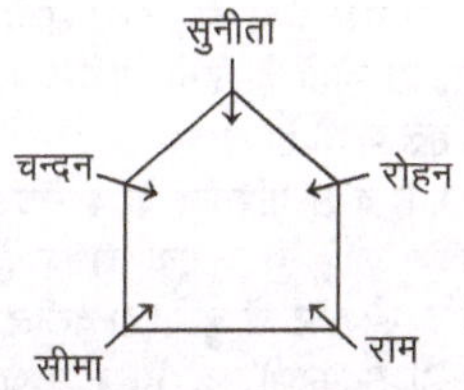

अत: सुनीता दक्षिणावर्त दिशा में, राम से तीसरे स्थान पर है।

55. (*a*) प्रश्नानुसार,

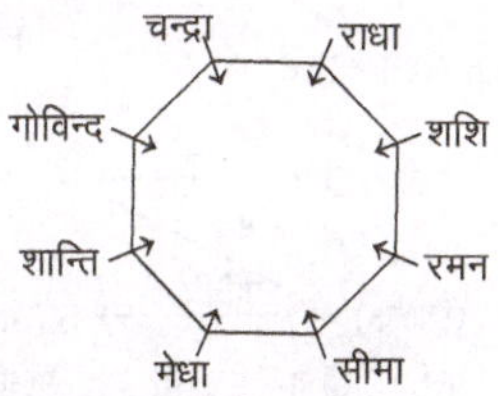

अत: सीमा, चन्द्रा के विपरीत है।

अध्याय

13 पहेली परीक्षण (Puzzle Test)

वर्गीकरण पर आधारित

वर्गीकरण पर आधारित प्रश्नों में कुछ कारक या तथ्य दिए होते हैं। जिनका एक समूह बनता है। इन तथ्यों को सारणीबद्ध करते हैं। इसके पश्चात् दिए गए प्रश्नों के उत्तर ज्ञात करते हैं।

जैसे-चार छात्र A, B, C और D भाषा K, L, M और N में से एक भाषा सीखते हैं। A और C, M भाषा नहीं सीखते हैं तथा D, L भाषा सीखता है। यदि A, N भाषा नहीं सीखता है तो K भाषा कौन सीखता है?

(a) D (b) C

(c) B (d) A

हल (*d*) प्रश्नानुसार,

छात्र	भाषा			
	K	L	M	N
A	✓	×	×	×
B	×	×	✓	×
C	×	×	×	✓
D	×	✓	×	×

अतः K भाषा छात्र A सीखता है।

शर्तें, समूहीकरण और टीम गठन पद/नामों पर आधारित

इस प्रकार के प्रश्नों व्यक्तियों या वस्तुओं के एक-दूसरे के सापेक्ष कुछ शर्तें और उनके पदनामों के आधार पर चयन/गैर-चयन या टीम गठन से सम्बन्धित जानकारियाँ दी होती हैं। इन्हें व्यवस्थित कर प्रश्नों को हल करते हैं।

जैसे-एक छात्र के पास ठीक चार पुस्तकें A, B, C व D है। जिनमें से उसे एक बैग में रखने के लिए ठीक तीन पुस्तकें चुननी है।

कोई भी संयोजन स्वीकार्य है। बशर्ते वह निम्नलिखित शर्तों को पूरा करता हो।

यदि A को चुना जाता है तो C को नहीं चुना जा सकता है।

यदि B को चुना जाता है, तो D को भी चुना जाता है।

नीचे दिए गए विकल्पों में से उन पुस्तकों के संयोजन को चुनिए, जो दी गई तीन शर्तों को पूरा करता हो।

(a) ACB (b) ACD

(c) CBD (d) इनमें से कोई नहीं

हल (*c*) CBD दोनों शर्तों को पूर्ण करता है।

अतः यह स्वीकार्य होगा।

मंजिल/बॉक्स/पुस्तक/अन्य वस्तु पर आधारित

इस प्रकार के प्रश्नों में व्यक्तियों या वस्तुओं (बॉक्स/पुस्तक आदि) को किसी इमारत की मंजिलों पर या किसी निश्चित क्रम में दी गई जानकारी के आधार पर व्यवस्थित करके दिए गए प्रश्नों को हल करते हैं।

जैसे-A, B और C एक ही इमारत की 3 अलग-अलग मंजिल पर रहते हैं। इमारत के सबसे निचली मंजिल का क्रमांक 1, उसके ठीक ऊपर वाली मंजिल का क्रमांक 2 और सबसे ऊपरी मंजिल का क्रमांक 3 है। A सम संख्या वाली मंजिल पर रहता है। C सबसे ऊपरी वाली मंजिल पर नहीं रहता है। सबसे ऊपरी वाली मंजिल पर कौन रहता है?

(a) A (b) B

(c) C (d) कोई नहीं

हल (*b*) प्रश्नानुसार,

मंजिल	व्यक्ति
3	B
2	A
1	C

अतः B सबसे ऊपरी वाली मंजिल पर रहता है।

पहेली परीक्षण

कथनों का ऐसा समूह जो पूर्णतः सत्य होने के बाद भी अस्पष्ट अर्थ प्रकट करते हों परन्तु इन्हीं कथनों को क्रमबद्ध या सारणीबद्ध करने पर पूर्णतः स्पष्ट अर्थ प्रकट करते हों, तो ऐसे कथनों को पहेली कहा जाता है। इन कथनों का स्पष्ट अर्थ ज्ञात करने की प्रक्रिया को पहेली परीक्षण (Puzzle test) कहा जाता है।

रक्त सम्बन्ध एवं व्यवसाय पर आधारित

इस प्रकार के प्रश्नों में रिश्तों के साथ व्यक्तियों के व्यवसाय या पसन्दीदा रंग, वस्तु आदि से सम्बन्धित जानकारी दी होती है। इन्हें व्यवस्थित कर उपयुक्त प्रश्न को हल करते हैं।

जैसे-P, Q, R व S परिवार के 4 सदस्य हैं। जिनमें दो विवाहित जोड़े हैं। T एक शिक्षक है। जिसका विवाह एक डॉक्टर से हुआ। Q वकील है, जो P का पति है। S गृहणी नहीं है। T, P का पुत्र है। निम्नलिखित में से कौन-सा सत्य है?

(a) P गृहणी नहीं है (b) Q, T का पुत्र है

(c) S डॉक्टर नहीं है। (d) T, Q का पुत्र है।

हल (*d*) प्रश्नानुसार, [+ ⇒ पुरुष, – ⇒ महिला]

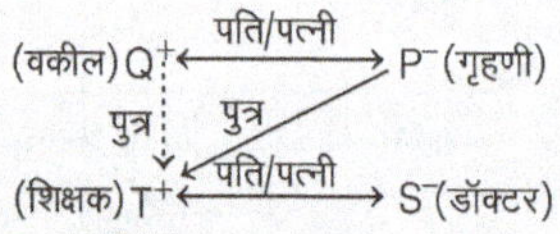

अतः T, Q का पुत्र है। यह सत्य है।

Score Booster

सर्वप्रथम प्रश्न में दी गई अधूरी जानकारी को एकत्र कर लें। इसके बाद अभ्यर्थियों को भाषा के रूप में लिखी जानकारी को दृश्य संकेतों में बदलना चाहिए ताकि उम्मीदवार को बार-बार जानकारी पढ़ने की जरूरत न पड़े। अभ्यर्थियों को यह समझना चाहिए कि अप्रत्यक्ष संकेत किस बारे में बात कर रहे हैं और उनका सही तरीके से उपयोग कैसे करें।

दिन/तारीख/महीना/वर्ष पर आधारित

इस प्रकार के प्रश्नों में किसी घटनाक्रम, स्थान या समय से सम्बन्धित तथ्य या जानकारियाँ दी गई होती हैं। इन्हें व्यवस्थित कर प्रश्नों को हल करते हैं।

जैसे-चार मित्र P, Q, R व S चार अलग-अलग महीनों मार्च, अप्रैल, मई व जून में पैदा हुए थे जरूरी नहीं कि दिए गए क्रम में हो। P जून में पैदा हुआ, Q मई में पैदा नहीं हुआ तथा उस महीने में पैदा हुआ, जिसमें 31 दिन हों। R, Q के ठीक बाद वाले महीने में पैदा हुआ। Q और P के बीच कितने मित्र पैदा हुआ थे?

(a) 3 (b) 2 (c) 1 (d) 4

हल (*b*) प्रश्नानुसार,

महीना	मित्र
मार्च (31)	Q
अप्रैल (30)	R
मई (31)	S
जून (30)	P

अतः Q और P के बीच 2 मित्र पैदा हुए।

Exam Approach Examples

वर्गीकरण पर आधारित

उदाहरण 1. राज, विक्रम, अमित, अमर और शिवानी पाँच मित्र हैं। राज, विक्रम और अमित बुद्धिमान हैं। राज, अमर और शिवानी मेहनती हैं। अमर, अमित और शिवानी शिक्षक हैं। राज, विक्रम और शिवानी विद्वान हैं। दिए गए मित्रों में से कौन न तो मेहनती है और न ही विद्वान? *RRB NTPC 2022*

(a) अमित (b) विक्रम (c) शिवानी (d) राज

हल (*a*) प्रश्न में दी गई जानकारी के अनुसार,

मित्र	गुण उपलब्धियाँ			
	बुद्धिमान	मेहनती	शिक्षक	विद्वान
राज	✓	✓	✗	✓
विक्रम	✓	✗	✗	✓
अमित	✓	✗	✓	✗
अमर	✗	✓	✓	✗
शिवानी	✗	✓	✓	✓

अतः अमित न तो मेहनती है और न ही विद्वान है।

उदाहरण 2. P और Q को कॉफी और चाय पीना पसन्द है। R और S को कॉफी और एनर्जी ड्रिंक पसन्द है। Q और S को चाय और कोल्ड ड्रिंक पसन्द है। R, S और T को एनर्जी ड्रिंक और आइस-टी पसन्द है। निम्नलिखित में से कौन केवल तीन पेय अर्थात् कॉफी, चाय और कोल्ड ड्रिंक पसन्द करता है? *RRB NTPC 2022*

(a) R (b) T (c) Q (d) P

हल (*c*) प्रश्नानुसार,

व्यक्ति	ड्रिंक				
	कॉफी	चाय	एनर्जी ड्रिंक	कोल्ड ड्रिंक	आइस-टी
P	✓	✓	✗	✗	✗
Q	✓	✓	✗	✓	✗
R	✓	✗	✓	✗	✓
S	✓	✓	✓	✓	✓
T	✗	✗	✓	✗	✓

अतः Q को कॉफी, चाय और कोल्ड-ड्रिंक पसन्द है।

मंजिल/बॉक्स/पुस्तक/अन्य वस्तु पर आधारित

उदाहरण 3. L, M, N, O, P, Q और R एक ही इमारत के 7 अलग-अलग मंजिलों पर रहते हैं। सबसे निचली मंजिल की संख्या 1 है, उसके ऊपर की मंजिल की संख्या 2 है और इसी प्रकार सबसे ऊपरी मंजिल की संख्या 7 है। R एक सम संख्या वाली मंजिल पर रहता है, लेकिन मंजिल संख्या 4 पर नहीं। केवल 1 व्यक्ति R और M के बीच रहता है। O, P के ठीक ऊपर रहता है और P, Q के ठीक ऊपर रहता है। Q और L के बीच 3 से अधिक व्यक्ति रहते हैं। N के नीचे कितने व्यक्ति रहते हैं? *RRB NTPC 2021*

(a) 4

(b) कोई नहीं, क्योंकि N सबसे निचली मंजिल पर रहता है

(c) 5

(d) 2

हल (*a*) प्रश्नानुसार,

मंजिल	व्यक्ति
7	L
6	R
5	N
4	M
3	O
2	P
1	Q

अतः N के नीचे 4 व्यक्ति रहते हैं।

उदाहरण 4. A, B, C, D, E और F एक ही इमारत की छः अलग-अलग मंजिल पर रहते हैं। इमारत के सबसे निचली मंजिल का क्रमांक 1, उसके ठीक ऊपर वाली मंजिल का क्रमांक 2 और इसी प्रकार जारी रखते हुए सबसे ऊपरी मंजिल का क्रमांक 6 है। E एक विषम क्रमांक वाली मंजिल पर रहता है, परन्तु वह क्रमांक 5 वाली मंजिल पर नहीं रहता है। E और C के बीच केवल एक व्यक्ति रहता है। D, F के ठीक ऊपर रहता है। B, C के नीचे वाली मंजिल पर रहता है। A सबसे ऊपरी मंजिल पर नहीं रहता है। सबसे ऊपरी मंजिल पर कौन रहता है? *SSC (10 + 2) 2024*

(a) D (b) A (c) B (d) C

हल (*a*) प्रश्नानुसार,

इमारत	व्यक्ति
6	D
5	F
4	A
3	C
2	B
1	E

अतः 'D' सबसे ऊपरी मंजिल पर रहता है।

उदाहरण 5. छः डिब्बे, D, E, F, G, H और I एक के ऊपर एक रखे गए हैं, लेकिन जरूरी नहीं कि इसी क्रम में हों। D और I के मध्य केवल दो डिब्बे रखे गए हैं। D को ऊपर से तीसरे स्थान पर रखा गया है। E और I के बीच में केवल एक डिब्बा है। साथ ही, E और F के बीच केवल एक डिब्बा है। नीचे से तीसरे स्थान पर कौन-सा डिब्बा रखा है? *RRC Group D 2022*

(a) G (b) H

(c) F (d) E

हल (*d*) प्रश्नानुसार,

G/H
F
D
E
G/H
I

अतः नीचे से तीसरे स्थान पर डिब्बा E है।

Helping Tips

पहेली को हल करते समय समाधान की सावधानीपूर्वक समीक्षा करें ताकि यह सुनिश्चित हो सके कि यह पहेली में दी गई किसी भी जानकारी का खंडन तो नहीं करता है।

उदाहरण 6. छः छात्रों P, Q, R, S, T और U को उनकी पुस्तकों को एक बुकशेल्फ की छः अलग-अलग अलमारियों में रखने के लिए निर्देशित किया गया है, जिसमें एक के ऊपर एक केवल छः अलमारियाँ हैं। S की पुस्तकें सबसे ऊपर वाली अलमारी में रखी गई हैं। P और U की पुस्तकें क्रमशः सबसे ऊपर से तीसरी और सबसे नीचे से तीसरी अलमारी में रखी गई हैं। U और Q की पुस्तकों वाली अलमारियों के बीच वाली अलमारी में केवल R की पुस्तकें रखी गई हैं। छात्र T की पुस्तकें ऊपर से किस अलमारी में रखी गई हैं? *RRB NTPC 2022*

(a) चौथी (b) दूसरी
(c) पहली (d) तीसरी

हल (*b*) प्रश्नानुसार,

S
T
P
U
R
Q

अतः छात्र T की पुस्तक ऊपर से दूसरी अलमारी में रखी गई है।

शर्तें, समूहीकरण और टीम गठन पद/नामों पर आधारित

उदाहरण 7. एक छात्र के पास ठीक आठ पुस्तकें A, B, C, D, E, F, G और H हैं, जिनमें से उसे एक बैग में रखने के लिए ठीक पाँच पुस्तकें चुननी होंगी। कोई भी संयोजन स्वीकार्य है, बशर्ते वह निम्नलिखित शर्तों को पूरा करता हो
यदि A को चुना जाता है, तो F को नहीं चुना जा सकता है।
यदि B को चुना जाता है, तो E को भी चुना जाना चाहिए।
यदि D को चुना जाता है, तो G को भी चुना जाना चाहिए।
नीचे दिए गए विकल्पों में से उन पुस्तकों के संयोजन को चुनिए, जो दी गई तीनों शर्तों को पूरा करता हो। *RRB NTPC 2022*

(a) B, D, E, F, G (b) B, C, D, F, G
(c) A, B, D, E, F (d) A, B, C, D, G

हल (*a*) प्रश्नानुसार, विकल्प (b), (c) और (d) दी गई शर्तों को पूरा नहीं करते हैं, क्योंकि विकल्प (b) और (d) में B के साथ E को नहीं चुना गया है और विकल्प (c) में A के साथ F को चुना गया है, जोकि दी गई शर्तों को पूरा नहीं करता है। केवल विकल्प (a) दी गई शर्तों को पूरा करता है।
अतः विकल्प (a) में पुस्तकों का सही संयोजन है।

दिन/तारीख/महीना/वर्ष पर आधारित

उदाहरण 8. सात मित्र P, Q, R, S, T, U और V सात अलग-अलग महीनों मार्च, अप्रैल, जून, जुलाई, अगस्त, सितम्बर और दिसम्बर में पैदा हुए थे, जरूरी नहीं कि दिए गए क्रम में हों। R का जन्म 31 दिन से कम लेकिन अगस्त से पहले वाले महीने में हुआ था। T के बाद केवल तीन मित्र पैदा हुए थे। U का जन्म V के ठीक पहले लेकिन T के बाद हुआ था। P और S के बीच तीन से अधिक मित्र पैदा हुए थे। R का जन्म T से ठीक पहले नहीं हुआ था और T का जन्म S से पहले हुआ था। Q और S के बीच कितने मित्र पैदा हुए थे? *RRB NTPC 2021*

(a) तीन (b) पाँच
(c) दो (d) चार

हल (*a*) प्रश्नानुसार,

महीना	मित्र
मार्च (31)	P
अप्रैल (30)	R
जून (30)	Q
जुलाई (31)	T
अगस्त (31)	U
सितम्बर (30)	V
दिसम्बर (31)	S

Trending Concept
दिन/तारीख/महीना/वर्ष पर आधारित प्रश्न वर्तमान में हो रही सभी परीक्षाओं (RRB NTPC, SSC CGL, STENO) में पूछे जा रहे हैं। आगामी परीक्षाओं के लिए अति महत्त्वपूर्ण है।

अतः Q और S के बीच तीन मित्र पैदा हुए।

रक्त सम्बन्ध एवं व्यवसाय पर आधारित

उदाहरण 9. P, Q, R, S, T और U परिवार के 6 सदस्य हैं, जिनमें दो विवाहित जोड़े हैं। T एक शिक्षक है, जिसका विवाह एक डॉक्टर से हुआ है, जो R और U की माँ है। Q वकील है, जिसका विवाह P से हुआ है। P का एक बेटा और एक पोता है। दो विवाहित महिलाओं में से एक गृहिणी है। परिवार में एक छात्र और एक पुरुष इंजीनियर है। परिवार की पोती के बारे में निम्नलिखित में से कौन-सा सत्य है? *SSC CGL 2018*

(a) वह एक वकील है
(b) वह एक इंजीनियर है
(c) वह एक छात्रा है
(d) वह एक डॉक्टर है

हल (*c*) प्रश्नानुसार,

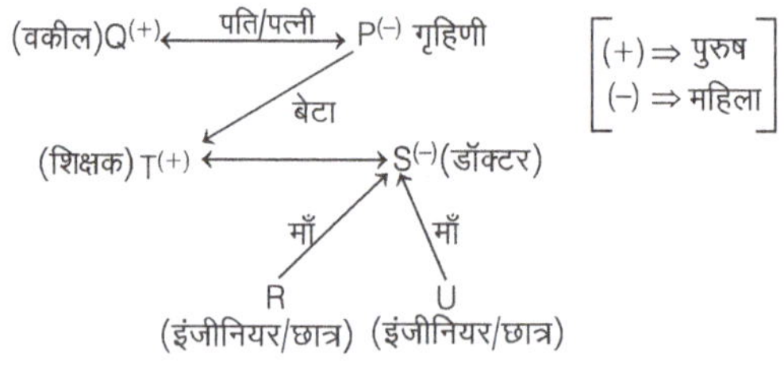

अतः परिवार की पोती एक छात्रा है तथा वह या तो R या U हो सकती है।

Chapter Challenge

वर्गीकरण पर आधारित

1. A, B, C, D और E एक स्टॉल से कुछ पेय खरीदने में अपनी मदद करते हैं। उनमें से चार प्रत्येक एक कप कॉफी खरीदते हैं। B और D, अन्य सभी की तरह चाय नहीं खरीदते हैं। वास्तव में, B केवल एक पेय खरीदता है, जो एक कोल्ड ड्रिंक है। B के अतिरिक्त अन्य लोग कोल्ड ड्रिंक नहीं खरीदते हैं। केवल A और E आइस-टी नहीं खरीदते हैं। निम्नलिखित में से कौन तीन पेय खरीदता है? *RRB NTPC 2022*

(a) B (b) C (c) E (d) A

2. A, B, C, D, E और F में से केवल एक व्यक्ति को काला रंग पसन्द है। इनमें सिर्फ दो 12वीं में पढ़ते हैं, जबकि बाकी 10वीं में पढ़ते हैं। केवल C, F के समान कक्षा में है। D को गुलाबी रंग पसन्द है। 12वीं में पढ़ने वालों में से किसी को भी काला रंग पसन्द नहीं है। न तो A और न ही E को काला रंग पसन्द है। उनमें से कौन काला रंग पसन्द करता है? *RRB NTPC 2022*

(a) B (b) F (c) C (d) A

3. पाँच लड़कियाँ, A, B, C, D और E, विभिन्न पाँच शहरों, मुम्बई, दिल्ली, कोलकाता, चेन्नई और जयपुर में से केवल एक जगह की यात्रा करती हैं। E कोलकाता, मुम्बई व चेन्नई की यात्रा नहीं करती है। D मुम्बई, चेन्नई व दिल्ली की यात्रा नहीं करती है। A, जयपुर की यात्रा करती है। C, मुम्बई की यात्रा नहीं करती है। C किस शहर की यात्रा करती है? *SSC Steno 2020*

(a) कोलकाता (b) चेन्नई (c) जयपुर (d) दिल्ली

मंजिल/बॉक्स/पुस्तक/अन्य वस्तु पर आधारित

4. L, G, K, P, H और Z एक ही बहुमंजिला इमारत की आठ अलग-अलग मंजिलों पर रहते हैं, जिसमें 2 मंजिलें खाली हैं। इमारत में सबसे निचली मंजिल का क्रमांक 1 है, उसके ऊपर की मंजिल का क्रमांक 2 है और इसी प्रकार सबसे ऊपरी मंजिल का क्रमांक 8 है। H मंजिल क्रमांक 1 पर रहता है, K मंजिल क्रमांक 2 पर रहता है और P मंजिल क्रमांक 8 पर रहता है। Z के ठीक ऊपर वाली मंजिल और ठीक नीचे वाली मंजिल खाली है G की मंजिल, उस मंजिल के ठीक ऊपर है, जिसमें L रहता है और G की मंजिल, P की मंजिल के ठीक नीचे है। मंजिल क्रमांक 4 पर कौन रहता है? *RRC Group D 2022*

> **MRC*****
> *(Most Repeating Concepts)*
> प्र. सं. 4, 5, 6, 7 और 8 वर्तमान में Railway से सम्बन्धित सभी प्रतियोगी परीक्षाओं में निरन्तर पूछे जा रहे हैं। इन प्रश्नों का ध्यानपूर्वक अध्ययन करें।

(a) Z (b) G (c) H (d) I

5. S, T, U, V, W और X एक ही इमारत की छ: अलग-अलग मंजिलों पर रहते हैं। इमारत में सबसे निचली मंजिल की संख्या 1 है, इसके ऊपर की मंजिल की संख्या 2 है और इसी प्रकार सबसे ऊपर की मंजिल की संख्या 6 है। V सबसे निचली मंजिल पर रहता है। X और U प्रत्येक एक सम संख्या वाली मंजिल पर रहते हैं। T, U और W के ठीक बीच में रहता है। W मंजिल संख्या 2 पर रहता है। मंजिल संख्या 5 पर कौन रहता है? *RRC Group D 2022*

(a) S (b) X
(c) U (d) T

6. पुनीत, कुमार, रोहित, शीतल, तबीर और उमेश एक बहुमंजिला इमारत में रहते हैं। कुमार उस मंजिल के ठीक नीचे रहता है, जहाँ उमेश रहता है। शीतल उस मंजिल के ठीक नीचे रहती है, जहाँ कुमार रहता है। तबीर उन मंजिलों के नीचे की मंजिलों में से एक पर रहता है, जहाँ कुमार और शीतल रहते हैं, लेकिन वह उस मंजिल के ऊपर एक मंजिल पर रहता है, जहाँ पुनीत रहता है। तबीर उस मंजिल के ठीक नीचे रहता है, जहाँ रोहित रहता है। रोहित उस मंजिल के ठीक नीचे रहता है, जहाँ शीतल रहती है। ऊपरी मंजिल पर कौन रहता है? *RRB NTPC 2022*

(a) पुनीत (b) कुमार
(c) उमेश (d) शीतल

7. अनु एक सात मंजिला इमारत में किसी एक मंजिल पर रहती है। इमारत की प्रत्येक मंजिल को इस प्रकार क्रमांकित किया जाता है, कि सबसे निचली मंजिल को क्रमांक 1 दिया जाता है और सबसे ऊपरी मंजिल को क्रमांक 7 दिया जाता है। वह सम क्रमांक वाली किसी मंजिल पर नहीं रहती है। जिस मंजिल पर वह रहती है, उसके ऊपर कम-से-कम दो मंजिलें हैं और उसके नीचे कम-से-कम दो मंजिलें हैं। उसके और सबसे ऊपर वाली मंजिल पर रहने वाले उसके मित्र की मंजिल के बीच कम-से-कम दो मंजिलें हैं। अनु किस मंजिल पर रहती है? *RRB NTPC 2022*

(a) 1 (b) 3 (c) 7 (d) 5

8. Q, W, E, R, T और Y एक ही इमारत की सात अलग-अलग मंजिलों पर रहते हैं, जिसमें एक मंजिल खाली है। इमारत में सबसे निचली मंजिल का क्रमांक 1 है, उसके ऊपर की मंजिल का क्रमांक 2 है और इसी प्रकार सबसे ऊपरी मंजिल का क्रमांक 7 है। T, सातवीं मंजिल पर रहता है और W पहली मंजिल पर रहता है। केवल Y, R और W के बीच में रहता है तथा R और W के बीच की कोई भी मंजिल खाली नहीं है। 5वीं मंजिल पर E रहता है। केवल Q, T और E के बीच में रहता है। कौन-सी मंजिल खाली है? *RRC Group D 2022*

(a) 6 (b) 4
(c) 2 (d) 3

9. छ: डिब्बे M, N, O, P, Q और R को एक के ऊपर एक रखा गया है लेकिन जरूरी नहीं कि इसी क्रम में हों। डिब्बा N और डिब्बा R के मध्य केवल एक डिब्बा है। डिब्बा Q, डिब्बा N के ठीक नीचे है। डिब्बा Q और डिब्बा M के बीच केवल दो डिब्बे हैं। डिब्बा P के ऊपर कोई डिब्बा नहीं है। डिब्बा R नीचे से तीसरा है। कौन-सा डिब्बा ऊपर से तीसरा है? *RRB NTPC 2022*

(a) Q (b) O (c) N (d) R

10. पाँच बॉक्स K, L, M, N और O हैं जिन्हें एक के ऊपर एक व्यवस्थित किया गया है। बॉक्स M को बॉक्स N के ऊपर रखा गया है। बॉक्स O को K के नीचे रखा गया है। बॉक्स N को K के ऊपर रखा गया है। बॉक्स L को O के नीचे रखा गया है। निम्नलिखित में से सबसे नीचे वाला बॉक्स कौन-सा है? *RRB NTPC 2022*

(a) O (b) L (c) K (d) M

11. V, W, X, Y, Z, A और B सात डिब्बे हैं, जिन्हें एक के ऊपर एक रखा गया है, किन्तु उनका इसी क्रम में होना अनिवार्य नहीं है। A को W के ठीक ऊपर रखा गया है। B और W के बीच केवल चार डिब्बे रखे गए हैं। V और X के बीच केवल एक डिब्बा रखा गया है। X को A के ठीक ऊपर रखा गया है। B को सबसे ऊपर रखा गया है। Z और Y के बीच कितने डिब्बे रखे गए हैं? *RRC Group D 2022*

(a) दो (b) तीन
(c) चार (d) एक

12. A, B, C, D, E और F लेबल वाले छः बॉक्स ऊपर से नीचे की ओर ऊर्ध्वाधर रूप से रखे गए हैं। शीर्ष स्थिति को पहली स्थिति माना गया है, जबकि नीचे की स्थिति अंतिम स्थिति है। बॉक्स F को बॉक्स E के ठीक ऊपर रखा गया है। A और B के बीच तीन बॉक्स हैं। बॉक्स A, बॉक्स B के ऊपर है। E और D के बीच एक बॉक्स है। E और C के बीच तीन बॉक्स हैं। बॉक्स E को दूसरे अन्तिम स्थान पर रखा गया है। निम्नलिखित में से कौन-सा बॉक्स, बॉक्स D के ठीक ऊपर रखा गया है। *SSC (10 +2) 2023*

(a) C (b) B (c) F (d) A

शर्ते, समूहीकरण और टीम गठन पद/नामों पर आधारित

13. छः व्यक्ति A, B, C, D, E और F हैं। A, B, C और F पुरुष हैं और अन्य दो महिलाएँ हैं। A की ऊँचाई 5.2 फीट, B की 5.7 फीट, C की 5.9 फीट, D की 5.4 फीट, E की 6.0 फीट और F की 6.1 फीट है। इनमें से सभी A, B, C और E चीनी पसन्द करते हैं तथा D और F को नमक पसन्द है। जिन व्यक्तियों की ऊँचाई 5.5 फीट से अधिक होती है वे काले रंग के कपड़े पहनते हैं और अन्य व्यक्ति सफेद रंग के कपड़े पहनते हैं।
इनमें से कौन-सा चीनी-प्रेमी पुरुष है, जो काला नहीं पहनता है?

RRB NTPC 2022

(a) C (b) A (c) D (d) B

14. कुछ व्यक्ति एक फुटबॉल के मैदान पर खेल रहे हैं। केवल दो व्यक्तियों ने लाल रंग की टी-शर्टें पहनी हुई हैं। ठीक तीन व्यक्तियों ने पीले रंग की टी-शर्टें पहनी हुई हैं। लाल रंग की टी-शर्ट पहने हुए व्यक्ति, केसरिया रंग की टी-शर्ट पहने हुए एकमात्र व्यक्ति को फुटबॉल पास करता है। सफेद रंग की टी-शर्ट पहने हुए व्यक्ति ने केसरिया रंग की टी-शर्ट पहने हुए व्यक्ति से फुटबॉल छीनी और फिर फुटबॉल को हरे रंग की टी-शर्ट पहने हुए खिलाड़ी को पास कर दी। कोई अन्य व्यक्ति उस मैदान पर नहीं खेल रहा है। मैदान पर कुल कितने खिलाड़ी फुटबॉल खेल रहे हैं? *RRC Group D 2022*

(a) 9 (b) 8 (c) 10 (d) 7

15. पाँच छात्र A, B, C, D और E अलग-अलग स्कूलों K, L, M, N और O में पढ़ते हैं, लेकिन जरूरी नहीं कि इसी क्रम में हों। प्रत्येक व्यक्ति को केवल एक ही विषय पसन्द है अर्थात् हिन्दी, गणित, विज्ञान, सामाजिक विज्ञान और अंग्रेजी। C, M में पढ़ता है। B को सामाजिक विज्ञान पसन्द नहीं है। D को अंग्रेजी पसन्द है। और वह N में पढ़ता है। L के छात्र को गणित पसन्द है। E को हिन्दी पसन्द है, लेकिन वह न तो O से है और न ही L से है। B, O में पढ़ता है।
निम्नलिखित में से कौन-सा छात्र स्कूल 'L' में पढ़ता है और उसे गणित पसन्द है? *RRB NTPC 2022*

(a) B (b) A (c) D (d) C

16. मयूरी, काव्यांजलि, दिव्या, पूनम, नेहा और विद्या छः लड़कियाँ हैं। प्रत्येक लड़की को लाल, नीला, बैंगनी, पीला, हरा और गुलाबी अलग-अलग रंग पसन्द हैं। दिव्या को लाल रंग पसन्द है। पूनम को हरा और पीला रंग पसन्द नहीं है। नेहा को बैंगनी रंग पसन्द है। विद्या को गुलाबी और हरा रंग पसन्द नहीं है। मयूरी को नीला रंग पसन्द है। निम्नलिखित में से कौन-सी लड़की और रंग का संयोजन सही है? *RRB NTPC 2022*

(a) काव्यांजलि - गुलाबी (b) नेहा - नीला
(c) विद्या - पीला (d) पूनम - हरा

17. पाँच दोस्त, पूर्वा, रोशन, विभोर, लूना और अनुज, पाँच अलग-अलग रंग की टी-शर्ट पहने हैं, लाल, काली, बैंगनी, पीली और नीली। प्रत्येक मित्र को निम्नलिखित में से किसी एक से एलर्जी है जैसे कि नट, डेयरी, बिल्लियाँ, मछली और धूल, किसी भी दो दोस्त को समान एलर्जी नहीं है। लूना को बिल्लियों से एलर्जी है, लेकिन उन्होंने बैंगनी रंग की टी-शर्ट नहीं पहनी है। पीले रंग की टी-शर्ट पहनने वाले को धूल से एलर्जी है। पूर्वा ने काले रंग की टी-शर्ट पहनी हुई है, लेकिन उसे डेयरी या मछली से एलर्जी नहीं है। विभोर ने बैंगनी रंग की टी-शर्ट पहनी हुई है, लेकिन उसे मछली से एलर्जी नहीं है। लूना ने नीले रंग की टी-शर्ट पहनी हुई है। रोशन ने लाल रंग की टी-शर्ट पहनी हुई है। धूल से एलर्जी किसे है?

RRB NTPC 2022

(a) विभोर (b) पूर्वा (c) रोशन (d) अनुज

18. 6 पुरुषों A, B, C, D, E और F और 6 महिलाओं P, Q, R, S, T और U में से 5-सदस्यों की एक टीम का चयन करना है। यदि B का चयन किया जाता है, तो न तो U और न ही Q का चयन किया जा सकता है। A, B, S और T में से ठीक दो व्यक्तियों का चयन किया जाना है। यदि E का चयन किया जाता है, तो न तो S और न ही B का चयन किया जा सकता है। यदि A का चयन किया जाता है, तो B का चयन किया जाएगा। निम्नलिखित में से कौन-सा टीम का सही चयन है?

RRB NTPC 2021

(a) C, U, B, P, R (b) P, R, S, T, D
(c) P, R, A, B, S (d) C, Q, A, B, S

दिन/तारीख/महीना/वर्ष पर आधारित

19. एक कम्पनी ने सोमवार से शनिवार की अवधि के दौरान छः अलग-अलग कारें बेचीं : स्विफ्ट, सैण्ट्रो, क्रेटा, ऑडी, i-10 और मैग्ना किसी विशेष दिन केवल एक कार बेची गई। दो बार कोई कार नहीं बिकी। सैण्ट्रो कार के बाद कम-से-कम चार कारें बिकी। कार मैग्ना, मंगलवार को बेची गई थी। कार क्रेटा के तुरन्त बाद कार ऑडी बेची गई और कार क्रेटा कम-से-कम तीन कारों से पहले बेची गई। सैण्ट्रों और i-10 दोनों ही कम-से-कम एक कार से पहले बेची गई थीं। स्विफ्ट कार किस दिन बेची गई थी? *RRB NTPC 2021*

(a) गुरुवार (b) सोमवार (c) शुक्रवार (d) शनिवार

20. छः शिक्षकों, J, K, L, M, N और O में से प्रत्येक की कक्षा सोमवार से शुरू होकर एक ही सप्ताह के शनिवार को समाप्त होने वाले सप्ताह के छः अलग-अलग दिनों में होती है, लेकिन जरूरी नहीं कि इसी क्रम में हो। M की कक्षा से पहले केवल दो शिक्षकों की कक्षाएँ हैं। J की कक्षा मंगलवार को है, और O की कक्षा शनिवार को है। K की कक्षा के बाद केवल एक शिक्षक की कक्षा है। N की कक्षा K और M की कक्षाओं के बीच नहीं है। निम्नलिखित में से किसकी कक्षा सोमवार को है?

RRC Group D 2022

(a) L (b) K (c) N (d) M

21. छः व्यक्तियों A, B, C, D, E और F ने अलग-अलग वर्षों 2010, 2012, 2014, 2016, 2018 और 2020 में यात्राएँ की (लेकिन उनका इस क्रम मे होना अनिवार्य नहीं है)। C ने 2018 में यात्रा की, D और A के बीच केवल तीन व्यक्तियों ने यात्राएँ कीं। A ने D के बाद यात्रा की। F और E के बीच केवल एक व्यक्ति ने यात्रा की। F ने E से पहले यात्रा की। किस व्यक्ति ने 2014 में यात्रा की? *RRC Group D 2022*

(a) B (b) F (c) E (d) D

22. छः व्यक्ति, P, Q, R, S, T और U ने एक ही वर्ष के विभिन्न महीनों में यात्रा की अर्थात् जनवरी, फरवरी, मार्च, जुलाई, सितम्बर और दिसम्बर। U ने सितम्बर में यात्रा की। U और Q के बीच केवल एक व्यक्ति ने यात्रा की। P और S के बीच किसी ने यात्रा नहीं की। S ने P के बाद एक महीने में यात्रा की। S और T के बीच दो से अधिक लोगों ने यात्रा की। उनमें से किसने मार्च में यात्रा की? *RRC Group D 2022*

(a) T (b) Q (c) R (d) P

23. छः व्यक्ति, L, M, N, O, P और Q की एक ही वर्ष के विभिन्न महीनों अर्थात् फरवरी, मार्च, जून, अगस्त, सितम्बर और दिसम्बर में पाक कला की कक्षाएँ हैं। P की कक्षा Q से ठीक पहले है। केवल M की कक्षा O से पहले है। L की कक्षा N के ठीक बाद और Q से पहले है। निम्नलिखित कथनों में से कौन-सा सही है? **RRC Group D 2022**
(a) L की कक्षा जून में है (b) P की कक्षा सितम्बर में है
(c) Q की कक्षा फरवरी में है (d) M की कक्षा मार्च में है

24. पाँच दोस्त A, S, D, F और G ने एक ही कैलेण्डर वर्ष के लगातार महीनों में एक कोचिंग संस्थान में प्रवेश लिया। A ने मई में प्रवेश लिया। केवल D ने F और S के बीच प्रवेश लिया, जबकि G ने A के ठीक एक महीने बाद प्रवेश लिया। F प्रवेश लेने वाला अन्तिम था। D ने किस महीने में प्रवेश लिया? **RRC Group D 2022**
(a) जुलाई (b) जून
(c) अगस्त (d) सितम्बर

> **MRC*****
> *(Most Repeating Concepts)*
> प्र. सं. 22, 23, 24, 27 और 28 Examination Point of View से अति महत्त्वपूर्ण हैं। इन Concept पर प्रश्न Railway, UPSSSC की परीक्षाओं में निरन्तर पूछे जा रहे हैं।

25. पाँच व्यक्ति P, Q, R, S और T को पाँच अलग-अलग वर्षों अर्थात् 1991, 1992, 1993, 1994 और 1995 में नौकरी मिली। Q को T से ठीक पहले नौकरी मिली। R को P के ठीक बाद नौकरी मिली। S को R के ठीक बाद नौकरी मिली। T को वर्ष 1992 में नौकरी मिली। इनमें से किसे वर्ष 1995 में नौकरी मिली? **RRC Group D 2022**
(a) S (b) Q (c) R (d) P

26. छः गायकों V, W, X, Y, Z और A के संगीत कार्यक्रम एक ही महीने जुलाई के अलग-अलग दिनों अर्थात् 12वें, 14वें, 16वें, 21वें, 25वें और 31वें दिन होने हैं। W का संगीत कार्यक्रम X से पहले के किसी दिन है, लेकिन 21वें दिन नहीं है। V का संगीत कार्यक्रम 14वें दिन है। केवल A का संगीत कार्यक्रम ही X के संगीत कार्यक्रम के बाद है। Y का संगीत कार्यक्रम V के संगीत कार्यक्रम से पहले है। किस गायक का संगीत कार्यक्रम जुलाई के 21वें दिन है? **RRC Group D 2022**
(a) Z (b) A
(c) Y (d) X

27. P, Q, R, S, T और U नामक छः टीमों ने एक ही वर्ष के विभिन्न महीनों अर्थात् जनवरी, फरवरी, मार्च, अप्रैल, मई और जून में टूर्नामेण्ट जीते। टीम R ने जनवरी में टूर्नामेण्ट जीता। टीम Q ने टीम U से ठीक पहले वाले महीने में टूर्नामेण्ट जीता। टीम P ने टीम S के ठीक पहले वाले महीने में टूर्नामेण्ट जीता। टीम R और टीम S के महीनों के बीच ठीक दो टीम ने टूर्नामेंट जीता। टीम T ने किस महीने में टूर्नामेण्ट जीता? **RRC Group D 2022**
(a) मार्च (b) फरवरी
(c) अप्रैल (d) मई

28. P, L, K, U, J और Y समान कैलेण्डर वर्ष के लगातार छः महीनों में राजस्थान और उत्तर प्रदेश की यात्रा पर जाते हैं। P ने नवम्बर के महीने में राजस्थान की यात्रा करना पसन्द किया। U ने P से ठीक दो महीने पहले उत्तर प्रदेश का दौरा किया। Y ने जुलाई के महीने को प्राथमिकता दी। J, Y और U द्वारा पसन्द किए गए महीनों के ठीक बीच राजस्थान का दौरा करना पसन्द करता है। L, Y से ठीक एक महीने पहले गया था। K किस महीने में गया था? **RRC Group D 2022**
(a) अगस्त (b) नवम्बर (c) सितम्बर (d) अक्टूबर

रक्त सम्बन्ध एवं व्यवसाय पर आधारित

29. परिवार के छः सदस्य, A, B, C, D, E और F एक घर के नवीनीकरण की पारिवारिक परियोजना पर एक टीम के रूप में कार्य कर रहे हैं। प्रत्येक व्यक्ति को एक ही कार्य दिया गया है। A, B का पुत्र है और फर्श का कार्य लेता है। B, C की बहन है और जल सम्बन्धी मामलों का कार्य लेती है। C, D की पत्नी है और विद्युत कार्यों का कार्य लेती है। D नींव से सम्बन्धित कार्य लेता है और उसका बेटा E आन्तरिक सजावट का कार्य लेता है। F, जो D का भाई है, छत का कार्य लेता है। A के मौसेरे भाई को क्या कार्य सौंपा गया है? **RRB NTPC 2021**
(a) आन्तरिक सजावट (b) छत
(c) विद्युत कार्य (d) नींव सम्बन्धित कार्य

30. एक परिवार में छः सदस्य हैं A, B, C, D, E और F। इनमें दो विवाहित जोड़े हैं। B एक डॉक्टर है और E का पिता है। F, C का दादा है और एक ठेकेदार है, D, E की दादी है और एक गृहिणी है। परिवार में एक डॉक्टर, एक ठेकेदार, एक नर्स, एक गृहिणी और दो छात्र हैं।
A का पेशा क्या है?
(a) डॉक्टर (b) ठेकेदार (c) नर्स (d) गृहिणी

31. छः व्यक्तियों P, Q, R, S, T और U का परिवार है। वे वकील, डॉक्टर, शिक्षक, सेल्समैन, इंजीनियर और मैनेजर हैं। परिवार में दो विवाहित जोड़े हैं। S, सेल्समैन की शादी महिला टीचर से हुई है। डॉक्टर ने वकील से शादी की है। U, जो एक मैनेजर है, Q का बेटा है और T का भाई है। R, जो एक वकील है, P की पुत्रवधू है। T, एक अविवाहित इंजीनियर है। P, U की दादी है।
निम्नलिखित में से कौन शादीशुदा जोड़े में से एक है?
(a) T और R (b) P और S (c) S और Q (d) T और P

32. एक परिवार में छह सदस्य A, B, C, X, Y और Z हैं। दो विवाहित जोड़े हैं, B एक इंजीनियर है और Y का पिता है, Z, C का दादा है और एक वैज्ञानिक है। X, Y की दादी है और एक चित्रकार है, Y और C बहनें हैं और क्रिकेटर हैं। A, C की माँ है और एक अभिनेत्री है। समूह में एक इंजीनियर, एक वैज्ञानिक, एक अभिनेता, एक चित्रकार और दो क्रिकेटर हैं। निम्नलिखित में से कौन सा विकल्प केवल पुरुष सदस्यों का समूह है? **RRB NTPC 2021**
(a) BZA (b) BZ (c) ZY (d) BZY

Right Key

1. (b)	2. (a)	3. (b)	4. (a)	5. (a)	6. (c)	7. (b)	8. (b)	9. (a)	10. (b)
11. (b)	12. (d)	13. (b)	14. (b)	15. (b)	16. (c)	17. (d)	18. (b)	19. (d)	20. (c)
21. (c)	22. (b)	23. (b)	24. (c)	25. (a)	26. (a)	27. (b)	28. (d)	29. (a)	30. (c)
31. (b)	32. (b)								

Solutions

1. (*b*) प्रश्नानुसार,

व्यक्ति	पेय			
	कॉफी	चाय	कोल्ड ड्रिंक	आइस-टी
A	✓	✓	✗	✗
B	✗	✗	✓	✗
C	✓	✓	✗	✓
D	✓	✗	✗	✓
E	✓	✓	✗	✗

अत: C तीनों पेय खरीदता है।

TOP TIPS इस प्रकार के प्रश्नों को हल करने के लिए सदैव सारणी का प्रयोग करते हैं।

2. (*a*) प्रश्न में दी गई जानकारी के अनुसार,

व्यक्ति	कक्षा	काला	गुलाबी
A	10वीं	✗	
B	10वीं	✓	
C	12वीं	✗	
D	10वीं	✗	✓
E	10वीं	✗	
F	12वीं	✗	

अत: B काला रंग पसन्द करता है।

3. (*b*) प्रश्नानुसार,

शहर / लड़कियाँ	मुम्बई	दिल्ली	चेन्नई	जयपुर	कोल-काता
A	✗	✗	✗	✓	✗
B	✓	✗	✗	✗	✗
C	✗	✗	✓	✗	✗
D	✗	✗	✗	✗	✓
E	✗	✓	✗	✗	✗

उपरोक्त अवलोकन से, 'C' चेन्नई की यात्रा करती है।

4. (*a*) प्रश्नानुसार,

मंजिल	व्यक्ति
8	P
7	G
6	L
5	रिक्त
4	Z
3	रिक्त
2	K
1	H

अत: मंजिल क्रमांक 4 पर Z रहता है।

5. (*a*) प्रश्नानुसार,

मंजिल	व्यक्ति
6	X
5	S
4	U
3	T
2	W
1	V

अत: मंजिल संख्या 5 पर S रहता है।

6. (*c*) प्रश्नानुसार,

मंजिल	व्यक्ति
6	उमेश
5	कुमार
4	शीतल
3	रोहित
2	तबीर
1	पुनीत

अत: ऊपरी मंजिल पर उमेश रहता है।

7. (*b*) प्रश्नानुसार,

मंजिल	व्यक्ति
7	अनु के मित्र
6	
5	
4	
3	अनु
2	
1	

अत: अनु मंजिल 3 पर रहती है।

TOP TIPS सम्भावनाओं को खत्म करें, जैसे-जैसे आप पहेली को हल करते हुए आगे बढ़ते हैं, व्यवस्थित रूप से उन विकल्पों को खत्म करते रहें जो दी गई जानकारी के आधार पर अब सटीक या फिट नहीं बैठते हैं।

8. (*b*) प्रश्नानुसार,

मंजिल	व्यक्ति
7	T
6	Q
5	E
4	खाली
3	R
2	Y
1	W

अत: मंजिल 4 खाली है।

9. (*a*) प्रश्नानुसार,

P
N
Q
R
O
M

अत: डिब्बा 'Q' ऊपर से तीसरे स्थान पर है।

10. (*b*) प्रश्नानुसार,

M
N
K
O
L

अत: सबसे नीचे वाला बॉक्स 'L' है।

11. (*b*) प्रश्नानुसार,

B
V
Y या Z
X
A
W
Z या Y

अत: Z और Y के बीच तीन डिब्बे रखे गए हैं।

12. (*d*) प्रश्नानुसार,

क्रमांक संख्या	बॉक्स
1	C
2	A
3	D
4	F
5	E
6	B

अत: बॉक्स A को बॉक्स D के ठीक ऊपर रखा गया है।

13. *(b)* प्रश्नानुसार,

व्यक्ति	लम्बाई	पसन्द	कपड़ा	लिंग
A	5.2 फीट	चीनी	सफेद	पुरुष
B	5.7 फीट	चीनी	काला	पुरुष
C	5.9 फीट	चीनी	काला	पुरुष
D	5.4 फीट	नमक	सफेद	महिला
E	6.0 फीट	चीनी	काला	महिला
F	6.1 फीट	नमक	काला	पुरुष

अत: A चीनी पसन्द करने वाला पुरुष है, जो काला नहीं पहनता है।

14. *(b)* लाल रंग की टी-शर्ट पहनने वाले व्यक्तियों की संख्या = 2

पीले रंग की टी-शर्ट पहनने वाले व्यक्तियों की संख्या = 3

केसरिया रंग की टी-शर्ट पहनने वालों की संख्या = 1

सफेद रंग की टी-शर्ट पहनने वालों की संख्या = 1

हरे रंग की टी-शर्ट पहनने वालों की संख्या = 1

मैदान में व्यक्तियों की कुल संख्या

$= 2 + 3 + 1 + 1 + 1$

$= 8$

TOP TIPS प्रश्न को हल करते समय केवल पहेली में स्पष्ट रूप से दी गई जानकारी का उपयोग करें और ऐसी धारणाएँ बनाने से बचें जो गलत समाधान की ओर ले जाएँ।

15. *(b)* प्रश्नानुसार,

छात्र	स्कूल नाम	विषय
A	L	गणित
B	O	विज्ञान
C	M	सामाजिक विज्ञान
D	N	अंग्रेजी
E	K	हिन्दी

अत: छात्र A, स्कूल L में पढ़ता है और उसे गणित पसन्द है।

16. *(c)* प्रश्नानुसार,

नाम	रंग
मयूरी	नीला
काव्यांजलि	हरा
दिव्या	लाल
पूनम	गुलाबी
नेहा	बैंगनी
विद्या	पीला

अत: विद्या-पीला सही संयोजन है।

17. *(d)* प्रश्नानुसार,

मित्र	टी-शर्ट का रंग	एलर्जी
पूर्वा	काला	नट (Nuts)
रोशन	लाल	मछली
विभोर	बैंगनी	डेयरी
लूना	नीला	बिल्लियाँ
अनुज	पीला	धूल

अत: अनुज को धूल से एलर्जी है।

18. *(b)* दिए गए विकल्पों में से,

विकल्प (a), B को U के साथ चुना गया है, जो गलत चयन है।

विकल्प (c), A, B, S और T में से ठीक दो व्यक्तियों का चयन किया जाना है तो, यह टीम नहीं हो सकती।

विकल्प (d), चूँकि B का चयन किया गया है इसलिए, Q, टीम का हिस्सा नहीं हो सकता।

अत: विकल्प (b) का संयोजन P, R, S, T, D सही हैं।

19. *(d)* प्रश्नानुसार,

दिन	कार
सोमवार	सैण्ट्रो
मंगलवार	मैग्ना
बुधवार	क्रेटा
गुरुवार	ऑडी
शुक्रवार	i-10
शनिवार	स्विफ्ट

अत: स्विफ्ट कार शनिवार को बेची गई थी।

20. *(c)* प्रश्नानुसार,

दिन	शिक्षक
सोमवार	N
मंगलवार	J
बुधवार	M
गुरुवार	L
शुक्रवार	K
शनिवार	O

अत: शिक्षक N की कक्षा सोमवार को है।

21. *(c)* प्रश्नानुसार,

वर्ष	व्यक्ति
2010	F
2012	D
2014	E
2016	B
2018	C
2020	A

अत: वर्ष 2014 में E ने यात्रा की थी।

22. *(b)* प्रश्नानुसार,

महीना	व्यक्ति
जनवरी	P
फरवरी	S
मार्च	Q
जुलाई	R
सितम्बर	U
दिसम्बर	T

अत: मार्च में व्यक्ति Q ने यात्रा की।

23. *(b)* प्रश्नानुसार,

महीना	व्यक्ति
फरवरी	M
मार्च	O
जून	N
अगस्त	L
सितम्बर	P
दिसम्बर	Q

अत: विकल्प (b) में दिया गया कथन सही है।

24. *(c)* प्रश्नानुसार,

महीना	दोस्त
मई	A
जून	G
जुलाई	S
अगस्त	D
सितम्बर	F

अत: D ने अगस्त महीने में जन्म लिया।

25. *(a)* प्रश्नानुसार,

वर्ष	व्यक्ति
1991	Q
1992	T
1993	P
1994	R
1995	S

अत: S को 1995 में नौकरी मिली।

26. *(a)* प्रश्नानुसार,

दिन	गायक
12	Y
14	V
16	W
21	Z
25	X
31	A

अत: गायक 'Z' का संगीत कार्यक्रम जुलाई के 21वें दिन है।

27. *(b)* प्रश्नानुसार,

महीना	टीम
जनवरी	R
फरवरी	T
मार्च	P
अप्रैल	S
मई	Q
जून	U

अत: टीम 'T' ने फरवरी महीने में टूर्नामेण्ट जीता।

28. *(d)* प्रश्नानुसार,

महीना	व्यक्ति	स्थान
जून	L	
जुलाई	Y	
अगस्त	J	राजस्थान
सितम्बर	U	उत्तर प्रदेश
अक्टूबर	K	
नवम्बर	P	राजस्थान

अत: K अक्टूबर के महीने में गया था।

29. *(a)* प्रश्नानुसार,

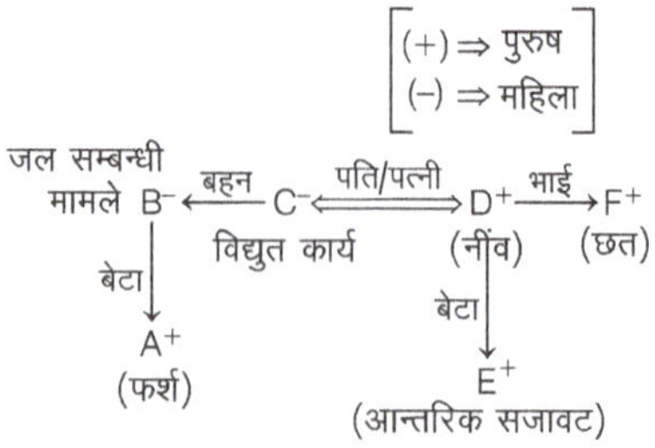

स्पष्टत:, E, A का मौसेरा भाई है और आन्तरिक सजावट का कार्य E को सौंपा गया है।

30. *(c)* प्रश्नानुसार,

सम्बन्ध आरेख बनाने पर,

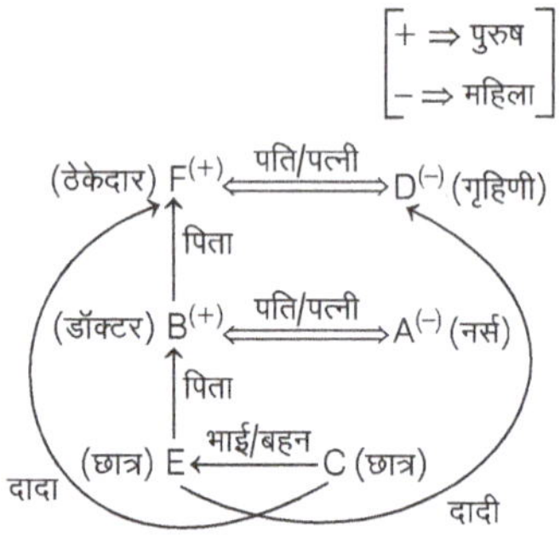

अत: A एक नर्स है।

31. *(b)* प्रश्नानुसार,

सम्बन्ध आरेख बनाने पर,

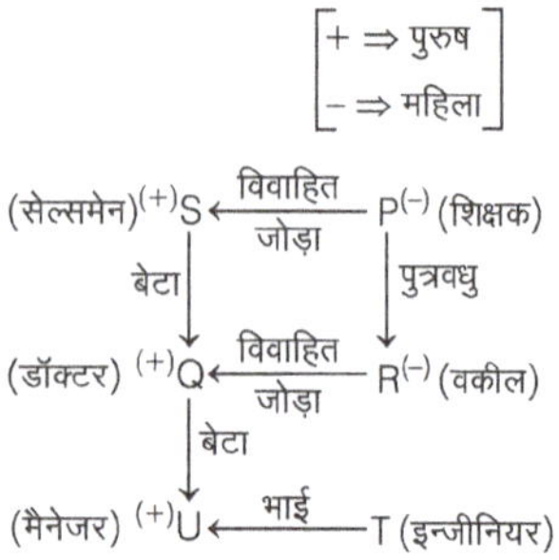

अत: P और S एक विवाहित जोड़ा है।

32. *(b)* प्रश्नानुसार,

सम्बन्ध आरेख बनाने पर,

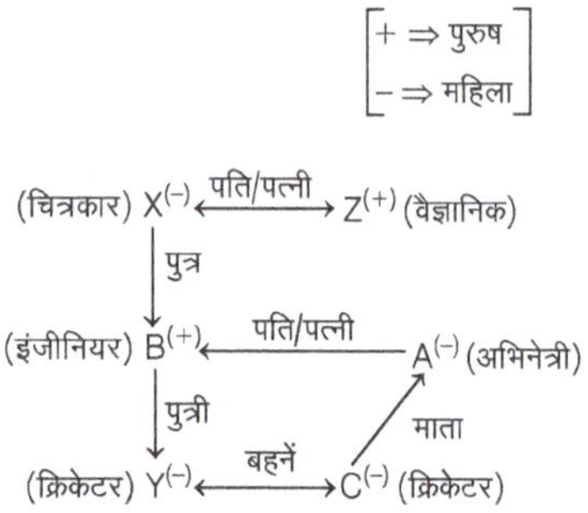

अत: B, Z पुरुष सदस्यों का समूह है।

अध्याय

14 घड़ी एवं कैलेण्डर

(Clock and Calendar)

घड़ी (Clock)

घड़ी एक ऐसा यन्त्र है, जो घण्टे, मिनट तथा सेकण्ड में समय के अन्तराल को व्यक्त करती है।
सामान्यत: घड़ी में चार अवयव होते हैं-1. डायल, 2. घण्टे की सुई 3. मिनट की सुई, 4. सेकण्ड की सुई
घड़ियाँ 12 घण्टे तथा 60 मिनट के खानों में विभाजित होती हैं। घड़ी की मूल संरचना इस प्रकार है

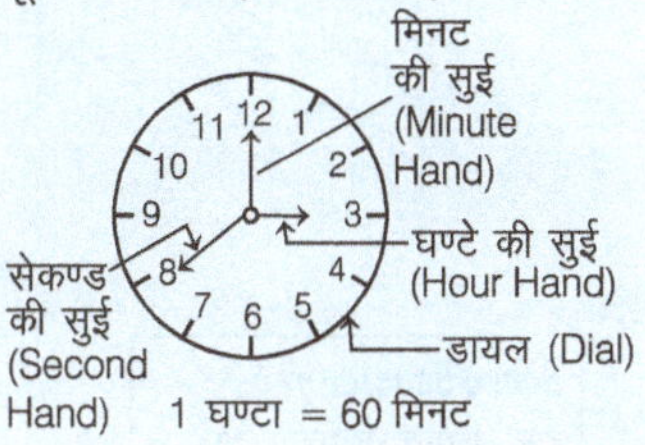

घड़ी के प्रतिबिम्ब पर आधारित

जब किसी घड़ी का दर्पण द्वारा कोई काल्पनिक प्रतिरूप बनता है, तो उसे घड़ी का प्रतिबिम्ब कहते हैं। इसके अन्तर्गत परीक्षाओं में पूछे गए प्रश्नों में, दर्पण प्रतिबिम्ब में दिखने वाली घण्टे की सुई और मिनट की सुई की स्थिति से, घड़ी की घण्टे की सुई और मिनट की सुई की मूल स्थिति को ज्ञात करना होता है।

जैसे—यदि किसी घड़ी में 2 बजे हो, तो दर्पण प्रतिबिम्ब में क्या समय दिखाई देगा?

(a) 8:00 (b) 9:30
(c) 10:00 (d) 10:30

हल (*c*) प्रश्नानुसार,

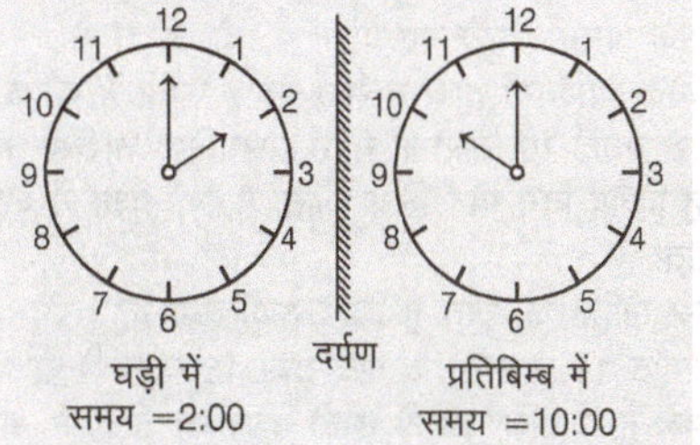

कोण पर आधारित

इसके अन्तर्गत पूछे गए प्रश्न सुइयों के द्वारा तय की गई अंशीय (कोणीय) दूरी पर आधारित होते हैं। इसमें अभ्यर्थियों से घण्टे की सुई और मिनट की सुई के बीच का कोण ज्ञात करने के लिए कहा जाता है।

जैसे-4 बजकर 40 मिनट पर दोनों सुइयों के बीच कितने अंश का कोण होगा?

(a) 120° (b) 100°
(c) 90° (d) 130°

हल (*b*) 4 बजकर 40 मिनट में घण्टे की सुई द्वारा बना कोण

$$\theta = \left|\frac{11}{2}M - 30H\right|$$

यहाँ, M (मिनट) = 40, H (घण्टा) = 4

$$\therefore \quad \theta = \left|\frac{11}{2}\times 40 - 30\times 4\right|$$

$$\Rightarrow \quad \theta = 220° - 120° = 100°$$

घड़ी की सुइयों की स्थितियाँ/तेज/मन्द पर आधारित

इसके अन्तर्गत पूछे गए प्रश्न सुइयों की स्थितियाँ/तेज/मन्द पर आधारित होते हैं। इसमें अभ्यर्थियों से सुइयों की स्थिति जैसे-मिलना, विपरीत होना, एक-दूसरे से समकोण अथवा अन्य किसी कोण पर होना या घड़ी का तेज/मन्द होना आदि के बारे में प्रश्न पूछे जाते हैं।

जैसे-एक दिन में घड़ी की घण्टे तथा मिनट की सुइयाँ आपस में कितनी बार एक-दूसरे के विपरीत होती हैं।

(a) 21 (b) 22 (c) 20 (d) 24

हल (*b*) घड़ी की दोनों सुइयाँ प्रत्येक 12 घण्टे में 11 बार एक-दूसरे के विपरीत होती है।
∴ एक दिन में घड़ी की घण्टे तथा मिनट की सुइयाँ आपस में 22 बार एक-दूसरे के विपरीत होती हैं।

Score Booster

इसके प्रश्नों को हल करने के लिए सुइयों द्वारा चली गई दूरी, कोण तथा प्रतिबिम्बों के बारे में जानकारी होना अति आवश्यक है।

निश्चित समय ज्ञात करने पर आधारित

इसके अन्तर्गत पूछे गए प्रश्नों में किसी विशेष परिस्थिति के आधार पर किसी मीटिंग/साक्षात्कार/बस या ट्रेन के छूटने/जानकारी प्राप्त करने इत्यादि का उपयोग कर निश्चित समय ज्ञात करना होता है।

जैसे-8:50 बजे से 20 मिनट पहले बैठक स्थल पर पहुँचते हुए मोहित को यह मालूम हुआ कि वह 40 मिनट देर से आने वाले व्यक्ति से 30 मिनट पहले आ गया है, तो यह बताइए कि बैठक का निर्धारित समय क्या था?

(a) 8:20 (b) 8:10 (c) 8:00 (d) 8:05

हल (*a*) मोहित के पहुँचने का समय = 8:50 – 0:20 = 8:30 बजे

40 मिनट देर से आने वाले व्यक्ति का समय = 8:30+30 मिनट = 9 बजे

अत: बैठक का वास्तविक समय = 9:00 – 40 मिनट = 8:20 बजे

कैलेण्डर

किसी वर्ष में आने वाली तिथि, दिनों, सप्ताह और माह को प्रदर्शित करने वाली तालिका को कैलेण्डर कहते हैं। कैलेण्डर की सबसे छोटी इकाई एक दिन है, साथ ही 7 दिन मिलकर एक सप्ताह बनाते हैं। एक वर्ष में 12 माह या 365/366 दिन होते हैं।

तिथि का दिन ज्ञात करने पर आधारित

• जब निर्देशित दिन दिया गया हो

इसके अन्तर्गत पूछे जाने वाले प्रश्न में एक निश्चित तिथि और उस तिथि के दिन के साथ एक अन्य तिथि दी होती है। इस जानकारी के आधार पर दी गई अन्य तिथि के दिन को ज्ञात करना होता है।

जैसे-यदि 17 मार्च, 2006 को मंगलवार था, तो 17 मार्च, 2008 को सप्ताह का कौन-सा दिन होगा?

(a) बुधवार (b) शुक्रवार
(c) मंगलवार (d) शनिवार

हल (*b*) दिया है,

17 मार्च, 2006 का दिन = मंगलवार

∴ 17 मार्च, 2006 से 17 मार्च, 2008 तक कुल विषम दिन = 1 + 2 = 3

(1 साधारण तथा 1 लीप वर्ष)

अत: 17 मार्च, 2008 का दिन = मंगलवार + 3 = शुक्रवार

• जब निर्देशित दिन न दिया गया हो

इसके अन्तर्गत पूछे जाने वाले प्रश्न में एक निश्चित तिथि या उससे सम्बन्धित कुछ जानकारी दी गई होती है लेकिन तिथि का दिन नहीं दिया गया होता है। दी गई जानकारी के अनुसार उसी तिथि के दिन को ज्ञात करना होता है।

इस तरह के प्रश्न हल करने के लिए निम्न चरणों का अनुसरण करते हैं

(i) 1 जनवरी सन् 1 A.D. को सोमवार था इसी को आधार मानकर प्रश्नों को हल किया जाता है।

(ii) जिस तिथि का दिन पूछा जाता है, उस तिथि तक विषम दिनों की संख्या ज्ञात कर लेते हैं इसके बाद उस संख्या को 7 से भाग कर लेते हैं तथा प्राप्त अतिरिक्त दिनों की संख्या से उस तिथि का दिन पता लगाया जा सकता है।

जैसे-2 अक्टूबर, 1809 को कौन-सा दिन था?

(a) रविवार (b) सोमवार
(c) मंगलवार (d) बुधवार

हल (*b*) 2 अक्टूबर, 1809 तक विषम दिनों की संख्या = 1800 (1600 +200) वर्षों में विषम दिन + 8 वर्षों में विषम दिन +1809 में 2 अक्टूबर तक विषम दिन $= 0+3+2\times2+6\times1+3$ $+0+3+2+3+2+3+3+2+2$

$= 36 \Rightarrow \frac{36}{7} = 1$ शेष

∴ 2 अक्टूबर, 1809 का दिन = सोमवार

साप्ताहिक दिन के आधार पर दिन ज्ञात करना

इस प्रकार के प्रश्नों में, सप्ताह या माह के किसी निर्देशित दिन को आधार मानकर, सप्ताह या माह का अन्य दिन ज्ञात किया जाता है।

जैसे-यदि किसी महीने की 11 तारीख सोमवार के तीन दिन बाद पड़ती है, तो उसी महीने की 27 तारीख को कौन-सा दिन होगा?

(a) शनिवार (b) मंगलवार
(c) सोमवार (d) बुधवार

हल (*a*) सोमवार के तीन दिन बाद

= सोमवार +3 = बृहस्पतिवार

अर्थात् 11 तारीख को बृहस्पतिवार है, तो 11+14=25 तारीख को भी बृहस्पतिवार होगा।

अत: 27 तारीख का दिन = बृहस्पतिवार +2 = शनिवार

अत: 27 तारीख को शनिवार होगा।

स्मृति पर आधारित

इसके अन्तर्गत पूछे गए प्रश्नों में, दो या दो से अधिक व्यक्तियों द्वारा तारीखें बताई जाती है उनके द्वारा बताई गई तारीखों में से उभयनिष्ठ तारीख को वह विशेष दिन मान लिया जाता है, जो प्रश्न में पूछा जाता है।

जैसे-मोहित को याद है कि उसकी बड़ी बहन की वर्षगाँठ 11 जनवरी के बाद तथा 16 जनवरी से पहले है, जबकि उसकी छोटी बहन को ठीक से याद है कि उनकी बड़ी बहन की वर्षगाँठ 9 जनवरी के बाद किन्तु 13 जनवरी से पहले है, जनवरी की किस तिथि को उनकी बहन की वर्षगाँठ थी?

(a) 12 (b) 11 (c) 13 (d) 15

हल (*a*) मोहित के अनुसार वर्षगाँठ

⟶ 12, 13, 14, 15

मोहित की बहन के अनुसार

⟶ 10, 11, 12

अत: मोहित की बड़ी बहन की वर्षगाँठ = 12 जनवरी

Score Booster

इस अध्याय के प्रश्नों को हल करने के लिए, विषम दिनों को ज्ञात करने की जानकारी होना अति आवश्यक है।

घड़ी के प्रतिबिम्ब के प्रकार

घड़ी का दर्पण प्रतिबिम्ब

इसमें दर्पण की स्थिति लम्बवत् होती हैं, तथा लम्बवत् दर्पण के सामने रखी गई वस्तु का प्रतिबिम्ब पलटा हुआ प्रतीत होता है अर्थात् घड़ी का बायाँ भाग दाईं ओर और दायाँ भाग बाईं ओर प्रतीत होता है।

यदि समय 1 और 11 बजे के बीच में हो,

वास्तविक समय = 11 : 60 – दर्पण में समय

यदि समय 11 और 1 बजे के बीच में हो,

वास्तविक समय = 23 : 60 – दर्पण में समय

घड़ी से सम्बन्धित महत्त्वपूर्ण तथ्य/बिन्दु

- घड़ी के डायल की सम्पूर्ण परिधि की माप 360° के बराबर होती है।
- मिनट की सुई 1 मिनट में 6° का कोण बनाती हैं।
- घण्टे की सुई 1 घण्टे में 30° तथा 1 मिनट में $\frac{1^\circ}{2}$ का कोण बनाती हैं।
- घड़ी की सुइयों के बीच का कोण, $\theta = \left|\frac{11}{2}M - 30H\right|$

  यहाँ, M = मिनट तथा H = घण्टा, θ का मान सदैव धनात्मक होता है।
- प्रत्येक 12 घण्टे में घण्टे तथा मिनट की सुइयाँ 11 बार आपस में मिलती हैं।
- प्रत्येक 12 घण्टे में घण्टे तथा मिनट की सुइयाँ 11 बार एक-दूसरे के विपरीत होती हैं।
- प्रत्येक 12 घण्टे में घण्टे तथा मिनट की सुइयाँ 22 बार समकोण में होती हैं।

कैलेण्डर

कैलेण्डर के अन्तर्गत साधारण वर्ष, अधिवर्ष, विषम दिन, कैलेण्डर की किसी विशेष तिथि का दिन, कैलेण्डर का पुनरावृत्ति होना आदि से सम्बन्धित प्रश्न पूछे जाते हैं।

साधारण वर्ष

ऐसे वर्ष जो 4 से पूर्णत: विभाजित नहीं होते हैं। साधारण या सामान्य वर्ष होते हैं। सामान्य वर्ष में 365 दिन होते हैं।

उदाहरण के लिए 1927,1831, 2007, 2013, 2033 आदि साधारण वर्ष हैं।

अधिवर्ष

ऐसे वर्ष जो 4 से पूर्णत: विभाजित हो जाते हैं, लीप वर्ष/अधिवर्ष होते हैं। इसमें 366 दिन अर्थात् 52 सप्ताह 2 दिन होते हैं।

शताब्दी वर्षों में लीप वर्ष वह होगा जो 400 से विभाजित होगा। इसके अतिरिक्त अन्य सभी शताब्दी वर्ष साधारण वर्ष होते हैं। उदाहरण के लिए 2000, 2400, 1932, 1948, 2800 आदि लीप वर्ष हैं।

विषम दिनों की अवधारणा

दिनों के इस पूर्ण साप्ताहिक चक्र के बाद बचे अतिरिक्त दिनों को **विषम दिन** (odd days) कहा जाता है।

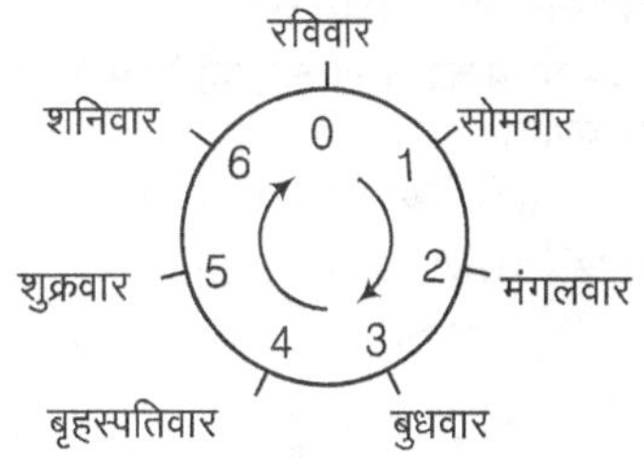

दिनों की संख्या को 7 से भाग करने पर जो शेषफल प्राप्त होता है, वह विषम दिन होते हैं।

उक्त नियम के आधार पर वर्ष के माह में विषम दिनों की संख्या ज्ञात कर सकते हैं जैसा कि आगे सारणी में दिया गया है

माह	जनवरी	फरवरी		मार्च	अप्रैल	मई	जून	जुलाई	अगस्त	सितम्बर	अक्टूबर	नवम्बर	दिसम्बर
		साधारण	अधिवर्ष										
विषम दिनों की संख्या	3	0	1	3	2	3	2	3	3	2	3	2	3

शताब्दी वर्षों में विषम दिन

- 100 वर्षों में विषम दिनों की संख्या = 5
- 200 वर्षों में विषम दिनों की संख्या = 3
- 300 वर्षों में विषम दिनों की संख्या = 1
- 400 वर्षों में विषम दिनों की संख्या = 0

कैलेण्डर से सम्बन्धित महत्त्वपूर्ण तथ्य

- एक सामान्य वर्ष = 365 दिन = 52 सप्ताह + 1 दिन = 1 विषम दिन
- एक लीप वर्ष = 366 दिन = 52 सप्ताह + 2 दिन = 2 विषम दिन
- साधारण वर्ष का पहला और अन्तिम दिन समान होता है।
- अधिवर्ष का पहला और अन्तिम दिन असमान होता है अर्थात् अन्तिम दिन, पहले दिन से एक दिन आगे बढ़ जाता है।
- किसी शताब्दी का प्रथम दिन सोमवार, मंगलवार, बृहस्पतिवार, शुक्रवार या शनिवार हो सकता है।
- किसी शताब्दी का अन्तिम दिन बुधवार, शुक्रवार तथा रविवार हो सकता है, परन्तु मंगलवार, बृहस्पतिवार या शनिवार नहीं हो सकता है।

Exam Approach Examples

घड़ी के प्रतिबिम्ब पर आधारित

उदाहरण 1. उस समय का चयन करें, जो किसी घड़ी में 9 : 30 की सही दर्पण छवि को दर्शाए। *RRB ALP 2018*

(a) 2 : 30 (b) 6 : 30 (c) 7 : 30 (d) 4 : 30

हल (a) सही समय = 11 : 60 − 9 : 30 = 2 : 30

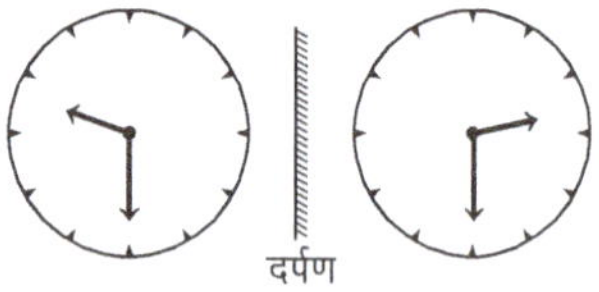

उदाहरण 2. यदि 12 घण्टे वाली घड़ी के दर्पण प्रतिबिम्ब में प्रदर्शित समय 3 : 25 बजे है, तो वास्तविक समय क्या है? *RRC Group D 2022*

(a) 9 : 35 (b) 8 : 35 (c) 8 : 45 (d) 7 : 45

हल (b) दर्पण प्रतिबिम्ब में घड़ी का समय = 3 : 25

∴ घड़ी में वास्तविक समय = (12 : 00 − 3 : 25) = 8 : 35 बजे

कोण पर आधारित

उदाहरण 3. एक सही समय बताने वाली घड़ी की सेकण्ड वाली सुई द्वारा 12 मिनट में तय की गई कोणीय दूरी कितनी होगी? *RRC Group D 2022*

(a) 4762° (b) 5120° (c) 4320° (d) 5611°

हल (c) ∵ सेकण्ड वाली सुई द्वारा 1 मिनट में तय की गई कोणीय दूरी = 360°

∴ सेकण्ड वाली सुई द्वारा 12 मिनट में तय की गई कोणीय दूरी

$= 12 \times 360° = 4320°$

उदाहरण 4. 6 : 10 पर घड़ी की घण्टे की सुई और मिनट की सुई के बीच का कोण ज्ञात कीजिए। *UPSSSC PET 2022*

(a) 138° (b) 125° (c) 115° (d) 180°

हल (b) समय = 6 : 10

यहाँ, घण्टा (H) = 6, मिनट (M) = 10

∴ अभीष्ट कोण, $\theta = \left|\frac{11}{2}M - 30H\right|$

$\Rightarrow \quad \theta = \left|\frac{11}{2} \times 10 - 30 \times 6\right|$

$\Rightarrow \quad \theta = |55 - 180| = 125°$

उदाहरण 5. यदि घड़ी की मिनट की सुई 12 पर है और घण्टे की सुई उससे उसकी चाल की दिशा में 120° का कोण बना रही है, तो घड़ी में समय होगा *Rajasthan Patwari 2016*

(a) 4 : 00 बजे (b) 5 : 00 बजे (c) 3 : 50 बजे (d) 4 : 30 बजे

हल (a) हम जानते हैं कि, घण्टे की सुई 1 घण्टे में 30° कोण बनाती है।

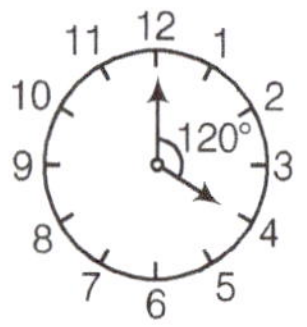

Trending Concept

कोण तथा सुइयों की विशेषताओं पर आधारित प्रश्न वर्तमान में हो रही Railway (Group D) तथा Rajasthan State के एकदिवसीय परीक्षाओं में पूछे जा रहे हैं।

∴ 120° कोण बनेगा $= \frac{120}{30} = 4$ घण्टे में

अब, चूँकि मिनट की सुई 12 पर है।

अत: अभीष्ट समय = 4 : 00 बजे

घड़ी की सुइयों की स्थितियाँ/तेज/मन्द पर आधारित

उदाहरण 6. एक दिन में घड़ी की सुइयाँ आपस में कितनी बार मिलती हैं?

(a) 21 (b) 22 (c) 24 (d) 20

हल (b) हम जानते हैं कि, घड़ी की दो सुइयाँ प्रत्येक 12 घण्टे में 11 बार आपस में मिलती हैं।

∴ घड़ी की सुइयाँ एक दिन (24 घण्टे) में मिलेगी = 11 × 2 = 22 बार

उदाहरण 7. एक घड़ी, जो 24 घण्टों में 10 मिनट आगे रहती है, सोमवार को 8 am पर ठीक की गई। अब घड़ी मंगलवार को 1 pm दिखा रही है, तो सही समय क्या होगा? *DSSSB Grade IV 2019*

(a) 12 : 36 pm (b) 1 pm (c) 12 : 56 pm (d) 12 : 48 pm

हल (d) सोमवार 8 am से मंगलवार 1 pm तक समय अन्तराल = 29 घण्टे

अब, 24 घण्टा 10 मिनट $= 24 + \frac{10}{60} = \frac{144+1}{6} = \frac{145}{6}$ घण्टे

∵ दी गई घड़ी के $\frac{145}{6}$ घण्टे = सही घड़ी के 24 घण्टे

∴ इस घड़ी के 29 घण्टे $= 24 \times \frac{6}{145} \times 29 = \frac{144}{5} = 28\frac{4}{5}$ घण्टे

= 28 घण्टे 48 मिनट (सही घड़ी के)

∴ सही समय = 1 : 00 − (29 : 00 − 28 : 48) = 1 : 00 − 0 : 12 = 12 : 48 pm

उदाहरण 8. रविवार को सुबह 8 बजे, एक घड़ी 5 मिनट पीछे पाई जाती है। इसके बाद यह बढ़ने लगती है और सोमवार को शाम 8 बजे, 5 मिनट तेज पाई जाती है। किस समय घड़ी एकदम सही थी? *RRB JE 2019*

(a) सुबह 2 बजे, सोमवार (b) शाम 8 बजे, सोमवार
(c) सुबह 8 बजे, सोमवार (d) सुबह 6 बजे, सोमवार

हल (a) दिया है,

रविवार को सुबह 8 बजे घड़ी 5 मिनट पीछे पाई जाती है।

और सोमवार को शाम 8 बजे 5 मिनट तेज पाई जाती है।

∴ रविवार सुबह 8 बजे से सोमवार शाम 8 बजे तक का कुल समय = 36 घण्टे

∵ घड़ी 36 घण्टे में (5 + 5) = 10 मिनट तेज हुई

घड़ी में सही समय दिखाने के लिए उसे केवल 5 मिनट तेज होना चाहिए।

∵ 10 मिनट तेज 36 घण्टे में होता है।

∴ 5 मिनट तेज होगी $= \frac{36}{10} \times 5 = 18$ घण्टे में

∴ घड़ी में सही समय दिखने का समय = सुबह 8 : 00 बजे + 18 : 00 घण्टे

= सुबह 2 : 00 बजे, सोमवार

निश्चित समय ज्ञात करने पर आधारित

उदाहरण 9. दिल्ली के लिए बस हर 35 मिनट बाद छूटती है। पूछताछ अधिकारी ने एक यात्री को बताया कि दिल्ली की बस अभी 10 मिनट पहले ही छूटी है और आगामी बस 9 बजकर 35 मिनट पर जाएगी। बताइए पूछताछ अधिकारी द्वारा यात्री को सूचना कितने बजे दी गई? *UPSSSC 2016*

(a) 9 बजकर 10 मिनट (b) 8 बजकर 55 मिनट
(c) 9 बजकर 8 मिनट (d) 9 बजकर 15 मिनट

हल (*a*) पूछताछ अधिकारी द्वारा यात्री को आगामी बस छूटने का बताया गया समय = 9 : 35 बजे

इसके पहले छूटी बस का समय = 9 : 35 बजे − 35 मिनट = 9 : 00 बजे

∴ पूछताछ अधिकारी द्वारा यात्री को दी गई सूचना का समय

= 9 : 00 + 10 मिनट = 9 बजकर 10 मिनट पर

तिथि का दिन ज्ञात करने पर आधारित

उदाहरण 10. यदि 19 दिसम्बर, 1992 को शनिवार है, तो 22 दिसम्बर, 2009 को सप्ताह का कौन-सा दिन होगा? *SSC (10+2) 2023*

(a) मंगलवार (b) रविवार
(c) शनिवार (d) गुरुवार

हल (*a*) दिया है, 19 दिसम्बर, 1992 को शनिवार है।

19 दिसम्बर, 1992 से 19 दिसम्बर, 1996 तक विषम दिनों की संख्या

$= 1 + 1 + 1 + 2 = 5$ दिन

19 दिसम्बर, 1996 से 19 दिसम्बर, 2000 तक विषम दिनों की संख्या

$= 1 + 1 + 1 + 2 = 5$ दिन

इस प्रकार,

19 दिसम्बर, 2000 से 19 दिसम्बर, 2004 तक विषम दिनों की संख्या = 5 दिन

19 दिसम्बर, 2004 से 19 दिसम्बर, 2008 तक विषम दिनों की संख्या = 5 दिन

19 दिसम्बर, 2008 से 22 दिसम्बर, 2009 तक विषम दिनों की संख्या

$= 1 + 3 = 4$ दिन

कुल विषम दिनों की संख्या $= 5 \times 4 + 4 = 24$ दिन

अब $\frac{24}{7} = 3\frac{3}{7}$ अर्थात् 3 विषम दिन है।

22 दिसम्बर, 2009 का दिन = शनिवार + 3 दिन = मंगलवार

अत: 22 दिसम्बर, 2009 को मंगलवार होगा।

उदाहरण 11. 26 जनवरी, 1989 को सप्ताह का दिन क्या था? *RRB ALP 2018*

(a) मंगलवार (b) बृहस्पतिवार
(c) रविवार (d) सोमवार

हल (*b*) 26 जनवरी, 1989 तक विषम दिनों की संख्या = 1600 वर्षों में विषम दिन

+ 300 वर्षों में विषम दिन

+ 88 वर्षों में विषम दिन

+ 26 दिनों में विषम दिन

$= 0 + 1 + (22 \times 2 + 66) + 5$

$= 0 + 1 + 110 + 5 = 116$ दिन

= 16 सप्ताह 4 विषम दिन

अत: 26 जनवरी, 1989 को दिन बृहस्पतिवार था।

Trending Concept

किसी तिथि का दिन निकालने पर आधारित प्रश्न वर्तमान में सभी परीक्षाओं (SSC, Railway तथा UP Police) में पूछे जा रहे हैं। आगामी परीक्षाओं के लिए अति महत्त्वपूर्ण है।

साप्ताहिक दिन के आधार पर दिन ज्ञात करना

उदाहरण 12. मीना अपने निर्धारित समय से 3 दिन पहले अपने घर लौट आई। मीना की बहन रीना उस दिन से पाँच दिन देर से पहुँची जिस दिन मीना को वापस आना था। यदि मीना गुरुवार को लौटी, तो रीना किस दिन लौटी? *UP (AO) 2024*

(a) शुक्रवार (b) रविवार (c) शनिवार (d) बुधवार

हल (*a*) मीना के घर लौटने का दिन = गुरुवार

प्रश्नानुसार, मीना के घर लौटने का निर्धारित दिन = गुरुवार + 3 = रविवार

∴ रीना के घर लौटने का दिन = रविवार + 5 = शुक्रवार

उदाहरण 13. प्रियंका का जन्मदिन किसी महीने के तीसरे शुक्रवार को है। उसी महीने का चौथा दिन महीने का पहला सोमवार है। प्रियंका के जन्मदिन की दिनांक क्या है? *HCET 2023*

(a) 22 (b) 15 (c) 23 (d) 21
(e) उत्तर नहीं देना चाहते

हल (*b*) ∵ महीने का चौथा दिन = सोमवार

महीने का पहला दिन = शुक्रवार

अत: महीने के तीसरे शुक्रवार की दिनांक $= 1 + 7 + 7 = 15$

अत: प्रियंका के जन्मदिन की दिनांक 15 है।

स्मृति पर आधारित

उदाहरण 14. मीता को ठीक से याद है कि उसके पिता का जन्मदिन 8 जुलाई के बाद लेकिन 12 जुलाई से पहले पड़ता है। मीता के भाई को ठीक से याद है कि पिता का जन्मदिन 10 जुलाई के बाद लेकिन 15 जुलाई से पहले पड़ता है। ज्ञात कीजिए मीता के पिता किस दिन पैदा हुए थे?

(a) 10 जुलाई (b) 11 जुलाई
(c) 10 अथवा 11 जुलाई (d) ज्ञात नहीं हो सकता

हल (*b*) मीता के पिता का जन्मदिन,

मीता के अनुसार → 9, 10, (11) जुलाई

मीता के भाई के अनुसार → (11), 12, 13, 14 जुलाई

∴ अभीष्ट दिन = उभयनिष्ठ तिथि = 11 जुलाई

Helping Tips

कैलेण्डर का पुनरावृत्त होना

- कैलेण्डर 6 वर्ष या 11 वर्ष में दोहराया जाएगा।
  (i) यदि दिए गए वर्ष से ठीक पहले वाला वर्ष लीप वर्ष है। तब यह 6 वर्ष में दोहराया जाएगा।
  (ii) यदि दिए गए वर्ष से ठीक पहले वाला वर्ष एक साधारण वर्ष है, तो इसकी पुनरावृत्ति 11 वर्षों में होगी।
- लीप वर्ष का कैलेण्डर 28 वर्ष बाद दोहराया जाता है।

Chapter Challenge

घड़ी के प्रतिबिम्ब पर आधारित

1. एक दर्पण में देखने से पता चलता है कि एनालॉग घड़ी (सुइयों वाली) में 1 बजकर 30 मिनट समय है, तो बताओ कि सही समय क्या है? *UPSSSC VDO 2016*

(a) 10 बजकर 30 मिनट (b) 6 बजकर 30 मिनट
(c) 6 बजकर 10 मिनट (d) 4 बजकर 30 मिनट

2. दर्पण में घड़ी के प्रतिबिम्ब में 3 : 15 दिखाई देता है। सही समय क्या होगा? *SSC CPO 2016*

(a) 8 : 45 (b) 10 : 45 (c) 7 : 45 (d) 9 : 45

3. एक घड़ी को जिस पर केवल 3, 6, 9 और 12 बजे के चिन्ह लगे हैं, एक दर्पण के सामने रखा गया है। किसी व्यक्ति को दर्पण प्रतिबिम्ब में 9 : 50 बजे जैसा रुका समय दिखता है। वास्तविक समय क्या है?

(a) 3 : 00 (b) 2 : 40 (c) 2 : 10 (d) 3 : 15

4. एक घड़ी का प्रतिबिम्ब दर्पण में दिखाई दे रहा था। घड़ी में उस समय 5 बजकर 25 मिनट हुए थे। यदि दर्पण में बने घड़ी के प्रतिबिम्ब का किसी दूसरे दर्पण में पुन: प्रतिबिम्ब दिखाई दे, तो इस दूसरे दर्पण में बने घड़ी के प्रतिबिम्ब में क्या समय प्रदर्शित हो रहा होगा?

(a) 5 बजकर 25 मिनट (b) 5 बजकर 20 मिनट
(c) 6 बजकर 35 मिनट (d) 6 बजकर 30 मिनट

कोण पर आधारित

5. एक घड़ी दोपहर (noon) के समय शुरु की जाती है। 4 बजकर 10 मिनट पर, घण्टे की सुई घूम चुकी होती है *UP Police Constable 2024*

(a) 135° (b) 130°
(c) 120° (d) 125°

6. यदि एक घड़ी की घण्टे वाली सुई 18° आगे घूमती है, तो उसी दौरान मिनट वाली सुई कितने डिग्री घूमेगी? *RRB ALP 2018*

(a) 168º (b) 276º
(c) 196º (d) 216º

7. एक सही समय बताने वाली घड़ी की मिनट वाली सुई 3 घण्टा 10 मिनट की अवधि में कितने कोणीय दूरी तय करेगी? *RRC Group D 2022*

(a) 1000° (b) 1202° (c) 978° (d) 1140°

8. एक घड़ी दोपहर (noon) के समय शुरु की जाती है। 5 बजकर 20 मिनट पर, घण्टे की सुईं घूम चुकी होती है। *UP Police Constable 2024*

(a) 160° (b) 150° (c) 155° (d) 145°

9. 8 : 20 बजे एक घड़ी के घण्टे की सुईं और मिनट की सुईं के बीच का कोण ज्ञात कीजिए। *UPSSSC PET 2022*

(a) 130° (b) 122° (c) 149° (d) 190°

10. 4 : 37 दोपहर बाद के समय पर मिनट की सुई और घण्टे की सुई के बीच कितना न्यूनकोण बनेगा? *RRB ALP 2018*

(a) 83.5º (b) 18º (c) 18.5º (d) 6.5º

11. अपराह्न 3 : 30 बजे घड़ी की सुइयों के बीच का कोण ज्ञात कीजिए। *RRB JE 2019*

(a) 120° (b) 90° (c) 105° (d) 75°

12. एक घड़ी की मिनट एवं घण्टे की सुइयों के बीच का कोण 5 : 35 बजे क्या होगा? *CGPSC 2016*

(a) $40\frac{1^\circ}{2}$
(b) $46\frac{1^\circ}{2}$
(c) $42\frac{1^\circ}{2}$
(d) 43°
(e) उपरोक्त में से कोई नहीं

> **MRC*****
> *(Most Repeating Concepts)*
> प्र. सं. 2, 3, 9 तथा 12 Examination Point of View से अति महत्त्वपूर्ण हैं। इन Concept पर प्रश्न हाल ही में प्रतियोगी परीक्षाओं जैसे-Railway, SSC तथा UP Police Exam में पूछे गए हैं।

13. जब एक दीवार घड़ी में समय अपराह्न 3 : 25 दिखाता है, तो घण्टे की सुई और मिनट की सुई के बीच न्यूनकोण क्या होगा? *UPPSC 2016*

(a) 60° (b) 52.5° (c) 47.5° (d) 42°

14. दोपहर 2 : 30 बजे से 3 : 30 बजे के बीच घड़ी की सुइयाँ किस समय एकसाथ (एक के ऊपर एक) होंगी? *RRC Group D 2022]*

(a) 3 बजकर $11\frac{4}{16}$ मिनट (b) 3 बजकर $16\frac{4}{11}$ मिनट
(c) 3 बजकर $14\frac{11}{16}$ मिनट (d) 3 बजकर $14\frac{6}{11}$ मिनट

15. वह कौन-सा समय है जब 2 और 3 के बीच घड़ी की सुइयाँ एक-दूसरे से 90° का कोण बनाती हैं?

(a) 2 बजकर $27\frac{3}{11}$ मिनट पर (b) 2 बजकर 30 मिनट पर
(c) 2 बजकर $28\frac{3}{11}$ मिनट पर (d) 2 बजकर 25 मिनट पर

16. वह समय बताइए, जब 4 और 5 बजे के बीच सुइयों के मध्य 30° का कोण होगा

(a) $4:20\frac{4}{11}$ बजे (b) $4:16\frac{4}{11}$ बजे
(c) 4 : 30 बजे (d) 5 बजे

17. 1 और 2 के बीच घड़ी की दोनों सुइयाँ कब आपस में मिलेंगी?

(a) 1 बजकर 30 मिनट पर (b) 1 बजकर $5\frac{5}{11}$ मिनट पर
(c) 1 बजकर $10\frac{8}{10}$ मिनट पर (d) उपरोक्त में से कोई नहीं

घड़ी की सुइयों की स्थितियाँ/तेज/मन्द पर आधारित

18. एक सप्ताह में, एक घड़ी की घण्टे की सुई और मिनट की सुई में कितनी बार एक-दूसरे के साथ समकोण पर होती हैं? *RRB ALP 2018*

(a) 44 (b) 24
(c) 54 (d) 308

19. यदि एक घड़ी की मिनट वाली सुई प्रति मिनट 9° की दर से आगे बढ़ती है, तो आधे घण्टे में घड़ी कितने मिनट आगे होगी? *DSSSB Grade-II Head Clerk 2018*

(a) 20 मिनट (b) $12\frac{1}{2}$ मिनट
(c) 15 मिनट (d) इनमें से कोई नहीं

20. एक घड़ी प्रत्येक एक घण्टे में 5 मिनट बढ़ जाती है। सेकण्ड की सुई एक मिनट के अन्दर कितने कोण के बराबर चक्कर लगाएगी?

(a) 360° (b) 360.5°
(c) 390° (d) 380°

21. मेरी घड़ी सोमवार दोपहर 2 बजे को 3 मिनट पीछे है और बुधवार दोपहर 2 बजे को 5 मिनट आगे है। इसने ठीक समय कब दिखाया होगा?
(a) मंगलवार सुबह 6 बजे
(b) मंगलवार सुबह 8 बजे
(c) बुधवार सुबह 4 बजे
(d) बुधवार सुबह 8 बजे

22. एक घड़ी प्रति 24 घण्टे में 60 मिनट तेज हो जाती है। उसे सुबह 10 बजे मिलाया गया। दूसरे दिन सही समय क्या होगा, जब घड़ी शाम के 4 बजे प्रदर्शित करेगी?
(a) 2 बजकर 48 मिनट (b) 2 बजकर 30 मिनट
(c) 3 बजकर 10 मिनट (d) 4 बजकर 5 मिनट

23. रविवार दोपहर 12 बजे मेरी घड़ी 5 मिनट आगे थी तथा हमीद की घड़ी 6 मिनट मन्द थी। बुधवार शाम को 8 बजे पता चला कि मेरी घड़ी 1 मिनट मन्द तथा हमीद की घड़ी 3 मिनट तेज हो गई। बताइए मेरी तथा हमीद की घड़ियों ने कब समान समय बताया होगा? (समय की गणना सही समय के सापेक्ष करनी है)
(a) मंगलवार सुबह 10 बजकर 40 मिनट पर
(b) मंगलवार शाम 10 बजकर 40 मिनट पर
(c) सोमवार 10 बजे
(d) मंगलवार 10 बजे

निश्चित समय ज्ञात करने पर आधारित

24. श्रमिक ने 2 : 39 : 40 बजे एक बल्ब को स्विच ऑन किया और उसी दिन इसको 12 : 30 : 34 बजे बन्द कर दिया। बल्ब कितने समय तक जलता रहा? *RRB ALP 2018*
(a) 09 घण्टे 50 मिनट 54 सेकण्ड
(b) 10 घण्टे 09 मिनट 06 सेकण्ड
(c) 06 घण्टे 09 मिनट 09 सेकण्ड
(d) 12 घण्टे 40 मिनट 06 सेकण्ड

25. अजय कार्यालय जाने के लिए बस स्टॉप के लिए नियमित दिनों की अपेक्षा 15 मिनट पहले निकल जाता है। घर से बस स्टॉप पहुँचने में 10 मिनट लगते हैं। वह बस स्टॉप प्रातः 8:40 बजे पहुँच जाता है। बताइए सामान्य दिनों में वह कितने बजे घर से निकलता था?
(a) 8 : 30 प्रातः (b) 8 : 45 प्रातः
(c) 8 : 55 प्रातः (d) इनमें से कोई नहीं

26. दिल्ली रेलवे स्टेशन से गाजियाबाद के लिए प्रत्येक 55 मिनट पर रेल चलती है। पूछताछ की खिड़की से अशोक को पता चला कि रेल 20 मिनट पहले जा चुकी है एवं अगली रेल 10 बजकर 35 मिनट पर जाएगी। अशोक पूछताछ की खिड़की से कितने बजे रेल का पता कर रहा था? *UP B.Ed. 2010*
(a) 10 बजे (b) 10 : 15 बजे
(c) 9 : 40 बजे (d) 11 : 50 बजे

27. लुधियाना को प्रत्येक चार घण्टे में एक बस जाती है। बस के लुधियाना रवाना होने के 20 मिनट पश्चात् इसकी घोषणा की जाती है। कि अगली बस सायं 4 : 30 बजे जाएगी, तो इसकी घोषणा किस समय की जाएगी? *Uttrakhand VDO 2016*
(a) दोपहर 12 : 40 (b) दोपहर 12 : 50
(c) दोपहर 12 : 30 (d) दोपहर 1 : 00

28. एक दीवार घड़ी के डायल में अंग्रेजी वर्णमाला के अक्षरों को वामावर्त दिशा के अनुदिश इस प्रकार सजाया जाता है कि 12 के स्थान पर A आए और आगे यही क्रम जारी रहे, तो सायं $3\frac{1}{2}$ बजे घण्टे की सुई की स्थिति क्या होगी?
(a) I और J के बीच में (b) H और J के बीच में
(c) C और D के बीच में (d) J और K के बीच में

29. एक विद्यालय में कक्षा दोपहर 1 बजे प्रारम्भ होती है और 3 बजकर 52 मिनट तक चलती है। यदि इस समय में 4 अवधि (पीरियड) होते हैं एवं प्रत्येक अवधि (पीरियड) से पहले 4 मिनट का समय एक कमरे से दूसरे कमरे में जाने के लिए छोड़ा जाता है, तो बताइए एक अवधि (पीरियड) कितने मिनट का होता है? *UPSSSC 2018*
(a) 39 मिनट (b) 40 मिनट
(c) 41 मिनट (d) 42 मिनट

30. एक स्टैण्ड से चेन्नई के लिए प्रति 40 मिनट पर एक बस छूटती है। एक पूछताछ क्लर्क एक आदमी से कहता है कि बस 10 मिनट पहले ही छूटी है और अगली बस प्रातः 10 : 45 पर छूटेगी। उस व्यक्ति को यह जानकारी कितने बजे दी गई? *FCI Assistant 2015*
(a) प्रातः 10 : 25 (b) प्रातः 09 : 55
(c) प्रातः 10 : 15 (d) प्रातः 10 : 35

तिथि का दिन ज्ञात करने पर आधारित

31. निम्नलिखित में से कौन-सा लीप वर्ष है? *SSC CGL (Tier I) 2023]*
(a) 1998 (b) 1354 (c) 1675 (d) 1076

32. निम्नलिखित में से कौन-सा लीप वर्ष नहीं है? *UP Police Constable 2024*
(a) 2004 (b) 2024 (c) 2020 (d) 2014

33. यदि 18 फरवरी, 2005 को शुक्रवार है, तो 18 फरवरी, 2007 को कौन-सा दिन होगा? *UPSSSC PET 2021*
(a) रविवार (b) सोमवार (c) मंगलवार (d) बुधवार

34. 11 जनवरी, 2018 को गुरुवार था, तो 11 जून, 2019 को कौन-सा दिन होगा? *RRB ALP 2018*
(a) रविवार (b) बुधवार (c) मंगलवार (d) सोमवार

35. यदि 25 अगस्त, 2006 को शुक्रवार था, तो 25 अगस्त 2018 को सप्ताह का कौन-सा दिन था? *SSC (10+2) Tier I 2024*
(a) बुधवार (b) रविवार (c) शनिवार (d) गुरुवार

36. यदि 28 मई, 2015 को गुरुवार था, तो 24 अप्रैल, 2023 को सप्ताह का कौन-सा दिन होगा? *SSC (10+2) 2023*
(a) बुधवार (b) रविवार
(c) शुक्रवार (d) सोमवार

37. शमिता की वर्षगांठ 15 मार्च, 2020 को रविवार के दिन थी। तो उसके पति की वर्षगांठ को, जो 31 मई, 2020 को थी, कौन-सा दिन था? *RRB NTPC (CBT-II) 2022*
(a) शुक्रवार (b) रविवार (c) मंगलवार (d) बुधवार

38. 20 जुलाई, वर्ष 2009 को सप्ताह का कौन-सा दिन था? *SSC Steno 2020*
(a) शनिवार (b) मंगलवार (c) सोमवार (d) रविवार

39. यदि 20 मार्च, 2001 को मंगलवार है, तो 23 अप्रैल, 2021 को सप्ताह का कौन-सा दिन होगा? *SSC (10+2) 2023]*
(a) मंगलवार (b) बुधवार (c) शुक्रवार (d) सोमवार

40. यदि 31 दिसम्बर, 2003 को बुधवार था, तो 7 मार्च 2005 को सप्ताह का कौन-सा दिन था? *SSC CPO 2022]*
(a) मंगलवार (b) रविवार (c) शनिवार (d) सोमवार

41. यदि 31 जनवरी, 2009 को शनिवार था, तो 30 जनवरी 2013 को सप्ताह का कौन-सा दिन था? *SSC CGL 2023*
(a) मंगलवार (b) बुधवार (c) सोमवार (d) शुक्रवार

42. 10 जनवरी 2006 को सप्ताह का कौन-सा दिन है? *RRC Group D 2022*
(a) बुधवार (b) सोमवार
(c) मंगलवार (d) गुरुवार

43. यदि 15 जनवरी, 1996 को सोमवार है, तो 30 मार्च, 1997 को सप्ताह का कौन-सा दिन होगा? *SSC (10+2) 2023*
(a) सोमवार (b) मंगलवार
(c) रविवार (d) बुधवार

44. यदि 1 जनवरी, 2013 को बुधवार था तो 2 जनवरी, 2014 को सप्ताह का कौन-सा दिन था? *बिहार शिक्षक पात्रता परीक्षा 2020*
(a) बुधवार (b) बृहस्पतिवार
(c) मंगलवार (d) शुक्रवार

45. 1 जनवरी, 2022 को सप्ताह का कौन-सा दिन होगा? *RRB JE 2019*
(a) रविवार (b) सोमवार
(c) गुरुवार (d) शनिवार

46. यदि भारतवर्ष में 1980 में गणतन्त्र दिवस शनिवार को था तथा X का जन्म 3 मार्च, 1980 को हुआ था तथा Y, X से चार दिन बड़ा है, तब Y का जन्म था
(a) बृहस्पतिवार का (b) शुक्रवार का
(c) बुधवार का (d) इनमें से कोई नहीं

साप्ताहिक दिन के आधार पर दिन ज्ञात करना

47. यदि किसी माह का चौथा दिन शनिवार है, तो उस माह के 26वें दिन से 5 दिन पहले कौन-सा दिन होगा? *UPPSC 2018*
(a) सोमवार (b) मंगलवार
(c) शुक्रवार (d) रविवार

48. एक महीने में सभी शनिवार एवं रविवार को छुट्टियाँ रहती हैं। यदि महीना जनवरी का है, तो उस महीने कुल कितनी छुट्टियाँ होंगी? *CGPSC 2019*
(a) 8 (b) 9
(c) 10 (d) जानकारी अधूरी है
(e) इनमें से कोई नहीं

49. यदि किसी माह का चौथा दिन शुक्रवार है, तो निम्नलिखित में कौन-सा दिन उसी माह के पच्चीसवें दिन के बाद का तीसरा दिन होगा? *UP Police Constable 2019*
(a) बुधवार (b) मंगलवार
(c) रविवार (d) सोमवार

50. यदि महीने का पाँचवाँ दिन शुक्रवार से 4 दिन पहले है, तो उस महीने की 22 तारीख को कौन-सा दिन होगा? *DSSSB Warder 2019]*
(a) बुधवार (b) मंगलवार
(c) बृहस्पतिवार (d) शुक्रवार

51. यदि बीते हुए कल से दो दिन पहले शुक्रवार था तो परसों कौन-सा दिन होगा? *Bihar TET 2020*
(a) सोमवार (b) रविवार (c) शनिवार (d) बुधवार

52. यदि आज शुक्रवार है, तो 72 दिनों के बाद कौन-सा दिन होगा? *SSC CGL 2023*
(a) गुरुवार (b) रविवार
(c) शुक्रवार (d) मंगलवार

53. यदि आज गुरुवार है, तो 91 दिन बाद कौन-सा दिन होगा? *RRB NTPC 2021*
(a) गुरुवार (b) बुधवार
(c) शुक्रवार (d) मंगलवार

54. यदि कल रविवार है, तो आज से 121 दिन बाद सप्ताह का कौन-सा दिन होगा? *RRC Group D 2022*
(a) रविवार (b) बुधवार (c) मंगलवार (d) सोमवार

55. यदि किसी महीने का चौथा दिन रविवार है, तो निम्नलिखित में कौन-सा दिन उसी महीने के तीसवें दिन के पहले का छठा दिन होगा? *UP Police Constable 2018*
(a) रविवार (b) मंगलवार
(c) शनिवार (d) शुक्रवार

56. यदि 1 जनवरी को शुक्रवार है, तो किसी अधिवर्ष में मार्च की पहली तारीख को कौन-सा दिन होगा?
(a) मंगलवार (b) बुधवार (c) बृहस्पतिवार (d) शुक्रवार

स्मृति पर आधारित

57. रमा को याद है कि वह शनिवार को अपने भाई से मिली थी, जो किसी महीने के 20वें दिन के बाद का दिन था। यदि उस महीने का पहला दिन मंगलवार था, तो रमा किस तिथि को अपने भाई से मिली थी? *RRB NTPC (CBT-II) 2022*
(a) 23 (b) 24 (c) 25 (d) 26

58. एक कार्यालय में दोपहर में एक आवेदन-पत्र आता है, जिसे अगले दिन सम्बन्धित शाखा को दिया जाता है। सम्बन्धित शाखा से अगले दिन आवेदन-पत्र सम्बन्धित अधिकारी को प्रस्तुत किया जाता है जो उसी दिन अर्थात् शुक्रवार को उसका निस्तारण करता है। प्रार्थना-पत्र किस दिन प्राप्त हुआ था?
(a) सोमवार (b) बुधवार
(c) मंगलवार (d) पिछले सप्ताह शनिवार

59. नौ दिन पहले मोहिनी सिनेमा देखने गई। वह केवल बृहस्पतिवार को ही सिनेमा देखने जाती है। आज सप्ताह का कौन-सा दिन है?
(a) शनिवार (b) बृहस्पतिवार
(c) रविवार (d) मंगलवार

60. संजीव को याद है कि उसके भाई मानवेन्द्र की जन्मतिथि 20 के पश्चात् लेकिन 28 अगस्त के पूर्व पड़ती है रीता को याद है कि मानवेन्द्र की जन्मतिथि 22 के पूर्व लेकिन 12 अगस्त के पश्चात् पड़ती है। बताइए कि मानवेन्द्र की जन्मतिथि क्या है?
(a) 22 अगस्त
(b) 20 अगस्त
(c) 21 अगस्त
(d) 26 अगस्त

MRC***
(Most Repeating Concepts)
प्र. सं. 31, 33, 36, 42 तथा 58 Examination Point of View से अति महत्त्वपूर्ण हैं। इन Concept पर प्रश्न प्रतियोगी परीक्षाओं जैसे-SSC-CGL, UP Police Constable, SSC (10+2) और UPSSSC PET में पूछे जा रहे हैं।

Right Key

1. (a)	2. (a)	3. (c)	4. (a)	5. (d)	6. (d)	7. (d)	8. (a)	9. (a)	10. (a)
11. (d)	12. (c)	13. (c)	14. (b)	15. (a)	16. (b)	17. (b)	18. (d)	19. (c)	20. (c)
21. (b)	22. (a)	23. (b)	24. (a)	25. (b)	26. (a)	27. (b)	28. (a)	29. (b)	30. (c)
31. (d)	32. (d)	33. (a)	34. (c)	35. (c)	36. (d)	37. (b)	38. (c)	39. (c)	40. (d)
41. (b)	42. (c)	43. (c)	44. (d)	45. (d)	46. (a)	47. (b)	48. (d)	49. (d)	50. (c)
51. (d)	52. (b)	53. (a)	54. (d)	55. (c)	56. (a)	57. (d)	58. (b)	59. (a)	60. (c)

Solutions

1. (*a*) प्रश्नानुसार,

दर्पण में समय $= 1$ बजकर 30 मिनट | वास्तविक समय $= 10$ बजकर 30 मिनट

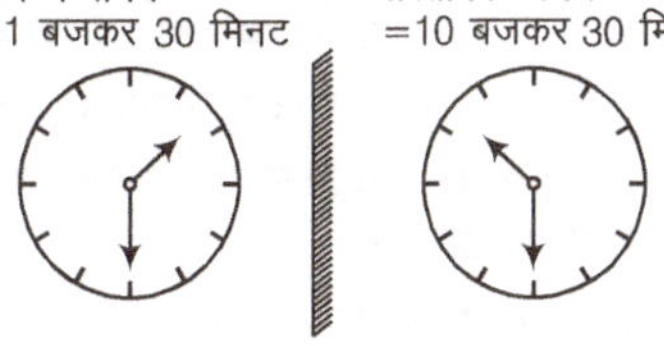

अतः सही समय = 10 बजकर 30 मिनट

Smart Approach

वास्तविक (सही) समय $= 11:60 - 1:30$
$= 10:30$
$= 10$ बजकर 30 मिनट

2. (*a*) प्रश्नानुसार, यदि घड़ी के प्रतिबिम्ब को सही समय मानकर उसका प्रतिबिम्ब ज्ञात करें, तो हमें वास्तविक समय ज्ञात होगा।

दर्पण में समय $= 3:15$ | वास्तविक समय $= 8:45$

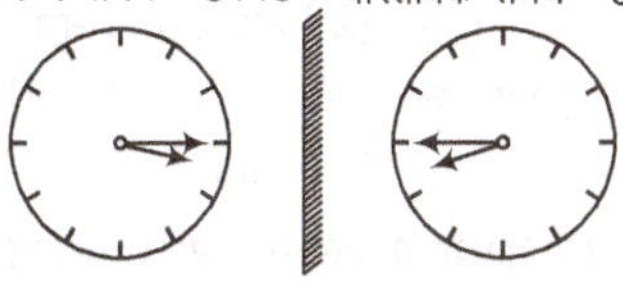

अतः घड़ी में सही समय $8:45$ होगा।

3. (*c*) प्रश्नानुसार,

दर्पण में समय $= 9:50$ | वास्तविक समय $= 2:10$

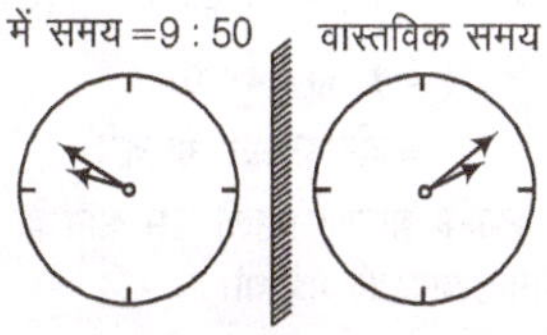

अतः वास्तविक समय $2:10$ है।

4. (*a*) प्रश्नानुसार,

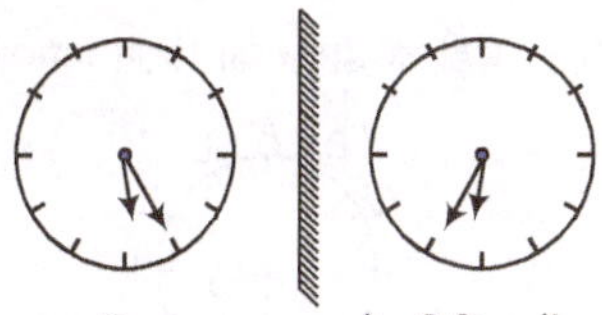

वास्तविक समय $= 5:25$ | पहले प्रतिबिम्ब में समय $= 6:35$

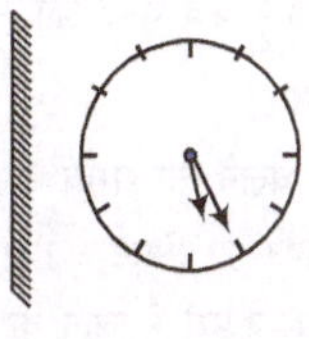

दूसरे प्रतिबिम्ब में समय $= 5:25$

5. (*d*) घण्टे की सुई द्वारा 4 घण्टे में घूमती है

$= 30° \times 4 = 120°$

घण्टे की सुई द्वारा 10 मिनट में घूमती है

$= \frac{30°}{60} \times 10 = 5°$

अतः घण्टे की सुई 4 बजकर 10 मिनट में घूमेगी $= 120° + 5° = 125°$

6. (*d*) $\because$ घण्टे की सुई $\left(\frac{1}{2}\right)°$ घूमने में 1 मिनट लगती है।

$\therefore 1°$ घूमने में लिया समय $= \frac{1}{\frac{1}{2}} = 2$ मिनट

$\therefore$ 18° घूमने में लिया समय

$= 18 \times 2 = 36$ मिनट

अब, मिनट की सुई 1 मिनट में 6° चलती है।

$\therefore 36$ मिनट में घूमेगी $= 36 \times 6 = 216°$

7. (*d*) 3 घण्टा 10 मिनट $= 3 \times 60 + 10$

$= 190$ मिनट

$\because 1$ मिनट में मिनट वाली सुई 6° घूमती है।

$\therefore 190$ मिनट में मिनट वाली सुई घूमेगी

$= 6 \times 190° = 1140°$

> **TOP TIPS** इस प्रकार के प्रश्नों को हल करने के लिए अंशीय दूरी (सुइयों द्वारा चली गई दूरी) का ज्ञान होना अति आवश्यक है।

8. (*a*) दिया गया समय $= 5:20$

$= \left[5 + \frac{20}{60}\right] = 5 + \frac{1}{3} = \frac{16}{3}$ घण्टे

$\because 12$ घण्टे में घड़ी की घण्टे की सुई 360° घूमती है।

$\therefore \frac{16}{3}$ घण्टे में घड़ी की घण्टे की सुई घूमेगी

$= \frac{360}{12} \times \frac{16}{3} = 160°$

9. (*a*) समय $= 8:20$

यहाँ, $H = 8$ तथा $M = 20$

$\therefore$ अभीष्ट कोण, $\theta = \left|30H - \frac{11}{2}M\right|$

$\Rightarrow \quad \theta = \left|30 \times 8 - \frac{11}{2} \times 20\right|$

$\Rightarrow \quad \theta = 240° - 110° = 130°$

10. (*a*) समय $= 4:37$

यहाँ, $H = 4$ तथा $M = 37$

$\therefore$ अभीष्ट कोण, $\theta = \left|\frac{11}{2}M - 30H\right|$

$\Rightarrow \quad \theta = \left|\frac{11}{2} \times 37 - 30 \times 4\right|$

$\Rightarrow \quad \theta = \left|\frac{407}{2} - 120\right|$

$\Rightarrow \quad \theta = \left|\frac{407 - 240}{2}\right|$

$\Rightarrow \quad \theta = \frac{167}{2} = 83.5°$

11. (*d*) समय $= 3:30$

यहाँ, $H = 3$ तथा $M = 30$

$\therefore$ अभीष्ट कोण, $\theta = \left|\frac{11}{2}M - 30H\right|$

$= \left|\frac{11}{2} \times 30 - 30 \times 3\right|$

$= |165 - 90| = 75°$

12. (*c*) समय $= 5:35$

यहाँ, $H = 5$ तथा $M = 35$

$\therefore$ अभीष्ट कोण, $\theta = \left|\frac{11}{2}M - 30H\right|$

$= \left|\frac{11}{2} \times 35 - 30 \times 5\right|$

$= \left|\frac{385}{2} - 150\right|$

$= \left|\frac{385 - 300}{2}\right| = \frac{85}{2}$

$= 42\frac{1}{2}°$

13. (*c*) दिया है, $H = 3$ तथा $M = 25$

$\therefore$ अभीष्ट कोण $= \frac{11}{2}M - 30H$

$= \frac{11}{2} \times 25 - 30 \times 3$

$= 137.5° - 90° = 47.5°$

14. (*b*) सुइयों के बीच कोण $= \frac{11}{2}M - 30H$

$M =$ मिनट की सुई, $H =$ घण्टे की सुई

घड़ी की सुइयाँ $2:30 - 3:00$ के बीच एकसाथ नहीं हो सकती

$\therefore \quad H = 3$, कोण $= 0$

$\Rightarrow \quad 0 = \frac{11}{2}M - 30 \times 3$

$\Rightarrow \quad \frac{11}{2}M = 90$

$\therefore \quad M = \frac{180}{11} = 16\frac{4}{11}$

$\therefore$ अभीष्ट समय 3 बजकर $16\frac{4}{11}$ मिनट

15. (*a*) माना 2 बजकर M मिनट पर 90° का कोण बनता है, तो

$\theta = \frac{11}{2}M - 30H$

(यहाँ, $H = 2, M = ?, \theta = 90°$)

$\Rightarrow \quad 90° = \frac{11}{2}M - 30 \times 2$

$\Rightarrow \frac{11}{2}M = 150°$

$\Rightarrow \quad M = \frac{300}{11} = 27\frac{3}{11}$ मिनट

अत: अभीष्ट समय = 2 बजकर $27\frac{3}{11}$ मिनट

16. (*b*) यहाँ, $H = 4, \theta = 30°, M = ?$

$30 = 30H - \frac{11}{2}M \Rightarrow 30 = 30 \times 4 - \frac{11}{2}M$

$\Rightarrow 60 = 240 - 11M \Rightarrow 11M = 180$

$M = 16\frac{4}{11}$

$\therefore$ अभीष्ट समय = 4 बजकर $16\frac{4}{11}$ मिनट

17. (*b*) यहाँ, $\theta = 0°, H = 1$ तथा $M = ?$

तब, $0 = \frac{11}{2}M - 30 \times 1$

$\Rightarrow \quad M = \frac{30 \times 2}{11} = \frac{60}{11} = 5\frac{5}{11}$

$\therefore$ अभीष्ट समय = 1 बजकर $5\frac{5}{11}$ मिनट

18. (*d*) चूँकि 12 घण्टों में घड़ी की घण्टे की सुई और मिनट की सुई 22 बार समकोण पर होती हैं।

24 घण्टे में घड़ी की घण्टे की सुई और मिनट की सुई $22 \times 2 = 44$ बार समकोण पर होंगी।

अत: घड़ी की दोनों सुइयाँ एक सप्ताह में एक-दूसरे के साथ समकोण पर होंगी

$= 44 \times 7 = 308$ बार

19. (*c*) मिनट की सुई द्वारा 1 मिनट में तय की गई कोणीय दूरी $= \frac{360°}{60} = 6°$

लेकिन प्रश्नानुसार, मिनट की सुईं 1 मिनट में 9° की दर से आगे बढ़ती है।

$\therefore$ तय कोणीय दूरी में अन्तर $= (9° - 6°) = 3°$

$\because$ 1 मिनट में तय दूरी = 6°

$\therefore$ 3° दूरी तय करने में लगा समय

$= \frac{1}{6} \times 3 = \frac{1}{2}$ मिनट

$\because$ घड़ी 1 मिनट, $\frac{1}{2}$ मिनट तेज होती है।

$\therefore$ घड़ी 30 मिनट $= 30 \times \frac{1}{2} = 15$ मिनट तेज होगी।

20. (*c*) प्रत्येक सेकण्ड का अन्तराल 1° होता है। घड़ी प्रत्येक एक घण्टे में 5 मिनट बढ़ जाती है। इसका अर्थ है कि घड़ी एक मिनट में $\frac{5}{60}$ मिनट बढ़ जाती है।

$\therefore$ 5 मिनट में तय कोणीय दूरी

$= \frac{5}{60} \times 360° = 30°$

अत: सेकण्ड की सुई एक मिनट में $360° + 30° = 390°$ के बराबर चक्कर लगाएगी।

21. (*b*) $\because$ 8 मिनट आगे बढ़ने में लगा समय

= 48 घण्टे

3 मिनट आगे बढ़ने में लगा समय

$= \frac{48}{8} \times 3 = 18$ घण्टे

$\therefore$ अभीष्ट समय

= सोमवार दोपहर 2 बजे + 18 घण्टे

= मंगलवार सुबह 8 बजे

22. (*a*) पहले दिन सुबह 10 बजे से दूसरे दिन शाम 4 बजे तक 30 घण्टे होंगे अर्थात् तेज घड़ी जब दूसरे दिन शाम को 4 : 00 दर्शाती है, तब वह अपने हिसाब से 30 घण्टे चल लेती है किन्तु जब तेज घड़ी 25 घण्टा प्रदर्शित करेगी, तब वास्तविक समय 24 घण्टा व्यतीत होगा। अत: जब तेज घड़ी 30 घण्टे चलेगी, तब वास्तविक समय $\frac{24}{25} \times 30$ घण्टा होगा।

$\frac{24}{25} \times 30$ घण्टा $= 28\frac{4}{5}$ घण्टा

= 28 घण्टा 48 मिनट

$\therefore$ वास्तविक समय

= पहले दिन 10 पूर्वाह्न से 28 घण्टा 48 मिनट

= 2 बजकर 48 मिनट

23. (*b*) रविवार दिन के 12 बजे से बुधवार शाम 8 बजे तक 3 दिन 8 घण्टे होंगे। यह 80 घण्टे के बराबर है। 80 घण्टे के दौरान पहली घड़ी 6 मिनट मन्द हो गई और दूसरी घड़ी 9 मिनट तेज हो गई। इस प्रकार दूसरी घड़ी पहली घड़ी से 15 मिनट आगे हो गई। किन्तु दूसरी घड़ी रविवार 12 बजे प्रथम घड़ी से 11 मिनट पीछे थी।

चूँकि दूसरी घड़ी तेज चलती है। अत: यह धीरे-धीरे पहली घड़ी से 11 मिनट के अन्तर को कम करती जाएगी। जब यह अपनी पहली अवस्था से 11 मिनट आगे हो जाएगी, तब दोनों घड़ियों में समान समय दिखेगा क्योंकि इस अवस्था में दूसरी घड़ी पहली घड़ी से न तो आगे होगी और न ही पीछे होगी।

अत: दूसरी घड़ी पहली घड़ी से 15 मिनट आगे 80 घण्टे में होती है।

$\therefore$ दूसरी घड़ी पहली घड़ी से 11 मिनट आगे $\frac{80}{15} \times 11$ घण्टे में होगी

$= 58\frac{2}{3}$ घण्टे = 2 दिन $10\frac{2}{3}$ घण्टे

रविवार 12 बजे से 2 दिन $10\frac{2}{3}$ घण्टे बाद दोनों घड़ियों में समान समय दिखेगा। इसलिए दोनों घड़ियाँ मंगलवार शाम 10 बजकर 40 मिनट पर समान समय बताएँगी।

24. (*a*) अभीष्ट समयावधि

$= 12:30:34 - 02:39:40$

= 09 घण्टे 50 मिनट 54 सेकण्ड

अर्थात् 9 घण्टे 50 मिनट 54 सेकण्ड तक बल्ब जलता रहा।

25. (*b*) अजय द्वारा घर से निकलने का समय

= 8 : 40 – 10 मिनट = 8 : 30 बजे प्रात:

दिया है, अजय सामान्य दिनों की अपेक्षा 15 मिनट पहले निकल जाता है। इसलिए सामान्य दिनों में वह घर से 8:30 + 15 मिनट अर्थात् प्रात: 8:45 पर निकल जाता है।

26. (*a*) प्रश्नानुसार,

अगली रेल के जाने का समय

= 10 बजकर 35 मिनट

$\therefore$ पिछली रेल के जाने का समय

= 10 : 35 – 55 मिनट = 9 : 40 बजे

$\therefore$ पूछताछ का समय = 9 : 40 बजे + 20 मिनट

= 10 : 00 बजे

27. (*b*) घोषणा के अनुसार, अगली बस जाने का समय सायं 4 : 30 बजे है। चूँकि बस प्रत्येक चार घण्टे के बाद जाती है।

$\therefore$ इससे पहले जाने वाली बस का समय

= 4 : 30 – 4 : 00

= दोपहर 12 : 30 बजे

अब, क्योंकि घोषणा पहली बस जाने के 20 मिनट बाद की गई थी।

$\therefore$ घोषणा का सही समय

= 12 : 30 + 20 मिनट

= दोपहर 12 : 50 बजे

28. (*a*) घड़ी के डायल की स्थिति निम्नवत् होगी

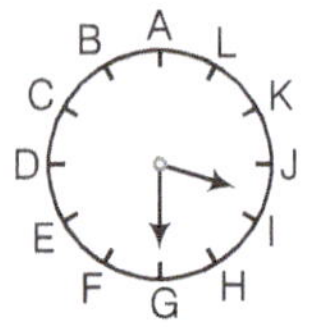

अत: सायं $3\frac{1}{2}$ बजे घण्टे की सुई I और J के बीच में होगी।

29. (*b*) कक्षा चलने का समय = 3 : 52 – 1 : 00

= 2 घण्टे 52 मिनट = 172 मिनट

एक कक्षा से दूसरी में जाने के लिए दिया गया कुल समय $= (4 - 1) \times 4 = 12$ मिनट

∴ प्रत्येक अवधि (पीरियड) का समय

$= \frac{172 - 12}{4} = \frac{160}{4} = 40$ मिनट

30. (*c*) चूँकि बस प्रत्येक 40 मिनट पर छूटती है और क्लर्क के द्वारा दी गई जानकारी के अनुसार, बस 10 मिनट पहले छूटी है, इसलिए व्यक्ति को अगली बस छूटने से (40 – 10) = 30 मिनट पहले यह जानकारी मिली। यदि अगली बस प्रात: 10 : 45 पर छूटेगी, तो व्यक्ति को जानकारी मिलने का समय प्रात: 10 : 45 से 30 मिनट पहले का समय अर्थात् प्रात: 10 : 15 होगा।

31. (*d*) लीप वर्ष '4' से पूर्णत: विभाजित होता है। अत: विकल्प (d) से,

$\frac{1076}{4} = 269$

∴ 1076 एक लीप वर्ष है।

32. (*d*) वर्ष 2014 लीप वर्ष नहीं हैं। अन्य सभी वर्ष 4 से पूर्णत: विभाजित हो रहे हैं।

33. (*a*) दिया है, 18 फरवरी, 2005 को शुक्रवार है, तो 18 फरवरी, 2006 को (शुक्रवार + 1) शनिवार होगा। अत: 18 फरवरी, 2007 को (शनिवार + 1) रविवार होगा।

34. (*c*) दिया है,

11 जनवरी 2018 का दिन = गुरुवार

∴ 11 जनवरी, 2019 का दिन

= गुरुवार + 1 = शुक्रवार

11 जनवरी, 2019 से 11 जून, 2019 तक कुल विषम दिन = 20 + 0 + 3 + 2 + 3 + 11

= 39 = 7 × 5 + 4 = 4 विषम दिन

∴ 11 जून, 2019 का दिन

= शुक्रवार + 4 = मंगलवार

35. (*c*) 25 अगस्त, 2006 का दिन = शुक्रवार

25 अगस्त, 2018 का दिन = शुक्रवार + 9 (सामान्य वर्ष) + 3 (लीप वर्ष)

= शुक्रवार + 9 + (2 × 3)

= शुक्रवार + 15 = शनिवार

36. (*d*) दिया है,

28 मई, 2015 का दिन = गुरुवार

∴ 24 अप्रैल, 2015 का दिन

= गुरुवार – 6 = शुक्रवार

अब, 24 अप्रैल, 2015 से 24 अप्रैल, 2023 तक कुल विषम दिन

= 2 + 1 + 1 + 1 + 2 + 1 + 1 + 1

= 10 = 7 + 3 विषम दिन

अत: 24 अप्रैल, 2023 का दिन

= शुक्रवार + 3 = सोमवार

37. (*b*) प्रश्नानुसार,

15 मार्च, 2020 का दिन = रविवार

15 मार्च, 2020 से 31 मई, 2020 तक कुल दिन = 16 + 30 + 31 = 77

∴ 15 मार्च, 2020 से 31 मई, 2020 तक विषम दिन = 0 (77 ÷ 7 में शेषफल = 0)

अत: 31 मई, 2020 का दिन = रविवार

38. (*c*) वर्ष 2000 तक विषम दिन = 0

2001 से 2008 तक विषम दिन

= 2 × 2 + 6 × 1

$= 4 + 6 = 10 = \frac{10}{7} = 3$

(∵ वर्ष 2004 और 2008 लीप वर्ष हैं)

वर्ष 2008 से 20 जुलाई, 2009 तक कुल विषम दिन

$= 3 + 0 + 3 + 2 + 3 + 2 + 6 = \frac{19}{7} = 5$ दिन (शेष)

20 जुलाई, वर्ष 2009 तक कुल विषम दिनों की संख्या $= 0 + 3 + 5 = \frac{8}{7} = 1$ (विषम दिन)

∴ 20 जुलाई, 2009 का दिन = सोमवार

> **TOP TIPS** इस प्रकार के प्रश्नों को हल करने के लिए विषम दिनों के बारे में अच्छे से जानकारी होनी चाहिए।

39. (*c*) 20 मार्च, 2001 का दिन = मंगलवार

20 मार्च, 2001 से 23 अप्रैल, 2021 तक विषम दिन = 20 मार्च, 2001 से 20 मार्च, 2021 तक विषम दिन + 21 मार्च, 2021 से 23 अप्रैल, 2021 तक विषम दिन

= (5 × 2 + 15) + (11 + 23)

(∵ 2004, 2008, 2012, 2016, 2020 लीप वर्ष हैं)

= 25 + 34 = 59

= 7 × 8 + 3 = 3 (विषम दिन)

अत: 23 अप्रैल, 2021 को दिन

= मंगलवार + 3 = शुक्रवार

40. (*d*) 31 दिसम्बर, 2003 से 31 दिसम्बर, 2004 तक विषम दिनों की संख्या = 2

(∵ 2004 लीप वर्ष है)

1 जनवरी, 2005 से 7 मार्च, 2005 तक विषम दिनों की संख्या = 3 + 0 + 7 = 10

∴ कुल विषम दिनों की संख्या

$= \left[\frac{10 + 2}{7}\right]$ में शेषफल = 5 (विषम दिन)

∴ 7 मार्च, 2005 को सप्ताह का दिन

= बुधवार + 5 = सोमवार

41. (*b*) 31 जनवरी, 2009 से 31 जनवरी, 2013 तक विषम दिन की संख्या

= 1 + 1 + 2 + 1 = 5 (विषम दिन)

∴ 31 जनवरी, 2013 का दिन

= शनिवार + 5 = गुरुवार

∴ 30 जनवरी, 2013 का दिन

= गुरुवार – 1 = बुधवार

42. (*c*) 10 जनवरी, 2006 तक विषम दिनों की संख्या = 2000 वर्षों में विषम दिन + 5 वर्षों में विषम दिन + 10 दिनों में विषम दिन

= 0 + 2 × 1 + 4 × 1 + 3

= 2 + 4 + 3 = 9 = 7 × 1 + 2

= 2 (विषम दिन)

अत: 10 जनवरी, 2006 का दिन मंगलवार है।

43. (*c*) दिया है,

15 जनवरी, 1996 को सोमवार है।

चूँकि 1996 लीप वर्ष है।

अत: 15 जनवरी, 1997 को बुधवार होगा।

15 जनवरी, 1997 से 30 मार्च, 1997 के बीच दिनों की संख्या

= 16 + 28 + 30 = 74 = 7 × 10 + 4

= 4 (विषम दिन)

अत: 30 मार्च, 1997 का दिन

= बुधवार + 4 दिन = रविवार

अत: 30 मार्च, 1997 को रविवार होगा।

44. (*d*) 1 जनवरी, 2013 से 2 जनवरी, 2014 तक कुल विषम दिन = 1 + 1 = 2 (विषम दिन)

∵ 1 जनवरी, 2013 का दिन = बुधवार

∴ 2 जनवरी, 2014 का दिन = बुधवार + 2

= शुक्रवार

45. (*d*) 1 जनवरी, 2022 तक कुल विषम दिनों की संख्या = 2000 वर्षों में विषम दिन + 21 वर्षों में विषम दिन + 1 विषम दिन

= 0 + 5 × 2 + 16 × 1 + 1

= 27

= 7 × 3 + 6

∴ कुल विषम दिन = 6 दिन

∴ 1 जनवरी, 2022 को शनिवार का दिन होगा।

46. (*a*) 1980 में गणतन्त्र दिवस अर्थात् 26 जनवरी 1980 को दिन = शनिवार

3 मार्च, 1980 तक विषम दिन

= 5 + 29 + 3 = 37

= 5 सप्ताह तथा 2 दिन (विषम दिन)

∴ 3 मार्च, 1980 का दिन

= शनिवार + 2

= सोमवार

चूँकि Y, X से चार दिन बड़ा है।

∴ Y जन्मदिन X के जन्मदिन से चार दिन पहले होगा।

अर्थात् सोमवार – 4 दिन = बृहस्पतिवार

47. *(b)* ∵ माह का चौथा दिन शनिवार है।

∴ माह का 11वाँ, 18वाँ, 25वाँ दिन भी शनिवार है।

अब 26वें दिन से 5 दिन पहले का दिन 21वाँ दिन है।

∴ 21वाँ दिन = 18वाँ दिन + 3 दिन

अतः 21वाँ दिन शनिवार के 3 दिन बाद का दिन अर्थात् मंगलवार होगा।

48. *(d)* जनवरी महीने में 31 दिन होते हैं अर्थात् 4 सप्ताह 3 दिन चूँकि महीने का पहला दिन ज्ञात नहीं है इसलिए जनवरी माह में शनिवार और रविवार की संख्या ज्ञात नहीं की जा सकती।

49. *(d)* माह की 4 तारीख का दिन = शुक्रवार

माह की 11 तारीख का दिन = शुक्रवार

माह की 18 तारीख का दिन = शुक्रवार

माह की 25 तारीख का दिन = शुक्रवार

∴ माह के 25वें दिन के बाद तीसरा दिन

= शुक्रवार +3 = सोमवार

50. *(c)* महीने का पाँचवाँ दिन = शुक्रवार – 4

= सोमवार

महीने में अन्य सोमवार की तारीख

= 12 वीं, 19 वीं, 26 वीं

∴ 22 तारीख का दिन = 19 वीं + 3

= सोमवार + 3 = बृहस्पतिवार

51. *(d)* बीते हुए कल से दो दिन पहले का दिन

= शुक्रवार

∴ बीते हुए कल का दिन

= शुक्रवार + 2 = रविवार

आज का दिन = सोमवार

आने वाले कल का दिन = मंगलवार

∴ परसों का दिन = बुधवार

52. *(b)* 72 दिनों में विषम दिनों की संख्या

$= \frac{72}{7}$ में शेषफल = 2 (विषम दिन)

∴ 72 दिनों के बाद का दिन

= शुक्रवार + 2 = रविवार

53. *(a)* 91 दिन में विषम दिन की संख्या

$= \frac{91}{7}$ में शेषफल = 0 (विषम दिन)

∴ 91 दिन बाद का दिन = गुरुवार + 0

= गुरुवार

54. *(d)* कल का दिन = रविवार

∴ आज का दिन = शनिवार

121 दिन में कुल विषम दिनों की संख्या

$= \frac{121}{7}$ में शेषफल = 2 (विषम दिन)

∴ 121 दिन बाद सप्ताह का दिन

= शनिवार + 2 = सोमवार

55. *(c)* महीने की 4 तारीख को दिन = रविवार

∴ महीने का तीसवें दिन से पहले छठा दिन अर्थात् 30 – 6 = 24वाँ दिन

= रविवार + $\frac{(24-4)}{7}$ में विषम दिन

= रविवार + 6 (विषम दिन) = शनिवार

56. *(a)* दिया है,

1 जनवरी = शुक्रवार

∴ 8, 15, 22, 29 जनवरी = शुक्रवार

तथा 30 जनवरी = शनिवार

31 जनवरी = रविवार,

1 फरवरी = सोमवार

∴ 8, 15, 22, 29 फरवरी = सोमवार

अतः 1 मार्च = मंगलवार

57. *(d)* महीने का पहला दिन = मंगलवार

मंगलवार को अन्य तारीखें = 8, 15, 22, 29

20 के बाद शनिवार = मंगलवार + 4

= 22 + 4 = 26

अतः रमा अपने भाई से 26 तारीख को मिली थी।

58. *(b)* प्रार्थना-पत्र प्राप्त होने का दिन = निस्तारण का दिन – 2 = शुक्रवार – 2 = बुधवार

अतः प्रार्थना-पत्र बुधवार को प्राप्त हुआ।

59. *(a)* चूँकि प्रत्येक सप्ताह में सात दिन होते हैं तथा सातवें दिन पुनः वही दिन फिर से आता है। अतः दो दिन पहले पड़ने वाला दिन

= बृहस्पतिवार

अतः आज पड़ने वाला दिन

= बृहस्पतिवार + 2 = शनिवार

60. *(c)* संजीव के अनुसार, मानवेन्द्र की जन्मतिथि

= (21), 22, 23, 24, 25, 26, 27

रीता के अनुसार मानवेन्द्र की जन्मतिथि

= 13, 14, 15, 16, 17, 18, 19, 20, (21)

अतः मानवेन्द्र की जन्मतिथि = 21 अगस्त

अध्याय

15 गणितीय संक्रियाएँ

(Mathematical Operations)

गणितीय संक्रियाएँ

दिए गए गणितीय व्यंजक के वास्तविक चिह्नों/अक्षरों/प्रतीकों को प्रश्न में दिए निर्देशानुसार परिवर्तित करते हुए व्यंजक को हल करने की प्रक्रिया को गणितीय संक्रियाएँ कहते हैं।

चिह्नों का प्रतिस्थापन

इस प्रकार के प्रश्नों में एक समीकरण के साथ गणितीय चिह्नों के बारे में कुछ निर्देश दिए गए होते हैं। इस निर्देश के अनुसार समीकरण में चिह्नों को प्रतिस्थापित करके उसका मान ज्ञात करना होता है।

जैसे- यदि '+' और '–' को आपस में बदल दिया जाए और '×' और '÷' को आपस में बदल दिया जाए, तो निम्नलिखित समीकरण में प्रश्नचिह्न (?) के स्थान पर क्या आएगा?

$4515 \times 5 - 431 \div 3 + 821 = ?$

(a) 1575 (b) 1335 (c) 1375 (d) 1775

हल (c) $4515 \times 5 - 431 \div 3 + 821$

प्रश्नानुसार चिह्नों को परस्पर बदलने पर,

$4515 \div 5 + 431 \times 3 - 821$

$= 903 + 1293 - 821$

$= 2196 - 821 = 1375$

समीकरण को सन्तुलित करना

इस प्रकार के प्रश्नों में एक समीकरण दिया होता है, जिसमें गणितीय चिह्नों के स्थान पर खाली स्थान या '*' प्रकार के संकेत दिए होते हैं। हमें विकल्पों में दिए गए उन चिह्नों को रखना होता है जिससे पूरा समीकरण सन्तुलित हो जाए।

जैसे- * चिह्न को बदलने और दिए गए समीकरण को सन्तुलित करने के लिए अंकगणितीय चिह्नों के सही संयोजन को चुनिए।

7 * 5 * 8 * 4 * 2 * 4 * 35

(a) × + ÷ + – = (b) + ÷ × + – =

(c) – × + = × ÷ (d) ÷ × + × ÷ =

हल (a) विकल्प (a) से,

$7 \times 5 + 8 \div 4 + 2 - 4 = 35$

$\Rightarrow 7 \times 5 + 2 + 2 - 4 = 35$

$\Rightarrow 35 + 4 - 4 = 35$

$\Rightarrow 35 = 35$

$\therefore$ [L.H.S. = R.H.S]

चिह्नों तथा संख्याओं का आपसी परिवर्तन

इस प्रकार के प्रश्नों में एक समीकरण के साथ कुछ निर्देश दिए गए होते हैं। इस निर्देश के अनुसार विकल्प में से उस चिह्न तथा संख्याओं का युग्म ज्ञात करना होता है जिसकों आपस में बदलकर समीकरण सन्तुलित हो जाता है।

जैसे- दिए हुए समीकरण को सही बनाने के लिए किन दो संख्याओं को परस्पर बदलना होगा?

$144 + 108 \div 12 - 16 \times 6 = 24$

(a) 12, 6 (b) 108, 6

(c) 108, 144 (d) 12, 16

हल (c) $144 + 108 \div 12 - 16 \times 6 = 24$

विकल्प (c) से, संख्या 108 तथा 144 को परस्पर बदलने से,

$108 + 144 \div 12 - 16 \times 6 = 24$

$\Rightarrow 108 + 12 - 96 = 24$

$\Rightarrow 120 - 96 = 24$

$\Rightarrow 24 = 24$

L.H.S = R.H.S.

चिह्न प्रतिस्थापन के बाद सन्तुलित समीकरण की पहचान करना

इस प्रकार के प्रश्नों में विकल्प के रूप में कुछ समीकरण दिए गए होते हैं, जिनमें गणितीय चिह्नों के स्थान पर खाली स्थान या फिर अन्य संकेत या वर्ण दिए होते हैं। इन खाली स्थानों, संकेतों और वर्णों को प्रश्नानुसार प्रतिस्थापित करके सन्तुलित समीकरण ज्ञात करना होता है।

जैसे-यदि → जोड़ का चिह्न हो, ← घटाने का चिह्न, ↑ भाग का चिह्न, ↓ गुणा का चिह्न, ↗ चिह्न बराबरी का, तब निम्न में से कौन-सा विकल्प सही है?

(a) 2 ↓ 5 ← 6 → 2 ↗ 6

(b) 5 → 7 ← 3 ↑ 2 ↗ 4

(c) 3 ↓ 6 ↑ 2 → 3 ← 6 ↗ 5

(d) 7 ← 43 ↑ 6 ↓ 1 ↗ 4

हल (a) विकल्प (a) से, 2 ↓ 5 ← 6 → 2 ↗ 6

प्रश्नानुसार चिह्नों को परिवर्तित करने पर,

$2 \times 5 - 6 + 2 = 6 \Rightarrow 10 - 6 + 2 = 6$

$\Rightarrow 12 - 6 = 6 \Rightarrow 6 = 6$

विशेष प्रणाली पर आधारित

इस प्रकार के प्रश्नों में कुछ समीकरण किसी विशेष नियम द्वारा हल करके तथा एक समीकरण बिना हल किए दिया गया होता है। इस विशेष नियम को ज्ञात कर उसके आधार पर हल न किए गए समीकरण को हल करना होता है।

जैसे- यदि $4 \times 6 = 1812$, $5 \times 8 = 2415$, $6 \times 9 = 2718$, तो 7×6 बराबर है

(a) 1821 (b) 2428

(c) 3035 (d) 3642

हल (a) जिस प्रकार,

$4 \times 6 \Rightarrow (6 \times 3)\ (4 \times 3) \Rightarrow 1812$

$5 \times 8 \Rightarrow (8 \times 3)\ (5 \times 3) \Rightarrow 2415$

तथा $6 \times 9 \Rightarrow (9 \times 3)\ (6 \times 3) \Rightarrow 2718$

उसी प्रकार,

$7 \times 6 \Rightarrow (6 \times 3)\ (7 \times 3) \Rightarrow 1821$

Exam Approach Examples

चिह्नों का प्रतिस्थापन

उदाहरण 1. यदि '+' का अर्थ '–', '–' का अर्थ '×', '×' का अर्थ '÷', '÷' का अर्थ '+' हो, तो निम्नलिखित समीकरण में प्रश्नचिह्न (?) के स्थान पर क्या आएगा? *CISF 2023*

$137 \div 56 \times 7 - 6 + 31 = ?$

(a) 149 (b) 154
(c) 145 (d) 163

हल (b) दिया गया समीकरण,
प्रश्नानुसार, $137 \div 56 \times 7 - 6 + 31 = ?$
चिह्नों को आपस में बदलने पर,

$+ \rightarrow -$	$\times \rightarrow \div$
$- \rightarrow \times$	$\div \rightarrow +$

$? = 137 + 56 \div 7 \times 6 - 31$
$= 137 + 8 \times 6 - 31 = 137 + 48 - 31 = 185 - 31 = 154$

उदाहरण 2. यदि 'p + q' का अर्थ 'p – q' है, 'p – q' का अर्थ 'p × q' है, 'p × q' का अर्थ 'p ÷ q' है और 'p ÷ q' का अर्थ 'p + q' है, तो 25 + 48 × 6 ÷ 12 – 2 का मान ज्ञात कीजिए। *RRB NTPC 2020*

(a) 39 (b) 52 (c) 41 (d) 17

हल (c) दिया गया समीकरण,
$25 + 48 \times 6 \div 12 - 2$
प्रश्नानुसार, चिह्न परिवर्तित करने पर,

$+ \rightarrow -$	$- \rightarrow \times$
$\times \rightarrow \div$	$\div \rightarrow +$

$25 - 48 \div 6 + 12 \times 2$
$= 25 - 8 + 12 \times 2 = 25 - 8 + 24 = 49 - 8 = 41$

समीकरण को सन्तुलित करना

उदाहरण 3. गणितीय चिह्नों के ऐसे सही संयोजन का चयन कीजिए, जो यथाक्रम चिह्नों (*) को प्रतिस्थापित कर प्रस्तुत समीकरण को सन्तुलित करे।

198 * 11 * 18 * 20 * 50 * 294 *DP Constable 2023*

(a) ÷, ×, =, +, – (b) ÷, +, ×, –, =
(c) ÷, ×, –, +, = (d) ÷, ×, +, –, =

हल (d) दिया गया समीकरण, 198 * 11 * 18 * 20 * 50 * 294
विकल्प (d) से, चिह्न रखने पर,
$198 \div 11 \times 18 + 20 - 50 = 294$
$\Rightarrow 18 \times 18 + 20 - 50 = 294 \Rightarrow 324 + 20 - 50 = 294$
$\Rightarrow 344 - 50 = 294$
$\Rightarrow \boxed{294 = 294}$

उदाहरण 4. चिह्नों के उस संयोजन का चयन करें, जिन्हें दिए गए रिक्त स्थानों में क्रमिक रूप से रखने पर दिया गया समीकरण सन्तुलित हो जाएगा।

7_3_4_12_6 = 19 *SSC Steno 2021*

(a) –, ×, +, ÷ (b) ×, –, +, ÷
(c) ÷, ×, +, – (d) +, ÷, ×, –

हल (b) दिया गया समीकरण, 7_3_4_12_6 = 19
विकल्प (b) से, चिह्न रखने पर, $7 \times 3 - 4 + 12 \div 6 = 19$
$\Rightarrow 7 \times 3 - 4 + 2 = 19 \Rightarrow 21 - 4 + 2 = 19$
$\Rightarrow 17 + 2 = 19 \Rightarrow 19 = 19$

चिह्नों और संख्याओं का आपसी परिवर्तन

उदाहरण 5. निम्नलिखित समीकरण को सही करने (सन्तुलित करने) के लिए किन दो गणितीय चिह्नों को आपस में बदलना होगा?

$2 + 10 \times 12 - 4 \div 24 = 8$ *SSC CPO 2024*

(a) – और + (b) ÷ और + (c) ÷ और – (d) × और ÷

हल (c) दिया गया समीकरण,
$2 + 10 \times 12 - 4 \div 24 = 8$
विकल्प (c) से, चिह्न '÷' और '–' को परस्पर बदलने पर,
LHS $= 2 + 10 \times 12 \div 4 - 24$
$= 2 + 10 \times 3 - 24 = 2 + 30 - 24$
$= 32 - 24 = 8 =$ RHS
अतः विकल्प (c) का चिह्न समीकरण को सन्तुलित करेगा।

उदाहरण 6. निम्नलिखित समीकरण को समतुल्य बनाने के लिए इसमें किन दो संख्याओं को परस्पर बदला जाना चाहिए?

$8 - 4 \div 3 + 5 \times 6 = 26$ *Rajasthan Police Constable 2022*

(a) 4 और 5 (b) 4 और 3 (c) 4 और 6 (d) 8 और 6

हल (c) दिया गया समीकरण, $8 - 4 \div 3 + 5 \times 6 = 26$
विकल्प (c) से, 4 और 6 को बदलने पर,
$8 - 6 \div 3 + 5 \times 4 = 26 \Rightarrow 8 - 2 + 20 = 26$
$\Rightarrow \boxed{26 = 26}$

चिह्न प्रतिस्थापन के बाद सन्तुलित समीकरण की पहचान करना

उदाहरण 7. निम्नलिखित कथनों में A, B, C, D और E क्रमशः +, –, ×, ÷ और = को दर्शाते हैं। इनमें से कौन-सा कथन सही है? *SSC JE 2023*

(a) 8A6C5D15B14E4 (b) 8A6C3D15E14B4
(c) 8A6C5D15E24B4 (d) 8A6C5D15E14B4

हल (d) विकल्प (d) से, 8A6C5D15E14B4
प्रश्नानुसार चिह्न रखने पर,
$8 + 6 \times 5 \div 15 = 14 - 4$
$\Rightarrow 8 + 6 \times \frac{5}{15} = 10$
$\Rightarrow 8 + 2 = 10 \Rightarrow 10 = 10$

> **Helping Tips**
> इस अध्याय के प्रश्नों को करते समय BODMAS नियम का अनुपालन करें।

विशेष प्रणाली पर आधारित

उदाहरण 8. यदि 8 A 7 = 56 और 9 A 11 = 99, तो 16 A 15 = ? *SSC (10+2) 2023*

(a) 260 (b) 220
(c) 240 (d) 280

हल (c) जिस प्रकार, $8 \text{ A } 7 \Rightarrow 8 \times 7 = 56$
और $9 \text{ A } 11 \Rightarrow 9 \times 11 = 99$
उसी प्रकार, $16 \text{ A } 15 \Rightarrow 16 \times 15 = \boxed{240}$

Chapter Challenge

चिह्नों का प्रतिस्थापन

1. यदि '+' का अर्थ '÷', '–' का अर्थ '+', '×' का अर्थ '–' और '÷' का अर्थ '×' है, तो निम्नलिखित समीकरण का मान क्या होगा?
$[\{(14 \times 6) - (4 \div 3)\} + (6 - 4)] \div 3$ *CISF 2023*
(a) 1 (b) 9 (c) 3 (d) 6

2. यदि '+' और '–' को आपस में बदल दिया जाए तथा '×' और '÷' को आपस में बदल दिया जाए तो निम्नलिखित समीकरण में '?' के स्थान पर क्या आएगा?
$617 \div 3 - 84 + 515 \times 5 = ?$ *SSC (10+2) 2024*
(a) 1836 (b) 1834 (c) 1832 (d) 1838

3. यदि '+' और '–' को आपस में बदल दिया जाए तथा '×' और '÷' को आपस में बदल दिया जाए, तो निम्नलिखित समीकरण में '?' के स्थान पर क्या आएगा?
$163 \div 5 + 147 \times 7 - 19 = ?$ *SSC (10+2) 2023*
(a) 819 (b) 813 (c) 816 (d) 817

4. यदि A का अर्थ '+' हो, B का अर्थ '×' हो, C का अर्थ '–' हो और D का अर्थ '÷' हो, तो निम्नलिखित समीकरण का मान कितना होगा?
22 B 7 C 288 D 12 A 27 = ? *SSC CPO 2023*
(a) 103 (b) 160 (c) 130 (d) 157

5. यदि '×' का अर्थ '–' है, '÷' का अर्थ '+' है, '+' का अर्थ '×' है, तो
$18 \times 5 \div 5 + 6$
बराबर है *CRPF HC 2023*
(a) 58 (b) 49 (c) 43 (d) 37

6. यदि 'U' का अर्थ '÷', 'D' का अर्थ '×', 'B' का अर्थ '+' और 'T' का अर्थ '–' है, तो निम्नलिखित समीकरण में प्रश्नचिह्न (?) के स्थान पर क्या आएगा? *SSC (10+2) 2024*
13 T 26 U 13 D 24 B 7 = ?
(a) –87 (b) –43 (c) –56 (d) –28

7. यदि '+' और '÷' को आपस में बदल दिया जाए और '×' और '–' को आपस में बदल दिया जाए, तो निम्नलिखित समीकरण में प्रश्नचिह्न (?) के स्थान पर क्या आएगा? *SSC CGL (Tier I) 2024*
$4 - 12 + 3 \div 12 \times 6 = ?$
(a) 46 (b) 13 (c) 22 (d) 11

8. यदि निम्नलिखित समीकरण में '+' और '–' को आपस में बदल दिया जाए तथा '×' और '÷' को आपस में बदल दिया जाए तो इस समीकरण में '?' के स्थान पर क्या आएगा? *SSC MTS 2024*
$39 \div 3 - 24 + 60 \times 12 = ?$
(a) 190 (b) 136
(c) 163 (d) 86

9. यदि '+' और '–' को परस्पर बदल दिया जाए और '×' और '÷' को परस्पर बदल दिया जाए, तो निम्नलिखित समीकरण में '?' के स्थान पर कितना मान आएगा?
$5 - 4 \div 9 + 80 \times 10 = ?$ *SSC CGL (Tier I) 2024*
(a) 31 (b) 30 (c) 33 (d) 35

10. यदि A का अर्थ '+' हो, B का अर्थ '×' हो, C का अर्थ '–' हो और D का अर्थ '÷' हो, तो निम्नलिखित समीकरण का मान क्या होगा?
21 B 14 C 154 D 14 A 42 = ? *SSC CPO 2023*
(a) 342 (b) 352 (c) 325 (d) 357

11. यदि A का अर्थ '+' है, B का अर्थ '×' है, C का अर्थ '–' है, और D का अर्थ '÷' है, तो निम्नलिखित समीकरण में '?' के स्थान पर क्या आएगा?
(81 D 9) B 3 A 3 = 3 B ? *SSC JE 2023*
(a) 20 (b) 10 (c) 30 (d) 15

12. दिए गए प्रश्न में यदि + का अर्थ – है, × का अर्थ ÷ है, – का अर्थ + है, और ÷ का अर्थ × है, तो निम्नलिखित प्रश्न का उत्तर ज्ञात कीजिए।
$12 + 24 \times 6 - 2 + 6$ *CISF ASI 2023*
(a) 6 (b) 2 (c) 8 (d) 4

13. यदि '÷' और '×' को आपस में बदल दिया जाए तथा '–' और '+' को आपस में बदल दिया जाए, तो निम्नलिखित समीकरण में (?) के स्थान पर क्या आएगा?
$58 - 17 \div 6 + 322 \times 23 = ?$ *SSC (10+2) 2023*
(a) 161 (b) 153 (c) 138 (d) 146

14. यदि A '+' को, B '×' को, C '–' को और D '÷' को दर्शाता है, तो निम्नलिखित समीकरण का मान कितना होगा?
(45 D 9) B 5 A 8 B (7 A 3 C 6) C (28 D (4 D 4))
CUET UG 2022
(a) 38 (b) 82 (c) 35 (d) 29

15. यदि M 'जोड़' को दर्शाता है, N 'गुणा' को दर्शाता है, O 'घटाव' को दर्शाता है और P 'भाग' को दर्शाता है, तो निम्नलिखित समीकरण का मान क्या होगा?
16 M 3 O 5 N 4 P 2 = ? *DSSSB Workshop 2024*
(a) 11 (b) 13 (c) 7 (d) 9

16. निम्नलिखित समीकरण में प्रश्नचिह्न (?) के स्थान पर क्या आएगा, यदि '–' और '×' को आपस में बदल दिया जाए तथा '÷' और '+' को आपस में बदल दिया जाए? *SSC MTS 2024*
$6 - 8 \div 12 + 3 \times 9 + 3 \div 17 = ?$
(a) 2 (b) 71 (c) 56 (d) 66

17. यदि A का अर्थ '+' है, B का अर्थ '×' है, C का अर्थ ('–') है और D का अर्थ '÷' है, तो निम्नलिखित समीकरण में '?' के स्थान पर क्या आएगा?
(13 B 9) D 3 A (14 D 7) B 6 C 21 A (32 B 2) = ?
SSC (10+2) 2022
(a) 112 (b) 96 (c) 94 (d) 100

18. निम्नलिखित समीकरण में यदि '+' और '–' को आपस में बदल दिया जाए तथा '×' और '÷' को आपस में बदल दिया जाए, तो समीकरण में प्रश्नचिह्न (?) के स्थान पर क्या आएगा? *SSC MTS 2024*
$5 \div 6 \times 3 - 4 + 11 = ?$
(a) 14 (b) 7
(c) 11 (d) 3

19. यदि ÷ का अर्थ '+', – का अर्थ '÷', × का अर्थ '–' और + का अर्थ '×' है, तो $\frac{24-8\div6+4\times7}{8+3\times19}$ का मान बताएँ। *SSC Steno 2019*

(a) 7 (b) 4 (c) 1 (d) 5

20. यदि 'I' का अर्थ '+', 'J' का अर्थ '×' 'K' का अर्थ '÷' और 'L' का अर्थ है, '–' तो निम्नलिखित समीकरण में प्रश्नचिह्न '?' के स्थान पर क्या आएगा?

38 I (3 J 4) L (16 K 2) I 11 = ? *RRB ALP (CBT-I) 2024*

(a) 61 (b) 34 (c) 53 (d) 47

21. W का अर्थ है '+', X का अर्थ है '–', Y का अर्थ है '×' और Z का अर्थ है '÷', तो 12 Y 4 W 18 X 40 Z 4 = ? *CISF ASI 2023*

(a) 54 (b) 52 (c) 56 (d) 50

22. यदि '–' का अर्थ भाग है, '+' का अर्थ गुणा है, '÷' का अर्थ घटाना है और '×' का अर्थ जोड़ है, तो 18 × 36 – 6 ÷ 2 + 3 = ? *UP Police Constable 2024*

(a) 12 (b) 18 (c) 8 (d) 3

23. यदि A का अर्थ '+' हो, B का अर्थ '×' हो, C का अर्थ '–' हो और D का अर्थ '÷' हो, तो निम्नलिखित समीकरण का मान कितना होगा?

96 D 3 B 8 C 25 A 14 = ? *CISF 2023*

(a) 217 (b) 245 (c) 234 (d) 254

24. यदि '+' का अर्थ '–', '–' का अर्थ '×', '×' का अर्थ '÷', '÷' का अर्थ '+' हो, तो निम्नलिखित समीकरण में प्रश्नचिह्न (?) के स्थान पर क्या आएगा?

114 ÷ 85 × 5 – 4 + 33 = ? *SSC JE 2023*

(a) 149 (b) 161 (c) 158 (d) 136

25. यदि '+' और '÷' को आपस में बदल दिया जाए और '×' और '–' को आपस में बदल दिया जाए तो निम्नलिखित समीकरण में प्रश्नचिह्न (?) के स्थान पर क्या आएगा?

5 – 9 × 8 ÷ 12 + 4 = ? *SSC (10+2) 2023*

(a) 23 (b) 40 (c) 27 (d) 12

26. यदि '+' और '–' को परस्पर बदल दिया जाए तथा '×' और '÷' को परस्पर बदल दिया जाए, तो निम्नलिखित समीकरण में प्रश्नचिह्न (?) के स्थान पर क्या आएगा?

161 ÷ 4 + 75 × 5 – 4 = ?

(a) 633
(b) 543
(c) 643
(d) 533 *SSC CGL (Tier-II) 2023*

> **MRC*****
> *(Most Repeating Concepts)*
> प्र. सं. 2, 4, 5, 7, 9, 12, 13, 16, 18, 20, 25, 26, 33 और 34 Examination Point of Views से अति महत्त्वपूर्ण हैं। इन Concept पर प्रश्न SSC तथा Railway की परीक्षाओं में निरन्तर पूछे जा रहे हैं।

27. यदि '+' और '–' को आपस में बदल दिया जाए तथा '×' और '÷' को आपस में बदल दिया जाए, तो निम्नलिखित समीकरण में प्रश्नचिह्न (?) के स्थान पर क्या आएगा?

87 ÷ 3 + 35 – 88 × 11 = ? *SSC (10+2) 2024*

(a) 234 (b) 231
(c) 233 (d) 232

28. यदि '+' और '–' को आपस में बदल दिया जाए तथा '×' और '÷' को आपस में बदल दिया जाए, तो निम्नलिखित समीकरण में प्रश्नचिह्न (?) के स्थान पर क्या आएगा?

162 × 9 – 452 + 7 ÷ 9 = ? *SSC (10+2) 2024*

(a) 607 (b) 507 (c) 407 (d) 707

29. यदि '+' और '×' को आपस में बदल दिया जाए और '–' और '÷' को आपस में बदल दिया जाए, तो निम्नलिखित समीकरण में प्रश्नचिह्न (?) के स्थान पर क्या आएगा?

14 – 7 × 10 ÷ 1 + 7 = ? *SSC CPO 2024*

(a) 5 (b) 77 (c) 45 (d) 26

30. यदि '+' और '–' को आपस में बदल दिया जाए तथा '×' और '÷' को आपस में बदल दिया जाए, तो निम्नलिखित समीकरण में प्रश्नचिह्न (?) के स्थान पर क्या आएगा?

125 ÷ 5 + 19 – 190 × 19 = ? *SSC (10+2) 2024*

(a) 636 (b) 606 (c) 616 (d) 626

31. यदि '÷' का अर्थ 'जोड़' है, '+' का अर्थ 'घटाव' है, '–' का अर्थ 'गुणा' है और '×' का अर्थ 'भाग' है, तो निम्नलिखित समीकरण का मान क्या होगा? *SSC Constable (GD) 2018*

49 × 7 – 3 ÷ 9 + 4 = ?

(a) 35 (b) 39 (c) 26 (d) 31

32. यदि '+' का अर्थ '×' है, '–' का अर्थ '+' है, '×' का अर्थ '÷' है और '÷' का अर्थ '–' है, तो इस नीचे दिए गए समीकरण का मान क्या होगा? $6+\frac{2}{3}-\frac{1}{2}\div\frac{3}{4}\times9$ *SSC Steno 2019*

(a) $\frac{35}{21}$ (b) $\frac{53}{21}$ (c) $\frac{35}{12}$ (d) $\frac{53}{12}$

33. यदि '@' का अर्थ 'जोड़' है, '%' का अर्थ 'गुणा' है, '$' का अर्थ 'भाग' है, और '#' का अर्थ घटाना है, तो निम्नलिखित व्यंजक का मान ज्ञात कीजिए। *SSC CGL 2022*

23 @ 105 $ 15 % 6 # 29

(a) 23 (b) 36 (c) 40 (d) 28

34. यदि P = 3, Q = 6, R = 77, S = 11, और T = 8 है, तो निम्नलिखित में से कौन-सी संख्या प्रश्नचिह्न (?) का स्थान लेगी?

P × R ÷ S + T – Q = ? *UP Police Head Operator 2024*

(a) 41 (b) 23 (c) 35 (d) 53

समीकरण को सन्तुलित करना

निर्देश (प्र. सं. 35-45) *गणितीय चिह्नों के उस सही संयोजन का चयन करें, जिसे निम्नलिखित समीकरण में तारांकित प्रतीकों(*) के स्थान पर रखने पर यह सन्तुलित हो जाएगा?*

35. 10* 2* 1*8*11*8 *SSC CPO 2024*

(a) ÷, –, ×, +, = (b) ÷, –, –, +, =
(c) +, –, ×, ÷, = (d) ÷, –, ×, –, =

36. 150 * 3 * 10 * 2 * 7 * 46 *SSC CGL (Tier I) 2023*

(a) +, –, ÷, ×, = (b) ÷, +, –, ×, =
(c) ×, +, ÷, –, = (d) –, ×, +, ÷, =

37. 6 * 2 * 0 * 8 = 20 *SSC CPO 2024*

(a) –, ×, + (b) +, ×, + (c) +, +, × (d) ×, +, +

38. $(37 * 13) * 6 * 3 * 7$ *Rajasthan Police Constable 2022*

(a) $\div + \times =$ (b) $- \div + =$

(c) $+ \div \times =$ (d) $\times + \div =$

39. $24 * 4 * 16 * 4 * 15 = 85$ *SSC CPO 2020*

(a) $\div, +, \times, -$ (b) $\div, -, +, \times$

(c) $\times, +, \div, -$ (d) $-, \div, +, \times$

40. $(18 * 3) * 7 * 15 * 5 = 0$ *UP Police AO 2024*

(a) $+, -, \times, -$ (b) $+, +, \times, \div$

(c) $+, \times, -, \div$ (d) $+, \div, -, \div$

41. $40 * 15 * 3 * 72 * 9 * 77$ *SSC (10+2) 2021*

(a) $+, \div, -, \times, =$ (b) $\times, \div, +, -, =$

(c) $+, \times, -, \div, =$ (d) $+, \times, \div, -, =$

42. $242 * 11 * 76 * 34 * 2 * 32$ *DP Constable 2023*

(a) $\div, -, +, \times, =$ (b) $\div, +, -, =, \times$

(c) $\div, +, -, \times, =$ (d) $+, \div, -, =, \times$

43. $256 * 4 * 9 * 3 * 14 = 51$ *SSC CGL (Tier I) 2023*

(a) $\times, +, -, \div$ (b) $\times, \div, +, -$

(c) $\div, \times, -, +$ (d) $\div, -, \times, +$

44. $12 * 6 * 3 * 2 * 8 * 4$ *DP Constable 2023*

(a) $+, \times, -, \div, =$ (b) $\div, -, \times, +, =$

(c) $+, -, \times, \div, =$ (d) $+, \times, -, =, \div$

45. $((100 * 2) * 2) * 10 = 59$ *RRB Group D 2018*

(a) $-, \div, +$ (b) $-, \times, \div$

(c) $+, \times, \times$ (d) $+, \div, \div$

चिह्नों और संख्याओं का आपसी परिवर्तन

निर्देश (प्र. सं. 46-57) *नीचे दिए गए समीकरण को सही करने के लिए किन दो चिह्नों/संख्याओं को आपस में बदला जाना चाहिए?*

46. $588 \div 28 \times 32 + 72 - 160 = 760$ *SSC CGL (Tier I) 2023*

(a) + और × (b) ÷ और – (c) – और + (d) ÷ और +

47. $10 \div 63 \times 7 + 90 - 80 = 100$ *SSC CPO 2024*

(a) × और ÷ (b) – और ÷ (c) × और – (d) + और –

48. $8 - 2 \times 49 \div 7 + 2 = 11$ *DP Constable 2023*

(a) + और × (b) – और +

(c) – और × (d) ÷ और –

49. $15 \times 3 \div 15 - (45 \times 3) - 10 + (13 \div 2) = 76$ *SSC CPO 2023*

(a) ÷ और +

(b) ÷ और ×

(c) × और ÷

(d) × और –

50. $20 \div 6 + 10 - 5 \times 2 = 2$

(a) 10 और 20

(b) 5 और 6

(c) 5 और 10

(d) 6 और 10

CUET UG 2023

> ***MRC******
> *(Most Repeating Concepts)*
> प्र. सं. 47, 49, 53, 57, 52, 58 और 59 Examination Point of Views से अति महत्त्वपूर्ण हैं। वर्तमान में ऐसे प्रश्न SSC (CGL, CPO, GD) तथा Railway की परीक्षाओं में निरन्तर पूछे जा रहे हैं।

51. $22 - 16 \div (3 \times 4) + 6 = 8$ *SSC Steno 2021*

(a) – और + (b) – और × (c) ÷ और × (d) ÷ और +

52. $4 \div 8 + 5 - 6 \times 2 = 34$ *RRB NTPC (CBT-II) 2022*

(a) + और – (b) × और + (c) ÷ और × (d) ÷ और +

53. $294 + 14 \times 4 \div 16 - 67 = 33$ *SSC CGL (Tier-I) 2023*

(a) + और ÷ (b) + और – (c) × और ÷ (d) – और ÷

54. $15 - 54 \times 18 + 16 \div 2 = 44$ *SSC MTS 2024*

(a) – और ÷ (b) – और +

(c) ÷ और × (d) + और ×

55. $24 - 8 \div 4 + 5 \times 3 = 14$ *Rajasthan Police Constable 2022*

(a) ÷ और × (b) × और –

(c) + और ÷ (d) ÷ और –

56. $16 - 18 \times 216 \div 432 + 40 = 20$ *CUET UG 2022*

(a) × और + (b) ÷ और –

(c) × और ÷ (d) + और –

57. $28 + 12 - 21 \div 7 \times 4 = 60$ *SSC GD 2024*

(a) × और – (b) × और ÷

(c) + और ÷ (d) × और +

58. दिए गए समीकरण को सही बनाने के लिए किन दो संख्याओं को आपस में बदला जाना चाहिए।

$21 \times 4 + (84 \div 7) \times 2 - 15 \times 5 + 42 = 105$

(**ध्यान दें** सम्पूर्ण संख्या को आपस में बदला जाना चाहिए, न कि दी गई संख्या के अलग-अलग अंकों को।) *RRB ALP (CBT-I) 2024*

(a) 7 और 21 (b) 4 और 5

(c) 4 और 2 (d) 84 और 42

59. निम्नलिखित समीकरण को सही करने के लिए किन दो चिह्नों को आपस में बदलना चाहिए?

$18 - 23 \times 455 \div 7 + 28 = 377$ *SSC CGL (Tier I) 2024*

(a) – और + (b) – और ×

(c) ÷ और – (d) + और ×

60. दिए गए समीकरण को सही बनाने के लिए किन दो संख्याओं को आपस में बदला जाना चाहिए?

$74 - 52 + (39 \div 13) \times 16 + (14 \div 2) = 106$

(**ध्यान दें** संख्याओं को आपस में बदला जाना चाहिए और घटक अंकों को नहीं बदला जाना चाहिए।

उदाहरण यदि समीकरण $43 \times 3 + 4 \div 2$ में 2 और 3 को आपस में बदलना है, तो बदला हुआ समीकरण $43 \times 2 + 4 \div 3$ होगा) *SSC (10+2) 2024*

(a) 14 और 52 (b) 14 और 16

(c) 74 और 52 (d) 52 और 39

61. दिए गए दो चिह्नों को आपस में बदलने के बाद समीकरण (I) और (II) का क्रमशः मान कितना होगा? *SSC Constable (GD) 2024*

× और –

I. $7 \times 8 - 6 + 15 \div 3$ II. $8 - 9 \times 2 + 45 \div 5$

(a) –36 और 79 (b) –8 और 10

(c) 56 और 18 (d) 84 और 42

62. दिए गए दो चिह्नों को आपस में बदलने पर, निम्नलिखित में से कौन-सा समीकरण सही होगा?
× और − *SSC (10+2) 2023*
I. $11 + 6 \times 8 - 8 \div 2 = 15$ II. $15 - 4 \times 3 + 6 \div 1 = 63$
(a) न तो I न ही II (b) I और II दोनों
(c) केवल I (d) केवल II

63. निम्नलिखित समीकरण को सही बनाने के लिए किन दो चिह्नों को एक-दूसरे से और किन दो संख्याओं को एक-दूसरे से बदला जाना चाहिए?
$19 \times 12 - 51 \div 34 + 17 = 197$ *SSC Steno 2020*
(a) 51 और 17, × और ÷ (b) 34 और 51, × और +
(c) 17 और 51, × और − (d) 34 और 51, + और ÷

64. दिए गए समीकरण में किन दो अंकों को और चिह्नों को आपस में बदलने से यह सन्तुलित हो जाएगा?
$25 - 9 + 42 \div 6 \times 7 = 17$ *SSC CPO 2020*
(a) 5 और 7, − और ÷ (b) 2 और 5, ÷ और ×
(c) 9 और 6, + और × (d) 4 और 6, + और ÷

चिह्न प्रतिस्थापन के बाद सन्तुलित समीकरण की पहचान करना

65. यदि 'A' का अर्थ '÷', 'B' का अर्थ '×', 'C' का अर्थ '+' और D का अर्थ '−' है, तो निम्नलिखित में से किसका परिणाम 421 होगा? *SSC (10+2) 2024*
(a) 63 A 7 D 125 B 5 C 5 (b) 63 B 7 D 125 A 5 C 5
(c) 63 B 7 A 125 D 5 C 5 (d) 63 C 7 D 125 A 5 B 5

66. दी गई दो संख्याओं (अंकों को नहीं) को आपस में बदलने पर निम्नलिखित में से कौन-सा समीकरण सही होगा?
4 और 3 *SSC (10+2) 2023*
(a) $3 \times 4 \div 2 + 7 = 17$ (b) $7 \times 4 + 3 \div 1 = 30$
(c) $4 + 3 \times 7 - 2 = 29$ (d) $4 \times 3 + 7 - 5 = 16$

67. दी गई दो संख्याओं को आपस में परस्पर बदलने पर निम्नलिखित में से कौन-सा समीकरण सही होगा?
1 और 7 *SSC CGL 2022*
(a) $7 \times 2 + 1 - 5 = 6$ (b) $1 \times 2 - 7 + 8 \div 2 = 16$
(c) $7 + 1 \times 2 - 6 \div 3 = 13$ (d) $7 + 6 \div 3 - 5 \times 1 = -10$

68. दिए गए दो चिह्नों + और − तथा दो संख्याओं 17 और 216 (अंकों को नहीं) को आपस में बदलने पर, निम्नलिखित में से कौन-सा समीकरण सही होगा?
I. $10 \times 216 + 17 \div 6 - 13 = 146$
II. $7 \times 216 + 41 - 17 \div 36 = 81$ *SSC MTS 2022*
(a) केवल I (b) केवल II
(c) न तो I और न ही II (d) I और II दोनों

69. दी गई दो संख्याओं को आपस में परस्पर बदलने पर निम्नलिखित में से कौन-सा समीकरण सही नहीं होगा? 3 और 8 *SSC CGL 2022*
(a) $7 + 3 - 4 \div 2 \times 8 = 9$ (b) $6 \div 2 \times 8 + 3 - 1 = 17$
(c) $8 - 3 + 6 \times 2 \div 4 = -2$ (d) $2 + 3 - 6 \div 2 \times 8 = 1$

70. यदि '+' का तात्पर्य '÷' से है; '×' का तात्पर्य '+' से है; '−' का तात्पर्य '×' से है; '÷' का तात्पर्य '−' से है, तो निम्न समीकरणों में से कौन-सी सही है? *SSC Steno 2016*
(a) $33 - 4 \div 5 \times 6 + 2 = 130$ (b) $33 \times 4 - 5 + 6 \div 2 = 26$
(c) $33 \div 4 \times 5 + 6 - 2 = 30$ (d) $33 - 4 + 5 \div 6 \times 2 = 24$

71. यदि '×' चिह्न को '÷' चिह्न में बदला जाए और संख्या '3' को '2' से बदला जाए, तो नीचे दिया गया कौन-सा समीकरण सही होगा? *SSC CPO 2018*
(a) $3 \div 2 \times 2 + 2 - 3 = 1$ (b) $3 \times 2 \div 2 + 2 - 3 = 2$
(c) $2 \times 3 - 2 + 2 \div 3 = 0$ (d) $2 \times 3 \div 2 + 2 - 3 = 0$

72. यदि − को ÷ से बदल दिया जाता है और + को × से बदल दिया जाता है, तो निम्नलिखित में से कौन-सा समीकरण सही है? *SSC MTS 2021*
(a) $32 \times 21 + 9 \div 184 - 8 = 198$ (b) $32 + 21 - 9 \times 184 \div 8 = 198$
(c) $32 \div 21 + 9 - 184 \times 8 = 198$ (d) $32 + 21 \times 9 - 184 \div 8 = 198$

विशेष प्रणाली पर आधारित

73. यदि 8 # 2 @ 5 = 21 और 4 # 6 @ 2 = 26 है, तो 3 # 7 @ 9 क्या होगा? *RRB JE 2019*
(a) 40 (b) 30 (c) 47 (d) 52

74. यदि 9 $ 12 # 4 = 27 और 7 $ 18 # 9 = 14 है, तो 6 $ 15 # 3 = ? *UP Police Head Operator 2024*
(a) 45 (b) 25 (c) 30 (d) 60

75. यदि $a \sim b = a^2 + b, a\hat{}b = b^2 + a$ है, तो (3 ~ 6)^2 ज्ञात कीजिए। *UP Police Constable 2024*
(a) 23 (b) 18 (c) 21 (d) 19

76. यदि 4 @ 9 # 3 = 1 और 4 @ 8 # 4 = 2 है, तो 5 @ 6 # 2 = ? *UP AO 2024*
(a) 5 (b) 2 (c) 6 (d) 9

77. निम्नलिखित में से कौन-सा विकल्प नीचे दिए गए सम्बन्ध को सर्वोत्तम ढंग से पूर्ण करेगा? *RRB JE 2019*
19(413)22 11(431)32 42(???)12
(a) 154 (b) 514 (c) 145 (d) 541

78. नीचे दिए गए समीकरणों को एक निश्चित प्रणाली के आधार पर हल किया गया है। उसी प्रणाली के आधार पर नीचे दिए गए अनसुलझे समीकरण के लिए चार विकल्पों में से सही उत्तर का पता लगाइए।
45 − 25 = 2, 78 − 45 = 3, 61 − 40 = ? *UPSSSC 2018*
(a) 1 (b) 5 (c) 2 (d) 6

79. यदि 4 * 2 @ 3 = 6, 18 * 6 @ 4 = 12, तब 24 * 3 @ 7 = ? का मान क्या होगा? *SSC (10+2) 2023*
(a) 21 (b) 27 (c) 72 (d) 56

80. कोड के अनुसार, अंक 0, 1, 2, 3, 4 को क्रमश: A, B, C, D, E द्वारा दर्शाया जाता है। [(B + E) − (D + A)] का मान ज्ञात कीजिए। *UP Police Constable 2024*
(a) −2 (b) 1
(c) 3 (d) 2

MRC***
(Most Repeating Concepts)
प्र. सं. 74, 75, 76, 78 और 80 UP राज्य से सम्बन्धित (UPSSSC, UP Police) परीक्षाओं में निरन्तर पूछे जा रहे हैं।

Right Key

1. (d)	2. (c)	3. (b)	4. (d)	5. (c)	6. (d)	7. (c)	8. (b)	9. (c)	10. (c)
11. (b)	12. (d)	13. (d)	14. (d)	15. (d)	16. (d)	17. (c)	18. (d)	19. (b)	20. (c)
21. (c)	22. (b)	23. (b)	24. (a)	25. (b)	26. (a)	27. (a)	28. (c)	29. (a)	30. (c)
31. (c)	32. (d)	33. (b)	34. (b)	35. (a)	36. (b)	37. (d)	38. (b)	39. (c)	40. (d)
41. (c)	42. (b)	43. (d)	44. (b)	45. (a)	46. (c)	47. (a)	48. (c)	49. (b)	50. (b)
51. (d)	52. (c)	53. (a)	54. (c)	55. (d)	56. (c)	57. (a)	58. (d)	59. (b)	60. (d)
61. (a)	62. (d)	63. (d)	64. (a)	65. (b)	66. (c)	67. (c)	68. (c)	69. (b)	70. (a)
71. (b)	72. (a)	73. (b)	74. (c)	75. (d)	76. (b)	77. (d)	78. (c)	79. (d)	80. (d)

Solutions

1. (*d*) दिया गया व्यंजक,

$[\{(14\times6)-(4\div3)\}+(6-4)]\div3$

प्रश्नानुसार चिह्नों को बदलने पर,

$+\Rightarrow\div$	$-\Rightarrow+$
$\times\Rightarrow-$	$\div\Rightarrow\times$

$[\{(14-6)+(4\times3)\}\div(6+4)]\times3$

$=[\{8+12\}\div10]\times3$

$=[20\div10]\times3$

$=2\times3$

$=6$

2. (*c*) दिया गया व्यंजक,

$617\div3-84+515\times5$

प्रश्नानुसार चिह्नों को बदलने पर,

$+\leftrightarrow-$	$\times\leftrightarrow\div$

$617\times3+84-515\div5=?$

$\Rightarrow\quad 1851+84-103=?$

$\Rightarrow\quad ?=1832$

3. (*b*) दिया गया व्यंजक,

$163\div5+147\times7-19$

प्रश्नानुसार चिह्नों को बदलने पर,

$+\leftrightarrow-$	$\times\leftrightarrow\div$

$163\times5-147\div7+19=?$

$\Rightarrow\quad 815-21+19=?$

$\Rightarrow\quad ?=813$

4. (*d*) दिया गया व्यंजक,

22 B 7 C 288 D 12 A 27

प्रश्नानुसार चिह्नों को बदलने पर,

$A\rightarrow+$	$C\rightarrow-$
$B\rightarrow\times$	$D\rightarrow\div$

$?=22\times7-288\div12+27$

$=154-24+27=157$

5. (*c*) दिया गया व्यंजक,

$18\times5\div5+6$

प्रश्नानुसार चिह्नों को बदलने पर,

$\times\rightarrow-$	$\div\rightarrow+$
$+\rightarrow\times$	

$=18-5+5\times6$

$=18-5+30=48-5=43$

6. (*d*) दिया गया व्यंजक,

13 T 26 U 13 D 24 B 7

प्रश्नानुसार चिह्नों को प्रतिस्थापित करने पर,

$13-26\div13\times24+7$

$=13-2\times24+7$

$=13-48+7=20-48=-28$

7. (*c*) दिया गया व्यंजक,

$4-12+3\div12\times6$

प्रश्नानुसार,

चिह्नों को आपस में बदलने पर,

$4\times12\div3+12-6$

$=4\times4+12-6$

$=16+12-6=28-6=22$

8. (*b*) दिया गया व्यंजक,

$39\div3-24+60\times12$

प्रश्नानुसार, चिह्नों को आपस में बदलने पर,

$39\times3+24-60\div12$

$=39\times3+24-5$

$=117+24-5$

$=141-5=136$

TOP TIPS गणितीय गणनाएँ करते समय मानसिक गणित का उपयोग करने से गणना की गति को बढ़ाया जा सकता है।

9. (*c*) दिया गया व्यंजक,

$5-4\div9+80\times10$

प्रश्नानुसार, चिह्नों को परस्पर बदलने पर,

$5+4\times9-80\div10$

$=5+36-8=41-8=33$

10. (*c*) दिया गया व्यंजक,

21 B 14 C 154 D 14 A 42

प्रश्नानुसार चिह्नों को बदलने पर,

A = +	B = ×
C = −	D = ÷

$?=21\times14-154\div14+42$

$=294-11+42$

$=336-11=325$

11. (*b*) दिया गया व्यंजक,

(81 D 9) B 3 A 3 = 3 B ?

प्रश्नानुसार चिह्नों को बदलने पर,

$A\rightarrow+$	$B\rightarrow\times$
$C\rightarrow-$	$D\rightarrow\div$

$(81\div9)\times3+3=3\times?$

$\Rightarrow\quad 9\times3+3=3\times?$

$\Rightarrow\quad 27+3=3\times?$

$\therefore\quad ?=\frac{30}{3}=10$

12. (*d*) दिया गया व्यंजक,

$12+24\times6-2+6$

प्रश्नानुसार चिह्नों को बदलने पर,

$+\rightarrow-$	$\times\rightarrow\div$
$-\rightarrow+$	$\div\rightarrow\times$

$12-24\div6+2-6$

$=12-4+2-6=14-10=4$

13. (*d*) दिया गया व्यंजक,

$58 - 17 \div 6 + 322 \times 23$

'–' और '+' तथा '×' और '÷' को आपस में बदलने पर,

$? = 58 + 17 \times 6 - 322 \div 23$

$\Rightarrow \quad ? = 58 + 102 - 14$

$\Rightarrow \quad ? = 160 - 14 = 146$

14. (*d*) प्रश्नानुसार, A = +, B = ×, C = –, D = ÷

व्यंजक = (45 D 9) B 5 A 8 B (7 A 3 C 6) C (28 D (4 D 4))

$= (45 \div 9) \times 5 + 8 \times (7 + 3 - 6) - (28 \div (4 \div 4))$

$= 5 \times 5 + 8 \times 4 - (28 \div 1)$

$= 25 + 32 - 28 = 57 - 28 = 29$

15. (*d*) दिया गया व्यंजक,

16 M 3 O 5 N 4 P 2

प्रश्नानुसार वर्णों को चिह्नों से प्रतिस्थापित करने पर,

M → +	N → ×
O → –	P → ÷

$16 + 3 - 5 \times 4 \div 2 = ?$

$19 - 5 \times 2 = ?$

$\Rightarrow \quad ? = 19 - 10 = 9$

16. (*d*) दिया गया व्यंजक,

$6 - 8 \div 12 + 3 \times 9 + 3 \div 17$

प्रश्नानुसार

चिह्नों को बदलने पर,

$= 6 \times 8 + 12 \div 3 - 9 \div 3 + 17$

$= 6 \times 8 + 4 - 3 + 17$

$= 48 + 4 - 3 + 17 = 69 - 3 = 66$

17. (*c*) दिया गया व्यंजक,

(13 B 9) D 3 A (14 D 7) B 6 C 21 A (32 B 2) = ?

प्रश्नानुसार वर्णों को चिह्न से परिवर्तन करने पर,

A → +	B → ×
C → –	D → ÷

$? = (13 \times 9) \div 3 + (14 \div 7) \times 6 - 21 + (32 \times 2)$

$= 117 \div 3 + 2 \times 6 - 21 + 64$

$= 39 + 12 - 21 + 64$

$= 115 - 21 = 94$

18. (*d*) दिया गया व्यंजक,

$5 \div 6 \times 3 - 4 + 11$

प्रश्नानुसार, चिह्नों को बदलने पर,

$5 \times 6 \div 3 + 4 - 11$

$= 5 \times 2 + 4 - 11$

$= 10 + 4 - 11$

$= 14 - 11 = 3$

19. (*b*) दिया गया व्यंजक, $\frac{24 - 8 \div 6 + 4 \times 7}{8 + 3 \times 19}$

प्रश्नानुसार, चिह्न परिवर्तन करने पर,

÷ → +	– → ÷
× → –	+ → ×

$\frac{24 \div 8 + 6 \times 4 - 7}{8 \times 3 - 19} = \frac{3 + 24 - 7}{24 - 19} = \frac{20}{5} = 4$

20. (*c*) दिया है,

I = +	J = ×
K = ÷	L = –

38 I (3 J 4) L (16 K 2) I 11 = ?

प्रश्नानुसार, चिह्न रखने पर,

$38 + (3 \times 4) - (16 \div 2) + 11$

$= 38 + 12 - 8 + 11$

$= 61 - 8 = 53$

21. (*c*) दिया गया व्यंजक,

12 Y 4 W 18 X 40 Z 4

प्रश्नानुसार चिह्न बदलने पर,

W → +	X → –
Y → ×	Z → ÷

$12 \times 4 + 18 - 40 \div 4$

$= 12 \times 4 + 18 - 10$

$= 48 + 18 - 10$

$= 66 - 10 = 56$

22. (*b*) दिया गया व्यंजक,

$18 \times 36 - 6 \div 2 + 3 = ?$

प्रश्नानुसार चिह्न बदलने पर,

– → ÷	+ → ×
÷ → –	× → +

$18 + 36 \div 6 - 2 \times 3$

$= 18 + 6 - 2 \times 3$

$= 18 + 6 - 6 = 18$

23. (*b*) दिया गया समीकरण,

96 D 3 B 8 C 25 A 14 = ?

प्रश्नानुसार चिह्नों को आपस में बदलने पर,

A ⇒ +	C ⇒ –
B ⇒ ×	D ⇒ ÷

$96 \div 3 \times 8 - 25 + 14$

$= 32 \times 8 - 25 + 14 = 256 - 25 + 14$

$= 270 - 25 = 245$

24. (*a*) दिया गया समीकरण,

$114 \div 85 \times 5 - 4 + 33 = ?$

प्रश्नानुसार चिह्न बदलने पर,

+ → –	– → ×
× → ÷	÷ → +

$114 + 85 \div 5 \times 4 - 33$

$= 114 + 17 \times 4 - 33$

$= 114 + 68 - 33$

$= 182 - 33 = 149$

25. (*b*) दिया गया व्यंजक,

$5 - 9 \times 8 \div 12 + 4$

प्रश्नानुसार, चिह्न बदलने पर,

+ ↔ ÷	× ↔ –

$5 \times 9 - 8 + 12 \div 4$

$= 5 \times 9 - 8 + 3$

$= 45 + 3 - 8 = 48 - 8 = 40$

26. (*a*) दिया गया व्यंजक,

$161 \div 4 + 75 \times 5 - 4$

प्रश्नानुसार, चिह्न परिवर्तन करने पर,

+ ↔ –, × ↔ ÷

$= 161 \times 4 - 75 \div 5 + 4$

$= 161 \times 4 - 15 + 4$

$= 644 - 15 + 4$

$= 648 - 15 = 633$

27. (*a*) दिया गया व्यंजक,

$87 \div 3 + 35 - 88 \times 11 = ?$

प्रश्नानुसार, चिह्नों को आपस में बदलने पर,

$87 \times 3 - 35 + 88 \div 11 = ?$

$\Rightarrow \quad ? = 87 \times 3 - 35 + 8$

$\Rightarrow \quad ? = 261 - 35 + 8$

$\Rightarrow \quad ? = 234$

28. (*c*) दिया गया व्यंजक,

$162 \times 9 - 452 + 7 \div 9 = ?$

प्रश्नानुसार, चिह्नों को आपस में बदलने पर,

$? = 162 \div 9 + 452 - 7 \times 9$

$= 18 + 452 - 63$

$= 470 - 63 = 407$

29. (*a*) प्रश्नानुसार, + ⇔ ×, – ⇔ ÷

व्यंजक, $14 - 7 \times 10 \div 1 + 7$

चिह्न परस्पर बदलने पर,

नया व्यंजक $= 14 \div 7 + 10 - 1 \times 7$

$= 2 + 10 - 7 = 12 - 7 = 5$

30. (*c*) दिया गया व्यंजक,

$125 \div 5 + 19 - 190 \times 19 = ?$

प्रश्नानुसार, चिह्नों को आपस में बदलने पर,

$125 \times 5 - 19 + 190 \div 19 = ?$

$\Rightarrow \quad ? = 625 - 19 + 10$

$\therefore \quad ? = 616$

31. (*c*) दिया गया व्यंजक,

$49 \times 7 - 3 \div 9 + 4 = ?$

प्रश्नानुसार, चिह्नों को परिवर्तित करने पर,

$\div \rightarrow +$	$+ \rightarrow -$
$- \rightarrow \times$	$\times \rightarrow \div$

$49 \div 7 \times 3 + 9 - 4 = ?$

$\Rightarrow \quad ? = 7 \times 3 + 9 - 4$

$\Rightarrow \quad ? = 21 + 9 - 4$

$\Rightarrow \quad ? = 30 - 4$

$\therefore \quad ? = 26$

32. (*d*) दिया गया व्यंजक, $6 + \frac{2}{3} - \frac{1}{2} \div \frac{3}{4} \times 9$

प्रश्नानुसार चिह्न को बदलने पर,

$+ \rightarrow \times$	$- \rightarrow +$
$\times \rightarrow \div$	$\div \rightarrow -$

$6 \times \frac{2}{3} + \frac{1}{2} - \frac{3}{4} \div 9$

$= 4 + \frac{1}{2} - \frac{1}{12}$

$= \frac{48 + 6 - 1}{12} = \frac{53}{12}$

33. (*b*) दिया गया व्यंजक है,

23 @ 105 $ 15 % 6 # 29

प्रश्नानुसार चिह्न को बदलने पर,

@ ⇒ +	% ⇒ ×
$ ⇒ ÷	# ⇒ −

$= 23 + 105 \div 15 \times 6 - 29$

$= 23 + 7 \times 6 - 29$

$= 23 + 42 - 29$

$= 65 - 29 = 36$

34. (*b*) दिया है, P = 3

Q = 6

R = 77

S = 11

T = 8

दिया गया समीकरण,

$\therefore \quad P \times R \div S + T - Q = ?$

प्रश्नानुसार, वर्णों के मान रखने पर

$3 \times 77 \div 11 + 8 - 6$

$= 3 \times 7 + 8 - 6$

$= 21 + 8 - 6$

$= 29 - 6 = 23$

35. (*a*) व्यंजक, 10 * 2 * 1 * 8 * 11 * 8

विकल्प (a) के चिह्नों को प्रतिस्थापित करने पर,

$10 \div 2 - 1 \times 8 + 11 = 8$

$\Rightarrow \quad 5 - 1 \times 8 + 11 = 8$

$\Rightarrow \quad 5 + 11 - 8 = 8$

$\Rightarrow \quad 16 - 8 = 8$

$\therefore \quad 8 = 8$

अर्थात् LHS = RHS

36. (*b*) दिया गया समीकरण,

150 * 3 * 10 * 2 * 7 = 46

विकल्प (b) से, चिह्नों को प्रतिस्थापित करने पर,

$150 \div 3 + 10 - 2 \times 7 = 46$

$\Rightarrow \quad 50 + 10 - 2 \times 7 = 46$

$\Rightarrow \quad 50 + 10 - 14 = 46$

$\Rightarrow \quad 60 - 14 = 46$

$\Rightarrow \quad 46 = 46$

$\therefore$ LHS = RHS

37. (*d*) दिया गया समीकरण

6 * 2 * 0 * 8 = 20

विकल्प (d) के चिह्नों को समीकरण में रखने पर,

$6 \times 2 + 0 + 8 = 20$

$\Rightarrow \quad 12 + 8 = 20$

$\therefore \quad 20 = 20$

38. (*b*) दिया गया समीकरण,

(37 * 13) * 6 * 3 * 7

विकल्प (b) से,

$(37 - 13) \div 6 + 3 = 7$

$\Rightarrow \quad 24 \div 6 + 3 = 7$

$\Rightarrow \quad 4 + 3 = 7$

$\Rightarrow \quad 7 = 7$

$\therefore$ LHS = RHS

39. (*c*) दिया गया समीकरण,

24 * 4 * 16 * 4 * 15 = 85

विकल्प (c) से,

$24 \times 4 + 16 \div 4 - 15 = 85$

$\Rightarrow \quad 24 \times 4 + 4 - 15 = 85$

$\Rightarrow \quad 96 + 4 - 15 = 85$

$\Rightarrow \quad 100 - 15 = 85$

$\Rightarrow \quad 85 = 85$

$\therefore$ LHS = RHS

40. (*d*) दिया गया समीकरण,

(18 * 3) * 7 * 15 * 5 = 0

विकल्प (d) से,

$(18 + 3) \div 7 - 15 \div 5 = 0$

$\Rightarrow \quad 21 \div 7 - 15 \div 5 = 0$

$\Rightarrow \quad 3 - 3 = 0$

$\Rightarrow \quad 0 = 0$

LHS = RHS

41. (*c*) दिया गया समीकरण,

40 * 15 * 3 * 72 * 9 * 77

विकल्प (c) से,

$40 + 15 \times 3 - 72 \div 9 = 77$

$\Rightarrow \quad 40 + 45 - 8 = 77$

$\Rightarrow \quad 85 - 8 = 77$

$\therefore \quad 77 = 77$

$\therefore$ LHS = RHS

42. (*b*) दिया गया समीकरण,

242 * 11 * 76 * 34 * 2 * 32

चिह्नों को विकल्प (b) के अनुसार प्रतिस्थापित करने पर,

$242 \div 11 + 76 - 34 = 2 \times 32$

$\Rightarrow \quad 22 + 76 - 34 = 64$

$\Rightarrow \quad 98 - 34 = 64$

$\Rightarrow \quad 64 = 64$

LHS = RHS

43. (*d*) दिया गया समीकरण,

256 * 4 * 9 * 3 * 14 = 51

चिह्नों को विकल्प (d) के अनुसार प्रतिस्थापित करने पर,

$256 \div 4 - 9 \times 3 + 14 = 51$

$\left(\frac{256}{4}\right) - (9 \times 3) + 14 = 51$

$\Rightarrow \quad 64 - 27 + 14 = 51$

$\Rightarrow \quad 78 - 27 = 51$

$\Rightarrow \quad 51 = 51$

$\therefore$ LHS = RHS

44. (*b*) दिया गया समीकरण,

12 * 6 * 3 * 2 * 8 * 4

चिह्नों को विकल्प (b) के अनुसार प्रतिस्थापित करने पर,

$12 \div 6 - 3 \times 2 + 8 = 4$

$\Rightarrow \quad 2 - 3 \times 2 + 8 = 4$

$\Rightarrow \quad 2 - 6 + 8 = 4$

$\Rightarrow \quad 10 - 6 = 4$

$\Rightarrow \quad 4 = 4$

LHS = RHS

45. (*a*) दिया गया समीकरण,

((100 * 2) * 2) * 10 = 59

विकल्प (a) से,

$((100 - 2) \div 2) + 10 = 59$

$\Rightarrow \quad (98 \div 2) + 10 = 59$

$\Rightarrow \quad 49 + 10 = 59$

$\Rightarrow \quad 59 = 59$

$\therefore$ LHS = RHS

46. (*c*) दिया गया समीकरण,

$588 \div 28 \times 32 + 72 - 160 = 760$

विकल्प (c) से, − और + को आपस में प्रतिस्थापित करने पर,

$588 \div 28 \times 32 - 72 + 160 = 760$

$\Rightarrow \quad \left(\frac{588}{28} \times 32\right) - 72 + 160 = 760$

$\Rightarrow \quad 672 - 72 + 160 = 760$

$\Rightarrow \quad 832 - 72 = 760$

$\Rightarrow \quad 760 = 760$

47. (*a*) दी गई समीकरण,

$10 \div 63 \times 7 + 90 - 80 = 100$

समीकरण में विकल्प (a) से, '×' और '÷' का चिह्न परस्पर बदलने से,

LHS $= 10 \times 63 \div 7 + 90 - 80$

$= 10 \times 9 + 90 - 80$

$= 90 + 90 - 80$
$= 180 - 80$
$= 100 = \text{RHS}$

48. (*c*) दिया गया समीकरण,
$8 - 2 \times 49 \div 7 + 2 = 11$
विकल्प (c) से, – और × को आपस में बदलने पर,
$8 \times 2 - 49 \div 7 + 2 = 11$
$\Rightarrow 8 \times 2 - 7 + 2 = 11$
$\Rightarrow 16 - 7 + 2 = 11$
$\Rightarrow 18 - 7 = 11$
$\Rightarrow 11 = 11$

49. (*b*) दी गई समीकरण,
$15 \times 3 \div 15 - (45 \times 3) - 10 + (13 \div 2) = 76$
विकल्प (b) से, ÷ और × को आपस में बदलने पर,
$15 \div 3 \times 15 - (45 \div 3) - 10 + (13 \times 2) = 76$
$\Rightarrow 75 - 15 - 10 + 26 = 76$
$\Rightarrow 101 - 25 = 76$
$\Rightarrow 76 = 76$

50. (*b*) दिया गया समीकरण,
$20 \div 6 + 10 - 5 \times 2 = 2$
विकल्प (b) से, संख्या 5 और 6 को आपस में बदलने पर,
$20 \div 5 + 10 - 6 \times 2 = 2$
$\Rightarrow 4 + 10 - 6 \times 2 = 2$
$\Rightarrow 4 + 10 - 12 = 2$
$\Rightarrow 14 - 12 = 2$
$\Rightarrow 2 = 2$

51. (*d*) दिया गया समीकरण,
$22 - 16 \div (3 \times 4) + 6 = 8$
विकल्प (d) से, ÷ और + को आपस में बदलने पर,
$22 - 16 + (3 \times 4) \div 6 = 8$
$\Rightarrow 22 - 16 + 12 \div 6 = 8$
$\Rightarrow 22 - 16 + 2 = 8$
$\therefore 8 = 8$

52. (*c*) दिया गया समीकरण,
$4 \div 8 + 5 - 6 \times 2 = 34$
विकल्प (c) के अनुसार ÷ और × चिह्न को आपस में बदलने पर,
$4 \times 8 + 5 - 6 \div 2 = 34$
$\Rightarrow 32 + 5 - 3 = 34$
$\Rightarrow 37 - 3 = 34$
$\therefore 34 = 34$

53. (*a*) दिया गया व्यंजक,
$294 + 14 \times 4 \div 16 - 67 = 33$
विकल्प (a) के अनुसार + और ÷ चिह्न बदलने पर,
$294 \div 14 \times 4 + 16 - 67 = 33$
$\Rightarrow 21 \times 4 + 16 - 67 = 33$
$\Rightarrow 84 + 16 - 67 = 33$
$\Rightarrow 100 - 67 = 33$
$\therefore 33 = 33$

54. (*c*) दिया गया व्यंजक,
$15 - 54 \times 18 + 16 \div 2 = 44$
विकल्प (c) से, चिह्नों को बदलने पर,
$15 - 54 \div 18 + 16 \times 2 = 44$
$\Rightarrow 15 - 3 + 32 = 44$
$\Rightarrow 47 - 3 = 44$
$\Rightarrow 44 = 44$
$\text{LHS} = \text{RHS}$

55. (*d*) दिया गया समीकरण,
$24 - 8 \div 4 + 5 \times 3 = 14$
विकल्प (d) से, ÷ और – को आपस में बदलने पर,
$24 \div 8 - 4 + 5 \times 3 = 14$
$\Rightarrow 3 - 4 + 15 = 14$
$\Rightarrow -1 + 15 = 14$
$\therefore 14 = 14$

56. (*c*) $16 - 18 \times 216 \div 432 + 40 = 20$
विकल्प (c) से, × और ÷ चिह्नों को आपस में बदलने पर,
$16 - 18 \div 216 \times 432 + 40 = 20$
$\Rightarrow 16 - 18 \times \frac{1}{216} \times 432 + 40 = 20$
$\Rightarrow 16 - 36 + 40 = 20$
$\Rightarrow 56 - 36 = 20$
$\Rightarrow 20 = 20$

57. (*a*) दिया गया समीकरण,
$28 + 12 - 21 \div 7 \times 4 = 60$
विकल्प (a) से, × और – को आपस में बदलने पर,
$28 + 12 \times 21 \div 7 - 4 = 60$
$\Rightarrow 28 + 12 \times 3 - 4 = 60$
$\Rightarrow 28 + 36 - 4 = 60$
$\therefore 60 = 60$

58. (*d*) दिया गया समीकरण,
$21 \times 4 + (84 \div 7) \times 2 - 15 \times 5 + 42 = 105$
विकल्प (d) से, संख्या 84 और 42 को आपस में बदलने पर,
$\Rightarrow 21 \times 4 + (42 \div 7) \times 2 - 15 \times 5 + 84 = 105$
$\Rightarrow 21 \times 4 + 6 \times 2 - 75 + 84 = 105$
$\Rightarrow 84 + 12 - 75 + 84 = 105$
$\Rightarrow 180 - 75 = 105$
$\Rightarrow 105 = 105$
$\Rightarrow \text{LHS} = \text{RHS}$

59. (*b*) दिया गया समीकरण,
$18 - 23 \times 455 \div 7 + 28 = 377$
विकल्प (b) से, – और × को आपस में बदलने पर,
$18 \times 23 - 455 \div 7 + 28 = 377$
$\Rightarrow 414 - 65 + 28 = 377$
$\Rightarrow 349 + 28 = 377$
$\Rightarrow 377 = 377$

60. (*d*) दिया गया समीकरण,
$74 - 52 + (39 \div 13) \times 16 + (14 \div 2) = 106$
विकल्प (d) से, 52 और 39 को आपस में बदलने पर,
$74 - 39 + (52 \div 13) \times 16 + (14 \div 2) = 106$
$\Rightarrow 74 - 39 + 4 \times 16 + 7 = 106$
$\Rightarrow 74 - 39 + 64 + 7 = 106$
$\Rightarrow 145 - 39 = 106$
$106 = 106$

61. (*a*) समी I से,
$7 \times 8 - 6 + 15 \div 3$
परस्पर चिह्न बदलने पर,
$7 - 8 \times 6 + 15 \div 3,$
$= 7 - 8 \times 6 + 5$
$= 7 - 48 + 5$
$= 12 - 48 = -36$
समी II से,
$8 - 9 \times 2 + 45 \div 5$
चिह्न बदलने पर,
$8 \times 9 - 2 + 45 \div 5$
$= 8 \times 9 - 2 + 9$
$= 72 - 2 + 9$
$= 81 - 2 = 79$

62. (*d*) I. $11 + 6 \times 8 - 8 \div 2 = 15$
× और – को परस्पर बदलने पर,
$11 + 6 - 8 \times 8 \div 2 = 15$
$\Rightarrow 11 + 6 - 8 \times 4 = 15$
$\Rightarrow 17 - 32 = 15$
$\Rightarrow -15 \neq 15$
अत: समीकरण I सही नहीं है।
II. $15 - 4 \times 3 + 6 \div 1 = 63$
× और – को परस्पर बदलने पर,
$15 \times 4 - 3 + 6 \div 1 = 63$
$\Rightarrow 60 - 3 + 6 = 63$
$\Rightarrow 63 = 63$
अत: समीकरण II सही है।

63. (*d*) दिया है, $19 \times 12 - 51 \div 34 + 17 = 197$
विकल्प (d) से, 34 और 51 तथा + और ÷ को बदलने पर,
$19 \times 12 - 34 + 51 \div 17 = 197$
$\Rightarrow 19 \times 12 - 34 + 3 = 197$

$\Rightarrow \quad 228 - 34 + 3 = 197$

$\Rightarrow \quad 231 - 34 = 197$

$\therefore \quad 197 = 197$

64. (*a*) दिया गया समीकरण,

$25 - 9 + 42 \div 6 \times 7 = 17$

विकल्प (a) से,

अंकों और चिह्नों को बदलने पर

$27 \div 9 + 42 - 6 \times 5 = 15$

$\Rightarrow \quad 3 + 42 - 30 = 15$

$\Rightarrow \quad 45 - 30 = 15$

$\Rightarrow \quad 15 = 15$

65. (*b*) विकल्प (b) से,

63 B 7 D 125 A 5 C 5

प्रश्नानुसार,

वर्णों के स्थान पर चिह्न रखने पर

$63 \times 7 - 125 \div 5 + 5$

$= 441 - 25 + 5$

$= 446 - 25 = 421$

66. (*c*) विकल्प (c) से,

$4 + 3 \times 7 - 2 = 29$

प्रश्नानुसार संख्या बदलने पर,

$3 + 4 \times 7 - 2 = 29$

$\Rightarrow \quad 3 + 28 - 2 = 29$

$\Rightarrow \quad 31 - 2 = 29$

$\Rightarrow \quad 29 = 29$

LHS = RHS

67. (*c*) विकल्प (c) से,

$7 + 1 \times 2 - 6 \div 3 = 13$

प्रश्नानुसार संख्या बदलने पर,

$1 + 7 \times 2 - 6 \div 3 = 13$

$\Rightarrow \quad 1 + 7 \times 2 - 2 = 13$

$\Rightarrow \quad 1 + 14 - 2 = 13$

$\Rightarrow \quad 15 - 2 = 13$

$\Rightarrow \quad 13 = 13$

LHS = RHS

68. (*c*) I. $10 \times 216 + 17 \div 6 - 13 = 146$

संख्या 17 और 216 तथा चिह्न + और − को आपस में बदलने पर,

$10 \times 17 - 216 \div 6 + 13 = 146$

$\text{LHS} = 10 \times 17 - 216 \div 6 + 13$

$= 10 \times 17 - 36 + 13$

$= 170 - 36 + 13$

$= 183 - 36$

$= 147 \neq \text{RHS}$

II. $7 \times 216 + 41 - 17 \div 36 = 81$

संख्या 17 और 216 तथा चिह्न + और − को आपस में बदलने पर,

$7 \times 17 - 41 + 216 \div 36 = 81$

$\text{LHS} = 7 \times 17 - 41 + 216 \div 36$

$= 7 \times 17 - 41 + 6$

$= 119 - 41 + 6 = 125 - 41$

$= 84 \neq \text{RHS}$

अत: न तो I और न ही II सही है।

69. (*b*) विकल्प (b) से, $6 \div 2 \times 8 + 3 - 1 = 17$

संख्या 3 और 8 को आपस में बदलने पर,

$6 \div 2 \times 3 + 8 - 1 = 17$

$\Rightarrow \quad 3 \times 3 + 8 - 1 = 17$

$\Rightarrow \quad 9 + 8 - 1 = 17$

$\Rightarrow \quad 16 \neq 17$

अत: संख्या 3 और 8 को बदलने पर विकल्प (b) का समीकरण सही नहीं होगा।

70. (*a*) विकल्प (a) से, दी गई समीकरण

$33 - 4 \div 5 \times 6 + 2 = 130$

प्रश्नानुसार चिह्न बदलने पर,

$+ \rightarrow \div$	$\times \rightarrow +$
$- \rightarrow \times$	$\div \rightarrow -$

$33 \times 4 - 5 + 6 \div 2 = 130$

$\Rightarrow \quad 132 - 5 + 3 = 130$

$\Rightarrow \quad 135 - 5 = 130$

$\Rightarrow \quad 130 = 130$

71. (*b*) विकल्प (b) से, $3 \times 2 \div 2 + 2 - 3 = 2$

प्रश्नानुसार परिवर्तन करने पर,

$2 \div 3 \times 3 + 3 - 2 = 3$

$\Rightarrow \quad \frac{2}{3} \times 3 + 3 - 2 = 3$

$\Rightarrow \quad 2 + 3 - 2 = 3$

$\Rightarrow \quad 3 = 3$

72. (*a*) विकल्प (a) से,

$32 \times 21 + 9 \div 184 - 8 = 198$

प्रश्नानुसार चिह्न बदलने पर,

$32 + 21 \times 9 - 184 \div 8 = 198$

$\Rightarrow \quad 32 + 189 - 23 = 198$

$\Rightarrow \quad 221 - 23 = 198$

$\Rightarrow \quad 198 = 198$

LHS = RHS

73. (*b*) यहाँ, $\# \Rightarrow \times$

$\rightarrow$ तथा $@ \Rightarrow +$

जिस प्रकार,

$8 \# 2 @ 5 = 8 \times 2 + 5 = 16 + 5 = 21$

तथा $4 \# 6 @ 2 = 4 \times 6 + 2$

$= 24 + 2 = 26$

उसी प्रकार,

$3 \# 7 @ 9 = 3 \times 7 + 9 = 21 + 9 = \boxed{30}$

74. (*c*) यहाँ, $\$ \Rightarrow \times$

तथा $\# \Rightarrow \div$

जिस प्रकार, $9 \$ 12 \# 4 = 27$

$\Rightarrow \quad 9 \times 12 \div 4$

$\Rightarrow \quad 9 \times 3 = 27$

और, $7 \$ 18 \# 9 = 14$

$\Rightarrow \quad 7 \times 18 \div 9 = 7 \times 2 = 14$

उसी प्रकार, $6 \$ 15 \# 3 = ?$

$\Rightarrow \quad 6 \times 15 \div 3 = 6 \times 5 = \boxed{30}$

75. (*d*) दिया है

$a \sim b = a^2 + b,\ a \hat{} b = b^2 + a$

$(3 \sim 6) \hat{} 2$

प्रश्नानुसार,

$(3^2 + 6) \hat{} 2 = 15 \hat{} 2$

$= 2^2 + 15 = \boxed{19}$

76. (*b*) यहाँ, $@ \Rightarrow -$

तथा $\# \Rightarrow \div$

जिस प्रकार, $4 @ 9 \# 3 = 1$

$\Rightarrow \quad 4 - 9 \div 3 = 4 - 3 = 1$

और, $4 @ 8 \# 4 = 2$

$\Rightarrow \quad 4 - 8 \div 4 = 4 - 2 = 2$

उसी प्रकार, $5 @ 6 \# 2 = ?$

$\Rightarrow \quad 5 - 6 \div 2 = 5 - 3 = \boxed{2}$

77. (*d*) जिस प्रकार,

$19(413)22 \Rightarrow 19 + 22 = 41$

तथा $4 - 1 = 3 \Rightarrow 413$

तथा $11(431)32 \Rightarrow 11 + 32 = 43$

तथा $4 - 3 = 1 \Rightarrow 431$

उसी प्रकार, 42(???)12

$\Rightarrow \quad 42 + 12 = 54$

तथा $5 - 4 = 1$

अत: $??? = \boxed{541}$

78. (*c*) जिस प्रकार,

$\underline{4}5 - \underline{2}5 \Rightarrow 4 - 2 = 2$

तथा $\underline{7}8 - \underline{4}5 \Rightarrow 7 - 4 = 3$

उसी प्रकार, $\underline{6}1 - \underline{4}0 \Rightarrow 6 - 4 = \boxed{2}$

79. (*d*) यहाँ $* \Rightarrow \div$ और $@ \Rightarrow \times$

जिस प्रकार, $4 \div 2 \times 3 = 6$

और $18 \div 6 \times 4 = 12$

उसी प्रकार, $24 \div 3 \times 7 = \boxed{56}$

80. (*d*) दिया है,

A = 0, B = 1, C = 2, D = 3, E = 4

$\therefore \quad (B + E) - (D + A) = (1 + 4) - (3 + 0)$

$= 5 - 3 = 2$

अध्याय

16 गणितीय तर्कशक्ति

(Mathematical Reasoning)

गणितीय तर्कशक्ति

गणितीय तर्कशक्ति (Mathematical Reasoning) पर आधारित प्रश्न सामान्य गणितीय नियमों और आयु पर आधारित होते हैं। इनका उद्देश्य सामान्य बौद्धिक क्षमता तथा तार्किक क्षमता को विकसित करना होता है। इन प्रश्नों को हल करने के लिए गणितीय योग्यता के साथ-साथ तार्किक क्षमता तथा बौद्धिक और व्यावहारिक ज्ञान की आवश्यकता होती है।

अंकगणित पर आधारित

इस प्रकार के प्रश्न अंकगणितीय संक्रियाएँ जैसे अनुपात-समानुपात, प्रतिशतता, लाभ-हानि तथा पाइप व टंकी आदि पर आधारित होते हैं।

जैसे-दो संख्याओं के योग और अन्तर का अनुपात 7:6 है। इन दोनों संख्याओं का अनुपात ज्ञात कीजिए।

(a) 12 : 1 (b) 11 : 2
(c) 3 : 4 (d) 13 : 1

हल (*d*) माना संख्याएँ x तथा y हैं।

प्रश्नानुसार, $\frac{x+y}{x-y}=\frac{7}{6}$

$\Rightarrow 6x + 6y = 7x - 7y$

$\Rightarrow x = 13y \Rightarrow \frac{x}{y} = \frac{13}{1} = 13:1$

रैखिक समीकरण पर आधारित

इस प्रकार के प्रश्नों में दी गई जानकारी को रैखिक समीकरण में निरूपित करके हल किया जाता है।

जैसे-1600 व्यक्तियों के समूह में, कुछ कप्तान और सैनिक है। वे सब बस से यात्रा कर रहे हैं। वहाँ प्रत्येक 15 सैनिकों के लिए एक कप्तान है। समूह में कितने कप्तान हैं?

(a) 95 (b) 75
(c) 100 (d) 150

हल (*c*) माना कप्तानों की संख्या $= x$

तब, सैनिकों की संख्या $= 15x$

प्रश्नानुसार,

$x + 15x = 1600$

$\Rightarrow 16x = 1600$

$\Rightarrow x = \frac{1600}{16} = 100$

$\therefore$ कप्तानों की संख्या = 100

वेन आरेख पर आधारित

इसके अन्तर्गत पूछे गए प्रश्नों में आँकड़े भाषा या कथन के रूप में दिए जाते हैं अभ्यर्थियों को उन आकड़ों का आकृति निरूपण करना होता है जिसके लिए सामान्यतः वेन आरेख का प्रयोग किया जाता है।

जैसे-100 छात्रों की एक कक्षा में 36 ने संगीत लिया है। 52 ने कला तथा 4 ने कला और संगीत दोनों लिए हैं। कक्षा में कितने छात्रों ने न संगीत और न कला लिया है?

(a) 12 (b) 16 (c) 32 (d) 48

हल (*b*) कुल छात्रों की संख्या = 100

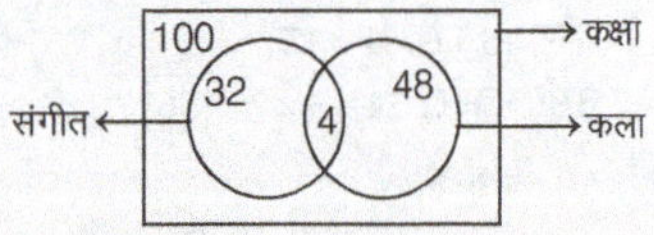

$\therefore$ कक्षा में न तो संगीत और न ही कला लेने वाले छात्रों की संख्या

$= 100 - (32 + 48 + 4)$

$= 100 - 84 = 16$

Score Booster

इस अध्याय के प्रश्नों को हल करने के लिए अभ्यर्थियों में गणित के प्रतिपादित नियमों तथा अधारभूत गणनाओं/संक्रियाओं की समझ होनी चाहिए।

आयु पर आधारित

इस प्रकार के प्रश्नों में किसी व्यक्ति की आयु द्वारा किसी अन्य व्यक्ति की वर्तमान आयु या उसकी कुछ वर्ष पहले या कुछ वर्ष बाद की आयु को ज्ञात करने को कहा जाता है।

यदि वर्तमान में किसी व्यक्ति की आयु x वर्ष है, तो n वर्ष बाद उसकी आयु $(x+n)$ वर्ष और n वर्ष पहले उसकी आयु $(x-n)$ वर्ष होगी।

जैसे-चार व्यक्तियों की आयु का योग 80 वर्ष है। आज से 5 वर्ष पहले उनकी औसत आयु क्या थी?

(a) 10 वर्ष (b) 25 वर्ष
(c) 15 वर्ष (d) 20 वर्ष

हल (*c*) चार व्यक्तियों की आयु का योग = 80 वर्ष

$\therefore$ 5 वर्ष पहले आयु का योग

$= 80 - 5 \times 4 = 80 - 20 = 60$

वर्ष पहले उनकी औसत आयु

$= \frac{60}{4} = 15$ वर्ष

Exam Approach Examples

अंकगणित पर आधारित

उदाहरण 1. दो संख्याओं के योग और अन्तर का अनुपात 6 : 5 है। इन दोनों संख्याओं का अनुपात ज्ञात कीजिए। *CUET (UG) 2022*

(a) 7 : 5 (b) 2 : 3 (c) 11 : 1 (d) 3 : 2

हल (c) माना संख्याएँ x तथा y हैं।

प्रश्नानुसार, $\frac{x+y}{x-y}=\frac{6}{5}$

$\Rightarrow 5x+5y=6x-6y \Rightarrow x=11y$

$\therefore \frac{x}{y}=\frac{11}{1}=11:1$

Helping Tips

इस प्रकार के प्रश्नों को हल करने के लिए सरलीकरण (वज्रगुणन विधि) का ज्ञान होना अति आवश्यक है।

उदाहरण 2. एक निश्चित धनराशि को दर्शन, स्वाति और निवृति के बीच बाँटा गया। उसमें से निवृति को ₹ 539 मिले। यदि दर्शन, स्वाति और निवृति के बीच बाँटी गई धनराशि का अनुपात 5 : 6 : 7 हैं, तो बाँटी गई कुल धनराशि कितनी थी? *SSC Steno 2020*

(a) ₹ 1422 (b) ₹ 1386 (c) ₹ 1341 (d) ₹ 1356

हल (b) माना कुल धनराशि = ₹ x

प्रश्नानुसार, $\frac{7}{5+6+7}\times x=539 \Rightarrow x=\frac{539\times 18}{7} \Rightarrow x=$ ₹ 1386

अत: कुल धनराशि = ₹ 1386

उदाहरण 3. एक कॉलेज में पूरे शिक्षण स्टॉफ का औसत वेतन ₹ 2000 प्रतिदिन है। पुरुष शिक्षकों का औसत वेतन ₹ 2500 है और महिला शिक्षकों का औसत वेतन ₹ 1200 है। यदि पुरुष शिक्षकों की संख्या 16 है, तो कॉलेज में महिला शिक्षकों की संख्या ज्ञात कीजिए। *SSC CGL 2022*

(a) 18 (b) 12 (c) 14 (d) 10

हल (d) माना कॉलेज में महिला शिक्षकों की संख्या = x

पुरुष शिक्षकों की संख्या = 16

प्रश्नानुसार, $16\times 2500+x\times 1200=(16+x)\times 2000$

$\Rightarrow 40000+1200x=32000+2000x$

$\Rightarrow 800x=8000 \Rightarrow x=10$

अत: कॉलेज में महिला शिक्षकों की संख्या = 10

Trending Concept

औसत पर आधारित प्रश्न वर्तमान में हो रही सभी परीक्षाओं (SSC तथा UP Police) में पूछे जा रहे हैं, जो आगामी परीक्षाओं के लिए अति महत्त्वपूर्ण हैं।

रैखिक समीकरण पर आधारित

उदाहरण 4. अर्जुन एक किताब पढ़ रहा है। सोमवार को वह किताब का 1/3 हिस्सा पढ़ता है। मंगलवार को वह शेष पृष्ठों का 3/10 भाग पढ़ता है। उसके पास पढ़ने के लिए 28 पृष्ठ बचे हैं। किताब में कितने पृष्ठ हैं? *UP Police (Head Operator) 2024*

(a) 55 पृष्ठ (b) 48 पृष्ठ (c) 72 पृष्ठ (d) 60 पृष्ठ

हल (d) माना किताब में कुल पृष्ठों की संख्या = x

अर्जुन द्वारा सोमवार को किताब का पढ़ा गया कुल पृष्ठ $=x\times\frac{1}{3}=\frac{x}{3}$ पृष्ठ

शेष पृष्ठ $=x-\frac{x}{3}=\frac{3x-x}{3}=\frac{2x}{3}$ पृष्ठ

पुन: अर्जुन द्वारा मंगलवार को किताब का पढ़ा गया कुल पृष्ठ $=\frac{2x}{3}\times\frac{3}{10}=\frac{x}{5}$

प्रश्नानुसार, $\frac{2x}{3}-\frac{x}{5}=28 \Rightarrow \frac{10x-3x}{15}=28$

$\Rightarrow 7x=28\times 15 \Rightarrow x=\frac{28\times 15}{7}=60$ पृष्ठ

उदाहरण 5. राजन और मनु बाजार जाते हैं। राजन ₹ 105 में 3 रबड़ और 5 कलम खरीदता है, जबकि मनु ₹ 130 में 4 रबड़ और 6 कलम खरीदता है। एक रबड़ का मूल्य बताएँ। *MP Police Constable 2022*

(a) ₹ 25 (b) ₹ 30 (c) ₹ 20 (d) ₹ 10

हल (d) माना एक रबड़ तथा एक कलम का मूल्य क्रमश: ₹ x तथा ₹ y हैं।

प्रश्नानुसार, $3x+5y=105$ ...(i)

$4x+6y=130$ ...(ii)

समी (i) × 4 − समी (ii) × 3,

$12x+20y-12x-18y=420-390 \Rightarrow 2y=30$

$\therefore y=\frac{30}{2}=15$

y का मान समी (i) में रखने पर, $3x+75=105$

$\Rightarrow 3x=30 \Rightarrow x=\frac{30}{3}=10$

अत: एक रबड़ का मूल्य = ₹ 10

वेन आरेख पर आधारित

उदाहरण 6. 40 छात्रों की एक कक्षा में, 15 छात्र क्रिकेट खेलते हैं और 15 छात्र टेनिस खेलते हैं और 5 छात्र दोनों खेल खेलते हैं, तो दोनों में से कोई भी खेल न खेलने वाले छात्रों की संख्या है *UP Police Constable 2024*

(a) 10 (b) 15 (c) 35 (d) 25

हल (b) प्रश्नानुसार,

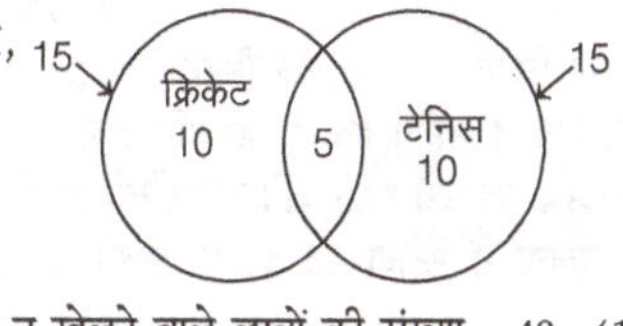

अत: कोई भी खेल न खेलने वाले छात्रों की संख्या $=40-(10+5+10)=15$

आयु पर आधारित

उदाहरण 7. चार व्यक्तियों की आयु का योग 86 वर्ष है। आज से 4 वर्ष पहले उनकी औसत आयु क्या थी? *SC CPO 2020*

(a) 19.5 वर्ष (b) 20.5 वर्ष (c) 20 वर्ष (d) 17.5 वर्ष

हल (d) दिया है, चार व्यक्तियों की आयु का योग = 86 वर्ष

$\because$ 4 वर्ष पहले आयु का योग $=86-4\times 4=86-16=70$

$\therefore$ 4 वर्ष पहले उनकी औसत आयु $=\frac{70}{4}=17.5$ वर्ष

उदाहरण 8. A और B मित्र हैं और A, B से 2 वर्ष बड़ा है। A के पिता D की आयु A से दोगुनी है और B की आयु अपनी बहन C की आयु से दोगुनी है। D और C की आयु का अन्तर 40 वर्ष है। A की आयु ज्ञात करें। *RRB Group D 2018*

(a) 25 वर्ष (b) 26 वर्ष (c) 15 वर्ष (d) 40 वर्ष

हल (b) माना A की आयु = x वर्ष ⇒ B की आयु = $x-2$ वर्ष

A के पिता D की आयु = $2x$ वर्ष

C की आयु $=\frac{x-2}{2}$ वर्ष

प्रश्नानुसार, $2x-\left(\frac{x-2}{2}\right)=40$

$\Rightarrow 4x-x+2=80$

$\Rightarrow 3x=78 \Rightarrow x=26$

अत: A की आयु = 26 वर्ष

Chapter Challenge

अंकगणित पर आधारित

1. आम की एक टोकरी में प्रत्येक 30 आमों के साथ एक खराब आम है। यदि प्रत्येक 4 खराब हुए आमों में से 3 को बिक्री योग्य नहीं माना जाता है और टोकरे में 12 आम बिक्री योग्य नहीं हैं, तो टोकरे में कितने आम हैं? *UP Police Constable 2024*
(a) 480 (b) 320 (c) 420 (d) 240

2. एक किसान के पास 17 भेड़ें हैं, जिनमें से 9 को छोड़कर बाकी मर जाती हैं, तो कितनी भेड़ें बची हैं? *UP Police Head Operator 2024*
(a) 17 (b) 10 (c) 9 (d) 8

3. ऋचा, रोहिणी, रोली, रोशन और रीता पाँच मित्र हैं। उनमें से प्रत्येक के पास आठ गेंदें हैं। रोहिणी तीन गेंद रोशन को देती है, जो ऋचा को पाँच गेंद देती है। ऋचा रोली को चार गेंद देती है, जो बदले में रीता को तीन गेंद देती है। रीता ने रोशन और रोहिणी प्रत्येक को दो गेंद दी। अंतिम वितरण के बाद, सभी पाँच दोस्तों के पास कुल कितनी गेंदें हैं। *RRB NTPC (CBT-I) 2021*
(a) 48 (b) 36 (c) 35 (d) 40

4. एक टोकरी में सेबों की संख्या हर मिनट दोगुनी हो जाती है। यदि टोकरी एक घण्टे में सेबों से भर जाती है, तो टोकरी कब आधी भरी थी? *UP Police Constable 2024*
(a) 59 मिनट (b) 55 मिनट (c) 38 मिनट (d) 47 मिनट

5. जॉन पिछले महीने तक ₹ 80 प्रति लीटर की दर से पेट्रोल खरीद रहा था। अब वह इसे ₹ 85 प्रति लीटर की दर से खरीदता है। पिछले महीने की तुलना में पेट्रोल की दर में कितने प्रतिशत की वृद्धि हुई? *SSC (10 + 2) 2020*
(a) 6.25% (b) 8.35% (c) 10% (d) 5.5%

6. सोनू तथा उसका मित्र राहुल खरीदारी के लिए गए। सोनू के पास ₹ 500 थे, जबकि राहुल के पास ₹ 240 थे। सोनू ने खरीदारी पर राहुल की अपेक्षा दोगुना खर्च किया। अब सोनू के पास राहुल की अपेक्षा तीन गुना धन शेष बचा है। सोनू ने कितना धन खर्च किया? *SSC Steno 2016*
(a) ₹ 220 (b) ₹ 60 (c) ₹ 440 (d) ₹ 120

7. चार बक्सों का वजन क्रमशः 30, 40, 50 और 100 किग्रा है। निम्नलिखित में से बक्सों के किसी भी संयोजन से कुल वजन, किग्रा में कौन-सा नहीं हो सकता है और एक संयोजन में एक बक्सा एक ही बार प्रयोग में लाया जा सकता है? *SSC CGL 2017*
(a) 190 (b) 180 (c) 160 (d) 140

8. एक पिता ने अपने पुत्र के जन्म दिवस पर कुछ लड़के व लड़कियों को बुलाया। लड़कों की संख्या लड़कियों से 2 कम थी। पिता ने सभी लड़कों को ₹ 10 और सभी लड़कियों को ₹ 20 उपहारस्वरूप दिए। यदि कुल ₹ 280 खर्च हुए, तो लड़कों की संख्या बताओ। *UPSSSC 2016*
(a) 8 (b) 10
(c) 12 (d) 14

9. एक परीक्षा में 5 छात्र A, B, C, D और E उपस्थित हुए। यदि C को B से 5 अंक कम मिले, D को B से 10 अंक अधिक मिले और A से 20 अंक कम मिले एवं E को B से 22 अंक अधिक मिले हों और B को कुल 40 अंक मिले हों, तो A को कितने अंक मिले? *UPSSSC 2016*
(a) 52 (b) 60
(c) 64 (d) 70

10. एक बन्दर पेड़ पर चढ़ रहा है। वह सामान्यतः 10 कदम प्रति घण्टा चढ़ता है। जब घड़ी विषम घण्टे पर पहुँचती है वह अपनी गति आधी कर देता है। यदि उसने 12.00 बजे दोपहर में चढ़ना शुरू किया तो अगले दिन 11.00 पूर्वाह्न तक वह कितनी दूर चढ़ा? *DSSSB Head Clerk 2018*
(a) 175 (b) 285 (c) 295 (d) 185

11. एक विद्यालय की केण्टीन में लंच के ₹ 20 तथा दूध के ₹ 4 प्रतिदिन चार्ज करती है। रमेश को 5 दिन के लिए इन वस्तुओं पर कितनी राशि खर्च करनी होगी? *BSSC (10+2) 2020*
(a) ₹ 240 (b) ₹ 24 (c) ₹ 120 (d) ₹ 100

12. एक किसान की 45 भैंस हैं। 13 को छोड़कर सभी मर गई। कितनी भैंसें बचीं? *DSSSB (Grade-II) 2019*
(a) 45 (b) 32 (c) शून्य (d) 13

13. अहमदाबाद के लिए उड़ान प्रत्येक 5 घण्टे में जाती है। अंतिम उड़ान 25 मिनट पहले छूटी थी। यदि अभी समय 10 : 45 पूर्वाह्न है, तो अगली उड़ान का समय कितना है? *DSSSB (Grade-IV) 2017*
(a) 2 : 20 पूर्वाह्न (b) 3 : 20 अपराह्न
(c) 3 : 35 पूर्वाह्न (d) 3 : 55 अपराह्न

14. 100 लोगों के किसी विशेष सम्मेलन में 29 भारतीय महिलाएँ तथा 23 भारतीय पुरुष हैं। इन भारतीय लोगों में से 4 डॉक्टर हैं तथा 24 या तो सामान्य पुरुष हैं या फिर डॉक्टर हैं। वहाँ कोई भी विदेशी डॉक्टर नहीं है। सम्मेलन में शामिल महिला डॉक्टरों की संख्या ज्ञात कीजिए। *Delhi Police (MTS) 2019*
(a) 3 (b) 2 (c) 1 (d) 4

15. एक नल 1250 लीटर का टैंक 4 घण्टे में भर सकता है, जबकि एक दूसरा नल उसी टैंक को 8 घण्टे में भर सकता है। एक खाली करने वाला नल उस टैंक को 6 घण्टे में खाली कर सकता है। यदि सभी तीनों नल एकसाथ खोल दिए जाते हैं, तो टैंक को पूर्ण रूप से भरने में कितना समय लगेगा? *SSC CPO 2020*
(a) 4.5 घण्टे (b) 5 घण्टे (c) 4.8 घण्टे (d) 4.2 घण्टे

16. दिशा का वेतन प्रतिमा के वेतन से ₹ 3000 अधिक है। दिशा और प्रतिमा के वेतन का अनुपात क्रमशः 17 : 15 है। प्रतिमा का वेतन कितना है? *SSC (10+2) 2020*
(a) ₹ 26750 (b) ₹ 22500 (c) ₹ 25500 (d) ₹ 27250

17. एक व्यक्ति के पास ₹ 5, ₹ 2 और ₹ 1 के मूल्यवर्ग के सिक्कों के रूप में धन है। सिक्कों की कुल संख्या 150 है। उस व्यक्ति के पास कुल कितनी राशि है? उपरोक्त प्रश्न का उत्तर देने के लिए नीचे दी गई किस अतिरिक्त जानकारी की आवश्यकता होगी? *UPSSSC 2018*
(a) ₹ 5 मूल्यवर्ग के सिक्कों की संख्या 25 थी
(b) ₹ 1, ₹ 2 और ₹ 5 के सिक्कों की संख्या 3 : 2 : 1 के अनुपात में थी
(c) ₹ 1 के सिक्कों की संख्या, ₹ 5 के सिक्कों की संख्या का तीन गुना थी
(d) ₹ 2 के सिक्कों की संख्या ₹ 5 के सिक्कों की संख्या का दोगुना थी

18. एक खुदरा दुकान में, 54 अलमारियाँ थीं। प्रत्येक अलमारी में 28 रैक बने थे। प्रत्येक रैक में 10 बॉक्स रखे थे। प्रत्येक बॉक्स में 4 कमीजें रखी थीं। एक दिन 500 बॉक्स बेचे गए और 250 खरीदे गए। उस दिन कितनी कमीजें थी?
(a) 60380 (b) 59360 (c) 59580 (d) 59480

19. एक बन्दर 12 मी ऊँचे चिकने खम्भे पर चढ़ता है। वह पहले मिनट में 2 मी चढ़ता है और अगले मिनट में 1 मी नीचे फिसल जाता है। आगे भी इसी प्रकार का क्रम जारी रहे, तो वह कितने मिनट में खम्भे के शीर्ष पर पहुँच जाएगा? *MP Police Constable 2022*
(a) 21 (b) 15
(c) 10 (d) 20

20. ₹ 1875 A, B और C में इस प्रकार विभाजित किए गए हैं कि A का हिस्सा B और C के संयुक्त हिस्से का आधा है और B का हिस्सा A और C के संयुक्त हिस्से का एक-चौथाई है। C का हिस्सा A के हिस्से से कितना अधिक है? *SSC CGL 2020*
(a) ₹ 200 (b) ₹ 225 (c) ₹ 250 (d) ₹ 500

21. एक टोकरी में बारह दर्जन सेब हैं। दो दर्जन बाद में जोड़े जाते हैं। दस सेब खराब हो गए, जिन्हें हटा दिया गया है। शेष को दो टोकरियों में समान रूप से स्थानान्तरित किया जाता है। प्रत्येक में कितने सेब हैं? *UP Police Constable 2024*
(a) 168 (b) 89 (c) 158 (d) 79

22. एक मशीन जो एक फीते को 10 मी के टुकड़ों में काटती है, उसे एक बार काटने में 6 सेकण्ड लगते हैं। उसे 3 किमी लम्बा फीता पूरी तरह से टुकड़ों में काटने में कितना समय लगेगा?
(a) 174 सेकण्ड (b) 180 सेकण्ड
(c) 1794 सेकण्ड (d) 1800 सेकण्ड

23. 200 लोगों वाली एक फैंसी ड्रेस पार्टी में, 30% मेहमानों ने जानवरों के रूप में कपड़े पहने हैं। शेष मेहमानों में से 40% ने पक्षियों के रूप में कपड़े पहने हैं। शेष मेहमानों में से 50% ने जोकरों की तरह कपड़े पहने हैं। शेष मेहमानों ने पौधों के रूप में कपड़े पहने हैं। कितने मेहमानों ने पौधों के रूप में कपड़े पहने हैं? *SSC Steno 2021*
(a) 62 (b) 56 (c) 70 (d) 42

रैखिक समीकरण पर आधारित

24. किसी कॉलेज में, जीवविज्ञान या रसायन विज्ञान का चयन करने वाले छात्रों की कुल संख्या 150 है। बाद में, 12 छात्र जिन्होंने जीवविज्ञान का चयन किया था, उन्होंने अपने चयन को बदल दिया और रसायन विज्ञान का चयन किया। अब जीवविज्ञान में छात्रों की संख्या, रसायन विज्ञान में छात्रों की संख्या की आधी है। अब, रसायन विज्ञान में कितने छात्र हैं? *SSC Steno 2020*
(a) 104 (b) 100 (c) 88 (d) 94

25. एक खेत में जितने भेड़ हैं उतनी मुर्गियाँ हैं। जितनी बकरियाँ हैं, उनके दोगुने पुरुष और जितनी भेड़े हैं उनकी दोगुनी बकरियाँ हैं। यदि कुल पैरों की संख्या 44 है, तो खेत में कितने पुरुष हैं? *UPSSSC 2018*
(a) 14 (b) 12
(c) 6 (d) 8

26. डेसी के पास एक-तिहाई और है जितने डेविड के पास हैं। डेविड के पास एक-तिहाई उतने ही और हैं जितने फ्रांसिस के पास हैं। सबके मिलाकर कुल 111 हैं। फ्रांसिस के पास कितने हैं? *BSSC (10+2) 2017*
(a) 27 (b) 36 (c) 48 (d) 68

27. एक झुण्ड में कुछ गाय, बैल एवं 45 मुर्गियाँ हैं। प्रति 15 जानवरों पर एक ग्वाला रखवाली करता है। बैलों की संख्या गायों से दोगुनी है। यदि कुल सिरों की संख्या पैरों की संख्या से (ग्वालों सहित) 186 कम है, तो वहाँ कितने ग्वाले हैं? *UPSSSC 2016*
(a) 6 (b) 8 (c) 10 (d) 12

वेन आरेख पर आधारित

28. 25 पर्यटकों के समूह में से, 10 गुजराती बोल सकते हैं, 12 मराठी बोल सकते हैं, 5 गुजराती के साथ ही मराठी भी बोल सकते हैं। उन लोगों की संख्या ज्ञात करें, जो न तो गुजराती और न ही मराठी बोल सकते हैं। *UPSSSC 2018*
(a) 6 (b) 7
(c) 8 (d) 9

29. एक अस्पताल में, कुछ मरीज डॉक्टर से अपनी बीमारी के बारे में परामर्श करने के लिए प्रतीक्षा कर रहे हैं। 40 रोगियों को मधुमेह और 30 रोगियों को उच्च रक्तचाप है। 22 रोगियों को मधुमेह और उच्च रक्तचाप दोनों हैं जबकि 17 रोगियों को न तो मधुमेह है और न ही उच्च रक्तचाप की समस्या है। अस्पताल में प्रतीक्षारत रोगियों की कुल संख्या कितनी है? *UPSSSC 2018*
(a) 56 (b) 65 (c) 87 (d) 109

30. एक सर्वेक्षण में, 60% लोगों ने विकल्प A को और 40% ने विकल्प B को पसन्द किया। यदि कुल 500 उत्तरदाता थे, तो कितने लोगों ने विकल्प A को पसन्द किया? *UP Police Constable 2024*
(a) 200 (b) 400
(c) 100 (d) 300

31. 40 विद्यार्थियों की एक कक्षा में, 20 ने केवल जीव विज्ञान चुना है और 15 ने गणित चुना है, परन्तु जीव विज्ञान नहीं। यह दिया गया है कि प्रत्येक विद्यार्थी ने या तो गणित, या जीव विज्ञान, या फिर दोनों को चुना है। उन विद्यार्थियों की संख्या ज्ञात कीजिए, जिन्होंने गणित और जीव विज्ञान दोनों को चुना। *UP Police Constable 2024*
(a) 15 (b) 5 (c) 20 (d) 40

> ***MRC******
> ***(Most Repeating Concepts)***
> प्र. सं. 2, 5, 24, 26, 32, 33, 34 और 35 Examination Point of View से अति महत्त्वपूर्ण हैं। इन Concept पर प्रश्न UP Police व UPSSSC आदि परीक्षाओं में निरन्तर पूछे जाते हैं।

32. 140 विद्यार्थियों के सर्वेक्षण में पाया गया कि 60 विद्यार्थी वीडियो गेम खेलना पसन्द करते हैं, 70 विद्यार्थी इनडोर गेम खेलना पसन्द करते हैं तथा 75 विद्यार्थी आउटडोर गेम खेलना पसन्द करते हैं। इसके अतिरिक्त 30 छात्र इनडोर और आउटडोर दोनों खेल पसन्द करते हैं, 18 को वीडियो गेम और आउटडोर गेम दोनों खेल पसन्द हैं, 42 को वीडियो गेम और इनडोर गेम दोनों खेल पसन्द हैं, तथा 8 को सभी प्रकार के खेल पसन्द हैं। वेन आरेख का उपयोग करके उन छात्रों की संख्या ज्ञात कीजिए, जो केवल आउटडोर खेल खेलते हैं। *UP Police Constable 2024*
(a) 64 (b) 35 (c) 32 (d) 57

33. एक संगीत कक्षा में, 12 छात्र बाँसुरी बजा सकते हैं, 11 गिटार बजा सकते हैं और 10 वॉयलिन बजा सकते हैं। 6 छात्र बाँसुरी के साथ ही गिटार भी बजा सकते हैं और उनमें से 3 छात्र वॉयलिन भी बजा सकते हैं। 3 छात्र केवल गिटार और 4 छात्र केवल वॉयलिन बजा सकते हैं। कितने छात्र केवल बाँसुरी बजा सकते हैं? *UPSSSC 2018*
(a) 4 (b) 5 (c) 6 (d) 7

34. 40% व्यक्ति समाचार-पत्र X पढ़ते हैं और 50% व्यक्ति समाचार-पत्र Y पढ़ते हैं। 10% व्यक्ति दोनों समाचार-पत्र पढ़ते हैं। कितने व्यक्ति दोनों में से कोई समाचार-पत्र नहीं पढ़ते हैं? *UPSSSC PET 2022*
(a) 15% (b) 25% (c) 20% (d) 30%

आयु पर आधारित

35. X, Y और Z की आयु का योग 27 है। X, Y से 2 वर्ष बड़ा है और Y की आयु, Z से दोगुनी है। Y की आयु ज्ञात कीजिए। *RRB JE 2019*
(a) 12 (b) 5 (c) 8 (d) 10

36. 5 वर्ष बाद A और B की आयु का अनुपात 7 : 5 होगा और उनकी आयु के बीच अन्तर 4 वर्ष होगा। A और B की वर्तमान आयु (वर्ष में) क्रमश: क्या है? *CRPF (HC) 2023*
(a) 5, 9 (b) 6, 5
(c) 9, 5 (d) 9, 6

37. एक पिता की आयु माँ की आयु से 7 वर्ष अधिक है और माँ इस समय अपनी पुत्री की आयु की 3 गुनी है। इस समय पुत्री की आयु 10 वर्ष है। तद्नुसार पुत्री के जन्म के समय, पिता की आयु कितनी थी? ***BSSC CGL 2015***

(a) 27 वर्ष (b) 37 वर्ष (c) 15 वर्ष (d) 40 वर्ष

38. रीना और उसके पिता की आयु का योगफल 60 वर्ष है और उनकी आयु के बीच का अन्तर 36 वर्ष है। रीना के पिता की आयु ज्ञात कीजिए। ***SSC Steno 2021***

(a) 48 वर्ष (b) 52 वर्ष (c) 58 वर्ष (d) 60 वर्ष

39. पिता और पुत्र की वर्तमान आयु का योग 45 वर्ष है। 5 वर्ष पहले उनकी आयु का अनुपात 6 : 1 था। पिता की वर्तमान आयु ज्ञात कीजिए। ***RRB ALP 2018***

(a) 25 वर्ष (b) 40 वर्ष (c) 35 वर्ष (d) 30 वर्ष

40. राम की आयु अपने पिता की आयु का छठा भाग है। 10 वर्ष बाद राम के पिता की आयु विमल की आयु से दोगुनी होगी। यदि विमल का 8वाँ जन्मदिवस 2 वर्ष पूर्व था, तो राम की आयु कितने वर्ष है? ***Rajasthan Patwari 2016***

(a) 24 (b) 30 (c) $6\frac{2}{3}$ (d) इनमें से काई नहीं

41. निशा और दीपक एक विवाहित युगल है और उनकी एक पुत्री है, जिसका नाम तान्या है। वर्तमान में, दीपक निशा से 5 वर्ष बड़ा है और निशा तान्या की आयु से तीन गुना बड़ी है। यदि तान्या की आयु 10 वर्ष है, तो उसके पिता की आयु उस समय क्या थी जब उसकी पुत्री का जन्म हुआ था? ***SSC CGL 2019***

(a) 20 वर्ष (b) 35 वर्ष (c) 25 वर्ष (d) 30 वर्ष

42. पिछले वर्ष मेरी आयु पूर्ण वर्ग संख्या में थी। अगले वर्ष यह घन संख्या में होगी। मेरी वर्तमान आयु (वर्षों में) बताइए।

(a) 26 (b) 24 (c) 25 (d) 27

43. अमित व अनिल की वर्तमान आयु का औसत 32 वर्ष है। यदि अमित, अनिल से 6 वर्ष बड़ा है, अनिल की वर्तमान आयु क्या है? ***SSC Steno 2016***

(a) 29 वर्ष (b) 38 वर्ष (c) 26 वर्ष (d) 19 वर्ष

44. मेरी आयु, मेरे भाई की आयु के दोगुने से 2 वर्ष कम है। यदि मैं 18 वर्ष का हूँ, तो मेरे भाई की आयु कितनी है? ***Bihar Forest Guard 2020***

(a) 8 वर्ष (b) 12 वर्ष (c) 9 वर्ष (d) 10 वर्ष

45. उमेश, विक्रम, वीणा, सुमन तथा यश पाँच कजिन हैं। सुमन की आयु विक्रम की आधी है। विक्रम की आयु उमेश की आधी है। यश की आयु सुमन की आधी है। यदि यश की आयु 4 वर्ष है तो उमेश की आयु कितनी है? ***DSSSB Warder 2019***

(a) 48 (b) 16 (c) 8 (d) 32

46. सचिन, राहुल की तुलना में 7 वर्ष छोटा है। यदि उनकी आयु का अनुपात क्रमश: 7 : 9 है, तो सचिन की आयु क्या है? ***BSSC CGL (Main) 2016***

(a) 16 वर्ष (b) 18 वर्ष
(c) 28 वर्ष (d) 24.5 वर्ष

47. दो भाइयों की आयु के बीच का अन्तर उनके पिता और माता की आयु के बीच के अन्तर के समान है। बड़े भाई की आयु 15 वर्ष है। छोटे भाई के जन्म के समय उनकी माँ की आयु 37 वर्ष थी। यदि पिता, माता से 5 वर्ष बड़े हो, तो बड़े बेटे के जन्म के समय उनकी आयु क्या थी?

(a) 25 वर्ष (b) 32 वर्ष
(c) 57 वर्ष (d) इनमें से कोई नहीं

48. नीचे दिए गए प्रश्न को पढ़ें;
अमन, बोमन और चमन की औसत आयु क्या है?
नीचे दिए गए कथन को पढ़ें :
अमन, बोमन और चमन की आयु का अनुपात क्रमश: 6 : 5 : 3 है।
उपरोक्त प्रश्न का उत्तर देने के लिए नीचे दी गई किस अतिरिक्त जानकारी की आवश्यकता होगी? ***UPSSSC 2018***

(a) बोमन की आयु, तीनों लोगों की औसत आयु से अधिक है
(b) बोमन और चमन की आयु में अन्तर, अमन और बोमन की आयु के अन्तर से दोगुना है
(c) अमन की आयु, चमन की आयु से दोगुनी है
(d) चमन के पहले जन्मदिन पर अमन, बोमन से 9 वर्ष बड़ा था

49. 12 वर्ष का सामी अपने भाई विनय से तीन गुना बड़ा है। सामी की आयु उस समय कितनी होगी जब वह विनय से दोगुना हो जाएगा? ***SSC CPO 2016***

(a) 14 वर्ष (b) 16 वर्ष (c) 20 वर्ष (d) 18 वर्ष

50. 10 वर्ष पहले, किसी पिता की आयु अपने पुत्र की आयु से $3\frac{1}{2}$ गुना अधिक थी और अब से 10 वर्ष के बाद, पिता की आयु अपने पुत्र की आयु से $2\frac{1}{4}$ गुना अधिक होगी। वर्तमान में पिता और पुत्र की कुल आयु का योग कितना है? ***SSC CGL 2018***

(a) 120 वर्ष (b) 115 वर्ष
(c) 110 वर्ष (d) 100 वर्ष

51. हर्षद की आयु, उसके बेटे विजय की आयु की चार गुनी है। चार वर्ष पहले, सुधा की आयु उसके बेटे विजय की आयु की छह गुनी थी। सुधा की वर्तमान आयु कितनी है?
उपरोक्त प्रश्न का उत्तर देने के लिए नीचे दी गई किस अतिरिक्त जानकारी की आवश्यकता होगी? ***UPSSSC 2018***

(a) चार वर्ष बाद, हर्षद और सुधा की आयु में चार वर्ष का अन्तर होगा
(b) चार वर्ष बाद, हर्षद और सुधा की आयु का योग, उनकी वर्तमान आयु के योग से 8 अधिक होगा
(c) चार वर्ष पहले, हर्षद विजय और सुधा की आयु का योग, उनकी वर्तमान आयु के योग से 12 कम था
(d) हर्षद, विजय और सुधा की औसत आयु सम संख्या में है

52. 11 सदस्यों वाली एक क्रिकेट टीम का कप्तान 29 वर्ष का है और विकेटकीपर कप्तान से चार वर्ष बड़ा है। यदि कप्तान और विकेटकीपर की आयु को छोड़ दिया जाए, तो टीम के बाकी खिलाड़ियों की औसत आयु पूरी टीम की औसत आयु से दो वर्ष कम है। टीम की औसत आयु क्या है? ***UP Police Constable 2024***

(a) 23 वर्ष (b) 21 वर्ष (c) 22 वर्ष (d) 24 वर्ष

Right Key

1. (a)	2. (c)	3. (d)	4. (a)	5. (a)	6. (c)	7. (c)	8. (a)	9. (d)	10. (a)
11. (c)	12. (d)	13. (b)	14. (c)	15. (c)	16. (b)	17. (b)	18. (d)	19. (a)	20. (c)
21. (d)	22. (c)	23. (d)	24. (b)	25. (d)	26. (a)	27. (a)	28. (c)	29. (b)	30. (d)
31. (b)	32. (b)	33. (b)	34. (c)	35. (d)	36. (c)	37. (a)	38. (a)	39. (c)	40. (d)
41. (c)	42. (a)	43. (a)	44. (d)	45. (d)	46. (d)	47. (b)	48. (d)	49. (b)	50. (c)
51. (a)	52. (c)								

Solutions

1. (*a*) प्रश्नानुसार,

जो आम बिक्री योग्य नहीं हैं = 12

$\therefore$ कुल खराब आम $= \frac{12}{3} \times 4 = 16$

$\because$ 1 खराब आम के साथ टोकरी में 30 आम हैं

$\therefore$ 16 खराब आम के साथ टोकरी में

कुल आम $= 30 \times 16 = 480$ आम

2. (*c*) किसान के पास कुल भेड़ों की संख्या = 17

प्रश्नानुसार,

9 को छोड़कर बाकी सभी भेड़े मर जाती हैं।

$\therefore$ किसान के पास बची भेड़ों की कुल संख्या = 9

3. (*d*) प्रश्नानुसार,

वितरण से पहले और बाद में कुल गेंदों की संख्या समान रहती है।

$\therefore$ पाँच दोस्तों के पास कुल गेंदों की संख्या

$= 5 \times 8 = 40$

4. (*a*) टोकरी 60 मिनट में सेबों से पूरी भर जाती है।

जैसे प्रत्येक मिनट में टोकरी में सेबों की संख्या दोगुनी हो जाती है, तो 59 मिनट में यह आधी भर जाती है।

अत: आधी टोकरी 59 मिनट में भर जाती है।

5. (*a*) पिछले महीने तक पेट्रोल की कीमत

= ₹ 80 प्रति लीटर

वर्तमान में पेट्रोल की कीमत

= ₹ 85 प्रति लीटर

$\therefore$ अभीष्ट प्रतिशत वृद्धि $= \frac{85-80}{80} \times 100$

$= \frac{5}{8} \times 10$

$= \frac{25}{4} = 6.25\%$

6. (*c*) माना राहुल का खर्च = ₹ x

तब, सोनू का खर्च = ₹ $2x$

प्रश्नानुसार, $500 - 2x = 3(240 - x)$

$\Rightarrow \quad 500 - 2x = 720 - 3x$

$\Rightarrow \quad x =$ ₹ 220

$\therefore$ सोनू का खर्च $= 2x = 2 \times 220 =$ ₹ 440

7. (*c*) $190 = 40 + 50 + 100$

$180 = 30 + 50 + 100$

$160 \neq 50 + 100$

$140 = 40 + 100$

उपरोक्त से स्पष्ट है कि संयोजन 160 किग्रा सही नहीं है।

8. (*a*) माना लड़कों की संख्या $= x$

तब, लड़कियों की संख्या $= x + 2$

$\therefore x \times 10 + (x+2) \times 20 = 280$

$\Rightarrow \quad 10x + 20x + 40 = 280$

$\Rightarrow \quad 30x = 240 \quad \Rightarrow \quad x = 8$

अत: लड़कों की संख्या = 8

9. (*d*) प्रश्नानुसार, B = 40

D = 40 + 10 = 50

A = 50 + 20 = 70

अत: A को मिले अंक = 70

10. (*a*) 12 : 00 बजे दोपहर से अगले दिन 11 : 00 बजे तक कुल समय = 23 घण्टा

23 घण्टे में 12 सम घण्टा तथा 11 विषम घण्टा होगा।

$\therefore$ कदमों की कुल संख्या

$= 12 \times 10 + 11 \times \frac{10}{2}$

$= 120 + 55$

= 175 कदम

11. (*c*) रमेश का 5 दिनों का कुल खर्चा

$= 20 \times 5 + 4 \times 5$

$= 100 + 20$

= ₹ 120

12. (*d*) किसान के पास कुल भैंस = 45

प्रश्नानुसार,

13 को छोड़कर सभी मर गई का अर्थ है, कि सभी में से 13 भैंस जिन्दा बची हैं।

अत: किसान के पास बची भैंस = 13

13. (*b*) दिया है, अहमदाबाद के लिए उड़ान प्रत्येक 5 घण्टे में जाती है।

प्रश्नानुसार,

अंतिम उड़ान का समय = 10 : 45 – 0 : 25

= 10 : 20 पूर्वाह्न

$\therefore$ अगली उड़ान का समय

= (10 : 20 + 5 : 00)

= 3 : 20 अपराह्न

14. (*c*) भारतीय पुरुषों की संख्या $= m = 23$

भारतीय महिलाओं की संख्या $= w = 29$

भारतीय डॉक्टरों की संख्या $= d = 4$

प्रश्नानुसार,

24 भारतीय व्यक्ति जोकि या तो सामान्य पुरुष हैं या फिर डॉक्टर हैं।

अब चूँकि पुरुषों की संख्या 23 है

$\therefore$ 1 महिला डॉक्टर सम्मेलन में शामिल है।

15. (*c*) पहले नल द्वारा 1 घण्टे में भरा गया भाग

$= \frac{1}{4}$

दूसरे नल द्वारा 1 घण्टे में भरा गया भाग $= \frac{1}{8}$

खाली करने वाले नल द्वारा 1 घण्टे में खाली किया गया भाग $= \frac{1}{6}$

प्रश्नानुसार,

तीनों नलों को एकसाथ खोलने पर 1 घण्टे में भरा गया भाग $= \frac{1}{4} + \frac{1}{8} - \frac{1}{6}$

$= \frac{6+3-4}{24} = \frac{5}{24}$

$\therefore$ तीनों नल खोलने पर टंकी भरने में लगा समय $= \frac{24}{5}$ घण्टे = 4.8 घण्टे

16. (*b*) माना प्रतिमा का वेतन = ₹ x

$\therefore$ दिशा का वेतन = ₹ $x + 3000$

प्रश्नानुसार,

दिशा और प्रतिमा के वेतन का अनुपात $= \frac{17}{15}$

$\Rightarrow \quad \frac{x + 3000}{x} = \frac{17}{15}$

$\Rightarrow \quad 15x + 45000 = 17x$

$\Rightarrow \quad 2x = 45000$

$\therefore \quad x = 22500$

अत: प्रतिमा का वेतन = ₹ 22500

17. (*b*) प्रश्नानुसार,

सिक्कों की कुल संख्या = 150

विकल्प (b) से ₹ 1, ₹ 2 और ₹ 5 के सिक्कों की संख्या क्रमश: $3x, 2x$ और x हैं।

$\therefore \quad 3x + 2x + x = 150$

$\Rightarrow \quad 6x = 150 \quad \Rightarrow x = 25$

अब सभी प्रकार के सिक्कों का मूल्य ज्ञात किया जा सकता है।

अत: प्रश्न का उत्तर देने के लिए विकल्प (b) आवश्यक है।

18. (*d*) कुल कमीजों की संख्या

$= 54 \times 28 \times 10 \times 4 = 60480$

बेचे गए बॉक्स = 500

खरीदे गए बॉक्स = 250

अत: 250 बॉक्स कम हुए।

$\therefore$ 250 बॉक्स में कमीजों की संख्या

$= 250 \times 4 = 1000$

अत: उस दिन कुल कमीजों की संख्या

$= 60480 - 1000 = 59480$

19. (*a*) खम्भे की ऊँचाई = 12 मी, बन्दर पहले मिनट में 2 मी ऊपर जाता है एवं दूसरे मिनट में 1 मी नीचे फिसल जाता है अर्थात् 2 मिनट में वह केवल $2-1=1$ मी ही ऊपर चढ़ पाता है। चूँकि बन्दर 2 मिनट में 1 मी ऊपर चढ़ता है।

$\therefore$ बन्दर, $12-2=10$ मी ऊपर $10\times 2=20$ मिनट में चढ़ेगा तथा शेष 2 मी वह अगले मिनट में चढ़ जाएगा।

अत: अभीष्ट समय = 20 + 1 = 21 मिनट

20. (*c*) प्रश्नानुसार,

$A + B + C = ₹\,1875 \quad \ldots(i)$

तब, $A = \frac{B+C}{2}$

$\Rightarrow 2A = B + C \quad \ldots(ii)$

तथा $B = \frac{A+C}{4}$

$\Rightarrow 4B = A + C \quad \ldots(iii)$

समी (i) व (ii) से,

$3A = 1875$

$\Rightarrow A = ₹\,625$

समी (i) व (iii) से,

$5B = 1875$

$\Rightarrow B = ₹\,375$

A और B का मान समी (i) में रखने पर,

$\therefore C = 1875 - 625 - 375 = ₹\,875$

अत: अभीष्ट अन्तर = C − A

$= 875 - 625 = ₹\,250$

21. (*d*) प्रारम्भ में, टोकरी में सेब = 12 दर्जन

2 दर्जन जोड़े जाने के बाद कुल सेब

$= (12+2)\times 12 = 14\times 12 = 168$

अब, 10 खराब सेब हटाने के बाद शेष बचे सेब $= 168 - 10 = 158$

पुन: प्रश्नानुसार,

इन्हें दो टोकरियों में समान रूप से स्थानान्तरित किया जाता है, तब प्रत्येक टोकरी में सेबों की कुल संख्या $= \frac{158}{2} = 79$

22. (*c*) हम जानते हैं कि,

1 किमी = 1000 मी

$\therefore$ मशीन को 10 मी फीता काटने में लगा समय = 6 सेकण्ड

$\therefore$ 3000 मी या 3 किमी फीता काटने में लगा समय $= \frac{3000}{10}\times 6 = 1800$ सेकण्ड

चूँकि जब अन्त में 10 मी फीता बचेगा, तो मशीन का इस्तेमाल एक बार ही करना होगा।

अत: अभीष्ट समय = 1800 − 6

= 1794 सेकण्ड

23. (*d*) कुल लोगों की संख्या = 200

जानवरों के रूप में कपड़े पहने लोगों की संख्या $= \frac{30}{100}\times 200 = 60$

शेष लोगों की संख्या $= 200 - 60 = 140$

पक्षियों के रूप में कपड़े पहने लोगों की संख्या $= \frac{40}{100}\times 140 = 56$

शेष लोगों की संख्या $= 140 - 56 = 84$

जोकरों के रूप में कपड़े पहने लोगों की संख्या $= \frac{50}{100}\times 84 = 42$

पौधों के रूप में कपड़े पहने लोगों की संख्या

$= 84 - 42 = 42$

24. (*b*) माना जीव विज्ञान का चयन करने वाले छात्रों की संख्या = x

तब, रसायन विज्ञान का चयन करने वाले छात्रों की संख्या $= 150 - x$

12 छात्रों द्वारा अपने चयन बदलने के बाद, जीव विज्ञान का चयन करने वाले छात्रों की संख्या $= x - 12$

रसायन विज्ञान का चयन करने वाले छात्रों की संख्या $= 150 - x + 12 = 162 - x$

प्रश्नानुसार,

$x - 12 = \frac{162-x}{2}$

$\Rightarrow 2x - 24 = 162 - x$

$\Rightarrow 2x + x = 162 + 24$

$\Rightarrow 3x = 186$

$\therefore x = 62$

अत: अब रसायन विज्ञान में छात्रों की संख्या

$= 162 - 62 = 100$

25. (*d*) माना भेड़ों की संख्या x है।

तब, बकरियों की संख्या = $2x$ है।

पुरुषों की संख्या $4x$ है।

मुर्गियों की संख्या x है।

प्रश्नानुसार,

$x\times 4 + 2x\times 4 + 4x\times 2 + 2\times x = 44$

$\Rightarrow 4x + 8x + 8x + 2x = 44$

$\Rightarrow 22x = 44$

$\Rightarrow x = 2$

$\therefore$ पुरुषों की संख्या $= 4x = 4\times 2 = 8$

26. (*a*) माना फ्रांसिस के पास x हैं।

$\therefore$ डेविड के पास हैं $= x + \frac{x}{3} = \frac{3x+x}{3} = \frac{4x}{3}$

तथा डेसी के पास हैं $= \frac{4x}{3} + \frac{4x}{3}\times\frac{1}{3}$

$= \frac{4x}{3} + \frac{4x}{9}$

$= \frac{12x+4x}{9} = \frac{16x}{9}$

प्रश्नानुसार, $x + \frac{4x}{3} + \frac{16x}{9} = 111$

$\Rightarrow \frac{9x+12x+16x}{9} = 111$

$\Rightarrow 37x = 111\times 9$

$\therefore x = \frac{111\times 9}{37} = 27$

अत: फ्रांसिस के पास 27 है।

TOP TIPS समीकरणों से सम्बन्धित प्रश्नों को सरलतापूर्वक करने के लिए चरों का गुणनफल, भागफल, योग और अन्य गणितीय संक्रियाओं का बोध होना चाहिए।

27. (*a*) माना गायों की संख्या = x

$\therefore$ बैलों की संख्या = $2x$

तथा मुर्गियों की संख्या = 45

अत: ग्वाले $= \frac{x+2x+45}{15}$

प्रश्नानुसार,

$45\times 2 + 4x + 8x + 2\times\frac{2x+x+45}{15} - 45 - x - 2x - \frac{3x+45}{15} = 186$

$\Rightarrow 90 + 12x + \frac{6x+90}{15} - 45 - 3x - \frac{3x+45}{15} = 186$

$\Rightarrow 1350 + 180x + 6x + 90 - 675 - 45x - 3x - 45 = 2790$

$\Rightarrow 720 + 138x = 2790$

$\Rightarrow 138x = 2070$

$\Rightarrow x = 15$

$\therefore$ ग्वालों की संख्या $= \frac{30+15+45}{15}$

$= \frac{90}{15} = 6$

28. (*c*) प्रश्नानुसार,

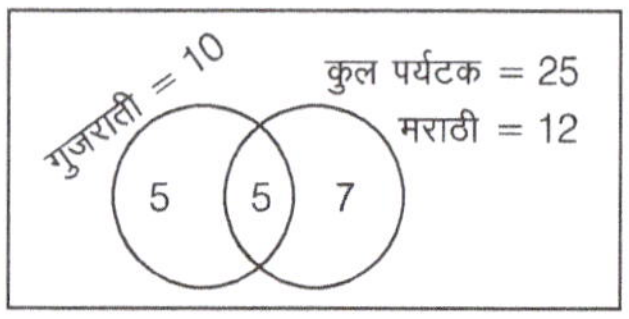

उन लोगों की संख्या, जो न तो गुजराती और न ही मराठी बोलते हैं

$= 25 - (5 + 5 + 7)$

$= 25 - 17 = 8$

TOP TIPS अंकगणित पर आधारित प्रश्नों को हल करते समय अभ्यर्थियों को गणितीय संकल्पनाओं व नियमों की जानकारी होना आवश्यक है।

29. (*b*) प्रश्नानुसार,

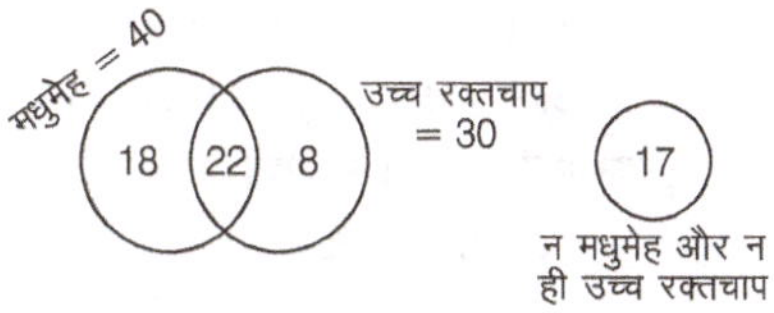

अत: अस्पताल में प्रतिक्षारत रोगियों की कुल संख्या = 18 + 22 + 8 + 17 = 65

30. (*d*) प्रश्नानुसार,

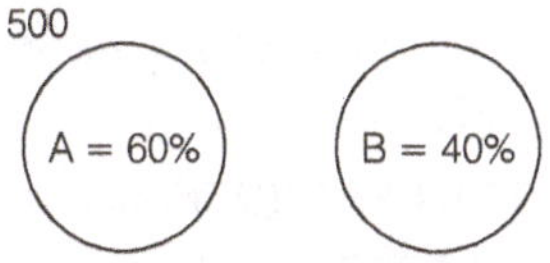

A को पसन्द करने वाले लोगों की संख्या

$$= 500 \times \frac{60}{100} = 300$$

31. (*b*) प्रश्नानुसार,

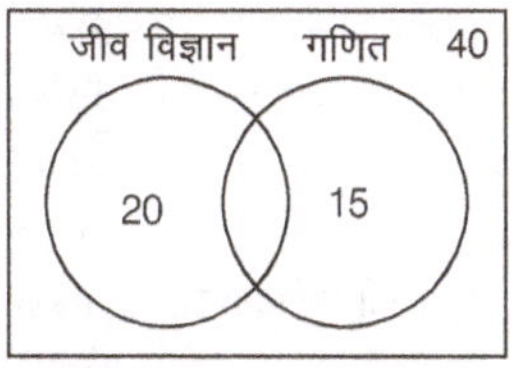

∵ प्रत्येक विद्यार्थी ने या तो गणित या जीव विज्ञान या दोनों को चुना है।

∴ गणित और जीव विज्ञान दोनों को चुनने वाले विद्यार्थियों की संख्या

$$= 40 - (20 + 15) = 5$$

32. (*b*) प्रश्नानुसार,

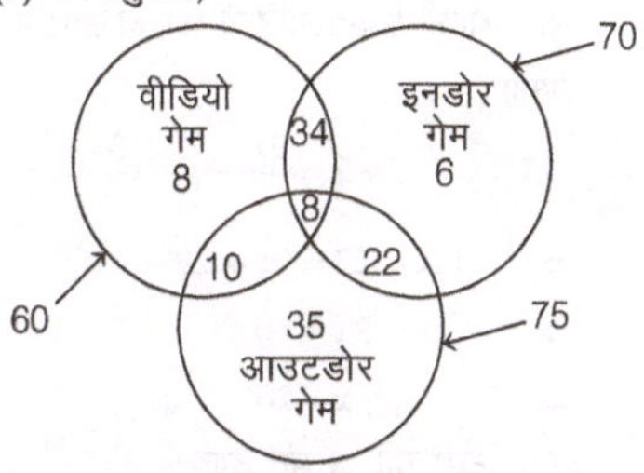

अत: 35 छात्र केवल आउटडोर गेम खेलते हैं।

TOP TIPS आँकड़ों का निरूपण करते समय 'दो' और 'केवल दो' के अन्तर को ध्यान में रखें।

33. (*b*) प्रश्नानुसार,

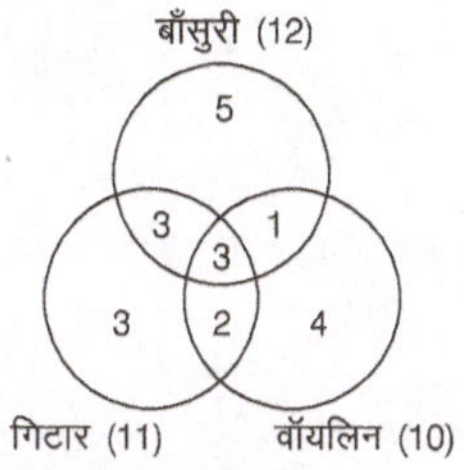

गिटार और वॉयलिन बजाने वाले

$$= 11 - (3 + 3 + 3) = 2$$

बाँसुरी और वॉयलिन बजाने वाले

$$= 10 - (4 + 3 + 2) = 1$$

∴ केवल बाँसुरी बजाने वाले

$$= 12 - (3 + 3 + 1) = 5$$

34. (*c*) प्रश्नानुसार,

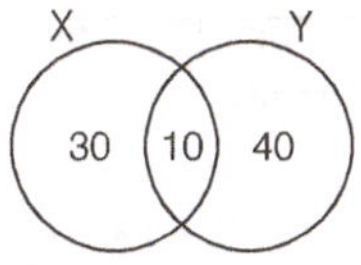

∴ दोनों में से कोई समाचार-पत्र नहीं पढ़ने वाले व्यक्ति की संख्या

$$= [100 - (30 + 10 + 40)]\%$$

$$= [100 - 80]\% = 20\%$$

35. (*d*) दिया है,

$$X + Y + Z = 27 \quad ...(i)$$

तथा $X = Y + 2 \quad ...(ii)$

$$Y = 2Z \quad ...(iii)$$

समी (ii) और (iii) से,

$$X = 2Z + 2 \quad ...(iv)$$

अब समी (i) में X और Y का मान समी (iv) व (iii) से रखने पर,

$$2Z + 2 + 2Z + Z = 27$$

$$5Z = 25 \Rightarrow Z = 5$$

∴ $Y = 2 \times 5 = 10$

अत: Y की आयु = 10 वर्ष

36. (*c*) माना 5 वर्ष बाद A और B की आयु क्रमश: $7x$ वर्ष तथा $5x$ वर्ष हैं।

प्रश्नानुसार, $(7x - 5x) = 4$

⇒ $2x = 4$

∴ $x = \frac{4}{2} = 2$

∴ A की वर्तमान आयु $= 7x - 5 = 7 \times 2 - 5$ = 9 वर्ष

तथा B की वर्तमान आयु $= 5x - 5$

$= 5 \times 2 - 5 = 5$ वर्ष

37. (*a*) माना पिता की वर्तमान आयु = F

माँ की वर्तमान आयु = M

तथा पुत्री की वर्तमान आयु = D

प्रश्नानुसार, F = M + 7

तथा M = 3 × D

⇒ M = 3 × 10 = 30 वर्ष

[∵ D = 10 वर्ष (दिया है)]

∴ F = 30 + 7

⇒ F = 37 वर्ष

पुत्री की वर्तमान आयु = D = 10 वर्ष

∴ पुत्री के जन्म के समय पिता की आयु

= 37 − 10 = 27 वर्ष

38. (*a*) माना रीना के पिता की आयु 'x' वर्ष है।

तब, रीना की आयु $= (x - 36)$ वर्ष

प्रश्नानुसार, $x + x - 36 = 60$

⇒ $2x = 96$

∴ $x = 48$

अत: रीना के पिता 48 वर्ष के हैं।

39. (*c*) माना पिता की वर्तमान आयु $= x$ वर्ष

∴ पुत्र की वर्तमान आयु $= 45 - x$ वर्ष

प्रश्नानुसार,

$$\frac{x - 5}{45 - x - 5} = \frac{6}{1}$$

⇒ $x - 5 = 240 - 6x$

⇒ $7x = 245$

⇒ $x = \frac{245}{7} = 35$ वर्ष

अत: पिता की वर्तमान आयु = 35 वर्ष

Smart Approach

योग = 45

5 वर्ष पहले = 45 − 10 = 35

∴ $7 \rightarrow 35 \Rightarrow 1 \rightarrow 5$

पिता की वर्तमान आयु

$= 6 \times 5 + 5 = 30 + 5 = 35$

40. (*d*) दिया है,

विमल की वर्तमान आयु = 10 वर्ष

10 वर्ष बाद राम के पिता की आयु

$= (10 + 10) \times 2 = 40$ वर्ष

राम के पिता की वर्तमान आयु

= 40 − 10 = 30 वर्ष

∴ राम की आयु $= \frac{30}{6} = 5$ वर्ष

41. (*c*) तान्या की वर्तमान आयु = 10 वर्ष

∴ निशा की वर्तमान आयु = 10 × 3 = 30 वर्ष

तथा दीपक की वर्तमान आयु

= 30 + 5 = 35 वर्ष

पुत्री के जन्म के समय दीपक की आयु

= 35 − 10 = 25 वर्ष

अत: विकल्प (c) सही उत्तर है।

42. (*a*) विकल्प (a) से, दिए गए प्रश्नानुसार, माना मेरी वर्तमान आयु 26 वर्ष है, तब

पिछले वर्ष आयु $= 26 - 1 = 25 = (5)^2$ वर्ष

अगले वर्ष आयु $= 26 + 1 = 27 = (3)^3$ वर्ष

अत: विकल्प (a) सही उत्तर है।

43. (*a*) माना अनिल की वर्तमान आयु $= x$ वर्ष

तब, अमित की वर्तमान आयु $= (x + 6)$ वर्ष

प्रश्नानुसार, $x + x + 6 = 2 \times 32$

⇒ $2x = 58 \Rightarrow x = 29$

अत: अनिल की वर्तमान आयु = 29 वर्ष है।

44. (*d*) माना मेरे भाई की आयु $= x$ वर्ष

$\therefore$ मेरी आयु $= (2x - 2)$ वर्ष

प्रश्नानुसार,

$$2x - 2 = 18 \Rightarrow 2x = 20$$

$$\therefore \quad x = \frac{20}{2} = 10 \text{ वर्ष}$$

अत: मेरे भाई की आयु $= 10$ वर्ष

TOP TIPS दो व्यक्तियों की आयु का अन्तर हमेशा समान रहता है। अर्थात् *n* वर्ष पहले भी और *n* वर्ष बाद भी।

45. (*d*) दिया है, यश की आयु $= 4$ वर्ष

$\therefore$ सुमन की आयु $= 4 \times 2 = 8$ वर्ष

विक्रम की आयु $= 8 \times 2 = 16$ वर्ष

$\therefore$ उमेश की आयु $= 16 \times 2 = 32$ वर्ष

46. (*d*) माना सचिन की आयु $= 7x$ वर्ष

और राहुल की आयु $= 9x$ वर्ष

प्रश्नानुसार, $9x - 7x = 7 \Rightarrow 2x = 7$

$$\therefore \quad x = \frac{7}{2}$$

$\therefore$ सचिन की आयु $= 7 \times \frac{7}{2} = \frac{49}{2} = 24.5$ वर्ष

47. (*b*) प्रश्नानुसार,

बड़े भाई की आयु – छोटे भाई की आयु

= पिता की आयु – माता की आयु

$\Rightarrow$ 15 – छोटे भाई की आयु $= 5$

$\Rightarrow$ छोटे भाई की आयु $= 15 - 5 = 10$ वर्ष

$\because$ 10 वर्ष पहले माँ की आयु $= 37$ वर्ष

$\Rightarrow$ 15 वर्ष पहले माँ की आयु

$= 37 - 5 = 32$ वर्ष

48. (*d*) कथनानुसार, अमन, बोमन और चमन की आयु क्रमश: $6x, 5x$ और $3x$ हैं।

विकल्प (d) से, चमन के पहले जन्मदिन पर अमन, बोमन से 9 वर्ष बड़ा था अर्थात् हमेशा अमन और बोमन की आयु का अन्तर 9 वर्ष ही होगा।

$$6x - 5x = 9$$

$$\Rightarrow \quad x = 9$$

अत: तीनों की औसत आयु ज्ञात करने के लिए विकल्प (d) आवश्यक है।

49. (*b*) यदि सामी की आयु 12 वर्ष है, तो उसके भाई की आयु 4 वर्ष होगी।

माना x वर्ष बाद सामी की आयु विनय की आयु से दोगुना हो जाएगी।

तब प्रश्नानुसार,

$$12 + x = 2(4 + x)$$

$$\Rightarrow \quad 12 + x = 8 + 2x$$

$$\Rightarrow \quad 4 = x$$

चूँकि 4 वर्ष बाद सामी अपने भाई की आयु का दोगुना होगा।

अत: चार वर्ष बाद सामी की आयु

$= 12 + 4 = 16$ वर्ष

Smart Approach

सामी की आयु = 12 वर्ष

विनय की आयु = $\frac{12}{3}$ = 4 वर्ष

4 वर्ष बाद,

सामी की आयु = 12 + 4 = 16 वर्ष

विनय की आयु = 4 + 4 = 8 वर्ष

50. (*c*) माना वर्तमान में पिता और पुत्र की आयु क्रमश: x वर्ष और y वर्ष हैं।

तब, प्रश्नानुसार 10 वर्ष पहले

$$x - 10 = 3\frac{1}{2}(y - 10)$$

$$\Rightarrow \quad x - 10 = \frac{7}{2} \times (y - 10)$$

$$\Rightarrow \quad 2x - 20 = 7y - 70$$

$$\Rightarrow \quad 2x - 7y = -50 \quad \text{...(i)}$$

पुन: प्रश्नानुसार 10 वर्ष बाद

$$x + 10 = 2\frac{1}{4}(y + 10)$$

$$\Rightarrow \quad x + 10 = \frac{9}{4} \times (y + 10)$$

$$\Rightarrow \quad 4x + 40 = 9y + 90$$

$$4x - 9y = 50 \quad \text{...(ii)}$$

अब समी (i) $\times 2 -$ समी (ii) से,

$-5y = -150 \Rightarrow y = 30$ वर्ष

y का मान समी (i) में रखने पर,

$$2x - 210 = -50$$

$$2x = 160$$

$$\Rightarrow \quad x = 80 \text{ वर्ष}$$

$\therefore$ वर्तमान में पिता और पुत्र की आयु का योग

$= x + y = 80 + 30 = 110$ वर्ष

51. (*a*) माना विजय की आयु $= x$ वर्ष

$\therefore$ हर्षद की आयु $= 4x$ वर्ष

चार वर्ष पहले सुधा की आयु $= 6(x - 4)$

$\therefore$ सुधा की वर्तमान आयु $= 6(x - 4) + 4$

$= 6x - 20$

विकल्प (a) से चार वर्ष बाद, हर्षद और सुधा की आयु में चार वर्ष का अन्तर है।

$$\therefore \quad (4x + 4) - (6x - 20 + 4) = 4$$

$$\Rightarrow \quad 4x + 4 - 6x + 16 = 4$$

$$\Rightarrow \quad 2x = 20 - 4 = 16$$

$$\Rightarrow \quad x = 8$$

$\therefore$ सुधा की वर्तमान आयु $= 6 \times 8 - 20$

$= 48 - 20$

$= 28$ वर्ष

अत: प्रश्न का उत्तर ज्ञात करने के लिए विकल्प (a) आवश्यक है।

52. (*c*) दिया है, कप्तान की आयु $= 29$ वर्ष

विकेटकीपर की आयु $= 29 + 4 = 33$ वर्ष

माना बाकी 9 खिलाड़ियों की औसत आयु $= x$

प्रश्नानुसार,

$$x + 2 = \frac{9x + 29 + 33}{11}$$

$$\Rightarrow \quad 11x + 22 = 9x + 29 + 33$$

$$\Rightarrow \quad 2x = 40$$

$$\Rightarrow \quad x = 20$$

अत: टीम की औसत आयु $= x + 2$

$= 20 + 2 = 22$ वर्ष

अध्याय

17 लुप्त पदों को भरना

(Inserting the Missing Characters)

लुप्त पदों को भरना

कुछ संख्याओं/अक्षरों को किसी ज्यामितीय आकृति अथवा तालिका या सारणी में किसी खास तार्किक व गणितीय गणना के आधार पर व्यवस्थित करके किसी एक संख्या/अक्षर को लुप्त (रिक्त) छोड़ दिया जाता है। इसी लुप्त पद को ज्ञात करना ही 'लुप्त पदों को भरना' कहा जाता है।
इसके अन्तर्गत पूछे गए प्रश्नों में गणितीय संक्रियाओं के नियम का प्रयोग करके लुप्त पद ज्ञात किया जाता है।

संख्याओं पर आधारित

इस प्रकार के सभी प्रश्न संख्याओं पर आधारित होते हैं। इसके अन्तर्गत परीक्षा में पूछे जाने वाले प्रश्नों में कुछ संख्याओं को तार्किक एवं गणितीय संक्रियाओं (जैसे-योग, घटाव, गुणन, भाग, वर्ग, वर्गमूल, घन, घनमूल आदि) के आधार पर तालिका या ज्यामितीय आकृतियों में स्थापित किया जाता है, जिनमें एक पद लुप्त होता है, अभ्यर्थियों को उसी लुप्त पद को ज्ञात करना होता है।

जैसे-निम्नलिखित प्रश्न में प्रश्नवाचक चिह्न (?) के स्थान पर क्या आएगा?

5	7	8
4	6	6
2	3	?
10	14	12

(a) 2 (b) 4 (c) 61 (d) 3

हल (*b*) जिस प्रकार पहले स्तम्भ में

$(5 \times 4) \div 2 = 10$

तथा दूसरे स्तम्भ में,

$(7 \times 6) \div 3 = 14$

उसी प्रकार तीसरे स्तम्भ में,

$(8 \times 6) \div ? = 12$

$? = \frac{48}{12} = \boxed{4}$

संख्याओं तथा अक्षरों पर आधारित

इसके अन्तर्गत पूछे जाने वाले प्रश्नों में संख्याओं व अक्षरों को संयुक्त रूप से गणितीय संक्रियाओं के आधार पर एक निश्चित नियम के अनुसार ज्यामितीय आकृतियों में स्थापित किया जाता है तथा लुप्त पद को ज्ञात करने को कहा जाता है।

जैसे-निम्नलिखित प्रश्न में लुप्त पद ज्ञात कीजिए।

A_2	C_4	E_6
G_3	I_5	?
M_5	O_9	Q_{14}

(a) L_{10} (b) K_{15} (c) K_8 (d) I_{15}

हल (*c*) जिस प्रकार पहली पंक्ति में,

$A \xrightarrow{+2} C \xrightarrow{+2} E$ तथा $2 + 4 = 6$

तथा तीसरी पंक्ति में,

$M \xrightarrow{+2} O \xrightarrow{+2} Q$ तथा $5 + 9 = 14$

उसी प्रकार दूसरी पंक्ति में,

$G \xrightarrow{+2} I \xrightarrow{+2} \boxed{K}$ तथा $3 + 5 = \boxed{8}$

$\therefore$ अभीष्ट उत्तर $= \boxed{K_8}$

अंग्रेजी अक्षरों पर आधारित

इस प्रकार में सभी प्रश्न अंग्रेजी वर्णों पर आधारित होते हैं। इसके अन्तर्गत पूछे जाने वाले प्रश्नों में वर्णों को किसी निश्चित नियम (गणितीय संक्रियाओं) के अनुसार आकृतियों में स्थापित किया जाता है तथा एक पद को लुप्त छोड़ दिया जाता है। इसी निश्चित नियम का पालन करते हुए लुप्त पद को ज्ञात किया जाता है।

जैसे-निम्न आकृति में, प्रश्नवाचक चिह्न (?) के स्थान पर क्या आएगा?

B	D	H
E	F	D
G	D	?

(a) E (b) B (c) F (d) H

हल (*b*) जिस प्रकार पहली पंक्ति में, B(2) × D(4) = H(8)

तथा दूसरी पंक्ति में, E(5) × F(6) = D (26+4)

उसी प्रकार, तीसरी पंक्ति में, G(7)× D(4) = $\boxed{B}$ 28 (26+2)

Score Booster

इस प्रकार के प्रश्नों को हल करने के लिए प्रश्न का अवलोकन करें तथा देखें कि दिए गए प्रश्न में कोई प्रचलित पैटर्न है या नहीं। पैटर्न का पता लगाकर प्रश्न को हल करें।

Exam Approach Examples

संख्याओं पर आधारित

निर्देश (उदा. सं. 1-4) *दिए गए पैटर्न का ध्यानपूर्वक अध्ययन करें और उस संख्या का चयन करें, जो इसमें प्रश्नवाचक चिह्न (?) के स्थान पर आ सकती है।*

उदाहरण 1.

3	43	4
6	241	5
2	?	11

SSC (10+2) 2022

(a) 137 (b) 129 (c) 173 (d) 192

हल (*b*) जिस प्रकार पहली पंक्ति में,

$3^3 + 4^2 = 27 + 16 = 43$

और दूसरी पंक्ति में,

$6^3 + 5^2 = 216 + 25 = 241$

उसी प्रकार तीसरी पंक्ति में,

$2^3 + 11^2 = 8 + 121 = \boxed{129}$

Helping Tips

इस प्रकार के प्रश्नों को हल करने के लिए वर्ग, वर्गमूल, घन, घनमूल की जानकारी होना अति आवश्यक है।

उदाहरण 2.

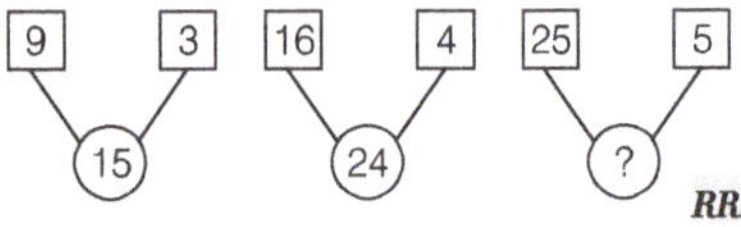

RRB NTPC 2021

(a) 34 (b) 32 (c) 35 (d) 33

हल (*c*) जिस प्रकार

पहली आकृति में, $9 + (3 \times 2) = 9 + 6 = 15$

और दूसरी आकृति में, $16 + (4 \times 2) = 16 + 8 = 24$

उसी प्रकार तीसरी आकृति में, $25 + (5 \times 2) = 25 + 10 = \boxed{35}$

उदाहरण 3.

121	64	144
27	?	8
14	12	14

SSC Steno 2020

(a) 56 (b) 64 (c) 49 (d) 72

हल (*b*) जिस प्रकार पहले स्तम्भ में,

$\sqrt{121} + \sqrt[3]{27} = 11 + 3 = 14$

और तीसरे स्तम्भ में,

$\sqrt{144} + \sqrt[3]{8} = 12 + 2 + 14$

उसी प्रकार दूसरे स्तम्भ में,

$\sqrt{64} + \sqrt[3]{?} = 12 \Rightarrow \sqrt[3]{?} = 12 - 8$

$\Rightarrow \quad ? = (4)^3 = \boxed{64}$

Trending Concept

इस अध्याय से संख्याओं पर आधारित प्रकार के प्रश्न निरन्तर रूप से सभी परीक्षाओं (Steno/MTS, NTPC तथा State) में पूछे जा रहे हैं।

उदाहरण 4.

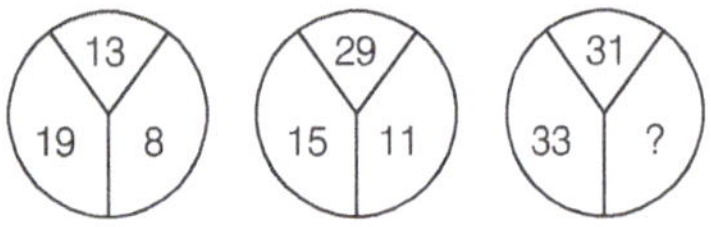

Bihar Forest Guard 2020

(a) 14 (b) 16 (c) 18 (d) 12

हल (*b*) जिस प्रकार पहली आकृति में, $13 + 19 = 8 \times 4 \Rightarrow 32 = 32$

और दूसरी आकृति में, $29 + 15 = 11 \times 4 \Rightarrow 44 = 44$

उसी प्रकार तीसरी आकृति में, $31 + 33 = ? \times 4$

$\Rightarrow \quad ? = \frac{64}{4} = \boxed{16}$

अंग्रेजी अक्षरों पर आधारित

निर्देश (उदा. सं. 5 और 6) *दिए गए पैटर्न को ध्यानपूर्वक अध्ययन कीजिए और उस अक्षर का चयन कीजिए, जो इसमें प्रश्नचिह्न (?) के स्थान पर आ सकता है।*

उदाहरण 5.

RRB NTPC 2021

(a) W (b) A
(c) X (d) U

हल (*a*) प्रश्नानुसार,

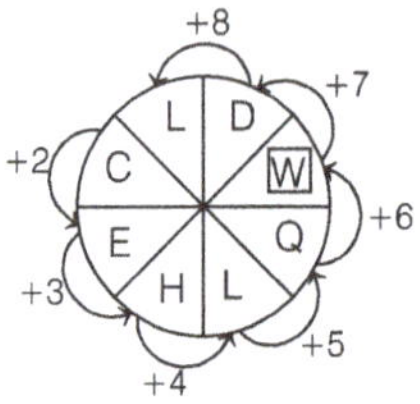

उदाहरण 6.

R	X	?
D	V	L
N	B	F

Bihar STET 2020

(a) Q (b) S (c) R (d) T

हल (*c*) जिस प्रकार पहले स्तम्भ में, N(14) + D(4) = R(18)

और दूसरे स्तम्भ में, B(2) + V(22) = X(24)

उसी प्रकार तीसरे स्तम्भ में,

F(6) + L(12) = $\boxed{\text{R}}$ (18)

संख्याओं तथा अक्षरों पर आधारित

उदाहरण 7. **दिए गए प्रश्न में लुप्त पद को ज्ञात कीजिए।**

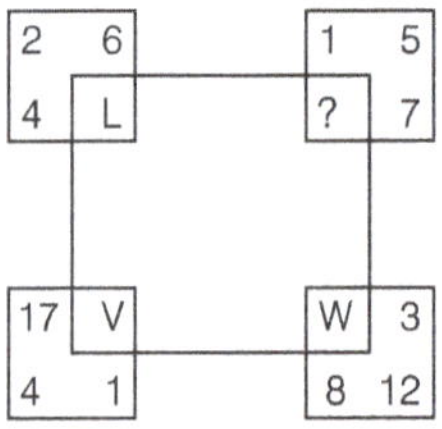

RRB NTPC 2021

(a) O (b) N
(c) Q (d) M

हल (*d*) जिस प्रकार ऊपर के पहले वर्ग में,

$6 + 2 + 4 = 12 \rightarrow$ L

नीचे के पहले वर्ग में, $17 + 4 + 1 = 22 \rightarrow$ V

और नीचे के दूसरे वर्ग में, $8 + 12 + 3 = 23 \rightarrow$ W

उसी प्रकार ऊपर के दूसरे वर्ग में,

$1 + 5 + 7 = 13 \rightarrow \boxed{\text{M}}$

Chapter Challenge

संख्याओं पर आधारित

निर्देश (प्र. सं. 1-43) *दिए गए प्रत्येक प्रश्न में लुप्त पद को ज्ञात कीजिए।*

1.

7	9	63
6	8	48
5	7	?

SSC MTS 2023

(a) 28 (b) 35 (c) 42 (d) 49

2.

14	10	9
6	8	2
8	4	?

SSC CGL 2023

(a) 4 (b) 6
(c) 3 (d) 5

> **MRC*****
> ***(Most Repeating Concepts)***
> प्र. सं. 1, 2, 7, 9, 13 और 17, SSC Examination Point of Views से अति महत्त्वपूर्ण हैं। इन Concept पर आधारित प्रश्न MTS, Steno, CPO और CGL जैसी प्रतियोगी परीक्षाओं में निरन्तर पूछे जा रहे हैं।

3.

8	7	6
9	13	?
4	9	5

Rajasthan Police Constable 2022

(a) 11 (b) 9 (c) 12 (d) 8

4.

13	16	52
15	24	90
23	36	?

CUET UG 2022

(a) 207 (b) 108 (c) 117 (d) 81

5.

19	6	37
21	8	45
72	14	?

CISF Head Constable 2023

(a) 114 (b) 144 (c) 124 (d) 134

6.

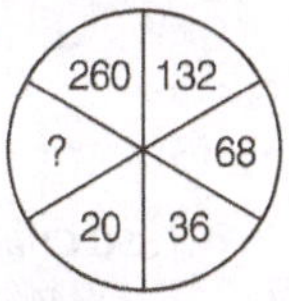

CRPF HC 2023

(a) 12 (b) 10 (c) 9 (d) 8

7.

14	12	336
15	18	540
16	?	416

SSC Steno 2021

(a) 11 (b) 14 (c) 12 (d) 13

8.

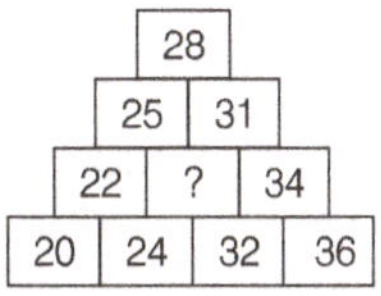

UPPSC 2018

(a) 24 (b) 28 (c) 30 (d) 32

9.

8	9	73
11	25	?
7	14	63

SSC Steno 2020

(a) 136 (b) 132 (c) 146 (d) 106

10.

11	8	5	9	43
12	9	7	6	66
14	13	9	10	?

RRB NTPC (CBT-II) 2022

(a) 98 (b) 89 (c) 80 (d) 92

11.

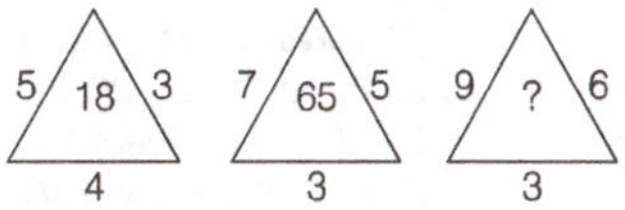

UPSSSC 2018

(a) 82 (b) 92 (c) 102 (d) 108

12.

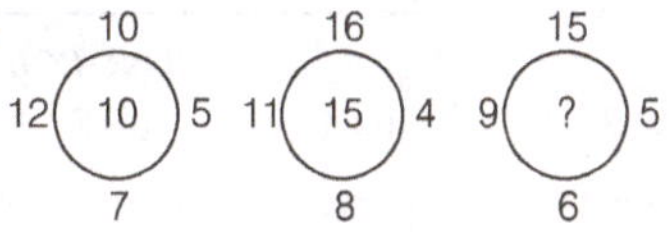

RRB NTPC 2021

(a) 12 (b) 14 (c) 9 (d) 13

13.

36	55	49
64	47	39
49	?	61

SSC CPO 2020

(a) 88 (b) 72 (c) 68 (d) 120

14.

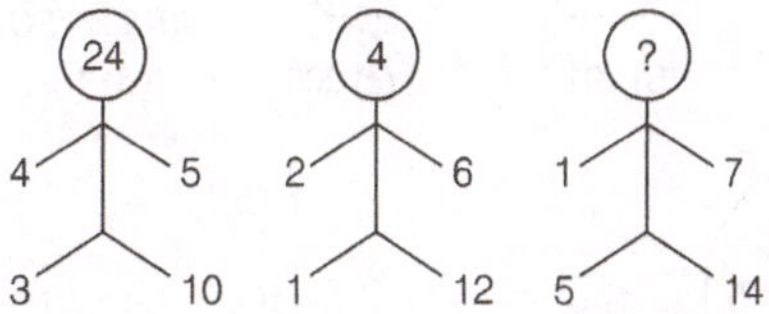

BSSC Inter Level Exam 2020

(a) 25 (b) 20 (c) 10 (d) 15

15.

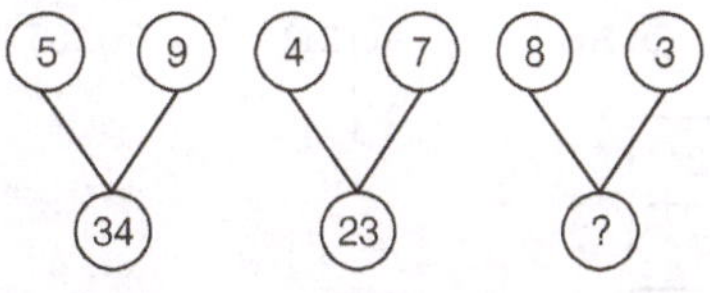

DSSSB 2019

(a) 90 (b) 100 (c) 64 (d) 67

16.

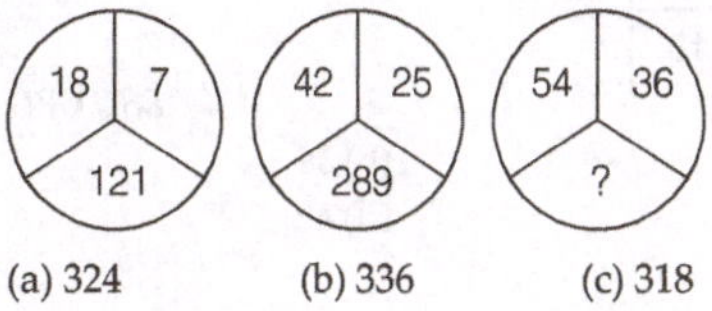

RRB JE 2019

(a) 324 (b) 336 (c) 318 (d) 312

Chapter Challenge लुप्त पदों को भरना

17.

5	6	7	8	9
115	206	?	502	719

SSC MTS 2021

(a) 337 (b) 347 (c) 343 (d) 333

18.

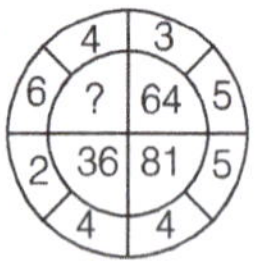

(a) 25 (b) 49 (c) 100 (d) 16

19.

12	33	57
10	28	48
14	39	?

RRB NTPC (CBT-II) 2022

(a) 71 (b) 61 (c) 67 (d) 57

20.

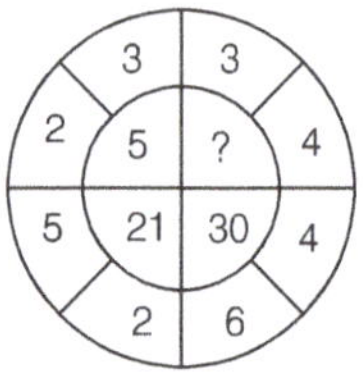

> ***MRC******
> ***(Most Repeating Concepts)***
> प्र. सं. 19, 22, 25, 26, 27, 29 और 32 Concept पर आधारित प्रश्न Railway की प्रारम्भिक और मुख्य परीक्षा की दृष्टि से अति उपयोगी हैं।

BSSC CGL 2016

(a) 10 (b) 9 (c) 8 (d) 7

21.

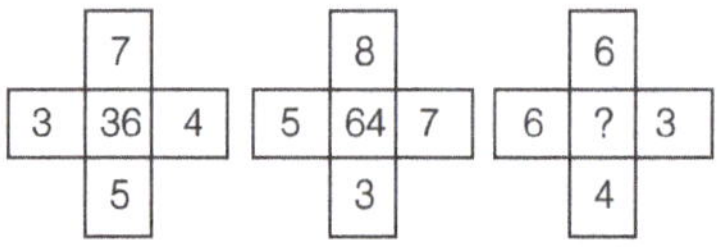

BSSC Inter Level Exam 2018

(a) 25 (b) 27 (c) 49 (d) 28

22.

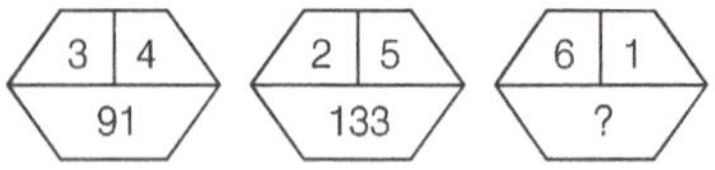

RRB NTPC 2021

(a) 217 (b) 191 (c) 200 (d) 167

23.

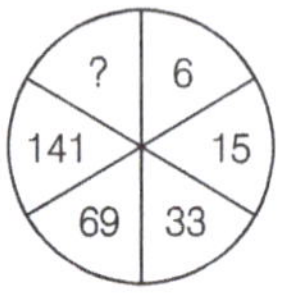

DSSSB 2017

(a) 297 (b) 263 (c) 242 (d) 285

24.

18	21	24
24	11	27
12	?	16
16	22	18

SSC CPO 2020

(a) 32 (b) 38
(c) 36 (d) 42

25.

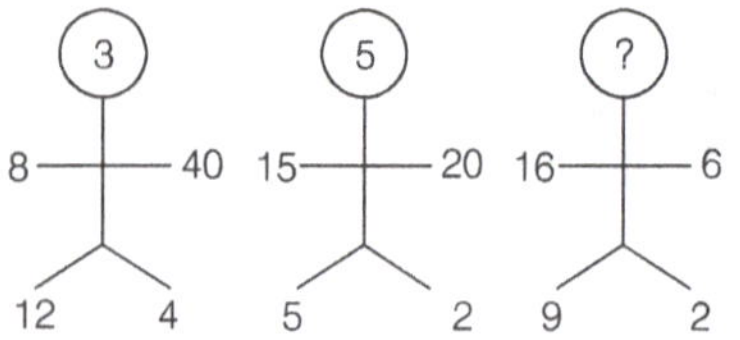

RRB NTPC 2021

(a) 2 (b) 22 (c) 4 (d) 18

26.

RRB NTPC 2021

(a) 4 (b) 9 (c) 5 (d) 8

27.

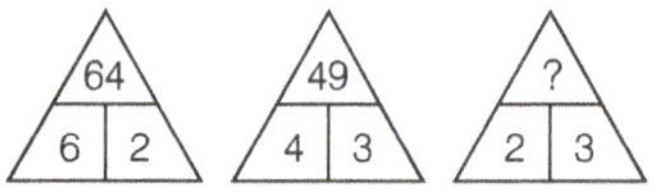

RRB NTPC 2021

(a) 23 (b) 5 (c) 6 (d) 25

28.

5	8	32
9	6	48
7	9	?

Bihar TET 2020

(a) 54 (b) 45 (c) 49 (d) 53

29.

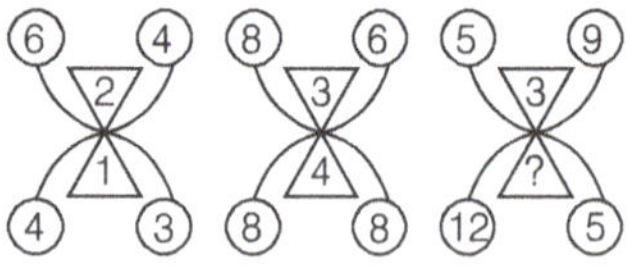

RRB NTPC (CBT-I) 2021

(a) 3 (b) 2 (c) 4 (d) 1

30.

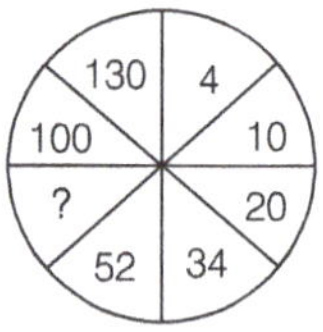

SSC CGL 2020

(a) 64 (b) 96 (c) 82 (d) 74

31.

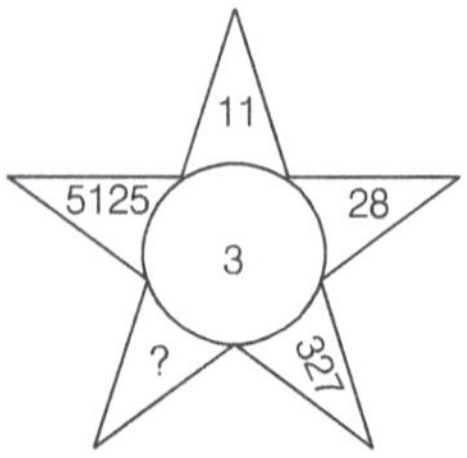

SSC CGL 2020

(a) 446 (b) 464 (c) 4126 (d) 444

32.

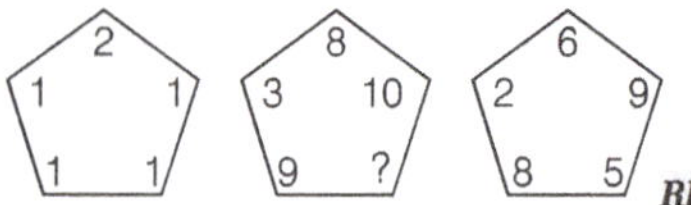

RRB NTPC (CBT-I) 2021

(a) 6 (b) 11
(c) 7 (d) 8

33.

27	125	8
8	64	6
125	216	?

BSSC Inter Level Exam 2018

(a) 10 (b) 14 (c) 11 (d) 9

34.

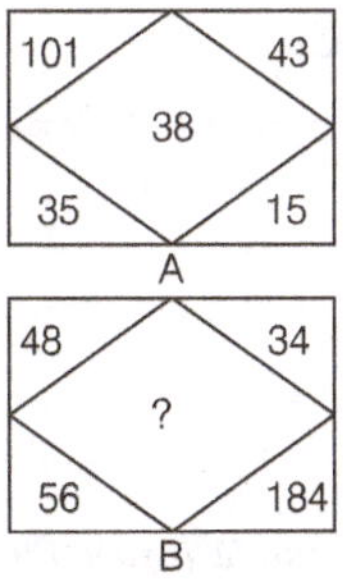

RRB ALP (Tier-I) 2018

(a) 127 (b) 136 (c) 142 (d) 128

35.

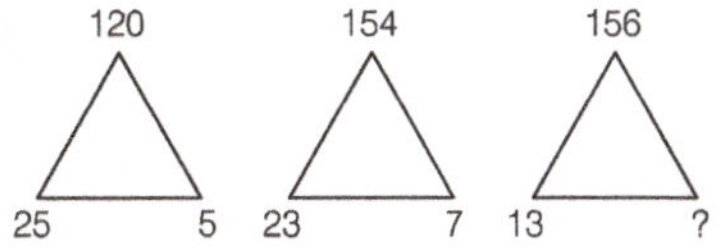

SSC (10+2) 2020

(a) 13 (b) 11 (c) 21 (d) 23

36.

24	18	12
6	14	9
8	7	?
72	116	48

DSSSB 2022

(a) 6 (b) 4 (c) 9 (d) 3

37.

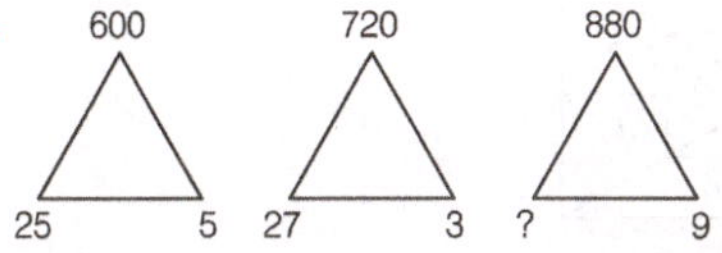

SSC (10+2) 2020

(a) 31 (b) 21 (c) 23 (d) 17

38.

32	85	64
5	13	10
1	3	?
6	40	24

RRB JE 2019

(a) 7 (b) 6 (c) 2 (d) 4

39.

17	19	23
24	36	48
25	?	39

DSSSB 2021

(a) 17 (b) 37
(c) 31 (d) 55

40.

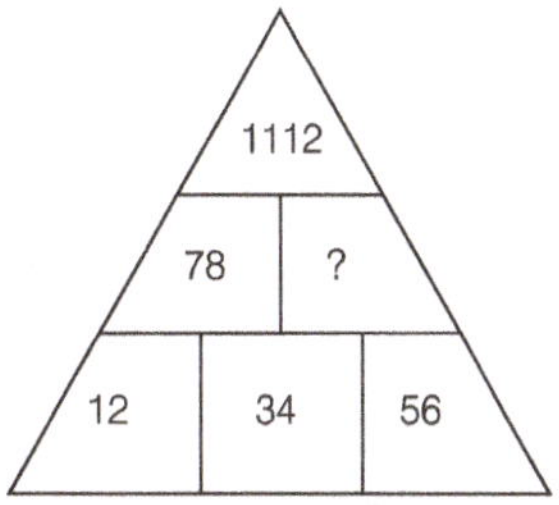

RRB NTPC (CBT-I) 2021

(a) 190 (b) 808 (c) 910 (d) 901

41.

3	18	27
14	13	?
34	62	98

SSC CPO 2019

(a) 15 (b) 25 (c) 22 (d) 23

42.

12	8	100
18	6	111
15	4	?

SSC CGL 2022

(a) 102 (b) 62 (c) 78 (d) 108

43.

9	21	124
11	25	148
17	?	220

SSC (10+2) 2022

(a) 34 (b) 37 (c) 35 (d) 30

44. निम्नलिखित तालिका में, कौन-सी दो संख्याएँ क्रमशः अक्षर A और B को प्रतिस्थापित करेंगी।

9	3	27	36
16	4	64	80
64	8	512	576
A	7	343	B

RRB NTPC (CBT-I) 2021

(a) 25 और 278 (b) 49 और 392
(c) 121 और 478 (d) 36 और 336

अंग्रेजी अक्षरों पर आधारित

निर्देश (प्र. सं. 45-53) *दिए गए प्रत्येक प्रश्न में लुप्त पद को ज्ञात कीजिए।*

45.

A	D	G
D	I	N
I	P	?

UPSSSC 2019

(a) V (b) W (c) X (d) Y

46.

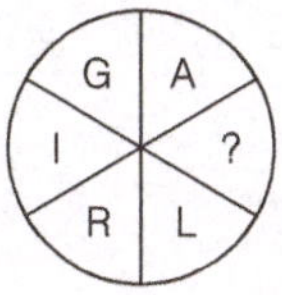

SSC (10+2) 2020

(a) S (b) K (c) J (d) R

47.

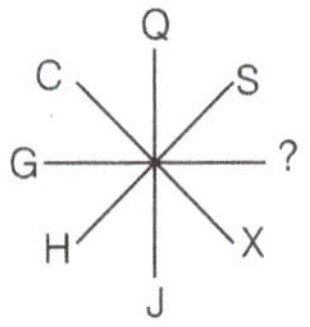

RRB NTPC 2021

(a) R (b) N (c) T (d) F

48.

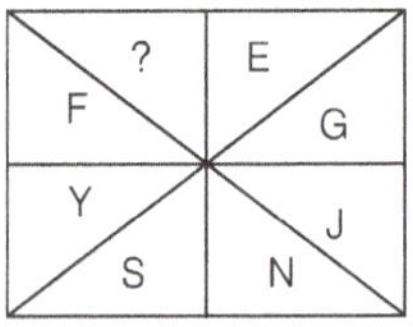

RRB NTPC 2021

(a) N (b) W (c) X (d) P

49.

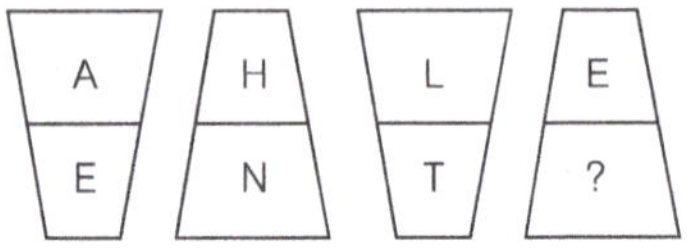

DSSSB TGT/PGT 2017

(a) W (b) O (c) V (d) U

50.

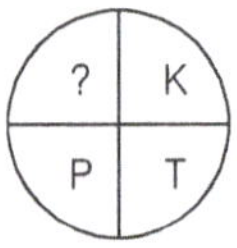

BSSC (10+2) 2018

(a) M (b) H (c) G (d) U

51.

N	R	V
Q	M	?
P	T	X
O	K	G

RRB NTPC 2021

(a) I (b) W (c) H (d) Z

52.

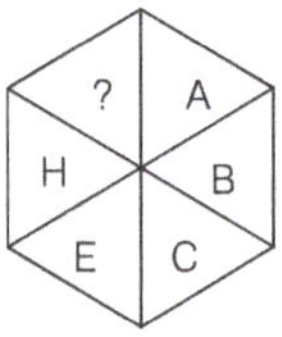

BSSC (10+2) 2020

(a) M (b) J (c) K (d) L

53.

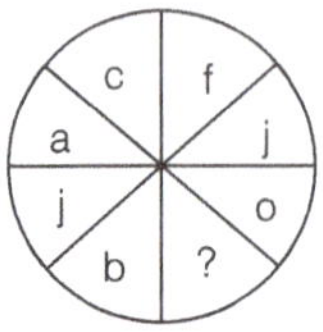

(a) t (b) v (c) u (d) w

संख्याओं तथा अक्षरों पर आधारित

निर्देश (प्र. सं. 54-57) *दिए गए प्रत्येक प्रश्न में प्रश्नचिह्न (?) के स्थान पर आने वाले पद को ज्ञात कीजिए।*

54.

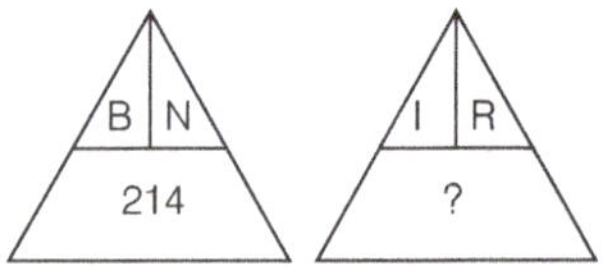

DSSSB (Grade-IV) 2019

(a) 1024 (b) 1121 (c) 918 (d) 821

55.

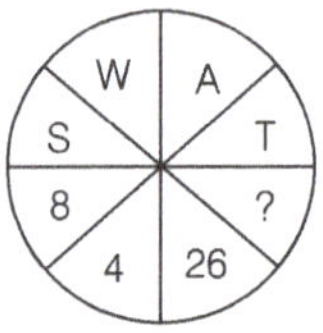

RRB NTPC 2021

(a) 5 (b) 6 (c) 14 (d) 7

56.

B_3	E_4	H_7
K_8	N_9	?
T_{11}	W_{13}	Z_{24}

RRB NTPC 2021

(a) Q_{21} (b) R_{12}
(c) Q_{17} (d) P_{12}

57.

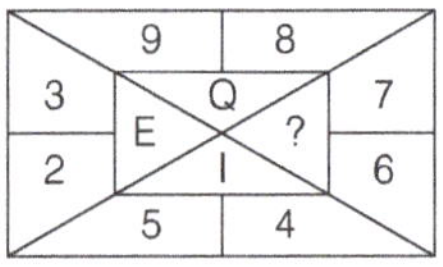

(a) R (b) N
(c) M (d) L

Right Key

1. (b)	2. (b)	3. (d)	4. (a)	5. (a)	6. (a)	7. (d)	8. (b)	9. (c)	10. (d)
11. (d)	12. (d)	13. (c)	14. (c)	15. (d)	16. (a)	17. (d)	18. (c)	19. (c)	20. (d)
21. (d)	22. (a)	23. (d)	24. (d)	25. (a)	26. (d)	27. (d)	28. (a)	29. (c)	30. (d)
31. (b)	32. (a)	33. (c)	34. (c)	35. (a)	36. (b)	37. (a)	38. (c)	39. (c)	40. (c)
41. (c)	42. (b)	43. (b)	44. (b)	45. (b)	46. (c)	47. (c)	48. (a)	49. (b)	50. (c)
51. (a)	52. (a)	53. (c)	54. (c)	55. (d)	56. (c)	57. (c)			

Solutions

1. (*b*) जिस प्रकार पहली पंक्ति में, $7 \times 9 = 63$
तथा दूसरी पंक्ति में, $6 \times 8 = 48$
उसी प्रकार तीसरी पंक्ति में, $5 \times 7 = \boxed{35}$

2. (*b*) जिस प्रकार पहली पंक्ति में,
$$\frac{10}{2} + 9 = 5 + 9 = 14$$
और दूसरी पंक्ति में, $\frac{8}{2} + 2 = 4 + 2 = 6$
उसी प्रकार तीसरी पंक्ति में,
$$\frac{4}{2} + ? = 8$$
$\therefore$ $? = 8 - 2 = \boxed{6}$

3. (*d*) जिस प्रकार
पहले स्तम्भ में, $(8 + 4) - 3 = 9$
और दूसरे स्तम्भ में, $(7 + 9) - 3 = 13$
उसी प्रकार, तीसरे स्तम्भ में, $(6 + 5) - 3 = 8$
$\therefore$ $? = \boxed{8}$

4. (*a*) जिस प्रकार पहली पंक्ति में,
$$52 \div 13 \times 4 = 4 \times 4 = 16$$
और दूसरी पंक्ति में,
$$90 \div 15 \times 4 = 6 \times 4 = 24$$
उसी प्रकार तीसरी पंक्ति में,
$$? \div 23 \times 4 = 36 \Rightarrow \frac{?}{23} \times 4 = 36$$
$\Rightarrow$ $? = \frac{36 \times 23}{4}$
$\therefore$ $? = \boxed{207}$

TOP TIPS गणितीय कथनों को हल करते समय BODMAS नियम को सदैव याद रखें।

5. (*a*) जिस प्रकार पहली पंक्ति में,
$$19 + 6 + (2 \times 6) = 19 + 6 + 12 = 37$$
और दूसरी पंक्ति में, $21 + 8 + (2 \times 8)$
$$= 21 + 8 + 16 = 45$$
उसी प्रकार तीसरी पंक्ति में,
$$72 + 14 + (2 \times 14)$$
$$= 72 + 14 + 28 = \boxed{114}$$

6. (*a*) जिस प्रकार,
$$260 \div 2 + 2 = 130 + 2 = 132$$
$\Rightarrow$ $132 \div 2 + 2 = 66 + 2 = 68$
$\Rightarrow$ $68 \div 2 + 2 = 34 + 2 = 36$
तथा $36 \div 2 + 2 = 18 + 2 = 20$
उसी प्रकार, $20 \div 2 + 2 = 10 + 2 = \boxed{12}$

7. (*d*) जिस प्रकार पहली पंक्ति में,
$$(14 \times 12) \times 2 = 168 \times 2 = 336$$
और दूसरी पंक्ति में,
$$(15 \times 18) \times 2 = 270 \times 2 = 540$$
उसी प्रकार तीसरी पंक्ति में,
$$(16 \times ?) \times 2 = 416$$
$\therefore$ $? = \frac{416}{32} = \boxed{13}$

8. (*b*) प्रश्नानुसार,

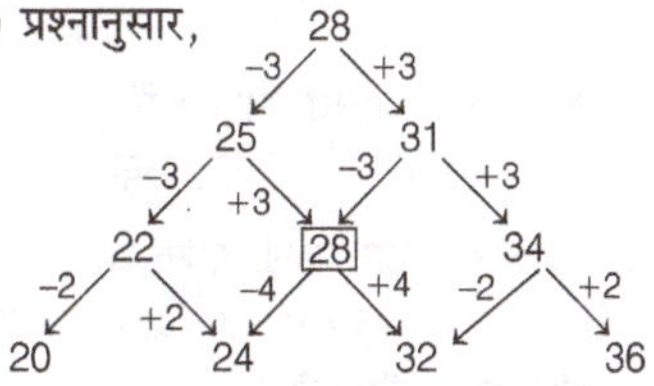

$\therefore$ $? = 28$

9. (*c*) जिस प्रकार पहली पंक्ति में,
$$8^2 + 9 = 64 + 9 = 73$$
और तीसरी पंक्ति में,
$$7^2 + 14 = 49 + 14 = 63$$
उसी प्रकार दूसरी पंक्ति में,
$$(11)^2 + 25 = 121 + 25 = \boxed{146}$$

10. (*d*) जिस प्रकार पहली पंक्ति में,
$$11 \times 8 - 5 \times 9 = 88 - 45 = 43$$
और दूसरी पंक्ति में,
$$12 \times 9 - 7 \times 6 = 108 - 42 = 66$$
उसी प्रकार तीसरी पंक्ति में,
$$14 \times 13 - 9 \times 10 = 182 - 90 = \boxed{92}$$

11. (*d*) जिस प्रकार पहली आकृति में,
$$5^2 + 3^2 = 25 + 9 = 34$$
तथा $34 - (4)^2 = 34 - 16 = 18$
और दूसरी आकृति में,
$$7^2 + 5^2 = 49 + 25 = 74$$
तथा $74 - (3)^2 = 74 - 9 = 65$
उसी प्रकार तीसरी आकृति में,
$$9^2 + 6^2 = 81 + 36 = 117$$
तथा $117 - (3)^2 = 117 - 9 = \boxed{108}$

12. (*d*) जिस प्रकार पहली आकृति में,
$$(12 + 10) - (7 + 5) = 22 - 12 = 10$$
और दूसरी आकृति में,
$$(11 + 16) - (8 + 4) = 27 - 12 = 15$$
उसी प्रकार तीसरी आकृति में,
$$(9 + 15) - (5 + 6) = 24 - 11 = \boxed{13}$$

13. (*c*) जिस प्रकार पहली पंक्ति में,
$$\sqrt{36} + 49 = 6 + 49 = 55$$
और दूसरी पंक्ति में,
$$\sqrt{64} + 39 = 8 + 39 = 47$$
उसी प्रकार तीसरी पंक्ति में,
$$\sqrt{49} + 61 = 7 + 61 = \boxed{68}$$

14. (*c*) जिस प्रकार पहली आकृति में,
$$3 \times 4 \times 2 = 24, 5 \times 2 = 10$$
और दूसरी आकृति में,
$$1 \times 2 \times 2 = 4, 6 \times 2 = 12$$
उसी प्रकार तीसरी आकृति में,
$$5 \times 1 \times 2 = \boxed{10}, 7 \times 2 = 14$$

15. (*d*) जिस प्रकार पहली आकृति में,
$$(5)^2 + 9 = 25 + 9 = 34$$
और दूसरी आकृति में,
$$(4)^2 + 7 = 16 + 7 = 23$$
उसी प्रकार तीसरी आकृति में,
$$(8)^2 + 3 = 64 + 3 = \boxed{67}$$

16. (*a*) जिस प्रकार पहली आकृति में,
$$(18 - 7)^2 = (11)^2 = 121$$
और दूसरी आकृति में,
$$(42 - 25)^2 = (17)^2 = 289$$
उसी प्रकार तीसरी आकृति में,
$$(54 - 36)^2 = (18)^2 = \boxed{324}$$

17. (*d*) जिस प्रकार पहले स्तम्भ में,
$$(5)^3 - 10 = 125 - 10 = 115$$
दूसरे स्तम्भ में,
$$(6)^3 - 10 = 216 - 10 = 206$$
चौथे स्तम्भ में,
$$(8)^3 - 10 = 512 - 10 = 502$$
पाँचवें स्तम्भ में,
$$(9)^3 - 10 = 729 - 10 = 719$$
उसी प्रकार तीसरे स्तम्भ में,
$$(7)^3 - 10 = 343 - 10 = \boxed{333}$$

18. (*c*) जिस प्रकार, $3 + 5 = 8 \rightarrow 8^2 = 64$
$$4 + 5 = 9 \rightarrow 9^2 = 81$$
तथा $2 + 4 = 6 \rightarrow 6^2 = 36$
उसी प्रकार, $6 + 4 = 10 \rightarrow 10^2 = \boxed{100}$

19. (*c*) जिस प्रकार पहली पंक्ति में,
$$12 \times 2 + 33 = 24 + 33 = 57$$

और दूसरी पंक्ति में,

$$10 \times 2 + 28 = 20 + 28 = 48$$

उसी प्रकार तीसरी पंक्ति में,

$$14 \times 2 + 39 = 28 + 39 = \boxed{67}$$

20. (*d*) नीचे के आधे वृत्त में,

$$(5 + 2) \times 3 = 7 \times 3 = 21$$

तथा $(6 + 4) \times 3 = 10 \times 3 = 30$

ऊपर के आधे वृत्त में,

$2 + 3 = 5$ तथा $3 + 4 = \boxed{7}$

21. (*d*) जिस प्रकार पहली आकृति में,

$$(7 \times 4) + 5 + 3 = 28 + 5 + 3 = 36$$

और दूसरी आकृति में,

$$(8 \times 7) + 3 + 5 = 56 + 3 + 5 = 64$$

उसी प्रकार तीसरी आकृति में,

$$(6 \times 3) + 4 + 6 = 18 + 4 + 6 = \boxed{28}$$

22. (*a*) जिस प्रकार पहली आकृति में,

$$(3)^3 + (4)^3 = 27 + 64 = 91$$

और दूसरी आकृति में,

$$(2)^3 + (5)^3 = 8 + 125 = 133$$

उसी प्रकार तीसरी आकृति में,

$$(6)^3 + (1)^3 = 216 + 1 = \boxed{217}$$

TOP TIPS इस प्रकार के प्रश्न परीक्षाओं में निरन्तर पूछे जाते हैं। इन्हें हल करने के लिए घन तथा घनमूल ज्ञात होना अति आवश्यक है।

23. (*d*) यहाँ आकृति में,

$$6 + 9 = 15$$
$$15 + 18 = 33$$
$$33 + 36 = 69$$
$$69 + 72 = 141$$

$\therefore \quad ? = 141 + 144 = \boxed{285}$

24. (*d*) जिस प्रकार, पंक्ति $\frac{II \times III}{IV} = I$

$$\frac{24 \times 12}{16} = 18$$

तथा $\frac{27 \times 16}{18} = 24$

उसी प्रकार, $\frac{11 \times ?}{22} = 21$

$\therefore \quad ? = \boxed{42}$

25. (*a*) जिस प्रकार पहली आकृति में,

$$(40 + 8) \div (12 + 4) = 48 \div 16 = 3$$

और दूसरी आकृति में,

$$(15 + 20) \div (5 + 2) = 35 \div 7 = 5$$

उसी प्रकार तीसरी आकृति में,

$$(16 + 6) \div (9 + 2) = 22 \div 11 = \boxed{2}$$

26. (*d*) जिस प्रकार पहली आकृति में,

$$5 \times 6 = 30;\ 12 + 18 = 30$$

दूसरी आकृति में,

$$6 \times 8 = 48;\ 20 + 28 = 48$$

उसी प्रकार तीसरी आकृति में,

$$7 \times 2 = 14;\ ? + 6 \Rightarrow 14$$

$\therefore \quad ? = 14 - 6 = \boxed{8}$

27. (*d*) जिस प्रकार

पहली आकृति में, $6 + 2 = 8$

$\Rightarrow \quad 8^2 = 64$

और दूसरी आकृति में, $4 + 3 = 7$

$\Rightarrow \quad 7^2 = 49$

उसी प्रकार, तीसरी आकृति में, $2 + 3 = 5$

$\Rightarrow \quad 5^2 = \boxed{25}$

28. (*a*) जिस प्रकार पहली पंक्ति में,

$$(5 \times 8) - 8 = 40 - 8 = 32$$

और दूसरी पंक्ति में,

$$(9 \times 6) - 6 = 54 - 6 = 48$$

उसी प्रकार तीसरी पंक्ति में,

$$(7 \times 9) - 9 = 63 - 9 = \boxed{54}$$

29. (*c*) जिस प्रकार पहली आकृति में,

$$(6 \times 4) \times 1 = 24;\ (4 \times 3) \times 2 = 24$$

और दूसरी आकृति में,

$$(8 \times 6) \times 4 = 192$$
$$(8 \times 8) \times 3 = 192$$

उसी प्रकार तीसरी आकृति में,

$$(12 \times 5) \times 3 = 180$$

$\Rightarrow \quad (5 \times 9) \times ? = 180$

$\therefore \quad ? = \frac{180}{45} = \boxed{4}$

30. (*d*) प्रश्नानुसार,

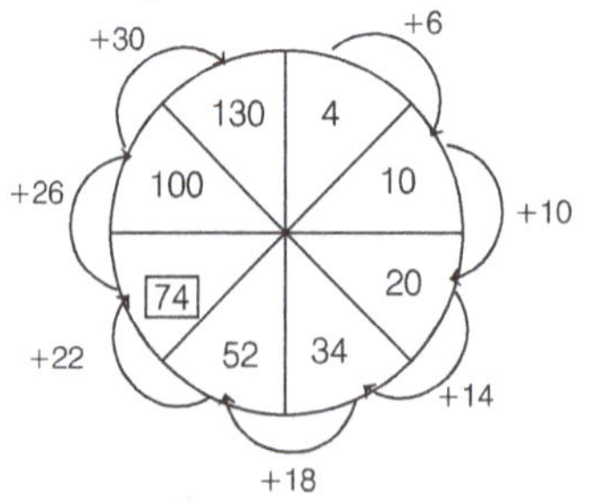

31. (*b*) जिस प्रकार,

$$1(1)^3 \rightarrow 11; \quad 2(2)^3 \rightarrow 28$$
$$3(3)^3 \rightarrow 327; \quad 5(5)^3 \rightarrow 5125$$

उसी प्रकार,

$$4(4)^3 = \boxed{464}$$

32. (*a*) जिस प्रकार पहली आकृति में,

$$1 + 1 + 1 = 2 + 1 = 3$$

और तीसरी आकृति में,

$$2 + 8 + 5 = 9 + 6 = 15$$

उसी प्रकार दूसरी आकृति में,

$$3 + 9 + ? = 8 + 10$$

$\Rightarrow \quad 12 + ? = 18$

$\therefore \quad ? = 18 - 12 = \boxed{6}$

33. (*c*) जिस प्रकार पहली पंक्ति में,

$$\sqrt[3]{27} + \sqrt[3]{125} = 3 + 5 = 8$$

और दूसरी पंक्ति में,

$$\sqrt[3]{8} + \sqrt[3]{64} = 2 + 4 = 6$$

उसी प्रकार तीसरी पंक्ति में,

$$\sqrt[3]{125} + \sqrt[3]{216} = 5 + 6 = \boxed{11}$$

34. (*c*) जिस प्रकार पहली आकृति में,

$$(101 + 15) - (43 + 35)$$
$$= 116 - 78 = 38$$

उसी प्रकार दूसरी आकृति में,

$$(48 + 184) - (56 + 34)$$
$$= 232 - 90 = \boxed{142}$$

35. (*a*) जिस प्रकार पहले त्रिभुज में,

$$25 \times 5 - 5 = 125 - 5 = 120$$

और दूसरे त्रिभुज में,

$$23 \times 7 - 7 = 161 - 7 = 154$$

उसी प्रकार तीसरे त्रिभुज में,

$$(13 \times ?) - ? = 156$$

$\Rightarrow \quad ?(13 - 1) = 156$

$\Rightarrow \quad ? = \frac{156}{12}$

$\therefore \quad x = \boxed{13}$

36. (*b*) जिस प्रकार पहले स्तम्भ में,

$$24 + 6 \times 8 = 24 + 48 = 72$$

और दूसरे स्तम्भ में,

$$18 + 14 \times 7 = 18 + 98 = 116$$

उसी प्रकार तीसरे स्तम्भ में,

$$12 + 9 \times ? = 48$$

$\Rightarrow \quad 9 \times ? = 48 - 12$

$\therefore \quad ? = \frac{36}{9} = \boxed{4}$

37. (*a*) जिस प्रकार पहली आकृति में,

$$(25)^2 - (5)^2 = 625 - 25 = 600$$

और दूसरी आकृति में,

$$(27)^2 - (3)^2 = 729 - 9 = 720$$

उसी प्रकार तीसरी आकृति में,

$$(?)^2 - (9)^2 = 880$$

$\Rightarrow \quad (?)^2 - 81 = 880$

$\Rightarrow \quad (?)^2 = 880 + 81$

$\therefore \quad ? = \sqrt{961} = \boxed{31}$

38. (*c*) दूसरी पंक्ति = पहली पंक्ति की संख्या के अंकों का योग

$\Rightarrow \quad 3+2=5, 8+5=13, 6+4=10$

चौथी पंक्ति = पहली पंक्ति की संख्या के अंकों का गुणनफल

$\Rightarrow \quad 3\times2=6, 8\times5=40, 6\times4=24$

$\therefore$ तीसरी पंक्ति = पहली पंक्ति की संख्या के अंकों का घटाव

$\Rightarrow \quad 3-2=1, 8-5=3, 6-4=\boxed{2}$

39. (c) जिस प्रकार पहले स्तम्भ में,

$$17+\frac{24}{3}=17+8=25$$

और तीसरे स्तम्भ में,

$$23+\frac{48}{3}=23+16=39$$

उसी प्रकार तीसरे स्तम्भ में,

$$19+\frac{36}{3}=19+12=\boxed{31}$$

40. (*c*) प्रश्नानुसार,

क्रमागत सख्याएँ

12 34 56 78 $\boxed{910}$ 1112

$\therefore \quad ?=910$

41. (*c*) जिस प्रकार पहले स्तम्भ में,

$$(3+14)\times2=17\times2=34$$

और दूसरे स्तम्भ में,

$$(18+13)\times2=31\times2=62$$

उसी प्रकार तीसरे स्तम्भ में,

$$(27+?)\times2=98$$

$\Rightarrow \quad 27+?=49$

$\Rightarrow \quad ?=49-27$

$\therefore \quad ?=\boxed{22}$

42. (*b*) जिस प्रकार पहली पंक्ति में,

$$12\times8+\frac{8}{2}=96+4=100$$

और दूसरी पंक्ति में,

$$18\times6+\frac{6}{2}=108+3=111$$

उसी प्रकार तीसरी पंक्ति में,

$$15\times4+\frac{4}{2}=60+2=\boxed{62}$$

43. (*b*) जिस प्रकार पहली पंक्ति में,

$9\times2+3=21$ तथा $21\times6-2=124$

और दूसरी पंक्ति में,

$$11\times2+3=25$$

तथा $\quad 25\times6-2=148$

उसी प्रकार तीसरी पंक्ति में,

$$17\times2+3=\boxed{37}$$

तथा $\quad 37\times6-2=220$

44. (*b*) जिस प्रकार पहली पंक्ति में,

$$9\times3=27;\ 9\times4=36$$

दूसरी पंक्ति में,

$$16\times4=64;\ 16\times5=80$$

और तीसरी पंक्ति में,

$$64\times8=512;\ 64\times9=576$$

उसी प्रकार चौथी पंक्ति में,

$$A\times7=343$$

$\therefore \quad A=\frac{343}{7}=\boxed{49}$

तथा $\quad 49\times8=\boxed{392}$

अत: अक्षर A और B को क्रमश: संख्या 49 और 392 प्रतिस्थापित करेंगी।

45. (*b*) जिस प्रकार,

$A \xrightarrow{+3} D \xrightarrow{+3} G$ (पहली पंक्ति में)

तथा $D \xrightarrow{+5} I \xrightarrow{+5} N$ (दूसरी पंक्ति में)

उसी प्रकार,

$I \xrightarrow{+7} P \xrightarrow{+7} \boxed{W}$ (तीसरी पंक्ति में)

46. (*c*) जिस प्रकार,

$$G(7)+L(12)=19;\ A(1)+R(18)=19$$

उसी प्रकार, $\quad I(9)+?=19$

$$?=19-9=10\rightarrow\boxed{J}$$

47. (*c*) $\because$ विकर्णत: विपरीत अक्षर है।

$$C\rightarrow X,\ H\rightarrow S,\ Q\rightarrow J$$

$\therefore \quad G\rightarrow\boxed{T}$

> **TOP TIPS** कभी-कभी वर्णमाला के विपरीत अक्षरों पर आधारित प्रश्न भी पूछे जाते हैं। इसलिए वर्णमाला के विपरीत अक्षरों का ज्ञान होना भी आवश्यक है।

48. (*a*) प्रश्नानुसार,

$$E\xrightarrow{+2}G\xrightarrow{+3}J\xrightarrow{+4}N\xrightarrow{+5}S\xrightarrow{+6}Y\xrightarrow{+7}F\xrightarrow{+8}\boxed{N}$$

49. (*b*) प्रश्नानुसार, $A\xrightarrow{+4}E$

$$H\xrightarrow{+6}N$$

$$L\xrightarrow{+8}T$$

$$E\xrightarrow{+10}\boxed{O}$$

50. (*c*) जिस प्रकार, $P(16)+K(11)=27$

उसी प्रकार, $\quad T(20)+?=27$

$$?=27-20=7\rightarrow\boxed{G}$$

51. (*a*) जिस प्रकार तीसरी तथा चौथी पंक्ति में,

$$P\xrightarrow{+4}T\xrightarrow{+4}X$$

$$O\xrightarrow{-4}K\xrightarrow{-4}G$$

उसी प्रकार पहली तथा दूसरी पंक्ति में,

$$N\xrightarrow{+4}R\xrightarrow{+4}V$$

$$Q\xrightarrow{-4}M\xrightarrow{-4}\boxed{I}$$

52. (*a*) जिस प्रकार, $\underset{(A)}{1}+\underset{(B)}{2}\longrightarrow\underset{(C)}{3}$

$$\underset{(B)}{2}+\underset{(C)}{3}\longrightarrow\underset{(E)}{5}$$

तथा $\quad \underset{(C)}{3}+\underset{(E)}{5}\longrightarrow\underset{(H)}{8}$

उसी प्रकार, $\quad \underset{(E)}{5}+\underset{(H)}{8}\longrightarrow\underset{\boxed{M}}{13}$

53. (*c*) प्रश्नानुसार,

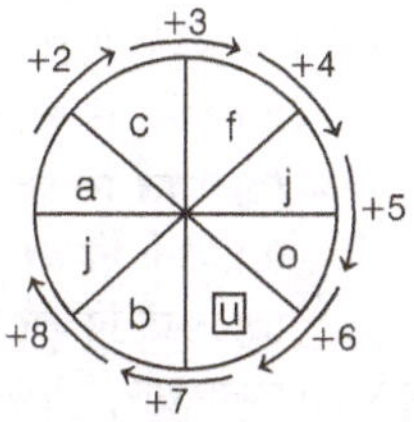

54. (*c*) जिस प्रकार पहली आकृति में,

B → 2, N → 14

उसी प्रकार दूसरी आकृति में,

I → $\boxed{9}$, R → $\boxed{18}$

55. (*d*) प्रश्नानुसार, $S(19)+8=27$

$$W(23)+4=27$$

$$A(1)+26=27$$

$$T(20)+?=27$$

$\therefore \quad ?=27-20=\boxed{7}$

56. (*c*) जिस प्रकार पहली पंक्ति में,

$$B\xrightarrow{+3}E\xrightarrow{+3}H$$

तथा $3+4=7$

और तीसरी पंक्ति में,

$$T\xrightarrow{+3}W\xrightarrow{+3}Z$$

तथा $11+13=24$

उसी प्रकार दूसरी पंक्ति में,

$$K\xrightarrow{+3}N\xrightarrow{+3}Q$$

तथा $\quad 8+9=17$

$$?=\boxed{Q_{17}}$$

57. (*c*) जिस प्रकार, $3+2=5\Rightarrow E$,

$$9+8=17\Rightarrow Q$$

तथा $5+4=9\Rightarrow I$

उसी प्रकार, $\quad 7+6=13\Rightarrow\boxed{M}$

अध्याय

18 गणितीय कथन तथा निष्कर्ष

(Mathematical Statements and Conclusions)

गणितीय कथन तथा निष्कर्ष

गणितीय नियमों के आधार पर अंग्रेजी अक्षर एवं चिह्नों या अन्य संकेतों के माध्यम से प्रदर्शित समीकरण को गणितीय कथन (Mathematical Statement) कहा जाता है और दिए गए कथनों के आधार पर जो तथ्य ज्ञात किए जाते हैं, उन्हें निष्कर्ष (Conclusion) कहा जाता है।

इस अध्याय के अन्तर्गत सामान्यतः अक्षरों एवं गणितीय चिह्नों या अन्य संकेतों से युक्त कुछ गणितीय कथन दिए गए होते हैं तथा इनके नीचे कथनों पर आधारित दो या दो से अधिक निष्कर्ष दिए गए होते हैं। अभ्यर्थी को इन निष्कर्षों की सत्यता की जाँच करनी होती है।

इन प्रश्नों में कथन तथा निष्कर्ष दोनों का निर्माण गणितीय चिह्नों (>, ≥, <, ≤, =) का प्रयोग करके होता है। इन चिह्नों को हम दो समूहों में विभक्त कर सकते हैं

(i) बड़ा परिवार (Greater family)
समूह (>, ≥, =)

(ii) छोटा परिवार (Lesser family)
समूह (<, ≤, =)

प्रत्यक्ष चिह्नों (गणितीय चिह्न) पर आधारित

इस प्रकार के प्रश्नों के कथन में दिए गए तत्त्वों के मध्य सम्बन्ध प्रत्यक्ष रूप से गणितीय चिह्नों के रूप में दर्शाया गया होता है। इन्हीं सम्बन्धों के आधार पर निष्कर्षों की सत्यता की जाँच की जाती है।

जैसे-कथन I = P < Q < A > R

निष्कर्ष I. A > I   II. R < P

(a) केवल निष्कर्ष I सत्य है

(b) केवल निष्कर्ष II सत्य है

(c) दोनों निष्कर्ष I और II सत्य हैं

(d) न तो निष्कर्ष I और न ही II सत्य है

हल (a) प्रश्नानुसार,

I = P < Q < A > R

निष्कर्ष I. A > I (✓)

II. R < P (✗)

अतः केवल निष्कर्ष I सत्य है।

प्रतीकात्मक चिह्नों पर आधारित

इस प्रकार के प्रश्नों के कथन में दिए गए तत्त्वों के मध्य सम्बन्धों को गणितीय चिह्नों से प्रदर्शित ना करके अन्य विशेष प्रतीकों द्वारा दर्शाया जाता है तथा इन विशेष प्रतीकों की जानकारी निर्देश में दी गई होती हैं। निर्देशानुसार कथन एवं निष्कर्ष में विशेष प्रतीकों को चिह्नों में परिवर्तित कर निष्कर्ष की सत्यता की जाँच करनी होती है।

जैसे-P # Q का अर्थ है, P, Q से बड़ा है।

P $ Q का अर्थ है P, Q के बराबर है।

अब निम्न कथनों को पढ़े और तय करें कि इनमें से कौन-सा निष्कर्ष सही है?

कथन A # B $ C $ D # E

निष्कर्ष I. A # D   II. B $ E

(a) केवल निष्कर्ष II सत्य है

(b) केवल निष्कर्ष I सत्य है

(c) दोनों निष्कर्ष I और II सत्य हैं

(d) न तो निष्कर्ष I और न ही II सत्य है

हल (b) प्रश्नानुसार, # → > | $ → =

A > B = C = D > E

निष्कर्ष

I. A > D (✓)   II. B = E (✗)

अतः केवल निष्कर्ष I सत्य है।

गणितीय चिह्नों को सही से समझने के लिए नीचे दी गई तालिका को देखें

गणितीय चिह्न	अर्थ	उदाहरण	व्याख्या
>	बड़ा	A > B	(i) A, B से बड़ा है। (ii) A न तो B से छोटा है और न ही समान है।
<	छोटा	A < B	(i) A, B से छोटा है। (ii) A न तो B से बड़ा है और न ही समान है।
=	बराबर	A = B	(i) A, B के बराबर है। (ii) A न तो B से बड़ा है और न ही छोटा है।
≥	बड़ा या बराबर	A ≥ B	(i) A, B से बड़ा है या बराबर है। (ii) A, B से छोटा नहीं है।
≤	छोटा या बराबर	A ≤ B	(i) A, B से छोटा है या बराबर है। (ii) A, B से बड़ा नहीं है।

''या तो'' स्थिति (Either-or-Case) के लिए शर्त

किन्हीं दो निष्कर्षों के बीच 'या तो' की स्थिति तब बनेगी जब निम्न शर्तें पूरी होगी

(i) दोनों निष्कर्ष गलत या सम्भवतः सत्य हों।

(ii) दोनों निष्कर्ष के दोनों चर (Variable) समान होने चाहिए।

(iii) प्रतीकों की जाँच करें

जैसे (i) < तथा = या > तथा = साथ में हों।

(ii) < तथा ≥ या > तथा ≤ साथ में हों।

Score Booster

किन्हीं दो अवयवों के बीच निष्कर्ष की सत्यता ज्ञात करते समय दोनों समूह अर्थात् बड़ा परिवार और छोटा परिवार समूह के चिह्न बीच में आए तो इस स्थिति में उन दो अवयवों के बीच कोई सम्बन्ध नहीं बनेगा।

Exam Approach Examples

प्रत्यक्ष चिह्नों (गणितीय चिह्न) पर आधारित

निर्देश (उदा. सं. 1-3) *निम्नलिखित प्रत्येक उदाहरण में कुछ कथन तथा उसके बाद निष्कर्ष I और II दिए गए हैं। आपको दिए गए कथनों को सत्य मानना है, भले ही वे सर्वज्ञात तथ्यों से भिन्न प्रतीत होते हैं तथा यह निर्णय कीजिए कि निम्नलिखित में से कौन-सा/से निष्कर्ष दिए गए कथनों का तर्कसंगत ढंग से अनुसरण करता है/करते हैं, भले ही वे सर्वज्ञात तथ्यों से भिन्न प्रतीत होते हैं?*

उदाहरण 1. **कथन** $F > B < E \leq C = D \geq A > G$

निष्कर्ष I. $G < F$ II. $C > G$ ***SSC (10+2) 2023***

(a) केवल निष्कर्ष II सही है
(b) निष्कर्ष I और II दोनों सही हैं
(c) केवल निष्कर्ष I सही है
(d) न तो निष्कर्ष I और न ही II सही है

हल (a) कथनानुसार,

$F > B < E \leq C = D \geq A > G$

निष्कर्ष I. $G < F$ (✗) II. $C > G$ (✓)

अत: केवल निष्कर्ष II सही है।

उदाहरण 2. **कथन** $S = A < P > R \leq T < U$

निष्कर्ष I. $U > A$ II. $S \leq T$ ***DSSSB (Grade-IV) 2019***

(a) केवल निष्कर्ष II अनुसरण करता है
(b) केवल निष्कर्ष I अनुसरण करता है
(c) या तो निष्कर्ष I या II अनुसरण करता है
(d) न तो निष्कर्ष I न ही I अनुसरण करता है

हल (d) कथनानुसार,

$S = A < P > R \leq T < U$

निष्कर्ष I. $U > A$ (✗) II. $S \leq T$ (✗)

अत: न तो निष्कर्ष I न ही II अनुसरण करता है।

उदाहरण 3. **कथन** $W = H \geq G = C \geq T \leq L \leq M$

निष्कर्ष I. $T \leq W$ II. $C \geq M$ ***RRB NTPC (CBT II) 2022***

(a) केवल निष्कर्ष II सत्य है
(b) दोनों निष्कर्ष I और II सत्य हैं
(c) केवल निष्कर्ष I सत्य है
(d) न तो निष्कर्ष I और न ही II सत्य है

हल (c) कथनानुसार,

$W = H \geq G = C \geq T \leq L \leq M$

निष्कर्ष I. $T \leq W$ (✓) II. $C \geq M$ (✗)

अत: केवल निष्कर्ष I सत्य है।

> **Helping Tips**
> यदि तत्वों के बीच $a \geq b = c$ जैसा संयोजन हो, तो $a \geq c$ वाला निष्कर्ष हमेशा सत्य होगा।

प्रतीकात्मक चिह्नों पर आधारित

उदाहरण 4. **'A & B' का अर्थ है 'A, B से छोटा है'**

'A @ B' का अर्थ है 'A, B के बराबर है'

यदि 'P & Q @ Y & Z & T', फिर सबसे बड़ा कौन है?

RRB NTPC (CBT II) 2022

(a) Y (b) T
(c) P (d) Z

हल (b) प्रश्नानुसार, A & B ⇒ $A < B$

A @ B ⇒ $A = B$

P & Q @ Y & Z & T

⇒ $P < Q = Y < Z < T$

अत: सबसे बड़ा 'T' है।

उदाहरण 5. **चार कथन दिए गए हैं और उसके बाद तीन निष्कर्ष दिए गए हैं। इनमें प्रयुक्त प्रतीकों का अर्थ निम्नानुसार है**

P & Q का अर्थ है P न तो Q से बड़ा और न ही छोटा है।
P # Q का अर्थ है P न तो Q से बड़ा न ही बराबर है।
P @ Q का अर्थ है P न तो Q से छोटा न ही बराबर है।
P % Q का अर्थ है P, Q से बड़ा नहीं है।
P $ Q का अर्थ है P, Q से छोटा नहीं है।
अब निम्न कथनों को पढ़ें और तय करें कि इनमें से कौन-सा निष्कर्ष सही है?

कथन C & D, A # M, C @ T, T @ A

निष्कर्ष I. C @ A II. D @ A
III. M & T ***DSSSB (Grade-II) 2019***

(a) केवल निष्कर्ष II और III सही हैं
(b) सभी निष्कर्ष I, II और III सही हैं
(c) केवल निष्कर्ष I और III सही हैं
(d) केवल निष्कर्ष I और II सही हैं

हल (d) प्रश्नानुसार,

& ⇒ =; # ⇒ <; @ ⇒ >; % ⇒ ≤; $ ⇒ ≥

$C = D, A < M, C > T, T > A$

⇒ $D = C > T > A < M$

निष्कर्ष I. C @ A ⇒ $C > A$ (✓)
II. D @ A ⇒ $D > A$ (✓)
III. M & T ⇒ $M = T$ (✗)

अत: केवल निष्कर्ष I और II सही हैं।

Chapter Challenge

प्रत्यक्ष चिह्नों (गणितीय चिह्न) पर आधारित

निर्देश (प्र.सं. 1-16) *नीचे दिए गए प्रश्नों में एक कथन के बाद दो निष्कर्ष I और II दिए गए हैं। दिए गए कथन के आधार पर ज्ञात कीजिए कि निम्नलिखित में से कौन-सा/से निष्कर्ष सत्य है/हैं।*

1. कथन $M < K \leq N > P = J > O \geq L$
निष्कर्ष I. $N > L$
II. $O = M$ ***SSC (10+2) 2023***
(a) केवल निष्कर्ष II सही है
(b) न तो निष्कर्ष I और न ही II सही है
(c) केवल निष्कर्ष I सही है
(d) निष्कर्ष I और निष्कर्ष II दोनों सही हैं

2. कथन $T > G < E > F = B \leq Z$
निष्कर्ष I. $F = Z$
II. $E > B$ ***RRC Group D 2022***
(a) निष्कर्ष I और II दोनों सही हैं
(b) न तो निष्कर्ष I और न ही II सही है
(c) केवल निष्कर्ष II सही है
(d) केवल निष्कर्ष I सही है

3. कथन $P \leq L \geq M \geq N = U < V < G$ ***SSC (10+2) 2024***
निष्कर्ष I. $P > V$
II. $G \leq L$
(a) केवल निष्कर्ष I उपयुक्त है
(b) निष्कर्ष I और II दोनों उपयुक्त हैं
(c) केवल निष्कर्ष II उपयुक्त है
(d) न तो निष्कर्ष I ना ही II उपयुक्त है

> ***MRC****
> ***(Most Repeating Concepts)***
> प्र. सं. 1, 3, 8, 12, 13 और 14 SSC Examination Point of View से अति महत्त्वपूर्ण हैं। इन Concept पर आधारित प्रश्न SSC, Steno, CPO की प्रतियोगी परीक्षाओं में निरन्तर पूछे जा रहे हैं।

4. कथन $B > C \leq D > E = F$
निष्कर्ष I. $D < F$ II. $B > E$
A. केवल निष्कर्ष I अनुसरण करता है
B. केवल निष्कर्ष II अनुसरण करता है
C. या तो निष्कर्ष I या II अनुसरण करता है
D. न तो निष्कर्ष I और न ही II अनुसरण करता है
E. I और II दोनों निष्कर्ष अनुसरण करते हैं ***RPF SI 2018***
(a) A (b) E (c) B (d) D

5. कथन $S < G < X = T > W > Q < R$
निष्कर्ष I. $W < X$ II. $Q = S$ ***RRB NTPC 2021***
(a) निष्कर्ष I और II दोनों अनुसरण करते हैं
(b) या तो निष्कर्ष I या II अनुसरण करता है
(c) केवल निष्कर्ष II अनुसरण करता है
(d) केवल निष्कर्ष I अनुसरण करता है

6. कथन $Z > R \geq Y > P = Q \leq N < S$
निष्कर्ष I. $P > S$ II. $Z < Q$ ***RRC Group D 2022***
(a) न तो निष्कर्ष I और न ही II सत्य है
(b) निष्कर्ष I और II दोनों सत्य हैं
(c) केवल निष्कर्ष I सत्य है
(d) केवल निष्कर्ष II सत्य है

7. कथन $X2 \geq X6, X4 \leq X1 \leq X5, X3 = X2, X5 > X3$
निष्कर्ष I. $X3 > X6$ II. $X3 = X6$
DSSSB Junior Stenographer 2021
(a) यदि न तो निष्कर्ष I न ही निष्कर्ष II सही है
(b) यदि केवल निष्कर्ष II सही है
(c) यदि केवल निष्कर्ष I सही है
(d) यदि या तो निष्कर्ष I या निष्कर्ष II सही है

8. कथन $A = B \geq C \leq D > G < E < F$
निष्कर्ष I. $B > F$
II. $C < A$ ***SSC CGL (Tier-II) 2023***
(a) केवल निष्कर्ष I सत्य है
(b) केवल निष्कर्ष II सत्य है
(c) न तो निष्कर्ष I और न ही II सत्य है
(d) निष्कर्ष I और II दोनों सत्य हैं

9. कथन $Y = P, P \leq F, F \geq L, L = K$
निष्कर्ष I. $F = K$
II. $F > K$ ***DSSSB (Grade-IV) कनिष्ठ सहायक 2019***
(a) न तो निष्कर्ष I न ही II सत्य है
(b) केवल निष्कर्ष I सत्य है
(c) केवल निष्कर्ष II सत्य है
(d) या तो निष्कर्ष I या II सत्य है

10. कथन $B \geq L = K < T = J$
निष्कर्ष I. $B \geq K$ II. $L < J$ ***RPF SI 2018***
निम्न विकल्पों में से उपयुक्त का चयन कीजिए।
(a) केवल निष्कर्ष I अनुसरण करता है
(b) केवल निष्कर्ष II अनुसरण करता है
(c) I और II दोनों निष्कर्ष अनुसरण करते हैं
(d) न तो निष्कर्ष I और न ही II अनुसरण करता है

11. कथन $L = C, P < C, G \geq P$
निष्कर्ष I. $L > G$ II. $L > P$
DSSSB TGT/PGT Computer Science 2017
(a) केवल निष्कर्ष I सत्य है
(b) केवल निष्कर्ष II सत्य है
(c) निष्कर्ष I और II दोनों सत्य हैं
(d) न तो निष्कर्ष I और न ही II सत्य है

12. कथन $T \geq M < W = P \geq Q > R \leq S$
निष्कर्ष I. $P \leq M$ II. $Q > T$ ***SSC CHSL (Tier-II) 2023***
(a) न तो निष्कर्ष I और न ही II सत्य है
(b) केवल निष्कर्ष I सत्य हैं
(c) केवल निष्कर्ष II सत्य हैं
(d) निष्कर्ष I और II दोनों सत्य है

13. कथन $Z = E \geq R > G < Y > Q = F$
निष्कर्ष I. $R < F$ II. $R \geq Z$ ***SSC CGL (Tier-II) 2023***
(a) निष्कर्ष I और II दोनों सत्य हैं
(b) केवल निष्कर्ष II सत्य है
(c) केवल निष्कर्ष I सत्य है
(d) न तो निष्कर्ष I और न ही II सत्य है

14. कथन $Z > F \geq A = B = G > S < E$
निष्कर्ष I. $Z < A$ II. $G < F$ ***SSC CGL (Tier II) 2023***
(a) केवल निष्कर्ष I सत्य है
(b) केवल निष्कर्ष II सत्य है
(c) निष्कर्ष I और II दोनों सत्य हैं
(d) न तो निष्कर्ष I और न ही II सत्य है

15. **कथन** $W = H \le G < C \ge T = L > M$

निष्कर्ष I. $W < T$

II. $C > M$ *RRB NTPC 2022*

(a) न तो निष्कर्ष I और न ही निष्कर्ष II सत्य है
(b) निष्कर्ष I और II दोनों सत्य हैं
(c) केवल निष्कर्ष II सत्य है
(d) केवल निष्कर्ष I सत्य है

16. **कथन** $C > U \le S < T = O > D \ge Y, Z = O \le P$

निष्कर्ष I. $Z > Y$

II. $C < O$ *RRB JE 2019*

(a) केवल निष्कर्ष I उपयुक्त है
(b) निष्कर्ष I और II दोनों उपयुक्त हैं
(c) केवल निष्कर्ष II उपयुक्त है
(d) या तो निष्कर्ष I या II उपयुक्त है

17. यदि $D = B > C = F$ और $F < B = E < A$ है, तो निम्नलिखित में से कौन-सा विकल्प सही नहीं है?

(a) $A < F$ (b) $F < E$ (c) $E = D$ (d) $A > C$

18. यदि $N > G > E$ और $F = E > Q = R$, तब निम्नलिखित में से कौन-सा विकल्प सही नहीं है? *SSC MTS 2021*

(a) $G > Q$ (b) $F < R$ (c) $N > E$ (d) $F > Q$

19. निम्न प्रश्न में, कथन के बाद चार निष्कर्ष दिए गए हैं। दिए गए कथन के आधार पर ज्ञात करें कि कौन-सा कथन सत्य नहीं है?

कथन $Y < V = X \le L < A > C \ge H$ *RRC Group D 2022*

(a) $X > A$ (b) $X > Y$
(c) $A > H$ (d) $L \ge V$

20. यदि $H > M = D > P$ और $K = H > T > Z$ तो निम्नलिखित में से कौन-सा विकल्प सही नहीं है? *SSC MTS 2021*

(a) $H > D$ (b) $Z < H$
(c) $P < M$ (d) $Z > K$

21. यदि $X \ge Y = P > Q \le R > Z$, निम्नलिखित में से क्या निष्कर्ष निकाला जा सकता है? *RRB NTPC 2021*

(a) $R \ge Q \ge P$ (b) $P \le X > Q$
(c) $Z < Q \le R$ (d) $Q \ge X \le Y$

22. निम्न प्रश्न में, कथन के बाद चार निष्कर्ष दिए गए हैं। दिए गए कथन के आधार पर ज्ञात कीजिए कि कौन-सा निष्कर्ष सत्य नहीं है।

कथन $H < U \le W = P > Y > E \ge N$ *RRC Group D 2022*

(a) $U \le P$ (b) $H \le P$
(c) $P > N$ (d) $E < P$

निर्देश (प्र. सं. 23-25) *नीचे दिए गए प्रत्येक कथन के बाद चार विकल्प दिए गए हैं। दिए गए कथन के आधार पर ज्ञात कीजिए कि कौन-सा विकल्प सत्य है?*

23. **कथन** $L \le H = P > O > D \ge S = U$ *RRC Group D 2022*

(a) $L \le P$
(b) $U \ge D$
(c) $L > D$
(d) $L > O$

24. **कथन** $R > T \ge N > U = S \le Z < V$ *RRB NTPC 2022*

(a) $R > U$ (b) $N < Z$
(c) $V < T$ (d) $T = S$

Trending Concept
प्रत्यक्ष चिह्नों पर आधारित प्रश्न वर्तमान में Railway की परीक्षाओं जैसे-Group D और NTPC में निरन्तर पूछे जा रहे हैं।

25. **कथन** $A > S \ge D > F \le G < H$ *RRB Group D 2022*

(a) $S > F$ (b) $S = H$
(c) $A \ge G$ (d) $D > G$

निर्देश (प्र. सं. 26-28) *नीचे दिए गए प्रत्येक प्रश्न में एक कथन के बाद निष्कर्ष I, II और III दिए गए हैं। दिए गए कथनों के आधार पर ज्ञात कीजिए कि निम्नलिखित में कौन-सा/से निष्कर्ष सत्य है/हैं?*

26. **कथन** $B = S \ge T < H = A, C > Q = U < T < D; F > E > D = K$

निष्कर्ष I. $K > Q$ II. $B > C$

III. $C > K$ *RPF SI 2018*

(a) केवल II और III (b) केवल I
(c) केवल III (d) केवल I और II

27. **कथन** $L \le R < M < N < K$

निष्कर्ष I. $L < N$ II. $K > M$

III. $R < N$ *RRB JE 2019*

(a) केवल निष्कर्ष I उपयुक्त है (b) सभी निष्कर्ष उपयुक्त हैं
(c) केवल निष्कर्ष II उपयुक्त है (d) केवल निष्कर्ष III उपयुक्त है

28. **कथन** $B < R \le E = V; V < I = T > Y$

निष्कर्ष I. $B > V$ II. $R < T$ III. $V > Y$ *RPF Constable 2019*

(a) केवल I और III (b) केवल II और III
(c) केवल II (d) सभी सत्य हैं

प्रतीकात्मक चिह्नों पर आधारित

29. यदि # का अर्थ <, O का अर्थ >, □ का अर्थ = है, तो a O b # c □ d से निश्चित रूप से क्या अर्थ निकलता है? *SSC (10+2) 2015*

(a) b # d (b) b O d (c) a □ c (d) b □ d

निर्देश (प्र.सं. 30 और 31) *निम्नलिखित प्रश्नों में चार कथन दिए गए हैं और उनके बाद तीन निष्कर्ष भी दिए गए हैं। निम्न प्रयुक्त प्रतीकों का अर्थ निम्नानुसार है* *DSSSB (Grade III) 2019*

P @ Q का अर्थ है कि P न तो Q से छोटा है और न बड़ा है।
P # Q का अर्थ है कि P न तो Q से बड़ा है और न बराबर है।
P & Q का अर्थ है कि P न तो Q से छोटा है और न बराबर है।
P % Q का अर्थ है कि P, Q से बड़ा नहीं है।
P $ Q का अर्थ है कि P, Q से छोटा नहीं है।

अब निम्न कथनों को पढ़ें और तय करें कि निम्न में से कौन सा/से निष्कर्ष सही है/हैं?

30. **कथन** D @ E D # A A # B C & D

निष्कर्ष I. D $ B II. B % D

III. C & E

(a) केवल निष्कर्ष I और III सही हैं
(b) केवल निष्कर्ष I सही है
(c) केवल निष्कर्ष II सही है
(d) केवल निष्कर्ष III सही है

31. **कथन** L # M S & R R @ P R # L

निष्कर्ष I. R $ M II. S & P III. M % R

(a) केवल निष्कर्ष II सत्य है।
(b) केवल निष्कर्ष I और II सत्य हैं
(c) केवल निष्कर्ष I सत्य है
(d) सभी I, II तथा III सत्य हैं

32. दिए गए कथन और निष्कर्षों का ध्यानपूर्वक अध्ययन कीजिए और तय कीजिए कि दिए गए निष्कर्षों में से कौन-सा/से निष्कर्ष कथन का तार्किक रूप से अनुसरण करता/ते है/हैं।

P # Q का अर्थ है कि P, Q से बड़ा है।
P $ Q का अर्थ है P, Q से या तो बड़ा है या उसके बराबर है।
P = Q का अर्थ है कि P, Q से छोटा है।

कथन C $ E, F # C, D = E

निष्कर्ष I. C # D II. E # D

DSSSB TGT Computer Science, 2023

(a) केवल निष्कर्ष II अनुसरण करता है
(b) निष्कर्ष I और II दोनों अनुसरण करते हैं
(c) केवल निष्कर्ष I अनुसरण करता है
(d) या तो निष्कर्ष I या II अनुसरण करता है

33. चार कथन दिए गए हैं और उनके बाद तीन निष्कर्ष भी दिए गए हैं। इनमें प्रयुक्त प्रतीकों का अर्थ निम्नानुसार है

P @ Q का अर्थ है P न तो Q से छोटा है और न बड़ा है।
P # Q का अर्थ है P न तो Q से बड़ा है और न बराबर है।
P & Q का अर्थ है P न तो Q से छोटा है और न बराबर है।
P % Q का अर्थ है P, Q से बड़ा नहीं है।
P $ Q का अर्थ है P, Q से छोटा नहीं है।

अब निम्नलिखित कथनों को पढ़ें और तय करें कि इनमें से कौन-सा/से निष्कर्ष सही है/हैं।

कथन S @ Z; J # Q; S & P; P & J

निष्कर्ष I. S & J II. Z & J
III. Q @ P

DSSSB (Grade II) 2019

(a) निष्कर्ष I और II सही हैं
(b) सभी निष्कर्ष I, II और III सही हैं
(c) निष्कर्ष I और III सही हैं
(d) केवल निष्कर्ष II और III सही हैं

Right Key

1. (c)	2. (c)	3. (d)	4. (d)	5. (d)	6. (a)	7. (d)	8. (c)	9. (d)	10. (c)
11. (b)	12. (a)	13. (d)	14. (d)	15. (c)	16. (a)	17. (a)	18. (b)	19. (a)	20. (d)
21. (b)	22. (b)	23. (a)	24. (a)	25. (a)	26. (b)	27. (b)	28. (c)	29. (a)	30. (d)
31. (a)	32. (b)	33. (a)							

Solutions

1. *(c)* कथनानुसार,
$M < K \leq N > P = J > O \geq L$
निष्कर्ष I. N > L (✓)
II. O = M (✗)
अत: केवल निष्कर्ष I सही है।

2. *(c)* कथनानुसार, $T > G < E > F = B \leq Z$
निष्कर्ष I. F = Z (✗)
II. E > B (✓)
अत: केवल निष्कर्ष II सही है।

3. *(d)* कथनानुसार,
$P \leq L \geq M \geq N = U < V < G$
निष्कर्ष I. P > V (✗)
II. G ≤ L (✗)
अत: न तो निष्कर्ष I न ही II उपयुक्त है।

4. *(d)* कथनानुसार, $B > C \leq D > E = F$
निष्कर्ष I. D < F (✗)
II. B > E (✗)
अत: न तो निष्कर्ष I न ही II अनुसरण करता है।

5. *(d)* कथनानुसार,
$S < G < X = T > W > Q < R$
निष्कर्ष I. W < X (✓)
II. Q = S (✗)
अत: केवल निष्कर्ष I अनुसरण करता है।

6. *(a)* कथनानुसार, $Z > R \geq Y > P = Q \leq N < S$
निष्कर्ष I. P > S (✗)
II. Z < Q (✗)
अत: न तो निष्कर्ष I और न ही II सत्य है।

7. *(d)* कथनानुसार,
$X4 \leq X1 \leq X5 > X3 = X2 \geq X6$
निष्कर्ष
I. X3 > X6 सम्भवत: सत्य ⎤
II. X3 = X6 सम्भवत: सत्य ⎦ या
अत: या तो निष्कर्ष I या निष्कर्ष II सही है।

TOP TIPS इस प्रकार के प्रश्न को हल करने के लिए 'Either-or' (या तो) की स्थिति को याद रखना ना भूलें।

8. *(c)* कथनानुसार, $A = B \geq C \leq D > G < E < F$
निष्कर्ष
I. B > F (✗) II. C < A (✗)
अत: न तो निष्कर्ष I और न ही II सत्य है।

9. *(d)* कथनानुसार,
$Y = P \leq F \geq L = K$
निष्कर्ष
I. F = K सम्भवत: सत्य
II. F > K सम्भवत: सत्य
अत: या तो निष्कर्ष I या II सत्य है।

10. *(c)* कथनानुसार, $B \geq L = K < T = J$
निष्कर्ष I. B ≥ K (✓)
II. L < J (✓)
अत: दोनों निष्कर्ष अनुसरण करते हैं।

11. *(b)* कथनानुसार, $L = C > P \leq G$
निष्कर्ष I. L > G (✗)
II. L > P (✓)
अत: केवल निष्कर्ष II सत्य है।

12. *(a)* कथनानुसार, $T \geq M < W = P \geq Q > R \leq S$
निष्कर्ष I. P ≤ M (✗)
II. Q > T (✗)
अत: न तो निष्कर्ष I और न ही II सत्य है।

13. *(d)* कथनानुसार, $Z = E \geq R > G < Y > Q = F$
निष्कर्ष I. R < F (✗)
II. R ≥ Z (✗)
अत: न तो निष्कर्ष I और न ही II सत्य है।

14. *(d)* कथनानुसार, $Z > F \geq A = B = G > S < E$
निष्कर्ष I. Z < A (✗)
II. G < F (✗)
अत: न तो निष्कर्ष I और न ही II सत्य है।

15. *(c)* कथनानुसार,
$W = H \leq G < C \geq T = L > M$
निष्कर्ष I. W < T (✗) II. C > M (✓)
अत: केवल निष्कर्ष II सत्य है।

16. *(a)* कथनानुसार,

$C > U \le S < T = O > D \ge Y$ ...(i)

$Z = O \le P$ ...(ii)

समी (i) तथा (ii) से,

$C > U \le S < T = O = Z > D \ge Y$, $O \le P$

निष्कर्ष I. $Z > Y$ (✓)

II. $C < O$ (✗)

अतः केवल निष्कर्ष I सही है।

17. *(a)* प्रश्नानुसार,

$D = B > C = F$ ...(i)

$F < B = E < A$ ...(ii)

समी (i) तथा (ii) से,

$A > D = B = E > C = F$

विकल्पों से, (a) $A < F$ (✗)

(b) $F < E$ (✓)

(c) $E = D$ (✓)

(d) $A > C$ (✓)

अतः विकल्प (a) सही नहीं है।

18. *(b)* कथनानुसार,

$N > G > E$ ...(i)

$F = E > Q = R$ ...(ii)

समी (i) तथा (ii) से,

$N > G > E = F > Q = R$

विकल्पों से,

(a) $G > Q$ (✓) (b) $F < R$ (✗)

(c) $N > E$ (✓) (d) $F > Q$ (✓)

अतः विकल्प (b) सही नहीं है।

19. *(a)* कथनानुसार,

$Y < V = X \le L < A > C \ge H$

विकल्पों से,

(a) $X > A$ (✗) (b) $X > Y$ (✓)

(c) $A > H$ (✓) (d) $L \ge V$ (✓)

अतः विकल्प (a) सही नहीं है।

20. *(d)* कथनानुसार,

$H > M = D > P$ ...(i)

$K = H > T > Z$ ...(ii)

समी (i) तथा (ii) से,

$Z < T < K = H > M = D > P$

विकल्पों से,

(a) $H > D$ (✓) (b) $Z < H$ (✓)

(c) $P < M$ (✓) (d) $Z > K$ (✗)

अतः विकल्प (d) सही नहीं है।

21. *(b)* दिया है, $X \ge Y = P > Q \le R > Z$

हम निष्कर्ष निकाल सकते हैं,

$P \le X > Q$

जहाँ $P = Y, P > Q$

22. *(b)* प्रश्नानुसार,

$H < U \le W = P > Y > E \ge N$

विकल्पों से,

(a) $U \le P$ (✓) (b) $H \le P$ (✗)

(c) $P > N$ (✓) (d) $E < P$ (✓)

अतः विकल्प (b) सही नहीं है।

23. *(a)* कथनानुसार, $L \le H = P > O > D \ge S = U$

निष्कर्ष

(a) $L \le P$ (✓) (b) $U \ge D$ (✗)

(c) $L > D$ (✗) (d) $L > O$ (✗)

अतः विकल्प (a) सही है।

24. *(a)* कथनानुसार, $R > T \ge N > U = S \le Z < V$

निष्कर्ष

(a) $R > U$ (✓) (b) $N < Z$ (✗)

(c) $V < T$ (✗) (d) $T = S$ (✗)

अतः विकल्प (a) सही है।

25. *(a)* कथनानुसार, $A > S \ge D > F \le G < H$

(a) $S > F$ (✓) (b) $S = H$ (✗)

(c) $A \ge G$ (✗) (d) $D > G$ (✗)

अतः विकल्प (a) सही है।

> **TOP TIPS** जब $a \ge b > c$ जैसा संयोजन हो, तो सदैव $a > c$ सत्य होगा।

26. *(b)* कथनानुसार,

$B = S \ge T < H = A$ ...(i)

$C > Q = U < T < D$ ...(ii)

$F > E > D = K$ ...(iii)

समी (i) तथा (ii) से,

$B = S \ge T > U = Q < C$

समी (ii) तथा (iii) से,

$C > Q = U < T < D = K < E < F$

निष्कर्ष I. $K > Q$ (✓) II. $B > C$ (✗)

III. $C > K$ (✗)

अतः केवल निष्कर्ष I सही है।

27. *(b)* कथनानुसार, $L \le R < M < N < K$

निष्कर्ष I. $L < N$ (✓) II. $K > M$ (✓)

III. $R < N$ (✓)

अतः सभी निष्कर्ष अनुसरण करते हैं।

28. *(c)* कथनानुसार, $B < R \le E = V$ ...(i)

$V < I = T > Y$ ...(ii)

समी (i) तथा (ii) से,

$B < R \le E = V < I = T > Y$

निष्कर्ष I. $B > V$ (✗)

II. $R < T$ (✓)

III. $V > Y$ (✗)

अतः केवल निष्कर्ष II सही है।

29. *(a)* दिया गया व्यंजक, a O b # c □ d

यहाँ, # ⇒ <, O ⇒ >, □ ⇒ =

$\Rightarrow a > b < c = d$

विकल्पों से,

(a) b # d ⇒ $b < d$ (✓)

(b) b O d ⇒ $b > d$ (✗)

(c) a □ c ⇒ $a = c$ (✗)

(d) b □ d ⇒ $b = d$ (✗)

अतः b # d निश्चित रूप से सत्य है।

हल (प्र. सं. 30 और 31) प्रश्नानुसार,

P @ Q → $P = Q$

P # Q → $P < Q$

P & Q → $P > Q$

P % Q → $P \le Q$

P $ Q → $P \ge Q$

30. *(d)* **कथन** $C > D = E < A < B$

निष्कर्ष I. $D \ge B$ (✗)

II. $B \le D$ (✗)

III. $C > E$ (✓)

अतः केवल निष्कर्ष III सही है।

31. *(a)* **कथन** $S > R = P < L < M$

निष्कर्ष I. $R \ge M$ (✗) II. $S > P$ (✓)

III. $M \le R$ (✗)

अतः केवल निष्कर्ष II सत्य है।

32. *(b)* प्रश्नानुसार,

P # Q ⇒ $P > Q$

P $ Q ⇒ $P \ge Q$

P = Q ⇒ $P < Q$

कथन $C \ge E; F > C; D < E$

$\Rightarrow F > C \ge E > D$

निष्कर्ष I. $C > D$ (✓)

II. $E > D$ (✓)

अतः निष्कर्ष I और II दोनों अनुसरण करते हैं।

33. *(a)* प्रश्नानुसार,

P @ Q → $P = Q$

P # Q → $P < Q$

P & Q → $P > Q$

P % Q → $P \le Q$

P $ Q → $P \ge Q$

कथन $S = Z, J < Q, S > P, P > J$

$\Rightarrow Z = S > P > J < Q$

निष्कर्ष

I. S & J ⇒ $S > J$ (✓)

II. Z & J ⇒ $Z > J$ (✓)

III. Q @ P ⇒ $Q = P$ (✗)

अतः निष्कर्ष I और II सही हैं।

अध्याय

19 निर्णयन क्षमता (Decision Making)

निर्णयन क्षमता

किसी व्यक्ति/वस्तु या विषय के सन्दर्भ में उपलब्ध जानकारियों के आधार पर विचार करते हुए किए गए सकारात्मक या नकारात्मक फैसले को निर्णयन (Decision) कहते हैं। परीक्षाओं में पूछे जाने वाले प्रश्न कुछ सूचनाओं और निर्देशों पर आधारित होते हैं। इन निर्देशों को ध्यानपूर्वक पढ़कर हमें विशेष स्थिति/पद के लिए कौन-सा निर्णय/व्यक्ति उपयुक्त/योग्य होगा यह चुनना होता है।

स्थितिजन्य प्रतिक्रिया पर आधारित

स्थितिजन्य प्रतिक्रिया में किसी विशेष परिस्थिति में घटित घटना के प्रति तत्काल की जाने वाली प्रतिक्रिया आती है। इसमें घटना के सम्बन्ध में तात्कालिक प्रतिक्रिया का चुनाव करना होता है।

जैसे-यदि आपकी गलती पर आपका मित्र आपको समझाता है तो आप क्या करते हैं?

(a) उस पर क्रोधित हो उठेंगे

(b) उसे कहेंगे कि ज्यादा होशियार मत बनो

(c) आप उससे लड़ पड़ेंगे क्योंकि किसी का समझाना आपको अच्छा नहीं लगता

(d) इसे सकारात्मक रूप से लेकर आगे से आप अपने आप में सुधार करेंगे

हल (*d*) उपरोक्त प्रश्न के विकल्पों पर विचार करें, तो विभिन्न व्यक्तित्व वाले व्यक्तियों के जवाब (a), (b), (c) या (d) विकल्प हो सकते हैं और उस जवाब से यह पता चल जाता है कि उस व्यक्ति का स्वभाव कैसा है। जैसे किसी व्यक्ति का जवाब यदि (a) है, तो इसका अर्थ है कि वह क्रोधी स्वभाव एवं नकारात्मक सोच वाला व्यक्ति है। इसी तरह यदि उसका जवाब (b) है, तो इसका अर्थ है वह घमण्डी व्यक्ति है। यदि उसका जवाब (c) है, तो इसका अर्थ है कि वह झगड़ालू व्यक्ति है एवं यदि उसका जवाब (d) है, तो इसका अर्थ है कि वह एक सकारात्मक सोच का इंसान है। जिसमें भविष्य में सुधार की पर्याप्त गुंजाइश है। स्पष्टत: (d) इस प्रश्न का सही उत्तर है।

Score Booster

- निर्णयन क्षमता पर आधारित प्रश्नों में विकल्पों का चयन करते समय अपने व्यावहारिक ज्ञान और अनुभव का प्रयोग करना चाहिए। ताकि उचित निर्णय लिया जा सके।
- घटना के प्रति दी गई प्रतिक्रया सकारात्मक होनी चाहिए।
- घटना के सम्बन्ध में दी गई प्रतिक्रिया तर्कसंगत एवं युक्ति-युक्त होनी चाहिए।
- 'आँकड़ों के निर्णयन पर आधारित' प्रश्नों को हल करने के लिए, अभ्यर्थियों को सभी मानदण्डों का पालन करना आवश्यक है। एक अभ्यर्थी के लिए केवल एक असाधारण स्थिति की ही अनुमति दी जाएगी।

आँकड़ा निर्णयन पर आधारित

आँकड़ा निर्णयन में कुछ सूचनाएँ या निर्देश दिए गए होते हैं। जिनके ठीक नीचे कुछ विशेष शर्तें या फिर शर्तों के साथ-साथ उपशर्त दी होती हैं। इन निर्देशों के आधार पर निर्णय करना होता कि किसी व्यक्ति के लिए कौन-सा निर्णय पूर्णरूप से उचित व सही है।

जैसे-निम्नलिखित जानकारी का ध्यानपूर्वक अध्ययन करें और नीचे दिए गए प्रश्न का उत्तर दें।

एक संस्था द्वारा कॉलेज के प्रिन्सिपल के चयन के लिए निम्न मानदण्ड है। उसे/उसके पास

I. किसी भी विषय में PHD पूर्ण हो।

II. कार्यक्षेत्र में 10 वर्ष का अनुभव हो।

यदि एक उम्मीदवार सभी उपरोक्त मानदण्डों को पूरा करता है। सिवाय

A. उपरोक्त (I) के, लेकिन उसके पास PHD अपूर्ण है, तो उसके मामले को संस्था के डीन के पास भेजा जाएगा।

B. उपरोक्त (II) के अनुसार, यदि अनुभव नहीं हो तो उसके मामले को अध्यक्ष के पास भेजा जाएगा।

नसीमन ने PHD पूर्ण कर ली। वह 46 वर्ष का है और उसे प्रधानाचार्य के रूप में 10 वर्षों का अनुभव है।

(a) मामला अध्यक्ष के पास भेजा जाएगा

(b) मामला डीन के पास भेजा जाएगा

(c) जानकारी अपर्याप्त है

(d) चयन किया जाना है

हल (*d*) चूँकि नसीमन चयन के लिए आवश्यक दोनों मानदण्डों को पूरा करता है। अत: नसीमन का चयन किया जाना है।

Exam Approach Examples

स्थितिजन्य प्रतिक्रिया पर आधारित

उदाहरण 1. आप एक देश के वित्त मन्त्री हैं। देश की अर्थव्यवस्था में मन्दी छाई हुई है। आप कौन-सा बेहतर कदम उठाएँगे? *HCET 2022*

(a) अन्तर्राष्ट्रीय एजेन्सियों से धन लेने का प्रयत्न करेंगे
(b) देश की अर्थव्यवस्था में वृद्धि करने के लिए अच्छी वित्तीय नीतियाँ लागू करेंगे
(c) लोगों का ध्यान अन्य मुद्दों की ओर मोड़ेंगे
(d) अन्य देशों से धन उधार लेने का प्रयत्न करेंगे
(e) उत्तर नहीं देना चाहते

हल (b) देश की अर्थव्यवस्था में वृद्धि करने के लिए अच्छी वित्तीय नीतियाँ लागू करनी चाहिए, जिससे अर्थव्यवस्था में सकारात्मक परिणाम आएँगे।

Helping Tips
इस प्रकार के प्रश्नों को हल करने के लिए व्यावहारिक ज्ञान और समझ का होना अति आवश्यक है।

उदाहरण 2. आप एक मतदान केन्द्र के कार्यकारी अधिकारी हैं। मतदान के दौरान एक माओवादी दल आकर मतदाताओं को डराता-धमकाता है और हवा में गोलियाँ चलाता है। आप ऐसे में क्या करेंगे?

(a) मतदान तुरन्त बन्द करवा देंगे
(b) वहाँ तैनात पुलिस दल को सूचित कर सभी महत्त्वपूर्ण दस्तावेज उन्हें सुरक्षित करने को कहेंगे
(c) माओवादियों का बलपूर्वक विरोध करने के लिए पुलिस से कहेंगे
(d) माओवादियों को जो चाहिए देकर जीवन रक्षा करेंगे

हल (b) ऐसी स्थिति में वहाँ तैनात पुलिस दल को सूचित कर सभी महत्त्वपूर्ण दस्तावेजों को सुरक्षित करना चाहिए जो सभी विकल्पों में सर्वाधिक उपयुक्त है।

विकल्प (a) मतदान तुरन्त बन्द करवा देने का निर्णय माओवादी के प्रयासों को बढ़ावा देने जैसा होगा।

विकल्प (c) बलपूर्वक विरोध करने के लिए पुलिस को कहना उपयुक्त नहीं होगा क्योंकि यह कार्य पुलिस के विशेषज्ञ क्षेत्र के अन्तर्गत आता है।

विकल्प (d) माओवादियों के सामने समर्पण कर जीवन की रक्षा करने का निर्णय कायरतापूर्ण होगा। ऐसा निर्णय विकल्पहीनता की स्थिति में ही किया जा सकता है।

आँकड़ा निर्णयन पर आधारित

उदाहरण 3. एक बहु-राष्ट्रीय कम्पनी ABC के लिए कार्यकारी प्रशिक्षुओं के चयन हेतु निम्नलिखित मानदण्ड हैं।

उम्मीदवारों को निम्नलिखित आवश्यकताएँ पूरी करनी होंगी। *Rajasthan Police Constable 2022*

a. 60% से अधिक अंकों के साथ व्यवसाय प्रशासन में डिप्लोमा या डिग्री हो।
b. 30 सितम्बर, 2022 को 27 वर्ष से कम आयु का हो।
c. परियोजना प्रबन्धन में कम-से-कम 2 वर्ष का अनुभव हो। हालाँकि, यदि उम्मीदवार निम्नलिखित को छोड़कर उपरोक्त सभी मानदण्डों को पूरा करता है।
यदि कोई उम्मीदवार उपरोक्त सभी मानदण्डों को पूरा करता है, सिवाय:
d. (a) को, लेकिन साक्षात्कार में 75% अंक प्राप्त करता है, तो उसका मामला निर्देशक, मानव संसाधन को भेजा जाना है।
e. पर (b) को, यदि उम्मीदवार (a) और (c) पूरा करता है, लेकिन उसकी आयु निर्धारित आयु से छः महीने से अधिक या कुछ कम है, तो उसका मामला बैकअप के लिए भर्ती प्रभारी जी को भेजा जाना है।

श्याम सुन्दर B.B.A है और उसने 70% अंक प्राप्त किए थे। उसे प्रबन्धन में तीन वर्ष का अनुभव है। उसका जन्म 16 मई, 1994 को हुआ था। उसके मामले में क्या फैसला लिया जाएगा?

(a) उसका चयन हो जाएगा
(b) उसका चयन नहीं होगा
(c) उनका मामला निदेशक, मानव संसाधन को भेजा जाना है
(d) उनका मामला भर्ती प्रभारी के पास भेजा जाना है

हल (b) श्याम सुन्दर की आयु (16 मई, 1994 से 30 सितम्बर, 2022 तक)
= 28 वर्ष 4 महीने 14 दिन
श्याम सुन्दर आवश्यकता (a) और आवश्यकता (c) को पूरा करता है। परन्तु उसकी आयु 27 वर्ष से अधिक है।
अतः उसका चयन नहीं होगा।

Trending Concept
आँकड़ा निर्णयन पर आधारित प्रश्न वर्तमान में हो रही परीक्षाओं (Rajasthan Police, RRB व UP Police) में पूछे जा रहे हैं। आगामी परीक्षाओं के लिए अति महत्त्वपूर्ण हैं।

उदाहरण 4. निम्नलिखित जानकारी को ध्यानपूर्वक पढ़ें और इसके नीचे दिए गए प्रश्न का उत्तर दें।
सुदीप आईओसीएल पानीपत कम्पनी में आवासीय आवास के लिए आवेदन कर रहा है। आईओसीएल कम्पनी द्वारा आवासीय आवास प्राप्त करने के लिए कर्मचारी को निम्नलिखित मानदण्ड पूरे करने होंगे। *RRB Group D 2018*

(i) उसने कम्पनी में कम-से-कम 10 वर्ष और एबीसी विभाग में कम-से-कम 4 वर्ष के लिए काम किया हो।
(ii) उसके परिवार में अधिकतम पाँच सदस्य होने चाहिए।
(iii) सेवानिवृत्ति की आयु 58 वर्ष होने से पहले कम-से-कम 5 वर्ष का कार्यकाल शेष बचा हो।
(iv) वह एक घर का मालिक या सह-मालिक नहीं होना चाहिए (यदि पति/पत्नी में से एक मालिक है।)
उन मामलों के लिए जिनमें एक कर्मचारी

A. उपरोक्त (i) को छोड़कर सभी शर्तों को पूरा करता है और एक प्रबन्धक के रूप में कम्पनी में शामिल हुआ है, उसे निर्देशक को सन्दर्भित किया जाएगा।
B. उपरोक्त (iii) को छोड़कर सभी शर्तों को पूरा करता है और कम्पनी में एक वरिष्ठ प्रबन्धक के रूप में काम कर रहा है, उसे प्रबन्ध निर्देशक को सन्दर्भित किया जाएगा।
किसी अन्य शहर से स्थानान्तरित किया गया हो, शर्त (i) को हटाया जा सकता है।
उपरोक्त शर्तों के आधार पर, तय करें कि सुदीप को आवास प्रदान किया जाएगा या नहीं या मामला उच्च प्राधिकरण को सन्दर्भित किया जाएगा। सभी मामलों को 31 जुलाई, 2016 को प्रस्तुत किया जाता है। सुदीप को दूसरे कार्यालय से स्थानान्तरित किया गया है और 6 फरवरी, 2016 को उसकी आयु 53 वर्ष थी। वह पिछले 20 वर्षों से कम्पनी में नौकरी कर रहा है, जिसमें से उसने एबीसी विभाग में 6 वर्ष काम किया है। उसके परिवार में 4 सदस्य है और न ही वह और न ही उनकी पत्नी के पास किसी घर का स्वामित्व है।

(a) उसके मामले को निर्देशक के पास भेजा जाएगा
(b) सुदीप को कम्पनी आवास प्रदान किया जाएगा
(c) उसके मामले को प्रबन्धन निर्देशक के पास भेजा जाएगा
(d) सुदीप को कम्पनी आवास प्रदान नहीं किया जाएगा

हल (*d*) चूँकि सुदीप की सेवानिवृति की आयु 58 वर्ष होने से पहले कम से कम 5 वर्ष का कार्यकाल शेष बचा नहीं है। अत: सुदीप को कम्पनी आवास प्रदान नहीं किया जाएगा।

उदाहरण 5. निम्नलिखित जानकारी का ध्यानपूर्वक अध्ययन करें और नीचे दिए गए प्रश्न का उत्तर दें।

एक संगठन में सहायक महाप्रबंधक HR के चयन के लिए निम्नलिखित शर्तें हैं। उम्मीदवार के पास अवश्य होना चाहिए

(i) कम-से-कम प्रथम श्रेणी के साथ स्नातक हो।

(ii) 15 अगस्त, 2018 को आयु 25 वर्ष से अधिक न हो।

(iii) प्रवेश परीक्षा में न्यूनतम 50% अंक प्राप्त किए हों।

(iv) अंग्रेजी में सुवक्ता हो।

यदि कोई उम्मीदवार (i) को छोड़कर अन्य सभी मानदण्डों को पूरा करता है, लेकिन न्यूनतम 55% अंकों के साथ स्नातकोत्तर है, उसके मामले को अध्यक्ष के पास भेजा जाना चाहिए। यदि कोई उम्मीदवार (iii) को छोड़कर अन्य सभी मानदण्डों को पूरा करता है, लेकिन प्रवेश परीक्षा में न्यूनतम 45% अंक प्राप्त किए हों, तो उसे प्रतीक्षा सूची में रखा जाएगा।

रवि अंग्रेजी में सुवक्ता है। वह प्रथम श्रेणी के साथ स्नातक है और प्रवेश परीक्षा में उसने 58% अंक प्राप्त किए हैं। उसका जन्म 1 जून, 1991 को हुआ था। ***UP Police (AO) 2023***

(a) उम्मीदवार को एडमिट नहीं किया जाना चाहिए
(b) उम्मीदवार को प्रतीक्षा सूची में रखा जाना चाहिए
(c) उम्मीदवार को अध्यक्ष के पास भेजा जाना चाहिए
(d) उम्मीदवार को एडमिट किया जाना चाहिए

हल (*a*) रवि सभी मानदण्डों को पूरा नहीं करता है क्योंकि उसकी आयु 15 अगस्त, 2018 तक 25 वर्ष से अधिक है, इसलिए उसको संगठन में एडमिट नहीं किया जाना चाहिए।

उदाहरण 6. कम्प्यूटर शिक्षा केन्द्र में संकाय सदस्यों के चयन के लिए निम्न शर्तों पर विचार कीजिए। ***UP Police Constable 2024***

1. आयु 23 से 28 वर्ष के बीच।
2. कार्य अनुभव या प्रोग्रामिंग अनुभव।
3. कम-से-कम 60% अंकों के साथ कम्प्यूटर ऐप्लिकेशन में पोस्ट्ग्रेजुएट डिग्री।
4. इण्टरव्यू में 50 में से न्यूनतम 25 अंक।
5. यदि कैंडिडेट के पास PG नहीं है, तो मामला वरिष्ठ संकाय सदस्य को भेजा जाना चाहिए।
6. यदि उम्मीदवार के पास कार्य अनुभव नहीं है, तो मामले को संस्थान के प्रिंसिपल को भेजा जाना है।
7. यदि उम्मीदवार आयु सीमा को छोड़कर अन्य सभी योग्यताओं को पूरा करता है, तो मामला केन्द्र के निदेशक को भेजा जाना है।

निम्नलिखित जानकारी के आधार पर बबली सरकार के लिए कौन-सी कार्रवाई की जानी चाहिए?

बबली सरकार : 68% अंकों के साथ MCA। आयु 30 वर्ष। प्रोग्रामर के रूप में 2.5 वर्ष का अनुभव। इण्टरव्यू में 40 अंक प्राप्त किए।

(a) उम्मीदवार को जूनियर संकाय सदस्य के रूप में चुना जाना है
(b) डेटा अपर्याप्त है
(c) मामला केन्द्र के निदेशक को भेजा जाना है
(d) उम्मीदवार का चयन नहीं किया जाना है

हल (*c*) ∵ उम्मीदवार आयु सीमा को छोड़कर, अन्य सभी योग्यताओं को पूरा करता है।

∴ मामला केन्द्र के निदेशक को भेजा जाना चाहिए।

उदाहरण 7. किसी संस्थान में प्रबन्धन पाठ्यक्रम में दाखिले के लिए निम्नलिखित शर्तों पर विचार कीजिए तथा सम्बन्धित प्रश्न का उत्तर दें।

(a) अभ्यर्थी को कम-से-कम 50% अंकों के साथ स्नातक होना चाहिए।

(b) 1.1.91 को अभ्यर्थी की उम्र कम-से-कम 19 वर्ष होनी चाहिए।

(c) अभ्यर्थी ने प्रवेश परीक्षा में कम-से-कम 60% अंक प्राप्त किए हो।

(d) अभ्यर्थी ने स्नातक में अपने एक विषय के रूप में गणित अवश्य लिया हो।

(e) अभ्यर्थी को मासिक शिक्षण शुल्क ₹ 500 और एकमुश्त ₹ 10000 अदा करने में सक्षम होना चाहिए।

(f) ऐसा अभ्यर्थी जो शर्त (a) को छोड़कर अन्य सभी शर्तों को पूरा करता हो, तो उसका मामला चेयरमैन को संदर्भित किया जाएगा। यह प्रावधान सिर्फ अंकों के प्रतिशत में कमी की स्थिति में लागू हो।

(g) ऐसा अभ्यर्थी जो अन्य सभी शर्तों को पूरा करता हो, लेकिन मासिक शिक्षण-शुल्क और एकमुश्त राशि ₹ 10000 से कम जमा कर सकता हो, तो उसका मामला संस्थान के निदेशक को संदर्भित किया जाएगा।

(h) ऐसा अभ्यर्थी जो अन्य सभी शर्तों को पूरा करता है पर वह अब तक स्नातक के परीक्षा का रिजल्ट प्राप्त नहीं किया है। उसका अस्थायी नामांकन किया जाएगा।

उपर्युक्त शर्तों के आधार पर नीचे प्रश्न में दिए गए प्रत्येक अभ्यर्थी के बारे में उनके विवरण को पढ़ते हुए आपको यह निर्णय करना है कि प्रत्येक अभ्यर्थी के विरुद्ध कौन-सी कार्यवाही की जाएगी। आपको अपनी ओर से कुछ भी कल्पना नहीं करनी है। दी गई जानकारियों के आधार पर आप अपना उत्तर दीजिए।

(a) यदि अभ्यर्थी का नामांकन किया जाएगा
(b) यदि अभ्यर्थी का नामांकन नहीं किया जाएगा
(c) यदि अभ्यर्थी का अस्थायी नामांकन किया जाएगा
(d) यदि अभ्यर्थी के मामले को संस्थान के निदेशक को संदर्भित किया जाएगा
(e) यदि अभ्यर्थी के मामले को संस्थान के चेयरमैन को संदर्भित किया जाएगा

प्रश्न सुशील सहाय ने गणित के साथ प्रथम श्रेणी में स्नातक की डिग्री प्राप्त की है। उसकी जन्मतिथि 1 अप्रैल, 1969 है। उसने प्रवेश परीक्षा में 75% अंक प्राप्त किए हैं और वह एकमुश्त ₹ 10000 और प्रतिमाह ₹ 500 शिक्षण शुल्क अदा करने को तैयार है।

हल (*a*) सुशील सहाय नामांकन के लिए आवश्यक सभी शर्तों को पूर्ण करता है। अत: उसका नामांकन किया जाएगा।

Chapter Challenge

स्थितिजन्य प्रतिक्रिया पर आधारित

1. आप एक मॉल में घुसने वाले थे कि आपको बन्दूक चलने की आवाज आई और उसी समय तीन लोग मॉल से बाहर आते दिखे। वे एक सफेद कार में सवार होकर भाग निकलते हैं। आप उस कार का नम्बर नोट कर लेते हैं। मॉल में प्रवेश के बाद आपको पता चलता है कि एक व्यक्ति को गोली मारकर लूटा गया है। व्यक्ति घायल तो है, परन्तु हालत गम्भीर नहीं है। ऐसी अवस्था में, आप
   (a) अपना कार्य यथावत् करते रहेंगे, क्योंकि अन्य लोग पीड़ित की सहायता कर रहे हैं और सी. सी. टी. वी. पर घटना रिकॉर्ड हो गई है
   (b) सहायता की पेशकश कर पीड़ित को अस्पताल ले जाएँगे
   (c) घटना की जानकारी देकर पुलिस को बुलाएँगे, उन्हें उस कार का नम्बर देंगे और एम्बुलेंस भी बुलाएँगे
   (d) मॉल प्रबन्धन/सुरक्षाकर्मी को सूचित कर उनसे तत्काल कार्यवाही की माँग करेंगे

2. एक बाढ़-पीड़ित क्षेत्र में आपकों अल्प सूचना पर नौकाएँ भाड़े पर लेने का दायित्व दिया गया है। नौका-मालिकों द्वारा बताई गई कीमतों को देखने पर आप पाते हैं कि न्यूनतम कीमत सरकार की अनुमोदित दर से लगभग तीन गुना अधिक है। ऐसे में आप क्या करेंगे?
   (a) उनके प्रस्ताव को रद्द कर नई कीमतें मँगवाएँगे
   (b) न्यूनतम कीमत को स्वीकार कर लेंगे
   (c) मामले को सरकार के पास भेज देंगे
   (d) नौका-मालिकों को धमकी देंगे कि उनका लाइसेंस रद्द हो सकता है

3. आपको अपने राज्य के लोक सेवा आयोग द्वारा खाद्य वितरण अधिकारी पद के साक्षात्कार हेतु उपस्थित होने के लिए आमन्त्रित किया गया है। आप रेलवे स्टेशन पहुँचते हैं, पर टिकट खिड़की पर लम्बी कतार देखते हैं। ट्रेन रवाना होने को है। आप बिना टिकट लिए ही गाड़ी में बैठ जाते हैं। अपने डिब्बे में टिकट जाँचकर्ता को प्रविष्ट होते देख आप निश्चय करते हैं
   (a) शौचालय में छिपने का
   (b) टिकट जाँचकर्ता से साक्षात्कार में सम्मिलित होने की आवश्यकता के आधार पर बिना टिकट यात्रा करने देने के लिए निवेदन का
   (c) अपने को कानूनी कार्यवाही के लिए प्रस्तुत करने का
   (d) टिकट जाँचकर्ता से झगड़ा प्रारम्भ करने का

4. आप एक ऐसे क्षेत्र में परिवार नियोजन कार्यक्रम लागू करने के प्रभारी हैं, जहाँ वर्तमान नीति का कड़ा विरोध हो रहा है। आप निवासियों को छोटे परिवार रखने की आवश्यकता मनवाना चाहते हैं। इस सन्देश को सम्प्रेषित करने का सर्वोत्तम तरीका क्या होगा?
   (a) निवासियों को स्वास्थ्य और जीवन स्तर सुधारने हेतु परिवार नियोजन की आवश्यकता तर्कसंगत रूप से समझाना
   (b) देर से विवाह एवं बच्चों के बीच उचित अन्तर को प्रोत्साहित करना
   (c) परिवार नियोजन युक्तियाँ अपनाने के लिए प्रोत्साहन प्रदान करना
   (d) ऐसे लोगों से, जिनका बन्ध्याकरण हो चुका है अथवा जो गर्भनिरोधक प्रयोग कर रहे हैं, निवासियों को प्रत्यक्षत: बात करने का आग्रह करना

5. जब आप अपने कार्यालय के सभा-कक्ष के पास से गुजर रहे होते हैं और आप देखते हैं कि सभी पंखे चल रहे हैं व लाइटें जल रही हैं, जबकि सभा-कक्ष में कोई नहीं है। आप क्या करेंगे?
   (a) प्रभारी अधिकारी को रिपोर्ट करेंगे
   (b) चपरासी को पंखे व लाइटें बन्द करने के लिए कहेंगे
   (c) आप स्वयं पंखे व लाइटें बन्द कर देंगे
   (d) आप कुछ नहीं करेंगे और चले जाएँगे यह सोचते हुए कि यह आपका काम नहीं है

6. एक नागरिक के रूप में आपको एक सरकारी विभाग से कुछ काम है। सम्बद्ध अधिकारी आपको बार-बार बुलाता है और आपसे प्रत्यक्षत: बिना कुछ कहे रिश्वत देने के इशारे करता है। आप अपना कार्य करना चाहते हैं। आप क्या करेंगे?
   (a) रिश्वत दे देंगे
   (b) ऐसा व्यवहार करेंगे, मानो आप उसके इशारे नहीं समझ रहे हैं और अपने आवेदन पर डटे रहेंगे
   (c) रिश्वत के इशारों के सम्बन्ध में मौखिक शिकायत के साथ उच्चतर अधिकारी के पास सहायता के लिए जाएँगे
   (d) एक औपचारिक शिकायत भेजेंगे

7. आप एक राज्य क्रीड़ा समिति के अध्यक्ष हैं। आपको एक शिकायत मिली है और बाद में यह पाया गया है कि कनिष्ठ आयु वर्ग के किसी पदक जीतने वाले एथलीट की आयु, के दिए मानदण्ड से पाँच दिन अधिक हो गई है। आप क्या करेंगे?
   (a) छानबीन समिति से स्पष्टीकरण देने को कहेंगे
   (b) एथलीट से पदक वापस करने को कहेंगे
   (c) एथलीट को अपनी आयु की घोषणा करते हुए न्यायालय से शपथ-पत्र लाने को कहेंगे
   (d) क्रीड़ा समिति के सदस्यों से उनकी राय माँगेंगे

8. आपको अपना परीक्षा शुल्क शीघ्र जमा करवाने हेतु धन की आवश्यकता है। सड़क पर चलते हुए आपको रुपयों से भरा बटुआ मिलता है।
   (a) आप धन को अपने पास रख लेंगे तथा अपना परीक्षा शुल्क जमा कराएँगे
   (b) आप बटुए के मालिक को ढूँढ़ने का प्रयास करेंगे
   (c) आप बटुआ पुलिस को सौंप देंगे
   (d) आप गरीबों में धन बाँट देंगे

9. एक महिला निम्नलिखित वस्तुएँ दी गई श्रेणी में खरीदना चाहती है
   1. टमाटर ₹ 40 और ₹ 45 प्रति किलो के बीच हैं।
   2. अँगूर ₹ 80 और ₹ 90 प्रति किलो की कीमत श्रेणी में हैं।
   3. दूध के पैकेट प्रति लीटर ₹ 23 में हैं।

   निम्नलिखित में से कौन-सी दुकान से उसे निश्चित रूप से उसकी सभी वस्तुएँ मिल जाएँगी? ***RRB NTPC 2016***

   A. दुकान S प्रति आधा किलो टमाटर ₹ 22.5 में, प्रति किलो अँगूर ₹ 24 में और प्रति लीटर दूध ₹ 82 में बेचता है।
   B. दुकान H अँगूर ₹ 21 प्रति चौथाई किलो में, दूध ₹ 12.5 आधा लीटर और टमाटर ₹ 22 पर प्रति आधा किलों में बिकता है।
   C. दुकान O दूध ₹ 11.5 प्रति आधा लीटर, टमाटर ₹ 21 प्रति आधा किलो और अँगूर ₹ 43 प्रति आधा किलो बेचती है।
   D. दुकान P टमाटर ₹ 23 पर प्रति आधा किलो, अँगूर ₹ 23.5 प्रति किलो और दूध ₹ 85 प्रति लीटर में बेचती है।

   (a) B (b) D (c) C (d) A

आँकड़ा निर्णयन पर आधारित

10. एक कम्पनी कुछ अभ्यर्थियों को कम्प्यूटर सम्बन्धी कार्य के लिए नियुक्त करना चाहती है। उनको निम्नलिखित कसौटियों पर खरा उतरना होगा *RRB NTPC 2016*

1. अभ्यर्थी के दसवीं के या समतुल्य परीक्षा में कम-से-कम 65% अंक होने चाहिए।
2. अभ्यर्थी को एमएस वर्ड (MS Word) और एक्सेल (Excel) का ज्ञान होना चाहिए।
3. अभ्यर्थी को या तो C या C++ का ज्ञान अवश्य होना चाहिए।

निम्नलिखित में से किसको कम्पनी निश्चित रूप से नियुक्त करने वाली है?

A. M ने दसवीं की परीक्षा में 70% अंक अर्जित किए हैं और उसे केवल C और एमएस वर्ड का ज्ञान है

B. S ने C सीखी है और एक प्रोग्राम भी बनाया है, उसे एमएस वर्ड और एक्सेल का भी ज्ञान है और उसने दसवीं की परीक्षा में 63% अंक अर्जित किए हैं

C. H के दसवीं की परीक्षा में 68% अंक हैं उसको एमएस वर्ड और एक्सेल का भी ज्ञान है परन्तु किसी भी प्रकार का अन्य कम्प्यूटर ज्ञान नहीं है

D. U को C++, एमएस वर्ड और एक्सेल का ज्ञान है और उसने दसवीं की परीक्षा में 65% अंक अर्जित किए हैं

(a) B (b) D (c) C (d) A

11. एक छोटी-सी दुकान का मालिक निम्न मापदण्डों के आधार पर इन्वेंटरी रखता है *RRB NTPC 2016*

1. शैम्पू पाउच जिनकी कीमत प्रति पाउच ₹ 4 से ₹ 10 के बीच है।
2. चॉकलेट प्रति नग की कमत ₹ 1 से ₹ 60 के बीच है।
3. सूखे मेवे प्रति 100 ग्राम की कीमत ₹ 125 से भी ज्यादा है।
4. दूध के पैकेट प्रति लीटर की कीमत ₹ 21 से ₹ 29 के बीच है।

निम्नलिखित में से कौन-सी सूची निश्चित रूप से उसकी दुकान में नहीं मिलेगी?

A. शैम्पू A, प्रति पाउच ₹ 4; चॉकलेट B, ₹ 1.5 प्रति नग और सूखे मेवे C, ₹ 250 प्रति 125 ग्राम

B. शैम्पू P, ₹ 5 प्रति पाउच; दूध के पैकेट Q, ₹ 23 प्रति लीटर और सूखे मेवे R, ₹ 150 प्रति 100 ग्राम

C. शैम्पू X, ₹ 5 प्रति पाउच; चॉकलेट Y, ₹ 1 प्रति नग और सूखे मेवे Z, ₹ 100 प्रति 100 ग्राम

D. शैम्पू L, ₹ 4 प्रति पाउच; दूध के पैकेट M, ₹ 24.5 प्रति पैकेट और चॉकलेट N, ₹ 35 प्रति नग और सूखे मेवे O, ₹ 350 प्रति 200 ग्राम

(a) C (b) A
(c) D (d) B

12. एक कॉलेज ने MBA प्रोग्राम में प्रवेश के लिए निम्नलिखित मानदण्ड तय किए हैं। *Rajasthan Police Constable 2022*

I. अभ्यर्थी स्नातक में कम-से-कम 75% प्राप्त किया हुआ होना चाहिए।
II. अभ्यर्थी ने प्रवेश परीक्षा में कम-से-कम 50% अंक प्राप्त किए हो।
III. अभ्यर्थी की आयु 1 जून, 2021 को न्यूनतम 21 वर्ष होनी चाहिए।
IV. अभ्यर्थी भारत का नागरिक होना चाहिए।

यद्यपि, ऐसे अभ्यर्थी को, जो उपरोक्त सभी शर्तों को पूरा करता हो, सिवाय

A. शर्त (IV) के, लेकिन वह विगत पाँच वर्षों से भारत में रह रहा हो, अस्थायी रूप से प्रवेश पा सकता है।

B. शर्त (I) के, लेकिन जो राष्ट्रीय स्तर के खेलों में भाग लिया हो, उसके मामले पर प्रवेश समिति विचार कर सकती है।

निम्नलिखित अभ्यर्थी के मामले पर विचार कीजिए और निर्णय लें। रोहन 25 वर्षीय पुरुष है, जिसने विज्ञान में 80% अंकों के साथ स्नातक किया है और 75% अंकों के साथ प्रवेश-परीक्षा उत्तीर्ण की है।

(a) उसका चयन होगा
(b) उसका चयन नहीं होगा
(c) उसका मामला प्रवेश-समिति को भेजा जाएगा
(d) जानकारी निर्णय लेने के लिए पर्याप्त नहीं है

> **MRC*****
> *(Most Repeating Concepts)*
> प्र. सं. 10, 11, 12, 13 और 14 Examination Point of Views से अति महत्त्वपूर्ण हैं। इन Concept पर प्रश्न Railway, Rajasthan Police तथा UPP प्रतियोगी परीक्षाओं में निरन्तर पूछे जा रहे हैं।

13. निम्नलिखित जानकारी का ध्यानपूर्वक अध्ययन करें और नीचे दिए गए प्रश्न का उत्तर दें।

किसी संगठन में सिस्टम मैनेजर के चयन की शर्तें निम्नलिखित हैं। उम्मीदवार के पास अवश्य होना चाहिए।

(i) IT, कम्प्यूटर साइंस या इलेक्ट्रॉनिक्स में कम-से-कम 60% अंकों के साथ ग्रेजुएट इंजीनियर होना चाहिए।
(ii) 1.9.2009 को कम-से-कम 30 वर्ष और 40 वर्ष की आयु से अधिक नहीं होना चाहिए।
(iii) लिखित परीक्षा में कम-से-कम 40% के अंक प्राप्त किए होने चाहिए।
(iv) चयन साक्षात्कार में कम-से-कम 50% के अंक प्राप्त किए होने चाहिए।
(v) किसी संगठन के सिस्टम विभाग में कम-से-कम 10 वर्षों का पद योग्यता कार्य का अनुभव होना चाहिए।

यदि कोई उम्मीदवार (i) के अलावा अन्य सभी मानदण्डों को पूरा करता है, लेकिन ME-IT या कम्प्यूटर साइंस में 60% से कम अंक प्राप्त किए हैं, तो यह मामला DGM-सिस्टम्स के पास भेजा जाएगा।

यदि कोई उम्मीदवार (v) के अलावा अन्य सभी मानदण्डों को पूरा करता है, लेकिन डिप्टी सिस्टम मैनेजर के रूप में कम-से-कम पाँच वर्ष का पद योग्यता कार्य का अनुभव है, तो मामले को GM-सिस्टम्स के पास भेजा जाएगा।

प्रकाश ने BE कम्प्यूटर साइंस में 62% अंक प्राप्त किए हैं। वह BE पूरा होने के बाद जुलाई 1999 से एक संगठन के सिस्टम विभाग में काम कर रहा है। उसका जन्म 4 अप्रैल, 1974 को हुआ था। उसने चयन साक्षात्कार में 55% अंक और लिखित परीक्षा में 45% अंक प्राप्त किए। *UP Police Head Operator 2024*

(a) उम्मीदवार का चयन नहीं किया जा सकता है
(b) उम्मीदवार को GM-सिस्टम्स के पास भेजा जाना चाहिए
(c) उम्मीदवार का चयन किया जाना चाहिए
(d) उम्मीदवार को DGM-सिस्टम्स के पास भेजा जाना चाहिए

14. XYL एग्रो लिमिटेड में प्रबन्धक-लेखा के चयन के निम्नलिखित मानदण्ड हैं। *Rajasthan Police Constable 2022*

A. अभ्यर्थी को वाणिज्य में स्नातकोत्तर होना ही चाहिए।

B. अभ्यर्थी की आयु 1 जनवरी, 2021 को 21 से 40 वर्ष के बीच होनी चाहिए।

C. यदि कोई अभ्यर्थी मानदण्ड A को पूरा नहीं करता है, लेकिन लेखा और वित्त में विशेषज्ञता के साथ MBA है, तो उसका मामला न्यासी बोर्ड को भेजा जाएगा, जो अभ्यर्थी को साक्षात्कार में उपस्थित होने की अस्थायी अनुमति दे सकता है।

D. मानदण्ड A और B पूरा करने वाले अभ्यर्थी को साक्षात्कार में बुलाया जाएगा।

E. ऐसे अभ्यर्थी को जिसने साक्षात्कार में साक्षात्कारकर्त्ताओं से 50% अनुबन्धित अंक प्राप्त किए हो, परिवीक्षा के लिए चुना जाएगा।

F. ऐसे अभ्यर्थी का, जिसे उसके प्रबन्धक ने ग्रेड B या उससे ऊपर का ग्रेड दिया हो, अन्तिम रूप से चयन किया जाएगा।

उपरोक्त मानदण्डों के आधार पर निर्णय करें कि निम्नलिखित अभ्यर्थी के मामले में निम्नलिखित में से कौन-सा निर्णय लिया जाना चाहिए?
वाणिज्य में स्नातकोत्तर समीर ने साक्षात्कार में 70% अनुबन्ध अंक प्राप्त किए। 31 जुलाई, 2010 को उसकी आयु 35 वर्ष थी।

(a) उसे परिवीक्षा पर रखा जाएगा
(b) अन्ततः उसे चुन लिया जाएगा
(c) उसे अस्वीकार कर दिया जाएगा
(d) उसका मामला न्यासी बोर्ड को भेजा जाएगा

निर्देश (प्र. सं. 15-17) *प्रश्नों का उत्तर देने के लिए निम्नलिखित जानकारी पढ़िए।* ***UP Police Constable 2018***

गाने की प्रतियोगिता के टीवी शो का जज बनने हेतु निम्नलिखित शर्तें हैं।

A. व्यक्ति ने गायन या संगीत में कम-से-कम एक पुरस्कार जीता हो।

B. व्यक्ति ने संगीत के क्षेत्र में कम-से-कम 10 वर्ष तक काम किया हो।

C. व्यक्ति को कम-से-कम 3 भाषाएँ आती हों।

D. व्यक्ति को अपनी वार्षिक आय का कम-से-कम 10% प्रतियोगिता के विजेता को देने के लिए तैयार होना चाहिए।

E. व्यक्ति की आयु 35 वर्ष से कम और 70 वर्ष से अधिक नहीं होनी चाहिए।

हालाँकि, इसको छोड़कर यदि कोई उम्मीदवार अन्य सभी मानदण्डों को पूर्ण करता है।

1. B उपरोक्त; यदि व्यक्ति इन मानदण्डों को पूर्ण नहीं करता है तो उसके आवेदन को विचार के लिए रखा जाएगा।
2. D उपरोक्त; यदि व्यक्ति ने अपने जीवनकाल में एक बार भी अपनी वार्षिक आय का 50% दान में दिया है तो उसे इस शर्त से छूट दी जाएगी।
3. E उपरोक्त; यदि व्यक्ति इन शर्त को पूर्ण नहीं करता है, परन्तु अन्य सभी शर्तों को पूर्ण करता है तो उसका आवेदन विचार के लिए रखा जाएगा।

नीचे दिए गए इन मानदण्डों और जानकारी के आधार पर प्रत्येक मामले में कार्यवाही का निर्णय लें। आप कुछ भी अपने आप से मान नहीं सकते।

15. व्यक्ति A, 40 वर्ष का है, वह प्रतियोगिता के विजता को अपनी वार्षिक आय का 10% दान करना चाहता है। उन्होंने संगीत उद्योग में अपने 15 वर्षों के अनुभव में 3 पुरस्कार जीते हैं और केवल हिन्दी और अंग्रेजी में बोल सकते हैं।

(a) जज बनाया जाए
(b) जज न बनाया जाए
(c) आवेदन पर विचार किया जाए
(d) आँकड़े अपर्याप्त हैं

16. व्यक्ति B एक प्रतियोगिता के विजेता को अपनी वार्षिक आय का 5% दान करने को इच्छुक है। उन्होंने अपने किशोरावस्था में संगीत उद्योग में प्रवेश करने के बाद से इसमें 30 वर्षों तक काम किया है। वह हिन्दी, अंग्रेजी, तमिल और उनकी मातृभाषा में बात कर सकते हैं। वर्ष 2016 में उन्होंने बाढ़ राहत के लिए ₹ 7 लाख दान दिए थे, जब उनकी वार्षिक आय ₹ 12 लाख थी।

(a) जज बनाया जाए
(b) जज न बनाया जाए
(c) आवेदन पर विचार किया जाए
(d) आँकड़े अपर्याप्त हैं

17. व्यक्ति C ने संगीत उद्योग में अपने 25 वर्षों के अनुभव में 5 पुरस्कार जीते हैं। उन्होंने भूकम्प राहत के लिए वर्ष 2017 में अर्जित अपनी पूरी वार्षिक आय दान की थी। वह अंग्रेजी, फ्रेंच और हिन्दी में अस्खलित बोल सकती है।

(a) जज बनाया जाए
(b) जज न बनाया जाए
(c) आवेदन पर विचार किया जाए
(d) आँकड़े अपर्याप्त हैं

18. दी गई जानकारी का ध्यानपूर्वक अध्ययन करें और निम्नलिखित प्रश्न का उत्तर दें।
प्रशासन ने स्कूल में शिक्षक के चयन के लिए निम्नलिखित मानदण्ड निर्धारित किए हैं।
उम्मीदवार को चाहिए कि

A. कम-से-कम 50% अंकों के साथ स्नातक होना चाहिए।
B. शिक्षा में योग्य स्नातक की डिग्री हो।
C. 1 जुलाई, 2021 को 21 वर्ष से कम और 32 वर्ष से अधिक नहीं होनी चाहिए।
D. शिक्षा में मास्टर डिग्री वाले उम्मीदवार के लिए, स्कूल बोर्ड ऊपरी आयु सीमा में छूट दे सकता है।

राहुल वर्मा एक प्रतिष्ठित स्कूल में पढ़ाते हैं। वह प्रथम श्रेणी स्नातक हैं, जब वह पिछले स्कूल में शिक्षक के रूप में शामिल हुए, तब उनकी आयु 23 वर्ष थी। उन्होंने बी.एड भी पूरा कर लिया है। ***RRB NTPC 2022***

(a) मामला स्कूल बोर्ड को भेजा जाएगा
(b) दिए गए आँकड़े निर्णय लेने के लिए पर्याप्त नहीं हैं
(c) उम्मीदवार को नियुक्त नहीं किया जाना चाहिए
(d) उम्मीदवार को नियुक्त किया जाना चाहिए

19. निम्नलिखित जानकारी का ध्यानपूर्वक अध्ययन करें और निम्न प्रश्नों का उत्तर दें।
धवन ने श्यामला सोसाइटी में एक फ्लैट खरीदने की योजना बनाई है। श्यामला सोसाइटी ने अपनी सोसाइटी में फ्लैटों के आवण्टन के लिए निम्नलिखित शर्तों को रखा है ***RRB Group D 2018***

आवेदक

(i) राज्य का निवास प्रमाण पत्र प्रस्तुत करना चाहिए।
(ii) कम-से-कम 5 वर्ष की नौकरी किया होना चाहिए।
(iii) यदि आवश्यकता हो, तो वह 5 वर्ष में पूरी राशि का भुगतान करने के लिए तैयार हो।
(iv) उस शहर में आवासीय सुविधा के मालिक या सह-मालिक (यदि पति/पत्नी) स्वामी नहीं होना चाहिए।
(v) 31 दिसम्बर, 2016 तक 35 वर्ष से कम आयु का नहीं होना चाहिए।

आवेदक के मामले में, जो अन्य सभी मानदण्डों को पूरा करता है, सिवाय इसके कि

(i) जैसा ऊपर दिया गया है, को नगर परिषद् के अध्यक्ष को सन्दर्भित किया जाना चाहिए।
(ii) जैसा ऊपर दिया गया है, लेकिन आधार कार्ड प्रदान करने के लिए तैयार हो, समिति के उपाध्यक्ष को सन्दर्भित किया जाना चाहिए।
(iii) जैसा ऊपर दिया गया है, लेकिन एक स्वतन्त्रता सेनानी या पूर्व सैनिक या इनके साथ पहला सम्बन्ध है, को समिति के एक सदस्य को सन्दर्भित किया जाना चाहिए।

आवेदन की प्राप्ति की अन्तिम तिथि 31 दिसम्बर, 2016 थी। 31 दिसम्बर, 2016 में शर्तों को पूरा किया जाना है। इन मानदण्डों के आधार पर, निर्णय लें कि आपको 1 जनवरी, 2017 को दिए गए।

निम्नलिखित मामले में फ्लैट आवण्टित करना है या नहीं।
धवन एक उद्योगपति और दूसरे राज्य से हैं, जिन्होंने वर्ष 2000 में अपनी फैक्ट्री को स्थापित किया है और उसके पास राज्य का निवास प्रमाण पत्र है। यदि आवश्यक हो, तो वह 4 वर्ष में पूरी राशि का भुगतान करने के लिए तैयार है। उसके पास उस शहर में कोई घर नहीं है, लेकिन उसकी पत्नी के पास एक फ्लैट है। उनकी जन्म तिथि 11 नवम्बर, 1970 हो।
(a) फ्लैट आवंटित करेंगे (b) उस सभाध्यक्ष को विचारार्थ भेजें
(c) फ्लैट आवंटित मत करें (d) अध्यक्ष को विचारार्थ भेजें

निर्देश (प्र. सं. 20-22) *दिए गए प्रश्नों के उत्तर देने के लिए निम्नलिखित जानकारी पढ़िए।* ***UP Police Constable 2019***

किसी किसान को बाढ़ से हुए नुकसान की भरपाई के लिए दिए जाने वाले ₹ 5 लाख के मुआवजे के लिए निम्नलिखित शर्तें हैं।

A. बाढ़ के द्वारा प्रभावित होने वाले खेत को कम-से-कम 5 एकड़, लेकिन 25 एकड़ से अधिक नहीं होना चाहिए।
B. बाढ़ग्रस्त खेत कम-से-कम 1 सप्ताह तक और कम-से-कम 2 फीट पानी में डूबा होना चाहिए।
C. किसान की अन्य स्रोतों से आय ₹ 20000 प्रतिमाह से अधिक नहीं होनी चाहिए।
D. बाढ़ के समय खेत में खड़ी फसल होनी चाहिए।
E. खेत का बीमा नहीं होना चाहिए।

हालाँकि, यदि कोई किसान निम्न को छोड़कर अन्य सभी मानदण्डों को पूरा करता है।

I. C उपरोक्त, किसी भी प्रकार की मिलने वाली छूट अन्य आय से निकाल दी जाएगी।
II. D उपरोक्त, यदि किसी फसल की कटाई हुई हो तथा फसल पानी में डूबी हो, तो केवल ₹ 2.5 लाख ही दिए जाएँगे।
III. E उपरोक्त, यदि बिमित व्यक्ति और बीमा दावा ₹ 5 लाख से कम हो, तो केवल अन्तर के बराबर मुआवजा दिया जाएगा।

नीचे दिए गए इन मानदण्डों और जानकारी के आधार पर प्रत्येक मामले में कार्यवाही का निर्णय लें। आप कुछ भी अपने आप से मान नहीं सकते।

20. किसान X के पास 30 एकड़ खेत हैं, जिसमें से 15 एकड़ 10 दिन से 2 फीट पानी के नीचे है। किसान की अन्य आय में ₹ 25000 प्रतिमाह की आय, जिसमें ₹ 6000 प्रतिमाह छूट भी शामिल है। जब खेत में बाढ़ आई, तब फसल की कटाई नहीं हुई थी। खेत का बीमा नहीं किया गया था।
(a) ₹ 5 लाख मुआवजा दिया जाए
(b) ₹ 2.5 लाख मुआवजा दिया जाए
(c) कोई मुआवजा नहीं दिया जाएगा
(d) आँकड़े अपर्याप्त हैं

21. किसान Y की अन्य कोई आय नहीं है। उनके 10 एकड़ के खेत में 8 दिन तक बाढ़ आई थी और खेत ढ़ाई फीट पानी में डूबा हुआ था। किसान को कोई छूट नहीं मिली और बाढ़ के समय फसल खड़ी थी।
(a) ₹ 5 लाख मुआवजा दिया जाए (b) ₹ 2.5 लाख मुआवजा दिया जाए
(c) कोई मुआवजा नहीं दिया जाएगा (d) आँकड़े अपर्याप्त हैं

22. किसान Z की अन्य आय ₹ 20000 प्रतिमाह है। फसल की कटाई हुई थी परन्तु फसल खेत में थी और बाढ़ में डूब गई। 15 एकड़ में से 10 एकड़ खेत एक सप्ताह तक 2.5 फीट पानी के अन्दर रहा। किसान ने बीमा का कोई दावा नहीं किया है
(a) ₹ 5 लाख मुआवजा दिया जाए
(b) ₹ 2.5 लाख मुआवजा दिया जाए
(c) कोई मुआवजा नहीं दिया जाएगा
(d) आँकड़े अपर्याप्त हैं

23. किसी बैंक में शामिल होने के लिए कुछ चयन मानदण्ड होते हैं। दी गई शर्तों को पढ़ें और निम्नलिखित स्थिति के लिए अपना उत्तर चुनें। ***RRB NTPC 2022***

शर्त
1. उम्मीदवार को 60% अंकों के साथ स्नातक होना चाहिए।
2. उम्मीदवार को चयन परीक्षा में न्यूनतम 70% अंक प्राप्त करने होंगे।
3. उम्मीदवार के पास मौलिक (Fundamental) कम्प्यूटर में सर्टिफिकेट होना चाहिए।

विशेष छूट
1. यदि स्नातक बी.टेक है, तो तीसरी शर्त को छोड़ा जा सकता है।
2. यदि चयन परीक्षा में अंक 70% से कम है, लेकिन 60% से अधिक है और स्नातक का अंक 75% से अधिक है, तो मामला विचार के लिए महाप्रबन्धक के पास भेजा जाएगा।

स्थिति
विजय ने पद के लिए आवेदन किया है और चयन परीक्षा में 70% अंक प्राप्त किए हैं। उन्होंने 75% फीसदी अंकों के साथ बी.टेक किया है।
(a) उनका मामला महाप्रबन्धक को सौंपा जाएगा
(b) जानकारी अपूर्ण है
(c) उसे अस्वीकार कर दिया जाएगा
(d) उसका चयन किया जाएगा

Right Key

1. (c)	2. (b)	3. (c)	4. (d)	5. (c)	6. (b)	7. (b)	8. (c)	9. (c)	10. (b)
11. (a)	12. (d)	13. (c)	14. (a)	15. (b)	16. (d)	17. (d)	18. (b)	19. (c)	20. (c)
21. (d)	22. (b)	23. (d)							

Solutions

1. *(c)* इस परिस्थिति में हम घटना की जानकारी देकर पुलिस को सूचित करेंगे और उन्हें उस कार का नम्बर देंगे तथा साथ ही घायल, व्यक्ति के लिए एम्बुलेंस भी बुलाएँगे।

2. *(b)* इस परिस्थिति के लिए न्यूनतम कीमत को स्वीकार कर लेना उचित समाधान है। विकल्प (a) या (c) से नौकाएँ लेने की प्रक्रिया में समय लगेगा, जबकि आपको परिस्थिति से शीघ्र निपटना होगा, क्योंकि आपको अल्प सूचना पर नौकाएँ भाड़े पर लेनी हैं। विकल्प (d), अनुचित होगा। इस प्रकार, विकल्प (b) सन्तुलित दृष्टिकोण है।

3. *(c)* विकल्प (a) तथा (d) के अनुसार, शौचालय में छिपना या टिकट जाँचकर्ता से झगड़ा करना गलत है। विकल्प (b) के अनुसार, टिकट जाँचकर्ता से साक्षात्कार में सम्मिलित होने की आवश्यकता के आधार पर बिना टिकट यात्रा करने का निवेदन करना गलत है। अत: सबसे बेहतर विकल्प (c) है कि टिकट जाँचकर्ता के सामने खुद को कानूनी कार्यवाही के लिए प्रस्तुत करें।

4. *(d)* इस प्रकार की समस्या में मानवीय कौशल की आवश्यकता होती है, चूँकि लोगों को बन्ध्याकरण करवा चुके लोगों तथा गर्भनिरोधकों का प्रयोग कर रहे लोगों से प्रत्यक्ष बातचीत द्वारा अनुभव साझा होंगे।

   अत: विकल्प (d) सही समाधान होगा, क्योंकि तर्क उन लोगों की समझ में नहीं आएँगे, जो रूढ़िवादी तथा अशिक्षित हैं। प्रोत्साहित करने का विकल्प हो सकता है, किन्तु यह एक दीर्घकालीन प्रक्रिया है।

5. *(c)* जब आप अपने कार्यालय के सभा कक्ष के पास से गुजर रहे होते हैं और आप देखते हैं कि सभी पंखे चल रहे हैं और लाइटें जल रही हैं, जबकि सभा कक्ष में कोई नहीं है, तो आपकी नैतिक जिम्मेदारी बनती है कि आप स्वयं पंखे व लाइटें बन्द कर देंगें।

6. *(b)* इस परिस्थिति में समस्या प्रश्न पर आधारित है, चूँकि अधिकारी स्पष्टत: रिश्वत नहीं माँग रहा केवल इशारे कर रहा है, तो ऐसी स्थिति में उसके इशारों पर ध्यान दिए बगैर अपने आवेदन पर डटे रहना समाधान होगा।

7. *(b)* इस प्रकार की समस्या में निर्णयन निर्माण की निदेशात्मक शैली द्वारा निर्णय लिया जा सकता है। यहाँ पर अधिकृत व्यक्ति मौजूदा नियमों तथा अपनी पद स्थिति के अनुसार निर्णय करेगा। यहाँ पर यह प्रमाणित किया जा चुका है कि एथलीट ने आयु सीमा पार कर ली है। अत: विकल्प (a) तथा (d) की सम्भावना नहीं बनती। आयु की घोषणा का शपथ-पत्र सही तथ्य को नकार नहीं सकता। अत: विकल्प (c) भी सही नहीं है। इसका एकमात्र निर्णय विकल्प (b) ही हो सकता है।

> **TOP TIPS**
>
> इस प्रकार के प्रश्नों को हल करने के लिए पहले सभी विकल्पों को ध्यानपूर्वक पढ़े। जो विकल्प निष्काषित हो सके। उसे निष्काषित कर उचित विकल्प का चुनाव करें।

8. *(c)* विकल्प (c) सही उत्तर है आप बटुए को पुलिस को सौंप देंगे। जोकि व्यावहारिक व कानूनी रूप से वैध है।

   विकल्प (a) सही नहीं है, क्योंकि बटुए को अपने पास रखना तथा अपना परीक्षा शुल्क जमा कराना अनैतिक व गैर-कानूनी है।

   विकल्प (b) व्यावहारिक रूप से सही नहीं है तथापि नैतिक रूप से सही है।

   विकल्प (d) सही नहीं है, क्योंकि आप उस धन को गरीबों में नहीं बाँट सकते क्योंकि वह धन आपका अपना नहीं है जोकि एक अनैतिक कार्य है।

9. *(c)* दुकान O से महिला को निश्चित रूप से उसकी सभी वस्तुएँ मिल जाएँगी। क्योंकि वहाँ दूध की कीमत ₹ 23 प्रति लीटर है, टमाटर की कीमत ₹ 42 प्रति किलो है तथा अँगूर की कीमत ₹ 86 प्रति किलो है।

10. *(b)* M शर्त 2 का उल्लंघन करता है। S शर्त 1 का उल्लंघन करता है तथा H शर्त 3 का पालन नहीं करता है। इसलिए, इनकी नियुक्ति नहीं होगी। केवल U सभी शर्तों का पालन करता है। अत: U की नियुक्ति होगी।

11. *(a)* $\because$ दुकान में सूखे मेवों की प्रति 100 ग्राम की कीमत ₹ 125 से भी ज्यादा है परन्तु सूची C में सूखे मेवे Z, ₹ 100 प्रति 100 ग्राम का है। अत: सूची C का सामान उसकी दुकान में नहीं मिलेगा।

12. *(d)* प्रश्नानुसार, रोहन मानदण्ड I, II और III को पूरा करता है, परन्तु यह स्पष्ट नहीं है कि वह भारतीय नागरिक है कि नहीं। अत: जानकारी निर्णय लेने के लिए पर्याप्त नहीं है।

13. *(c)* प्रकाश, प्रश्न में दिए गए सारे चयन की शर्तों को पूरा करता है, इसलिए इसका चयन कर लेना चाहिए।

14. *(a)* समीर मानदण्ड A, B और E को पूरा करता है। अत: उसे परिवीक्षा पर रखा जाएगा।

15. *(b)* चूँकि व्यक्ति A शर्त (C) पूरा नहीं करता है। अत: उसे जज नहीं बनाया जा सकता है।

16. *(d)* आँकड़े अपर्याप्त हैं, क्योंकि प्रश्न में यह स्पष्ट नहीं हो रहा है कि उसने गायन या संगीत में कोई पुरस्कार जीता है या नहीं।

17. *(d)* आँकड़े अपर्याप्त हैं, क्योंकि व्यक्ति C की आयु निर्धारित नहीं है।

18. *(b)* जब उन्होंने आखिरी बार स्कूल में शिक्षक के रूप में काम किया था, तब वह 23 वर्ष के थे। इससे उनकी आयु का पता नहीं लगाया जा सकता है। अत: आँकड़े निर्णय लेने के लिए पर्याप्त नहीं हैं।

19. *(c)* चूँकि धवन की पत्नी के पास एक फ्लैट है। अत: वह शर्त (iv) का उल्लंघन करता है इसलिए धवन को फ्लैट आवंटित नहीं किया जाएगा।

20. *(c)*

किसान/शर्त	A	B	C	D	E	I	II	III
X	✗	✓	✗	✓	✓			

किसान X, के पास 25 एकड़ से अधिक जमीन है। इसलिए किसान को कोई मुआवजा नहीं दिया जाएगा।

21. *(d)*

किसान/शर्त	A	B	C	D	E	I	II	III
Y	✓	✓	✓	✓	?			

किसान Y, के खेत के बीमें के बारे में कोई जानकारी नहीं दी गई है। इसलिए आँकड़े अपर्याप्त है।

22. *(b)*

किसान/शर्त	A	B	C	D	E	I	II	III
Z	✓	✓	✓	✗	✓		✓	

किसान Z की फसल की कटाई हो चुकी थी, किन्तु उसकी फसल खेत में ही थी, जो बाढ़ में डूब गई इसलिए उसे ₹ 2.5 लाख का मुआवजा दिया जाएगा।

23. *(d)* चूँकि, विजय ने चयन परीक्षा में 70% अंक प्राप्त किए हैं और 75% अंकों के साथ बी.टेक धारक है, जिससे उसे कम्प्यूटर सर्टिफिकेट की जरूरत नहीं पड़ेगी इसलिए वह तीनों शर्तें पूरी करता है। अत: उसका चयन किया जाएगा।

अध्याय

20 घन, घनाभ एवं पासा

(Cube, Cuboid and Dice)

घन एवं घनाभ

घन एवं घनाभ दोनों ही त्रिविमीय आकृति/वस्तु हैं, जहाँ, घन में लम्बाई, चौड़ाई और ऊँचाई तीनों समान तथा घनाभ में तीनों भिन्न होती हैं। जैसे- लूडो का पासा एक घन है तथा माचिस का डिब्बा एक घनाभ है।

घन या घनाभ को काटने/रंगकर काटने पर आधारित

इसके अन्तर्गत पूछे गए प्रश्न घन या घनाभ को काटने के बाद छोटे घन जैसे–शीर्ष घन, मध्य घन आदि या रंगने (एक या अधिक रंग) के बाद काटने तथा छोटे रंगीन घन प्राप्त करने पर आधारित होते हैं।

जैसे- 4 सेमी भुजा वाले घन के सभी सतहों को लाल रंग से रंग दिया गया है तथा इसे 1 सेमी भुजा वाले छोटे-छोटे घनों में विभाजित किया गया है, ऐसे कितने घन होंगे, जिनकी एक सतह लाल रंग की हो?

(a) 8 (b) 24 (c) 16 (d) 48

हल (*b*) $n = \dfrac{\text{बड़े घन की भुजा}}{\text{छोटे घन भुजा}} = \dfrac{4}{1} = 4$

एक सतह लाल रंग वाले घनों की संख्या

$= (n-2)^2 \times 6 = 4 \times 6 = 24$

खण्डों (ब्लॉकों) की गिनती करने पर आधारित

इस प्रकार के प्रश्नों के अन्तर्गत एक मिश्रित आकृति दी गई होती है, जो विभिन्न खण्डों/ब्लॉकों जैसे-घन व घनाभ आदि से मिलकर बनी होती है। अभ्यर्थियों को इन्हीं छोटे-छोटे खण्डों की संख्या ज्ञात करनी होती है।

जैसे-निम्न आकृति में कितने घन हैं?

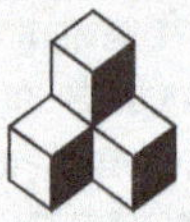

(a) 3 (b) 4 (c) 5 (d) 6

हल (*b*) 2 घन वाले स्तम्भों में घनों की संख्या

$= 2 \times 1 = 2$

1 घन वाले स्तम्भ में घनों की संख्या

$= 1 \times 2 = 2$

$\therefore$ कुल घनों की संख्या $= 2 + 2 = 4$

पासा

पासा, घन और घनाभ के समान ही एक त्रिआयामी आकृति/वस्तु है। सामान्यतया इसकी लम्बाई, चौड़ाई और ऊँचाई तीनों बराबर होती हैं। इसकी सतहों पर 1 से 6 तक के अंक, डॉट या कुछ अक्षर/प्रतीक अंकित होते हैं।

बन्द पासे पर आधारित

इस प्रकार के प्रश्नों में बन्द पासे की एक या एक से अधिक स्थितियाँ दी गई होती हैं, जिनकी सतह पर बिन्दु/अक्षर/अंक/रंग आदि लिखे होते हैं तथा जिनमें से किसी एक निश्चित बिन्दु/अक्षर/अंक/रंग आदि के विपरीत सतह पर बिन्दु/अक्षर/अंक/रंग आदि को ज्ञात करना होता है।

जैसे–अंक '6' के सामने कौन-सा अंक आएगा?

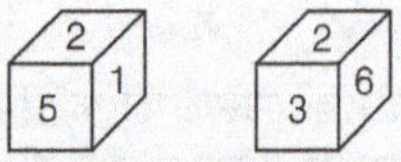

(a) 1 (b) 3
(c) 4 (d) 6

हल (*a*) दोनों स्थितियों में अंक '2' उभयनिष्ठ है अंक '2' से दक्षिणावर्त लिखने पर,

स्थिति I ⟶ 2 | 1 | 5

स्थिति II ⟶ 2 | 6 | 3 --- विपरीत

अतः 6 के विपरीत अंक '1' होगा।

प्रसारित/खुले पासे पर आधारित

इसके अन्तर्गत पूछे गए प्रश्न, प्रसारित पासे/खुले पासे पर आधारित होते हैं। जिस प्रकार बन्द पासे से प्रसारित सतहों को दर्शाया जाता है, उसी प्रकार प्रसारित सतहों से पासे का रूप प्रदान किया जाता है। इसमें प्रश्न मुख्यत: खुले पासे की सतहों को मोड़कर घन/पासा बनाना तथा विपरीत अंक/अक्षर/प्रतीक ज्ञात करने पर आधारित होते हैं।

जैसे–दिए गए डिजाइन को मोड़ने पर कौन-सा घन प्राप्त होगा?

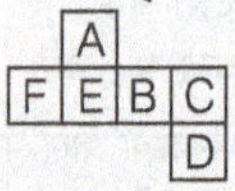

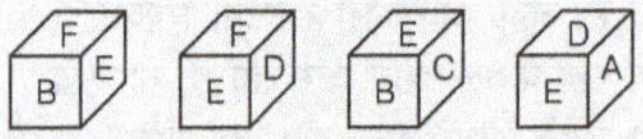

(a) (b) (c) (d)

हल (*b*) प्रश्नानुसार, A के विपरीत = D; F के विपरीत = B तथा E के विपरीत = C पासे में दो विपरीत फलक कभी भी एक साथ दिखाई नहीं देते हैं।

Score Booster

मानक पासे में, विपरीत अंक दिए गए अंक को 7 में से घटाकर प्राप्त किया जाता है।

सतह या फलक

किसी भी घन या घनाभ या पासे में छः सतह (फलकें) होती हैं, जिनमें से तीन सतह दिखाई देती हैं और तीन सतह दिखाई नहीं देती हैं, अर्थात् छिपी हुई होती हैं।

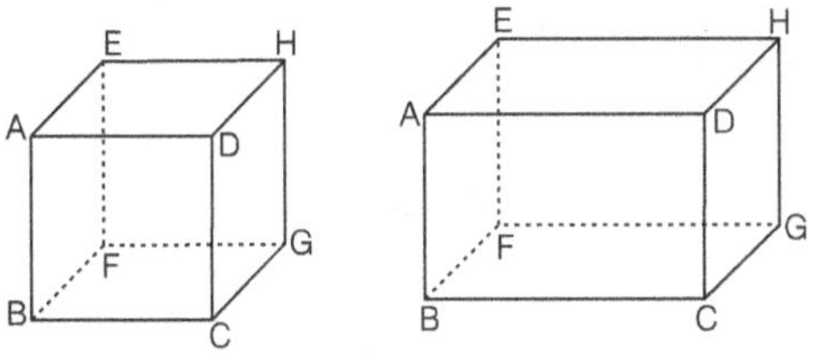

उपरोक्त आकृति में, ABCD, ADHE, CDHG, EFGH, BCGF तथा ABFE छः सतह (फलकें) हैं,

इनमें से ABCD, ADHE तथा CDHG दिखाई देने वाली सतह हैं, जबकि EFGH, BCGF तथा ABFE न दिखाई देने वाली सतह हैं।

उपरोक्त आकृति में विपरीत सतह निम्न हैं

ABCD ⟶ सामने की सतह } विपरीत
EFGH ⟶ पीछे की सतह

ADHE ⟶ ऊपर की सतह } विपरीत
BCGF ⟶ नीचे की सतह

ABFE ⟶ बाईं सतह } विपरीत
DCGH ⟶ दाईं सतह

शीर्ष (कोना)

किसी भी घन या घनाभ या पासे में आठ कोने होते हैं, जिसमें से सात दिखाई देते हैं और एक कोना दिखाई नहीं देता है, अर्थात् छिपा हुआ होता है।

दी गई आकृति में, A, B, C, D, E, F, G तथा H आठ कोने हैं।

कोर (किनारा)

किसी भी घन या घनाभ या पासा में बारह किनारे होते हैं, जिनमें से नौ दिखाई देते हैं और तीन किनारे दिखाई नहीं देते हैं, अर्थात् छिपे हुए होते हैं। दी गई आकृति में, AB, BC, CD, AD, AE, EH, HD, HG, CG, BF, FG तथा EF बारह किनारे हैं।

घन को काटना

एक घन को छोटे-छोटे समान घनों में काटने के बाद, उनके विभिन्न भागों पर स्थित घनों की पहचान निम्न रूप से की जाती है।

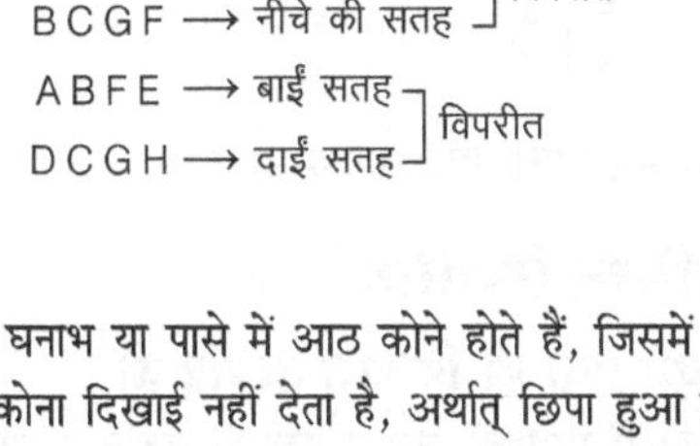

जहाँ, S = शीर्ष घन (Vertex cube); M = मध्य घन (Middle cube)
C = केन्द्रीय घन (Central cube);
N = अन्तः केन्द्रीय घन (Inner central cube)

(i) **शीर्ष घन** ऐसे घन प्रत्येक शीर्ष, अर्थात् कोने पर स्थित होते हैं। प्रत्येक घन के लिए इनकी संख्या सदैव आठ होती है, क्योंकि किसी भी घन में आठ कोने या शीर्ष होते हैं।

(ii) **मध्य घन** ऐसे घन प्रत्येक किनारे के ठीक मध्य में स्थित होते हैं।

(iii) **केन्द्रीय घन** ऐसे घन प्रत्येक सतह (फलक) के ठीक केन्द्र पर स्थित होते हैं।

(iv) **अन्तः केन्द्रीय घन** ऐसे घन प्रत्येक सतह (फलक) के केन्द्रीय घन से अन्दर की ओर मध्य में स्थित होते हैं। यह बाहर से दिखाई नहीं देते हैं। इसे न्यूक्लियस क्यूब भी कहते हैं।

घन से सम्बन्धित महत्त्वपूर्ण सूत्र

- बड़े घन का छोटे घनों में विभाजन करने के बाद प्राप्त कुल छोटे घनों की कुल संख्या $(N) = (n)^3$ होगी।

  जहाँ, $n = \dfrac{\text{बड़े घन की एक भुजा}}{\text{छोटे घन की एक भुजा}}$
- शीर्ष घनों की कुल संख्या $= 8$
- मध्य घनों की कुल संख्या $= 12(n-2)$
- केन्द्रीय घनों की कुल संख्या $= 6(n-2)^2$
- अन्तः केन्द्रीय घनों की कुल संख्या $= (n-2)^3$
- काटने की संख्या $= 3(n-1)$

घनाभ को काटना

किसी घनाभ को छोटे-छोटे एकसमान छोटे घन के रूप में काटा जाए, तो

$$\text{कुल छोटे घनों की संख्या} = \frac{\text{बड़े घनाभ का आयतन}}{\text{छोटे घन का आयतन}}$$

$$= \frac{\text{घनाभ की लम्बाई} \times \text{चौड़ाई} \times \text{ऊँचाई}}{(\text{छोटे घन की एक भुजा})^3}$$

जैसे—यदि कोई घनाभ जिसकी लम्बाई 5 सेमी, चौड़ाई 3 सेमी तथा ऊँचाई 4 सेमी हों, तो 1 सेमी भुजा वाले छोटे-छोटे कुल घनों की संख्या

$$= \frac{\text{बड़े घनाभ का आयतन}}{\text{छोटे घन का आयतन}} = \frac{5 \times 3 \times 4}{1} = 60$$

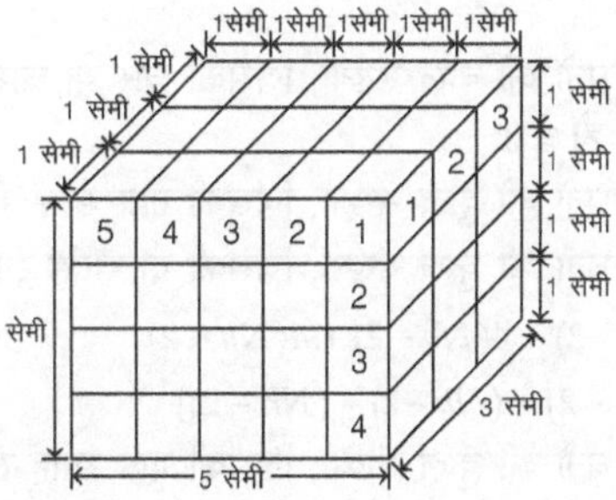

यदि घनाभ की लम्बाई पर कटे खण्डों को Nl, चौड़ाई पर कटे खण्डों को Nb तथा ऊँचाई पर कटे खण्डों को Nh से प्रदर्शित किया जाए, तो कुल छोटे घनों की संख्या $= Nl \times Nb \times Nh$

घन को रंगना व काटना

यदि किसी बड़े घन को एक या एक से अधिक रंगों से रंग दिया जाए तत्पश्चात् उसके छोटे-छोटे एवं बराबर घन किए जाए, तो विभिन्न भागों पर स्थित घनों की पहचान निम्न प्रकार से की जाती हैं।

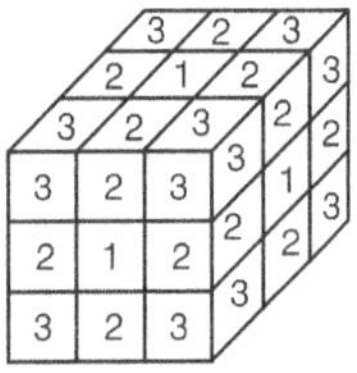

घन को रंग कर छोटे घनों में काटने पर आधारित कुछ महत्त्वपूर्ण सूत्र

- केवल एक सतह रंगीन वाले घन (केन्द्रीय घन) की कुल संख्या $= (n-2)^2 \times 6$ [यहाँ, $n = \sqrt[3]{N}$]
- दो सतह रंगीन वाले घन (मध्य घन) की कुल संख्या $= (n-2) \times 12$
- तीन सतह रंगीन वाले घन (शीर्ष घन) की कुल संख्या = 8
- कोई भी सतह नहीं रंगे छोटे घन (अन्तः केन्द्रीय घन) की कुल संख्या $= (n-2)^3$

घनाभ को रंगना व काटना

इसके अन्तर्गत एक घनाभ को घन के समान ही एक या एक से अधिक रंगों से रंगा जाता है और तब छोटे घनों में काटा जाता है।

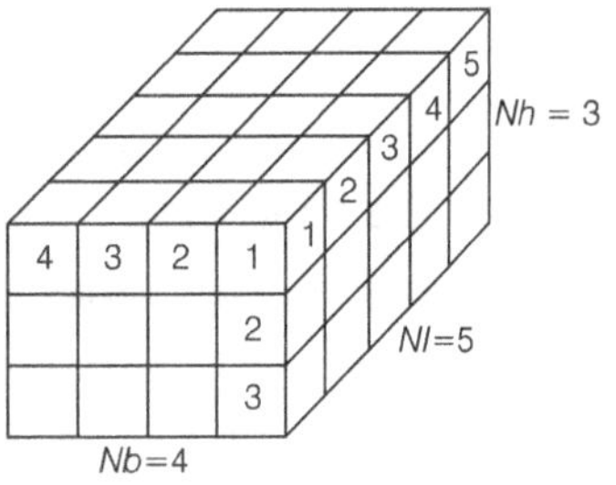

यदि रंगे हुए घनाभ की सभी भुजाओं को खण्डों द्वारा प्रदर्शित किया जाए तथा घनाभ की लम्बाई पर कटे हुए खण्डों को Nl, चौड़ाई पर कटे हुए खण्डों को Nb तथा ऊँचाई पर कटे हुए खण्डों को Nh से प्रदर्शित किया जाए, तो

(i) ऐसे छोटे घनों की कुल संख्या, जिसकी चार या चार से अधिक सतह रंगी हों = 0

(ii) ऐसे छोटे घनों की कुल संख्या, जिसकी तीन सतह रंगी हों = 8

(iii) ऐसे छोटे घनों की कुल संख्या, जिसकी दो सतह रंगी हों

$= 4(Nl-2) + 4(Nb-2) + 4(Nh-2)$

$= 4[(Nl-2) + (Nb-2) + (Nh-2)]$

(iv) ऐसे छोटे घनों की कुल संख्या, जिसकी एक सतह रंगी हो

$= 2(Nl-2)(Nb-2) + 2(Nl-2)(Nh-2) + 2(Nb-2)(Nh-2)$

$= 2[(Nl-2)(Nb-2) + (Nl-2)(Nh-2) + (Nb-2)(Nh-2)]$

(v) ऐसे छोटे घनों की कुल संख्या, जिसकी एक भी सतह रंगी न हो

$= (Nl-2)(Nb-2)(Nh-2)$

पासे के प्रकार

यदि किसी पासे की सतहों पर 1 से 6 तक के अंक या बिन्दु दर्शाए गए हैं, तो ऐसे पासे को हम निम्न प्रकार से दो भागों में विभाजित कर सकते हैं।

1. **सामान्य पासा** इस प्रकार के पासे की विपरीत सतहों के अंकों का योग 7 नहीं होता है, बल्कि किन्हीं दो निकटवर्ती सतहों के अंकों का योग 7 हो सकता है।

   जैसे—

   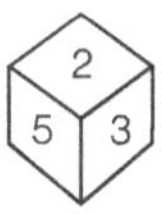

   $2 + 5 = 7$

   अतः दिया गया पासा एक सामान्य पासा है।

   यदि इसमें 2 के विपरीत सतह का अंक पूछा जाए, तो 1, 4 एवं 6 में से कोई भी एक हो सकता है।

2. **मानक पासा** इस प्रकार के पासे की किन्हीं भी दो विपरीत सतहों के अंकों का योग सदैव 7 होता है। अतः यदि दो संलग्न सतहों का योग 7 नहीं हो, तो वह मानक पासा हो सकता है।

   जैसे—

   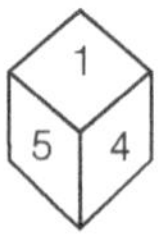

   $1 + 4 = 5$
   $4 + 5 = 9$
   $1 + 5 = 6$

   अतः दिया गया पासा एक मानक पासा है।

पासे की विभिन्न स्थितियाँ

I. जब पासे की एक ही स्थिति दी गई हो

यदि पूछे गए प्रश्न में पासे की केवल एक ही स्थिति दी गई हो, तो सर्वप्रथम यह ज्ञात करना चाहिए, कि दिया गया पासा मानक पासा है या साधारण पासा है। इसके आधार पर ही प्रश्न का हल ज्ञात करना चाहिए।

जैसे-नीचे दिए गए पासे में अंक 3 के विपरीत सतह पर कौन-सा अंक होगा?

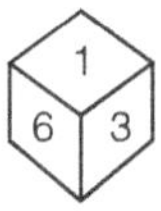

(a) 3 (b) 5 (c) 2/5 (d) 2/4/5

हल (*d*) दिए गए पासे में, $6 + 1 = 7$

अतः यह एक सामान्य पासा है।

$\therefore$ 3 के विपरीत अंक $\rightarrow$ 2/4/5 (कोई भी हो सकता है।)

II. जब पासे की दो स्थितियाँ दी गई हो

नीचे पासे की दो स्थितियाँ निम्न शर्तों पर आधारित हैं

शर्त I जब पासे की दो स्थितियों में केवल एक अंक समान हो और समान अंक दो भिन्न सतहों पर हों, तो समान अंक से शुरू कर, उसे अलग-अलग श्रेणी में दक्षिणावर्त/वामावर्त क्रम में लिखें। जैसे-

पासे की स्थिति X के लिए $\longrightarrow$ 2, 4, 6

पासे की स्थिति Y के लिए $\longrightarrow$ 2, 5, 3

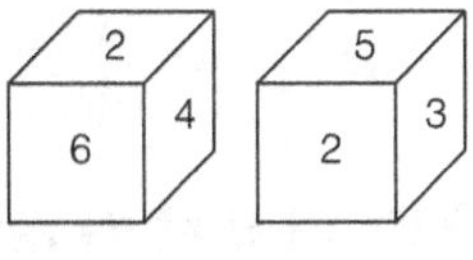

इसमें 4 के विपरीत ⟶ 5

6 के विपरीत ⟶ 3

तथा 2 के विपरीत ⟶ 1 होगा।

शर्त II पासे की दोनों स्थितियों में लिखे अंकों में से एक अंक समान हो तथा समान सतह पर हो, तो ऐसी स्थिति में दोनों पासों के उभयनिष्ठ अंकों को छोड़कर अन्य दोनों सतहों पर स्थित अंक एक-दूसरे के विपरीत होंगे तथा उभयनिष्ठ अंक की विपरीत सतह पर वह अंक होगा, जो दिखाई नहीं देता है।

जैसे–

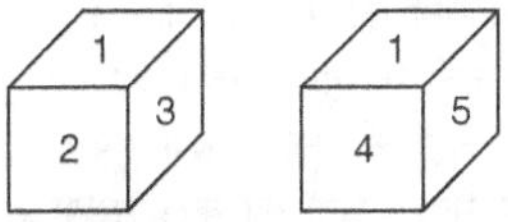

(X) (Y)

इसमें 1 की विपरीत सतह पर अंक = 6 (अदृश्य)

2 की विपरीत सतह पर अंक = 4

3 की विपरीत सतह पर अंक = 5

शर्त III जब पासे की दोनों स्थितियों में दो अंक समान हों। जैसे, 2 व 3 अंक दोनों स्थितियों में समान हैं,

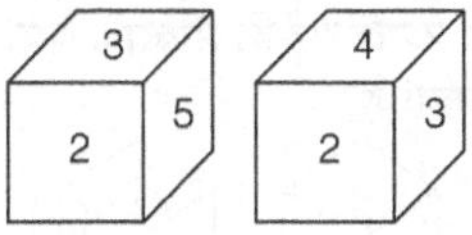

(X) (Y)

तो, शेष दो अंक आपस में विपरीत होंगे।

∴ इसमें 4 के विपरीत ⟶ 5 होगा।

III. जब पासे की तीन या चार स्थितियाँ दी गई हो

जब पासे की तीन या चार स्थितियाँ दी गई हों, तो हम सबसे पहले उस पासे की स्थिति पर विचार करेंगे, जिसमें वह अंक दिखाई देगा, जिससे सम्बन्धित प्रश्न पूछा गया है और किसी भी दी गई अन्य स्थिति के साथ रखकर बताए गए दो पासे की स्थिति वाले नियमों की सहायता से उत्तर ज्ञात करेंगे।

जैसे-नीचे एक पासे की चार स्थितियों को दर्शाया गया है, इनमें अंक '1' के विपरीत फलक पर कौन-सा अंक होगा?

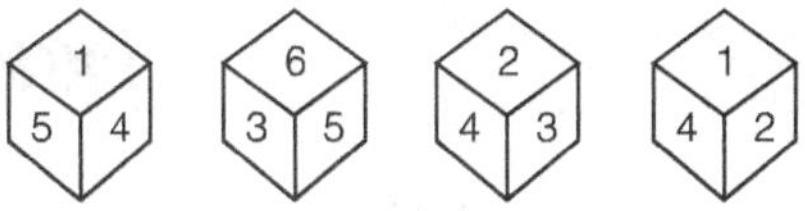

(a) 6 (b) 4 (c) 2 (d) 3

हल (d) स्थिति (i) व (ii) से 5 उभयनिष्ठ है, 5 से दक्षिणावर्त लिखने पर,

स्थिति (i) से → 5 1 4

स्थिति (ii) से → 5 3 6

अत: 1 के विपरीत सतह पर 3 होगा।

प्रसारित पासों की आकृतियाँ

प्रसारित सतह	विपरीत सतह
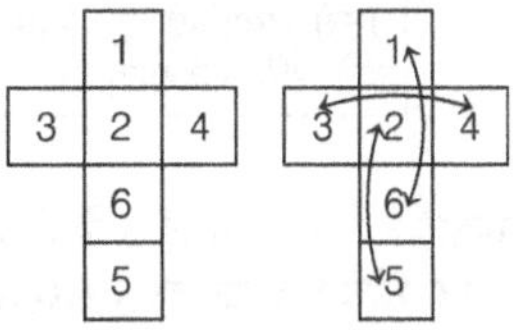	1 के विपरीत सतह पर अंक = 6 2 के विपरीत सतह पर अंक = 5 3 के विपरीत सतह पर अंक = 4 4 के विपरीत सतह पर अंक = 3 5 के विपरीत सतह पर अंक = 2 6 के विपरीत सतह पर अंक = 1
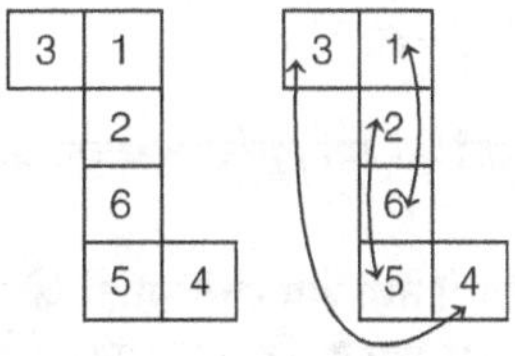	1 के विपरीत सतह पर अंक = 6 2 के विपरीत सतह पर अंक = 5 3 के विपरीत सतह पर अंक = 4 4 के विपरीत सतह पर अंक = 3 5 के विपरीत सतह पर अंक = 2 6 के विपरीत सतह पर अंक = 1
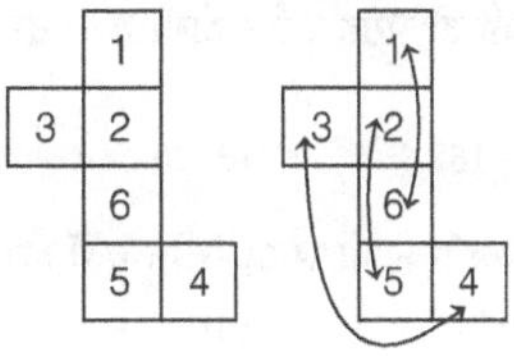	1 के विपरीत सतह पर अंक = 6 2 के विपरीत सतह पर अंक = 5 3 के विपरीत सतह पर अंक = 4 4 के विपरीत सतह पर अंक = 3 5 के विपरीत सतह पर अंक = 2 6 के विपरीत सतह पर अंक = 1
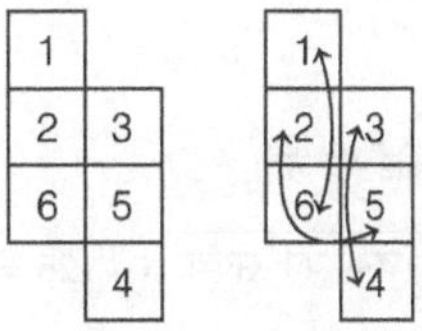	1 के विपरीत सतह पर अंक = 6 2 के विपरीत सतह पर अंक = 5 3 के विपरीत सतह पर अंक = 4 4 के विपरीत सतह पर अंक = 3 5 के विपरीत सतह पर अंक = 2 6 के विपरीत सतह पर अंक = 1

Exam Approach Examples

घन या घनाभ को काटने/रंगकर काटने पर आधारित

उदाहरण 1. 18 सेमी भुजा वाले किसी एक घन की सभी सतह को पीला रंग से रंगा जाता है और फिर 3 सेमी भुजा वाले छोटे घनों में काट दिया जाता है। ऐसे छोटे घनों की संख्या ज्ञात कीजिए, जिनके केवल दो पृष्ठ रंगे हुए हैं। *SSC CGL (Tier I) 2022*

(a) 36 (b) 48 (c) 20 (d) 64

हल (*b*) यहाँ, $n = \frac{\text{बड़े घन की भुजा}}{\text{छोटे घन की भुजा}} = \frac{18}{3} = 6$

∴ अभीष्ट छोटे घनों की संख्या

$= 12(n-2)$

$= 12(6-2)$

$= 12 \times 4 = 48$

> **Helping Tips**
> इस प्रकार के प्रश्नों को हल करने के लिए विद्यार्थी को इससे सम्बन्धित सूत्र याद होने अति आवश्यक हैं।

उदाहरण 2. यदि कोई घनाभ जिसकी लम्बाई 5 सेमी, चौड़ाई 3 सेमी तथा ऊँचाई 4 सेमी हों, तो 1 सेमी भुजा वाले छोटे-छोटे घनों की कुल संख्या ज्ञात कीजिए?

(a) 30 (b) 40 (c) 50 (d) 60

हल (*d*) छोटे घनों की कुल संख्या $= \frac{5 \times 3 \times 4}{1 \times 1 \times 1} = 60$

निर्देश (उदा. सं. 3-5) *नीचे दी गई जानकारी का ध्यानपूर्वक अध्ययन करके इस पर आधारित प्रश्नों के उत्तर दीजिए।*

किसी घन की दो विपरीत सतह को लाल रंग से तथा शेष सभी सतहों को हरे रंग से रंगा गया है। अब इसे इस प्रकार से काटा गया है, कि 125 छोटे-छोटे एवं बराबर घन बन सकें।

उदाहरण 3. ऐसे कितने घन होंगे, जिनकी दो सतह रंगीन होंगी तथा दोनों ही हरी होंगी?

(a) 8 (b) 12 (c) 16 (d) 20

उदाहरण 4. ऐसे कितने घन होंगे, जिनकी एक भी सतह रंगीन नहीं होगी?

(a) 12 (b) 18 (c) 24 (d) 27

उदाहरण 5. ऐसे कितने घन होंगे, जिनकी दो सतह रंगीन होंगी और दोनों ही लाल होंगी?

(a) 4 (b) 8
(c) 16 (d) कोई भी नहीं

हल (उदा. सं. 3-5): यहाँ, $n = \sqrt[3]{\text{सभी छोटे घनों की संख्या}} = \sqrt[3]{125} = 5$

3. (*b*) हरे रंग से रंगी हुई दो सतहों वाले घनों की कुल संख्या

$= 4(n-2) = 4(5-2) = 4 \times 3 = 12$

4. (*d*) कोई भी सतह रंगीन नहीं होने वाले घनों की कुल संख्या

$= (n-2)^3 = (5-2)^3 = (3)^3 = 27$

5. (*d*) लाल रंग से रंगी हुई दो सतहों वाले घनों की कुल संख्या

$= 0 \times (5-2) = 0 \times 3 = 0$ अर्थात् कोई भी नहीं

नोट जब कोई भी दो विपरीत फलक तथा शेष अन्य चार फलक अलग-अलग रंग से रंगे हुए हों, तो दो विपरीत फलक में समान रंग से रंगी हुई दो सतहों वाले छोटे घनों की कुल संख्या हमेशा शून्य होगी।

खण्डों (ब्लॉकों) की गिनती करने पर आधारित

उदाहरण 6. दिए गए चित्र में कितने घन अदृश्य हैं? *CRPF HC 2023*

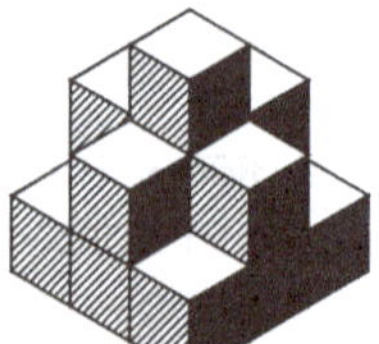

> **Trending Concept**
> घन एवं घनाभ को रंगने व काटने पर आधारित प्रश्न वर्तमान में हो रही CRPF HC, SSC (10+2) तथा UP Police की परीक्षाओं में पूछे जा रहे हैं।

(a) 5 (b) 6 (c) 10 (d) 15

हल (*a*) प्रश्नानुसार,

ऊपर से पहली पंक्ति में घनों की कुल संख्या = 1

ऊपर से दूसरे पंक्ति में घनों की कुल संख्या = 5

ऊपर से तीसरे पंक्ति में घनों की कुल संख्या = 9

ऊपर से पहले पंक्ति में सदृश्य घनों की कुल संख्या = 1

ऊपर से दूसरे पंक्ति में सदृश्य घनों की कुल संख्या = 4

ऊपर से तीसरे पंक्ति में सदृश्य घनों की कुल संख्या = 5

∴ अभीष्ट अदृश्य घन की कुल संख्या $= (1+5+9)+(1+4+5)$

$= 15 - 10 = 5$

बन्द पासे पर आधारित

उदाहरण 7. एक पासे के अलग-अलग फलकों पर छः संख्याएँ 1, 3, 5, 6, 7 और 8 अंकित हैं। निम्न आकृति में इसी पासे की दो अलग-अलग स्थितियाँ दर्शाई गई हैं। संख्या 6 वाले फलक के विपरीत फलक पर कौन-सी संख्या है? *SSC (10+2) Tier I 2024*

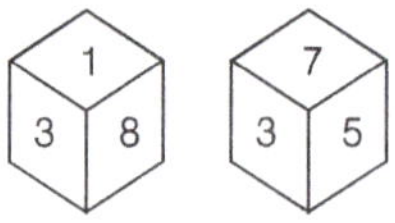

(a) 7 (b) 3 (c) 5 (d) 8

हल (*b*) एक पासे की दो स्थितियों में एक फलक अर्थात् 3 उभयनिष्ठ हैं,

स्थिति (I) 3 — 1 — 8
↕ ↕
स्थिति (II) 3 — 7 — 5

अतः संख्या 6 वाले फलक के विपरीत फलक की संख्या 3 है।

प्रसारित/खुले पासे पर आधारित

उदाहरण 8. यदि नीचे दी गई शीट को मोड़कर एक घन बनाया जाए, तो '≠' के विपरीत फलक पर कौन-सा चिह्न होगा? *SSC (10+2) Tier I 2024*

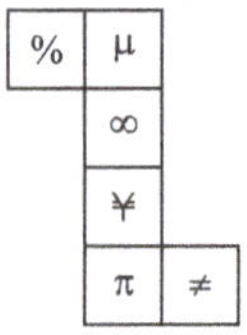

(a) % (b) μ (c) ∞ (d) ¥

हल (*a*) प्रश्नानुसार, μ के विपरीत → ¥

∞ के विपरीत → π

% के विपरीत → ≠

अतः ≠ के विपरीत फलक का चिह्न % होगा।

Chapter Challenge

घन या घनाभ को काटने/रंगकर काटने पर आधारित

1. एक 18 सेमी के ठोस घन से यदि 3 सेमी के छोटे-छोटे घन बनाए जाएँ, तो कुल कितने घन बनेंगे? ***UPSSSC 2016***
(a) 216 (b) 24 (c) 124 (d) 6

2. एक घन को 125 भागों में विभाजित किया गया है। इस विभाजन से प्राप्त छोटे घनों की भुजा 3 सेमी है, तब बड़े घन की भुजा क्या रही होगी?
(a) 5 सेमी (b) 10 सेमी
(c) 12 सेमी (d) 15 सेमी

3. 25 सेमी भुजा के एक रंगीन घन को 5 सेमी भुजा के छोटे घनों में विभाजित किया गया, तब ऐसे कितने छोटे घन प्राप्त होंगे, जिनकी कम-से-कम दो सतह अवश्य रंगीन होंगी?
(a) 50 (b) 44
(c) 36 (d) 8

> ***MRC******
> ***(Most Repeating Concepts)***
> प्र. सं. 3, 5, 6, 7, 8 और 9 Examination Point of View से अति महत्त्वपूर्ण हैं। इन Concept पर प्रश्न सभी प्रतियोगी परीक्षाओं (UP Police Constable, CGPSC) में निरन्तर पूछे जा रहे हैं।

4. 1 सेमी भुजा के 64 घनों को सजाकर एक बड़ा घन तैयार किया गया, तब इस व्यवस्था में ऐसे कितने घन होंगे, जिनकी कोई भी सतह बाहर से नहीं दिखाई देंगी?
(a) 27 (b) 1 (c) 9 (d) 8

5. एक घनाभ है, जिसके आयाम $4 \times 3 \times 3$ सेमी हैं। आयाम 4×3 के विपरीत फलक पीले रंग से रंगे गए हैं। अन्य आयाम 4×3 के विपरीत फलक लाल रंग से रंगे गए हैं। आयाम 3×3 के विपरीत फलक हरे रंग में रंगे गए हैं। अब घनाभ को 1 सेमी भुजा वाले छोटे घनों में काट लिया जाता है, तब ऐसे कितने छोटे घन हैं, जिनके तीन फलक रंगीन हैं? ***UP Police Constable 2024***
(a) 20 (b) 16 (c) 8 (d) 12

6. एक घनाकार लकड़ी के ब्लॉक की लम्बाई 6 सेमी, चौड़ाई 4 सेमी और ऊँचाई 1 सेमी है। 4 सेमी $\times 1$ सेमी माप वाले दो फलक काले रंग से रंगे गए हैं। 6 सेमी $\times 1$ सेमी माप वाले दो फलक लाल रंग में रंगे गए हैं। 6 सेमी $\times 4$ सेमी माप वाले दो फलक हरे रंग में रंगे गए हैं। ब्लॉक को 1 सेमी भुजा वाले 6 बराबर घन (6 सेमी भुजा से), 1 सेमी भुजा वाले 4 बराबर घन (4 सेमी भुजा से) में विभाजित किया गया है।

यदि काले और हरे रंग वाले घनों को हटा दिया जाए, तो कितने घन शेष रहेंगे? ***UP Police Constable 2024***
(a) 16 (b) 8 (c) 12 (d) 4

7. एक घन को सभी ओर से हरा रंगा गया। फिर उसे बराबर आकार के 64 छोटे घनों में काटा गया। इन छोटे घनों में से कितनों पर एक ओर ही रंग लगा है?
(a) 16 (b) 24 (c) 4 (d) 6

8. एक घन को रंगने के लिए तीन रंगों का प्रयोग किया गया है। रंग व्यवस्था ऐसी है कि कोई भी रंग दो आसन्न सतहों पर प्रयोग नहीं हुआ है। इसके पश्चात् इसे 64 छोटे घनों में काटा गया है, तो किसी एक रंग से रंगे ऐसे घनों की अधिकतम संख्या होगी
(a) 6 (b) 7
(c) 8 (d) 9

निर्देश (प्र. सं. 9-11) *दी गई जानकारी का ध्यानपूर्वक अध्ययन कर दिए गए प्रश्नों के उत्तर दीजिए।* ***CGPSC 2019***

(i) लकड़ी के एक घनाभ की लम्बाई 4 सेमी, चौड़ाई 3 सेमी और ऊँचाई 5 सेमी हैं।
(ii) 5 सेमी $\times 4$ सेमी के विपरीत ओर लाल रंग से रंगे गए हैं।
(iii) 4 सेमी $\times 3$ सेमी के विपरीत ओर नीला रंग रंगा गया है।
(iv) शेष दोनों ओर हरें रंग से रंगा गया है।
(v) अब घनाभ को 1 सेमी $\times 1$ सेमी $\times 1$ सेमी के घनों में काटा गया है।

9. कितने घनों में केवल एक रंग होगा?
(a) 12 (b) 16
(c) 22 (d) 28

10. कितने घनों में सभी तीन रंग होंगे?
(a) 14 (b) 12
(c) 10 (d) 8

11. कितने घनों में कोई रंग नहीं होगा?
(a) निरंक (b) 6
(c) 4 (d) 2

निर्देश (प्र. सं. 12-15) *नीचे दी गई जानकारी का ध्यानपूर्वक अध्ययन करके इस पर आधारित प्रश्नों के उत्तर दीजिए।*

(i) एक आयताकार लकड़ी का ब्लॉक है जिसकी लम्बाई 6 सेमी, चौड़ाई 4 सेमी एवं ऊँचाई 2 सेमी है।
(ii) दोनों ओर जिनका आयाम 4 सेमी $\times 2$ सेमी है, नीले रंग से रंगे गए हैं।
(iii) दोनों ओर जिनका आयाम 6 सेमी $\times 2$ सेमी है, काले रंग से रंगे गए हैं।
(iv) दोनों ओर जिनका आयाम 6 सेमी $\times 4$ सेमी है, लाल रंग से रंगे गए हैं।
(v) इस ब्लॉक को इस प्रकार से काटा गया है कि ये 1-1 सेमी के बराबर-बराबर छोटे घनों में परिवर्तित हो गए हैं।

12. ऐसे कितने घन होंगे, जिनकी तीन सतह रंगी हुई एवं तीन सतह बगैर रंगी हुई हैं?
(a) 4 (b) 24 (c) 8 (d) 16

13. कुल घनों की संख्या कितनी हैं?
(a) 24 (b) 48 (c) 96 (d) 12

14. ऐसे कितने घन हैं, जिनकी केवल दो सतह रंगी हुई हैं?
(a) 8 (b) 16 (c) 24 (d) 32

15. ऐसे कितने घन हैं, जिनकी कोई भुजा रंगीन नहीं है?
(a) 4 (b) 0
(c) 16 (d) 32

खण्डों (ब्लॉकों) की गिनती करने पर आधारित

16. दी गई आकृति में घनों की कुल संख्या ज्ञात कीजिए। ***SSC (10+2) 2023***

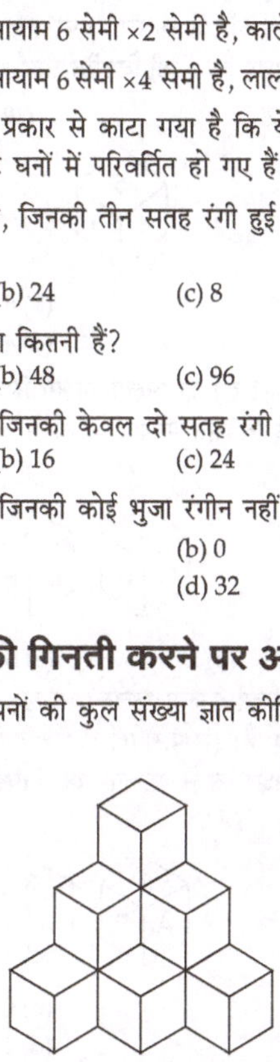

(a) 10 (b) 8 (c) 11 (d) 9

17. निम्न आकृति में कितने घन हैं?

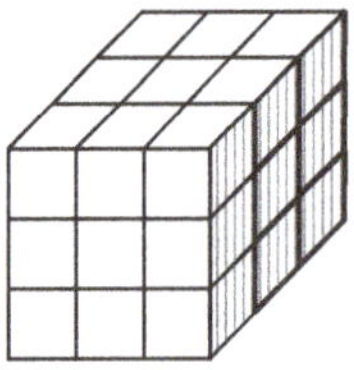

(a) 3 (b) 9 (c) 27 (d) 81

18. दिए गए चित्र में व्यवस्थित घनों की संख्या ज्ञात कीजिए।

UP Police Constable 2024

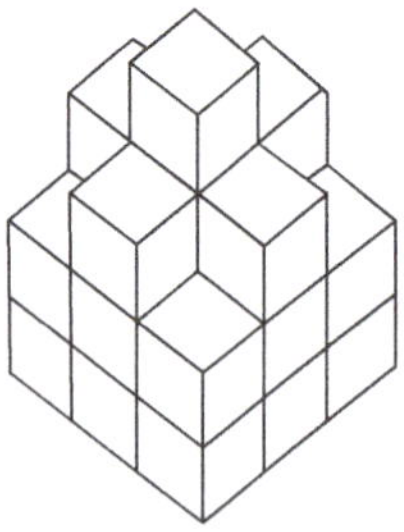

(a) 20 (b) 24
(c) 16 (d) 21

बन्द पासे पर आधारित

19. यदि नीचे दर्शाए गए पासे में 1, 2, 3, 4 दक्षिणावर्त पड़ोसी सतहों पर लिखा हो तथा 5 और 6 क्रमशः ऊपर तथा नीचे की सतह पर लिखा हुआ हो, तो बताइए कि 2 की विपरीत सतह पर कौन-सा अंक होगा?

UP Police Constable 2010

(a) 1 (b) 6
(c) 5 (d) 4

20. नीचे एक ही पासे की दो अलग-अलग स्थितियाँ दी गई हैं। C अक्षर वाले फलक के विपरीत फलक के अक्षर को ज्ञात कीजिए।

SSC (10+2) 2023

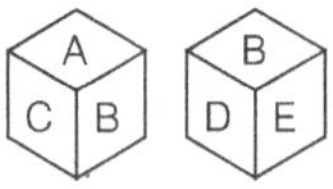

(a) A (b) D (c) B (d) E

21. एक पासे के अलग-अलग फलकों पर छः अक्षर/अंक A, B, C, 1, 2 और 3 लिखे गए हैं। इस पासे की दो स्थितियाँ दी गई आकृति में दिखाई गई हैं। A अक्षर वाले फलक के विपरीत फलक पर कौन-सा अक्षर/अंक है? ***SSC CPO 2023***

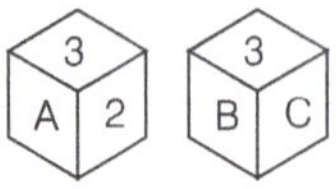

(a) B (b) C
(c) 2 (d) 1

22. एक ही पासे की दो अलग-अलग स्थितियाँ दिखाई गई हैं, जिनमें छः फलकों को 1 से 6 तक संख्यांकित किया गया है। उस संख्या का चयन करें, जो 1 को दर्शाने वाले फलक के विपरीत फलक पर होगी।

CISF Head Constable 2023

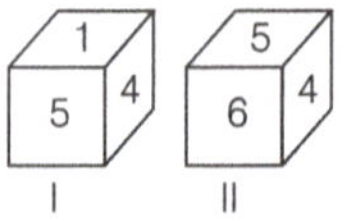

(a) 4 (b) 6 (c) 3 (d) 5

23. एक पासे के फलकों पर संख्याएँ 2, 3, 5, 6, 7 और 8 हैं। नीचे एक ही पासे की दो अलग-अलग स्थितियाँ दी गई हैं। उस संख्या का चयन करें, जो 8 वाले फलक के विपरीत फलक पर होगी। ***SSC CPO 2024***

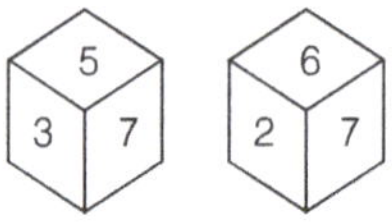

(a) 2 (b) 3 (c) 7 (d) 6

24. एक पासे के विभिन्न फलकों पर छः अक्षर S, T, M, P, R और C लिखे गए हैं। इस पासे की दो स्थितियाँ नीचे चित्र में दर्शाई गई हैं। M के विपरीत वाले फलक पर आने वाला अक्षर ज्ञात कीजिए।

SSC CGL (Tier-I) 2024

(a) P (b) C (c) R (d) S

25. एक ही पासे की दो अलग-अलग स्थितियाँ नीचे दर्शाई गई हैं। 1 दर्शाने वाले फलक के विपरीत फलक पर कौन-सी संख्या होगी?

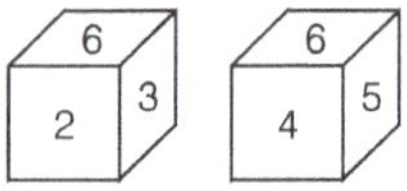

SSC CPO 2024

(a) 4 (b) 3 (c) 6 (d) 2

26. एक पासे के विभिन्न फलकों पर छः अक्षर Q, Z, V, T, L और A लिखे गए हैं। इस पासे की दो स्थितियाँ नीचे चित्र में दर्शाई गई हैं। Q के विपरीत वाले फलक पर आने वाला अक्षर ज्ञात कीजिए।

SSC CGL (Tier-I) 2024

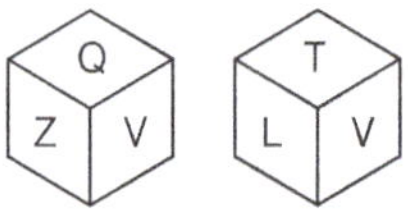

(a) A (b) T (c) Z (d) V

27. एक पासे के फलकों पर 10, 20, 30, 40, 50 और 60 संख्याएँ अंकित हैं। उसी पासे की दो स्थितियाँ नीचे दी गई हैं। 50 वाले फलक के विपरीत कौन-सा फलक है? ***SSC CPO 2024***

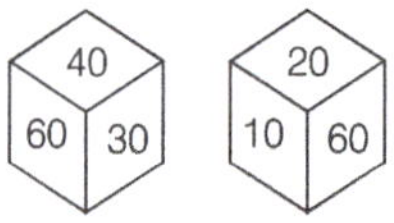

(a) 10 (b) 30
(c) 40 (d) 60

28. एक ही पासे की तीन अलग-अलग स्थितियाँ दशाई गई हैं। '1' दर्शाने वाले फलक के विपरीत फलक पर कौन-सी संख्या होगी? ***CISF 2023***

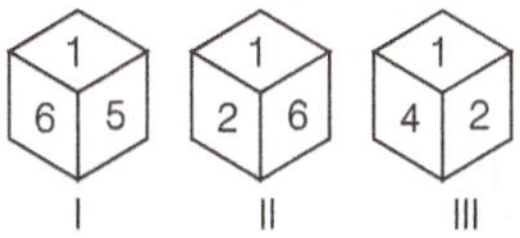

(a) 4 (b) 6 (c) 3 (d) 2

29. एक पासे के विभिन्न फलकों पर छः संख्याएँ 21, 22, 23, 24, 25 और 26 लिखी गई है। नीचे चित्र में इस पासे की तीन स्थितियाँ दिखाई गई हैं। संख्या 24 के विपरीत फलक पर कौन-सी संख्या है? ***SSC CGL (Tier-I) 2024***

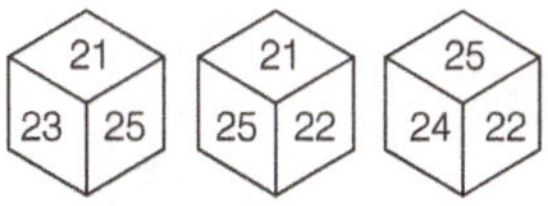

(a) 22 (b) 25 (c) 21 (d) 26

30. एक ही पासे की तीन अलग-अलग स्थितियाँ दशाई गई हैं। '4' दर्शाने वाले फलक के विपरीत फलक पर कौन-सी संख्या होगी? ***CISF 2023***

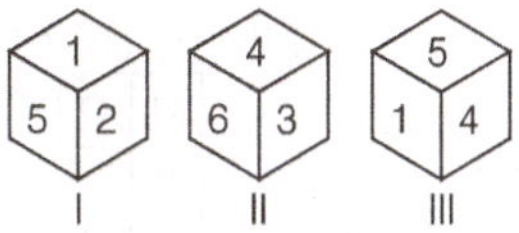

(a) 3 (b) 6 (c) 1 (d) 2

31. एक पासे के विभिन्न फलकों पर 1, 2, 3, 4, 5 और 6 लिखे गए हैं। उसी पासे की तीन अलग-अलग स्थितियाँ नीचे दर्शाई गई हैं। '6' दर्शाने वाले फलक के विपरीत फलक पर कौन-सी संख्या है?

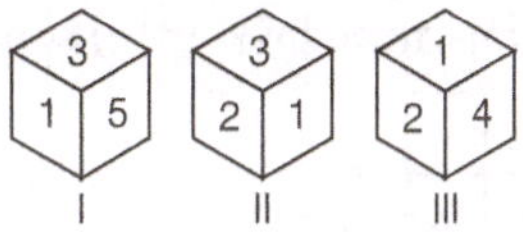

DP Constable 2023

(a) 1 (b) 4 (c) 5 (d) 2

32. एक ही पासे की तीन अलग-अलग स्थितियाँ दर्शाई गई हैं। '6' दर्शाने वाले फलक के विपरीत फलक पर संख्या ज्ञात करें। ***DP Constable 2023***

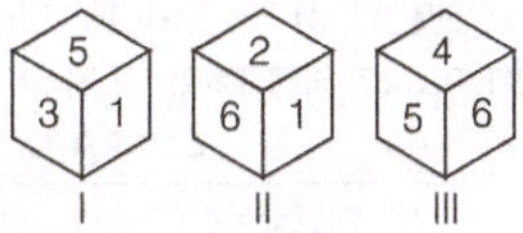

(a) 3 (b) 1 (c) 5 (d) 4

33. एक पासे के अलग-अलग फलकों पर छह संख्याएँ 7, 8, 9, 10, 11 और 12 लिखी गई हैं। इस पासे की तीन स्थितियाँ यहाँ दर्शाई गई हैं। 12 संख्या वाले फलक के विपरीत फलक पर कौन-सी संख्या होगी? ***DP Constable 2023***

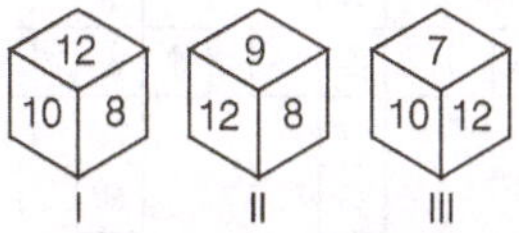

(a) 9 (b) 8 (c) 10 (d) 11

34. एक ही पासे की तीन विभिन्न स्थितियाँ प्रदर्शित हैं। '4' प्रदर्शित करने वाले फलक के विपरीत फलक पर कौन-सी संख्या है? ***SSC CGL (Tier-I) 2023***

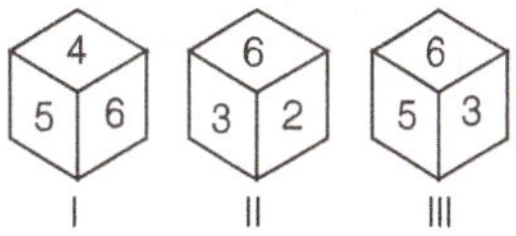

(a) 5 (b) 3
(c) 2 (d) 6

35. एक ही पासे की तीन अलग-अलग अवस्थाओं को नीचे दिखाया गया है। उस फलक, जिस पर दो डॉट्स दिए गए हैं, के विपरीत फलक पर दिए गए डॉट्स संख्या को ज्ञात कीजिए। ***UP Police Head Operator 2024***

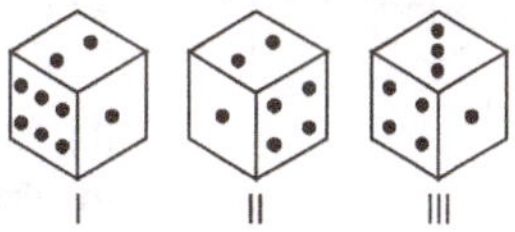

(a) 3 (b) 5
(c) 4 (d) 6

36. एक ही पासे की तीन अलग-अलग स्थितियों को दर्शाया गया है। '4' दर्शाने वाले फलक के विपरीत फलक की संख्या ज्ञात कीजिए। ***SSC CGL (Tier-I) 2023***

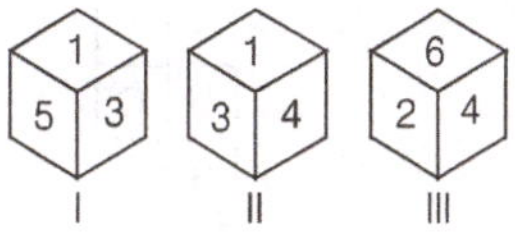

(a) 1 (b) 5
(c) 6 (d) 2

37. नीचे एक पासे की तीन स्थितियाँ दी गई हैं। 9 वाले फलक के विपरीत फलक पर क्या आएगा? ***SSC (10+2) 2023***

(a) 7 (b) 2 (c) # (d) 8

38. निम्नांकित चित्रों का उपयोग कर ज्ञात कीजिए, कि यदि B ऊपर है, तो नीचे कौन-सा अक्षर आएगा? ***CG Patwari 2019***

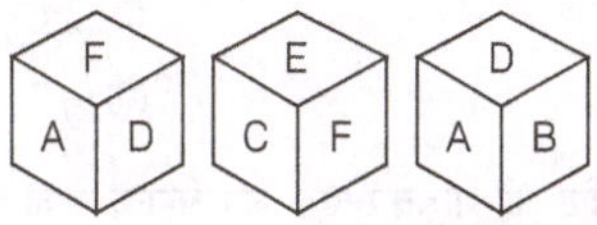

(a) E (b) F (c) D (d) A

39. नीचे एक ही पासे की चार अलग-अलग स्थितियाँ दी गई हैं। अक्षर 'c' के विपरीत कौन-सा अक्षर होगा? ***SSC GD 2024***

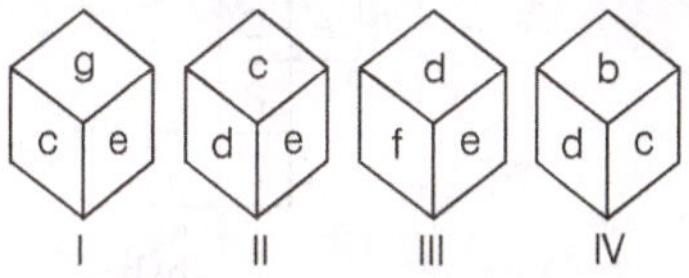

(a) e (b) g (c) d (d) f

40. नीचे एक ही पासे की चार अलग-अलग स्थितियाँ दी गई हैं। संख्या 23 वाले फलक के विपरीत फलक पर कौन-सी संख्या आएगी?

SSC GD 2024

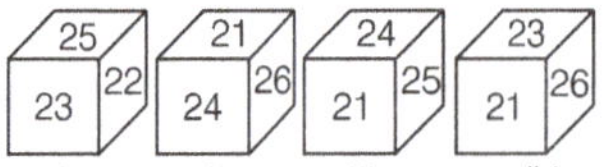

I II III IV

(a) 26
(b) 25
(c) 21
(d) 24

41. दी गई आकृति में एक घन की चार अलग-अलग स्थितियों को दर्शाया गया है। निम्नलिखित में से कौन-सा रंग, उस फलक के विपरीत फलक पर होगा, जिस पर काला लिखा है?

RRB NTPC 2020

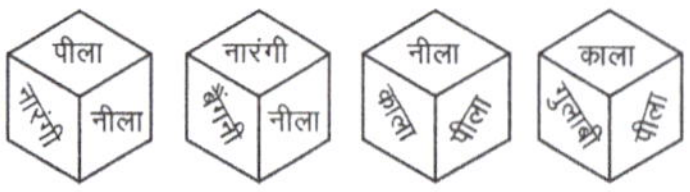

(a) बैंगनी
(b) नीला
(c) नारंगी
(d) गुलाबी

प्रसारित/खुले पासे पर आधारित

42. दी गई शीट को मोड़कर एक घन बनाया जाता है। निर्मित घन में विपरीत फलकों पर अक्षरों का कौन-सा युग्म होगा?

SSC CPO 2023

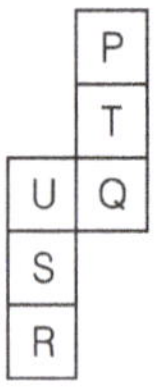

(a) T और S
(b) U और T
(c) P और U
(d) R और P

43. यदि दी गई आकृति को मोड़कर एक घन बनाया जाए, तो कौन-सा वर्ण a के विपरीत फलक पर आएगा?

Rajasthan Police Constable 2022

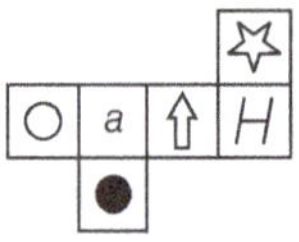

(a) ●
(b) ☆
(c) ○
(d) *H*

44. दी गई शीट को मोड़कर एक घन बनाया जाता है। निर्मित घन में 'F' वाले फलक के विपरीत फलक पर कौन-सा अक्षर होगा?

SSC CPO 2023

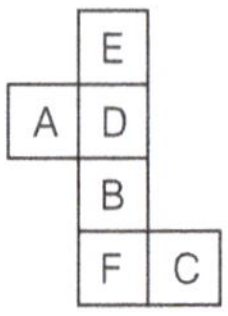

(a) E
(b) B
(c) D
(d) A

45. जब नीचे दिए गए आरेख को घन के आकार में मोड़ा जाता है, तो कौन-सा प्रतीक '^' के विपरीत फलक पर होगा?

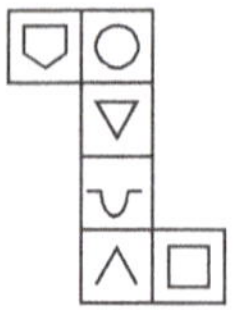

SSC CGL (Tier-II) 2023

(a) 
(b) ▽
(c) ○
(d) □

46. जब दी गई आकृति को एक घन बनाने के लिए मोड़ा जाता है, तो कौन-सा मुख, A वाले मुख के विपरीत है?

UP (AO) 2024

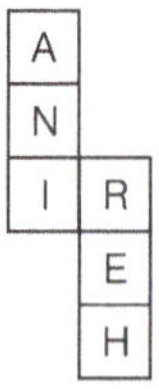

(a) E
(b) I
(c) H
(d) R

47. दिए गए कागज को मोड़कर एक घन बनाया जाता है। इस प्रकार बने घन में, 'H' दर्शाने वाले फलक के विपरीत फलक पर कौन-सा अक्षर होगा?

SSC (10+2) 2023

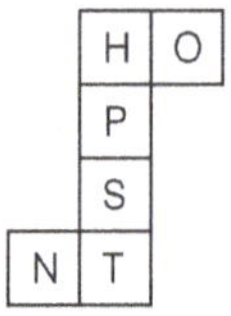

(a) S
(b) T
(c) N
(d) O

48. यदि नीचे दी गई शीट को मोड़कर एक घन बनाया जाए, तो 'V' के विपरीत फलक पर कौन-सी रोमन संख्या होगी?

SSC (10+2) 2024

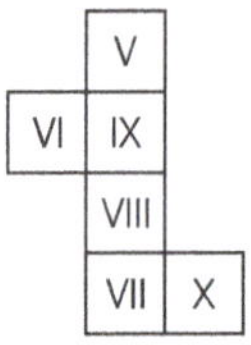

(a) X
(b) VI
(c) VII
(d) VIII

49. एक पासे के दो अभिविन्यास दिखाए गए हैं। यह पासा किस विकल्प आकृति को रेखाओं के अनुदिश मोड़कर प्राप्त किया जा सकता है?

प्रश्न आकृतियाँ

CUET (UG) 2022

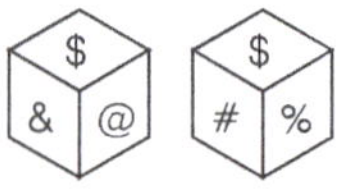

> ***Trending Concept***
> इस अध्याय में यह Question एक नये Pattern पर आधारित है, जो CUET (UG) Exam में पूछा गया है। आगामी अन्य परीक्षाओं के लिए महत्त्वपूर्ण हैं।

उत्तर आकृतियाँ

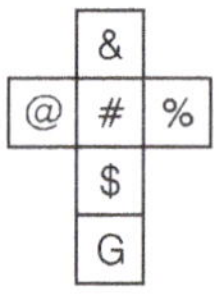

(a)

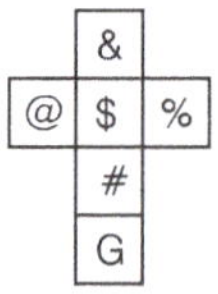

(b)

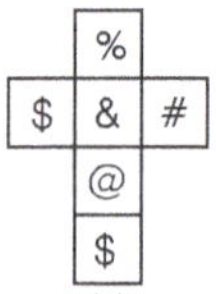

(c)

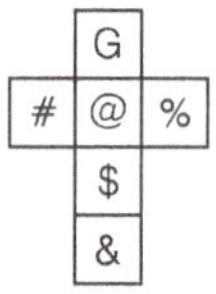

(d)

50. निम्नलिखित उत्तर आकृति में से कौन-सा घन दी गई प्रश्न आकृति में खुले घन से नहीं बनाया जा सकता? *SSC (10+2) 2018*

प्रश्न आकृति

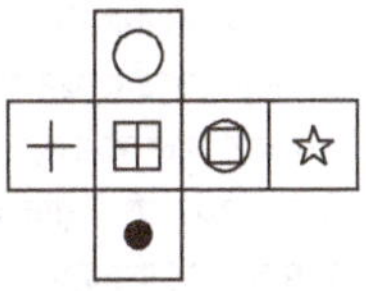

उत्तर आकृतियाँ

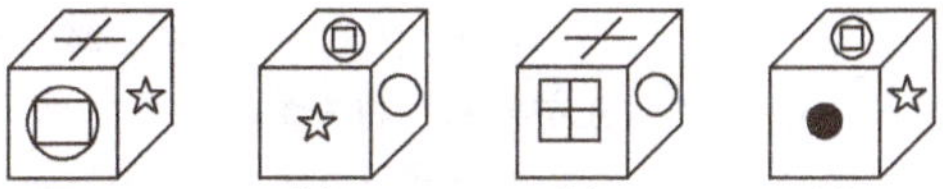

(a) (b) (c) (d)

51. उन घनों का चयन करें, जिन्हें दी गई शीट को लाइनों पर मोड़कर बनाए जा सकते हैं। *SSC CGL 2021*

प्रश्न आकृति

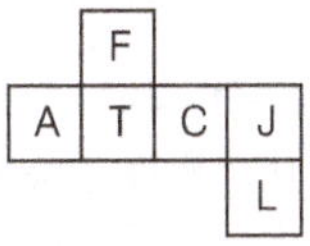

उत्तर आकृतियाँ

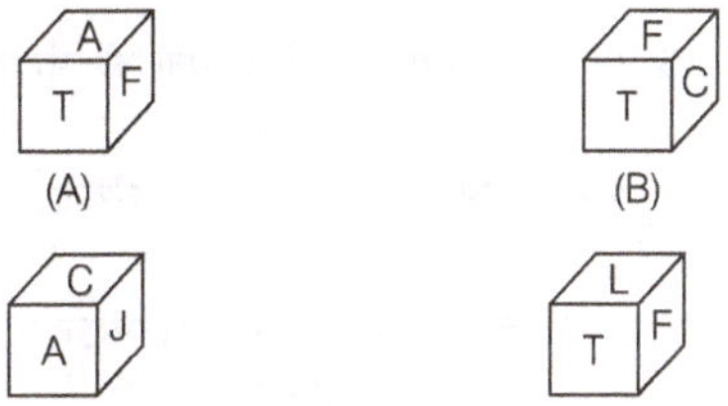

(A) (B) (C) (D)

(a) A, B और C
(b) A और B
(c) A, B और D
(d) B और C

52. निम्नलिखित पेपर कटिंग को लाइनों के अनुसार मोड़कर एक घनाकार बॉक्स बनाया जाता है। विकल्पों में से परिणामी बॉक्स की सही छवि का चयन करें। *RRB NTPC 2021*

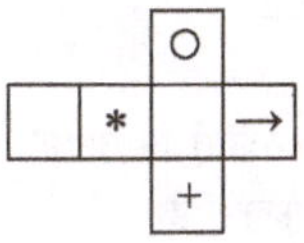

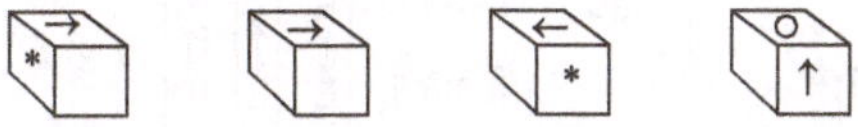

(a) (b) (c) (d)

53. यदि दी गई शीट को मोड़कर एक घन बनाया जाए, तो निम्न में से कौन-सी आकृति/आकृतियाँ बनना सम्भव है? *CISF 2023*

(अक्षर केवल घनों के फलकों को इंगित करने के लिए दिए गए हैं)

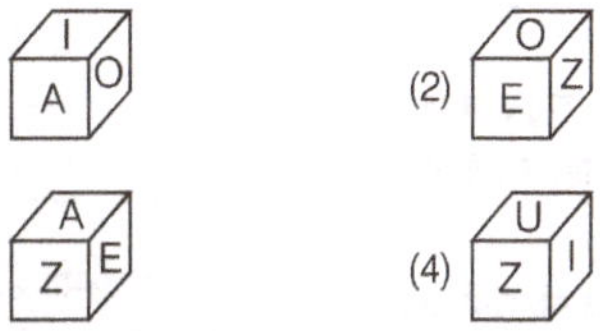

(1) (2) (3) (4)

(a) 1, 2 और 4
(b) 1 और 2
(c) केवल 3
(d) 2 और 3

54. यदि दी गई शीट को मोड़कर एक घन का आकार दिया जाता है, तो विकल्पों में से कौन-सी आकृति बनना सम्भव है? *SSC CPO 2023*

प्रश्न आकृति

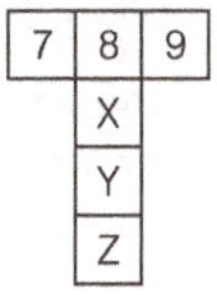

उत्तर आकृतियाँ

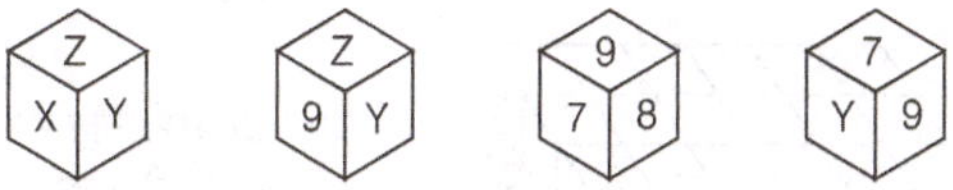

(a) (b) (c) (d)

55. निम्नलिखित शीट को रेखाओं के अनुदिश मोड़ने पर विकल्पों में दिए गए घनों में से कौन-सा घन बनेगा? *RRB NTPC 2021*

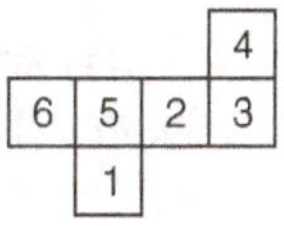

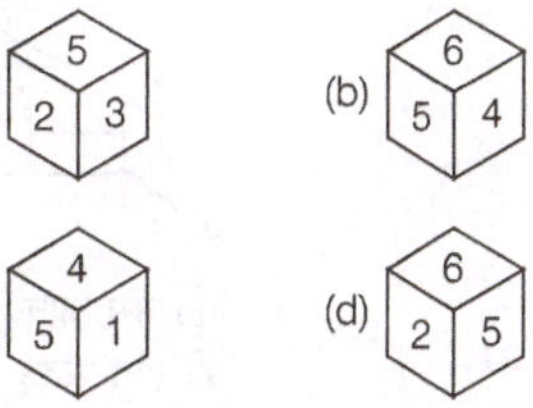

(a) (b) (c) (d)

Right Key

1. (a)	2. (d)	3. (b)	4. (d)	5. (c)	6. (a)	7. (b)	8. (c)	9. (c)	10. (d)
11. (b)	12. (c)	13. (b)	14. (c)	15. (b)	16. (a)	17. (c)	18. (b)	19. (d)	20. (d)
21. (a)	22. (b)	23. (c)	24. (c)	25. (c)	26. (b)	27. (d)	28. (c)	29. (c)	30. (d)
31. (a)	32. (a)	33. (d)	34. (b)	35. (a)	36. (b)	37. (c)	38. (b)	39. (d)	40. (d)
41. (c)	42. (a)	43. (d)	44. (c)	45. (b)	46. (b)	47. (a)	48. (d)	49. (b)	50. (a)
51. (b)	52. (d)	53. (c)	54. (b)	55. (b)					

Solutions

1. (*a*) यहाँ, $n = \frac{18}{3} = 6$

$\therefore$ छोटे घनों की कुल संख्या $= (6)^3 = 216$

2. (*d*) यहाँ, $n = \sqrt[3]{125} = 5$

$\therefore$ बड़े घन की भुजा $= n \times$ छोटे घन की भुजा

$= 5 \times 3 = 15$ सेमी

3. (*b*) चूँकि कम-से-कम दो सतह रंगीन वाले घनों की संख्या में तीन रंगीन सतहों वाले घन भी आ जाएँगे।

$\therefore$ कम-से-कम दो सतह रंगीन वाले घनों की संख्या = दो सतह रंगीन वाले घनों की संख्या + तीन सतह रंगीन वाले घनों की संख्या

$= (5-2) \times 12 + 8 = 44 \left[\because n = \frac{25}{5} = 5\right]$

4. (*d*) यहाँ, $n = \sqrt[3]{64} = 4$

$\therefore$ ऐसे घन जिनकी कोई भी सतह बाहर से नहीं दिखाई देगी $= (n-2)^3 = (4-2)^3 = 8$

5. (*c*) हम जानते हैं कि तीन सतह रंगीन वाले घन की संख्या हमेशा '8' होती है।

6. (*a*) प्रश्नानुसार,

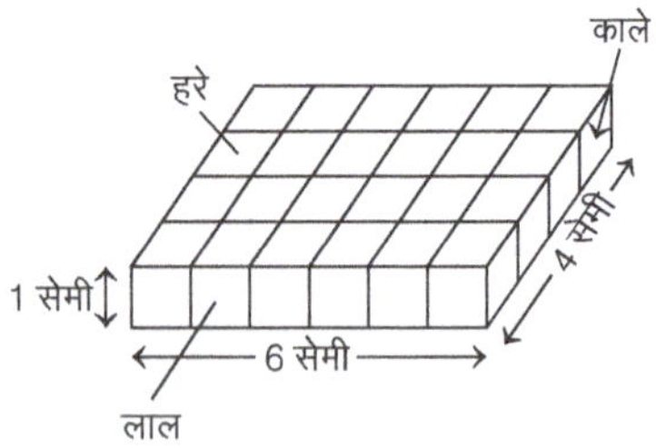

उपरोक्त ब्लॉक से काले और हरे दोनों रंग वाले घनों को हटाने पर शेष घनों की संख्या

$= 6 \times 4 - 4 \times 2 = 24 - 8 = 16$

7. (*b*) माना यदि घन की भुजा x बराबर भागों में काटी जाती है।

तब, घनों की संख्या, $x^3 = 64 \Rightarrow x = 4$

एक ओर रंग लगे घनों की संख्या

$= 6(x-2)^2$

$= 6(4-2)^2 = 6 \times 4 = 24$

अतः एक ओर रंग लगे घनों की संख्या $= 24$

8. (*c*) प्रश्नानुसार,

प्रत्येक रंग दो सतहों पर प्रयुक्त हुआ है।

तथा 64 छोटे घनों में काटा गया है।

$\therefore \quad n = \sqrt[3]{64} = 4$

अतः एक सतह रंगीन घनों की संख्या

$= (n-2)^2 \times 2 = (4-2)^2 \times 2 = 8$

हल (प्र. सं. 9-11) दी गई जानकारी के अनुसार,

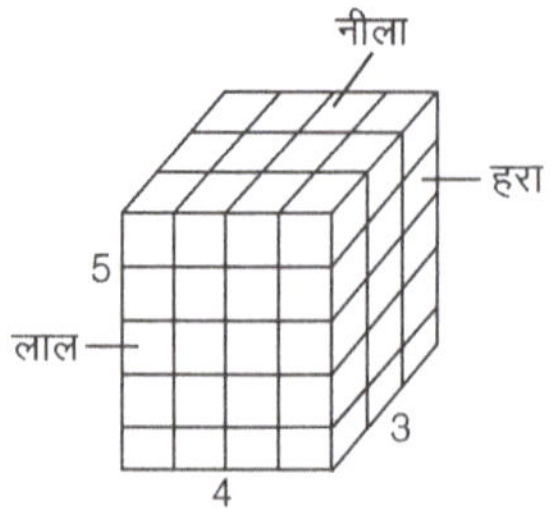

9. (*c*) 5 सेमी $\times$ 4 सेमी वाली दोनों सतह पर केवल एक रंग वाले घन हैं

$= 2(5-2)(4-2)$

$= 2 \times 3 \times 2 = 12$

इसी प्रकार 4 सेमी $\times$ 3 सेमी वाली दोनों सतह पर केवल एक रंग वाले घन

$= 2(4-2)(3-2)$

$= 2 \times 2 \times 1 = 4$

तथा 5 सेमी $\times$ 3 सेमी वाली दोनों सतह पर केवल एक रंग वाले घन

$= 2(5-2)(3-2)$

$= 2 \times 3 \times 1 = 6$

$\therefore$ कुल केवल एक रंग वाले घन

$= 12 + 4 + 6 = 22$

10. (*d*) सभी तीन रंग वाले घनों की संख्या = शीर्षों की संख्या $= 8$

11. (*b*) कोई रंग नहीं वाले घनों की संख्या

$= (5-2)(4-2)(3-2)$

$= 3 \times 2 \times 1 = 6$

हल (प्र. सं. 12-15) नीचे दिए गए आरेख से स्पष्ट है कि यहाँ प्रत्येक सतह में 24 घन हैं।

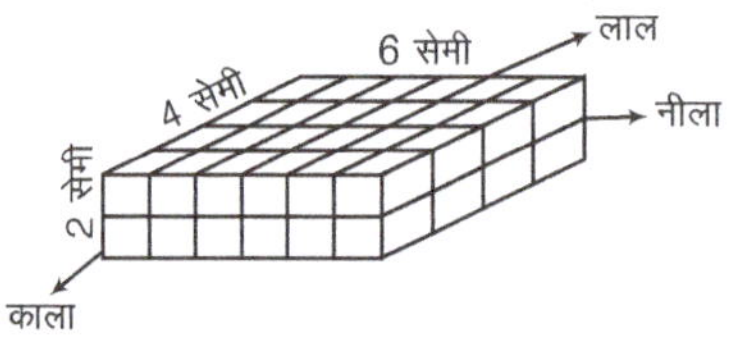

12. (*c*) हम जानते हैं कि केवल किनारे के घन में ही तीन सतह रंगी हुई एवं तीन सतह बिना रंगी हुई होती हैं, साथ ही किनारे के घन की संख्या हमेशा 8 होती है।

अतः अभीष्ट घनों की संख्या $= 8$

13. (*b*) प्रश्नानुसार, ऊपर दिए गए आरेख से स्पष्ट है कि यहाँ आयताकार ब्लॉक के प्रत्येक परत में 24 घन हैं।

अतः अभीष्ट घनों की संख्या $= 24 \times 2 = 48$

14. (*c*) हम जानते हैं कि, मध्य घन की ही केवल दो सतह रंगी होती हैं। अतः केन्द्रीय घन एवं किनारे के घन को ज्ञात कर कुल घनों की संख्या में से घटा देने पर मध्य घन ज्ञात हो जाएँगे, जो केवल दो सतहों पर रंगे हुए घन होंगे। अतः अभीष्ट घनों की संख्या

$= 48 - (8 \times 2 + 8) = 48 - 24 = 24$

15. (*b*) ऐसा कोई घन नहीं है।

16. (*a*) 1 घन वाले स्तम्भों में घन की कुल संख्या $= 1 \times 3 = 3$

2 घन वाले स्तम्भों में घनों की संख्या

$= 2 \times 2 = 4$

3 घन वाले स्तम्भों में घनों की संख्या

$= 3 \times 1 = 3$

$\therefore$ कुल घनों की संख्या $= 3 + 4 + 3 = 10$

17. (*c*) प्रदत्त आकृति से स्पष्ट है कि 9 स्तम्भों में प्रत्येक में 3 घन हैं।

$\therefore$ कुल घनों की संख्या $= 9 \times 3 = 27$ घन

18. (*b*) 1 घन वाले स्तम्भों में घनों की संख्या

$= 1 \times 4 = 4$

2 घन वाले स्तम्भों में घनों की संख्या

$= 2 \times 4 = 8$

3 घन वाले स्तम्भों में घनों की संख्या

$= 3 \times 4 = 12$

$\therefore$ कुल घनों की संख्या $= 4 + 8 + 12 = 24$

19. (*d*) पासे की स्थिति चित्र से देखें, तो इस प्रकार होगा और 2 की विपरीत सतह पर 4 होगा।

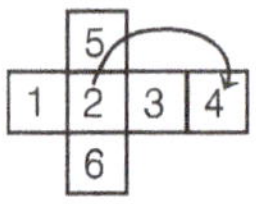

20. (*d*) पासे में दी गई जानकारी के आधार पर, फलक B उभयनिष्ठ फलक है।

तब,

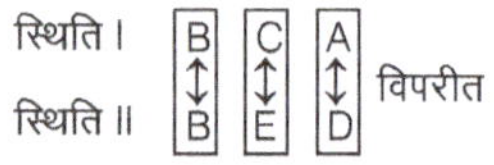

अतः फलक 'C' के विपरीत 'E' होगा।

21. (*a*) प्रश्नानुसार, पासों की स्थिति निम्न प्रकार है, दोनों स्थितियों में अंक 3 वाली फलक उभयनिष्ठ है।

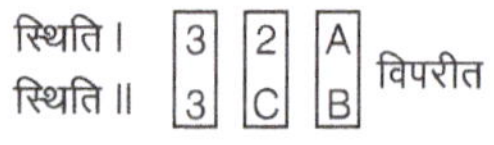

अतः A के विपरीत स्थिति पर B आएगा।

TOP TIPS यदि किसी दो पासों में संगत सतह पर समान अंक दिखें, तो अन्य संगत सतहों के अंक एक-दूसरे के विपरीत होते हैं।

22. *(b)* प्रश्नानुसार, स्थिति (1) और (2) से,
पासों की दोनों स्थिति में 5 और 4 उभयनिष्ठ हैं, तब 1 के विपरीत 6 है। अत: विकल्प (b) सही उत्तर है।

23. *(c)* पासे की दोनों स्थितियों में संख्या '7' उभयनिष्ठ है।

स्थिति I → 7 | 3 | 5
स्थिति II → 7 | 2 | 6

स्पष्टत: शेष बची हुई संख्या '8', संख्या '7' के विपरीत फलक पर होगी।

24. *(c)* प्रश्नानुसार,

स्थिति I ⟶ T—M—S
स्थिति II ⟶ T—R—P

अत: M के विपरीत वाले फलक पर R होगा।

Smart Approach

यहाँ T समान सतह पर है।
∴ अन्य अक्षर एक-दूसरे के विपरीत होंगे।
अत: M के विपरीत R है।

25. *(c)* पासे की दोनों स्थितियों में संख्या '6' उभयनिष्ठ है।

स्थिति I → 6 | 3 | 2
स्थिति II → 6 | 5 | 4

अत: '1' दर्शाने वाले फलक के विपरीत फलक पर संख्या '6' होगी।

26. *(b)* दिए गए पासे की दोनों स्थितियों में अक्षर V उभयनिष्ठ है। उभयनिष्ठ अक्षर V से दक्षिणावर्त दिशा में दोनों स्थितियों के अक्षरों को लिखने पर,

स्थिति I ⟶ V Z Q
↕विपरीत ↕विपरीत
स्थिति II ⟶ V L T

अत: अक्षर 'Q' के विपरीत फलक पर अक्षर 'T' होगा।

27. *(d)* पासे की दोनों स्थितियों में संख्या '60' उभयनिष्ठ है।

स्थिति I → 60 | 40 | 30
स्थिति II → 60 | 10 | 20

अत: बची हुई संख्या '50', संख्या 60 के विपरीत फलक पर होगी।

28. *(c)* प्रश्नानुसार,
पासें की तीनों स्थिति में संख्या 1 उभयनिष्ठ है।
अत: 1 के संलग्न संख्याएँ 2, 4, 5, 6 कभी भी 1 के विपरीत नहीं हो सकती।
अत: '1' दर्शाने वाले फलक के विपरीत फलक पर संख्या '3' होगी।

29. *(c)* दिए गए पासे की स्थिति II और स्थिति III में अंक 22 तथा 25 (दो अंक) उभयनिष्ठ हैं इस स्थिति में शेष फलक एक-दूसरे के विपरीत होते हैं।
अत: अंक '24' के विपरीत फलक पर अंक '21' होगा।

30. *(d)* प्रश्नानुसार, पासे की स्थिति (I) और (III) में संख्या 1 और 5 उभयनिष्ठ है।
∴ संख्या 2 के विपरीत संख्या 4 होगी।

31. *(a)* दिए गए पासे की सभी स्थितियों को ध्यानपूर्वक अवलोकन करने पर ज्ञात होता है कि 1 के संलग्न फलक पर 3, 5, 2 और 4 है।
अत: 1 के विपरीत फलक 6 होगा।

32. *(a)* प्रश्नानुसार, पासे की स्थिति (I) और (II) में संख्या 1 उभयनिष्ठ है।

स्थिति I ⟶ 1 | 3 | 5
↕ ↕ ↕ (विपरीत)
स्थिति II ⟶ 1 | 6 | 2

अत: 6 के विपरीत 3 होगा।

33. *(d)* दिए गए पासे की स्थिति II व III में 12 उभयनिष्ठ है।

स्थिति II 12 | 9 | 8
↕ ↕ ↕ (विपरीत)
स्थिति III 12 | 10 | 9

शेष बची संख्याएँ 11, संख्या 12 के विपरीत होगी।

34. *(b)* दिए गए पासे की स्थिति I व III में, 5 और 6 उभयनिष्ठ हैं इसलिए शेष बची संख्याएँ 4 और 3 एक-दूसरे के विपरीत होंगी।

35. *(a)* दिए गए पासों की स्थिति II और III में एक और चार डॉट्स वाले फलक उभयनिष्ठ है। अत: दो डॉट्स के विपरीत फलक पर 3 डॉट्स हैं।

36. *(b)* पासा I तथा II में 1 और 3 उभयनिष्ठ है। अत: शेष बची संख्या 5 व 4 एक-दूसरे के विपरीत फलक पर होंगी।

37. *(c)* दिए गए पासे की स्थितियों में # के संलग्न फलक पर 8, @, 2 व 7 हैं।
अत: फलक '9' के विपरीत '#' आएगा।

38. *(b)* पासे की पहली और तीसरी स्थिति में A और D उभयनिष्ठ फलक हैं, तब शेष दोनों एक-दूसरे के विपरीत हैं।
∴ यदि B ऊपर है, तो F नीचे होगा।

39. *(d)* पासे की II और III स्थिति में d और e उभयनिष्ठ हैं। अत: दोनों पासो पर बचे शेष फलक एक-दूसरे के विपरीत होंगे।
अत: c के विपरीत 'f' होगा।

40. *(d)* पासे की I व III स्थिति में, 25 दोनों में उभयनिष्ठ है। अत: घड़ी की दिशा में घुमाने पर,

25 ⟶ 22 23
25 ⟶ 21 24

अत: 23 के विपरीत 24 होगा।

41. *(c)* दिए गए पासे की पहली और तीसरी स्थिति में नीला और पीला उभयनिष्ठ है इसलिए काला के विपरीत नारंगी होगा।

42. *(a)* प्रश्नानुसार घन की स्थिति निम्न प्रकार है

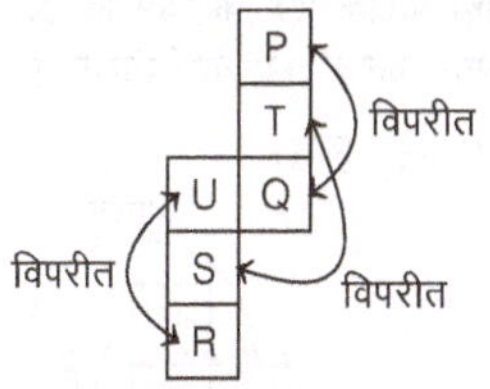

यहाँ T, S के विपरीत है।
U, R के विपरीत है।
P, Q के विपरीत है।
अत: विकल्प (a) सही उत्तर है।

43. *(d)* प्रश्नानुसार,

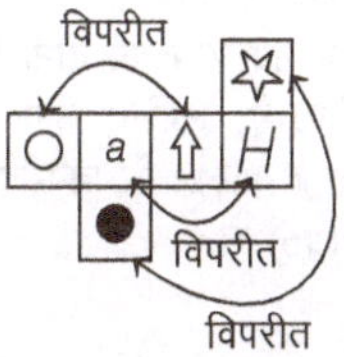

उपरोक्त चित्र से स्पष्ट है कि 'a' के विपरीत फलक पर 'H' होगा।

44. *(c)* प्रश्नानुसार घन की स्थिति निम्न प्रकार होगी

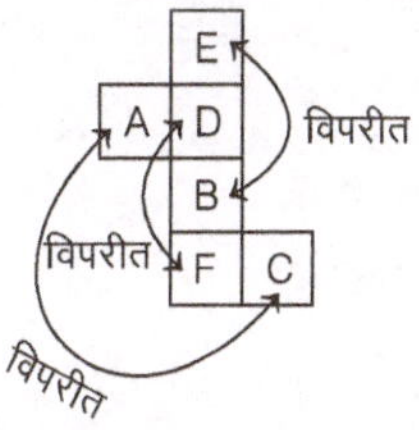

अत: फलक F के विपरीत D है।

45. *(b)* प्रश्नानुसार घन की स्थिति निम्न प्रकार होगी

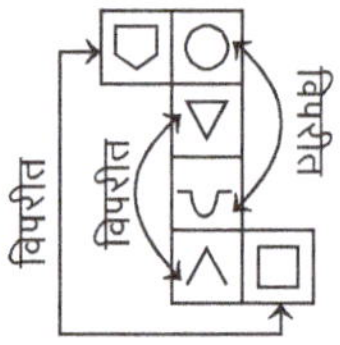

अत: ^ के विपरीत v होगा।

46. *(b)* प्रश्नानुसार घन की स्थिति निम्न प्रकार होगी

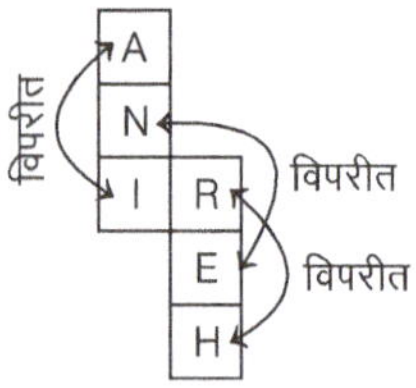

अत: A, I के विपरीत है।

47. *(a)* दिए गए घन के आधार पर, फलक 'H' के विपरीत 'S' है।
फलक 'P' के विपरीत 'T' है।
तथा फलक 'O' के विपरीत 'N' है।
अत: फलक 'H' के विपरीत 'S' होगा।

48. *(d)* प्रश्नानुसार,

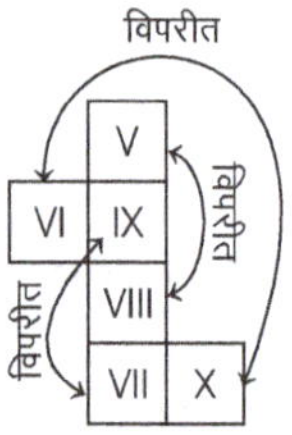

अत: दी गई शीट को मोड़कर एक घन बनाया जाए तो 'V' के विपरीत फलक पर 'VIII' होगा।

49. *(b)* दिए गए पासे की दोनों स्थितियों में $ उभयनिष्ठ है, इसलिए फलक पर & के विपरीत # और @ के विपरीत % है। अब विकल्प (b) से,

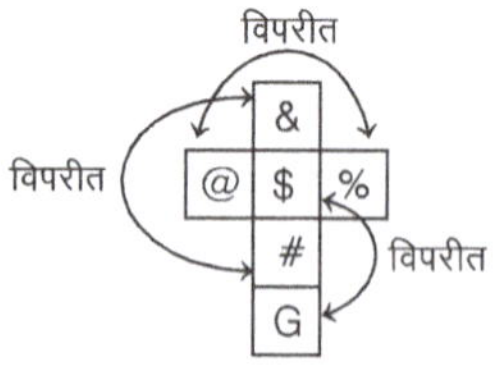

अत: विकल्प आकृति (b) को मोड़कर दिया गया पासा प्राप्त किया जा सकता है।

50. *(a)* प्रश्नानुसार,

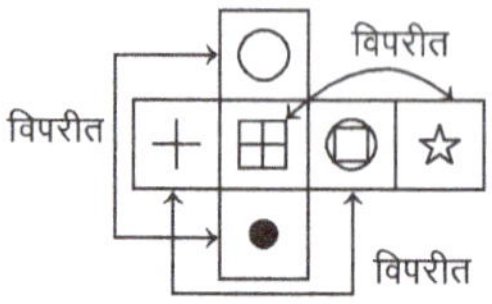

विकल्प (a) के अलावा अन्य सभी घन बनाए जा सकते हैं। क्योंकि ▢ और '+' विपरीत फलक पर हैं। परन्तु इस आकृति में इन्हें संलग्न फलकों पर दर्शाया गया है।

51. *(b)* प्रश्नानुसार,

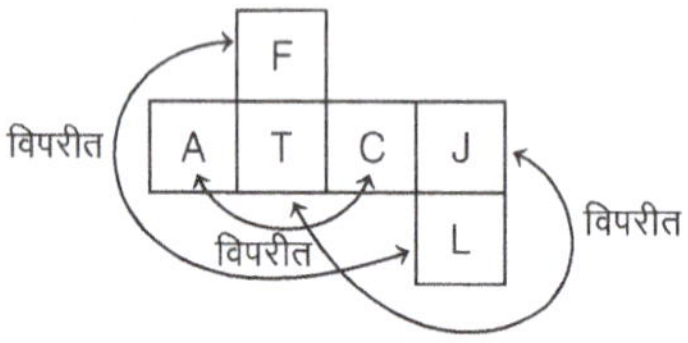

चूँकि दो विपरीत फलक एक-दूसरे के संलग्न नहीं होते हैं।

अत: प्रश्न में दी गई शीट को मोड़कर घन A और B बनाए जा सकते हैं।

52. *(d)* दी गई आकृति में,

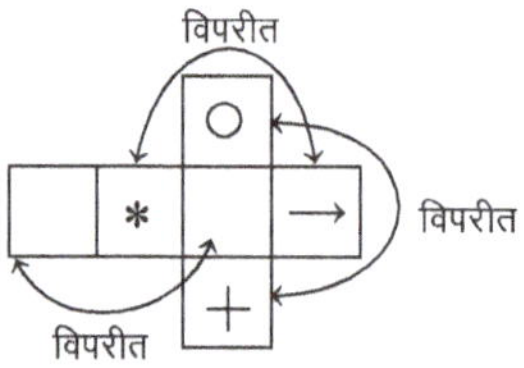

चूँकि दो विपरीत फलक एक-दूसरे के संलग्न नहीं होते हैं।

∴ केवल विकल्प (d) में दिया गया बॉक्स बनाया जा सकता है।

53. *(c)* प्रश्नानुसार,

यहाँ, A के विपरीत I है।
E के विपरीत O है।
Z के विपरीत U है।
अत: विकल्प (c) सही उत्तर है।

54. *(b)* प्रश्नानुसार,

घन की स्थिति निम्न प्रकार है

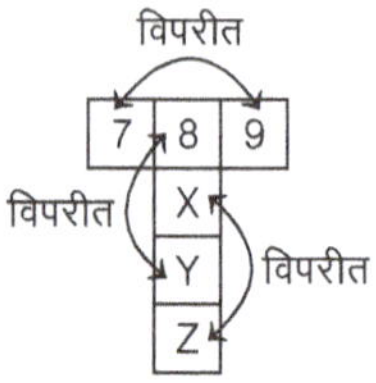

यहाँ, 8 के विपरीत Y है।
X के विपरीत Z है।
7 के विपरीत 9 है।
अत: विकल्प (b) सही उत्तर है।

55. *(b)* प्रश्नानुसार,

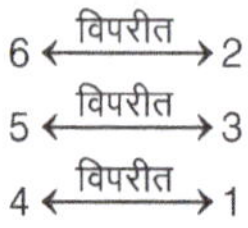

अत: विकल्प (b) का घन बनेगा।

अध्याय

21 वेन आरेख (Venn Diagram)

वेन आरेख

दी गई संख्याओं, अक्षरों, व्यक्तियों, वस्तुओं आदि के समूहों के मध्य सम्बन्ध को दर्शाने वाली ज्यामितीय आकृतियों या आरेखों को वेन आरेख (Venn Diagram) कहते हैं। यह एक बन्द ज्यामितीय आकृति होती है, जैसे-वृत्त, वर्ग, आयत, त्रिभुज इत्यादि।

इस अध्याय के अन्तर्गत दिए गए प्रश्नों में दो या दो से अधिक प्रकार की वस्तुओं या व्यक्तियों का समूह दिया गया होता है। जिसके आधार पर उचित सम्बन्ध ज्ञात कर सही उत्तर विकल्प को चुनना होता है।

सम्बन्धों की पहचान पर आधारित

इस प्रकार पर आधारित प्रश्नों में दो या दो से अधिक वस्तुओं या व्यक्तियों के समूह दिए गए होते हैं तथा इनके नीचे उनसे सम्बन्धित कुछ आरेख दिए जाते हैं। इन आरेखों में से एक आरेख उनके समूह को पूर्ण एवं सही रूप में वर्गीकृत करता है और उनके बीच के उचित सम्बन्ध को दर्शाता है।

जैसे-

(i) 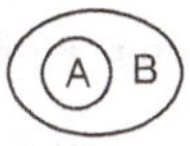

A, B में पूर्णतः समाहित हो।

(ii) 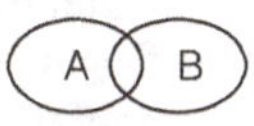

A, B आपस में अंशतः समाहित हो।

(iii) 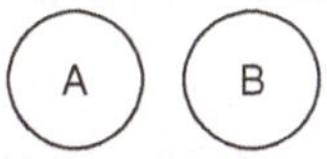

A व B में कोई सम्बन्ध नहीं है।

जैसे-उस वेन आरेख का चयन करें, जो नीचे दिए गए वर्गों के समूह के बीच के सम्बन्ध को सर्वोत्तम ढंग से दर्शाता है।

(a) फुटबॉल, हॉकी और क्रिकेट

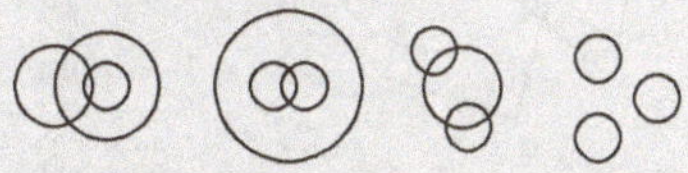

(a) (b) (c) (d)

हल (*d*) प्रश्नानुसार,

∵ तीनों खेल एक-दूसरे से भिन्न हैं।

(b) महाराष्ट्र, राजस्थान और केरल

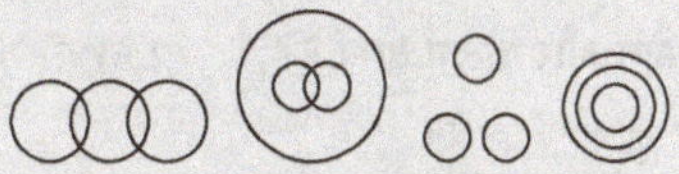

(a) (b) (c) (d)

हल (*c*) प्रश्नानुसार,

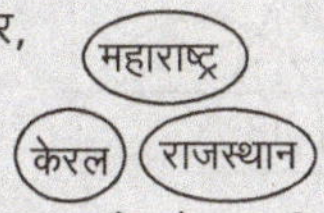

∵ महाराष्ट्र, राजस्थान और केरल तीनों भिन्न-भिन्न राज्य हैं।

Score Booster

वेन आरेख भाषिक सामान्य बुद्धि परीक्षण का भाग है। इसके अन्तर्गत प्रश्नों को हल करने के लिए व्यवहारिक और तार्किक समझ का होना आवश्यक है।

विश्लेषणात्मक वेन आरेख पर आधारित

इस प्रकार पर आधारित प्रश्नों में एक-दूसरे से संयुक्त कुछ ज्यामितीय आकृतियाँ या आरेख दिए हुए होते हैं, जिनमें भिन्न-भिन्न स्थानों पर संख्याओं या अक्षरों को दर्शाया गया होता है। ये आरेख अलग-अलग वर्ग के द्योतक होते हैं। इन आरेखों में विशेष वर्ग में उपस्थित संख्या/अक्षर को ज्ञात करना होता है। इसमें कुछ ज्यामिति आकृतियों के द्वारा भिन्न-भिन्न वर्गों को दर्शाया जाता है।

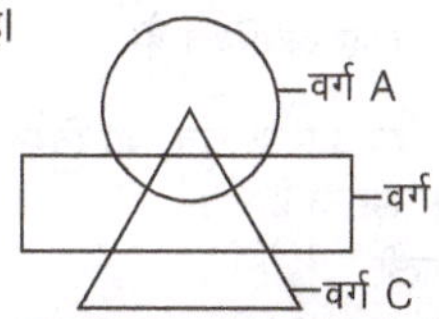

जैसे-दिए गए चित्र में, 'त्रिभुज', 'पाठकों' को दर्शाता है, 'वृत्त', 'बढ़ई' को दर्शाता है, 'आयत', 'अध्यापक' को दर्शाता है। कितने व्यक्ति 'अध्यापक' हैं?

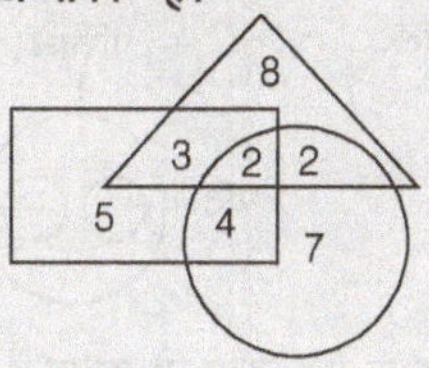

(a) 14 (b) 1 (c) 9 (d) 10

हल (*a*) दिए गए वेन आरेख के अनुसार,

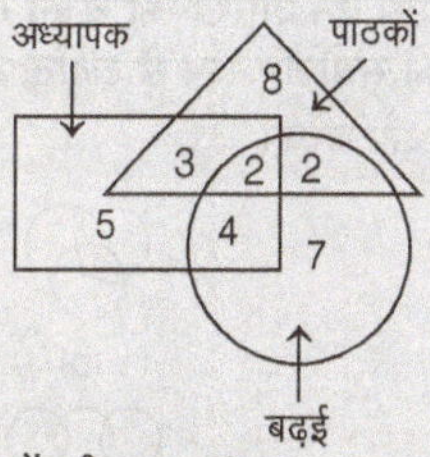

∴ अध्यापकों की कुल संख्या

= 3 + 2 + 4 + 5 = 14

Exam Approach Examples

सम्बन्धों की पहचान पर आधारित

उदाहरण 1. उस वेन आरेख का चयन करें, जो नीचे दिए गए वर्गों के समूह के बीच के सम्बन्ध को सर्वोत्तम ढंग से निरूपित करता हो।

लन्दन, पेरिस, फ्रांस *RRB NTPC 2021*

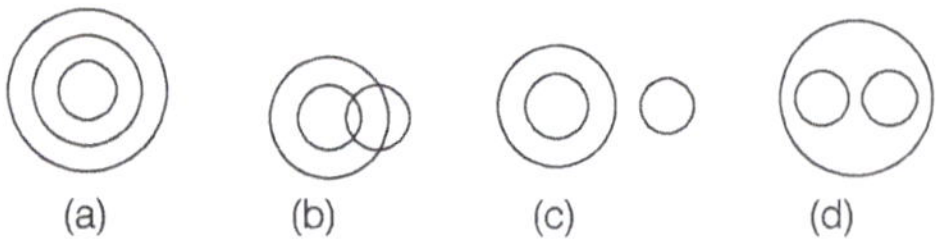

हल (*c*) प्रश्नानुसार,

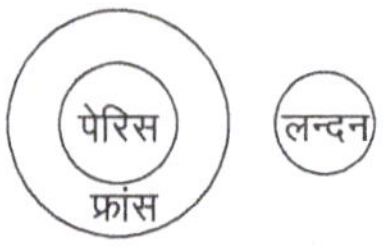

चूँकि पेरिस, फ्रांस की राजधानी है और लन्दन, इंग्लैण्ड की राजधानी है। जोकि इनसे भिन्न जगह अवस्थित हैं।

Helping Tips

प्रमुख देश और उनकी राजधानियों को अपने सामान्य ज्ञान के लिए अवश्य याद रखें।

उदाहरण 2. वह वेन आरेख चुनें, जो निम्न के बीच सम्बन्ध को सबसे अच्छी तरह से समझाता है।

पति, परिवार, पत्नी *UP Police Constable 2024*

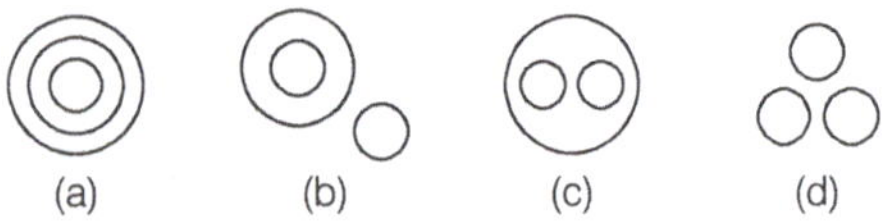

हल (*c*) प्रश्नानुसार,

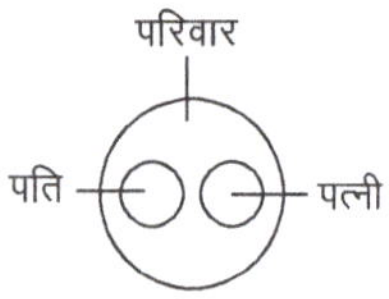

पति और पत्नी दोनों एक-दूसरे से अलग हैं लेकिन दोनों परिवार के सदस्य होते हैं।

उदाहरण 3. उस वेन आरेख का चयन करें, जो निम्नलिखित वर्गों के बीच के सम्बन्ध को सर्वोत्तम रूप से दर्शाता है।

पेन, पेंसिल और इरेजर *SSC (10+2) 2023*

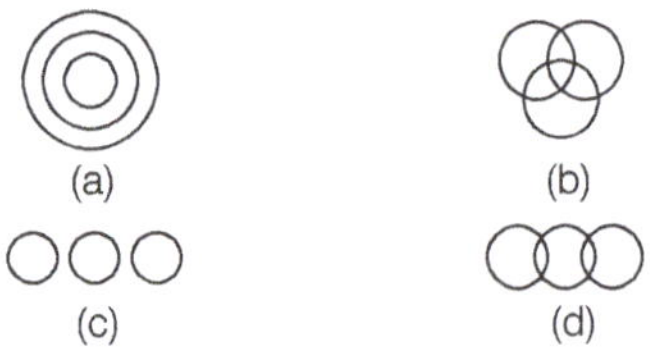

हल (*c*) प्रश्नानुसार,

∵ पेन, पेंसिल और इरेजर, सभी अलग-अलग वस्तुएँ हैं।

विश्लेषणात्मक वेन आरेख पर आधारित

उदाहरण 4. दिए गए आरेख में वृत्त 'ग्रामीण जनो' को निरूपित करता है, त्रिभुज 'व्यवसायियों' को निरूपित करता है और आयत 'स्नातकों' को निरूपित करता है। आरेख का ध्यानपूर्वक अवलोकन करें और उसके बाद दिए गए प्रश्न का उत्तर दें। *SSC CGL 2021*

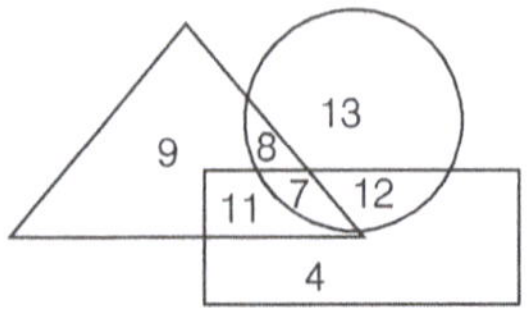

उन ग्रामीण व्यवसायियों की संख्या कितनी है, जो स्नातक नहीं है?

(a) 7 (b) 8
(c) 15 (d) 11

हल (*b*) संख्या 8 केवल वृत्त और त्रिभुज में उभयनिष्ठ है, इसलिए ऐसे '8' ग्रामीण व्यवसायी हैं, जो स्नातक नहीं है।

Trending Concept

विश्लेषणात्मक वेन आरेख पर आधारित प्रश्न वर्तमान में हो रही सभी प्रतियोगी परीक्षाओं (RRB NTPC, UP Police Constable, SSC CHSL, CGL) में पूछे जा रहे हैं। आगामी परीक्षाओं के लिए अति महत्त्वपूर्ण हैं।

उदाहरण 5. निम्नलिखित आकृति में, वृत्त स्नातकोत्तर का प्रतिनिधित्व करता है, वर्ग स्नातकों का प्रतिनिधित्व करता है, त्रिभुज शिक्षकों का प्रतिनिधित्व करता है और आयत ईमानदार व्यक्तियों का प्रतिनिधित्व करता है।

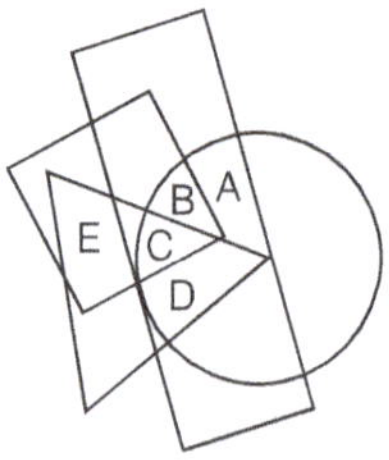

कौन-सा क्षेत्र स्नातकोत्तर शिक्षकों का प्रतिनिधित्व करता है, जो ईमानदार भी है लेकिन स्नातक नहीं हैं? *RRB NTPC 2021*

(a) C (b) D (c) B (d) A

हल (*b*) आरेख में, क्षेत्र D स्नातकोत्तर शिक्षकों का प्रतिनिधित्व करता है, जो ईमानदार भी है, लेकिन स्नातक नहीं है, क्योंकि D, वृत्त, त्रिभुज और आयत में है, लेकिन वर्ग में नहीं है।

उदाहरण 6. कितने काँच, फोन और कलम दोनों हैं? *CUET (UG) 2023*

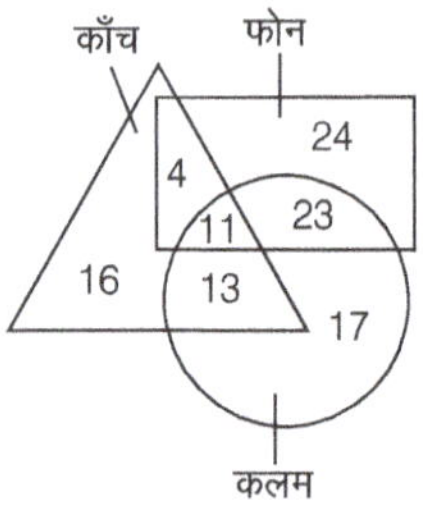

(a) 24 (b) 11 (c) 15 (d) 13

हल (*b*) दिए गए वेन आरेख से, संख्या 11 वृत्त, आयत और त्रिभुज तीनों में है, इसलिए 11 काँच, फोन और कलम दोनों हैं।

Chapter Challenge

सम्बन्धों की पहचान पर आधारित

निर्देश (प्र.सं. 1-27) *निम्नलिखित में से कौन-सा वेन आरेख नीचे दिए गए वर्गों के बीच सम्बन्ध को सर्वोत्तम ढंग से दर्शाता है?*

1. कर्मचारी, प्रबन्धक, महिला *Rajasthan Police Constable 2022*

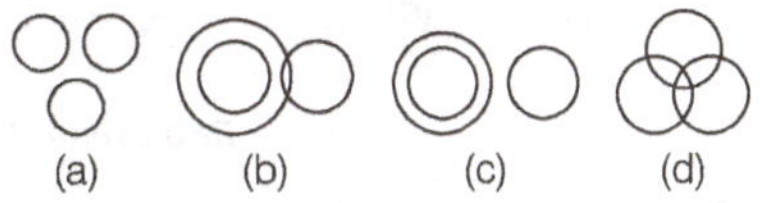

2. मनुष्य, चूहें, डॉक्टर *UP Police Constable 2024*

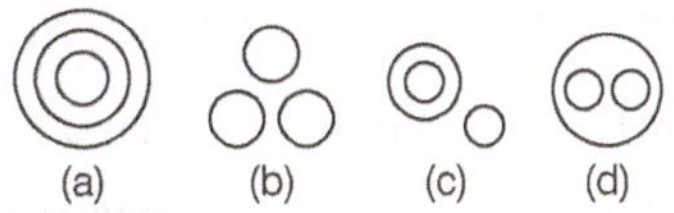

3. बाघ, सरीसृप, कछुआ *SSC MTS 2021*

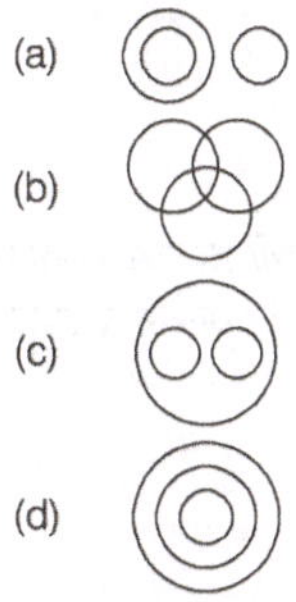

> **MRC*****
> ***(Most Repeating Concepts)***
> प्र. सं. 3, 4, 5, 8, 9, 12 और 14 Examination Point of View से अति महत्त्वपूर्ण हैं। इन Concept पर आधारित प्रश्न प्रतियोगी परीक्षाओं (MTS, CPO, (10+2) व Steno) में निरन्तर पूछे जा रहे हैं।

4. केले, सेब, अंगूर *SSC CPO 2024*

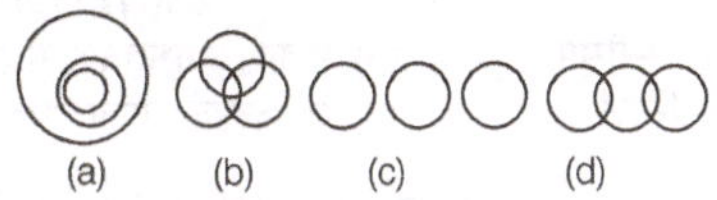

5. इन्जीनियर, वकील और विवाहित लोग *SSC (10+2) 2023*

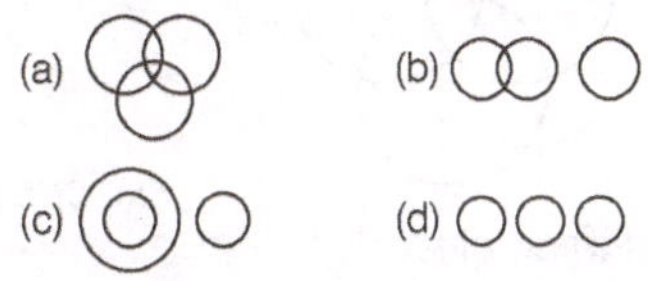

6. दिन, घण्टा, महीना *MP Constable 2022*

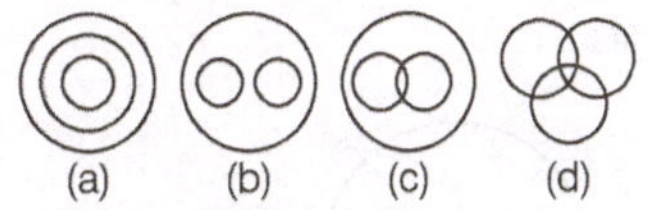

7. विद्युत उपकरण, रेफ्रिजरेटर, फ्रीजर *CISF 2023*

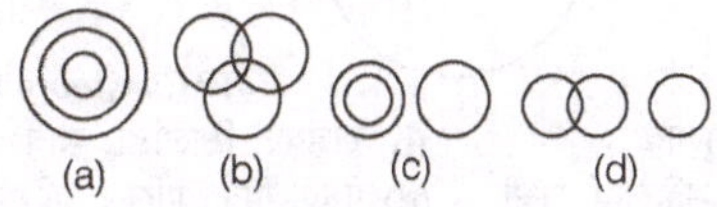

8. कुत्ता, बिल्ली, लैब्राडोर *SSC CPO 2024*

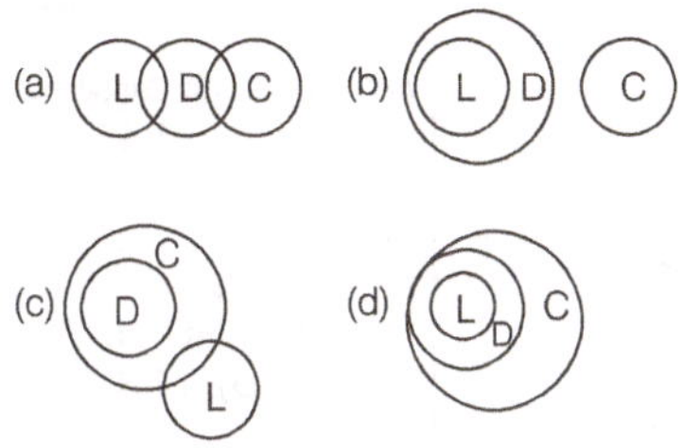

9. आलू, सब्जियाँ, अंगूर *SSC CPO 2024*

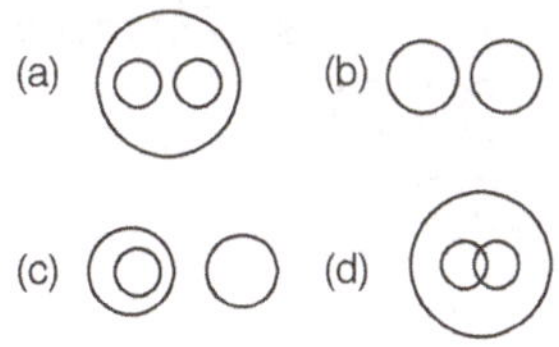

10. लाल, गुलाबी, रंग *CRPF (HC) 2023*

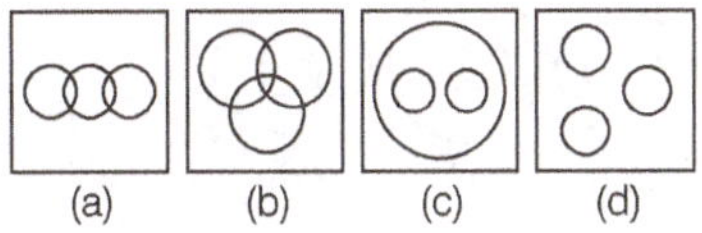

11. भारत, दिल्ली, असम, गुवाहाटी *CUET UG 2022*

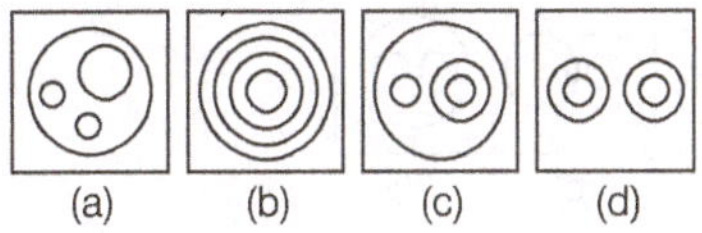

12. चीता, पक्षी, चील *SSC CPO 2024*

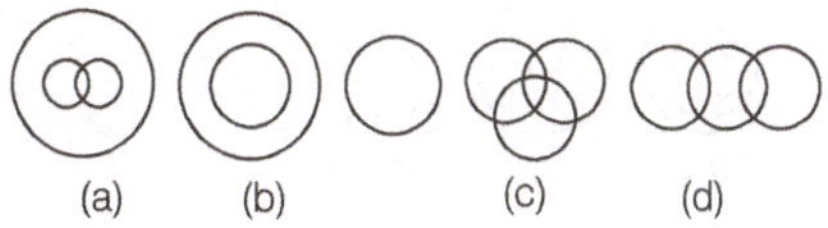

13. टेलीविजन, रेफ्रिजरेटर और कैमरा *UP Police Head Operator 2024*

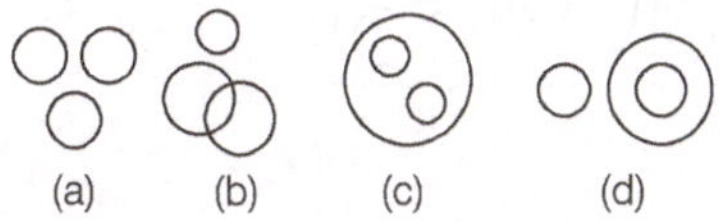

14. आड़ू, लीची, फल *SSC Steno 2021*

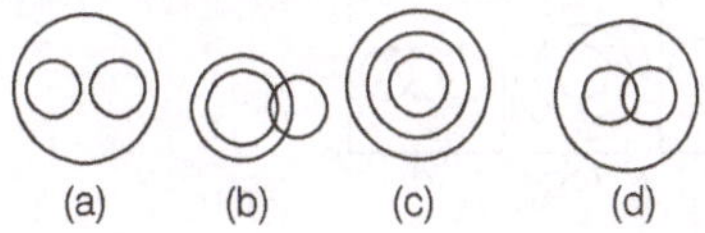

15. केला, फूलगोभी, फल *Rajasthan Police Constable 2022*

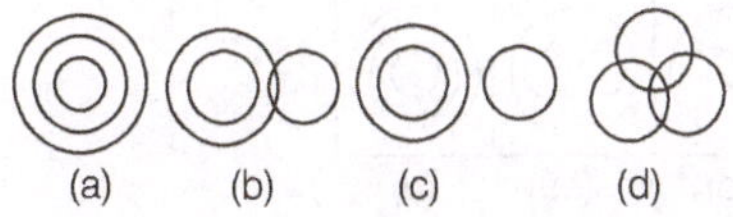

16. मोची, आदमी, जूता, फुटवियर *RRB NTPC 2021*

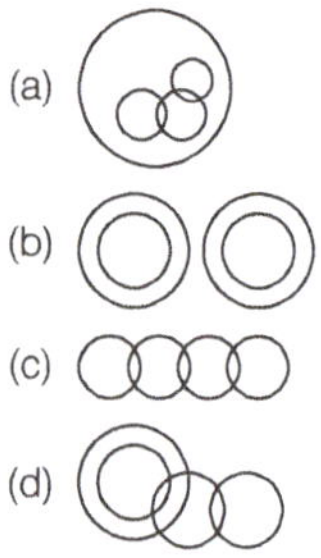

> **MRC*****
> ***(Most Repeating Concepts)***
> प्र. सं. 16, 18, 25, 27 और 28 Examination Point of View से अति महत्त्वपूर्ण हैं। इन Concept पर आधारित प्रश्न परीक्षाओं (NTPC, JE, ALP व Group-D) में निरन्तर पूछे जा रहे हैं।

17. टिकट, हवाई जहाज, रेल *SSC CGL (Tier I) 2023*

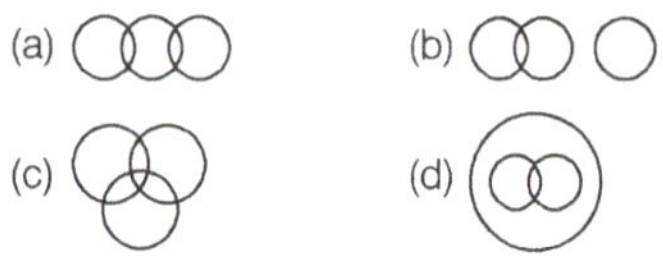

18. महिलाएँ, पत्नी, माताएँ *RRB NTPC 2021*

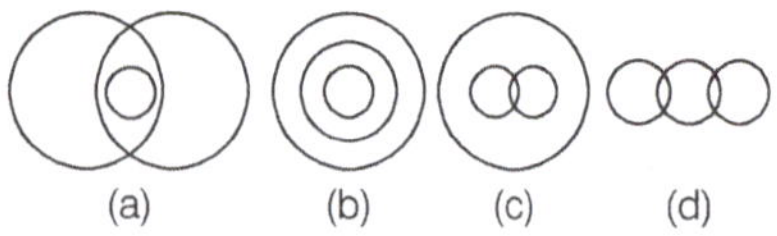

19. बुद्धि, चिन्ता, शक्ति *UP Police Constable 2024*

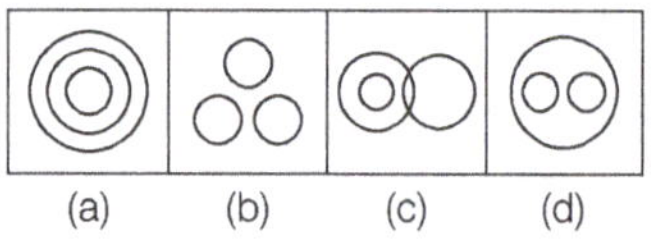

20. लेखाकार, पिता, पुरुष, इंजीनियर *UP (AO) 2024*

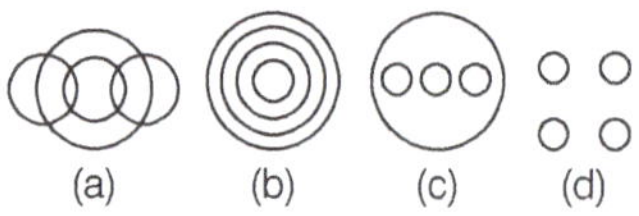

21. भारत, गुजरात, सूरत *UP Police Constable 2024*

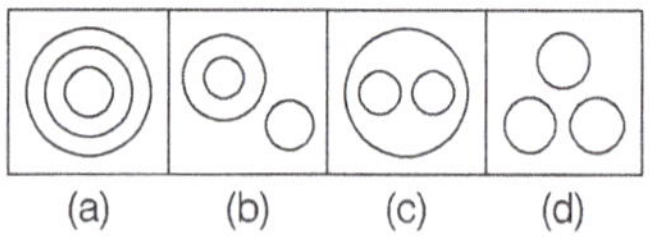

22. महिलाओं, माताओं, माता-पिता (जनक) *UP Police Constable 2024 Shift-I*

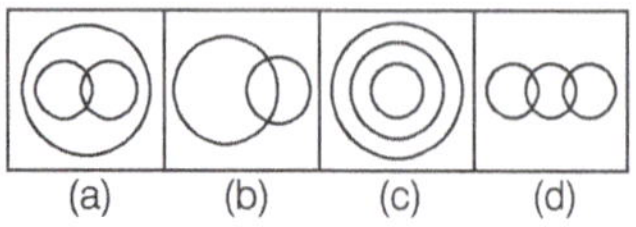

23. त्रिकोण, षट्कोण, ज्यामितीय *UP Police Constable 2018*

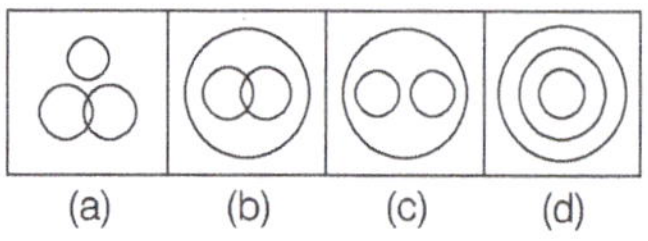

24. फार्मासिस्ट, पेशेवर, आर्किटेक्ट, बढ़ई *RRB JE 2019*

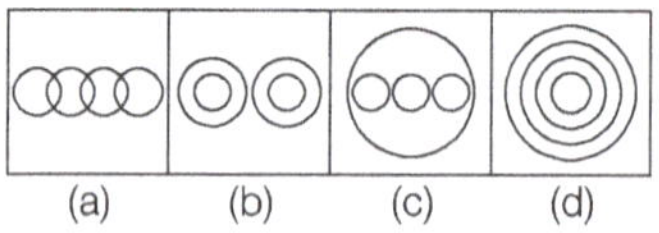

25. कबूतर, पक्षी, कुत्ते *UP Police Constable 2024*

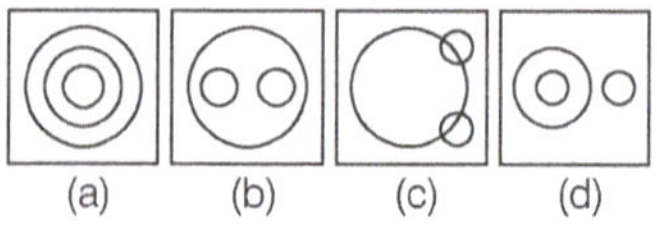

26. राज्य, जिला, शहर *RRB Group D 2018*

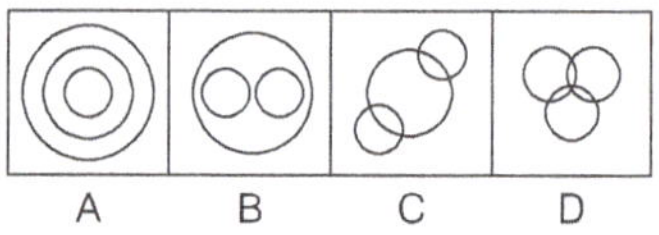

(a) D (b) B (c) A (d) C

27. महिलाओं, माताओं, डॉक्टरों *RRB ALP 2018*

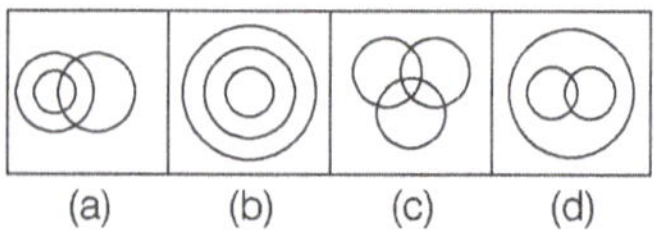

निर्देश (प्र.सं. 28-32) *निम्नलिखित प्रश्नों में से वर्गों के उस समुच्चय का चयन कीजिए, जिनके मध्य के सम्बन्ध को दिए गए वेन आरेख द्वारा सर्वश्रेष्ठ तरीके से प्रदर्शित किया गया है।*

28.

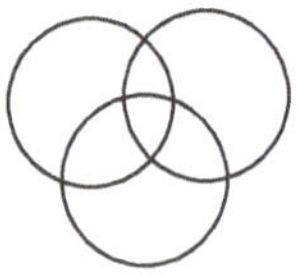

SSC (10+2) 2021

(a) उल्लू, स्तनधारी, सरीसृप (b) माताएँ, अभियन्ता, महिलाएँ
(c) स्टेशनरी, पेन, पेन्सिल (d) चिकित्सक, पिता, भाई

29.

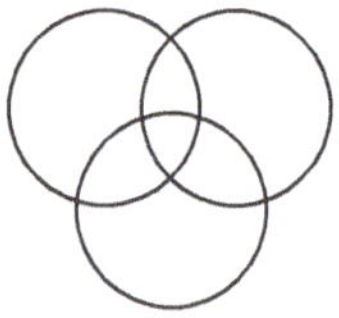

SSC CGL 2022

(a) महिलाएँ, स्त्री रोग विशेषज्ञ, डॉक्टर
(b) भोज्य, आलूबुखारे, फल
(c) उद्यमी, महिला, परोपकारी
(d) पुरुष, स्त्रियाँ, बेटियाँ

30.

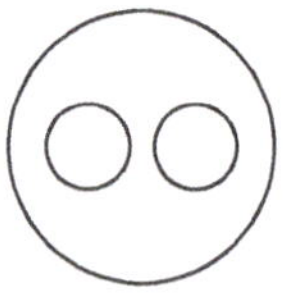

MP Constable 2022

(a) फूल, पीला, गुलाब (b) लड़का, खिलाड़ी, छात्र
(c) जीवित प्राणी, महिलाएँ, पक्षी (d) पुरुष, पिता, पुलिस अधिकारी

31.

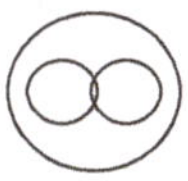

SSC Steno 2020

(a) डॉक्टर, इंजीनियर, बढ़ई
(b) स्तनधारी, पशु, ब्लूव्हेल
(c) बहनें, माताएँ, महिलाएँ
(d) भाई, पुरुष, चाची

32.

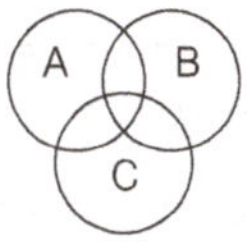

RRB ALP 2018

(a) पुरुष, पिता, डॉक्टर
(b) डॉक्टर, मानव, गाय
(c) बिल्ली, खिलौने, लड़की
(d) ऑफिस बॉय, सरकारी कर्मचारी, शिक्षित व्यक्ति

निर्देश (प्र. सं. 33 और 34) *नीचे दर्शाए गए चित्र P, Q, R, S और T को तीन शब्दों के समूह से चार विकल्पों में प्रदर्शित किया गया है। कौन-सा विकल्प चित्र से प्रदर्शित नहीं होता?* ***MP HSTET 2018***

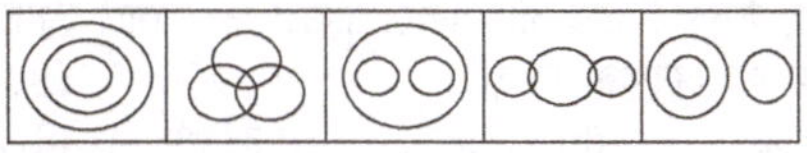

33. (a) मुर्गी, कुत्ता, बिल्ली (b) चीता, पशु, हाथी
(c) पशु, कुत्ता, बिल्ली (d) पलंग, वार्ड, नर्स

34. (a) रंग, लाल, नीला (b) रंग, कपड़ा, व्यापारी
(c) पशु, स्तनधारी, गाय (d) नर, घोड़ा, आदमी

विश्लेषणात्मक वेन आरेख पर आधारित

35. निम्न आकृति में, त्रिभुज 'बढ़ईयों' को निरूपित करता है, वृत्त 'लोहारो' को निरूपित करता है और आयत 'मछुआरो' को निरूपित करता है। कितने लोग मछुआरे हैं? ***SSC MTS 2021***

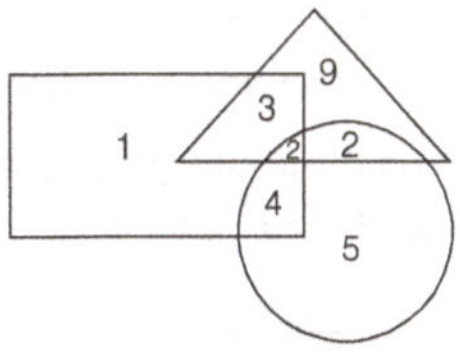

Trending Concept

विश्लेषणात्मक वेन आरेख पर आधारित प्रश्न (SSC, MTS, CPO, CGL) की परीक्षा में पूछे जा रहे हैं।

(a) 13 (b) 10
(c) 9 (d) 1

36. आरेख का अध्ययन करें और उन लोगों की पहचान करें, जो कम-से-कम दो भाषाएँ बोल सकते हैं। ***UP Police Constable 2024***

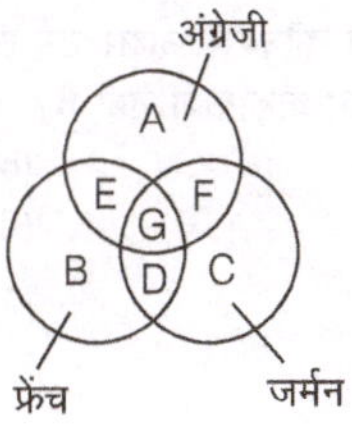

(a) K (b) F + D + G + E
(c) A + B + C (d) E + F + D

37. कितने घर में केवल बाइक हैं? ***SSC (10+2) 2023***

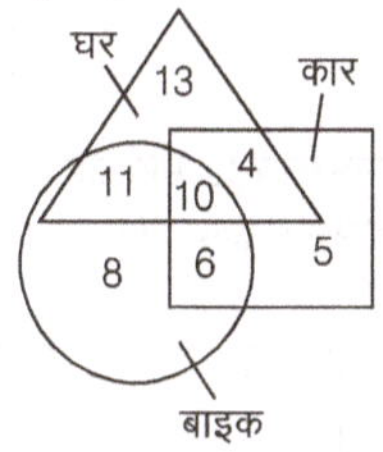

(a) 10 (b) 16 (c) 11 (d) 21

38. निम्नलिखित आकृति का अध्ययन करें और नीचे दिए गए प्रश्न का उत्तर दें। ***UP Police Constable 2024***

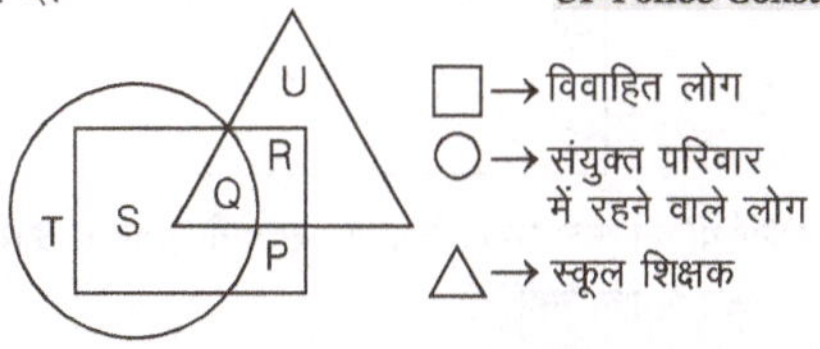

कौन-से अक्षर से उन लोगों को दर्शाया जाता है जो संयुक्त परिवार में रहते हैं लेकिन, न तो विवाहित हैं और न ही शिक्षक हैं?
(a) S (b) R (c) Q (d) T

39. निम्न वेन आरेख व्यावसायिक प्रशिक्षण A, B और C लेने वाले कुल 50 छात्रों को दर्शाता है। इनमें से प्रत्येक कम-से-कम एक प्रशिक्षण सत्र में भाग लेता है। कितने छात्र केवल दो प्रशिक्षण सत्रों में उपस्थित हैं?

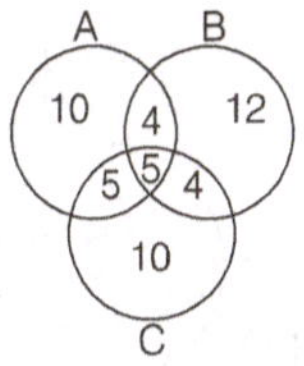

RRB Group D 2018

(a) 18 (b) 32 (c) 20 (d) 13

40. नीचे दी गई आकृति में, त्रिभुज शाकाहारी उत्पादों को दर्शाता है। आयत चॉकलेट को दर्शाता है और वृत्त भारत में उत्पादित उत्पाद को दर्शाता है। भारत द्वारा निर्मित शाकाहारी चॉकलेट का प्रतिनिधित्व करने वाले अक्षर का चयन करें। ***UPSSSC 2018***

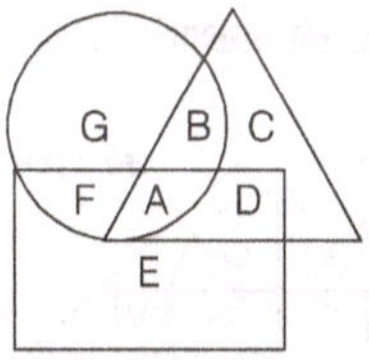

(a) A (b) B (c) C (d) D

41. नीचे दिए गए वेन आरेख का अध्ययन करें।
Rajasthan Police Constable 2022

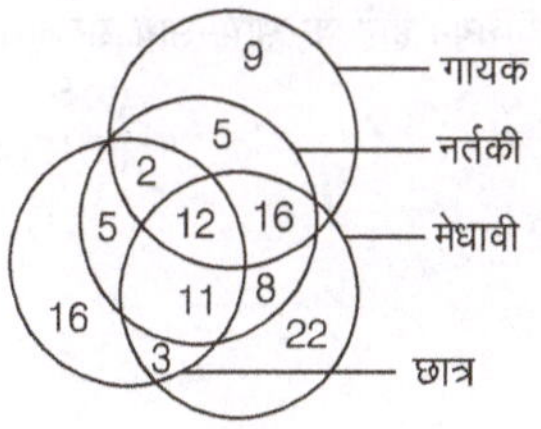

कितने मेधावी छात्र गा सकते हैं और नृत्य कर सकते हैं?

(a) 14 (b) 12
(c) 33 (d) 30

42. प्रदत्त आरेख में, समुच्चय U सार्वभौमिक सेट है और सेट L, M और N क्रमश: इतिहास, भूगोल और भाषा पढ़ने वाले विद्यार्थियों को निरूपित करते हैं। ***UP Police AO 2024***

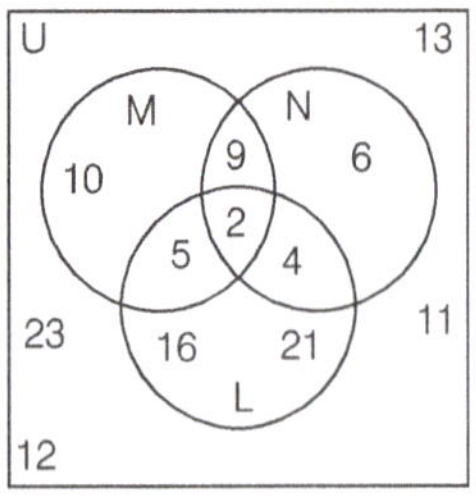

ऐसे विद्यार्थियों की कुल संख्या क्या है, जो दोनों इतिहास और भाषा पढ़ रहे हैं लेकिन भूगोल नहीं?

(a) 15 (b) 2
(c) 6 (d) 4

43. निम्न आकृति में, वर्ग एशियावासियों का प्रतिनिधित्व करता है, त्रिभुज लेखक का प्रतिनिधित्व करता है, वृत्त पिता का प्रतिनिधित्व करता है और आयत अभिनेताओं का प्रतिनिधित्व करता है। अक्षरों का कौन-सा सेट उन अभिनेताओं का प्रतिनिधित्व करता है, जो लेखक हैं?

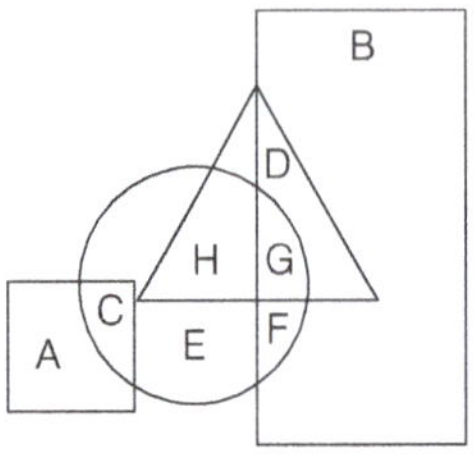

RRB ALP 2018

(a) GD (b) HGF
(c) GF (d) CEG

44. दिए गए आरेख का ध्यानपूर्वक अध्ययन कीजिए और प्रश्न का उत्तर दीजिए।

विभिन्न वर्गों/खंडों की संख्याएँ व्यक्तियों की संख्या को दर्शाती है।

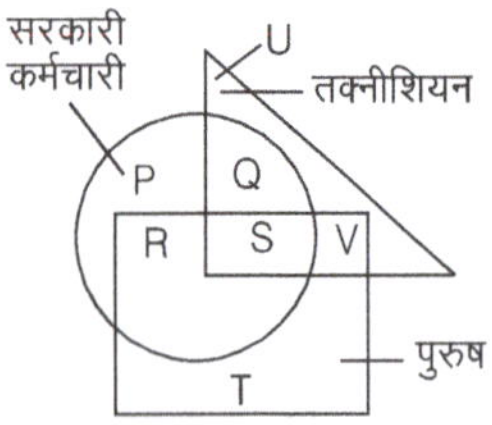

CISF HC (Min) 2022

निम्नलिखित में से कौन-सा विकल्प उन पुरुषों का प्रतिनिधित्व करता है, जो तक्नीशियन होने के साथ-साथ सरकारी कर्मचारी भी हैं?

(a) R (b) S
(v) V (d) R + S

45. दिए गए आरेख का परीक्षण कीजिए और निम्नलिखित प्रश्न का उत्तर दीजिए। ***UP Police Constable 2024***

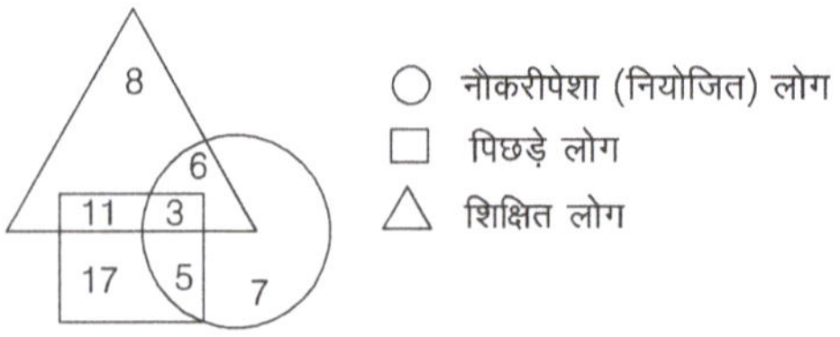

पिछड़े माने जाने वाले कितने व्यक्ति शिक्षित नहीं हैं?

(a) 31 (b) 22 (c) 20 (d) 16

46. एक बस्ती में 30 से 55 वर्ष की आयु वर्ग के लोगों को निम्नलिखित तीन श्रेणियों में वर्गीकृत किया जाता है।

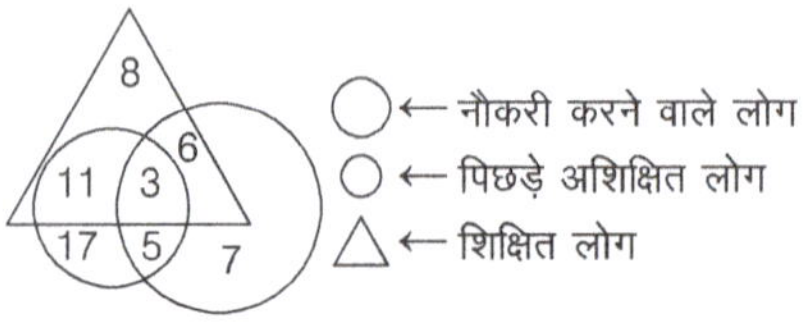

नौकरी करने वाले पिछड़े अशिक्षित लोगों की संख्या और केवल शिक्षित, केवल पिछड़े और केवल नौकरी करने वाले लोगों की संख्या के योग का अनुपात बताएँ। ***UPSSSC 2018***

(a) 5 : 32 (b) 32 : 5 (c) 5 : 23 (d) 23 : 5

47. निम्नलिखित वेन आरेख में कौन-सा अक्षर उन सभी को दर्शाता है, जो क्रिकेट के साथ-साथ कबड्डी और तीनों खेल भी खेलते हैं? ***UP Police Head Operator 2024***

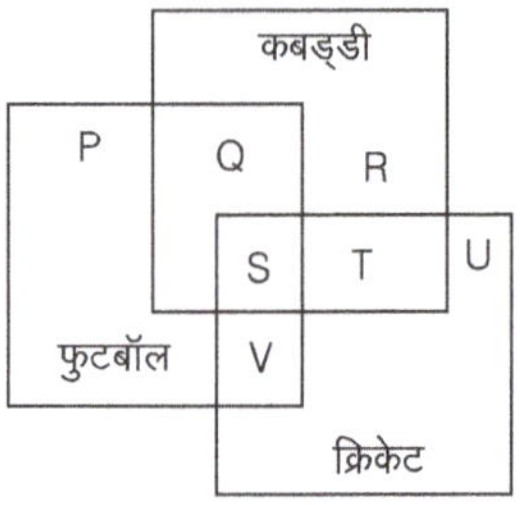

(a) S + Q (b) S + T (c) S + V (d) S + R

48. दिए गए आरेख में, वृत्त 'लम्बे लोगों' का प्रतिनिधित्व करता है, वर्ग 'लड़की' का प्रतिनिधित्व करता है और तीर 'लड़कों' का प्रतिनिधित्व करता है।

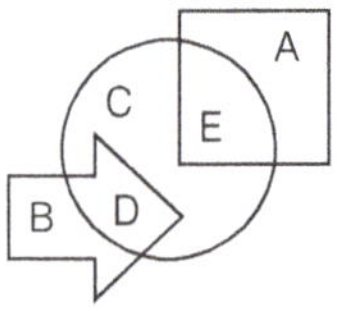

निम्नलिखित में से कौन-सा अक्षर उन लोगों का प्रतिनिधित्व करता है जो लम्बे है लेकिन लड़कियाँ नहीं है? ***RRB NTPC 2021***

(a) C और E (b) C, D और B
(c) C और D (d) D और E

49. दी गई आकृतियों में यदि त्रिभुज स्वस्थ व्यक्तियों को दर्शाता है, आयत वृद्ध व्यक्तियों को दर्शाता है और वृत्त पुरुषों को दर्शाता है, तो उन पुरुषों की संख्या कितनी है, जो स्वस्थ हैं लेकिन वृद्धि नहीं हैं? *UP Police Constable 2024*

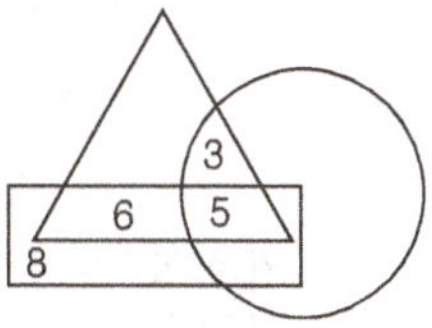

(a) 8 (b) 6
(c) 3 (d) 5

50. नीचे दिए गए वेन आरेख में, 'वृत्त', 'महिलाओं' को निरूपित करता है, 'त्रिकोण', 'विवाहितों' को निरूपित करता है, 'आयत', '30 वर्ष से कम' को निरूपित करता है और 'वर्ग', 'नियोजित व्यक्तियों' को निरूपित करता है। आरेख में दी गई संख्याएँ उस श्रेणी विशेष के व्यक्तियों की संख्या दर्शाती है। 30 वर्ष से कम आयु के कितने अविवाहित पुरुष बेरोजगार हैं?
Rajasthan Police Constable 2022

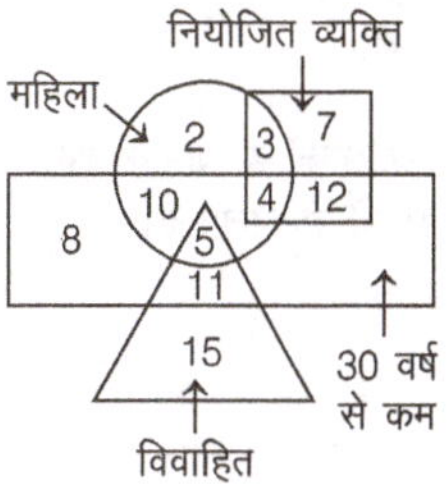

(a) 2 (b) 8 (c) 10 (d) 4

Right Key

1. (d)	2. (c)	3. (a)	4. (c)	5. (a)	6. (a)	7. (a)	8. (b)	9. (c)	10. (c)
11. (c)	12. (b)	13. (a)	14. (a)	15. (c)	16. (b)	17. (a)	18. (c)	19. (b)	20. (a)
21. (a)	22. (b)	23. (c)	24. (c)	25. (d)	26. (c)	27. (a)	28. (d)	29. (c)	30. (c)
31. (c)	32. (d)	33. (a)	34. (b)	35. (b)	36. (b)	37. (c)	38. (d)	39. (d)	40. (a)
41. (b)	42. (d)	43. (a)	44. (b)	45. (b)	46. (a)	47. (b)	48. (c)	49. (c)	50. (b)

Solutions

1. (*d*) प्रश्नानुसार,

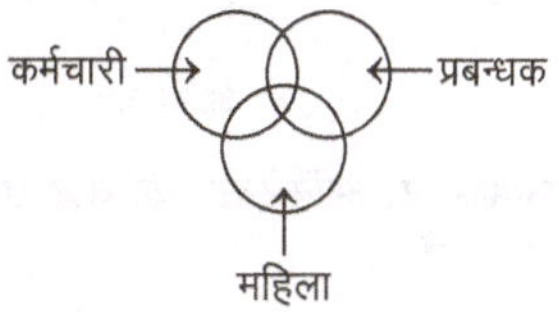

कुछ महिलाएँ, या तो कर्मचारी हो सकती हैं, या प्रबन्धक हो सकती हैं या फिर दोनों हो सकती हैं।

TOP TIPS इस प्रकार के प्रश्नों को हल करने के लिए सामान्य ज्ञान की समझ का होना अति आवश्यक है।

2. (*c*) प्रश्नानुसार,

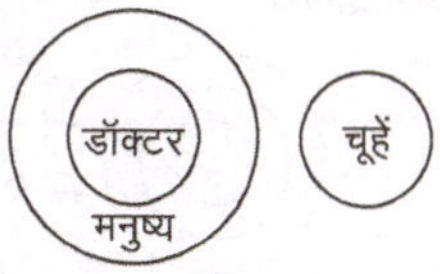

चूँकि डॉक्टर, मनुष्य के अन्तर्गत आते हैं, जबकि चूहें इनसे भिन्न हैं।

3. (*a*) प्रश्नानुसार,

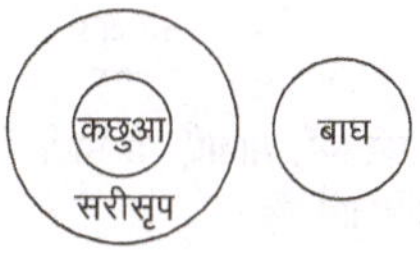

चूँकि कछुआ, सरीसृप वर्ग के अन्तर्गत आता है, जबकि बाघ इनसे भिन्न है।

4. (*c*) प्रश्नानुसार,

केले, सेब व अंगूर विभिन्न प्रकार के फल हैं।

5. (*a*) प्रश्नानुसार,

स्पष्टतया: कुछ विवाहित लोग, इन्जीनियर और वकील दोनों ही हो सकते हैं।

6. (*a*) प्रश्नानुसार,

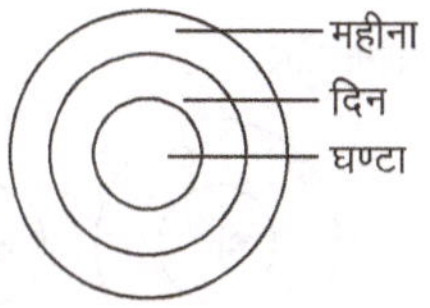

अत: घण्टा दिन के अन्तर्गत तथा दिन महीना के अन्तर्गत आता है।

7. (*a*) प्रश्नानुसार,

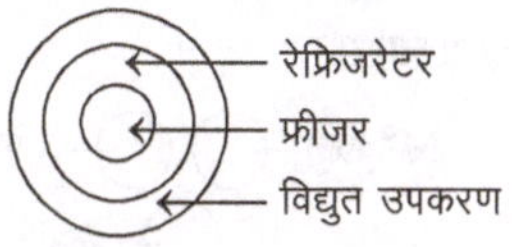

फ्रीजर, रेफ्रिजरेटर का एक भाग होता है तथा रेफ्रिजरेटर एक विद्युत उपकरण है।

8. (*b*) प्रश्नानुसार,

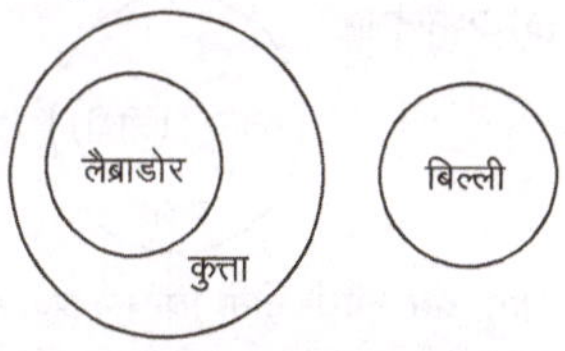

लैब्राडोर, कुत्ते की एक प्रजाति है, जबकि बिल्ली इनसे अलग है।

9. (*c*) प्रश्नानुसार,

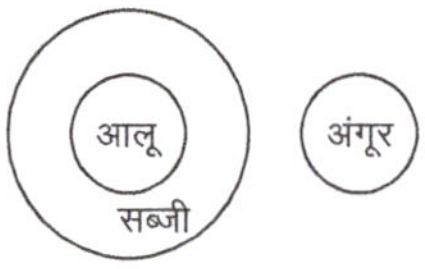

आलू एक प्रकार की सब्जी है, जबकि अंगूर एक फल है, जो सब्जी से अलग है।

10. (*c*) प्रश्नानुसार,

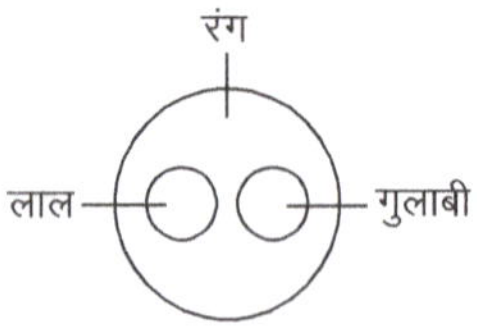

लाल और गुलाबी दोनों विभिन्न रंग हैं।

11. (*c*) प्रश्नानुसार,

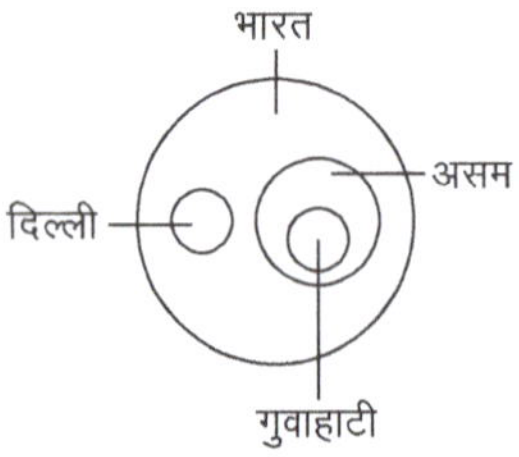

दिल्ली और असम भारत के क्रमश: केन्द्रशासित प्रदेश तथा राज्य हैं और गुवाहाटी असम का शहर है।

12. (*b*) प्रश्नानुसार,

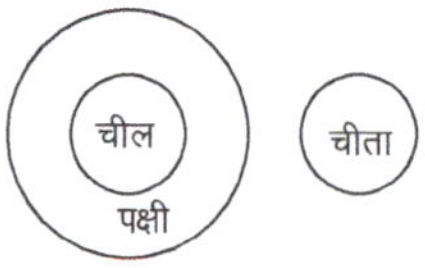

चील एक प्रकार का पक्षी है, जबकि चीता एक पशु है, जो पक्षी से भिन्न है।

13. (*a*) प्रश्नानुसार,

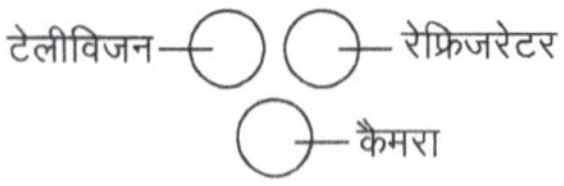

टेलीविजन, रेफ्रिजरेटर और कैमरा तीनों एक-दूसरे से भिन्न हैं।

14. (*a*) प्रश्नानुसार,

आड़ू और लीची दोनों विभिन्न प्रकार के फल हैं।

15. (*c*) प्रश्नानुसार,

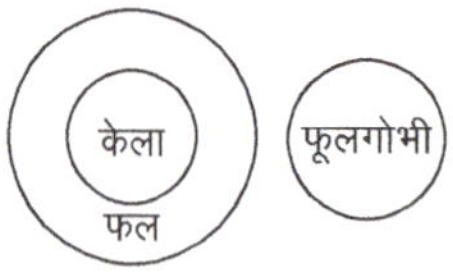

∵ केला एक फल है और फूलगोभी इनसे अलग होती है।

16. (*b*) प्रश्नानुसार,

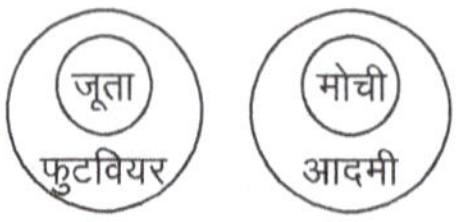

जूता एक फुटवियर (पैरों में पहना जाने वाला) है और मोची एक आदमी है, जो जूते सिलता है।

17. (*a*) प्रश्नानुसार,

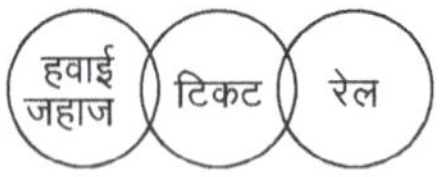

चूँकि टिकट, हवाई जहाज तथा रेल दोनों में से किसी की भी हो सकती है।

18. (*c*) प्रश्नानुसार,

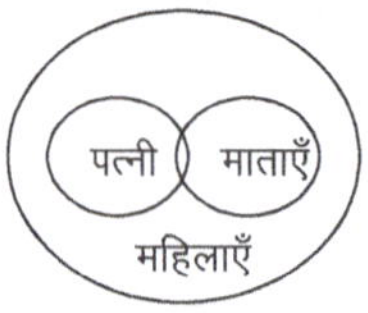

कुछ पत्नियाँ, माताएँ भी होती हैं और दोनों ही महिलाएँ हैं।

19. (*b*) प्रश्नानुसार,

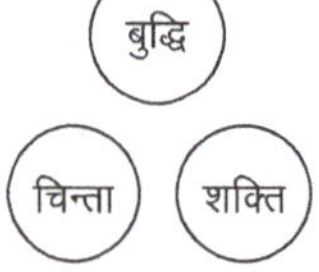

बुद्धि, चिन्ता और शक्ति तीनों एक-दूसरे से भिन्न हैं।

20. (*a*) प्रश्नानुसार,

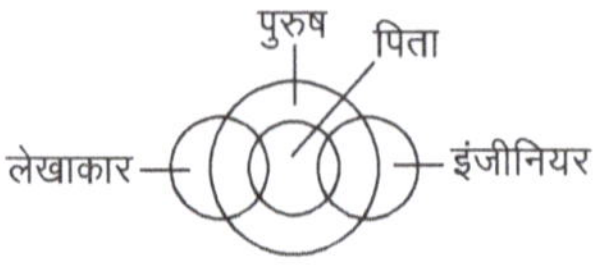

चूँकि प्रत्येक पिता, पुरुष होता है। कुछ लेखाकार व इंजीनियर पिता और पुरुष दोनों हो सकते हैं।

21. (*a*) प्रश्नानुसार,

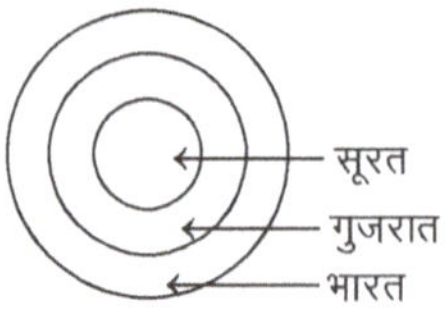

सूरत, गुजरात का एक शहर है तथा गुजरात, भारत का एक राज्य है।

22. (*b*) महिलाओं, माताओं और माता-पिता के बीच सम्बन्ध का आरेख निम्न प्रकार है,

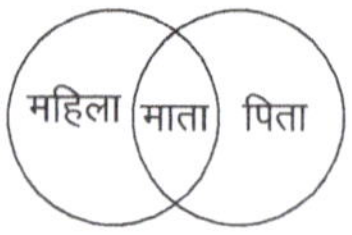

23. (*c*) प्रश्नानुसार,

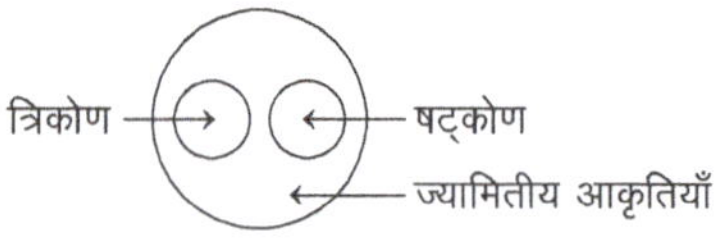

त्रिकोण और षट्कोण दोनों विभिन्न ज्यामितीय आकृतियाँ हैं।

24. (*c*) प्रश्नानुसार,

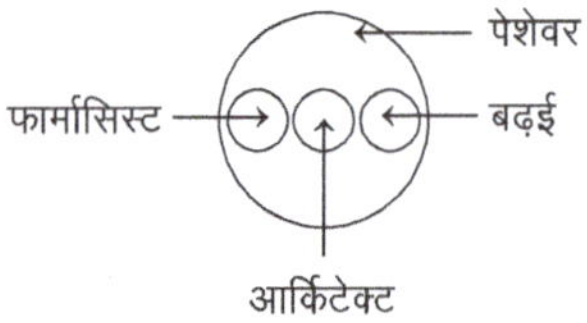

फार्मासिस्ट, आर्किटेक्ट तथा बढ़ई तीनों पेशेवर हैं।

25. (*d*) प्रश्नानुसार,

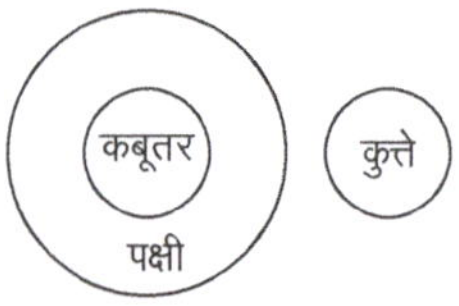

सभी कबूतर पक्षी होते हैं, जबकि कुत्ता इनसे अलग है।

26. (*c*) प्रश्नानुसार,

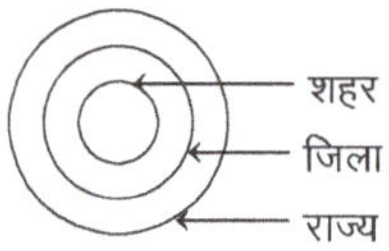

चूँकि शहर, जिले में तथा जिला, राज्य में आता है।

27. (*a*) प्रश्नानुसार,

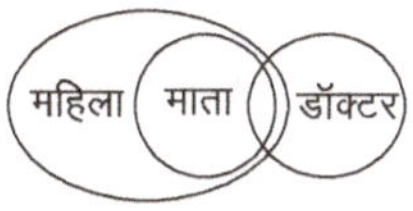

चूँकि प्रत्येक माता, महिला होती है तथा कुछ महिलाएँ तथा माताएँ, डॉक्टर हो सकती हैं।

28. (*d*) प्रश्नानुसार,

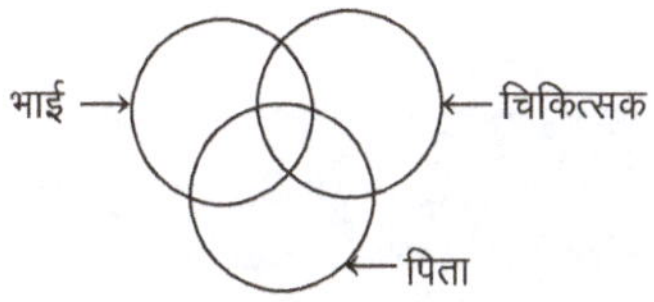

∵ कुछ पिता, या तो चिकित्सक हो सकते हैं या भाई हो सकते हैं या फिर दोनों हो सकते हैं।

29. (*c*) प्रश्नानुसार,

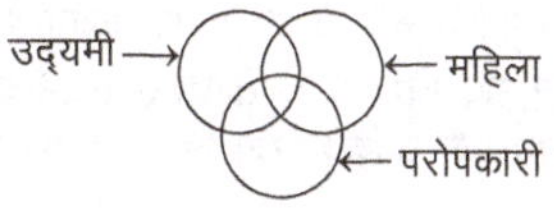

कुछ महिलाएँ या तो उद्यमी या परोपकारी होती हैं या फिर दोनों हो सकती हैं।

30. (*c*) प्रश्नानुसार,

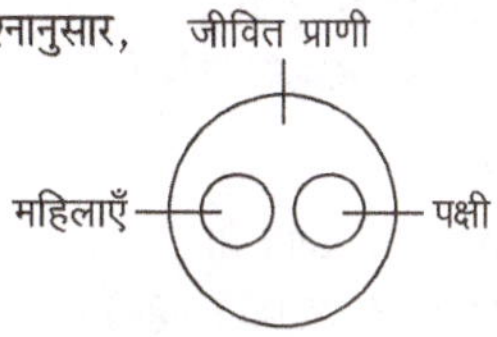

चूँकि, महिलाएँ और पक्षी दोनों जीवित प्राणी के अन्तर्गत आते हैं।

31. (*c*) प्रश्नानुसार,

चूँकि बहनें और माताएँ, दोनों महिलाएँ होती हैं और कुछ माताएँ बहनें या कुछ बहनें माताएँ हो सकती हैं।

32. (*d*) प्रश्नानुसार,

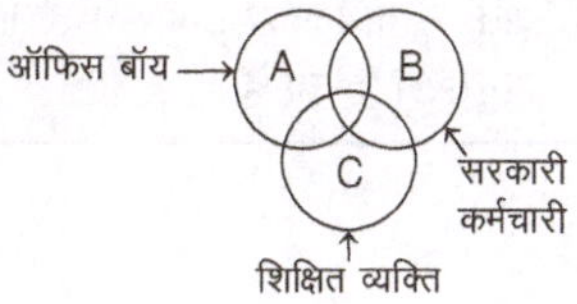

कुछ ऑफिस बॉय या तो सरकारी कर्मचारी या शिक्षित व्यक्ति होते हैं या फिर दोनों हो सकते हैं।

33. (*a*) प्रश्नानुसार,

कुत्ता, बिल्ली और मुर्गी तीनों अलग-अलग जानवर हैं, जोकि दिए गए चित्र में नहीं है।

34. (*b*) प्रश्नानुसार,

रंग, कपड़ा और व्यापारी तीनों अलग-अलग हैं, जोकि दिए गए चित्र में नहीं है।

35. (*b*) कुल मछुआरे $= 1 + 2 + 3 + 4 = 10$

36. (*b*) दिए गए आरेख से,

कम-से-कम दो भाषाएँ बोलने वाले लोग

$= E + F + D + G$

37. (*c*) प्रश्नानुसार,

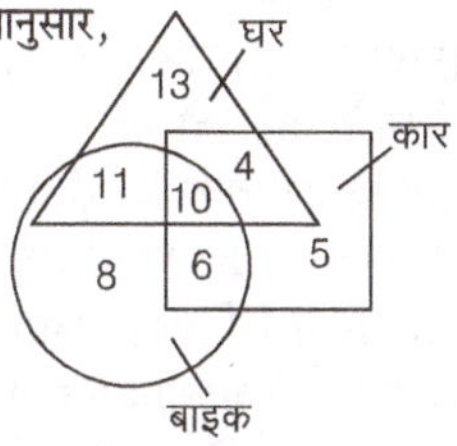

उपरोक्त से स्पष्ट है, कि वे घर जिनमें केवल बाइक हैं, की संख्या = 11

38. (*d*) दिए गए वेन आरेख से, अक्षर T केवल वृत्त में है, इसलिए अक्षर T द्वारा उन लोगों को दर्शाया जाता है जो संयुक्त परिवार में रहते हैं, लेकिन न तो विवाहित हैं और न ही शिक्षक हैं।

39. (*d*) केवल दो प्रशिक्षण सत्रों के उपस्थित कुल छात्र $= 4 + 4 + 5 = 13$

40. (*a*) अक्षर A तीनों ही आकृतियों में उपस्थित है, इसलिए अक्षर 'A' भारत द्वारा निर्मित शाकाहारी चॉकलेट का प्रतिनिधित्व करता है।

41. (*b*) गाने वाले और नृत्य करने वाले मेधावी छात्रों की संख्या = चारों वृत्तों में उभयनिष्ठ संख्या = 12

42. (*d*) दोनों इतिहास और भाषा लेकिन भूगोल नहीं पढ़ रहे विद्यार्थियों की कुल संख्या = केवल L और N में उभयनिष्ठ संख्या = 4

43. (*a*) G, D त्रिभुज और आयत दोनों में स्थित हैं। अतः G, D उन अभिनेताओं का प्रतिनिधित्व करता है, जो लेखक हैं।

44. (*b*) अक्षर 'S' उन पुरुषों का प्रतिनिधित्व करता है, जो तक्नीशियन के साथ-साथ सरकारी कर्मचारी भी हैं।

45. (*b*) पिछड़े माने जाने वाले वे व्यक्ति जो शिक्षित नहीं है,

उनकी संख्या $= 17 + 5 = 22$

46. (*a*) नौकरी करने वाले पिछड़े अशिक्षित लोगों की संख्या = 5

केवल शिक्षित लोगों की संख्या = 8

केवल पिछड़े लोगों की संख्या = 17

केवल नौकरी वाले लोगों की संख्या = 7

तब, अभीष्ट अनुपात

$= 5 : (8 + 17 + 7)$

$= 5 : 32$

47. (*b*) 'S + T' उन सभी को दर्शाता है, जो क्रिकेट के साथ-साथ कबड्डी और तीन खेल भी खेलते हैं।

48. (*c*) आरेख में, अक्षर C और D उन लोगों का प्रतिनिधित्व करता है जो लम्बे है लेकिन लड़कियाँ नहीं है, क्योंकि C और D वृत्त में है लेकिन वर्ग में नहीं है।

49. (*c*) प्रश्नानुसार,

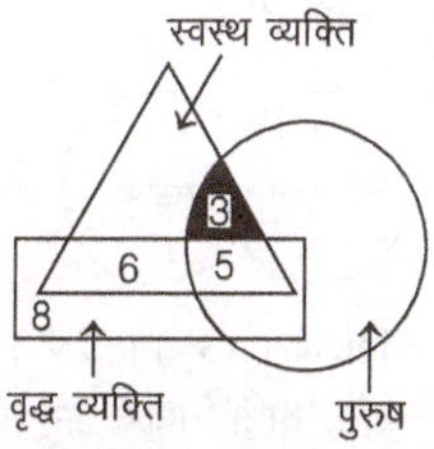

छायांकित भाग उन पुरुषों की संख्या को दर्शाता है, जो स्वस्थ हैं लेकिन वृद्ध नहीं हैं।

अतः अभीष्ट संख्या = 3

50. (*b*) दिए गए वेन आरेख से 30 वर्ष से कम आयु के अविवाहित पुरुष बेरोजगारों की संख्या (जो केवल आयत में) 8 हैं।

अध्याय

22 न्याय-निगमन (Syllogism)

न्याय निगमन

'Syllogism' एक ग्रीक भाषा का शब्द है जिसका अर्थ है निष्कर्ष या अनुमान। न्याय निगमन वह प्रक्रिया है, जिसके द्वारा दो या दो से अधिक विचारों/तर्कवाक्यों/ कथनों को एकसाथ लेकर उनसे एक तार्किक निष्कर्ष निकाला जाता है। दिया गया तर्कवाक्य/कथन भले ही वास्तविकता से भिन्न हो, लेकिन हम उन्हें सदैव सत्य मानकर निष्कर्ष ज्ञात करना होता है।

दो कथनों पर आधारित

इस प्रकार के प्रश्नों में दो कथनों के साथ दो या दो से अधिक निष्कर्ष दिए गए होते हैं। इन कथनों को सत्य मानते हुए, भले ही वे सामान्यत: ज्ञात तथ्यों से भिन्न प्रतीत होते हों यह ज्ञात करना होता है कि कौन-सा निष्कर्ष तार्किक रूप से अनुसरण करता है।

जैसे-दिए गए निष्कर्षों में से कौन-सा निष्कर्ष दिए गए कथनों का तार्किक रूप से अनुसरण करता है?

कथन

कुछ ऑक्टोपस, मछली हैं।
कुछ मछली, मेंढक हैं।

निष्कर्ष

I. कुछ मेंढक, मछली हैं।
II. कुछ मछली, ऑक्टोपस हैं।

(a) केवल निष्कर्ष I अनुसरण करता है
(b) या तो निष्कर्ष I या II अनुसरण करता है
(c) केवल निष्कर्ष II अनुसरण करता है
(d) दोनों निष्कर्ष अनुसरण करते हैं

हल (*d*) कथनानुसार,

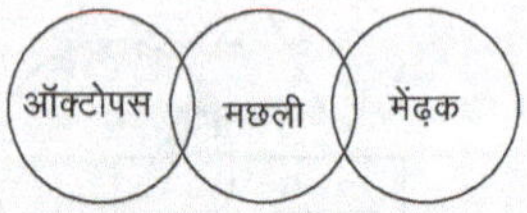

निष्कर्ष I. (✓) II. (✓)

अत: दोनों निष्कर्ष अनुसरण करते हैं।

तीन या तीन से अधिक कथनों पर आधारित

इस प्रकार के प्रश्नों में तीन या तीन से अधिक कथन के साथ दो या दो से अधिक निष्कर्ष दिए गए होते हैं। इन कथनों को सत्य मानते हुए, भले ही वे सामान्यत: ज्ञात तथ्यों से भिन्न प्रतीत होते हों यह ज्ञात करना होता है कि कौन-सा निष्कर्ष तार्किक रूप से अनुसरण करता है।

जैसे-दिए गए निष्कर्षों में से कौन-सा निष्कर्ष दिए गए कथनों का तार्किक रूप से अनुसरण करता है?

कथन

सभी शहर, कस्बे हैं।
कुछ कस्बे, राज्य हैं।
कोई राज्य, महाद्वीप नहीं हैं।

निष्कर्ष

I. कुछ शहर, राज्य हैं।
II. कोई शहर, महाद्वीप नहीं है।

(a) केवल II अनुसरण करता है
(b) न तो I और न ही II अनुसरण करता है
(c) केवल I अनुसरण करता है
(d) I और II दोनों अनुसरण करते हैं

हल (*b*) कथनानुसार,

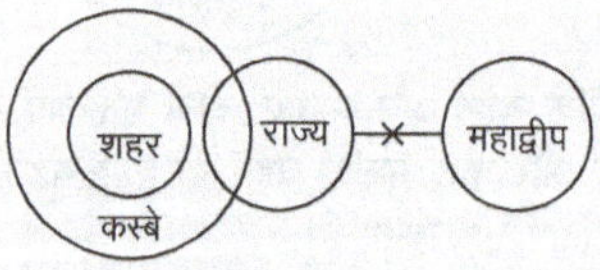

निष्कर्ष I. (✗) II. (✗)

अत: न तो निष्कर्ष I और न ही II अनुसरण करता है।

Score Booster

यदि कथन में जो पद व्याप्त है उन्हें निष्कर्ष में व्याप्त एवं अव्याप्त दोनों स्थिति में रखा जा सकता है तथा जो पद कथन में अव्याप्त है उन्हें निष्कर्ष में हमेशा 'अव्याप्त' ही होना चाहिए।

न्याय निगमन से सम्बन्धित प्रश्नों को हल करने के लिए निम्नलिखित पदों का ज्ञान होना आवश्यक है

कथन

कथन एक प्रकार का तर्कवाक्य है, जो पदों के बीच सम्बन्ध को व्यक्त करता है।

कथन के चार भाग होते हैं, जो निम्न हैं

(i) **परिमाणक** (Quantifier) ऐसा पद जो, परिमाण को व्यक्त करता है, परिमाणक कहलाता है। कुछ शब्द; जैसे—'सभी', 'कुछ' और 'कोई नहीं' परिमाणक शब्द कहलाते हैं।

(ii) **उद्देश्य** (Subject) ऐसा पद, जिसके विषय में कोई बात कही गई हो, उसे उद्देश्य पद कहते हैं।

(iii) **विधेय** (Predicate) किसी के विषय में कही गई वह बात, जोकि उसकी विशेषता को व्यक्त करती है, उसे विधेय पद कहते हैं।

(iv) **योजक** (Copula) यह कथन का वह भाग या पद होता है, जो **उद्देश्य** (subject) व **विधेय** (predicate) के मध्य सम्बन्ध स्थापित करता है।

जैसे– सभी लड़के होशियार हैं।

↑ परिमाणक ↑ उद्देश्य ↑ विधेय ↑ योजक

यहाँ पर लड़कों के बारे में जानकारी दी गई है। अत: 'लड़के' उद्देश्य हैं तथा 'सभी' शब्द उनके परिमाण को व्यक्त करता है। अत: 'सभी' परिमाणक शब्द है जबकि 'होशियार' वह गुण है, जो उद्देश्य की विशेषता दर्शाता है। अत: 'होशियार' विधेय पद है तथा शब्द 'है', विधेय और उद्देश्य के मध्य सम्बन्ध स्थापित करता है। अत: शब्द 'है' योजक है।

पद

ऐसे शब्द या शब्द समूह, जो किसी वाक्य में **उद्देश्य** (subject) और **विधेय** (predicate) के रूप में प्रयोग होते हैं, पद कहलाते हैं।

जैसे—राधिका ईमानदार लड़की है।

इस वाक्य में राधिका, ईमानदार तथा लड़की तीनों अलग-अलग पद हैं। न्याय-निगमन निम्न तीन पदों पर आधारित है

(i) **लघु पद** (Minor term) यह निष्कर्ष का उद्देश्य (subject) होता है।

(ii) **मध्य पद** (Middle term) ऐसा पद, जो दिए गए दो या दो से अधिक कथनों में सर्वनिष्ठ (common) हो तथा दोनों कथनों के बीच सम्बन्ध स्थापित करता हो, उसे मध्य पद कहते हैं।

(iii) **वृहद पद** (Major term) यह निष्कर्ष का विधेय (predicate) होता है।

जैसे—

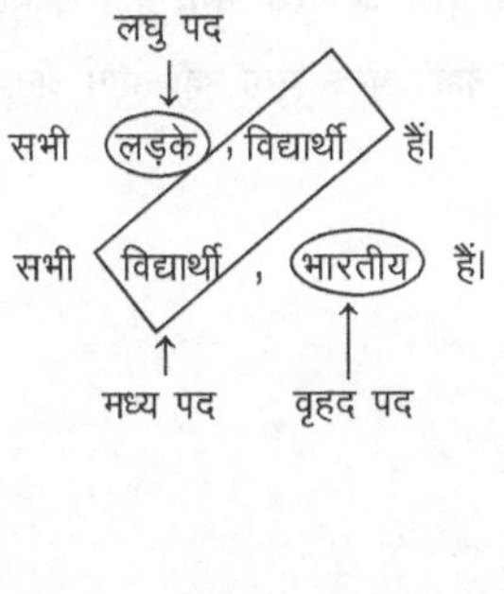

इन्हें हम निम्न चित्र से भी समझ सकते हैं

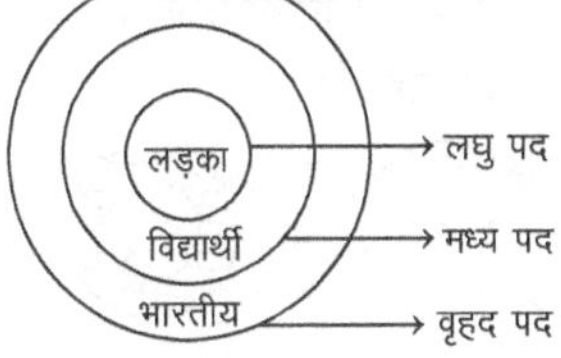

तार्किक वाक्यों का वर्गीकरण

तार्किक वाक्यों का वर्गीकरण गुण एवं परिमाण के आधार पर निम्न प्रकार से किया जाता है

1. सर्वव्यापी कथन या वाक्य

ऐसा कथन या वाक्य जिसमें पूरी बात एक उद्देश्य के विषय में कही जाए, 'सर्वव्यापी वाक्य' कहलाता है। जैसे— सभी मनुष्य मरणशील हैं। सर्वव्यापी कथन निम्न दो प्रकार के होते हैं

(i) **सर्वव्यापी सकारात्मक कथन या वाक्य** ऐसा वाक्य, जिससे सकारात्मक अर्थ निकलता है, उसे 'सर्वव्यापी सकारात्मक वाक्य' कहते हैं और इसे 'A' से निरूपित किया जाता है।
जैसे— सभी गाय, जानवर हैं।

(ii) **सर्वव्यापी नकारात्मक कथन या वाक्य** ऐसा वाक्य, जिससे नकारात्मक अर्थ निकलता है, उसे 'सर्वव्यापी नकारात्मक वाक्य' कहते हैं और इसे 'E' से निरूपित किया जाता है। जैसे— कोई गाय, जानवर नहीं है।

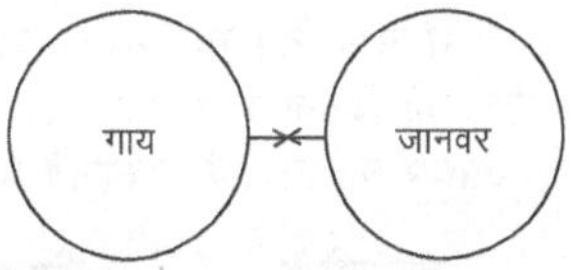

2. अंशव्यापी कथन या वाक्य

ऐसा कथन या वाक्य, जिसमें उद्देश्य के कुछ अंशों के विषय में कहा जाए, 'अंशव्यापी वाक्य' कहलाता है। जैसे— कुछ व्यक्ति धनी हैं। अंशव्यापी कथन निम्न दो प्रकार के होते हैं

(i) **अंशव्यापी सकारात्मक कथन या वाक्य** ऐसा अंशव्यापी वाक्य, जिससे सकारात्मक अर्थ निकलता है, उसे 'अंशव्यापी सकारात्मक वाक्य' कहते हैं और इसे 'I' से निरूपित किया जाता है।
जैसे—कुछ गायें, जानवर हैं।

(ii) **अंशव्यापी नकारात्मक कथन या वाक्य** ऐसा अंशव्यापी वाक्य, जिससे नकारात्मक अर्थ निकलता है, उसे 'अंशव्यापी नकारात्मक वाक्य' कहते हैं और इसे 'O' से निरूपित किया जाता है।

जैसे—कुछ व्यक्ति धनी नहीं हैं।

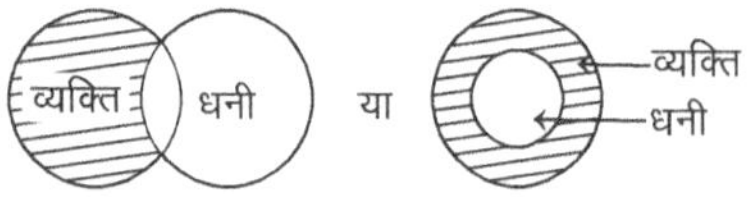

पदों की व्याप्ति

कोई भी पद या तो व्याप्त होता है या अव्याप्त

(i) व्याप्त पद (Distributed Term) ऐसा पद जो किसी कथन में अपने सम्पूर्ण व्यक्ति बोध के रूप में प्रयोग होता है, ऐसे पद को व्याप्त पद कहते हैं।

(ii) अव्याप्त पद (Undistributed Term) ऐसे पद जो किसी कथन में अपने आंशिक व्यक्ति बोध के रूप में प्रयोग होता है, ऐसे पद को अव्याप्त पद कहते हैं।

वाक्य	उद्देश्य	विधेय
सार्वभौम सकारात्मक [A]	व्याप्त [✓]	अव्याप्त [✗]
सार्वभौम नकारात्मक [E]	व्याप्त [✓]	व्याप्त [✓]
अंशव्यापी सकारात्मक [I]	अव्याप्त [✗]	अव्याप्त [✗]
अंशव्यापी नकारात्मक [O]	अव्याप्त [✗]	व्याप्त [✓]

नोट तार्किक निष्कर्ष के लिए दोनों मध्य पदों में से कम-से-कम एक मध्य पद अवश्य व्याप्त (Distributed) होना चाहिए।

न्याय-निगमन को हल करने की विधि

न्याय-निगमन से सम्बन्धित प्रश्नों को हल करने की सबसे सरल विधि वेन आरेख विधि है, जो निम्नवत् है

वेन आरेख विधि इस विधि में सभी दिए गए कथनों का अलग-अलग आरेख बनाते हैं और आरेख को जितना सम्भव हो, एकसाथ जोड़ते हैं और जोड़े गए आरेख के आधार पर निष्कर्ष निकालते हैं।

कथन	वेन आरेख	निष्कर्ष (निश्चित)
सभी A, B हैं।	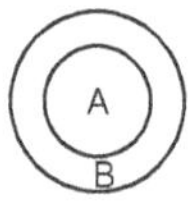	कुछ A, B है। कुछ B, A है।
कुछ A, B हैं।	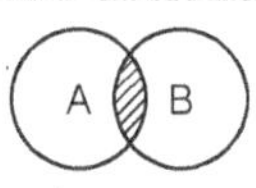	कुछ B, A हैं।
कोई A, B नहीं है।	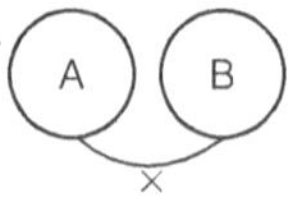	कोई B, A नहीं है। कुछ A, B नहीं है। कुछ B, A नहीं है।
कुछ A, B नहीं है।	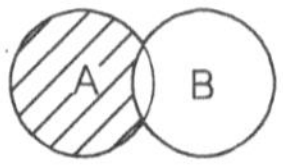	कोई निश्चित निष्कर्ष नहीं होगा।

कथन तथा उन पर आधारित निष्कर्ष की सम्भावनाएँ

कथन	वेन आरेख	निष्कर्ष (सम्भावना)
सभी A, B हैं।	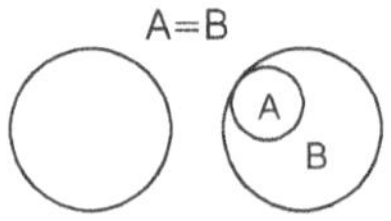	सभी B, A हैं। कुछ B, A नहीं है।
कुछ A, B हैं।	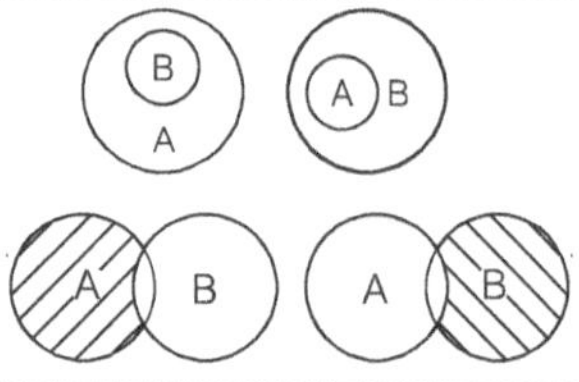	सभी B, A हैं। सभी A, B हैं। कुछ A, B नहीं है। कुछ B, A नहीं है।
कोई A, B नहीं है।	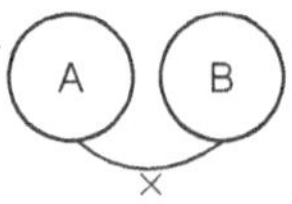	कोई सम्भावित निष्कर्ष नहीं होगा।
कुछ A, B नहीं हैं।	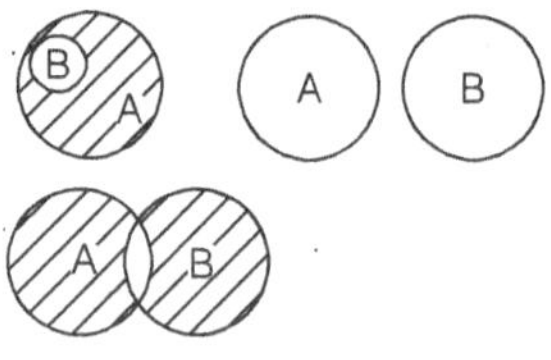	सभी B, A हैं। कुछ A, B हैं। कुछ B, A हैं। कुछ B, A नहीं है। कोई A, B नहीं है। कोई B, A नहीं है।

नोट सम्भावना निष्कर्ष ऐसे निष्कर्ष है, जो न तो पूर्ण तरीके से सही होते हैं और न ही पूर्ण तरीके से गलत होते हैं, केवल उनके सही होने की सम्भावना होती है।

''या तो'' स्थिति

निम्न चार शर्तों के अनुसार ''या तो'' स्थिति बनेगी–

(i) दोनों निष्कर्ष तार्किक रूप से गलत होने चाहिए।

(ii) दोनों निष्कर्ष में उद्देश्य (subject) और विधेय (predicate) समान होने चाहिए।

(iii) दोनों निष्कर्षों में से एक सकारात्मक तथा एक नकारात्मक होना चाहिए।

(iv) दोनों निष्कर्ष एक-दूसरे के पूरक युग्म होने चाहिए।

नोट 'सभी' और ''कोई नहीं'' पूरक युग्म नहीं होंगे। अत: इनके बीच '' या तो'' स्थिति नहीं बनेगी।

Exam Approach Examples

दो कथनों पर आधारित

निर्देश (उदा. सं. 1-3) *नीचे दिए गए उदाहरणों में दो कथन और उसके बाद कुछ निष्कर्ष दिए गए हैं। आपको दिए गए कथनों को सत्य मानना है, भले ही वे सामान्यत: ज्ञात तथ्यों से भिन्न प्रतीत होते हों। सभी निष्कर्षों को पढ़िए और फिर तय कीजिए कि दिए गए निष्कर्षों में से कौन-सा/से निष्कर्ष सामान्य रूप से ज्ञात तथ्यों की अवहेलना किए बिना दिए गए कथनों का तार्किक रूप से अनुसरण करता है/करते हैं?*

(a) केवल निष्कर्ष I अनुसरण करता है
(b) केवल निष्कर्ष II अनुसरण करता है
(c) निष्कर्ष I और II दोनों अनुसरण करते हैं
(d) न तो निष्कर्ष I और न ही II अनुसरण करता है

उदाहरण 1. कथन कुछ पलंग, मेज हैं।
कोई मेज, कुर्सी नहीं हैं। ***RRB ALP (CBT-I) 2024***

निष्कर्ष
I. सभी मेज, पलंग हैं।
II. कुछ कुर्सी, पलंग हैं।

हल (*d*) कथनानुसार,

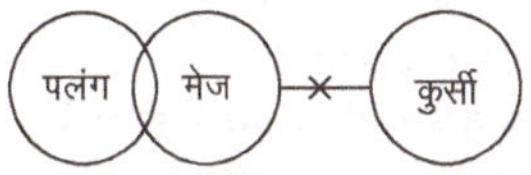

निष्कर्ष I. (✗) II. (✗)
अत: न तो निष्कर्ष I और न ही II कथनों का अनुसरण करता है।

उदाहरण 2. कथन कुछ एथलीट, व्यवसायी हैं। ***RRB NTPC (CBT II) 2022***
सभी व्यवसायी, अमीर हैं।

निष्कर्ष
I. कुछ एथलीट, अमीर हैं।
II. कोई एथलीट, अमीर नहीं हैं।

> **Helping Tips**
> यदि सभी कथन सकारात्मक हैं, तो सभी नकारात्मक निष्कर्ष गलत होंगे।

हल (*a*) कथनानुसार,

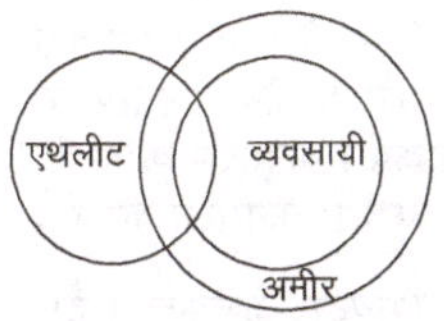

निष्कर्ष I. (✓) II. (✗)
अत: केवल निष्कर्ष I अनुसरण करता है।

उदाहरण 3. कथन कोई भी खेत, घर नहीं है।
सभी खेत, पार्क हैं। ***SSC (10+2) 2021***

निष्कर्ष
I. कोई भी घर, खेत नहीं है।
II. कुछ पार्क, खेत हैं।
III. कुछ घर, खेत हैं।

हल (*c*) कथनानुसार,

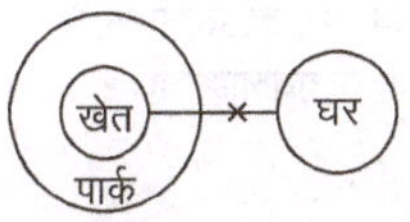

निष्कर्ष I. (✓) II. (✓) III. (✗)
अत: निष्कर्ष I और II दोनों अनुसरण करते हैं।

दो से अधिक कथनों पर आधारित

निर्देश (उदा. सं. 4 और 5) *नीचे दिए गए उदाहरणों में तीन या तीन से अधिक कथन और उसके बाद कुछ निष्कर्ष दिए गए हैं। कथनों को सत्य मानते हुए, भले ही वे सामान्य रूप से ज्ञात तथ्यों से भिन्न प्रतीत होते हों, तय कीजिए कि कौन-सा/से निष्कर्ष इन कथनों का तार्किक रूप से अनुसरण करता है/करते हैं?*

उदाहरण 4. कथन कोई गुलाब, ऑर्किड नहीं है।
सभी गुलाब, लिली हैं।
सभी लिली, कमल हैं। ***SSC (10+2) Tier I 2024***

निष्कर्ष
I. कुछ लिली, ऑर्किड हैं।
II. कुछ कमल, ऑर्किड हैं।
III. सभी लिली, ऑर्किड हैं।

(a) निष्कर्ष I और III दोनों अनुसरण करते हैं
(b) निष्कर्ष II और III दोनों अनुसरण करते हैं
(c) न तो निष्कर्ष I, II अनुसरण करते हैं और न ही निष्कर्ष III अनुसरण करता है
(d) निष्कर्ष I और II दोनों अनुसरण करते हैं

> **Helping Tips**
> इस अध्याय के प्रश्नों को हल करते समय कभी भी कुछ भी न मान लें। प्रश्न को हल करते समय केवल प्रश्न में उल्लिखित डेटा का ही पालन करें। कोई अतिरिक्त धारणा न बनाएँ।

हल (*c*) कथनानुसार,

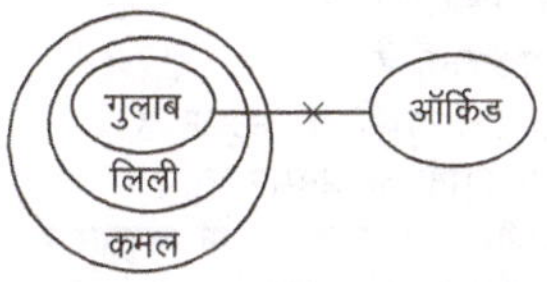

निष्कर्ष I. (✗) II. (✗) III. (✗)
अत: न तो निष्कर्ष I, II अनुसरण करता है और न ही निष्कर्ष III अनुसरण करता है।

उदाहरण 5. कथन कुछ आँसू, बूंदें हैं।
कुछ बूंदें, धाराएँ हैं।
सभी धाराएँ, नदियाँ हैं। ***SSC CGL (Tier I) 2024***

निष्कर्ष
I. सभी आँसू कभी भी नदियाँ नहीं हो सकते हैं।
II. कुछ बूंदें, नदियाँ हैं।
III. सभी आँसुओं के धाराएँ होने की सम्भावना हैं।

(a) निष्कर्ष I और II दोनों अनुसरण करते हैं
(b) केवल निष्कर्ष I अनुसरण करता है
(c) निष्कर्ष II और III दोनों अनुसरण करते हैं
(d) केवल निष्कर्ष III अनुसरण करता है

हल (*c*) कथनानुसार,

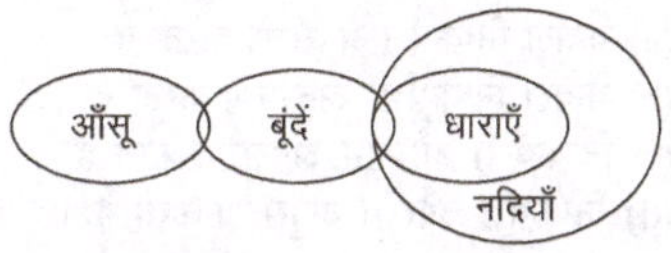

निष्कर्ष I. (✗) II. (✓) III. (✓)
अत: निष्कर्ष II और III दोनों अनुसरण करते हैं।

Chapter Challenge

दो कथनों पर आधारित

निर्देश (प्र. सं. 1-39) *दिए गए कथनों और निष्कर्षों को ध्यान से पढ़ें। कथनों में दी गई जानकारी को सत्य मानते हुए, भले ही वह सामान्य रूप से ज्ञात तथ्यों से भिन्न प्रतीत हो, निर्धारित करें, कि कौन-सा/कौन-से निष्कर्ष दिए गए कथनों का तार्किक रूप से अनुसरण करता है/करते हैं?*

1. कथन सभी पेन्सिलें, इरेजर हैं।
कुछ शार्पनर, पेन्सिलें हैं। ***SSC CGL 2021***

निष्कर्ष
I. कुछ शार्पनर, इरेजर हैं।
II. सभी पेन्सिलें, शार्पनर हैं।

(a) न तो निष्कर्ष I न ही II अनुसरण करता है
(b) केवल निष्कर्ष I अनुसरण करता है
(c) केवल निष्कर्ष II अनुसरण करता है
(d) निष्कर्ष I और II दोनों अनुसरण करते हैं

2. कथन सभी मछलियाँ, पक्षी हैं।
सभी पक्षी, जानवर हैं। ***RRB ALP (CBT-I) 2024***

निष्कर्ष
I. सभी जानवर, मछलियाँ है।
II. कुछ पक्षी, मछलियाँ है।

(a) निष्कर्ष I और II दोनों कथनों के अनुसार है
(b) केवल निष्कर्ष II कथनों के अनुसार है
(c) न तो निष्कर्ष I और न ही II कथनों के अनुसार है
(d) केवल निष्कर्ष I कथनों के अनुसार है

3. कथन सभी फलियाँ, माँस हैं।
सभी रोटियाँ, माँस हैं। ***SSC (10+2) 2020***

निष्कर्ष
I. कुछ फलियाँ, रोटियाँ हैं।
II. कुछ रोटियाँ, फलियाँ हैं।

(a) केवल निष्कर्ष I अनुसरण करता है
(b) निष्कर्ष I और II दोनों अनुसरण करते हैं
(c) या तो निष्कर्ष I या II अनुसरण करता है
(d) न तो निष्कर्ष I न ही II अनुसरण करता है

4. कथन सभी शासक, मशीने हैं।
कुछ मशीने, महँगी वस्तुएँ हैं। ***SSC CGL 2020***

निष्कर्ष
I. कुछ शासक, महँगी वस्तुएँ हैं।
II. कुछ महँगी वस्तुएँ, मशीने हैं।
III. सभी महँगी वस्तुएँ, मशीने हैं।

(a) केवल निष्कर्ष I अनुसरण करता है
(b) केवल निष्कर्ष II अनुसरण करता है
(c) निष्कर्ष II और III अनुसरण करते हैं
(d) निष्कर्ष I और II अनुसरण करते हैं

5. कथन सभी फूल, पेड़ हैं।
सभी पत्ते, फूल हैं। ***CISF Head Constable 2023***

निष्कर्ष
I. सभी पेड़, फूल हैं।
II. सभी पत्ते, पेड़ हैं।

(a) केवल निष्कर्ष II पालन करता है
(b) निष्कर्ष I और II पालन करते हैं
(c) केवल निष्कर्ष I पालन करता है
(d) न तो निष्कर्ष I और न ही II पालन करता है

6. कथन कुछ कुत्ते, मछलियाँ हैं।
कुछ मछलियाँ, पक्षी हैं। ***HCET 2023***

निष्कर्ष
I. कुछ कुत्ते, पक्षी हैं।
II. कुछ पक्षी, कुत्ते हैं।

(a) निष्कर्ष I और II दोनों अनुसरण करते हैं
(b) न तो निष्कर्ष I और न ही II अनुसरण करता है
(c) केवल निष्कर्ष I अनुसरण करता है
(d) केवल निष्कर्ष II अनुसरण करता है
(e) उत्तर नहीं देना चाहते

7. कथन सभी जानवर, कुत्ते हैं।
कुछ कुत्ते, खतरनाक हैं। ***HCET 2023***

निष्कर्ष
I. सभी जानवर, खतरनाक हैं।
II. कुछ कुत्ते, जानवर हैं।

(a) केवल निष्कर्ष I का अनुसरण करता है
(b) केवल निष्कर्ष II का अनुसरण करता है
(c) निष्कर्ष I और II दोनों अनुसरण करते हैं
(d) न तो निष्कर्ष I और न ही II का अनुसरण करता है
(e) उत्तर नहीं देना चाहते

8. कथन सभी पीलर, फनल हैं।
कुछ पीलर, स्पैटुला हैं। ***CUET (UG) 2022***

निष्कर्ष
I. कुछ पीलर, फनल नहीं हैं।
II. कुछ स्पैटुला, पीलर हैं।

(a) न तो I और न ही II अनुसरण करता है
(b) निष्कर्ष I और II दोनों अनुसरण करते हैं
(c) केवल निष्कर्ष I अनुसरण करता है
(d) केवल निष्कर्ष II अनुसरण करता है

9. कथन सभी कम्प्यूटर, कैलकुलेटर हैं।
सभी कैलकुलेटर, बॉक्स हैं। ***SSC (10+2) 2021***

निष्कर्ष
I. सभी कम्प्यूटर, बॉक्स हैं।
II. कुछ बॉक्स, कम्प्यूटर हैं।

(a) निष्कर्ष I और II दोनों अनुसरण करते हैं
(b) न तो निष्कर्ष I न ही II अनुसरण करता है
(c) केवल निष्कर्ष II अनुसरण करता करता है
(d) केवल निष्कर्ष I अनुसरण करता है

10. कथन कुछ उपकरण, इलेक्ट्रॉनिक हैं।
कुछ इलेक्ट्रॉनिक, ट्यूबलाइट हैं। ***SSC CPO 2019***

निष्कर्ष
I. कुछ उपकरण, ट्यूबलाइट हैं।
II. कोई ट्यूबलाइट, उपकरण नहीं है।

(a) केवल निष्कर्ष II अनुसरण करता है
(b) केवल निष्कर्ष I अनुसरण करता है
(c) या तो निष्कर्ष I या II अनुसरण करता है
(d) न तो निष्कर्ष I न ही II अनुसरण करता है

11. कथन सभी पति, पुत्र हैं।
कुछ पुत्र, पिता हैं। *SSC MTS 2019*
निष्कर्ष
I. कुछ पुत्र, पति हैं।
II. कुछ पति, पिता हैं।
(a) केवल निष्कर्ष I अनुसरण करता है
(b) न तो निष्कर्ष I न ही II अनुसरण करता है
(c) केवल निष्कर्ष II अनुसरण करता है
(d) दोनों निष्कर्ष I और II अनुसरण करते हैं

12. कथन सभी कहानियाँ, उपन्यास हैं।
सभी कहानियाँ, कविताएँ हैं। *SSC Constable (GD) 2019*
निष्कर्ष
I. कोई भी कहानी, उपन्यास नहीं है।
II. कुछ कविताएँ, कहानियाँ हैं।
(a) केवल निष्कर्ष I अनुसरण करता है
(b) दोनों निष्कर्ष अनुसरण करते हैं
(c) या तो निष्कर्ष I या II अनुसरण करता है
(d) केवल निष्कर्ष II अनुसरण करता है

13. कथन कुछ चूजे, मुर्गियाँ हैं।
कोई मुर्गी, अण्डा नहीं है। *SSC MTS 2024*
निष्कर्ष
I. कोई चूजा, अण्डा नहीं है।
II. सभी मुर्गियाँ, चूजे हैं।
(a) केवल निष्कर्ष I अनुसरण करता है
(b) केवल निष्कर्ष II अनुसरण करता है
(c) न तो निष्कर्ष I और न ही II अनुसरण करता है
(d) निष्कर्ष I और II दोनों अनुसरण करते हैं

14. कथन कुछ नदियाँ, महासागर हैं।
सभी महासागर, समुद्र-तट हैं। *SSC CPO 2023*
निष्कर्ष
I. कुछ नदियाँ, समुद्र-तट हैं।
II. सभी महासागर, नदियाँ हैं।
(a) निष्कर्ष I और II दोनों पालन करते हैं
(b) न तो निष्कर्ष I और न ही II पालन करता है
(c) केवल निष्कर्ष II पालन करता है
(d) केवल निष्कर्ष I पालन करता है

15. कथन सभी सड़कें, वाहन हैं।
कुछ वाहन, पेड़ हैं। *SSC CPO 2019*
निष्कर्ष
I. कुछ पेड़, सड़के हैं।
II. सभी वाहन, पेड़ हैं।
(a) दोनों निष्कर्ष I और II अनुसरण करते हैं
(b) केवल निष्कर्ष I अनुसरण करता है
(c) न तो निष्कर्ष I न ही II अनुसरण करता है
(d) केवल निष्कर्ष II अनुसरण करता है

16. कथन कुछ सेब, सन्तरे हैं।
सभी सन्तरे, फल हैं। *SSC CPO 2023*
निष्कर्ष
I. सभी सेब, फल हैं।
II. कुछ फल, सन्तरे हैं।
(a) केवल निष्कर्ष II पालन करता है
(b) न तो निष्कर्ष I और न ही निष्कर्ष II पालन करता है
(c) निष्कर्ष I और निष्कर्ष II दोनों पालन करते हैं
(d) केवल निष्कर्ष I पालन करता है

17. कथन सभी चाय, जूस हैं।
सभी जूस, कॉकटेल हैं। *SSC CPO 2023*
निष्कर्ष
I. सभी चाय, कॉकटेल हैं।
II. सभी कॉकटेल, निश्चित रूप से जूस हैं।
(a) केवल निष्कर्ष II पालन करता है
(b) केवल निष्कर्ष I पालन करता है
(c) निष्कर्ष I और II दोनों पालन करते हैं
(d) न तो निष्कर्ष I और न ही निष्कर्ष II पालन करता है

18. कथन सभी हल्क, थॉर हैं।
सभी थॉर, फ्लैश हैं। *SSC (10+2) 2023*
निष्कर्ष
I. सभी हल्क, फ्लैश हैं।
II. कोई थॉर, हल्क नहीं है।
(a) दोनों निष्कर्ष I और II कथनों के अनुसार हैं
(b) न तो निष्कर्ष I और न ही II कथनों के अनुसार है
(c) केवल निष्कर्ष I कथनों के अनुसार है
(d) केवल निष्कर्ष II कथनों के अनुसार है

19. कथन सभी पक्षी, गाय हैं।
कुछ गाय, कुत्ते हैं। *SSC JE 2023*
निष्कर्ष
I. कुछ कुत्ते, पक्षी हैं।
II. कुछ गाय, पक्षी हैं।
(a) निष्कर्ष I और II दोनों पालन करते हैं
(b) केवल निष्कर्ष II पालन करता है
(c) न तो निष्कर्ष I और न ही निष्कर्ष II पालन करता है
(d) केवल निष्कर्ष I पालन करता है

20. कथन कुछ गुलाब, लिली हैं।
कुछ लिली, चमेली हैं। *DP Constable 2023*
निष्कर्ष
I. कुछ चमेली, गुलाब हैं।
II. सभी चमेली, गुलाब हैं।
(a) केवल निष्कर्ष II अनुसरण करता है
(b) निष्कर्ष I और II दोनों अनुसरण करते हैं
(c) निष्कर्ष I और II में से कोई भी अनुसरण नहीं करता है
(d) केवल निष्कर्ष I अनुसरण करता है

21. कथन कोई टॉफी, चॉकलेट नहीं है।
कोई चॉकलेट, कैण्डी नहीं है। *DSSSB Workshop 2024*
निष्कर्ष
I. कोई टॉफी, कैण्डी नहीं है।
II. कुछ कैण्डी, चॉकलेट हैं।

(a) केवल निष्कर्ष II अनुसरण करता है
(b) केवल निष्कर्ष I अनुसरण करता है
(c) न तो निष्कर्ष I और न ही II अनुसरण करता है
(d) निष्कर्ष I और II दोनों अनुसरण करते हैं

22. **कथन** कुछ नदियाँ, झीलें हैं।
कोई झील, धारा नहीं है। *DSSSB Workshop 2024*
निष्कर्ष
I. कोई भी धारा, झील नहीं है।
II. कुछ धाराएँ, नदियाँ हैं।
(a) केवल निष्कर्ष I अनुसरण करता है
(b) न तो निष्कर्ष I और न ही II अनुसरण करता है
(c) निष्कर्ष I और II दोनों अनुसरण करते हैं
(d) केवल निष्कर्ष I अनुसरण करता है

23. **कथन** सभी कौवे, फुदकी चिड़ियाँ (ब्रेन) हैं।
कोई भी फुदकी चिड़ियाँ (ब्रेन), बाज (फाल्कन) नहीं है।
Rajasthan Police Constable 2022
निष्कर्ष
I. सभी कौवे, बाज (फाल्कन) हैं।
II. कुछ बाज (फाल्कन), फुदकी चिड़ियाँ (ब्रेन) हैं।
(a) केवल निष्कर्ष I अनुसरण करता है
(b) केवल निष्कर्ष II अनुसरण करता है
(c) निष्कर्ष I और II दोनों अनुसरण करते हैं
(d) न तो निष्कर्ष I और न ही II अनुसरण करता है

24. **कथन** सभी गुब्बारे, केक हैं।
कोई केक, टॉफी नहीं है। *CISF ASI 2023*
निष्कर्ष
I. कोई गुब्बारा, टॉफी नहीं है।
II. सभी केक, गुब्बारे हैं।
(a) न तो निष्कर्ष I या निष्कर्ष II अनुसरण करता है
(b) केवल निष्कर्ष I अनुसरण करता है
(c) केवल निष्कर्ष II अनुसरण करता है
(d) निष्कर्ष I और निष्कर्ष II दोनों अनुसरण करते हैं

25. **कथन** कोई बस, कार नहीं है।
कोई कार, ट्रक नहीं है। *SSC MTS 2024*
निष्कर्ष
I. कोई कार, बस नहीं है।
II. कोई ट्रक, कार नहीं है।
(a) केवल निष्कर्ष I अनुसरण करता है
(b) न तो निष्कर्ष I और न ही II अनुसरण करता है
(c) निष्कर्ष I और II दोनों अनुसरण करते हैं
(d) केवल निष्कर्ष II अनुसरण करता है

26. **कथन** सभी फूल, पेड़ हैं।
सभी पेड़, फल हैं। *SSC MTS 2019*
निष्कर्ष
I. कुछ फल, फूल हैं।
II. सभी फूल, फल हैं।
(a) निष्कर्ष I और II दोनों अनुसरण करते हैं
(b) केवल निष्कर्ष I अनुसरण करता है
(c) या तो निष्कर्ष I या II अनुसरण करता है
(d) केवल निष्कर्ष II अनुसरण करता है

27. **कथन** सभी सफेद, गुलाबी हैं।
सभी हरे, गुलाबी हैं। *SSC Steno 2019*
निष्कर्ष
I. कुछ गुलाबी, हरे हैं।
II. कुछ गुलाबी, सफेद हैं।
(a) या तो निष्कर्ष I या II अनुसरण करता है
(b) केवल निष्कर्ष I अनुसरण करता है
(c) केवल निष्कर्ष II अनुसरण करता है
(d) दोनों निष्कर्ष अनुसरण करते हैं

28. **कथन** कुछ बल्ब, एलईडी हैं।
कुछ एलईडी, ट्यूबलाइट हैं।
निष्कर्ष *SSC CPO 2018*
I. कुछ ट्यूबलाइट, बल्ब हैं।
II. कोई ट्यूबलाइट, बल्ब नहीं है।
(a) केवल निष्कर्ष I अनुसरण करता है
(b) केवल निष्कर्ष II अनुसरण करता है
(c) या तो निष्कर्ष I या II अनुसरण करता है
(d) न तो निष्कर्ष I न ही II अनुसरण करता है

29. **कथन** सभी तूफान, चक्रवात हैं।
सभी चक्रवात, बवण्डर हैं। *RRB ALP 2018*
निष्कर्ष
I. कुछ बवण्डर, तूफान हैं।
II. कुछ चक्रवात, तूफान हैं।
(a) केवल निष्कर्ष I अनुसरण करता है
(b) निष्कर्ष I और II दोनों अनुसरण करते हैं
(c) न तो निष्कर्ष I न ही II अनुसरण करता है
(d) केवल निष्कर्ष II अनुसरण करता है

30. **कथन** कुछ गाजर, मूली हैं।
कुछ खीरे, मूली हैं। *SSC MTS 2024*
निष्कर्ष
I. सभी खीरे, गाजर हैं।
II. कुछ खीरे, गाजर हैं।
(a) केवल निष्कर्ष II अनुसरण करता है
(b) निष्कर्ष I और II दोनों अनुसरण करते हैं
(c) न तो निष्कर्ष I और न ही II अनुसरण करता है
(d) केवल निष्कर्ष I अनुसरण करता है

31. **कथन** सभी महिलाएँ, लड़कियाँ हैं।
कुछ लड़कियाँ, चित्रकार हैं। *SSC Constable (GD) 2018*
निष्कर्ष
I. सभी लड़कियाँ, महिलाएँ हैं।
II. कुछ महिलाएँ, चित्रकार हैं।
(a) केवल निष्कर्ष II अनुसरण करता है
(b) निष्कर्ष I और II दोनों अनुसरण करते हैं
(c) केवल निष्कर्ष I अनुसरण करता है
(d) न तो निष्कर्ष I न ही II अनुसरण करता है

32. **कथन** कुछ पेड़, फूल हैं।
कोई फूल, लाल नहीं है। *SSC Constable (GD) 2024*
निष्कर्ष
I. सभी पेड़, लाल हैं।
II. सभी लाल, फूल हैं।
III. कुछ पेड़, लाल नहीं है।

(a) केवल निष्कर्ष II कथनों का अनुसरण करता है
(b) निष्कर्ष II और III दोनों कथनों का अनुसरण करते हैं
(c) केवल निष्कर्ष III कथनों का अनुसरण करता है
(d) सभी निष्कर्ष कथनों का अनुसरण करते हैं

33. कथन कोई भी मछली, पेन नहीं है।
सभी कुंजियाँ, पेन हैं। *SSC MTS 2021*
निष्कर्ष
I. कोई भी कुंजी, पेन नहीं है।
II. कोई भी पेन, कुंजी नहीं है।
III. कुछ पेन, कुंजियाँ हैं।
IV. कुछ कुंजियाँ, मछलियाँ हैं।
(a) केवल निष्कर्ष III अनुसरण करता है
(b) केवल निष्कर्ष I अनुसरण करता है
(c) निष्कर्ष I और II अनुसरण करते हैं
(d) निष्कर्ष I और IV अनुसरण करते हैं

34. कथन सभी चमगादड़, पक्षी हैं।
कुछ चूहे, चमगादड़ हैं। *SSC CGL 2022*
निष्कर्ष
I. कुछ चूहे, पक्षी हैं।
II. कुछ पक्षी, चमगादड़ हैं।
III. सभी चूहे, चमगादड़ हैं।
(a) निष्कर्ष I और III अनुसरण करते हैं
(b) निष्कर्ष I और II अनुसरण करते हैं
(c) केवल निष्कर्ष II अनुसरण करता है
(d) केवल निष्कर्ष I अनुसरण करता है

35. कथन सभी भेड़िए, कुत्ते हैं।
सभी कुत्ते, सियार हैं। *SSC CPO 2020*
निष्कर्ष
I. सभी भेड़िए, सियार हैं।
II. सभी सियार, भेड़िए हैं।
(a) निष्कर्ष I और II दोनों अनुसरण करते हैं
(b) केवल निष्कर्ष II अनुसरण करता है
(c) न तो निष्कर्ष I न ही II अनुसरण करता है
(d) केवल निष्कर्ष I अनुसरण करता है

36. कथन कुछ कम्बल, स्कार्फ हैं।
सभी कमरे, कम्बल हैं। *RRB NTPC 2021*
निष्कर्ष
I. कुछ स्कार्फ, कम्बल हैं।
II. कुछ कमरे, स्कार्फ हैं।
(a) निष्कर्ष I और II दोनों अनुसरण करते हैं
(b) केवल निष्कर्ष I अनुसरण करता है
(c) केवल निष्कर्ष II अनुसरण करता है
(d) न तो निष्कर्ष I न ही II अनुसरण करता है

37. कथन कुछ कीड़ा, डॉट हैं।
सभी अखरोट, डॉट हैं। *RPF Constable 2019*
निष्कर्ष
I. कुछ डॉट, कीड़ा हैं।
II. सभी डॉट, अखरोट हैं।
III. कुछ डॉट, अखरोट हैं।
IV. सभी कीड़ा, डॉट हैं।
(a) केवल I और III अनुसरण करते हैं
(b) केवल III और IV अनुसरण करते हैं
(c) केवल I और II अनुसरण करते हैं
(d) केवल II और IV अनुसरण करते हैं

38. कथन कुछ मोबाइल, टैबलेट हैं।
सभी टैबलेट, लैपटॉप हैं। *SSC CPO 2022*
निष्कर्ष
I. कुछ लैपटॉप, मोबाइल हैं।
II. कुछ मोबाइल, लैपटॉप हैं।
III. सभी मोबाइल, लैपटॉप हैं।
(a) सभी निष्कर्ष अनुसरण करते हैं
(b) निष्कर्ष I अनुसरण करते हैं
(c) निष्कर्ष II और III अनुसरण करते हैं
(d) निष्कर्ष I और II अनुसरण करते हैं

39. कथन कोई भी पीला, हरा नहीं है।
कुछ गुलाबी, पीले हैं। *CUET (UG) 2023*
निष्कर्ष
I. कोई भी हरा, पीला नहीं है।
II. कुछ पीले, गुलाबी हैं।
III. सभी हरे, गुलाबी हैं।
(a) निष्कर्ष I और II अनुसरण करते हैं
(b) निष्कर्ष I, II और III अनुसरण करते हैं
(c) निष्कर्ष II और III अनुसरण करते हैं
(d) केवल निष्कर्ष III अनुसरण करता है

दो से अधिक कथनों पर आधारित

निर्देश (प्र. सं. 40-58) *दिए गए कथनों और निष्कर्षों को ध्यानपूर्वक पढ़ें। कथनों में दी गई जानकारी को सत्य मानते हुए विचार करें, भले ही वह सामान्यतः ज्ञात तथ्यों से भिन्न प्रतीत होती हो, और तय करें कि दिए गए निष्कर्षों में से कौन-से कथनों का तार्किक रूप से अनुसरण करते हैं?*

40. कथन सभी सेब, आलूबुखारे हैं।
कुछ आलूबुखारे, बेरी हैं।
कुछ बेरी, नारियल हैं। *SSC (10+2) 2024*
निष्कर्ष
I. कुछ बेरी, आलूबुखारे हैं।
II. सभी आलूबुखारे, सेब हैं।
III. कुछ नारियल, बेरी हैं।
(a) केवल निष्कर्ष III कथनों के अनुसार है
(b) निष्कर्ष I और III दोनों कथनों के अनुसार हैं
(c) केवल निष्कर्ष II कथनों के अनुसार है
(d) केवल निष्कर्ष I कथनों के अनुसार है

41. कथन सभी ऊँट, गधे हैं।
कुछ बिल्लियाँ, ऊँट हैं।
सभी डॉल्फिन, बिल्लियाँ हैं।
निष्कर्ष *RRB NTPC (CBT II) 2022*
I. सभी डॉल्फिन, गधे हैं।
II. कुछ डॉल्फिन, गधे हैं।
III. कुछ गधे, बिल्लियाँ है।
IV. सभी बिल्लियाँ, गधे हैं।
(a) निष्कर्ष II और III अनुसरण करते हैं
(b) केवल निष्कर्ष III अनुसरण करता है

(c) निष्कर्ष I और III अनुसरण करते हैं
(d) केवल निष्कर्ष IV अनुसरण करता है

42. **कथन** सभी क्रेन, मिक्सर हैं।
कुछ मिक्सर, ट्रक हैं।
सभी ट्रक, वेन हैं। *SSC (10+2) 2023*
निष्कर्ष
I. कोई क्रेन, वेन नहीं है।
II. कुछ वेन, मिक्सर हैं।
(a) निष्कर्ष I और II कथनों के अनुसार हैं
(b) केवल निष्कर्ष I कथनों के अनुसार है
(c) केवल निष्कर्ष II कथनों के अनुसार है
(d) न तो निष्कर्ष I और न ही II कथनों के अनुसार है

43. **कथन** कुछ डेस्क, ट्रे हैं।
कुछ ट्रे, प्लेट हैं।
कुछ प्लेट, डेस्क हैं। *SSC CGL (Tier I) 2023*
निष्कर्ष
I. सभी डेस्क, प्लेट हैं।
II. सभी प्लेट, डेस्क हैं।
III. कुछ प्लेट, ट्रे हैं।
IV. सभी ट्रे, डेस्क हैं।
(a) केवल निष्कर्ष IV अनुसरण करता है
(b) केवल निष्कर्ष III अनुसरण करता है
(c) केवल निष्कर्ष II अनुसरण करता है
(d) केवल निष्कर्ष I अनुसरण करता है

44. **कथन** कुछ मक्खन, शहद हैं।
कुछ शहद, ब्रेड हैं।
सभी ब्रेड, जैम हैं। *SSC (10+2) 2022*
निष्कर्ष
I. कुछ जैम, शहद हैं।
II. सभी शहद, मक्खन हैं।
III. कुछ जैम, मक्खन हैं।
(a) निष्कर्ष I और II अनुसरण करते हैं
(b) निष्कर्ष I और III अनुसरण करते हैं
(c) केवल निष्कर्ष II अनुसरण करता है
(d) केवल निष्कर्ष I अनुसरण करता है

45. **कथन** कोई भी आम, सन्तरा नहीं है।
कोई भी सन्तरा, सेब नहीं है।
कुछ आम, सेब हैं। *RRB ALP 2018*
निष्कर्ष
I. कोई भी सेब, आम नहीं है।
II. कोई भी सेब, सन्तरा नहीं है।
III. कुछ सन्तरे, आम हैं।
IV. सभी सेब, आम हैं।
(a) केवल निष्कर्ष II और III दोनों का पालन हो रहा है
(b) केवल निष्कर्ष I या III का पालन हो रहा है
(c) केवल निष्कर्ष I का पालन हो रहा है
(d) केवल निष्कर्ष II का पालन हो रहा है

46. **कथन**
कुछ चाबियाँ, जंजीरें हैं।
सभी जंजीरें, ताले हैं।
कोई ताला, चट्टान नहीं है। *SSC (10+2) Tier I 2024*
निष्कर्ष
I. कोई चट्टान चाबी नहीं है।
II. कम-से-कम कुछ चाबियाँ, ताले हैं।
(a) केवल निष्कर्ष II अनुसरण करता है
(b) कोई भी निष्कर्ष अनुसरण नहीं करता है
(c) दोनों निष्कर्ष I और II अनुसरण करते हैं
(d) केवल निष्कर्ष I अनुसरण करता है

47. **कथन** कुछ घण्टियाँ, पम्प हैं।
सभी पम्प, स्केट हैं।
सभी घण्टियाँ, पतंगें हैं। *SSC (10+2) 2024*
निष्कर्ष
I. कुछ पतंगें, स्केट हैं।
II. कुछ स्केट, घण्टियाँ हैं।
III. कुछ स्केट, पम्प हैं।
(a) निष्कर्ष I और II दोनों कथनों के अनुसार हैं
(b) निष्कर्ष I, II और III सभी कथनों के अनुसार हैं
(c) निष्कर्ष II और III दोनों कथनों के अनुसार हैं
(d) निष्कर्ष I और III दोनों कथनों के अनुसार हैं

48. **कथन**
कुछ बक्से, कार्टन हैं।
सभी कार्टन, कागज हैं।
कुछ कार्टन, बर्तन हैं। *SSC CGL (Tier I) 2024 (Shift-I)*
निष्कर्ष
I. कोई बक्सा, बर्तन नहीं है।
II. कुछ कागज, बर्तन हैं।
(a) केवल निष्कर्ष I अनुसरण करता है
(b) केवल निष्कर्ष II अनुसरण करता है
(c) न तो निष्कर्ष I और न ही II अनुसरण करता है
(d) निष्कर्ष I और II दोनों अनुसरण करते हैं

49. **कथन** सभी बल्ले, गेंद हैं।
सभी गेंद, बैडमिण्टन हैं।
सभी बैडमिण्टन, विकेट हैं। *SSC Constable (GD) 2024*
निष्कर्ष
I. सभी बल्ले, विकेट हैं।
II. कुछ बैडमिण्टन, बल्ले हैं।
(a) न तो निष्कर्ष I और न ही II अनुसरण करता है
(b) केवल निष्कर्ष II अनुसरण करता है
(c) केवल निष्कर्ष I अनुसरण करता है
(d) निष्कर्ष I और II दोनों अनुसरण करते हैं

50. **कथन** कुछ कलम, किताबें हैं।
कुछ किताबें, कारें हैं।
कुछ कारें, चम्मच हैं।
SSC CGL (Tier II) 2023
निष्कर्ष
I. कुछ चम्मच, कलम हैं।
II. कुछ किताबें, कलम हैं।
(a) निष्कर्ष I और II दोनों अनुसरण करते हैं
(b) केवल निष्कर्ष I अनुसरण करता है
(c) न तो निष्कर्ष I अनुसरण करता है और न ही II अनुसरण करता है
(d) केवल निष्कर्ष II अनुसरण करता है

MRC***
(Most Repeating Concepts)
प्र. सं. 4, 5, 7, 10, 12, 13, 18, 19, 30, 32, 33, 37, 40, 43 और 50 Examination Point of View से अति महत्त्वपूर्ण हैं। इन Concept पर प्रश्न प्रतियोगी परीक्षाओं SSC, Railway तथा UPSSSC आदि में निरन्तर पूछे जा रहे हैं।

51. कथन
कोई भी कार्ड, पार्सल नहीं है।
सभी कार्ड, लिफाफे हैं।
कुछ लिफाफे, बैग हैं। *SSC CGL (Tier I) 2024 (Shift-I)*
निष्कर्ष
I. सभी लिफाफे कभी भी पार्सल नहीं हो सकते।
II. कोई भी कार्ड, बैग नहीं है।
III. कम-से-कम कुछ बैग, कार्ड हैं।
(a) केवल निष्कर्ष II और III अनुसरण करते हैं
(b) केवत निष्कर्ष I और II अनुसरण करते हैं
(c) केवल निष्कर्ष II अनुसरण करता है
(d) केवल निष्कर्ष I अनुसरण करता है

52. कथन सभी चावल, अनाज हैं।
सभी दालें, अनाज हैं।
सभी अनाज, खाद्य पदार्थ हैं। *SSC CGL (Tier I) 2023*
निष्कर्ष
I. सभी चावल, खाद्य पदार्थ हैं।
II. सभी दालें, खाद्य पदार्थ हैं।
III. कुछ खाद्य पदार्थ, अनाज हैं।
(a) केवल निष्कर्ष I और III अनुसरण करते हैं
(b) केवल निष्कर्ष II और III अनुसरण करते हैं
(c) केवल निष्कर्ष I और II अनुसरण करते हैं
(d) सभी निष्कर्ष अनुसरण करते हैं

53. कथन सभी बिल्लियाँ, कुत्ते हैं।
कुछ कुत्ते, पक्षी हैं।
सभी भालू, पक्षी हैं। *RRC Group D 2022*
निष्कर्ष
I. कुछ भालू, बिल्लियाँ हैं।
II. सभी पक्षियों के कुत्ते होने की सम्भावना है।
III. कुछ पक्षी, बिल्लियाँ हैं।
(a) केवल निष्कर्ष III सत्य है
(b) केवल निष्कर्ष I सत्य है
(c) केवल निष्कर्ष I और II सत्य हैं
(d) केवल निष्कर्ष II सत्य है

54. कथन कोई कद्दू, अमरूद नहीं है।
कोई अमरूद, मटर नहीं है।
कुछ मटर, आलू हैं। *SSC JE 2023*
निष्कर्ष
I. कुछ कद्दू, आलू हैं।
II. कुछ मटर, कद्दू हैं।
III. कुछ कद्दू, आलू नहीं हैं।
(a) केवल निष्कर्ष I पालन करता है
(b) या तो निष्कर्ष I या निष्कर्ष III पालन करता है
(c) केवल निष्कर्ष II पालन करता है
(d) कोई भी निष्कर्ष पालन नहीं करता है

55. कथन सभी आयरन, जिंक हैं।
कुछ कॉपर, गोल्ड हैं।
कोई गोल्ड, जिंक नहीं है। *CISF HC (Min) 2022*
निष्कर्ष
I. कुछ आयरन, गोल्ड हो सकते हैं।
II. कोई आयरन, गोल्ड नहीं है।
III. कुछ कॉपर, जिंक हैं।
(a) केवल निष्कर्ष II अनुसरण करता है
(b) केवल निष्कर्ष I और III अनुसरण करते हैं
(c) या तो निष्कर्ष I या II अनुसरण करता है
(d) केवल निष्कर्ष I अनुसरण करता है

56. कथन सभी बैग, पैन्ट हैं।
सभी पैन्ट, अण्डे हैं।
सभी अण्डे, फूल हैं। *DP Constable 2023*
निष्कर्ष
I. सभी पैन्ट, फूल हैं।
II. सभी पैन्ट, बैग हैं।
III. सभी फूल, बैग हैं।
IV. सभी फूल, पैन्ट हैं।
(a) केवल निष्कर्ष IV अनुसरण करता है
(b) केवल निष्कर्ष I अनुसरण करता है
(c) केवल निष्कर्ष III अनुसरण करता है
(d) केवल निष्कर्ष II अनुसरण करता है

57. कथन सभी चूहे, बिल्लियाँ हैं।
सभी शेर, बिल्लियाँ हैं।
सभी हिरण, शेर हैं। *HCET 2022*
निष्कर्ष
I. सभी हिरण, बिल्लियाँ हैं।
II. कुछ हिरण, चूहे हैं।
III. कुछ बिल्लियाँ, हिरण हैं।
(a) केवल निष्कर्ष II और III निकलते हैं
(b) केवल निष्कर्ष I और III निकलते हैं
(c) केवल निष्कर्ष II निकलता है
(d) केवल निष्कर्ष I और II निकलते हैं
(e) उत्तर नहीं देना चाहते

58. उस विकल्प का चयन कीजिए, जो दिए गए कथनों से निष्कर्षित नहीं किया जा सकता है।
कथन कुछ चाबियाँ, नाव हैं।
कुछ नाव, पाइप हैं।
सभी पाइप, मछली हैं। *RRB NTPC 2021*
निष्कर्ष
(a) कुछ नाव, चाबियाँ हैं
(b) कुछ मछली, चाबियाँ हैं
(c) कुछ पाइप, नाव हैं
(d) कुछ मछली, नाव हैं

59. आपको तर्कों के तीन समूह दिए गए हैं, जिनमें से प्रत्येक में तीन वाक्य हैं। उन समूहों का चयन करें, जिनमें तीसरा कथन पहले दो कथनों का तार्किक निष्कर्ष है। *RRB NTPC 2020*
A. I. सभी दुकानें, शोरूम हैं।
II. कोई भी शोरूम, मॉल नहीं है।
III. सभी दुकानें, मॉल नहीं है।
B. I. कोई भी जापानी, नृत्य नहीं कर सकता है।
II. सभी अमेरिकी लोग, पुस्तकें हैं।
III. अमेरिकी और जापानी नृत्य कर सकते हैं।
C. I. कोई भी P, Q नहीं है।
II. कोई भी Q, R नहीं है।
III. कोई भी P, R नहीं है।
(a) केवल B
(b) केवल C
(c) केवल A
(d) केवल B और C

Trending Concept
यह अभी New Concept पर आधारित Question हैं जो Railway exam में पूछा गया है।

Right Key

1. (b)	2. (b)	3. (d)	4. (b)	5. (a)	6. (b)	7. (b)	8. (d)	9. (a)	10. (c)
11. (a)	12. (d)	13. (c)	14. (d)	15. (c)	16. (a)	17. (b)	18. (c)	19. (b)	20. (c)
21. (c)	22. (a)	23. (d)	24. (b)	25. (c)	26. (a)	27. (d)	28. (c)	29. (b)	30. (c)
31. (d)	32. (c)	33. (a)	34. (b)	35. (d)	36. (b)	37. (a)	38. (d)	39. (a)	40. (b)
41. (b)	42. (c)	43. (b)	44. (d)	45. (d)	46. (a)	47. (b)	48. (b)	49. (d)	50. (d)
51. (d)	52. (d)	53. (d)	54. (b)	55. (a)	56. (b)	57. (b)	58. (b)	59. (c)	

Solutions

1. *(b)* कथनानुसार,

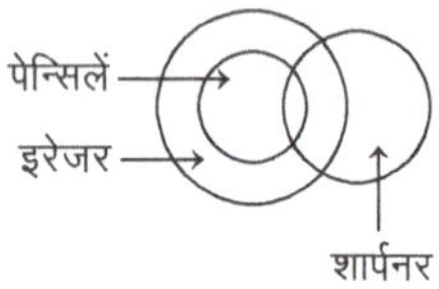

निष्कर्ष I. (✓) II. (✗)

अत: केवल निष्कर्ष I अनुसरण करता है।

2. *(b)* कथनानुसार,

निष्कर्ष I. (✗) II. (✓)

अत: केवल निष्कर्ष II कथनों के अनुसार है।

3. *(d)* कथनानुसार,

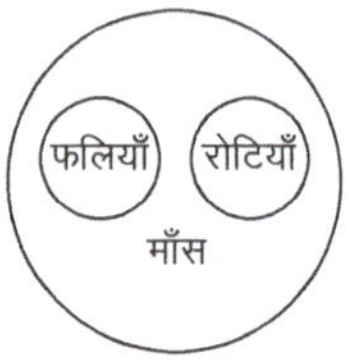

निष्कर्ष I. (✗) II. (✗)

अत: न तो निष्कर्ष I न ही II अनुसरण करता है।

4. *(b)* कथनानुसार,

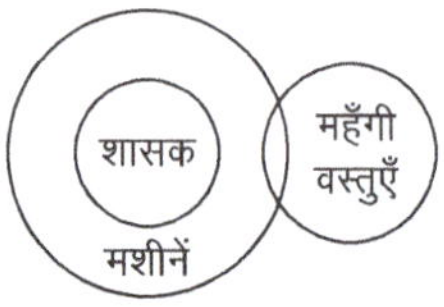

निष्कर्ष I. (✗) II. (✓) III. (✗)

अत: केवल निष्कर्ष II अनुसरण करता है।

5. *(a)* कथनानुसार,

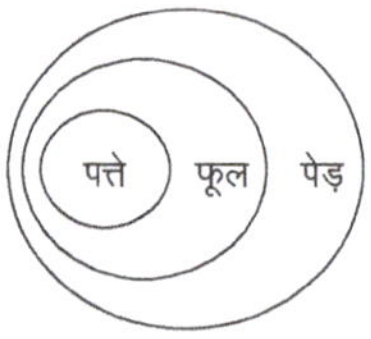

निष्कर्ष I. (✗) II. (✓)

अत: निष्कर्ष II पालन करता है।

6. *(b)* कथनानुसार,

निष्कर्ष I. (✗) II. (✗)

अत: न तो निष्कर्ष I और न ही II अनुसरण करता है।

7. *(b)* कथनानुसार,

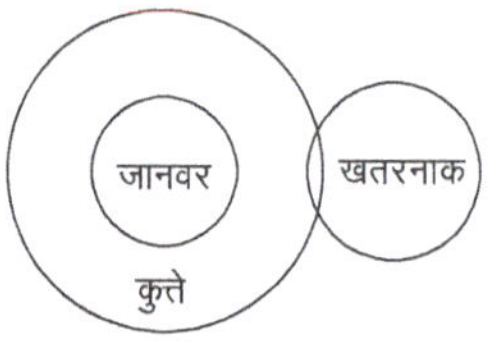

निष्कर्ष I. (✗) II. (✓)

अत: केवल निष्कर्ष II अनुसरण करता है।

8. *(d)* कथनानुसार,

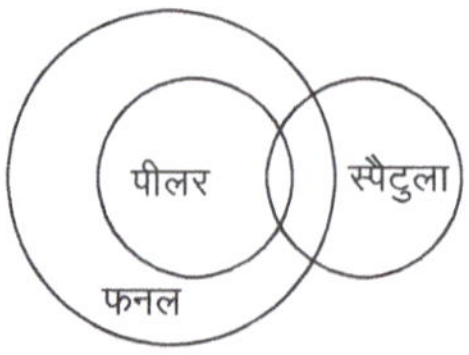

निष्कर्ष I. (✗) II. (✓)

अत: केवल निष्कर्ष II अनुसरण करता है।

9. *(a)* कथनानुसार,

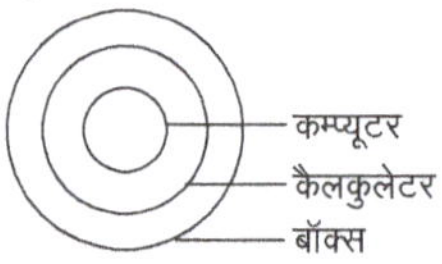

निष्कर्ष I. (✓) II. (✓)

अत: निष्कर्ष I और II दोनों अनुसरण करते हैं।

10. *(c)* कथनानुसार,

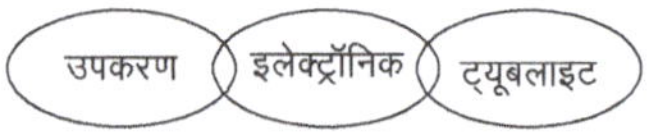

निष्कर्ष I. (✗) II. (✗)

या

अत: या तो निष्कर्ष I या II अनुसरण करता है।

11. *(a)* कथनानुसार,

निष्कर्ष I. (✓) II. (✗)

अत: केवल निष्कर्ष I अनुसरण करता है।

12. *(d)* कथनानुसार,

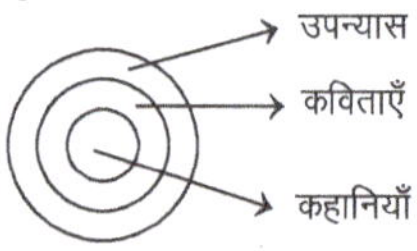

निष्कर्ष I. (✗) II. (✓)

अत: केवल निष्कर्ष II अनुसरण करता है।

13. *(c)* कथनानुसार,

निष्कर्ष I. (✗) II. (✗)

अत: न तो निष्कर्ष I और न ही निष्कर्ष II अनुसरण करता है।

14. *(d)* कथनानुसार,

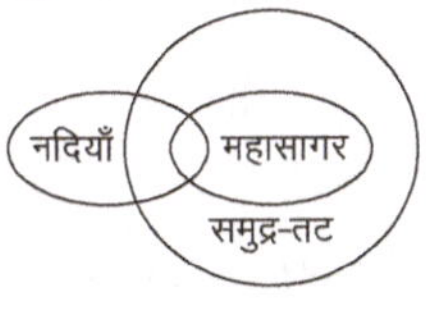

निष्कर्ष I. (✓) II. (✗)

अत: केवल निष्कर्ष I पालन करता है।

15. *(c)* कथनानुसार,

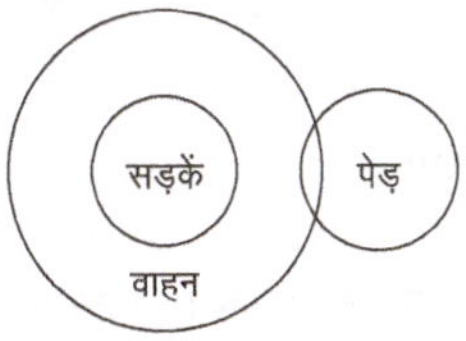

निष्कर्ष I. (✗) II. (✗)

अत: न तो निष्कर्ष I न ही II अनुसरण करता है।

16. *(a)* कथनानुसार,

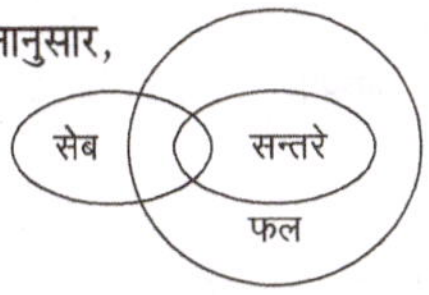

निष्कर्ष I. (✗) II. (✓)

अत: केवल निष्कर्ष II पालन करता है।

17. *(b)* कथनानुसार,

निष्कर्ष I. (✓) II. (✗)

अत: केवल निष्कर्ष I पालन करता है।

18. *(c)* कथनानुसार,

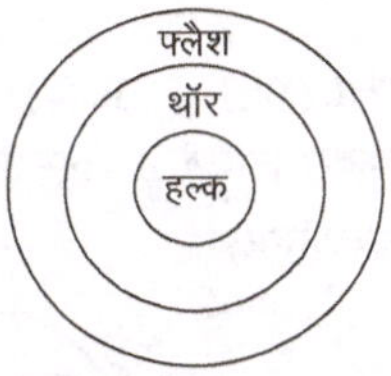

निष्कर्ष I. (✓) II. (✗)

अत: केवल निष्कर्ष I कथनों के अनुसार है।

19. *(b)* कथनानुसार,

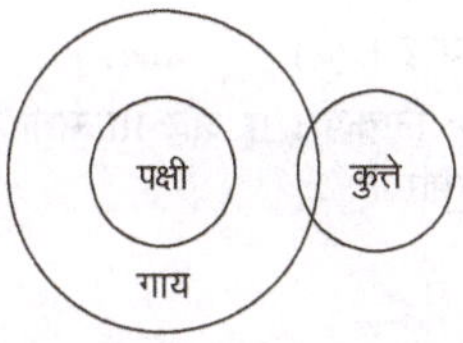

निष्कर्ष I. (✗) II. (✓)

अत: केवल निष्कर्ष II पालन करता है।

20. *(c)* कथनानुसार,

निष्कर्ष I. (✗) II. (✗)

अत: निष्कर्ष I और II में से कोई भी अनुसरण नहीं करता है।

21. *(c)* कथनानुसार,

निष्कर्ष I. (✗) II. (✗)

अत: न तो निष्कर्ष I और न ही II अनुसरण करता है।

22. *(a)* प्रश्नानुसार,

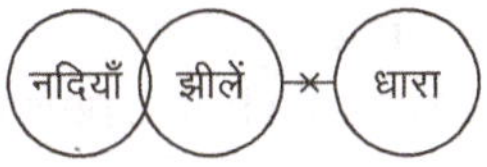

निष्कर्ष I. (✓) II. (✗)

अत: केवल निष्कर्ष I अनुसरण करता है।

23. *(d)* कथनानुसार,

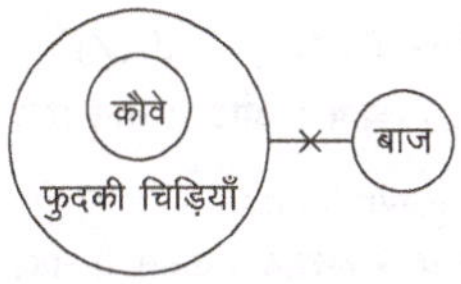

निष्कर्ष I. (✗) II. (✗)

अत: न तो निष्कर्ष I और न ही II अनुसरण करता है।

24. *(b)* कथनानुसार,

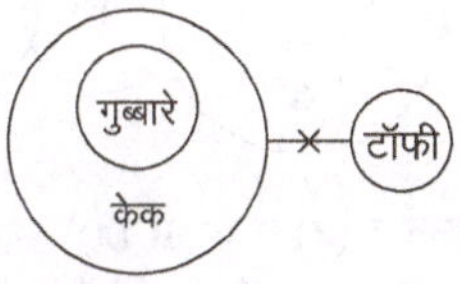

निष्कर्ष I. (✓) II. (✗)

अत: केवल निष्कर्ष I अनुसरण करता है।

25. *(c)* कथनानुसार,

निष्कर्ष I. (✓)

II. (✓)

अत: निष्कर्ष I और II दोनों अनुसरण करते हैं।

26. *(a)* कथनानुसार,

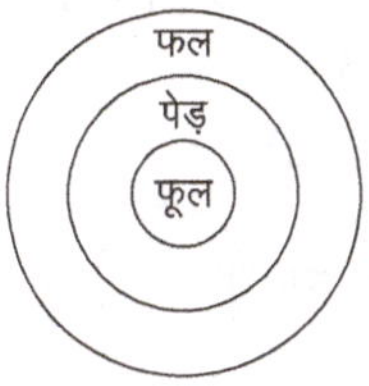

निष्कर्ष I. (✓) II. (✓)

अत: दोनों निष्कर्ष I और II दोनों अनुसरण करते हैं।

27. *(d)* कथनानुसार,

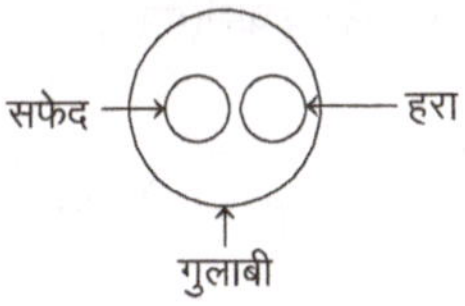

निष्कर्ष I. (✓) II. (✓)

अत: दोनों निष्कर्ष अनुसरण करते हैं।

28. *(c)* कथनानुसार,

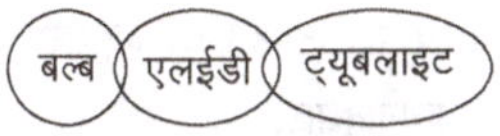

निष्कर्ष I. (✗) II. (✗)

या

अत: या तो निष्कर्ष I या II अनुसरण करता है।

> **TOP TIPS** जब दोनों निष्कर्ष गलत हो तो हमें एक बार 'या तो' स्थिति को check कर लेना चाहिए।

29. *(b)* कथनानुसार,

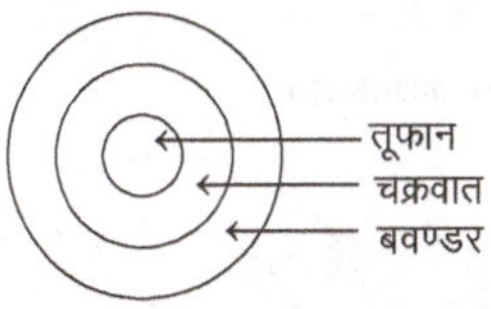

निष्कर्ष I. (✓) II. (✓)

अत: दोनों निष्कर्ष I और II अनुसरण करते हैं।

30. *(c)* कथनानुसार,

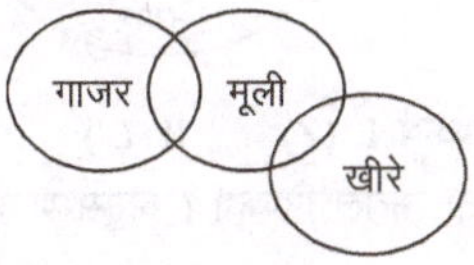

निष्कर्ष I. (✗) II. (✗)

अत: न तो निष्कर्ष I और न ही II अनुसरण करता है।

31. *(d)* कथनानुसार,

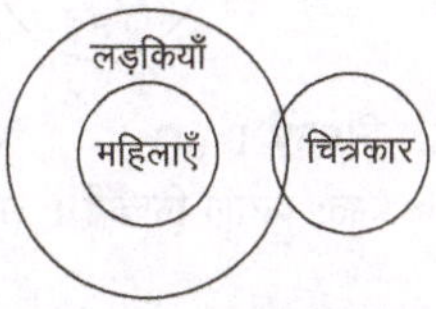

निष्कर्ष I. (✗) II. (✗)

अत: न तो निष्कर्ष I न ही II अनुसरण करता है।

32. *(c)* कथनानुसार,

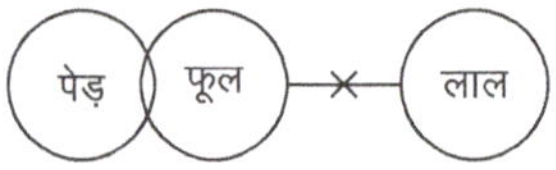

निष्कर्ष I. (✗) II. (✗) III. (✓)

अत: केवल निष्कर्ष III कथनों का अनुसरण करता है।

33. *(a)* कथनानुसार,

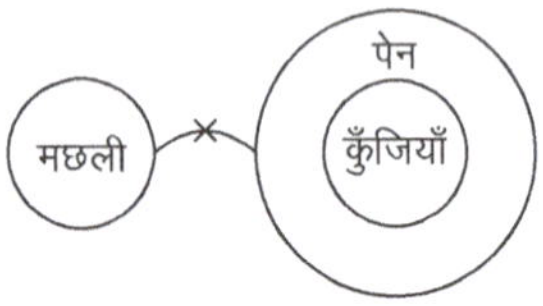

निष्कर्ष I. (✗) II. (✗) III. (✓) IV. (✗)

अत: केवल निष्कर्ष III अनुसरण करता है।

34. *(b)* कथनानुसार,

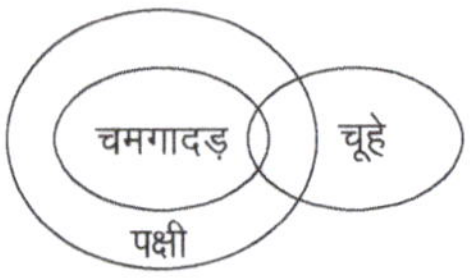

निष्कर्ष I. (✓) II. (✓) III. (✗)

अत: केवल निष्कर्ष I और II अनुसरण करते हैं।

35. *(d)* कथनानुसार,

निष्कर्ष I. (✓) II. (✗)

अत: केवल निष्कर्ष I अनुसरण करता है।

36. *(b)* कथनानुसार,

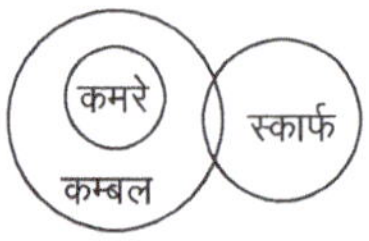

निष्कर्ष I. (✓) II. (✗)

अत: केवल निष्कर्ष I अनुसरण करता है।

37. *(a)* कथनानुसार,

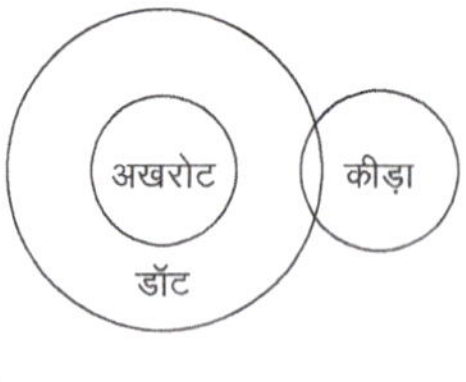

निष्कर्ष I. (✓) II. (✗) III. (✓) IV. (✗)

अत: केवल निष्कर्ष I और III अनुसरण करते हैं।

38. *(d)* कथनानुसार,

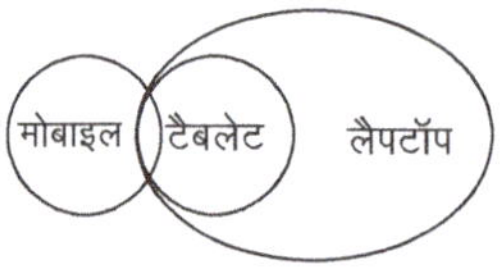

निष्कर्ष I. (✓) II. (✓) III. (✗)

अत: निष्कर्ष I और II अनुसरण करते हैं।

39. *(a)* कथनानुसार,

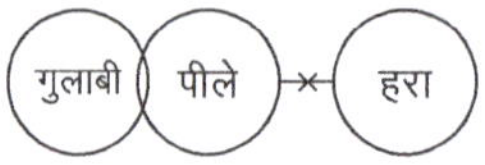

निष्कर्ष I. (✓) II. (✓) III. (✗)

अत: निष्कर्ष I और II अनुसरण करते हैं।

TOP TIPS सकारात्मक कथन से सकारात्मक निष्कर्ष तथा नकारात्मक कथन से नकारात्मक निष्कर्ष प्राप्त होते हैं।

40. *(b)* कथनानुसार,

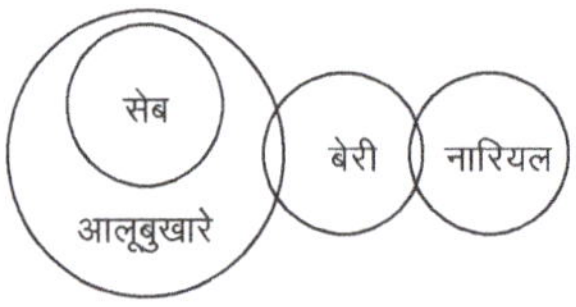

निष्कर्ष I. (✓) II. (✗) III. (✓)

अत: निष्कर्ष I और III दोनों कथनों के अनुसार हैं।

41. *(b)* कथनानुसार,

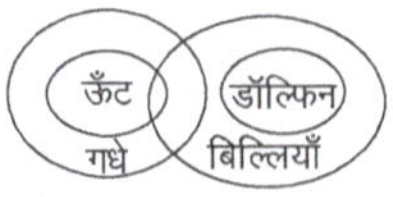

निष्कर्ष I. (✗) II. (✗) III. (✓) IV. (✗)

अत: केवल निष्कर्ष III अनुसरण करता है।

42. *(c)* कथनानुसार,

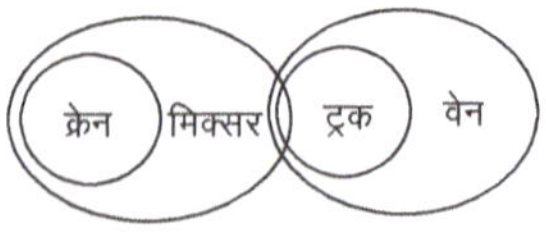

निष्कर्ष I. (✗) II. (✓)

अत: केवल निष्कर्ष II कथनों के अनुसार है।

43. *(b)* कथनानुसार,

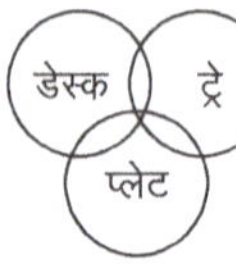

निष्कर्ष I. (✗) II. (✗) III. (✓) IV. (✗)

अत: केवल निष्कर्ष III अनुसरण करता है।

44. *(d)* कथनानुसार,

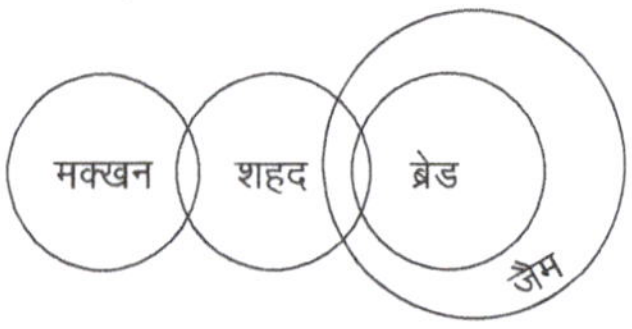

निष्कर्ष I. (✓) II. (✗) III. (✗)

अत: केवल निष्कर्ष I अनुसरण करता है।

45. *(d)* कथनानुसार,

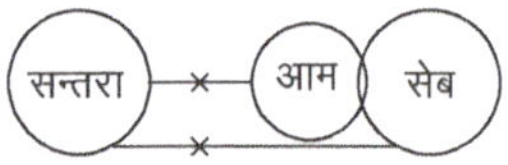

निष्कर्ष I. (✗) II. (✓) III. (✗) IV. (✗)

अत: केवल निष्कर्ष II का पालन हो रहा है।

46. *(a)* प्रश्नानुसार,

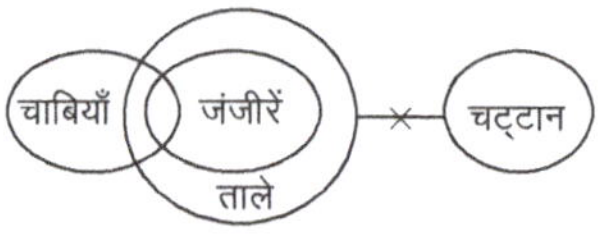

निष्कर्ष I. (✗) II. (✓)

अत: केवल निष्कर्ष II अनुसरण करता है।

47. *(b)* कथनानुसार,

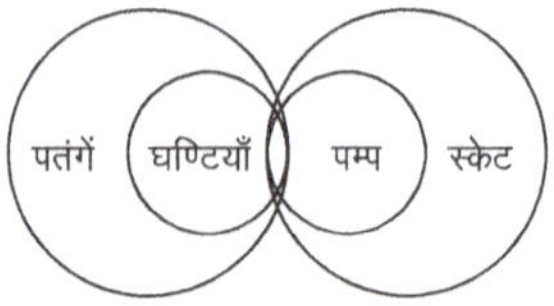

निष्कर्ष I. (✓) II. (✓) III. (✓)

अत: निष्कर्ष I, II और III सभी कथनों के अनुसार हैं।

48. *(b)* कथनानुसार,

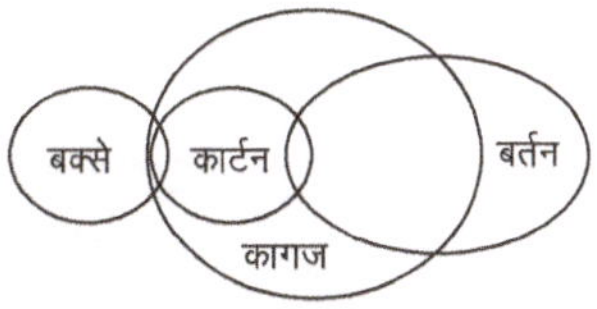

निष्कर्ष I. (✗) II. (✓)

अतः केवल निष्कर्ष II अनुसरण करता है।

49. *(d)* कथनानुसार,

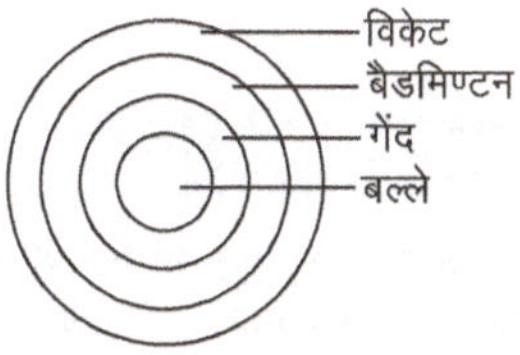

निष्कर्ष I. (✓) II. (✓)

अतः निष्कर्ष I और II दोनों अनुसरण करते हैं।

50. *(d)* कथनानुसार,

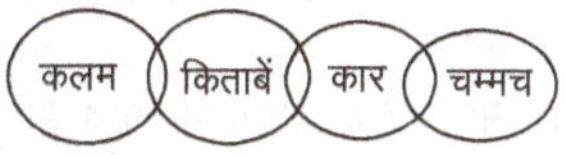

निष्कर्ष I. (✗) II. (✓)

अतः केवल निष्कर्ष II अनुसरण करता है।

51. *(d)* कथनानुसार,

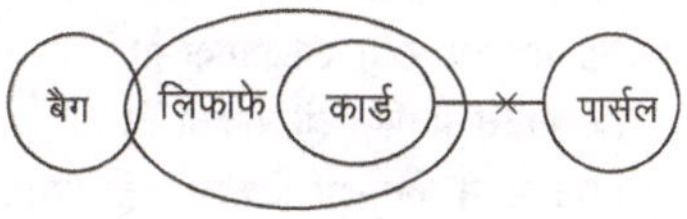

निष्कर्ष I. (✓) II. (✗) III. (✗)

अतः केवल निष्कर्ष I अनुसरण करता है।

52. *(d)* कथनानुसार,

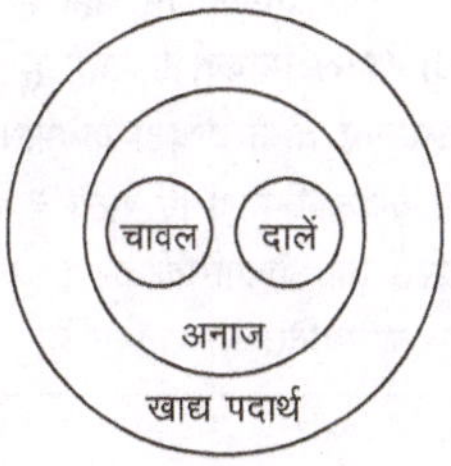

निष्कर्ष I. (✓) II. (✓) III. (✓)

अतः सभी निष्कर्ष अनुसरण करते हैं।

53. *(d)* कथनानुसार,

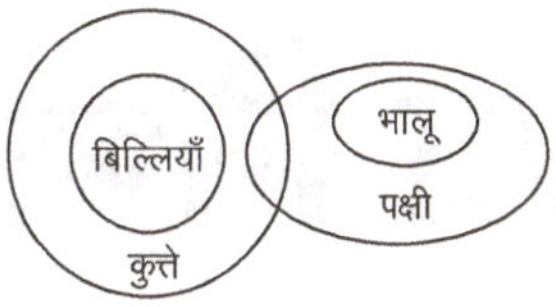

निष्कर्ष I. (✗) II. (✓)

III. (✗)

अतः केवल निष्कर्ष II सत्य है।

> **TOP TIPS** यदि सम्भावित आरेखों में से किसी एक में सम्भावित निष्कर्ष सत्य हैं, तो सम्भावना को सत्य माना जाता है।

54. *(b)* कथनानुसार,

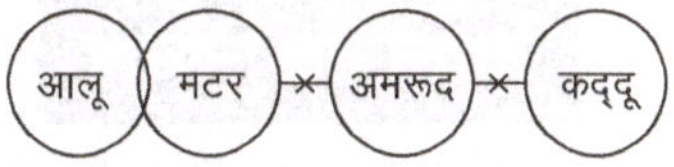

निष्कर्ष I. (✗) ┐ या II. (✗)

III. (✗) ┘

अतः निष्कर्ष I या निष्कर्ष III पालन करता है।

55. *(a)* कथनानुसार,

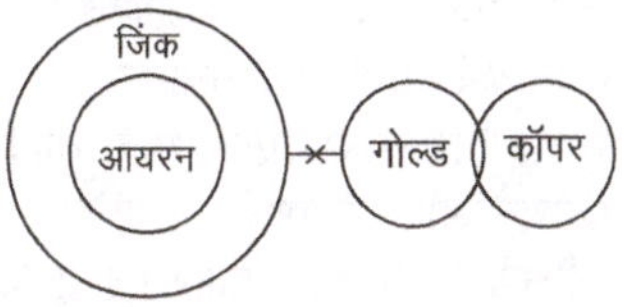

निष्कर्ष I. (✗) II. (✓)

III. (✗)

अतः केवल निष्कर्ष II अनुसरण करता है।

56. *(b)* कथनानुसार,

निष्कर्ष I. (✓) II. (✗)

III. (✗) IV. (✗)

अतः केवल निष्कर्ष I अनुसरण करता है।

57. *(b)* प्रश्नानुसार,

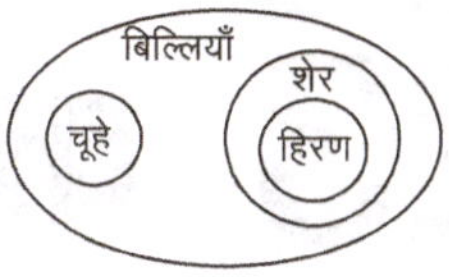

निष्कर्ष I. (✓) II. (✗) III. (✓)

अतः केवल निष्कर्ष I और III अनुसरण करते हैं।

58. *(b)* कथनानुसार,

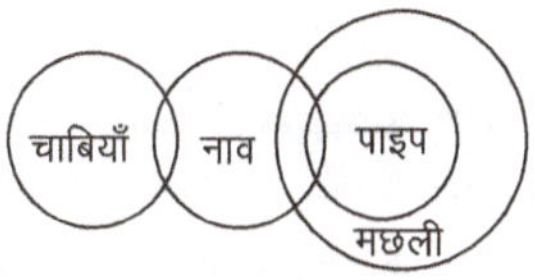

निष्कर्ष (a) (✓) (b) (✗)

(c) (✓) (d) (✓)

अतः केवल निष्कर्ष (b) निष्कर्षित नहीं किया जा सकता है।

59. *(c)* कथनानुसार,

समूह A में,

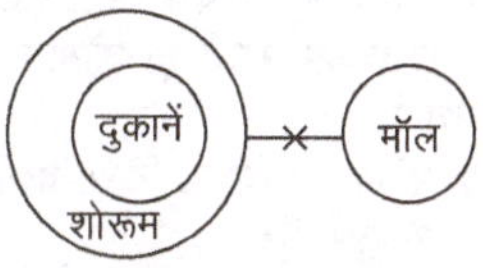

समूह A में तीसरा कथन पहले दो कथनों का निष्कर्ष है।

समूह B में,

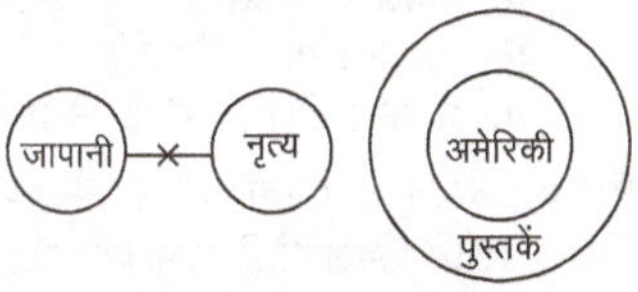

समूह B में तीसरा कथन पहले दो कथनों का निष्कर्ष नहीं है।

समूह C में,

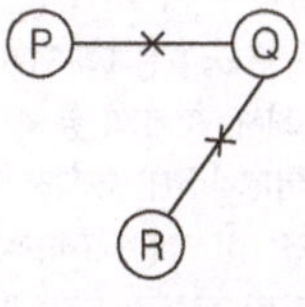

समूह C में तीसरा कथन पहले दो कथनों का निष्कर्ष नहीं है। अतः विकल्प (c) सही है।

अध्याय

23 कथन एवं निष्कर्ष

(Statement and Conclusions)

दो निष्कर्षों पर आधारित

इस प्रकार के प्रश्नों में एक कथन दिया गया होता है, तथा उस पर आधारित दो निष्कर्ष दिए गए होते हैं। कथन के अनुसार जो निष्कर्ष उचित होता है। वही उत्तर के रूप में चुना जाता है।

जैसे-नीचे दिए गए कथन और निष्कर्ष को ध्यानपूर्वक पढ़िए और निर्णय कीजिए कि कौन-सा निष्कर्ष तार्किक रूप से कथन का अनुसरण करता है।

कथन वकील लोग केवल गोरी लड़कियों से विवाह करते हैं। शोभा बहुत गोरी है।

निष्कर्ष

I. शोभा का विवाह किसी वकील से हुआ है।

II. शोभा का विवाह किसी वकील से नहीं हुआ है।

(a) केवल I निर्गत है

(b) केवल II निर्गत है

(c) या तो I या II निर्गत है

(d) न तो I और न ही II निर्गत है

हल (c) कथन में बताया गया है कि वकील लोग केवल गोरी लड़कियों से विवाह करते हैं और शोभा बहुत गोरी है, परन्तु यह स्पष्ट नहीं है कि शोभा का विवाह वकील से ही हुआ है। चूँकि शोभा बहुत गोरी है, इसलिए हो सकता है कि उसका विवाह किसी वकील से हुआ है या फिर उसका विवाह किसी वकील से नहीं हुआ है। अतः दी गई जानकारी के आधार पर या तो निष्कर्ष I या II निर्गत होता है।

कथन एवं निष्कर्ष

किसी भी विषय से सम्बन्धित दी गई जानकारी को कथन कहते हैं। कथन के आधार पर अनुमान के द्वारा जो तथ्य स्थापित किए जाते हैं, उन्हें निष्कर्ष कहा जाता है।

कथन एवं निष्कर्ष पर आधारित प्रश्नों में निष्कर्ष सामान्यतः समानता, स्वीकार्यता, कारण एवं प्रभाव, तार्किक विवेचन और आधारभूत वैज्ञानिक परीक्षण तथ्यों पर आधारित होते हैं।

Score Booster

- यदि कथन में, सलाह, परिणाम, निदान प्रचार या विज्ञापन दिया गया है और निष्कर्ष उससे सीधा सम्बन्धित हो जो उसके मूल उद्देश्यों को पूरा करता हो, तो वह निष्कर्ष सत्य होगा।
- यदि कथन में सरकारी आदेश या नियम की चर्चा की गई हो और निष्कर्ष उससे सीधा सम्बन्धित हो, तो निष्कर्ष सत्य होगा।
- भूतकाल व भविष्यकाल की बात को निष्कर्ष में असत्य माना जाता है।
- संवैधानिक आधारों, वैज्ञानिक खोजों, प्रचलित विधि व्यवस्था और सरकार द्वारा जारी सत्य आँकड़ों पर आधारित निष्कर्ष हमेशा सत्य होते हैं।

तीन/चार निष्कर्षों पर आधारित

इस प्रकार के प्रश्नों में, एक या एक से अधिक कथन तथा उस पर आधारित तीन/चार निष्कर्षों दिए गए होते हैं। अभ्यर्थी को उस निष्कर्ष/निष्कर्षों का चयन करना होता है, जो उत्तर के रूप में कथन के पक्ष को व्यक्त करते है।

जैसे-नीचे दिए गए कथन और निष्कर्ष को ध्यानपूर्वक पढ़िए और निर्णय कीजिए कि कौन-सा निष्कर्ष तार्किक रूप से कथन का अनुसरण करता है।

कथन A. भारत एक औद्योगिक केन्द्र है।

B. प्रदूषण औद्योगिकीकरण से सम्बन्धित समस्या है।

निष्कर्ष I. सभी औद्योगिक केन्द्र प्रदूषित हैं।

II. भारत प्रदूषित है।

III. प्रदूषित राष्ट्र औद्योगिक है।

IV. भारत प्रदूषित हो सकता है।

निम्न में से कौन-सा विकल्प सही (सत्य) है?

(a) सभी निष्कर्ष सत्य हैं

(b) कोई भी निष्कर्ष सही नहीं है

(c) केवल निष्कर्ष IV सही है

(d) केवल निष्कर्ष II सही है

हल (c) दिए गए दोनों कथनों के आधार पर केवल निष्कर्ष IV सत्य है, क्योंकि भारत का औद्योगिकीकरण होने से भारत प्रदूषित हो सकता है।

Exam Approach Examples

दो निष्कर्षों पर आधारित

निर्देश (उदाहरण सं. 1 और 2) *नीचे दिए गए कथनों के आगे दो निष्कर्ष I व II दिए गए हैं। आप सामान्य तथ्यों में अन्तर होने पर भी दोनों वाक्यों की पड़ताल, सत्य समझकर करें। आप तय करें कि दिए गए निष्कर्षों में से कौन-सा निष्कर्ष उस कथन के आधार पर निश्चित रूप से निकाला जा सकता है?*

उत्तर दीजिए

(a) यदि केवल निष्कर्ष I निकलता है
(b) यदि केवल निष्कर्ष II निकलता है
(c) यदि निष्कर्ष I तथा II दोनों निकलते हैं
(d) यदि न तो निष्कर्ष I और न ही II निकलता है

उदाहरण 1. कथन प्राकृतिक स्रोतों की कमी X देश की एक प्रमुख समस्या है। जनसंख्या विस्फोट प्राकृतिक स्रोतों की कमी का प्रमुख कारण है।

निष्कर्ष

I. पुनर्नवीकरण ऊर्जा जनसंख्या में वृद्धि का एकमात्र समाधान है।
II. जनसंख्या वृद्धि प्राकृतिक स्रोतों पर एक बोझ है। ***RRB Group D 2018***

हल (d) कथन में जनसंख्या विस्फोट को प्राकृतिक स्रोतों की कमी का एक प्रमुख कारण माना गया है, इसका अर्थ यह नहीं है कि जनसंख्या वृद्धि प्राकृतिक स्रोतों पर एक बोझ है। कथन से यह भी स्पष्ट नहीं होता है कि पुनर्नवीकरण ऊर्जा जनसंख्या में वृद्धि का एकमात्र समाधान है।

अत: न तो निष्कर्ष I और न ही II अनुसरण करता है।

> **Helping Tips**
> यदि निष्कर्ष में केवल, निश्चित रूप से, बिल्कुल, सदा से, हमेशा, सभी, प्रत्येक, एकमात्र एकदम आदि शब्द आया हो, तो उस निष्कर्ष को असत्य मानना चाहिए।

उदाहरण 2. कथन अजैवनिम्निकरणीय प्लास्टिक के बढ़ते उपयोग से अन्तत: पादप एवं पशु जीवन के लिए गम्भीर खतरा उत्पन्न हो जाएगा।

निष्कर्ष

I. यदि अजैवनिम्निकरणीय प्लास्टिक पर प्रतिबन्ध लगाया जाता है, तो मानवता को विलुप्त होने का सामना नहीं करना पड़ेगा।
II. प्लास्टिक के व्यापक उपयोग से मानवता पर प्रभाव नहीं पड़ेगा।

RRB (NTPC) 2021

हल (d) दिए गए कथनानुसार न तो निष्कर्ष I और न ही II पालन करता है। क्योंकि प्लास्टिक के उपयोग से पादप एवं पशु जीवन के लिए खतरा है लेकिन इससे मानवता विलुप्त नहीं होगी। प्लास्टिक उपयोग से मानवता पर प्रभाव पड़ता है।

उदाहरण 3. दिए गए कथन और निष्कर्षों को ध्यानपूर्वक पढ़िए। कथन में दी गई जानकारी को सत्य मानते हुए विचार करें और बताएँ कि कौन-से निष्कर्ष तार्किक रूप से कथन का पालन करते हैं?

कथन प्याज की कमी और कुछ व्यापारियों द्वारा बड़े पैमाने पर जमाखोरी के कारण प्याज की कीमतों में काफी ज्यादा वृद्धि हुई है।

निष्कर्ष

I. सरकार को जमाखोरों पर कड़ी कानूनी कार्यवाही करनी चाहिए और जमाखोरी करने वालों पर कठोर जुर्माना लगाया जाना चाहिए।
II. लोगों को प्याज खाना बंद कर देना चाहिए और उसके बजाय आलू खाना चाहिए। ***RRC Group D 2022***

(a) न तो निष्कर्ष I और न ही II पालन करता है
(b) केवल निष्कर्ष I पालन करता है
(c) निष्कर्ष I और II दोनों पालन करते हैं
(d) केवल निष्कर्ष II पालन करता है

हल (b) चूँकि जमाखोरी के कारण कीमत बढ़ी हैं, इसलिए सरकार को जमाखोरों के खिलाफ सख्त कार्यवाही करने की जरूरत है, ताकि कीमत और न बढ़ें और भविष्य में ऐसा दोबारा न हो।

वैसे तो प्याज की कीमतों में खासी बढ़ोतरी हुई है लेकिन इसका मतलब यह नहीं है कि लोग प्याज खाना बंद कर दें। आलू प्याज की जगह नहीं ले सकता। इसलिए, केवल निष्कर्ष I पालन करता है।

> **Helping Tips**
> यदि कथन किसी सामाजिक बुराई या समाज के रूप में है और निष्कर्ष उसकी कार्यवाही के रूप में सकारात्मक दिशा में है, तो ऐसे निष्कर्ष सत्य होते हैं।

तीन/चार निष्कर्षों पर आधारित

उदाहरण 4. निम्नलिखित कथनों को सत्य मानें, भले ही वे सामान्य रूप से ज्ञात तथ्यों से भिन्न प्रतीत होते हों तथा यह ज्ञात करें कि कौन-सा/से निष्कर्ष दिए गए कथन का तर्कपूर्ण रूप से अनुसरण करता है/हैं? ***UPSSSC 2018***

कथन उस बेकरी के ज्यादातर केक महँगे हैं।

निष्कर्ष

I. उस बेकरी में कोई सस्ता केक नहीं है।
II. उस बेकरी के सभी केक महँगे हैं।
III. उस बेकरी में सस्ते केक भी हैं।
IV. उस बेकरी में प्लम केक महँगें हैं।

(a) केवल निष्कर्ष I अनुसरण करता है
(b) केवल निष्कर्ष II अनुसरण करता है
(c) केवल निष्कर्ष III अनुसरण करता है
(d) केवल निष्कर्ष IV अनुसरण करता है

हल (c) दिए गए कथन में कहा गया है कि उस बेकरी के ज्यादातर केक महँगे हैं। यहाँ शब्द 'ज्यादातर' प्रयोग किया गया है। इसका अर्थ यह है कि सभी केक महँगे नहीं हैं अर्थात् उस बेकरी के कुछ केक ऐसे भी हैं, जो सस्ते हैं।

अत: केवल निष्कर्ष III अनुसरण करता है।

उदाहरण 5. दिए गए कथन और निष्कर्षों को ध्यानपूर्वक पढ़िए और बताइए कि कौन-सा निष्कर्ष कथन का तार्किक रूप से अनुसरण करता है। ***RRB NTPC 2020***

कथन चंचल, लीला से सुंदर है लेकिन भूमि जितनी सुंदर नहीं है।

निष्कर्ष

I. लीला, चंचल की तरह सुंदर नहीं है।
II. लीला, भूमि से अधिक सुंदर है।
III. भूमि, चंचल की तरह सुंदर नहीं है।
IV. चंचल, भूमि से ज्यादा सुंदर है।

(a) केवल निष्कर्ष II अनुसरण करता है
(b) केवल निष्कर्ष IV अनुसरण करता है
(c) केवल निष्कर्ष I अनुसरण करता है
(d) केवल निष्कर्ष III अनुसरण करता है

हल (c) कथनानुसार, भूमि > चंचल > लीला।
अत: केवल निष्कर्ष I अनुसरण करता है।

> **Trending Concept**
> ऐसे प्रश्न जो कारण एवं प्रभाव, जनहित सम्बन्धी योजनाओं व अन्य किसी विषय पर तार्किक विवेचन पर आधारित हैं। वर्तमान में RRB तथा UPSSSC की परीक्षाओं में पूछे जा रहे हैं।

Chapter Challenge

दो निष्कर्षों पर आधारित

निर्देश (प्र. सं. 1-8) *नीचे दिए गए प्रत्येक प्रश्न में एक/दो कथन दिए गए हैं और उसके बाद दो निष्कर्ष I और II दिए गए हैं। आपको कथन में दी गई सभी बातों को समझना है और फिर उस पर आधारित दोनों निष्कर्षों पर विचार करना है और तय करना है कि कौन-सा/से निष्कर्ष उस कथन के आधार पर निश्चित रूप से निकाला/निकाले जा सकता/सकते है/हैं?*

(a) यदि केवल निष्कर्ष I निकलता है
(b) यदि केवल निष्कर्ष II निकलता है
(c) यदि न तो निष्कर्ष I और न ही निष्कर्ष II निकलता है
(d) यदि निष्कर्ष I और II दोनों निकलते हैं

1. **कथन** डॉक्टरों का कहना है, "सुबह का योगाभ्यास स्वास्थ्य के लिए अच्छा है।"
निष्कर्ष
I. सुबह का योगाभ्यास अच्छे स्वास्थ्य का एकमात्र तरीका है।
II. शाम के समय योगाभ्यास, स्वास्थ्य के लिए हानिकारक है।
RRB Group D 2018

2. **कथन** कपिल ने मूनी टीवी पर 'प्राइम न्यूज विद कपिल' शो में अपनी भूमिका के लिए सर्वश्रेष्ठ समाचार एंकर पुरस्कार जीता।
निष्कर्ष
I. कपिल एक टीवी समाचार एंकर है।
II. कपिल ने लगातार दूसरी बार यह पुरस्कार जीता है।
UPSSSC 2018

3. **कथन** राम और श्याम को हमेशा वर्ग में पहला और दूसरा रैंक मिलता है।
निष्कर्ष
I. राम को हमेशा पहली रैंक मिलती है, जबकि श्याम को दूसरी रैंक मिलती है।
II. राम और श्याम के बीच प्रतिस्पर्द्धा बहुत ही कठिन है।
UPSSSC 2018

4. **कथन** सितारों के लिए लक्ष्य रखेंगे तब आप कम-से-कम चन्द्रमा पर उतरेंगे।
निष्कर्ष
I. लोग सितारों के लिए लक्ष्य रखते हैं, क्योंकि वे चन्द्रमा से बड़े होते हैं।
II. खगोलविद् तारों पर जाने का लक्ष्य रखते हैं और चन्द्रमा पर उतरते हैं।
UPSSSC 2018

5. **कथन** कोई भी देश इन दिनों पूरी तरह से आत्मनिर्भर नहीं है।
निष्कर्ष
I. उन सभी बातों को विकसित करना और उत्पादन करना असम्भव है, जिनकी देश को आवश्यकता होती है।
II. आमतौर पर देशवासी आलसी हो गए हैं।
UP Police Constable 2018

> **MRC*****
> *(Most Repeating Concepts)*
> प्र. सं. 2, 5, 14, 15, 16, 17 और 18 पुलिस सम्बन्धी परीक्षाओं में पूछे गए हैं। इनका ध्यान से अवलोकन करें। ये आगामी परीक्षाओं के लिए अति महत्त्वपूर्ण हैं।

6. **कथन** आजकल वस्तुओं की कीमतें बढ़ रही हैं।
निष्कर्ष
I. सभी वस्तुएँ दुर्लभ होती जा रही हैं।
II. लोग वस्तुएँ नहीं खा सकते हैं।
RRB Group D 2018

7. **कथन** घर पर उगाई गई फल और सब्जियाँ आयातित फल और सब्जियों का उपभोग करने की तुलना में स्वास्थ्य के लिए अच्छी हैं, जिनका रख-रखाव कृत्रिम परिस्थितियों का उपयोग करके फ्रेश दिखाई देने के लिए किया जाता है।
निष्कर्ष
I. आयातित सब्जियाँ कृत्रिम स्थितियों के तहत् बनाए रखी जाती हैं।
II. घर पर उगाई गई फल और सब्जियाँ आमतौर पर ताजा होती हैं।
RRB Group D 2018

8. **कथन** एक लम्बे और पेचीदा विवाद में शामिल होने के लिए, किसी को भी काफी बुद्धिमान होना चाहिए, क्योंकि वे बहुत बातूनी और बोरिंग होते हैं।
निष्कर्ष
I. सभी बुद्धिमान व्यक्ति बोरिंग होते हैं।
II. सभी बुद्धिमान व्यक्ति लम्बे और पेचीदा विवादों को सम्भालने में काफी सक्षम होते हैं।
RRB Group D 2018

निर्देश (प्र. सं. 9-11) *दिए गए प्रश्नों में कथनों और निष्कर्षों को ध्यानपूर्वक पढ़ें। यह मानते हुए कि कथनों में दी गई जानकारी सत्य है, भले ही वह सर्वज्ञात तथ्यों से भिन्न प्रतीत होते हों, यह निर्णय करें कि कौन-सा/से निष्कर्ष तार्किक रूप से कथन/कथनों का अनुसरण करते हैं?*

9. **कथन** अनुपस्थिति हृदय को स्नेहशील बनाती है।
निष्कर्ष *SSC MTS 2019*
I. उपस्थिति दिल की स्नेहशीलता को कम करती है।
II. दो लोगों के बीच की दूरी उन्हें अनुपस्थित व्यक्ति के लिए तरसाती है।
(a) केवल निष्कर्ष I अनुसरण करता है
(b) केवल निष्कर्ष II अनुसरण करता है
(c) न तो निष्कर्ष I और न ही II अनुसरण करता है
(d) निष्कर्ष I और II दोनों अनुसरण करते हैं

10. **कथन** बारिश का पानी, जल का शुद्धतम रूप है।
निष्कर्ष *SSC MTS 2019*
I. बारिश के पानी में अशुद्धियाँ होती हैं।
II. बारिश के पानी में कम मात्रा में अशुद्धियाँ होंगी।
(a) केवल निष्कर्ष II अनुसरण करता है
(b) केवल निष्कर्ष I अनुसरण करता है
(c) निष्कर्ष I और II दोनों अनुसरण करते हैं
(d) या तो निष्कर्ष I या II अनुसरण करता है

11. **कथन** सुन्दर दिखने वाले पुरुष आमतौर पर बौद्धिक प्रकार के होते हैं। विक्रम सुन्दर है। *SSC Constable (GD) 2019*
निष्कर्ष विक्रम बौद्धिक है।
(a) सम्भवत: असत्य (b) असम्भवत: सत्य
(c) सत्य (d) असत्य

12. दिए गए कथन और निष्कर्षों को ध्यान से पढ़िए। बताइए कि दिए गए निष्कर्षों में से कौन-सा निष्कर्ष कथनों का तार्किक रूप से अनुसरण करता है?
कथन भारत कई भाषाओं वाला देश है।
निष्कर्ष
I. सभी भारतीय कई भाषाएँ बोल सकते हैं।
II. हर देश में कई भाषाएँ होती हैं। *RRB NTPC 2022*
(a) केवल निष्कर्ष II अनुसरण करता है
(b) न तो निष्कर्ष I और न ही II अनुसरण करता है
(c) निष्कर्ष I और II दोनों अनुसरण करते हैं
(d) केवल निष्कर्ष I अनुसरण करता है

13. दिए गए कथन और निष्कर्षों को ध्यान से पढ़िए और बताइए कि कौन-सा निष्कर्ष कथन का तार्किक रूप से अनुसरण करता है?

कथन कम्पनी ABC के पास अपने प्रतिस्पर्धियों की तुलना में सबसे अधिक ग्राहक हैं।

निष्कर्ष

I. कम्पनी ABC के पास कुल ग्राहकों का 58% है।

II. कम्पनी ABC के उत्पाद बाजार में सबसे सस्ते हैं।

RRB NTPC 2021

(a) न तो निष्कर्ष I और न ही II अनुसरण करता है
(b) निष्कर्ष I और II दोनों अनुसरण करते हैं
(c) केवल निष्कर्ष II अनुसरण करता है
(d) केवल निष्कर्ष I अनुसरण करता है

14. नीचे दिए गए कथन और दो निष्कर्षों का अध्ययन करें और उन उपयुक्त विकल्पों का चयन करें, जो ऐसे निष्कर्षों को इंगित करते हैं जिन्हें उस कथन से निकाला जा सकता है।

कथन किसी देश की जनसंख्या में वृद्धि वहाँ के नीति-निर्माताओं के लिए एक बड़ी चुनौती है।

निष्कर्ष

I. एक निश्चित समय के बाद उस देश की जनसंख्या घटेगी।

II. बढ़ती जनसंख्या का देश में संसाधनों की उपलब्धता पर प्रभाव पड़ेगा। ***Rajasthan Police Constable 2022***

(a) केवल निष्कर्ष I अनुसरण करता है
(b) केवल निष्कर्ष II अनुसरण करता है
(c) या तो निष्कर्ष I या II अनुसरण करता है
(d) न तो निष्कर्ष I और न ही II अनुसरण करता है

15. इस प्रश्न में, एक कथन के बाद दो निष्कर्ष दिए गए हैं। उन निष्कर्ष(र्षों) को चुनें, जो तार्किक रूप से सर्वाधिक रूप से अनुसरण करते हों।

कथन लम्बी दूरी के लिए हवाई यात्रा परिवहन का सबसे तेज साधन है।

निष्कर्ष

I. हवाई जहाज के टिकट अन्य परिवहन की तुलना में सस्ते होते हैं।

II. हवाई यात्रा में दुर्घटनाओं की सम्भावना अधिक रहती है।

UP Police Head Operator 2024

(a) केवल निष्कर्ष I अनुसरण करता है
(b) निष्कर्ष I और II दोनों अनुसरण करते हैं
(c) न तो निष्कर्ष I और न ही II अनुसरण करता है
(d) केवल निष्कर्ष II अनुसरण करता है

16. नीचे दिए गए प्रश्न में एक कथन दिया गया है और उसके नीचे दो निष्कर्ष I और II अंकित हैं। कथन को सत्य मानते हुए और निष्कर्षों का अनुसरण करते हुए आपको यह तय करना होगा कि कौन-सा निष्कर्ष कथन में निहित है?

कथन मोहन अपनी माँ से लगभग तीस लोगों जोकि उनके मित्र हैं भोजन की व्यवस्था करने का अनुरोध करता है, जिन्हें उसने अपने जन्मदिन का जश्न मनाने के लिए आमन्त्रित किया है।

निष्कर्ष

I. मोहन के अधिकतर मित्र उसके जन्मदिन पर उसके घर आ सकते हैं।

II. वहाँ तीस से अधिक लोग नहीं होंगे, जो मोहन की जन्मदिन पार्टी में शामिल होंगे। ***MP Police Constable 2022***

(a) न तो निष्कर्ष I और न ही II अन्तर्निहित है
(b) या तो निष्कर्ष I या II अन्तर्निहित है
(c) केवल निष्कर्ष II अन्तर्निहित है
(d) केवल निष्कर्ष I अन्तर्निहित है

17. नीचे प्रश्न में तीन कथन और उसके बाद I और II क्रमांकित दो निष्कर्ष दिए गए हैं। आपको कथनों में दी गई सभी बातों को सत्य मानना है, फिर दोनों निष्कर्षों पर एक साथ विचार करना है और निर्णय लेना है कि उनमें से कौन-सा/से कथनों में दी गई जानकारी से उचित सन्देह से परे तार्किक रूप से अनुसरण करता/ते है/हैं?

कथन रवीन्द्रनाथ टैगोर ने अनेक कविताएँ लिखीं।
प्रत्येक कवि के पास सौन्दर्यात्मक ज्ञान होता है।
सौन्दर्यशास्त्र मूल्याश्रित अध्ययन का एक भाग है।

निष्कर्ष

I. रवीन्द्रनाथ टैगोर ने विभिन्न मूल्याश्रित अध्ययन किए हैं।

II. उन्होंने तर्क और नैतिकता के आधार का पालन किया।

UP Police Constable 2024

(a) न तो निष्कर्ष I और न ही II अनुसरण करता है
(b) केवल निष्कर्ष II अनुसरण करता है
(c) निष्कर्ष I और II दोनों अनुसरण करते हैं
(d) केवल निष्कर्ष I अनुसरण करता है

18. इस प्रश्न में, एक कथन के बाद दो निष्कर्ष दिए गए हैं। उस निष्कर्ष(र्षों) को चुनें, जो तार्किक रूप से सर्वाधिक रूप से अनुसरण करते हों।

कथन कुछ क्लर्कों को अधिकारी के रूप में पदोन्नत किया गया है।

निष्कर्ष

I. क्लर्कों को अधिकारी के रूप में पदोन्नत किया गया है।

II. कुछ अधिकारी क्लर्क थे। ***UP Police (Asst. Operator) 2024***

(a) केवल निष्कर्ष II अनुसरण करता है
(b) निष्कर्ष I और II दोनों अनुसरण करते हैं
(c) न तो निष्कर्ष I और न ही II अनुसरण करता है
(d) केवल निष्कर्ष I अनुसरण करता है

19. दिए गए कथन और निष्कर्षों को ध्यान से पढ़िए और बताइए कि कौन-सा निष्कर्ष कथन का तार्किक रूप से अनुसरण करता है?

कथन एक अधिकारी श्री X पर, दूसरे लोगों के एक समूह के साथ सॉफ्टवेयर कम्पनी Z में भ्रष्टाचार के मामलों में शामिल होने का आरोप है।

निष्कर्ष

I. श्री X सॉफ्टवेयर कम्पनी Z के एक भ्रष्ट अधिकारी हो सकते हैं।

II. श्री X सॉफ्टवेयर कम्पनी Z में भ्रष्टाचार के मामलों में शामिल नहीं भी हो सकते हैं। ***SSC Constable (GD) 2019***

(a) या तो निष्कर्ष I या II अनुसरण करता है
(b) केवल निष्कर्ष I अनुसरण करता है
(c) निष्कर्ष I और II दोनों अनुसरण करते हैं
(d) केवल निष्कर्ष II अनुसरण करता है

20. दिए गए कथन और निष्कर्षों को ध्यान से पढ़िए और बताइए कि कौन-सा निष्कर्ष कथन का तार्किक रूप से अनुसरण करता है?

कथन प्रधानमन्त्री ने स्पष्ट किया है, कि उनकी सरकार गरीब किसानों के उत्थान के लिए ठोस प्रयास करेगी और उनके लिए वार्षिक पेन्शन की घोषणा भी की।

निष्कर्ष

I. सरकार समझती है कि गरीब किसानों की स्थिति पर तुरन्त ध्यान देने की आवश्यकता है।

II. समाज के अन्य वर्गों के लिए किसी भी लाभ की घोषणा नहीं की गई है। ***SSC CPO 2020***

(a) न तो निष्कर्ष I और न ही II अनुसरण करता है
(b) केवल निष्कर्ष II अनुसरण करता है
(c) केवल निष्कर्ष I अनुसरण करता है
(d) निष्कर्ष I और II दोनों अनुसरण करते हैं

21. दिए गए कथनों और निष्कर्षों को ध्यान से पढ़ें और बताइए कि कौन-सा निष्कर्ष कथनों का तार्किक रूप से अनुसरण करता है?

कथन परीक्षा में सफलता का कारण नियमितता है।
कुछ अनियमित छात्र परीक्षा उत्तीर्ण करते हैं।

निष्कर्ष

I. सभी अनियमित छात्र परीक्षा उत्तीर्ण करते हैं।
II. कुछ अनियमित छात्र परीक्षा में अनुत्तीर्ण हो जाते हैं।

RRB NTPC 2021

(a) केवल निष्कर्ष I अनुसरण करता है
(b) केवल निष्कर्ष II अनुसरण करता है
(c) न तो निष्कर्ष I और न ही II अनुसरण करता है
(d) निष्कर्ष I और II दोनों अनुसरण करते हैं

22. इस प्रश्न में, एक कथन के बाद दो निष्कर्ष I और II दिए गए हैं। कथन में दी गई सभी जानकारी को सत्य मानते हुए यह निर्णय करें कि उनमें से कौन तार्किक रूप से कथन में दी गई जानकारी का अनुसरण करता है?

कथन कॉलेज के लिए निकलने से पहले, सीता अपनी माँ से खाना बनाना सीख रही है।

निष्कर्ष

I. सीता खाना बनाना नहीं जानती थी।
II. कॉलेज जाने से पहले सीता अपने दोस्तों के लिए एक पार्टी देना चाहती है।

(a) केवल निष्कर्ष II अनुसरण करता है
(b) न तो निष्कर्ष I और न ही II अनुसरण करता है
(c) केवल निष्कर्ष I अनुसरण करता है
(d) निष्कर्ष I और II दोनों अनुसरण करते हैं

23. इस प्रश्न में, एक कथन के दो निष्कर्ष दिए गए हैं। उस निष्कर्ष(र्षों) को चुनें, जो तार्किक रूप से सबसे उपयुक्त हों।

कथन यह दुनिया न अच्छी है और न ही बुरी, प्रत्येक आदमी अपने लिए एक दुनिया बनाता है।

निष्कर्ष

I. कुछ लोगों को यह दुनिया अच्छी लगती है।
II. कुछ लोगों को यह दुनिया बुरी लगती हैं।

RRB JE 2019

(a) केवल निष्कर्ष II उपयुक्त है
(b) केवल निष्कर्ष I उपयुक्त है
(c) निष्कर्ष I और II दोनों उपयुक्त हैं
(d) या तो निष्कर्ष I या तो II उपयुक्त है

24. इस प्रश्न में, एक कथन के बाद दो निष्कर्ष I और II दिए गए हैं। आपको कथन के सत्य होने के लिए सब कुछ मान लेना है, फिर दो निष्कर्षों पर एक साथ विचार करें और निर्णय लें कि उनमें से कौन-सा तार्किक रूप से कथन में दी गई जानकारी से उचित संदेह से परे है?

कथन एक एमटी पेन की कीमत ₹ 25 है, एक स्टेशनरी की दुकान में एक बोर्ड पढ़ें।

निष्कर्ष

I. 5 एमटी पेन की लागत ₹ 125।
II. कलम की लागत बहुत अधिक है।

निम्न विकल्पों में से किसी एक उपयुक्त को चुनें। ***RPF SI 2019***

(A) केवल निष्कर्ष I अनुसरण करता है।
(B) केवल निष्कर्ष II अनुसरण करता है।
(C) या तो निष्कर्ष I या II अनुसरण करता है।
(D) न तो निष्कर्ष I और न ही I अनुसरण करता है।
(E) निष्कर्ष I और II दोनों अनुसरण करते हैं।

(a) D (b) B (c) A (d) E

25. दिए गए कथन और निष्कर्षों को ध्यानपूर्वक पढ़ें। कथन में दी गई जानकारी को सत्य मानते हुए विचार करें, भले ही वह सामान्य ज्ञात तथ्यों से भिन्न प्रतीत होती हो और तय करें कि दिए गए निष्कर्षों में से कौन-से कथन का तार्किक रूप से पालन करते हैं?

कथन ताँबे के बर्तन में रखे जाने पर, दूध जहर बन जाएगा। जहर सेवन और स्वास्थ्य के लिए लाभकारी है।

निष्कर्ष

I. लोगों को ताँबे के बर्तन में रखे दूध का सेवन करना चाहिए।
II. जहर के सेवन से बचना चाहिए। ***RRB NTPC 2022***

(a) निष्कर्ष II पालन करता है।
(b) निष्कर्ष I और II पालन करते हैं।
(c) न तो निष्कर्ष I और न ही II पालन करता है।
(d) निष्कर्ष I पालन करता है।

26. दिए गए कथनों और निष्कर्षों को ध्यान से पढ़ें और तय करें कि दिए गए निष्कर्षों में से कौन सा कथनों का तार्किक रूप से अनुसरण करता है।

कथन R, I से बड़ा है।
I, N का जुड़वाँ भाई है, जो P से बड़ा है।
Y, R से छोटा नहीं है, जो K से बड़ा है।

निष्कर्ष

I. K, I से बड़ा है।
II. I, Y से छोटा है। ***RRC Group D 2022***

(a) निष्कर्ष II अनुसरण करता है
(b) निष्कर्ष I और II दोनों अनुसरण करते हैं
(c) निष्कर्ष I अनुसरण करता है
(d) न तो निष्कर्ष I और न ही II अनुसरण करता है।

निर्देश (प्र. सं. 27-33) *नीचे दिए गए प्रत्येक प्रश्न में एक कथन दिया गया हैं और उसके बाद दो निष्कर्ष I और II दिए गए हैं। आपको कथन में दी गई जानकारी सत्य मानना है और फिर उस पर आधारित दोनों निष्कर्षों पर विचार करना है और तय करना है कि कौन-सा निष्कर्ष उस कथन के आधार पर निश्चित रूप से निकाला जा सकता है?*

(a) यदि केवल निष्कर्ष I निकलता है
(b) यदि केवल निष्कर्ष II निकलता है
(c) यदि न तो निष्कर्ष I और न ही II निकलता है
(d) यदि निष्कर्ष I और II दोनों निकलते हैं

27. कथन हाल के वर्षों में आतंकवाद ने महामारी का रूप अख्तियार कर लिया है और पूरा विश्व इस समस्या को लेकर चिन्तित है।

निष्कर्ष

I. यह निराशोन्मत्त एवं दुस्साहसी लोगों की सोच में अपने लक्ष्यों की प्राप्ति का साधन बन गया है।
II. यह अभावग्रस्तता की भावना से पीड़ित लोगों की असीम कुण्ठा की राजनीति है।

28. कथन अच्छी आवाज प्रकृति की देन है लेकिन उसे बेहतर बनाने और संगीत के क्षेत्र में उत्कृष्टता हेतु प्रत्येक को अभ्यास करते रहना पड़ता है।

निष्कर्ष

I. प्रकृति की देन को पालन-पोषण की जरूरत होती है।
II. यद्यपि आपकी आवाज अच्छी न हो, फिर भी अभ्यास जारी रख सकते हैं।

29. कथन राष्ट्रीय मानक प्रति हजार जनसंख्या पर 100 बिस्तर हैं परन्तु इस राज्य के अस्पतालों में प्रति हजार जनसंख्या पर 150 बिस्तर हैं।

निष्कर्ष

I. हमारे राष्ट्रीय मानक पर्याप्त हैं।
II. राज्य का स्वास्थ्य तन्त्र इस मामले में पर्याप्त सावधानी रख रहा है।

30. **कथन** नैतिकता और शील की अवधारणाओं का बलिदान किए बिना इस दुनिया में रह पाना और समृद्ध होना लगभग असम्भव है।

निष्कर्ष

I. विश्व कुछ धारणाओं की केवल सराहना करता है लेकिन उन्हें आत्मसात् नहीं कर पाता है।

II. नैतिकता और शील की अवधारणाएँ जीवन में व्यवहार्य नहीं है।

31. **कथन** पठन पाठन में रुचि जगाने के लिए स्कूल ने जून 2010 से यह अनिवार्य बना दिया है कि प्रत्येक छात्र प्रत्येक सप्ताह दो किताबें पढ़े और पुस्तकों पर साप्ताहिक रिपोर्ट दें।

निष्कर्ष

I. बलपूर्वक पढ़ने में रुचि जगाई जा सकती है।

II. कुछ छात्र कालान्तर में पढ़ने में रुचि विकसित कर लेंगे।

32. **कथन** स्त्री कल्याण और रोजगार पैदा करने सम्बन्धी कार्यक्रमों में असमान रूप से धनराशि का बँटवारा तब बिल्कुल स्पष्ट हो जाता है, जब हम इन दोनों क्षेत्रों के प्रति सरकार के दृष्टिकोण का विश्लेषण करते हैं।

निष्कर्ष

I. स्त्री कल्याण कार्यक्रमों के प्रति सरकार का दृष्टिकोण रोजगार पैदा करने वाले कार्यक्रमों की तुलना में अधिक पक्षपातपूर्ण है।

II. सरकार दोनों कार्यक्रमों को समान महत्त्व दे रही है।

33. **कथन** एक T-20 क्रिकेट मैच में, एक टीम द्वारा कुल 9 विकेट लिए गए। इनमें से, 6 विकेट स्पिनरों द्वारा लिए गए थे।

निष्कर्ष

I. टीम के 80% गेंदबाज स्पिनर थे।

II. टीम के शुरुआती गेंदबाज स्पिनर थे। ***SSC (10+2) 2020***

34. प्रश्न में एक कथन और उसके बाद दो निष्कर्ष I और II दिए गए हैं। आपको इस कथन को सत्य मानना होगा, भले ही यह आमतौर पर ज्ञात तथ्यों से भिन्न प्रतीत होता हो। आपको यह तय करना है, कि दिए गए निष्कर्षों में से कौन-सा निष्कर्ष, यदि कोई है, दिए गए कथन का अनुसरण करता है?

कथन गेहूँ के उत्पादन की तुलना में उसकी घरेलू माँग तेजी से बढ़ रही है।

निष्कर्ष

I. घरेलू माँग कम की जानी चाहिए।

II. हमें गेहूँ का निर्यात करना चाहिए। ***UP Police Constable 2019***

(a) केवल निष्कर्ष I अनुसरण करता है

(b) केवल निष्कर्ष II अनुसरण करता है

(c) निष्कर्ष I और II दोनों अनुसरण करते हैं

(d) न तो निष्कर्ष I और न ही II अनुसरण करता है

35. **कथन** देश की शिक्षा नीति में बदलाव लाना देश की प्रगति और गौरवशाली परम्परा की नई मिसाल होगी। विभिन्न क्षेत्रों की स्थितियों को देखते हुए यह अत्यावश्यक हो गया है।

निष्कर्ष

I. देश के विभिन्न क्षेत्रों की स्थितियों के आधार पर शिक्षा नीति बनाई जाती है।

II. पुरानी शिक्षा नीति विभिन्न क्षेत्रों के बीच सामंजस्यता स्थापित नहीं कर पा रही है।

(a) केवल निष्कर्ष I अनुसरण करता है

(b) न तो निष्कर्ष I और न ही II अनुसरण करता है

(c) निष्कर्ष I और II दोनों अनुसरण करते हैं

(d) केवल निष्कर्ष II अनुसरण करता है

तीन/चार निष्कर्षों पर आधारित

36. दिए गए कथनों और निष्कर्षों को ध्यान से पढ़ें और बताइए, कि कौन-सा निष्कर्ष कथन का तार्किक रूप से अनुसरण करता है?

कथन इस स्कूल में पढ़ाई जाने वाली कुछ भाषाएँ अंग्रेजी, पुर्तगाली, तमिल और संस्कृत हैं।

इस स्कूल में न तो अरबी और न ही फ्रेंच पढ़ाया जाता है।

स्कूल में सभी भाषाएँ योग्य शिक्षकों द्वारा पढ़ाई जाती हैं।

निष्कर्ष

I. इस स्कूल में अंग्रेजी, पुर्तगाली, संस्कृत और तमिल के अलावा कुछ अन्य भाषाएँ भी पढ़ाई जाती हैं।

II. इस स्कूल में एक योग्य शिक्षक द्वारा तमिल पढ़ाई जाती है।

III. इस स्कूल में या तो अरबी या फ्रेंच पढ़ाई जाती है।

RRB NTPC 2021

(a) निष्कर्ष I और II अनुसरण करते हैं

(b) केवल निष्कर्ष III अनुसरण करता है

(c) निष्कर्ष I और III अनुसरण करते हैं

(d) केवल निष्कर्ष I अनुसरण करता है

> ***MRC******
> ***(Most Repeating Concepts)***
> प्र. सं. 26, 35, 38, 39 और 40 Examination Point of Views से अति महत्त्वपूर्ण हैं। इन Concept पर प्रश्न RRB व UPSSSC प्रतियोगी परीक्षाओं में निरन्तर पूछे जा रहे हैं।

37. प्रश्न में दो कथन और उसके बाद तीन निष्कर्ष I, II और III दिए गए हैं। आपको इस कथन को सत्य मानना होगा, भले ही यह आमतौर पर ज्ञात तथ्यों से अलग प्रतीत होता हो। आपको यह तय करना है कि दिए गए निष्कर्षों में से कौन-सा निष्कर्ष यदि कोई है, दिए गए कथन का अनुसरण करता है?

कथन कई व्यावसायिक कार्यालय 2 से 8 मन्जिल वाले भवनों में स्थित हैं।

यदि किसी भवन में 3 मन्जिलें हैं, तो इसमें लिफ्ट होती है।

निष्कर्ष

I. सभी मन्जिलों पर लिफ्ट द्वारा पहुँचा जा सकता है।

II. केवल तीसरी मन्जिल के ऊपर वाली मन्जिलों में लिफ्ट हैं।

III. 7वीं मन्जिल में लिफ्ट है। ***UP Police Constable 2018***

(a) केवल निष्कर्ष I अनुसरण करता है

(b) केवल निष्कर्ष II अनुसरण करता है

(c) केवल निष्कर्ष III अनुसरण करता है

(d) तीनों निष्कर्ष अनुसरण करते हैं

निर्देश (प्र. सं. 38 और 39) *निम्नलिखित कथनों को सत्य माने, भले ही वे सामान्य रूप से ज्ञात तथ्यों से भिन्न प्रतीत होते हों। ये ज्ञात करें कि कौन-सा/से निष्कर्ष दिए गए कथन का तर्कपूर्ण रूप से अनुसरण करता है/हैं?*

38. **कथन** सभी अभिनेत्रियाँ सुन्दर होती हैं।

निष्कर्ष

I. यदि A सुन्दर है, तो वह अभिनेत्री होनी चाहिए।

II. यदि A अभिनेत्री है, तो वह सुन्दर होनी चाहिए।

III. A भद्दी है, तो A अभिनेत्री होनी चाहिए।

IV. अभिनय करने वाले भद्दे होते हैं। ***UPSSSC 2018***

(a) केवल निष्कर्ष I अनुसरण करता है

(b) केवल निष्कर्ष II अनुसरण करता है

(c) निष्कर्ष III और IV दोनों अनुसरण करते हैं

(d) कोई भी निष्कर्ष अनुसरण नहीं करता है

39. कुछ निष्कर्षों के बाद बयान/बयानों का समूह दिया जाता है। वह निष्कर्ष चुनिए, जो दिए गए कथन/कथनों से तार्किक रूप से अनुसरण करता है। ***RRB ALP 2018***

कथन कारखाने के सभी मेहनती श्रमिकों को पिछले पाँच वर्षों में पदोन्नत किया गया है।

(a) पदोन्नति के बाद, कुछ श्रमिकों ने कड़ी मेहनत करना बन्द कर दिया
(b) मेहनत ही तरक्की का एकमात्र मापदण्ड है
(c) पिछले पाँच वर्षों में पदोन्नत किए गए कुछ श्रमिक मेहनती हैं
(d) कारखाने में कोई ऐसा कामगार नहीं है, जो मेहनती नहीं है

40. अक्टूबर महीने में मोटरसाइकिलों की बिक्री इस बात पर निर्भर करती है कि पिछले कुछ महीनों में मानसून कैसा रहा है। भारत के अधिकांश हिस्सों में, चालू वर्ष में वर्षा, अपेक्षा से अधिक हुई है।
उपरोक्त से मोटरसाइकिल विनिर्माण कम्पनियों के सन्दर्भ में निम्न में से कौन-सा निष्कर्ष निकाला जा सकता है? ***UPSSSC 2018***

(a) लाभप्रदता बढ़ाने के लिए कम्पनियाँ मोटरसाइकिल की कीमतें बढ़ाएँगी
(b) कम्पनियाँ लागत को कम करने के लिए जनशक्ति को कम कर देंगी
(c) यदि कीमतें अपरिवर्तित बनी रहती हैं, तो भी कम्पनियों का राजस्व बढ़ेगा
(d) प्रत्येक कम्पनी की बाजार हिस्सेदारी में, अच्छी बिक्री से इजाफा होगा

Right Key

1. (c)	2. (a)	3. (b)	4. (c)	5. (a)	6. (c)	7. (d)	8. (b)	9. (b)	10. (a)
11. (b)	12. (b)	13. (a)	14. (b)	15. (c)	16. (b)	17. (d)	18. (a)	19. (a)	20. (c)
21. (b)	22. (c)	23. (c)	24. (a)	25. (d)	26. (a)	27. (d)	28. (a)	29. (b)	30. (b)
31. (c)	32. (a)	33. (c)	34. (d)	35. (c)	36. (a)	37. (c)	38. (b)	39. (c)	40. (c)

Solutions

1. *(c)* सुबह का योगाभ्यास स्वास्थ्य के लिए अच्छा है इसका अर्थ यह नहीं है कि अच्छे स्वास्थ्य के लिए सुबह का योगाभ्यास एकमात्र तरीका है व निष्कर्ष II अर्थात् शाम के समय योगाभ्यास स्वास्थ्य के लिए हानिकारक है, का कथन में कोई जिक्र नहीं है। अत: दोनों निष्कर्ष अनुसरण नहीं करते हैं।

2. *(a)* कथन में कहा गया है कि कपिल को शो में अपनी भूमिका के लिए सर्वश्रेष्ठ समाचार एंकर का पुरस्कार मिला। अत: स्पष्ट रूप से यह निष्कर्ष निकलता है कि कपिल एक टीवी समाचार एंकर है। कपिल ने यह पुरस्कार कितनी बार जीता है कथन में इसके बारे में कोई जानकारी नहीं है। अत: केवल निष्कर्ष I निकलता है।

3. *(b)* कथन के अनुसार, केवल निष्कर्ष II निकलता है, क्योंकि यह ज्ञात नहीं है कि राम और श्याम में से कौन प्रथम व दूसरे स्थान पर आता है। लेकिन दोनों के बीच प्रतिस्पर्द्धा बहुत कठिन है यह ज्ञात है।

4. *(c)* दिया गया कथन एक कहावत है कि यदि कोई व्यक्ति सितारों पर जाने का लक्ष्य रखेगा तो कम-से-कम वह चाँद तक तो पहुँचेगा। अत: यह कहावत व्यक्तियों में आशावादी सोच व हमेशा निरन्तर प्रयास करते रहने के लिए प्रेरणा देती है।

अत: न तो निष्कर्ष I और न ही निष्कर्ष II अन्तर्निहित है।

5. *(a)* कोई भी देश पूर्ण विकसित नहीं हो सकता क्योंकि वह अपनी आवश्यकताओं की सभी वस्तुओं का उत्पादन नहीं कर सकता है। इसी कारण वह कुछ आवश्यक वस्तुओं को दूसरे देशों से आयात करता है। अत: निष्कर्ष I निकलता है।

6. *(c)* आजकल वस्तुओं की कीमत बढ़ने का मुख्य कारण जनसंख्या वृद्धि है। वस्तुओं का उत्पादन जनसंख्या की वृद्धि दर के अनुपात में बहुत कम है। इस कारण कीमतें बढ़ रही हैं। अत: न तो निष्कर्ष I और न ही निष्कर्ष II निकलता है।

TOP TIPS यदि निष्कर्ष पूर्वधारणाओं या अनुमान के रूप में है, तो निष्कर्ष असत्य होगा।

7. *(d)* घर में उगाई जाने वाली सब्जियाँ और फल जैविक खादों से तैयार की जाती है, जिसमें कीटनाशक दवाइयों का प्रयोग नहीं किया जाता है, जो स्वास्थ्य के लिए लाभदायक होता है। जबकि कृत्रिम विधि से संरक्षित की जाने वाली सब्जियों में पोषक तत्वों की कमी होती है। अत: दोनों निष्कर्ष अनुसरण करते हैं।

8. *(b)* कथन में स्पष्ट रूप से कहा गया है कि लम्बे और पेचीदा विवाद में शामिल होने वाले व्यक्ति को बुद्धिमान होना चाहिए अर्थात् बुद्धिमान व्यक्ति लम्बे और पेचीदा विवादों को सम्भालने में सक्षम होते हैं। अत: कथनानुसार केवल निष्कर्ष II निकलता है।

9. *(b)* निष्कर्ष II तार्किक रूप से, दिए गए कथन का अनुसरण करता है।

10. *(a)* केवल निष्कर्ष II तार्किक रूप से और निश्चित रूप से कथन में दी गई जानकारी का अनुसरण करता है।

11. *(b)* निष्कर्ष असम्भवत: सत्य है, क्योंकि कथन में कहा गया है, कि सुन्दर दिखने वाले पुरुष आमतौर पर बौद्धिक प्रकार के होते हैं, साथ ही विक्रम सुन्दर है।

12. *(b)* भारत कई भाषाओं वाला देश है।

इसका अर्थ यह नहीं है कि यहाँ सभी लोग कई भाषाएँ बोल सकते हैं। हर देश में कई भाषाएँ नहीं होती हैं। अत: न तो निष्कर्ष I और न ही II अनुसरण करता है।

13. *(a)* दिए गए कथन से यह स्पष्ट है कि कम्पनी ABC के ग्राहक प्रतिस्पर्द्धी कम्पनी की तुलना में अधिक है। परन्तु इससे यह स्पष्ट नहीं होता है कि उसके पास कुल ग्राहकों के 58% ग्राहक हैं और न ही यह स्पष्ट होता है कि कम्पनी ABC के उत्पाद सबसे सस्ते हैं।

14. *(b)* केवल निष्कर्ष II सत्य है। किसी भी देश के संसाधनों की मात्रा सीमित होती है। बढ़ती जनसंख्या संसाधनों की उपलब्धता को कम करती है। इसलिए देश की जनसंख्या में वृद्धि वहाँ के नीति-निर्माताओं के लिए बड़ी चुनौती है।

15. *(c)* कथन में हवाई जहाज यात्रा के टिकट की कीमत या दुर्घटना की सम्भावना के बारे में नहीं बताया गया है। अत: न तो निष्कर्ष I और न ही II अनुसरण करता है।

16. *(b)* दिए गए कथन के आधार पर ज्ञात होता है कि मोहन के अधिकतर मित्र उसके जन्मदिन पर उसके घर आ सकते हैं। परन्तु उनकी संख्या 30 से अधिक नहीं होगी।
अतः या तो निष्कर्ष I या II अन्तर्निहित है।

17. *(d)* दिए गए कथनों के आधार पर केवल निष्कर्ष I अनुसरण करता है।

18. *(a)* दिए गए कथनों के आधार पर केवल निष्कर्ष II अनुसरण करता है।

> **TOP TIPS** निष्कर्ष में कथन की पुनरावृत्ति नहीं होनी चाहिए। निष्कर्ष कथन के आधार पर निकाला गया निष्कर्ष होना चाहिए।

19. *(a)* कथन के अनुसार श्री X सॉफ्टवेयर कम्पनी Z के एक भ्रष्ट अधिकारी हो सकते हैं या श्री X सॉफ्टवेयर कम्पनी Z में भ्रष्टाचार के मामले में शामिल नहीं भी हो सकते हैं। अतः या तो निष्कर्ष I या II अनुसरण करता है।

20. *(c)* दिए गए कथन से स्पष्ट है, कि गरीब किसानों की स्थिति पर तुरन्त ध्यान देने की आवश्यकता है, जिसके फलस्वरूप प्रधानमन्त्री ने वार्षिक पेन्शन की घोषणा की है।
दिए गए कथन से स्पष्ट है कि केवल निष्कर्ष I अनुसरण करता है।

21. *(b)* कथन में दिया गया है कि कुछ अनियमित छात्र परीक्षा में उत्तीर्ण हो जाते हैं। इससे स्पष्ट है कि कुछ अनियमित छात्र परीक्षा में अनुत्तीर्ण भी होंगे। अतः केवल निष्कर्ष II अनुसरण करता है।

22. *(c)* कथन में दिया गया है, सीता खाना बनाना सीख रही है अर्थात् वह खाना बनाना नहीं जानती है। वह किसके लिए खाना बना रही है यह स्पष्ट नहीं है।
अतः केवल निष्कर्ष I अनुसरण करता है।

23. *(c)* इस प्रकार के प्रश्नों में हम कथन के माध्यम से बँधे होते हैं, कथन के अलावा हम अपनी कल्पनाओं और विचारों का उपयोग नहीं कर सकते हैं, तो इस प्रश्नवाक्य में कहा गया है कि दुनिया न तो अच्छी है और न ही बुरी, मनुष्य इसे उसी के अनुसार बनाता है।
तो कुछ लोगों को यह दुनिया अच्छी लगती है और कुछ लोगों को बुरी, इसलिए दोनों निष्कर्ष I और II उपयुक्त हैं।

24. *(a)* कथन से स्पष्ट है एक एमटी पेन की कीमत ₹ 25 है।
तो 5 एम टी पेन की कीमत $= 25 \times 5 =$ ₹ 125
कीमत अधिक है या कम इसके बारे में नहीं बताया गया है।
अतः केवल निष्कर्ष I अनुसरण करता है।

25. *(d)* दिए गए कथन के अनुसार ताँबे के बर्तन में रखा दूध विष बन जाता है, जो सेवन और स्वास्थ्य के लिए लाभकारी होता है। इसलिए ताँबे के बर्तन में रखे दूध का सेवन करना चाहिए।
अतः केवल निष्कर्ष I अनुसरण करता है।

26. *(a)* प्रश्नानुसार, $R > I$, $I = N > P$
$Y > R > K$
$\therefore Y > R > I = N > P$
अतः I, Y से छोटा है।
केवल निष्कर्ष II अनुसरण करता है।

27. *(d)* निष्कर्ष I और II दोनों अनुसरण करते हैं। आतंकवाद हाल ही में निराशोन्मत्त व दुस्साहसी लोगों की सोच के कारण महामारी बन गया है तथा यह उन लोगों की देन है, जो अभाव में लोगों को पीड़ित बताकर उन्हें उकसाते हैं। अतः दोनों निष्कर्ष सही हैं।

28. *(a)* बिना पालन-पोषण के प्रकृति की देन को बेहतर नहीं बनाया जा सकता।
अतः कथन से निष्कर्ष I निकलता है।

29. *(b)* कथन से इस बात की पुष्टि नहीं होती है कि हमारे मानक पर्याप्त हैं लेकिन कथनानुसार यह लगता है कि इस राज्य का स्वास्थ्य तन्त्र काफी मजबूत है तथा इस मामले में पर्याप्त सावधानी रख रहा है।

30. *(b)* कथन से यह बात झलकती है कि नैतिकता और शील की अवधारणाएँ जीवन में व्यवहार्य नहीं हैं और इसलिए इन्हें छोड़कर ही समृद्ध हुआ जा सकता है तथा इस दुनिया में रहा जा सकता है, जबकि कथन से निष्कर्ष I नहीं निकलता है।

31. *(c)* कथन से न तो यह पता चलता है कि बलपूर्वक पढ़ाई में रुचि जगाई जा सकती है और न ही यह कि कुछ छात्र कालान्तर में पढ़ने में रुचि विकसित कर लेंगे।

32. *(a)* सरकार स्त्री कल्याण योजना से अधिक रोजगार पैदा करने वाली योजनाओं पर धन का आवंटन कर रही है क्योंकि रोजगार बढ़ने से व्यक्तियों की आय में वृद्धि होती है, जो देश के आर्थिक विकास में सहायक है।

33. *(c)* दिए गए कथन के आधार पर न तो निष्कर्ष I और न ही II पालन करता है।
6 विकेट लेने के लिए एक या दो गेंदबाज भी हो सकते हैं। आवश्यक नहीं कि 80% गेंदबाज स्पिनर हों। कथन से स्पष्ट नहीं हैं कि शुरुआती विकेट किसने लिए।

34. *(d)* कथनानुसार, 'गेहूँ के उत्पादन की तुलना में उसकी घरेलू माँग तेजी से बढ़ रही हैं।' इससे न तो यह निष्कर्ष निकलता है कि घरेलू माँग को कम किया जाना चाहिए और न ही यह निष्कर्ष निकलता है कि हमें गेहूँ का निर्यात करना चाहिए क्योंकि घरेलू माँग को कम करना सम्भव नहीं है और गेहूँ का निर्यात करने में समस्या और अधिक होगी। अतः न तो निष्कर्ष I और न ही II अनुसरण करता है।

35. *(c)* निष्कर्ष I और II दोनों अनुसरण करते हैं। देश की प्रगति के लिए देश की शिक्षा नीति में बदलाव लाना अति आवश्यक है तथा पुरानी शिक्षा नीति विभिन्न क्षेत्रों के बीच सामंजस्यता स्थापित नहीं कर पा रही हैं। इसलिए दोनों निष्कर्ष अनुसरण करते हैं।

36. *(a)* केवल निष्कर्ष I और II अनुसरण करते हैं। सिखाई गई भाषाएँ – अंग्रेजी, पुर्तगाली, तमिल और संस्कृत और सभी भाषाओं को स्कूल में अच्छी तरह से योग्य शिक्षकों द्वारा पढ़ाया जाता है।

37. *(c)* कथनानुसार किसी भवन में 3 मन्जिल या उससे अधिक मन्जिल हैं, तो उस भवन में लिफ्ट की व्यवस्था होती है। अतः यदि किसी भवन की 7 वीं मन्जिल में जाना हो, तो वहाँ लिफ्ट की व्यवस्था अवश्य ही होगी।

38. *(b)* दिए गए कथन से स्पष्ट रूप से यह निष्कर्ष निकलता है कि यदि A अभिनेत्री है, तो वह सुन्दर होनी चाहिए। अतः केवल निष्कर्ष II दिए गए कथन का तर्कपूर्ण रूप से अनुसरण करता है।

> **TOP TIPS** यदि दिया गया कथन सकारात्मक है, तो उसका निष्कर्ष भी सकारात्मक ही होगा।

39. *(c)* दिए गए कथन के अनुसार सभी मेहनती श्रमिकों को पदोन्नति प्राप्त हुई।
अतः विकल्प (c) सही है

40. *(c)* कथन में कहा गया है कि भारत में चालू वर्ष में वर्षा, अपेक्षा से अधिक हुई है और अक्टूबर महीने में मोटरसाइकिलों की बिक्री पिछले कुछ महीनों के मानसून पर निर्भर करती है अर्थात् अक्टूबर माह में मोटरसाइकिलों की बिक्री अच्छी रहेगी तथा यदि कीमतें अपरिवर्तित बनी रहती हैं, तो भी कम्पनियों का राजस्व बढ़ेगा। क्योंकि जब अधिक संख्या में बिक्री होगी, तो राजस्व भी बढ़ता है।

अध्याय

24 कथन एवं तर्क

(Statement and Arguments)

कथन एवं तर्क

किसी भी विषय से सम्बन्धित दी गई जानकारी को कथन कहते हैं। अप्रत्यक्ष रूप से परिकल्पित ऐसा तथ्य, जो किसी कथन से सम्बन्धित विश्लेषण या विचार को दर्शाता है, तर्क कहलाता है। प्रश्न में दिए गए कथन और तर्कों पर विचार करते हुए यह निर्णय करना होता है, कि दिए गए कथन के पक्ष या विपक्ष में दिए गए तर्कों में से कौन-सा तर्क प्रबल (ठोस) है तथा कौन-सा तर्क निर्बल (कमजोर) है।

दो तर्कों पर आधारित

इस प्रकार के प्रश्नों में एक कथन दिया गया होता है जिसके बाद दो तर्क दिए होते हैं। दिए गए कथन के आधार पर प्रबल एवं निर्बल तर्क को ज्ञात करके विकल्पों की सहायता से अपने उत्तर का चयन करना होता है।

जैसे-नीचे दिए गए प्रश्न में एक कथन तथा दो तर्क दिए गए हैं। कथन के आधार पर कौन-सा तर्क प्रबल है? उसी के अनुसार उत्तर विकल्प का चयन कीजिए।

कथन क्या, मुम्बई की तरह सभी बड़े शहरों में सिर्फ एक पब्लिक बस ट्रांसपोर्ट एजेन्सी होनी चाहिए?

तर्क I. नहीं, इससे कम्पनी का एकाधिकार बढ़ेगा, जिससे वह कम विकसित शहरों को उसी अवस्था में छोड़ सकती है।

II. हाँ, इससे मार्गों के व्यवस्थापन एवं भाड़े के निर्धारण में अपेक्षाकृत सहायता मिलेगी।

(a) केवल तर्क I प्रबल है
(b) केवल तर्क II प्रबल है
(c) या तो तर्क I या तर्क II प्रबल है
(d) न तो तर्क I और न ही तर्क II प्रबल है

हल (*a*) तर्क I सार्वजनिक परिवहन पर एक ही एजेंसी के विशेष नियंत्रण के सम्भावित नकारात्मक प्रभाव पर प्रकाश डालता है, यहाँ प्रतिस्पर्धा की कमी के कारण एजेंसी द्वारा कम विकसित क्षेत्रों की उपेक्षा करने या अत्यधिक किराया वसूलने के जोखिम को उजागर करता है। जबकि तर्क II, बेहतर समन्वय और किराया विनियमन के सन्दर्भ में एकल एजेंसी के सम्भावित लाभों पर केंद्रित है। यहाँ सम्भावित रूप से अधिक मानकीकृत और उचित मूल निर्धारण हो सकता है।
अतः तर्क I प्रबल तर्क है तथा तर्क II दुर्बल तर्क है।

तीन/तीन से अधिक तर्कों पर आधारित

इस प्रकार के प्रश्नों में एक कथन दिया गया होता है। जिसके बाद तीन या तीन से अधिक तर्क दिए होते हैं। इस कथन के आधार पर निर्बल और प्रबल तर्क की पहचान कर उस तर्क का चुनाव करना होता है, जोकि पूर्णरूप से कथन पर आधारित होता है।

जैसे-दिए गए कथन और तर्कों को ध्यान से पढ़िए और बताइएँ कि कौन-सा तर्क प्रबल है?

कथन क्या भारत में बहुत-से छोटे बैंकों के स्थान पर केवल थोड़े-से बैंक ही होने चाहिए?

तर्क I. हाँ, इससे निवेशक का धन सुरक्षित रहेगा, क्योंकि ये बड़े बैंक बाजार सम्बन्धित आघात सहने में सक्षम होंगे।

II. नहीं, बहुत बड़ी संख्या में लोग अपनी नौकरी गँवा देंगे, क्योंकि विलय के बाद बहुत-से कर्मचारी अनावश्यक होंगे।

III. हाँ, उससे समग्र बैंकिंग उद्योग के समेकन में सहायता होगी और स्वस्थ प्रतियोगिता की परिणति होगी।

(a) कोई तर्क प्रबल नहीं है
(b) तर्क I और III दोनों प्रबल हैं
(c) तर्क II और III दोनों प्रबल हैं
(d) तर्क I और II दोनों प्रबल हैं

हल (*b*) प्रश्नानुसार, केवल तर्क I और III प्रबल हैं, क्योंकि इससे निवेशक का धन सुरक्षित रहेगा एवं यदि दुर्भाग्यवश कोई अप्रिय घटना घटती है, तो बैंक बाजार सम्बन्धित आघात सहने में सक्षम होंगे और इससे समग्र बैंकिंग उद्योग के समेकन में सहायता होगी।

Score Booster

- यदि तर्क प्रश्न सूचक तुलनात्मक भ्रामक असंगत, अस्पष्ट हैं तो तर्क दुर्बल होते हैं।
- किसी व्यक्ति, किसी धारणा, किसी अखबार, नेता की बात पर आधारित सम्भावित तर्क दुर्बल होते हैं।
- यदि किसी तर्क में केवल, बस यही एक, यही एक मात्र, जैसे शब्द होते हैं, तो तर्क दुर्बल होते हैं।
- किसी देश एवं उस देश की नीतियों से तुलना किसी तर्क में की गई हो तो वह तर्क दुर्बल होता है।
- जादू, रहस्य, चमत्कार जैसे शब्दों तथा इस भावना पर आधारित तर्क दुर्बल होते हैं।
- प्रचलित भारतीय संविधानिक एवं भारतीय कानूनी आधारों से विरोध रखने वाले तर्क दुर्बल होते हैं।

Exam Approach Examples

दो तर्कों पर आधारित

निर्देश (उदाहरण सं. 1-4) *दिए गए प्रश्नों में कथन के बाद कुछ तर्क दिए गए हैं। कथन के आधार पर कौन-सा तर्क प्रबल है, उसी के अनुसार उत्तर विकल्प का चयन कीजिए।*

उदाहरण 1. कथन : क्या भारत में शाकाहारी भोजन पर प्रतिबन्ध लगा देना चाहिए?

तर्क I. नहीं, यह प्रोटीन और अन्य खनिजों का एक सस्ता स्रोत है और बहुत से लोग इसे खरीद सकते हैं।

II. नहीं, यह लोगों की स्वतंत्रता का उल्लंघन करेगा।

RRB NTPC 2021

(a) कोई भी प्रबल नहीं है
(b) केवल I प्रबल है
(c) दोनों प्रबल हैं
(d) केवल तर्क II प्रबल है

हल (c) शाकाहारी भोजन प्रोटीन और अन्य खनिजों का एक सस्ता स्रोत है। भारत में प्रत्येक व्यक्ति को अपनी पसंद का भोजन करने का अधिकार है। अत: दोनों तर्क प्रबल हैं।

Helping Tips

किसी भी वस्तु को पूर्णत: प्रतिबन्ध करना उचित नहीं होता है। प्रतिबन्ध का पक्ष रखने वाले तर्क अधिकांशत: दुर्बल होते हैं।

उदाहरण 2. कथन : क्या विजयंत को प्रबन्धक प्रशिक्षु के रूप में ABC लिमिटेड में सम्मिलित होना चाहिए? *UPSSSC 2018*

तर्क I. हाँ, विजयंत को तुरन्त नौकरी की जरूरत है और यह उसकी योग्यता और अनुभव के अनुसार सबसे अच्छा कार्य है।

II. नहीं, इस कार्य में अधिक यात्रा करनी होती है।

(a) केवल तर्क I प्रभावशाली है
(b) केवल तर्क II प्रभावशाली है
(c) न तो तर्क I और न ही II प्रभावशाली है
(d) तर्क I और II दोनों प्रभावशाली हैं

हल (a) प्रश्नानुसार केवल तर्क I प्रभावशाली है, क्योंकि वह प्रबन्धक प्रशिक्षु के रूप में ABC लिमिटेड में शामिल होकर अपनी योग्यता और अनुभव को और अधिक अच्छा कर सकता है।

उदाहरण 3. कथन : क्या टीवी के नाटकों पर रोक लगाई जानी चाहिए?

RRB Group D 2018

तर्क I. हाँ, वे जीवन परिस्थितियों में बहुत नकारात्मक दृष्टिकोण दिखाते हैं, जो समाज के कुछ सम्प्रदाय को उसी व्यवहार की नकल करने के लिए प्रभावित कर रहे हैं।

II. नहीं, यह वृद्ध लोगों के लिए अच्छा दिलचस्प मनोरंजन है।

(a) केवल तर्क II मजबूत है
(b) न तो I और न ही II मजबूत है
(c) केवल तर्क I मजबूत है
(d) I और II दोनों मजबूत हैं

हल (a) टीवी पर नाटकों के प्रसारण का एकमात्र उद्देश्य व्यक्तियों का मनोरंजन है। अत: केवल तर्क II मजबूत है।

उदाहरण 4. कथन : क्या न्यायपालिका और पुलिस में त्वरित सुधार करने चाहिए?

तर्क I. हाँ, इससे शीघ्र न्याय मिलेगा और समाज पर अच्छा प्रभाव पड़ेगा।

II. नहीं, और भी मुद्दे हैं जिनको उच्च प्राथमिकता देनी है।

(a) केवल तर्क I प्रभावशाली है
(b) केवल तर्क II प्रभावशाली है
(c) न तो तर्क I और न ही II प्रभावशाली है
(d) तर्क I और II दोनों प्रभावशाली हैं

हल (a) न्यायपालिका और पुलिस में त्वरित सुधार करने से किसी भी व्यक्ति को शीघ्र ही न्याय मिलेगा। जिसके फलस्वरूप समाज पर इसका एक अच्छा प्रभाव पड़ेगा। अत: केवल तर्क I प्रभावशाली है।

तीन/तीन से अधिक तर्कों पर आधारित

उदाहरण 5. कथन : क्या भारत के प्रत्येक परिवार से कम-से-कम एक सदस्य को सरकारी नौकरी दी जानी चाहिए?

तर्क I. हाँ, भारत में गरीबी उन्मूलन का यही एक तरीका है।

II. हाँ, इससे अल्प सुविधा प्राप्त वर्ग की आर्थिक स्थिति में काफी ज्यादा सुधार आएगा।

III. नहीं, बहुत से परिवारों की आय वैसे ही काफी ज्यादा है, इसलिए ऐसे परिवारों को ऐसी योजना के दायरे से बाहर रखा जाना चाहिए।

(a) केवल तर्क I प्रबल है
(b) केवल तर्क II प्रबल है
(c) केवल तर्क III प्रबल है
(d) तर्क II और III दोनों प्रबल हैं

हल (d) तर्क II और III दोनों प्रबल हैं। गरीबी को दूर करने के और भी कई तरीके हैं। यदि सरकार, परिवार के एक सदस्य को नौकरी देगी, तो वह इसके लायक हो भी सकता है और नहीं भी हो सकता है। अत: तर्क I प्रबल नहीं है। परन्तु ऐसी योजनाओं से अल्प सुविधा प्राप्त वर्ग की आर्थिक स्थितियों में सुधार अवश्य आ जाएगा। जिन परिवारों की आय अधिक है, तो उन परिवारों को ऐसी योजनाओं से कोई लाभ नहीं होगा। उनको ऐसी योजनाओं के दायरे से बाहर रखना चाहिए।

Trending Concept

दो या दो से अधिक तर्कों पर आधारित प्रश्न वर्तमान में हो रही सभी परीक्षाओं (NTPC, UPSSSC, RRB, UP Police, CGPSC और IDBI) में पूछे जा रहे हैं, ये प्रश्न आगामी परीक्षाओं के लिए अति महत्त्वपूर्ण हैं।

उदाहरण 6. कथन : खतरे को ध्यान में रखते हुए सरकार के उच्च अधिकारी के दौरे के लिए पुलिस प्राधिकरण ने सभी इलाकों को पूरे दिन घेरे रखा और सभी वाहनों की आवाजाही को रोक दिया और इलाके के सभी निवासियों को अपने-अपने घर से बाहर आने-जाने को सीमित रखने की सलाह दी। क्या पुलिस प्राधिकरण द्वारा उठाया गया यह कदम उचित है?

तर्क

(a) हाँ, क्योंकि उच्च अधिकारी हमारे देश के लिए महत्त्वपूर्ण व्यक्ति है
(b) नहीं, लोगों को भारी परेशानी का सामना करना पड़ा
(c) नहीं, क्योंकि नागरिकों का समय और पैसा ज्यादा व्यय हुआ
(d) उपरोक्त में से कोई नहीं

हल (a) दिए गए कथन के अनुसार, विकल्प (a) पूर्णरूप से सही है, क्योंकि सरकार के उच्च अधिकारी हमारे देश के विकास के लिए बहुत ही महत्त्वपूर्ण है।

Chapter Challenge

दो तर्कों पर आधारित

निर्देश (प्र. सं. 1-21) *नीचे दिए गए प्रत्येक प्रश्न में दो तर्क दिए गए हैं, जिन्हें I और II क्रमांक दिया गया है। आपको यह तय करना है कि इनमें से कौन-सा तर्क 'प्रबल' तर्क है?*

उत्तर दीजिए

(a) केवल तर्क I प्रबल है (b) केवल तर्क II प्रबल है

(c) न तो तर्क I और न ही II प्रबल है (d) तर्क I और II दोनों प्रबल हैं

1. कथन क्या आपको तब तक कड़ी मेहनत करनी चाहिए जब तक आप अपने हस्ताक्षर को ऑटोग्राफ में नहीं बदल देते हैं? ***RRB ALP 2018***

तर्क

I. तब तक मेहनत करें जब तक आप उस स्थिति पर नहीं पहुँच जाते, जिससे आपको किसी को अपना परिचय देने की आवश्यकता नहीं है।

II. आर्थिक रूप से सुरक्षित बनने के लिए कड़ी मेहनत करें।

> **MRC*****
> ***(Most Repeating Concepts)***
> प्र. सं. 1, 2, 3, 4, 11 और 12, Railway Examination Point of View से अति महत्त्वपूर्ण हैं। इन Concept पर आधारित प्रश्न Railway की सभी परीक्षाओं जैसे Group D, ALP में निरन्तर पूछे जा रहे हैं।

2. कथन मच्छरों के उत्पन्न होने से बचने का उपाय क्या है? ***RRB Group D 2018***

तर्क

I. हमें गन्दे और रुके पानी को हटा देना चाहिए। हमें मच्छर प्रतिरोध तथा अन्य गैजेट्स का उपयोग मच्छरों के काटने से बचने के लिए करना चाहिए।

II. मच्छरों को खत्म करने का कोई उपाय नहीं है। वे एक खास मौसम में उत्पन्न होते हैं। हमें केवल रोकथाम की व्यवस्था करनी चाहिए।

3. कथन क्या भारत में सात सितारा होटलों पर प्रतिबन्ध लगाया जाना चाहिए। ***RRB Group D 2018***

तर्क

I. हाँ, अन्तर्राष्ट्रीय अपराधी सात सितारा होटलों से काम संचालित करते हैं।

II. नहीं, धनी पर्यटकों के न आने से पर्यटन राजस्व में हानि होगी।

4. कथन क्या सरकार को विद्युत चालित वाहनों के प्रचलन को बढ़ाने के लिए सब्सिडी देनी चाहिए? ***RRB Group D 2018***

तर्क

I. हाँ, 'इससे विद्युत चालित वाहनों की बिक्री बढ़ेगी।

II. नहीं, लोगों को ऐसी किसी सब्सिडी का इंतजार ना करके उन्हें पर्यावरण की सुरक्षा करने के लिए आगे आना चाहिए।

5. कथन क्या सरकार को दालों के निर्यात पर प्रतिबन्ध लगाना चाहिए? ***UP Police Constable 2018***

तर्क

I. हाँ, इससे भारत में दालों की कीमत कम हो जाएगी।

II. नहीं, इस निर्णय से निर्यात उद्योगों में नौकरियाँ समाप्त हो जाएँगी।

6. कथन क्या अन्तरजातीय विवाह को भारत में प्रोत्साहित किया जाना चाहिए? ***UP Police Constable 2018***

तर्क

I. हाँ, यह जाति व्यवस्था को समाप्त कर देगा।

II. नहीं, यह हमारी भारतीय परिवार प्रणाली को नष्ट कर देगा।

7. कथन क्या गणेश को एक नई मोटरसाइकिल खरीदनी चाहिए? ***UPSSSC 2018***

तर्क

I. हाँ, गणेश की पुरानी मोटरसाइकिल, जिसे वह पिछले 15 सालों से अपने कार्यालय जाने के लिए उपयोग कर रहा है, उसे उस मोटरसाइकिल से आने-जाने में अक्सर परेशानी हो रही है।

II. नहीं, नई मोटरसाइकिल प्रदूषण की मौजूदा समस्या को बढ़ा देंगी।

8. कथन क्या विदेश में काम कर रहे भारतीय वैज्ञानिकों को भारत वापस बुलाया जाना चाहिए? ***UPSSSC 2018***

तर्क

I. हाँ, उन्हें पहले मातृभूमि की सेवा करनी चाहिए और खोजों, सम्मानों, सुविधाओं आदि के बारे में भूल जाना चाहिए।

II. नहीं, हमारे पास पर्याप्त प्रतिभा है, उन्हें रहने दो जहाँ वे चाहते हैं।

9. कथन क्या भारत में सभी आयु की महिलाओं और लड़कियों के लिए पूरी शिक्षा मुफ्त कर दी जानी चाहिए? ***CGPSC 2019***

तर्क

I. नहीं, यह हमारे वर्तमान सामाजिक ढाँचे को कमजोर कर देगा।

II. हाँ, भारतीय महिलाओं के गौरव को वापस लाने का यही एकमात्र रास्ता है।

10. कथन क्या दिल्ली में नए बड़े उद्योग शुरू किए जाने चाहिए? ***UP Police Constable 2018***

I. नहीं, इससे शहर के प्रदूषण में इजाफा होगा।

II. हाँ, यह रोजगार के अवसर प्रदान करेगा।

11. कथन क्या संगीत मानव जाति की सार्वभौमिक भाषा है? ***RRB Group D 2018***

I. हाँ, लय और मेलोडी की विशिष्ट विशेषताएँ संगीत के माध्यम से भावनाओं की मानव अभिव्यक्ति को चित्रित करने में योगदान देती हैं।

II. हालाँकि, आधार से वे मानव अभिव्यक्ति हैं, संगीत और भाषायी प्रणाली संस्कृति से संस्कृति में भिन्न होती है।

12. कथन क्या नेपाल जैसे छोटे देशों के पास रक्षा सेनाएँ नहीं होनी चाहिए? ***RRB Group D 2018***

I. नहीं, अन्य देश हिंसा पर भरोसा नहीं करते हैं।

II. हाँ, नेपाल के बहुत लोग शान्तिप्रिय और अहिंसा के उपदेशक हैं।

13. कथन क्या बच्चों को झूठ बोलने के लिए दण्डित किया जाना चाहिए? ***RRB Group D 2018***

तर्क

I. हाँ, बच्चों को अनुशासित करने के लिए उनकी उम्र के हिसाब से उचित सजा देनी चाहिए।

II. नहीं, दण्ड की वजह से वांछित व्यवहार लाने की बजाए, दण्डित होने का डर पैदा हो जाता है।

14. कथन भारत में जीवनकाल की दीर्घता को ध्यान में रखते हुए क्या सरकारी सेवा में सेवानिवृत्ति की आयु सीमा को बढ़ाया जाना चाहिए?

तर्क

I. हाँ, दूसरे देशों ने पहले ही ऐसा निर्णय ले लिया है।

II. हाँ, यह लाखों कर्मचारियों की यथार्थ माँग है।

15. कथन क्या सरकारी स्कूलों में दिया जाने वाला मध्याह्न भोजन बन्द कर दिया जाना चाहिए? *UP Police Constable 2019*

तर्क

I. नहीं, यह वंचित बच्चों को कम-से-कम एक समय का भोजन प्रदान करता है।

II. हाँ, यह स्कूल में जाने के लिए गलत प्रोत्साहन प्रदान करता है।

16. कथन क्या सरकारी और निजी कर्मचारियों के वेतनमानों को एकसमान बनाया जाना चाहिए?

तर्क

I. हाँ, इससे कर्मचारी अधिक निष्ठा से काम करेंगे और अपनी नौकरी नहीं बदलेंगे।

II. नहीं, यह प्रतियोगिता की भावना को रोक देगा और अन्तत: इससे उत्पादकता और लाभप्रदता पर प्रभाव पड़ेगा।

17. कथन क्या माँसाहारी भोजनों पर पूरी तरह से प्रतिबन्ध लगा देना चाहिए?

तर्क

I. हाँ, यह बहुत महँगा होता है और इसलिए हमारे देश के अधिकतर लोगों की पहुँच से बाहर रहता है।

II. नहीं, हमारे जैसे प्रजातान्त्रिक देश में किसी चीज पर प्रतिबन्ध नहीं लगाना चाहिए।

18. कथन क्या सरकार को अन्तर्राष्ट्रीय खेलों पर भारी धन का खर्च बन्द कर देना चाहिए?

तर्क

I. हाँ, इस धन का उपयोग गरीबों के उन्नयन में किया जा सकता है।

II. नहीं, खिलाड़ी इससे कुण्ठित हो जाएँगे और उन्हें अन्तर्राष्ट्रीय एक्सपोजर नहीं मिलेगा।

19. कथन क्या भारत में पटाखों के उत्पादन पर पूर्णतया प्रतिबन्ध होना चाहिए?

तर्क

I. नहीं, यह हजारों श्रमिकों को रोजगार रहित कर देगा।

II. हाँ, पटाखा निर्माता बड़े पैमाने पर बाल श्रमिकों का इस्तेमाल करते हैं।

20. कथन क्या वयस्क शिक्षा कार्यक्रमों को अनिवार्य शिक्षा कार्यक्रमों की तुलना में प्राथमिकता दी जानी चाहिए। *UP Police Head Operator 2024*

तर्क

I. नहीं, यह अनिवार्य शिक्षा कार्यक्रमों की सफलता में सहायता करेगा।

II. हाँ, इससे वयस्क निरक्षरता को खत्म करने में मदद मिलेगी।

21. कथन क्या 14 वर्ष की आयु तक के सभी बच्चों के लिए शिक्षा अनिवार्य कर दी जानी चाहिए? *UP Police Asst. Operator 2024*

तर्क

I. हाँ, इससे बच्चों से जबरन रोजगार की व्यवस्था को खत्म करने में मदद मिलेगी।

II. हाँ, इससे जीवन स्तर में वृद्धि होगी।

22. एक प्रश्न के बाद दो तर्क दिए गए हैं। निर्णय लें कि प्रश्न के सम्बन्ध में कौन-सा तर्क पुष्ट है।

कथन क्या माता-पिता को अपने बच्चों के लिए वॉर-टाइप के वीडियो गेम खरीदना चाहिए? *RRB NTPC 2021*

तर्क

I. हाँ, ऐसे खेल बच्चों में रणनीति और नियोजन कौशल विकसित करने में उपयोगी होते हैं।

II. नहीं, वॉर-टाइप के विडियो गेम बच्चों को अच्छे संस्कार नहीं सिखाते।

(a) कोई भी तर्क पुष्ट नहीं है (b) केवल तर्क II पुष्ट है
(c) केवल तर्क I पुष्ट है (d) दोनों तर्क पुष्ट हैं

23. एक कथन के बाद दो तर्क दिए गए हैं। बताइएँ कि कथन के सम्बन्ध में कौन-सा तर्क अनुसरण करता है।

कथन भारतीयों की जीवन प्रत्याशा बढ़ रही है। *RRB NTPC 2021*

तर्क

I. हाँ, लोगों को बेहतर चिकित्सा सुविधा मिल रही है।

II. हाँ, लोग अब अधिक शारीरिक व्यायाम कर रहे हैं।

(a) न तो I और न ही II अनुसरण करता है
(b) तर्क I और II दोनों अनुसरण करते हैं
(c) केवल तर्क II अनुसरण करता है
(d) केवल तर्क I अनुसरण करता है

24. एक प्रश्नवाचक कथन के बाद दो तर्क I और II दिए गए हैं। तय करें कि कथन के सम्बन्ध में निम्नलिखित में से कौन-सा तर्क 'सशक्त' है।

कथन क्या सरकार द्वारा अन्तर्राष्ट्रीय खेल आयोजनों में भागीदारी के लिए बजट आवण्टन बढ़ाया जाना चाहिए? *Rajasthan Police Constable 2022*

तर्क

I. हाँ, क्योंकि भारत में भी खेलों में कई प्रतिभाशाली युवा हैं, लेकिन संसाधनों की कमी के कारण हमारा देश अच्छा प्रदर्शन करने में असमर्थ है।

II. नहीं, भारत एक गरीब देश है और इस धन का इस्तेमाल कल्याणकारी गतिविधियों के लिए किया जाना चाहिए।

(a) केवल तर्क I सशक्त है (b) केवल तर्क II सशक्त है
(c) I और II दोनों सशक्त हैं (d) न तो I और न ही II सशक्त है

25. दिए गए प्रश्न और तर्कों को ध्यान से पढ़िए और बताइएँ कि कौन-सा तर्क पुष्ट है।

कथन क्या भारत में तम्बाकू की बिक्री पर पूर्ण प्रतिबंध होना चाहिए?

तर्क *RRB NTPC (CBT-I) 2021*

I. नहीं, इससे हजारों कर्मचारी बेरोजगार हो जाएँगे

II. हाँ, तम्बाकू का सेवन नाबालिग भी करते हैं, जो गम्भीर स्वास्थ्य प्रभाव झेलते हैं

(a) दोनों तर्क पुष्ट हैं (b) केवल तर्क I पुष्ट है
(c) न तो तर्क I और न ही II पुष्ट है (d) केवल तर्क II पुष्ट है

निर्देश (प्र. सं. 26-29) *दिए गए कथन और तर्कों को ध्यानपूर्वक पढ़िए और दिए गए विकल्पों में से उपयुक्त उत्तर का चयन कीजिए।*

(a) तर्क II कथन का समर्थन नहीं करता है, जबकि तर्क I कथन का समर्थन करता है
(b) तर्क I कथन का समर्थन नहीं करता है, जबकि तर्क II कथन का समर्थन करता है
(c) I और II दोनों कथन का समर्थन करते हैं
(d) I और II दोनों कथन का समर्थन नहीं करते हैं

26. कथन प्लास्टिक सामग्री का सीमित और सतर्कतापूर्ण उपयोग इसके पूर्ण प्रतिबंध आंदोलन के लिए एक अच्छी रणनीति हो सकती है। *RRC Group D 2022*

तर्क

I. प्लास्टिक पर तत्काल प्रतिबंध वास्तविकता से बहुत दूर है, क्योंकि लोग विकल्पों का उपयोग करने के लिए तैयार नहीं हैं।

II. पेपर बैग, प्लास्टिक बैग का एक अच्छा विकल्प हो सकता है।

27. **कथन** अपार्टमेंट परिसरों ने सूखे कचरे और गीले कचरे को अलग न करने वाले निवासियों पर भारी जुर्माना लगाने का निर्णय लिया है।

तर्क *RRC Group D 2022*

I. सरकार ने सभी मकान मालिकों के लिए गीले कचरे और सूखे कचरे को अलग करना अनिवार्य कर दिया है।

II. कचरा पृथक्करण को सुगम बनाने के लिए, सभी अपार्टमेंटों में सूखे कचरे और गीले कचरे के लिए अलग-अलग कूड़ेदान उपलब्ध कराए गए हैं।

28. **कथन** पिछले वर्ष, X जिले में केवल 30% छात्राओं ने स्कूल के बाद स्नातक पाठ्यक्रमों में नामांकन कराया, जबकि 95% छात्रों ने स्नातक पाठ्यक्रमों में नामांकन कराया। *RRC Group D 2022*

तर्क

I. राज्य सरकार ने सरकारी कॉलेजों में स्नातक पाठ्यक्रमों में छात्राओं के लिए छात्रवृत्ति की संख्या में वृद्धि की है।

II. कई छात्राएँ स्नातक पाठ्यक्रमों के बजाय स्कूल के बाद व्यावसायिक पाठ्यक्रमों में नामांकन कराना पसंद करती हैं।

29. **कथन** इस वर्ष ओडिशा में बाढ़ से फसलों को व्यापक नुकसान हुआ है। *RRC Group D 2022*

तर्क

I. इस वर्ष ओडिशा में खाद्यान्न का बंपर उत्पादन हुआ है।

II. इस वर्ष ओडिशा में फसल बीमा दावों की संख्या में उल्लेखनीय वृद्धि देखी गई है।

तीन/तीन से अधिक तर्कों पर आधारित

निर्देश (प्र. सं. 30-32) *महत्त्वपूर्ण प्रश्नों के बारे में निर्णय करते समय 'ठोस' और 'कमजोर' तर्क में प्रभेद कर सकना वांछनीय होता है। 'ठोस' तर्क महत्त्वपूर्ण होते हैं और प्रश्न से सीधे सम्बन्धित होते हैं। 'कमजोर' तर्क कम महत्त्वपूर्ण होते हैं और प्रश्न से सीधे सम्बन्धित नहीं भी हो सकते हैं या फिर प्रश्न के किसी नगण्य पहलू से सम्बन्धित हो सकते हैं। नीचे दिए गए प्रत्येक प्रश्न के बाद तीन तर्क, I, II तथा III दिए गए हैं। आपको यह तय करना है कि कौन-सा तर्क 'ठोस' है? और तद्नुसार अपना उत्तर देना है।*

(a) केवल तर्क I ठोस है
(b) केवल तर्क II ठोस है
(c) तर्क I व II दोनों ठोस हैं
(d) तर्क II और III दोनों ठोस हैं

30. **कथन** क्या सरकार को बिजली का प्रयोग प्रत्येक परिवार की जरुरत पर निर्भर करते हुए सीमित कर देना चाहिए?

तर्क

I. हाँ, इससे सरकार को बिजली के अपर्याप्त उत्पादन की समस्या को हल करने में सहायता मिलेगी।

II. नहीं, प्रत्येक नागरिक को अपनी जरुरत के हिसाब से बिजली की खपत का अधिकार है, क्योंकि वे बिजली के प्रयोग का भुगतान करते हैं।

III. नहीं, बिजली के प्रयोग की सीमा तय करने के लिए सरकार के पास मशीनरी नहीं है।

31. **कथन** क्या रियलिटी टीवी कार्यक्रमों में जनता का वोटिंग पूर्णतया प्रतिबन्धित कर दिया जाना चाहिए?

तर्क

I. हाँ, प्रतियोगी जनता की वोटों में हेरा-फेरी कर सकता है और योग्य व्यक्ति प्रतियोगिता हार सकता है।

II. नहीं, ऐसे कार्यक्रमों के निर्णायक पक्षपात कर सकते हैं। अत: अन्तिम फैसला आम जनता के हाथ में होना चाहिए।

III. हाँ, लोग योग्यता के सिवाय अन्य कई कारणों से किसी प्रतियोगी के पक्ष में वोट कर सकते हैं। अत: जनता का मत पक्षपातपूर्ण हो सकता है।

32. नीचे दिए गए प्रश्न में एक कथन और उसके बाद I, II, III और IV क्रमांकित चार तर्क शामिल हैं। आपको यह तय करना होगा कि कौन-सा/से तर्क 'मजबूत' तर्क है/हैं और कौन-सा/से 'कमजोर' तर्क है/हैं और तद्नुसार प्रश्न के नीचे दिए गए विकल्पों में से अपना उत्तर चुनें।

कथन क्या भारत को सभी सम्भावित क्षेत्रों में कम्प्यूटरीकरण करना चाहिए। *UP Police Constable 2024*

तर्क

I. हाँ, इससे कार्य में कुशलता एवं सटीकता आएगी।

II. नहीं, यह उन विशाल मानव संसाधनों के साथ अन्याय होगा, जिनका वर्तमान में कम उपयोग हो रहा है।

III. नहीं, कम्प्यूटरीकरण के लिए बहुत अधिक धन की आवश्यकता होती है। हमें इस पर पैसा बर्बाद नहीं करना चाहिए।

IV. हाँ, जब उन्नत देश हर क्षेत्र में कम्प्यूटर पेश कर रहे हैं, तो भारत कैसे पीछे रह सकता है।

Right Key

1. (a)	2. (a)	3. (b)	4. (a)	5. (a)	6. (a)	7. (a)	8. (c)	9. (a)	10. (b)
11. (d)	12. (c)	13. (d)	14. (c)	15. (a)	16. (b)	17. (b)	18. (b)	19. (a)	20. (b)
21. (a)	22. (d)	23. (b)	24. (c)	25. (a)	26. (c)	27. (c)	28. (b)	29. (b)	30. (a)
31. (d)	32. (a)								

Solutions

1. (*a*) कथन में हस्ताक्षर को ऑटोग्राफ में बदलने का अर्थ अपनी पहचान बनाने से है। अत: कथनानुसार तर्क I प्रभावशाली है, जबकि तर्क II के विषय में कथन में कुछ नहीं कहा गया है।

TOP TIPS इस प्रकार के प्रश्नों को सरलतापूर्वक हल करने के लिए कथन पर विचार-विमर्श कर प्रभावशाली अर्थ निकालकर तर्क तक पहुँचना चाहिए।

2. (*a*) तर्क I कथन के सम्बन्ध में मजबूत है। मच्छरों के उत्पन्न होने से, बचने हेतु हमें गन्दे और रुके पानी को हटा देना चाहिए। हमें मच्छर प्रतिरोधी तथा अन्य ऐसे ही संसाधनों का उपयोग मच्छरों के काटने से बचने के लिए करना चाहिए।

3. (*b*) यदि भारत में सात सितारा होटलों पर प्रतिबन्ध लगाया गया, तो धनी पर्यटक भारत नहीं आएँगे और उनके न आने से पर्यटन राजस्व में हानि होगी। अत: तर्क II मजबूत है। तर्क I मजबूत नहीं है, क्योंकि कुछ अपराधियों के कारण सभी सात सितारा होटलों पर प्रतिबन्ध लगाना तर्क संगत नहीं है।

4. (*a*) केवल तर्क I मजबूत है क्योंकि विद्युत चालित वाहनों के प्रचलन को बढ़ाने के लिए सब्सिडी देने पर विद्युत चालित वाहनों की बिक्री बढ़ेगी।

5. (*a*) तर्क I मजबूत है क्योंकि यदि दालों का निर्यात बन्द हो जाता है, तब हमारे देश में दालों के भण्डार में वृद्धि हो जाएगी। जिसके परिणामस्वरूप इसकी कीमतों में गिरावट आ जाएगी।

तर्क II मजबूत नहीं है क्योंकि कथन में दालों के निर्यात पर प्रतिबन्ध लगाने की बात कही गई है न कि सम्पूर्ण निर्यात पर और केवल दालों के निर्यात पर प्रतिबन्ध लगाने से निर्यात उद्योग में नौकरियाँ समाप्त नहीं होंगी।

6. (*a*) केवल तर्क I मजबूत है क्योंकि अन्तरजातीय विवाह को प्रोत्साहित करने से जाति व्यवस्था समाप्त हो सकती है।

7. (*a*) प्रश्नानुसार, केवल तर्क I मजबूत है। चूँकि गणेश को परिवहन में समस्या हो रही है, जिसका मुख्य कारण उसकी पुरानी मोटरसाइकिल है। अत: उसे नई मोटरसाइकिल खरीद लेनी चाहिए।

8. (*c*) विदेश में काम कर रहे भारतीय वैज्ञानिकों को भारत वापस बुलाया जाना चाहिए इसका कोई वैध कारण तर्क I प्रस्तुत नहीं करता है और तर्क II भी मजबूत नहीं है। अत: दोनों तर्क प्रबल नहीं हैं।

9. (*a*) तर्क I प्रबल है, यह निर्णय हमारे वर्तमान सामाजिक ढाँचे को कमजोर कर देगा, क्योंकि मुफ्त शिक्षा सिर्फ महिलाओं को नहीं अपितु, उन महिलाओं और पुरुषों को मिलनी चाहिए, जो आर्थिक रूप से कमजोर हैं।

10. (*b*) किसी भी शहर में उद्योग के शुरू होने से वहाँ के स्थानीय लोगों को अच्छे रोजगार के अवसर बढ़ते हैं। अत: दिल्ली में बड़े उद्योग शूरू होने से वहाँ के आस-पास के लोगों को रोजगार के नए अवसर मिलेंगे। इसलिए तर्क II प्रबल है।

11. (*d*) तर्क I में कहा गया है कि हाँ, लय और मेलोडी की विशिष्ट विशेषताएँ संगीत के माध्यम से भावनाओं की मानव अभिव्यक्ति को चित्रित करने में योगदान देती हैं और आधार से ये मानव अभिव्यक्ति भी हैं। अत: दोनों तर्क मजबूत हैं।

12. (*c*) कथनानुसार, यह प्रश्न उठाया गया है कि नेपाल जैसे छोटे देश के पास सेना होनी चाहिए या नहीं। दिए गए तर्क में से कोई भी तर्क इस प्रश्न का उचित उत्तर नहीं दे पा रहा है, इसलिए न तो तर्क I और न ही तर्क II प्रबल है।

13. (*d*) तर्क I मजबूत है क्योंकि यदि बच्चे को झूठ बोलने के लिए उसकी उम्र के हिसाब से दण्ड दिया जाएगा, तो बच्चे को सबक मिलेगा कि उसको उसके द्वारा की गई गलती के लिए दण्ड मिला है, तो उससे बच्चे भविष्य में गलती नहीं करेगा।

तर्क II भी मजबूत है क्योंकि बच्चे के मन में दण्डित होने पर डर पैदा हो जाएगा और बच्चे के मन में डर बैठना सही नहीं है।

14. (*c*) तर्क I निर्बल है क्योंकि इसमें तुलनात्मक दृष्टिकोण का बोध होता है। तर्क II भी निर्बल ही होगा क्योंकि लाखों लोग किसी चीज की माँग कर रहे हों, तो उसे मान लेना चाहिए। ये कदाचित् न्यायपूर्ण नहीं है इस प्रकार लोग एकता में होकर गलत माँगे भी पूरी करवाने लगेंगे, अत: दोनों तर्क प्रबल नहीं हैं।

15. (*a*) कथनानुसार, केवल तर्क I प्रबल है क्योंकि सरकारी स्कूलों में दिए जाने वाले मध्याह्न भोजन को बन्द करने से वंचित बच्चों के पोषण स्तर पर इसका सीधा प्रभाव पड़ेगा जबकि तर्क II अतार्किक है। अत: केवल तर्क I प्रबल है।

16. (*b*) तर्क I असंगत है क्योंकि वेतनमानों को एकसमान बनाने से यह जरूरी नहीं है कि कर्मचारी अधिक निष्ठा से काम करेंगे। तर्क II प्रबल है क्योंकि वेतनमान समान करने से उत्पादन के साथ-साथ लाभ प्रदता पर भी प्रभाव पड़ेगा।

17. (*b*) प्रजातान्त्रिक देशों में लोगों को अपनी पसन्द का भोजन करने की स्वतन्त्रता होती है। इसलिए प्रजातान्त्रिक देशों में माँसाहारी भोजन खाने पर प्रतिबन्ध नहीं लगाया जा सकता है। अत: केवल तर्क II मजबूत हैं।

18. (*b*) तर्क I असंगत है क्योंकि खेलों पर खर्च बन्द कर देने मात्र से गरीबों का उत्थान नहीं हो सकता। इसके लिए अन्य उपाय सम्भव है, जबकि खेलों पर खर्च बन्द होने से खिलाड़ी कुण्ठित हो जाएँगे। अत: केवल तर्क II प्रबल है।

19. (*a*) केवल तर्क I ठोस है क्योंकि पटाखों के उत्पादन पर प्रतिबन्ध लगाने पर यह हजारों श्रमिकों को रोजगार रहित कर देगा, जबकि यह पूर्णतया सत्य नहीं है कि पटाखा निर्माता बड़े पैमाने पर बाल श्रमिकों का इस्तेमाल ही करते हैं।

20. (*b*) वयस्क शिक्षा कार्यक्रमों को अनिवार्य शिक्षा कार्यक्रमों की तुलना में प्राथमिकता देने से वयस्क निरक्षरता को खत्म करने में मदद मिलेगी। अत: केवल तर्क II समर्थन करता है।

21. (*a*) 14 वर्ष की आयु तक के सभी बच्चों के लिए शिक्षा अनिवार्य करने पर बच्चों से जबरन रोजगार की व्यवस्था को खत्म करने में मदद मिलेगी। अत: केवल तर्क I समर्थन करता है।

22. (*d*) इस प्रश्न में दोनों तर्क प्रबल हैं, ऐसे खेल बच्चों में रणनीति और नियोजन कौशल विकसित करने में उपयोगी होते हैं और वॉर-टाइप के वीडियो गेम बच्चों को अच्छे संस्कार नहीं सिखाते हैं।

23. (*b*) भारतीयों की जीवन प्रत्याशा बढ़ रही है इसका अर्थ है लोग स्वस्थ हैं। स्वस्थ रहने के लिए लोग व्यायाम करते हैं। लोगों को बेहतर चिकित्सा सुविधा मिलने से भी मृत्यु दर कम होती है। अत: तर्क I और II दोनों अनुसरण करते हैं।

24. (*c*) तर्क I सशक्त है। यह सत्य है कि हमारे देश में कई प्रतिभाशाली युवा हैं, लेकिन संसाधनों की कमी के कारण हमारा देश अच्छा प्रदर्शन करने में असमर्थ है। बजट आवण्टन बढ़ाने से युवाओं के प्रदर्शन में सुधार आना निश्चित है।

तर्क II सशक्त है। यह सत्य है कि किसी भी गरीब देश को सर्वप्रथम, देश के नागरिकों की आधारभूत आवश्यकताओं पर ध्यान देना चाहिए और बजट का उपयोग कल्याणकारी योजनाओं के लिए करना चाहिए। अत: दोनों तर्क मजबूत हैं।

25. (*a*) तम्बाकू के व्यवसाय से बहुत लोगों को रोजगार मिला है। परन्तु यह भी सच है कि तम्बाकू एक हानिकारक पदार्थ है जिसका सेवन नाबालिग भी करते हैं। अत: दोनों तर्क पुष्ट हैं।

26. (*c*) प्लास्टिक पर तत्काल प्रतिबंध नहीं लगाया जा सकता है क्योंकि लोग दूसरे विकल्पों का उपयोग नहीं करते हैं। पेपर बैग, प्लास्टिक बैग का एक अच्छा विकल्प हो सकता है। अत: तर्क I और II दोनों कथन का समर्थन करता है।

27. (*c*) दिए गए कथन के अनुसार हम देख सकते हैं कि अपार्टमेंट परिसरों ने उन निवासियों पर भारी जुर्माना लगाने का फैसला किया है, जो सूखे कचरे और गीले कचरे को अलग नहीं करते हैं अर्थात् सरकार ने समाज को स्वच्छ बनाने के लिए नियम बनाए हैं। तर्क I और II दोनों कथन का समर्थन करते हैं।

28. (*b*) कथन से स्पष्ट है कि तर्क I कथन का समर्थन नहीं करता है, जबकि तर्क II कथन का समर्थन करता है।

29. (*b*) कथन में दिया गया है कि ओडिशा में बाढ़ से फसलों को काफी नुकसान हुआ है तो जिससे फसल के उत्पादन में कमी आएगी। जिससे फसल बीमा दावों की संख्या में उल्लेखनीय वृद्धि होगी।
अत: तर्क I कथन का समर्थन नहीं करता है, जबकि तर्क II कथन का समर्थन करता है।

30. (*a*) केवल तर्क I ठोस है, क्योंकि इससे सरकार को बिजली के उत्पादन की समस्या को हल करने में सहायता मिलेगी।

31. (*d*) तर्क II और III दोनों ठोस हैं, क्योंकि निर्णायक पक्षपात कर सकते हैं। अत: अन्तिम फैसला जनता के हाथ में होना चाहिए। इसके अतिरिक्त अन्य कारणों से भी लोग प्रतियोगी के पक्ष में वोट डाल सकते हैं, इसलिए जनता का मत पक्षपातपूर्ण हो सकता है।

32. (*a*) हाँ, भारत को सभी सम्भावित क्षेत्रों में कम्प्यूटरीकरण करना चाहिए, क्योंकि इससे कार्य में कुशलता एवं सटीकता आएगी। अत: विकल्प (a) सही उत्तर है।

अध्याय

25 कथन एवं अनुमान/पूर्वधारणाएँ

(Statement and Assumptions/Inferences)

कथन एवं पूर्वधारणाएँ

किसी भी विषय से सम्बन्धित दी गई जानकारी को कथन (Statement) कहते हैं। पूर्वधारणा मानी गई या गृहित या अप्रत्यक्ष रूप से परिकल्पित अवधारणा है। यह किसी कथन में सन्निहित यथार्थ भाव को निरूपित करती है। अर्थात् ऐसी बातें जो स्पष्ट तौर पर नहीं कही जाती परन्तु कथन से अनुमानित की जाती है या कथन में छिपी हुई सोच को व्यक्त करती है, पूर्वधारणा कहलाती है।

दो पूर्वधारणाओं पर आधारित

इस प्रकार के प्रश्नों में एक कथन दिया गया होता है तथा इसके बाद उससे सम्बन्धित दो पूर्वधारणाएँ दी गई होती हैं। अभ्यर्थियों को कथन पर विचार करते हुए ज्ञात करना होता है कि दी गई पूर्वधारणाओं में कौन-सी पूर्वधारणा कथन में अन्तर्निहित है।

जैसे—नीचे दिए गए प्रश्न में एक कथन और उसके बाद दो पूर्वधारणाएँ I और II दी गई हैं। कथन पर विचार करे और निश्चित करें कि दी गई पूर्वधारणाओं में से कौन-सी निहित है?

कथन

अनिल ने संजय को ट्रेन से मुम्बई होते हुए गोवा जाने की सलाह दी।

पूर्वधारणाएँ

I. संजय गोवा जाना चाहता है।

II. अनिल सबको सलाह देता है।

(a) यदि न तो I न ही II निहित है

(b) यदि I और II दोनों निहित हैं

(c) यदि केवल पूर्वधारणा II निहित है

(d) यदि केवल पूर्वधारणा I निहित है

हल (*d*) अनिल, संजय को गोवा जाने की सलाह देता है। इसके आधार पर धारणा निकलती है कि संजय गोवा जाना चाहता है। अनिल सबको सलाह देता है यह स्पष्ट नहीं है। अतः केवल पूर्वधारणा I सही है।

तीन या तीन से अधिक पूर्वधारणाओं पर आधारित

इसके अन्तर्गत पूछे गए प्रश्नों में एक कथन तथा तीन या तीन से अधिक पूर्वधारणाएँ दी गई होती हैं, अभ्यर्थियों को कथन पर विचार करते हुए यह ज्ञात करना होता है कि दी गई पूर्वधारणाओं में कौन-सी पूर्वधारणा कथन में अन्तर्निहित है।

जैसे-नीचे दिए गए कथन और पूर्वधारणाओं को ध्यानपूर्वक पढ़िए और तय कीजिए कि कौन-सी पूर्वधारणा कथन में निहित है?

कथन

'परीक्षा में सफल होने के लिए कड़ी मेहनत करें।' A, B को सलाह देता है।

पूर्वधारणाएँ

I. B, A की सलाह सुनता है।

II. परीक्षा उत्तीर्ण करना वांछनीय है।

III. कठिन अभ्यास सफलता की ओर ले जाता है।

(a) इनमें से कोई नहीं

(b) सभी I, II और III निहित हैं

(c) केवल I और III निहित हैं

(d) केवल I और II निहित हैं

हल (*b*) A, B को सलाह देता है। इसके आधार पर धारणा निकलती है कि B, A की सलाह सुनता है। परीक्षा उत्तीर्ण करना वाछंनीय है तथा कठिन परिश्रम सफलता की ओर ले जाता है। अतः सभी धारणाएँ I, II, III निहित हैं।

Score Booster

इस अध्याय के प्रश्नों को हल करते समय कथन में सन्निहित यथार्थ भाव को ठीक से समझते हुए पूर्वधारणा की कल्पना करनी चाहिए।

दो पूर्वधारणाओं पर आधारित

निर्देश (उदा. सं. 1) *नीचे दिए गए प्रत्येक प्रश्न में पहले एक कथन है फिर उसके नीचे दो पूर्वधारणाएँ हैं, जिन्हें क्रमांक I और II दिया गया हैं। कोई पूर्वधारणा वह बात है, जिसे या तो मान लिया गया हो या वह ग्रहित हो। आपको दिए गए कथन और उसके नीचे दी गई पूर्वधारणाओं पर विचार करने के बाद तय करना है कि कौन-सी पूर्वधारणा कथन में अन्तर्निहित है?*

उत्तर दीजिए

(a) केवल पूर्वधारणा I अन्तर्निहित है
(b) केवल पूर्वधारणा II अन्तर्निहित है
(c) न तो पूर्वधारणा I और न ही II अन्तर्निहित है
(d) पूर्वधारणाएँ I और II दोनों अन्तर्निहित हैं

उदाहरण 1. कथन आजकल कई प्रवेश परीक्षाएँ 'ऑफलाइन' से 'ऑनलाइन' परीक्षाओं में धीरे-धीरे परिवर्तित हो रही हैं।

पूर्वधारणाएँ

I. ऑनलाइन प्रणाली अधिक कुशल है।
II. ऑनलाइन प्रणाली और अधिक रोजगार के अवसर पैदा करती है।

UPPSC 2018

हल (*a*) ऑनलाइन प्रणाली में ज्यादा पारदर्शिता होती है तथा इसमें परीक्षा का आंकलन करना भी सरल होता है, परन्तु ऑनलाइन प्रणाली से अधिक रोजगार के अवसर पैदा होते हैं, यह पूर्वधारणा कथन में अन्तर्निहित नहीं है।

उदाहरण 2. नीचे दिए गए कथन और दो पूर्वानुमान का अध्ययन करें और उन उपयुक्त विकल्पों का चयन करें, जो ऐसे पूर्वानुमान को इंगित करते हैं, जो कथन में अन्तर्निहित हैं। ***Rajasthan Police Constable 2022***

कथन

"उत्पादकता में वृद्धि के लिए प्रत्येक सप्ताह पाँच दिन कार्य करने की नीति अपनाएँ।"

पूर्वानुमान

I. उत्पादकता प्रत्यक्ष रूप से सप्ताह में दिनों की संख्या से जुड़ी होती है।
II. लोग सप्ताह-प्रणाली में छह कार्य-दिवसों में कड़ा परिश्रम नहीं करते हैं।

(a) केवल पूर्वानुमान I अन्तर्निहित है
(b) केवल पूर्वानुमान II अन्तर्निहित है
(c) या तो पूर्वानुमान I या II अन्तर्निहित है
(d) न तो पूर्वानुमान I और न ही II अन्तर्निहित है

हल (*d*) कथन के अनुसार, उत्पादकता में वृद्धि के लिए प्रत्येक सप्ताह पाँच दिन कार्य करने की नीति अपनाएँ अर्थात् उत्पादकता प्रत्यक्ष रूप से सप्ताह में दिनों की संख्या से नहीं बल्कि मेहनत से सम्बन्धित है। अतः न तो पूर्वानुमान I और न ही II अन्तर्निहित है।

> ***Helping Tips***
> इस प्रकार के प्रश्नों को हल करते समय अभ्यर्थियों को लाभदायक प्रभाव व परिणाम की समझ होनी चाहिए। साथ ही पूर्वधारणा सरल व सामान्य होनी चाहिए।

तीन या तीन से अधिक पूर्वधारणाओं पर आधारित

उदाहरण 3. दिए गए कथन पर विचार करें कि दी गई पूर्वधारणाओं में से कौन-सी/से कथन में अन्तर्निहित है/हैं?

कथन रंजीत ने अपने मित्र सन्दीप से कहा "यह सरप्राइज गिफ्ट मेरे लिए बेहद खास है"।

पूर्वधारणाएँ

I. गिफ्ट उसकी पत्नी द्वारा दिया गया है।
II. सन्दीप और रंजीत मित्र हैं।
III. यह गिफ्ट रंजीत के लिए सरप्राइज था। ***RRB Group D 2018***

(a) पूर्वधारणाएँ I और II दोनों अन्तर्निहित हैं
(b) केवल पूर्वधारणा I अन्तर्निहित है
(c) पूर्वधारणाएँ I और III दोनों अन्तर्निहित हैं
(d) पूर्वधारणाएँ II और III दोनों अन्तर्निहित हैं

हल (*d*) केवल पूर्वधारणाएँ II और III दोनों कथन में अन्तर्निहित हैं। कथन में स्पष्ट रूप से कहा गया है, कि सन्दीप और रंजीत मित्र हैं तथा यह गिफ्ट रंजीत के लिए सरप्राइज था।

उदाहरण 4. इस प्रश्न में, एक कथन दिया गया है, उसके बाद तीन धारणाएँ I, II और III दी गई हैं। आपको कथन को सत्य मानना है, भले ही वह सामान्य ज्ञात तथ्यों से भिन्न प्रतीत हो। आपको यह निर्णय लेना है कि दी गई धारणाओं में से कौन-सी, यदि कोई हो, दिए गए कथन का समर्थन करती है। ***UP Police Head Operator 2024***

कथन एक कम्प्यूटर कम्पनी द्वारा कम्प्यूटर साक्षर गृहिणियों के लिए एक विज्ञापन। "जब आप घर पर हों, तो पेशेवर बनने का एक दुर्लभ अवसर"।

पूर्वधारणाएँ

I. कुछ गृहिणियाँ एकसाथ पेशेवर बनने की इच्छा रखती हैं।
II. कम्प्यूटर उद्योग तीव्र गति से बढ़ रहा है।
III. एक पेशेवर के साथ-साथ एक गृहिणी बनना भी सम्भव है।

(a) सभी पूर्वधारणाएँ अन्तर्निहित हैं
(b) पूर्वधारणाएँ I और III अन्तर्निहित हैं
(c) पूर्वधारणाएँ I और II अन्तर्निहित हैं
(d) पूर्वधारणाएँ II और III अन्तर्निहित हैं

हल (*b*) यह विज्ञापन उन गृहिणियों के लिए है, जो पेशेवर बनने की इच्छा रखती हैं और एक पेशेवर के साथ-साथ एक गृहिणी बनना भी सम्भव है।
अतः पूर्वधारणाएँ I और III अन्तर्निहित हैं।

> ***Trending Concept***
> इस प्रकार के प्रश्न लगातार परीक्षाओं (Group D, UPPSC UPSI/UPP) में पूछे जा रहें हैं। आगामी परीक्षाओं के लिए अति महत्त्वपूर्ण हैं।

Concept Booster Points

- कोई भी पूर्वधारणा सुधार, परामर्श, सलाह, लाभदायक प्रभाव व परिणाम को प्रदर्शित करती है, तो ऐसी पूर्वधारणा मान्य होगी।
- पूर्वधारणा वाले वाक्य में प्रत्येक, सभी, क्या, क्यों, और, इसलिए आदि शब्द नहीं होने चाहिए।
- कुछ विशेष शब्द, जैसे—सम्भवतः, सकना, सामान्यतः आदि पूर्वधारणा वाले वाक्य में लगे हों, तो वह पूर्वधारणा मान्य होती है।
- यदि किसी पूर्वधारणा में भूत या भविष्य की बात कही गई है, तो सामान्यतः वह मान्य नहीं होती है।
- सरकारी निर्देशों को सामान्यतः आम जनता द्वारा माने जाने की आशा की जाती है इसलिए पूर्वधारणा के रूप में यह मान्य है।
- कोई भी पूर्वधारणा कथन के आधार पर निकाला गया निष्कर्ष नहीं होना चाहिए।

Chapter Challenge

दो पूर्वधारणाओं पर आधारित

निर्देश (प्र. सं. 1-10) *नीचे दिए गए प्रत्येक प्रश्न में एक कथन दिया गया है और उसके नीचे दो पूर्वधारणाएँ दी गई हैं, जिन्हें क्रमांक I और II से दिखाया गया है। आप दिए गए कथन और दी हुई पूर्वधारणाओं को ध्यान में लेकर उन दोनों पूर्वधारणाओं में से कौन-सी कथन में अन्तर्निहित है? इसका निर्णय कीजिए।*

(a) केवल पूर्वधारणा I अन्तर्निहित है
(b) केवल पूर्वधारणा II अन्तर्निहित है
(c) न तो पूर्वधारणा I और न ही पूर्वधारणा II अन्तर्निहित है
(d) पूर्वधारणाएँ I और II दोनों अन्तर्निहित हैं

1. कथन "जब हमारा बेटा कॉलेज जाना शुरू करेगा, तो आपको उसे रोजाना ₹ 100 की पॉकेट मनी देनी होगी।" अपने पति को हिदायत देती माँ। ***RRB ALP 2019***

पूर्वधारणाएँ
I. कॉलेज जाने वाले छात्रों के कुछ दैनिक खर्च होते हैं।
II. लड़कों को जब तक कोई पॉकेट मनी देने की जरूरत नहीं, जब तक कि वे कॉलेज जाना शुरू नहीं करते।

2. कथन मुम्बई से जल्दी बेंगलुरु पहुँचने के लिए हवाई जहाज से जाइए। ***RRB NTPC 2021***

पूर्वधारणाएँ
I. बेंगलुरु और मुम्बई हवाई जहाज सेवा से जुड़े हुए हैं।
II. बेंगलुरु से मुम्बई जाने का कोई और साधन नहीं है।

> *MRC****
> ***(Most Repeating Concepts)***
> प्र. सं. 1, 2, 3, 5, 9 और 11 Railway Examination Point of View से अति महत्त्वपूर्ण हैं। इन Concept पर आधारित प्रश्न NTPC, ALP व Group D में निरन्तर पूछे जा रहे हैं।

3. कथन प्लास्टिक के बर्तनों में गर्म किए गए खाद्य पदार्थ खाने से कैंसर होता है, इसलिए इससे बचना चाहिए। ***RRC Group D 2022***

पूर्वधारणाएँ
I. प्लास्टिक के बर्तनों में केवल भोजन का भंडारण करना स्वास्थ्य के लिए हानिकारक नहीं है।
II. ऐसे गैर-प्लास्टिक बर्तन उपलब्ध हैं, जिनका उपयोग भोजन को गर्म करने के लिए किया जा सकता है।

4. कथन सभी स्तनधारी गर्म रक्त के जानवर हैं। ***SSC (10+2) 2024***

पूर्वधारणाएँ
I. कुत्ते गर्म रक्त वाले जानवर हैं।
II. सभी गर्म रक्त वाले जानवर स्तनधारी होते हैं।

5. कथन स्कूलों में ऑनलाइन कक्षाएँ शुरू होने के बाद से स्मार्टफोन और लैपटॉप की माँग में काफी वृद्धि हुई है। ***RRC Group D 2022***

पूर्वधारणाएँ
I. लोग अपने बच्चों को ऑनलाइन कक्षाओं में भाग लेने में सक्षम बनाने के लिए स्मार्टफोन और लैपटॉप खरीद रहे हैं।
II. ऑनलाइन कक्षाओं में भाग लेने के लिए डेस्कटॉप कम्प्यूटर का उपयोग नहीं किया जा सकता है।

6. कथन व्यक्ति को सुबह जल्दी जागना चाहिए, और व्यायाम करना चाहिए। ***SSC (10+2) 2022***

पूर्वधारणाएँ
I. दिन के किसी अन्य समय व्यायाम करना सम्भव नहीं है।
II. सुबह जल्दी व्यायाम करने वाले व्यक्ति, व्यायाम न करने वाले व्यक्तियों की तुलना में अधिक फिट होते हैं।

7. कथन भारत में ईंधन की कीमतें दिन-प्रतिदिन बढ़ती जा रही हैं और इसकी कीमत में वृद्धि की कोई ऊपरी सीमा नहीं है। ***SSC CGL (Tier-II) 2023***

पूर्वधारणाएँ
I. केन्द्र और राज्य सरकारों ने ईंधन पर अपने विशेष करों में कटौती नहीं की है।
II. अन्तर्राष्ट्रीय बाजार में महँगाई का प्रभाव ईंधन की बढ़ती कीमतों के लिए उत्तरदायी है।

8. कथन "एक सॉफ्टवेयर इन्जीनियर किसी दूसरे पेशेवर की तुलना में अधिक नौकरियाँ बदलता है।" ***Rajasthan Police Constable 2022***

पूर्वधारणाएँ
I. सॉफ्टवेयर इन्जीनियर अधिक लालची होते हैं।
II. किसी सॉफ्टवेयर इन्जीनियर की कार्य- अपेक्षाएँ अधिक चुनौतीपूर्ण होती हैं।

9. कथन ग्राहक अपने घर पर ही बैंकिंग सेवाएँ प्राप्त कर सकता है। ***RRB NTPC 2022***

पूर्वधारणाएँ
I. इससे बैंक के लिए समस्याएँ उत्पन्न होंगी।
II. ग्राहक इस सेवा से बहुत खुश होंगे।

10. कथन 27 वर्ष के कारावास ने मिहिर कलाल को राष्ट्रपति बनाया। ***UP Police Constable 2024***

पूर्वधारणाएँ
I. जो 27 वर्ष तक कारावास में रहेगा वह राष्ट्रपति बनेगा।
II. राष्ट्रपति बनने के लिए कारावास एक योग्यता है।

11. कथन अपार्टमेन्ट एसोसिएशन द्वारा शुरू किया गया 'स्वच्छ भारत', अपने शहर को साफ रखें, अभियान को उसके निवासियों से ज्यादा प्रतिक्रिया नहीं मिल पाई।
उपरोक्त कथन तथा दी गई पूर्वधारणाओं को ध्यान में रखकर तय कीजिए कौन-सी पूर्वधारणा कथन में निहित है। ***RRB ALP 2018***

पूर्वधारणाएँ
I. स्थानीय निवासी अपने अपार्टमेन्ट को साफ नहीं रखना चाहते।
II. एसोसिएशन अभियान में असफल रही।
(a) केवल पूर्वधारणा I अन्तर्निहित है
(b) केवल पूर्वधारणा II अन्तर्निहित है
(c) न तो पूर्वधारणा I और न ही II अन्तर्निहित है
(d) पूर्वधारणाएँ I और II दोनों अन्तर्निहित हैं

निर्देश (प्र. सं. 12-27) *एक कथन और उसके बाद दो पूर्वधारणाएँ I और II दी गई हैं। आपको कथन में दी गई सम्पूर्ण जानकारी को सत्य मानते हुए, यह तय करना है, कि दी गई धारणाओं में से कौन-सी कथन में निहित है/हैं?*

(a) केवल पूर्वधारणा II निहित है
(b) पूर्वधारणाएँ I और II दोनों निहित हैं
(c) केवल पूर्वधारणा I निहित है
(d) न तो पूर्वधारणा I और न ही II निहित है

12. कथन "कर्मचारियों को कम्पनी से जोड़े रखने के लिए, हमें उन्हें मासिक लाभों से पुरस्कृत करना चाहिए", कम्पनी के अध्यक्ष ने प्रबन्धक से कहा। ***RRC Group D 2022***

पूर्वधारणाएँ

I. मासिक लाभ से कर्मचारी खुश रहेंगे।
II. कर्मचारी समय के पाबन्द होंगे।

13. कथन इस समय शेयर बाजार में रेखा का निवेश महज एक जुआ है। ***Rajasthan Police Constable 2022***

पूर्वधारणाएँ

I. उसे शेयर बाजार में नुकसान हो सकता है।
II. सम्भव है कि उसे शेयर बाजार में अच्छा रिटर्न मिले।

14. कथन अपने व्यवसाय का विस्तार करने के लिए, एक नवोदित कम्पनी को अब अधिक कर्मचारियों की आवश्यकता है। ***RRB NTPC 2021***

पूर्वधारणाएँ

I. वर्तमान स्टाफ असक्षम है।
II. हमेशा नए कर्मचारियों को काम पर रखने से ही व्यवसाय का विस्तार किया जा सकता है।

15. कथन केन्द्रीय सड़क परिवहन और राजमार्ग मंत्रालय दिल्ली और मुम्बई को जोड़ने के लिए एक सुपर एक्सप्रेसवे बनाने की तैयारी कर रहा है, जो यात्रियों को 12 घण्टे के भीतर 1400 किमी लम्बी यात्रा पूरी करने की अनुमति देगा। ***RRC Group D 2022***

पूर्वधारणाएँ

I. दो शहरों के बीच सड़क की हालत बहुत खराब है।
II. वर्तमान में भारत के इन दोनों शहरों को जोड़ने के लिए कोई सड़क नहीं है।

16. कथन क्या भारत भविष्य में आतंकवाद मुक्त देश बन सकता है? ***RRB NTPC 2021***

पूर्वधारणाएँ

I. भारत ने जीरो टॉलरेंस की नीति घोषित कर दी है।
II. भारत का सुरक्षा प्रतिष्ठान सभी मोर्चों पर कड़ी मेहनत कर रहा है।

17. कथन बच्चे अपनी भावनाएँ अपने माता-पिता से ज्यादा अपने दोस्तों के साथ साझा करते हैं। ***RRB NTPC 2021***

पूर्वधारणाएँ

I. बच्चों को लगता है कि उनके दोस्त उनकी भावनाओं को उनके माता-पिता से बेहतर समझ पाएँगे।
II. बच्चे आजकल अपने माता-पिता के साथ मित्रवत् नहीं हैं।

18. कथन चेतावनी: शराब का सेवन स्वास्थ्य के लिए हानिकारक है। ***RRB ALP 2018***

पूर्वधारणाएँ

I. चेतावनी की आवश्यकता नहीं है।
II. शराब का सेवन ना करने वाले लोग स्वस्थ रहते हैं।

19. कथन सफल व्यक्तियों में वह क्षमता होती है कि वे सही निर्णय लेते हैं। ***UPSSSC 2018***

पूर्वधारणाएँ

I. केवल सफल व्यक्ति ही सही निर्णय लेते हैं।
II. एक सफल व्यक्ति होने के बाद, हर कोई सही निर्णय ले सकता है।

20. कथन केवल मरी हुई मछलियाँ प्रवाह के साथ जाती हैं। ***UPSSSC 2018***

पूर्वधारणाएँ

I. मछलियाँ प्रवाह के साथ तैर नहीं सकतीं।
II. सोचने और निर्णय लेने की प्रत्येक व्यक्ति में योग्यता होनी चाहिए।

21. कथन रोते हुए बच्चे माता-पिता का ध्यान अधिक आकर्षित कर पाते हैं। ***RRB Group D 2018***

पूर्वधारणाएँ

I. वे ठीक से संवाद करने में असमर्थ हैं।
II. माता-पिता अपने काम में उलझ गए हैं और बच्चों को खुद से खेलने के लिए छोड़ देते हैं।

22. कथन कपास के बीजों की उन्नत किस्म देने के बाद भी कपास की फसल अच्छी न होना जारी है।

पूर्वधारणाएँ

I. उन्नत किस्म के बीज देने के बाद कपास की उपज में बढ़ोत्तरी सम्भावित थी।
II. उन्नत किस्म के बीजों को देने से पहले कपास की उपज पर्याप्त थी।

23. कथन सरकारी सहायता प्राप्त स्कूलों में विविध फीस लेने में एकरूपता होनी चाहिए।

पूर्वधारणाएँ

I. सरकारी सब्सिडी, लोगों से टैक्स द्वारा धन इकट्ठा करने से आती है।
II. सब्सिडी देने के समय सरकार ने फीस के बारे में एकरूपता रखने सम्बन्धी कुछ शर्तें लागू की होंगी।

24. कथन दो देशों ने एक नाजुक समझौते पर हस्ताक्षर किए हैं पर महत्त्वपूर्ण प्रभुत्त्व का मसला बिना हल हुए ही रह गया।

पूर्वधारणाएँ

I. दोनों देशों के बीच स्थायी शान्ति समझौता नहीं हो सकता है।
II. थोड़े समय के बाद दोनों देश फिर से आक्रामक हो जाएँगे।

25. कथन सेवानिवृत्त आईएएस अधिकारी श्री राय ने अखिल भारतीय नाभिकीय अनुसन्धान संस्थान के निदेशक का कार्यभार ग्रहण कर लिया है। आशा है कि अब संस्थान के प्रशासन में सुधार होगा।

पूर्वधारणाएँ

I. श्री राय से पहले संस्थान में कोई निदेशक नहीं था।
II. निदेशक से यह उम्मीद की जाती है कि वह संस्थान का प्रशासन देखें।

26. कथन सरकार ने कमजोर वर्ग के छात्रों को कोचिंग देने की एक योजना आरम्भ की है ताकि वे अपना शैक्षिक स्तर सुधार सकें।

पूर्वधारणाएँ

I. समाज के कमजोर वर्ग के छात्र शैक्षिक दृष्टि से अच्छा कर सकें, इस हेतु कोचिंग कक्षाएँ उन्हें सहायता करेंगी।
II. समाज के कमजोर वर्ग के छात्र शैक्षिक रूप से पिछड़े हैं।

27. कथन 'इस क्षेत्र में तुरन्त सेना तैनात की जानी चाहिए ताकि शान्ति और सामान्य स्थिति बहाल हो'—एक समाचार।

पूर्वधारणाएँ

I. ऐसे उद्देश्यों के लिए भी सेना की मदद ली जा सकती है।
II. केवल सेना ही शान्ति बहाल कर सकती है।

निर्देश (प्र. सं. 28-32) *निम्नलिखित प्रत्येक प्रश्न में पहले एक कथन है और उसके नीचे दो पूर्वधारणाएँ I और II दी गई हैं। आपको दिए गए पूर्वधारणाओं पर विचार करके तय करना है कि कौन-सी पूर्वधारणा/पूर्वधारणाएँ कथन में प्रभावशाली है/हैं? दिए गए विकल्पों में से एक सही उत्तर चुनिए।* **MPPSC 2018**

(a) पूर्वधारणा I प्रभावशाली है
(b) पूर्वधारणा II प्रभावशाली है
(c) पूर्वधारणा I और II दोनों प्रभावशाली हैं
(d) न तो पूर्वधारणा I और न ही II प्रभावशाली है

28. कथन आजकल नदियों का संरक्षण बहुत महत्त्वपूर्ण है।

पूर्वधारणाएँ

I. यह जल संकट को कम करेगा।
II. यह हमारे पारिस्थितिक जीवन-तन्त्र की रक्षा करेगा।

> **MRC*****
> *(Most Repeating Concepts)*
> प्र. सं. 28, 29, 30, 31 और 32 State Examination Point of View से अति महत्त्वपूर्ण हैं। ये प्रश्न State पर आधारित परीक्षाओं मुख्यत: MPPSC में पूछे गए हैं।

29. कथन बहुत-सी सरकारी सेवाओं को अब सूचना के अधिकार (आरटीआई) अधिनियम के अन्तर्गत लाया गया है।

पूर्वधारणाएँ

I. इससे और अधिक पारदर्शिता आएगी।
II. इससे और अधिक जवाबदेही आएगी।

30. कथन सभी नागरिकों को निचले न्यायालय के निर्णयों को उच्च न्यायालय में चुनौती देने का अधिकार है।

पूर्वधारणाएँ

I. निचले न्यायालय कुशल नहीं हैं, जबकि उच्च न्यायालय बेहतर हैं।
II. निर्णय में त्रुटि की सम्भावना हो सकती है।

31. कथन बहुत-से देशों में संसदीय लोकतन्त्र काम करता है।

पूर्वधारणाएँ

I. यह जनता की समग्र राय का प्रतिनिधित्व करता है।
II. यह हमेशा लोगों की आकाँक्षाओं को परिपूर्ण करता है।

32. कथन लगभग सभी नियुक्तियों में पहले के एक अथवा दो वर्ष परिवीक्षा के होते हैं और नौकरी का स्थायीकरण परिवीक्षा की अवधि के बाद होता है।

पूर्वधारणाएँ

I. नियोक्ता को कर्मचारी के बारे में ज्यादा पता नहीं होता।
II. नियोक्ता परिवीक्षा अवधि के दौरान अधिक काम करवाना चाहता है।

तीन या तीन से अधिक पूर्वधारणाओं पर आधारित

निर्देश (प्र. सं. 33-37) *नीचे दिए गए प्रत्येक प्रश्न में एक कथन दिया गया है और उसके नीचे तीन पूर्वधारणाएँ दी गई हैं, जिन्हें क्रमश: I, II और III से दिखाया गया है। आप दिए गए कथन और दी गई पूर्वधारणाओं को ध्यान में रखकर, उन तीनों पूर्वधारणाओं में से कौन-सी कथन में अन्तर्निहित है, ज्ञात कीजिए।*

33. कथन 'राज्य B सरकार ने अब निर्णय किया है, कि वह सूचना एवं तकनीक के लिए विभाग बनाएगी, ताकि सूचना एवं तकनीकी का समन्वय और अपनाने में मदद हो'-एक समाचार।

यदि उपरोक्त कथन सत्य है, तो कथन कहते समय निम्नलिखित में से क्या पूर्वधारणा रही होगी?

(a) जनहित का कोई कदम उठाते समय राज्य B ढीला-ढाला माना जाता है
(b) अन्य राज्य सरकारों की तुलना में राज्य B ने सूचना एवं तकनीकी में बड़ी सफलता अर्जित कर ली है
(c) राज्य B को सूचना एवं तकनीकी कार्य को समन्वित और नियमित करने की आवश्यकता है
(d) राज्य B के पास इस प्रकार की गतिविधियों पर खर्च करने हेतु आवश्यक धन है

34. कथन परिधान कम्पनी के प्रबन्धक ने घोषणा की, "हम अपनी कम्पनी का विस्तार करने जा रहे हैं, इसलिए हमें अधिक दर्जियों की नियुक्ति करना जरूरी है।"

पूर्वधारणाएँ

I. मौजूदा दर्जी आधुनिक डिजाइन नहीं बना पा रहे हैं।
II. विस्तार करने के बाद अधिक बिक्री होगी।
III. विस्तार करने से पहले अधिक उत्पादन करने की आवश्यकता है।

RRB Group D 2018

(a) केवल पूर्वधारणा I अन्तर्निहित है
(b) केवल पूर्वधारणा II अन्तर्निहित है
(c) पूर्वधारणाएँ I और III दोनों अन्तर्निहित हैं
(d) पूर्वधारणाएँ II और III दोनों अन्तर्निहित हैं

35. कथन खेल खेलना शुरू करने से पहले निर्देश पढ़ें।

पूर्वधारणाएँ

I. खेल आयोजित किया जा रहा है।
II. कोई भी अन्धा व्यक्ति खेल नहीं रहा है।
III. खिलाड़ी साक्षर हैं। **RRB Group D 2018**

(a) केवल पूर्वधारणा I अन्तर्निहित है
(b) सभी पूर्वधारणाएँ अन्तर्निहित हैं
(c) कोई भी पूर्वधारणा अन्तर्निहित नहीं है
(d) पूर्वधारणाएँ I और III अन्तर्निहित हैं

36. कथन बगैर भारी मूल्य अदा किए उच्च ग्रुपों में विचार कीजिए-हमारे साथ एक शानदार फ्लैट बुक कराइए, अपनी प्रतिष्ठित परियोजना के लिए एक भवन निर्माण कम्पनी का यह एक विज्ञापन है।

पूर्वधारणाएँ

I. कठिन परिश्रम द्वारा चुने हुए धनी लोगों के समूह में सम्मिलित होना सम्भव है।
II. बगैर भारी मूल्य अदा किए शान में रहना समाज में उच्च लोगों की कसौटी है।
III. अब शानदार फ्लैट बुक कराना बड़ा सरल हो गया है।

(a) केवल पूर्वधारणा II अन्तर्निहित है
(b) केवल पूर्वधारणा III अन्तर्निहित है
(c) पूर्वधारणाएँ II और III दोनों अन्तर्निहित हैं
(d) उपरोक्त में से कोई नहीं

37. मैं उन दुकानों पर खरीदारी करना पसन्द करता हूँ जिनमें अधिक ऑफर और छूट मिलती है, इसलिए मैं जीमार्ट पर अधिक और बिल्स बाजार में कम खरीदारी करना चुनता हूँ।

उपरोक्त कथन से पहचान करें कि नीचे दी गई धारणाओं में से कौन-सा अनुमान अन्तर्निहित है? **UPSSSC 2018**

(a) जीमार्ट और बिल्स बाजार दोनों में अधिक ऑफर और छूट दी जाती है
(b) बिल्स बाजार में कोई ऑफर और छूट नहीं है
(c) जीमार्ट में बिल्स बाजार की तुलना में अधिक ऑफर और छूट है
(d) बिल्स बाजार में, जीमार्ट की तुलना में अधिक ऑफर और छूट हैं

Right Key

1. (a)	2. (a)	3. (b)	4. (a)	5. (a)	6. (c)	7. (c)	8. (c)	9. (b)	10. (c)
11. (b)	12. (c)	13. (b)	14. (d)	15. (d)	16. (b)	17. (c)	18. (d)	19. (d)	20. (a)
21. (b)	22. (c)	23. (d)	24. (d)	25. (a)	26. (b)	27. (c)	28. (c)	29. (c)	30. (b)
31. (a)	32. (a)	33. (c)	34. (d)	35. (b)	36. (c)	37. (c)			

Solutions

1. *(a)* कॉलेज जाने वाले छात्रों के कुछ दैनिक खर्च होते हैं। इसलिए उन्हें पॉकेट मनी दी जानी चाहिए। अत: केवल पूर्वधारणा I निहित है।

2. *(a)* दिए गए कथन से यह स्पष्ट है, कि बेंगलुरु और मुम्बई हवाई जहाज सेवा से जुड़े हुए हैं। अत: केवल पूर्वधारणा I निहित है। लेकिन कथन में यह नहीं कहा गया है कि बेंगलुरु से मुम्बई जाने का कोई और साधन नहीं है। इसलिए पूर्वधारणा II निहित नहीं है।

3. *(b)* प्लास्टिक के बर्तनों में खाद्य पदार्थों को गर्म करने से उसमें मौजूद केमिकल्स हमारे खाने मे मिल जाते हैं, जिससे कैंसर जैसी गंभीर बीमारी का सामना करना पड़ता है, इसलिए इससे बचने के लिए गैर-प्लास्टिक बर्तनों का उपयोग भोजन को गर्म करने के लिए किया जाना चाहिए। भोजन के भण्डारण के सम्बन्ध में कथन में कोई जानकारी उपलब्ध नहीं है। अत: केवल पूर्वधारणा II अन्तर्निहित है।

4. *(a)* प्रश्नानुसार,

पूर्वधारणा

I. (सही है), क्योंकि कुत्ता एक स्तनधारी है। अत: वह गर्म रक्त का जानवर है।

II. (सही नहीं है), यह आवश्यक नहीं है कि सभी गर्म रक्त वाले जानवर स्तनधारी हैं।

TOP TIPS परिवर्तन के नियम से कैसे तात्कालिक निष्कर्ष निकाले जाते हैं इसके लिए न्याय निगमन (Syllogism) नामक अध्याय के अन्तर्गत देखा जा सकता है।

5. *(a)* लोग अपने बच्चों को ऑनलाइन कक्षाओं में भाग लेने में सक्षम बनाने के लिए स्मार्टफोन और लैपटॉप खरीद रहे हैं, जिससे स्मार्टफोन और लैपटॉप की माँग में काफी वृद्धि हुई है। अत: केवल पूर्वधारणा I निहित है।

6. *(c)* व्यायाम किसी भी समय किया जा सकता है। साथ ही पूर्वधारणा II के सम्बन्ध में उपर्युक्त जानकारी निष्कर्ष में अन्तर्निहित नहीं है। अत: न तो पूर्वधारणा I और न ही II निहित है।

7. *(c)* ईंधन के करों में कटौती से कीमत घटेगी न कि बढ़ेगी। ईंधन की कीमत में बढ़ोतरी के कई कारण हैं।

अत: न तो पूर्वधारणा I और न ही II सत्य है।

8. *(c)* इंजीनियर के स्वभाव (लालची है अथवा नहीं) के बारे में हमें कथन से पता नहीं चलता है तथा न ही एक इंजीनियर के कार्यभार के बारे में कोई जानकारी कथन में अन्तर्निहित है। अत: न तो पूर्वधारणा I और न ही II अन्तर्निहित है।

9. *(b)* "उपभोक्ता अपने दरवाजे पर बैंकिंग सेवाओं का लाभ उठा सकता है।"

ऊपर दिए गए कथन से हम कह सकते हैं कि उपभोक्ता के लिए बैंकिंग सेवाएँ आसान हो जाएँगी, तो उपभोक्ता इस सेवा से बहुत खुश होंगे। साथ ही बैंक को इस सेवा से अधिक लाभ मिलेगा, क्योंकि उनके ग्राहकों की संख्या बढ़ेगी। अत: केवल पूर्वधारणा II निहित है।

10. *(c)* कथन यह नहीं दर्शाता कि 27 वर्ष तक जेल में रहने पर ही मिहिर कलाल को राष्ट्रपति बनाया गया। इसके अन्य कारण या घटनाएँ भी हो सकती है तथा कथन में यह नहीं कहा गया है कि कारावास राष्ट्रपति बनने की एक योग्यता है। अत: न तो पूर्वधारणा I और न ही II अन्तर्निहित है।

11. *(b)* दिए गए कथन से यह स्पष्ट रूप से कहा जा सकता है, कि एसोसिएशन अभियान में असफल रही है, परन्तु हम यह नहीं कह सकते कि स्थानीय निवासी अपने अपार्टमेन्ट को साफ नहीं रखना चाहते।

अत: केवल पूर्वधारणा II कथन में अन्तर्निहित है।

12. *(c)* कथन के अनुसार कम्पनी के अध्यक्ष ने प्रबन्धक से कहा कि कर्मचारी को हमें मासिक लाभ से पुरस्कृत करना चाहिए इस तरह के पुरस्कार से कर्मचारी खुश रहेगें और काम भी अच्छे से करेगें। लेकिन कथन में समय के पाबन्दी के बारे में कुछ नहीं कहा गया है। इसलिए केवल पूर्वधारणा I निहित है।

13. *(b)* कथन में दिया गया है, कि रेखा द्वारा शेयर बाजार में निवेश एक जुआ है, इससे यह स्पष्ट होता है कि, या तो रेखा को शेयर बाजार में नुकसान हो सकता है या यह भी हो सकता है कि उसे अच्छा रिटर्न मिल जाए। अत: पूर्वधारणाएँ I और II दोनों अन्तर्निहित हैं।

14. *(d)* दिए गए कथन से यह स्पष्ट है कि न तो पूर्वधारणा I और न ही II निहित है क्योंकि यह सच नहीं है कि हमेशा नए कर्मचारियों को काम पर रखने से ही व्यवसाय का विस्तार किया जा सकता है और कथन में यह नहीं कहा गया है कि वर्तमान स्टाफ असक्षम है।

15. *(d)* कथन के अनुसार, एक ऐसे सुपर एक्सप्रेसवे बनाने की योजना बनाई जा रही है, जिससे 1400 किमी की लम्बी यात्रा को भी 12 घण्टों के भीतर पूरा किया जा सकेगा जबकि दोनों पूर्वधारणाएँ कथन से सम्बन्धित नहीं है। अत: न तो पूर्वधारणा I और न ही II कथन में अन्तर्निहित है।

16. *(b)* भविष्य में एक आतंक मुक्त देश बनने के लिए दोनों धारणाएँ महत्वपूर्ण हैं और दोनों अन्तर्निहित हैं।

17. *(c)* क्योंकि बच्चों को लगता है कि उनके दोस्त उनकी भावनाओं को उनके माता-पिता से बेहतर समझ पाएँगे इसलिए बच्चे अपनी भावनाएँ अपने माता-पिता से ज्यादा अपने दोस्तों के साथ साझा करते हैं।

अत: पूर्वधारणा I अन्तर्निहित है।

18. *(d)* कथन के रूप में चेतावनी दी गई है, कि शराब का सेवन स्वास्थ्य के लिए हानिकारक है। इससे यह अनुमान नहीं निकलता है, कि चेतावनी की आवश्यकता नहीं है साथ ही यह अनुमान भी नहीं लगता है, कि शराब का सेवन ना करने वाले लोग स्वस्थ रहते हैं। अत: न तो पूर्वधारणा I और न ही II निहित है।

TOP TIPS सरकार तथा सामाजिक संगठनों द्वारा इस प्रकार की चेतावनी अक्सर जनहित के लिए की जाती है और उन्हें जारी करने का कोई विशेष कारण होता है।

19. *(d)* न तो पूर्वधारणा I और न ही पूर्वधारणा II कथन अन्तर्निहित है क्योंकि हम यह नहीं कह सकते कि केवल सफल व्यक्ति ही सही निर्णय लेते हैं या सफल होने के बाद हर व्यक्ति सही निर्णय लेता है।

20. *(a)* केवल पूर्वधारणा II अन्तर्निहित है, क्योंकि यहाँ पर मछली से पर्याय सामान्य मानव से है। वही मानव भीड़ के साथ जाता है, जिसके पास सोचने व समझने की शक्ति नहीं होती।

अत: व्यक्ति को सोच-समझकर निर्णय लेना चाहिए।

21. *(b)* कथनानुसार, रोते हुए बच्चे माता-पिता का ध्यान अधिक आकर्षित कर पाते हैं, इससे यह पूर्वानुमान लगाया जा सकता है कि बच्चे अच्छी तरह से संवाद करने में असमर्थ हैं। साथ ही यह भी पूर्वानुमान लगाया जा सकता है कि माता-पिता अपने कामों में उलझ जाते हैं और बच्चों को स्वयं ही खेलने के लिए छोड़ देते हैं। इससे स्पष्ट है कि दोनों पूर्वधारणा कथन में निहित हैं।

22. *(c)* उन्नत बीजों को देने से पहले कपास की उपज पर्याप्त नहीं थी इसलिए उन्नत किस्म के बीजों को दिया गया था। अत: पूर्वधारणा II बिल्कुल ही असंगत है, लेकिन यह बिल्कुल स्पष्ट है कि उन्नत किस्म के बीज देने के बाद कपास की उपज में बढ़ोत्तरी सम्भावित थी।

अत: पूर्वधारणा I कथन में अन्तर्निहित है।

23. *(d)* चूँकि दोनों में से कोई भी पूर्वधारणा कथन से सम्बन्धित नहीं है, न ही कथन में कोई टैक्स की चर्चा है और न ही किन्हीं शर्तों की। अत: न तो पूर्वधारणा I और न ही II कथन में अन्तर्निहित होगी।

24. *(d)* दोनों ही पूर्वधारणाएँ असंगत हैं। किसी भी पूर्वधारणा का कथन से कोई सम्बन्ध नहीं है।

25. *(a)* श्री राय को इसलिए निदेशक बनाया गया है कि वे संस्थान का प्रशासन देखें। अत: पूर्वधारणा II कथन में अन्तर्निहित है, जबकि पूर्वधारणा I असंगत है, क्योंकि कथन में यह नहीं कहा गया है कि श्री राय से पहले संस्थान बिना निदेशक के चल रहा था।

26. *(b)* समाज के कमजोर वर्ग के छात्र अर्थाभाव के कारण कोचिंग से वंचित रहे हैं, जिसके फलस्वरूप वे शैक्षिक रूप से पिछड़े हैं, लेकिन यदि सरकार उन्हें कोचिंग की सुविधा दे, तो निश्चित ही कोचिंग कक्षाएँ उन्हें सहायता करेंगी और वे अपना शैक्षिक स्तर सुधार सकेंगे। अत: पूर्वधारणाएँ I और II दोनों कथन में अन्तर्निहित हैं।

27. *(c)* इस क्षेत्र में तुरन्त सेना तैनात की जानी चाहिए ताकि शान्ति और सामान्य स्थिति बहाल हो, कथन से केवल पूर्वधारणा I ही संगत है क्योंकि सरकार द्वारा शान्ति स्थापना के लिए सेना का प्रयोग किया जाता है।

पूर्वधारणा II असंगत है क्योंकि केवल सेना ही किसी क्षेत्र में शान्ति बहाल नहीं कर सकती है। सरकार के पास और भी दूसरे संसाधन मौजूद हैं।

28. *(c)* पूर्वधारणाएँ I और II दोनों प्रभावशाली हैं, क्योंकि नदियों के संरक्षण से जल संकट तो स्वाभाविक रूप से कम होगा ही तथा जल के संरक्षण से जीवन तन्त्र की रक्षा भी होगी।

29. *(c)* RTI अधिनियम के अन्तर्गत सरकारी सेवाओं को लाने से अधिक पारदर्शिता आएगी क्योंकि अधिकांश अधिकारी इसके भय से गलत निर्णय लेने में संकोच करेंगे साथ ही कोई भी अधिकारी गलत पाए जाने पर अधिकारी RTI को अधिक जवाबदेह होंगे। अत: दो पूर्वधारणाएँ I और II दोनों प्रभावशाली हैं।

30. *(b)* देश में उच्च न्यायालय होने का अर्थ यह नहीं कि निचले न्यायालय कुशल नहीं हैं, परन्तु यह जरूर सम्भव है कि निर्णय में त्रुटि हो सकती है, यदि निचले न्यायालय के न्याय से नागरिक सन्तुष्ट न हो, तो वह उच्च न्यायालय में जा सकता है।

अत: केवल पूर्वधारणा II अन्तर्निहित है।

31. *(a)* दी गई पूर्वधारणा I प्रभावशाली है क्योंकि एक लोकतंत्र जनता के समग्र राय का प्रतिनिधित्व करता है। पूर्वधारणा II असंगत है क्योंकि संसदीय लोकतन्त्र सभी की आकांक्षाओं को हमेशा पूर्ण नहीं कर सकती है।

32. *(a)* परिवीक्षा अवधि का उद्देश्य अधिक काम करवाना नहीं होता, नियोक्ता को इससे यह ज्ञात होता है कि कर्मचारी काम की कितनी समझ रखता है, व कार्यस्थल पर उसका व्यवहार कैसा है। नियोक्ता को कर्मचारी के बारे में अधिक जानकारी नहीं होती है। इसी वजह से लगभग सभी नियुक्तियों में एक या दो साल परिवीक्षा होती है और नौकरी की पुष्टि अवधि के बाद की जाती है, ताकि नियोक्ता को कर्मचारी के बारे में जानने के लिए पर्याप्त समय मिल जाए।

अत: केवल पूर्वधारणा I प्रभावशाली है।

33. *(c)* दिए गए कथन से स्पष्ट है, कि राज्य B को सूचना एवं तकनीकी कार्य को समन्वित व नियमित करने की आवश्यकता है, क्योंकि कथन में एक बात विभाग बनाने की कही गई है।

34. *(d)* कम्पनी का विस्तार करने से अधिक बिक्री होगी, यह अनुमान लगाकर ही प्रबन्धक कम्पनी का विस्तार करने जा रहे हैं, जिसके लिए उन्हें पहले अधिक उत्पादन करने की भी आवश्यकता है। अत: पूर्वधारणाएँ II और III कथन में अन्तर्निहित है। अधिक दर्जियों की नियुक्ति करने से तात्पर्य यह नहीं होता कि मौजूदा दर्जी आधुनिक डिजाइन नहीं बना पा रहे हैं। अत: पूर्वधारणा I तर्कसंगत नहीं है।

35. *(b)* दिए गए कथन से स्पष्ट है कि खेल आयोजित किया जा रहा है तथा निर्देश पढ़ने के लिए कहा गया है अर्थात् खिलाड़ी साक्षर है और कोई भी खिलाड़ी अन्धा नहीं है।

अत: सभी पूर्वधारणा अन्तर्निहित हैं।

36. *(c)* दिए गए कथन से स्पष्ट है कि बगैर भारी मूल्य अदा किए शान में रहना समाज में उच्च लोगों की कसौटी है तथा अब शानदार फ्लैट बुक कराना बड़ा सरल हो गया है।

विज्ञापन देने वाले को लोगों की पसन्द पता होती है और इसी का लाभ उठाकर वह लोगों को प्रलोभन देता है, जिससे लोगों को भी फायदा होता है।

अत: पूर्वधारणाएँ II व III दोनों ही मान्य होंगी।

37. *(c)* चूँकि व्यक्ति उन दुकानों पर खरीदारी करना ज्यादा पसन्द करता है जिनमें अधिक ऑफर और छूट मिलती हैं। व्यक्ति जीमार्ट पर अधिक और बिल्स पर कम खरीदारी करता है। इसका मतलब है जीमार्ट में बिल्स की तुलना में अधिक ऑफर और छूट हैं। अत: विकल्प (c) सही है।

अध्याय

26 कथन एवं कार्यवाहियाँ

(Statement and Courses of Action)

कथन एवं कार्यवाहियाँ

कार्यवाही एक ऐसा व्यवहारिक कदम है, जो किसी घटना के घटित होते हुए या होने के बाद उठाया जाता है। इसके अन्तर्गत कथन में एक स्थिति प्रस्तुत की जाती है और इसके सन्दर्भ में कार्यवाही के कुछ तरीके दिए जाते हैं। आपको उस तरीके की पहचान करनी होती है, जो या तो उस समस्या को कम करता है या उसमें सुधार करता है।

दो कार्यवाहियों पर आधारित

इसके अन्तर्गत पूछे गए प्रश्नों में, एक कथन के बाद दो कार्यवाहियाँ I और II दी गई होती हैं। अभ्यर्थियों को कथन में उल्लेखित समस्या का विश्लेषण करके फिर निर्णय लेना होता है कि दी गई समस्या के लिए कौन-सी कार्यवाही कार्यान्वयन के लिए तर्कसंगत रूप से अनुसरण करती है।

जैसे- कथन : भारतीय जेलों में सामाजिक, आर्थिक एवं शैक्षणिक आधार पर कैदियों का वर्गीकरण किया जा रहा है तथा उनके द्वारा किए गए अपराधों को ध्यान में न रखते हुए भेद-भाव की नीति अपनायी जा रही है।

कार्यवाहियाँ

I. मानवाधिकार आयोग को इसकी जाँच करनी चाहिए।

II. सरकार को सामाजिक, आर्थिक एवं शैक्षणिक आधार पर कैदियों के लिए अलग-अलग जेलों की व्यवस्था करनी चाहिए।

(a) केवल कार्यवाही I अनुसरण करती है
(b) केवल कार्यवाही II अनुसरण करती है
(c) कार्यवाही I और II दोनों अनुसरण करती हैं
(d) कोई कार्यवाही अनुसरण नहीं करती है
(e) या तो कार्यवाही I या कार्यवाही II अनुसरण करती है

हल (*a*) भारतीय संविधान में जुर्म के आधार पर ही जेलों में उनका वर्गीकरण का प्रावधान है। अतः सामाजिक, आर्थिक एवं शैक्षणिक कार्यवाही II असंगत है, जबकि कार्यवाही I तर्कसंगत है, क्योंकि मानवाधिकार आयोग का गठन मानव के अधिकारों के हनन को रोकने के लिए किया गया है। मानवाधिकार आयोग को इसकी जाँच करनी चाहिए। यह एक उचित कदम है। अतः केवल कार्यवाही I तर्कसंगत है।

तीन कार्यवाहियों पर आधारित

इसके अन्तर्गत पूछे गए प्रश्नों में, एक कथन के बाद तीन कार्यवाहियाँ I, II और III दी गई होती हैं। अभ्यर्थियों को कथन में उल्लेखित समस्या का विश्लेषण करके, उस कार्यवाही का चयन करना होता है, जो कथन में दी गई समस्या का सही रूप में समाधान कर सके।

जैसे-कथन किसी वायरस की उपस्थिति के कारण सम्पूर्ण आन्ध्र समुद्र तट पर तालाबों में बड़े पैमाने पर झींगों की मृत्यु रिपोर्ट मिली है।

कार्यवाहियाँ

I. वायरस का पता लगाने के लिए तालाबों के जल का तत्काल उपचार किया जाना चाहिए।

II. तालाबों से झींगा पकड़ने की गतिविधि को अस्थायी तौर से प्रतिबन्धित कर देना चाहिए।

III. मछुआरों से यह कहना चाहिए कि वे भविष्य में इस तत्त्व के पुनः उदित होने पर नजर रखें।

(a) केवल I सही है
(b) सभी सही हैं
(c) केवल I और II सही है
(d) केवल II और III सही है
(e) उपरोक्त में से कोई नहीं

हल (*b*) सभी कार्यवाहियाँ तर्कसंगत हैं। सबसे पहले वायरस का पता लगाने के लिए तालाबों के जल का तत्काल उपचार होना चाहिए। चूँकि समस्या खड़ी हो गई है इसलिए झींगा पकड़ने की गतिविधि पर अस्थायी तौर पर रोक लगा देना चाहिए। घटना फिर से न हो इसके लिए इस तत्त्व के पुनः उदित होने पर नजर रखना भी जरूरी है।

Score Booster

कार्यवाही के लिए योजना बनाएँ, कार्यों को प्राथमिकता दें और उन्हें क्रमबद्ध तरीके से पूरा करें। साथ ही साथ कार्यवाही में समय प्रबन्धन एवं समस्या समाधान का ध्यान रखें।

इस अध्याय का उद्देश्य परीक्षार्थी की प्रशासनिक निर्णय लेने की क्षमता और उचित कार्यवाही करने की तार्किक योग्यता की जाँच करना होता है।

समस्याओं को निम्नलिखित दो प्रकार में बाँटा जा सकता है-

1. **साधारण समस्या** वह समस्या जिसमें त्वरित कार्यवाही की नहीं बल्कि, सुधार की आवश्यकता होती है। इसके अन्तर्गत - शोषण, बाल अपराध, बेरोजगारी, कुपोषण, आदि।
2. **जटिल समस्या** वह समस्या जिसके लिए एक योजनाबद्ध तरीके से त्वरित एवं ठोस कार्यवाही की आवश्यकता होती है। इसके अन्तर्गत-साम्प्रदायिक दंगा, उग्रवाद, महामारी, युद्ध, वाद, भूकम्प आदि।

उचित तर्कसंगत कार्यवाही को ज्ञात करने की विधि

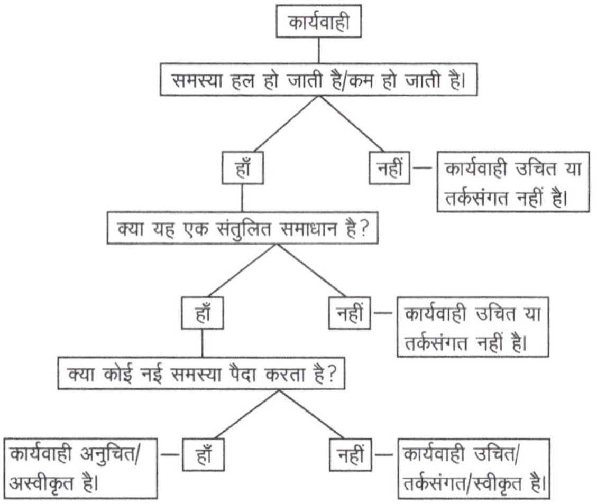

इस अध्याय के अन्तर्गत निम्न दो प्रकार के प्रश्न पूछे जाते हैं

Concept Booster Points

- कार्यवाही का समस्या से सीधा सम्बन्ध होना चाहिए।
- समाधान का तरीका सकारात्मक होना चाहिए अर्थात् नकारात्मक कार्यवाही को न अपनाएँ।
- समाधान व्यावहारिक तथा ऐसा होना चाहिए जो किसी अन्य समस्या को उत्पन्न न करें।
- कार्यवाहियों के आधार पर लिए गए सभी निर्णय स्थापित कानून व्यवस्था, संवैधानिक नियमों के आधार पर जनकल्याण की भावना से प्रेरित होने चाहिए।
- प्रवृत्ति के लिहाज से यदि कथन में दी गई समस्या जटिल है तो कार्यवाही त्वरित होनी चाहिए।
- कार्यवाही के रूप में लिए गए निर्णय में समानता होनी चाहिए कोई भी कार्यवाही संकीर्ण, पक्षपातपूर्ण नहीं होनी चाहिए।
- कार्यवाही किसी भी बाहरी दबाव या दबाव समूह से प्रेरित नहीं होनी चाहिए।
- ऐसी कार्यवाही का चयन करना चाहिए जो सर्वमान्य एवं सर्वोचित् हो।
- यदि कोई भी कार्यवाही केवल शब्द के साथ है, तो वह कार्यवाही को कमजोर बनाता है।
- कार्यवाही, अपनी व्यक्तिगत धारणा नहीं बनानी चाहिए।
- कार्यवाही समस्या की गम्भीरता के अनुसार की जानी चाहिए तथा अनावश्यक कठोर या सख्त कार्यवाही से बचना चाहिए।
- कार्यवाही का तरीका व्यावहारिक और प्रशासनिक प्रकृति का होना चाहिए तथा दी गई समस्या की स्थिति को सुधारने वाली होनी चाहिए।

दो कार्यवाहियों पर आधारित

उदाहरण 1. दिए गए कथन को सही मानते हुए विचार करें और तय करें कि कथनों से तर्कसंगत रूप से, कार्यवाही का कौन-सा प्रकार उचित है?

RRB ALP 2018

कथन बंगलुरु में भारी बारिश के कारण, नागरिकों का सामान्य जीवन अवरुद्ध हो जाता है।

कार्यवाहियाँ

I. सरकार को लोगों की मदद करने तथा जीवन और सम्पत्ति को विनाश से बचाने के लिए उपाय करने चाहिए।

II. सरकार को बंगलुरु के सभी अस्पतालों में नि:शुल्क उपचार प्रदान करना चाहिए।

Helping Tips

अभ्यर्थियों को यह ध्यान रखना चाहिए कि कार्यवाही का मार्ग व्यवहारिक और जीवन के वास्तविक पहलू से सम्बन्धित होना चाहिए।

(a) केवल कार्यवाही I अनुसरण करती है
(b) केवल कार्यवाही II अनुसरण करती है
(c) कार्यवाही I और II दोनों अनुसरण करती हैं
(d) कार्यवाही I और II में से कोई भी अनुसरण नहीं करती है

हल (a) केवल कार्यवाही I उचित है, क्योंकि भारी बारिश के कारण सबसे ज्यादा हानि नागरिकों के जीवन और सम्पत्ति की हुई है।

तीन कार्यवाहियों पर आधारित

उदाहरण 2. निम्नलिखित प्रश्न में जो भी उपयुक्त कार्यवाही हो, उसे दिए गए उत्तर विकल्पों के आधार पर चुनें।

कथन ऐसा अनुमानित है कि कुम्भ के मेले में इलाहाबाद में 50 लाख से अधिक लोग आएँगे।

कार्यवाहियाँ

I. स्थानीय प्रशासन को पूरे शहर में चुस्त यातायात व्यवस्था करनी चाहिए।

II. जहाँ मेले का आयोजन होना है, वहाँ प्रशासन को पूर्ण सुरक्षा की व्यवस्था करनी चाहिए।

III. आयोजन स्थल पर आने-जाने के लिए एक नियन्त्रित व्यवस्था अपनाई जानी चाहिए।

Trending Concept

व्यक्तिगत कार्यवाही, सामूहिक कार्यवाही, आधिकारिक कार्यवाही आदि पर आधारित प्रश्न वर्तमान में हो रही परीक्षाओं (SSC, Railway, UPSSSC, आदि) में पूछे जा रहे हैं। आगामी परीक्षाओं के लिए अति महत्त्वपूर्ण हैं।

(a) केवल II (b) I, II और III (c) II और III (d) I और II

हल (b) क्योंकि कुम्भ का मेला काफी उच्च स्तर पर आयोजित किया जाता है। इसके लिए प्रशासन को चुस्त यातायात व्यवस्था, पूर्ण सुरक्षा की व्यवस्था तथा आयोजन स्थल पर आने-जाने की एक नियन्त्रित व्यवस्था अपनाई जानी चाहिए। अत: तीनों कार्यवाहियाँ उपयुक्त हैं।

Chapter Challenge

दो कार्यवाहियों पर आधारित

निर्देश (प्र. सं. 1-5) *नीचे दिए गए प्रत्येक प्रश्न में एक कथन और उसके बाद कार्यवाहियाँ* I *और* II *दी गई हैं, कार्यवाही से तात्पर्य उस*

उपाय अथवा प्रशासकीय निर्णय से है, जो समस्या नीति आदि के सन्दर्भ में सुधार अनुवर्तन या आगे की जाने वाली कार्यवाही से सम्बन्धित होता है। कथन में दी गई जानकारी के आधार पर आपको कथन में दी गई प्रत्येक बात को सही मानना है और उसके बाद तय करना है कि दिए गए सुझाव में से कौन-सी कार्यवाही *कार्यान्वयन के लिए तर्कसंगत रूप से अनुसरण करती है?*

उत्तर दीजिए

(a) केवल कार्यवाही I अनुसरण करती है
(b) केवल कार्यवाही II अनुसरण करती है
(c) न तो कार्यवाही I और न ही II अनुसरण करती है
(d) कार्यवाहियाँ I और II दोनों अनुसरण करती हैं

1. कथन दिल्ली में प्रदूषण और वायु की गुणवत्ता स्वीकार्य स्तर से परे हैं। यह उद्योगों और वाहनों द्वारा हुए प्रदूषण के कारण है। ***RRB ALP 2018***

कार्यवाहियाँ

I. वाहनों को क्रमश: विषम और सम दिनों में चलाने के लिए समूहों में विभाजित किया जाना चाहिए।
II. सरकार को नए कारखानों और वाहनों के पंजीकरण को रोकना चाहिए।

> ***MRC******
> ***(Most Repeating Concepts)***
> प्र. सं. 1, 2, 6, 7, 9 और 10 Railway Examination Point of Views से अति महत्त्वपूर्ण हैं। इन Concept पर प्रश्न Railway की परीक्षाओं NTPC, ALP व Group D में निरन्तर पूछे जा रहे हैं।

2. कथन तमिलनाडु में विनिर्माण कम्पनियों को बिजली की कमी की गम्भीर समस्या का सामना करना पड़ रहा है। ***RRB ALP 2018***

कार्यवाहियाँ

I. सरकार को बिजली की इस समस्या का समाधान करने हेतु ठोस कदम उठाने चाहिए।
II. बिजली की बचत हेतु सरकार को विनिर्माण कम्पनियों को बन्द कर देना चाहिए।

3. कथन चेन्नई में भारी बारिश के कारण निचले इलाकों में बाढ़ आ गई है। ***Rajasthan Police Constable 2018***

कार्यवाहियाँ

I. निचले इलाकों में रहने वाले लोगों को भारी बारिश के दौरान होने वाले खतरे से अवगत कराया जाना चाहिए।
II. जीवन को नुकसान से बचाने के लिए सरकार को इन क्षेत्रों से लोगों को स्थानान्तरित करना चाहिए।

4. कथन एक सरकारी एयरलाइन्स कम्पनी लगातार घाटे में जा रही है।

कार्यवाहियाँ

I. कम्पनी को फिजूलखर्ची पर अविलम्ब नियन्त्रण करना चाहिए तथा किराया बढ़ाने पर भी विचार करना चाहिए।
II. सरकार को घाटे की राशि की भरपाई करके उस कम्पनी को निजी हाथों में बेच देना चाहिए।

5. कथन एक रिसर्च रिपोर्ट से ज्ञात हुआ कि अगले कुछ वर्षों में पेयजल की समस्या बढ़ने वाली है, क्योंकि इसके स्रोतों में निरन्तर कमी आ रही है।

कार्यवाहियाँ

I. सरकार को एक जागरूकता अभियान चलाना चाहिए ताकि पानी का सदुपयोग हो सके।
II. एक विशेषज्ञ टीम का गठन करना चाहिए ताकि वह पेयजल स्रोतों की वृद्धि का उपाय कर इसके समुचित उपयोग की जानकारी दे सकें।

6. दिए गए कथन और सम्भावित कार्यवाही को ध्यान से पढ़ें और तय करें कि कौन-सी कार्यवाही तार्किक रूप से कथन का अनुसरण करती है।

कथन देश XYZ में निर्यात की तुलना में माल का आयात कहीं अधिक है।

कार्यवाहियाँ

I. सरकार को देश के संसाधनों का पता लगाना चाहिए और उन्हें निर्यात के लिए नियोजित करना चाहिए।
II. सरकार को देश में ही आयातित उन वस्तुओं का उत्पादन करने के लिए योजनाओं और कार्यों को शुरू करके देश के आयात को कम करना चाहिए। ***RRB NTPC 2021***

(a) न तो कार्यवाही I और न ही II अनुसरण करती है
(b) दोनों कार्यवाहियाँ I और II अनुसरण करती हैं
(c) केवल कार्यवाही II अनुसरण करती है
(d) केवल कार्यवाही I अनुसरण करती है

7. दिए गए कथन और क्रियाविधि को ध्यान से पढ़िए। यह मानते हुए कि कथन में दी गई जानकारी सत्य है, भले ही वह सामान्य रूप से ज्ञात तथ्यों से भिन्न प्रतीत होती हो, बताइए कि दिए गए कार्यों में से कौन-सी क्रियाविधि, कथन का तार्किक रूप से अनुसरण करती है।

कथन सड़क दुर्घटनाएँ दिन-ब-दिन बढ़ती जा रही हैं।

क्रियाविधि

I. सरकार को यातायात नियमों का सख्ती से पालन करने के लिए जागरूकता कार्यक्रम शुरू करने चाहिए।
II. सरकार को नए वाहनों के पंजीकरण पर एक सीमा लगानी चाहिए। ***RRB NTPC 2021***

(a) न तो I और न ही II अनुसरण करती है
(b) केवल I अनुसरण करती है
(c) या तो I या II अनुसरण करती है
(d) केवल II अनुसरण करती है

8. एक कथन के बाद दो कार्यवाहियाँ I और II क्रमांकित हैं। आपको कथन में दी गई सभी बातों को सत्य मानना होगा और कथन में दी गई जानकारी के आधार पर निर्णय लेना होगा, कि तार्किक रूप से किस कार्यवाही का अनुसरण किया जाना चाहिए? ***SSC (10+2) 2024***

कथन A के घर में वोल्टेज के उतार-चढ़ाव से उसके कई नए विद्युत उपकरण खराब हो गए हैं।

कार्यवाहियाँ

I. A को एक इलेक्ट्रीशियन से परामर्श लेना चाहिए और वोल्टेज में उतार-चढ़ाव से विद्युत उपकरणों की सुरक्षा के लिए एक युक्ति स्थापित करनी चाहिए।
II. A को सभी खराब हुए उपकरण को नए उपकरणों से बदल देना चाहिए।

(a) केवल I का अनुसरण किया जाना चाहिए
(b) केवल II का अनुसरण किया जाना चाहिए
(c) न तो I और न ही II का अनुसरण किया जाना चाहिए
(d) I और II दोनों का अनुसरण किया जाना चाहिए

9. कार्य योजना के दिए गए कथन को ध्यानपूर्वक पढ़ें। यह मानते हुए कि कथन में दी गई जानकारी सत्य है, तय करें कि दिए गए कार्यों में से कौन-सा कथन का तार्किक रूप से अनुसरण करता है।

कथन देश X के नागरिकों के विदेशों में प्रवासन में भारी वृद्धि हुई है, क्योंकि देश X में बेरोजगारी दर बढ़ रही है।

कार्यवाहियाँ

I. देश X के नागरिकों को आय के वैकल्पिक स्रोत उपलब्ध कराए जाने चाहिए।
II. देश X के नागरिकों द्वारा सभी विदेश यात्राओं पर पर्याप्त शुल्क लगाया जाना चाहिए। ***RRB NTPC (CBT-II) 2022***

(a) केवल I अनुसरण करती है
(b) न तो I न ही II अनुसरण करती है
(c) केवल II अनुसरण करती है
(d) I और II दोनों अनुसरण करती हैं

निर्देश (प्र. सं. 10-12) *दिए गए कथन और कार्यवाहियों को ध्यान से पढ़ें। कार्यवाही का एक कदम या प्रशासनिक निर्णय समस्या, नीति आदि के सम्बन्ध में सुधार, अनुवर्ती या आगे की कार्यवाही के लिए लिया जाना है। यह मानते हुए कि कथन में दी गई जानकारी सत्य है, तय करें कि कार्यवाही के दिए गए पाठ्यक्रमों में से कौन-सा कथन का तार्किक रूप से अनुसरण करता है।*

10. कथन एक प्राइवेट लिमिटेड कम्पनी के वित्तीय लेखा विवरण में कुछ गम्भीर और महत्वपूर्ण गलतियाँ पाई गई।

कार्यवाहियाँ

I. प्राइवेट लिमिटेड कम्पनी के खातों में गलतियों के मूल कारण का पता लगाने और उपचारात्मक कार्यवाही का सुझाव देने के लिए विशेषज्ञों की एक टीम नियुक्त की जानी चाहिए।
II. सभी शामिल कर्मचारियों की पूरी तरह से जाँच की जानी चाहिए। ***RRB NTPC 2022***

(a) न तो I और न ही II अनुसरण करती है
(b) केवल I अनुसरण करती है
(c) केवल II अनुसरण करती है
(d) I और II दोनों अनुसरण करती हैं

11. कथन अगले 3 दिनों के लिए ग्रांट रोड में पानी की पाइपलाइन कार्य योजना के कारण, सड़क अगली सूचना तक यातायात के लिए बन्द रहेगी।

कार्यवाहियाँ

I. ट्रैफिक पुलिस को ट्रैफिक डायवर्जन को प्रभावी ढंग से समन्वयित करने के लिए ग्रांट रोड पर मौजूद कर्मियों की संख्या में वृद्धि करनी चाहिए।
II. ट्रैफिक पुलिस को प्रमुख समाचार पत्रों में ट्रैफिक डायवर्जन और वैकल्पिक मार्गों के बारे में अधिसूचना जारी करनी चाहिए, जिसे ग्रांट रोड बन्द रहने तक आम जनता उपयोग में ले सकती है। ***RRB ALP (CBT-I) 2024***

(a) न तो I और न ही II अनुसरण करता है
(b) केवल II अनुसरण करता है
(c) केवल I अनुसरण करता है
(d) I और II दोनों अनुसरण करते हैं

12. कथन अस्थमा पीड़ितों के मामले विशेष रूप से बड़े शहरों में बढ़ रहे हैं।

कार्यवाहियाँ

I. नागरिक अधिकारियों को बहुत मामूली दर पर दवा की पर्याप्त आपूर्ति सुनिश्चित करनी चाहिए।
II. नागरिक अधिकारियों को वाहनों से उत्सर्जन के कारण होने वाले वायु प्रदूषण को नियन्त्रित करने की आवश्यकता है।

(a) केवल कार्यवाही I अनुसरण करती है
(b) केवल कार्यवाही II अनुसरण करती है
(c) I और II दोनों कार्यवाही अनुसरण करती हैं
(d) न तो I न ही कार्यवाही II अनुसरण करती है

निर्देश (प्र. सं. 13 और 14) *नीचे दिए गए प्रत्येक प्रश्न में एक कथन तथा उसके बाद दो कार्यवाहियाँ I तथा II दी गई हैं। एक कार्यवाही व्यवस्था में सुधार के लिए लिया गया सरकार द्वारा आदेश या ठोस कदम होता है। दी गई जानकारी के आधार पर ज्ञात कीजिए कि दिए गए कथन के लिए कौन-सी कार्यवाही/ कार्यवाहियाँ उचित है/हैं तथा वह तार्किक रूप से अनुसरण करती है/हैं?*

उत्तर दीजिए

(a) यदि केवल I अनुसरण करती है
(b) यदि केवल II अनुसरण करती है
(c) यदि न तो I तथा न ही II अनुसरण करती है
(d) यदि I तथा II दोनों अनुसरण करती हैं

13. कथन गर्मियों के दौरान दिल्ली में पानी की कमी होती है।

कार्यवाहियाँ

I. दिल्ली सरकार द्वारा और अधिक जल संरक्षण परियोजनाएँ शुरू की जानी चाहिए।
II. सरकार को सभी नए और मौजूदा आवासीय परिसरों में वर्षा जल संचयन को प्रोत्साहित करना चाहिए। ***RRB NTPC 2021***

14. कथन कम्पनी के अधिकारी ने बताया कि उसकी अलमारी से कुछ धन गायब हो गया है।

कार्यवाहियाँ

I. उसे सारे धन को स्टाफ के साथ मिलकर पुनः गिनना तथा उसका बैलेन्सशीट से मिलान करना चाहिए।
II. उसे पुलिस को बुलाना चाहिए।

15. दिए गए कथन और दो कार्यवाहियों को ध्यान से पढ़ें और उनका विश्लेषण करें तथा चयन करें कि कौन-सी कार्यवाही कथन का तार्किक रूप से अनुसरण करती है?

कथन डीजल और पेट्रोल की कीमतों में बहुत अन्तर नहीं है। हालाँकि, डीजल वाहन बहुत अधिक प्रदूषण पैदा करते हैं और मालिकों के लिए महँगे होते हैं, जिन्हें इनके रख-रखाव पर बड़ी मात्रा में धन लगाना पड़ता है। ***UPSSSC 2018***

कार्यवाहियाँ

I. सरकार को पुराने डीजल वाहनों को चरणबद्ध तरीके से हटाने के लिए एक नीति की घोषणा करनी चाहिए और ऑटोमोबाइल कम्पनियों को डीजल वाहनों के उत्पादन और बिक्री को प्रतिबन्धित करने के लिए प्रेरित करना चाहिए।

II. कार खरीदने वालों को या तो पेट्रोल वाहन लेने चाहिए या फिर CNG अथवा इलेक्ट्रिक बैटरी जैसी स्वच्छ ऊर्जा पर चलने वाले नए प्रौद्योगिकी वाहनों को खरीदना चाहिए।

(a) केवल कार्यवाही I अनुसरण करती है
(b) केवल कार्यवाही II अनुसरण करती है
(c) कार्यवाही I और II दोनों अनुसरण करती हैं
(d) कार्यवाही I और II में से कोई अनुसरण नहीं करती है

तीन कार्यवाहियों पर आधारित

16. दिए गए कथन और कार्यवाहियों को ध्यानपूर्वक पढ़ें और बताएँ कि कौन-सी कार्यवाहियाँ तार्किक रूप से कथन का पालन करती हैं?

कथन यदि रितु आज से 6 घण्टे रोजाना ध्यानपूर्वक पढ़ाई करती है, तो वह 10 दिनों के बाद होने वाली परीक्षा को पास कर लेगी।

कार्यवाहियाँ

I. रितु को अपनी परीक्षा पास करने के लिए पर्याप्त तैयारी करने हेतु 10 दिन तक प्रतिदिन 6 घण्टे ध्यानपूर्वक विज्ञान का अध्ययन करना होगा।

II. रितु को तैयारी से पहले अपना समय निर्धारित करना चाहिए और हर विषय को पर्याप्त समय देना चाहिए।

III. रितु को इन 10 दिनों के दौरान खेलना नहीं चाहिए, जो परीक्षा की तैयारी की दृष्टि से उसके लिए महत्त्वपूर्ण हैं।

RRB NTPC 2021

(a) केवल कार्यवाही II पालन करती है
(b) केवल कार्यवाही II तथा III पालन करती हैं
(c) I, II तथा III सभी कार्यवाहियाँ पालन करती हैं
(d) केवल कार्यवाही I तथा II पालन करती हैं

निर्देश (प्र. सं. 17 और 18) *नीचे प्रत्येक प्रश्न में एक कथन और उसके बाद कार्यवाही के तीन उपाय I, II और III दिए गए हैं। कार्यवाही से तात्पर्य उस उपाय अथवा प्रशासकीय निर्णय से है जो समस्या, नीति आदि के सन्दर्भ में सुधार, अनुवर्तन या आगे की जाने वाली कार्यवाही से सम्बन्धित हो। कथन में दी गई जानकारी के आधार पर आपको कथन में दी गई प्रत्येक बात को सही मानना है और उसके बाद तय करना है कि दिए गए सुझावों में से कौन-सी कार्यवाही/कार्यवाहियाँ कार्यान्वयन के लिए तर्कसंगत रूप से अनुसरण करती है/हैं?*

17. **कथन** अफ्रीकी देशों से भारत आने वाले कई पर्यटक प्रतिबन्धित नशीले पदार्थों की तस्करी करते हुए, भारत में विभिन्न हवाई अड्डों पर पकड़े गए हैं।

कार्यवाहियाँ

I. भारत को तत्काल अफ्रीकी नागरिकों को पर्यटक वीजा देना बन्द करना चाहिए।

II. तस्करी के ऐसे सभी मामलों का पता लगाने के लिए एयरपोर्ट प्राधिकरण और एन्फोर्सिंग एजेन्सियों को कड़ी सावधानी बरतने के लिए कहा जाना चाहिए।

III. अपराधियों को पाठ पढ़ाने के लिए प्रतिबन्धित नशीले पदार्थों की तस्करी करते हुए पकड़े गए विदेशियों को आजीवन कारावास की सजा दी जानी चाहिए।

RBI Officer (Scale-I) 2019

(a) कार्यवाहियाँ I और II दोनों अनुसरण करती हैं
(b) कार्यवाहियाँ I और III दोनों अनुसरण करती हैं
(c) केवल कार्यवाही III अनुसरण करती है
(d) कार्यवाहियाँ II और III दोनों अनुसरण करती हैं

18. **कथन** संशोधित वेतनमान लागू नहीं करने के प्रबन्धन के निर्णय का विरोध करने के लिए स्थानीय स्कूल के बहुत-से शिक्षकों ने प्रधानाचार्य को अपने त्याग-पत्र दे दिए।

कार्यवाहियाँ

I. स्कूल प्रबन्धन को त्याग-पत्रों को स्वीकार कर नए शिक्षकों की नियुक्ति करनी चाहिए।

II. वेतन वृद्धि पर विचार करने का आश्वासन देते हुए स्कूल प्रबन्धन को, शिक्षकों को बने रहने के लिए उन्हें खुश करना चाहिए।

III. स्कूल प्रबन्धन को दिशा-निर्देशों के लिए सरकार से सम्पर्क करना चाहिए।

(a) कोई भी कार्यवाही अनुसरण नहीं करती है
(b) कार्यवाही I या II अनुसरण करती है
(c) केवल कार्यवाही III अनुसरण करती है
(d) केवल कार्यवाही II अनुसरण करती है

Right Key

1. (a)	2. (a)	3. (d)	4. (a)	5. (d)	6. (b)	7. (b)	8. (a)	9. (a)	10. (d)
11. (d)	12. (c)	13. (d)	14. (a)	15. (a)	16. (a)	17. (d)	18. (d)		

Solutions

1. (*a*) कार्यवाही I अनुसरण करती है, क्योंकि ऐसा करने से बहुत से लोग अपने निजी वाहनों का प्रयोग प्रतिदिन नहीं कर पाएँगे जिससे वे सार्वजनिक वाहनों का प्रयोग करेंगे और ऐसा करने से वायु प्रदूषण भी कम होगा जबकि कार्यवाही II अनुसरण नहीं करती है, क्योंकि नए कारखानों का पंजीकरण रोकने से विकास पर नकारात्मक प्रभाव पड़ता है।

2. (*a*) केवल कार्यवाही I अनुसरण करती है, क्योंकि बिजली की समस्या को दूर करने के लिए ठोस कदम उठाना जरूरी है, परन्तु कम्पनियों को बन्द करने से राज्य के विकास पर नकारात्मक प्रभाव पड़ता है।

3. (*d*) चेन्नई में भारी बारिश होने के कारण लोगों को बाढ़ के खतरों से अवगत कराना चाहिए तथा जीवन को बचाने के लिए लोगों को अन्य स्थानों पर स्थानान्तरित किया जाना चाहिए। अतः कथनानुसार दोनों ही कार्यवाहियाँ उचित हैं।

> **TOP TIPS** इस प्रकार के प्रश्नों को हल करते समय सामाजिक लाभ, सामाजिक न्याय, स्वास्थ्य, सेवाओं का ध्यान रखना अति आवश्यक है।

4. (*a*) घाटे से उबरने के लिए प्रथम प्रयास फिजूलखर्ची पर नियन्त्रण तथा किराया बढ़ाना उचित कदम होगा। अतः केवल कार्यवाही I अनुसरण करती है।

5. (*d*) सरकार को पेयजल की समस्या से निपटने के लिए एक विशेषज्ञ टीम का गठन करना चाहिए, ताकि वह पेयजल स्रोतों की वृद्धि का उपाय कर इसके समुचित उपयोग की सूचना दे सकें, साथ-ही-साथ सरकार को एक जागरूकता अभियान भी चलाना चाहिए, जिससे कि पानी का सदुपयोग किया जा सके। अतः कार्यवाहियाँ I और II दोनों ही अनुसरण करती हैं।

6. (*b*) XYZ एक देश है, जहाँ माल का आयात, निर्यात से अधिक है। इसलिए सरकार को देश के संसाधनों का पता लगाना चाहिए और उन्हें निर्यात के लिए नियोजित करना चाहिए और देश में ही आयातित उन वस्तुओं का उत्पादन करने के लिए योजनाओं और कार्यों को शुरू करके देश के आयात को कम करना चाहिए। अतः दोनों कार्यवाहियाँ I और II अनुसरण करती हैं।

7. (*b*) हम जानते हैं, यदि यातायात के नियमों का सही रूप से पालन किया जाए तो, दुर्घटनाएँ कम होंगी। इसलिए सरकार को यातायात नियमों का सख्ती से पालन करने के लिए जागरूकता कार्यक्रम शुरू करने चाहिए। सड़क दुर्घटनाओं का वाहनों के पंजीकरण पर सीमा लगाने से कोई सम्बन्ध नहीं है। अतः केवल क्रियाविधि I अनुसरण करती है।

8. (*a*) A के घर में वोल्टेज के उतार-चढ़ाव से उसके कई नए विद्युत उपकरण खराब हो गए हैं। इसलिए A को एक इलेक्ट्रीशियन से परामर्श लेना चाहिए और वोल्टेज में उतार-चढ़ाव से विद्युत उपकरणों की सुरक्षा के लिए एक युक्ति स्थापित करनी चाहिए। अतः केवल I का अनुसरण किया जाना चाहिए।

9. (*a*) देश X में बेरोजगारी दर बढ़ने से लोग विदेशों में प्रवासन कर रहे हैं। प्रवासन को कम करने के लिए देश X के नागरिकों को आय के वैकल्पिक स्रोत उपलब्ध कराए जाने चाहिए।

अतः केवल कार्यवाही I अनुसरण करती है।

10. (*d*) क्योंकि कम्पनी के वित्तीय लेखा विवरण में गलतियाँ पाया जाना कम्पनी के सभी शामिल कर्मचारियों से सम्बन्धित होगी। कम्पनी को मूल कारण का पता लगाने के लिए और उपचारात्मक कार्यवाही का सुझाव देने के लिए विशेषज्ञों की एक टीम नियुक्त करके सभी शामिल कर्मचारियों की पूरी तरह से जाँच की जानी चाहिए।

अतः कार्यवाहियाँ I और II दोनों का अनुसरण करती हैं।

> **TOP TIPS** सरल समस्याओं के समाधान के लिए त्वरित कार्यवाही से बचना चाहिए बल्कि क्रमबद्ध तरीके से कार्यवाही सम्पन्न होनी चाहिए।

11. (*d*) दोनों कार्यवाहियाँ I व II तर्कसंगत हैं तथा दी गई समस्या के समाधान हेतु उपयुक्त हैं। डायवर्जन को प्रभावी बनाने के लिए जनता को इसकी जानकारी होनी चाहिए साथ ही साथ इससे निपटने के लिए यातायात कर्मियों की संख्या में भी वृद्धि करनी चाहिए।

12. (*c*) दिए गए कथन के अनुसार, कार्यवाहियाँ I और II दोनों ही अनुसरण करती हैं। अस्थमा पीड़ितों की संख्या शहरों में अपेक्षाकृत अधिक है, क्योंकि यहाँ पर वाहनों से धुआँ उत्सर्जन के कारण वायु प्रदूषण अधिक होता है, जिससे साँस लेने में कठिनाई होती है, जिसके लिए सरकार को नियंत्रणकारी कदम उठाने चाहिए। सरकार द्वारा अस्थमा पीड़ितों के लिए न्यूनतम मूल्य पर दवाएँ उपलब्ध करवाना चाहिए।

13. (*d*) जल संरक्षण परियोजनाएँ शुरू करने और आवासीय और वाणिज्यिक भवनों में वर्षा जल संचयन प्रणाली को प्रोत्साहन प्रदान करने से निश्चित रूप से पानी की कमी की समस्या को कम करने में मदद मिलेगी। अतः दोनों कार्यवाहियाँ अनुसरण करती हैं।

14. (*a*) केवल कार्यवाही I अनुसरण करती है। अधिकारी से धन को गिनने में त्रुटि भी हो सकती है अतः धन को पुनः गिनना चाहिए और बैलेन्सशीट से मिलान करना चाहिए। पुलिस को बुलाने का विकल्प बाद में आता है।

15. (*a*) डीजल और पेट्रोल महँगे होने के साथ-साथ पर्यावरण को भी प्रदूषित करते हैं। अतः सरकार द्वारा चरणबद्ध तरीके से डीजल तथा पेट्रोल के वाहन के उत्पादन और बिक्री पर रोक लगाना चाहिए।

अतः कथनानुसार केवल कार्यवाही I सही है।

16. (*a*) कथन के अनुसार, केवल कार्यवाही II तर्कसंगत है।

रितु को तैयारी से पहले अपना समय निर्धारित करना चाहिए और प्रत्येक विषय को पर्याप्त समय देना चाहिए जिससे वह परीक्षा में अपना सर्वश्रेष्ठ प्रदर्शन करेगी।

कार्यवाही I और III असंगत है, क्योंकि कार्यवाही I में विज्ञान विषय की अध्ययन की बात कही गई है। वहीं कार्यवाही III में उसको खेलने से मनाही की गई है, जिससे यह तर्कसंगत नहीं लगता है।

17. (*d*) तस्करी के मामलों का पता लगाने तथा इसे रोकने के लिए एयरपोर्ट प्राधिकरण को कड़ी सावधानी बरतने के लिए कहा जाना चाहिए तथा तस्करी करते हुए पकड़े गए विदेशियों को आजीवन कारावास की सजा दी जानी चाहिए। अतः कार्यवाहियाँ II और III दोनों अनुसरण करती हैं।

18. (*d*) स्कूल प्रबन्धन को वेतन वृद्धि पर विचार करने का आश्वासन देते हुए शिक्षकों को बने रहने के लिए उन्हें खुश करना चाहिए।

अतः केवल कार्यवाही II अनुसरण करती है।

अध्याय

27 कथन एवं कारण (Assertion and Reason)

किसी घटना/विषय में दी गई जानकारी को 'कथन' कहते हैं। यदि दिया गया कथन सत्य है तो उसका कोई-न-कोई वैध कारण होता है। इसमें बौद्धिक ज्ञान के आधार पर दिए गए कथन और उसके कारण की सत्यता की जाँच करनी होती है।

इस अध्याय के अन्तर्गत पूछे जाने वाले प्रश्नों में एक कथन के साथ एक कारण दिया गया होता है। जिसकी सत्यता की जाँच करते हुए यह ज्ञात करना होता है कि कारण, कथन की उचित व्याख्या/हल है या नहीं है।

कथन एवं कारण के अन्तर्गत परीक्षा में पूछे जाने वाले प्रश्नों की प्रकृति के लिए नीचे दिए गए उदाहरणों का ध्यानपूर्वक अध्ययन कीजिए।

निर्देश (उदाहरण सं. 1 और 2) *नीचे दिए गए प्रश्नों में एक कथन* (Assertion) *और एक कारण* (Reason) *दिया गया है। उनके लिए सही विकल्प का चयन करें।*

उत्तर दीजिए

(a) कथन और कारण दोनों सत्य हैं और कारण, कथन की उचित व्याख्या करता है

(b) कथन और कारण दोनों सत्य हैं और कारण, कथन की उचित व्याख्या नहीं करता है

(c) कथन सत्य है, लेकिन कारण असत्य है

(d) कथन असत्य है, लेकिन कारण सत्य है

उदाहरण 1. कथन भारत में विद्युत वितरण कम्पनियाँ विद्युत खपत की गणना KWH (किलोवाट घण्टे) में करती हैं।

कारण भारत में विद्युत प्रणाली 60 Hz आवृत्ति पर काम करती है।

हल (c) भारत में विद्युत वितरण कम्पनियाँ विद्युत खपत की गणना KWH (किलोवाट घण्टे) में करती हैं तथा भारत में विद्युत प्रणाली 60 Hz आवृत्ति पर कार्य नहीं करती है। अतः कथन सत्य तथा कारण असत्य है।

> **Score Booster**
> कथन और कारण दोनों के बीच के सम्बन्ध को निर्धारित करने के लिए कुछ शब्द जैसे- क्योंकि, चूँकि, के कारण और इसलिए आदि शब्द कारण और प्रभाव के सम्बन्ध का संकेत देते है।

उदाहरण 2. कथन दो भिन्न द्रव्यमान वाले कृत्रिम उपग्रह, पृथ्वी के चारों ओर समान वृत्तीय कक्षा में समान चाल से घूमते हैं।

कारण उपग्रह की चाल इसकी कक्षा के अर्द्धव्यास के समानुपाती होती है।

हल (c) पृथ्वी के चारों ओर वृत्तीय कक्षा में उपग्रह एकसमान चाल से पृथ्वी की परिक्रमा करते हैं। जबकि इसकी चाल अपनी कक्षा के अर्द्धव्यास के समानुपाती हो यह आवश्यक नहीं है। अतः कथन सत्य है लेकिन कारण असत्य है।

उदाहरण 3. निम्न कथनों पर विचार कीजिए।

कथन (A) मिट्टी के प्रकार में से मृत्तिका अधिकतम जल धारण करती है।

कारण (R) मृत्तिका में रन्ध्राकाश बड़े आकार के पाए जाते हैं। ***UPPSC 2018***

नीचे दिए गए कूट से सही उत्तर चुनिए।

(a) (A) तथा (R) दोनों सही हैं और (A) का सही स्पष्टीकरण (R) है

(b) (A) तथा (R) दोनों सही हैं किन्तु (A) का सही स्पष्टीकरण (R) नहीं है

(c) (A) सही है, किन्तु (R) गलत है

(d) (A) गलत है, किन्तु (R) सही है

हल (c) मृत्तिका (चिकनी मिट्टी) की संरचना अत्यन्त सूक्ष्म होती है। इसके कणों के आकार अन्य मिट्टियों की तुलना में सर्वाधिक छोटे होते हैं। कणों के बीच न्यून गतिशीलता के कारण और इसके संरचनागत विशेषता के कारण इसमें अधिकतम जल धारण क्षमता होती है। अतः कथन सत्य है लेकिन कारण असत्य है।

> **Trending Concept**
> कथन एवं कारण पर आधारित प्रश्न वर्तमान में हो रही UPPSC, UGC Net परीक्षाओं में पूछे जा रहे हैं। आगामी परीक्षाओं के लिए अति महत्त्वपूर्ण हैं।

उदाहरण 4. निम्न अभिकथन और कारण पर विचार कीजिए।

अभिकथन (A) जनसंचार का सहसम्बन्धात्मक प्रकार्य किसी भी समाज के लिए महत्त्वपूर्ण होता है।

कारण (R) व्याख्यात्मक पहलू जिनमें विज्ञापन और जन-सम्पर्क शामिल हैं, जनता की राय बनाते हैं और उसे प्रभावित करते हैं। ***UGC NET 2019***

नीचे दिए गए कूट से सही उत्तर चुनिए।

(a) A और R दोनों सही हैं तथा R, A की सही व्याख्या है

(b) A और R दोनों सही हैं, परन्तु R, A की सही व्याख्या नहीं है

(c) A सही है, किन्तु R गलत है

(d) A गलत है, किन्तु R सही है

हल (a) जनसंचार किसी भी समाज में एक महत्त्वपूर्ण भूमिका निभाते हैं। जनसंचार अपने तरीके से प्रत्येक स्तर पर समाज को प्रभावित करने की क्षमता रखते हैं। प्रभावित करने के तरीकों में विज्ञापन और जनसंचार इत्यादि शामिल होते हैं। जनसंचार अपने इन माध्यमों से किसी मुद्दे पर जनता एवं समाज की सोच या राय को प्रभावित करते हैं। अतएव अभिकथन (A) और तर्क (R) दोनों सही हैं तथा (R), (A) की सही व्याख्या है।

उदाहरण 5. निम्न कथनों पर विचार कीजिए।

अभिकथन (A) शिमला, दिल्ली की अपेक्षा ठण्डा है।

कारण (R) शिमला, दिल्ली की तुलना में ज्यादा ऊँचाई पर है।

नीचे दिए गए कूट से सही विकल्प का चयन कीजिए।

(a) A सही है, लेकिन R गलत है।

(b) A गलत है, लेकिन R सही है।

(c) A और R दोनों सही हैं और R, A का उचित हल है।

(d) A और R दोनों सही हैं और R, A का उचित हल नहीं है।

> **Helping Tips**
> इस प्रकार के प्रश्नों को हल करने के लिए सामान्य ज्ञान और सामान्य विज्ञान की जानकारी होना अति आवश्यक है।

हल (c) प्रश्न में दिए गए अभिकथन (A) और कारण (R) दोनों सही हैं तथा कारण (R), अभिकथन (A) का उचित हल है। चूँकि ऊँचाई पर जाने पर तापमान घटता है तथा शिमला, दिल्ली की अपेक्षा अधिक ऊँचाई पर स्थित है। इसलिए शिमला का तापमान दिल्ली की अपेक्षा कम है जिसके कारण शिमला में दिल्ली की अपेक्षा अधिक ठण्ड होगी।

Chapter Challenge

निर्देश (प्र. सं. 1-7) *नीचे दिए गए सभी प्रश्नों में एक कथन* (Assertion) *और एक कारण* (Reason) *दिया गया है। आपको कथन और कारण को पढ़ना है और उसके आधार पर उत्तर देना है।*

उत्तर दीजिए

(a) कथन और कारण दोनों सत्य हैं और कारण, कथन की उचित व्याख्या करता है
(b) कथन और कारण दोनों सत्य हैं और कारण, कथन की उचित व्याख्या नहीं करता है
(c) कथन सत्य है, लेकिन कारण असत्य है
(d) कथन असत्य है, लेकिन कारण सत्य है

1. **कथन** भारतीय संविधान मूलत: संघात्मक स्वरूप (federal inform) का है।
कारण अनुच्छेद 352 में राज्यों में संवैधानिक तन्त्र की विफलता की दशा में प्रावधान हैं।

2. **कथन** हमारे सौरमण्डल में शुक्र, सूर्य के बाद आकाश में सबसे अधिक चमकदार पिण्ड है।
कारण हमारे सौरमण्डल में शुक्र, सूर्य से दूसरा ग्रह है।

3. **कथन** एक गर्म उष्ण दिवस में भी खुले तालाब का पानी ठण्डा रहता है।
कारण गर्म होने पर पानी वाष्पीकृत होता है तथा ताप ऊर्जा, गुप्त ऊष्मा में बदल जाती है।

4. **कथन** कैल्शियम और मैग्नीशियम के लवण से युक्त जल के साथ साबुन झाग निर्मित नहीं करता।
कारण दीर्घ श्रृंखला वसीय अम्लों के कैल्शियम और मैग्नीशियम लवण जल में अघुलनशील हैं।

5. **कथन** केंचुआ कृषि के लिए हानिकारक है।
कारण केंचुआ भूमि को छोटे रूप में तोड़ता है और इसे महीन बनाता है।

6. **कथन** अशोक ने कलिंग को मौर्य साम्राज्य में मिला लिया था।
कारण कलिंग दक्षिण भारत को आने वाले स्थलीय एवं समुद्री मार्गों को नियन्त्रित करता था।

7. **कथन** संयुक्त राष्ट्र राज्यों की सम्प्रभुता समानता पर आधारित है।
कारण सुरक्षा परिषद् के स्थायी सदस्यों को वीटो का अधिकार है।

8. दिए गए कथन (A) और कारण (R) को ध्यान से पढ़ें और वह विकल्प चुनें, जो उनके बीच के सम्बन्ध का सटीक वर्णन करता हो।

> ***MRC******
> *(Most Repeating Concepts)*
> प्र. सं. 8, 9, 10, 13 और 14 Examination Point of Views से अति महत्त्वपूर्ण हैं। इन Concept पर प्रश्न Railway तथा State Police के प्रतियोगी परीक्षाओं में निरन्तर पूछे जा रहे हैं।

कथन (A) सभी अभाज्य संख्याएँ विषम संख्याएँ हैं।
कारण (R) अभाज्य संख्याओं को केवल स्वयं से या 1 से विभाजित किया जा सकता है।
RRB NTPC 2021
(a) A और R दोनों सत्य हैं और R, A की सही व्याख्या है
(b) A गलत है, लेकिन R सही है
(c) A और R दोनों गलत हैं
(d) A और R दोनों सत्य हैं, लेकिन R, A की सही व्याख्या नहीं है

9. दिए गए अभिकथन (A) और एक कारण (R) को ध्यान से पढ़ें और विकल्प चुनें जो उनके बीच सम्बन्धों का सही वर्णन करता है।
अभिकथन (A) भारत में ज्यादातर कारें दाहिने हाथ द्वारा चालित कार हैं, यानी ड्राइवर कार के दाईं ओर बैठा होता है।
कारण (R) भारतीय कार कम्पनियों के पास बाएँ हाथ द्वारा चालित कार बनाने का ज्ञान या क्षमता नहीं है। ***RRB NTPC (CBT-I) 2021***
(a) दोनों A और R सत्य है, लेकिन R, A एक की सही व्याख्या नहीं है
(b) A और R दोनों असत्य हैं
(c) A सत्य है, लेकिन R असत्य है
(d) A और R दोनों सत्य हैं और R, A की सही व्याख्या करता है

10. दिए गए कथनों (कथन और कारण) को ध्यान से पढ़ें और उनके सम्बन्ध में सबसे उपयुक्त विकल्प का चयन करें।
कथन (A) पेड़ गुरुत्वाकर्षण के विपरीत बढ़ते हैं।
कारण (R) प्रकृति गुरुत्वाकर्षण के नियम का उल्लंघन करती है।
[RRB NTPC 2021]
(a) A और R दोनों गलत हैं
(b) A और R दोनों सत्य हैं और R, A का सही स्पष्टीकरण है
(c) A और R दोनों सत्य हैं, लेकिन R, A का सही स्पष्टीकरण नहीं है
(d) A सत्य है, लेकिन R गलत है

11. नीचे एक कथन दिया गया है जिसके बाद I और II के रूप में क्रमांकित दो सम्भावित कारण दिए गए हैं। कथन को ध्यानपूर्वक पढ़िए और तय कीजिए कि दोनों में से कौन-सा/से कारण कथन में दी गई घटना/अवलोकन/सूचना की व्याख्या करता है/करते हैं?
कथन
भारत में, बड़े शहरों ने देश के ग्रामीण हिस्सों से प्रवासी आबादी को आकर्षित किया है। 2011 की जनगणना के अनुसार, भारत के छह सबसे बड़े महानगरों (दिल्ली, मुम्बई, चेन्नई, बेंगलुरु, कोलकाता और हैदराबाद) में लगभग 48% निवासी प्रवासी थे।
कारण
I. शहरों में बेहतर भविष्य और आर्थिक सम्भावनाओं की उपलब्धता के कारण प्रवास होता है।
II. प्रवास इसलिए होता है क्योंकि व्यक्ति यात्रा करना और नए शहरों को देखना पसन्द करते हैं। ***SSC CGL (Tier-II) 2023***
(a) I और II दोनों सम्भावित कारण हैं
(b) केवल I सम्भावित कारण है
(c) न तो I और न ही II सम्भावित कारण है
(d) केवल II सम्भावित कारण है

12. निम्नलिखित प्रश्न में दो कथन हैं जिनमें से एक को ''अभिकथन'' और दूसरे को ''कारण'' के रूप में लेबल किया गया है। आपको इन दोनों कथनों की सावधानीपूर्वक जाँच करनी है और दिए गए विकल्पों में से प्रश्न का सही उत्तर चुनना है।
अभिकथन (A) जीवाश्म ईंधन से प्राप्त ऊर्जा हरित ऊर्जा नहीं है।
कारण (R) पेट्रोल, डीजल या प्राकृतिक गैस जैसे जीवाश्म ईंधन को जलाने पर जहरीली गैसें और कालिख के कण निकलते हैं।
कूट ***MP Police Constable 2023***
(a) A सत्य है, लेकिन R असत्य है
(b) A और R दोनों असत्य हैं
(c) A असत्य है, लेकिन R सत्य है
(d) A और R दोनों सत्य हैं

13. निम्न कथनों पर विचार कीजिए।

कथन (A) कन्नौज 'इत्र' का शहर है।

कारण (R) कन्नौज शहर के सभी निवासियों के यहाँ इत्र का उद्योग है। *UPPSC 2018*

नीचे दिए गए कूट से सही उत्तर चुनिए।

(a) A तथा R दोनों सही हैं और A का सही स्पष्टीकरण R है
(b) A तथा R दोनों सही हैं, किन्तु A का सही स्पष्टीकरण R नहीं है
(c) A सही है, किन्तु R गलत है
(d) A गलत है, किन्तु R सही है

14. दिए गए प्रश्न का उत्तर देने के लिए निम्नलिखित जानकारी पढ़ें।

चाय बनाने वाला ब्राण्ड V, चाय की नई रेडी-टू-मिक्स पैकेजिंग पेश करता है। लेकिन, प्रोडक्ट लॉन्च होने के कुछ ही समय बाद इसे बाजार से अपना प्रोडक्ट वापस लेना पड़ा, इससे उसे भारी नुकसान का सामना करना पड़ा। निम्नलिखित में से कौन-सा बाजार से नए उत्पाद की वापसी का कारण नहीं हो सकता है? *IBPS Clerk Mains 2017*

(a) चाय केवल एक ही स्वाद में उपलब्ध थी
(b) मीडिया परिरक्षकों ने कहा कि चाय में स्वीकार्य सीमा से अधिक परिरक्षक मौजूद हैं
(c) रेडी-टू-मिक्स चाय केवल बड़ी पैकेजिंग में थी
(d) चाय की कीमतें नियमित उपयोग की अन्य वस्तुओं की तुलना में असामान्य रूप से अधिक थी
(e) चाय के साथ मुफ्त उपहार वाउचर की योजना उत्पाद लॉन्च के 15 दिनों के अन्दर ही बाजार से वापस ले ली गई थी

15. अभिकथन (A) अधिकांश प्राचीन सभ्यताएँ नदियों के पास विकसित हुई थीं।

कारण (R) मनुष्य का मुख्य व्यवसाय कृषि था।

(a) A सही है, लेकिन R गलत है
(b) A गलत है, लेकिन R सही है
(c) A और R दोनों सही हैं और R, A का उचित हल है
(d) A और R दोनों सही हैं लेकिन R, A का उचित हल नहीं है

16. अभिकथन (A) साँस के साथ कार्बन मोनोऑक्साइड जाने पर यह मौत का कारण बनता है।

कारण (R) कार्बन मोनोऑक्साइड हीमोग्लोबिन में मिल जाती है।

(a) A सही है, लेकिन R गलत है
(b) A गलत है, लेकिन R सही है
(c) A और R दोनों सही हैं और R, A का उचित हल है
(d) A और R दोनों सही हैं लेकिन R, A का उचित हल नहीं है

17. अभिकथन (A) 'O' रक्त समूह वाले व्यक्ति को यूनिवर्सल प्राप्तकर्ता माना जाता है।

कारण (R) 'O' प्रकार के रक्त में कोई ऐण्टिजन नहीं होता है।

(a) A सही है, लेकिन R गलत है
(b) A गलत है, लेकिन R सही है
(c) A और R दोनों सही हैं और R, A का उचित हल है
(d) A और R दोनों सही हैं लेकिन R, A का उचित हल नहीं है

18. अभिकथन (A) समुद्री मछली समुद्र का पानी पीती हैं, वहीं मीठे जल की मछली कभी पानी नहीं पीती हैं।

कारण (R) समुद्री मछली अपने पर्यावरण के लिए अतिपरासरी (hypertonic) हैं, जबकि मीठे जल की मछली अपने पर्यावरण के लिए अल्पपरासरी (hypotonic) हैं।

(a) A और R दोनों सही हैं, लेकिन R, A का हल नहीं है
(b) A और R दोनों सही हैं, और R, A का हल है
(c) A सही है, लेकिन R गलत है
(d) A गलत है, लेकिन R सही है

19. अभिकथन (A) 100°C के तापमान को मापने के लिए थर्मामीटर में पारे की जगह एल्कोहॉल का प्रयोग किया जाता है।

कारण (R) एल्कोहॉल का हिमांक पारे की तुलना में कम होता है।

(a) A और R दोनों सही हैं, लेकिन R, A का हल नहीं है
(b) A और R दोनों सही हैं, तथा R, A का हल है
(c) A सही है, लेकिन R गलत है
(d) A गलत है, लेकिन R सही है

20. अभिकथन (A) भारत में स्मार्टफोन उपयोगकर्ताओं की संख्या में तेजी से वृद्धि होती हुई दिख रही हैं।

कारण (R) उत्तम 3G और 4G कवरेज सस्ती कीमत के साथ हैं।

(a) A सही है, लेकिन R गलत है
(b) A गलत है, लेकिन R सही है
(c) A और R दोनों सही हैं तथा R, A का उचित हल है
(d) A और R दोनों सही हैं लेकिन R, A का उचित हल नहीं है

Right Key

1. (b)	2. (b)	3. (a)	4. (a)	5. (d)	6. (a)	7. (b)	8. (b)	9. (c)	10. (d)
11. (b)	12. (d)	13. (c)	14. (c)	15. (d)	16. (c)	17. (b)	18. (b)	19. (b)	20. (c)

Solutions

1. (b) भारतीय संविधान मूलत: संघात्मक स्वरूप का है और संविधान के अनुच्छेद 352 में राज्यों में संवैधानिक तन्त्र की विफलता की दशा का प्रावधान है। अत: कथन और कारण दोनों सत्य हैं लेकिन कारण कथन की उचित व्याख्या नहीं करता है।

2. (b) कथन के अनुसार शुक्र सूर्य के बाद आकाश में सबसे चमकीला पिण्ड है। यह सत्य है क्योंकि शुक्र को अक्सर 'शाम का तारा' या 'सुबह का तारा' कहा जाता है और यह पृथ्वी से आसानी से दिखाई देता है। साथ ही शुक्र हमारे सौरमण्डल में सूर्य से दूसरा ग्रह है शुक्र की चमक इसकी उच्च परावर्तकता और अन्य ग्रहों की तुलना में पृथ्वी के अधिक निकट होने के कारण है। अत: कथन और कारण दोनों सत्य हैं और कारण, कथन की उचित व्याख्या नहीं करता है।

3. (a) गर्मी के दिनों में तालाब का पानी गर्म होने पर वाष्प में परिवर्तित हो जाता है और वाष्पीकृत होने के कारण ताप ऊष्मा, गुप्त ऊष्मा में बदल जाती है और तालाब का पानी गर्मी के दिनों में भी ठण्डा रहता है।
अत: कथन और कारण दोनों सत्य हैं और कारण, कथन की उचित व्याख्या करता है।

4. (a) साबुन, कैल्शियम और मैग्नीशियम लवण युक्त जल में अघुलनशील होता है, जिसके कारण साबुन झाग नहीं बना पाता है।
अत: कथन और कारण दोनों सत्य हैं और कारण, कथन की उचित व्याख्या करता है।

5. (d) केंचुए के बिल से मिट्टी की सरंध्रता में वृद्धि होती है, जिससे मिट्टी में मिलने वाली हवा और पानी की मात्रा बढ़ जाती है। सरंध्रता बढ़ने से घनत्व भी कम हो जाता है जिससे फसल की जड़ विकास बढ़ जाता है। अत: कथन असत्य है लेकिन कारण सत्य है।

6. (a) कलिंग (ओडिशा) दक्षिण भारत में समुद्र के किनारे स्थित एक राज्य था, जिस पर सम्राट अशोक ने आक्रमण कर उसे मौर्य साम्राज्य में मिला लिया क्योंकि कलिंग दक्षिण भारत के लिए भूमि और समुद्री मार्गों को नियन्त्रित करता था।
अत: कथन और कारण दोनों सत्य हैं और कारण, कथन की उचित व्याख्या करता है।

7. (b) सैद्धान्तिक रूप में संयुक्त राष्ट्र सदस्यों की सम्प्रभुता समानता के सिद्धान्त पर आधारित है परन्तु चार्टर में इस सिद्धान्त के अनेक अपवाद भी दिए गए हैं। उदाहरण के लिए, चार्टर के अनुच्छेद 27 में पाँच देशों अमेरिका, ब्रिटेन, चीन, रूस तथा फ्रांस को वीटो का अधिकार दिया गया है। यदि इनमें से कोई भी देश नकारात्मक मत का प्रयोग करता है, तो सुरक्षा परिषद् निर्णय लेने में असमर्थ हो जाता है।
अत: कथन और कारण दोनों सत्य हैं और कारण, कथन की उचित व्याख्या नहीं करता है।

> **TOP TIPS** कथन और कारण दोनों के सत्य होने की स्थिति में कारण का ध्यानपूर्वक विश्लेषण करना चाहिए ताकि व्याख्या करने या न करने का ज्ञान हो सके।

8. (b) A गलत है, लेकिन R सत्य है। अभाज्य संख्याएँ वे संख्याएँ होती हैं, जिन्हें स्वयं और केवल 1 से विभाजित किया जा सकता है, लेकिन यह आवश्यक नहीं है कि सभी अभाज्य संख्याएँ विषम संख्याएँ ही हों, क्योंकि 2 एक सम अभाज्य संख्या है।

9. (c) A सत्य है, लेकिन R असत्य है। भारत में ड्राइवर कार के दाईं ओर बैठा होता है। लेकिन भारतीय कार कम्पनियाँ विदेशों के लिए बाएँ हाथ द्वारा चालित कार भी बनाती हैं।

10. (d) A सत्य है, लेकिन R गलत है। पृथ्वी की गुरुत्वाकर्षण शक्ति प्रत्येक वस्तु को अपनी ओर आकर्षित करती है और पेड़ गुरुत्वाकर्षण के विपरीत बढ़ते हैं, लेकिन प्रकृति गुरुत्वाकर्षण के नियमों का पालन करती है। वह गुरुत्वाकर्षण के नियमों का उल्लंघन नहीं करती है।

11. (b) लोग बड़े शहरों की ओर आकर्षित होते हैं, क्योंकि शहरों में बेहतर भविष्य और आर्थिक सम्भावनाओं की उपलब्धता होती है। अत: केवल I सम्भावित कारण है।

12. (d) जीवाश्म ईंधन बनने की क्रिया जीवाश्मीकरण कहलाती है। पेट्रोल, डीजल या प्राकृतिक गैस जैसे जीवाश्म ईंधन को जलाने पर जहरीली गैसें और कालिख कण निकलते हैं, जो वातावरण को दूषित करते हैं। अत: ये हरित ऊर्जा नहीं है। अत: अभिकथन और कारण दोनों सत्य हैं।

13. (c) कन्नौज, उत्तर प्रदेश का एक ऐसा शहर है, जो दुनिया भर में इत्र के शहर के नाम से प्रसिद्ध है, परन्तु यह स्पष्ट नहीं है कि कन्नौज में सभी निवासियों के यहाँ इत्र का उद्योग है। अत: A सही है, किन्तु R गलत है।

14. (c) बाजार से नए उत्पाद की वापसी चाय के पैकेजिंग आकार के कारण नहीं हो सकती है।

15. (d) हालाँकि प्राचीन काल में मनुष्य का मुख्य व्यवसाय कृषि था, परन्तु प्राचीन सभ्यताओं का नदियों के पास विकसित होने का मुख्य कारण आसानी से जल उपलब्ध होना था, जिससे दैनिक जीवन व मवेशियों के जल की आवश्यकता आसानी से पूरी होती थी।
अत: अभिकथन (A) और कारण (R) दोनों सही हैं, परन्तु R, A का उचित हल नहीं है।

16. (c) कार्बन मोनोऑक्साइड हीमोग्लोबिन में मिलकर व्यक्ति की मौत का कारण बनती है। कार्बन मोनोऑक्साइड (CO) हीमोग्लोबिन से बहुत शीघ्र जुड़ जाती है जिससे रक्त ऑक्सीजन (O_2) का परिवहन नहीं कर पाता है।
अत: अभिकथन (A) तथा कारण (R) दोनों सही हैं तथा R, A का उचित हल है।

17. (b) रक्त समूह 'O' सर्वदाता है। यह सभी समूह के व्यक्तियों को रक्त दान कर सकता है, जबकि AB समूह सर्वग्राही है। 'O' प्रकार के रक्त में कोई ऐण्टिजन नहीं होता है। अत: अभिकथन (A) गलत है, लेकिन कारण (R) सही है।

18. (b) मीठे जल की मछली अपने पर्यावरण के लिए अल्पपरासरी हैं। जबकि समुद्री मछली अपने पर्यावरण के लिए अतिपरासरी हैं। अत: अभिकथन (A) तथा कारण (R) दोनों सही हैं और R, A का हल है।

19. (b) चूँकि एल्कोहॉल का हिमांक पारे की तुलना में कम होता है। इसलिए 100°C के तापमान को मापने के लिए थर्मामीटर में पारे की जगह एल्कोहॉल का प्रयोग किया जाता है। अत: अभिकथन (A) और कारण (R) दोनों सही हैं और R, A का हल है।

20. (c) भारत में 3G और 4G सर्विस सस्ती कीमत पर मिल रही हैं इसलिए स्मार्टफोन उपयोगकर्ताओं की संख्या बढ़ रही है क्योंकि लोगों को 3G और 4G सर्विस का उपयोग करने के लिए स्मार्टफोन की आवश्यकता होती है।
अत: अभिकथन (A) और कारण (R) दोनों सही हैं तथा R, A का उचित हल है।

अध्याय

28 कारण एवं प्रभाव (Cause and Effect)

कारण एवं प्रभाव

यह एक सार्वभौमिक तथ्य है कि कोई भी घटना घटने पर उसका एक कारण और परिणाम/प्रभाव अवश्य होता है। सही कारण वह होता है जो घटना के लिए वैज्ञानिक दृष्टिकोण से सत्य और सर्वमान्य हो। मान्यता या कल्पना आधारित कारणों को अनुचित माना जाता है। जैसे-कोई कहे कि बिल्ली के रास्ता काटने से कार दुर्घटनाग्रस्त हुई, तो यह वैज्ञानिक दृष्टि से तर्कसंगत नहीं हैं। दुर्घटना का कारण बिल्ली का रास्ता काटना नहीं हो सकता, क्योंकि यह एक मान्यता पर आधारित हैं।

दो कथनों पर आधारित

इसके अन्तर्गत पूछे जाने वाले प्रश्नों में दो कथन दिए गए होते हैं, ये कथन या तो स्वतन्त्र कारण हो सकते हैं या स्वतन्त्र कारणों या सामान्य कारणों के प्रभाव हो सकते हैं या इनमें से एक कथन कारण तथा दूसरा कथन उस कारण का प्रभाव हो सकता है।

जैसे-निम्नलिखित प्रश्न में, दो कथन I और II दिए गए हैं। इनमें कथन एवं कारण का सम्बन्ध हो सकता है या स्वतन्त्र कारण हो सकते हैं या स्वतन्त्र कारणों के प्रभाव हो सकते हैं।

(a) कथन I कारण और कथन II प्रभाव है
(b) कथन II कारण और कथन I प्रभाव है
(c) कथन I और II दोनों सामान्य कारण के प्रभाव हैं
(d) कथन I और II दोनों स्वतन्त्र कारणों के प्रभाव हैं

कथन

I. स्कूल के अधिकांश छात्र वार्षिक परीक्षा में गणित में पास हो गए।
II. स्कूल के अधिकांश छात्र वार्षिक परीक्षा में अंग्रेजी में फेल हो गए।

हल (*d*) स्कूल के अधिकांश छात्र वार्षिक परीक्षा में गणित में पास हो गए तथा अधिकांश छात्र वार्षिक परीक्षा में अंग्रेजी में फेल हो गए, ये दोनों ही कथन अलग-अलग हैं। इन दोनों कथनों का आपस में कोई सम्बन्ध नहीं है। अतः कहा जा सकता है कि दोनों ही कथन स्वतन्त्र कारणों के प्रभाव हैं।

दो से अधिक कथनों/प्रभावों पर आधारित

इसके अन्तर्गत पूछे जाने वाले प्रश्नों में दो या दो से अधिक कथन होते हैं। जो या तो कारण या प्रभाव या दोनों हो सकते हैं। इनमें से हम कारण एवं प्रभाव को ज्ञात करते हैं, जो कि स्वतन्त्र कारणों पर भी आधारित हो सकते हैं।

जैसे-कथन सरकार ने राज्य में आठ लेन वाला सुपर हाइवे बनाने का निर्णय किया है। ताकि वाहन तेज गति से आ जा सके।
निम्नलिखित में से कौन-सा एक प्रभाव हो सकता है। जो उपरोक्त कथन में अन्तर्निहित है?

(a) प्रस्तावित सुपर हाइवे का निर्माण करने के लिए सरकार के पास पर्याप्त संसाधन है।
(b) राज्य के लोग सरकार के इस फैसले का विरोध कर सकते हैं। क्योंकि हाइवे बनाने के लिए सरकार उनकी कृषि भूमि ले लेगी।
(c) हाइवे का निर्माण करने के लिए उचित ठेकेदार का नामांकन करना सरकार के लिए कठिन हो सकता है।
(d) राज्य में और कोई हाइवे नहीं है, जिसे वस्तुओं के परिवहन के लिए प्रयोग किया जा सके।

हल (*a*) सरकार ने राज्य में आठ-लेन वाला सुपर हाइवे बनाने का निर्णय किया है। ताकि वाहन तेज-गति से आ जा सके। दिए गए कथन से यह अनुमान लगाया जा सकता है कि प्रस्तावित सुपर हाइवे का निर्माण करने के लिए सरकार के पास पर्याप्त मात्रा में संसाधन है।

Score Booster

कारण एवं प्रभाव पर आधारित प्रश्नों में कथनों के अनुसार ही उनके बीच विद्यमान सम्बन्ध को ध्यानपूर्वक समझकर निर्णय करना चाहिए।

Exam Approach Examples

दो कथनों पर आधारित

निर्देश (उदा. सं. 1 और 2) *नीचे प्रत्येक प्रश्न में दो कथन I और II दिए गए हैं। ये कथन या तो स्वतन्त्र कारण हो सकते हैं या स्वतन्त्र कारणों या सामान्य कारणों के प्रभाव हो सकते हैं। इनमें से एक कथन दूसरे कथन का परिणाम हो सकता है। दोनों कथनों को पढ़िए और तय कीजिए कि निम्नलिखित में से किस उत्तर विकल्प का चुनाव इन दोनों कथनों के बीच सही सम्बन्ध बताता है?*

उदाहरण 1. कथन

I. देर रात तक पुलिस ने चौकसी बढ़ा दी है

II. देर रात में छोटे-मोटे अपराधों की घटनाओं में कमी आई है।

RRB NTPC 2021

(a) कथन I और II दोनों एक ही कारण के प्रभाव हैं
(b) कथन I और II दोनों स्वतन्त्र कारण हैं
(c) कथन I सम्भावित कारण है और कथन II इसका सम्भावित प्रभाव है
(d) कथन II सम्भावित कारण है और कथन I इसका सम्भावित प्रभाव है

Trending Concept
दो कथनों पर आधारित प्रश्न वर्तमान में हो रही परीक्षाओं (Group D, NTPC, CBT) में पूछे जा रहे हैं। आगामी परीक्षाओं के लिए अति महत्त्वपूर्ण हैं।

हल (c) पुलिस ने देर रात के दौरान सतर्कता बढ़ा दी है, सम्भावित कारण है और देर रात चौकसी में छोटे/मोटे अपराधों की घटनाओं में कमी आई है, यह इसका सम्भावित प्रभाव है।

उदाहरण 2. कथन

I. 'शहर के दूरस्थ उपनगरों में जवाहरातों की दुकानों में कई बार चोरी की घटनाएँ रिकॉर्ड की गई हैं।

II. शहर और उपनगरों के दुकानदारों ने सुरक्षा की स्थिति में सुधार हेतु पुलिस प्राधिकरण से माँग की है।

(a) कथन I कारण है और कथन II प्रभाव है
(b) कथन II कारण है और कथन I प्रभाव है
(c) कथन I और II दोनों स्वतन्त्र कारण हैं
(d) कथन I और II दोनों स्वतन्त्र कारणों के प्रभाव हैं

हल (a) शहर के दूरस्थ उपनगरों में जवाहरातों की दुकानों में कई बार चोरी की घटनाएँ रिकॉर्ड की गई हैं जिसके कारण शहर और उपनगरों के दुकानदारों ने सुरक्षा की स्थिति में सुधार हेतु पुलिस प्राधिकरण से माँग की है। अत: कथन I कारण तथा कथन II उसका प्रभाव है।

उदाहरण 3. दिए गए प्रश्न में दो कथन I तथा II दिए गए हैं। ये कथन या तो स्वतन्त्र कारण हो सकते हैं या स्वतन्त्र कारणों या सामान्य कारणों के परिणाम हो सकते हैं। इनमें से एक कथन दूसरे कथन का परिणाम हो सकता है। दोनों कथनों को पढ़िए और तय कीजिए कि निम्नलिखित में से किस उत्तर का चुनाव इन दोनों कथनों के बीच सही सम्बन्ध बताता है?

कथन

I. बहुत से पौधों तथा जानवरों की प्रजातियाँ समय बीतने के साथ विलुप्त होती जा रही हैं तथा पारिस्थितिक सन्तुलन बिगड़ता जा रहा है।

II. आधारिक संरचना की वृद्धि तथा नगरों एवं शहरों के विस्तार के लिए बड़े पैमाने पर वनों की कटाई हो रही है।

(a) कथन I और II दोनों स्वतन्त्र कारण हैं
(b) कथन II कारण है तथा कथन I परिणाम है
(c) कथन I कारण है तथा कथन II परिणाम है
(d) कथन I और II दोनों किसी सामान्य कारण के परिणाम हैं
(e) कथन I और II दोनों स्वतन्त्र कारणों के परिणाम हैं

हल (a) दिए गए दोनों कथनों के आधार पर कहा जा सकता है कि समय बीतने के साथ पौधों तथा जानवरों की प्रजातियाँ लुप्त होना तथा नगरों एवं शहरों के विस्तार के लिए बड़े पैमाने पर वनों की कटाई होना दोनों अलग-अलग चीजें हैं। अत: कहा जा सकता है कि कथन I तथा II दोनों ही स्वतन्त्र कारण हैं।

दो से अधिक कथनों/प्रभावों पर आधारित

उदाहरण 4. कथन सीमेण्ट विनिर्माता कम्पनियों ने तत्काल प्रभाव से सीमेण्ट की कीमतों में लगभग 15% वृद्धि कर दी है।

निम्नलिखित में से कौन-सा/से उपरोक्त कथन का/के सम्भावित प्रभाव है/हैं?

I. सरकार सीमेण्ट विनिर्माता कम्पनियों को, कीमत वृद्धि घटा कर 5% करने के निर्देश देगी।

II. रिहायशी फ्लैटों और वाणिज्यिक कम्पनियों की कीमतों में वृद्धि का रुख दिखेगा।

III. निर्माण कम्पनियाँ, चल रही सभी निर्माण परियोजनाओं को तत्काल प्रभाव से रोक सकती हैं।

(a) केवल कथन II
(b) केवल कथन I
(c) केवल कथन III
(d) कथन II और कथन III

Helping Tips
उपरोक्त प्रश्नों में कारण सदैव प्रभाव के पहले घटित होता है। इसलिए पहले यह ज्ञात करना चाहिए कि प्रभाव क्या हैं?

हल (d) दिए गए कथन के केवल II और III प्रभाव हो सकते हैं, क्योंकि सीमेण्ट विनिर्माता कम्पनियों ने तत्काल प्रभाव से सीमेण्ट की कीमतों में लगभग 15% वृद्धि कर दी है। इस कारण का सम्भावित प्रभाव यह होगा कि रिहायशी फ्लैटों और वाणिज्यक कम्पनियों की कीमतों में वृद्धि का रुख दिखेगा, साथ ही ऐसा भी हो सकता है कि निर्माण कम्पनियाँ, निर्माण परियोजनाओं को तत्काल प्रभाव से रोक दे।

उदाहरण 5. कथन मानसून के पहले दो महीनों में शहर की सड़कों की हालत बहुत अधिक खराब हो गई है और सड़कों पर बड़े-बड़े गड्ढे पड़ गए हैं। उपरोक्त कथन का सम्भावित प्रभाव निम्न में से कौन-सा हो सकता है?

(a) नगर निगम में मानसून आरम्भ होने से पहले अच्छी क्वालिटी के सामान के साथ शहर की सड़कों की मरम्मत की थी
(b) शहर के अन्दर सड़क से नियमित रूप से लम्बी दूरी की यात्रा करने के बाद बड़ी संख्या में लोगों को रीढ़ की हड्डी से जुड़ी चोटे लगी हैं
(c) विगत में सड़कों की मरम्मत के लिए ठेकेदारों का चुनाव करने में नगर निगम सावधान रहा है
(d) मानसून के महीनों में लोग हमेशा सड़कों पर गड्ढों की शिकायत करते हैं
(e) उपरोक्त में से कोई नहीं

हल (e) दिए गए कथनानुसार, उपरोक्त में से कोई भी प्रभाव सम्भावित नहीं हो सकता है।

Chapter Challenge

दो कथनों पर आधारित

1. दी गई जानकारी से परे कुछ भी माने बिना, घटना A और घटना B के बीच सम्बन्ध की सही प्रकृति का चयन कीजिए।
घटना A. रोनित दन्त चिकित्सक के पास गया।
घटना B. रोनित के दान्त में दर्द था। ***RRB NTPC 2021***

(a) घटना B प्रभाव है और घटना A इसका तत्काल और प्रमुख कारण है
(b) घटना A प्रभाव है लेकिन घटना B इसका तत्काल और प्रमुख कारण नहीं है
(c) घटना B प्रभाव है लेकिन घटना A इसका तत्काल और प्रमुख कारण नहीं है
(d) घटना A प्रभाव है और घटना B इसका तत्काल और प्रमुख कारण है

MRC***
(Most Repeating Concepts)
प्र. सं. 1, 2, 3, 4, 5, 6, 8, 9, 10, 11 और 12 Examination Point of View से अति महत्त्वपूर्ण हैं। इन Concept पर प्रश्न सभी प्रतियोगी परीक्षाओं जैसे RRB, NTPC, UPSSSC 2018 में निरन्तर पूछे जा रहे हैं।

निर्देश (प्र. सं. 2 और 3) *निम्नलिखित प्रत्येक प्रश्न में, दो कथन I और II दिए गए हैं। इसमें कथन एवं कारण का सम्बन्ध हो सकता है या स्वतन्त्र कारण हो सकते हैं या स्वतन्त्र कारणों के प्रभाव हो सकते हैं।* ***UPSSSC 2016***

उत्तर दीजिए
(a) कथन I कारण है और कथन II इसका प्रभाव है
(b) कथन II कारण है और कथन I इसका प्रभाव है
(c) कथन I और II दोनों ही स्वतन्त्र कारण हैं
(d) कथन I और II दोनों ही स्वतन्त्र कारणों के प्रभाव हैं

2. कथन
I. गत कुछ महीनों से घरेलू बाजार में पेट्रोल और डीजल की कीमतें अपरिवर्तित रही हैं।
II. गत कुछ महीनों में अन्तर्राष्ट्रीय बाजार में क्रुड ऑयल की कीमतें भरपूर ऊँची गई हैं।

3. कथन
I. समाज के सभी वर्गों द्वारा योगा और व्यायाम का महत्त्व स्वीकार किया गया है।
II. समाज के विशेषकर मध्यवर्गीय समूह के लोगों में स्वास्थ्य के प्रति जागरूकता बढ़ी है।

निर्देश (प्र. सं. 4-6) *नीचे दिए गए प्रश्नों में, प्रत्येक प्रश्न में दो कथन I तथा II दिए गए हैं। यह कथन स्वतन्त्र घटनाओं के कारण, उनके प्रभाव, स्वतन्त्र घटनाएँ या स्वतन्त्र कारण हो सकते हैं। इनमें से एक कथन दूसरे का परिणाम हो सकता है। दोनों कथनों को पढ़िए और तय कीजिए कि निम्नलिखित में से कौन-सा उत्तर विकल्प इन दो कथनों के बीच सही सम्बन्ध दर्शाता है?*

उत्तर दीजिए
(a) यदि कथन I कारण और कथन II परिणाम है
(b) यदि कथन II कारण और कथन I परिणाम है
(c) यदि कथन I और II दोनों ही स्वतन्त्र कारण हैं
(d) यदि कथन I और II दोनों ही स्वतन्त्र कारणों के परिणाम हैं
(e) यदि दोनों कथन किसी सामान्य कारण के परिणाम हैं

4. कथन
I. यह समाज के प्रत्येक व्यक्ति का नैतिक कर्त्तव्य है कि वह अपने देश के सभी देशवासियों के स्वास्थ्य की सुरक्षा के लिए वायु प्रदूषण कम करने के लिए बेहतर प्रयास करें।
II. हमारे देश में वायु प्रदूषण की जबरदस्त बढ़ती मात्रा के कारण बहुत से लोग अस्थमा से प्रभावित हो रहे हैं।

5. कथन
I. दिल्ली में प्रत्येक स्थान पर भूजल स्तर में पिछले वर्ष होने वाली मानसूनी वर्षा के कारण वृद्धि हुई है।
II. गत वर्ष रेल पटरियों पर पानी आ जाने के कारण बहुत सी ट्रेनों को रद्द करना पड़ा।

6. कथन
I. सरकार ने अभी हाल ही में अनाधिकृत इन्स्टीट्यूटों में व्यावसायिक कोर्सों के लिए फीस निर्धारित की है।
II. पिछले वर्ष अनाधिकृत इन्स्टीट्यूटों में पढ़ने वाले छात्रों के अभिभावकों ने मानक से निर्धारित फीस से अधिक फीस लेने पर प्रदर्शन किया था।

निर्देश (प्र. सं. 7-11) *नीचे प्रत्येक प्रश्न में दो कथन I और II दिए गए हैं। ये कथन या तो स्वतन्त्र कारण हो सकते हैं या स्वतन्त्र कारणों के प्रभाव हो सकते हैं। इनमें से एक कथन दूसरे कथन का प्रभाव हो सकता है। दोनों कथनों को पढ़िए और तय कीजिए कि निम्नलिखित में से कौन-सा उत्तर विकल्प इन दो कथनों के बीच का सही सम्बन्ध दर्शाता है?*

उत्तर दीजिए
(a) कथन I कारण और कथन II इसका प्रभाव है
(b) कथन II कारण और कथन I इसका प्रभाव है
(c) कथन I और II दोनों ही स्वतन्त्र कारण हैं
(d) कथन I और II दोनों ही स्वतन्त्र कारणों के प्रभाव हैं
(e) दोनों कथन किसी सामान्य कारण के प्रभाव हैं

7. कथन
I. अगले 48 घण्टों में शहरी इलाके में भारी वर्षा की सम्भावना है।
II. सप्ताह में होने वाला इण्टर-क्लब क्रिकेट टूर्नामेण्ट रद्द कर दिया गया है।

8. कथन
I. यद्यपि ग्रामीण भारत में मोबाइल फोनों के प्रयोगकर्ताओं की संख्या बहुत है, फिर भी कम्प्यूटर और इण्टरनेट दूर का सपना है।
II. हाल ही में बड़े पैमाने में ग्रामीण क्षेत्रों से लोग शहरी क्षेत्रों में स्थानान्तरित हुए हैं।

9. कथन
I. म्यूनिसिपल अथॉरिटी ने अगले दो दिन के लिए शहर के सभी स्कूलों को बन्द करने के लिए कहा।
II. अगले दो दिन में शहर में एक बड़े तूफान के आने की सम्भावना है।

10. कथन
I. कम्पनी के बहुसंख्यक शेयरधारकों ने अल्पसंख्यक शेयरधारकों के शेयरों को खरीदने का निर्णय लिया।
II. कम्पनी को पिछली तीन तिमाहियों से हानि हो रही है।

11. कथन
I. शाम के समय सड़के वाहनों से ठसा-ठस भरी रहती हैं, जिससे वाहनों की गति बहुत कम हो जाती है।
II. पिछले कुछ समय से हवा में प्रदूषण के स्तर में बहुत अधिक वृद्धि हुई है।

दो से अधिक कथनों/प्रभावों पर आधारित

12. पिछले छः महीनों में चौपहिया वाहनों की बिक्री में पिछले वर्ष इसी अवधि में बेचे गए चौपहिया वाहनों की संख्या की तुलना में बहुत कमी आई है।
उपरोक्त परिघटना का सम्भावित कारण निम्न में से कौन-सा/से हो सकता/ते है/हैं?
कथन
I. सरकार ने इस वर्ष के आरम्भ में चौपहिया वाहनों पर अधिक उत्पाद शुल्क लगा दिया है।
II. पिछले आठ माह में पेट्रोल की कीमतों में बहुत वृद्धि हुई है।
III. पिछले सात माह से आवास और कार ऋणों पर ब्याज की दर बढ़ती जा रही है।
(a) कथन I, II और III (b) कथन I और III
(c) कथन II और III (d) केवल कथन II
(e) केवल कथन I

13. कथन राज्य की सभी प्रमुख नदियाँ पिछले कुछ हफ्तों से खतरे के निशान से काफी ऊपर बह रही है। निम्नलिखित में से कौन-सा/से उपरोक्त कारण का/के सम्भावित परिणाम है/हैं?
I. नदी के तटों के नजदीक बसे बहुत-से गाँव डूब गए, जिससे निवासियों को भागना पड़ा।
II. सरकार ने नदी तटों के नजदीक रहने वाले सभी प्रभावित ग्रामवासियों को वैकल्पिक आश्रय देने का निर्णय लिया है।
III. सारे राज्य को भारी बाढ़ की चेतावनी दे दी गई है।
(a) केवल कथन I (b) कथन I और II
(c) कथन II और III (d) कथन I, II और III
(e) उपरोक्त में से कोई नहीं

14. परिणाम निजी अस्पतालों को विनियमित करने के एक उपाय के रूप में, राज्य स्वास्थ्य विभाग यह सुनिश्चित करने के लिए नियम बना रहा है कि ऐसे सारे अस्पताल उसके पास पंजीकृत हों।
दिए गए परिणाम का सम्भावित कारण निम्नलिखित में से कौन-सा हो सकता है?
(a) विभाग ने यह जाना कि सरकारी अस्पतालों की तुलना में निजी अस्पताल इलाज के लिए बहुत कम प्रभार लेते हैं
(b) सरकार द्वारा चलाए जाने वाले अस्पताल निजी अस्पतालों जैसे मानक कायम नहीं रखते
(c) विभाग ने यह जाना कि कई अस्पताल संरचना सम्बन्धी कमी बताकर बीमारों को खारिज कर रहे थे
(d) डॉक्टरों, नर्सों और बिस्तरों की संख्या के अतिरिक्त इसका भी पंजीकरण और ब्यौरा दर्ज किया जाएगा कि अस्पताल अपनी संरचना के आधार पर किस प्रकार की कार्यविधि अपना सकता है
(e) विभाग में पंजीकरण न कराने वाले निजी अस्पतालों को पंजीकरण के लिए बाध्य किया जाएगा और उन्हें भारी जुर्माना अदा करना होगा

15. कथन पिछले सप्ताह अधिकारियों ने तीन अलग-अलग व्यवसाय गृहों में छापे मारे।
उपरोक्त कथन का सम्भावित परिणाम निम्नलिखित में से कौन-सा हो सकता है?
(a) तीन व्यवसाय गृह अपना आयकर चुकाने के मामले में नियमित चूककर्त्ता हैं
(b) तीन व्यवसाय गृहों में गैर-कानूनी गतिविधियों के विषय में आयकर विभाग को गुप्त सूचना मिली थी
(c) सरकार ने मामले में ध्यान देने का निश्चय किया है और एक जाँच समिति नियुक्त की है
(d) दूसरे व्यवसाय गृहों ने अपने संस्थानों पर छापे से बचने के लिए आयकर की अपनी-अपनी सारी देय राशि को अदा करने की तत्काल कार्यवाही की
(e) इस इलाके में कई और व्यवसाय गृहों पर छापा मारने का अधिकारियों का इरादा है

16. कई प्रमुख अखबारों में यह रिपोर्ट की गई है कि चालू वर्ष का मानसून अपेक्षित स्तर से कम हो सकता है, क्योंकि देश के कई भागों में अभी भी पर्याप्त वर्षा नहीं हो रही है।
उपरोक्त स्थिति का सम्भावित परिणाम निम्न में से कौन-सा हो सकता है?
(a) कम वर्षा से प्रभावित क्षेत्रों के लोग शहरी क्षेत्रों को विस्थापित हो सकते हैं
(b) इन क्षेत्रों में प्रभावित सभी किसानों के लिए सरकार अनुग्रह राशि की घोषणा कर सकती है
(c) सरकार इन क्षेत्रों को सूखाग्रस्त क्षेत्र घोषित कर सकती है
(d) लोग सरकार पर दोष लगा सकते हैं और खेती के लिए पर्याप्त पानी न मिलने पर विरोध कर सकते हैं
(e) उपरोक्त में से कोई नहीं

17. किसानों की भूमि के अर्जन के बदले सरकार द्वारा उनके लिए मुआवजा, नीति की घोषणा के बाद, किसानों ने इस नीति के लिखित प्रमाण की माँग की। लिखित प्रमाण माँगने का कारण सम्भवतः निम्नलिखित में से क्या हो सकता है?
(a) पहले की ऐसी नीतियों में किसान अपनी भूमि के लिए अपर्याप्त मुआवजे का विरोध नहीं कर सकते थे
(b) नीति में आश्वासित मुआवजा बहुत ही कम था
(c) किसान सरकार को अपनी भूमि अभ्यर्पित नहीं करना चाहते थे
(d) किसान सरकार को उनकी भूमि से होने वाली आय के कुछ प्रतिशत हिस्से की माँग कर रहे हैं
(e) किसानों के लिए मुआवजा नीति बनाने के लिए सरकार पर दबाव डालने का एकमात्र विकल्प प्रमाण की माँग करना है

18. प्रभाव भक्तों की संख्या की कमी के कारण धार्मिक स्थल में मन्दिर में वीरानी छाई है।
उपरोक्त प्रभाव का सम्भावित कारण निम्नलिखित में से कौन-सा हो सकता है?
(a) एक संरचना इन्जीनियर, एक महीना पहले मन्दिर आया था और उसने इस ढाँचे को असुरक्षित घोषित किया था
(b) कई वर्षों में भक्तों द्वारा जो निधियाँ जमा हुई थी, जिनमें तेजी से कमी आ रही है
(c) स्थानीय निगम ने मन्दिर में जीर्णोद्धार के लिए एक बड़ी धनराशि देने की घोषणा की है
(d) जिस गाँव में धार्मिक स्थल हैं, वहाँ धार्मिक अनुष्ठान करने के लिए योग्यता प्राप्त पुजारी हैं
(e) हाल ही में एक प्रसिद्ध अभिनेता मन्दिर गया था और उसने देवता के दर्शन किए

Right Key

1. (d)	2. (d)	3. (b)	4. (b)	5. (a)	6. (b)	7. (a)	8. (d)	9. (b)	10. (c)
11. (d)	12. (a)	13. (d)	14. (c)	15. (d)	16. (c)	17. (a)	18. (a)		

Solutions

1. (d) रोनित दन्त चिकित्सक के पास गया क्योंकि उसके दान्त में दर्द था। अत: घटना A प्रभाव है और घटना B इसका तत्काल और प्रमुख कारण है।

2. (d) कथन I और कथन II दोनों एक-दूसरे से पृथक् हैं, अर्थात् दोनों ही कथन स्वतन्त्र कारणों के प्रभाव हैं। अत: स्पष्ट है कि विकल्प (d) अभीष्ट उत्तर होगा।

3. (b) जब समाज के एक वर्ग के लोगों में स्वास्थ्य के प्रति जागरूकता बढ़ी तब ही सभी वर्गों द्वारा योगा और व्यायाम का महत्त्व स्वीकार किया गया होगा। इस प्रकार हम कह सकते हैं, कि कथन II कारण है और कथन I इसका प्रभाव है। अत: विकल्प (b) अभीष्ट उत्तर होगा।

4. (b) वायु प्रदूषण के कारण बहुत सी जानलेवा बीमारियाँ होती हैं, जैसे—अस्थमा, कैंसर, एलर्जी, खांसी आदि। इसलिए समाज के प्रत्येक व्यक्ति का नैतिक कर्त्तव्य बनता है कि वह अपने आसपास के वातावरण को वायु प्रदूषण से बचाएँ। अत: कथन II कारण है और कथन I उसका परिणाम है।

5. (a) कथन I से स्पष्ट है कि गत वर्ष दिल्ली में बहुत ज्यादा वर्षा हुई, जिसके फलस्वरूप भूजल स्तर में वृद्धि हुई है और रेल पटरियों पर पानी आने के कारण बहुत-सी ट्रेनों को रद्द करना पड़ा। अत: कथन I कारण तथा कथन II उसका परिणाम है।

> **TOP TIPS** कभी-कभी प्रश्नों में 'प्रभाव' के स्थान पर 'परिणाम' शब्द का उपयोग होता है। इससे भ्रमित न होकर, समान प्रक्रिया से प्रश्न का हल खोजें।

6. (b) कथन II से स्पष्ट है कि अभिभावकों द्वारा प्रदर्शन करने पर ही सरकार द्वारा फीस निर्धारित की गई है। अत: कथन II कारण तथा कथन I उसका परिणाम है।

7. (a) अगले 48 घण्टों में शहरी इलाके में भारी वर्षा की सम्भावना है जिसके कारण सप्ताह में होने वाला इण्टर-क्लब क्रिकेट टूर्नामेण्ट रद्द कर दिया गया है। अत: कथन I कारण तथा कथन II उसका प्रभाव है।

8. (d) क्योंकि ग्रामीण भारत में मोबाइल फोनों का प्रयोग करने वालों की संख्या तथा ग्रामीण क्षेत्रों से शहरी क्षेत्रों में लोगों का स्थानान्तरण होना दोनों ही अलग-अलग कारणों के प्रभाव हैं।
अत: कथन I और II दोनों स्वतन्त्र कारणों के प्रभाव हैं।

9. (b) अगले दो दिन में शहर में एक बड़े तूफान के आने की सम्भावना होने के कारण म्यूनिसिपल अथॉरिटी ने अगले दो दिन के लिए शहर के सभी स्कूलों को बन्द करने के लिए कहा है।
अत: कथन II कारण तथा कथन I उसका प्रभाव है।

10. (c) कम्पनी को पिछली तीन तिमाहियों से हानि हो रही है। इसके बाद भी कम्पनी के बहुसंख्यक शेयरधारकों ने अल्पसंख्यक शेयरधारकों के शेयरों को खरीदने का निर्णय लिया है। अत: कथन I तथा II दोनों ही स्वतन्त्र कारण हैं।

11. (d) यह सत्य है कि पिछले कुछ समय से हवा में प्रदूषण के स्तर में बहुत अधिक वृद्धि हुई है तथा यह भी सत्य है कि शाम के समय सड़कें वाहनों से ठसा-ठस भर रहती हैं, जिससे वाहनों की गति बहुत कम हो जाती है, लेकिन दोनों ही कथन अलग-अलग हैं।
अत: कथन I तथा II दोनों ही स्वतन्त्र कारणों के प्रभाव हैं।

12. (a) चौपहिया वाहनों की बिक्री में कमी आने के मुख्य कारण हो सकते हैं जैसे कि, सरकार द्वारा इन वाहनों पर अधिक उत्पाद कर लगाना, पेट्रोल की कीमतों में वृद्धि होना अथवा ब्याज की दरों में वृद्धि होना। अत: दी गई घटना का सम्भावित कारण तीनों कथन I, II और III हो सकते हैं।

13. (d) राज्य की सभी प्रमुख नदियाँ पिछले कुछ हफ्तों से खतरे के निशान से बहुत ऊपर बह रही है, जिसके कारण नदी के तटों के नजदीक बसें बहुत-से गाँव डूब गए, जिससे निवासियों को भागना पड़ा। साथ-ही-साथ सरकार ने सारे राज्य को भारी बाढ़ की चेतावनी दे दी है तथा नदी तटों के निकट रहने वाले सभी प्रभावित ग्रामवासियों को वैकल्पिक आश्रय देने का निर्णय लिया है। अत: सभी कथन I, II और III दिए गए कारण के सम्भावित परिणाम हैं।

14. (c) दिए गए परिणाम का सम्भावित कारण यह हो सकता है कि विभाग ने यह जाना कि कई अस्पताल संरचना सम्बन्धी कमी बताकर बीमारों को खारिज कर रहे थे।

15. (d) पिछले सप्ताह में अधिकारियों ने तीन अलग-अलग व्यवसाय गृहों में छापे मारे, जिसके फलस्वरूप दूसरे व्यवसाय गृहों ने अपने संस्थानों पर छापे से बचने के लिए आयकर की अपनी-अपनी सारी देय राशि को अदा करने की तत्काल कार्यवाही कर दी। अत: विकल्प (d) सही उत्तर है।

16. (c) अखबारों की रिपोर्ट से स्पष्ट है कि चालू वर्ष का मानसून अपेक्षित स्तर से कम हो सकता है क्योंकि देश के कई भागों में अभी भी पर्याप्त वर्षा नहीं हो रही है, जिसके कारण सरकार इन क्षेत्रों को सूखाग्रस्त क्षेत्र घोषित कर सकती है।

17. (a) किसानों की भूमि अर्जन के बदले सरकार द्वारा उनके लिए मुआवजे का लिखित प्रमाण माँगने का कारण यह है किपहले की ऐसी नीतियों में किसान अपनी भूमि के लिए अपर्याप्त मुआवजे का विरोध नहीं कर सकते थे।

18. (a) एक संरचना इन्जीनियर, एक महीना पहले मन्दिर आया था और उसने इस ढाँचे को असुरक्षित घोषित कर दिया था, जिसके कारण मन्दिर में आने वाले भक्तों की संख्या में कमी हो गई तथा मन्दिर में वीरानी छा गई। अत: विकल्प (a) सही उत्तर है।

अध्याय

अभाषिक (Non-Verbal)

01 सादृश्यता (Analogy)

सादृश्यता

सादृश्यता का अर्थ समानता से है। दो आकृतियाँ जो देखने में किसी-न-किसी प्रकार से समान हो या एक जैसी दिखती हो या एक जैसे गुण रखती हो सादृश्य आकृतियाँ कहलाती हैं तथा उनका यह गुण सादृश्यता कहलाता है। इस प्रकार के प्रश्नों में प्रश्न आकृतियों के पहले भाग का सम्बन्ध प्रश्न आकृतियों के दूसरे भाग की दोनों आकृतियों में स्थापित करते हुए विकल्पों में से उस उत्तर आकृति का चयन करना होता है जो प्रश्नवाचक चिह्न (?) के स्थान पर आएगी।

वास्तविक वस्तुओं पर आधारित

इसमें आकृतियों के मध्य अन्तर्निहित सम्बन्ध दैनिक जीवन में दिखने या उपयोग होने वाली वस्तुओं पर आधारित होता है।

जैसे–नीचे दिए गए प्रश्न में पहला समूह प्रश्न आकृतियों का तथा दूसरा समूह उत्तर आकृतियों का है। प्रश्न आकृति में दो युग्म आकृतियाँ दी गई हैं। जिस प्रकार प्रथम युग्म की आकृतियाँ एक-दूसरे से सम्बन्धित हैं, उसी सम्बन्ध के आधार पर द्वितीय युग्म की दूसरी आकृति ज्ञात कीजिए।

प्रश्न आकृतियाँ

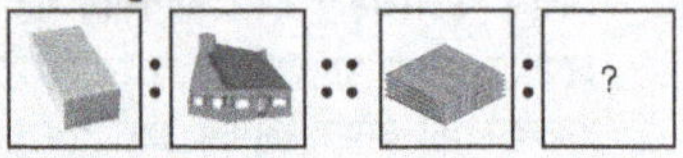

उत्तर आकृतियाँ

(a) (b) (c) (d)

हल (a) जिस प्रकार ईंटों द्वारा मकान बनता है। उसी प्रकार कागज के पन्नों द्वारा पुस्तक बनती है।

घूर्णन पर आधारित

इसके अन्तर्गत आने वाली प्रश्न आकृतियों में पहली आकृति के सापेक्ष दूसरी आकृति एक निश्चित कोण पर दक्षिणावर्त या वामावर्त दिशा में घूम जाती है। ये परिवर्तन घूर्णन पर आधारित होता है।

जैसे-प्रश्नचिह्न के स्थान पर आने वाली आकृति ज्ञात कीजिए।

प्रश्न आकृतियाँ

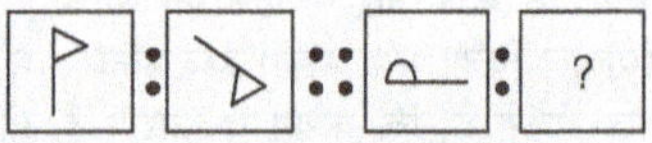

उत्तर आकृतियाँ

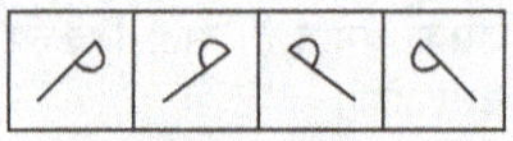

(a) (b) (c) (d)

हल (a) प्रश्न आकृतियों का ध्यानपूर्वक अवलोकन करने के बाद ज्ञात होता है कि प्रश्न आकृति के प्रथम युग्म की पहली आकृति दक्षिणावर्त दिशा में 135° या वामावर्त दिशा में 225° घूमकर दूसरी आकृति बनती है। इसी प्रकार, प्रश्न आकृति के द्वितीय युग्म की पहली आकृति दक्षिणावर्त दिशा में 135° या वामावर्त दिशा में 225° घूमकर दूसरी आकृति बनेगी, जो उत्तर आकृति (a) के समान दिखेगी।

जल/दर्पण प्रतिबिम्ब पर आधारित

इसमें आकृतियों के मध्य होने वाला परिवर्तन जल/दर्पण प्रतिबिम्ब के गुण पर आधारित होता है, इसके अन्तर्गत दूसरी आकृति, पहली आकृति का जल या दर्पण प्रतिबिम्ब होती है।

जैसे–प्रश्नचिह्न के स्थान पर आने वाली आकृति ज्ञात कीजिए।

प्रश्न आकृतियाँ

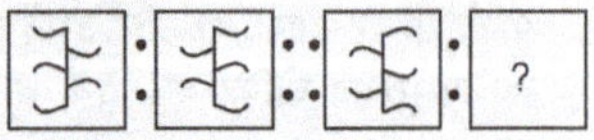

उत्तर आकृतियाँ

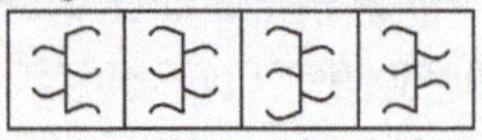

(a) (b) (c) (d)

हल (b) प्रश्न आकृतियों का ध्यानपूर्वक अवलोकन करने के बाद ज्ञात होता है कि प्रश्न आकृति के प्रथम युग्म की पहली आकृति का दर्पण प्रतिबिम्ब दूसरी आकृति है। इसी प्रकार, प्रश्न आकृति की द्वितीय युग्म की पहली आकृति का दर्पण प्रतिबिम्ब दूसरी आकृति होगी, जो उत्तर आकृति (b) के समान दिखेगी।

Score Booster

सादृश्यता में आने वाले प्रश्नों में आकृतियों के मध्य अन्तर्निहित सम्बन्ध उनके आकार, रूप, घूर्णन, रेखाओं की संख्या इत्यादि की समानता पर आधारित होता है।

आकृतियों के डिजाइन का विभाजन/जुड़ना/परिवर्तन पर आधारित

इसमें आकृतियों के मध्य होने वाला परिवर्तन आकृतियों के डिजाइनों के विभाजन, डिजाइन में कुछ जुड़ने तथा परस्पर रूप से डिजाइन के परिवर्तन पर आधारित होता है।

जैसे-प्रश्नचिह्न के स्थान पर आने वाली आकृति ज्ञात करें।

प्रश्न आकृतियाँ

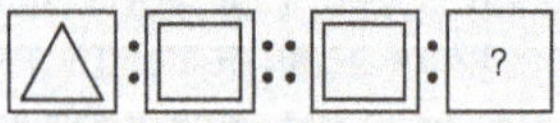

उत्तर आकृतियाँ

(a) (b) (c) (d)

हल (c) प्रश्न आकृतियों का ध्यानपूर्वक अवलोकन करने के बाद ज्ञात होता है कि प्रश्न आकृति के प्रथम युग्म की पहली आकृति में तीन भुजाएँ हैं, जो दूसरी आकृति में एक अधिक भुजा वाली आकृति (चतुर्भुज) में परिवर्तित हो जाती है। इसी प्रकार, द्वितीय युग्म की पहली आकृति में चार भुजाएँ हैं, जो दूसरी आकृति में पाँच भुजा वाली आकृति में परिवर्तित हो जाएगी और यह उत्तर आकृति (c) के समान दिखेगी।

Exam Approach Examples

वास्तविक वस्तुओं पर आधारित

उदाहरण 1. निम्न प्रश्न में प्रश्न आकृतियाँ तथा उत्तर आकृतियाँ दी गई हैं। प्रश्न आकृति के प्रथम युग्म की पहली आकृति तथा दूसरी आकृति में एक विशेष सम्बन्ध स्थापित है। यही सम्बन्ध द्वितीय युग्म की पहली आकृति तथा वैकल्पिक आकृतियों में से किसी एक में स्थापित है। उस वैकल्पिक आकृति का चयन कीजिए।

प्रश्न आकृतियाँ

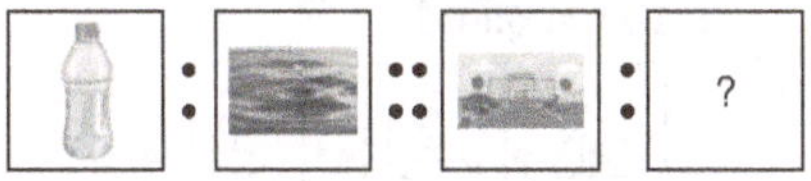

उत्तर आकृतियाँ

(a) (b) (c) (d)

> **Helping Tips**
> इस प्रकार के प्रश्नों को हल करने के लिए व्यावहारिक ज्ञान व दैनिक जीवन में दिखने और उपयोग होने वाली वस्तुओं का ज्ञान होना अति आवश्यक हैं।

हल (*a*) जिस प्रकार, बोतल में पानी भरा जाता है। उसी प्रकार, पार्किंग स्थल में वाहन खड़े होते है।

घूर्णन पर आधारित

उदाहरण 2. निम्नलिखित उदाहरण में जिस प्रकार पहली आकृति दूसरी आकृति से सम्बन्धित है, उसी प्रकार तीसरी आकृति से सम्बन्धित आकृति का चयन कीजिए।

प्रश्न आकृतियाँ

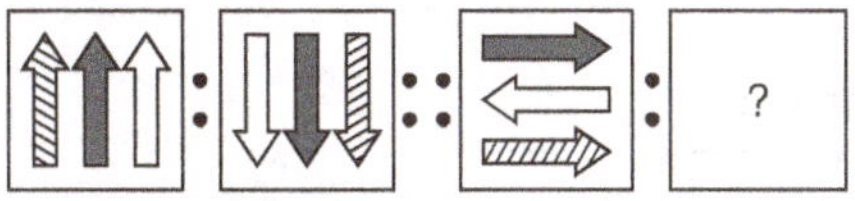

RRB Group D 2018

उत्तर आकृतियाँ

(a) (b) (c) (d)

हल (*a*) पहले युग्म में पहली आकृति को 180° घुमाकर दूसरी आकृति प्राप्त की गई है। इसी प्रकार, दूसरे युग्म में पहली आकृति को 180° घुमाने पर उत्तर आकृति (a) प्राप्त होगी।

जल प्रतिबिम्ब/दर्पण प्रतिबिम्ब पर आधारित

निर्देश (उदा. सं. 3 और 4) *निम्नलिखित उदाहरणों में जिस प्रकार पहली आकृति दूसरी आकृति से सम्बन्धित है, उसी प्रकार तीसरी आकृति से सम्बन्धित आकृति का चयन कीजिए।*

उदाहरण 3. प्रश्न आकृतियाँ

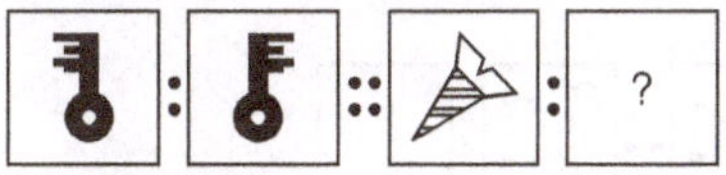

उत्तर आकृतियाँ

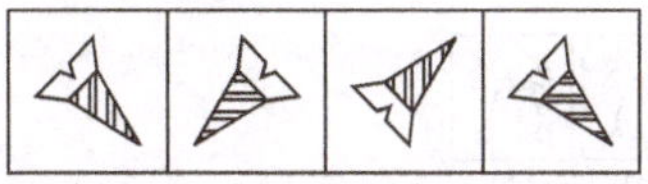

(a) (b) (c) (d)

हल (*d*) प्रश्न आकृति का ध्यानपूर्वक अवलोकन करने पर स्पष्ट होता है कि प्रथम युग्म की दूसरी आकृति पहली आकृति का दर्पण प्रतिबिम्ब है। ठीक उसी प्रकार, द्वितीय युग्म की पहली आकृति का दर्पण प्रतिबिम्ब विकल्प (d) की आकृति होगी।

> **Helping Tips**
> इस प्रकार के प्रश्नों में आकृति के मध्य समानता का सम्बन्ध 'दर्पण प्रतिबिम्ब' की संकल्पना पर आधारित होता है।

उदाहरण 4. प्रश्न आकृतियाँ

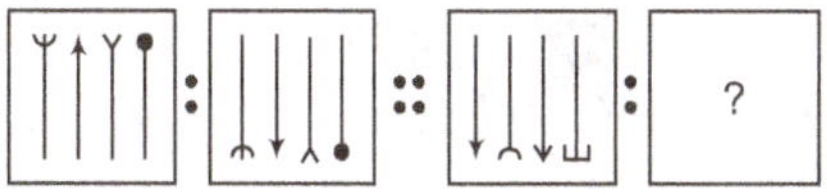

उत्तर आकृतियाँ

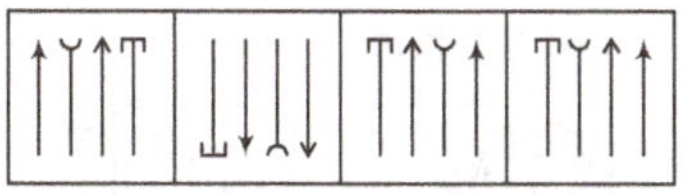

(a) (b) (c) (d)

हल (*a*) प्रश्न आकृति के प्रथम युग्म की पहली आकृति को जब जल में देखा जाता है, तो जल प्रतिबिम्ब में दूसरी आकृति प्राप्त होती है। ठीक इसी प्रकार, दूसरे युग्म की पहली आकृति का जल प्रतिबिम्ब विकल्प (a) की आकृति होगी।

आकृतियों के डिजाइन का विभाजन/जुड़ना/परिवर्तन पर आधारित

निर्देश (उदा. सं. 5) *निम्नलिखित उदाहरण में जिस प्रकार पहली आकृति दूसरी आकृति से सम्बन्धित है, उसी प्रकार तीसरी आकृति से सम्बन्धित आकृति का चयन कीजिए।*

उदाहरण 5. प्रश्न आकृतियाँ *UP Police Head Operator 2024*

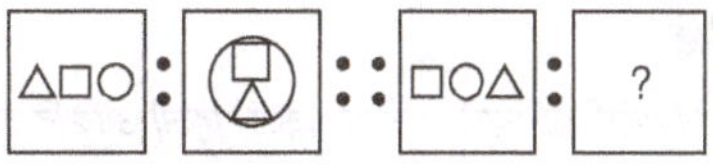

उत्तर आकृतियाँ

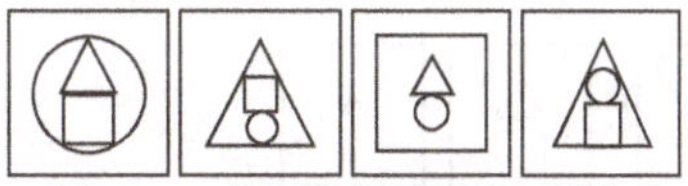

(a) (b) (c) (d)

> **Trending Concept**
> सादृश्यता में आकृतियों के विभाजन/जुड़ने/परिवर्तन पर आधारित प्रश्न वर्तमान में हो रही परीक्षाओं (Group-D, UP Police, UPSSSC, ALP और CRPF HC) में निरन्तर पूछे जा रहे हैं। आगामी सभी परीक्षाओं के लिए यह अति महत्त्वपूर्ण हैं।

हल (*d*) जिस प्रकार, पहली आकृति युग्म में पहली आकृति से दूसरी आकृति में निम्न परिवर्तन होता है

जिस प्रकार,

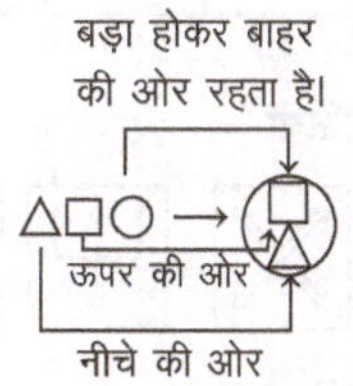

उसी प्रकार,

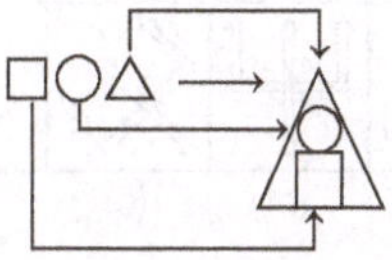

Chapter Challenge

वास्तविक वस्तुओं पर आधारित

निर्देश (प्र. सं. 1 और 2) *निम्नलिखित प्रश्नों में, पहले युग्म की दोनों आकृतियों के मध्य सम्बन्ध ज्ञात कर, दूसरे युग्म में प्रश्नवाचक चिह्न (?) के स्थान पर आने वाली आकृति ज्ञात कीजिए।*

1. प्रश्न आकृतियाँ *RRB ALP 2018*

उत्तर आकृतियाँ

(a) (b) (c) (d)

> ***MRC****
> ***(Most Repeating Concepts)***
> प्र. सं. 1 और 2 Railway Examination Point of Views से अति महत्त्वपूर्ण हैं। इन Concept पर प्रश्न ALP जैसी प्रतियोगी परीक्षाओं में निरन्तर पूछे जा रहे हैं।

2. प्रश्न आकृतियाँ

RRB ALP 2018

उत्तर आकृतियाँ

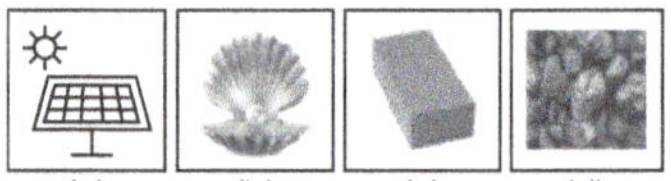

(a) (b) (c) (d)

घूर्णन पर आधारित

निर्देश (प्र.सं. 3-12) *निम्नलिखित प्रश्नों में जिस प्रकार पहली आकृति दूसरी आकृति से सम्बन्धित है। उसी प्रकार तीसरी आकृति से सम्बन्धित आकृति का चयन कीजिए।*

3. प्रश्न आकृतियाँ

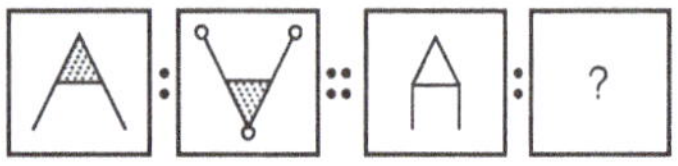

उत्तर आकृतियाँ

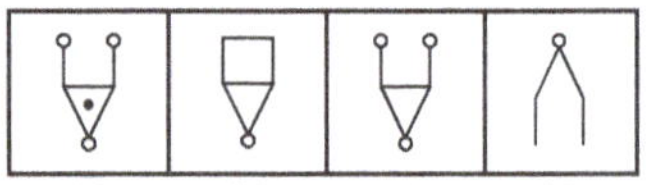

(a) (b) (c) (d)

4. प्रश्न आकृतियाँ

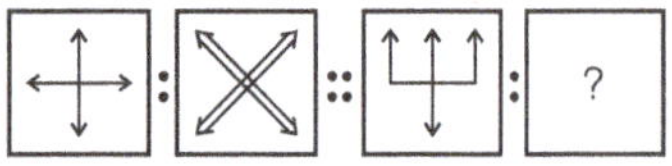

उत्तर आकृतियाँ

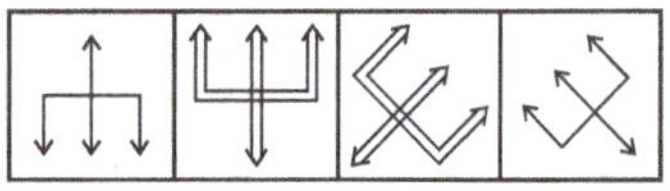

(a) (b) (c) (d)

5. प्रश्न आकृतियाँ

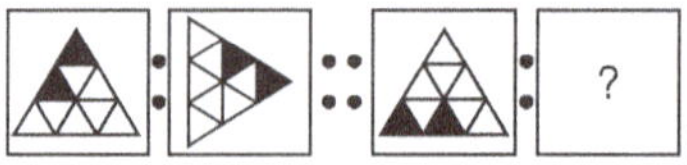

RRB Group D 2018

उत्तर आकृतियाँ

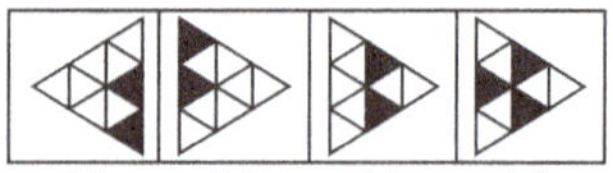

(a) (b) (c) (d)

6. प्रश्न आकृतियाँ

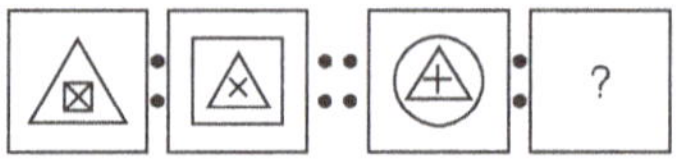

UPSSSC 2018

उत्तर आकृतियाँ

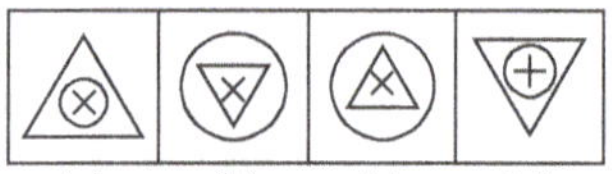

(a) (b) (c) (d)

7. प्रश्न आकृतियाँ

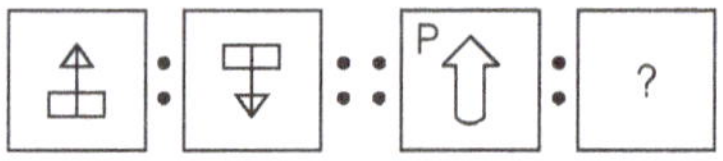

SSC CGL (Tier-II) 2023

उत्तर आकृतियाँ

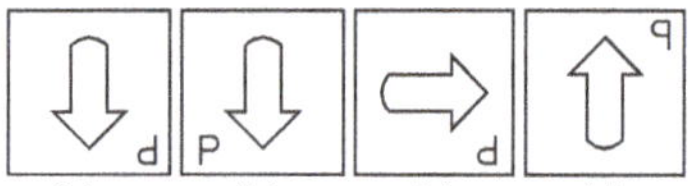

(a) (b) (c) (d)

8. प्रश्न आकृतियाँ

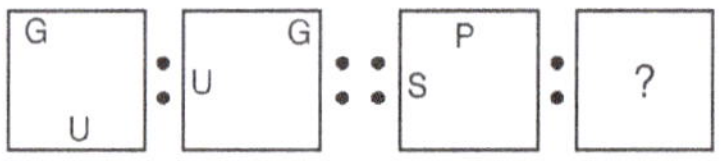

Rajasthan Police Constable 2022

उत्तर आकृतियाँ

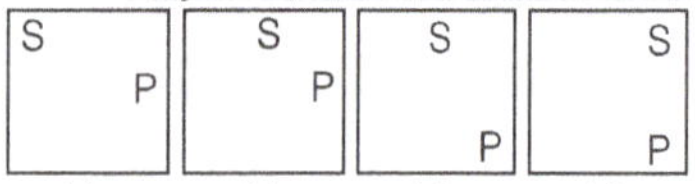

(a) (b) (c) (d)

9. प्रश्न आकृतियाँ

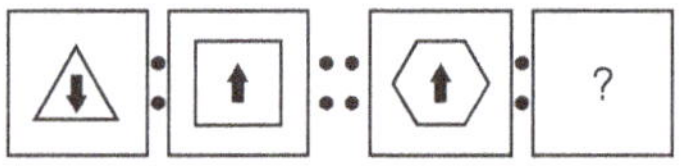

UPSSSC 2018

उत्तर आकृतियाँ

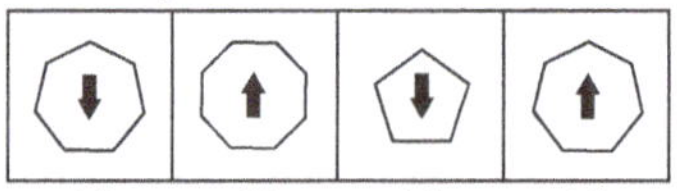

(a) (b) (c) (d)

10. प्रश्न आकृतियाँ

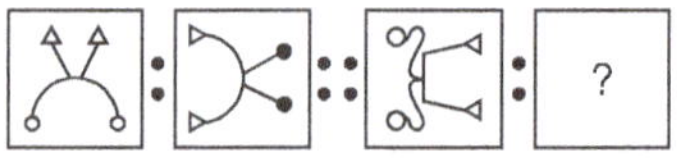

UPSSSC 2018

उत्तर आकृतियाँ

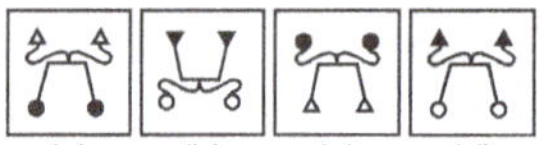

(a) (b) (c) (d)

11. प्रश्न आकृतियाँ

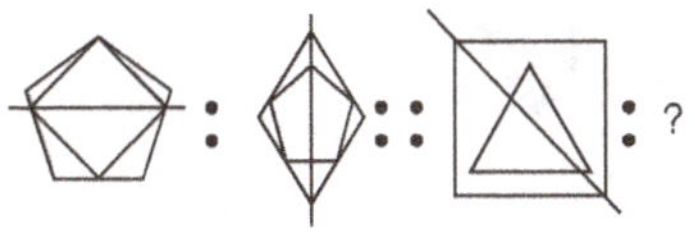

Rajasthan Police Constable 2022

उत्तर आकृतियाँ

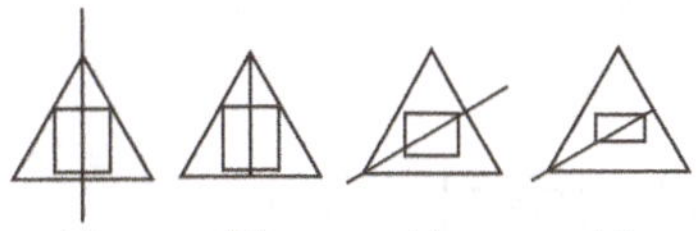

(a) (b) (c) (d)

12. प्रश्न आकृतियाँ

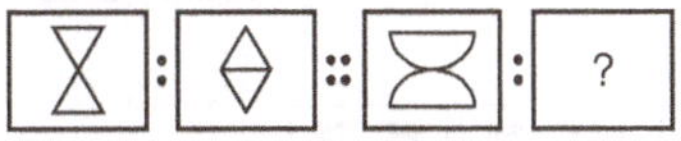

उत्तर आकृतियाँ

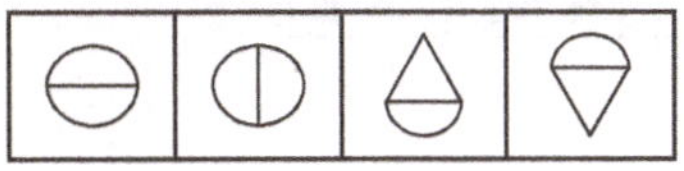

(a) (b) (c) (d)

जल प्रतिबिम्ब/दर्पण प्रतिबिम्ब पर आधारित

निर्देश (प्र. सं. 13-16) *निम्नलिखित प्रश्नों में, पहले युग्म की दोनों आकृतियों के मध्य सम्बन्ध ज्ञात कर, दूसरे युग्म में प्रश्नवाचक चिह्न (?) के स्थान पर आने वाली आकृति ज्ञात कीजिए।*

13. प्रश्न आकृतियाँ

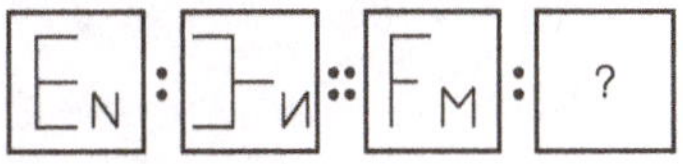

उत्तर आकृतियाँ

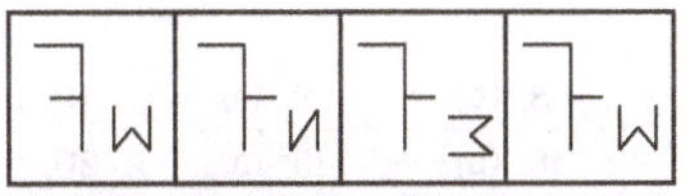

(a) (b) (c) (d)

14. प्रश्न आकृतियाँ

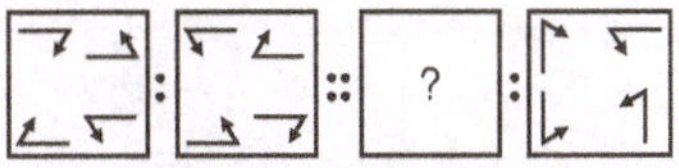

उत्तर आकृतियाँ

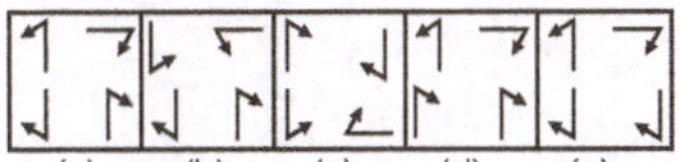

(a) (b) (c) (d) (e)

15. प्रश्न आकृतियाँ

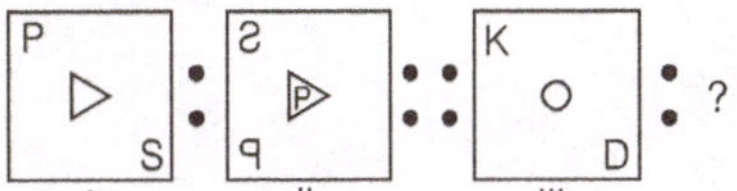

I II III

उत्तर आकृतियाँ

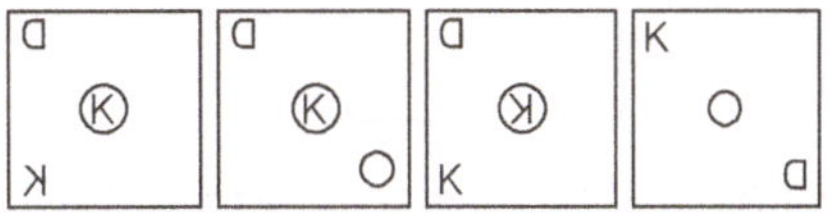

(a) (b) (c) (d)

16. प्रश्न आकृतियाँ

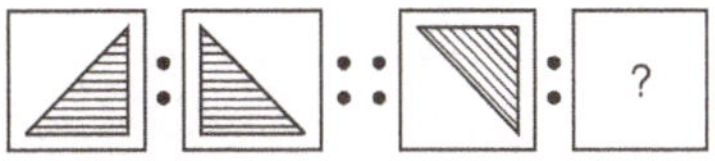

CRPF HC 2023

उत्तर आकृतियाँ

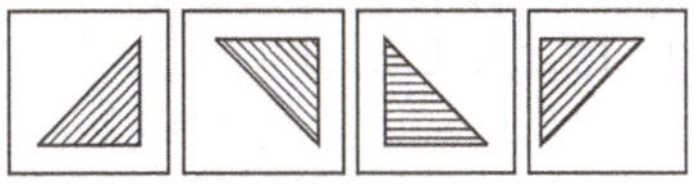

(a) (b) (c) (d)

आकृतियों के डिजाइन का विभाजन/जुड़ना/परिवर्तन पर आधारित

निर्देश (प्र.सं. 17-25) *निम्नलिखित प्रश्नों में जिस प्रकार पहली आकृति दूसरी आकृति से सम्बन्धित है। उसी प्रकार तीसरी आकृति से सम्बन्धित आकृति का चयन कीजिए।*

17. प्रश्न आकृतियाँ

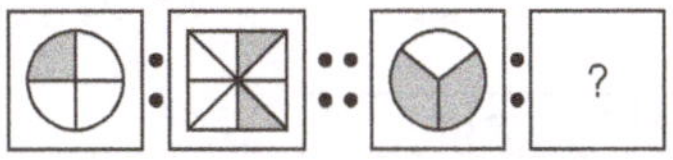

UP Police Constable 2019

उत्तर आकृतियाँ

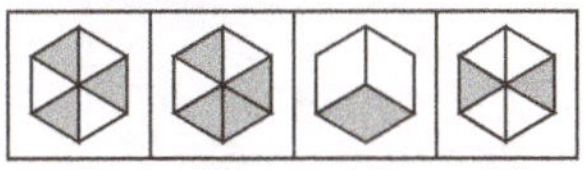

(a) (b) (c) (d)

18. प्रश्न आकृतियाँ

RRB Group D 2018

उत्तर आकृतियाँ

(a) (b) (c) (d)

19. प्रश्न आकृतियाँ

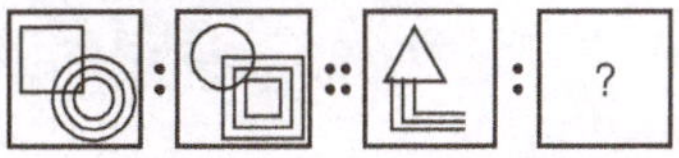

उत्तर आकृतियाँ

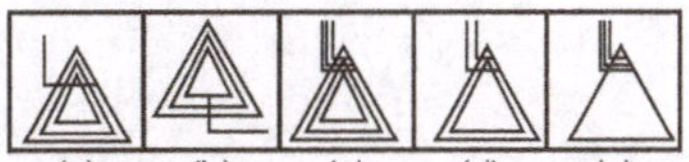

(a) (b) (c) (d) (e)

20. प्रश्न आकृतियाँ

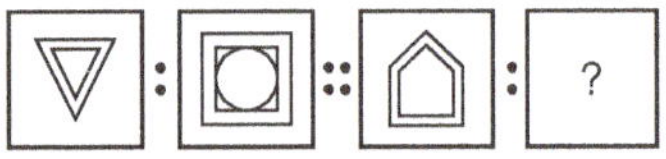

उत्तर आकृतियाँ

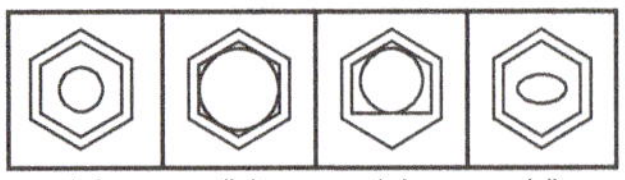

(a) (b) (c) (d)

21. प्रश्न आकृतियाँ

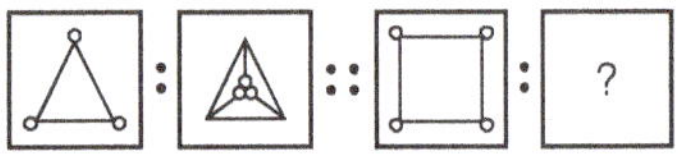

उत्तर आकृतियाँ

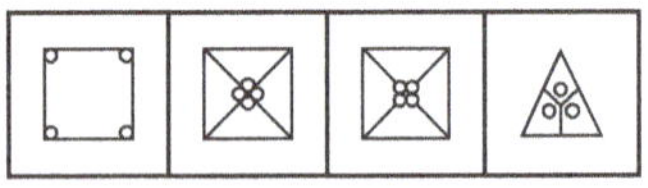

(a) (b) (c) (d)

22. प्रश्न आकृतियाँ

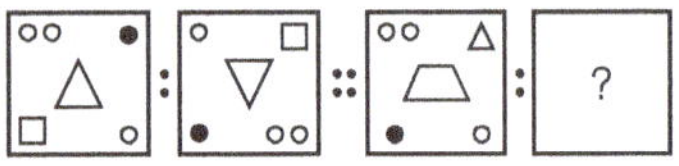

उत्तर आकृतियाँ

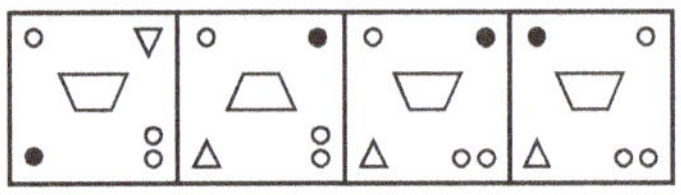

(a) (b) (c) (d)

23. प्रश्न आकृतियाँ

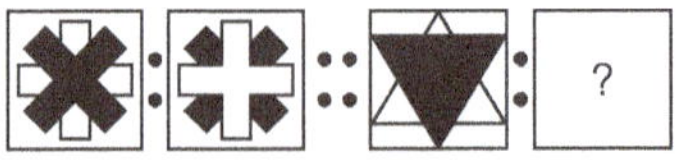

RRB Group D 2018

उत्तर आकृतियाँ

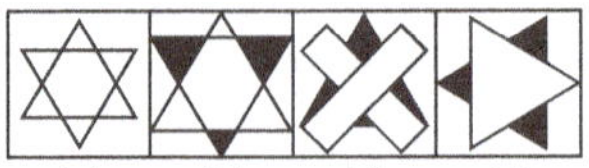

(a) (b) (c) (d)

24. प्रश्न आकृतियाँ

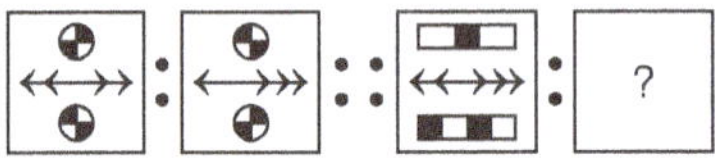

MP Police Constable 2022

उत्तर आकृतियाँ

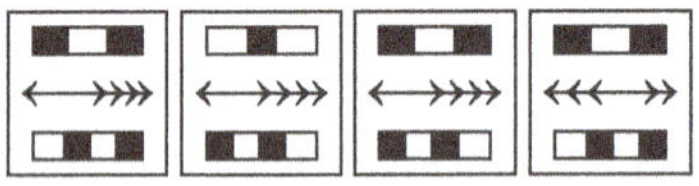

(a) (b) (c) (d)

25. प्रश्न आकृतियाँ

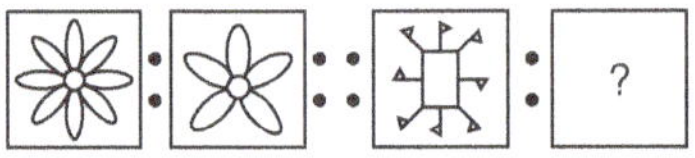

SSC (10+2) 2024

उत्तर आकृतियाँ

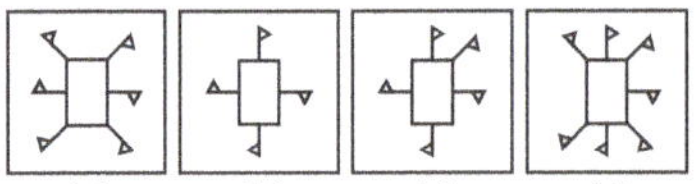

(a) (b) (c) (d)

Right Key

1. (a)	2. (d)	3. (c)	4. (c)	5. (b)	6. (d)	7. (a)	8. (b)	9. (a)	10. (a)
11. (c)	12. (a)	13. (d)	14. (c)	15. (a)	16. (d)	17. (b)	18. (b)	19. (a)	20. (b)
21. (c)	22. (c)	23. (b)	24. (a)	25. (c)					

Solutions

1. (*a*) जिस प्रकार, अँगूठी (Ring) को अँगुली में पहना जाता है, उसी प्रकार मुकुट (ताज) को सिर पर पहना जाता है।

2. (*d*) जिस प्रकार, कुआँ से पानी को निकाला जाता है। उसी प्रकार, कोयले की खान से कोयले को निकाला जाता है।

3. (*c*) प्रश्न आकृति के प्रथम युग्म की पहली आकृति को उल्टा करके तीनों सिरों पर एक छोटा वृत्त जोड़कर दूसरी आकृति बनाई गई है। ठीक उसी प्रकार, दूसरे युग्म की पहली आकृति में इस सम्बन्ध को स्थापित करने पर विकल्प आकृति (c) प्राप्त होगी।

4. (*c*) प्रश्न आकृति के प्रथम युग्म की पहली आकृति को 45° दक्षिणावर्त घुमाकर उसमें रेखाओं को दोगुना करके नई अर्थात् दूसरी आकृति बनाई गई है। ठीक इसी प्रकार, दूसरे युग्म में इस सम्बन्ध को स्थापित करने पर प्रश्नवाचक चिह्न के स्थान पर, उत्तर आकृति (c) प्राप्त होगी।

TOP TIPS इस प्रकार के प्रश्नों को हल करने के लिए वामावर्त और दक्षिणावर्त दिशा और कोण सम्बन्धी ज्ञान होना अति आवश्यक है।

5. (*b*) पहले युग्म में, पहली आकृति को 90° दक्षिणावर्त दिशा में घुमाकर दूसरी आकृति प्राप्त की गई है। इसी प्रकार, तीसरी आकृति में समान परिवर्तन करने पर, उत्तर आकृति (b) प्राप्त होगी।

6. (*d*) प्रश्न आकृति की पहली आकृति से दूसरी आकृति में, मध्य वाली आकृति 180° घूमकर बाहरी आकृति बन जाती है तथा बाहरी आकृति मध्य वाली आकृति बन जाती है। इसी नियम का अनुसरण करने पर तीसरी आकृति से विकल्प (d) की आकृति प्राप्त होगी।

7. (*a*) पहले युग्म में पहली आकृति को 180° घुमाने पर दूसरी आकृति प्राप्त होती है। उसी प्रकार, दूसरे युग्म की पहली आकृति में समान परिवर्तन करने पर विकल्प आकृति (a) प्राप्त होगी।

8. (*b*) जिस प्रकार, दूसरी आकृति को प्राप्त करने के लिए, पहली आकृति के दोनों अक्षरों को दक्षिणावर्त 90° आगे बढ़ा दिया जाता है। उसी प्रकार तीसरी आकृति में परिवर्तन करने पर विकल्प आकृति (b) प्राप्त होगी।

9. (*a*) जिस प्रकार पहले युग्म की पहली से दूसरी आकृति में, एक भुजा बढ़ जाती है तथा तीर का निशान 180° घूम जाता है। इसी प्रकार, दूसरे युग्म की पहली आकृति में समान परिवर्तन करने पर विकल्प (a) की आकृति प्राप्त होगी।

10. (*a*) पहले पद से दूसरे आकृति में सम्पूर्ण आकृति 90° दक्षिणावर्त घूम जाती है तथा वृत्त एवं त्रिभुज की डिजाइने अपना स्थान एक-दूसरे से बदल लेते हैं, साथ ही वृत्त काले हो जाते हैं। इसी प्रकार तीसरी आकृति में यह सम्बन्ध लागू करने पर विकल्प आकृति (a) प्राप्त होगी।

11. (*c*) दिए गए युग्म में दूसरी आकृति प्राप्त करने के लिए पहली आकृति की बाहर वाली आकृति अन्दर और अन्दर वाली आकृति बाहर आ जाती है और रेखा अपने दक्षिणावर्त 90° घूम जाती है। उसी प्रकार, दूसरे युग्म में यह सम्बन्ध लागू करने पर विकल्प (c) की आकृति (?) के स्थान पर आएगी।

12. (*a*) प्रश्न आकृति की प्रथम आकृति में दोनों त्रिभुज उल्टे होकर अपने आधारों से जुड़ जाते हैं। ठीक इसी प्रकार, अर्द्धवृत्तों को उलटकर आधारों से जुड़ने पर, उत्तर आकृति (a) प्राप्त होगी।

13. (*d*) चूँकि E का दर्पण प्रतिबिम्ब बनाकर बीच की रेखा को पीछे किया गया है तथा 'N' को जल प्रतिबिम्ब के समान बनाया गया है। इसी प्रकार, समान परिवर्तन करने पर उत्तर आकृति (d) प्राप्त होती है।

14. (*c*) प्रथम युग्म की दूसरी आकृति का जल प्रतिबिम्ब पहली आकृति है। इसी प्रकार, द्वितीय युग्म की दूसरी आकृति का जल प्रतिबिम्ब विकल्प (c) वाली आकृति होगी।

15. (*a*) जिस प्रकार, पहली आकृति से दूसरी आकृति प्राप्त करने के लिए निम्न परिवर्तन करते हैं।

उसी प्रकार तीसरी आकृति में यह परिवर्तन करने पर विकल्प (a) की आकृति प्राप्त होगी।

16. (*d*) जिस प्रकार, पहले युग्म में दूसरी आकृति पहली आकृति का दर्पण प्रतिबिम्ब है उसी प्रकार, दूसरे युग्म में विकल्प आकृति (d) पहली आकृति का दर्पण प्रतिबिम्ब है।

17. (*b*) जिस प्रकार पहली आकृति से दूसरी आकृति में 4 छोटे विभागों और छायांकित भागों की संख्या दोगुना हो जाती है। इसी प्रकार तीसरी आकृति में समान परिवर्तन करने पर उत्तर आकृति (b) प्राप्त होगी।

18. (*b*) जिस प्रकार, प्रश्न में पहली आकृति से दूसरी आकृति में छायांकित भाग अछायांकित और अछायांकित भाग छायांकित में परिवर्तित हो जाता है। उसी प्रकार, तीसरी आकृति में परिवर्तन करने पर उत्तर आकृति (b) प्राप्त होगी।

19. (*a*) जिस प्रकार, पहली से दूसरी आकृति में, दोनों आकृतियाँ आपस में अपना स्थान बदल लेती हैं तथा एक डिजाइन वाली आकृति तीन डिजाइन में बदल जाती है और तीन डिजाइन वाली आकृति एक डिजाइन वाली आकृति में बदल जाती है। इसी प्रकार प्रश्नचिन्ह के स्थान पर उत्तर आकृति (a) आएगी।

20. (*b*) प्रश्न आकृति के प्रथम युग्म की पहली आकृति में एक भुजा अधिक बनाकर दूसरी आकृति बनाई गई है तथा बीच में एक वृत्त सभी भुजाओं को स्पर्श कर बन जाता है। इसी प्रकार दूसरे युग्म की पहली आकृति में समान परिवर्तन करने पर, विकल्प (b) वाली आकृति प्राप्त होती है।

21. (*c*) जिस प्रकार, पहली से दूसरी आकृति में, त्रिभुज के सभी शीर्ष वाले वृत्त मध्य में आकर त्रिभुज के तीनों शीर्ष से एक रेखा के द्वारा जुड़ जाते हैं। इसी प्रकार, तीसरी आकृति में समान परिवर्तन करने पर उत्तर आकृति (c) प्राप्त होगी।

22. (*c*) जिस प्रकार, पहली से दूसरी आकृति में, अन्दर वाला डिजाइन 180° घूम जाता है तथा विकर्णत: डिजाइन अपने स्थान परिवर्तित करते हैं। इसी प्रकार, तीसरी आकृति में समान परिवर्तन करने पर उत्तर आकृति (c) प्राप्त होगी।

23. (*b*) पहली से दूसरी आकृति में, अछायांकित भाग ऊपर आ जाता है तथा छायांकित भाग नीचे चला जाता है। इसी प्रकार, दूसरे युग्म में प्रश्नचिह्न (?) के स्थान पर उत्तर आकृति (b) आएगी।

24. (*a*) जिस प्रकार, प्रथम युग्म की पहली आकृति में छायांकित भाग तथा अछांयाकित भाग आपस में परिवर्तित हो जाते हैं तथा बाएँ ओर के एक तीर का चिह्न, दूसरी आकृति मे दाएँ ओर प्रतिस्थापित हो जाता है।
उसी प्रकार, दूसरे युग्म की पहली आकृति में समान परिवर्तन होने पर उत्तर आकृति (a) प्राप्त होगी।

25. (*c*) जिस प्रकार, पहली आकृति में तीन पत्तियों को हटाकर दूसरी आकृति प्राप्त होती है। उसी प्रकार, तीसरी आकृति में से तीन झण्डे हटाकर उत्तर आकृति (c) प्राप्त होती है।

अध्याय

02 वर्गीकरण (Classification)

वर्गीकरण

वर्गीकरण का अर्थ है- समान गुणों के आधार पर दी गई आकृतियों/वस्तुओं को वर्गीकृत करना।

इस अध्याय के प्रश्नों में चार या पाँच विकल्प दिए जाते हैं जिनमें से एक को छोड़कर अन्य सभी में समान गुण, विशेषता अथवा एक निश्चित पैटर्न पाया जाता है, अभ्यर्थियों को उस पैटर्न को समझना होता है और विषम/भिन्न आकृति को ज्ञात करना होता है।

आकृतियों के आकार तथा उपआकृतियों (तत्त्वों) पर आधारित

इसके अन्तर्गत पूछे गए प्रश्न प्रायः आकृतियों की संख्या, आन्तरिक-बाह्य तत्त्वों/आकृतियों के बीच सम्बन्ध, परिवर्तित आकृतियाँ तथा आकृतियों की स्थिति आदि पर आधारित होते हैं।

जैसे—निम्न आकृतियों में से भिन्न आकृति चुनिए।

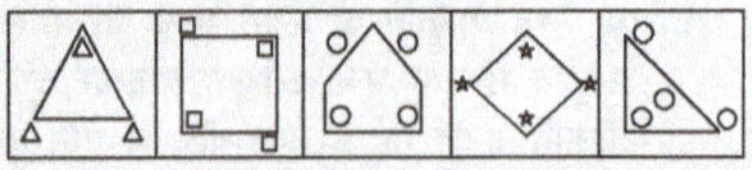

(a) (b) (c) (d) (e)

हल *(a)* उपरोक्त आकृतियों का ध्यानपूर्वक अवलोकन करने के बाद ज्ञात होता है कि आकृति (a) के अतिरिक्त अन्य सभी आकृतियों में मुख्य आकृति के अन्दर तथा बाहर डिजाइनों की संख्या समान है, जबकि आकृति (a) में मुख्य आकृति के अन्दर एक डिजाइन तथा बाहर दो डिजाइनें हैं।

आकृतियों की भुजा एवं रेखा की प्रकृति पर आधारित

इसके अन्तर्गत पूछे गए प्रश्न प्रायः आकृतियों की भुजाओं की संख्या और रेखाओं की प्रकृति द्वारा विचरण करते हुए सम्पूर्ण आकृति का निर्माण, प्रारूप तथा विशेष गुण आदि पर आधारित होते हैं।

जैसे-निम्न आकृतियों में से भिन्न आकृति चुनिए।

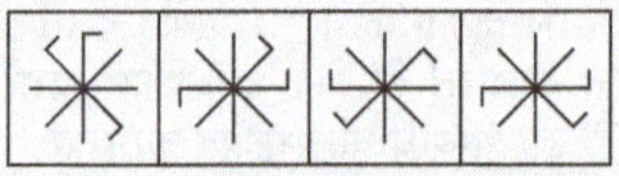

(a) (b) (c) (d)

हल *(d)* उपरोक्त आकृतियों का ध्यानपूर्वक अवलोकन करने के बाद ज्ञात होता है कि आकृति (d) के अतिरिक्त अन्य सभी आकृतियों में एक ही दिशा में मुड़ी दो रेखाकृतियों तथा एक रेखाकृति के बीच दो सरल रेखाएँ स्थित हैं, जबकि आकृति (d) में एक ही दिशा में मुड़ी दो रेखाकृतियों तथा एक रेखाकृति के बीच तीन सरल रेखाएँ स्थित हैं।

आकृतियों की समानता, घूर्णन तथा विभाजन पर आधारित

इसके अन्तर्गत पूछे गए प्रश्न प्रायः आकृतियों के गुणों के आधार पर समानता, आकृतियों का घूर्णन, आकृतियों का विभाजन, आकृतियों का छायांकित व अछायांकित होना इत्यादि पर आधारित होते हैं।

जैसे-निम्न आकृतियों में से भिन्न आकृति चुनिए।

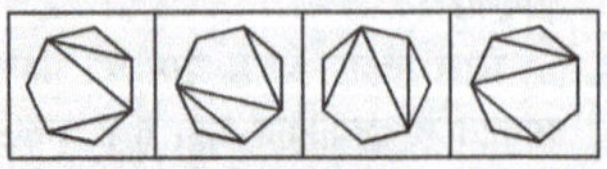

(a) (b) (c) (d)

हल *(a)* आकृति (a) को छोड़कर अन्य सभी समान हैं और उन्हें दक्षिणावर्त या वामावर्त दिशा में घुमाकर एक-दूसरे से प्राप्त किया जा सकता है।

Score Booster

इस अध्याय के प्रश्नों को हल करते समय आकृतियों की समानता व असमानता (गुणों व आकार के आधार पर) तथा आकृतियों के पैटर्न का अवलोकन ध्यानपूर्वक करें।

अक्षर आकृतियों तथा वास्तविक वस्तुओं पर आधारित

इसके अन्तर्गत पूछे गए प्रश्न प्रायः अक्षर आकृति तथा वास्तविक वस्तुओं के बीच वर्गीकरण से सम्बन्धित होते हैं। इसके अतिरिक्त प्रश्न अक्षरों के दर्पण तथा जल प्रतिबिम्ब पर भी आधारित होते हैं।

जैसे-भिन्न आकृति का चयन कीजिए

P	E	I	O	U
(a)	(b)	(c)	(d)	(e)

हल (a) आकृति (a) के अतिरिक्त अन्य सभी आकृतियों में अंग्रेजी वर्णमाला के स्वर अक्षर हैं।

Exam Approach Examples

आकृतियों के आकार तथा तत्त्वों (अन्तर्निहित) पर आधारित

उदाहरण 1. निम्न आकृतियों में से भिन्न आकृति चुनिए।

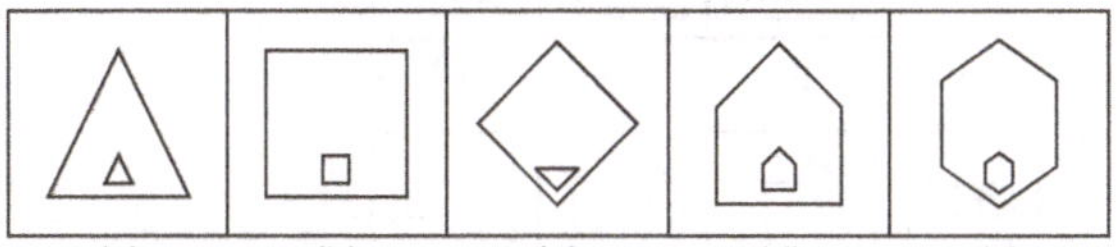

(a) (b) (c) (d) (e)

हल (c) उपरोक्त आकृतियों का ध्यानपूर्वक अवलोकन करने के बाद ज्ञात होता है कि आकृति (c) के अतिरिक्त अन्य सभी आकृतियों में अन्दर तथा बाहर वाली डिजाइनें समान हैं, जबकि आकृति (c) में अन्दर तथा बाहर वाली डिजाइनें अलग-अलग हैं।

आकृतियों की भुजा एवं रेखा की प्रकृति पर आधारित

उदाहरण 2. निम्न आकृतियों में से भिन्न आकृति चुनिए।

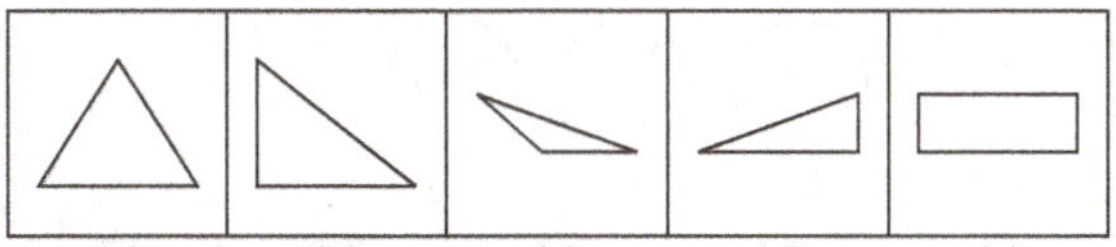

(a) (b) (c) (d) (e)

हल (e) दी गई आकृतियों का ध्यानपूर्वक अवलोकन करने के बाद ज्ञात होता है कि आकृति (e) के अतिरिक्त अन्य सभी आकृतियाँ तीन भुजाओं द्वारा निर्मित हैं, जबकि आकृति (e) चार भुजाओं द्वारा निर्मित है।

उदाहरण 3. निम्न आकृतियों में से भिन्न आकृति चुनिए।

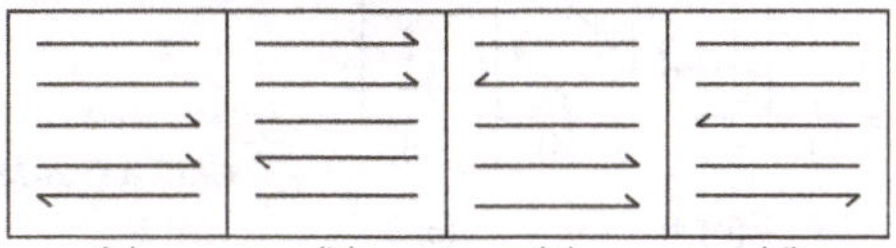

(a) (b) (c) (d)

हल (d) आकृति (d) को छोड़कर अन्य सभी आकृतियों में तीन मुड़ी हुई रेखाएँ तथा दो सीधी रेखाएँ हैं, जबकि आकृति (d) में दो मुड़ी हुई रेखाएँ तथा तीन सीधी रेखाएँ हैं।

आकृतियों की समानता, घूर्णन तथा विभाजन पर आधारित

उदाहरण 4. निम्न आकृतियों में से भिन्न आकृति चुनिए।

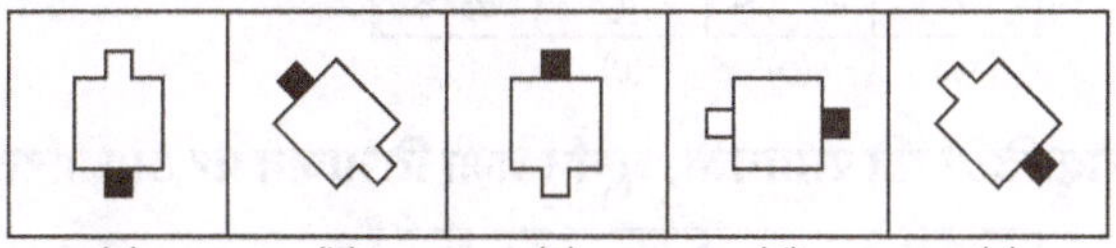

(a) (b) (c) (d) (e)

हल (d) उपरोक्त आकृतियों का ध्यानपूर्वक अवलोकन करने के बाद ज्ञात होता है कि आकृति (d) के अतिरिक्त अन्य सभी आकृतियों में बाहरी सफेद भाग तथा वर्ग के बीच का भाग खुला है, जबकि आकृति (d) में बाहरी सफेद भाग की भुजा से ढक गया है।

उदाहरण 5. निम्न आकृतियों में से भिन्न आकृति चुनिए।

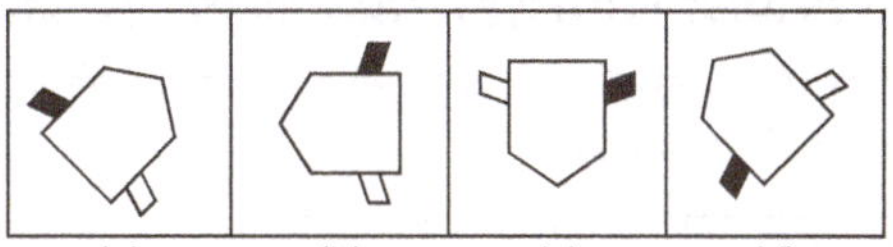

(a) (b) (c) (d)

हल (b) आकृति (b) को छोड़कर अन्य सभी आकृतियों को वामावर्त या दक्षिणावर्त दिशा में घुमाकर एक-दूसरे को प्राप्त की जा सकती हैं, जबकि आकृति (b) नहीं प्राप्त की जा सकती है।

उदाहरण 6. निम्न आकृतियों में से भिन्न आकृति चुनिए।

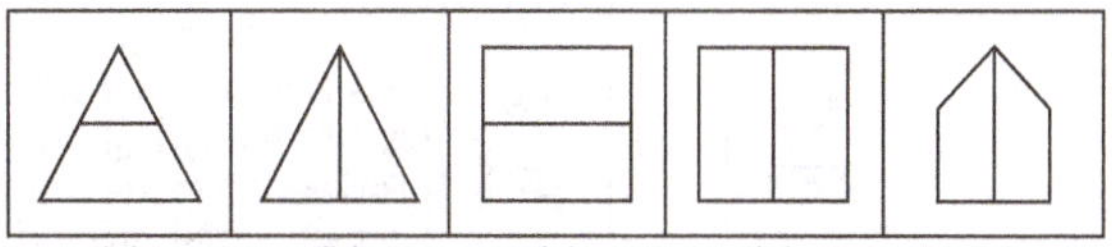

(a) (b) (c) (d) (e)

हल (a) उपरोक्त आकृतियों का ध्यानपूर्वक अवलोकन करने के बाद ज्ञात होता है कि आकृति (a) के अतिरिक्त अन्य सभी आकृतियाँ दो बराबर भागों में विभाजित हैं, जबकि आकृति (a) दो भागों में विभाजित तो है, परन्तु दोनों भाग बराबर नहीं हैं।

Trending Concept

घूर्णन तथा विभाजन पर आधारित प्रश्न वर्तमान में हो रहे SSC, Railway, UPSSSC, AFCAT के परीक्षाओं में पूछे जा रहे हैं।

अक्षर आकृतियों तथा वास्तविक वस्तुओं पर आधारित

उदाहरण 7. निम्न आकृतियों में से भिन्न आकृति चुनिए।

(a) (b) (c) (d)

Helping Tips

इस प्रकार के प्रश्न हल करने के लिए स्वर तथा व्यंजन की जानकारी अति आवश्यक है।

हल (d) अक्षर 'O' के अतिरिक्त, अन्य सभी अंग्रेजी वर्णमाला के अक्षर व्यंजन हैं जबकि अक्षर 'O' एक स्वर है।

उदाहरण 8. निम्न आकृतियों में से भिन्न आकृति चुनिए।

₹	$	£	β
(a)	(b)	(c)	(d)

हल (d) विकल्प आकृति (d) को छोड़कर, अन्य सभी विभिन्न देशों की मुद्राओं के प्रतीक हैं जबकि 'β' एक गणितीय प्रतीक है।

₹ → रुपया (भारत)

$ → डॉलर (यूएसए)

£ → पाउण्ड (इंग्लैण्ड)

Helping Tips

इस प्रकार के प्रश्न हल करने के लिए विभिन्न देशों की मुद्राएँ तथा उनके प्रतीकों की जानकारी होनी चाहिए।

Chapter Challenge

आकृतियों के आकार तथा तत्त्वों (अन्तर्निहित) पर आधारित

निर्देश (प्र. सं. 1-40) *निम्नलिखित आकृतियों में से उस आकृति को चुनिए, जो अन्य आकृतियों से भिन्न है।*

1.
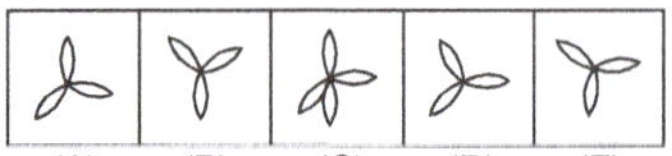
(A) (B) (C) (D) (E)

RRB Group D 2018

(a) A (b) E (c) C (d) D

2.
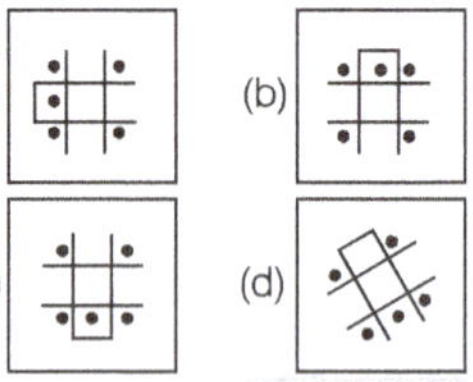
(a) (b) (c) (d)

UP AO 2024

> **MRC*****
> ***(Most Repeating Concepts)***
> प्र. सं. 2, 3, 5, 8, 13, 14, 22, 32, 34, 37 और 38 Examination Point of Views से अति महत्त्वपूर्ण हैं। वर्तमान में Railway तथा उत्तर प्रदेश राज्य सम्बन्धी प्रतियोगी परीक्षाओं में निरन्तर ऐसे प्रश्न पूछे जा रहे हैं।

3.
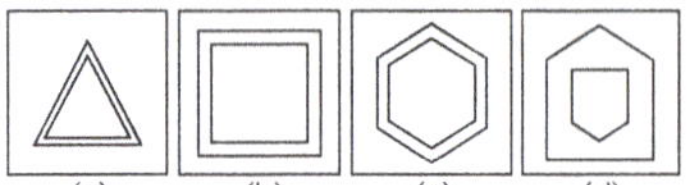
(a) (b) (c) (d)

UP Police Head Operator 2024

4.
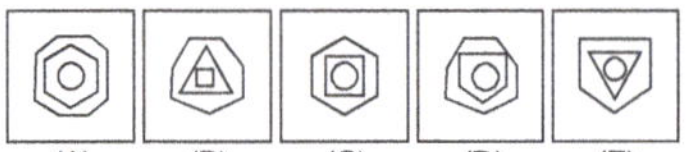
(A) (B) (C) (D) (E)

SSC CGL (Tier-II) 2023

(a) D (b) A (c) C (d) B

5.
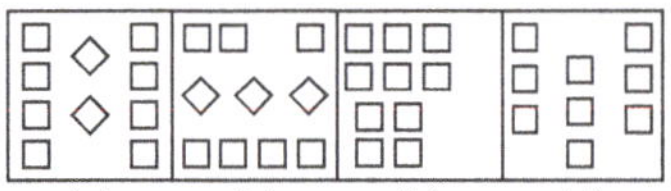
(a) (b) (c) (d)

RRB ALP 2018

6.

(a) (b) (c) (d)

RRB ALP 2018

7.
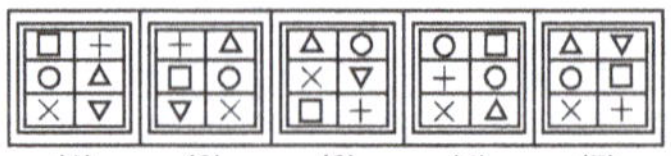
(1) (2) (3) (4) (5)

Delhi Police MTS 2018

(a) 1 (b) 2 (c) 3 (d) 4

8.
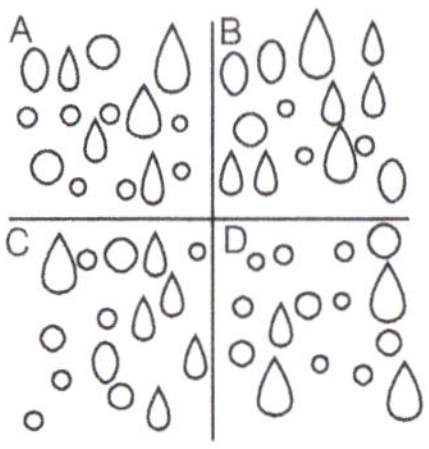

RRB Group D 2018

(a) D (b) A
(c) C (d) B

9.
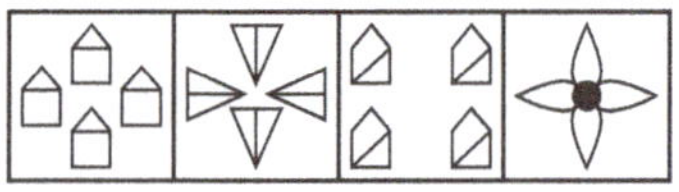
(a) (b) (c) (d)

10.

(a) (b) (c) (d)

11.
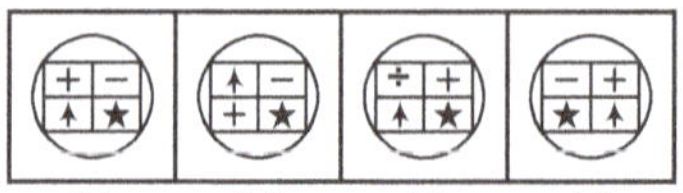
(a) (b) (c) (d)

आकृतियों की भुजा एवं रेखा की प्रकृति पर आधारित

12.
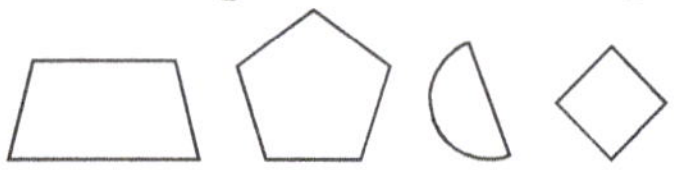
(A) (B) (C) (D)

UPSSSC 2018

(a) A (b) B (c) C (d) D

13.
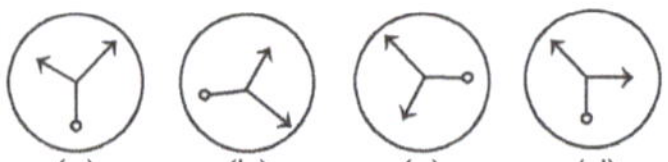
(a) (b) (c) (d)

UP Police Constable 2018

14.
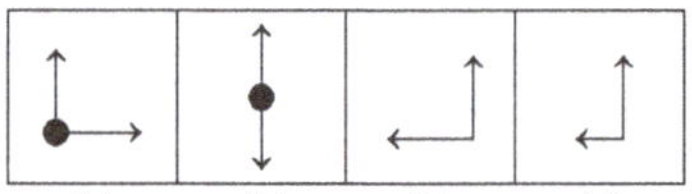
(a) (b) (c) (d)

RRB ALP 2018

15.
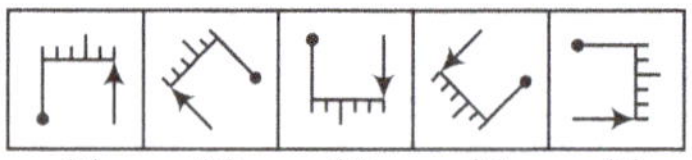
(1) (2) (3) (4) (5)

CISF ASI 2023

(a) 2 (b) 4 (c) 3 (d) 1

16.
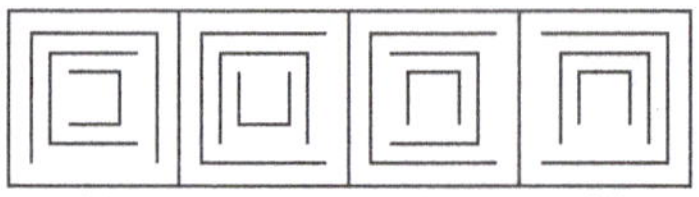
(a) (b) (c) (d)

UPSSSC 2020

17.
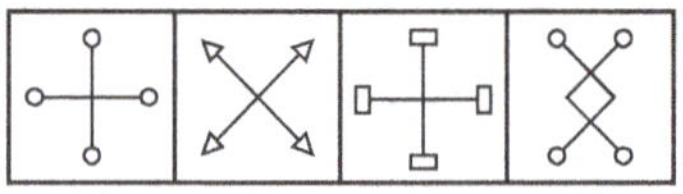
(a) (b) (c) (d)

आकृतियों की समानता, घूर्णन तथा विभाजन पर आधारित

18.
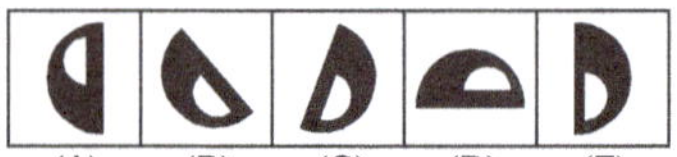
(A) (B) (C) (D) (E)

UPSSSC 2018

(a) C (b) B
(c) A (d) E

19.

(a) (b) (c) (d)

RRB ALP 2018

20.

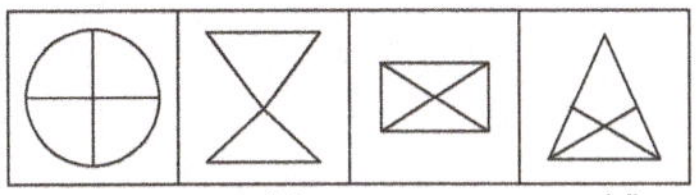

(a) (b) (c) (d)

CRPF HC 2023

21.

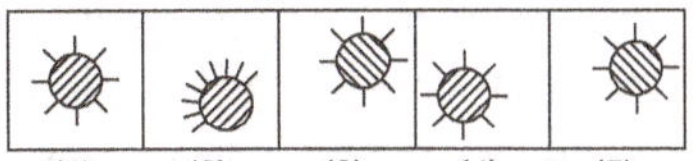

(1) (2) (3) (4) (5)

CISF ASI 2023

(a) 3 (b) 2 (c) 4 (d) 1

22.

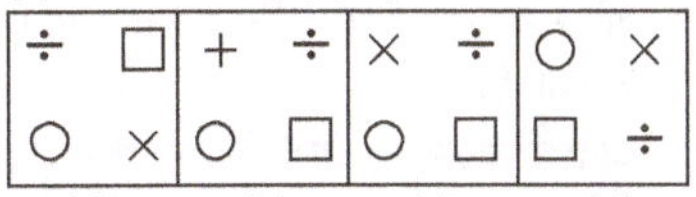

(a) (b) (c) (d)

RRB NTPC 2021

23.

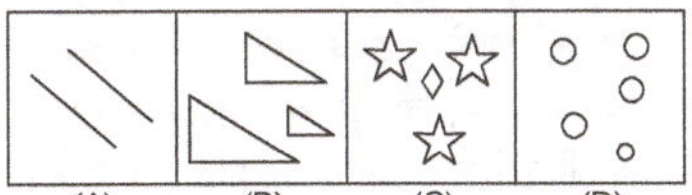

(A) (B) (C) (D)

RRB ALP 2018

(a) C (b) A (c) B (d) D

24.

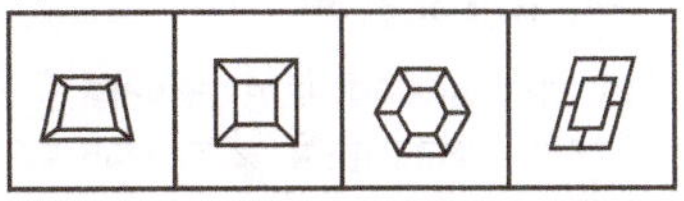

(a) (b) (c) (d)

25.

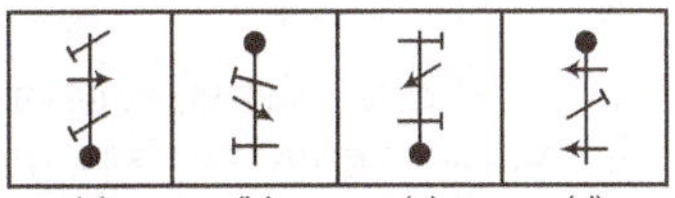

(a) (b) (c) (d)

26.

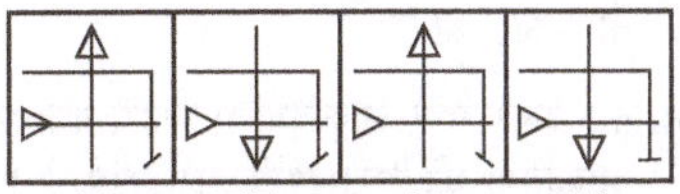

(a) (b) (c) (d)

RRB ALP 2023

27.

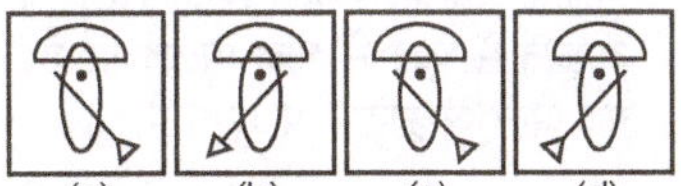

(a) (b) (c) (d)

28.

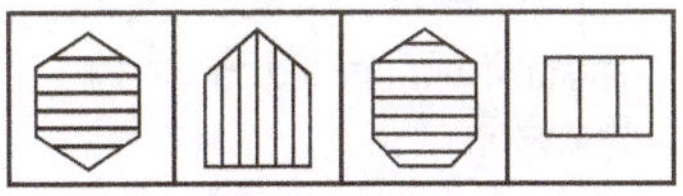

(a) (b) (c) (d)

29.

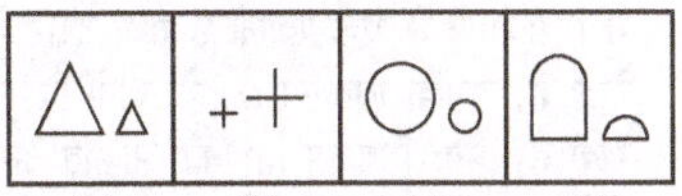

(a) (b) (c) (d)

30.

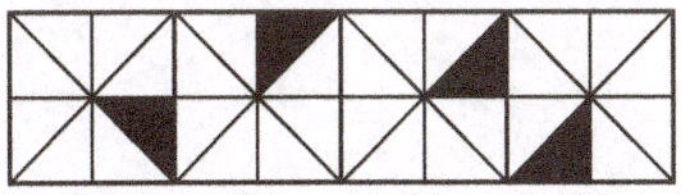

(a) (b) (c) (d)

31.

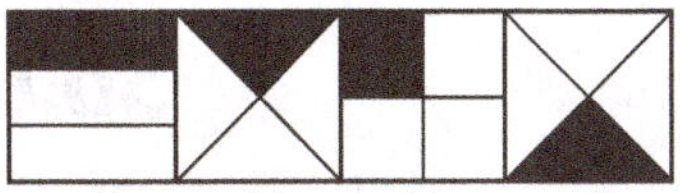

(a) (b) (c) (d)

32.

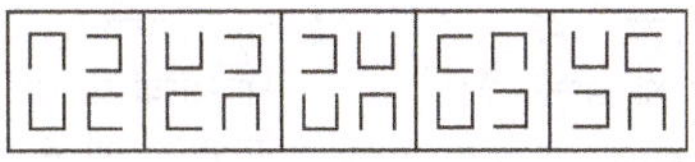

(1) (2) (3) (4) (5)

UP Police Constable 2024

(a) 4 (b) 3 (c) 1 (d) 2

33.

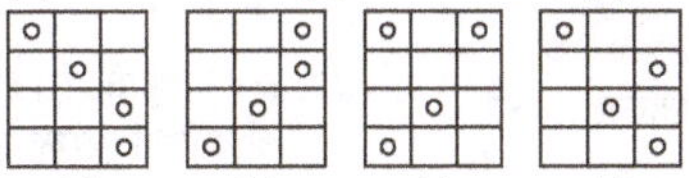

(a) (b) (c) (d)

DSSSB Workshop 2024

34.

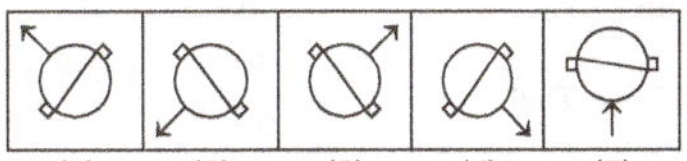

(1) (2) (3) (4) (5)

UP Police Constable 2024

(a) 4 (b) 2 (c) 3 (d) 5

35.

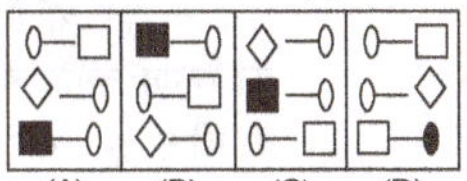

(A) (B) (C) (D)

RRB NTPC 2021

(a) A (b) C (c) B (d) D

अक्षर आकृतियों तथा वास्तविक वस्तुओं पर आधारित

36.

(a) (b) (c) (d)

RRB ALP 2018

37.

(a)	(b)	(c)	(d)
H Q Y	X Q Y	X T Z	Q S X
N I X	Z S H	N Q S	Y Q N
O S Z	N O I	H Y O	I H Z

UP Police Constable 2018

38.

(a)	(b)	(c)	(d)
H X P	Q M R	P O R	K W Q
O R K	X H O	M W K	R O P
W Q M	K W P	H X Q	I M X

RRB ALP 2019

39.

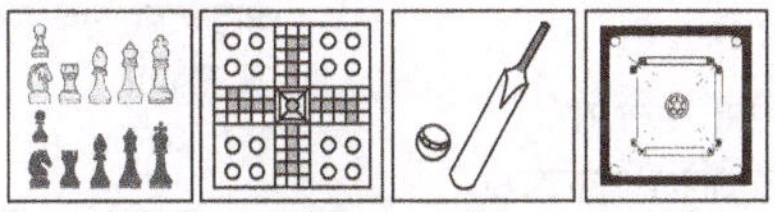

(a) (b) (c) (d)

40.

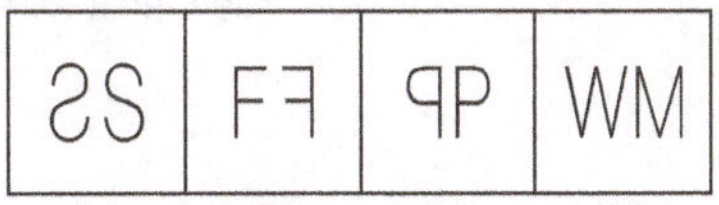

(a) (b) (c) (d)

Right Key

1. (c)	2. (d)	3. (d)	4. (d)	5. (d)	6. (c)	7. (d)	8. (d)	9. (d)	10. (a)
11. (c)	12. (c)	13. (d)	14. (b)	15. (d)	16. (d)	17. (d)	18. (b)	19. (a)	20. (b)
21. (b)	22. (b)	23. (a)	24. (d)	25. (d)	26. (a)	27. (b)	28. (d)	29. (d)	30. (c)
31. (a)	32. (b)	33. (c)	34. (d)	35. (d)	36. (d)	37. (c)	38. (d)	39. (c)	40. (d)

Solutions

1. (*c*) आकृति (C) के अतिरिक्त, अन्य सभी आकृतियों में केवल तीन पत्तियों की आकृति है।

2. (*d*) विकल्प आकृति (d) के अतिरिक्त, अन्य सभी आकृतियों में बिन्दु बन्द आयत के अन्दर है परन्तु आकृति (d) में बिन्दु खुले आयत के अन्दर है।

3. (*d*) विकल्प आकृति (d) के अतिरिक्त, अन्य तीनों आकृतियों में बाहरी और भीतरी आकृति समान है। आकृति (d) में भीतरी आकृति बाहरी आकृति का जल प्रतिबिम्ब है।

4. (*d*) आकृति (B) के अतिरिक्त, अन्य सभी आकृतियों के बीच में वृत्त है, परन्तु आकृति (B) के बीच में वर्ग है।

अत: आकृति (B) समूह से सम्बन्धित नहीं है।

5. (*d*) आकृति (d) के अतिरिक्त, अन्य सभी आकृतियों में 10 चतुर्भुज हैं। लेकिन आकृति (d) में 9 चतुर्भुज हैं। अत: आकृति 'd' अन्य से भिन्न है।

6. (*c*) आकृति (c) के अतिरिक्त अन्य सभी आकृतियों में 4 अर्द्धवृत्त और 3 त्रिभुज हैं। जबकि आकृति '*c*' में अर्द्धवृत्त और त्रिभुज दोनों की संख्या '4' है।

7. (*d*) आकृति (4) के अतिरिक्त, अन्य सभी में 2 त्रिभुज हैं। जबकि आकृति 4 में एक त्रिभुज है।

8. (*d*) आकृति (B) के अतिरिक्त, अन्य सभी में 15 डिजाइन हैं, जबकि आकृति (B) में 14 डिजाइन हैं।

9. (*d*) विकल्प (a), (b) तथा (c) में चार आकृतियाँ दी गई हैं परन्तु विकल्प (d) में चारों आकृतियों को मिलाकर एक ही आकृति तैयार की गई है अर्थात् विकल्प (d) की आकृति अन्य आकृतियों से भिन्न है।

10. (*a*) विकल्प (a) के अतिरिक्त, अन्य सभी आकृतियाँ भुजाओं वाली हैं लेकिन विकल्प (a) में वृत्त की आकृति है। अत: यह अन्य तीनों आकृतियों से भिन्न है।

11. (*c*) विकल्प (c) के अतिरिक्त अन्य सभी आकृतियाँ प्रतीक, '+', '–', '↑' तथा '★' से मिलकर बनी हैं, जबकि विकल्प (c) की आकृति में '–' के स्थान पर प्रतीक '+' है। अत: विकल्प (c) की आकृति अन्य तीनों से भिन्न है।

12. (*c*) आकृति (C) के अतिरिक्त, अन्य सभी आकृतियाँ सरल रेखाओं से बनी हुई हैं।

13. (*d*) आकृति (d) के अतिरिक्त, अन्य सभी में छोटे तीर (↑) के दाएँ बड़ा तीर (↑) है, जबकि आकृति (d) में छोटे तीर के बाएँ बड़ा तीर है।

अत: आकृति (d) अन्य तीनों से भिन्न है।

14. (*b*) विकल्प आकृति (b) के अतिरिक्त, अन्य सभी आकृतियों में दोनों रेखाओं के बीच 90° का कोण बनता है, परन्तु विकल्प आकृति (b) के बीच 180° का कोण बनता है।

15. (*d*) आकृति (1) में '↑' और बीच की बड़ी रेखा के बीच एक छोटी रेखा है। अन्य सभी आकृतियों में ↑ और बीच की बड़ी रेखा के बीच दो छोटी रेखा हैं।

TOP TIPS आकृतियों के वर्गीकरण (विषमता) का आधार सदैव तर्कसंगत होना चाहिए।

16. (*d*) विकल्प आकृति (d) को छोड़कर, अन्य सभी आकृतियों में आन्तरिक और मध्य का डिजाइन अलग-अलग दिशाओं में खुले हैं।

17. (*d*) विकल्प (d) के अतिरिक्त, अन्य सभी में केवल दो रेखाएँ एक-दूसरे को लम्बवत् काटती हैं।

18. (*b*) आकृति (B) के अतिरिक्त अन्य सभी आकृतियाँ एक-दूसरे को घुमा कर प्राप्त की जा सकती हैं।

अत: आकृति (B) सबसे अलग है।

19. (*a*) आकृति (a) के अतिरिक्त, अन्य सभी आकृतियों में छायांकित भाग दोनों त्रिभुजों का एक भाग है, जबकि आकृति (a) में दोनों छायांकित भाग केवल एक त्रिभुज में ही है।

20. (*b*) विकल्प आकृति (b) के अतिरिक्त, अन्य सभी आकृतियों में ज्यामितीय आकृति के भीतर दो रेखाएँ आकृति को चार भागों में बाँटती हैं।

अत: विकल्प (b) अन्य से भिन्न है।

21. (*b*) आकृति (2) के अतिरिक्त, अन्य सभी आकृतियों में वृत्त के बाहर की रेखाओं की संख्या 8 है, जो पूरे वृत्त पर समान दूरी पर फैली हुई है, जबकि आकृति (2) में रेखाओं की संख्या 9 है साथ ही रेखाएँ वृत्त के आधे भाग पर फैली हुई है।

22. (*b*) सभी आकृतियों में समान प्रतीक हैं, परन्तु विकल्प आकृति (b) में '×' के स्थान पर प्रतीक '+' है। अत: विकल्प (b) अन्य सभी से भिन्न है।

23. (*a*) आकृति (C) के अतिरिक्त, प्रत्येक आकृति में, ज्यामितीय आकृति/(रेखा, त्रिभुज वृत्त) एक जैसी हैं। परन्तु आकृति (C) में उपआकृति दो प्रकार की हैं।

24. (*d*) अन्य सभी आकृतियों में बाहरी तथा भीतरी आकृतियों को रेखाखण्डों द्वारा शीर्ष से शीर्ष मिलाया गया है, जबकि विकल्प (d) की आकृति में भुजा से भुजा मिलाई गई है। अत: यह अन्य आकृतियों से भिन्न है।

25. (*d*) अन्य सभी आकृतियों में एक तीर और दो पिन जैसी डिजाइनें हैं, जबकि विकल्प (d) की आकृति में एक पिन और दो तीर की डिजाइनें हैं।

26. (*a*) विकल्प (b), (c) तथा (d) तीनों ही आकृतियों में त्रिभुजों में से एक खाली है तथा दूसरे में रेखा है, जबकि विकल्प (a) के दोनों त्रिभुजों में रेखा है। अत: विकल्प (a) की आकृति अन्य तीनों आकृतियों से भिन्न है।

27. (*b*) आकृति (b) के अतिरिक्त, अन्य सभी आकृतियों में त्रिभुज का एक शीर्ष रेखा से जुड़ा है। जबकि आकृति (b) में एक भुजा रेखा से जुड़ा है।

28. (*d*) विकल्प (d) के अतिरिक्त, अन्य सभी आकृतियों में भुजाओं की संख्या तथा आकृति के अन्दर की रेखाओं की संख्या बराबर है, परन्तु विकल्प (d) में आकृति की भुजाओं की संख्या 4 है तथा इसके अन्दर की रेखाओं की संख्या 2 है। अत: विकल्प (d) की आकृति अन्य आकृतियों से भिन्न है।

29. (*d*) विकल्प (d) के अतिरिक्त, अन्य सभी आकृतियों में छोटी तथा बड़ी आकृति एक समान हैं, जबकि विकल्प (d) की दोनों आकृतियाँ अलग-अलग हैं। अत: विकल्प (d) की आकृति अन्य तीनों से भिन्न है।

30. (*c*) विकल्प (c) के अतिरिक्त, अन्य सभी आकृतियाँ एक-दूसरे को घुमाकर प्राप्त की जा सकती है।

TOP TIPS इस प्रकार के प्रश्नों को हल करने के लिए आकृतियों के घूर्णन की जानकारी होना अति आवश्यक है।

31. (*a*) विकल्प (a) के अतिरिक्त, अन्य सभी आकृतियों का एक-चौथाई भाग छायांकित है।

32. (*b*) आकृति (3) में दी गई उपआकृतियों के अतिरिक्त, अन्य सभी आकृतियों में उपआकृतियों का मुख चारों दिशाओं में खुला हुआ है।
अत: विकल्प (b) सही उत्तर है।

33. (*c*) विकल्प आकृति (c) के अतिरिक्त, अन्य सभी आकृतियों में प्रत्येक पंक्ति में एक वृत्त है परन्तु, आकृति (c) में पहली पंक्ति में दो वृत्त हैं।
अत: आकृति (c) भिन्न है।

34. (*d*) आकृति (5) के अतिरिक्त, अन्य सभी आकृतियों में तीर वृत्त के परिधि के विपरीत है लेकिन आकृति (5) में वृत्त की परिधि की ओर है।

35. (*d*) आकृति (D) के अतिरिक्त, अन्य सभी आकृति में वर्ग छायांकित है। परन्तु आकृति (D) में वृत्त छायांकित है।

36. (*d*) हेडफोन के अतिरिक्त, अन्य सभी सूचना को सम्प्रेक्षित करने वाले माध्यम हैं जबकि हेडफोन द्वारा सूचना को ग्रहण किया जाता है। अत: विकल्प (d) अभीष्ट उत्तर होगा।

37. (*c*) सभी आकृतियों में अक्षर समान हैं, परन्तु विकल्प (c) में दी गई आकृति में अक्षर I के स्थान पर अक्षर T है। अत: विकल्प (c) में दी गई आकृति अन्य तीनों से भिन्न है।

38. (*d*) विकल्प आकृति (d) में अक्षर H के स्थान पर I है, जबकि अन्य सभी अक्षर सभी में समान हैं। अत: विकल्प आकृति (d) अन्य से भिन्न है।

39. (*c*) विकल्प आकृति (c) अर्थात् क्रिकेट के खेल के अतिरिक्त, अन्य सभी इनडोर गेम हैं, जबकि क्रिकेट एक आउटडोर गेम है।

40. (*d*) आकृति (d) के अतिरिक्त, अन्य सभी आकृतियों में दोनों डिजाइनें एक-दूसरे के दर्पण प्रतिबिम्ब हैं जबकि आकृति (d) में दोनों डिजाइनें एक-दूसरे के जल प्रतिबिम्ब हैं।

TOP TIPS इस प्रकार के प्रश्नों को हल करने के लिए वस्तुओं के प्रतिबिम्बों की जानकारी होनी चाहिए। अर्थात् प्रतिबिम्ब ज्ञात करना आना चाहिए।

अध्याय

03 शृंखला (Series)

आकृति शृंखला

शृंखला (Series) का शाब्दिक अर्थ आकृतियों को क्रमबद्ध रूप से सजाना होता है। इन आकृतियों की स्थिति के बीच किसी विशेष नियम के आधार पर कुछ सम्बन्ध होता है और इसी सम्बन्ध के आधार पर शृंखला का निर्माण किया जाता है।

इस अध्याय से पूछे जाने वाले प्रश्नों के दो भाग होते हैं जिनमें पहले भाग को प्रश्न आकृतियाँ तथा दूसरे भाग को उत्तर आकृतियाँ कहते हैं। प्रश्न आकृतियों में तीन, चार या पाँच आकृतियाँ दी जाती हैं। प्रश्न आकृति की प्रत्येक अगली आकृति में एक निश्चित नियमानुसार या क्रमबद्ध परिवर्तन होता है और इसी परिवर्तन को समझकर अभ्यर्थियों को आगे आने वाली आकृति को उत्तर आकृतियों में से ज्ञात करना होता है।

रेखाओं या भुजाओं की संख्याओं पर आधारित

इस प्रकार के प्रश्नों में दी गई आकृतियों की रेखाओं या भुजाओं की संख्याओं में कमी या वृद्धि के नियम के आधार पर शृंखला का निर्माण होता है।

जैसे-निम्नलिखित आकृति शृंखला में आने वाली

प्रश्न आकृतियाँ

उत्तर आकृतियाँ

(a) (b) (c) (d)

हल (*d*) दी गई आकृति शृंखला के प्रत्येक अगले पद में आकृति पलट जाती है तथा एकान्तर क्रम में दो रेखाओं (क्षैतिज-ऊर्ध्वाधर) की वृद्धि हो जाती है। इस प्रकार शृंखला में प्रश्नचिह्न के स्थान पर उत्तर आकृति (d) आएगी।

आकृतियों के घूर्णन पर आधारित

इस प्रकार के प्रश्नों में दी गई प्रत्येक आकृति या उनके अवयवों को एक निश्चित क्रमानुसार घुमाने पर अगली आकृति बनती है। अभ्यर्थियों को इस परिवर्तन के क्रम को पहचानकर प्रश्नवाचक चिह्न के स्थान पर आने वाली उत्तर आकृति को दी गई उत्तर आकृतियों में से चुनना होता है।

जैसे-निम्नलिखित आकृति शृंखला में आगे आने वाली आकृति का चयन कीजिए।

प्रश्न आकृतियाँ

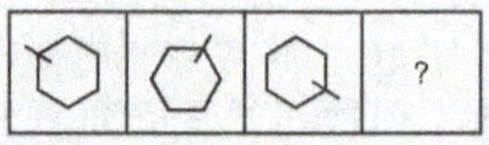

उत्तर आकृतियाँ

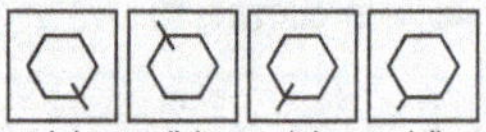

(a) (b) (c) (d)

हल (*c*) दी गई आकृति शृंखला के प्रत्येक अगले पद में सम्पूर्ण आकृति घड़ी की सूई की दिशा में 90° घूम जाती है। इस प्रकार प्रश्नचिह्न के स्थान पर उत्तर आकृति (c) आएगी।

आकृतियों की स्थिति में परिवर्तन पर आधारित

इस प्रकार के प्रश्नों में दी गई आकृति शृंखला के अवयवों की स्थितियाँ एक निश्चित क्रमानुसार स्थान परिवर्तित करती हैं। इस निहित परिवर्तन के क्रम को समझकर प्रश्नवाचक चिह्न के स्थान पर आने वाली उत्तर आकृति को दी गई उत्तर आकृतियों में से चुनना होता है।

जैसे-दिए गए विकल्पों में से ऐसी आकृति का चयन करें, जो निम्न शृंखला में प्रश्नवाचक चिह्न (?) के स्थान पर आ सकती है।

प्रश्न आकृतियाँ

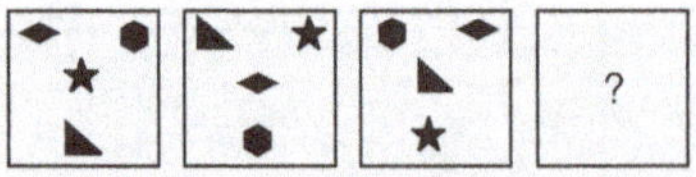

उत्तर आकृतियाँ

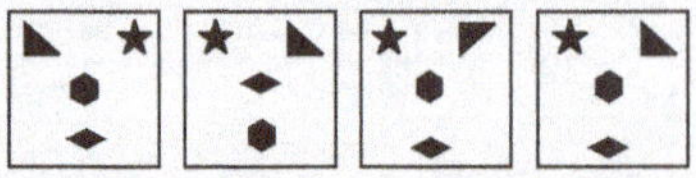

(a) (b) (c) (d)

हल (*d*) दी गई आकृति शृंखला के प्रत्येक अगले पद में निम्न पैटर्न के अनुसार छोटी आकृतियाँ अपना स्थान परिवर्तित कर रही हैं।

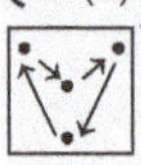

अतः शृंखला में प्रश्नचिह्न (?) के स्थान पर उत्तर आकृति (d) आएगी।

रूप एवं आकार के परिवर्तन पर आधारित

इस प्रकार के प्रश्नों में आकृतियों में उनके रूप और आकार के आधार पर एक निश्चित क्रम में परिवर्तन होता है। आकृतियों में होने वाले परिवर्तनों को समझकर प्रश्नवाचक चिह्न के स्थान पर आने वाली उत्तर आकृति को दी गई उत्तर आकृतियों में से चुनना होता है।

जैसे-कौन-सी आकृति नीचे दी गई शृंखला का क्रम जारी रखेगी?

प्रश्न आकृतियाँ

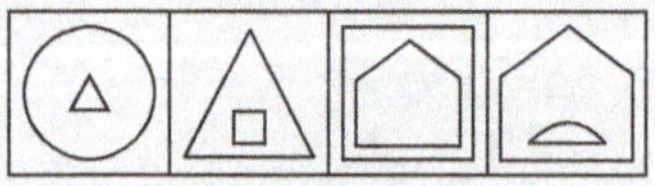

उत्तर आकृतियाँ

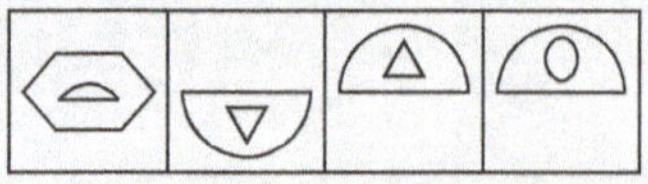

(a) (b) (c) (d)

हल (*d*) प्रश्न आकृति की प्रत्येक अगली आकृति में बाहर वाला डिजाइन लुप्त हो जाता है तथा अन्दर वाले डिजाइन के अन्दर एक नया डिजाइन आ जाता है। आगे भी यही क्रम जारी रहता है, तो उत्तर आकृति (d) प्राप्त होगी।

Exam Approach Examples

रेखाओं या भुजाओं की संख्याओं पर आधारित

उदाहरण 1. कौन-सा विकल्प प्रश्नचिह्न के स्थान पर आएगा और दी गई आकृति शृंखला को पूरा करेगा ?

प्रश्न आकृतियाँ

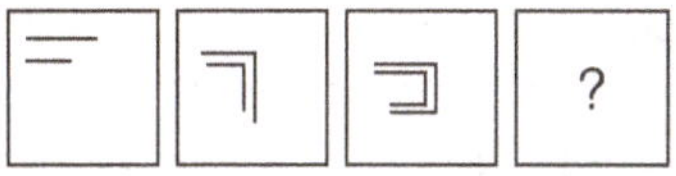

SSC Constable (GD) 2018

उत्तर आकृतियाँ

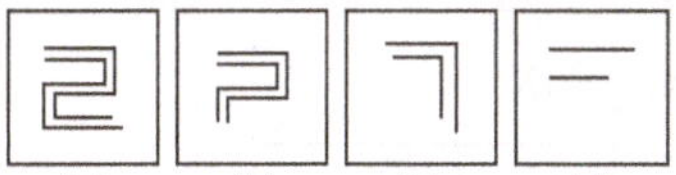

(a) (b) (c) (d)

हल (*b*) दी गई शृंखला मे प्रत्येक अगली आकृति में दो रेखाओं की वृद्धि हो रही है। अत: शृंखला में प्रश्नचिह्न (?) के स्थान पर उत्तर आकृति (b) आएगी।

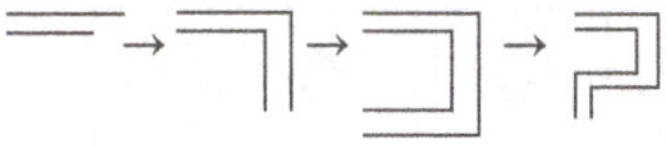

आकृतियों के घूर्णन पर आधारित

उदाहरण 2. उस आकृति का चयन करें, जो निम्न आकृति श्रेणी में प्रश्नवाचक चिह्न (?) के स्थान पर आएगी। *SSC CPO 2020*

प्रश्न आकृतियाँ

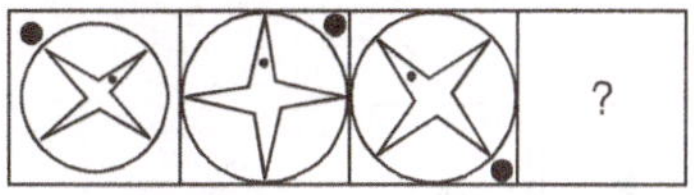

उत्तर आकृतियाँ

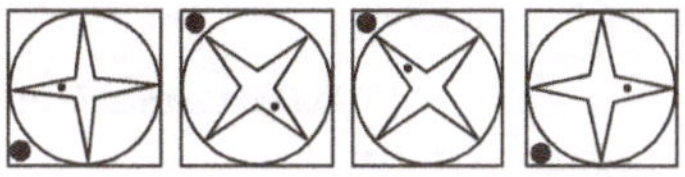

(a) (b) (c) (d)

Helping Tips

इस प्रकार के प्रश्नों को हल करने के लिए आकृतियों को भिन्न-भिन्न कोण पर घूर्णन करने से सम्बन्धित जानकारी होना अति आवश्यक है।

हल (*a*) दी गई आकृति शृंखला के प्रत्येक अगले पद में वृत्त के अन्दर की डिजाइन 45° वामावर्त घूम रहा है और छोटा काला वृत्त दक्षिणावर्त दिशा में अगले कोने पर चला जाता है आगे भी यही क्रम जारी रहता है।

इस प्रकार शृंखला में प्रश्नचिह्न (?) के स्थान पर उत्तर आकृति (a) आएगी।

उदाहरण 3. उस आकृति का चयन कीजिए, जो निम्नलिखित आकृति शृंखला में आगे आएगी। *SSC MTS 2024*

प्रश्न आकृतियाँ

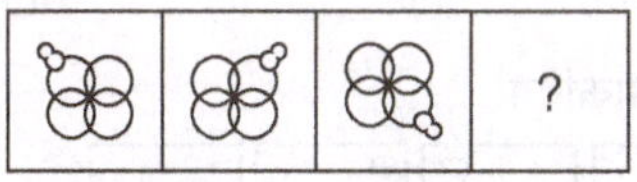

उत्तर आकृतियाँ

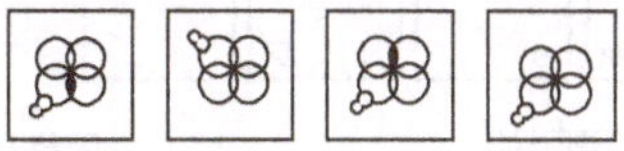

(a) (b) (c) (d)

हल (*d*) दी गई आकृति शृंखला के प्रत्येक अगली आकृति में सम्पूर्ण डिजाइन दक्षिणावर्त दिशा में 90° घूम रही है। इस प्रकार शृंखला की अगली आकृति विकल्प (d) की आकृति होगी।

आकृतियों की स्थिति में परिवर्तन पर आधारित

उदाहरण 4. विकल्पों में दी गई उस आकृति को पहचानिए जिसे प्रश्नचिह्न (?) के स्थान पर रखने पर शृंखला तार्किक रूप से पूरी हो जाएगी।

प्रश्न आकृतियाँ

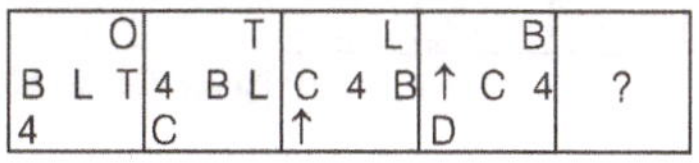

SSC (10+2) Tier I 2024

उत्तर आकृतियाँ

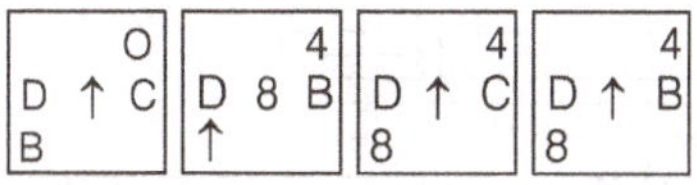

(a) (b) (c) (d)

हल (*c*) दी गई आकृति शृंखला की प्रत्येक अगली आकृति निम्न पैटर्न के अनुसार चल रही है।

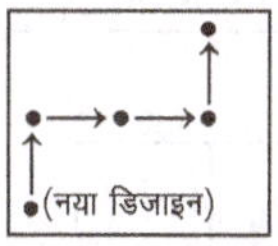

साथ ही सबसे ऊपर का डिजाइन अगले चरण में लुप्त हो जाता है।

अत: विकल्प (c) की आकृति, शृंखला की अगली आकृति होगी।

Trending Concept

आकृतियों की स्थिति में परिवर्तन पर आधारित प्रश्न वर्तमान में हो रही परीक्षाओं (SSC, Railway तथा State exam) में पूछे जा रहे हैं। आगामी परीक्षाओं के लिए अति महत्त्वपूर्ण हैं।

रूप एवं आकार के परिवर्तन पर आधारित

उदाहरण 5. कौन-सी आकृति नीचे दी गई शृंखला का क्रम जारी रखेगी?

प्रश्न आकृतियाँ

Rajasthan Police Constable 2018

उत्तर आकृतियाँ

(a) (b) (c) (d)

हल (*a*) दी गई आकृति शृंखला के प्रत्येक अगले चरण में दोनों डिजाइन परस्पर अपना स्थान परिवर्तित करते है तथा एकांतर क्रम में छोटी और बड़ी आकृति का रंग बदलता है।

इस प्रकार अनुक्रम में अगली आकृति उत्तर आकृति (a) आएगी।

Chapter Challenge

रेखाओं या भुजाओं की संख्याओं पर आधारित

निर्देश (प्र. सं. 1-4) *नीचे दिए गए प्रश्नों में एक समूह प्रश्न आकृतियों का है तथा दूसरा समूह उत्तर आकृतियों का है। प्रश्नाकृतियाँ एक श्रृंखला में हैं, प्रश्नांकित स्थान पर या आगे आने वाली आकृति बताइए।*

1. प्रश्न आकृतियाँ

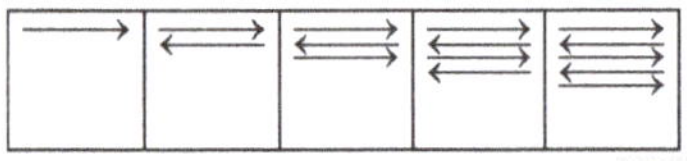

MP Police Constable 2022

उत्तर आकृतियाँ

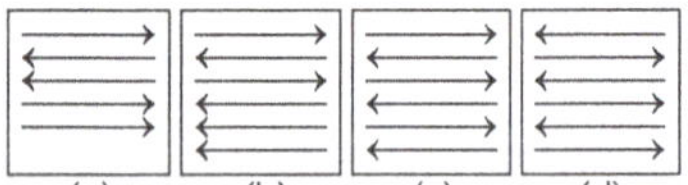

(a) (b) (c) (d)

> **MRC*****
> ***(Most Repeating Concepts)***
> प्र. सं. 1, 4, 5, 7 और 8 Police Examination Point of Views से अति महत्त्वपूर्ण हैं। इन Concept पर प्रश्न MP Police, Delhi Police, RPF तथा SSC GD में निरन्तर पूछे जा रहे हैं।

2. प्रश्न आकृतियाँ *CUET UG 2023*

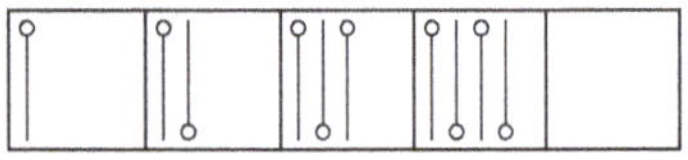

उत्तर आकृतियाँ

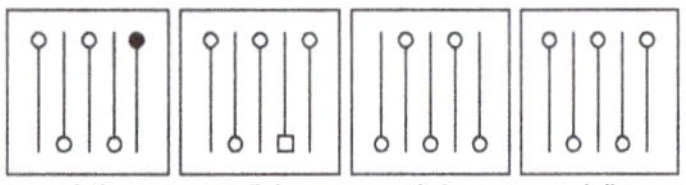

(a) (b) (c) (d)

3. प्रश्न आकृतियाँ *RRB NTPC 2020*

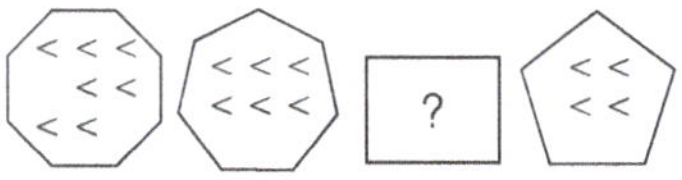

उत्तर आकृतियाँ

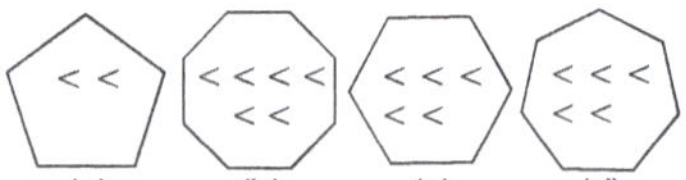

(a) (b) (c) (d)

4. प्रश्न आकृतियाँ *SSC Constable (GD) 2024*

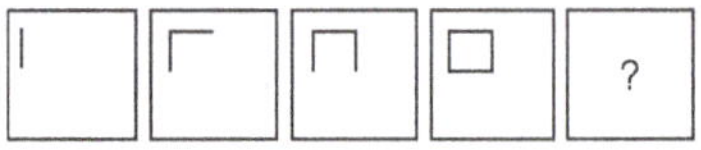

उत्तर आकृतियाँ

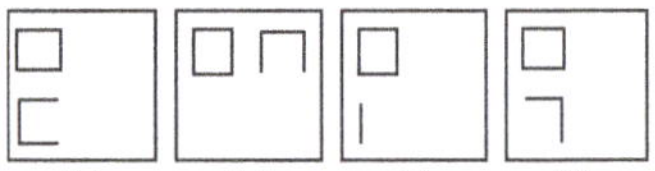

(a) (b) (c) (d)

आकृतियों के घूर्णन पर आधारित

निर्देश (प्र. सं. 5-11) *निम्नलिखित प्रश्नों में प्रश्नाकृतियाँ एक श्रृंखला में हैं, प्रश्न चिह्न (?) के स्थान पर या आगे आने वाली आकृति बताइए।*

5. प्रश्न आकृतियाँ

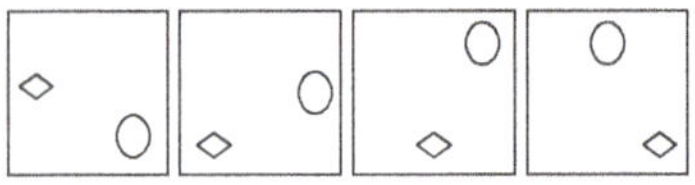

उत्तर आकृतियाँ *RRB ALP 2018*

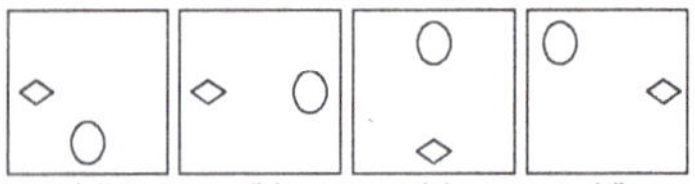

(a) (b) (c) (d)

6. प्रश्न आकृतियाँ

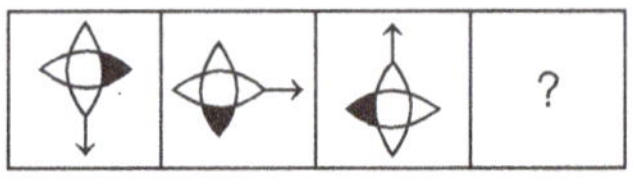

उत्तर आकृतियाँ *SSC Constable (GD) 2024*

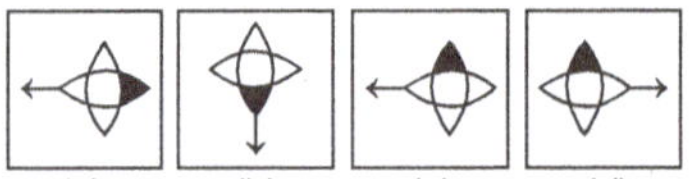

(a) (b) (c) (d)

7. प्रश्न आकृतियाँ *RPF Constable 2019*

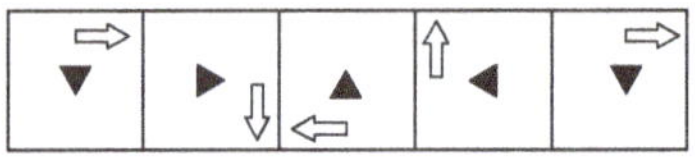

उत्तर आकृतियाँ

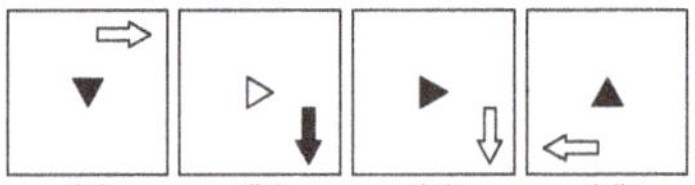

(a) (b) (c) (d)

8. प्रश्न आकृतियाँ *UP Police Constable 2024*

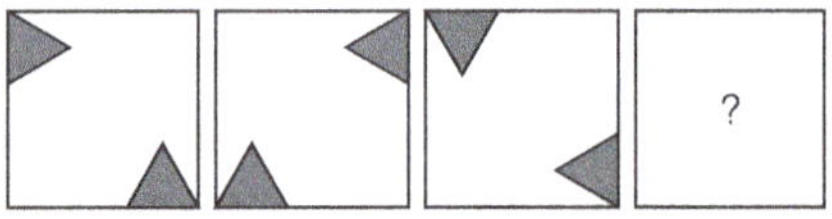

उत्तर आकृतियाँ

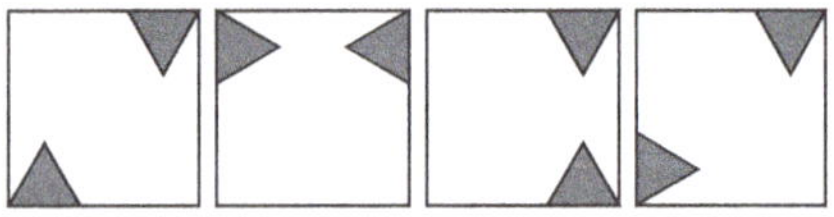

(a) (b) (c) (d)

9. प्रश्न आकृतियाँ

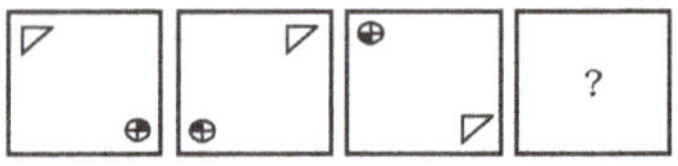

उत्तर आकृतियाँ *UP Police Constable 2019*

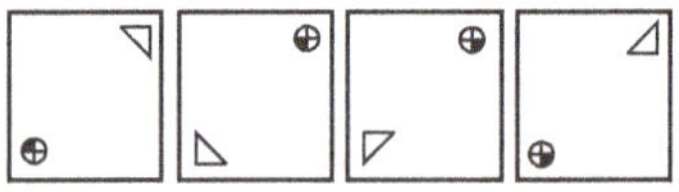

(a) (b) (c) (d)

10. प्रश्न आकृतियाँ **SSC CGL 2018**

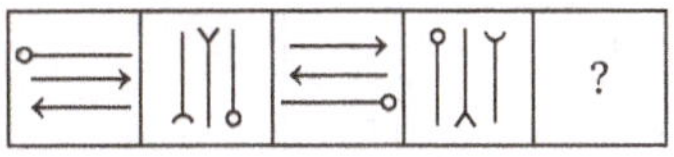

उत्तर आकृतियाँ

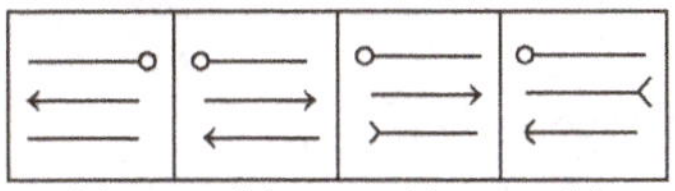

(a) (b) (c) (d)

> ***MRC****
> ***(Most Repeating Concepts)***
> प्र. सं. 13, 14, 16, 17, 19 और 20 SSC Examination Point of Views से अति महत्त्वपूर्ण हैं। इस Concept पर प्रश्न SSC की सभी प्रतियोगी परीक्षाओं में निरन्तर पूछे जा रहे हैं।

11. प्रश्न आकृतियाँ **SSC CPO 2018**

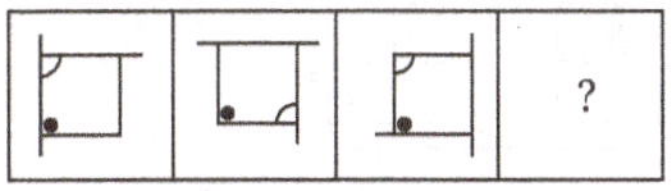

उत्तर आकृतियाँ

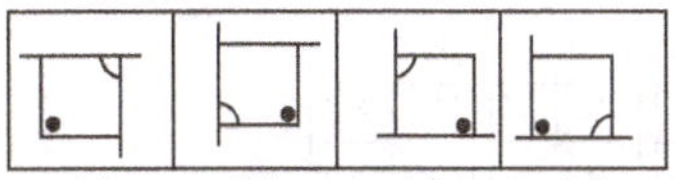

(a) (b) (c) (d)

आकृतियों की स्थिति में परिवर्तन पर आधारित

निर्देश (प्र. सं. 12-22) *निम्नलिखित प्रश्नों में प्रश्नाकृतियाँ एक शृंखला में हैं, प्रश्न चिह्न (?) के स्थान पर या आगे आने वाली आकृति बताइए।*

12.

K L 8 X W 2	X 2 L K 8 W	W L 2 T X 8	T 8 L W 2 X	?

SSC CGL (Tier-I) 2024

(a)	(b)	(c)	(d)
2 L 8 9 X T	8 L T X W 2	X L 8 T W 2	X L 8 9 T 2

13. प्रश्न आकृतियाँ **SSC MTS 2021**

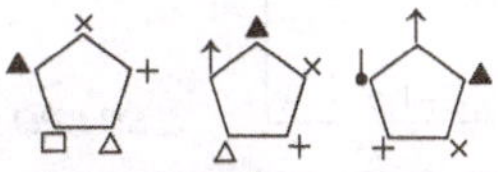

उत्तर आकृतियाँ

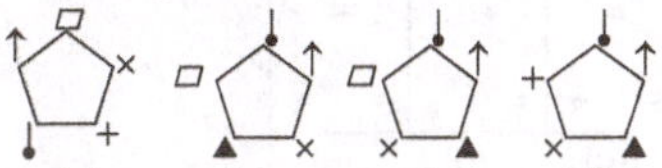

(a) (b) (c) (d)

14. प्रश्न आकृतियाँ **SSC MTS 2024**

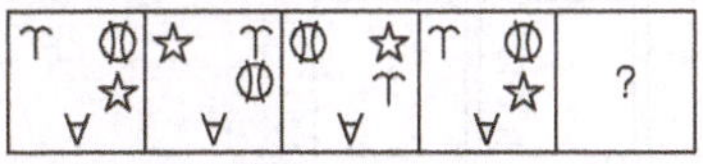

उत्तर आकृतियाँ

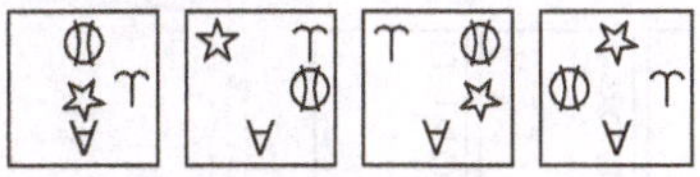

(a) (b) (c) (d)

15. प्रश्न आकृतियाँ

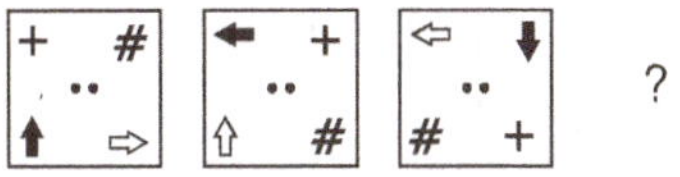

(i) (ii) (iii) (iv)

उत्तर आकृतियाँ **SSC MTS 2024**

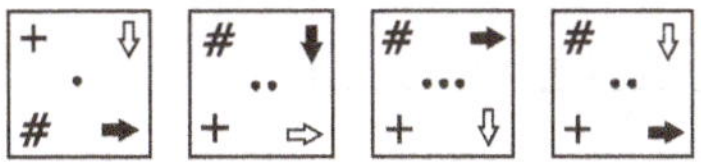

(a) (b) (c) (d)

16. प्रश्न आकृतियाँ **SSC CPO 2024**

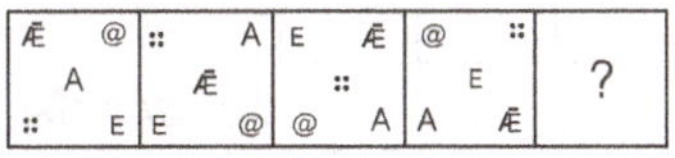

उत्तर आकृतियाँ

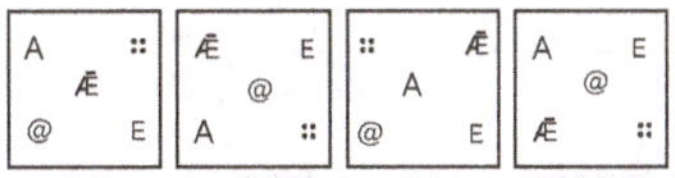

(a) (b) (c) (d)

17. प्रश्न आकृतियाँ **SSC CPO 2024**

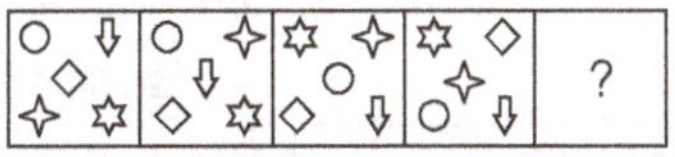

उत्तर आकृतियाँ

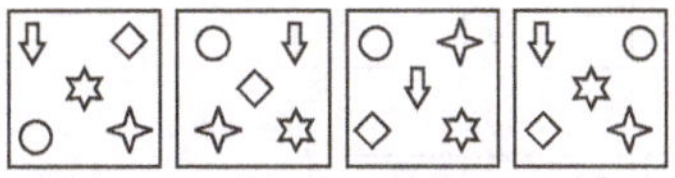

(a) (b) (c) (d)

18.

D S U P O	U D P O S	P U O S D	O P S D U	?

SSC CGL (Tier-I) 2024

(a)	(b)	(c)	(d)
S D P U O	U O S P D	S O U P D	S O D U P

19. प्रश्न आकृतियाँ

BLAST	LBPTS	SLBPT	LSCTP	?

उत्तर आकृतियाँ **CISF Head Constable 2023**

(a)	(b)	(c)	(d)
SCTPL	SLDPT	PLTSC	PLSCT

20. प्रश्न आकृतियाँ **CISF HC Min. 2022**

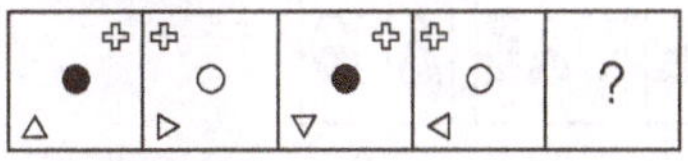

उत्तर आकृतियाँ

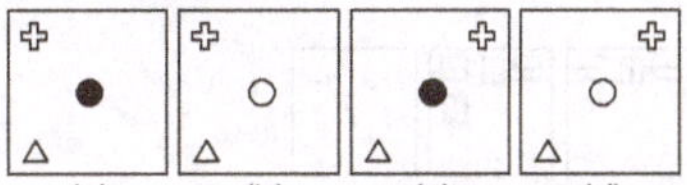

(a) (b) (c) (d)

Chapter Challenge शृंखला

21. प्रश्न आकृतियाँ

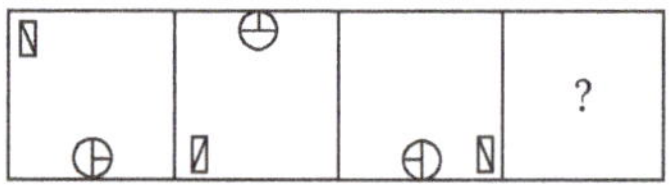

उत्तर आकृतियाँ *UP Police Constable 2018*

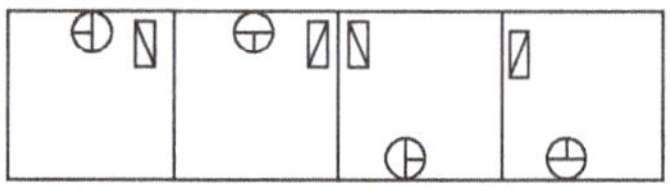

(a) (b) (c) (d)

22. प्रश्न आकृतियाँ

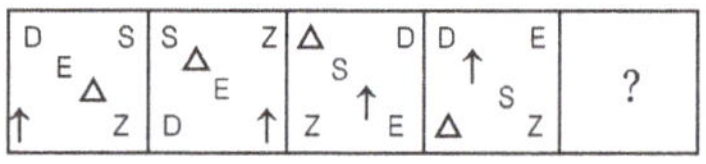

उत्तर आकृतियाँ *SSC CGL (Tier-I) 2023*

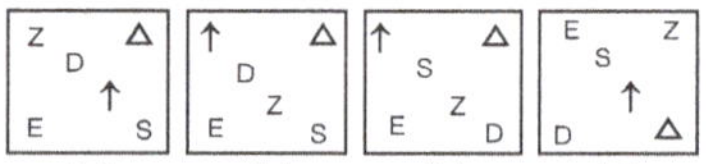

(a) (b) (c) (d)

रूप एवं आकार के परिवर्तन पर आधारित

निर्देश (प्र. सं. 23-31) *निम्नलिखित प्रश्नों में प्रश्नाकृतियाँ एक शृंखला में हैं, प्रश्न चिह्न (?) के स्थान पर आने वाली या शृंखला की अगली आकृति बताइए।*

23. प्रश्न आकृतियाँ *SSC Steno 2020*

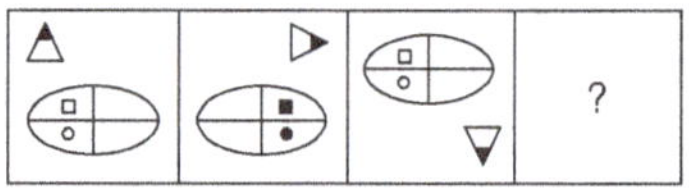

उत्तर आकृतियाँ

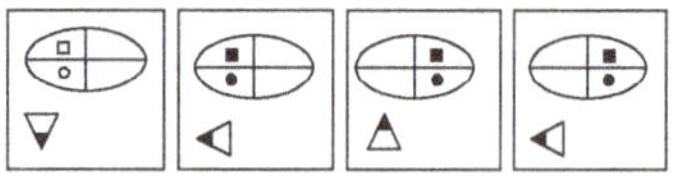

(a) (b) (c) (d)

24. प्रश्न आकृतियाँ

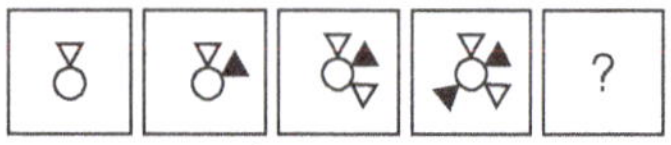

SSC CPO 2024

उत्तर आकृतियाँ

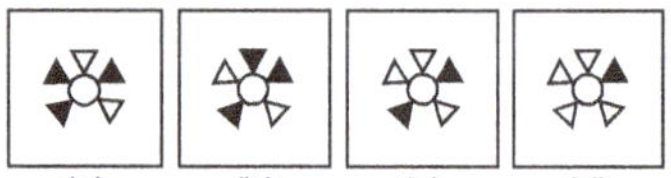

(a) (b) (c) (d)

25. प्रश्न आकृतियाँ *SSC (10+2) 2021*

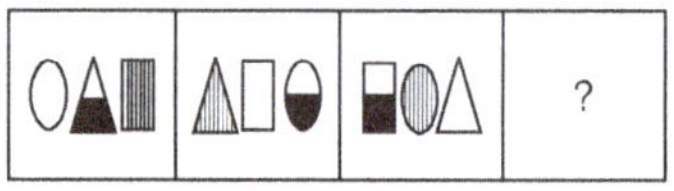

उत्तर आकृतियाँ

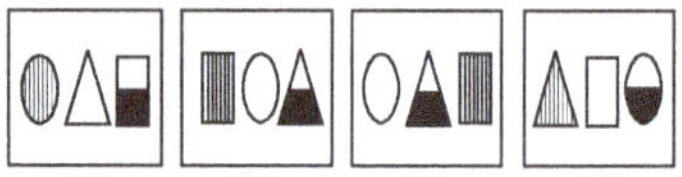

(a) (b) (c) (d)

26. प्रश्न आकृतियाँ

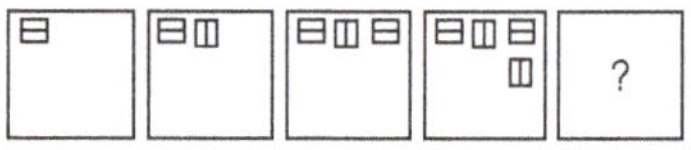

उत्तर आकृतियाँ *SSC Constable (GD) 2024*

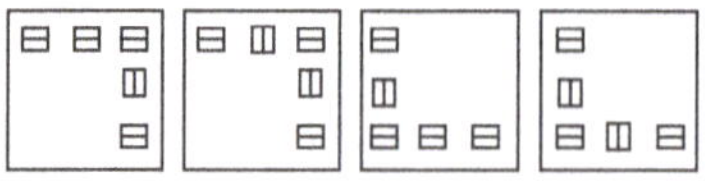

(a) (b) (c) (d)

27. प्रश्न आकृतियाँ *SSC Steno 2020*

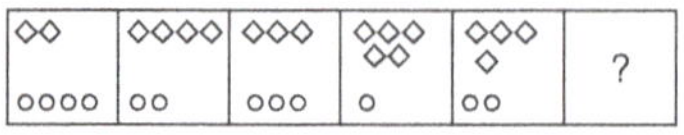

उत्तर आकृतियाँ

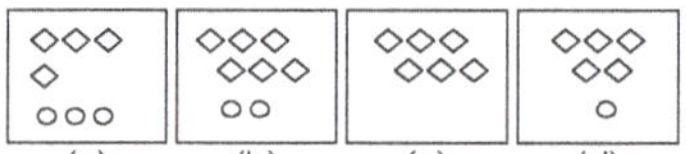

(a) (b) (c) (d)

28. प्रश्न आकृतियाँ

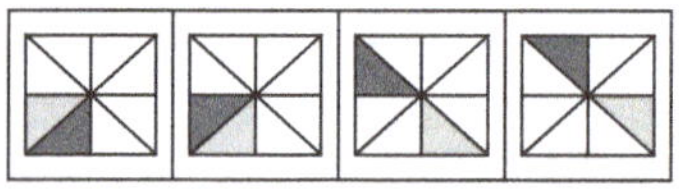

Rajasthan Police Constable 2018

उत्तर आकृतियाँ

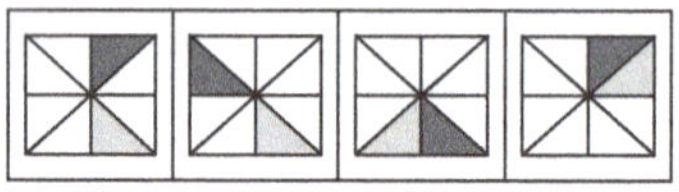

(a) (b) (c) (d)

29. प्रश्न आकृतियाँ

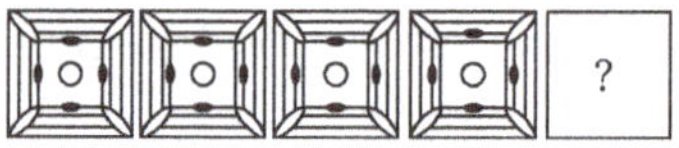

(A) (B) (C) (D) (E)

SSC Steno 2019

उत्तर आकृतियाँ

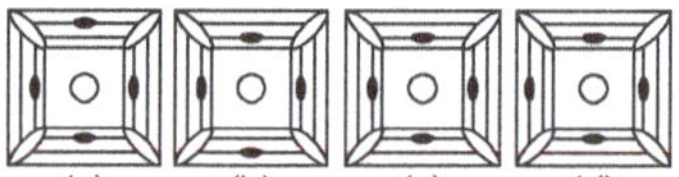

(a) (b) (c) (d)

30. प्रश्न आकृतियाँ

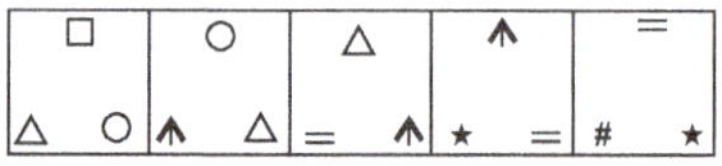

SSC CPO 2023

उत्तर आकृतियाँ

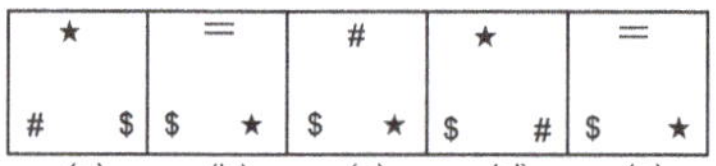

(a) (b) (c) (d) (e)

31. प्रश्न आकृतियाँ

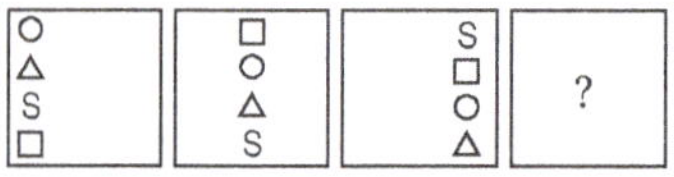

उत्तर आकृतियाँ *DSSSB Workshop Assist. 2024*

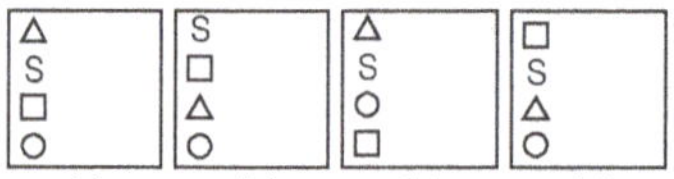

(a) (b) (c) (d)

Right Key

1. (c)	2. (d)	3. (c)	4. (c)	5. (d)	6. (c)	7. (c)	8. (d)	9. (c)	10. (b)
11. (d)	12. (d)	13. (c)	14. (b)	15. (d)	16. (d)	17. (a)	18. (d)	19. (d)	20. (c)
21. (b)	22. (b)	23. (d)	24. (c)	25. (c)	26. (b)	27. (c)	28. (d)	29. (c)	30. (d)
31. (a)									

Solutions

1. (*c*) दी गई आकृति शृंखला की प्रत्येक अगली आकृति में पिछली आकृति की विपरीत दिशा में नीचे की ओर एक तीर नुमा डिजाइन की वृद्धि हो रही है। अत: शृंखला की अगली आकृति उत्तर आकृति (c) होगी।

2. (*d*) दी गई आकृति शृंखला के प्रत्येक अगले पद में एक पिन दाएँ ओर बढ़ रहा है। पिन का शीर्ष प्रत्येक बार पिछले पिन से विपरीत होता है। इस प्रकार शृंखला में प्रश्नचिह्न के स्थान पर उत्तर आकृति (d) आएगी।

3. (*c*) प्रत्येक अगली आकृति में एक '<' चिह्न तथा एक भुजा घट रही है। अत: विकल्प आकृति (c) शृंखला की अगली आकृति है।

4. (*c*) दी गई आकृति शृंखला में घड़ी की दिशा में निरन्तर एक-एक रेखा जुड़ती जा रही है। आगे भी यह क्रम जारी रहता है। अत: उत्तर आकृति (c) अगली आकृति होगी।

5. (*d*) प्रत्येक अगली आकृति में दोनों डिजाइन वामावर्त दिशा में आधा स्थान आगे बढ़ रहे है। अत: आकृति (d) शृंखला की अगली आकृति है।

6. (*c*) दी गई आकृति शृंखला में, प्रत्येक अगली आकृति में छायांकित भाग एक स्थान दक्षिणावर्त दिशा में तथा तीर (↓) एक स्थान वामावर्त दिशा में आगे बढ़ रहे है। अत: उत्तर आकृति (c) शृंखला में (?) के स्थान पर आएगी।

7. (*c*) प्रत्येक अगली आकृति में तीर (⥣), दक्षिणावर्त दिशा में 90° घूमकर एक स्थान आगे बढ़ रहा है तथा त्रिभुज (▲) अपने स्थान पर ही 90° वामावर्त दिशा में घूम रहा है। अत: उत्तर आकृति (c) शृंखला की अगली आकृति होगी।

8. (*d*) शृंखला की प्रत्येक अगली आकृति में दोनों डिजाइन वामावर्त दिशा में 90° घूमकर एक स्थान आगे बढ़ रहे हैं।

TOP TIPS शृंखला में डिजाइनों के घूमने या खिसकने की दिशा दक्षिणावर्त या वामावर्त का ध्यान रखें।

9. (*c*) प्रत्येक अगली आकृति में दोनों डिजाइन दक्षिणावर्त आगे बढ़ रहे हैं, साथ ही डिजाइन '⊕' 90° वामावर्त घूम रहा है।

10. (*b*) दी गई आकृति शृंखला में प्रत्येक अगली आकृति में तीनों डिजाइन 90° दक्षिणावर्त दिशा में घूम जाते है तथा सिरों पर बनी डिजाइनें विपरीत सिरों पर स्थानान्तरित हो जाती हैं।

11. (*d*) दी गई आकृति शृंखला के प्रत्येक चरण में, वर्गनुमा आकृति 90° दक्षिणावर्त घूम रही है तथा आकृति के अन्दर चाप नुमा ')' डिजाइन विकर्णत: अपना स्थान बदल रहा है और काले बिन्दु अपने स्थान पर ही हैं। अत: अगली आकृति, विकल्प (d) की आकृति होगी।

12. (*d*) दी गई शृंखला निम्न एकान्तर पैटर्न का अनुसरण करती है।

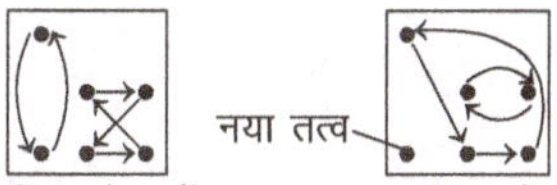

आकृति 1 से 2 में तथा आकृति 3 से 4 में — आकृति 2 से 3 में तथा आकृति 4 से 5 में

अत: सही विकल्प आकृति (d) होगी।

13. (*c*) दी गई आकृति शृंखला का पैटर्न निम्न प्रकार है,

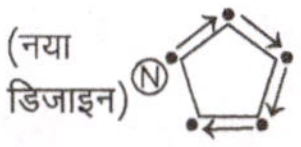

इस प्रकार विकल्प (c) में दी गई आकृति, आकृति श्रेणी में अगले स्थान पर आएगी।

14. (*b*) आकृति शृंखला की प्रत्येक अगली आकृति में निम्न पैटर्न का अनुसरण हो रहा है।

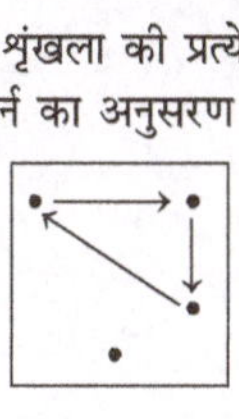

अत: शृंखला की अगली आकृति उत्तर (b) होगी।

15. (*d*) प्रत्येक अगली आकृति में दोनों तीर अपने स्थान पर 90° वामावर्त दिशा में घूम रहे हैं तथा वर्ग के चारों कोनों के डिजाइन दक्षिणावर्त दिशा में एक स्थान आगे बढ़ रहे हैं। इस प्रकार शृंखला की अगली आकृति विकल्प (d) की आकृति होगी।

16. (*d*) दी गई आकृति शृंखला का पैटर्न निम्न प्रकार है,

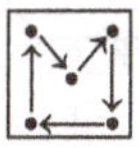

अत: शृंखला की अगली आकृति विकल्प (d) की आकृति होगी।

17. (*a*) दी गई आकृति निम्न एकान्तर पैटर्न का अनुसरण करती है।

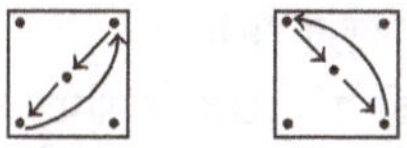

आकृति I → II तथा III → IV — आकृति II → III तथा IV → V

अत: अभीष्ट अगली आकृति विकल्प (a) की आकृति होगी।

TOP TIPS शृंखला में तत्त्वों के बदलाव एवं पैटर्न का ध्यानपूर्वक अवलोकन करें।

18. (*d*) शृंखला का क्रम निम्न प्रकार है,

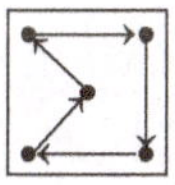

अत: प्रश्नचिह्न (?) के स्थान पर विकल्प आकृति (d) होगी।

19. (*d*) दी गई आकृति शृंखला में पहली से दूसरी, तीसरी से चौथी आकृति में निम्न प्रकार परिवर्तन होता है।

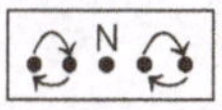

N→ नया अक्षर

दूसरी से तीसरी और चौथी से पाँचवी आकृति में निम्न प्रकार परिवर्तन होता है।

इस प्रकार शृंखला में प्रश्नचिह्न (?) के स्थान पर उत्तर आकृति (d) आएगी।

20. (*c*) दी गई आकृति शृंखला की प्रत्येक अगली आकृति में निम्न परिवर्तन हो रहा है

(i) एक '✚' एक स्थान क्रमशः वामावर्त तथा दक्षिणावर्त आगे बढ़ रहा है।

(ii) वृत्त अपने स्थान पर एकान्तर क्रम में छायांकित हो रहा है।

(iii) त्रिभुज अपने स्थान पर 90° दक्षिणावर्त दिशा में घूम रहा है।

अतः विकल्प आकृति (c) शृंखला की अगली आकृति होगी।

21. (*b*) दी गई आकृति शृंखला में आयत वाली आकृति वामावर्त दिशा में एक स्थान आगे बढ़कर, पलट जाती है तथा वृत्त वाली आकृति 90° वामावर्त घूमकर दो स्थान आगे बढ़ जाती है। अतः उत्तर आकृति (b) प्रश्न आकृति में दी गई शृंखला को पूरा करेगी।

22. (*b*) दी गई शृंखला आकृति के एकान्तर क्रम का पैटर्न निम्नानुसार होगा

i → ii तथा iii → iv   ii → iii तथा iv → v

अतः शृंखला की अगली आकृति विकल्प (b) की आकृति होगी।

23. (*d*) दी गई शृंखला के प्रत्येक अगले पद में वृत्त के अन्दर की आकृतियाँ सामने वाले भाग में चली जाती है और छायांकित या अछायांकित हो जाती है। इसके अतिरिक्त त्रिभुजाकार आकृति प्रत्येक अगले चरण में दक्षिणावर्त दिशा में 90° घूमकर एक स्थान दक्षिणावर्त आगे चली जाती है।

24. (*c*) दी गई आकृति शृंखला में प्रत्येक अगली आकृति में दक्षिणावर्त दिशा में एक काला तथा एक सफेद त्रिभुज एकान्तर क्रम में जुड़ रहे हैं। इस प्रकार क्रम का अनुसरण करते हुए अगली आकृति उत्तर आकृति (c) होगी।

25. (*c*) दी गई आकृति शृंखला के प्रत्येक अगले पद में आकृतियाँ दाएँ से बाएँ खिसक जाती हैं और उनके अन्दर की डिजाइन बाएँ से दाएँ परिवर्तित हो जाती है। इस प्रकार शृंखला में प्रश्नचिह्न (?) के स्थान पर उत्तर आकृति (c) आएगी।

26. (*b*) दी गई आकृति शृंखला के प्रत्येक चरण में, उप-आकृति की संख्या में एकान्तर क्रम में क्षैतिज तथा ऊर्ध्वाधर रूप से घड़ी की सुई की दिशा में 1 की वृद्धि हो रही है।

27. (*c*) दी गई आकृति शृंखला में, एकान्तर क्रम में दो शृंखलाएँ अर्थात् चरण 1, 3, 5, ... तथा 2, 4, 6, ... दी गई है। प्रत्येक शृंखला के अगले चरण में वर्गों की संख्या में एक की वृद्धि तथा वृत्तों की संख्या में 1 की कमी हो रही है। अतः आकृति (c) प्रश्नचिह्न को प्रतिस्थापित करेगी।

28. (*d*) दी गई आकृतियों के क्रम में हल्का काला छायांकित भाग और काला छायांकित भाग क्रमशः वामावर्त और दक्षिणावर्त दिशा में एक-एक स्थान आगे बढ़ जाते हैं।
इस प्रकार अनुक्रम में अगली आकृति (d) आएगी।

29. (*c*) प्रश्न आकृतियों में काले घेरे बारी-बारी से बाहर की ओर बढ़ रहे हैं। अतः विकल्प (c) की आकृति शृंखला को पूरा करेगी।

30. (*d*) दी गई आकृति शृंखला निम्न पैटर्न का अनुसरण करती है,

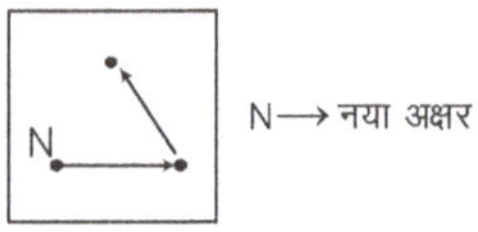

अतः उत्तर आकृति (d) शृंखला की अगली आकृति होगी।

31. (*a*) प्रश्न में दी गई आकृति का क्रम निम्न प्रकार से है

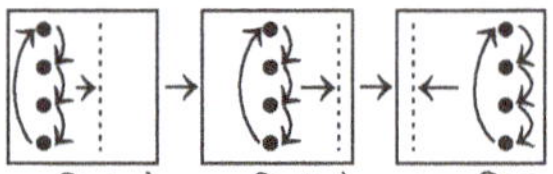

आकृति 1 से आकृति 2   आकृति 2 से आकृति 3   आकृति 3 से विकल्प आकृति (a)

अतः विकल्प (a) की आकृति, प्रश्नचिह्न (?) के स्थान पर आएगी।

अध्याय

04 आकृति पूर्ति (Figure Completion)

किसी अपूर्ण आकृति के लुप्त भाग का पता लगाकर उसे पूर्ण करने की प्रक्रिया को **आकृति पूर्ति** कहते हैं।
इस अध्याय से परीक्षा में पूछे जाने वाले प्रश्न दो भाग अर्थात् प्रश्न आकृति तथा उत्तर आकृति में दिए होते हैं। प्रश्न आकृति में एक अपूर्ण आकृति दी गई होती है, जिसका सामान्यत: एक-चौथाई भाग लुप्त होता है जिसके स्थान पर प्रश्नवाचक चिह्न (?) दिया गया होता है और यह ज्ञात करना होता है कि उत्तर आकृतियों के चारों विकल्पों में से कौन-सी आकृति को रिक्त स्थान पर रखने से प्रश्न आकृति पूरी हो जाएगी।

जैसे—कौन-सी उत्तर आकृति, प्रश्न आकृति के पैटर्न को पूरा करेगी?

प्रश्न आकृति

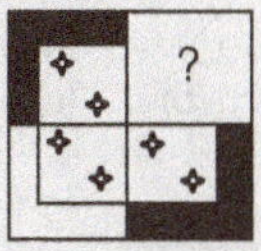

उत्तर आकृतियाँ

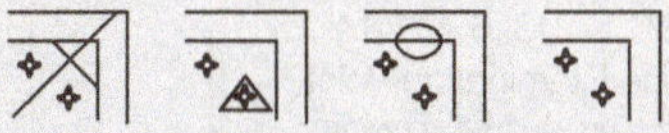

(a) (b) (c) (d)

हल (*d*) उत्तर आकृति (d), प्रश्न आकृति के पैटर्न को पूरा करेगी।

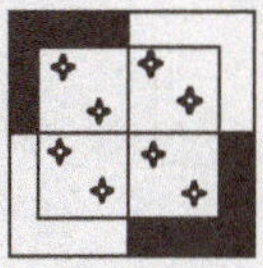

Score Booster

इस प्रकार के प्रश्नों को हल करते समय हमें तीनों चतुर्थांशों को ध्यान से देखने से यह पता चलता है कि किस दो चतुर्थांशों में कुछ विशेष सम्बन्ध हैं। उसी सम्बन्ध को तीसरे चतुर्थांश में लगाकर प्रश्नचिह्न के स्थान पर आने वाली आकृति ज्ञात करनी होती है।

निर्देश (उदाहरण सं. 1-3) *निम्नलिखित उदाहरणों में कौन-सी उत्तर आकृति प्रश्न आकृति के प्रतिरूप को पूरा करेगी?*

उदाहरण 1. प्रश्न आकृति

उत्तर आकृतियाँ

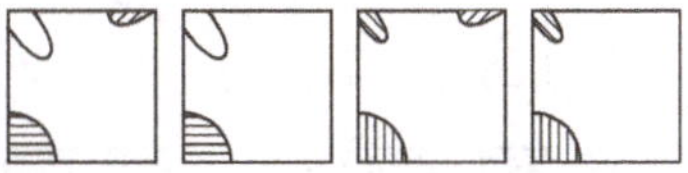

(a) (b) (c) (d)

SSC MTS 2021

हल (*a*) विकल्प (a) में बनी आकृति दिए गए पैटर्न को पूरा करेगी।

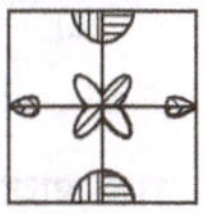

उदाहरण 2. प्रश्न आकृति

(X)

उत्तर आकृतियाँ

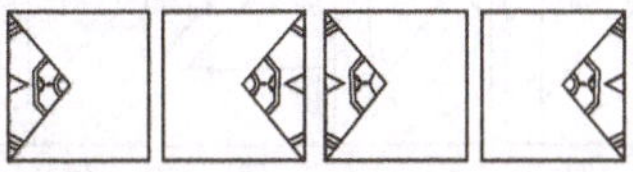

(a) (b) (c) (d)

Chhattisgarh Patwari 2019

हल (*d*) प्रश्न आकृति का ध्यानपूर्वक अवलोकन करने के बाद ज्ञात होता है कि आकृति के लुप्त भाग के साथ उत्तर आकृति (d) को मिलाने पर डिजाइन पूरा हो जाता है तथा यह निम्न रूप में दिखता है

उदाहरण 3. प्रश्न आकृति

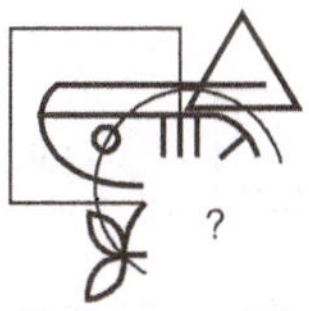

DP Constable 2023

उत्तर आकृतियाँ

(a) (b) (c) (d)

हल (*a*) विकल्प (a) में दी गई आकृति प्रश्न आकृति के पैटर्न को पूरा करेगी।

Helping Tips

प्रश्न की सामान्य संरचना को समझकर उचित विकल्प का चयन करें।

Chapter Challenge

निर्देश (प्र.सं. 1-37) *निम्नलिखित प्रश्नों में कौन-सी उत्तर आकृति प्रश्न आकृति के प्रतिरूप को पूरा करेगी?*

1. प्रश्न आकृति

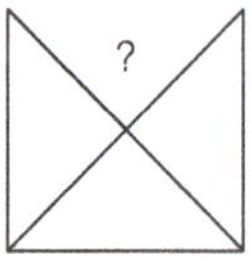

MP Constable 2022

उत्तर आकृतियाँ

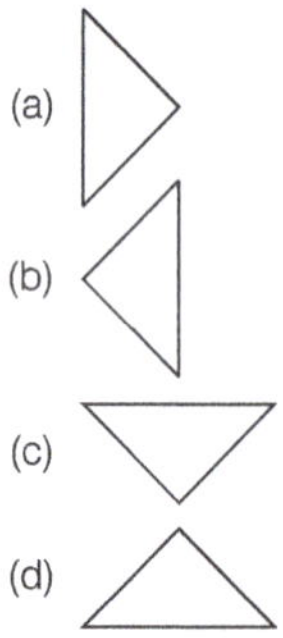

> **MRC*****
> ***(Most Repeating Concepts)***
> प्र. सं. 1, 2, 3, 6 और 14 Police Examination Point of Views से अति महत्त्वपूर्ण हैं। इस Concept पर आधारित प्रश्न वर्तमान परीक्षाओं (MP, RPF, DP और SSC Constable) में निरन्तर पूछे जा रहे हैं।

2. प्रश्न आकृति **उत्तर आकृतियाँ**

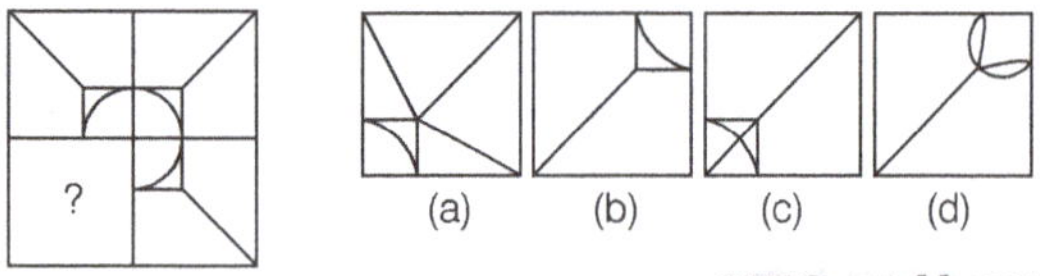

RPF Constable 2019

3. प्रश्न आकृति **उत्तर आकृतियाँ**

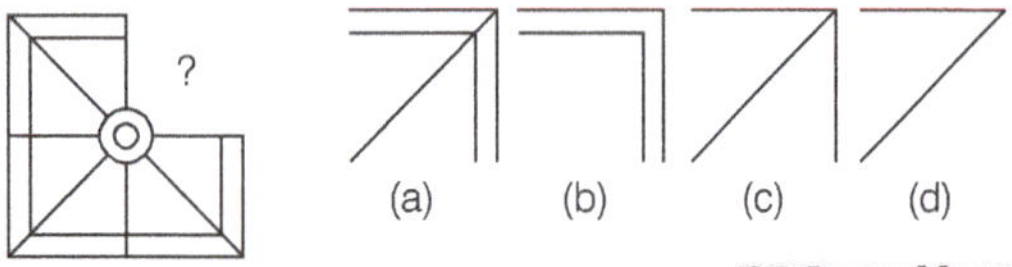

DP Constable 2023

4. प्रश्न आकृति **उत्तर आकृतियाँ**

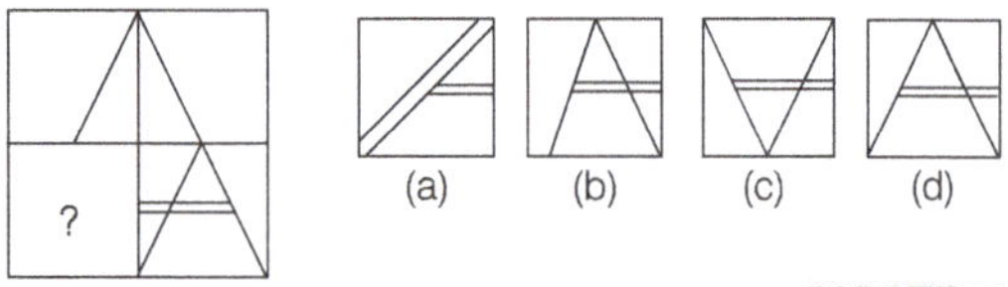

SSC MTS 2019

5. प्रश्न आकृति **उत्तर आकृतियाँ**

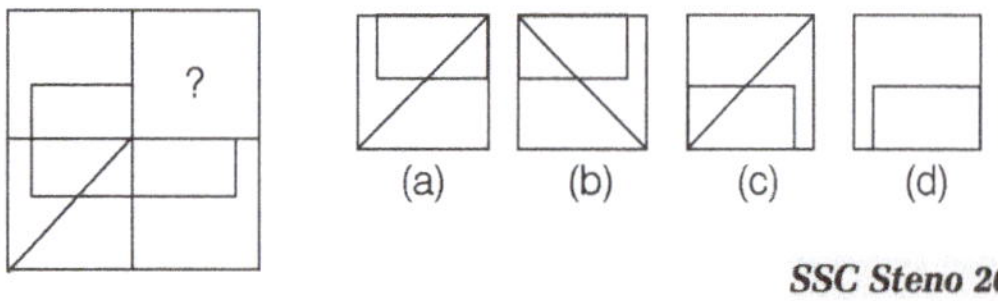

SSC Steno 2019

6. प्रश्न आकृति **उत्तर आकृतियाँ**

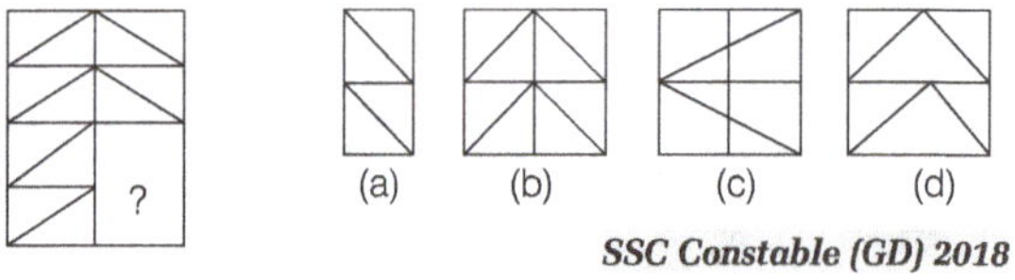

SSC Constable (GD) 2018

7. प्रश्न आकृति **उत्तर आकृतियाँ**

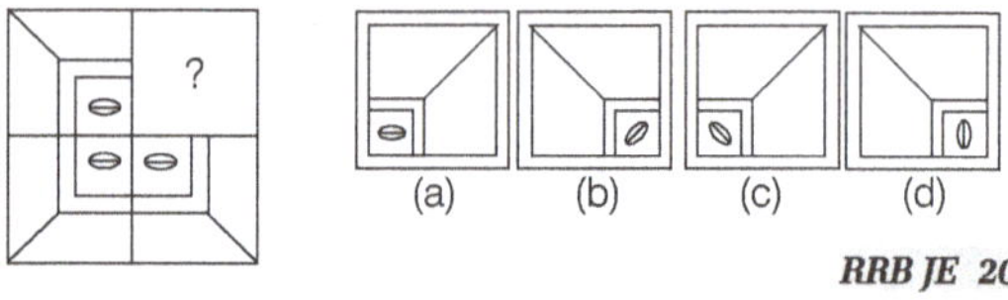

RRB JE 2019

8. प्रश्न आकृति **उत्तर आकृतियाँ**

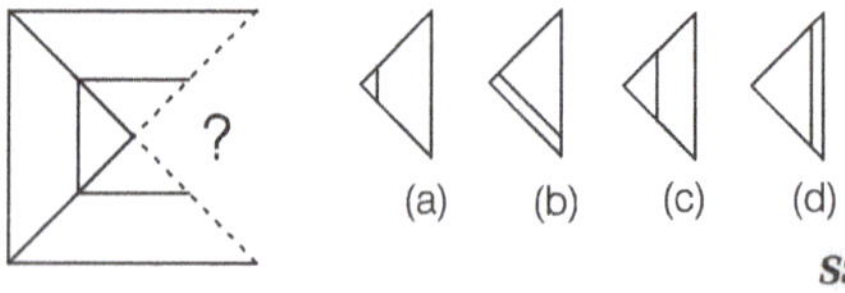

SSC MTS 2024

9. प्रश्न आकृति **उत्तर आकृतियाँ**

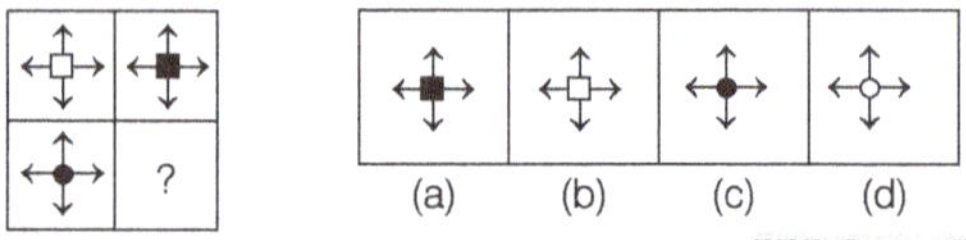

RRB Group D 2018

10. प्रश्न आकृति **उत्तर आकृतियाँ**

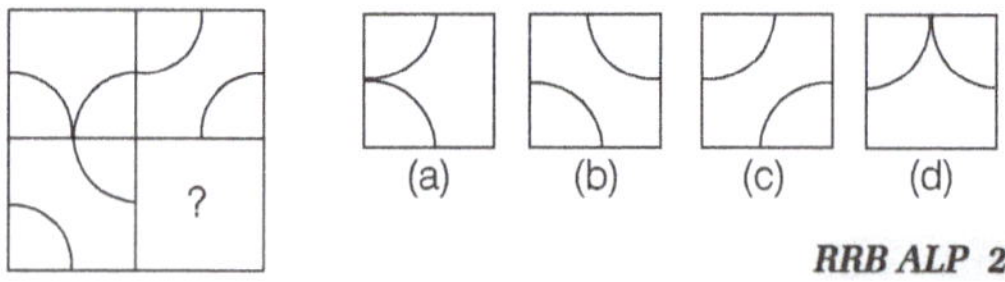

RRB ALP 2018

11. प्रश्न आकृति **उत्तर आकृतियाँ**

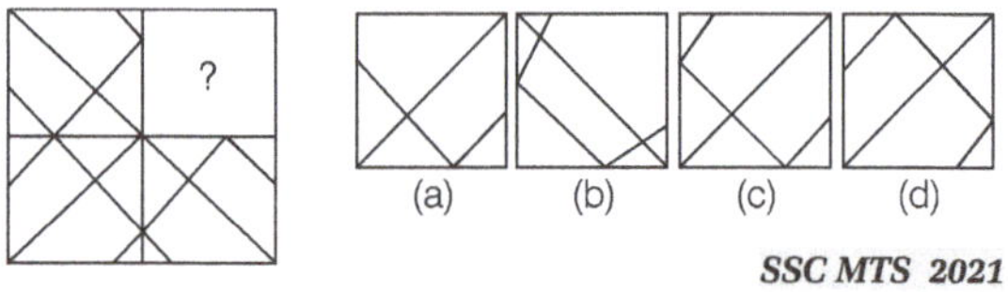

SSC MTS 2021

12. प्रश्न आकृति **उत्तर आकृतियाँ**

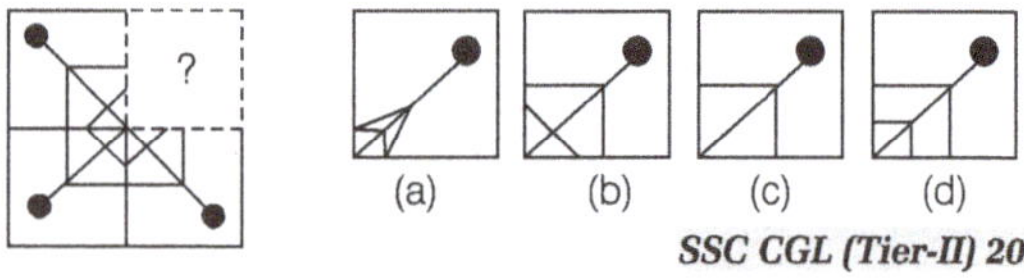

SSC CGL (Tier-II) 2023

13. प्रश्न आकृति **उत्तर आकृतियाँ**

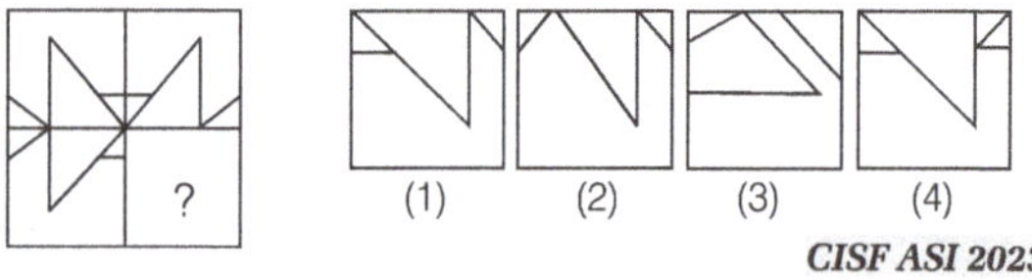

CISF ASI 2023

(a) 2 (b) 1 (c) 4 (d) 3

14. प्रश्न आकृति

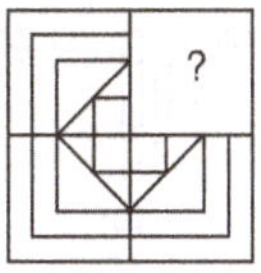

उत्तर आकृतियाँ

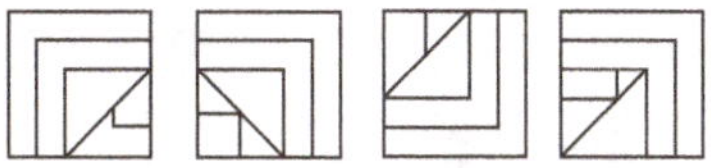

(a) (b) (c) (d)

MP Constable 2022

15. प्रश्न आकृति

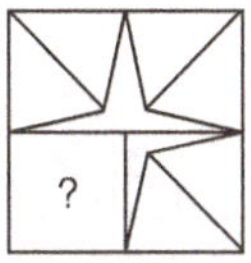

उत्तर आकृतियाँ

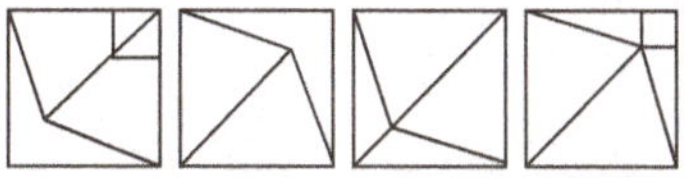

(a) (b) (c) (d)

RPF SI 2018

16. प्रश्न आकृति

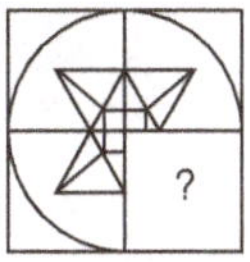

उत्तर आकृतियाँ

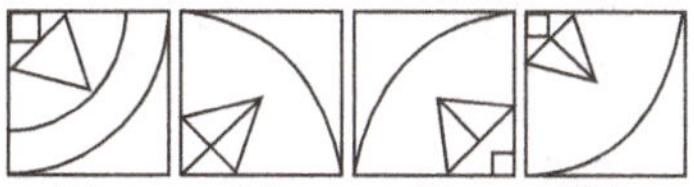

(a) (b) (c) (d)

RRB ALP 2018

17. प्रश्न आकृति

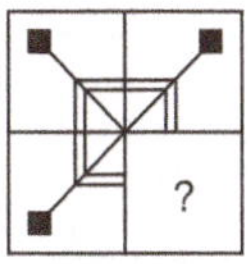

उत्तर आकृतियाँ

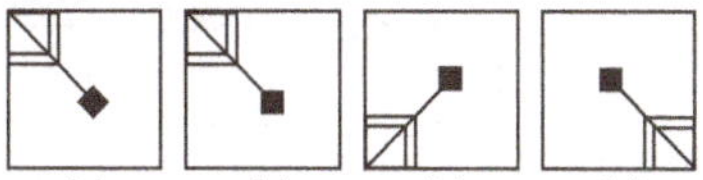

(a) (b) (c) (d)

CUET (UG) 2023

18. प्रश्न आकृति

उत्तर आकृतियाँ

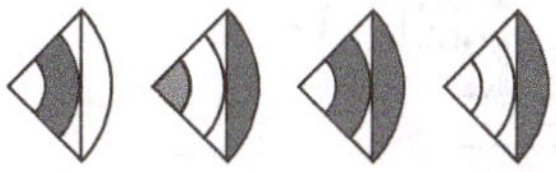

(a) (b) (c) (d)

DP Constable 2023

19. प्रश्न आकृति

उत्तर आकृतियाँ

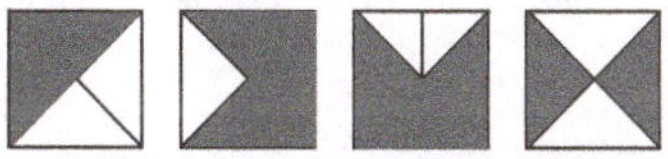

(a) (b) (c) (d)

RPF Constable 2019

20. प्रश्न आकृति

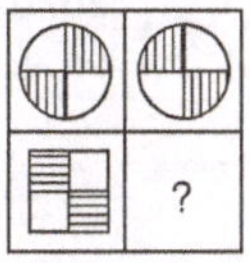

उत्तर आकृतियाँ

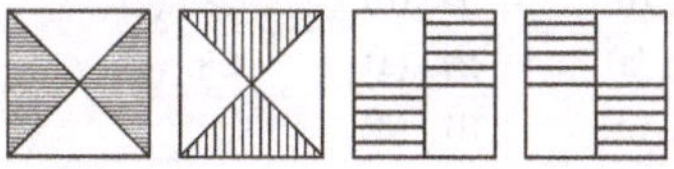

(A) (B) (C) (D)

RRB ALP 2018

(a) A (b) C (c) B (d) D

21. प्रश्न आकृति

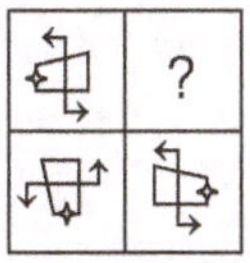

उत्तर आकृतियाँ

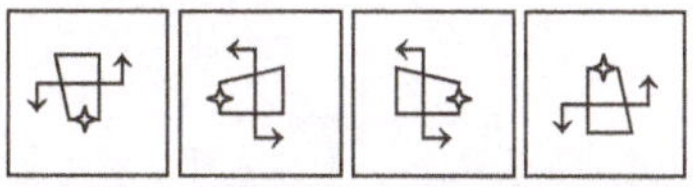

(a) (b) (c) (d)

MP Constable 2022

22. प्रश्न आकृति

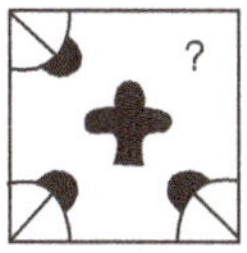

उत्तर आकृतियाँ

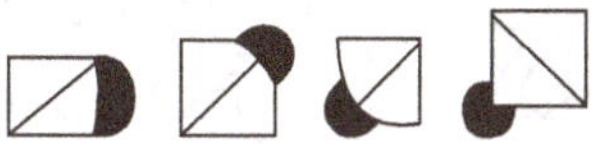

(a) (b) (c) (d)

DP Constable 2023

23. प्रश्न आकृति

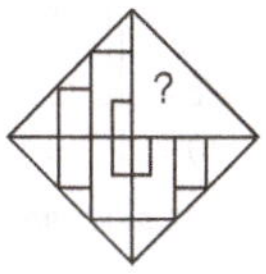

उत्तर आकृतियाँ

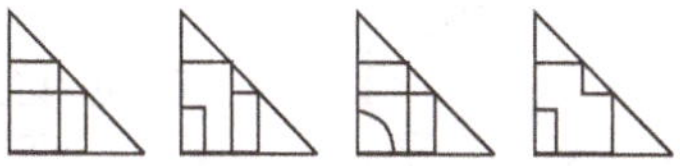

(a) (b) (c) (d)

SSC JE 2023

24. प्रश्न आकृति

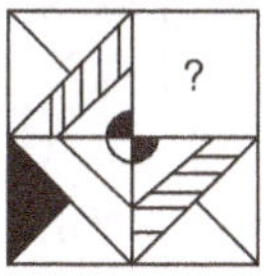

उत्तर आकृतियाँ

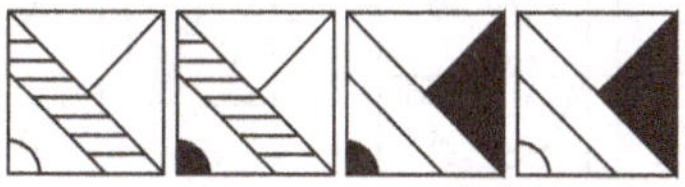

(a) (b) (c) (d)

Rajasthan Police Constable 2022

25. प्रश्न आकृति

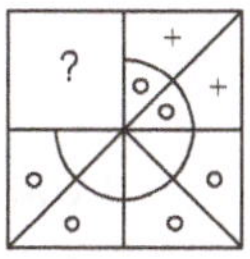

उत्तर आकृतियाँ

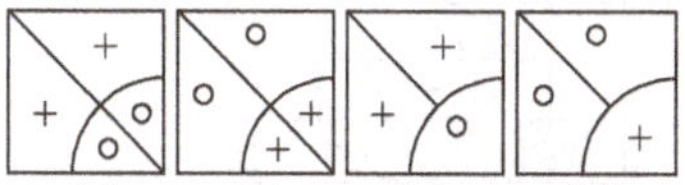

(a) (b) (c) (d)

RRB JE 2019

26. प्रश्न आकृति

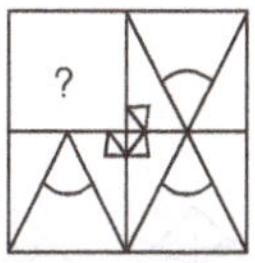

उत्तर आकृतियाँ

(a) (b) (c) (d)

RRB JE 2019

27. प्रश्न आकृति

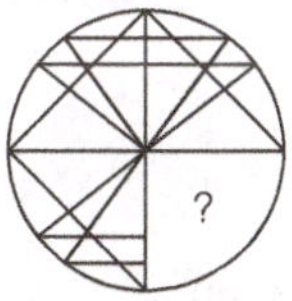

उत्तर आकृतियाँ

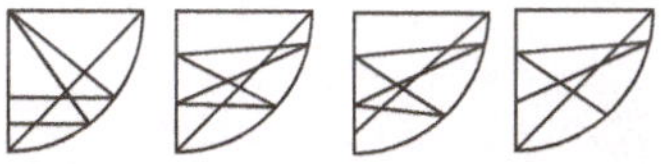

(a) (b) (c) (d)

RRB JE 2019

28. प्रश्न आकृति

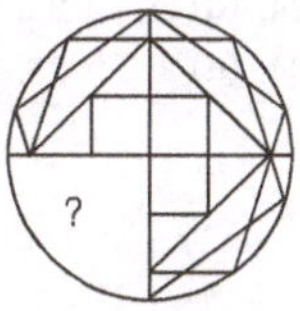

उत्तर आकृतियाँ

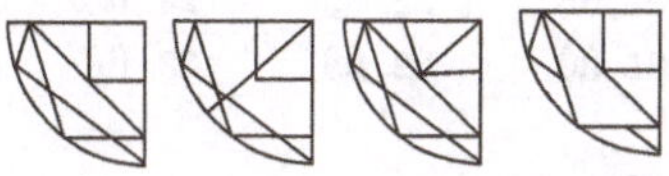

(a) (b) (c) (d)

SSC JE 2023

29. प्रश्न आकृति

DP Constable 2023

Trending Concept

इस अध्याय से SSC, Railway, State Police तथा अन्य State Exams में कम-से-कम एक Question पूछा जाता है।

उत्तर आकृतियाँ

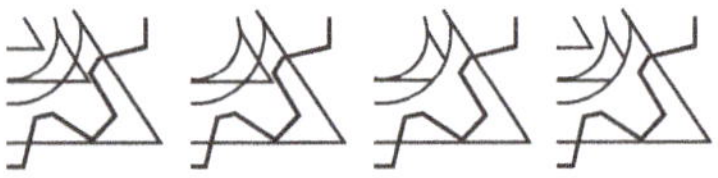

(a) (b) (c) (d)

30. प्रश्न आकृति

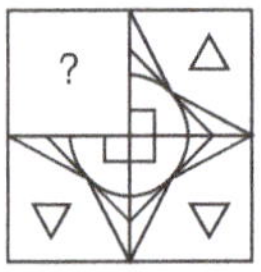

उत्तर आकृतियाँ

(a) (b) (c) (d)

MP Constable 2022

31. प्रश्न आकृति

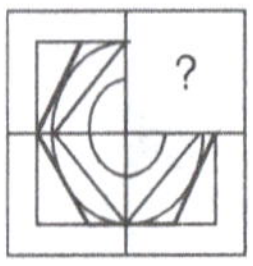

उत्तर आकृतियाँ

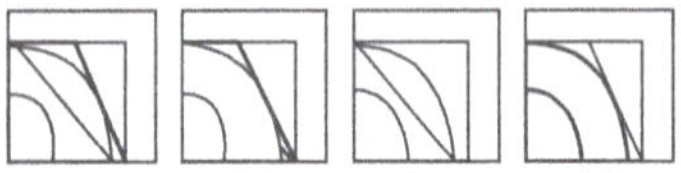

(a) (b) (c) (d)

SSC JE 2023

32. प्रश्न आकृति

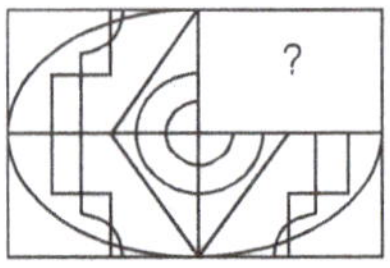

SSC JE 2023

उत्तर आकृतियाँ

(a) (b) (c) (d)

33. प्रश्न आकृति

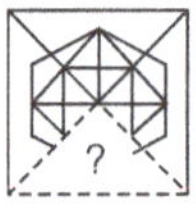

उत्तर आकृतियाँ

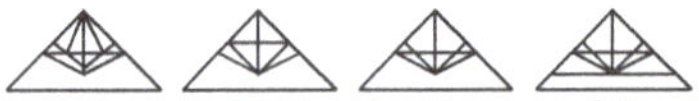

(a) (b) (c) (d)

SSC (JE) 2023

34. प्रश्न आकृति

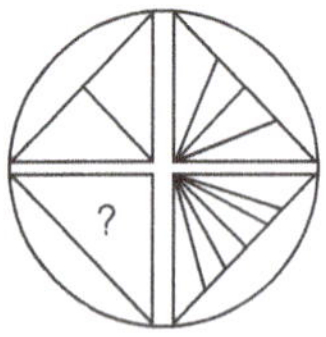

उत्तर आकृतियाँ

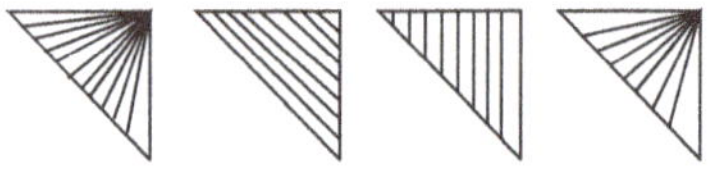

(a) (b) (c) (d)

DP Constable 2023

35. प्रश्न आकृति

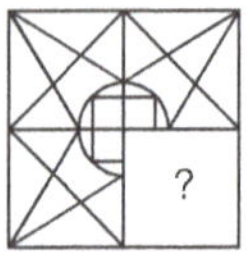

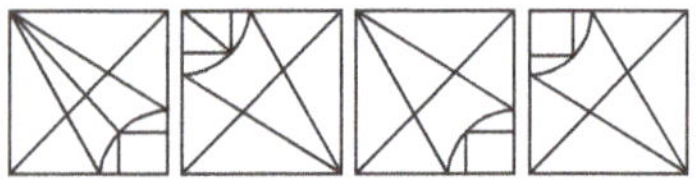

(a) (b) (c) (d)

RPF SI 2019

36. प्रश्न आकृति

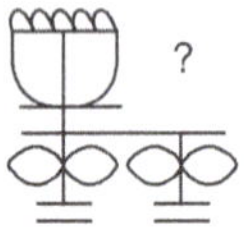

DP Constable 2023

उत्तर आकृतियाँ

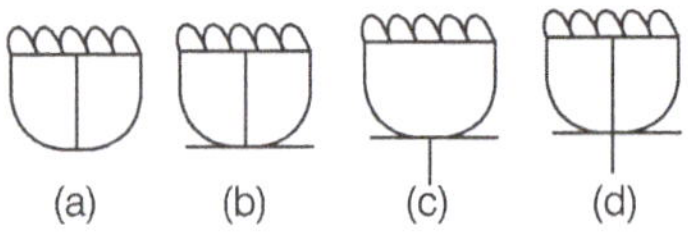

(a) (b) (c) (d)

37. प्रश्न आकृति

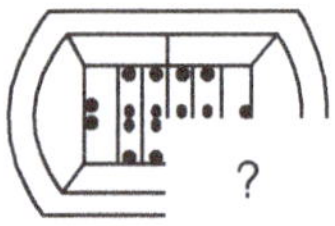

DP Constable 2023

उत्तर आकृतियाँ

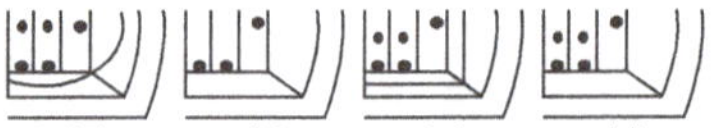

(a) (b) (c) (d)

Right Key

1. (c)	2. (b)	3. (a)	4. (d)	5. (c)	6. (a)	7. (a)	8. (c)	9. (d)	10. (a)
11. (c)	12. (b)	13. (b)	14. (b)	15. (b)	16. (d)	17. (b)	18. (d)	19. (d)	20. (b)
21. (d)	22. (c)	23. (b)	24. (d)	25. (a)	26. (a)	27. (a)	28. (a)	29. (a)	30. (a)
31. (a)	32. (c)	33. (b)	34. (d)	35. (d)	36. (d)	37. (d)			

अध्याय

05 आकृति निर्माण (Formation of Figure)

आकृति निर्माण

विभिन्न छोटी-छोटी आकृतियों या डिजाइनों को संयुक्त करके एक वृहद आकृति बनाने की प्रक्रिया को आकृति निर्माण कहते हैं। परीक्षा में पूछे जाने वाले प्रश्नों में सामान्यत: विभिन्न आकृति खण्डों से एक नई आकृति का निर्माण करने या फिर एक आकृति में प्रयुक्त विभिन्न आकृति खण्डों की पहचान से सम्बन्धित प्रश्न पूछे जाते हैं। अभ्यर्थियों को उत्तर आकृतियों में से उस विकल्प की आकृति को चुनना होता है, जो प्रश्न आकृति में दिए गए आकृति खण्डों को मिलाकर बनाई जा सके या जिसके तत्त्वों को मिलाकर प्रश्न आकृति में दी गई आकृति को बनाया जा सके।

विभिन्न आकृति खण्डों से उत्तर आकृति का निर्माण

इस प्रकार के प्रश्नों में एक प्रश्नाकृति में अनेक आकृति खण्ड दिए गए होते हैं, जिन्हें मिलाकर एक नई आकृति का निर्माण करना होता है।

जैसे-निम्नलिखित प्रश्न में एक प्रश्न आकृति तथा चार उत्तर आकृतियाँ दी गई हैं। प्रश्न आकृति में दिए गए टुकड़ों से कौन-सी आकृति बनाई जा सकती है?

प्रश्न आकृति

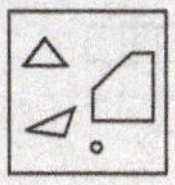

उत्तर आकृतियाँ

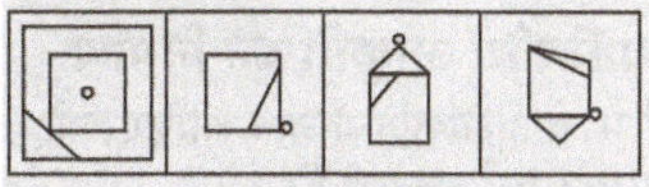

(a) (b) (c) (d)

हल (c) प्रश्न आकृति में दिए गए टुकड़ों से उत्तर आकृति (c) बनाई जा सकती है।

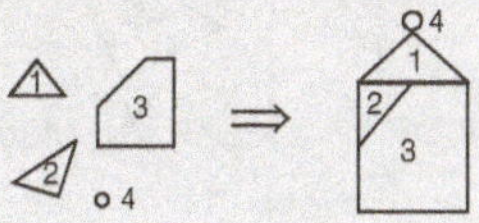

विकल्प आकृति खण्डों से प्रश्न आकृति का निर्माण

इस प्रकार के प्रश्नों में प्रश्न आकृति में एक आकृति बनी हुई होती है तथा वह उत्तर आकृति ज्ञात करनी होती है, जिसके तत्त्वों को मिलाकर प्रश्न आकृति में दी गई आकृति को बनाया जा सके।

जैसे-निम्न प्रश्न में एक प्रश्न आकृति दी गई है, उत्तर आकृतियों में से कौन-सी आकृति प्रश्न में दी गई आकृति को सही-सही बना सकती है?

प्रश्न आकृति

उत्तर आकृतियाँ

(a) (b) (c) (d)

हल (b) उत्तर आकृति (b) में दिए गए टुकड़ों से प्रश्न आकृति बनाई जा सकती है।

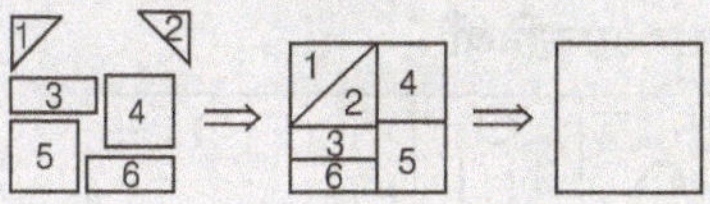

विभिन्न आकृति खण्डों से ज्यामितीय आकृति का निर्माण

इस प्रकार के प्रश्नों में चार या पाँच आकृतियाँ दी गई होती हैं। इन आकृतियों में से किन्ही तीन आकृतियों को मिलाकर या उपयोग करके प्रश्न में बतायी गई आकृति का निर्माण करना होता है।

जैसे-नीचे दिए गए प्रश्न में पाँच आकृतियाँ दी गई हैं। इनमें से किन तीन आकृतियों को मिलाकर समबाहु त्रिभुज बनाया जा सकता है?

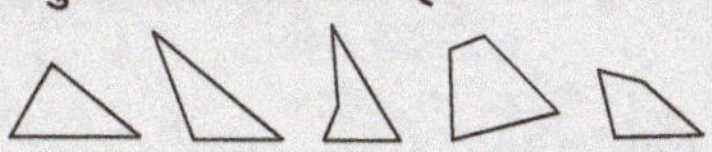

(A) (B) (C) (D) (E)

(a) BCD **(b) ACD** **(c) CDE** **(d) BDE**

हल (c) आकृति C, D और E को मिलाकर एक समबाहु त्रिभुज बनाया जा सकता है।

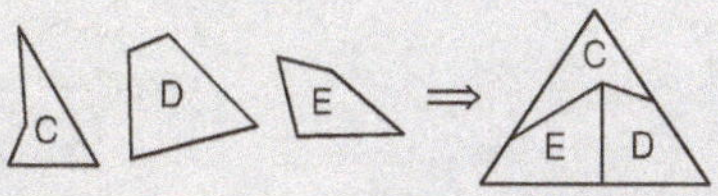

Score Booster

- यदि प्रश्न में जटिल आकृति/आकृतियाँ हों, तब केवल विकल्पों को देखकर उत्तर विकल्प का चयन न करें। एकबार आकृतियों को कागज पर स्वयं बना कर देख लें, जिससे त्रुटि होने की सम्भावना कम हो जाती है।
- प्रश्न में दिए गए निर्देशों को ध्यानपूर्वक पढ़ें, क्योंकि कभी-कभी केवल प्रश्न आकृति ही नहीं, बल्कि अन्य ज्यामितीय आकृतियाँ जैसे-वर्ग, त्रिभुज इत्यादि का निर्माण करने के लिए भी कहा जा सकता है।

Exam Approach Examples

विभिन्न आकृति खण्डों से उत्तर आकृति का निर्माण

उदाहरण 1. दिए गए विकल्पों में से वह सही विकल्प चुनिए, जो प्रश्न आकृति में दिए गए टुकड़ों से बनाए जा सकते हैं। *SSC CGL (Tier I) 2020*

प्रश्न आकृति

उत्तर आकृतियाँ

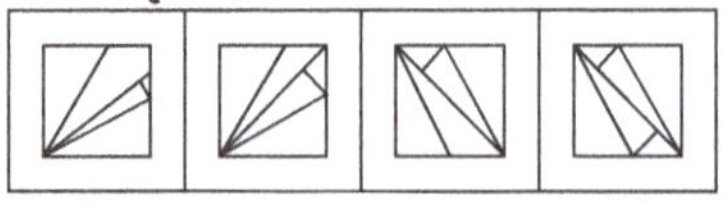

(a) (b) (c) (d)

> **Trending Concept**
> विभिन्न आकृति खण्डों से एक आकृति के निर्माण पर आधारित प्रश्न वर्तमान में हो रही परीक्षाओं (RPF SI, UP Police Constable, SSC) में निरन्तर पूछे जा रहे हैं। आगामी परीक्षाओं के लिए यह अति महत्त्वपूर्ण हैं।

हल (*c*) प्रश्न आकृति में दिए गए टुकड़ों को जोड़कर विकल्प (c) में दी गई आकृति बनाई जा सकती है। जैसा कि नीचे दिखाया गया है।

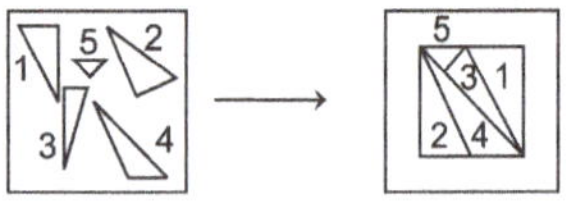

विकल्प आकृति खण्डों से प्रश्न आकृति का निर्माण

उदाहरण 2. निम्न प्रश्न में एक प्रश्न आकृति दी गई है। उत्तर आकृतियों में से कौन-सी आकृति प्रश्न में दी गई आकृति को सही-सही बना सकती है?

प्रश्न आकृति

उत्तर आकृतियाँ

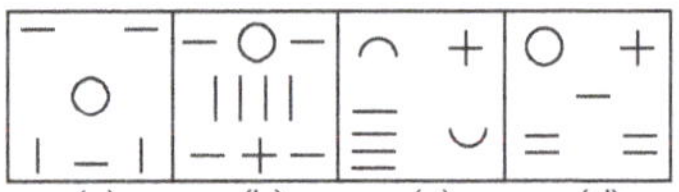

(a) (b) (c) (d)

> **Helping Tips**
> इस प्रकार के प्रश्न विकल्पों के माध्यम से सुगमतापूर्वक हल किए जा सकते हैं।

हल (*b*) प्रश्न आकृति का ध्यानपूर्वक अवलोकन करने के बाद ज्ञात होता है कि उत्तर आकृति (b) में दिए गए टुकड़ों से प्रश्न आकृति बनाई जा सकती है।

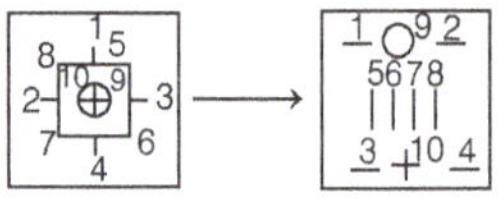

उदाहरण 3. निम्नलिखित में से कौन-सी उत्तर आकृति के पैटर्न को प्रश्न आकृति बनाने के लिए जोड़ा जा सकता है? *UP Police Constable 2018*

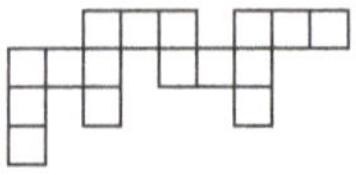

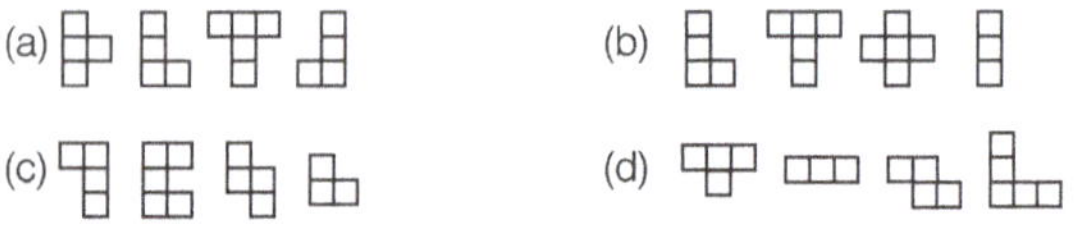

हल (*d*) उत्तर आकृति (d) के पैटर्न को जोड़कर प्रश्न आकृति बनाई जा सकती है।

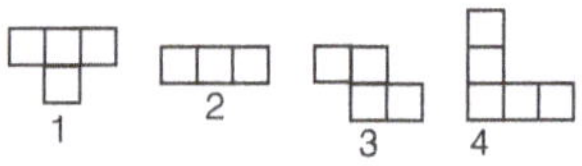

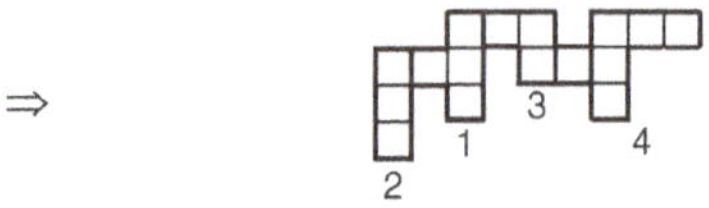

विभिन्न आकृति खण्डों से ज्यामितीय आकृति का निर्माण

उदाहरण 4. दी गई आकृतियों में से, वे 3 आकृतियाँ ज्ञात कीजिए, जो एकसाथ फिट करने पर एक स्क्वायर (वर्ग) बनाती हैं।

UP Police Constable 2024

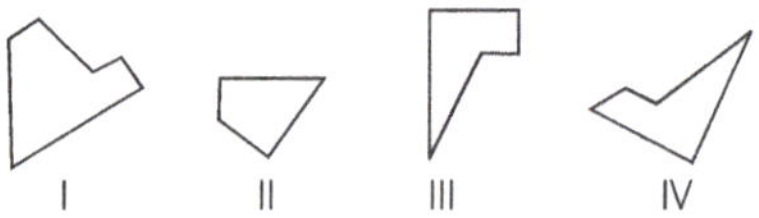

(a) I, II, IV
(b) II, III, IV
(c) I, III, IV
(d) I, II, III

हल (*b*) विकल्प (b) में दी गई आकृतियों से वर्ग बनाया जा सकता है।

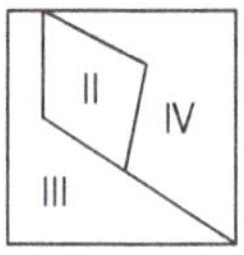

> **Helping Tips**
> वर्ग आकृति को कागज पर बनाकर प्रश्न आकृति खोजने का प्रयास करें।

Chapter Challenge

विभिन्न आकृति खण्डों से उत्तर आकृति का निर्माण

निर्देश (प्र. सं. 1-10) *प्रश्न आकृति में दिए गए टुकड़ों से चार उत्तर आकृतियों में से कौन-सी उत्तर आकृति बन सकती है?*

1. प्रश्न आकृति **उत्तर आकृतियाँ**

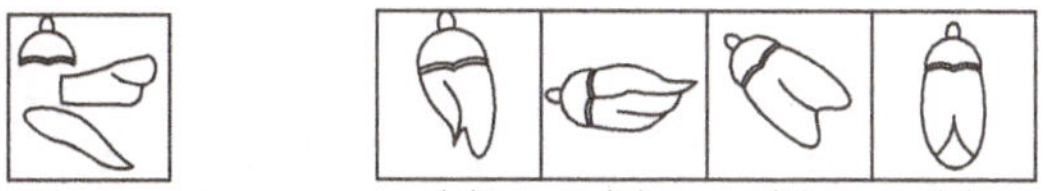

(a) (b) (c) (d)

2.

(a) (b) (c) (d)

3.

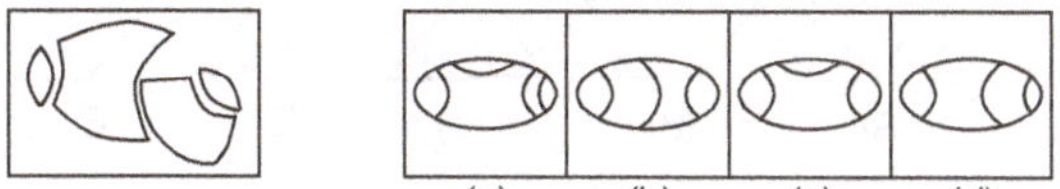

(a) (b) (c) (d)

4.

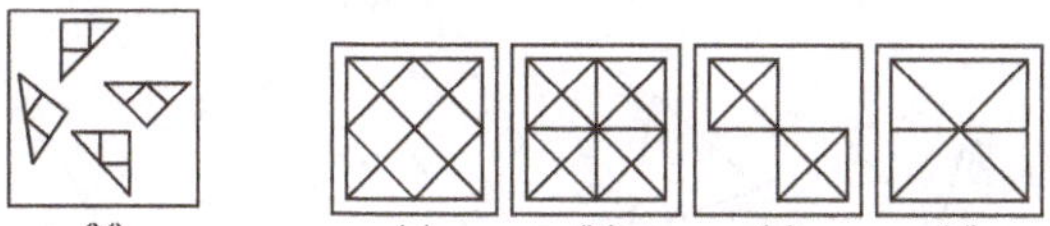

(X) (a) (b) (c) (d)

UP Police Constable SI 2024

5.

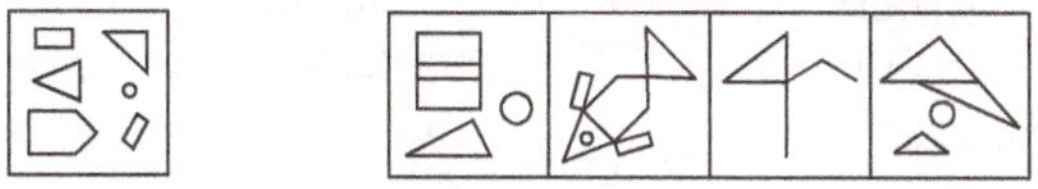

(a) (b) (c) (d)

6.

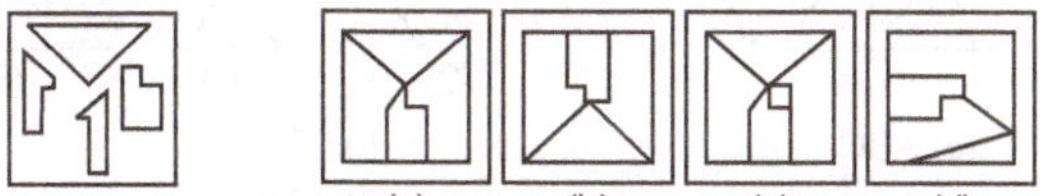

(a) (b) (c) (d)

7.

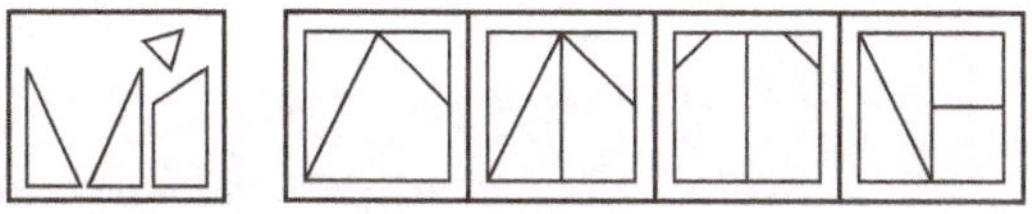

(a) (b) (c) (d)

8.

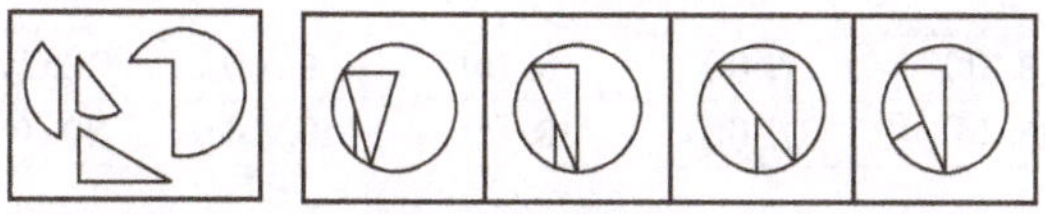

(a) (b) (c) (d)

9.

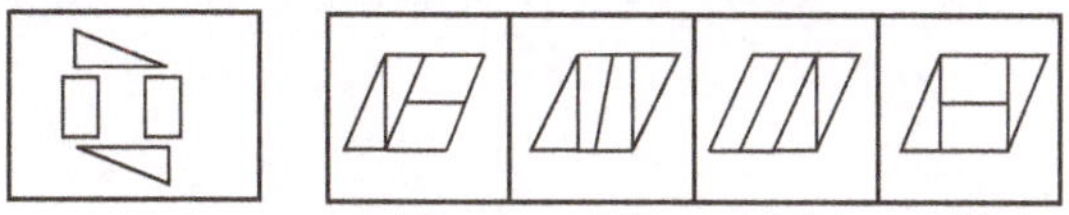

(a) (b) (c) (d)

10.

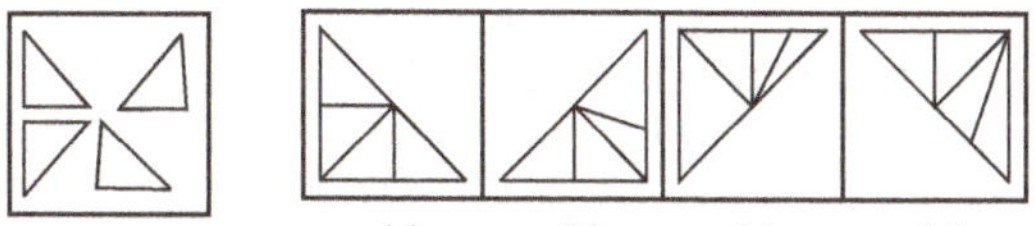

(a) (b) (c) (d)

11. पता लगाएँ कि आकृति (X) में दिए गए टुकड़ों से (1), (2), (3) और (4) में से कौन-सी आकृति बनाई जा सकती है।

UP Police Constable 2024

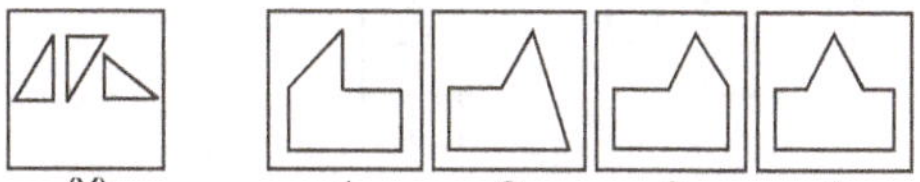

(X) 1 2 3 4

(a) 4 (b) 3
(c) 1 (d) 2

विकल्प आकृति खण्डों से प्रश्न आकृति का निर्माण

निर्देश (प्र. सं. 12-16) *निम्नलिखित प्रत्येक प्रश्न में बाईं ओर एक प्रश्न आकृति तथा दाईं ओर चार उत्तर आकृतियाँ दी गई हैं। कौन-सी उत्तर आकृति प्रश्न में दी गई आकृति को सही-सही बना सकती है?*

12. प्रश्न आकृति **उत्तर आकृतियाँ**

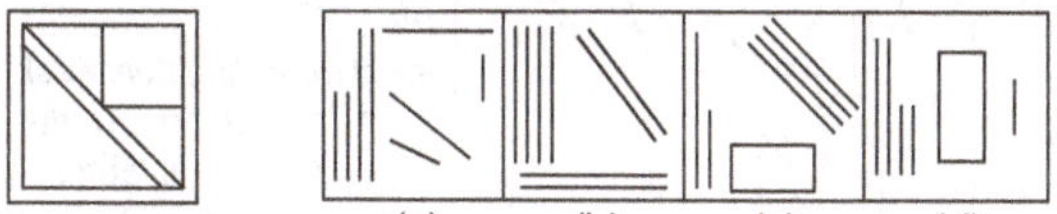

(a) (b) (c) (d)

13.

(a) (b) (c) (d)

14.

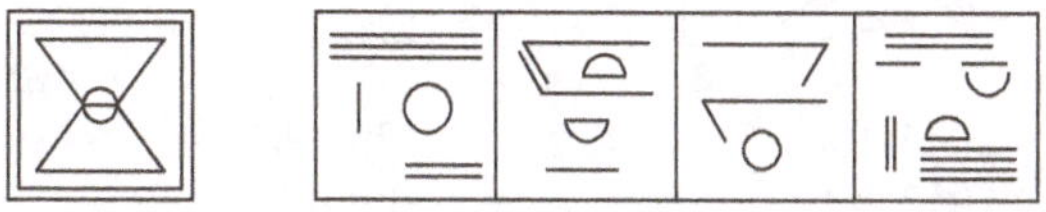

(a) (b) (c) (d)

15.

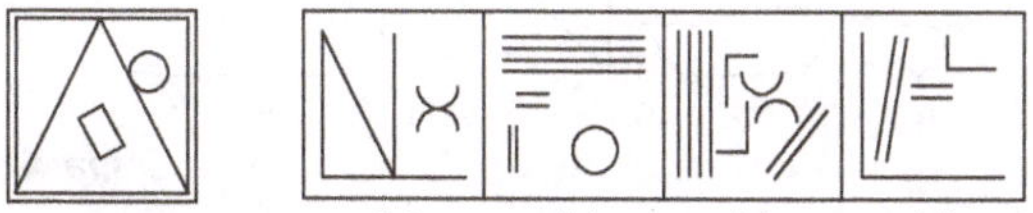

(a) (b) (c) (d)

16.

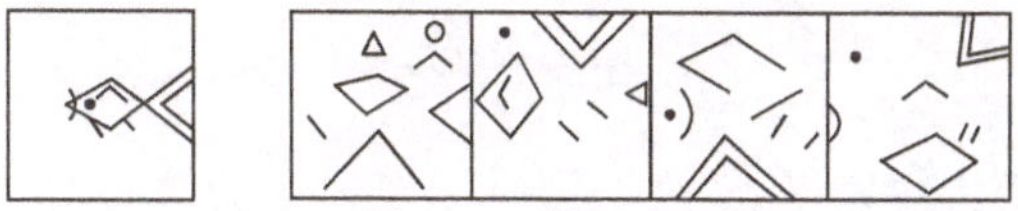

(a) (b) (c) (d)

17. निम्नलिखित में से कौन-सी उत्तर आकृति के पैटर्न को प्रश्न आकृति बनाने के लिए जोड़ा जा सकता है?

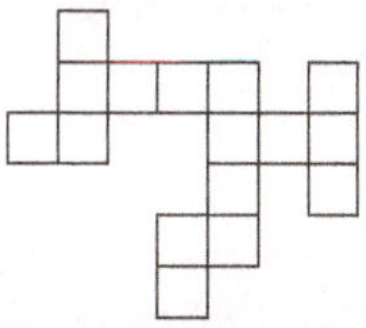

(a) 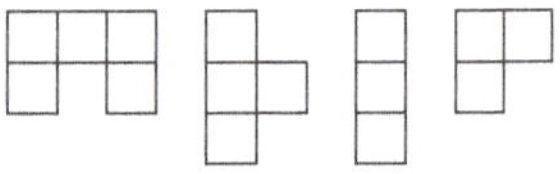

(b) 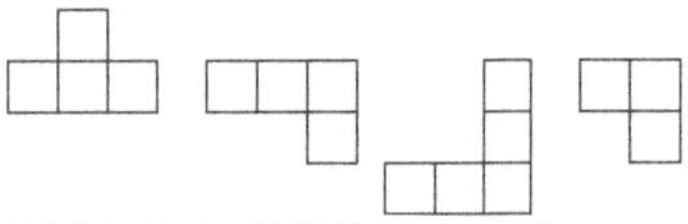

(c) 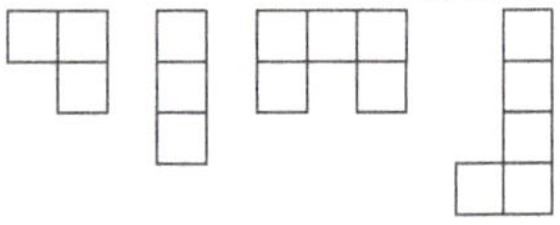

(d) 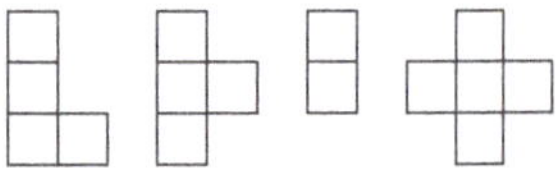

विभिन्न आकृति खण्डों से ज्यामितीय आकृति का निर्माण

निर्देश (प्र. सं. 18-21) *निम्नलिखित विकल्पों में से सही विकल्प चुनने से एक पूर्ण वर्ग बनता है।* (नीचे दी गई 5 छवियों में से 3 छवियों का चयन करना है)

18. 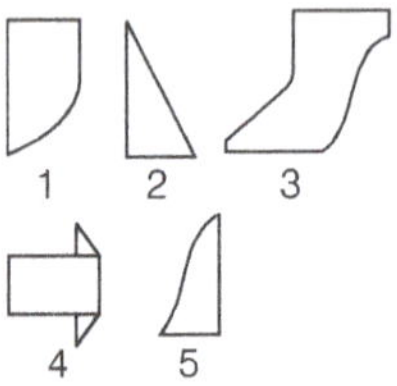

RPF Constable 2019

(a) 1, 3, 4 (b) 1, 4, 5
(c) 1, 3, 5 (d) 2, 3, 4

> ***MRC******
> ***(Most Repeating Concepts)***
> प्र. सं. 17, 18, 19, 20 और 21 Police Exams के दृष्टिकोण से अति महत्त्वपूर्ण प्रश्न है। इन पर आधारित प्रश्न प्रतियोगी परीक्षाओं (RPF और UP Police) में निरन्तर पूछे जा रहे हैं।

19. 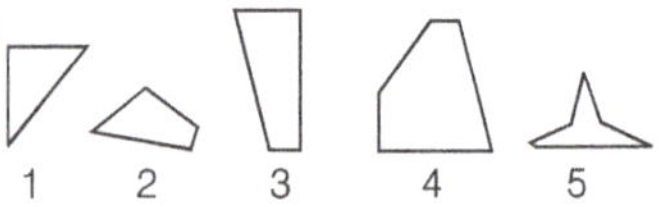

RPF SI 2019

(a) 1, 4, 3 (b) 1, 4, 5
(c) 2, 3, 4 (d) 1, 2, 3

20. 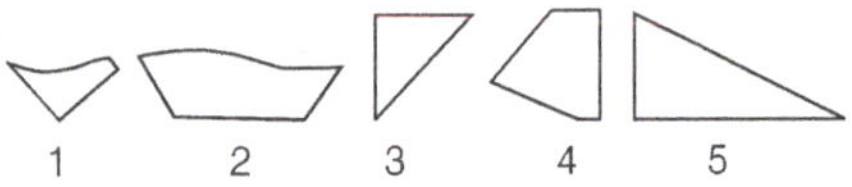

RPF SI 2019

(a) 1, 3, 5 (b) 2, 4, 5
(c) 3, 4, 5 (d) 2, 3, 4

21. 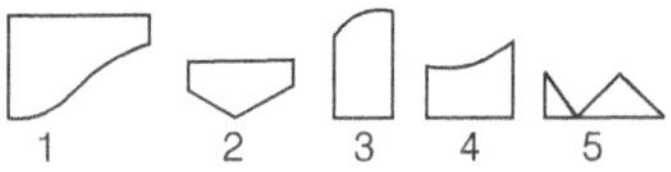

RPF SI 2019

(a) 1, 3, 4 (b) 2, 4, 5
(c) 1, 3, 5 (d) 2, 3, 4

निर्देश (प्र. सं. 22-25) *दिए गए प्रत्येक प्रश्न में पाँच आकृतियाँ दी गई हैं। इनमें से कौन-सी तीन आकृतियों को मिलाकर समबाहु त्रिभुज बनाया जा सकता है?*

22. 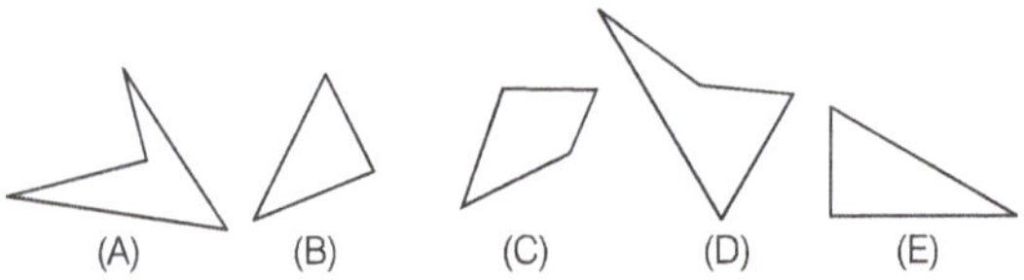

(a) ABD (b) BCD
(c) BDE (d) CDE

23. 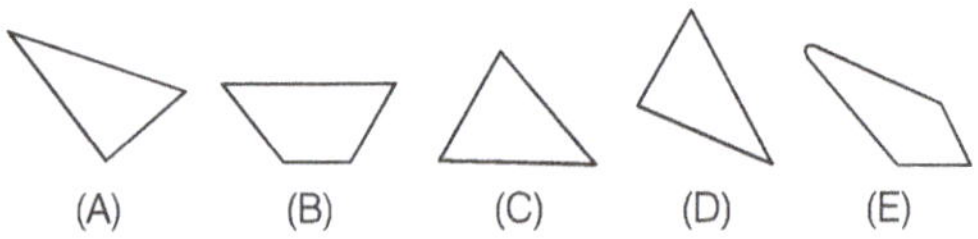

(a) ABC (b) BCD
(c) CDE (d) BDE

24. 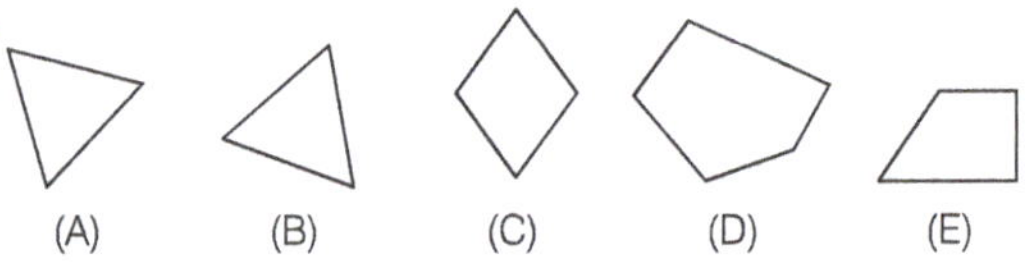

(a) BCD (b) ABC
(c) CDE (d) BCE

25. 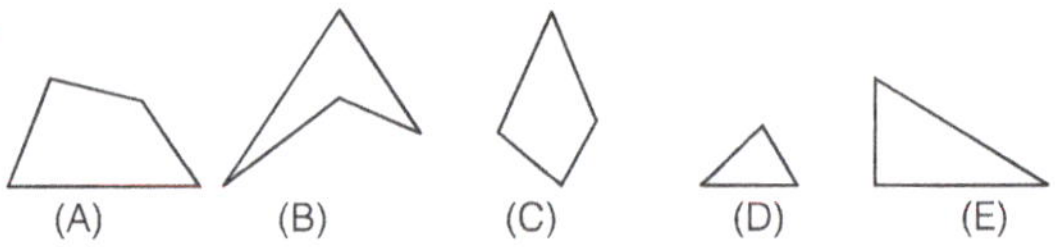

(a) ABC (b) BCD
(c) ABD (d) ABE

Right Key

1. (b)	2. (a)	3. (d)	4. (a)	5. (b)	6. (b)	7. (b)	8. (b)	9. (d)	10. (a)
11. (c)	12. (b)	13. (c)	14. (d)	15. (c)	16. (d)	17. (b)	18. (c)	19. (a)	20. (c)
21. (a)	22. (b)	23. (a)	24. (b)	25. (b)					

अध्याय

06 सन्निहित आकृतियाँ (Embedded Figures)

जब प्रश्न आकृति उत्तर आकृति में सन्निहित हो

इस प्रकार के प्रश्नों में एक प्रश्न आकृति तथा चार उत्तर आकृतियाँ दी गई होती हैं। हमें उस उत्तर आकृति को ज्ञात करना होता है, जिसमें प्रश्न आकृति छिपी/सन्निहित है।

जैसे-उस विकल्प आकृति का चयन करें जिसमें दी गई आकृति (X) उसके भाग के रूप में निहित हैं। (घूर्णन की अनुमति नहीं है।)

प्रश्न आकृति

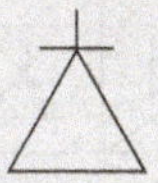

(X)

उत्तर आकृतियाँ

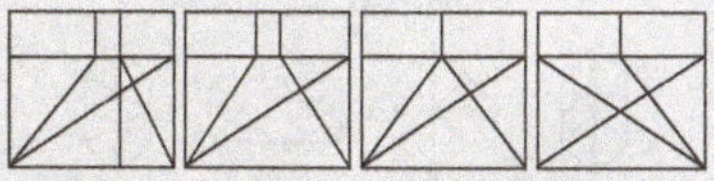

(a) (b) (c) (d)

हल (c) उत्तर आकृति (c) में प्रश्न आकृति छिपी हुई है।

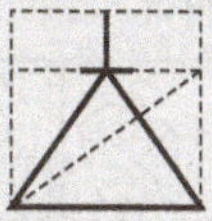

सन्निहित आकृतियाँ

जब कोई सामान्य आकृति किसी जटिल आकृति में छिपी रहती है तो इस प्रकार की आकृति को सन्निहित आकृति कहा जाता है। परीक्षा में पूछे जाने वाले प्रश्नों में सामान्यत: एक प्रश्न आकृति तथा चार उत्तर आकृतियाँ दी जाती हैं। इन दी जाने वाली आकृतियों में उस आकृति को उत्तर के रूप में चुनना होता है, जिसमें प्रश्न आकृति सन्निहित /छिपी हुई होती है या जो स्वयं प्रश्न आकृति में सन्निहित होती है।

Score Booster

जटिल आकृतियों वाले प्रश्न को हल करने के लिए, आकृति को कागज पर बना के देख लें, जिससे त्रुटि होने की सम्भावना कम हो जाती है।

जब उत्तर आकृति प्रश्न आकृति में सन्निहित हो

इस प्रकार के प्रश्नों में एक प्रश्न आकृति तथा चार उत्तर आकृतियाँ दी गई होती हैं। हमें ज्ञात करना होता है कि प्रश्न आकृति में कौन-सी उत्तर आकृति छिपी/सन्निहित है।

जैसे-उस विकल्प आकृति का चयन कीजिए, जो प्रश्न आकृति में छिपी हुई है।

प्रश्न आकृति

उत्तर आकृतियाँ

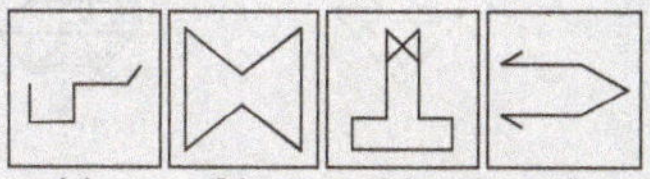

(a) (b) (c) (d)

हल (a) उत्तर आकृति (a) प्रश्न आकृति में छिपी हुई है।

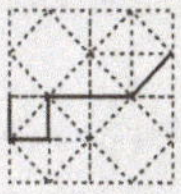

इस अध्याय के अन्तर्गत परीक्षा में निम्न दो प्रकार के प्रश्न पूछे जाते हैं।

जब प्रश्न आकृति उत्तर आकृति में सन्निहित हो

उदाहरण 1. उस विकल्प आकृति का चयन कीजिए, जिसमें दी गई आकृति (X) उसके भाग के रूप में निहित है। (घूर्णन की अनुमति नहीं है)

प्रश्न आकृति **उत्तर आकृतियाँ**

(X)

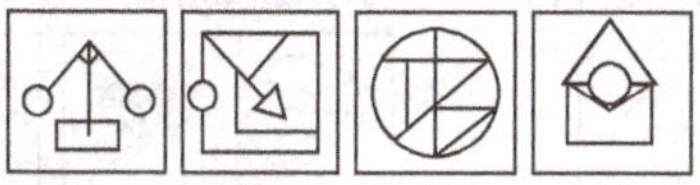

(a) (b) (c) (d)

SSC (10+2) Tier I 2019

हल (b) दी गई आकृति विकल्प आकृति (b) में सन्निहित है।

जब उत्तर आकृति प्रश्न आकृति में सन्निहित हो

उदाहरण 2. उस विकल्प का चयन कीजिए, जो दी गई आकृति में इसके भाग के रूप में अन्तर्निहित है। (आकृति को घुमाने की अनुमति नहीं है)

CISF Head Operator 2023

प्रश्न आकृति **उत्तर आकृतियाँ**

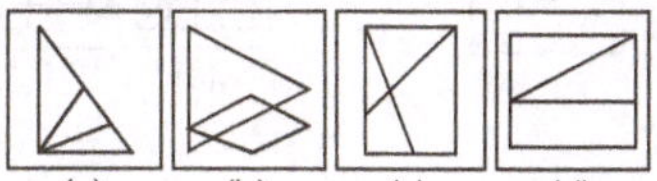

(a) (b) (c) (d)

हल (a) उत्तर आकृति (a), प्रश्न आकृति में अन्तर्निहित है।

Trending Concept

सन्निहित आकृतियों पर आधारित प्रश्न वर्तमान में हो रही परीक्षाओं (SSC, ALP, CISF व UP Police) में पूछे जा रहे हैं।

Chapter Challenge

जब प्रश्न आकृति उत्तर आकृति में सन्निहित हो

निर्देश (प्र. सं. 1-30) *नीचे दी गई उत्तर आकृतियों में से किस उत्तर आकृति में प्रश्न आकृति सन्निहित है?*

> **MRC*****
> ***(Most Repeating Concepts)***
> प्र. सं. 3, 4, 5, 6, 7, 9 और 10 SSC Examination Point of View से अति महत्त्वपूर्ण हैं। इन Concept पर आधारित प्रश्न SSC की विभिन्न प्रतियोगी परीक्षाओं में निरन्तर पूछे जा

1. प्रश्न आकृति

उत्तर आकृतियाँ

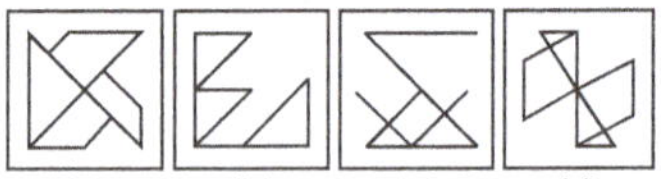

(a) (b) (c) (d)

CISF ASI 2023

2. प्रश्न आकृति

उत्तर आकृतियाँ

(a) (b) (c) (d)

DP Constable 2023

3. प्रश्न आकृति

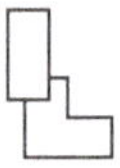

उत्तर आकृतियाँ

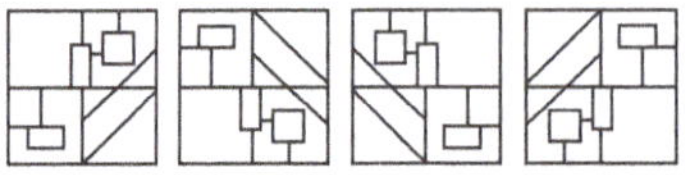

(a) (b) (c) (d)

SSC CPO 2024

4. प्रश्न आकृति

उत्तर आकृतियाँ

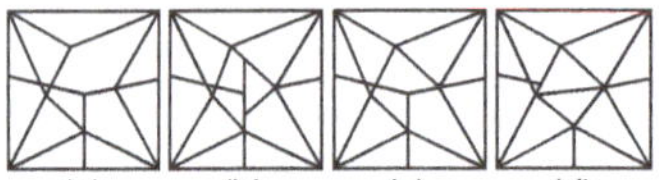

(a) (b) (c) (d)

SSC CGL (Tier I) 2023

5. प्रश्न आकृति

उत्तर आकृतियाँ

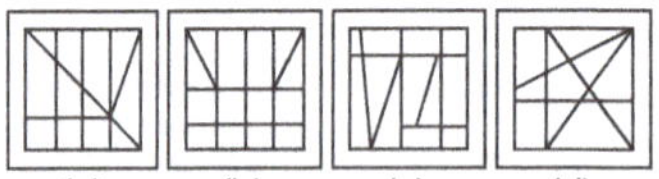

(a) (b) (c) (d)

SSC (10+2) 2023

6. प्रश्न आकृति

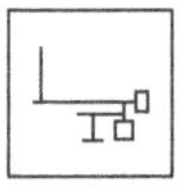

उत्तर आकृतियाँ

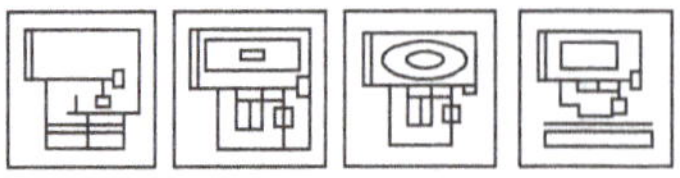

(a) (b) (c) (d)

SSC (10+2) 2020

7. प्रश्न आकृति

उत्तर आकृतियाँ

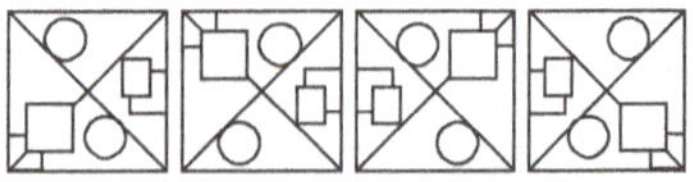

(a) (b) (c) (d)

SSC CPO 2024

8. प्रश्न आकृति

उत्तर आकृतियाँ

(a) (b) (c) (d)

RRB ALP 2018

9. प्रश्न आकृति

उत्तर आकृतियाँ

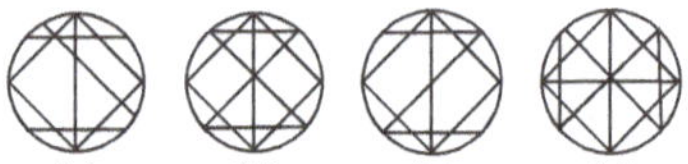

(a) (b) (c) (d)

SSC CPO 2020

10. प्रश्न आकृति

उत्तर आकृतियाँ

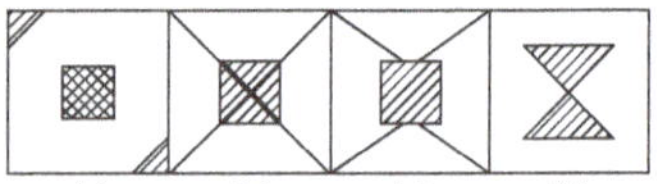

(a) (b) (c) (d)

SSC Constable GD 2018

11. प्रश्न आकृति

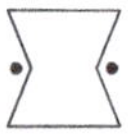

उत्तर आकृतियाँ

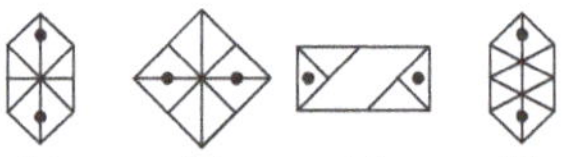

(a) (b) (c) (d)

SSC CGL 2018

12. प्रश्न आकृति

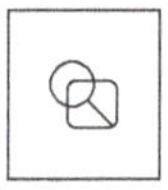

उत्तर आकृतियाँ

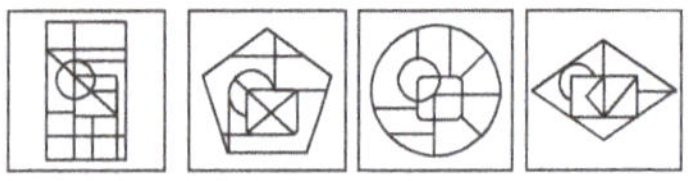

(a) (b) (c) (d)

SSC Steno 2020

13. प्रश्न आकृति

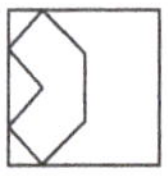

उत्तर आकृतियाँ

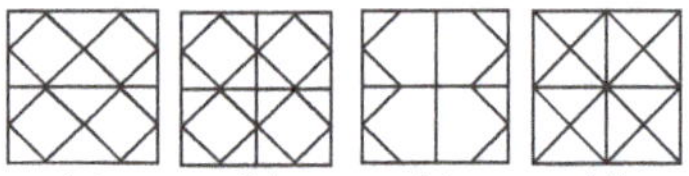

(a) (b) (c) (d)

SSC MTS 2021

14. प्रश्न आकृति

उत्तर आकृतियाँ

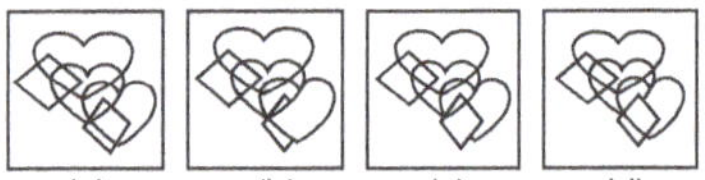

(a) (b) (c) (d)

SSC CGL 2022

15. प्रश्न आकृति

उत्तर आकृतियाँ

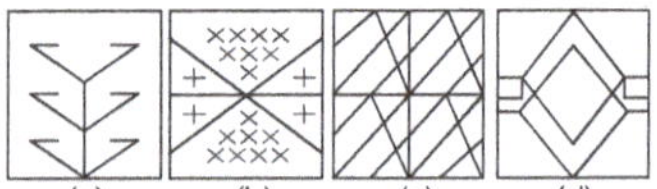

(a) (b) (c) (d)

SSC CPO 2018

16. प्रश्न आकृति

उत्तर आकृतियाँ

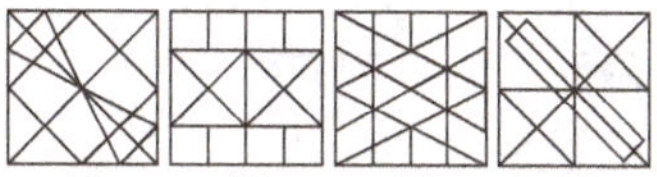

(a) (b) (c) (d)

UP Police Constable 2018

17. प्रश्न आकृति

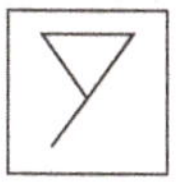

उत्तर आकृतियाँ

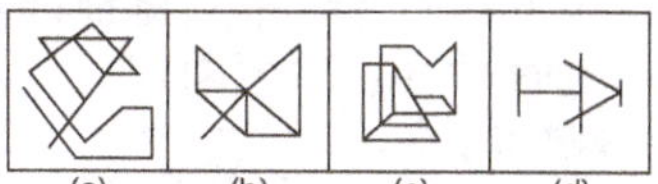

(a) (b) (c) (d)

Rajasthan Police Constable 2018, RRB Group D 2018

18. प्रश्न आकृति

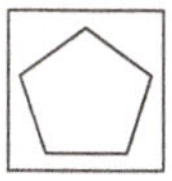

उत्तर आकृतियाँ

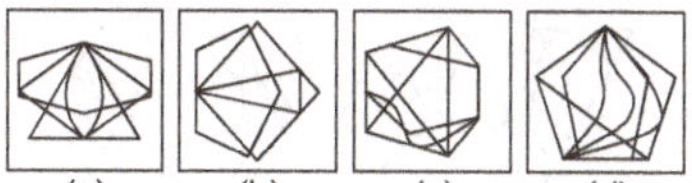

(a) (b) (c) (d)

SSC (10+2) 2020

19. प्रश्न आकृति

उत्तर आकृतियाँ

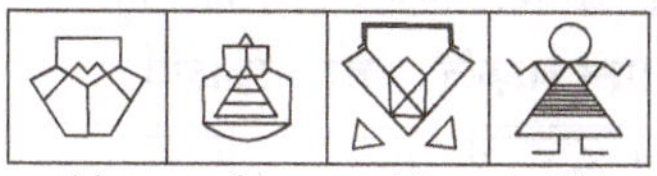

(a) (b) (c) (d)

RRB ALP 2018

20. प्रश्न आकृति

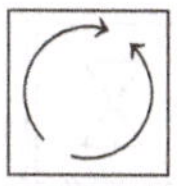

उत्तर आकृतियाँ

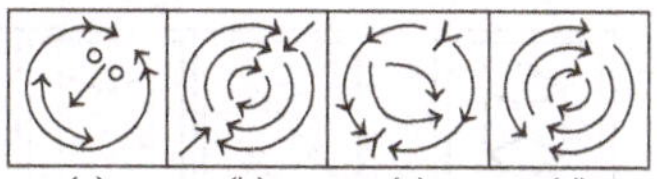

(a) (b) (c) (d)

Rajasthan Police Constable 2018

21. प्रश्न आकृति

उत्तर आकृतियाँ

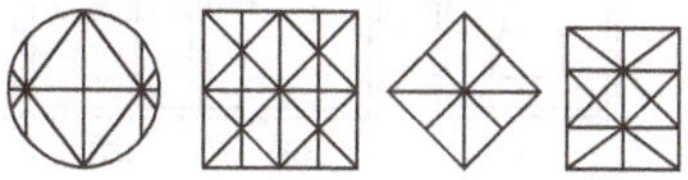

(a) (b) (c) (d)

SSC CGL 2020

22. प्रश्न आकृति

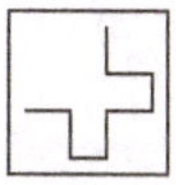

उत्तर आकृतियाँ

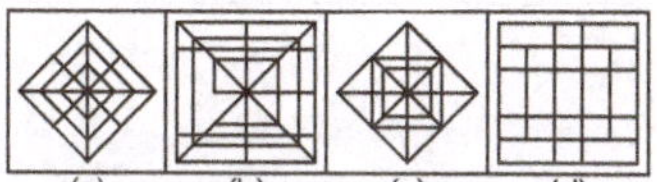

(a) (b) (c) (d)

RRB Group D 2018, UP B.Ed 2010

23. प्रश्न आकृति

उत्तर आकृतियाँ

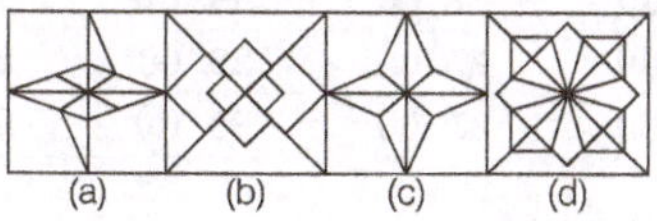

(a) (b) (c) (d)

RRB ALP 2018

24. प्रश्न आकृति

(a) (b) (c) (d)

25. प्रश्न आकृति

उत्तर आकृतियाँ *RRB ALP 2018*

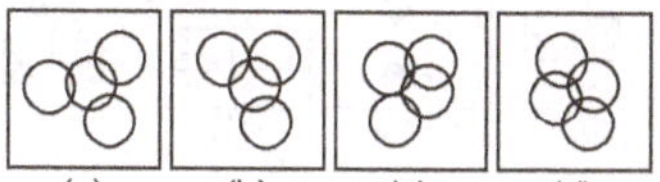

(a) (b) (c) (d)

26. प्रश्न आकृति

उत्तर आकृतियाँ *RRB ALP 2018*

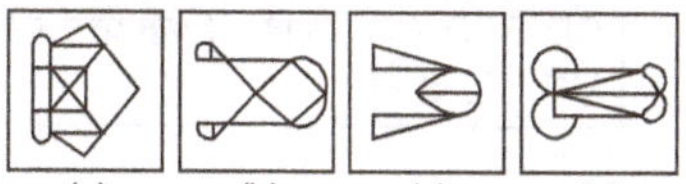

(a) (b) (c) (d)

27. प्रश्न आकृति

उत्तर आकृतियाँ *SSC CGL 2021*

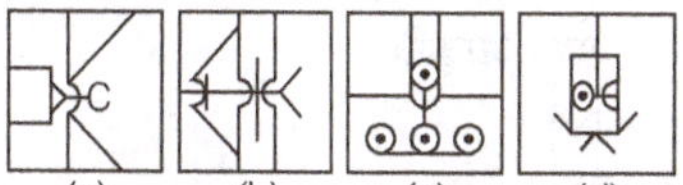

(a) (b) (c) (d)

28. प्रश्न आकृति

उत्तर आकृतियाँ *RRB ALP 2018*

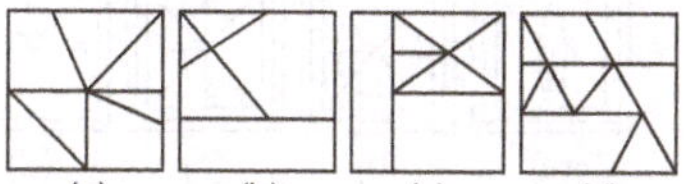

(a) (b) (c) (d)

29. प्रश्न आकृति

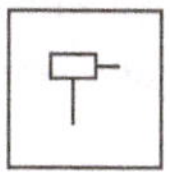

उत्तर आकृतियाँ *SSC (10+2) 2023*

(a) (b) (c) (d)

30. प्रश्न आकृति

उत्तर आकृतियाँ *CISF 2023*

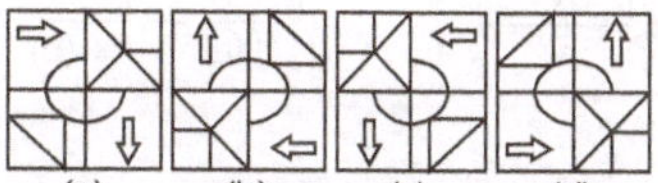

(a) (b) (c) (d)

31. उस विकल्प का चयन कीजिए, जिसमें दी गई आकृति (X) उसके भाग के रूप में सन्निहित है (घूर्णन की अनुमति नहीं है)।

प्रश्न आकृति

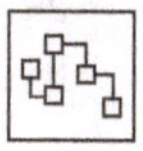

(X)

उत्तर आकृतियाँ *SSC MTS 2024*

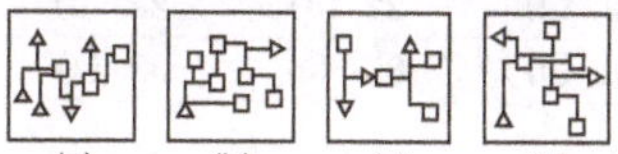

(a) (b) (c) (d)

32. उस उत्तर आकृति का चयन करें, जिसमें उसके भाग के रूप में दी गई आकृति सन्निहित है (आकृति को घुमाने की अनुमति नहीं है।)

प्रश्न आकृति *SSC CPO 2023*

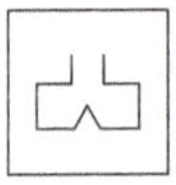

उत्तर आकृतियाँ

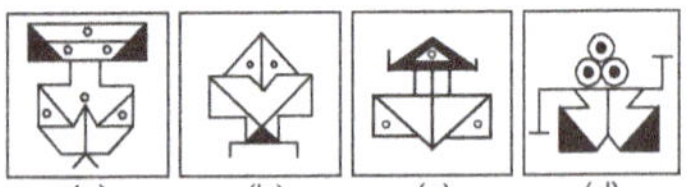

(a) (b) (c) (d)

> **MRC*****
> ***(Most Repeating Concepts)***
> वर्तमान में हो रही SSC की प्रतियोगी परीक्षाओं (MTS, (10+2), GD, CPO, CGL आदि) में एक प्रश्न इस Concept पर निरन्तर पूछा जा रहा है।

33. दी गई उत्तर आकृतियों में से, उस आकृति का चयन कीजिए, जिसमें प्रश्न में दी गई आकृति छिपी हुई/निहित है।
(घूर्णन की अनुमति नहीं है) *SSC GD 2024*

प्रश्न आकृति

उत्तर आकृतियाँ

(a) (b) (c) (d)

जब उत्तर आकृति प्रश्न आकृति में सन्निहित हो

34. उस उत्तर आकृति को चुनिए, जो प्रश्न आकृति में निहित है। *SSC CPO 2020*

प्रश्न आकृति **उत्तर आकृतियाँ**

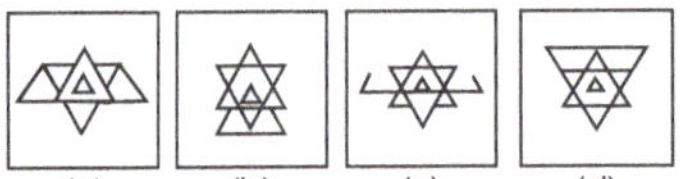

(a) (b) (c) (d)

35. उस उत्तर का चयन करें, जो दी गई प्रश्न आकृति में सन्निहित है। (घुमाने की अनुमति नहीं है।) *CUET UG 2022*

प्रश्न आकृति

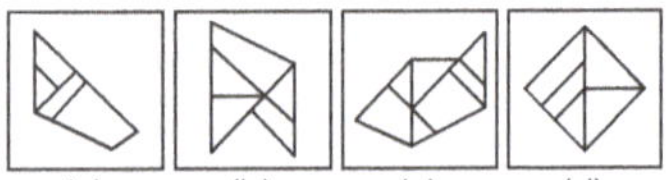

(a) (b) (c) (d)

36. उस उत्तर आकृति को चुनिए, जो प्रश्न में दी गई आकृति में सन्निहित है। (घूर्णन की अनुमति नहीं है।)

प्रश्न आकृति

SSC CGL (Tier I) 2023

उत्तर आकृतियाँ

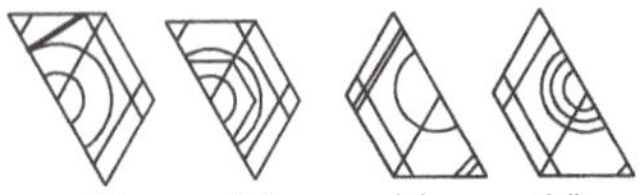

(a) (b) (c) (d)

निर्देश (प्र. सं. 37-40) *निम्नलिखित प्रश्नों से, उस उत्तर आकृति का चयन कीजिए। जो प्रश्न आकृति में सन्निहित है।*

37. **प्रश्न आकृति** **उत्तर आकृतियाँ**

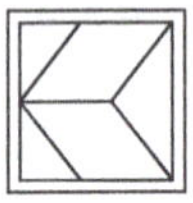

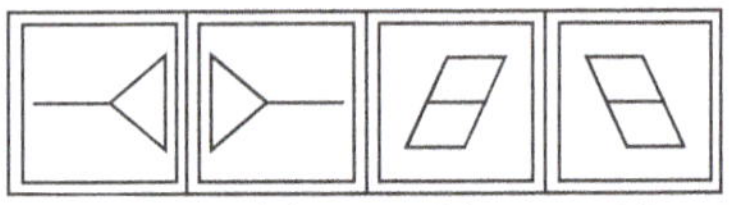

(a) (b) (c) (d)

38.

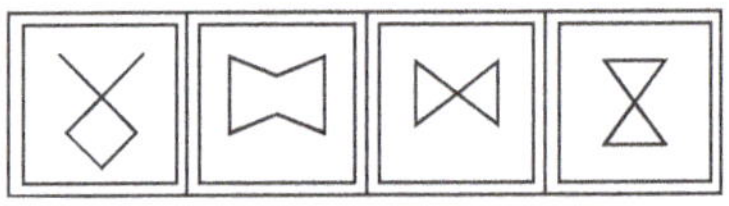

(a) (b) (c) (d)

39.

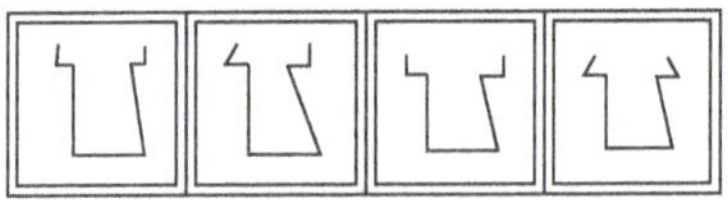

(a) (b) (c) (d)

40.

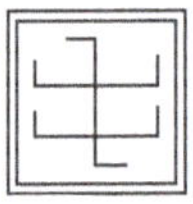

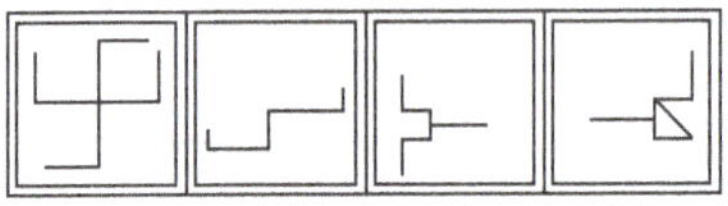

(a) (b) (c) (d)

Right Key

1. (c)	2. (a)	3. (b)	4. (c)	5. (b)	6. (b)	7. (a)	8. (b)	9. (b)	10. (b)
11. (d)	12. (a)	13. (b)	14. (a)	15. (d)	16. (c)	17. (a)	18. (d)	19. (d)	20. (a)
21. (d)	22. (d)	23. (d)	24. (d)	25. (c)	26. (b)	27. (c)	28. (a)	29. (a)	30. (d)
31. (b)	32. (a)	33. (a)	34. (c)	35. (b)	36. (b)	37. (a)	38. (b)	39. (d)	40. (b)

अध्याय

07 आकृतियों की गिनती
(Counting of Figures)

आकृतियों की गिनती

दी गई प्रश्नाकृति में छोटी आकृतियाँ जैसे-वृत्त, त्रिभुज, वर्ग, सरल रेखाएँ, आयत तथा समान्तर चतुर्भुज की संख्या ज्ञात करने की प्रक्रिया को आकृतियों की गिनती कहा जाता है।

इस अध्याय के अन्तर्गत आने वाले प्रश्नों में एक आकृति दी गई होती है। दी गई आकृति में से पूछी गई ज्यामितीय आकृतियों (जैसे-वृत्त, त्रिभुज, वर्ग, सरल रेखाएँ, आयत, समान्तर चतुर्भुज इत्यादि) को पहचानकर उनकी कुल संख्या ज्ञात करनी होती है।

सरल रेखाओं की गिनती

इस प्रकार के प्रश्नों में दी गई आकृति में सरल रेखाओं की कुल संख्या ज्ञात करनी होती है। ये सरल रेखाएँ तीन प्रकार की होती हैं: (i) क्षैतिज रेखा (ii) लम्बवत् रेखा (iii) तिरछी रेखा

जैसे-दी गई आकृति में सरल रेखाओं की संख्या ज्ञात कीजिए।

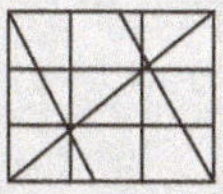

(a) 11 (b) 16 (c) 12 (d) 9

हल (*a*) दी गई आकृति के बिन्दुओं को नामांकित करने पर,

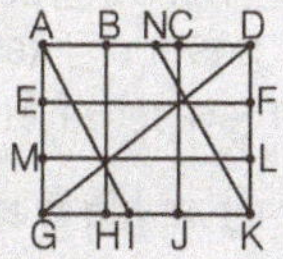

क्षैतिज रेखाएँ = AD, EF, ML, GK = 4

लम्बवत् रेखाएँ = AG, BH, CJ, DK = 4

तिरछी रेखाएँ = AI, NK, GD = 3

∴ सरल रेखाओं की कुल संख्या = 4 + 4 + 3 = 11

त्रिभुजों की गिनती

इस प्रकार के प्रश्नों में दी गई आकृति में कुल त्रिभुजों की संख्या ज्ञात करनी होती है।

जैसे-दी गई आकृति में कितने त्रिभुज हैं?

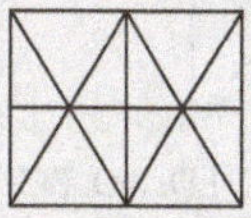

(a) 18 (b) 28

(c) 10 (d) 12

हल (*b*) दी गई आकृति में बिन्दुओं को नामांकित करने पर,

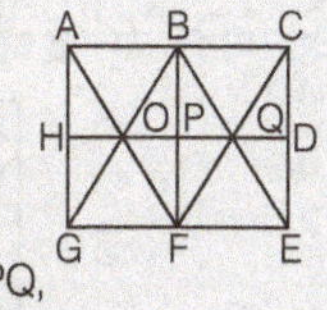

दी गई आकृति में निम्न 28 त्रिभुज हैं,

ΔAHO, ΔAOB, ΔBOP, ΔBPQ, ΔBQC, ΔCQD, ΔHOG, ΔGOF, ΔFPO, ΔQPF, ΔFQE, ΔQDE, ΔAOG, ΔBOF, ΔBQF, ΔCQE, ΔBOQ, ΔFOQ, ΔAGF, ΔABF, ΔBAG, ΔBFG, ΔBFE, ΔBCE, ΔCBF, ΔCEF, ΔAFC और ΔGBE

आयत या वर्ग की गिनती

इस प्रकार के प्रश्नों में दी गई आकृति में आयत या वर्ग की कुल संख्या ज्ञात करनी होती है।

जैसे-दी गई आकृति में कुल कितने आयत हैं?

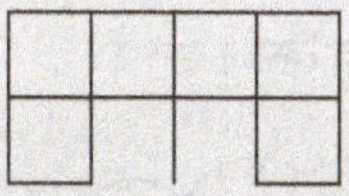

(a) 12 (b) 8 (c) 10 (d) 14

हल (*d*) दी गई आकृति में बिन्दुओं को नामांकित करने पर,

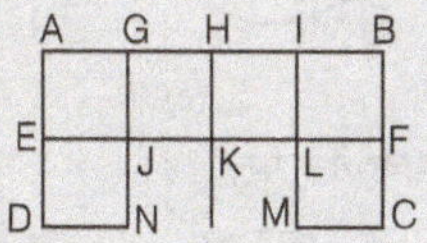

दी गई आकृति में निम्न 14 आयत हैं,

□AGJE, □EJND, □AGND, □GHKJ, □HILK, □IBFL, □LFCM, □IBCM, □ABFE, □AILE, □AHKE, □GILJ, □GBFJ और □BHKF

Score Booster

इस अध्याय के प्रश्नों को हल करते समय प्रत्येक आकृति जैसे-त्रिभुज, वृत्त, आयत तथा वर्ग का ध्यानपूर्वक अवलोकन करें। तथा आकृति में दिए गए शीर्षों को नामांकित करना ना भूलें।

वृत्तों की गिनती

इस प्रकार के प्रश्नों में दी गई आकृति में वृत्तों की कुल संख्या ज्ञात करनी होती है।

जैसे-निम्न दी गई आकृति में कुल कितने वृत्त हैं।

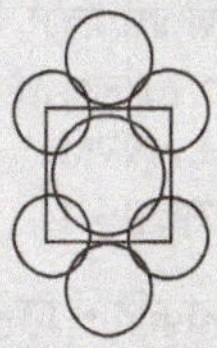

(a) 5 (b) 6 (c) 7 (d) 8

हल (c) सभी वृत्तों को क्रमांक देने पर,

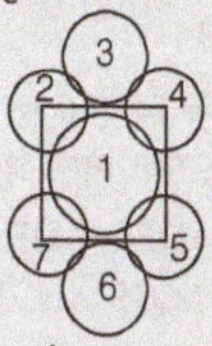

∴ वृत्तों की कुल संख्या =7

Exam Approach Examples

सरल रेखाओं की गिनती पर आधारित

उदाहरण 1. निम्न आकृति बनाने के लिए न्यूनतम कितनी रेखाओं की आवश्यकता है? *RRB (ALP) 2018*

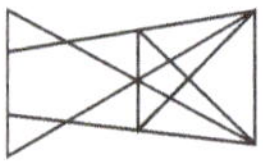

(a) 9 (b) 12
(c) 11 (d) 10

Helping Tips
इस प्रकार के प्रश्नों को हल करते समय रेखाखण्डों को ध्यान में रखें अर्थात् जब तक रेखा अपना मार्ग न बदलें, तब तक वह एक ही रेखा मानी जाती हैं।

हल (*a*) दी गई आकृति के बिन्दुओं के नाम लिखने पर,

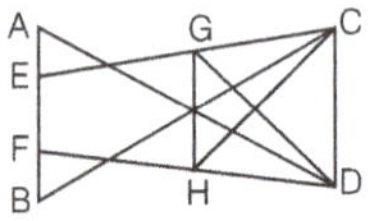

रेखाएँ ⇒ AB, CD, GH, EC, FD, AD, BC, GD, HC

अत: दी गई आकृति बनाने के लिए न्यूनतम 9 रेखाओं की आवश्यकता है।

त्रिभुजों की गिनती पर आधारित

उदाहरण 2. दी गई आकृति में कितने त्रिभुज हैं?

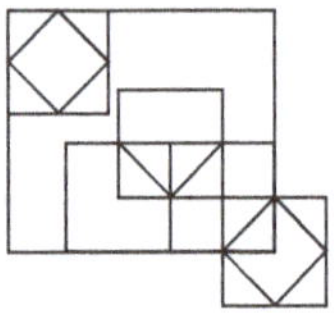

SSC (10+2) Tier I 2024

(a) 13 (b) 11 (c) 15 (d) 14

हल (*d*) दी गई आकृति के बिन्दुओं के नाम लिखने पर,

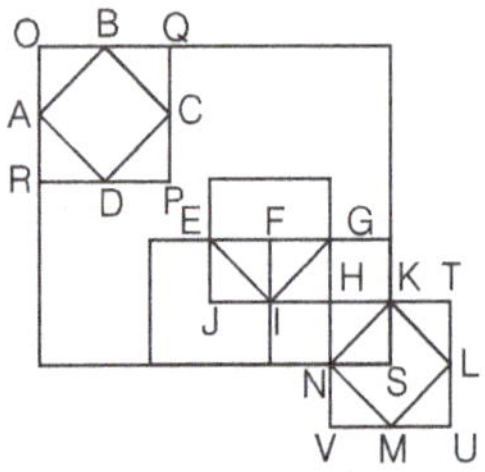

Trending Concept
त्रिभुज गिनने पर आधारित प्रश्न वर्तमान में हो रही परीक्षाओं (SSC, Railway, UPSSSC, UP Police, DSSSB) में निरन्तर पूछे जा रहे हैं। आगामी प्रतियोगी परीक्षाओं के लिए भी अति महत्त्वपूर्ण हैं।

दी गई आकृति में त्रिभुज इस प्रकार है,

ΔAOB, ΔBQC, ΔCPD, ΔDRA, ΔEIJ, ΔIHG, ΔFGI, ΔEFI, ΔEIG, ΔHKN, ΔNKS, ΔKTL, ΔLMU, ΔNVM,

अत: कुल त्रिभुजों की संख्या = 14

उदाहरण 3. दी गई आकृति में त्रिभुज की संख्या ज्ञात कीजिए। *MP Police Constable 2022*

(a) 10 (b) 13
(c) 12 (d) 11

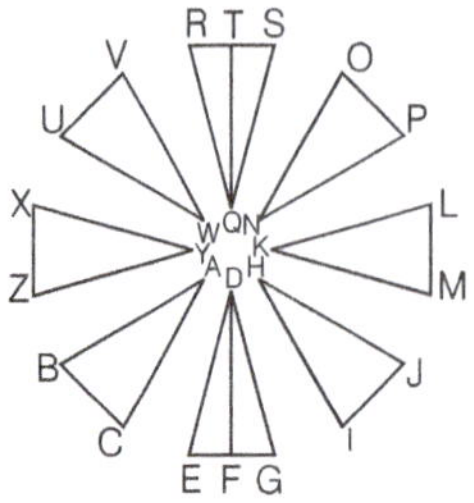

हल (*c*) दी गई आकृति के बिन्दुओं के नाम लिखने पर, त्रिभुजों की संख्या निम्न प्रकार है,

ΔABC, ΔDEF, ΔDFG, ΔDEG, ΔHIJ, ΔKLM, ΔNOP, ΔQRT, ΔQRS ΔQTS, ΔUVW और ΔXYZ

अत: दी गई आकृति में कुल 12 त्रिभुज हैं।

आयतों या वर्गों की गिनती पर आधारित

उदाहरण 4. दी गई आकृति में कितने वर्ग हैं?

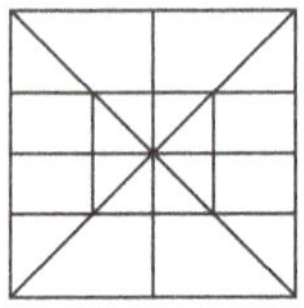

RRB (JE) 2019

(a) 20 (b) 11 (c) 25 (d) 16

हल (*d*) दी गई आकृति के बिन्दुओं के नाम लिखने पर,

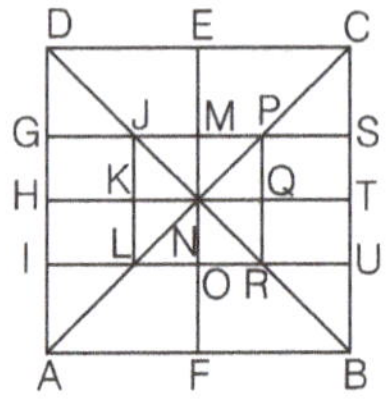

□GJKH, □HKLI, □JMNK, □KNOL, □MPQN, □NQRO, □PSTQ, □QTUR, □DENH, □ECTN, □NTBF, □HNFA, □GMOI, □JPRL, □MSUO, □ABCD

अत: दी गई आकृति में कुल 16 वर्ग हैं।

उदाहरण 5. नीचे दी गई आकृति में आयतों की कुल संख्या कितनी है?

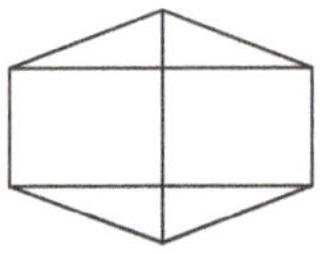

UPSSSC (VDO) 2018

(a) 2 (b) 3
(c) 5 (d) 7

हल (*b*) दी गई आकृति के बिन्दुओं के नाम लिखने पर,

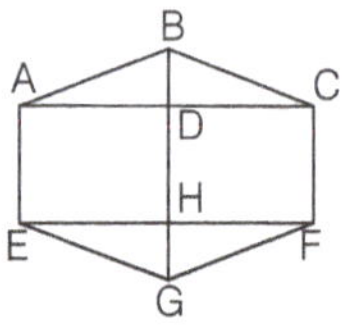

□ADHE, □DCFH, □ACFE

अत: दी गई आकृति में कुल 3 आयत हैं।

वृत्तों की गिनती पर आधारित

उदाहरण 6. दी गई आकृति में कुल कितने वृत्त हैं?

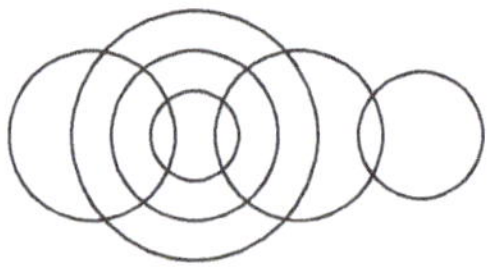

(a) 6 (b) 7 (c) 10 (d) 8

हल (*a*) सभी वृत्तों को क्रमांक देने पर,

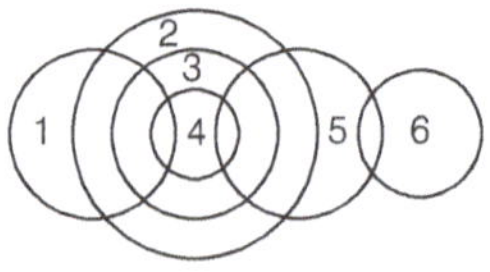

∴ वृत्तों की कुल संख्या = 6

Chapter Challenge

सरल रेखाओं की गिनती पर आधारित

1. नीचे दी गई आकृति में कितनी सरल रेखाएँ हैं?

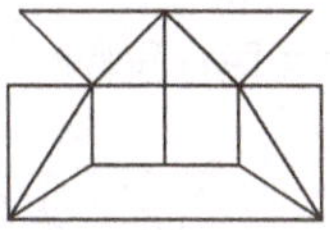

UP Police Constable 2018; IB ACIO 2017

(a) 16 (b) 17
(c) 18 (d) 19

2. निम्न आकृति बनाने के लिए न्यूनतम आवश्यक रेखाओं की संख्या क्या है?

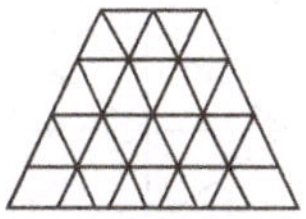

RRB Group D 2018

(a) 15 (b) 17
(c) 10 (d) 12

3. दी गई आकृति बनाने के लिए न्यूनतम कितनी रेखाओं की जरूरत है?

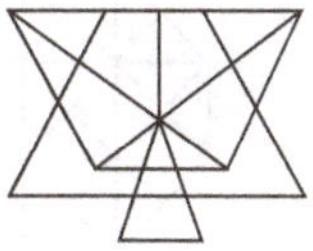

UP Police Constable 2018

(a) 12 (b) 15
(c) 14 (d) 13

4. नीचे दी गई आकृति बनाने के लिए कितनी रेखाओं का उपयोग किया जाएगा?

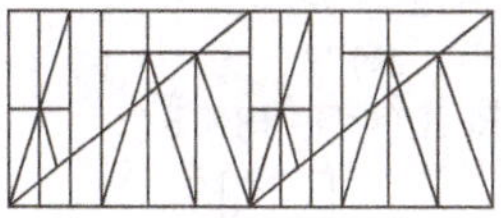

RRB Group D 2018

(a) 36 (b) 55 (c) 31 (d) 28

त्रिभुजों की गिनती पर आधारित

5. दी गई आकृति में कितने त्रिभुज हैं?

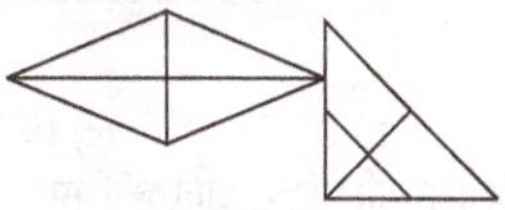

DP Constable 2023

(a) 8 (b) 10 (c) 12 (d) 14

6. दी गई आकृति में कितने त्रिभुज हैं?

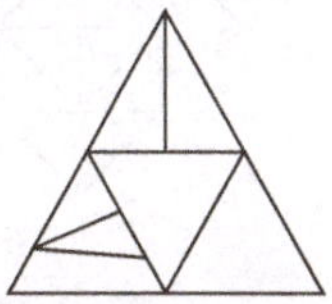

SSC JE 2023

(a) 7 (b) 10 (c) 9 (d) 8

7. दी गई आकृति में त्रिभुजों की संख्या ज्ञात कीजिए।

SSC (10+2) Tier I 2024

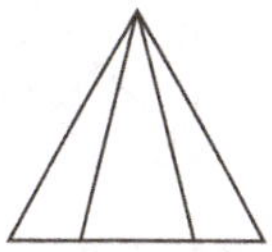

(a) 8 (b) 5 (c) 6 (d) 4

8. निम्नलिखित आकृति में कितने त्रिभुज हैं?

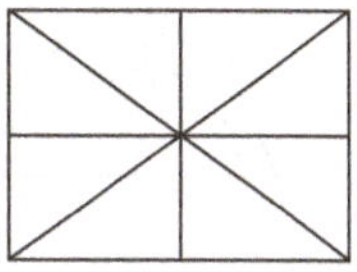

RRB NTPC (Tier-I) 2021

(a) 8 (b) 12 (c) 16 (d) 20

9. निम्नलिखित आकृति में त्रिभुजों की संख्या ज्ञात कीजिए।

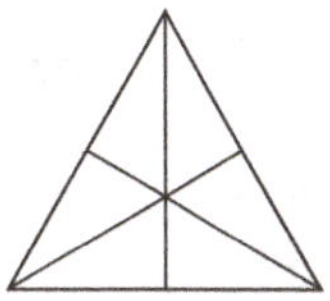

(a) 13 (b) 7
(c) 16 (d) 9

UP Police Constable 2024

> **MRC*****
> ***(Most Repeating Concepts)***
> प्र. सं. 5, 9, 11, 15, 17, 28, 30 और 33 वर्तमान में पुलिस से सम्बन्धित प्रतियोगी परीक्षाओं में पूछे गए हैं। इस प्रकार के प्रश्न Examination Point of View से अति महत्वपूर्ण हैं।

10. दी गई आकृति में कितने त्रिभुज हैं?

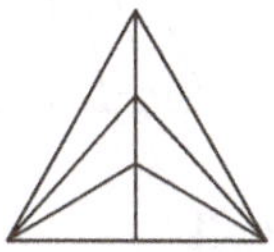

SSC CPO 2017

(a) 13 (b) 14 (c) 12 (d) 15

11. दी गई आकृति में त्रिभुजों की संख्या ज्ञात कीजिए।

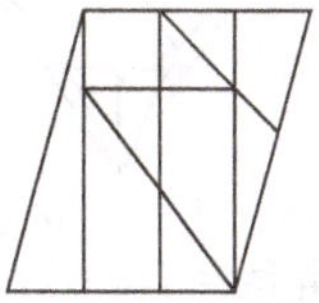

MP Police Constable 2022

(a) 8 (b) 10 (c) 11 (d) 9

12. दिए गए चित्र में त्रिभुजों की संख्या को दर्शाने वाला विकल्प चुनें।

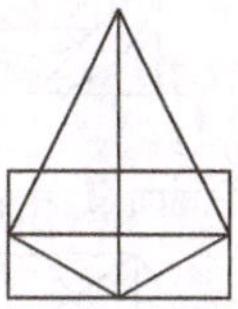

RRB ALP 2018

(a) 13 (b) 15
(c) 17 (d) 14

13. दी गई आकृति में कितने त्रिभुज हैं?

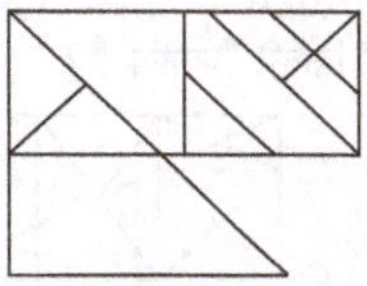

SSC CGL 2021

(a) 11 (b) 10 (c) 12 (d) 13

14. दी गई आकृति में कितने त्रिभुज हैं?

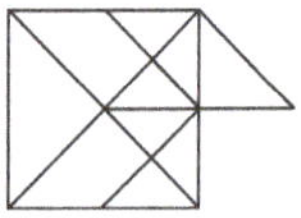

SSC (10+2) 2020

(a) 21 (b) 18 (c) 20 (d) 22

15. निम्नलिखित आकृति में कितने त्रिभुज हैं?

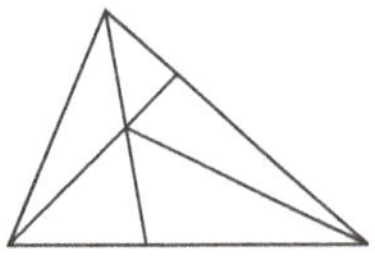

UP Police Constable 2024

(a) 14 (b) 12 (c) 8 (d) 10

16. नीचे दी गई आकृति में कितने त्रिभुज हैं?

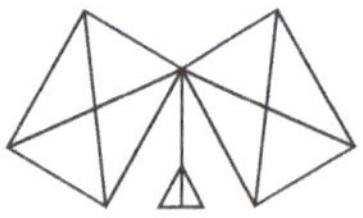

SSC (10+2) 2023

(a) 19 (b) 17
(c) 16 (d) 18

17. निम्नलिखित आकृति में कितने त्रिभुज हैं?

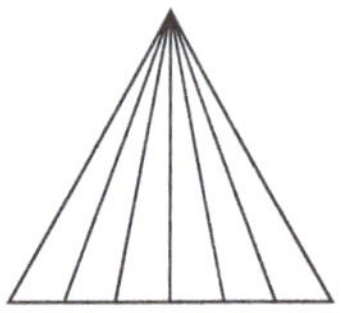

UP Police Constable 2024

(a) 23 (b) 21 (c) 22 (d) 20

18. नीचे दी गई आकृति में त्रिभुजों की संख्या ज्ञात कीजिए।

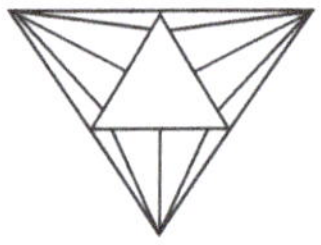

RRB NTPC 2020

(a) 31 (b) 30 (c) 29 (d) 32

19. नीचे दी गई आकृति में कितने त्रिभुज हैं?

SSC (10+2) 2022

(a) 22 (b) 18 (c) 24 (d) 20

20. निम्न चित्र में कितने त्रिकोण हैं, बताएँ?

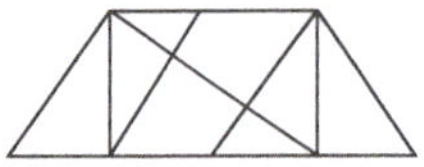

Delhi Police MTS 2018

(a) 8 (b) 10 (c) 12 (d) 14

21. निम्न रेखाचित्र में कितने त्रिकोण हैं?

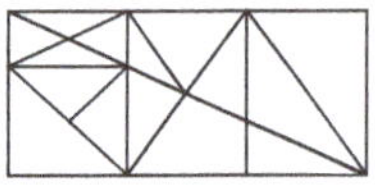

SSC CPO 2018

(a) 35 (b) 30 (c) 36 (d) 34

22. निम्न आकृति में कितने त्रिभुज हैं?

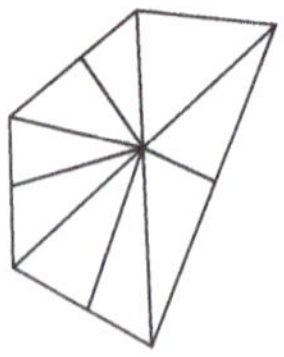

RRB Group D 2018

(a) 12 (b) 15 (c) 14 (d) 8

23. नीचे दिए गए चित्र में कितने त्रिकोण मौजूद हैं?

RRB Group D 2018

(a) 31 (b) 34 (c) 30 (d) 29

24. दिए गए चित्र में त्रिभुजों की संख्या का पता लगाइए।

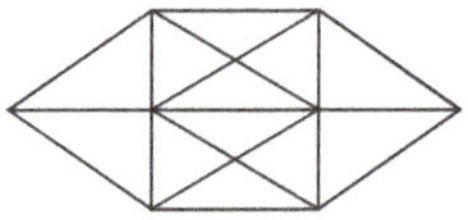

UPSSSC 2018

(a) 20 (b) 24 (c) 28 (d) 32

25. निम्न आकृति में छोटे त्रिभुज इकाइयों की संख्या कितनी है?

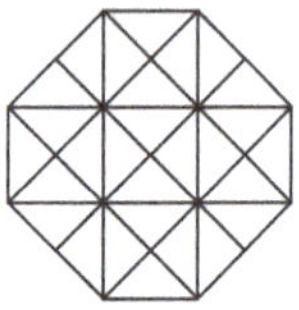

RRB Group D 2018

(a) 28 (b) 22 (c) 24 (d) 26

26. निम्नलिखित आकृति में कितने त्रिभुज हैं?

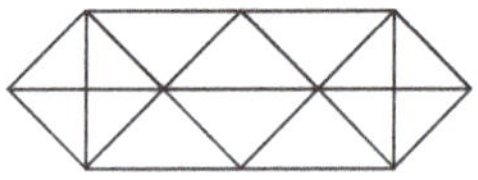

SSC CGL 2015

(a) 24 (b) 14 (c) 28 (d) 20

27. दी गई आकृति में कितने त्रिभुज हैं?

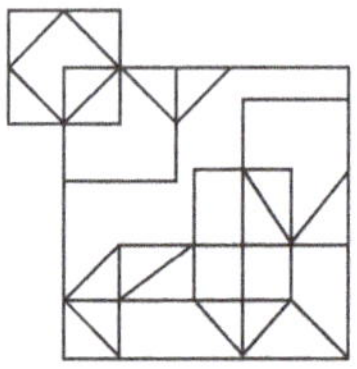

SSC CGL Tier-I 2024

(a) 20 (b) 18 (c) 19 (d) 21

28. आकृति में त्रिभुजों की संख्या ज्ञात कीजिए।

UP Police Constable 2024

(a) 16 (b) 12
(c) 8 (d) 9

29. दी गई आकृति में त्रिभुजों की संख्या ज्ञात कीजिए।

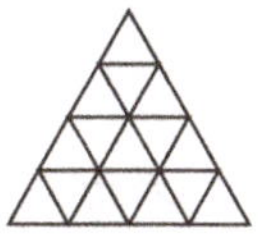

SSC (MTS) 2013

(a) 23 (b) 27 (c) 28 (d) 29

30. इस आकृति में त्रिभुजों की संख्या ज्ञात कीजिए।

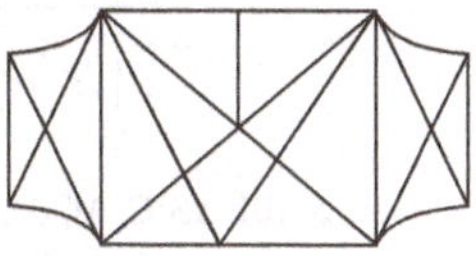

MP Police Constable 2022

(a) 17 (b) 18 (c) 15 (d) 29

आयतों या वर्गों की गिनती पर आधारित

31. दी गई आकृति में कितने वर्ग हैं?

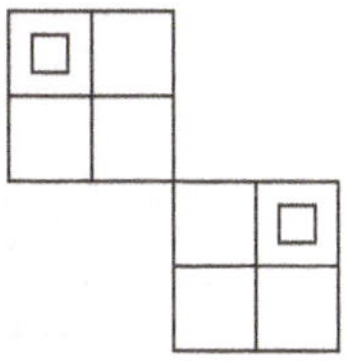

RPF Constable 2022

(a) 8 (b) 10 (c) 14 (d) 12

32. दी गई आकृति में कितने वर्ग हैं?

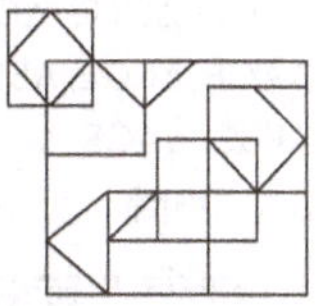

SSC CGL (Tier-I) 2024

(a) 14 (b) 13 (c) 15 (d) 12

33. दी गई आकृति में आयतों की संख्या ज्ञात कीजिए।

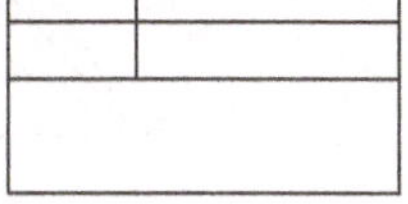

MP Police Constable 2024

(a) 6 (b) 8 (c) 7 (d) 10

34. दी गई आकृति में कितने वर्ग हैं?

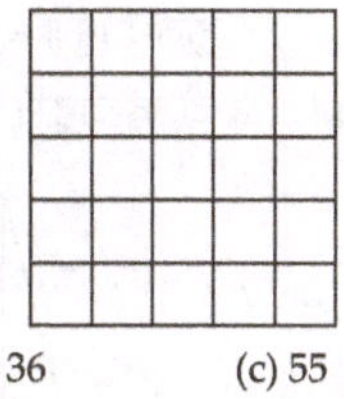

RRB JE 2019

(a) 23 (b) 36 (c) 55 (d) 45

35. नीचे दी आकृति में कितने वर्ग हैं?

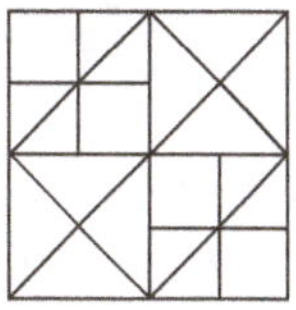

SSC CGL 2020

(a) 16 (b) 13 (c) 12 (d) 14

36. दी गई आकृति में वर्गों की संख्या की गणना करें।

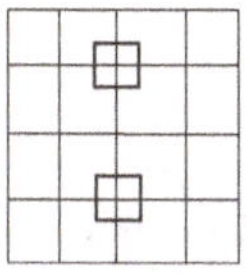

RRB Group D 2018

(a) 44 (b) 40 (c) 42 (d) 46

37. निम्नलिखित आकृति में कितने वर्ग हैं?

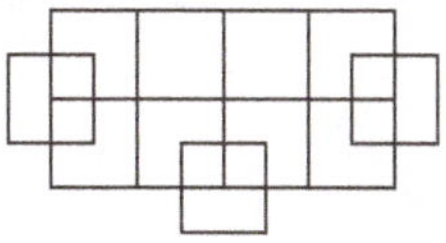

(a) 21 (b) 19
(c) 20 (d) 18

RRB Group D 2018

> **MRC*****
> *(Most Repeating Concepts)*
> प्र. सं. 16, 19, 27, 31, 32, 35 और 37 Examination Point of View से अति महत्त्वपूर्ण हैं। ऐसे प्रश्न SSC तथा Railway की परीक्षाओं में निरन्तर पूछे जा रहे हैं।

38. नीचे दी गई आकृति में कितने वर्ग हैं?

UPSSSC 2018

(a) 11 (b) 21
(c) 24 (d) 26

वृत्तों की गिनती पर आधारित

39. नीचे दी गई आकृति में वृत्तों की संख्या बताएँ।

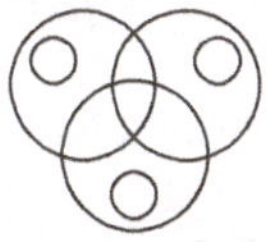

RRB Group D 2018

(a) 6 (b) 5
(c) 7 (d) 8

40. निम्नलिखित आकृति में कितने वृत्त हैं?

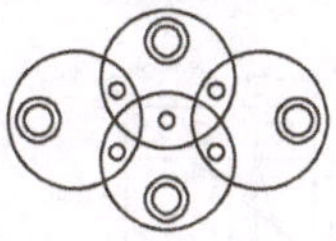

SSC CGL 2015

(a) 13 (b) 16 (c) 17 (d) 22

Right Key

1. (b)	2. (a)	3. (d)	4. (c)	5. (d)	6. (b)	7. (c)	8. (c)	9. (c)	10. (d)
11. (b)	12. (b)	13. (a)	14. (c)	15. (b)	16. (a)	17. (b)	18. (d)	19. (d)	20. (d)
21. (a)	22. (b)	23. (a)	24. (c)	25. (a)	26. (c)	27. (d)	28. (a)	29. (b)	30. (d)
31. (d)	32. (a)	33. (d)	34. (c)	35. (d)	36. (b)	37. (c)	38. (c)	39. (a)	40. (c)

Solutions

1. *(b)* दी गई आकृति के बिन्दुओं के नाम लिखने पर,

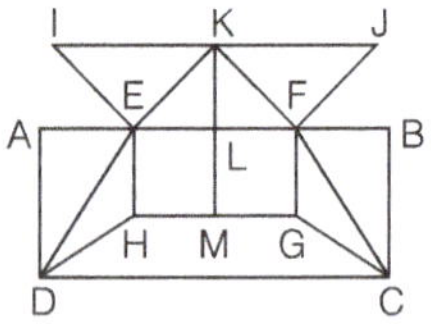

IJ, AB, HG, DC, AD, EH, KM, FG, BC, DE, CF, IE, EK, JF, KF, DH, CG

अत: कुल रेखाएँ = 17

2. *(a)* दी गई आकृति के बिन्दुओं के नाम लिखने पर,

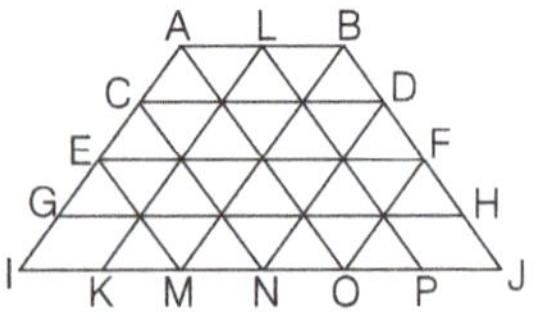

AB, CD, EF, GH, IJ, EM, CN, AO, LP, BJ, OF, DN, BM, KL, AI

अत: कुल रेखाएँ = 15

3. *(d)* दी गई आकृति के बिन्दुओं के नाम लिखने पर,

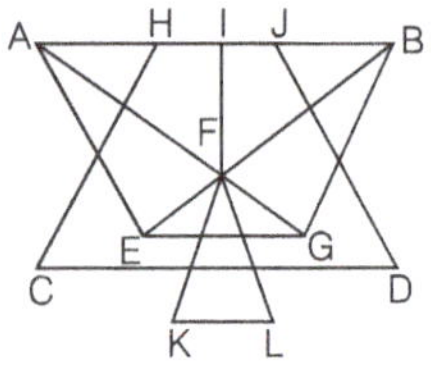

AB, EG, CD, KL, IF, HC, JD, AG, AE, BE, BG, FK, FL = 13 रेखाएँ

अत: दी गई आकृति को बनाने के लिए न्यूनतम 13 रेखाओं की जरूरत है।

4. *(c)* दी गई आकृति में बिन्दुओं के नाम लिखने पर,

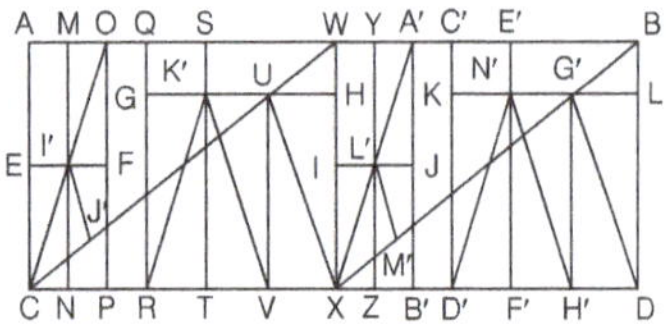

AB, CD, EF, GH, IJ, KL, AC, MN, OP, QR, ST, UV, WX, YZ, A′B′, C′D′, E′F′, G′H′, BD, CO, I′J′, CW, RK′, K′V, UX, XA′, XB, L′M′, D′N′, N′H′, G′D.

∴ कुल रेखाएँ = 31

5. *(d)* दी गई आकृति में बिन्दुओं के नाम लिखने पर,

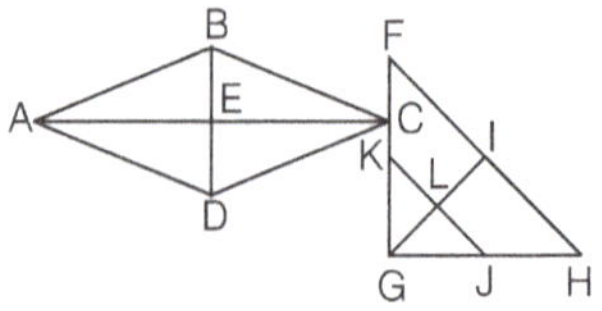

ΔABE, ΔAED, ΔBEC, ΔEDC, ΔABD, ΔBDC, ΔABC, ΔADC, ΔKLG, ΔLGJ, ΔKJG, ΔFGI, ΔGIH, ΔFGH

अत: दी गई आकृति में कुल 14 त्रिभुज हैं।

6. *(b)* दी गई आकृति में बिन्दुओं के नाम लिखने पर,

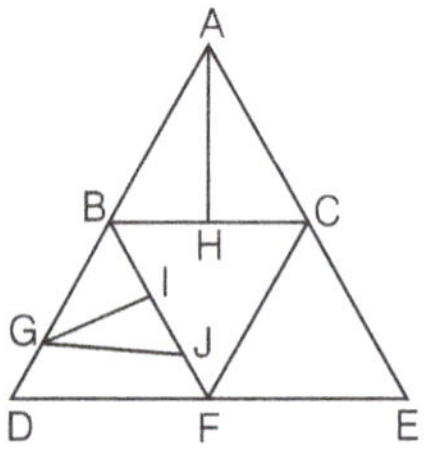

ΔAHC, ΔABH, ΔABC, ΔBGI, ΔGIJ, ΔBGJ, ΔBCF, ΔBDF, ΔFCE, ΔADE

अत: अभीष्ट आकृति में कुल 10 त्रिभुज हैं।

Smart Approach

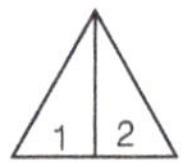

∴ त्रिभुजों की संख्या = 1 + 2 = 3

7. *(c)* दी गई आकृति में बिन्दुओं के नाम लिखने पर,

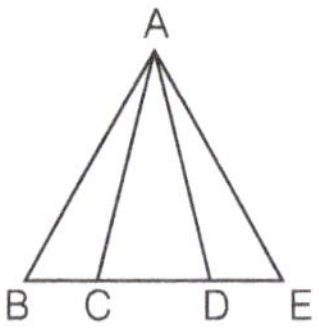

त्रिभुज = ABC, ACD, ADE, ABD, ACE, ABE

अत: त्रिभुजों की कुल संख्या '6' हैं।

Smart Approach

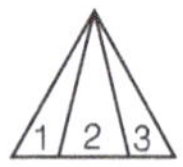

∴ त्रिभुजों की संख्या = 1 + 2 + 3 = 6

8. *(c)* दी गई आकृति में बिन्दुओं के नाम लिखने पर,

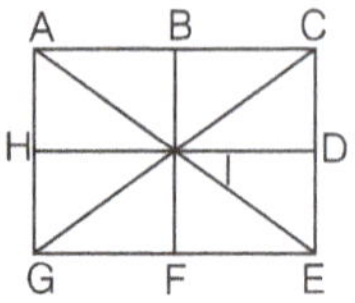

ΔABI, ΔBIC, ΔCID, ΔDIE, ΔEIF, ΔFIG, ΔGIH, ΔHIA, ΔAIC, ΔCIE, ΔGIE, ΔGIA, ΔAEG, ΔAEC, ΔGAC, ΔGCE

अत: दी गई आकृति में कुल 16 त्रिभुज हैं।

9. *(c)* दी गई आकृति में बिन्दुओं के नाम लिखने पर,

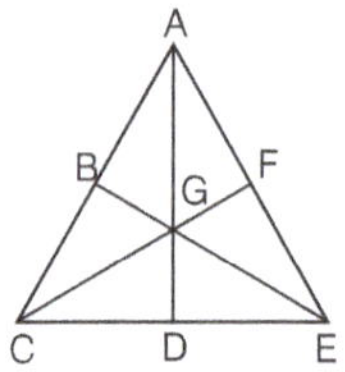

अभीष्ट त्रिभुज = ΔABG, ΔAGF, ΔBCG, ΔCGD, ΔDGE, ΔEGF, ΔACD, ΔADE, ΔACE, ΔCGE, ΔBEA, ΔCFA, ΔCFE, ΔEBC, ΔAGE, ΔAGC

अत: त्रिभुजों की कुल संख्या '16' हैं।

10. *(d)* आकृति में बिन्दुओं के नाम लिखने पर,

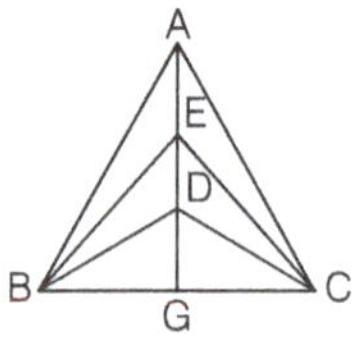

ΔBGD, ΔBGE, ΔBGA, ΔCGD, ΔCGE, ΔCGA, ΔBDC, ΔBEC, ΔBAC, ΔABD, ΔABE, ΔACD, ΔACE, ΔBED, ΔCED

∴ कुल त्रिभुज = 15

11. *(b)* दी गई आकृति में बिन्दुओं के नाम लिखने पर,

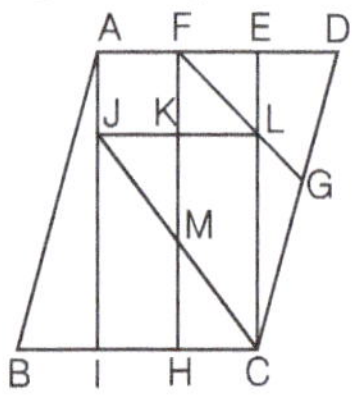

त्रिभुज = ΔABI, ΔJIC, ΔJKM, ΔMHC, ΔCGL, ΔCDE, ΔDFG, ΔEFL, ΔFKL, ΔJLC

अत: उपरोक्त आकृति में त्रिभुजों की संख्या = 10

12. (*b*) दी गई आकृति में बिन्दुओं के नाम लिखने पर,

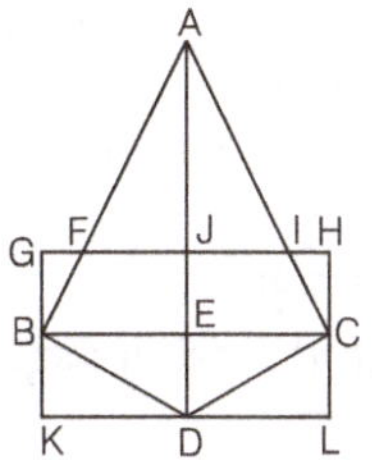

ΔAFJ, ΔAJI, ΔAFI, ΔABE, ΔAEC, ΔABC, ΔABD, ΔADC, ΔBCD, ΔBED, ΔDEC, ΔCDL, ΔBKD, ΔBGF, ΔCHI

अत: दी गई आकृति में कुल 15 त्रिभुज हैं।

13. (*a*) दी गई आकृति के बिन्दुओं के नाम लिखने पर,

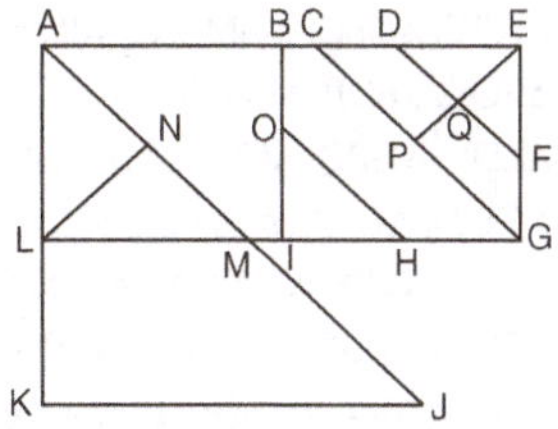

ΔALM, ΔALN, ΔLMN, ΔAKJ, ΔOIH, ΔCGE, ΔECP, ΔEGP, ΔEDQ, ΔEQF और ΔEDF.

अत: दी गई आकृति में कुल 11 त्रिभुज हैं।

14. (*c*) दी गई आकृति के नाम लिखने पर,

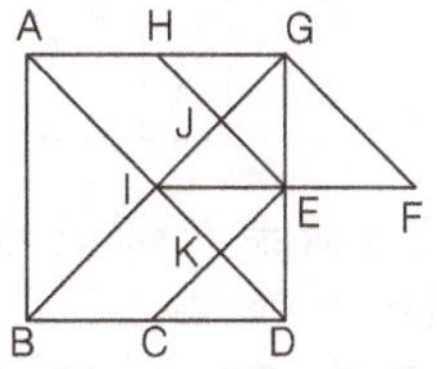

ΔHJG, ΔJIE, ΔJEG, ΔIKE, ΔEKD, ΔKCD, ΔGIE, ΔHEG, ΔIDE, ΔECD, ΔGEF, ΔGIF, ΔGID, ΔAIG, ΔAIB, ΔIBD, ΔABD, ΔBDG, ΔDGA और ΔBAG

अत: कुल त्रिभुजों की संख्या = 20

15. (*b*) दी गई आकृति में बिन्दुओं के नाम लिखने पर,

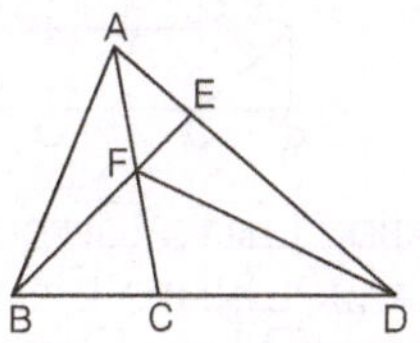

ΔABF, ΔAFE, ΔABE, ΔBFC, ΔFCD, ΔBFD, ΔFED, ΔABC, ΔACD, ΔABD, ΔBED, ΔAFD

अत: त्रिभुजों की कुल संख्या 12 हैं।

16. (*a*) दी गई आकृति में बिन्दुओं के नाम लिखने पर,

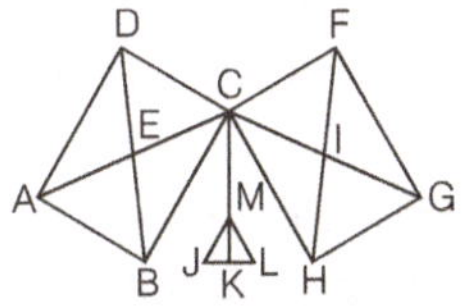

दी गई आकृति में निम्न त्रिभुज हैं,

ΔAED, ΔDEC, ΔCBE, ΔAEB, ΔADC, ΔDBC, ΔCBA, ΔBAD, ΔCFI, ΔFGI, ΔGHI, ΔHIC, ΔCFG, ΔFGH, ΔGHC, ΔHCF, ΔMKJ, ΔMKL और ΔMJL

अत: दी गई आकृति में त्रिभुजों की कुल संख्या = 19

17. (*b*) दी गई आकृति में बिन्दुओं के नाम लिखने पर,

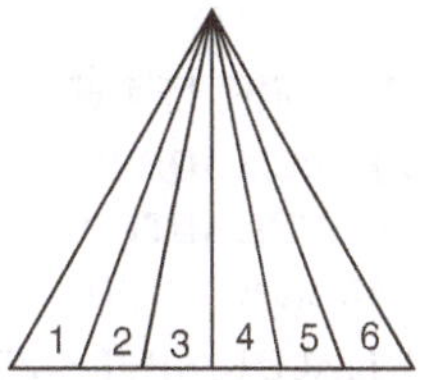

उपरोक्त आकृति में त्रिभुजों की संख्या

= 6 + 5 + 4 + 3 + 2 + 1 = 21

18. (*d*) दी गई आकृति में बिन्दुओं के नाम लिखने पर,

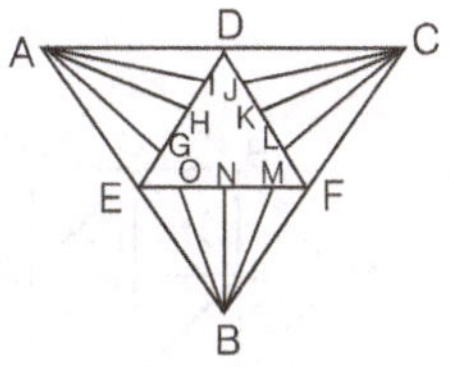

ΔAEG, ΔAGH, ΔAHI, ΔAID, ΔAEH, ΔAGI, ΔAHD, ΔAEI, ΔAGD, ΔAED, ΔBEO, ΔBON, ΔBNM, ΔBMF, ΔBEN, ΔBOM, ΔBNF, ΔBEM, ΔBOF, ΔBEF, ΔCFL, ΔCLK, ΔCKJ, ΔCJD, ΔCFK, ΔCLJ, ΔCKD, ΔCFJ, ΔCLD, ΔCFD, ΔABC और ΔDEF

अत: दी गई आकृति में कुल 32 त्रिभुज हैं।

Smart Approach

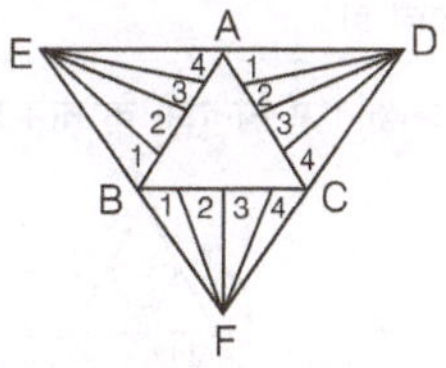

∴ कुल त्रिभुजों की संख्या

= 10 + 10 + 10 + 1 + 1 = 32

19. (*d*) दी गई आकृति के बिन्दुओं के नाम लिखने पर,

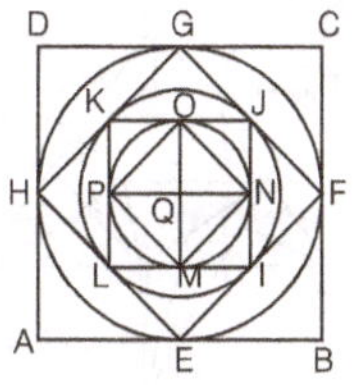

ΔPQM, ΔPLM, ΔMQN, ΔMIN, ΔNQO, ΔNJO, ΔOQP, ΔOKP, ΔOPN, ΔMNP, ΔOPM, ΔNOM, ΔGKJ, ΔHLK, ΔEIL, ΔFJI, ΔAEH, ΔBEF, ΔCFG, ΔDGH

∴ कुल त्रिभुजों की संख्या = 20

20. (*d*) दी गई आकृति के बिन्दुओं के नाम लिखने पर,

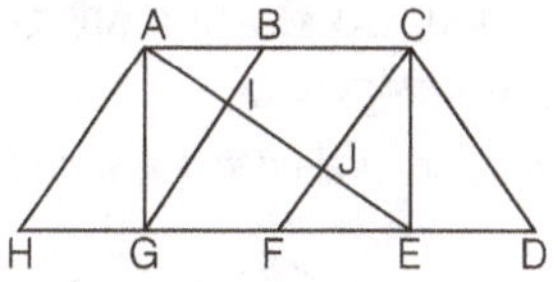

ΔAGH, ΔAIG, ΔAIB, ΔCJE, ΔFJE, ΔCED, ΔABG, ΔCEF, ΔAHE, ΔFCD, ΔAGE, ΔACE, ΔACJ, ΔEIG

∴ कुल त्रिभुजों की संख्या = 14

21. (*a*) दी गई आकृति के बिन्दुओं के नाम लिखने पर,

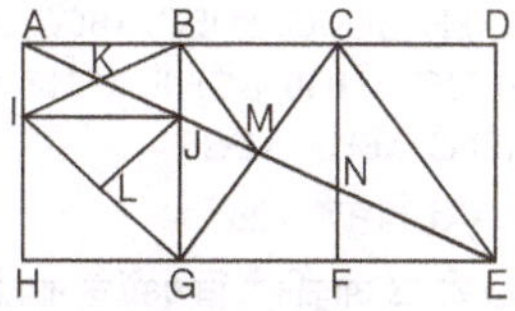

ΔAKB, ΔBKJ, ΔJIK, ΔIKA, ΔABI, ΔBJI, ΔABJ, ΔAIJ, ΔIJL, ΔJLG, ΔIJG, ΔIHG, ΔBMJ, ΔJGM, ΔBCM, ΔBMG, ΔBCG, ΔCMN, ΔCGF, ΔCNE, ΔNFE, ΔCFE, ΔCDE, ΔCEM, ΔGME, ΔACE, ΔAHE, ΔKMB, ΔAMC, ΔADE, ΔAMB, ΔANC, ΔJGE, ΔCGE और ΔBIG

∴ कुल त्रिभुजों की संख्या = 35

22. (*b*) दी गई आकृति में बिन्दुओं के नाम लिखने पर,

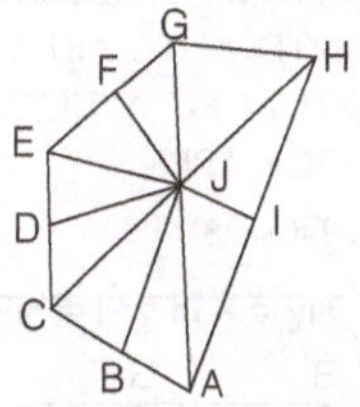

ΔAIJ, ΔAJB, ΔBJC, ΔCJD, ΔDJE, ΔEJF, ΔFJG, ΔGJH, ΔHJI, ΔAJH, ΔAJC, ΔAGH, ΔACH, ΔCJE, ΔEJG

∴ कुल त्रिभुजों की संख्या = 15

23. (*a*) दी गई आकृति में बिन्दुओं के नाम लिखने पर,

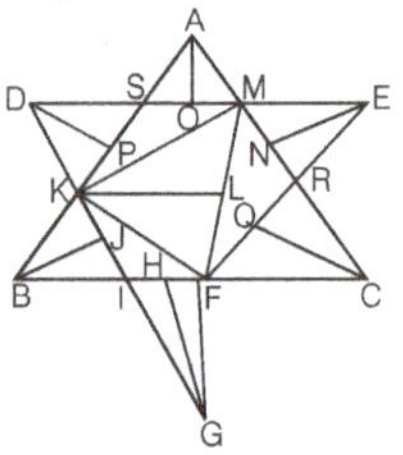

ΔABC, ΔDKS, ΔDPS, ΔDPK, ΔKFM, ΔKLF, ΔKLM, ΔASM, ΔAOS, ΔAOM, ΔEMR, ΔENM, ΔENR, ΔCRF, ΔCRQ, ΔCQF, ΔGIF, ΔGHF, ΔGHI, ΔBIK, ΔBIJ, ΔBJK, ΔKIF, ΔMRF, ΔKSM, ΔMEF, ΔDKM, ΔAKM, ΔGKF, ΔBFK, ΔFMC

∴ कुल त्रिभुज = 31

24. (*c*) दी गई आकृति में बिन्दुओं के नाम लिखने पर,

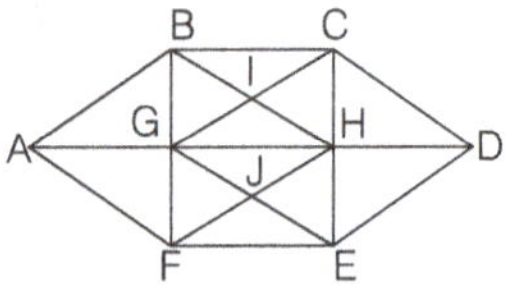

ΔAGB, ΔAGF, ΔBIC, ΔBIG, ΔIGH, ΔIHC, ΔCHD, ΔHDE, ΔEJH, ΔJHG, ΔJFG, ΔJEF, ΔABF, ΔCDE, ΔABH, ΔAFH, ΔCDG, ΔDEG, ΔBCG, ΔBCH, ΔCHG, ΔHGB, ΔGHF, ΔGHE, ΔHEF, ΔEFG, ΔBHF, ΔCGE

∴ कुल त्रिभुज = 28

25. (*a*) दी गई आकृति में बिन्दुओं के नाम लिखने पर,

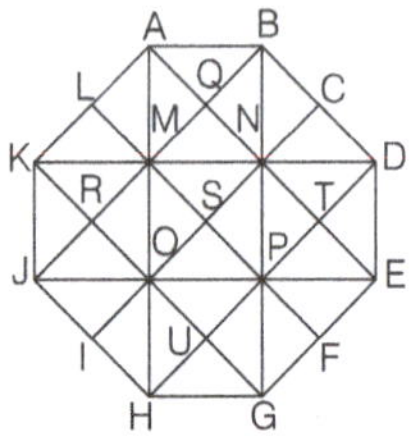

ΔLKM, ΔALM, ΔAQM, ΔABQ, ΔBQN, ΔMNQ, ΔBCN, ΔCDN, ΔKRM, ΔRMO, ΔROJ, ΔJRK, ΔMNS, ΔNSP, ΔPSO, ΔOSM, ΔNTD, ΔDTE, ΔETP, ΔPTN, ΔJOI, ΔOIH, ΔOPU, ΔPUG, ΔGUH, ΔHUO, ΔPGF, ΔPEF

∴ कुल त्रिभुज = 28

26. (*c*) दी गई आकृति में बिन्दुओं के नाम लिखने पर,

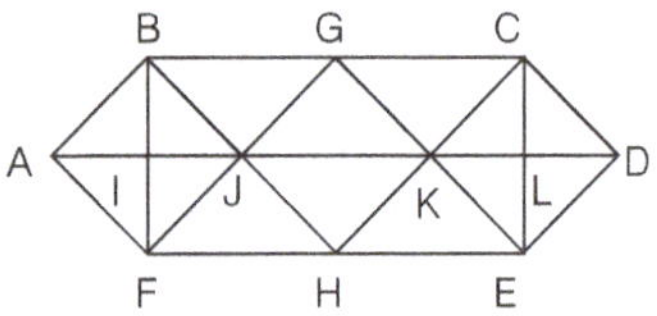

Δ ABI, ΔBIJ, ΔIJF, ΔAIF, ΔBJG, ΔFJH, ΔGCK, ΔHKE, ΔKCL, ΔCLD, ΔLDE, ΔKLE, ΔGJK, ΔJKH, ΔABF, ΔABJ, ΔBJF, ΔAJF, ΔKCD, ΔCDE, ΔDEK, ΔEKC, ΔBGF, ΔBFH, ΔCEH, Δ GCE, ΔFGE, Δ BHC

∴ कुल त्रिभुज = 28

27. (*d*) दी गई आकृति में बिन्दुओं के नाम लिखने पर,

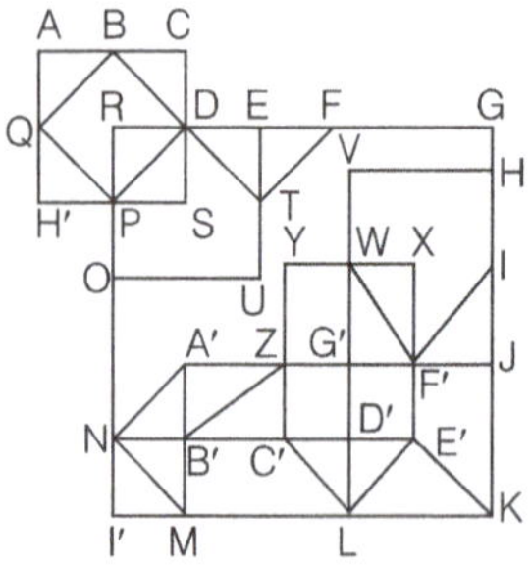

बनने वाले त्रिभुज निम्न होंगे

ΔABQ, ΔBCD, ΔQH′P, ΔPSD, ΔPRD ΔDET, ΔEFT, ΔDTF, ΔA′NM, ΔA′B′N ΔB′NM, ΔA′B′Z, ΔC′D′L, ΔD′E′L, ΔC′E′L, ΔLE′K, ΔF′JI, ΔG′WF′, ΔWXF′, ΔB′C′Z, ΔNMI′

∴ आकृति में 21 त्रिभुज होंगे।

28. (*a*) दी गई आकृति में बिन्दुओं के नाम लिखने पर,

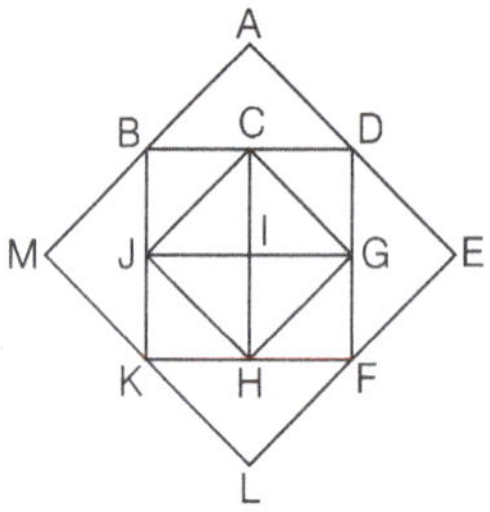

दी गई आकृति में त्रिभुज इस प्रकार हैं,
Δ ABD, Δ DEF, Δ KFL, Δ MBK, Δ BCJ, Δ KJH, Δ HFG, Δ CDG, Δ CJI, Δ CIG, Δ JIH, Δ IHG, Δ CJG, Δ JHG, Δ JCH, Δ CHG
अत: दी गई आकृति में 16 त्रिभुज हैं।

> **TOP TIPS** एक वर्ग, आयत और चतुर्भुज में विकर्णों के प्रतिच्छेद से आठ (8) त्रिभुज प्राप्त होते हैं।

29. (*b*) आकृति में बिन्दुओं के नाम लिखने पर,

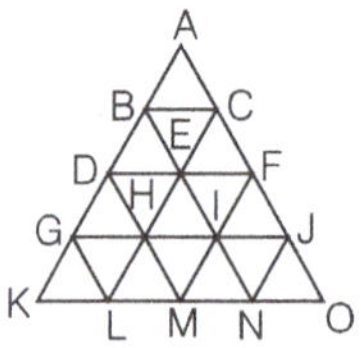

ΔABC, ΔBDE, ΔEBC, ΔECF, ΔDGH, ΔDHE, ΔEHI, ΔEIF, ΔFIJ, ΔGKL, ΔGLH, ΔHLM, ΔHMI, ΔIMN, ΔINJ, ΔJNO, ΔDKM, ΔDFM, ΔFMO, ΔADF, ΔBKN, ΔCLO, ΔAGJ, ΔELN, ΔBGI, ΔCHJ, ΔAKO

∴ कुल त्रिभुज = 27

30. (*d*) दी गई आकृति में बिन्दुओं के नाम लिखने पर,

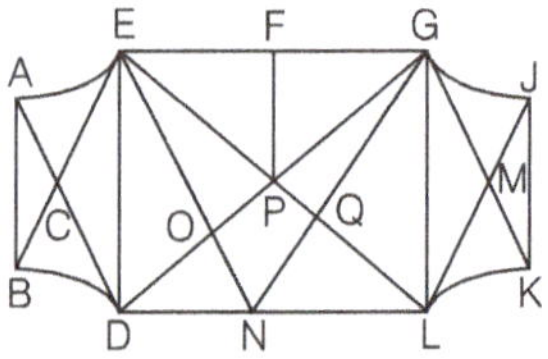

ΔABC, ΔCED, ΔGML, ΔJMK, ΔEOD, ΔEOP, ΔEDP, ΔEDN, ΔENQ, ΔENL, ΔEDL, ΔGPQ, ΔGQL, ΔGPL, ΔGON, ΔGDN, ΔGNL, ΔGDL, ΔODN, ΔQNL, ΔPDL, ΔEPF, ΔFPG, ΔEPG, ΔEOG, ΔEDG, ΔEQG, ΔELG और ΔENG

अत: अभीष्ट आकृति में कुल 29 त्रिभुज हैं।

31. (*d*) दी गई आकृति में बिन्दुओं के नाम लिखने पर,

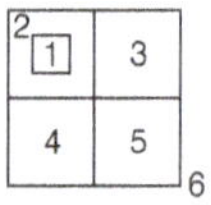

उपरोक्त आकृति में वर्गों की संख्या = 6

∴ कुल वर्ग = 6 × 2 = 12

32. (*a*) दी गई आकृति में बिन्दुओं के नाम लिखने पर,

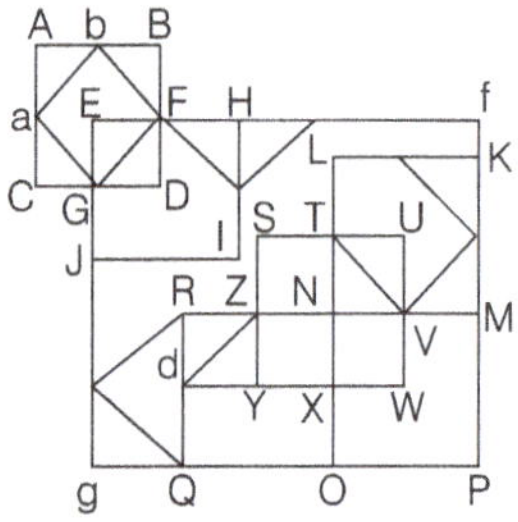

□ABDC, □abFG, □EFDG, □EHIJ, □LKMN, □NMPO, □RNOQ, □STNZ, □TUVN, □ZNXY, □NVWX, □SUWY, □RZYd तथा □EfPg

= कुल 14 वर्ग

अत: आकृति में कुल 14 वर्ग हैं।

33. (*d*) दी गई आकृति में बिन्दुओं के नाम लिखने पर,

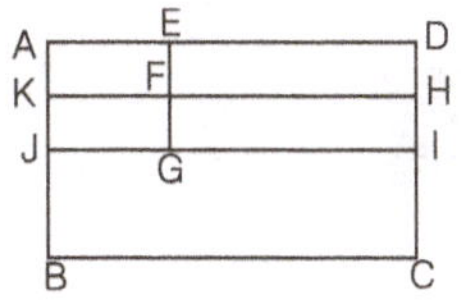

एकल आयतों की संख्या

= AEFK, EFHD, KFGJ, FGIH, JICB = 5

दो एकल आयतों से मिलकर बने आयतों की संख्या = AKHD, KJIH = 2

तीन या तीन से अधिक छोटे आयतों से मिलकर बने आयतों की संख्या

= AJID, KBCH, ABCD = 3

अतः कुल आयतों की संख्या = 5 + 2 + 3 = 10

Smart Approach

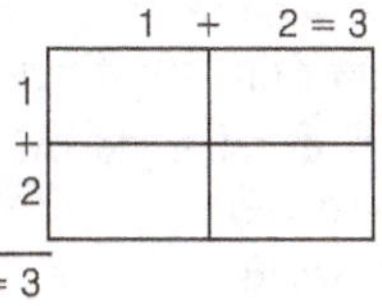

∴ कुल आयत = 3 × 3 = 9

34. (*c*) दी गई आकृति में बिन्दुओं के नाम लिखने पर,

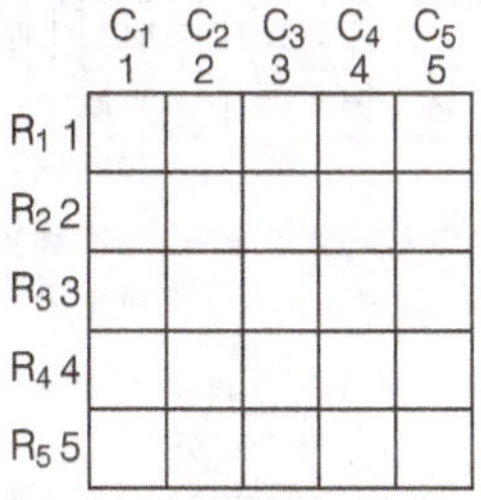

वर्ग निकालने की ट्रिक

$(C_n \times R_n) + (C_{n-1} \times R_{n-1}) + \ldots.. (C_{n-n} \times R_{n-n})$

आकृति में पंक्तियाँ = 5, स्तम्भ = 5

कुल वर्ग $= (5 \times 5) + (4 \times 4) + (3 \times 3) + (2 \times 2) + (1 \times 1)$

$= 25 + 16 + 9 + 4 + 1 = 55$

∴ कुल वर्गों की संख्या = 55

TOP TIPS प्रश्न आकृति में आयत गिनने के लिए स्तम्भ व पंक्ति को क्रमांकित करें तथा क्रमों को जोड़कर (स्तम्भ व पंक्ति में) दोनों क्रमों के जोड़ों को आपस में गुणा करके कुल वर्गों की प्राप्ति की जा सकती है।

35. (*d*) दी गई आकृति में बिन्दुओं के नाम लिखने पर,

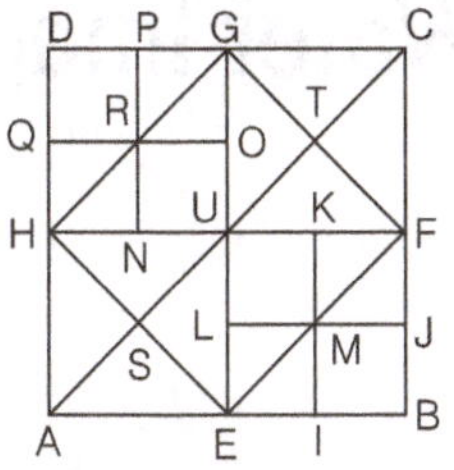

□ HNRQ, □ NUOR, □ ROGP,
□ QRPD, □ EIML, □ IBJM,
□ MJFK, □ LMKU, □ HUGD,
□ EBFU, □ AEUH, □ UFCG,
□ EFGH, □ ABCD

अतः कुल 14 वर्ग हैं।

36. (*b*) दी गई आकृति में, सबसे छोटे वर्ग = 8

सबसे छोटे वर्गों को मिलाकर बने वर्ग = 2

दूसरे सबसे छोटे वर्ग = 16

चार, दूसरे सबसे छोटे वर्गों को मिलाकर बने वर्ग = 9

नौ दूसरे सबसे छोटे वर्गों को मिलाकर बने वर्ग = 4

सबसे बड़ा वर्ग = 1

∴ अभीष्ट वर्गों की संख्या

$= 8 + 2 + 16 + 9 + 4 + 1 = 40$

Smart Approach

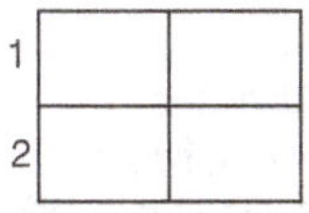

$\because 1^2 + 2^2 = 5$

∴ कुल वर्ग = 5

37. (*c*) दी गई आकृति के बिन्दुओं के नाम लिखने पर,

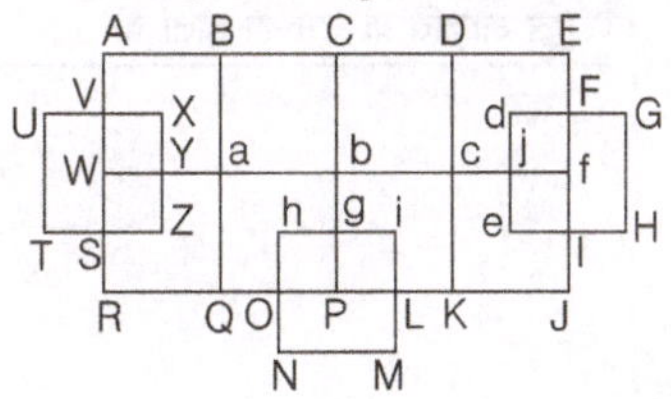

□ABaW, □BCba, □CDcb, □DEfc,
□WaQR, □abPQ, □bcKP, □cfJK,
□ACPR, □BDKQ, □CEJP, □UXZT,
□VXYW, □WYZS, □hiMN, □hgPQ,
□giLP, □dGHe, □dFfj, □jfle

∴ कुल वर्ग = 20

38. (*c*) दी गई आकृति के बिन्दुओं के नाम लिखने पर,

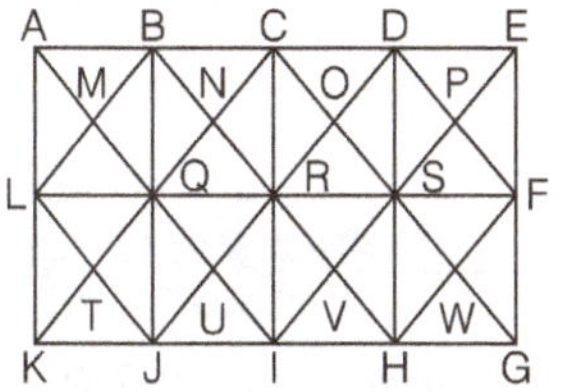

□BMQN, □LMQT, □TQUJ, □RNQU,
□NCOR, □ROSV, □URVI, □ODSP,
□PFWS, □SWHV, □ABQL, □BCRQ,
□CDSR, □DEFS, □SFGH, □RSHI,
□QRIJ, □LQJK, □LBRJ, □QCSI,
□RDFH, □ACIK, □BDHJ, □CEGI

∴ कुल वर्ग = 24

39. (*a*) वृत्तों की गणना करने पर,

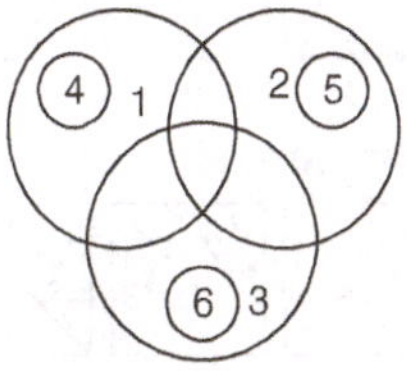

अतः अभीष्ट वृत्तों की संख्या = 6

40. (*c*) आकृति में वृत्तों की गणना करने पर,

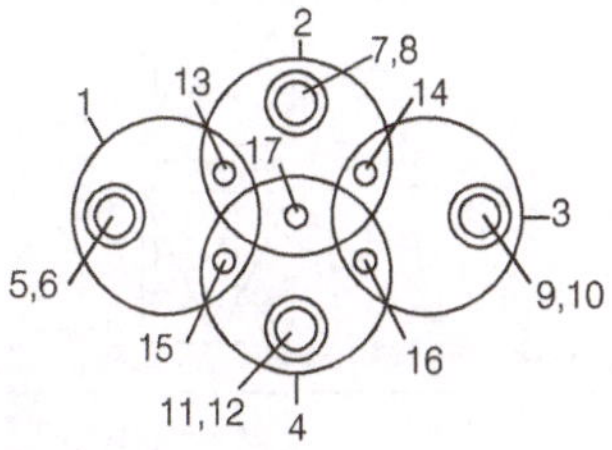

अतः आकृति में कुल 17 वृत्त हैं।

अध्याय

08 दर्पण एवं जल प्रतिबिम्ब
(Mirror and Water Images)

प्रतिबिम्ब (Image)

प्रतिबिम्ब एक दृश्य प्रतिनिधित्व है जिसका शाब्दिक अर्थ 'परछाई/छवि' होता है। किसी व्यक्ति या वस्तु को दर्पण या जल के पास खड़ा करने पर दर्पण या जल में उसी के समान बनने वाली परछाई को उस व्यक्ति या वस्तु का प्रतिबिम्ब कहते हैं।
(इसके अन्तर्गत पूछे गए प्रश्न सामान्यतः दर्पण एवं जल प्रतिबिम्ब पर आधारित होते है। अभ्यार्थियों को प्रश्न में दी गई आकृति का दर्पण/जल प्रतिबिम्ब दी गई उत्तर आकृतियों में से ज्ञात करना होता है।)

दर्पण प्रतिबिम्ब

किसी वस्तु, वर्ण, संख्या या किसी आकृति को दर्पण में देखने पर उसके समान जो आकृति दिखाई देती है, उसे ही वस्तु का दर्पण प्रतिबिम्ब कहते हैं।
इसके अन्तर्गत पूछे गए प्रश्नों में दर्पण की स्थिति वस्तु के दाएँ या बाएँ अथवा ऊपर या नीचे हो सकती है।

जैसे-आकृति (X) का दर्पण प्रतिबिम्ब ज्ञात करें।

प्रश्न आकृति

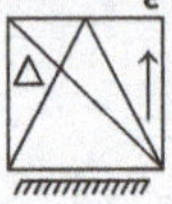

(X)

उत्तर आकृतियाँ

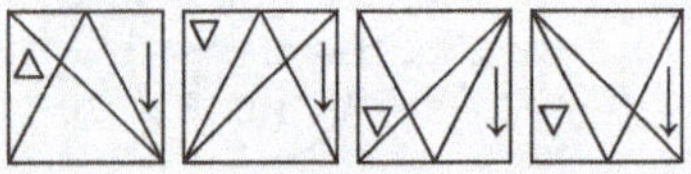

(a) (b) (c) (d)

हल (c) विकल्प (c) में दी गई आकृति, आकृति (X) का सही दर्पण प्रतिबिम्ब है।

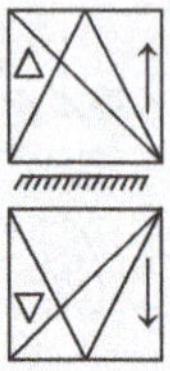

जल प्रतिबिम्ब

किसी वस्तु, वर्ण, संख्या या किसी आकृति को जल में देखने पर जो प्रतिबिम्ब बनता है, उसे वस्तु का जल प्रतिबिम्ब कहते हैं।
आकृति का जल प्रतिबिम्ब, वस्तु के उस दर्पण प्रतिबिम्ब के समान दिखता है, जब दर्पण को वस्तु के नीचे क्षैतिज रूप में रखा गया हो।

जैसे-प्रश्न में दी गई आकृति (A) का जल प्रतिबिम्ब ज्ञात करें।

प्रश्न आकृति

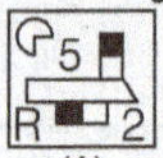

(A)

उत्तर आकृतियाँ

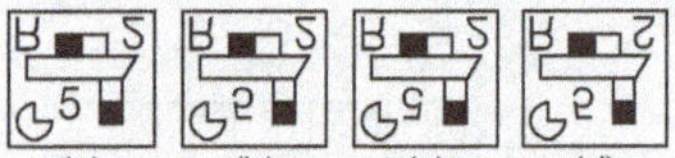

(a) (b) (c) (d)

हल (*b*) विकल्प (b) में दिया गया संयोजन, दी गई आकृति का सही जल प्रतिबिम्ब है।

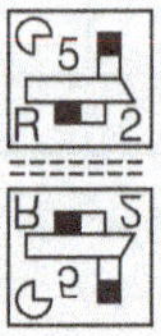

Score Booster

साधारणतः दर्पण किसी आकृति के दाएँ या बाएँ ओर होता है। यदि प्रश्न में दर्पण की स्थिति न दी गई हो, तो ऐसी परिस्थिति में हम दाहिने तरफ दर्पण की कल्पना करके प्रश्न को हल करते हैं। दर्पण में दिखाई देने वाला प्रतिबिम्ब मूल आकृति के समरूप होता है।

दर्पण प्रतिबिम्ब से सम्बन्धित पूछे जाने वाले प्रश्न सामान्यतः दो स्थितियों पर आधारित होते हैं

स्थिति I **जब दर्पण वस्तु/व्यक्ति के बाईं या दाईं ओर हो**

यदि दर्पण वस्तु के दाईं या बाईं ओर हो, तो दर्पण प्रतिबिम्ब में हमेशा वस्तु का ऊपरी तथा निचला भाग स्थिर रहता है। दर्पण प्रतिबिम्ब में वस्तु का दायाँ भाग बाईं ओर तथा बायाँ भाग दाईं ओर हो जाता है।

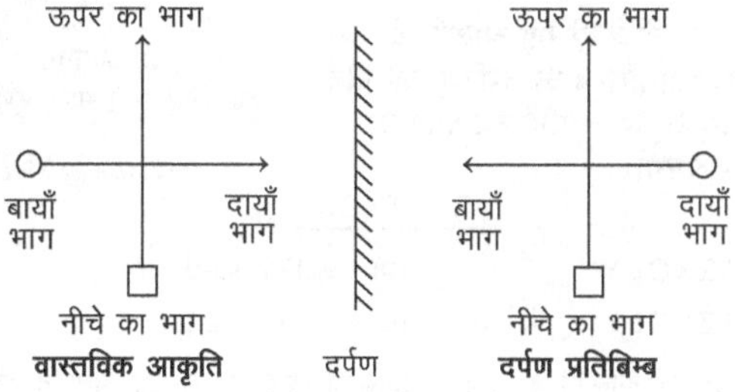

स्थिति II **जब दर्पण वस्तु/व्यक्ति के ऊपर या नीचे की ओर हो**

यदि दर्पण वस्तु के ऊपर या नीचे रखा हो, तो वस्तु का ऊपरी भाग दर्पण में नीचे तथा वस्तु का निचला भाग दर्पण में ऊपर हो जाता है।

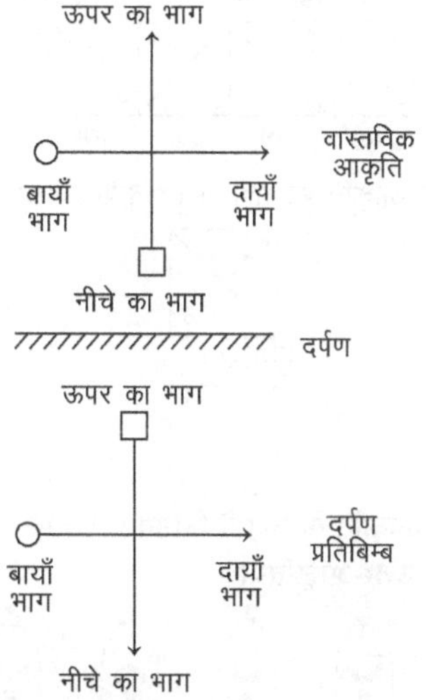

अक्षरों के दर्पण प्रतिबिम्ब

अक्षर	दर्पण प्रतिबिम्ब	अक्षर	दर्पण प्रतिबिम्ब	अक्षर	दर्पण प्रतिबिम्ब
A	A	J	Ⴑ	R	Я
B	ꓭ	K	ꓘ	S	Ƨ
C	Ɔ	L	⅃	T	T
D	ᗡ	M	M	U	U
E	Ǝ	N	И	V	V
F	ꟻ	O	O	W	W
G	Ꮹ	P	ꟼ	X	X
H	H	Q	Ϙ	Y	Y
I	I			Z	Ꙁ

नोट अक्षर A, H, I, M, O, T, U, V, W, X, Y का दर्पण प्रतिबिम्ब समान होता है।

अंकों के दर्पण प्रतिबिम्ब

अंक	दर्पण प्रतिबिम्ब	अंक	दर्पण प्रतिबिम्ब
1	Ɩ	6	მ
2	Ƨ	7	ᒣ
3	Ɛ	8	8
4	ᔭ	9	୧
5	Ƽ	0	0

नोट अंक 8 तथा 0 का दर्पण प्रतिबिम्ब समान होता है।

अक्षरों के जल प्रतिबिम्ब

अक्षर	A B C D E F G H I
जल प्रतिबिम्ब	∀ B C D E Ⅎ Ꮹ H I
अक्षर	J K L M N O P Q R
जल प्रतिबिम्ब	ſ K Γ W И O b Ò ꓤ
अक्षर	S T U V W X Y Z
जल प्रतिबिम्ब	Ƨ ⊥ ∩ Λ M X ⅄ Z

नोट अक्षर C, D, E, H, I, K, O और X का जल प्रतिबिम्ब समान होता है।

अंकों के जल प्रतिबिम्ब

अंक	0 1 2 3 4 5 6 7 8 9
जल प्रतिबिम्ब	0 ꞁ Ƶ 3 ᔭ ƽ 9 ꓶ 8 6

नोट अंक 0, 3 तथा 8 का जल प्रतिबिम्ब समान होता है तथा अक्षर H, I, O और X के दर्पण और जल प्रतिबिम्ब समान होते हैं।

Exam Approach Examples

दर्पण प्रतिबिम्ब पर आधारित

उदाहरण 1. **दर्पण को नीचे दर्शाए अनुसार AB पर रखे जाने पर दी गई आकृति के सही दर्पण प्रतिबिम्ब का चयन कीजिए।** *SSC (10+2) Tier I 2024*

प्रश्न आकृति **उत्तर आकृतियाँ**

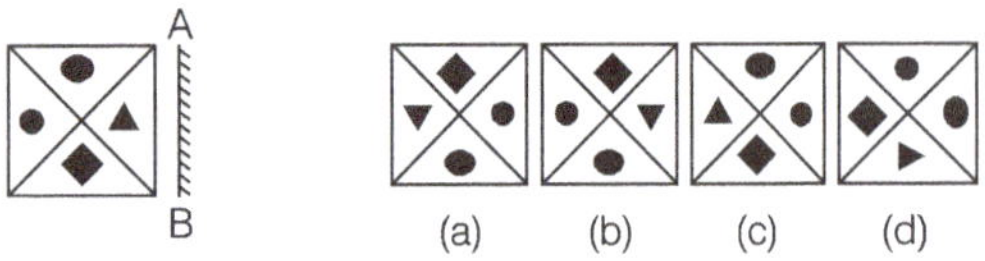

हल (c) विकल्प आकृति (c), प्रश्न आकृति का सही दर्पण प्रतिबिम्ब होगी

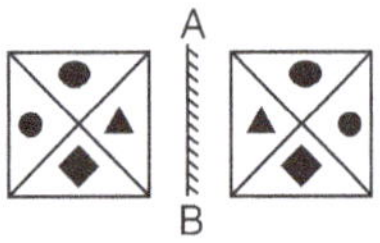

उदाहरण 2. **यदि दर्पण को दी गई आकृति के दाएँ ओर रखा जाए, तो आकृति का दर्पण में निर्मित प्रतिबिम्ब चयनित करें।**

प्रश्न आकृति **उत्तर आकृतियाँ**

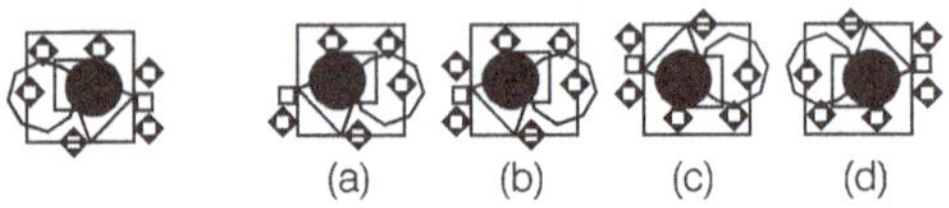

SSC Steno 2021

हल (b) दी गई प्रश्न आकृति का सही दर्पण प्रतिबिम्ब उत्तर आकृति (b) है।

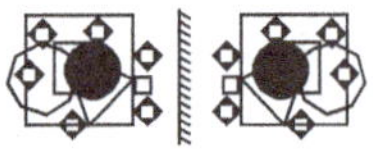

उदाहरण 3. **निम्नलिखित आकृति के लिए दर्पण छवि चुनें।**

प्रश्न आकृति **उत्तर आकृतियाँ**

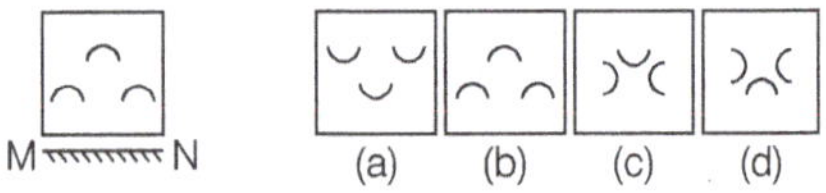

RRB Group D 2018

हल (a) दी गई प्रश्न आकृति का सही दर्पण प्रतिबिम्ब उत्तर आकृति (a) है।

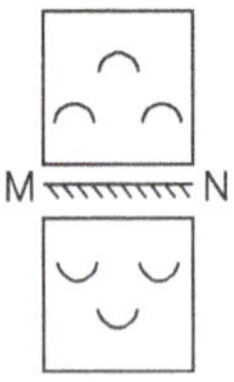

> **Helping Tips**
> प्रश्नों में दर्पण की स्थिति को ध्यान में रखना ना भूलें। दर्पण क्षैतिज या ऊर्ध्वाधर स्थिति में भी हो सकता है।

उदाहरण 4. **यदि दर्पण को चित्र के अनुसार 'PQ' पर रखा जाता है, तो दिए गए संयोजन का सही दर्पण प्रतिबिम्ब चयनित कीजिए।** *SSC CGL 2021*

प्रश्न आकृति

उत्तर आकृतियाँ

हल (a) दिए गए शब्द का सही दर्पण प्रतिबिम्ब उत्तर आकृति (a) निम्न है

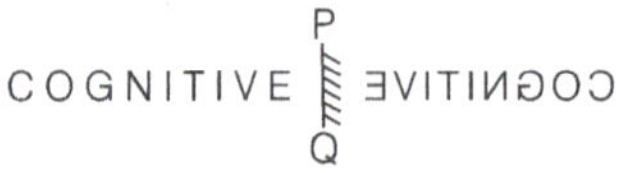

> **Trending Concept**
> संख्या तथा अक्षरों के प्रतिबिम्ब पर आधारित प्रश्न वर्तमान में हो रही परीक्षाओं (SSC, Railway, UP Police, DSSSB) में पूछे जा रहे हैं। आगामी परीक्षाओं के लिए अति महत्त्वपूर्ण हैं।

उदाहरण 5. **नीचे दी गई आकृति के उस सही दर्पण प्रतिबिम्ब को चुनिए, जो नीचे दर्शाए गए अनुसार दर्पण को MN पर रखने पर बनेगा।** *SSC (10+2) Tier I 2024*

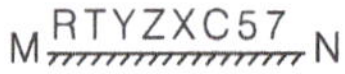

हल (a) दी गई आकृति का दर्पण प्रतिबिम्ब विकल्प (a) की आकृति होगी

जल प्रतिबिम्ब पर आधारित

उदाहरण 6. **नीचे दी गई आकृति (X) का जल प्रतिबिम्ब कैसा बनेगा?**

प्रश्न आकृति **उत्तर आकृतियाँ** *UP Police Constable 2018*

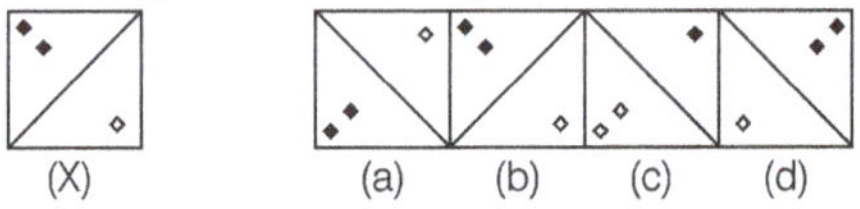

हल (a) दी गई प्रश्न आकृति का सही जल प्रतिबिम्ब उत्तर आकृति (a) है।

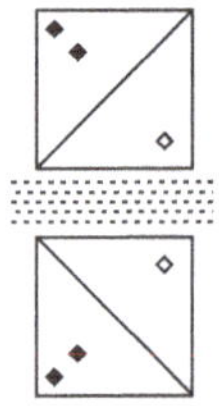

उदाहरण 7. **निम्न आकृति के जल में निर्मित प्रतिबिम्ब का चयन करें।**

प्रश्न आकृति **उत्तर आकृतियाँ**

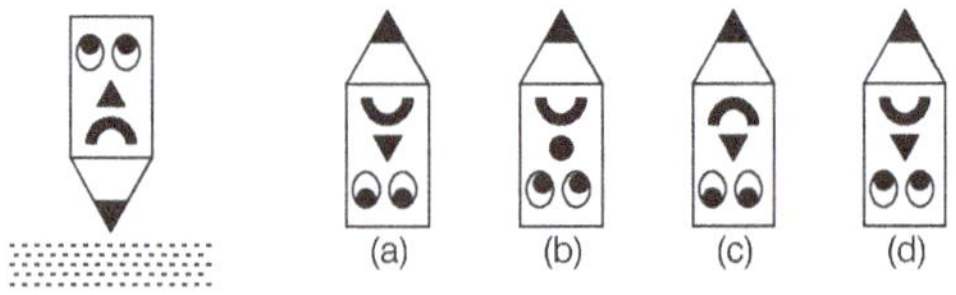

SSC MTS 2021

हल (a) दी गई प्रश्न आकृति का सही जल प्रतिबिम्ब उत्तर आकृति (a) है।

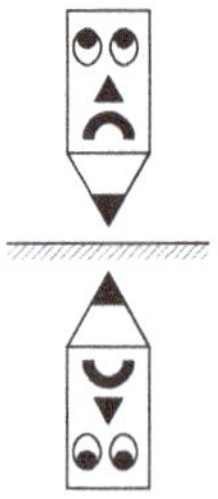

Chapter Challenge

दर्पण प्रतिबिम्ब पर आधारित

निर्देश (प्र. सं. 1-37) *यदि एक दर्पण को दी गई रेखा MN पर रखा जाए, तो दी गई उत्तर आकृतियों/शब्द/अक्षर-संख्या युग्म में से कौन-सी/सा आकृति/शब्द/ अक्षर-संख्या युग्म प्रश्न आकृति का सही दर्पण प्रतिबिम्ब होगी/होगा?*

1. प्रश्न आकृति उत्तर आकृतियाँ

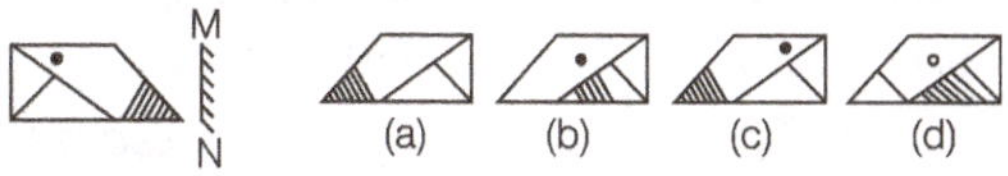

SSC CGL 2020

> **MRC*****
> *(Most Repeating Concepts)*
> प्र. सं. 1, 4, 7, 8, 9, 11 और 14 Examination Point of Views से अति महत्त्वपूर्ण हैं। इन Concept पर आधारित प्रश्न प्रतियोगी परीक्षाओं (CGL, (10+2), Steno, MTS) में निरन्तर पूछे जा रहे हैं।

2.

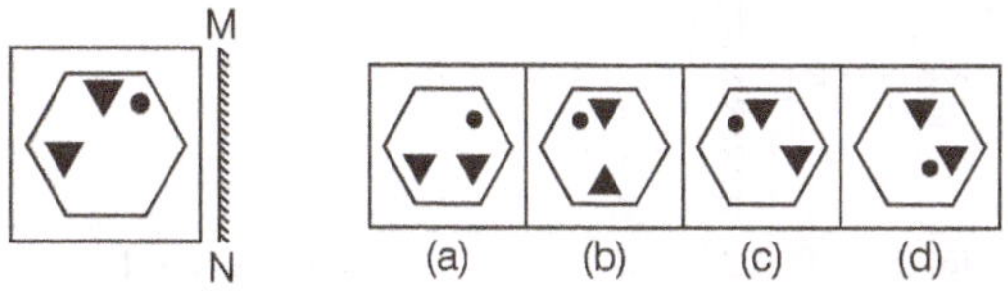

UP Police Constable 2024

3. HR01a (M–N)

(a) at0ЯH (b) 1a0ЯH
(c) ɿa0ЯH (d) ɒt0ЯH

Delhi Police MTS 2018

4.

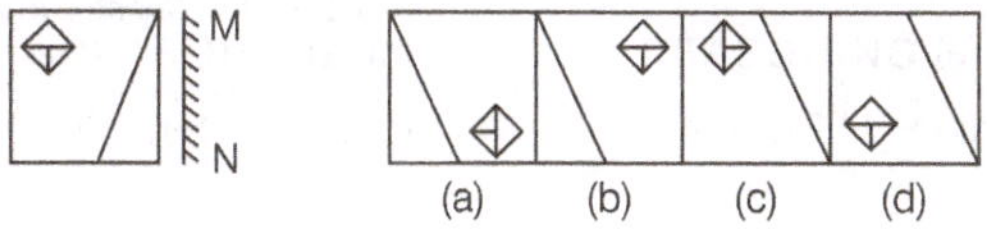

SSC (10+2) 2018

5. < < R d 2 2 > > (M–N)

(a) < < S S b Я > >
(b) < < S S b Я < <
(c) < < ᘔ ᘔ p ꓤ > >
(d) > > S S b Я > >

SSC Steno 2018

6.

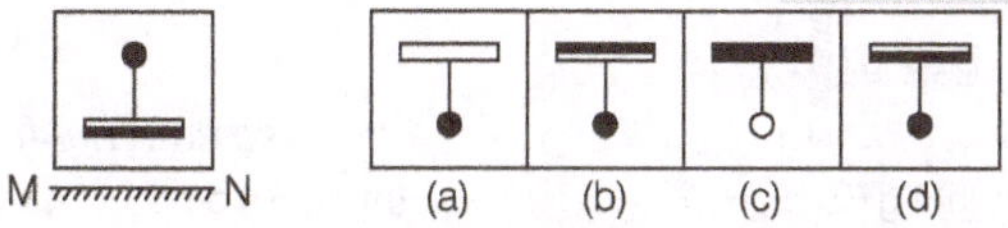

RRB Group D 2018

7.

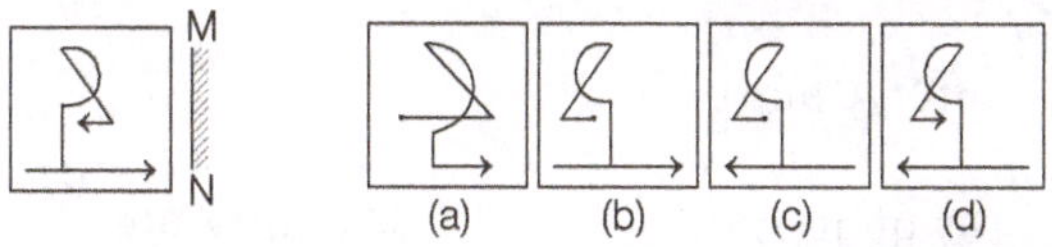

SSC (10+2) 2023

8.

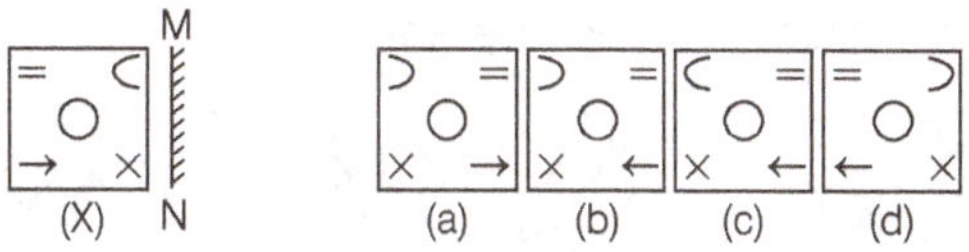

SSC CPO 2018

9. प्रश्न आकृति उत्तर आकृतियाँ

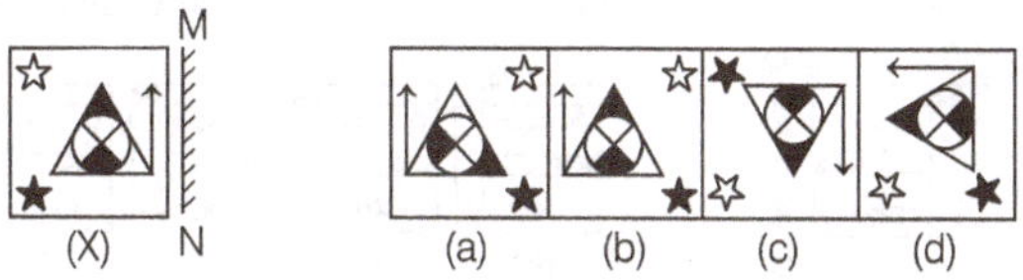

SSC Steno 2019

10.

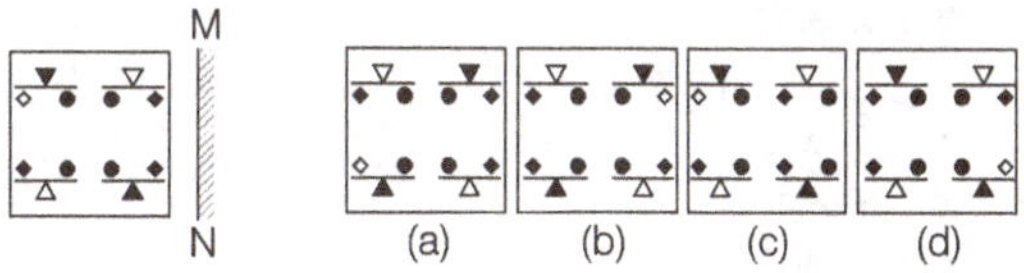

DP Constable 2023

11.

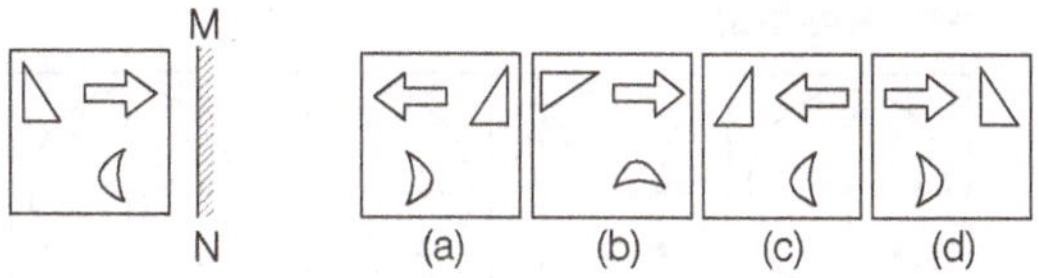

SSC (10+2) 2023

12. REACH (M–N)

(a) HϽAƎЯ (b) HϽVƎꓤ
(c) EꓤACH (d) ꓤEACH

UP AO 2024

13.

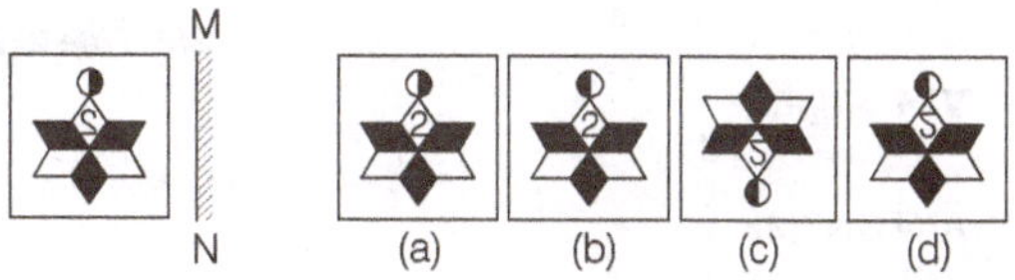

Rajasthan Police Constable 2022

14.

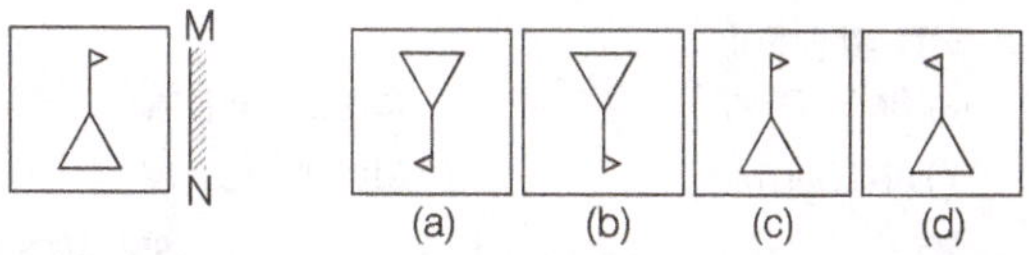

SSC CPO 2023

15. Anr5m2p (M–N)

(a) q2ɯƨ1nA (b) q2m51nA
(c) q2mƨruA (d) q2mƨ1nA

SSC (10+2) 2023

16.

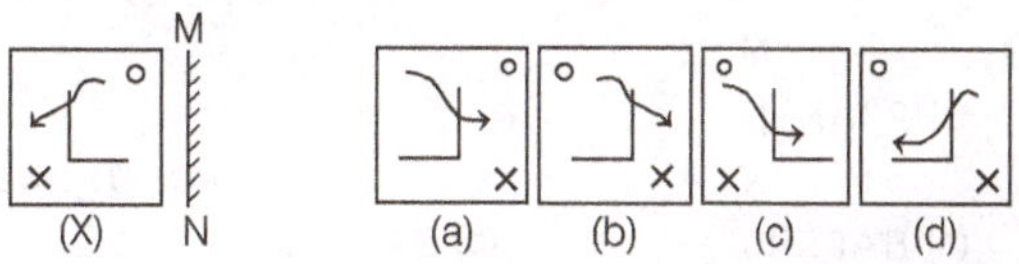

RRB Group D 2018

17. प्रश्न आकृति उत्तर आकृतियाँ

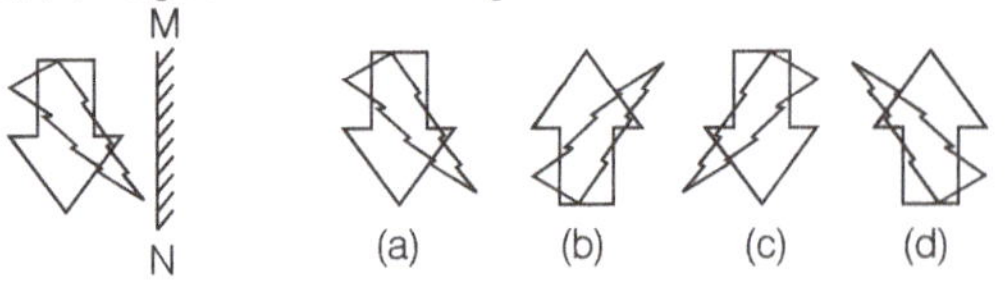

SSC (10+2) 2020

18.

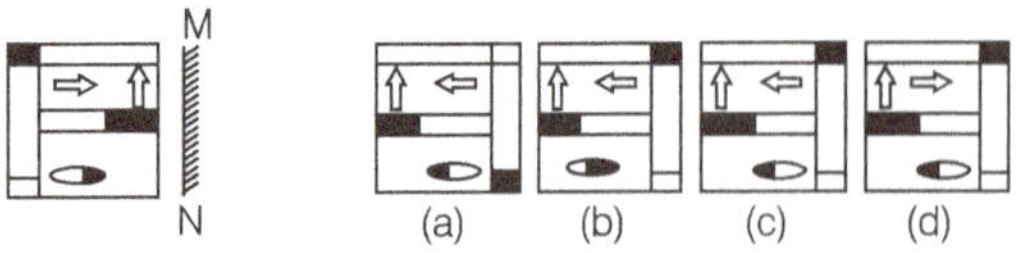

SSC CGL 2022

19. प्रश्न आकृति

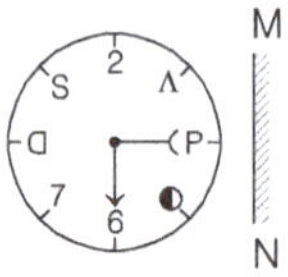

CISF 2023

उत्तर आकृतियाँ

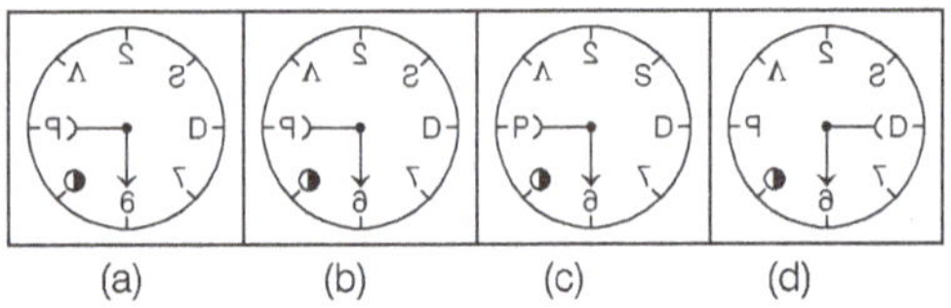

20.

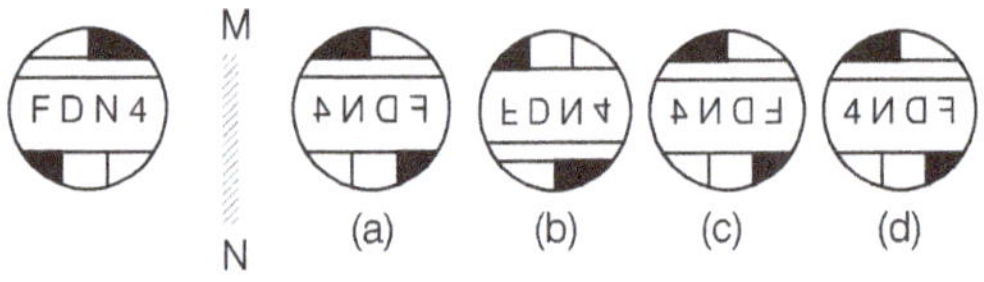

SSC (10+2) 2021

21. प्रश्न आकृति

ANTONYMS | M–N

उत्तर आकृतियाँ

(a) ƧMYИOTИA (b) ƧMYOИTИA

(c) ANTONYMS (d) SWYNOLNA

SSC MTS 2021

22. c9v6n2 | M–N

(a) ƨu9ʌ6ɔ (b) c9v6n2

(c) ɔ9ʌ6uƨ (d) ƨuəvəɔ

SSC (10+2) Tier I 2024

23. uP23AB | M–N

SSC CGL (Tier-I) 2024

(a) ᗺAƐƧꟼu (b) ᗺAƐ2ꟼu

(c) ᗺAƐƧꟼu (d) ᗺA23ꟼu

24. RkgEyw | M–N

(a) wʏƎɡʞЯ (b) wʎEɡʞЯ

(c) wʏEɡʞЯ (d) ywƎɡʞR

SSC CPO 2024

25. L27Aef | M–N

(a) ʇɘA27⅃ (b) ʇɘ∀ҐƧ⅃

(c) ʇɘAㄥƧ⅂ (d) ʇɘAҐƧ⅃

SSC CPO 2024

26. yTfr93n | M–N

SSC CGL (Tier-I) 2024

(a) nƐɘɿʇ⊥ʏ (b) nƐɘɿʇTy

(c) nƐɘɿʇTʏ (d) n93ɿʇTʏ

27. 9P7N5L | M–N

(a) ɘꟼҐИƧ⅃ (b) 6dㄥN2⅂

(c) ⅂SNㄥd6 (d) ɘꟼҐИƧ⅃

[SSC (10+2) 2022]

28. REASONING | M–N

[UP Police Constable 2024]

(a) ĐИIИOƧAƎЯ (b) ĐИIИOƧAƎЯ

(c) ЯƎAƧOИIИĐ (d) ꓤEVƧOИIИG

29. yReA4kL | M–N

SSC CGL (Tier-I) 2024

(a) L⋊4AɘЯʏ (b) ⅃⋊4∀ɘRʏ

(c) ⅃⋊4AɘЯʏ (d) ⅃⋊4AɘЯʎ

30. bcFgl | M–N

SSC CGL (Tier-I) 2024

(a) lgFɔb (b) lgꟻɔd

(c) lgꟻcd (d) lgꟻcb

31. et6ryQpup | M–N

SSC JE 2023

(a) qupQʏɿ6ɘ (b) qupQʏɿ6ɘ

(c) qupQʏɿ6ɘ (d) qupQʏɿ6ɘ

32. hGe32r | M — N

(a) ɿSƐeGd (b) ɿSƐeGh

(c) ɿSƐ9Gɥ (d) ɿSƐeGd

CISF Head Constable 2022

> **MRC*****
> *(Most Repeating Concepts)*
> प्र. सं. 32, 33, 36 और 37 Police Examination Point of Views से अति महत्त्वपूर्ण हैं। इन Concept पर आधारित प्रश्न प्रतियोगी परीक्षाओं (CISF, UP Police व CRPF) में निरन्तर पूछे जा रहे हैं।

33. BR4AQ16HI | M — N

(a) IH91QA4ЯB (b) IH61QA4ЯB

(c) IH91QA4ЯB (d) IH61QA4ЯB

UP Police Constable 2024

34. 8BEYTK@8 | M — N

SSC CPO 2023

(a) 8@ꓘ⅃⅄ƎB8 (b) 8@ꓘ⅃⅄ƎB8

(c) 8@ꓘTYƎB8 (d) 8@ꓘTYƎB8

35. GF@?4KS | M — N

SSC JE 2023

(a) Ƨꓘ4ʕ@ꟻG (b) Ƨꓘ4ʕ@ꟻG

(c) Ƨꓘ4ʕ@ꟻG (d) Ƨꓘ4ʕ@ꟻG

36. 

UP Police Constable 2024

(a)  (b) 

(c)  (d) 

37. 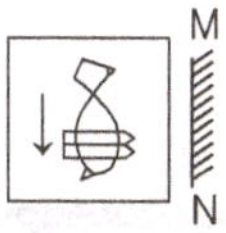 M — N

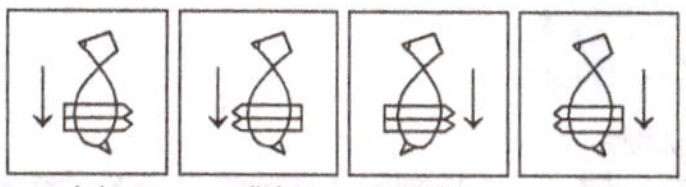

(a) (b) (c) (d)

CRPF Head Constable 2023

जल प्रतिबिम्ब पर आधारित

निर्देश (प्र. सं. 38-42) *दिए गए प्रश्नों में आकृति/शब्द/अक्षर-संख्या युग्म दिए गए हैं। उसका जल प्रतिबिम्ब ज्ञात कीजिए।*

38. GIZMA

(a) AMZIG (b) GIZMA

(c) GIZWA (d) GIZWA

39. 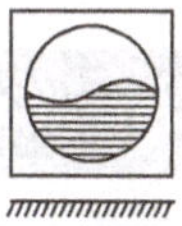

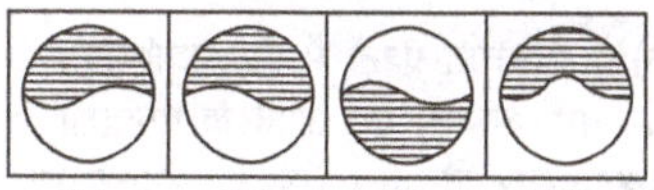

(a) (b) (c) (d)

RRB ALP 2018

40. 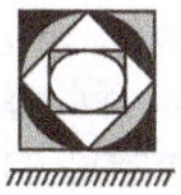

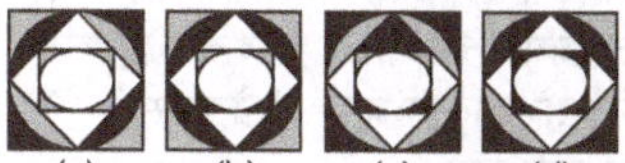

(a) (b) (c) (d)

UPSSSC 2018

41. 

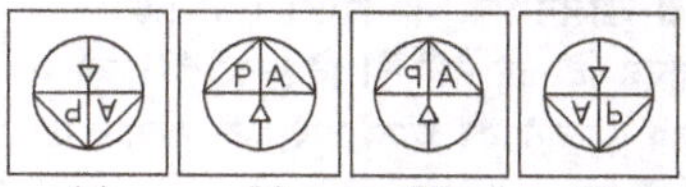

(a) (b) (c) (d)

SSC (10+2) 2021

42. 59216Rgm

(a) 59216Rgm

(b) 59216Rgm

(c) 59216Rgm

(d) 59216Rgm

CUET (UG) 2022

Right Key

1. (c)	2. (c)	3. (d)	4. (b)	5. (a)	6. (b)	7. (d)	8. (b)	9. (b)	10. (b)
11. (a)	12. (a)	13. (b)	14. (d)	15. (d)	16. (b)	17. (c)	18. (c)	19. (b)	20. (a)
21. (a)	22. (d)	23. (a)	24. (a)	25. (d)	26. (c)	27. (d)	28. (b)	29. (c)	30. (b)
31. (d)	32. (d)	33. (c)	34. (d)	35. (b)	36. (c)	37. (d)	38. (d)	39. (b)	40. (a)
41. (d)	42. (b)								

अध्याय

09 कागज मोड़ना एवं काटना

(Paper Folding and Cutting)

कागज मोड़ना

कागज मोड़ने के अन्तर्गत प्रश्नों में एक ज्यामितीय आकार अर्थात् वर्ग, आयत, वृत्त आदि के पारदर्शी कागज को प्रश्नानुसार बिन्दुमय रेखा के अनुरूप इस प्रकार मोड़ा जाता है कि एक भाग दूसरे आधे भाग पर तथा आकृति भी शेष आधे भाग पर चली जाए। इसके अन्तर्गत कागज को मोड़ने के बाद दिए गए विकल्पों में कौन-सी आकृति प्राप्त होगी, उससे सम्बन्धित प्रश्न पूछे जाते हैं।

जैसे-एक कागज की शीट को एक विशेष तरीके से मोड़ा जाता है। खोलने पर वह कागज शीट प्रश्न आकृति की तरह दिखाई देती है। दिए गए विकल्पों में से उस विकल्प आकृति का चयन करें, जो कागज को मोड़ने के तरीके का अनुसरण करती हो।

प्रश्न आकृति

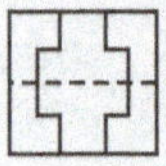

उत्तर आकृतियाँ

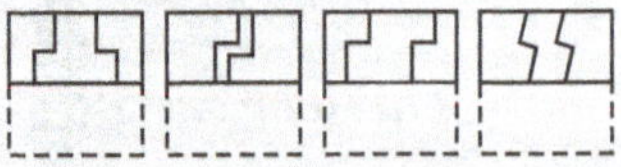

(a) (b) (c) (d)

हल *(a)* प्रश्नानुसार, पारदर्शी शीट को बिन्दुदार रेखा पर मोड़ने के पश्चात् यह उत्तर आकृति (a) जैसी दिखाई देगी।

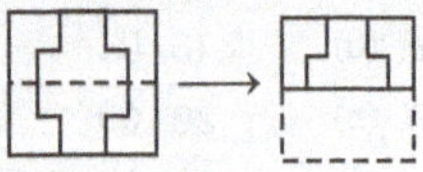

कागज मोड़ना एवं काटना

एक वर्गाकार कागज की शीट को प्रश्नानुसार बिन्दुमय रेखाओं पर मोड़कर, पंच करने या काटने के बाद कागज को खोलने पर एक आकृति प्राप्त होती हैं। इस प्रक्रिया को ही कागज मोड़ना तथा काटना कहा जाता है।

इस प्रकार के प्रश्नों में एक कागज पर बिन्दुमय रेखाओं द्वारा बनी एक प्रश्न आकृति दी गई होती है और उत्तर आकृतियों में चार आकृतियाँ विकल्प के रूप में दी गई होती हैं।

अभ्यर्थियों को यह ज्ञात करना होता है कि कागज को मोड़ने या कागज को मोड़कर काटने के पश्चात् चारों विकल्पों में से कौन-सी आकृति सही होगी।

Score Booster

इस अध्याय के प्रश्नों को हल करने के लिए कागज पर अंकित बिन्दुमय रेखा पर एक दर्पण की कल्पना करनी चाहिए तथा जिस भाग को मोड़ना हो, उस भाग के दर्पण प्रतिबिम्ब की कल्पना करनी चाहिए। जैसे कागज के आधे भाग को बिन्दुमय रेखा से मोड़ा जाए तो मोड़े गए भाग का अंकित डिजाइन दूसरे भाग पर चला जाता है।

कागज काटना

इसके अन्तर्गत एक वर्गाकार कागज को प्रश्नानुसार एक या एक से अधिक भागों में बिन्दुमय रेखा के अनुरूप मोड़कर तथा किसी विशेष चिन्ह या आकृति के आकार में उस कागज की शीट को पंचकर या काटकर, कागज को खोलने पर एक आकृति प्राप्त की जाती है। अभ्यर्थी को विकल्पों में से उसी आकृति का चयन करना होता है।

यदि किसी वर्गाकार कागज के टुकड़े को एक बार मोड़ते है तथा एक छोटा त्रिभुज के आकार का कागज काटते हैं। जोकि निम्न है

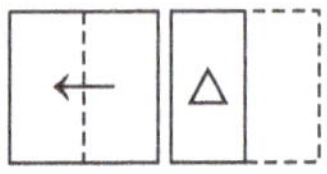

तो यह कागज खोलने पर 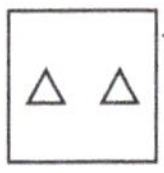 समान दिखाई देगा।

जैसे-एक कागज के टुकड़ों को नीचे दर्शाए गए अनुसार मोड़ा और काटा जाता है। खोलने के बाद यह कैसा दिखाई देगा?

प्रश्न आकृतियाँ

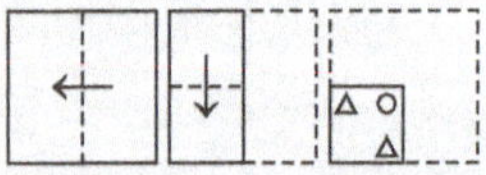

उत्तर आकृतियाँ

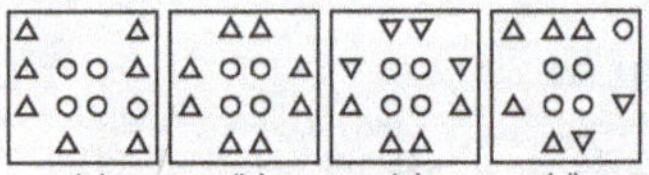

(a) (b) (c) (d)

हल (c) प्रश्नानुसार, कागज को मोड़कर काटने तथा खोलने पर यह आकृति (c) जैसा दिखाई देगा।

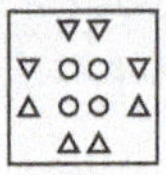

Exam Approach Examples

कागज मोड़ने पर आधारित

उदाहरण 1. उस विकल्प का चयन करें, जिसमें यह दर्शाया गया है, कि जब दिए गए कागज की पारदर्शी शीट को बिन्दुदार रेखा पर मोड़ा जाता है, तो यह कैसी दिखेगी? *SSC MTS 2021*

प्रश्न आकृति **उत्तर आकृतियाँ**

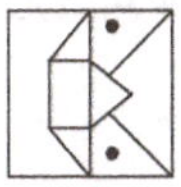

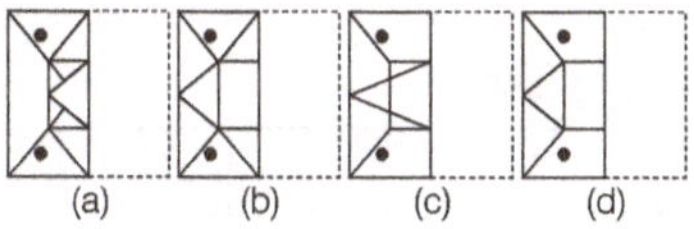

हल (a) पारदर्शी शीट को बिन्दुदार रेखा पर मोड़ने के पश्चात यह उत्तर आकृति (a) जैसा दिखाई देगा।

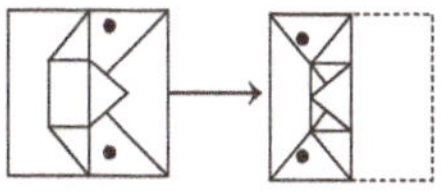

उदाहरण 2. पैटर्न के साथ एक वर्गाकार पारदर्शी कागज पत्रक दिया गया है। पारदर्शी कागज पत्रक को बिन्दुकित रेखा पर मोड़े जाने पर पैटर्न कैसा दिखाई देगा ? *SSC Constable (GD) 2018*

प्रश्न आकृति **उत्तर आकृतियाँ**

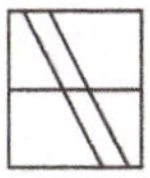

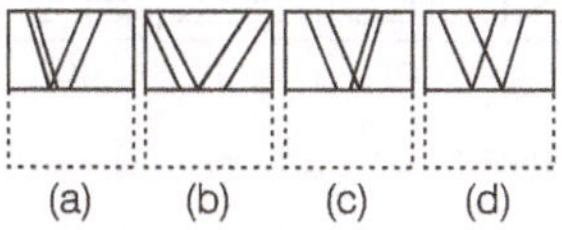

हल (d) पारदर्शी कागज पत्रक को बिन्दुकित रेखा पर मोड़े जाने पर पैटर्न आकृति (d) के समान दिखाई देगा।

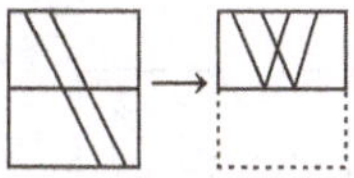

कागज काटने पर आधारित

उदाहरण 3. कागज की एक वर्गाकार शीट को बिन्दुदार रेखा के अनुदिश दिखाए गए निर्देशों के अनुसार, क्रमिक रूप से मोड़ा जाता है और फिर अन्त में इसे छिद्रित किया जाता है। कागज को खोलने पर यह कैसा दिखेगा? *DP Constable 2023*

प्रश्न आकृतियाँ

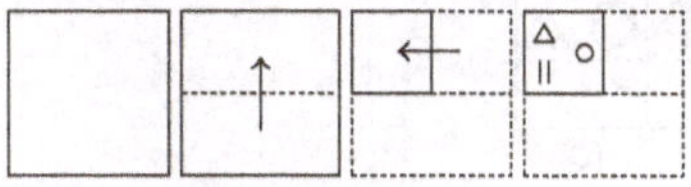

उत्तर आकृतियाँ

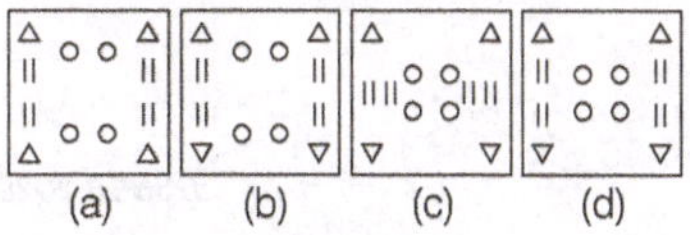

> **Trending Concept**
> कागज मोड़ने तथा काटने पर आधारित इस प्रकार के प्रश्न वर्तमान में हो रही परीक्षाओं (SSC, Railway, UPSSSC, DSSSB) में पूछे जा रहे हैं। आगामी परीक्षाओं के लिए अति महत्त्वपूर्ण हैं।

हल (b) प्रश्नानुसार, कागज के टुकड़े को मोड़ने, काटने तथा खोलने के पश्चात् यह उत्तर आकृति (b) के समान दिखाई देगा।

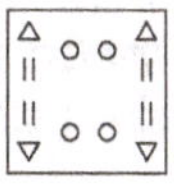

उदाहरण 4. निम्नलिखित आकृतियों में एक कागज़ को मोड़ने का क्रम और मुड़े हुए कागज़ को काटने का तरीका दर्शाया गया है। खोले जाने पर यह कागज़ कैसा दिखाई देगा? *SSC CPO 2024*

प्रश्न आकृतियाँ

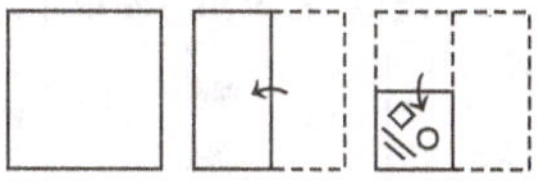

उत्तर आकृतियाँ

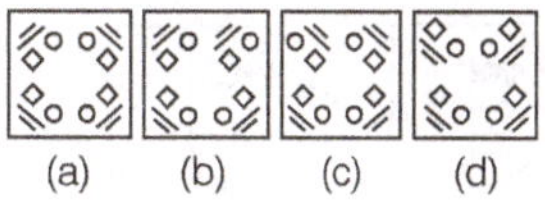

हल (a) प्रश्नानुसार, कागज के टुकड़े को मोड़ने, काटने तथा खोलने के पश्चात् यह उत्तर आकृति (a) के समान दिखाई देगा।

उदाहरण 5. एक कागज के टुकड़े को मोड़ने, पंच करने तथा खोलने के बाद निम्न आकृति (प्रश्न आकृति में) जैसी दिखाई देती है, तो कागज को पुनः उसी प्रकार से मोड़ने पर पंच के छिद्र किस प्रकार दिखाई देंगे, उत्तर आकृति में से चुनिए? *SSC CGL 2015*

प्रश्न आकृति

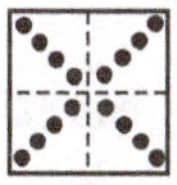

> **Helping Tips**
> इस प्रकार के प्रश्नों में खुली आकृति को बन्द आकृति बनाने के लिए कागज को मोड़ने तथा प्रतिबिम्बों की समझ होना अति आवश्यक है।

उत्तर आकृतियाँ

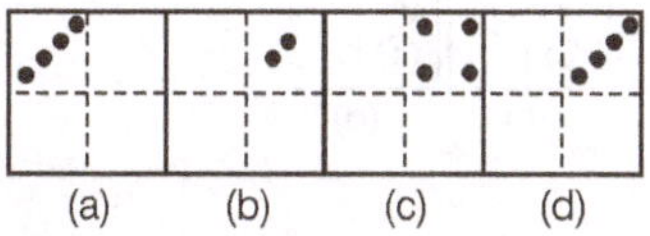

हल (d) प्रश्न आकृति का ध्यानपूर्वक अवलोकन करने के बाद ज्ञात होता है कि कागज के टुकड़े को पुनः उसी प्रकार मोड़ने पर पंच के छिद्र उत्तर आकृति (d) के समान दिखाई देंगे।

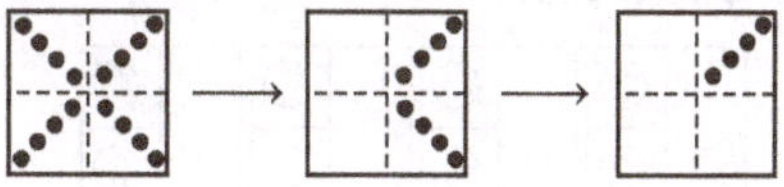

Chapter Challenge

कागज मोड़ने पर आधारित

निर्देश (प्र. सं. 1–12) *नीचे दिए गए प्रश्नों में एक वर्गाकार पारदर्शक कागज, एक नमूने की आकृति के साथ दिया गया है। चार विकल्पों में से वह आकृति खोजें, जो पारदर्शी कागज को बीच की बिन्दुमय रेखा पर मोड़ने पर प्राप्त होगी।*

> **MRC*****
> ***(Most Repeating Concepts)***
> प्र. सं. 1, 2, 3 और 9 Railway Examination Point of Views से अति महत्त्वपूर्ण हैं। इन Concept पर आधारित प्रश्न Railway तथा ALP की परीक्षाओं में निरन्तर पूछे जा रहे हैं।

1. प्रश्न आकृति

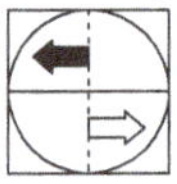

उत्तर आकृतियाँ *RRB ALP 2018*

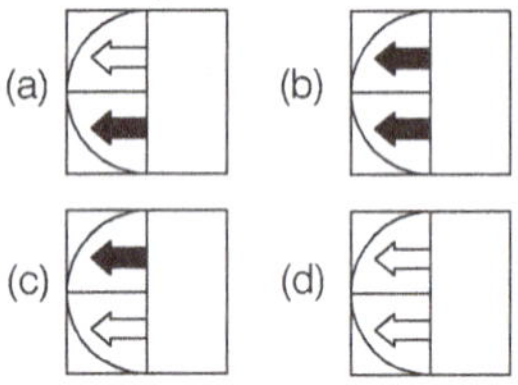

2. प्रश्न आकृति

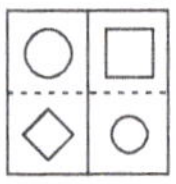

उत्तर आकृतियाँ *RRB ALP 2018*

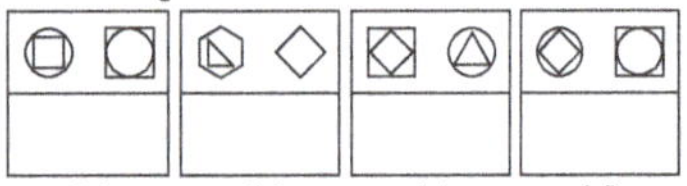

(a) (b) (c) (d)

3. प्रश्न आकृति

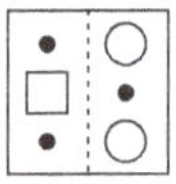

RRB ALP 2018

उत्तर आकृतियाँ

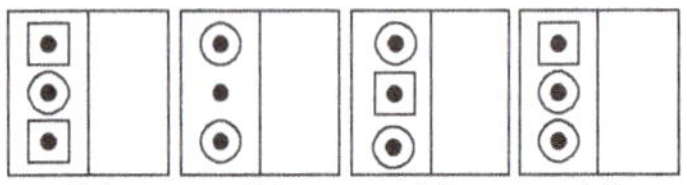

(a) (b) (c) (d)

4. प्रश्न आकृति

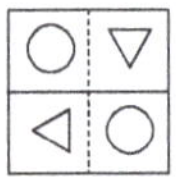

UP Police Constable 2024

उत्तर आकृतियाँ

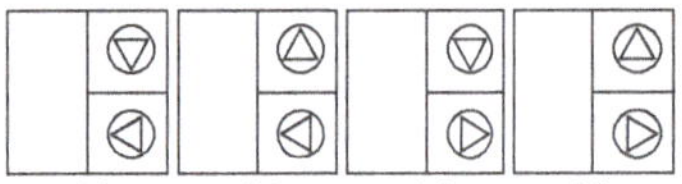

(a) (b) (c) (d)

5. प्रश्न आकृति

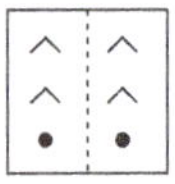

UP Police Constable 2024

उत्तर आकृतियाँ

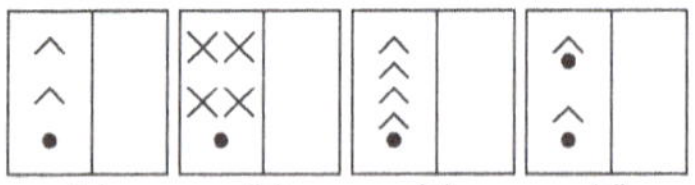

(a) (b) (c) (d)

6. प्रश्न आकृति

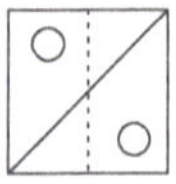

CRPF HC 2023

उत्तर आकृतियाँ

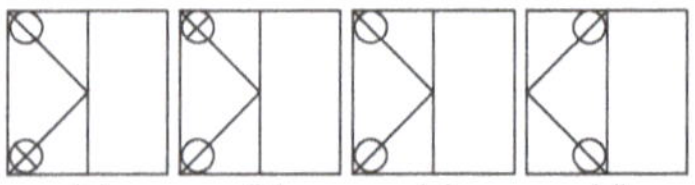

(a) (b) (c) (d)

7. प्रश्न आकृति

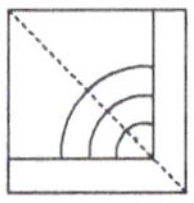

UP AO 2024

उत्तर आकृतियाँ

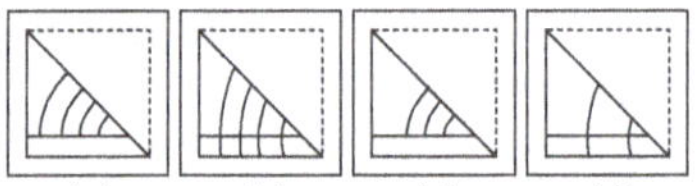

(a) (b) (c) (d)

8. प्रश्न आकृति

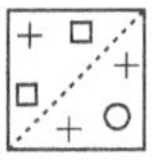

UP Police Constable 2018

उत्तर आकृतियाँ

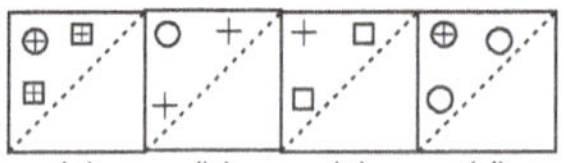

(a) (b) (c) (d)

9. प्रश्न आकृति

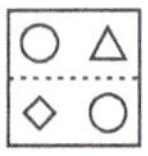

RRB ALP 2018

उत्तर आकृतियाँ

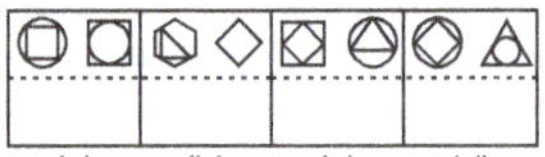

(a) (b) (c) (d)

10. प्रश्न आकृति

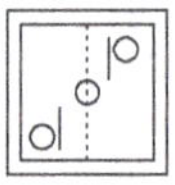

DSSSB 2020

उत्तर आकृतियाँ

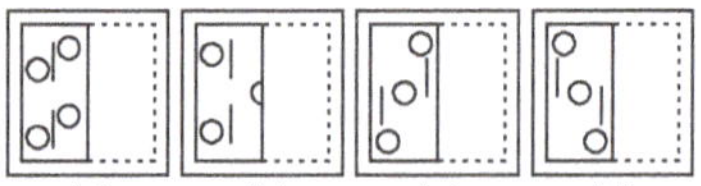

(a) (b) (c) (d)

11. प्रश्न आकृति

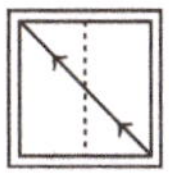

UKSSC 2019

उत्तर आकृतियाँ

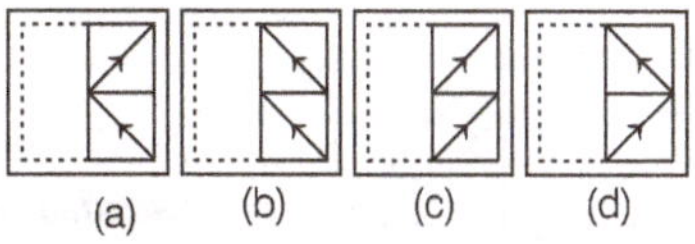

12. प्रश्न आकृति

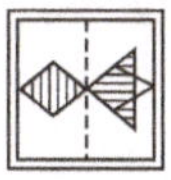

DSSSB 2020

उत्तर आकृतियाँ

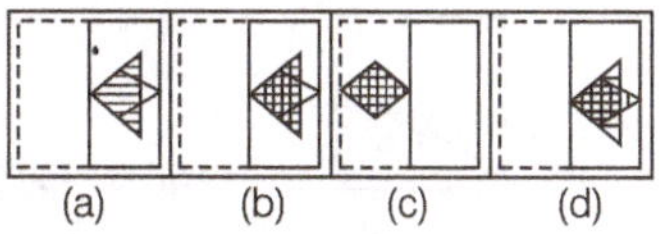

कागज काटने पर आधारित

निर्देश (प्र. सं. 13-38) *यदि कागज के टुकड़े को प्रश्न आकृति के अनुसार मोड़ा जाए और उसके बाद काटा जाए, तो उसे खोलने पर वह कैसा दिखाई देखा? दी गई आकृतियों* (a), (b), (c) *और* (d) *में से सही उत्तर आकृति को चुनिए।*

13. प्रश्न आकृतियाँ

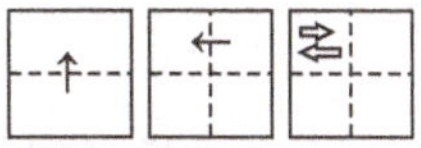

SSC (10+2) Tier I 2024

उत्तर आकृतियाँ

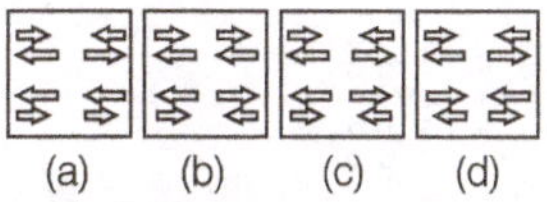

14. प्रश्न आकृतियाँ

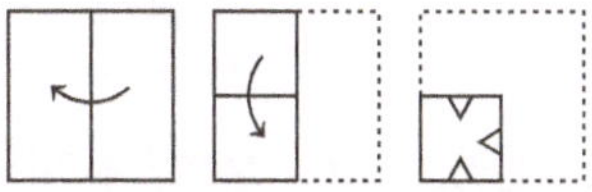

SSC Steno 2021

उत्तर आकृतियाँ

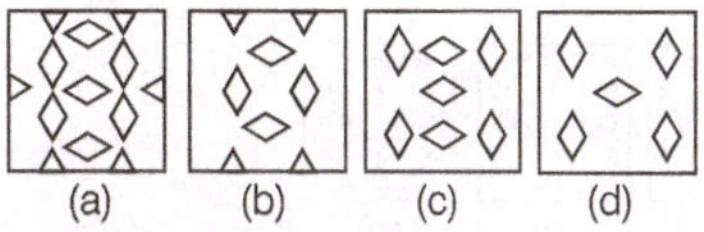

15. प्रश्न आकृतियाँ

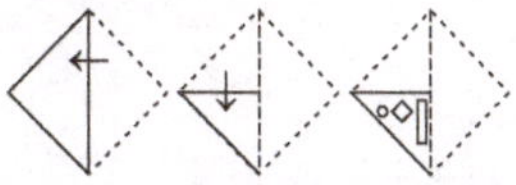

DP Constable 2023

उत्तर आकृतियाँ

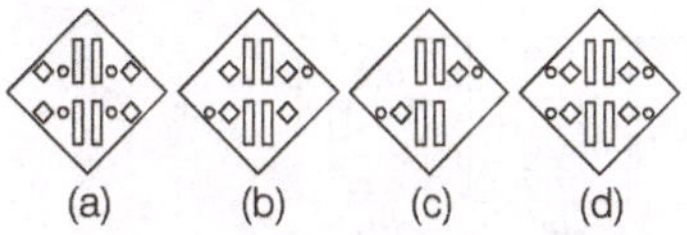

16. प्रश्न आकृतियाँ

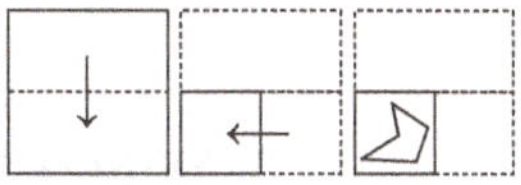

CISF HC (Min) 2022

उत्तर आकृतियाँ

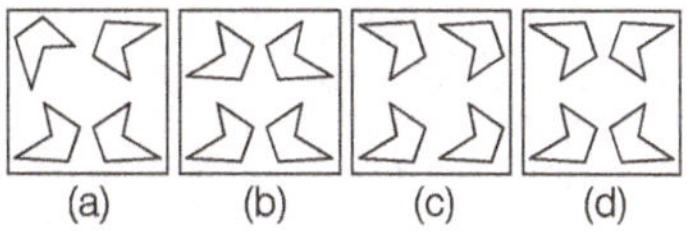

17. प्रश्न आकृतियाँ

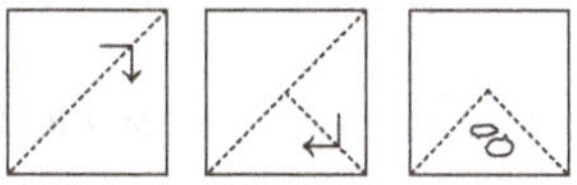

DP Constable 2023

उत्तर आकृतियाँ

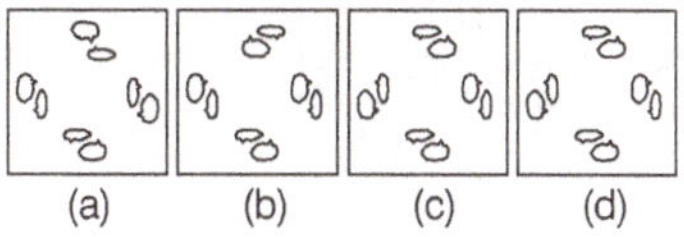

18. प्रश्न आकृतियाँ

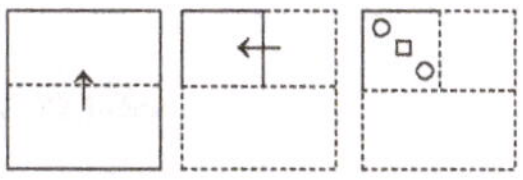

DP Constable 2023

उत्तर आकृतियाँ

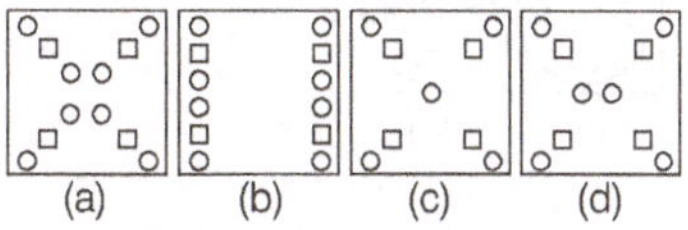

19. प्रश्न आकृतियाँ

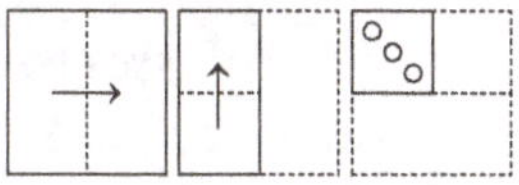

DSSSB Workshop 2024

उत्तर आकृतियाँ

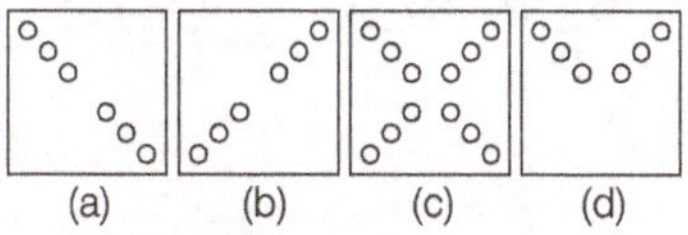

20. प्रश्न आकृतियाँ

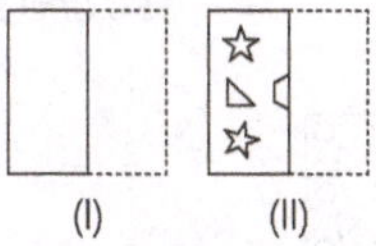

CUET (UG) 2022

उत्तर आकृतियाँ

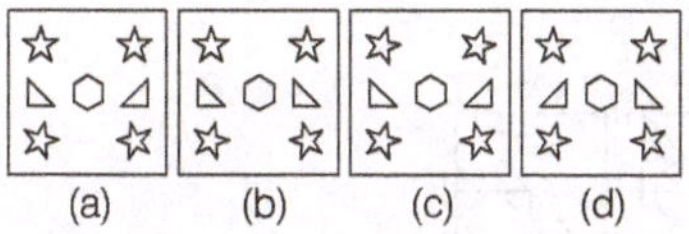

21. प्रश्न आकृतियाँ

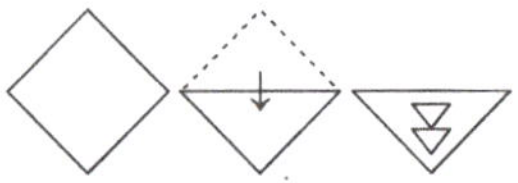

SSC (10+2) 2024

उत्तर आकृतियाँ

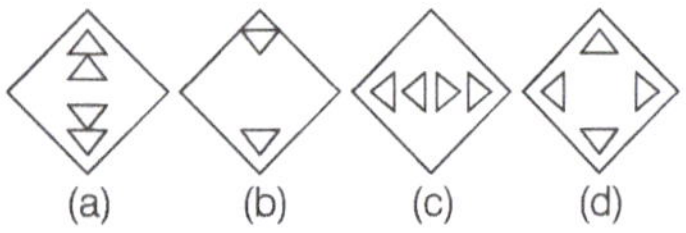

22. प्रश्न आकृतियाँ

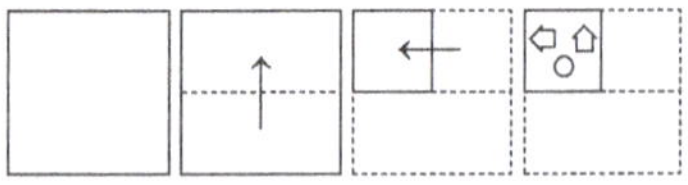

SSC CPO 2023

उत्तर आकृतियाँ

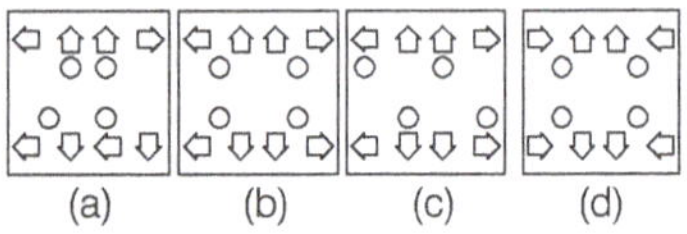

23. प्रश्न आकृतियाँ

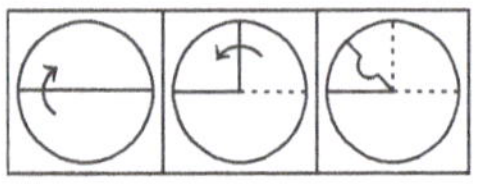

SSC CPO 2018

उत्तर आकृतियाँ

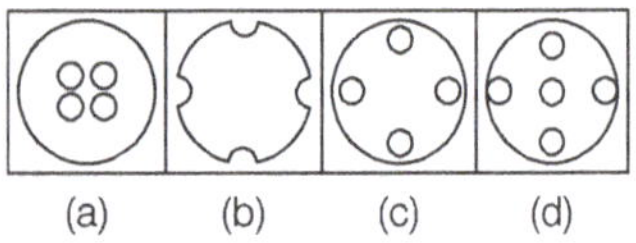

24. प्रश्न आकृतियाँ

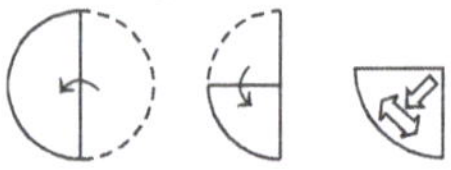

SSC CPO 2020

उत्तर आकृतियाँ

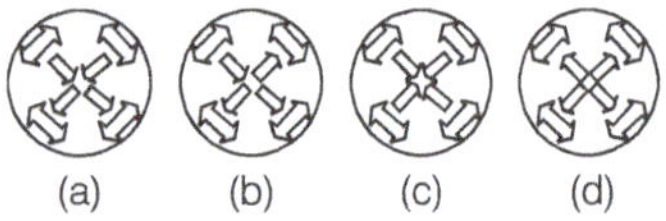

25. प्रश्न आकृतियाँ

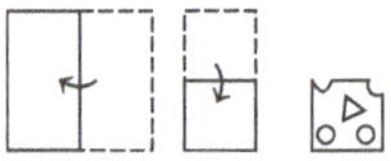

SSC CPO 2020

उत्तर आकृतियाँ

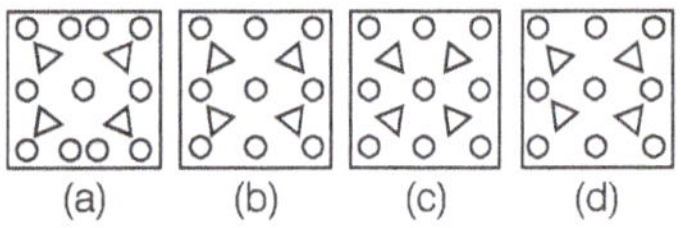

26. प्रश्न आकृतियाँ

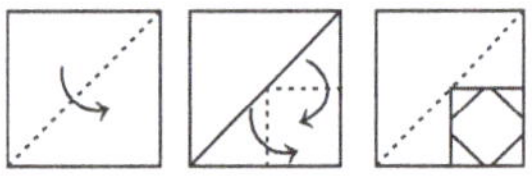

SSC CGL 2021

उत्तर आकृतियाँ

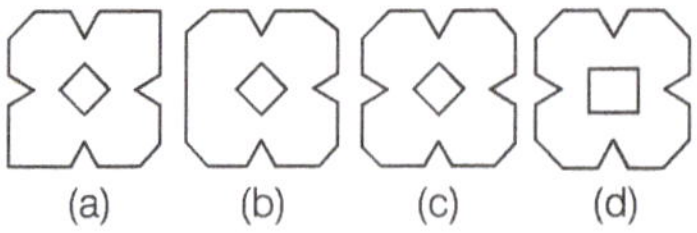

27. प्रश्न आकृतियाँ

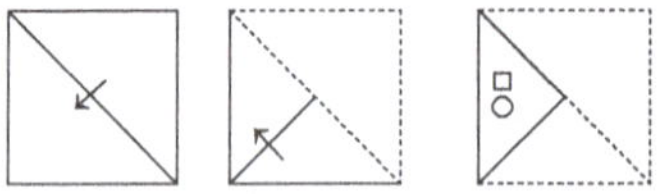

SSC Steno 2020

उत्तर आकृतियाँ

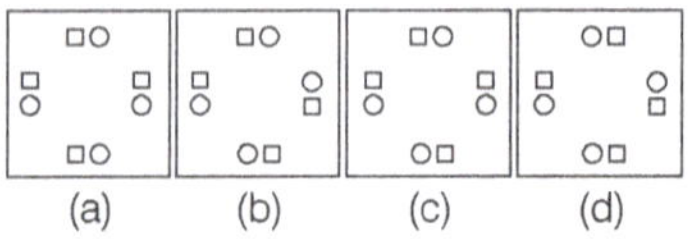

28. प्रश्न आकृतियाँ

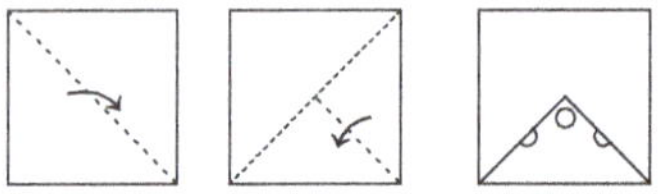

SSC (10+2) 2020

उत्तर आकृतियाँ

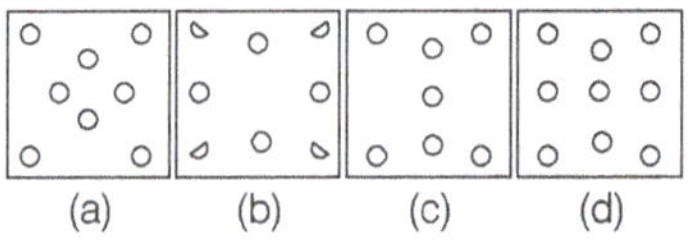

29. प्रश्न आकृतियाँ

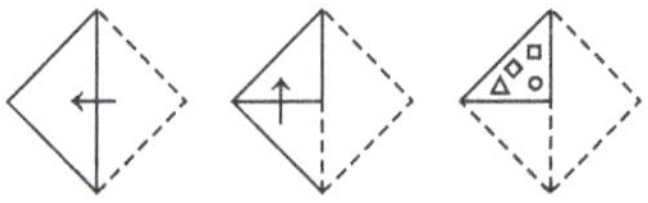

SSC CGL 2022

उत्तर आकृतियाँ

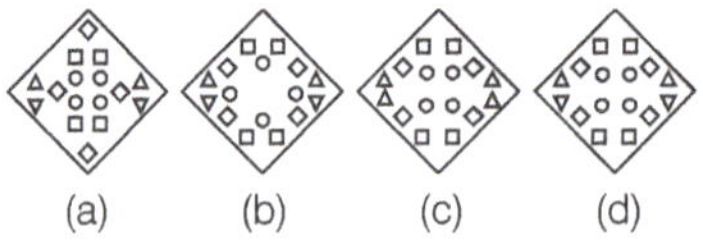

30. प्रश्न आकृतियाँ

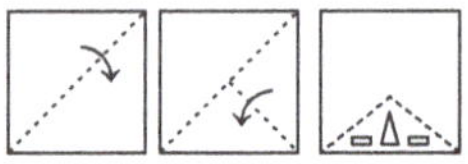

SSC (10+2) 2021

उत्तर आकृतियाँ

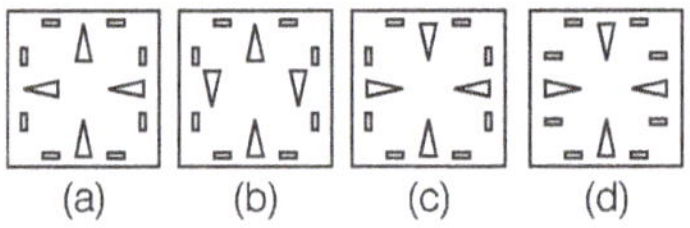

31. प्रश्न आकृतियाँ

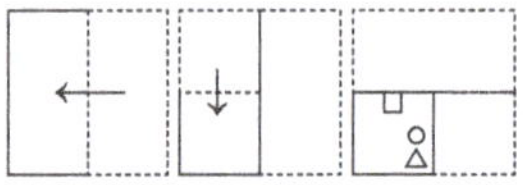

SSC CGL (Tier-I) 2024

उत्तर आकृतियाँ

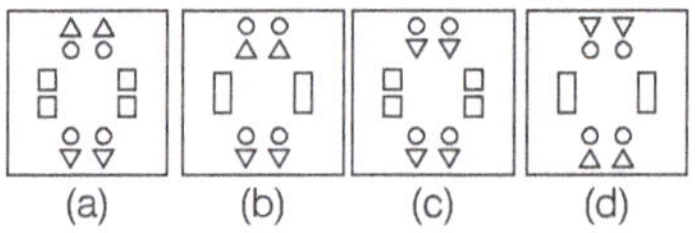

32. प्रश्न आकृतियाँ

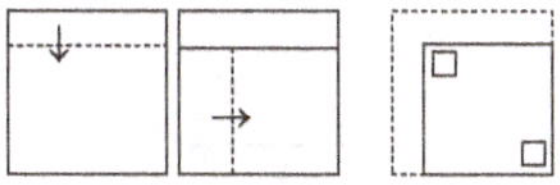

CUET (UG) 2023

उत्तर आकृतियाँ

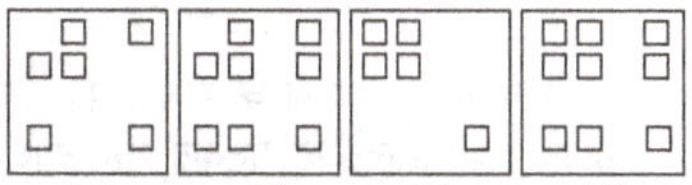

(a) (b) (c) (d)

33. प्रश्न आकृतियाँ

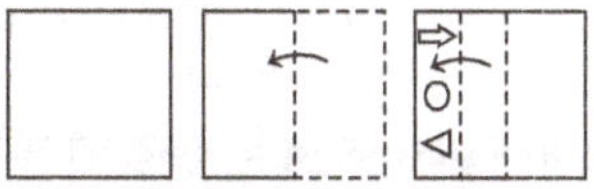

SSC (10+2) 2022

उत्तर आकृतियाँ

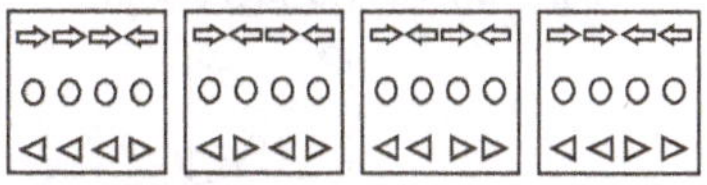

(a) (b) (c) (d)

34. प्रश्न आकृतियाँ

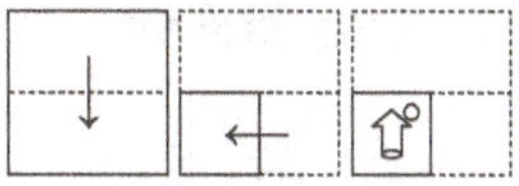

SSC JE 2023

उत्तर आकृतियाँ

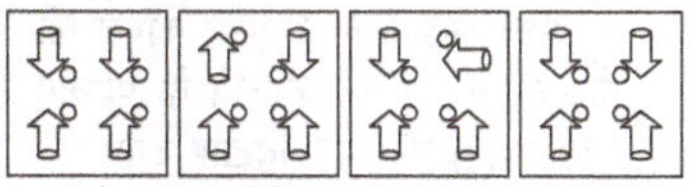

(a) (b) (c) (d)

35. प्रश्न आकृतियाँ

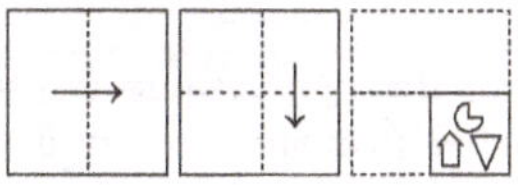

DP Constable 2023

उत्तर आकृतियाँ

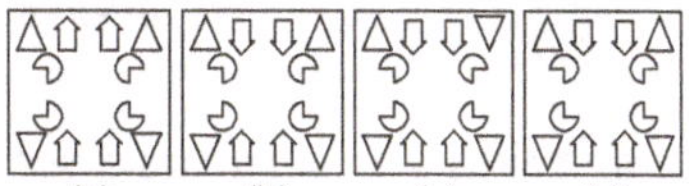

(a) (b) (c) (d)

36. प्रश्न आकृतियाँ

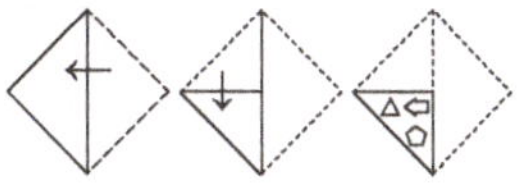

SSC CGL (Tier-I) 2023

उत्तर आकृतियाँ

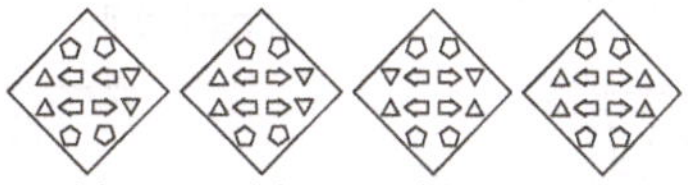

(a) (b) (c) (d)

37. प्रश्न आकृतियाँ

SSC Constable (GD) 2024

उत्तर आकृतियाँ

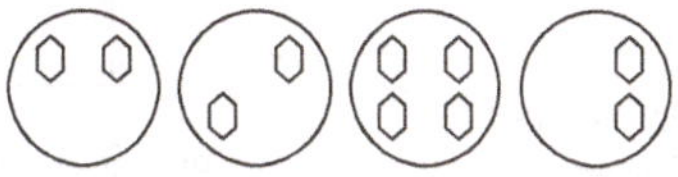

(a) (b) (c) (d)

38. प्रश्न आकृतियाँ

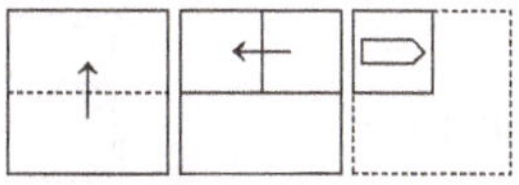

SSC (10+2) 2023

उत्तर आकृतियाँ

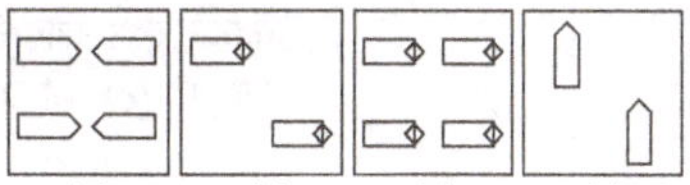

(a) (b) (c) (d)

Right Key

1. (c)	2. (d)	3. (c)	4. (c)	5. (a)	6. (c)	7. (c)	8. (a)	9. (d)	10. (b)
11. (a)	12. (d)	13. (c)	14. (b)	15. (d)	16. (d)	17. (a)	18. (a)	19. (c)	20. (a)
21. (a)	22. (b)	23. (a)	24. (d)	25. (a)	26. (c)	27. (b)	28. (a)	29. (d)	30. (c)
31. (d)	32. (c)	33. (b)	34. (d)	35. (b)	36. (c)	37. (c)	38. (a)		

Solutions

1. (*c*) पारदर्शी शीट को बिन्दुदार रेखा पर मोड़ने के पश्चात् यह उत्तर आकृति (c) की जैसी दिखाई देगी।

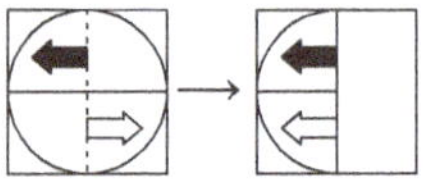

2. (*d*) पारदर्शी शीट को बिन्दुदार रेखा पर मोड़ने के पश्चात् यह उत्तर आकृति (d) की जैसी दिखाई देगी।

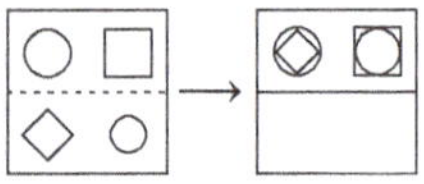

3. (*c*) पारदर्शी शीट को बिन्दुदार रेखा पर मोड़ने के पश्चात् यह उत्तर आकृति (c) की जैसी दिखाई देगी।

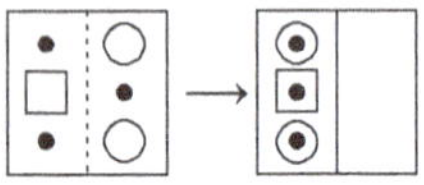

4. (*c*) पारदर्शी शीट को बिन्दुदार रेखा पर मोड़ने के पश्चात् यह उत्तर आकृति (c) जैसी दिखाई देगी।

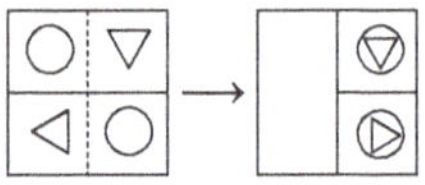

5. (*a*) पारदर्शी शीट को बिन्दुदार रेखा पर मोड़ने पर उत्तर आकृति (a) जैसी दिखाई देगी।

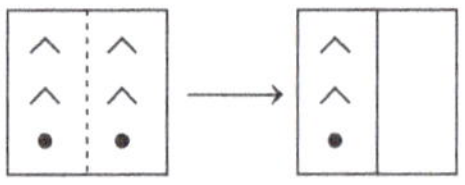

6. (*c*) पारदर्शी शीट को बिन्दुदार रेखा पर मोड़ने के पश्चात् यह उत्तर आकृति (c) जैसी दिखाई देगी।

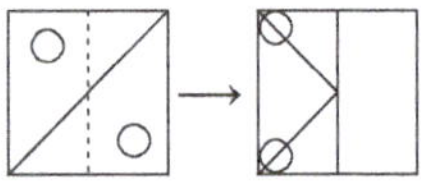

7. (*c*) पारदर्शी शीट को बिन्दुदार रेखा पर मोड़ने के पश्चात् यह आकृति (c) जैसी दिखाई देगी।

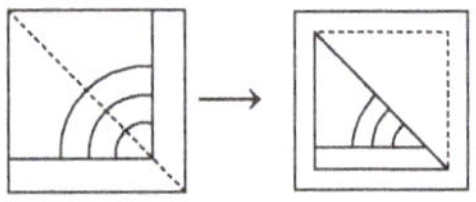

8. (*a*) पारदर्शी शीट को बिन्दुदार रेखा पर मोड़ने के पश्चात् यह उत्तर आकृति (a) की जैसी दिखाई देगी।

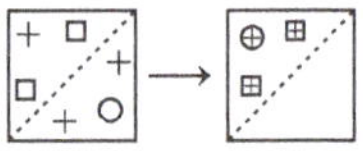

9. (*d*) पारदर्शी शीट को बिन्दुदार रेखा पर मोड़ने के पश्चात् यह उत्तर आकृति (d) की जैसी दिखाई देगी।

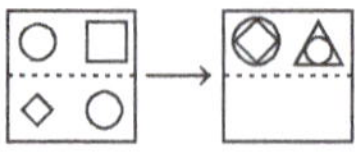

10. (*b*) पारदर्शी शीट को बिन्दुदार रेखा पर मोड़ने के पश्चात् यह उत्तर आकृति (b) की जैसी दिखाई देगी।

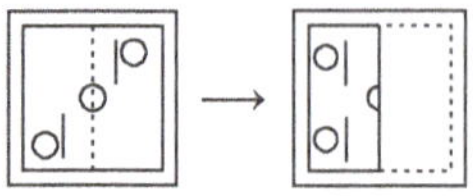

11. (*a*) पारदर्शी शीट को बिन्दुदार रेखा पर मोड़ने के पश्चात् यह उत्तर आकृति (a) की जैसी दिखाई देगी।

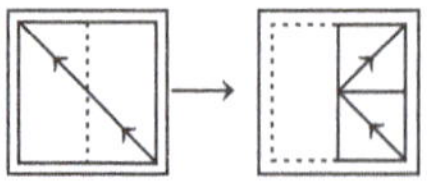

12. (*d*) पारदर्शी शीट को बिन्दुदार रेखा पर मोड़ने के पश्चात् यह उत्तर आकृति (d) की जैसी दिखाई देगी।

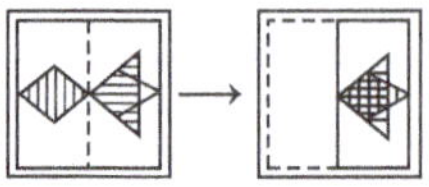

13. (*c*) प्रश्नानुसार, कागज के टुकड़े को मोड़ने, काटने तथा खोलने के पश्चात् यह उत्तर आकृति (c) की तरह दिखाई देगा।

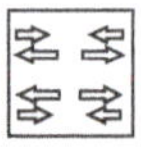

14. (*b*) प्रश्नानुसार, कागज के टुकड़े को मोड़ने, काटने तथा खोलने पर यह उत्तर आकृति (b) की तरह दिखाई देगा।

15. (*d*) प्रश्नानुसार, कागज के टुकड़े को मोड़ने, काटने तथा खोलने के पश्चात् यह उत्तर आकृति (d) की तरह दिखाई देगा।

16. (*d*) प्रश्नानुसार, कागज के टुकड़े को मोड़ने, काटने तथा खोलने के पश्चात् यह उत्तर आकृति (d) की तरह दिखाई देगा।

17. (*a*) प्रश्नानुसार, कागज के टुकड़े को मोड़ने, काटने तथा खोलने के पश्चात् यह उत्तर आकृति (a) की तरह दिखाई देगा।

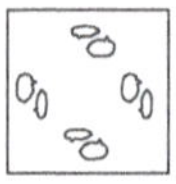

18. (*a*) प्रश्नानुसार, कागज के टुकड़े को मोड़ने, काटने तथा खोलने के पश्चात् यह उत्तर आकृति (a) की तरह दिखाई देगा।

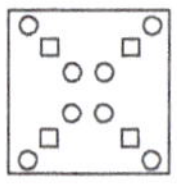

19. (*c*) प्रश्नानुसार, कागज के टुकड़े को मोड़ने, काटने तथा खोलने के पश्चात् यह उत्तर आकृति (c) की तरह दिखाई देगा।

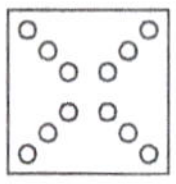

20. (*a*) प्रश्न आकृति के अनुसार कागज को मोड़कर काटने तथा खोलने के पश्चात् उत्तर आकृति (a) की तरह दिखाई देगा।

> **TOP TIPS** कागज मोड़ने तथा काटने पर आधारित प्रश्नों को सरलतापूर्वक हल करने के लिए दर्पण प्रतिबिम्ब तथा जल प्रतिबिम्ब प्रश्नों की समझ होना अति आवश्यक है।

21. (*a*) प्रश्नानुसार, कागज के टुकड़े को मोड़ने, काटने तथा खोलने के पश्चात् यह उत्तर आकृति (a) की तरह दिखाई देगा।

22. (*b*) प्रश्नानुसार, कागज के टुकड़े को मोड़ने, काटने तथा खोलने के पश्चात् यह उत्तर आकृति (b) के समान होगी।

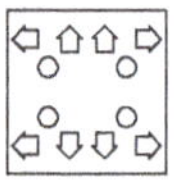

23. (*a*) प्रश्नानुसार, कागज के टुकड़े को मोड़ने, काटने तथा खोलने के पश्चात् उत्तर आकृति (a) प्राप्त होगी।

24. (*d*) प्रश्नानुसार, कागज को मोड़कर काटने के पश्चात् खोलने पर उत्तर आकृति (d) के समान दिखाई देगा।

25. (*a*) प्रश्नानुसार, कागज को मोड़कर काटने के पश्चात् खोलने पर उत्तर आकृति (a) के समान दिखाई देगा।

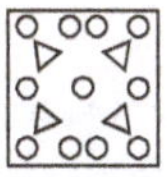

26. (*c*) प्रश्नानुसार, कागज को मोड़कर काटने के पश्चात् खोलने पर उत्तर आकृति (c) के समान दिखाई देगा।

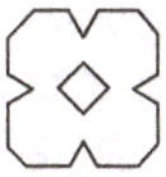

27. (*b*) प्रश्नानुसार, कागज को मोड़कर काटने के पश्चात् खोलने पर यह विकल्प (b) में दी गई आकृति जैसी दिखाई देगा।

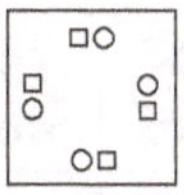

28. (*a*) प्रश्नानुसार, कागज को मोड़कर काटने के पश्चात् खोलने पर उत्तर आकृति (a) के समान दिखाई देगा।

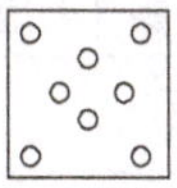

29. (*d*) प्रश्नानुसार, कागज के टुकड़े को मोड़कर काटने तथा खोलने के पश्चात् उत्तर आकृति (d) जैसी दिखाई देगा।

30. (*c*) प्रश्नानुसार, कागज के टुकड़े को मोड़कर काटने तथा खोलने के पश्चात् उत्तर आकृति (c) जैसी दिखाई देगा।

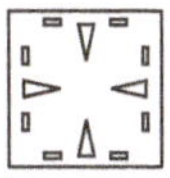

TOP TIPS

प्रश्नों को हल करने से पहले स्वयं से कागज को मोड़कर तथा काटकर अभ्यास करें, ताकि परीक्षा में प्रश्नों को आसानी से हल किया जा सकें।

31. (*d*) प्रश्नानुसार, कागज को मोड़ने, काटने तथा खोलने के पश्चात् यह विकल्प आकृति (d) जैसी दिखाई देगा।

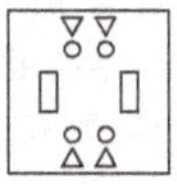

32. (*c*) प्रश्नानुसार, कागज के टुकड़े को मोड़ने, काटने तथा खोलने के पश्चात् यह उत्तर आकृति (c) की जैसी दिखाई देगा।

33. (*b*) प्रश्नानुसार, कागज को मोड़कर काटने के पश्चात् खोलने पर उत्तर आकृति (b) के समान आकृति प्राप्त होगा।

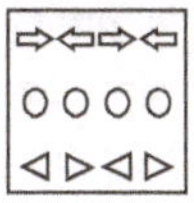

34. (*d*) प्रश्नानुसार, कागज के टुकड़े को मोड़ने, काटने तथा खोलने के पश्चात् यह उत्तर आकृति (d) की तरह दिखाई देगा।

35. (*b*) प्रश्नानुसार, कागज के टुकड़े को मोड़ने, काटने तथा खोलने के पश्चात् यह उत्तर आकृति (b) की तरह दिखाई देगा।

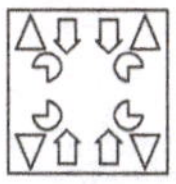

36. (*c*) प्रश्नानुसार, कागज के टुकड़े को मोड़ने, काटने तथा खोलने के पश्चात् यह उत्तर आकृति (c) की तरह दिखाई देगा।

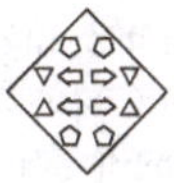

37. (*c*) प्रश्नानुसार, कागज के टुकड़े को मोड़ने, काटने तथा खोलने के पश्चात् यह उत्तर आकृति (c) की तरह दिखाई देगा।

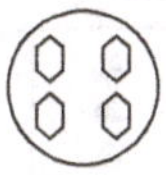

38. (*a*) प्रश्नानुसार, कागज को मोड़कर काटने के पश्चात् खोलने पर यह विकल्प (a) की तरह दिखाई देगा।

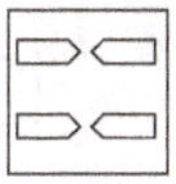

अध्याय

10 आकृति आव्यूह
(Figure Matrix)

आकृति आव्यूह

जब प्रश्नाकृति आव्यूह के रूप में हो तथा प्रश्नाकृति में दिए गए डिजाइन/तत्त्व/घटक पंक्ति या स्तम्भानुसार किसी विशेष नियम का पालन करते हैं, जिसके आधार पर प्रश्नवाचक चिह्न (?) के स्थान पर आने वाले डिजाइन/तत्त्व को ज्ञात करके आव्यूह पूर्ण किया जा सके, तो इस प्रकार बनने वाले आव्यूह को आकृति आव्यूह कहते हैं।

आकृति आव्यूह में सभी आकृतियों का विश्लेषण कर प्रयुक्त नियम या सम्बन्ध को ज्ञात करना होता है और उसी नियम के आधार पर आव्यूह के प्रश्नचिह्न के स्थान पर आने वाली उत्तर आकृति का चयन करना होता है।

2×2 पर आधारित

इसके अन्तर्गत पूछे गए प्रश्नों में आकृतियाँ 2 × 2 के आव्यूह के रूप में दी गई होती हैं। आव्यूह में एक रिक्त खाने के अतिरिक्त सभी खानों में कोई-न-कोई आकृति दी गई होती है। हमें रिक्त आकृति को उचित नियम/ सम्बन्ध के अनुसार ज्ञात करना होता है।

जैसे-निम्नलिखित प्रश्न में प्रश्न आकृतियाँ दी गई हैं। कौन-सी उत्तर आकृति दिए गए आव्यूह को पूरा करेगी?

प्रश्न आकृतियाँ

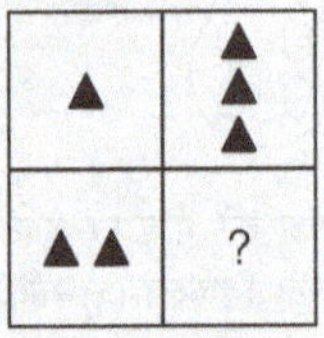

उत्तर आकृतियाँ

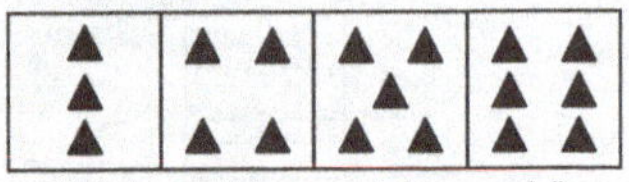

(a) (b) (c) (d)

हल (*d*) प्रश्न आकृति का ध्यानपूर्वक अवलोकन करने पर, ऊपर दाईं ओर का डिजाइन, ऊपर बाईं ओर के डिजाइन का तीन गुना हो जाता है। उसी प्रकार नीचे दाईं ओर का डिजाइन, नीचे बाईं ओर के डिजाइन का तीन गुना हो जाएगा। अर्थात् प्रश्नचिह्न के स्थान पर छ: काले त्रिभुज वाली आकृति आएगी।

Score Booster

आकृति आव्यूह में प्रश्नों को हल किसी एक पूर्ण पंक्ति/स्तम्भ का ध्यानपूर्वक विश्लेषण कर उचित नियम सम्बन्ध प्राप्त कर आसानी से किया जा सकता है।

3×3 पर आधारित

इसके अन्तर्गत पूछे गए प्रश्नों में आकृतियाँ 3×3 के आव्यूह के रूप में दी गई होती हैं। आव्यूह में एक रिक्त खाने के अतिरिक्त सभी खानों में कोई-न-कोई आकृति दी गई होती हैं। हमें रिक्त आकृति को उचित नियम/सम्बन्ध के अनुसार ज्ञात करना होता है।

जैसे-निम्नलिखित प्रश्न में प्रश्न आकृतियाँ दी गई हैं। कौन-सी उत्तर आकृति दिए गए आव्यूह को पूरा करेगी?

प्रश्न आकृतियाँ

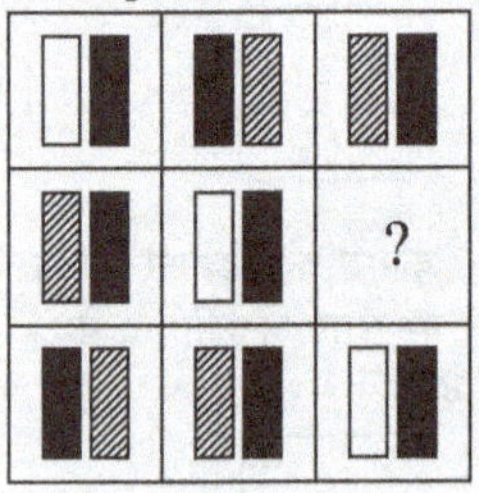

उत्तर आकृतियाँ

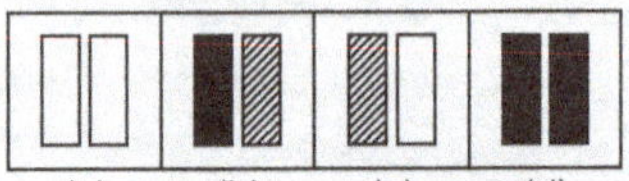

(a) (b) (c) (d)

हल (*b*) आव्यूह में तीन प्रकार के डिजाइन हैं

प्रत्येक डिजाइन का प्रयोग प्रत्येक स्तम्भ या प्रत्येक पंक्ति में एक बार ही किया गया है। अत: प्रश्नवाचक चिह्न के स्थान पर  डिजाइन आएगा।

Exam Approach Examples

2 × 2 पर आधारित

उदाहरण 1. **निम्नलिखित प्रश्न में कौन-सी उत्तर आकृति दिए गए आव्यूह (Matrix) को पूरा करेगी?**

प्रश्न आकृतियाँ

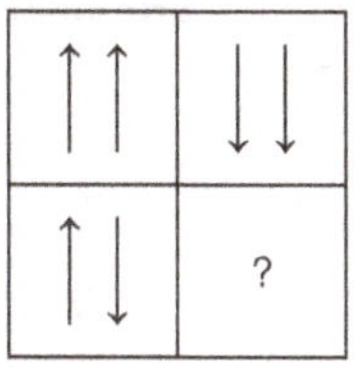

उत्तर आकृतियाँ

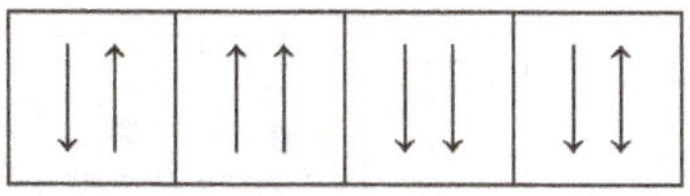

(a) (b) (c) (d)

हल (*a*) प्रत्येक पंक्ति में, पहली आकृति का 180°, दूसरी आकृति होती है। उसी प्रकार से, दूसरी पंक्ति में प्रश्नचिह्न के स्थान पर आकृति (a) आएगी।

उदाहरण 2. **निम्नलिखित प्रश्न में कौन-सी उत्तर आकृति दिए गए आव्यूह (Matrix) को पूरा करेगी?**

प्रश्न आकृतियाँ

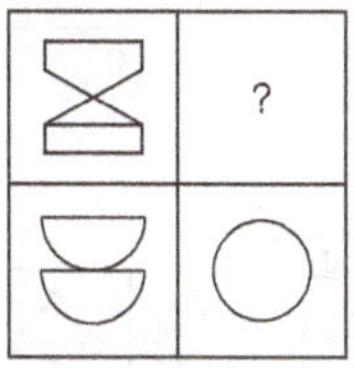

उत्तर आकृतियाँ

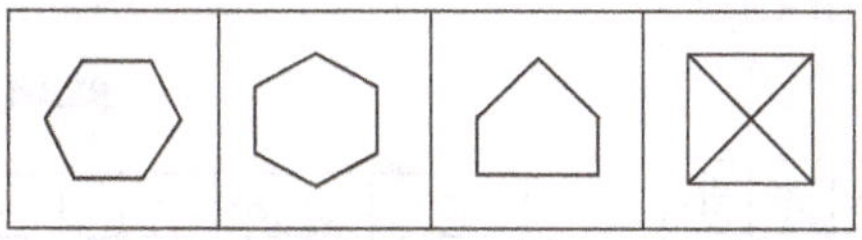

(a) (b) (c) (d)

हल (*b*) जिस प्रकार, तीसरी आकृति को जोड़कर चतुर्थ आकृति बनाई गई हैं, उसी प्रकार पहली आकृति को जोड़कर, विकल्प आकृति (b) दिए गए आव्यूह को पूर्ण करेगी।

3 × 3 पर आधारित

निर्देश (उदाहरण सं. 3-5) *निम्न प्रश्नों में एक प्रश्न आकृति दी गई है। कौन-सी उत्तर आकृति दिए गए आकृति आव्यूह को पूरा करेगी?*

उदाहरण 3. **प्रश्न आकृतियाँ**

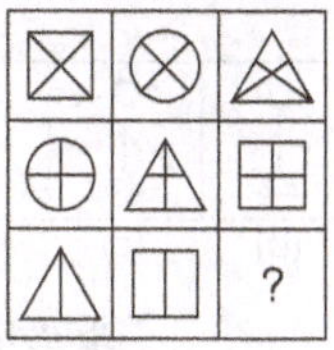

Trending Concept

आकृति आव्यूह पर आधारित प्रश्न (ALP, UPSSSC, Delhi Police और State Level Exams) के Examination Point of Views से अति महत्त्वपूर्ण हैं। हल Concept पर आधारित प्रश्न प्रतियोगी परीक्षाओं के लिए आवश्यक हैं।

उत्तर आकृतियाँ *RRB Group D 2018*

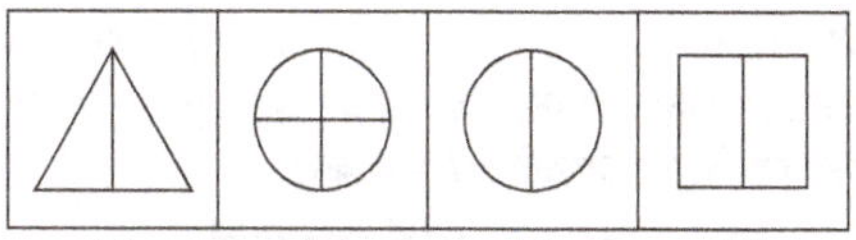

(a) (b) (c) (d)

हल (*c*) प्रत्येक स्तम्भ में तीन प्रकार की आकृति, वर्ग, वृत्त व त्रिभुज का प्रयोग किया गया है तथा क्रमश: पहली में '×', दूसरी में '+' व तीसरी आकृति में '|' का प्रयोग किया गया है। अत: प्रश्नचिन्ह के स्थान पर विकल्प (c) की आकृति आएगी।

Helping Tips

इस प्रकार के प्रश्नों का हल करते समय सर्वप्रथम उचित नियम या सम्बन्ध ज्ञात करते है।

उदाहरण 4. **प्रश्न आकृतियाँ**

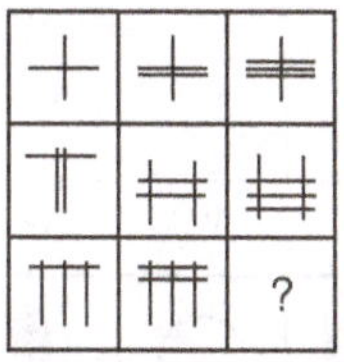

उत्तर आकृतियाँ

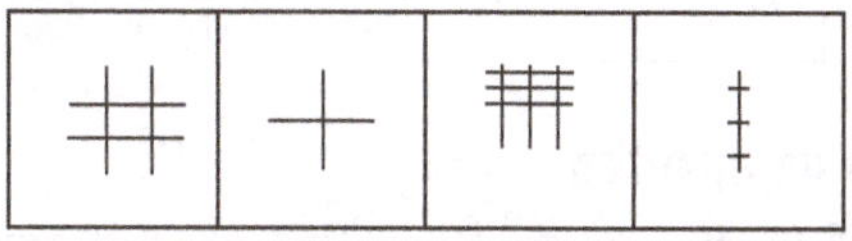

(a) (b) (c) (d)

हल (*c*) प्रश्न आकृतियों का ध्यानपूर्वक अवलोकन करने पर ज्ञात होता है कि प्रश्न आकृति वाले आव्यूह में पंक्ति के अनुसार या स्तम्भानुसार आगे बढ़ने पर एक रेखा की वृद्धि हो रही है। अत: प्रश्नचिन्ह के स्थान पर विकल्प (c) की आकृति आएगी।

उदाहरण 5. **प्रश्न आकृतियाँ** *RRB ALP (Tier-I) 2018*

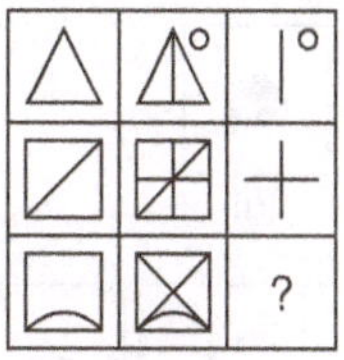

उत्तर आकृतियाँ

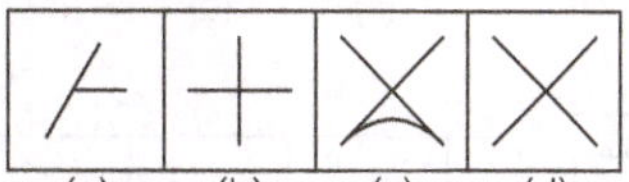

(a) (b) (c) (d)

हल (*d*) प्रत्येक पंक्ति में, पहली तथा तीसरी आकृति को मिलाकर दूसरी आकृति बनती है। अत: प्रश्नचिन्ह के स्थान पर आकृति (d) आएगी।

Chapter Challenge

2 × 2 पर आधारित

निर्देश (प्र. सं. 1-4) *नीचे दिए गए प्रत्येक प्रश्न में आकृतियों का विश्लेषण कर उस नियम को ज्ञात करें, जिसका दी गई आकृतियाँ पालन कर रही हैं तथा आव्यूह की विलुप्त आकृति की पूर्ति करें।*

1. **प्रश्न आकृतियाँ** **उत्तर आकृतियाँ**

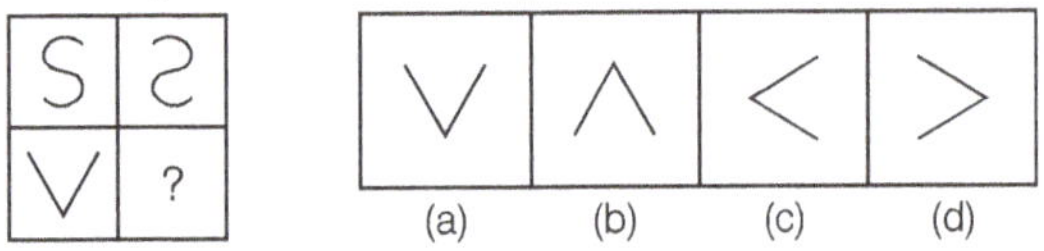

2.

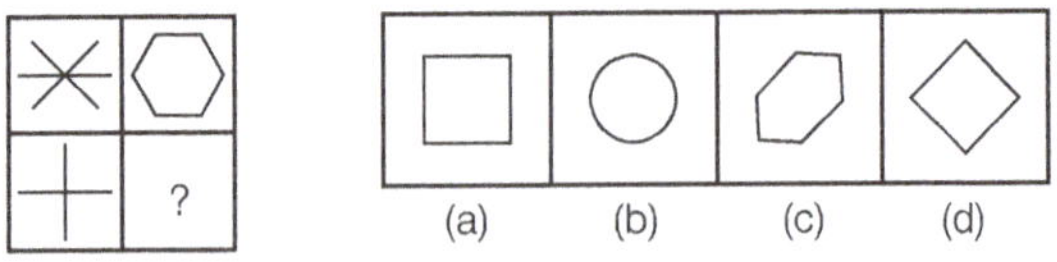

3.

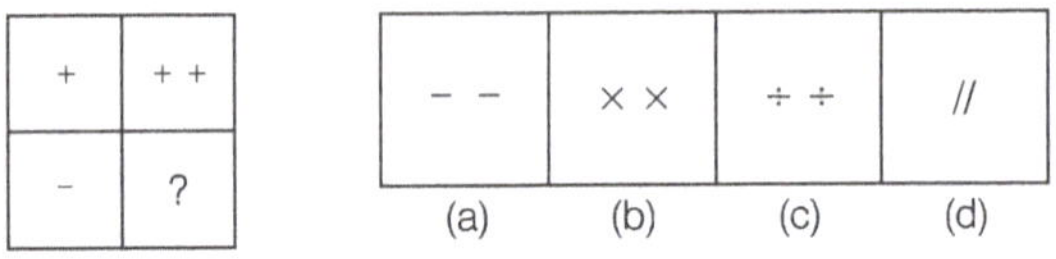

4.

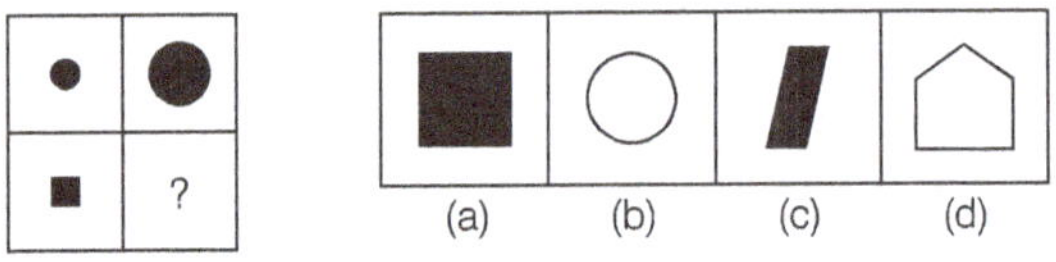

3 × 3 पर आधारित

निर्देश (प्र. सं. 5-27) *नीचे दिए गए प्रत्येक प्रश्न में आकृतियों का विश्लेषण कर उस नियम को ज्ञात करें, जिसका दी गई आकृतियाँ पालन कर रही हैं तथा आव्यूह की विलुप्त आकृति की पूर्ति करें।*

5.

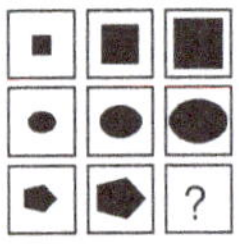

> ***MRC****
> ***(Most Repeating Concepts)***
> प्र. सं. 5 और 6 State Examination Point of Views से अति महत्त्वपूर्ण हैं। इन Concept पर प्रश्न मुख्यत: UPSSSC में पूछे गए हैं।

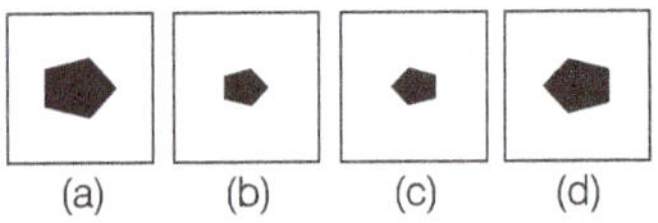

UPSSSC 2018

6.

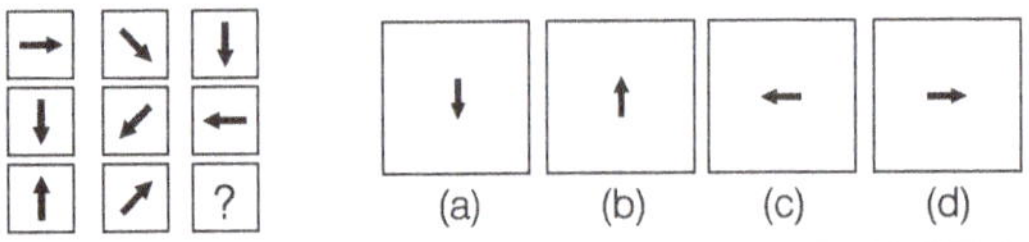

UPSSSC 2018

7.

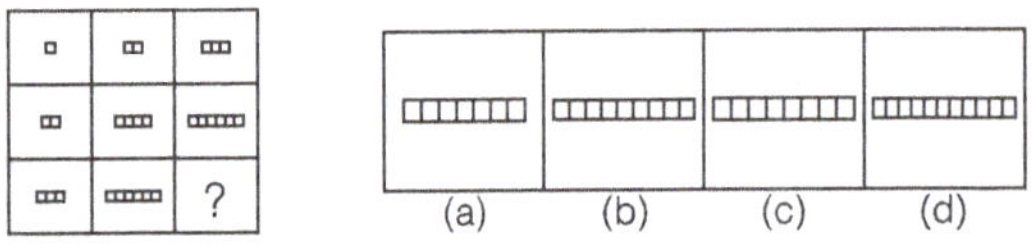

RRB ALP 2018

8. **प्रश्न आकृतियाँ** **उत्तर आकृतियाँ**

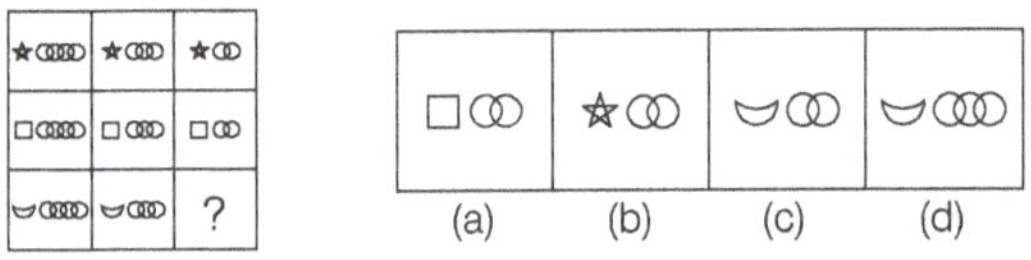

RRB Group D 2018

9. **प्रश्न आकृतियाँ** **उत्तर आकृतियाँ**

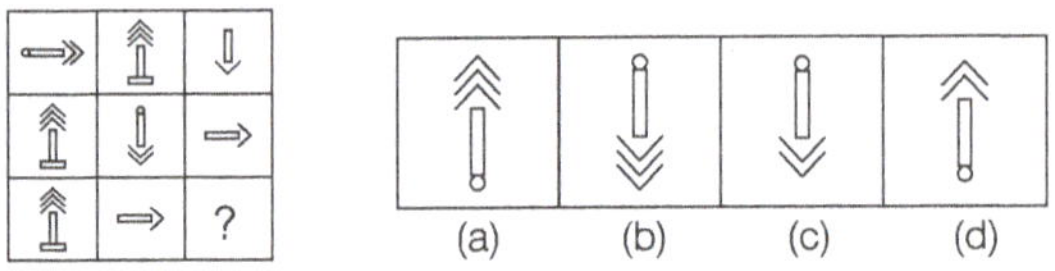

RRB Group D 2018; RRB ALP 2018

10.

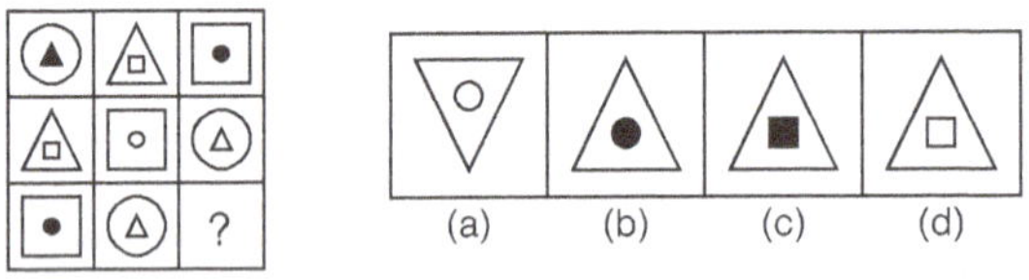

RRB ALP 2018

11.

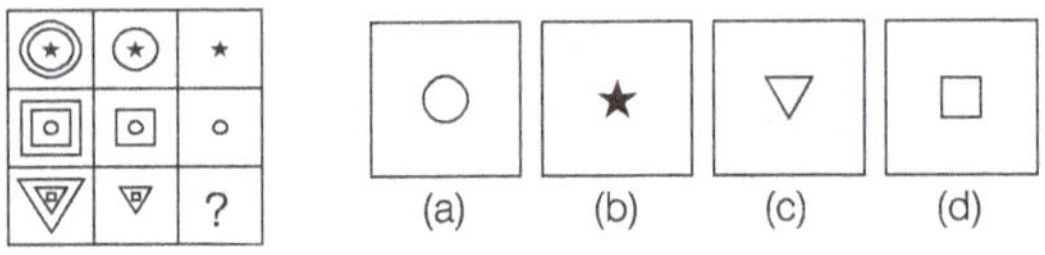

RRB Group D 2018

12.

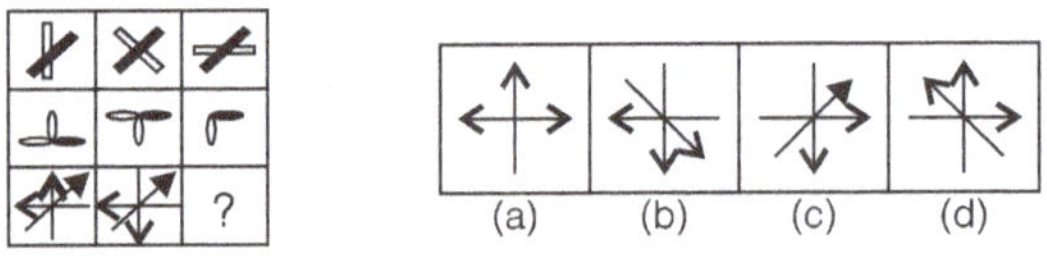

RRB ALP 2018

13.

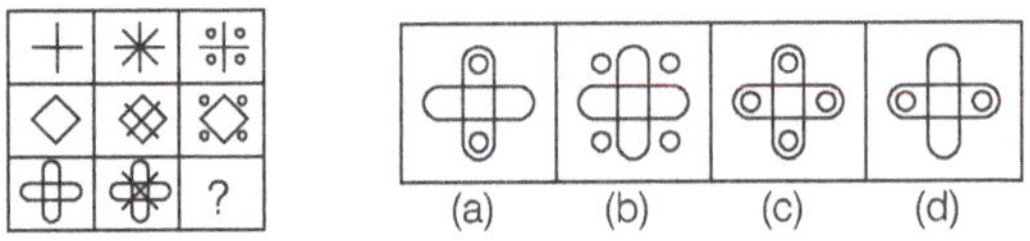

Delhi Police (MTS) 2018

14.

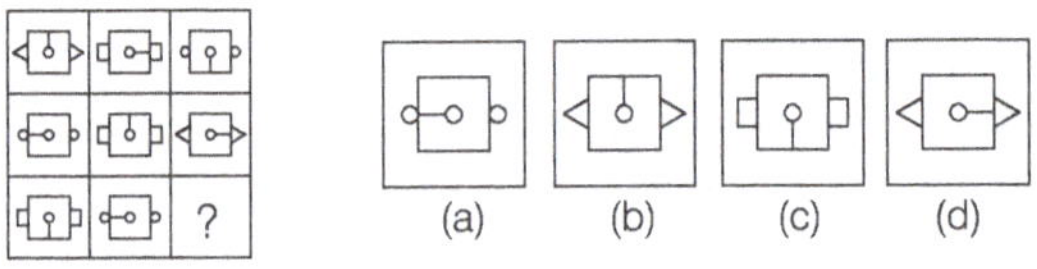

RRB Group D 2018

15.

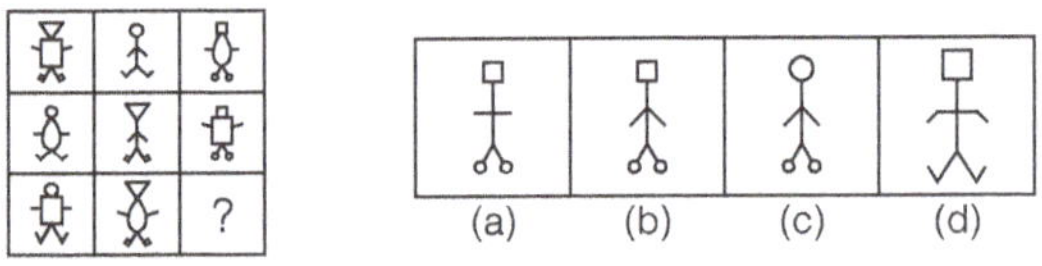

RRB ALP 2018

Chapter Challenge आकृति आव्यूह

16. प्रश्न आकृतियाँ उत्तर आकृतियाँ

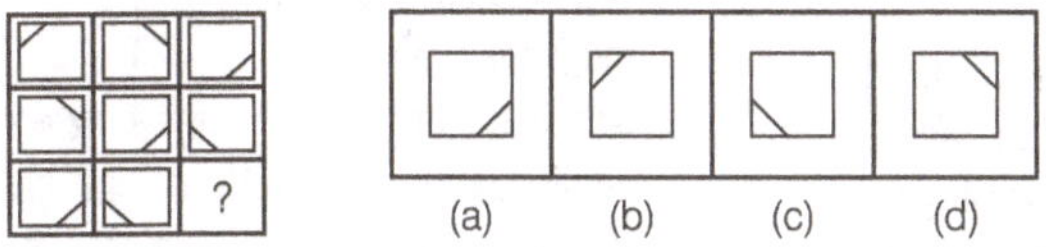

17.

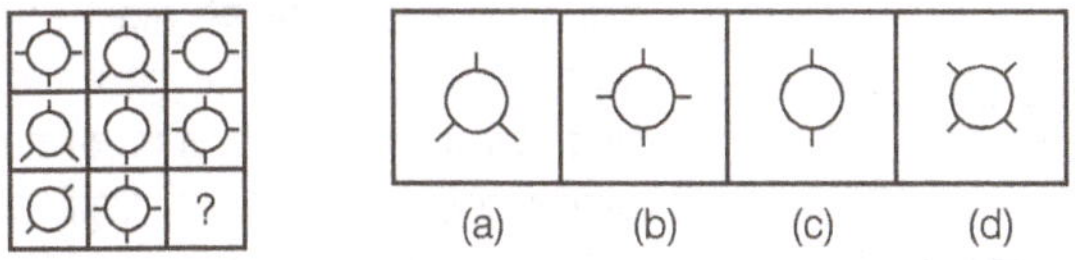

18.

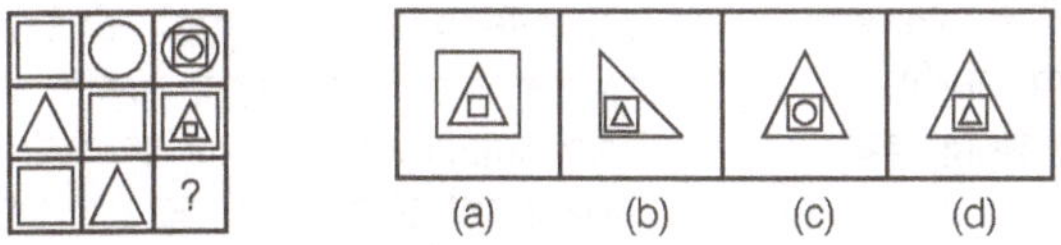

19.

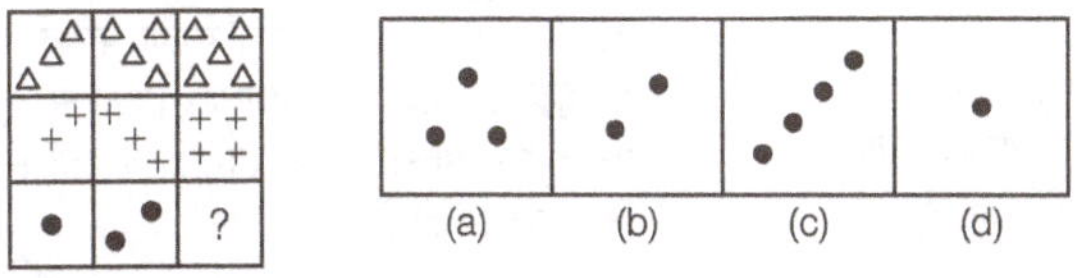

20.

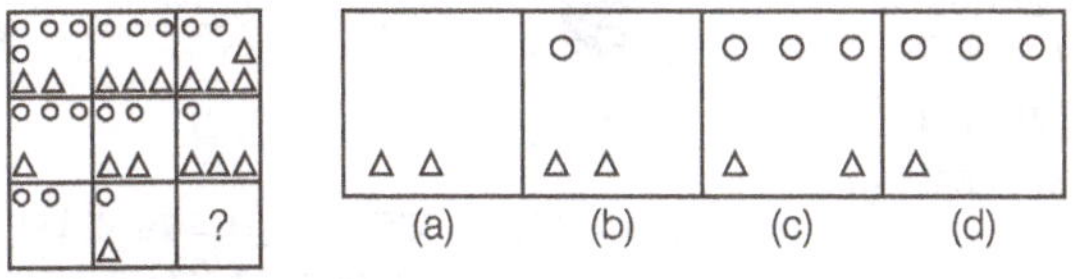

21.

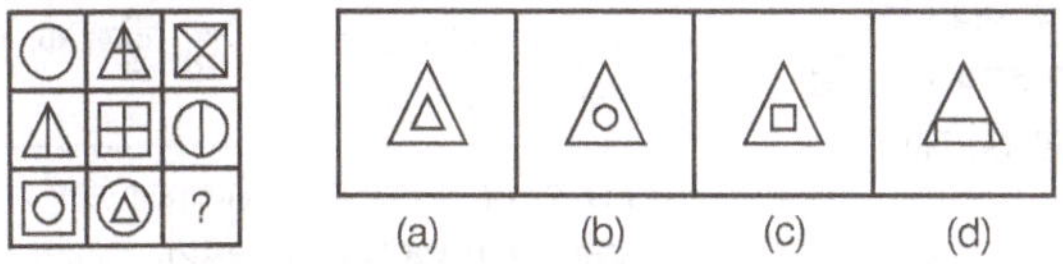

22. प्रश्न आकृतियाँ उत्तर आकृतियाँ

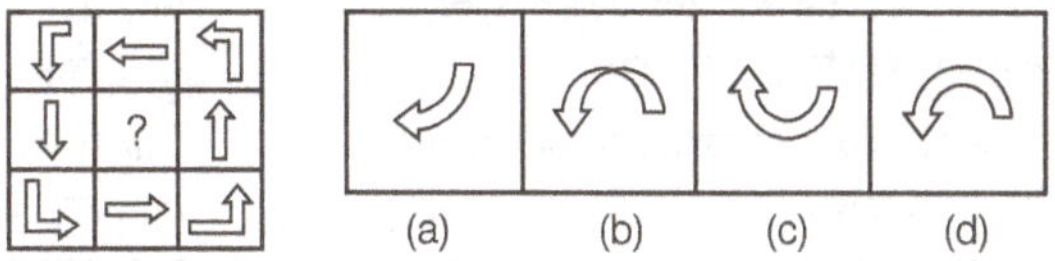

23.

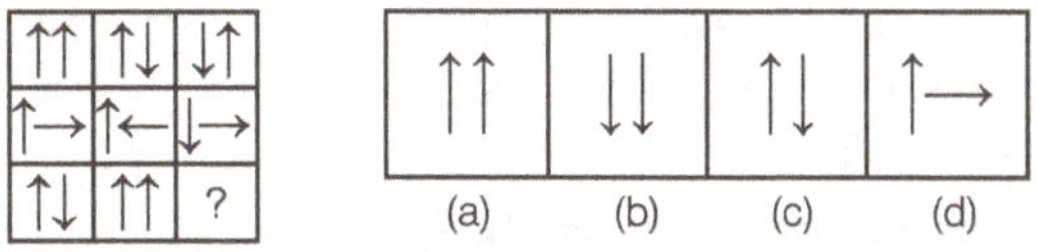

24.

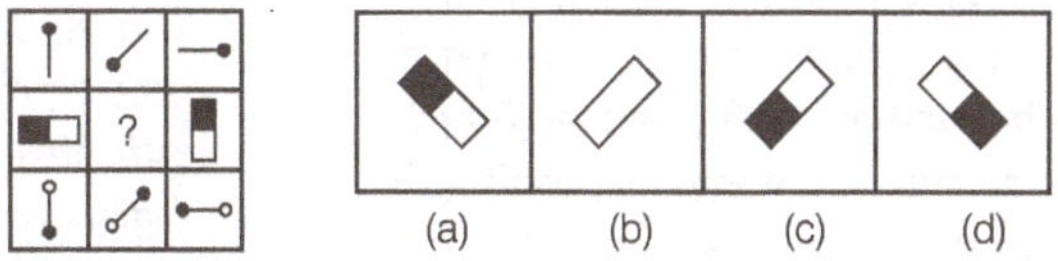

25.

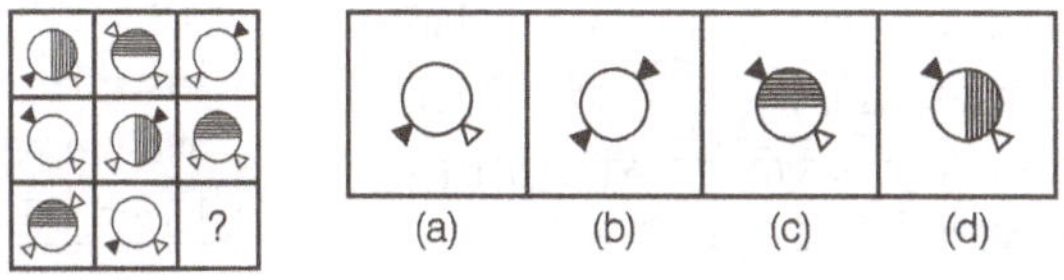

26.

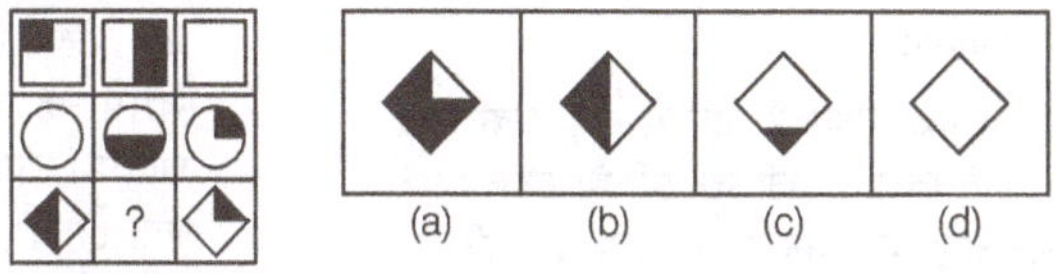

27.

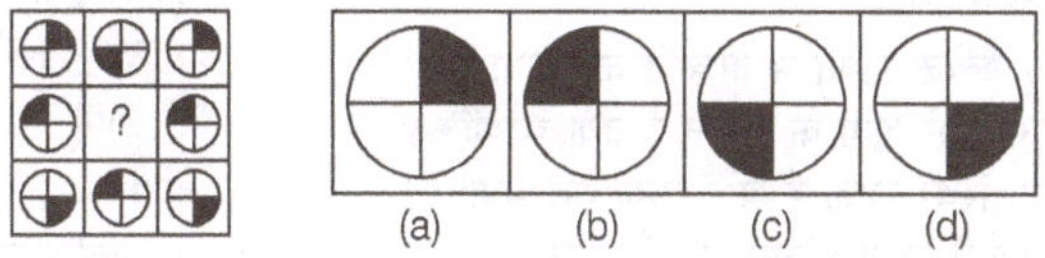

Right Key

1. (a)	2. (d)	3. (a)	4. (a)	5. (a)	6. (d)	7. (b)	8. (c)	9. (c)	10. (c)
11. (d)	12. (c)	13. (b)	14. (b)	15. (b)	16. (b)	17. (a)	18. (d)	19. (a)	20. (a)
21. (c)	22. (d)	23. (b)	24. (d)	25. (d)	26. (d)	27. (d)			

Solutions

1. *(a)* प्रथम पंक्ति में आने वाली दूसरी आकृति पहली आकृति का दर्पण प्रतिबिम्ब है। अत: द्वितीय पंक्ति में भी दूसरी आकृति पहली आकृति का दर्पण प्रतिबिम्ब होगी।

> **TOP TIPS** इस प्रकार के प्रश्नों को हल करते समय दर्पण प्रतिबिम्ब सम्बन्धी प्रश्नों की समझ होना अति आवश्यक है।

2. *(d)* प्रत्येक पंक्ति की पहली आकृति में रेखाओं को सिरों से जोड़ने पर जो आकृति प्राप्त होती है, उसे बिना आन्तरिक रेखाओं के दूसरी आकृति में दर्शाया गया है। इसी क्रमानुसार, उत्तर आकृति (d) प्राप्त होगी।

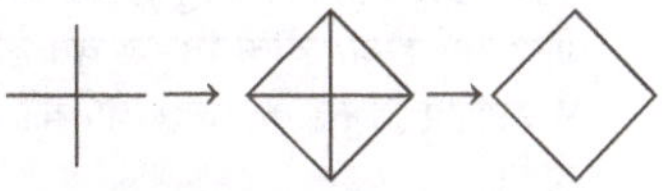

3. *(a)* पहली पंक्ति में, + की संख्या क्रमश: एक-एक बढ़ रही हैं। दूसरी पंक्ति में, – की संख्या क्रमश: एक-एक ही बढ़ेगी।

4. *(a)* प्रत्येक पंक्ति में बाएँ से दाएँ ओर बढ़ने पर समरूप आकृति के आकार में वृद्धि होती जा रही है। अत: प्रश्नचिह्न के स्थान पर विकल्प (a) की आकृति आएगी।

5. *(a)* प्रत्येक पंक्ति में बाएँ से दाएँ ओर बढ़ने पर समरूप आकृति के आकार में वृद्धि होती जा रही है। अत: प्रश्नचिन्ह के स्थान पर विकल्प (a) की आकृति आएगी।

6. *(d)* आव्यूह की प्रत्येक पंक्ति में बाएँ से दाएँ ओर बढ़ने पर, तीर 45° दक्षिणावर्त दिशा में घूम रहा है। अत: प्रश्नचिन्ह के स्थान पर विकल्प (d) की आकृति आएगी।

7. *(b)* पहली पंक्ति में, वर्गों की संख्या क्रमश: एक-एक बढ़ रही है। दूसरी पंक्ति में, वर्गों की संख्या क्रमश: दो-दो बढ़ रही है तथा

तीसरी पंक्ति में, वर्गों की संख्या क्रमश: तीन-तीन बढ़ रही है। अत: प्रश्नचिन्ह के स्थान पर आकृति (b) आएगी।

8. *(c)* प्रत्येक पंक्ति की प्रत्येक आकृति में बाएँ ओर का डिजाइन समान है तथा बाएँ से दाएँ ओर बढ़ने पर एक-दूसरे को काटते हुए वृत्तों की संख्या में एक की कमी हो रही है। अत: प्रश्नचिन्ह के स्थान पर विकल्प (c) की आकृति आएगी।

9. *(c)* आव्यूह में तीन प्रकार के भिन्न-भिन्न तीरों का प्रयोग किया गया है तथा प्रत्येक पंक्ति में प्रत्येक तीर एक बार प्रयोग हुआ है और प्रत्येक बार इनकी दिशा भिन्न-भिन्न है अर्थात् ऊपर, नीचे व दाएँ। अत: प्रश्नचिन्ह के स्थान पर विकल्प (c) की आकृति आएगी।

10. *(c)* प्रत्येक स्तम्भ व पंक्ति में तीन विभिन्न आकृतियाँ ,  व  प्रयोग हो रही हैं तथा आव्यूह के चारों कोनें की आकृतियों में अन्दर वाली डिजाइन छायांकित है।

अत: प्रश्नचिन्ह के स्थान पर आकृति (c) आएगी।

11. *(d)* प्रत्येक पंक्ति में बाएँ से दाएँ, एक बाह्य आकृति विलुप्त होती जा रही है। अत: प्रश्नचिन्ह के स्थान पर विकल्प (d) की आकृति आएगी।

12. *(c)* प्रत्येक पंक्ति में आकृति का छायांकित भाग दूसरे भाग के समान है तथा छायांकित भाग स्थिर रहता है व अछायांकित भाग वामावर्त दिशा में घूम रहा है। अत: प्रश्नचिन्ह के स्थान पर आकृति (c) आएगी।

13. *(b)* दिए गए आव्यूह में प्रत्येक पंक्ति की पहली से दूसरी आकृति में दो विकर्णवत् रेखाएँ जुड़ जाती हैं तथा दूसरी से तीसरी आकृति में विकर्णवत् रेखाओं के स्थान पर प्रत्येक कोने पर एक-एक वृत्त आ जाता है। अत: इस प्रकार तीसरी पंक्ति की तीसरी आकृति उत्तर आकृति (b) के समान होगी।

14. *(b)* आकृति आव्यूह की प्रत्येक पंक्ति में एक वर्ग की भुजाओं पर क्रमश: छोटे त्रिभुज, आयत और वृत्त जुड़ रहे हैं साथ ही अन्दर वाले वृत्त से जुड़ी रेखा 90° दक्षिणावर्त घूम रही है। इसी क्रम में विकल्प आकृति (b) प्रश्नवाचक चिन्ह (?) के स्थान पर आएगी।

15. *(b)* आव्यूह में व्यक्ति के संकेत को बनाने के लिए तीन प्रकार के चेहरे, तीन प्रकार के हाथ, तीन प्रकार के पैर व तीन प्रकार के धड़ों का प्रयोग किया गया है। प्रत्येक पंक्ति में, प्रत्येक चेहरे, प्रत्येक हाथ, प्रत्येक पैर व प्रत्येक धड़ का प्रयोग एक बार किया गया है। अत: प्रश्नचिन्ह के स्थान पर आकृति (b) आएगी।

16. *(b)* प्रत्येक पंक्ति की आकृतियाँ दक्षिणावर्त दिशा में 90° पर घूम रही हैं। अत: तीसरी पंक्ति की तीसरी आकृति प्राप्त करने हेतु दूसरी आकृति को 90° दक्षिणावर्त दिशा में घुमाना होगा।

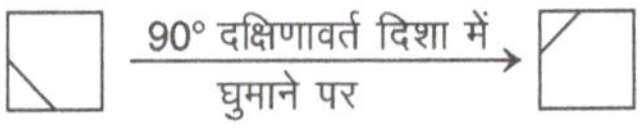

17. *(a)* प्रत्येक पंक्ति की पहली आकृति अगली पंक्ति की अन्तिम आकृति होती है। ठीक इसी प्रकार, तीसरी पंक्ति की अन्तिम आकृति, दूसरी पंक्ति की प्रथम आकृति अर्थात् विकल्प आकृति (a) होगी।

Smart Approach

प्रश्न में दिए चित्र के अनुसार, वृत्त के आस-पास बनी छोटी रेखाओं की संख्या एक निश्चित क्रम का पालन करती है।

18. *(d)* प्रत्येक पंक्ति में प्रथम आकृति के बाहर और भीतर, दूसरी आकृति आ जाती है। जिससे यह तीसरी आकृति में परिवर्तित हो जाती है। ठीक उसी प्रकार उत्तर आकृति (d) प्राप्त होगी।

19. *(a)* दिए गए आव्यूह की प्रत्येक पंक्ति की अगली आकृति में एकसमान अवयव की वृद्धि हो जाती है। अत: उत्तर आकृति (a) प्राप्त होगी।

20. *(a)* प्रत्येक पंक्ति में बाएँ से दाएँ बढ़ने पर प्रत्येक बार एक वृत्त घट रहा है तथा एक त्रिभुज बढ़ रहा है। अत: तीसरी पंक्ति की अन्तिम आकृति में प्रश्नचिन्ह के स्थान पर आकृति (a) आएगी।

21. *(c)* दिए गए आव्यूह में ऊपर की दोनों पंक्तियों को देखने से यह पता चलता है कि वृत्त के बाद त्रिभुज तथा त्रिभुज के बाद वर्ग है। अन्तिम पंक्ति में हमें वृत्त के अन्दर त्रिभुज की आकृति के बाद की आकृति ज्ञात करनी है। वृत्त के लिए अगले खाने में त्रिभुज तथा त्रिभुज के लिए वर्ग होगा। चूँकि त्रिभुज वृत्त के अन्दर है इसलिए त्रिभुज के अन्दर वर्ग की आकृति होगी।

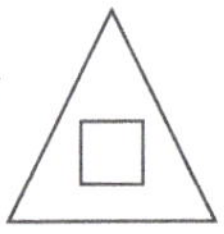

22. *(d)* यहाँ, पंक्ति में मुड़ने वाली सभी तीर वाली आकृति वामावर्त दिशा में मुड़ती है तथा संरचना में प्रयुक्त रेखाएँ परस्पर एक-दूसरे को काटती नहीं है। अत: अभीष्ट आकृति विकल्प (d) की आकृति होगी।

23. *(b)* प्रत्येक पंक्ति में दो रेखाओं वाली आकृतियाँ हैं। पहली पंक्ति की पहली आकृति की दाईं रेखा को उलटने पर दूसरी आकृति तथा पहली आकृति की बाईं रेखा को उलटने पर तीसरी आकृति प्राप्त होती है। ठीक इसी प्रकार, तीसरी पंक्ति की पहली आकृति की दाईं रेखा को उलटने पर दूसरी आकृति प्राप्त होती है। अत: तीसरी पंक्ति की तीसरी आकृति प्राप्त करने हेतु पहली आकृति की बाईं रेखा को उलटना पड़ेगा।

24. *(d)* प्रत्येक पंक्ति की आकृतियों को देखने से यह पता चलता है कि पहली आकृति को 135° वामावर्त दिशा में घुमाने पर दूसरी आकृति तथा दूसरी आकृति को 135° वामावर्त दिशा में घुमाने पर तीसरी आकृति प्राप्त होती है। ठीक इसी प्रकार, बीच वाली पंक्ति में '' को 135° वामावर्त दिशा में घुमाने पर दूसरी आकृति प्राप्त होगी, जिसकी स्थिति निम्न प्रकार होगी

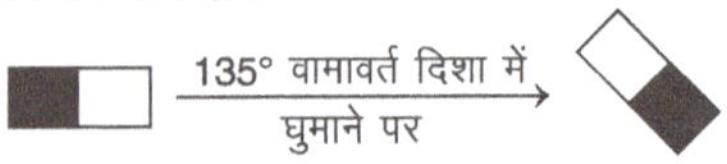

Smart Approach

इस प्रकार के प्रश्नों को हल करने के लिए घूर्णन की दिशाएँ-दक्षिणावर्त (Clockwise) और वामावर्त (Anti-clockwise) तथा कोण का ज्ञान होना आवश्यक है।

25. *(d)* प्रत्येक स्तम्भ में दो साधारण त्रिभुजों वाले वृत्तों की संख्या एक है, जबकि दो वृत्त ऐसे हैं जिसमें एक त्रिभुज साधारण तथा एक रंगीन है। साथ-ही-साथ प्रत्येक स्तम्भ में दो वृत्त रेखाओं द्वारा आधे भरे गए हैं।

प्रत्येक स्तम्भ में एक वृत्त साधारण है। एक वृत्त को ऊर्ध्वाधर रेखाओं द्वारा आधा भरा जाता है तथा एक वृत्त को क्षैतिज रेखाओं द्वारा आधा भरा जाता है। चूँकि तीसरे स्तम्भ में एक साधारण वृत्त तथा एक क्षैतिज रेखाओं द्वारा आधा भरा वृत्त है इसलिए तीसरा वृत्त ऊर्ध्वाधर रेखाओं द्वारा आधा भरा होगा।

26. *(d)* दिए गए आव्यूह की प्रत्येक पंक्ति में एक आकृति छायारहित है, एक आकृति का आधा भाग छायांकित है और एक आकृति का एक-चौथाई भाग छायांकित है। अत: प्रश्नचिन्ह के स्थान पर आकृति (d) आएगी।

27. *(d)* दी गई प्रश्न आकृति में पहले एवं तीसरे स्तम्भ की आकृति एकसमान हैं, जबकि दूसरे स्तम्भ की आकृति पहले एवं तीसरे स्तम्भ की आकृति के विकर्णत: विपरीत हैं इसलिए दूसरे स्तम्भ की मध्य आकृति के रूप में विकल्प (d) वाली आकृति आएगी।